DROIT CIVIL

DROIT CIVIL

Romain BOFFA

Professeur à l'Université Paris-Est Créteil,
Directeur de l'Institut d'études judiciaires

8e édition

LGDJ
un savoir-faire de Lextenso

Dans la même collection

Cyrille Auché, Jacques-Henri Auché, Christine Hugon, *Procédure civile*, 3e éd., 2023.

Boris Bernabé, Michaël Poyet, *La note de synthèse*, 12e éd., 2023.

Nathalie Blanc, Anne-Valérie Le Fur, Thomas Le Gueut, Anne-Cécile Martin, *Droit des affaires*, 7e éd., 2024.

Nathalie Blanc, Mathias Latina, Denis Mazeaud, *Droit des obligations*, 5e éd., 2024.

Romain Boffa, *Droit civil*, 8e éd., 2024.

Céline Laronde-Clérac, Agnès de Luget, *Méthodologie des épreuves écrites et de l'exposé-discussion*, 2e éd., 2018.

Marine Michineau, *Droit fiscal*, 3e éd., 2022.

Henri Oberdorff, Jacques Robert, *Libertés fondamentales et droits de l'homme, Recueil de textes français et internationaux*, 21e éd., 2023.

Michaël Poyet, *Procédure administrative et modes amiables de résolution des différends*, 6e éd., 2024.

Michaël Poyet, *Droit administratif*, 4e éd., 2023.

Michaël Poyet, *Un an d'actualité des libertés fondamentales*, 5e éd., 2023.

Thierry Revet, François-Xavier Lucas (dir.), *Précis de culture juridique*, 7e éd., 2023.

Corinne Robaczewski, *Procédure pénale*, 6e éd., 2023.

1 Parvis de La Défense
92044 Paris – La Défense
www.lgdj-editions.fr
EAN : 9782275142340
ISSN : 2557-6313
Collection : CRFPA

SOMMAIRE

AVANT-PROPOS

Cet ouvrage est principalement destiné aux étudiants qui préparent l'examen d'avocat. Il a été écrit pour répondre au défi suscité par *trois réformes récentes*.

La première concerne évidemment *l'examen lui-même*. L'épreuve de spécialité de droit civil couvre désormais un spectre très large qui comprend pas moins de cinq matières : biens, famille, régimes matrimoniaux, contrats spéciaux et sûretés. C'est une excellente chose. Après avoir étudié matière par matière le droit civil au cours de ses études, le futur avocat se doit d'en avoir une maîtrise d'ensemble pour accompagner son client dans tous les actes de la vie civile. Mais c'est aussi pour l'étudiant et les IEJ un défi redoutable, défi auquel tente de répondre cet ouvrage : présenter, dans un même *corpus*, l'ensemble des règles utiles à la préparation de l'examen.

La deuxième réforme concerne *le droit civil*. Le droit commun du droit commun, c'est le droit des obligations. Or, comme chacun sait, celui-ci a été rénové par une ordonnance du 10 février 2016, entrée en vigueur le 1er octobre 2016. En outre, est intervenue la loi de ratification n° 2018-287 du 20 avril 2018 qui a modifié certaines dispositions de l'ordonnance (ex. la définition du contrat d'adhésion). La loi de ratification régit les contrats conclus après le 1er octobre 2018, sauf pour les dispositions interprétatives, qui s'appliqueront rétroactivement, à compter de cette date, aux contrats conclus après le 1er octobre 2016. Il serait inexact de croire que cela n'affecte pas les autres matières du droit civil. Il n'en est rien, comme le montre notamment, mais pas seulement, le droit des contrats spéciaux. En outre, le droit de la famille a connu une grande réforme, avec le divorce par acte d'avocats. Il en a été récemment de même pour le droit des sûretés, profondément remanié par une ordonnance du 15 septembre 2021. En somme, l'heure est à la profonde refonte du droit civil, de sorte qu'il nous a semblé judicieux de partir d'une page blanche, afin de présenter au lecteur un droit rénové.

La troisième réforme concerne *la Cour de cassation*. Ce point est absolument fondamental, spécialement dans la perspective des cas pratiques. À tort ou à raison, sous l'influence de la Cour européenne des droits de l'homme, la Cour de cassation se livre depuis quelque temps à un contrôle de proportionnalité, ce qui lui permet d'écarter une loi, dès lors qu'elle porte une atteinte excessive à un droit fondamental garanti. Pour ne donner qu'un exemple qui sera évoqué dans l'ouvrage, la Cour régulatrice a recherché si l'annulation d'un mariage incestueux contracté entre un homme et la fille de son ex-femme, pourtant clairement interdit par les textes, ne portait pas une atteinte excessive à la liberté du mariage et au droit au respect de la vie privée et familiale. Dès lors, il n'est plus possible de résoudre un cas pratique ou une consultation en faisant une application mécanique du Code civil. Un réflexe méthodologique s'impose : l'application de la règle est-elle, *en l'espèce*, proportionnée au regard du but poursuivi ? L'autorité de la jurisprudence de la Cour européenne des droits de l'homme a d'ailleurs été dernièrement renforcée par la loi J21 du 18 novembre 2016, qui a créé une procédure de réexamen des décisions civiles en matière d'état des personnes, sur le modèle de la matière pénale. Nous pourrions encore mentionner le protocole 16 de la Convention européenne des droits de l'homme, entré en vigueur le 1er août 2018, qui permet désormais aux juridictions supérieures nationales de saisir pour avis la Cour européenne des droits de l'homme, comme l'a fait dernièrement la Cour de cassation en matière de GPA. L'« averse de droits subjectifs » inonde le droit civil encore davantage qu'au temps de Jean Carbonnier.

Tout ceci a donné à l'ouvrage ses *trois caractères principaux*.

L'ouvrage se veut résolument *synthétique*. Il n'est pas question d'exiger de l'étudiant, ni même de l'avocat, qu'il connaisse l'ensemble de la réglementation civile dans le détail. L'accent est mis sur la maîtrise des règles fondamentales, et spécialement de leur finalité, la fameuse *ratio legis*. De fait, les règles et la jurisprudence se trouvent dans le Code civil, lequel est entre les mains de l'étudiant le jour de l'examen. Dans cet esprit, l'ouvrage a été construit sous forme de leçons qui contiennent l'analyse des principales dispositions du Code civil et des jurisprudences utiles.

L'ouvrage essaie ensuite d'être *actuel*. C'est pourquoi, au fil des développements, des encadrés sont consacrés à l'analyse des principaux textes et décisions de l'année écoulée. Le programme étant vertigineux, nous ne pouvons être exhaustifs. S'agissant de la jurisprudence, une attention particulière a été portée aux arrêts de la Cour de cassation publiés sur son site internet, spécialement dans la lettre trimestrielle des chambres, qui présentent une portée doctrinale supérieure aux autres. En tout état de cause, il n'est pas demandé aux étudiants de plaquer des arrêts récents, mais de produire un raisonnement à partir des textes et des arrêts de principe.

Enfin, l'ouvrage poursuit un objectif clairement *pratique*. De nombreux exemples concrets sont fournis au fur et à mesure des développements, afin de permettre aux étudiants de mieux comprendre la règle, et de pouvoir ensuite l'utiliser à bon escient dans le cadre de l'examen et de leur vie professionnelle future. Surtout, à la fin de cet ouvrage, sont présentés plusieurs cas pratiques corrigés, dont tous les sujets des années précédentes, qui permettront au lecteur de se préparer à l'épreuve de droit civil dans les conditions de l'examen. Il a également été tenu compte de l'arrêté du 2 octobre 2018 qui a précisé le programme de l'examen de droit civil, en enlevant certaines questions (garantie autonome, propriétés-sûretés...).

Il reste à espérer que cet ouvrage sera utile aux étudiants pour la préparation et la réussite de leur examen dans le cadre des Instituts d'Études Judiciaires.

Paris, le 6 février 2024

PARTIE 1

Les biens

INTRODUCTION

1. Dans son célèbre *Discours préliminaire* de présentation du Code Napoléon, Portalis déclarait ceci : « les choses ne seraient rien pour le législateur sans l'utilité qu'en retirent les personnes ». Il ne s'agit donc pas d'étudier les biens en eux-mêmes, **mais sous l'angle des pouvoirs qu'exercent sur eux les personnes**. Ces relations de pouvoir du sujet sur l'objet sont diverses : possession, propriété, indivision, usufruit, servitudes…
Dans le cadre de cette brève introduction, il suffira d'évoquer les sources du droit des biens (1), l'évolution contemporaine du droit des biens (2) avant de présenter le plan retenu (3).

§ 1. Les sources du droit des biens

2. L'essentiel du droit des biens se trouve dans le **livre II du Code civil**, intitulé « des biens et des différentes manières dont on acquiert la propriété ». L'importance de la propriété dans le Code civil est telle que le livre III traite « des différentes manières dont on acquiert la propriété ». Ainsi, les autres matières (successions, libéralités, obligations, contrats spéciaux) sont envisagées comme des moyens au service d'une fin : devenir propriétaire. De fait, la propriété, qui constitue une relation d'appartenance exclusive entre une personne et une chose, est au cœur du droit des biens. Elle constitue l'un des **trois piliers du droit civil**, selon la célèbre formule du doyen Carbonnier, aux côtés du contrat et de la famille.

3. Mais le Code civil n'est pas la seule source du droit des biens. La matière s'est enrichie et complexifiée par l'apport de **droits spéciaux**, dont l'apparition est plus récente : droit de l'urbanisme, droit de la construction, droit d'auteur, droit de l'environnement… En outre, ici comme ailleurs, la jurisprudence exerce une influence décisive. On songe notamment aux apports du **Conseil constitutionnel et de la Cour européenne des droits de l'homme**, qui ont consacré la valeur fondamentale du droit de propriété, ou encore de la Cour de cassation, qui est à l'origine de la création de nouveaux droits réels.

§ 2. L'évolution contemporaine du droit des biens

4. L'évolution contemporaine du droit des biens se caractérise par deux mouvements.
En premier lieu, il est devenu banal d'observer le **déclin du caractère absolu de la propriété**. En 1804, dans le sillage de la Révolution qui en avait fait un droit naturel de l'homme, la propriété était principalement envisagée par le prisme de son utilité pour le propriétaire. Au XXe siècle, la fonction sociale de la propriété a été mise en lumière. Celle-ci doit se mettre au service de l'intérêt général et subit à ce titre des restrictions importantes, en constante

progression : réquisition des logements vacants, plafonnement des loyers perçus par le propriétaire, servitudes d'urbanisme au profit de l'administration...
En second lieu, la propriété a perdu en intensité ce qu'elle a conquis en étendue. Elle s'est ainsi **déployée dans le monde immatériel**. Dans la France agricole de 1804, le bien par excellence était la terre, c'est-à-dire l'immeuble. La révolution industrielle enclenchée au XIXe siècle et la révolution numérique du XXIe siècle ont provoqué un mouvement de dématérialisation des richesses : parts sociales, fonds de commerce, brevets, logiciels, nanotechnologies, fichiers numériques...

5. Dès lors, le Code civil de 1804, qui s'intéresse essentiellement à l'immeuble, mais aussi aux ruches à miel et aux lapins de garenne, paraît daté. Le constat mériterait toutefois d'être nuancé, tant les institutions fondamentales de la matière, puisées dans le droit romain (propriété, possession, servitudes...), ont révélé leur formidable capacité d'adaptation au cours des siècles.
Quoi qu'il en soit, le droit des biens est aujourd'hui la seule matière du droit civil à ne pas avoir été régénérée par le vent nouveau de la réforme. Quelques petites réformes ponctuelles sont à signaler, telles que la consécration de l'animal en tant qu'être sensible à l'article 515-14. Mais aucune réforme d'ensemble n'a été entreprise. Afin de préparer la future rénovation du droit des biens, un avant-projet a été réalisé sous l'égide de l'association Henri Capitant en 2008, par une commission présidée par M. Périnet-Marquet.
Pour l'heure, les étudiants et avocats sont invités à se plonger dans les textes de 1804, enrichis par l'œuvre jurisprudentielle et doctrinale.

§ 3. Plan

6. La partie de l'ouvrage consacrée aux biens est divisée en 9 leçons, dont l'enchaînement peut se résumer comme suit.
La personne est titulaire d'un patrimoine (leçon 1), ce qui lui permet d'exercer des pouvoirs sur les biens (leçon 2). Ces pouvoirs sont divers : ils peuvent être de fait (la possession, leçon 3), ou de droit. La relation juridique la plus complète est la propriété (leçon 4 et leçon 5), laquelle peut s'exercer à plusieurs (l'indivision, leçon 6). Mais l'exercice par une personne de pouvoirs sur une chose peut être moins complet et prendre la forme d'un simple usufruit ou d'autres droits réels (leçon 7). Enfin, en matière immobilière, il existe des relations juridiques spécifiques qui résultent de ce que l'immeuble, par sa fixité, est en perpétuelle situation de voisinage. Le voisinage donne lieu à des atteintes à la propriété immobilière (leçon 8, les servitudes) ou à des aménagements de la copropriété (leçon 9, les copropriétés immobilières).
Leçon 1 : Le patrimoine
Leçon 2 : Les biens
Leçon 3 : La possession
Leçon 4 : La notion de propriété
Leçon 5 : Le régime de la propriété
Leçon 6 : L'indivision
Leçon 7 : L'usufruit et les autres droits réels
Leçon 8 : Les servitudes
Leçon 9 : Les copropriétés immobilières

LEÇON 1

LE PATRIMOINE

Textes

Article 2284 du Code civil

Quiconque s'est obligé personnellement, est tenu de remplir son engagement sur tous ses biens mobiliers et immobiliers, présents et à venir.

Article 2285 du Code civil

Les biens du débiteur sont le gage commun de ses créanciers ; et le prix s'en distribue entre eux par contribution, à moins qu'il n'y ait entre les créanciers des causes légitimes de préférence.

7. Étymologiquement, patrimoine vient du latin *patrimonium*, qui signifie « héritage du père ». Dans le langage courant, le patrimoine évoque la totalité des richesses acquises par une personne. Tel n'est pas le sens juridique. En droit, une personne sans aucune ressource est titulaire d'un patrimoine. Le patrimoine n'est pas une liste de choses, mais une enveloppe, un contenant. Et ce contenant n'est pas destiné à recueillir seulement des biens. Il agrège aussi les dettes de la personne.

L'étude de la notion de patrimoine (section 1) précédera celle de sa mise en œuvre (section 2).

Section 1

La notion de patrimoine

8. Le patrimoine peut être défini comme un **ensemble de biens et de dettes constituant une universalité de droit**. Deux noms doivent être retenus : **Aubry et Rau**. Ces deux auteurs du XIXe siècle ont construit dans le silence du Code civil ce que l'on appelle désormais la **théorie classique du patrimoine**, en s'inspirant d'un auteur allemand : **Zachariae**. Pourtant, cette théorie n'a été qualifiée de classique qu'en raison des contestations dont elle a ultérieurement fait l'objet. En effet, la théorie du patrimoine d'Aubry et Rau est empreinte d'une grande modernité, puisqu'elle est l'écho du siècle des Lumières et de la Révolution avec la conceptualisation du sujet de droit : **le patrimoine, c'est l'émanation de la personnalité**.

Cette théorie classique, qui éclaire encore le droit positif d'aujourd'hui, doit être présentée (§ 1), avant de dépeindre la théorie concurrente des patrimoines d'affectation (§ 2).

patrimoine, qui souderait ces éléments hétérogènes, ce serait l'affectation de cette masse de biens à un **but**. D'origine allemande (**Brinz** et **Bekker**), cette théorie a été notamment reprise en France par Gazin.
Ainsi, parmi les droits et obligations de la personne, certains peuvent être regroupés en considération de leur destination à un but déterminé. Au sein du patrimoine général de la personne, figurent alors des universalités de droit différenciées entre elles par leur affectation. Dès lors, si seules les personnes ont un patrimoine, une personne peut avoir plusieurs patrimoines, en fonction de buts distincts. La séparation de ces patrimoines a pour principal effet de cantonner le champ d'action des créanciers.

B. Les applications de la théorie

Quelle a été la réception de cette théorie en droit positif? Le droit français est resté longtemps insensible à la théorie du patrimoine d'affectation. Mais le début du XXIe siècle s'est caractérisé par la consécration de deux institutions qui s'inscrivent dans cette théorie : la fiducie (1) et l'EIRL (2).

1. La fiducie

16. La fiducie, instituée par une **loi du 19 février 2007**, est définie comme l'« opération par laquelle un ou plusieurs constituants transfèrent des biens, des droits ou des sûretés, ou un ensemble de biens, de droits ou de sûretés, présents ou futurs, à un ou plusieurs fiduciaires qui, les tenant séparés de leur patrimoine propre, agissent dans un but déterminé au profit d'un ou plusieurs bénéficiaires » (C. civ., art. 2011). On y retrouve la notion de but, d'affectation qui permet une séparation entre le patrimoine fiduciaire et le patrimoine personnel du fiduciaire.
Ainsi, **l'article 2025** du Code civil prévoit que, sans préjudice des droits des créanciers du constituant titulaires d'un droit de suite attaché à une sûreté publiée antérieurement au contrat de fiducie et hors les cas de fraude aux droits des créanciers du constituant, le patrimoine fiduciaire ne peut être saisi que par les titulaires de créances nées de la conservation ou de la gestion de ce patrimoine. Le fiduciaire est donc à la tête de deux patrimoines : son patrimoine personnel et le patrimoine fiduciaire.

2. L'EIRL

17. L'entrepreneur individuel à responsabilité limitée (EIRL) a été institué par une **loi du 15 juin 2010**. L'entrepreneur peut ainsi, sans créer une personne morale investie d'un patrimoine propre, constituer un ou plusieurs patrimoines professionnels distincts de son patrimoine personnel (C. com., art. L. 526-6). Le dispositif vise à limiter le champ d'action des créanciers : sous réserve de la fraude ou du manquement grave aux obligations attachées au statut (notamment la comptabilité séparée), le gage des créanciers professionnels ne comprend pas les biens affectés à la vie personnelle de l'entrepreneur, et réciproquement (art. L. 526-12). Il s'agit là d'une dérogation aux articles 2284 et 2285 du Code civil, mais qui résulte d'une disposition légale.
Par exemple, un avocat ayant décidé de se constituer sous forme d'EIRL ne pourra pas voir sa maison personnelle saisie par ses créanciers professionnels ; inversement, les créanciers personnels de l'avocat (par ex., son ex-épouse, créancière d'une prestation compensatoire) ne pourront pas saisir son ordinateur professionnel.

Toutefois, cette restriction du droit de gage n'est opposable qu'aux créanciers postérieurs au dépôt de la déclaration d'affectation. Les créanciers antérieurs ont bénéficié, grâce à la réserve d'interprétation du Conseil constitutionnel qui leur a reconnu un droit de propriété sur leurs créances, d'une faculté d'opposition après avoir été personnellement informés de la déclaration (Cons. const., 10 juin 2010, n° 2010-607 DC). Une loi **n° 2016-1691 du 9 décembre 2016** est allée encore plus loin, en supprimant l'opposabilité de la déclaration d'affectation aux **créanciers antérieurs**. Ces derniers n'ont donc plus à se manifester pour bénéficier d'un droit de gage général conforme à l'article 2284 du Code civil.
Par ailleurs, non seulement une personne peut, grâce à l'EIRL, être à la tête de plusieurs patrimoines, mais en outre elle peut céder entre vifs son patrimoine affecté, à titre gratuit ou onéreux (C. com., art. L. 526-17). Il s'agit donc d'une remise en cause frontale des principes traditionnels issus de la théorie d'Aubry et Rau.

Pour autant, si la fiducie et l'EIRL constituent des exceptions importantes à la conception classique du patrimoine, force est de constater que ces deux institutions n'ont pas connu, pour l'heure, un grand succès pratique. En tout état de cause, il est important de souligner que le patrimoine d'affectation est de droit strict : en dehors des hypothèses prévues par la loi, l'unicité du patrimoine telle que prévue par l'article 2284 du Code civil s'applique. Signe toutefois que cette théorie a décidément le vent en poupe, une ordonnance **n° 2017-748 du 4 mai 2017** est venue instituer un nouveau patrimoine d'affectation : **l'agent des sûretés**. Ce nouvel acteur, qui sera étudié spécifiquement dans le cadre du droit des sûretés (v. *infra*, n° 943), est à la tête d'un patrimoine d'affectation. Ainsi, le nouvel article 2488-10 du Code civil dispose que « les droits et biens acquis par l'agent des sûretés dans l'exercice de sa mission ne peuvent être saisis que par les titulaires de créances nées de leur conservation ou de leur gestion, sous réserve de l'exercice d'un droit de suite et hors les cas de fraude ». De nouveau, s'opère une séparation entre le patrimoine personnel et le patrimoine fiduciaire de l'agent des sûretés. Les créanciers personnels de l'agent des sûretés ne peuvent, sous réserve de la fraude ou de l'exercice d'un droit de suite, appréhender les droits et biens acquis par celui-ci dans le cadre de sa mission.

NEWS Actualité sur le nouveau statut d'entrepreneur individuel : disparition de l'EIRL

Au regard de l'échec relatif de l'EIRL à raison de sa **complexité** (moins de 100 000 EIRL créées depuis 2010), une **loi n° 2022-172 du 14 février 2022 en faveur de l'activité professionnelle indépendante** crée un nouveau statut d'entrepreneur individuel. La mesure phare de cette réforme est que l'entrepreneur bénéficie d'office de la séparation patrimoniale, sans avoir à effectuer une déclaration d'affectation. Ainsi, le nouvel article L. 526-22 du Code de commerce dispose que « l'entrepreneur individuel est une personne physique qui exerce en son nom propre une ou plusieurs activités professionnelles indépendantes ». Il est alors prévu que les biens, droits, obligations et sûretés dont il est titulaire et qui sont utiles à son activité ou à ses activités professionnelles indépendantes constituent le patrimoine professionnel de l'entrepreneur individuel. Sous réserve du livre VI du Code de commerce, ce patrimoine ne peut être scindé. Par défaut, les éléments du patrimoine de l'entrepreneur individuel non compris dans le patrimoine professionnel constituent son patrimoine personnel. La distinction des patrimoines personnel et professionnel de →

→

l'entrepreneur individuel ne l'autorise pas à se porter caution en garantie d'une dette dont il est débiteur principal. En outre, par dérogation aux articles 2284 et 2285 du Code civil et sans préjudice des dispositions légales relatives à l'insaisissabilité de certains biens, l'entrepreneur individuel n'est tenu de remplir son engagement à l'égard de ses créanciers dont les droits sont nés à l'occasion de son exercice professionnel que sur son seul patrimoine professionnel, sauf sûretés conventionnelles ou renonciation dans les conditions prévues à l'article L. 526-25. Ce nouveau statut d'entrepreneur individuel s'applique à partir du 14 mai 2022, soit dans le délai de trois mois à compter de la promulgation de la loi. Pour les entreprises déjà créées avant la réforme, la dissociation des patrimoines ne s'applique qu'aux créances nées après l'entrée en vigueur du texte. Il n'y aura plus d'EIRL nouvelle à compter de cette date, la séparation patrimoniale étant désormais attachée de droit à la qualité d'entrepreneur individuel.

Section 2

La mise en œuvre du patrimoine

La mise en œuvre du patrimoine suppose l'exercice par la personne de **droits subjectifs** qui lui sont reconnus par l'ordre juridique.
La notion de patrimoine permet alors de distinguer les droits patrimoniaux et les droits extrapatrimoniaux. Ainsi, certains droits qui appartiennent à la personne ne font pas partie de son patrimoine, car celle-ci ne peut en disposer, contrairement aux autres de ses biens : ce sont les droits extrapatrimoniaux (§ 1).
Une fois cette distinction établie, on ne s'attachera qu'aux seuls droits patrimoniaux. Une autre distinction, tout aussi fondamentale, devra alors être faite au sein des droits patrimoniaux entre les droits réels et les droits personnels (§ 2).

§ 1. La distinction des droits patrimoniaux et droits extrapatrimoniaux

Il convient d'envisager au préalable les droits extrapatrimoniaux (A), le droit des biens s'intéressant essentiellement aux droits patrimoniaux (B).

A. Les droits extrapatrimoniaux

18. Ces droits ne sont pas le réceptacle d'une valeur pécuniaire, d'une richesse et ne figurent pas à ce titre au sein du patrimoine de la personne.
À la différence des droits patrimoniaux, les droits extrapatrimoniaux sont **incessibles, intransmissibles** aux héritiers et légataires du titulaire, **insaisissables** par les créanciers et **imprescriptibles** (prescription acquisitive ou extinctive).
Sont ainsi des droits extrapatrimoniaux :

- **les droits de famille** ; par exemple, l'autorité parentale des parents sur leur enfant mineur, ou encore les devoirs entre époux : ces droits de famille, qui structurent la cellule de base de notre société, la famille, ne figurent pas au patrimoine de leur titulaire, qui ne

peut ainsi en disposer. Ainsi, un parent ne peut aliéner (vendre, donner) le droit d'autorité parentale qu'il a sur son enfant ;
- **les droits politiques** : droit de vote, éligibilité aux assemblées politiques ; ici encore, ces droits échappent au commerce juridique ;
- **les droits de la personnalité, et plus généralement les droits fondamentaux** : il s'agit de droits qui assurent la défense de la personne, non en tant qu'agent économique ou même de sujet de droit, mais en tant **qu'être humain** : droit au respect de la vie privée, droit à l'image, droit à l'honneur…

Notre société contemporaine, société de révélation, d'images et de procès, connaît à ce sujet un changement de paradigme : les droits de la personnalité tendent à intégrer le patrimoine de la personne : celle-ci est amenée à monnayer sa vie privée ou son image auprès des médias et n'hésite pas à solliciter des dommages-intérêts lorsque son consentement à la divulgation n'a pas été donné.
On passe alors de l'extrapatrimonial aux droits patrimoniaux.

B. Les droits patrimoniaux

19. Les droits patrimoniaux sont appréciables en argent et ont ainsi une valeur d'échange : ils sont **cessibles** à un nouveau titulaire, **transmissibles** aux héritiers ou légataires, **saisissables** par les créanciers et **prescriptibles** (prescription acquisitive et extinctive, sauf la propriété, v. *infra*, n° 117).
Ces droits permettent à la personne d'accéder aux utilités des biens, et de les céder ou de les transmettre à autrui. Ainsi, la reconnaissance d'un droit de propriété à une personne sur une chose, lui permet d'en user, d'en jouir et d'en disposer.
Ces droits patrimoniaux se scindent en deux catégories : les droits réels et les droits personnels.

§ 2. La distinction des droits réels et des droits personnels

La présentation de la distinction (A) précédera la mise en lumière de son intérêt (B).

A. La présentation de la distinction

20. La distinction est ancienne, puisqu'elle était déjà connue en droit romain. À première vue, aucun risque de confusion n'est possible entre ces deux prérogatives, dans la mesure où le **droit réel porte sur une chose** (*res*, en latin), tandis que le **droit personnel constitue un droit à l'égard d'une personne**. Quoi de commun entre le droit de propriété sur un terrain et le droit d'être transporté par la SNCF (obligation contractuelle), ou d'être indemnisé par l'auteur d'un accident (obligation délictuelle) ? Mais les choses se compliquent lorsque le droit personnel porte sur une chose. De fait, une personne peut souscrire une obligation relative à un bien.

Exemple

Le bailleur s'oblige à l'égard du locataire à lui fournir une chose propre à son usage. Il s'agit dans ce cas d'un droit personnel, mais qui porte sur une chose. Il faut alors s'interroger sur le critère de la distinction entre droit réel et droit personnel.

Le droit **réel** est celui qui donne à la personne un **pouvoir direct et immédiat** sur une **chose**, pouvoir qui s'exerce sans l'entremise d'un autre individu. Le titulaire du droit réel exerce alors des prérogatives qui ne supposent pas l'action d'autrui : ainsi, un propriétaire jouit directement de sa chose, de même que l'usufruitier. Il y a un contact immédiat entre le titulaire du droit et la chose.
Les droits réels se scindent eux-mêmes en deux types :

- Les droits réels **principaux** : le **droit de propriété**, qui confère aux propriétaires toutes les utilités de la chose, et les **démembrements de la propriété**, que l'on qualifie également de **droits réels sur la chose d'autrui** (v. *infra*, n° 177 sur cette question), en ce qu'ils confèrent à leur titulaire **une partie seulement** des utilités d'une chose : il en va ainsi de l'usufruit (droit de jouissance) ou encore de la servitude (service foncier, tel qu'un droit de passage sur un immeuble). On les étudiera dans les leçons ultérieures.
- Les droits réels **accessoires** : ce sont les sûretés réelles, c'est-à-dire les droits consentis sur un bien en garantie d'une dette (donc « accessoires » à cette dette). Tel est le cas de l'hypothèque ou du gage. Ces droits réels accessoires seront étudiés dans la partie de l'ouvrage consacrée aux sûretés.

21. Le **droit personnel** est le droit qu'a une personne, le créancier, d'exiger une prestation d'une autre personne, le débiteur (ex. : obligation d'un transporteur d'acheminer des personnes ou des marchandises ; obligation de l'auteur d'une faute de réparer le dommage causé par sa faute à la victime). Ce droit personnel constitue dans son côté actif **une créance**, et dans son côté passif **une dette**. Lorsque le droit personnel porte sur une chose, le créancier **n'a pas un pouvoir direct et immédiat sur le bien**. Il exerce des pouvoirs par l'intermédiaire de son débiteur qui souscrit des obligations à son égard.

Exemple

L'usufruitier et le locataire sont tous deux titulaires d'un droit de jouissance sur une chose. Simplement, le premier est réel, tandis que le second est personnel.

Cette distinction est porteuse de conséquences pratiques.

B. L'intérêt de la distinction

22. La distinction entre droit réel et droit personnel recèle de nombreux intérêts.
Parce qu'ils portent directement sur une chose, les actes relatifs aux droits réels, notamment en matière immobilière, font l'objet d'une **publicité**, alors que tel n'est pas normalement le cas pour les droits personnels.
Lorsqu'ils portent sur la chose d'autrui (usufruit, servitude…), **les droits réels se transmettent de plein droit avec elle**, sans que le concours du propriétaire soit requis. Ainsi, l'aliénation d'un immeuble qui profite d'un droit de passage sur le fonds voisin entraînera de plein droit le transfert de cette servitude à l'acquéreur. À l'inverse, les droits personnels ne se transmettent normalement pas avec la chose, et ce, en vertu du principe de l'effet relatif des contrats. Il existe néanmoins des exceptions. Par exemple, le bail se transmet de plein droit à l'acquéreur d'un immeuble, par l'effet de l'article 1743 du Code civil.
Toujours lorsqu'ils portent sur la chose d'autrui, **les droits réels ne confèrent en principe aucune créance à l'égard du propriétaire**.

Exemple

Le titulaire d'un droit usufruit prend la chose telle qu'elle est, sans pouvoir exiger du nu-propriétaire qu'il accomplisse les grosses réparations nécessaires. À l'inverse, le titulaire d'un droit personnel peut exiger de son débiteur l'accomplissement de prestations. Le bailleur a ainsi l'obligation de fournir à son locataire une chose propre à sa destination.

Il existe toutefois des exceptions. Ainsi, le propriétaire d'un terrain grevé d'une servitude doit entretenir le chemin pour permettre le passage de son voisin. On parle alors **d'obligation réelle**, pour signifier que le propriétaire est tenu à une obligation en qualité de propriétaire. S'il cède son bien, il s'affranchit de cette charge. Cette catégorie a fait l'objet d'une consécration récente par la loi de reconquête de la biodiversité n° 2016-1087 du 8 août 2016 qui a institué l'obligation réelle environnementale : les propriétaires de biens immobiliers peuvent conclure un contrat avec une collectivité publique, un établissement public ou une personne morale de droit privé agissant pour la protection de l'environnement en vue de faire naître à leur charge, ainsi qu'à la charge des propriétaires ultérieurs du bien, les obligations réelles que bon leur semble, ayant pour finalité le maintien, la conservation, la gestion ou la restauration d'éléments de la biodiversité ou de fonctions écologiques (C. envir., art. L. 132-3 al. 1 nouveau ; par ex., la culture d'une espèce menacée d'extinction). On le voit, l'intérêt est que l'obligation est attachée à la propriété de la chose, de sorte qu'elle se transmet dans le temps à tous les acquéreurs successifs de l'immeuble, et ce sans requérir un fonds voisin qui profite du service (schéma de la servitude, qui est un rapport entre deux fonds : v. *infra*, n° 205 et s.).
Enfin, lorsqu'ils sont l'accessoire d'une dette, les droits réels confèrent à leur titulaire soit un droit de préférence et/ou un droit de suite (hypothèque, gage, nantissement…), soit une exclusivité sur la chose grevée (propriétés-sûretés). À l'inverse, le créancier titulaire d'un simple droit personnel n'a qu'un droit de gage général sur le patrimoine de son débiteur : il n'a aucune prérogative sur un bien particulier. Il ne bénéficie d'aucun droit de préférence, de droit de suite, ou encore d'exclusivité sur les biens de son débiteur. Il s'agit d'un créancier dit « chirographaire ».

23. Il faut enfin noter que la distinction entre les droits réels et les droits personnels a été contestée par une partie de la doctrine. Ainsi, pour **Planiol**, tout droit constitue un rapport entre deux personnes. La propriété ferait ainsi naître à la charge des tiers une **obligation passive universelle**, celle de ne pas porter atteinte aux prérogatives du propriétaire. La critique est contestable, dès lors qu'il ne s'agit pas d'une véritable obligation, mais seulement du devoir de respecter les droits subjectifs d'un individu. Ce devoir passif de ne pas violer le droit d'autrui concerne tant les droits réels que les droits personnels, puisque tous les droits subjectifs sont opposables aux tiers.
La distinction entre droit réel et droit personnel s'est donc maintenue. Cette première partie de l'ouvrage, qui vise à envisager la relation entre les personnes et les biens, ne sera donc consacrée qu'aux seuls droits réels.

24 à 29. Réservés.

LEÇON 2

LES BIENS

Textes

Articles 516 et suivants du Code civil

30. Le patrimoine, on l'a vu, est un ensemble qui regroupe un actif, des biens, et un passif, des dettes. Les dettes de la personne relèvent du droit des obligations. Le contenu du patrimoine se réduit donc aux biens.
Mais une question surgit alors : qu'est-ce qu'un bien ? puis une autre : quels sont les différents biens qui viennent intégrer le patrimoine de la personne ?
Nous répondrons tour à tour à ces deux questions en envisageant successivement la notion de bien (section 1) et la classification des biens (section 2).

Section 1
La notion de bien

Le Code civil ne définit pas la notion de bien. La doctrine s'accorde pour considérer que le bien est une chose susceptible d'appropriation (§ 1). En cela, il se distingue des choses communes, qui sont inappropriables (§ 2).

§ 1. Le bien, une chose susceptible d'appropriation

31. Le bien est une chose susceptible d'appropriation. Cela signifie qu'une personne peut revendiquer une exclusivité sur une chose, la considérer comme sienne. Le concept de bien permet de réunir dans une même catégorie juridique l'infini du réel : un terrain, une table, un fonds de commerce, un logiciel... Selon la belle expression du doyen Carbonnier, « le Droit a recouvert le monde bariolé des choses d'un uniforme capuchon gris, la notion de bien ».
Les biens peuvent être des choses corporelles (A) et des choses incorporelles (B).

A. Les choses corporelles

Il s'agit de toutes les choses que l'on peut appréhender par les sens, parce qu'elles sont dotées d'une matière : un terrain, un tableau, une voiture, un vêtement, un bijou... Dans le monde matériel, les richesses sont aisées à identifier. Elles sont tout ce qui n'est pas une personne. En effet, pour les juristes, l'univers matériel se sépare en deux catégories fondamentales : les personnes et les choses, et tout ce qui n'est pas l'un est l'autre. L'enjeu de la qualification est de taille, dans la mesure où la personne constitue un sujet de droit, tandis que le bien est appréhendé comme un objet de droit, et soumis à ce titre au pouvoir de la personne.
Certaines choses viennent perturber cette *summa divisio*, en ce qu'elles se situent à la frontière des deux mondes. On songe spécialement au cadavre, à l'embryon ou encore à l'animal.

32. Quel statut pour le **cadavre** ? Il semble n'être plus qu'une chose, ce qui ne signifie pas qu'il ne soit pas une chose particulièrement protégée. L'étude de cette protection relève toutefois du droit des personnes. Le cadavre échappe à la logique du droit des biens : nul ne peut se prétendre propriétaire ou usufruitier d'un cadavre. Ainsi, l'article 16-1-1 du Code civil dispose que « le respect dû au corps humain ne cesse pas avec la mort » et que « les restes des personnes décédées, y compris les cendres de celles dont le corps a donné lieu à crémation, doivent être traités avec respect, dignité et décence ». C'est pourquoi la Cour de cassation a jugé, dans la célèbre affaire Our body, que l'exposition de cadavres à des fins commerciales méconnaissait cette exigence (Cass. 1re civ., 16 sept. 2010, n° 09-67456, *Bull. civ.* I, n° 174).

33. Quel statut pour **l'embryon** ? Le Conseil national de bioéthique l'a qualifié de « personne humaine potentielle », pour signifier que, s'il n'était pas juridiquement une personne à défaut d'être né, il ne pouvait être appréhendé comme une chose ordinaire. De fait, si la loi autorise l'avortement ou la recherche sur l'embryon, elle soumet ces opérations à des conditions qui révèlent que l'embryon n'est pas un objet de propriété. De nouveau, la protection de l'embryon relève du droit des personnes.

34. Enfin, quel statut pour **l'animal** ? S'agit-il d'un bien ? Une **loi n° 2015-177 du 16 février 2015** relative à la modernisation et à la simplification du droit et des procédures dans les domaines de la justice et des affaires intérieures le qualifie désormais d'« **être sensible** ». Ainsi, l'article 515-14 énonce que « les animaux sont des êtres vivants doués de sensibilité. Sous réserve des lois qui les protègent, les animaux sont soumis au régime des biens ». Il est intéressant d'observer que l'animal, classiquement érigé comme un bien, devient un « être ». La *summa divisio* entre l'être et l'avoir, c'est-à-dire celle entre les personnes et les choses, est désormais concurrencée par la division du vivant et de l'inerte. Pour autant, les animaux ne sont pas érigés en sujets de droit par le législateur. Ils demeurent, sous réserve des lois qui les protègent, soumis au régime des biens. On peut donc encore – sous conditions – tuer un animal, le manger, le dresser ou le vendre, parce qu'il s'agit là de pouvoirs attachés à la propriété. L'animal devient alors un monstre juridique, puisqu'il est un être auquel on applique le régime de l'avoir. On retrouve cette idée à l'article 524 du Code civil, consacré aux immeubles par destination. La loi prend le soin de préciser que les animaux affectés à l'exploitation d'un fonds (ruches à miel, lapins de garenne, vaches...) ne sont plus des immeubles par destination, mais « sont soumis au régime des immeubles par destination ». En définitive, un tel changement paraît essentiellement symbolique. Il s'agit avant tout d'une question de mot : le législateur ne souhaite plus appeler un chat un chat. Tout ceci montre, en dernière analyse, que la distinction entre les personnes et les choses n'est pas aussi nette qu'il n'y paraît. Il existe des nuances de gris.

B. Les choses incorporelles

Les choses incorporelles, c'est-à-dire dépourvues de matière, sont en constante expansion. Elles peuvent être rassemblées en deux catégories : celles produites par l'activité du propriétaire (1) et celles créées par une autorité publique (2).

1. Choses incorporelles produites par l'activité du propriétaire

35. Les principales choses incorporelles sont des valeurs que le titulaire du droit a lui-même produites, par son activité. Elles peuvent elles-mêmes se décliner en deux types principaux. D'une part, certaines de ces richesses sont liées à une **activité de création** : ce sont les monopoles d'exploitation portant sur **une œuvre de l'esprit ou sur une création**, c'est-à-dire ce que l'on appelle les propriétés intellectuelles : la propriété industrielle (brevet sur une invention ; droit sur une marque) ou propriété littéraire et artistique (droits sur une œuvre de l'esprit, tels qu'un film ou un livre – condition d'originalité exigée). Mais certaines choses incorporelles, même si elles ne sont pas éligibles au rang d'œuvres protégées par le droit de la propriété intellectuelle, sont susceptibles de constituer des biens au sens du Code civil. Ainsi, un arrêt de la chambre criminelle de la Cour de cassation a considéré que la borne informatique de gestion d'une station d'épuration réalisée par un salarié constituait un bien qui était, dès sa réalisation, approprié par l'employeur (ici, le lien d'appropriation ne bénéficie pas au salarié créateur, car il crée dans le cadre d'un rapport de subordination pour le compte et avec les moyens de son employeur ; par suite, s'il vend la borne à une autre société, il commet un abus de confiance : Cass. crim. 22 sept. 2004, n° 04-80285, *Bull. crim.*, n° 218). On peut considérer, avec cet arrêt, que **tout produit de l'activité intellectuelle constitue un bien**.

36. D'autre part, certaines de ces richesses sont liées à une activité professionnelle **« non créatrice »** : ce sont les monopoles d'exploitation portant sur l'exercice d'une activité professionnelle tels les droits sur la clientèle, chose incorporelle. Ces droits de clientèle constituent l'essentiel de la valeur des fonds de commerce ou des fonds libéraux.

2. Choses incorporelles créées par une autorité publique

37. D'autres choses incorporelles ont émergé qui ne sont pas le fruit de l'activité, mais qui la rendent possibles, qui conditionnent l'accès à un marché administré et qui sont donc des sources de revenus. Ces biens ont une valeur d'échange qui tient au fait que ces licences représentent un potentiel de revenus professionnels. On pense aux **quotas laitiers, aux droits de plantation, aux droits de polluer (protocole de Kyoto), aux licences des bureaux de tabac et de débits de boissons...** La patrimonialisation de certaines autorisations est si avancée que certaines sont devenues des biens. Il en va ainsi en matière agricole des quotas betteraviers, qui donnent lieu à une jurisprudence abondante. Ces quotas sont dits par la Cour de cassation « attachés » à l'exploitation agricole en considération de laquelle ils sont délivrés. En conséquence, « le transfert en propriété ou en jouissance de tout ou partie d'une exploitation [entraîne] corrélativement le transfert en propriété ou en jouissance du quota betteravier attaché, au prorata des surfaces labourées transférées» (Cass. 3e civ., 19 juin 2002, n° 01-03160).

38. Il faut enfin noter que les **droits patrimoniaux (droits réels et personnels), à l'exclusion du droit de propriété, constituent des biens** qu'il est souvent utile et possible de s'approprier. Si la propriété n'est pas un bien, parce que l'on ne saurait sans tautologie être propriétaire d'un droit de propriété, les autres droits patrimoniaux sont appropriables. Ainsi, une créance de somme d'argent (droit personnel), ou encore un droit d'usufruit sur un terrain (droit réel) peuvent être cédés ou saisis, à l'instar des biens ordinaires. S'agissant de droits dépourvus de matière, nous sommes encore en présence de **biens incorporels**.

§ 2. Les choses communes, des choses inappropriables

Une fois la notion de chose commune saisie (A), il sera possible de la distinguer d'autres choses soumises à un régime spécifique (B).

A. La notion de chose commune

39. Le régime des choses communes est décrit à l'article 714 du Code civil : « il est des choses qui n'appartiennent à personne et dont l'usage est commun à tous ». Les choses communes sont inappropriables, parce qu'elles servent à l'usage de tous. Ainsi, l'**air** que l'on respire ne peut être approprié par une personne, sans quoi tous les autres habitants de la planète mourraient d'asphyxie !

40. À cet égard, notre droit postmoderne connaît un mouvement de refoulement de la propriété privée, au profit d'une approche collective des choses. Certaines valeurs, parce qu'elles sont destinées à l'usage de tous, doivent échapper à l'emprise de la propriété individuelle. La liste des choses communes ne cesse à cet égard de s'agrandir, afin de répondre à des nécessités raisons éthiques, scientifiques, environnementales ou culturelles : le patrimoine commun de l'humanité, le génome humain, certaines informations, les œuvres tombées dans le domaine public, les paysages, les ondes, les processus écologiques et génétiques, les espèces animales et végétales… Le régime des choses communes se construit alors en opposition avec celui des biens, puisqu'Il est dominé par les principes de liberté, d'égalité et de gratuité dans l'usage de ces choses, là où la propriété implique l'exclusivité du propriétaire et donc l'onérosité pour accéder à la chose d'autrui.

B. La distinction des choses communes et des autres choses particulières

Il est possible de distinguer d'une part les choses communes et les choses hors du commerce (1) et d'autre part les choses communes et les biens sans maître (2).

1. Choses communes et choses hors du commerce

41. Les choses communes ne doivent pas être confondues avec les **choses hors du commerce** qui, bien qu'appropriables, font l'objet d'une indisponibilité, pour des raisons impérieuses. Par principe, les particuliers ont la libre disposition des biens, conformément à l'article 537 du Code civil. Par exception, la loi peut frapper d'indisponibilité certains biens.

Cette indisponibilité peut être **absolue**, ce qui interdit tout acte juridique sur la chose, qu'il soit gratuit ou onéreux. On songe par exemple aux choses dangereuses (amiante) qui sont frappées d'une interdiction de toute circulation (v. C. consom., art. L. 422-2). Mais l'indisponibilité peut être **relative**, en ce que certaines choses sont hors du marché, c'est-à-dire qu'elles ne peuvent pas faire l'objet d'actes à titre onéreux, mais elles sont susceptibles d'être transmises à titre gratuit. Il en va ainsi, par exemple, des tombeaux et sépultures, ou encore du corps humain, soumis à un principe de non-patrimonialité (C. civ., art. 16-1 al. 3), ce qui valide certains actes à titre gratuit (dons d'organes et de gamètes ; certains éléments peuvent par exception être vendus : lait maternel, ongles et cheveux...). On assiste d'ailleurs à un mouvement de patrimonialisation du corps humain (GPA, expérimentation, trafic d'organes...).

2. Choses communes et biens sans maître

42. Les choses communes, non appropriables, ne doivent pas être confondues **avec les choses non appropriées, mais appropriables, qui constituent des biens**. Il s'agit de choses qui ne sont pas encore appropriées, mais qui sont susceptibles de l'être.
Ce sont les **biens sans maître**. On en trouve deux catégories :
- les ***res nullius*** : il s'agit de choses mobilières qui n'ont jamais été appropriées, mais qui sont susceptibles de l'être par occupation (le gibier, le poisson de mer...).
- les ***res derelictae*** : il s'agit de choses mobilières qui ont été appropriées, mais qui ont ensuite été volontairement abandonnées par leur ancien maître : ces choses pourront être appropriées par celui qui les recueillera (ex. : les objets abandonnés par le propriétaire sur la voie publique et glanés par les chiffonniers).

Contrairement aux choses communes, les *res nullius* et les *res derelictae*, susceptibles d'appropriation, constituent des biens.
Une dernière subtilité doit être évoquée : les choses sans maître doivent être distinguées du **trésor**, qui est probablement approprié, contrairement aux choses sans maître, mais par une personne dont on ignore l'identité (sur l'acquisition de la propriété du trésor, v. *infra*, n° 135).
La richesse des biens étant infinie, le droit se livre à un travail de classification.

Section 2
La classification des biens

La classification des biens est dominée par la *summa divisio* des meubles et des immeubles (§ 1), distinction qui est complétée par des distinctions secondaires (§ 2) et par la notion d'universalité de fait (§ 3).

§ 1. La *summa divisio* des meubles et des immeubles

43. Cette *summa* divisio, ignorée du droit romain, a été consacrée sous l'Ancien droit. Le Code civil a repris cette distinction fondamentale : l'article 516 dispose que « *tous* les biens sont meubles ou immeubles ». Pourquoi la distinction est-elle si essentielle ? Il existe des **causes physiques**, tenant à la fixité des immeubles, à laquelle répond la volatilité des meubles, qui circulent de la main à la main. C'est pourquoi les actes sur les immeubles sont publiés, tandis que les meubles se transmettent par la possession (v., *infra*, n° 138). Il existe en outre des **raisons économiques**. La supériorité de l'immeuble sur le meuble était exprimée par l'adage *res mobilis, res vilis* (chose mobilière, chose vile). C'est pourquoi le droit admet exclusivement la rescision pour lésion dans la vente immobilière, ou encore qu'il encadre plus strictement les actes sur les immeubles, parce qu'il s'agit d'actes graves. Même si la distinction est aujourd'hui contestée, notamment à raison de l'avènement des biens immatériels, elle est encore debout. Il reste alors à déterminer les critères de qualification. Nous constaterons que c'est essentiellement un **critère physique**, **fondé sur la nature des choses**, qui préside à la distinction des immeubles (A) et des meubles (B).

A. Les immeubles

Il existe, selon l'article 517 du Code civil, trois types d'immeubles : les immeubles par nature (1), les immeubles par destination (2) et les immeubles par l'objet auxquels ils s'appliquent (3).

1. Les immeubles par nature

44. Cette catégorie comprend le sol et tous les éléments incorporés au sol :

- **le sol** (C. civ., art. 518) : le code désigne ici les **fonds de terre**, qui comprennent la surface du sol (« superficie ») et le sous-sol (« tréfonds ») ;
- **Les éléments incorporés au sol** : ce sont essentiellement les **plantations** (arbres, fleurs...) et les **constructions** (immeubles collectifs, maisons individuelles...).

On constate donc que c'est un **critère physique** qui fonde la notion d'immeuble par nature.

2. Les immeubles par destination

45. Les immeubles par destination sont en revanche non pas constitués à l'aune de la nature physique, mais en vertu de la volonté du propriétaire. Ainsi, les immeubles par destination sont des **choses mobilières considérées fictivement comme des immeubles en raison du lien qui les unit à un immeuble par nature dont ils constituent l'accessoire**.

Exemple

Des vaches affectées à un fonds agricole, immeuble par nature, sont fictivement considérées comme des immeubles par destination.

Pourquoi cette qualification ? Cela permet de créer un **lien entre le principal et l'accessoire** : ainsi, les biens affectés au service du fonds, devenus immeuble, ne pourront être saisis par un tiers indépendamment du fonds ; de même, à défaut de volonté contraire du propriétaire, la vente de l'immeuble par nature emporte celle de l'accessoire, immeuble par destination. Il reste à voir les conditions (a), les différences avec l'immeuble par nature (b) et la cessation de l'immobilisation par destination (c).

a. Les conditions de l'immobilisation par destination

46. Il y en a **deux** :

- les deux biens doivent appartenir **au même propriétaire** : l'immobilisation par destination repose en effet sur la volonté du propriétaire d'affecter un bien à un autre de ses biens ;

- **Un rapport de destination** entre le meuble et l'immeuble : il doit exister un lien entre les deux biens ; ce lien peut être *économique* ou *matériel* :
  - un lien économique : **les choses affectées au service ou à l'exploitation d'un fonds** (art. 524).

    L'article 524 du Code civil vise ici les **objets que le propriétaire du fonds affecte pour le service et l'exploitation du fonds.** Dans ce cas, le rapport de destination présente un caractère **objectif**. le bien est objectivement utile à l'immeuble auquel il est affecté ; dès lors, **aucune union matérielle n'est nécessaire entre les deux biens pour qu'il y ait immobilisation par destination**. L'article 524 donne alors une liste non exhaustive de biens affectés au service ou à l'exploitation du fonds : il en va ainsi, par exemple des ruches à miel ;
  - un lien matériel : **les choses attachées au fonds à perpétuelle demeure** (art. 525).

    L'article 525 fait ici référence à des choses **qui ne sont pas objectivement utiles** pour le fonds ; il s'agit de biens ayant essentiellement une **fonction décorative** (ex. : les glaces, tableaux ou encore les statues...)

    Il s'ensuit que l'intention du propriétaire d'affecter le meuble à l'immeuble est moins évidente : il faut alors que le rapport de destination entre les deux biens se traduise matériellement par un **lien d'attache à perpétuelle demeure**. L'article 525 en donne des illustrations : scellement des glaces ou tableaux, aménagement d'une niche spécialement destinée à recevoir une statue...

Dès lors qu'il y existe un lien matériel entre les deux biens, on peut hésiter entre la qualification d'immeuble par nature et d'immeuble par destination.

b. Les différences entre l'immeuble par nature et l'immeuble par destination

47. Ce problème de frontière ne se pose que pour la deuxième catégorie d'immeubles par destination, ceux attachés à perpétuelle demeure. En effet, dans ce cas, on peut considérer qu'il s'agit d'une chose incorporée au sol, donc d'un immeuble par nature. Mais il existe en réalité **deux différences** :

- L'attache à perpétuelle demeure est un **lien moins intense** que le lien d'incorporation : ainsi, malgré le scellement, l'immeuble par destination demeure une chose distincte, tandis que la jurisprudence, s'agissant de l'immobilisation par nature, exige de manière stricte que les biens soient indissociablement liés, ce qui suppose que le meuble perde son individualité matérielle. Ainsi, il a été jugé que des **fresques**, en ce qu'elles sont indissociables de la construction (église), constituent des immeubles par nature (Cass. ass. plén., 15 avr. 1988, n° 85-10262, 85-11198, *Bull. ass. plén.*, n° 4 ; v. également pour des bas-reliefs en marbre, qualifiés d'immeubles par nature ce qui leur confère, comme le château, la qualité de monument historique : CE, 24 févr. 1999, n° 191317, Société Transurba). À l'inverse, des convecteurs électriques reliés à l'installation par de simples dominos, dont il n'est pas constaté qu'ils sont indissociablement liés à l'immeuble, ne peuvent constituer des immeubles par nature (Cass. 3e civ., 23 janv. 2002, n° 99-18102, *Bull. civ.* III, n° 12).
- L'immobilisation par destination doit nécessairement **procéder du propriétaire des deux biens**, car ce procédé est fondé sur sa volonté. À l'inverse, l'immobilisation par incorporation, qui fait qu'un meuble devient immeuble par nature, est fondée sur l'union physique des deux biens : peu importe l'auteur de l'incorporation (un artisan, un locataire...).

c. La cessation de l'immobilisation par destination

48. Il est certain que le meuble immobilisé peut redevenir meuble. Pour autant, la jurisprudence pose de manière traditionnelle que **la seule volonté du propriétaire est insuffisante pour faire cesser l'immobilisation par destination** (Cass. civ., 27 juin 1944). Il faut que cette volonté se traduise dans les faits, par un acte tangible. Ainsi, l'immobilisation par destination **prend fin soit par la séparation matérielle (acte matériel) des deux biens, soit par leur aliénation séparée (acte juridique)**. Cette dernière modalité montre que le rapport de destination, qui prend fin par une simple séparation juridique, est moins fort que l'incorporation.

Exemple

Il a été jugé que l'aliénation séparée de poissons à une société distincte de celle qui faisait l'acquisition du terrain sur lequel se trouvaient les bassins faisait perdre aux poissons la qualité d'immeubles par destination (Cass. 1re civ., 11 janv. 2005, n° 01-17736, *Bull. civ.* I, n° 25).

Cependant, contrairement au lien d'incorporation, **la cessation de l'immobilisation par destination doit être décidée par le propriétaire** : si un tiers, contre la volonté du propriétaire, sépare les biens ou les aliène de façon séparée, l'immobilisation par destination ne prend pas fin. **Ainsi, la volonté du propriétaire, insuffisante à faire cesser à elle seule le rapport de destination, est une condition nécessaire à la cessation de ce rapport.** À l'inverse, si le bien constitue un immeuble par nature, son arrachement par un tiers lui confère une nature mobilière (Cass. ass. plén., 15 avr. 1988, préc. *supra*, n° 47), avec les conséquences que cela implique (notamment sous l'angle de la possession ; v. *infra*, n° 68 et s.).

3. Les immeubles par l'objet auxquels ils s'appliquent

Les droits qui portent sur des immeubles ont une nature immobilière. Ainsi, un droit d'usufruit sur une maison, immeuble, relève du droit immobilier.
De même, les **actions** en justice relatives aux immeubles présentent une nature immobilière (par ex., l'action en revendication d'un immeuble ; sur laquelle, v. *infra*, n° 141 et s.).

B. Les meubles

L'article 527 du Code civil dispose que « les biens sont meubles par nature (1), ou par la détermination de la loi (2) ». En réalité, il convient d'envisager une troisième catégorie, créée par la jurisprudence : les meubles par anticipation (3).

1. Les meubles par nature

49. L'article 528 du Code civil vise les biens qui peuvent se transporter d'un lieu à un autre. Il s'agit de **meubles corporels.** Depuis la loi du 16 février 2015, les animaux ne sont plus des meubles par nature, mais ils sont soumis à leur régime (sur cette loi, v. *supra*, n° 34).

2. Les meubles par détermination de la loi

50. L'article 529 du Code civil prévoit une liste assez limitée de meubles par détermination de la loi : obligations, actions qui ont pour objet des sommes exigibles ou des effets mobiliers, actions dans les compagnies de finances...

En réalité, la liste est plus longue, dans la mesure où la catégorie de meuble est résiduelle : tout ce qui n'est pas immeuble par nature, par destination ou par l'objet, est meuble.
On trouve donc, parmi les meubles par détermination de la loi :
- tous les **droits et actions portant sur les meubles par nature** (droits réels mobiliers et actions relatives à ces droits réels mobiliers ; ex. : usufruit sur un meuble) ;
- tous les **droits personnels et actions relatives à ces droits personnels** ;
- toutes les **choses incorporelles** (fonds de commerce, clientèle, œuvre de l'esprit, marque...) ;
- tous les **droits sur les choses incorporelles** (brevets, droit d'auteur...).

On doit toutefois relever que cette qualification mobilière n'est pas toujours adaptée aux biens incorporels. C'est pourquoi, nous le verrons, la Cour de cassation exclut l'application de certaines règles, spécialement de l'article 2276 (v. *infra*, n° 84).

3. Les meubles par anticipation

51. C'est une création de la **jurisprudence**.
Il s'agit d'un immeuble destiné dans le futur à être détaché du sol et qui, par anticipation, est d'ores et déjà considéré comme un meuble. Ainsi en va-t-il des **récoltes vendues sur pied** : actuellement, elles sont immeubles par nature ; mais compte tenu du but poursuivi par les parties, ces récoltes étant vendues en vue de leur séparation du fonds, on admet que ces choses sont mobilières et que la vente elle-même est mobilière. Cela a notamment pour conséquence de supprimer toute exigence de publicité pour leur aliénation.
Cette catégorie présente une certaine parenté avec celle d'immeuble par destination : la nature physique d'un bien est gommée, compte tenu de la volonté du propriétaire de le considérer comme un meuble.

§ 2. Les classifications secondaires

Il convient d'envisager successivement la distinction des fruits et des produits (A), des choses consomptibles et non consomptibles (B) et des choses fongibles et non fongibles (C).

A. La distinction des fruits et des produits

Il convient de présenter le critère de la distinction (1) avant de mettre en lumière son intérêt (2).

1. Le critère de la distinction

52. Une personne peut tirer profit d'un bien par la production, à partir de ce bien, de biens nouveaux. Par exemple, un arbre procure des fruits ; une maison peut permettre de percevoir des loyers ; une carrière permet d'extraire de la pierre, du marbre... Comment sont alors qualifiés ces biens nouvellement créés ?
Il convient de distinguer selon que la création des biens **porte atteinte ou non à la substance** du bien dont ils proviennent.
Ainsi, les **fruits ne portent pas atteinte à la substance du bien dont ils proviennent** : les loyers produits par un appartement loué, les fruits d'un arbre ou encore les bénéfices réalisés par une usine ne portent pas atteinte à l'appartement, à l'arbre ou à l'usine.

Il existe trois sous-catégories de fruits : les **fruits naturels**, produits spontanément par une chose (ex. des cerises), les **fruits civils**, qui résultent d'un acte juridique conclu sur la chose (ex. des loyers résultant d'un bail) et les **fruits industriels**, qui proviennent de l'exploitation de la chose par l'homme (ex. les bénéfices tirés de l'exploitation d'une usine).
En revanche, **les produits ne peuvent être prélevés qu'avec altération de la substance du capital.** Par exemple, la roche, extraite de la carrière, entraîne fatalement une diminution de cette carrière. Le charbon extrait de la mine constitue un produit, car la mine ne se régénère pas : sa substance est altérée.

2. L'intérêt de la distinction

53. La distinction n'a pas d'intérêt lorsque le propriétaire garde la jouissance de la chose, parce qu'il a droit autant aux fruits qu'aux produits. En revanche, lorsque le propriétaire n'en a pas la jouissance et que celle-ci est accordée à un tiers (par ex., un usufruitier), celui-ci n'a droit en principe qu'aux fruits, et non aux produits, dans la mesure où l'utilisateur ne peut pas compromettre la substance du bien (v. *infra*, n° 176 et s.). C'est pourquoi les fruits se trouvent définis dans les règles consacrées à l'usufruit.
Il en va de même pour la distinction des choses consomptibles et des choses non consomptibles.

B. La distinction des choses consomptibles et des choses non consomptibles

Il convient de présenter le critère de la distinction (1) avant de mettre en lumière son intérêt (2).

1. Le critère de distinction

54. Conformément à l'article 587 du Code civil, les choses consomptibles sont celles qui disparaissent par l'usage que l'on en fait. Ainsi, l'argent et les denrées alimentaires sont des biens consomptibles, dans la mesure où elles doivent être consommées pour être utilisées. À l'inverse, les choses non consomptibles sont des choses qui ne disparaissent pas par l'usage qu'on en fait, quand bien même cet usage leur ferait perdre de la valeur : une automobile, un terrain, un vêtement...

2. L'intérêt de la distinction

55. De nouveau, la distinction n'a d'intérêt que lorsque la jouissance du bien est conférée à un tiers (prêt, usufruit...). Alors que l'emprunteur ou l'usufruitier doivent normalement conserver la chose et la restituer au terme de leur droit, ils peuvent en disposer s'agissant de choses consomptibles, dans la mesure où c'est la seule manière d'en user. Quel pourrait être l'intérêt d'un emprunt bancaire ou de l'usufruit d'une somme d'argent si l'on ne peut pas dépenser les fonds ? Simplement, à une échéance donnée, l'emprunteur, comme l'usufruitier, devra restituer des choses de même nature et en même quantité, ou bien leur valeur estimée au jour de la restitution (C. civ., art. 587). S'agissant du prêt de consommation, l'article 1893 du Code civil prévoit expressément que l'emprunteur est propriétaire de la chose prêtée. La nature de l'usufruit de choses consomptibles, que l'on nomme **quasi-usufruit**, est plus discutée (sur cette question, v. *infra*, n° 188).

C. La distinction des choses fongibles et des choses non fongibles

Il convient de présenter le critère de la distinction (1) avant de mettre en lumière son intérêt (2).

1. Le critère de distinction

56. Les choses fongibles sont des **choses interchangeables**, qui peuvent se remplacer indifféremment les unes les autres, parce qu'elles sont considérées comme équivalentes. Le nouvel article 1347-1 du Code civil, issu de la réforme du droit des obligations, prévoit que « sont fongibles les obligations de somme d'argent, même en différentes devises, pourvu qu'elles soient convertibles, ou celles qui ont pour objet une quantité de choses de même genre ». La fongibilité repose non seulement sur la nature des choses (fongibilité objective) mais aussi sur la volonté des parties de tenir pour équivalentes deux choses différentes (fongibilité subjective). Ainsi, la Cour de cassation a pu admettre la fongibilité conventionnelle entre de la noix de jambon et du jambon à affiner, dès lors que la valeur de chaque pièce était identique (Cass. com., 26 mai 2010, n° 09-65812, *Bull. civ.* IV, n° 98).
Les choses non fongibles sont au contraire des choses non substituables. Elles sont appréciées dans leur identité propre, ce qui interdit de les confondre avec d'autres choses. Par exemple, tel tableau de Picasso, tel immeuble localisé par son emplacement. Ces biens ont une identité propre : on ne peut pas les remplacer à l'identique.

2. L'intérêt de la distinction

57. La distinction entraîne de nombreuses conséquences. Notamment, la **compensation** n'a normalement lieu qu'entre obligations fongibles (C. civ., art. 1347-1). En outre, la fongibilité a une incidence sur la qualification des mécanismes organisant la remise d'une chose à titre précaire (usufruit, prêt à usage...). Lorsque la chose remise est fongible, le détenteur va pouvoir exécuter son obligation de restitution en restituant des choses de même nature et de même espèce.

Exemple

L'usufruitier d'une somme d'argent va pouvoir dépenser cette somme (alors que l'usufruitier d'une maison ne peut pas la vendre), et restituer l'équivalent monétaire au terme de l'usufruit.

La fongibilité entraîne également des conséquences intéressantes en droit des sûretés, en permettant à la sûreté d'avoir une assiette flottante (v. *infra*, n° 1087). Dans le même esprit, la **revendication des choses fongibles** obéit à un régime spécifique, dans la mesure où le droit de propriété va pouvoir se reporter sur des choses de même nature (v. *infra*, n° 141 et s., sur la revendication).

58. La distinction entre choses fongibles et choses non fongibles est proche de celle entre les **choses de genre et les corps certains**. Toutefois, le critère de distinction n'est pas identique. Alors que la fongibilité suppose la substitution d'une chose par une autre, la chose de genre devient un corps certain par son **individualisation**. La chose de genre n'est pas vraiment un bien, c'est plutôt un genre de chose qui, avant d'être individualisé, n'est pas dans le commerce juridique. Par exemple, la farine, le vin, le chat siamois, l'iphone X sont des choses de genre. Il faut, pour les identifier, une opération d'individualisation (3 tonnes de farine, 12 caisses de châteauneuf-du-pape 2012, tel chat siamois en animalerie, le numéro de série de l'iphone). La distinction a une incidence sur le transfert de propriété et le transfert des risques. Ainsi, le **transfert** qui est immédiat pour les corps certains, est retardé pour les choses de genre jusqu'à leur individualisation par une opération de mesure ou de compte, si celle-ci n'a pas eu lieu lors de la conclusion du contrat (v., implicitement, C. civ., art. 1196 al. 2).

La distinction entre choses de genre et corps certains et celle entre choses fongibles et non fongibles sont proches, mais elles ne se recoupent pas pour autant. Une chose fongible peut ainsi être un corps certain. Par exemple, la somme de 25 euros est une chose fongible (substituable) et un corps certain (individualisée). À l'inverse, il peut très bien ne pas y avoir de fongibilité entre deux chats siamois (choses de genre), dès lors qu'un acquéreur peut en vouloir un avec des caractéristiques particulières (ex. un jeune mâle de moins de six mois).

§ 3. Les groupements de biens : les universalités de fait

L'étude de la notion (A) précédera celle de son régime (B).

A. La notion d'universalité de fait

59. L'universalité de fait est **un ensemble de biens qui, par interprétation de la volonté du propriétaire, est considéré comme un bien unique**. Cette universalité de fait ne doit pas être confondue avec **l'universalité de droit**, qui renvoie à la notion de patrimoine, donc à un ensemble permanent composant un actif et un passif. Au contraire, l'universalité de fait n'est qu'un regroupement circonstanciel de biens et ne comprend aucune dette.
L'élément fédérateur de l'universalité de fait réside **dans la destination commune des biens qui la composent**.

Exemple

À l'occasion d'un testament, un propriétaire lègue sa bibliothèque dans son ensemble, et non des livres identifiés. Un agriculteur conclut un bail sur son troupeau, et non sur une quantité de bêtes déterminées. Un commerçant conclut un gage sur son stock de marchandises. Ces trois exemples concernent des universalités de fait constituées de biens **de même nature**. Mais il faut savoir que l'universalité peut regrouper des biens de **nature différente**. Ainsi, le fonds de commerce constitue une universalité de fait, alors qu'il est composé de biens de nature différente : clientèle, droit au bail, matériel... (à l'exclusion toutefois des immeubles par destination, qui ne sont pas compris dans le fonds et qui sont au contraire cédés avec l'immeuble : Cass. com., 31 mars 2009, n° 08-14180). Dans tous les cas, s'exprime la volonté du propriétaire de traiter les biens comme un tout à l'occasion d'un acte juridique.

60. Par un fameux arrêt ***Baylet*** **rendu en 1998**, la Cour de cassation a considéré que le portefeuille de valeurs mobilières était susceptible de constituer une universalité de fait, ce qui entraîne des conséquences sur le régime de l'usufruit (Cass. 1re civ., 12 nov. 1998, n° 96-18041, *Bull. civ.* I, n° 315 ; v. sur cette question, *infra*, n° 188). On peine pourtant à discerner ce qui

fonde l'unité dans un portefeuille d'actions, dans la mesure où chaque catégorie de titres obéit à des stratégies patrimoniales différentes (notamment selon le cours de la bourse de telle ou telle action).

B. Le régime de l'universalité de fait

61. Le grand intérêt de l'universalité de fait est de présenter une composition évolutive, sans que cela affecte les droits qui ont été consentis sur cet ensemble. Si une personne lègue son troupeau, et si entre le legs et ma mort, le troupeau croît ou décroît, peu importe, car ce ne sont pas 39 bêtes, mais un troupeau, dans son abstraction, qui a été légué. Par nature, l'universalité de fait est **évolutive**. Pour ce faire, une technique juridique est particulièrement sollicitée : la **subrogation réelle**. Les biens qui disparaissent sont remplacés par les biens acquis par le produit de la vente.

62 à 67. Réservés.

LEÇON 3

LA POSSESSION

Textes

Articles 2255 et suivants du Code civil

68. Aux termes de l'article 2255 du Code civil, « la possession est la détention ou la jouissance d'une chose ou d'un droit que nous tenons ou que nous exerçons par nous-mêmes, ou par un autre qui la tient ou qui l'exerce en notre nom ». Tandis que la propriété relève du droit, la possession relève du fait. Une personne exerce sur une chose un pouvoir de fait : elle habite une maison, elle cultive un terrain, elle exploite un brevet ou un fonds de commerce, sans que l'on sache si elle est réellement propriétaire du bien. Cette situation de fait, qui peut être définie de manière unitaire (section 1), est dotée d'un régime juridique qui varie en revanche beaucoup selon la nature mobilière ou immobilière de la chose (section 2).

Section 1
La notion de possession

69. L'emplacement de la possession dans le Code civil nous fournit des indications sur la manière dont elle est appréhendée dans notre législation. Elle ne se trouve pas dans le livre II consacré aux biens, mais dans le titre XXI du livre III, dédié à la possession et à la prescription acquisitive. Ainsi, la possession permet essentiellement de prescrire, c'est-à-dire d'acquérir la propriété d'un bien. On le voit, la possession assure la sécurité juridique, en permettant que le fait rejoigne le droit. Pour ce faire, elle doit être utile, c'est-à-dire présenter certains caractères. Mais cela ne suffit pas : encore faut-il que la possession existe en amont. L'existence de la possession (§ 1) précédera donc celle de son utilité (§ 2). Ce sont ces deux étapes qu'il convient d'ailleurs d'envisager successivement dans les cas pratiques consacrés à la possession.

§ 1. L'existence de la possession

Avant toute chose, il importe de préciser le **domaine** de la possession. Contrairement aux apparences, posséder une chose, ce n'est pas nécessairement l'avoir entre ses mains. Ainsi, la possession peut porter tout aussi bien sur des **choses corporelles que des choses**

incorporelles. L'article 2255, qui fait référence à la possession d'un « droit », le souligne expressément. Il est ainsi possible de posséder un fonds de commerce, des valeurs mobilières dématérialisées, ou encore des créations intellectuelles, dès lors que l'on exerce sur ces biens un pouvoir de fait. De même, un **droit réel** sur une chose corporelle peut faire l'objet d'une possession. Il peut y avoir possession d'un usufruit ou d'une servitude : elle consiste en l'exercice effectif de cet usufruit ou de cette servitude comme si l'on en avait régulièrement acquis le droit (alors même qu'il n'en serait rien).
Le domaine de la possession précisé, il faut à présent envisager les deux éléments constitutifs de la possession : le *corpus* (élément matériel, A) et *l'animus* (élément psychologique, B).

A. Le *corpus*

Le *corpus* de la possession consiste dans des actes matériels accomplis sur la chose, du même type que ceux que pourrait accomplir un propriétaire (1). Ces actes matériels peuvent être le fait d'un tiers qui représente le possesseur : on parle alors de possession *corpore alieno* (2).

1. Les actes matériels constitutifs du *corpus*

70. Le corpus est analysé **comme l'accomplissement d'actes matériels sur la chose**, qu'elle soit corporelle ou incorporelle. En visant la détention et la jouissance, l'article 2255 du Code civil adopte une définition assez compréhensive du *corpus*. Il peut s'agir de l'usage d'une chose (habiter une maison, utiliser une voiture) ou de son exploitation (d'un fonds de commerce ou d'un brevet, par ex.).
La jurisprudence considère que l'accomplissement de seuls **actes juridiques** sur la chose est insuffisant à caractériser le *corpus* de la possession. Vendre ou louer un immeuble ne suffit pas à se constituer possesseur. La solution est logique, dans la mesure où de tels actes juridiques relèvent du droit, tandis que la possession suppose un fait. Pour autant, le propos doit être nuancé. En louant sa chose à un tiers, le bailleur va permettre à un locataire d'accomplir des actes matériels qui seront faits pour son compte. C'est l'hypothèse de la possession *corpore alieno*.

2. La possession *corpore alieno*

71. L'article 2255 prévoit que l'on peut posséder « par un tiers qui la tient ou qui l'exerce en notre nom ». Ainsi, le locataire, qui a été mis en possession par son bailleur, possède pour le compte de ce dernier. Donnons un exemple de l'intérêt d'un tel mécanisme. Imaginons qu'une personne achète un appartement qu'elle loue pendant plus de dix ans à différents locataires. Si son titre de propriété est finalement remis en cause, le bailleur pourra se prévaloir de la possession *corpore alieno* de l'immeuble par l'intermédiaire de ses locataires pour invoquer le bénéfice de la prescription acquisitive.

B. L'*animus*

Pour être un véritable possesseur, il faut avoir la volonté de se comporter en titulaire d'un droit sur la chose. L'*animus* est l'élément psychologique de la possession (1). Il permet de distinguer la possession de la détention (2).

1. La définition de l'*animus*

72. L'*animus*, c'est la volonté du possesseur de se comporter comme le propriétaire du bien. L'article 2261 *in fine* fait ainsi référence à une possession « à titre de propriétaire ». La possession d'un immeuble à titre de propriétaire permettra d'en acquérir la propriété, de même que la possession d'un droit d'usufruit à titre de propriétaire permettra de l'acquérir.

Exemple

Imaginons qu'une personne institue un usufruit sur une chose au profit d'un tiers. Ce dernier ne possède pas directement l'immeuble comme propriétaire, parce qu'il ne peut avoir cette volonté. En revanche, il peut s'estimer posséder le droit d'usufruit, et l'acquérir ainsi par l'effet de sa possession.

Deux précisions doivent être faites.
En premier lieu, l'article 2256 introduit une **présomption d'*animus***: « on est toujours présumé pour soi, et à titre de propriétaire, s'il n'est prouvé qu'on a commencé à posséder pour un autre ». La présomption est simple et peut être renversée par la preuve contraire, qui peut être apportée par tous moyens.
En deuxième lieu, **l'*animus* ne doit pas être confondu avec la bonne foi du possesseur**. Comme nous le verrons ultérieurement, la bonne foi est l'ignorance par le possesseur des vices de son titre d'acquisition.

Exemple

Une personne achète un appartement auprès d'une personne qu'elle croit être le propriétaire légitime, alors qu'il n'en est rien. Cela n'a rien à voir avec l'*animus*. Ainsi, il est parfaitement possible de posséder un bien, c'est-à-dire avoir l'*animus* de la possession, tout en étant de mauvaise foi. Celui qui s'installe sur un terrain en sachant qu'il ne lui appartient pas, celui qui vole un objet à autrui et se l'accapare, ou encore celui qui acquiert un bien tout en sachant que son vendeur n'est pas propriétaire, sont tous des possesseurs, parce qu'ils ont la volonté de se comporter comme propriétaires de ces biens, mais ils sont de mauvaise foi.

2. Le rôle de l'*animus*

73. L'*animus* a un rôle considérable, dans la mesure où il permet de distinguer la **détention précaire** d'une chose et sa **possession**.
Celui qui **détient la chose d'une autre personne en vertu d'un titre non translatif de propriété n'est qu'un détenteur précaire**. Il ne peut donc pas prescrire, ainsi que le prévoit l'article 2266 du Code civil, parce que l'*animus* fait défaut. Il en va ainsi par exemple en matière de bail, de dépôt, de prêt, de contrat de travail, d'usufruit ou encore de tutelle. Dans tous les cas, l'utilisateur du bien le détient en vertu d'un titre contractuel ou légal qui lui interdit de se comporter comme propriétaire, puisqu'il n'a reçu qu'un droit précaire sur la chose. À un terme proche ou lointain, il devra rendre la chose à son propriétaire, ce qui lui interdit de se comporter comme tel.
Est-ce à dire que le détenteur précaire ne peut pas devenir possesseur ? Il n'en est rien. Mais il faut déjà observer que l'article 2257 du Code civil instaure une présomption : « quand on a commencé à posséder pour autrui, on est toujours présumé posséder au même titre,

s'il n'y a preuve du contraire». Il appartient donc au détenteur de rapporter la preuve d'une **interversion de titre**: le titre de détention est transformé en titre de possession. Cette interversion de titre ne peut pas être le fait de la seule volonté du détenteur, ce que vient rappeler l'article 2270 du Code selon lequel «on ne peut pas prescrire contre son titre, en ce sens que l'on ne peut point se changer à soi-même la cause et le principe de sa possession» Les hypothèses d'interversion de titre sont prévues à l'article 2268 du Code civil.

74. Le premier cas est «une cause **venant d'un tiers**». Un tiers considère le détenteur non pas comme tel mais comme possesseur en vertu d'un titre nouveau.

Exemple

Un tiers vend la chose prêtée à l'emprunteur, ou la lui donne. Le détenteur peut penser que le prêteur n'était pas le véritable propriétaire et qu'en revanche le tiers l'est. Le détenteur peut donc dans un tel cas croire être devenu propriétaire en vertu du nouveau titre.

75. Le deuxième cas est la **contradiction du droit du propriétaire**. Celle-ci doit prendre une forme particulièrement explicite pour pouvoir être prise en considération.

Exemple

Le seul non-paiement des loyers par le locataire ne saurait suffire pour que l'on juge qu'il y a interversion de titre: tous les locataires qui ne payent pas leur loyer ne le font pas parce qu'ils imaginent être devenus des propriétaires. Il faut que l'on ne puisse pas douter de l'*animus* de possesseur de l'ancien détenteur. La contradiction doit s'adresser explicitement et directement au propriétaire qui est de la sorte mis en demeure de la contester. Son absence de protestation en réponse à cette contradiction réalise une interversion de titre.

Enfin, l'article 2262 du Code civil précise que «les actes de pure faculté et ceux de simple tolérance ne peuvent fonder ni possession ni prescription». Ainsi, le seul fait pour le propriétaire d'autoriser à titre précaire un tiers à utiliser sa chose ne saurait permettre à ce dernier de prescrire.

Exemple

J'autorise, par bon esprit de voisinage, mon voisin à venir puiser l'eau de mon puits. Cela ne saurait lui permettre d'acquérir une servitude par l'effet de la prescription, en ce qu'il n'est qu'un détenteur précaire par l'effet de cette simple tolérance.

§ 2. Les caractères de la possession utile

La possession est dite utile lorsqu'elle peut fonder une prescription acquisitive: elle permet l'acquisition de la propriété du bien.
L'article 2261 du Code civil dispose que «pour pouvoir prescrire, il faut une possession continue et non interrompue, paisible, publique, non équivoque, et à tire de propriétaire».
De cet article se dégagent les **quatre caractères** de la possession utile: le caractère continu (A), paisible (B), publique (C) et non équivoque (D).

A. Le caractère continu

76. La continuité de la possession suppose qu'il n'y ait pas une interruption **anormale** dans l'exercice des actes constituant le *corpus*. Afin de faciliter la tâche du possesseur, l'article 2264 du Code civil introduit une présomption : « le possesseur actuel qui prouve avoir possédé anciennement est présumé avoir possédé dans le temps intermédiaire, sauf la preuve contraire ». Lorsqu'on a prouvé non seulement la possession actuelle mais aussi la possession ancienne, cette présomption permet de faire le pont entre deux possessions effectivement prouvées. Néanmoins, l'article 2271 du Code civil prévoit que « la prescription acquisitive est interrompue lorsque le possesseur d'un bien est privé **pendant plus d'un an** de la jouissance de ce bien soit par le propriétaire, soit même par un tiers ».
Le vice de discontinuité est **absolu**, dans la mesure où toute personne peut l'invoquer pour empêcher le possesseur de prescrire.

B. Le caractère paisible

77. L'article 2263 du Code civil dispose que « les actes de violence ne peuvent fonder non plus une possession capable d'opérer la prescription. La prescription utile ne commence que lorsque la violence a cessé ». Ainsi, celui qui occupe un terrain après avoir démoli la clôture pour y accéder ne peut prescrire.
Le texte prévoit que le vice de violence est **temporaire**. Si la violence cesse et que, la violence ayant cessé, le titulaire du droit ne proteste pas, le possesseur pourra prescrire. La possession devient alors paisible. Par ailleurs, le vice de violence est un vice **relatif**, au sens où seul celui qui subit la violence peut l'invoquer pour résister à la prescription.

C. Le caractère public

78. La possession doit être publique pour être utile. En d'autres termes, la clandestinité vicie la possession. Par exemple, une personne ne peut invoquer la possession d'une voiture achetée auprès d'un receleur et laissée au garage pendant tout le temps de la possession. Comme la violence, la clandestinité est un vice **temporaire** et **relatif.**

D. Le caractère non équivoque

79. Alors que les trois premiers caractères de la possession utile concernent le *corpus* de la possession, ce dernier caractère porte sur l'*animus*. Il existe un doute sur la volonté du possesseur de se comporter comme le propriétaire du bien. Ce doute existe principalement en pratique **lorsque plusieurs personnes (époux, concubins, indivisaires...) exercent des droits concurrents sur un même bien ou exercent ensemble le même pouvoir de fait (cohabitation).** Il est alors difficile d'estimer que l'un d'entre eux se considère comme le seul propriétaire du bien et puisse ainsi prescrire au détriment des autres.
Le vice d'équivoque est un vice **relatif** : ainsi, en présence d'une indivision, seuls les autres indivisaires, ou leurs héritiers, peuvent se prévaloir du vice d'équivoque de la possession pour empêcher l'un d'entre eux de prescrire.
Il faut enfin noter que la **bonne foi** du possesseur n'est pas une condition de la possession utile. Ainsi que l'on va le voir, la mauvaise foi n'empêche pas le jeu de la prescription acquisitive. C'est ce que prévoit expressément l'article 2258 du Code civil : « la prescription acquisitive est un moyen d'acquérir un bien ou un droit par l'effet de la possession sans que

celui qui l'allègue soit obligé d'en rapporter un titre *ou qu'on puisse lui opposer l'exception déduite de la mauvaise foi*»;
Cependant, la bonne foi va sensiblement permettre de faciliter cette acquisition. Tout ceci nous amène au régime de la possession.

Actualité sur les caractères de la possession utile

Par un arrêt du 21 septembre 2022, la troisième chambre civile a jugé que « *le non-respect de règles d'urbanisme applicables à des travaux de construction ne fait pas obstacle, en l'absence d'actes de possession illicites pour être contraires à l'ordre public ou aux bonnes mœurs, à ce que le possesseur du terrain d'assiette en acquiert la propriété par prescription* » **(Cass. 3e civ., 21 sept. 2022, n° 21-17409)**. En l'espèce, une personne avait construit deux maisons d'habitation sur un terrain agricole non constructible, sans obtenir une quelconque autorisation préalable (déclassement du bien agricole). Cela ne l'empêche pas d'acquérir la propriété du terrain par prescription, dès lors qu'une telle irrégularité n'excluait pas l'intention du possesseur de se comporter comme propriétaire de la chose. Sa possession n'est donc pas équivoque. Tout ceci souligne que la possession relève du fait, et non du droit : même si le possesseur ne respecte pas la réglementation en vigueur, il peut prescrire dès lors qu'il se considère comme propriétaire. Le tout sous réserve toutefois que le possesseur ne commette pas des actes de possession illicites, pouvant être contraires à l'ordre public ou aux bonnes mœurs. Reste toutefois à savoir ce que recouvre une telle hypothèse, dès lors que le non-respect de la réglementation d'urbanisme, pourtant impérative, ne constitue pas pour la Cour de cassation un acte de possession illicite.

Section 2
Le régime de la possession

Le régime de la possession varie selon qu'elle porte sur un immeuble (§ 1) ou un meuble (§ 2). Il faut donc se montrer très **attentif dans les cas pratiques sur la nature juridique du bien**, afin d'appliquer le bon régime.

§ 1. Le régime de la possession en matière immobilière

La possession immobilière se caractérise par l'usucapion (A) et se signalait également par les actions possessoires, qui ont finalement été supprimées (B).

A. L'usucapion

L'usucapion désigne l'acquisition de la propriété d'un immeuble par l'effet de la prescription. **Il n'existe pas, en matière immobilière, d'acquisition immédiate de la propriété par la possession**. C'est l'un des enjeux majeurs de la *summa divisio* entre les immeubles et les meubles.

1. La prescription trentenaire

80. Comme chacun sait, une loi du 17 juin 2008 a réformé la prescription civile, en introduisant un délai de droit commun de cinq ans, qui s'est substitué à l'ancien délai de trente ans de l'article 2262 du Code civil. Mais ce **délai de trente ans** a été maintenu pour l'usucapion. Ainsi, l'article 2272 du Code civil dispose que « le délai de prescription requis pour acquérir la propriété immobilière est de trente ans ».

81. Il faut savoir qu'il est possible d'opérer une **jonction des possessions** afin de parvenir plus aisément à un tel délai. L'article 2265 prévoit que « pour compléter la prescription, on peut joindre à sa possession celle de son auteur, de quelque manière qu'on lui ait succédé, soit à titre universel ou particulier, soit à titre lucratif ou onéreux ». La Cour de cassation se montre souple : le juge ne peut écarter la jonction de possession sans rechercher si la vente a porté dans l'intention des parties sur le local possédé par le vendeur depuis sa propre acquisition, nonobstant la numérotation erronée des lots mentionnée dans les actes (Cass. 3ᵉ civ., 19 oct. 2022, n° 21-19852).
Prenons un exemple : Pierre a vendu à Paul une cave numérotée 81 (lot de copropriété). On découvre ultérieurement que la cave appartenait en réalité à Jacques. Afin de résister à l'action en revendication exercée par ce dernier, Paul pourra ajouter à son temps de possession (par ex. quatorze ans) celui de son auteur, à savoir Pierre (par ex. seize ans, ce qui fait trente ans en tout), et ce même si sa propre cave était numérotée 82, dès lors que dans leur esprit, il s'agissait du même bien.
La jonction des possessions opère toutefois différemment selon le type d'acquisition. Si le possesseur actuel est un **ayant cause à titre particulier** (donataire, acheteur, légataire), c'est-à-dire qu'il a acquis un bien déterminé, les deux possessions doivent s'apprécier séparément. Autrement dit, la possession de l'auteur et celle de l'ayant cause doivent toutes deux être utiles. En revanche, si le possesseur est un **ayant cause à titre universel** (tout le patrimoine) ou **à titre universel** (une fraction du patrimoine, 1/4 par ex.), il ne fait que continuer la personne du défunt, de sorte que l'utilité de la possession ne s'apprécie qu'à l'égard de son auteur.

Exemple

Si José hérite de Marcel, il pourra joindre sa possession à celle de son auteur, et il suffira que celle de Marcel soit utile pour que la jonction opère.

Enfin, il faut savoir qu'il est possible, afin de faciliter la preuve de l'usucapion, de publier un **acte de notoriété acquisitive** (ou prescriptive). Le notaire recueille les déclarations du possesseur et les éventuels témoignages qui attestent des actes de *corpus* et de *l'animus* depuis au moins trente ans. Cela permet généralement de pallier l'absence de titre de propriété, lors d'une vente immobilière ou d'une succession. Mais un tel acte n'a qu'une valeur probante limitée, dans la mesure où ce qui est inscrit n'a pas été personnellement constaté par le notaire. Dès lors, il ne lie pas le juge, qui pourra parfaitement considérer, en présence d'une action en revendication, que les conditions de l'usucapion ne sont pas réunies (Cass. 3ᵉ civ., 12 déc. 2002, n° 11-23854).
Par un arrêt du 17 décembre 2020, la troisième chambre civile énonce que « la prescription trentenaire peut être opposée à un titre » (Cass. 3ᵉ civ., 17 déc. 2020, n° 20-10122). Ainsi, lorsqu'une même parcelle a été vendue à trente-cinq ans d'intervalle à deux acquéreurs

différents, les juges du fond ne peuvent pas résoudre le conflit entre les deux ayants cause du même auteur en considérant qu'il convient nécessairement de privilégier celui (en l'occurrence le second acquéreur) qui a publié son droit en premier. Même si l'autre (en l'occurrence le premier) n'a pas publié son titre, il conserve le droit d'invoquer la prescription trentenaire. L'affaire est renvoyée devant une cour d'appel de renvoi. S'il s'avère que le possesseur peut justifier d'une possession utile pendant trente ans, il bénéficiera alors d'une acquisition originaire et ne pourra donc se voir opposer le droit de propriété transmis par son auteur à un autre acquéreur, quand bien même ce droit a été publié. Tout ceci montre l'importance de l'acquisition originaire. V. sur celle-ci, *infra*, n° 125.

2. La prescription décennale

82. L'alinéa 2 de l'article 2272 prévoit une prescription abrégée. Le texte dispose que « toutefois, celui qui acquiert de bonne foi et par juste titre un immeuble en prescrit la propriété par dix ans ». Avant la réforme de 2008, le système était plus complexe, dans la mesure où le délai était de dix à vingt ans selon que le véritable propriétaire de l'immeuble habitait dans le ressort ou en dehors du ressort de la cour d'appel du lieu de situation de l'immeuble (C. civ., ancien art. 2265). Le délai est aujourd'hui unifié à dix ans, ce qui est beaucoup plus simple. **Deux conditions** sont requises pour le jeu de cette prescription abrégée.
Tout d'abord, le possesseur doit être de **bonne foi.** Cette notion est définie à l'article 550 du Code civil en ces termes : « le possesseur est de bonne foi quand il possède comme propriétaire, en vertu d'un titre translatif de propriété dont il ignore les vices ».

Exemple

Une personne acquiert un terrain auprès d'un vendeur en pensant à tort qu'il en est le propriétaire véritable : elle est de bonne foi.

Ensuite, le possesseur doit se prévaloir d'un **juste titre.** Le juste titre s'entend de l'acte juridique qui aurait transféré la propriété de l'immeuble s'il était émané du véritable propriétaire. Il faut à cet égard que le titre soit **réel** (par opposition à putatif, *i.e.* existant dans la seule croyance du possesseur), qu'il soit **valable en la forme** (C. civ., art. 2273) et **translatif** (vente, testament, échange, donation...), ce qui exclut par notamment le bail, le prêt, le dépôt, ainsi que les actes déclaratifs (actes qui ne font que reconnaître des droits préexistants : partage d'indivision, transaction...). Mais encore faut-il que le titre concerne exactement dans sa totalité le bien que l'on entend prescrire, peu important que la différence soit minime (Cass. 3e civ., 13 déc. 2006, n° 05-21249).

Exemple

Si l'acte de vente indique une parcelle de 3 000 m2, le possesseur ne peut pas bénéficier d'une prescription abrégée au-delà, même s'il occupe effectivement les lieux à hauteur de 3 200 m2.

Cela réduit d'autant l'intérêt de la prescription abrégée, car c'est essentiellement dans le cas d'erreurs de bornage que l'on a intérêt à l'invoquer. De fait, les acquisitions auprès d'un non-propriétaire sont rares, car les notaires font (bien) leur travail.
Par ailleurs, une **jonction des possessions** peut opérer pour la prescription abrégée : son régime varie là encore selon le type d'acquisition. Si le possesseur actuel est un **ayant**

cause à titre particulier, les conditions de la prescription abrégée doivent être réunies pour l'auteur et l'ayant cause. En revanche, s'il est un **ayant cause universel ou à titre universel** (héritier), la prescription abrégée ne s'apprécie qu'à l'égard de l'auteur, l'héritier étant le continuateur de la personne du défunt.
Enfin, il faut savoir que, par un arrêt important (**Cass. 1re civ., 5 nov. 2015**, n° 14-20845 P), la Cour de cassation a retenu que « seul celui qui revendique la propriété d'une parcelle peut invoquer la prescription acquisitive à son profit ». Ainsi, un tiers ne peut pas se prévaloir de l'usucapion du possesseur pour nier sa propre qualité de propriétaire et échapper ainsi aux conséquences qui s'y attachent (en l'occurrence, la réparation du dommage causé par l'éboulement d'une falaise). N'est-ce pas méconnaître que l'usucapion est un effet légal attaché à une situation de fait que toute personne intéressée devrait pouvoir invoquer à son profit ?

B. La suppression des actions possessoires

83. Les actions possessoires prévues par l'ancien article 2279 du Code civil appartiennent désormais au passé, et ce, depuis la **loi n° 2015-177 du 16 février 2015**. Il s'agissait d'ailleurs de l'une des propositions de réforme du droit des biens suggérées par le groupe de travail présidé par M. Périnet-Marquet dans le cadre de l'association Henri Capitant.
De telles actions, apparues entre le IXe et le XIIIe siècle, étaient nées dans l'Ancien droit sous l'influence du droit canon (v. Zenati-Castaing F. et Revet Th., *Les biens*, 3e éd., 2008, PUF, n° 498). L'idée fondamentale était de protéger la possession immobilière indépendamment du fond du droit. Ainsi le possesseur d'un immeuble pouvait-il attaquer en justice devant le tribunal de grande instance les atteintes à sa possession, sans avoir à faire la preuve de son droit sur la chose. Il existait trois actions possessoires, qui étaient ouvertes tant au possesseur qu'au détenteur (locataire par ex.) : la **complainte** (action possessoire de droit commun tendant à faire cesser un trouble), la **dénonciation de nouvel œuvre** (action préventive tendant à éviter un trouble futur) et la **réintégrande** (action exercée dans le cas spécifique d'une violence ou d'une voie de fait).
Mais cette distinction entre le possessoire (fait) et le pétitoire (droit) – inconnue en matière mobilière à cause de la règle *en fait de meubles la possession vaut titre* de l'article 2276 du Code civil – était source de difficultés procédurales. Par exemple, celui qui avait perdu au possessoire devait d'abord exécuter le jugement l'obligeant à reconnaître la possession, et ce n'est que par la suite qu'il pouvait se faire déclarer propriétaire au pétitoire (Cass. 3e civ., 23 janv. 2013, n° 11-28266). Surtout, de telles actions sont peu à peu tombées en désuétude, victimes de la concurrence du **référé**, au fonctionnement beaucoup plus souple. La loi ne fait donc qu'achever un lent processus de déclin des actions possessoires. Il faut noter qu'un décret n° 2007-892 du 6 mai 2017 a parachevé cette suppression, en abrogeant les dispositions (réglementaires) du Code de procédure civile qui lui étaient consacrées. Par un arrêt du 24 septembre 2020, la troisième chambre civile a précisé que l'abrogation, par la loi du 16 février 2015, de l'article 2279 du Code civil, selon lequel les actions possessoires étaient ouvertes dans les conditions prévues par le Code de procédure civile à ceux qui possédaient ou détenaient paisiblement, a emporté abrogation des articles 1264 à 1267 du Code de procédure civile qui définissaient le régime de ces actions et qui avaient été édictés spécifiquement pour l'application de l'article 2279 (Cass. 3e civ., 24 sept. 2020, n° 19-16370). Il en résulte que seules les actions en référé assurent, depuis le 18 février 2015, l'exercice de la protection possessoire. La précision est importante, dès lors qu'en l'espèce l'action possessoire avait été mise en œuvre en 2016, c'est-à-dire avant l'abrogation des dispositions réglementaires par le décret du 6 mai 2017. Mais cela ne change rien à l'affaire, l'abrogation

de la loi entraînant celle du décret. Comme en droit des biens, l'accessoire (le décret) suit le principal (la loi).

§ 2. Le régime de la possession en matière mobilière

84. Le régime de la possession mobilière est dominé par la célèbre règle de l'article 2276 du Code civil : « en fait de meubles, la possession vaut titre ». La possession vaut titre de propriété.

Pourquoi cette règle spécifique à la matière mobilière ? Parce que les meubles circulent de la main à la main. Faute de système de publicité, il faut sécuriser les transactions en conférant au possesseur un titre de propriété. Cette raison d'être en circonscrit le domaine : la jurisprudence considère que l'article 2276 est applicable aux seuls **meubles corporels**, qui circulent de la main à la main. Il a ainsi été jugé qu'une licence d'exploitation d'un débit de boissons, qui constitue un bien incorporel, ne pouvait être acquise par l'effet de l'article 2276 (Cass. com., 7 mars 2006, n° 04-13569, *Bull. civ.* IV, n° 62). Par ailleurs, il n'y aura lieu d'appliquer l'article 2276 qu'en présence de meubles dont la circulation n'est pas régie par des règles de publicité spécifiques – comme les navires, les aéronefs et les bateaux des rivières.

Que signifie cette règle ? L'article 2276 assure deux fonctions bien distinctes : une fonction **acquisitive** (A) et une fonction **probatoire** (B).

A. La fonction acquisitive de l'article 2276 du Code civil

85. Dans sa fonction acquisitive, l'article 2276 constitue une **règle de fond**. Le possesseur du meuble acquiert immédiatement la propriété du bien. Une telle fonction acquisitive opère lorsque le possesseur tient la chose d'une personne qui n'en était pas le propriétaire. Il s'agit d'une acquisition ***a non domino*** *(dominus = propriétaire)*.

Prenons un exemple : Benoît prête son téléphone portable à Emmanuel, qui le revend à François. Dès lors que François est de bonne foi, c'est-à-dire qu'il ignorait qu'Emmanuel n'était pas propriétaire, il bénéficiera d'une acquisition de la propriété, ce qui interdira à Benoît, le véritable propriétaire, de le revendiquer entre ses mains.

C'est du moins le principe (1), lequel connaît des exceptions en présence de meubles perdus ou volés (2).

1. Le principe : la revendication paralysée

86. Pour bénéficier d'une **acquisition immédiate de la propriété** qui rend impossible toute revendication par le véritable propriétaire, la possession doit revêtir deux conditions :

- elle doit être **utile**, c'est-à-dire ne pas présenter l'un des vices envisagés plus haut. Toutefois, pour les meubles, le vice de discontinuité est sans objet, l'acquisition étant immédiate ; le vice de violence ne peut être constitué, puisque le possesseur doit être de bonne foi, ce qui exclut toute violence ; restent donc, en pratique, les vices de clandestinité et d'équivoque ;
- elle doit être de **bonne foi**. Cette condition n'est pas explicitement prévue par l'article 2276. En revanche, elle est présente à l'article 1198 du Code civil, que l'on analyse comme une application particulière de l'article 2276. Est de bonne foi celui qui ignorait les vices de son titre d'acquisition. Ici comme ailleurs, **la bonne foi se présume**, en application de l'article 2274 du Code civil. En outre, **la bonne foi s'apprécie exclusivement lors de**

l'entrée en possession. Par un arrêt du 6 juin 2018, la Cour de cassation a précisé que « celui qui découvre, par le pur effet du hasard, une chose cachée ou enfouie a nécessairement conscience, au moment de la découverte, qu'il n'est pas le propriétaire de cette chose, et ne peut être considéré comme un possesseur de bonne foi » (Cass. 1re civ., 6 juin 2018, n° 17-16091). En l'espèce, les acquéreurs d'un terrain avaient découvert des lingots d'or enfouis dans le jardin. Assignés en revendication de la propriété par les héritiers du vendeur, ils se prévalaient des dispositions de l'article 2276 du Code civil pour échapper à une telle action. Peine perdue, dès lors que leur bonne foi faisait défaut : ils savaient pertinemment que les biens ne leur appartenaient pas. Il faut donc appliquer, dans ce cas de figure, le régime du trésor. Toutefois, rappelons que la qualification de trésor suppose que personne ne puisse justifier de sa propriété. En l'espèce, dès lors que les héritiers du vendeur rapportent la preuve de leur droit de propriété, et ce, par tous moyens, ils mettent en échec la qualification de trésor et peuvent ainsi en obtenir la restitution.

Qu'advient-il si le possesseur peut se prévaloir d'une **possession utile**, mais qu'il est de **mauvaise foi** ? La réforme de la prescription intervenue en 2008 est ici source de trouble. Dans l'ancien système, en cas de **mauvaise foi** du possesseur, on appliquait le délai de prescription de droit commun prévu par l'article 2262 du Code civil, soit **trente ans**. Faut-il désormais appliquer le nouveau délai de droit commun de cinq ans prévu par l'article 2224 ? On peut en douter, en ce que ce délai de cinq ans concerne la prescription extinctive, alors qu'est ici en jeu la prescription acquisitive. Nous pensons qu'il serait bien curieux que le législateur ait entendu faire bénéficier les possesseurs de mauvaise foi (voleurs, receleurs…) d'une prescription plus courte que par le passé. Le délai de trente ans prévu pour les immeubles devrait s'appliquer aux meubles par analogie, même s'il convient d'attendre une intervention de la Cour de cassation sur cette question pour en être certain.

2. L'exception : la revendication de la chose perdue ou volée

87. L'article 2276 du Code civil prévoit, en son alinéa 2 : « néanmoins, celui qui a perdu ou auquel il a été volé une chose peut la revendiquer pendant trois ans à compter du jour de la perte ou du vol, contre celui dans les mains duquel il la trouve ; sauf à celui-ci son recours contre celui duquel il la tient ».

Les deux hypothèses visées par le texte sont la **perte** et le **vol.** La perte, c'est le fait d'égarer l'objet, de manière involontaire ou même inconsciente ; le vol, c'est la soustraction frauduleuse de la chose d'autrui. Les exceptions au principe selon lequel la possession vaut acquisition de la propriété ont ceci en commun qu'il n'y a pas, à l'origine de la dépossession, de volonté du propriétaire : celui-ci a été dépossédé **contre son gré**, si bien qu'il doit être mieux protégé.

Dans ce cas, **et dans ce cas seulement**, le propriétaire dispose par exception d'une action en revendication contre le possesseur de bonne foi. Mais l'action est enfermée dans un délai préfix – qui n'est pas susceptible de suspension – **de trois ans qui court à compter de la perte ou du vol** (et non de la connaissance de la perte ou du vol). Bien évidemment, si l'action est exercée contre le voleur ou l'inventeur (*i.e.* celui qui a trouvé le bien perdu), ce délai de trois ans ne s'applique pas, dans la mesure où le possesseur est alors de mauvaise foi. Le délai de trois ans concerne donc, en pratique, l'action contre un sous-acquéreur de bonne foi, qui ignorait que le bien acquis par lui était perdu ou volé.

88. ***Quels sont alors les recours du possesseur de bonne foi qui est évincé par le véritable propriétaire ?***
Tout d'abord, l'article 2276 prévoit **qu'il dispose d'un recours contre son auteur**. Si le possesseur a acheté le bien, le recours s'exercera sur le fondement de la garantie d'éviction.
Ensuite, dans certaines hypothèses particulières, l'article 2277 prévoit que le **propriétaire revendiquant devra rembourser le prix payé par le possesseur**. Le texte vise l'achat « dans une foire ou dans un marché, ou dans une vente publique, ou (auprès) d'un marchand vendant des choses pareilles ». De telles ventes, par leur caractère public ou professionnel, sont dignes de confiance pour le possesseur, ce qui justifie qu'il soit indemnisé par le revendiquant, lequel disposera lui-même d'un recours (théorique) contre le voleur ou l'inventeur.
Enfin, il faut noter qu'à ces deux exceptions de la perte et du vol, l'ordonnance n° 45-770 du 21 avril 1945 a ajouté un régime spécifique pour permettre la revendication de biens par des propriétaires victimes d'**actes de spoliation visant les juifs pendant la Seconde Guerre mondiale, et ce même contre les sous-acquéreurs, institués de mauvaise foi** (art. 3 : pour une application, v. TGI Paris, 7 nov. 2017, n° 17/58735, qui a ordonné la restitution d'un tableau de Pissaro aux héritiers du propriétaire, plus de soixante-dix ans après sa déportation).

B. La fonction probatoire de l'article 2276

89. L'article 2276 n'est ici qu'une **règle de preuve.** Le possesseur du meuble est présumé en être le propriétaire. Une telle fonction probatoire opère lorsque le possesseur tient la chose du propriétaire : il s'agit d'une acquisition ***a domino.*** La possession fait présumer, jusqu'à la preuve contraire, **une acquisition régulière** de propriété par le possesseur.
Prenons un exemple : François a remis un livre à Emmanuel et exige désormais qu'il le lui rende. La possession d'Emmanuel fait présumer sa qualité de propriétaire. Il appartiendra à François de démontrer qu'aucun transfert de propriété n'a eu lieu, en rapportant par exemple la preuve d'un prêt qui fonde l'obligation de restitution.
Il faut donc envisager successivement la présomption de propriété (1) et le renversement de cette présomption (2).

1. La présomption de propriété

90. L'hypothèse est celle d'une revendication intentée par le propriétaire (ou les héritiers du propriétaire) contre le possesseur qui prétend tenir la chose à titre de propriétaire. L'un ou les uns disent que la chose a été soustraite ou prêtée, l'autre réplique qu'elle a été vendue ou donnée. La jurisprudence estime que l'article 2276 du Code civil permet de présumer une transmission régulière de la propriété, dès lors qu'il y a possession. Il s'agit d'une règle qui facilite la circulation des meubles. Lorsqu'un meuble passe de la main à la main, on peut présumer qu'il a été transféré, sans que soit requise l'exigence d'un écrit préconstitué. Dans l'exemple précédent, François sera présumé avoir transféré la propriété du livre à Emmanuel.

2. Le renversement de la présomption

91. La présomption peut être renversée de deux manières.
Le propriétaire peut tout d'abord contester **l'existence de la possession**, en démontrant que le prétendu possesseur n'est en réalité qu'un détenteur précaire. Il lui suffira de produire le titre qui démontre que son adversaire n'a reçu la chose qu'à titre précaire : prêt, dépôt, location...

Il peut ensuite prétendre que la possession est **viciée,** conformément aux critères prévus par l'article 2261 du Code civil : discontinuité, violence, clandestinité ou équivoque.
Il ne lui serait en revanche d'aucun secours d'invoquer la mauvaise foi du possesseur, puisque celle-ci suppose que la chose n'ait pas été acquise du véritable propriétaire. Tel n'est pas le cas ici : le possesseur tient la chose du véritable propriétaire (le *verus dominus*).
Il prétend simplement que celui-ci lui a transmis cette propriété sur la chose.

Conseil

Dans les cas pratiques, il faut vérifier avant toute chose si le possesseur tient la chose du propriétaire ou non, afin d'identifier la bonne fonction de l'article 2276 du Code civil, et partant le bon régime.

92 à 98. Réservés.

LEÇON 4

LA NOTION DE PROPRIÉTÉ

Textes

Articles 544 et 545 du Code civil
Articles 2 et 17 de la Déclaration de 1789
Article 1er du premier protocole additionnel à la Convention européenne des droits de l'homme

99. La propriété est le cœur du droit des biens. Elle est définie à l'article 544 du Code civil comme « le droit de jouir et disposer des choses de la manière la plus absolue, pourvu qu'on n'en fasse pas un usage prohibé par les lois ou par les règlements ».
Avant de disséquer la définition du droit de propriété (section 2), il convient de mettre en évidence sa valeur dans notre ordre juridique (section 1).

Section 1
La valeur du droit de propriété

Le droit de propriété est un **droit fondamental**, dans la mesure où il n'est pas seulement reconnu par la législation civile. Bien au contraire, il est protégé tant par l'ordre constitutionnel (§ 1) que par l'ordre européen (§ 2).

§ 1. La valeur constitutionnelle du droit de propriété

Le droit de propriété est expressément consacré dans la Déclaration de 1789 (A), ce qui a permis au Conseil constitutionnel d'en reconnaître la valeur constitutionnelle (B).

A. La Déclaration de 1789

100. La propriété est consacrée dans pas moins de deux textes de notre Charte fondamentale. **L'article 2 de la Déclaration des droits de l'homme et du citoyen** dispose que « le but de toute association politique est la conservation des droits naturels et imprescriptibles de l'Homme. Ces droits sont la liberté, la propriété, la sûreté, et la résistance à l'oppression ». Qualifiée de droit naturel et imprescriptible de l'homme, la propriété est ainsi hissée au

même niveau que la liberté ou la sûreté. L'affirmation, certes symbolique, est lourde de sens.
La propriété reçoit encore les honneurs **de l'article 17** qui lui est exclusivement réservé : « la propriété étant un droit inviolable et sacré, nul ne peut en être privé, si ce n'est lorsque la nécessité publique, légalement constatée, l'exige évidemment, et sous la condition d'une juste et préalable indemnité ».
Comment expliquer cette consécration de la propriété privée par les révolutionnaires ? Il faut en rechercher les justifications dans le contexte politique de l'élaboration de cette Déclaration. **Les révolutionnaires souhaitaient en effet faire table rase de la société féodale et de l'asservissement qui en résultait.** L'Ancien droit avait progressivement construit une société hiérarchisée et structurellement inégalitaire. Or, la répartition des biens et des pouvoirs des individus sur ces derniers permettait d'asseoir cette structure féodale. Il n'existait alors pas vraiment de propriété individuelle, mais seulement une addition de prérogatives partielles (les saisines) portant sur les biens. L'affirmation d'une propriété individuelle constitue évidemment le contre-pied de cette organisation féodale de la société. En libérant en quelque sorte les biens, le but poursuivi est bien sûr celui de la libération des personnes et de la fin de l'asservissement. L'affirmation de la propriété privée permet d'asseoir politiquement la liberté de l'individu, qui est désormais au cœur du système.
En outre, **d'un point de vue économique**, la propriété privée assure la gestion de la rareté. Le meilleur moyen d'encourager la création, l'innovation et l'investissement, c'est encore de reconnaître sur un bien créé, inventé, transformé ou produit, une exclusivité à son propriétaire. Sortir une chose du domaine de l'appropriable, c'est prendre le risque de terres en jachère, c'est-à-dire inexploitées, ou d'exploitations souterraines.
L'importance de la propriété dans notre Déclaration a conduit le Conseil constitutionnel à consacrer sa valeur fondamentale.

B. La jurisprudence du Conseil constitutionnel

L'affirmation du caractère fondamental de la propriété (1) n'empêche pas que des limites lui soient apportées (2).

1. L'affirmation du caractère fondamental du droit de propriété

101. C'est sur le fondement de ces articles 2 et 17 de la Déclaration des droits de l'homme et du citoyen de 1789 qu'a pu être érigé un droit constitutionnel de la propriété. Après que le Conseil constitutionnel a intégré la Déclaration des droits de l'homme et du citoyen dans le bloc de constitutionnalité par sa décision du 16 janvier 1971 *Liberté d'association*, la protection constitutionnelle de la propriété et des biens va progressivement trouver sa place.
La **valeur constitutionnelle du droit de propriété** a été consacrée par le Conseil constitutionnel dans une célèbre décision rendue le **16 janvier 1982**. À l'époque, la majorité socialiste au pouvoir avait entrepris une vaste campagne de nationalisations et la loi les prévoyant avait été soumise à l'examen préalable du Conseil constitutionnel. À cette occasion, les juges ont affirmé que « les principes mêmes énoncés par la Déclaration des droits de l'homme ont pleine valeur constitutionnelle tant en ce qui concerne le caractère fondamental de la propriété dont la conservation constitue l'un des buts de la société politique (...) qu'en ce qui concerne les garanties données aux titulaires de ce droit ».
Cette décision confère ainsi à la propriété une place remarquable : garantie par des normes figurant à l'échelon le plus haut dans la hiérarchie, sa protection est un objectif si important

qu'il peut faire plier la volonté du Parlement. Certes, les nationalisations ont été autorisées, mais la propriété a pesé de tout son poids dans la décision. L'effet d'annonce, en outre, est atteint. Il sera relayé et amplifié par la Cour de cassation en 1995, la première chambre civile affirmant à son tour que « le droit de propriété est un droit fondamental, de valeur constitutionnelle » (Cass. 1re civ., 4 janv. 1995, n° 92-20013).

102. Par la suite, le Conseil constitutionnel a procédé à une extension du domaine de la protection constitutionnelle de la propriété, essentiellement vers deux directions :
- **la propriété industrielle et commerciale** définie comme « le droit, pour le propriétaire d'une marque de fabrique, de commerce ou de service, d'utiliser celle-ci et de la protéger dans le cadre défini par la loi et les engagements internationaux de la France » (Cons. const., 8 janv. 1991, n° 90-283 DC), ce qui amène le Conseil à contrôler les restrictions imposées par les pouvoirs publics aux entreprises dans la commercialisation de marques (publicité pour le tabac ou l'alcool, par ex.).
- **la propriété littéraire et artistique** : par une décision du 27 juillet 2006 sur la loi relative au droit d'auteur et aux droits voisins dans la société de l'information, le Conseil a retenu que « les finalités et les conditions d'exercice du droit de propriété ont subi depuis 1789 une évolution caractérisée par une extension de son champ d'application à des domaines nouveaux ; *que, parmi ces derniers, figurent les droits de propriété intellectuelle et notamment le droit d'auteur et les droits voisins* » (Cons. const., 27 juill. 2006, n° 2006-540 DC).

On le voit, la protection constitutionnelle de la propriété a connu une grande expansion à l'époque moderne. Cependant, cela ne signifie pas pour autant que toute atteinte au droit de propriété est interdite.

2. Les limitations possibles au droit de propriété

103. Le législateur peut porter atteinte au droit de propriété, dès lors que **deux conditions cumulatives** sont réunies :
- d'une part, les atteintes doivent être justifiées par une **fin d'intérêt général** ;
- d'autre part, elles doivent être **proportionnées** au regard du but poursuivi.

En outre, si l'atteinte se caractérise par une véritable **privation définitive de la propriété** (par ex., nationalisation, expropriation, réquisition…), cette privation doit être compensée par une **juste et préalable indemnité**, comme le prévoit l'article 17 de la Déclaration des droits de l'homme.

Force est de constater que le législateur use de cette possibilité qui lui est reconnue de porter atteinte, au nom de l'intérêt général, au droit de propriété. Et force est de constater que les censures par le Conseil constitutionnel sont assez rares, ce qui souligne cette idée d'une fonction sociale de la propriété. Le droit subjectif par excellence est soumis à l'utilité commune.

Est emblématique de cette évolution la fameuse loi ALUR du 24 mars 2014 qui a introduit un système de **plafonnement des loyers** dans les zones urbaines sensibles. Le propriétaire n'est plus libre de fixer le loyer de sa chose. Il doit respecter un plafond imposé par l'administration. Cette loi a été déférée au Conseil constitutionnel pour atteinte au droit de propriété. Le Conseil a estimé qu'en « instaurant un mécanisme d'encadrement des loyers applicable à certaines zones urbanisées marquées par un déséquilibre de l'offre et de la demande de logements entraînant une hausse des loyers, le législateur a entendu lutter contre les difficultés d'accès au logement qui résultent d'un tel déséquilibre ; qu'il a ainsi poursuivi un but d'intérêt général » (Cons. const., 20 mars 2014, n° 2014-691 DC). Il a en outre estimé que l'atteinte au droit de propriété n'était pas disproportionnée, au regard de l'objectif poursuivi.

§ 2. La valeur européenne du droit de propriété

Il convient d'envisager successivement la valeur du droit de propriété au sein du Conseil de l'Europe (A) et de l'Union européenne (B).

A. La valeur du droit de propriété dans le Conseil de l'Europe

Cette valeur, reconnue par la Convention (1), a été consacrée par la Cour de Strasbourg (2).

1. La Convention de sauvegarde des droits de l'homme et des libertés fondamentales

104. Est ici en cause l'Europe des droits de l'homme, qui comprend 47 États et qui repose sur la Convention européenne de sauvegarde des droits de l'homme et des libertés fondamentales en date du 4 novembre 1950.
Il faut relever que le droit de propriété n'a pas été consacré dans la Convention de 1950, dans la mesure où celle-ci comprenait essentiellement des droits humains non économiques (droit à la vie, interdiction des traitements inhumains et dégradants, droit au respect de la vie privée et familiale...). Mais cette omission a été rapidement réparée par le premier protocole additionnel en date du 20 mars 1952.
Son article 1, consacré à la « protection de la propriété », dispose que :
« *Toute personne physique ou morale a droit au respect de ses biens.* Nul ne peut être privé de sa propriété que pour cause d'utilité publique et dans les conditions prévues par la loi et les principes généraux du droit international.
Les dispositions précédentes ne portent pas atteinte au droit que possèdent les États de mettre en vigueur les lois qu'ils jugent nécessaires pour réglementer l'usage des biens conformément à l'intérêt général ou pour assurer le paiement des impôts ou d'autres contributions ou des amendes ».
La Cour européenne des droits de l'homme s'est saisie de ce texte pour mettre en œuvre une protection assez singulière du droit de propriété en Europe.

2. La jurisprudence de la Cour européenne des droits de l'homme

105. Construit sur la notion de bien, et non de propriété, il était permis d'hésiter sur l'existence d'une véritable reconnaissance du caractère fondamental de la propriété par ce texte. Cette ambiguïté a d'abord été levée par un arrêt *Marckx* du 13 juin 1979. Dans cet arrêt, la Cour européenne a ainsi eu l'occasion d'affirmer qu'« en reconnaissant à chacun le droit au respect de ses biens, l'article 1er garantit en substance le droit de propriété ».
À partir de 1982, avec l'arrêt *Sporrong et Lönnroth contre Suède*, s'est élaboré un droit européen du droit de propriété. Cette protection est originale, dans la mesure où la Cour a recours à la technique des **notions autonomes**. Afin d'instaurer en Europe une unité dans l'interprétation des termes de la Convention, la Cour ne s'estime pas liée par les définitions nationales qu'en donnent les États membres. Il en va ainsi à propos de la notion de bien,

dont la Cour retient une définition très extensive. C'est ainsi que dans les arrêts *Draon* et *Maurice contre France* du 6 octobre 2005, rendus à propos de l'application rétroactive de la loi du 4 mars 2002 (qui a brisé la jurisprudence *Perruche*), la Cour a jugé qu'une simple **espérance légitime de créance** constituait un bien protégé. La Cour ne protège pas seulement les richesses acquises, mais celles que l'on peut espérer (en l'espèce, la créance d'indemnisation de son préjudice par l'enfant handicapé contre le médecin au vu de la jurisprudence alors en vigueur). La Cour a ensuite jugé qu'une habitation de fortune construite en toute illégalité dans un bidonville à proximité d'une décharge et le fait d'y demeurer avec sa famille représentait un « intérêt économique substantiel » constitutif d'un bien protégé (CEDH, gde ch., 30 nov. 2004, n° 48939/99, Oneryildiz c/Turquie). La solution paralyse les mécanismes familiers du droit des biens, notamment la règle de l'accession qui devrait conduire à soumettre au même régime juridique le sol et la construction sur lequel elle est érigée (sur l'accession, v. *infra*, n° 128 et s.). En revanche, **le droit d'exercer la profession d'avocat ne constitue pas, en lui-même, un bien**, en dehors de toute atteinte à la valeur patrimoniale qui pourrait s'y trouver attachée (Cass. 1re civ., 22 nov. 2007, n° 06-17048, *Bull. civ.* I, n° 365). De façon plus générale, la Cour protège non seulement le propriétaire contre les **privations de propriété**, mais aussi contre la **réglementation excessive de l'usage des biens** (CEDH, 29 avr. 1999, n° 25088/94, *Chassagnou c/France*, à propos de l'obligation faite aux propriétaires terriens d'apporter leur droit de chasse à une association communale et par là même de laisser entrer les chasseurs sur le terrain).
Cependant, comme dans l'ordre constitutionnel, toute atteinte au droit de propriété n'est pas contraire au droit au respect des biens garanti par l'article 1er du premier protocole. La Cour contrôle la **finalité d'utilité publique qui justifie l'atteinte et la proportionnalité de cette atteinte au regard de l'objectif poursuivi**. La Cour de cassation se plie désormais à ce contrôle de proportionnalité (v. par ex., dans le sillage des arrêts *Draon* et *Maurice c/ France* : Cass. 1re civ., 24 janv. 2006, n° 02-13775, *Bull. civ.* I, n° 31).

B. La valeur du droit de propriété dans l'Union européenne

106. Est ici en cause l'Europe économique qui est née du Traité de Rome du 25 mars 1957 et qui comprend aujourd'hui 28 États membres, avant le *Brexit*. La protection du droit de propriété au sein de l'Union européenne a été officiellement consacrée lors de l'adoption de la Charte des droits fondamentaux de l'Union européenne, le 7 décembre 2000. Depuis le Traité de Lisbonne, la Charte a la même valeur juridique que les traités (TUE, art. 6).
L'article 17 de la Charte, consacrée au « droit de propriété », dispose que :
« 1. Toute personne a le droit de jouir de la propriété des biens qu'elle a acquis légalement, de les utiliser, d'en disposer et de les léguer. Nul ne peut être privé de sa propriété, si ce n'est pour cause d'utilité publique, dans des cas et conditions prévus par une loi et moyennant en temps utile une juste indemnité pour sa perte. L'usage des biens peut être réglementé par la loi dans la mesure nécessaire à l'intérêt général.
2. La propriété intellectuelle est protégée ».
On retrouve, avec davantage de précision, les principes applicables dans le système du Conseil de l'Europe. Et ce, d'autant plus que l'article 52 de la Charte prévoit que le sens et la portée des droits garantis par la Charte sont les mêmes que ceux que leur confère la Convention européenne de sauvegarde des droits de l'homme et des libertés fondamentales.

Section 2
La définition du droit de propriété

La propriété se définit par des pouvoirs conférés au propriétaire (§ 1) et des caractères que revêt le droit (§ 2).

§ 1. Les pouvoirs conférés au propriétaire

107. L'article 544 du Code civil définit la propriété comme « le droit de jouir et disposer des choses de la manière la plus absolue ». La césure des prérogatives se trouve entre d'une part l'usage et la jouissance (A), et d'autre part la disposition (B), parce que c'est à cet endroit que peut s'opérer un démembrement de propriété (usufruit, v. *infra*, n° 176 et s.)

A. Le droit d'usage et de jouissance de la chose

« La propriété est le droit de jouir et disposer des choses » : l'article 544 semble négliger l'usage, pourtant classiquement intégré dans la définition de la propriété comme faisceau de trois attributs : *usus*, *fructus*, *abusus*. L'usage fait toutefois une réapparition *in fine* dans le texte : « pourvu qu'on n'en fasse pas un usage prohibé par les lois ou par les règlements ». Envisageons dès lors l'usage (1) puis la jouissance (2).

1. L'usage (usus)

108. L'usage implique le droit d'user des choses, de s'en servir, mais aussi, négativement, de ne pas les utiliser. C'est sans doute la manifestation la plus tangible du droit de propriété. Mais, à l'analyse, l'usage n'est pas propre à la propriété. Un locataire, un usufruitier, le titulaire d'une servitude ont l'usage d'une chose, sans pour autant en être les propriétaires. Cependant, à la différence des simples utilisateurs, **le propriétaire dispose d'une emprise sur l'usage de la chose**. Il lui appartient de fixer librement la destination de son choix, c'est-à-dire le type d'usage de la chose. Ainsi, le propriétaire d'une maison d'habitation peut la transformer en commerce, ou en hôtel, à condition de se conformer aux règles d'urbanisme ou de construction fixées par les pouvoirs publics. À l'inverse, les simples utilisateurs doivent utiliser la chose conformément à la destination qui a été fixée par le propriétaire. Ils ne peuvent, sans l'accord du propriétaire, la modifier.

2. La jouissance (fructus)

109. Le *fructus*, c'est la jouissance au sens strict, le droit de percevoir les revenus du bien par des actes matériels de jouissance (le propriétaire recueille lui-même les fruits naturels ou industriels) ou par des actes juridiques (perception des fruits civils, en donnant son bien à bail). C'est aussi le droit, négatif, de ne pas jouir du bien, de le laisser inexploité. Le droit d'user de la chose et le droit de jouir de la chose ne sauraient être confondus. Même, ils s'excluent régulièrement au sens où l'usage de son bien implique souvent de ne pas en percevoir les fruits : on ne peut pas à la fois habiter sa maison et la louer.
La question de la portée du droit de jouissance s'est posée à propos de **l'image des biens**. Le propriétaire d'un bien corporel peut-il s'opposer, au nom de son droit de jouissance, à

l'exploitation de l'image de son bien par un tiers (cartes postales, film, site internet, brochure publicitaire...) ? Cette question a donné lieu à une célèbre évolution jurisprudentielle.

110. Dans un arrêt ***Gondrée* du 10 mars 1999** (n° 96-18699), la première chambre civile de la Cour de cassation a décidé, au visa de l'article 544 du Code civil, que « le propriétaire a seul le droit d'exploiter son bien, sous quelque forme que ce soit (...). L'exploitation du bien sous la forme de photographies porte atteinte au droit de jouissance du propriétaire ». Il s'agissait en l'occurrence de l'utilisation de l'image d'un café qui avait la particularité d'avoir été le premier libéré de l'occupant allemand. L'image avait été exploitée sous forme de cartes postales vendues dans le commerce sans l'accord du propriétaire. Cette exploitation a été jugée contraire au droit de propriété. L'image du bien est appréhendée comme l'une des facettes de la jouissance. La solution a été approuvée par une partie de la doctrine, qui a fait valoir le **caractère indivisible du droit de propriété**. La propriété sur le bien, droit indivisible, accapare toutes les utilités de ce bien, et donc l'exploitation de l'image du bien. Mais elle a été critiquée par d'autres, généralement pour des **considérations relatives au droit d'auteur**. Il a été remarqué que le monopole d'exploitation d'un auteur sur une œuvre s'éteint soixante-dix ans après le décès de l'auteur, précisément pour permettre à l'œuvre de tomber dans le domaine public. Or, voici que le propriétaire d'un bâtiment, qui n'a fait que l'acheter ou en hériter, se voit octroyer un monopole d'exploitation sur l'image du bien, droit qui est de surcroît perpétuel. Il y a là une menace pour l'accès du public à l'image d'immeubles qui présentent un intérêt culturel ou historique.
Sensible à ces critiques, la Cour de cassation a finalement renversé le principe. Par un arrêt du **7 mai 2004** (n° 02-10450), la Cour de cassation, réunie en assemblée plénière, a décidé que « le propriétaire d'une chose ne dispose pas d'un droit exclusif sur l'image de celle-ci ; (...) il peut toutefois s'opposer à l'utilisation de cette image par un tiers lorsqu'elle lui cause un trouble anormal ». Par cette formule, la Cour régulatrice, a réalisé un **revirement de jurisprudence**. Elle nie l'existence d'un droit exclusif du propriétaire sur l'image de son bien : c'est vouloir affirmer que l'exploitation de l'image du bien ne relève pas des pouvoirs que confère la propriété, puisque la propriété se caractérise par l'exclusivité. Mais, dans le même mouvement, la Cour admet la possibilité pour le propriétaire de s'opposer à l'utilisation en cas de trouble anormal. Ce trouble anormal a ultérieurement été défini de manière stricte comme l'atteinte à l'intimité ou à la tranquillité du propriétaire (Cass. 1re civ., 5 juill. 2005, n° 02-21452). Ce n'est donc plus le droit de propriété, droit patrimonial qui est protégée, mais la vie privée, droit extrapatrimonial.

B. Le droit de disposer de la chose

L'exercice du pouvoir de disposition (1) s'expose à certaines limites (2).

1. L'exercice du pouvoir de disposition

111. Le pouvoir de disposition, ou *abusus*, est propre au droit de propriété. L'usufruitier n'est pas, en principe (sauf pour les choses consomptibles), investi du pouvoir de disposer du bien. Comme l'*usus* et le *fructus*, le pouvoir de disposition comporte une dimension positive (droit de disposer de son bien) et négative (droit de ne pas disposer de son bien). Le droit de ne pas disposer de son bien est protégé tant par l'article 545 du Code civil que par l'article 17 de la Déclaration des droits de l'homme et du citoyen, notamment contre les expropriations (v. *supra*, n° 100).

Le pouvoir de disposition peut s'exercer tant par des actes matériels que des actes juridiques. Par le biais d'un **acte matériel**, le propriétaire peut détruire, démolir, transformer, consommer, brûler sa chose, c'est-à-dire porter atteinte à sa substance. De tels actes sont, on le verra, interdits à l'usufruitier.
Par le biais d'**actes juridiques**, le propriétaire peut aliéner son bien, c'est-à-dire le faire sortir de son patrimoine. De tels actes translatifs de propriété seront étudiés dans l'acquisition dérivée de la propriété (leçon suivante). Tout au plus peut-on rappeler que, par principe, les particuliers ont la libre disposition des biens dont ils sont propriétaires, et ce, par application de l'article 537 du Code civil. Ce principe connaît toutefois des limites.

2. Les limites au pouvoir de disposition

112. La libre circulation des richesses, posée par l'article 537 du Code civil, est un des fondements de notre système libéral : « les particuliers ont la libre disposition des biens qui leur appartiennent, sous les modifications établies par la loi ». L'inaliénabilité est donc exceptionnelle, du moins pour le patrimoine des particuliers car le domaine public est pour sa part inaliénable et imprescriptible (pour une description, v. l'article 538 du même code). En dehors des choses hors du commerce, qui sont frappées d'une indisponibilité permanente à raison de leur nature particulière (v. *supra*, n° 41), les exceptions à la libre disposition des biens ordinaires sont placées sous surveillance. Il en va ainsi des **clauses d'inaliénabilité**, dont la validité est reconnue à l'article 900-1 du Code civil depuis une loi du 3 juillet 1971. Le texte, limité aux libéralités (actes à titre gratuit), a été étendu aux actes onéreux (ex. vente) par la jurisprudence (Cass. 1re civ., 31 oct. 2007, n° 05-14238). La clause a pour effet d'interdire à celui qui acquiert le bien (acheteur, donataire, bénéficiaire d'un legs...) d'en disposer (mais pas de consentir une promesse de vente qui sera ultérieurement réitérée lorsque l'obstacle sera levé : Cass. 3e civ., 30 janv. 2020, n° 18-25381 ; sur cet arrêt, v. *infra*, n° 744).
Les clauses d'inaliénabilité sont toutefois soumises à **deux conditions cumulatives** :
- l'inaliénabilité doit être **temporaire**, ce qui exclut, par exemple, une interdiction stipulée pour la vie du donataire ;
- l'inaliénabilité doit être justifiée par un intérêt **sérieux et légitime**. Il peut s'agir, par exemple, de lutter contre la prodigalité du donataire, ou encore contre une opération spéculative. Par ailleurs, l'article 900-1 prévoit que si cet intérêt a disparu ou si un intérêt plus important se fait jour, l'acquéreur peut demander au juge la levée de l'inaliénabilité.

§ 2. Les caractères de la propriété

L'article 544 du Code civil n'insiste que sur un seul caractère de la propriété : son caractère absolu (A). Mais de celui-ci en découlent deux autres : l'exclusivité (B) et la perpétuité (C).

A. Le caractère absolu

113. Le caractère absolu de la propriété signifie que le propriétaire peut faire de sa chose tout ce qui n'est pas prohibé. À l'inverse, le titulaire d'un droit réel, tel qu'un droit d'usufruit ou de servitude, n'a que des prérogatives limitées. Néanmoins, tout le monde s'accorde pour constater le **déclin de l'absoluité de la propriété**. Il faut dire que depuis la Seconde Guerre mondiale, les limitations au droit de propriété sont en constante augmentation (contraintes liées au droit de l'urbanisme, à la protection du locataire, au droit de l'environnement, aux

exigences sanitaires, à la lutte contre la pauvreté...). Il n'en demeure pas moins vrai que ce principe reste debout : le propriétaire, à la différence d'un usufruitier, d'un locataire ou du bénéficiaire d'une servitude, peut faire tout ce qui n'est pas expressément interdit, alors que les autres ne peuvent faire que ce qui leur est permis.
Est-ce à dire que l'exercice du droit de propriété n'engage jamais la responsabilité du propriétaire, dès lors qu'il se conforme à la réglementation en vigueur ? Il n'en est rien, dans la mesure où la jurisprudence a construit deux théories qui ont bridé un peu plus les pouvoirs du propriétaire : l'abus du droit de propriété (1) et les troubles anormaux du voisinage (2).

1. L'abus du droit de propriété

114. Le droit de propriété n'est pas un droit discrétionnaire, dans la mesure où il peut dégénérer en abus. Comme a pu l'écrire Planiol, « le droit cesse là où l'abus commence ». Par un fameux arrêt ***Clément-Bayard* du 3 août 1915**, la Cour de cassation a soumis l'exercice du droit de propriété au contrôle du juge. En l'espèce, un propriétaire avait installé sur son terrain des carcasses de bois surmontées de tiges de fer, afin de nuire à son voisin qui utilisait des ballons dirigeables. La Cour de cassation relève que « ce dispositif ne présentait pour l'exploitation du terrain *aucune utilité* et n'avait été édifié que dans *l'unique but de nuire* » à son voisin. Elle approuve alors la cour d'appel d'avoir jugé qu'il y avait là de la part de l'auteur des constructions un « **abus de son droit** » et d'avoir ordonné l'enlèvement des tiges de fer surmontant les carcasses. Le propriétaire peut donc abuser de son droit de propriété et être condamné à réparer le dommage que cause à des tiers l'exercice abusif de son droit. Ainsi, le propriétaire abuse de son droit lorsqu'il l'exerce dans la **seule intention de nuire à autrui**. L'intention de nuire, tel est le critère psychologique traditionnel de l'abus du droit de propriété. C'est un critère **subjectif**. C'est l'intention de celui qui exerce son droit de propriété qui permet de caractériser l'abus de droit. Le juge devra dès lors fonder sa recherche sur une analyse des mobiles. Cette recherche de l'intention du propriétaire est difficile. Comment l'établir ? Le juge ne manque pas de revenir à des **constatations matérielles**. En l'espèce, il relève que la construction était dépourvue de toute utilité pour son auteur et qu'elle était dommageable à son voisin ; de là il induit l'intention de nuire. Tels sont les deux critères : **inutile pour le propriétaire et nuisible pour les tiers**, l'exercice du droit de propriété tend à être considéré comme abusif.
En définitive, la théorie de l'abus du droit de propriété constitue une application de la faute commise dans l'exercice d'un droit.

2. Les troubles anormaux du voisinage

115. Tout autre est la responsabilité pour troubles anormaux du voisinage. Celle-ci ne repose pas sur une quelconque intention de nuire, ni même une quelconque faute du propriétaire. Le critère d'une telle responsabilité est le caractère anormal du trouble ressenti par la victime. Celui-ci **doit excéder les inconvénients normaux du voisinage**. Dès lors, peu importe que l'activité soit utile à son auteur ou qu'elle soit licite.

Exemple

Si des autorisations administratives pour exercer un commerce ont été obtenues, mais qu'un riverain subit un trouble qui excède les inconvénients du voisinage (bruit, par ex.), la responsabilité de l'auteur du trouble est encourue. Dans ce cadre, ont été notamment admis la privation d'ensoleillement (Cass. 2e civ., 28 avr. 2011, n° 08-13760), ou encore la gêne esthétique (Cass. 2e civ., 24 févr. 2005, n° 04-10362, *Bull. civ.* II, n° 50), et même un trouble résultant d'un risque de dommage (Cass. 2e civ., 10 juin 2004, n° 03-10434, *Bull. civ.* II, n° 291 : proximité d'un terrain de golf, ce qui crée un risque de recevoir des balles à a suite d'un beau *slice* du joueur).

Il existe toutefois des exceptions à cette responsabilité pour troubles anormaux du voisinage. Celles-ci reposent sur **l'antériorité de l'activité gênante par rapport à l'installation de la victime.** L'article L. 112-16 du Code de la construction et de l'habitation dispose ainsi que « les dommages causés aux occupants d'un bâtiment par des nuisances dues à des activités agricoles, industrielles, artisanales, commerciales ou aéronautiques, n'entraînent pas droit à réparation lorsque le permis de construire afférent au bâtiment exposé à ces nuisances a été demandé ou l'acte authentique constatant l'aliénation ou la prise de bail établi postérieurement à l'existence des activités les occasionnant dès lors que ces activités s'exercent en conformité avec les dispositions législatives ou réglementaires en vigueur et qu'elles se sont poursuivies dans les mêmes conditions ». L'exonération pour antériorité suppose donc deux conditions : la conformité aux dispositions législatives et réglementaires en vigueur et la poursuite de l'activité dans les mêmes conditions.

Exemple

Si une pizzeria installée avant le voisin se transforme sans autorisation en boîte de nuit, le propriétaire du commerce ne peut pas invoquer la priorité de son exploitation pour échapper à la responsabilité pour troubles anormaux du voisinage.

Enfin, il faut savoir que la réparation incombe à l'auteur du trouble, peu importe qu'il soit propriétaire des lieux. Il peut s'agir de l'occupant de l'immeuble (locataire, usufruitier), et ce même pour y réaliser des travaux ponctuels (par ex. un entrepreneur est considéré comme voisin occasionnel le temps des travaux : Cass. 3e civ., 22 juin 2005, n° 03-20068, *Bull. civ.* III, n° 136). Mais le propriétaire des lieux, même s'il n'est pas personnellement auteur du trouble, doit en répondre à l'égard de la victime (par ex. un bailleur). Par un arrêt du 8 novembre 2018, la Cour de cassation a confirmé le domaine extensif de la responsabilité pour troubles anormaux du voisinage (Cass. 3e civ., 8 nov. 2018, n° 17-24333 et 17-26120). Elle énonce ainsi qu'« en application du principe selon lequel nul ne doit causer à autrui un trouble anormal de voisinage, l'entrepreneur, y compris de travaux publics, est responsable de plein droit pour avoir exercé une activité en relation directe avec le trouble anormal causé, nonobstant le fait que l'origine du dommage, causé par un véhicule, soit située sur le domaine public ». On le voit, le fondement de la responsabilité de l'entrepreneur diffère : il n'est plus formellement responsable en tant que « voisin occasionnel », ce qui était bien contestable (sans quoi nous sommes tous voisins dès lors que nous nous trouvons ponctuellement au même endroit). L'entreprise doit avoir exercé une activité en relation directe avec le trouble anormal causé, et ce même si l'origine du dommage se trouve sur le domaine public. Il s'agissait en l'occurrence de l'incendie d'un immeuble causé par l'arrachage de conduits de gaz lors de travaux de restructuration d'un immeuble. Même si la source du dommage se trouve dans le domaine public (voirie), l'entreprise est responsable. En revanche, la Cour de cassation considère que la responsabilité du fait des troubles excédant les inconvénients normaux de voisinage ne peut être étendue au cas de communication d'un incendie entre immeubles voisins, lequel est régi par les dispositions de l'article 1384 devenu 1242 alinéa 2

du Code civil (Cass. 2e civ., 7 févr. 2019, n° 18-10727). De fait, décider le contraire reviendrait à vider de sa substance ce régime de responsabilité qui repose sur la faute, tandis que la responsabilité pour troubles anormaux du voisinage est une responsabilité de plein droit. Les victimes seraient ainsi systématiquement dispensées de la preuve d'une faute requise par l'article 1242 alinéa 2.
La responsabilité pour troubles anormaux du voisinage, qui est une pure création prétorienne et qui ne repose sur aucun texte, est consacrée dans l'avant-projet de réforme du droit de la responsabilité civile publié le 13 mars 2017 (C. civ., art. 1244). La Cour de cassation a précisé que l'action en responsabilité fondée sur un trouble anormal du voisinage constitue, non une action réelle immobilière, mais une action en responsabilité civile extra-contractuelle soumise à une prescription de dix ans en application de l'article 2270-1, ancien, du Code civil, réduite à cinq ans à compter de l'entrée en vigueur de l'article 2224 du Code civil dans sa rédaction issue de la loi n° 2008-561 du 17 juin 2008 (Cass. 3e civ., 16 janv. 2020, n° 16-24352).

Actualité sur les troubles anormaux du voisinage

Par un arrêt du 16 mars 2022, la troisième chambre civile a jugé que l'action fondée sur un trouble anormal du voisinage est une action en responsabilité civile extra-contractuelle qui, indépendamment de toute faute, permet à la victime de demander réparation au propriétaire de l'immeuble à l'origine du trouble, responsable de plein droit **(Cass. 3e civ., 16 mars 2022, n° 18-23954)**. Dès lors, une cour d'appel qui constate que le trouble subsistait après la vente du fonds à l'origine des désordres, en déduit exactement que la responsabilité des acquéreurs devait être retenue, peu important que les infiltrations aient commencé à se produire avant la vente. En d'autres termes, il importe peu que le trouble ne soit pas imputable à l'acquéreur, en ce qu'il existait avant la conclusion de la vente. L'acquéreur doit répondre du trouble, en sa qualité de propriétaire, car pèse sur lui une responsabilité de plein droit. Il lui appartient, le cas échéant, d'exercer un recours contre son vendeur, à condition toutefois qu'il n'existe pas, comme cela est d'usage dans les ventes immobilières, une clause élusive de garantie au profit du vendeur.

B. Le caractère exclusif

116. Tel est sans doute le cœur de la propriété. Le propriétaire dispose d'un **monopole** sur son bien, ce qui le protège contre des immixtions venant de tiers. Le caractère exclusif de la propriété se retrouve avec force dans la sanction de **l'empiétement**, que l'on peut définir comme le fait d'occuper sans droit une partie d'un immeuble contigu. Le propriétaire peut demander qu'il soit mis fin à cet empiétement, peu en importe la mesure. Il ne s'agit donc pas de réparer un préjudice, mais de sanctionner, de manière mécanique, une atteinte à l'exclusivité de la propriété. Ainsi, dans un arrêt du 20 mars 2002 (n° 00-16015), la Cour de cassation a rappelé que « peu importe la mesure de l'empiétement », pour valider la démolition d'un ouvrage qui empiétait d'un demi-centimètre ! Cette solution classique a été rappelée récemment (Cass. 3e civ., 10 nov. 2016, n° 15-19561). Il s'agissait en l'occurrence d'un toit qui empiétait de 20 centimètres sur le fonds voisin. Les juges du fond avaient refusé la démolition, considérant que l'empiétement ne causait aucun réel préjudice au propriétaire voisin et que la démolition serait disproportionnée. La cassation est prononcée au visa de l'article 545 du Code civil : les propriétaires étaient en droit d'obtenir la démolition de la partie du toit empiétant sur leur bâtiment. Néanmoins, la démolition ne sera prononcée que si elle est la seule mesure de nature à faire cesser l'empiétement. Ainsi, par un arrêt du même jour (Cass. 3e civ., 10 nov. 2016, n° 15-25113), la Cour de cassation a censuré une cour d'appel pour ne pas avoir recherché, alors qu'elle y était invitée, si la cessation de l'empiétement ne pouvait pas être obtenue par un rabotage du mur. Il n'en demeure pas moins vrai que la sanction mécanique de l'empiétement cadre mal avec la volonté moderne de la Cour de cassation d'exercer un contrôle de proportionnalité. La démolition d'un ouvrage pour un empiétement minime n'est-elle pas une atteinte disproportionnée au droit de propriété de l'auteur de l'empiétement, qui subit la destruction de sa maison ? Pour la Cour de cassation, « tout propriétaire est en droit d'obtenir la démolition d'un ouvrage empiétant sur son fonds, sans que son action puisse donner lieu à faute ou à abus » et que « l'auteur de l'empiétement n'est pas fondé à invoquer les dispositions de l'article 1er du protocole additionnel n° 1 à la Convention de sauvegarde des droits de l'homme et des libertés fondamentales dès lors que l'ouvrage qu'il a construit méconnaît le droit au respect des biens de la victime de l'empiétement » (**Cass. 3e civ., 21 déc. 2017, n° 16-25406**). Le contrôle de proportionnalité est donc purement et simplement refoulé en matière d'empiétement. À raison, selon nous, dès lors que celui qui construit au-delà des limites de sa propriété n'est titulaire d'aucun droit sur l'espace occupé, susceptible de venir contrebalancer le droit de propriété de la victime de l'empiétement. L'exclusivité de la propriété sort grandie d'une telle solution de principe.

FOCUS

Le contrôle de proportionnalité

Nous venons de voir que la troisième chambre civile était réticente à mettre en œuvre le contrôle de proportionnalité en matière d'empiétement (v. également, en matière d'expulsion d'un occupant sans titre, *infra*, n° 146). La Cour de cassation est toutefois en train d'infléchir sa position (**Cass. 3e civ., 19 déc. 2019, n° 18-25113**). En l'espèce, les propriétaires d'un fonds grevé d'une servitude de passage ont réalisé une construction et des plantations qui ont empiété sur l'assiette de la servitude de passage (largeur de 8 mètres qui n'était plus respectée). Assignés en démolition de tels ouvrages, les propriétaires invoquent que cette mesure est une atteinte disproportionnée au droit au respect de leur domicile. La cour d'appel ordonne toutefois la démolition des ouvrages, en considérant que du fait de l'empiétement, le passage est réduit de moitié à hauteur du garage et qu'un déplacement de l'assiette de la servitude ne peut être imposé au propriétaire du fonds dominant que dans les conditions prévues à l'article 701, dernier alinéa, du Code civil (proposition d'un endroit aussi commode mais moins onéreux). La décision est censurée par la Cour de cassation, pour ne pas avoir « recherché, comme il le lui était demandé, si la mesure de démolition n'était pas disproportionnée au regard du droit au respect du domicile de Mme L… et de M. P… ». La solution semble rompre avec le refus de la Cour de cassation de procéder à un contrôle de proportionnalité en matière d'empiétement. Il faut toutefois rester prudent sur la portée de la solution, dans la mesure où il s'agissait ici non pas d'un empiétement sur le fonds d'autrui (empiétement classique), mais d'un empiétement sur un droit de passage. En somme, le constructeur ne construit pas ici au-delà des limites de sa propriété, ce qui justifie que l'on tienne compte, par une balance des intérêts, de ce que la démolition porte atteinte à son propre droit de propriété. On peut toutefois faire observer en sens contraire que la Cour de cassation ne vise pas le droit de propriété de l'article premier du premier protocole, mais le droit au respect du domicile garanti par l'article 8. Or, que l'on ait construit une maison sur sa parcelle ou en partie sur celle du voisin, sa démolition porte dans les deux cas atteinte au droit au respect de son domicile. On le voit, il est préférable d'attendre une confirmation pour être certain que le contrôle de proportionnalité est désormais généralisé à toutes les situations d'empiétement.

Mais l'empiétement ne concerne pas que les constructions. Ainsi, le Code civil contient une disposition spéciale en matière de **végétaux**. L'article 673 prévoit que « celui sur la propriété duquel avancent les branches des arbres, arbustes et arbrisseaux du voisin peut contraindre celui-ci à les couper ». Ce droit d'élagage est imprescriptible, de sorte qu'il peut être mis en œuvre même s'il peut engendrer la mort de l'arbre (Cass. 3e civ., 30 juin 2010, n° 09-16257). Par ailleurs, les fruits tombés naturellement de ces branches appartiennent au propriétaire victime de l'empiétement. Par un arrêt du 20 juin 2019, la Cour de cassation a précisé la portée du droit d'élagage prévu par l'article 673 du Code civil : celui-ci suppose que les fonds soient contigus (**Cass. 3e civ., 20 juin 2019**, n° 18-22278). Dès lors, si une voie publique sépare les parcelles, l'élagage des arbres qui surplombent le fonds voisin ne peut être obtenu. La solution peut être contestée, dès lors que la gêne occasionnée est la même, qu'il y ait ou non une voie publique. On peut même dire que les arbres débordent particulièrement dans ce cas de figure, dès lors qu'ils arrivent à surplomber le fonds voisin, alors même qu'une voie publique sépare les deux fonds.

C. Le caractère perpétuel

117. La perpétuité signifie que le droit a vocation à durer autant que son objet. Cela entraîne deux conséquences principales.

En premier lieu, contrairement à l'usufruit, la propriété **ne s'éteint pas au décès de son titulaire**. Elle est au contraire transmise à ses héritiers. Tel un phénix qui renaît de ses cendres, la propriété peut même réapparaître après avoir momentanément disparu. C'est ce qui s'est produit dans la célèbre affaire de **l'étang de Napoléon** qui a donné lieu à un arrêt du 23 juin 1972 rendu en assemblée plénière (n° 70-12960). L'étang était séparé de la mer par un cordon littoral qui a été détruit par un phénomène naturel avant de réapparaître soixante-dix ans plus tard. Le propriétaire de l'étang a été réintégré dans ses droits, dès lors qu'il n'avait été dépossédé de son bien que par le seul effet des forces de la nature.

En second lieu, **la propriété ne se perd pas par le non-usage**, à la différence des autres droits réels, et notamment des servitudes. La règle a été consacrée à l'article 2227 du Code civil : « le droit de propriété est imprescriptible ». Par exemple, si mes ancêtres ont laissé à l'abandon un château en Espagne depuis plus de trois siècles, je pourrai le revendiquer en ma qualité d'héritier. Cette absence d'extinction du droit substantiel a des effets processuels. Ainsi, **l'action en revendication de la propriété**, qui protège et sanctionne le droit de propriété, est elle-même **imprescriptible** (Cass. 1re civ., 2 juin 1993, *Bull. civ.* I, n° 197). Il en va de même de l'action en cessation d'un empiétement, qui protège et sanctionne le droit de propriété (Cass. 3e civ., 5 juin 2002, n° 00-16077), ou encore de l'action en régularisation d'une stipulation pour autrui, qui tend à faire reconnaître le droit de propriété cédé (Cass. 3e civ., 12 nov. 2020, n° 19-23160). Pour autant, cela ne signifie pas que l'action sera couronnée de succès. En effet, si la propriété n'est susceptible d'aucune prescription extinctive, elle peut faire l'objet d'une prescription acquisitive. Si des habitants se sont installés depuis plus de trente ans dans mon château et qu'ils peuvent invoquer une possession utile, ils sont devenus propriétaires du bien, ce qui mettra en échec mon action en revendication. Tout ceci suppose de distinguer la recevabilité de l'action (pas de prescription extinctive) et son bien-fondé (possibilité pour le défendeur d'invoquer une prescription acquisitive).

118 à 123. Réservés.

LEÇON 5

LE RÉGIME DE LA PROPRIÉTÉ

Textes

Articles 546 et suivants du Code civil
Articles 711 et suivants du Code civil

124. Après en avoir décrit les éléments caractéristiques dans la précédente leçon, il convient à présent d'étudier la propriété en mouvement. Cela nous amène à poser deux questions essentielles : comment devient-on propriétaire et comment agir contre des usurpateurs ? C'est s'interroger sur l'acquisition (section 1) et la revendication de la propriété (section 2).

Section 1
L'acquisition de la propriété

La propriété s'acquiert de deux manières. Tout d'abord, une personne peut devenir propriétaire sans tenir ses droits de quiconque. Elle bénéficie d'une acquisition dite **originaire** (§ 1). Ensuite, une personne peut devenir propriétaire parce qu'une autre personne lui a transmis son droit sur la chose. Elle bénéficie alors d'une acquisition dite **dérivée** (§ 2).

§ 1. L'acquisition originaire

125. L'acquisition originaire est dotée d'un régime très différent de l'acquisition dérivée, dans la mesure où le propriétaire bénéficie d'un **droit nouveau** sur le bien. Cela entraîne deux conséquences :

- l'acquisition originaire n'est pas **tributaire des droits antérieurs sur la chose** : si on découvre par exemple que l'ancien propriétaire n'avait en réalité aucun droit sur la chose, cela n'a aucune incidence sur le droit du nouveau propriétaire ;
- l'acquisition originaire est **libre de toute charge** : si des charges (usufruit, servitudes) ou des sûretés (hypothèque, gage…) ont été consenties ou subies par l'ancien propriétaire, celles-ci ne sont pas transmises au nouveau, faute de transfert de propriété.

Les hypothèses d'acquisition originaires sont listées à l'article 712 du Code civil, qui vise l'accession (B) et la prescription (A), hypothèses auxquelles il convient d'ajouter l'occupation (C).

A. La prescription

126. Il n'est pas nécessaire d'analyser en profondeur cette hypothèse d'acquisition originaire, dans la mesure où elle a été étudiée à propos de la possession (v. *supra*, n° 68 et s.). Rappelons simplement que l'acquisition d'un bien par l'effet de la possession varie selon sa nature immobilière ou mobilière. En matière immobilière, la propriété est acquise par une possession utile de trente ans, ramenée à dix ans en cas de bonne foi et de juste titre. En matière mobilière, l'article 2276 du Code civil confère au possesseur d'un meuble corporel de bonne foi une acquisition immédiate de la propriété, sous réserve de la perte et du vol. Seule une question mérite d'être posée à ce stade : existe-t-il, à côté de la possession, une place pour la **propriété apparente s'agissant de l'acquisition de la propriété ?**
On sait que la théorie de l'apparence a pour effet de protéger les tiers qui traitent avec une personne qui n'est pas propriétaire de la chose, mais qui en a toutes les apparences. Elle permet de valider les actes accomplis sur une chose par le propriétaire apparent (vente, bail...), afin de protéger le cocontractant (par ex., cela fait obstacle à la nullité de la vente de la chose d'autrui). C'est l'application de la règle *error communis facit juris*.

127. *Pour autant, interdit-elle au véritable propriétaire de revendiquer la chose entre les mains du tiers ?* On peut le penser, dès lors que les conditions sont beaucoup plus sévères que celles de la prescription.
Il faut d'abord que le tiers soit de bonne foi. À cet égard, la Cour de cassation rappelle que la bonne foi de l'acquéreur, qui lui permet de se prévaloir d'une erreur commune, doit s'apprécier exclusivement **lors de l'acquisition du bien**, et non postérieurement (Cass. 3e civ., 30 mars 2017, n° 15-21790 P). Il faut **ensuite** et surtout qu'il ait été victime, aux dires de la jurisprudence, « **d'une erreur commune et invincible** ». Il ne faut donc pas une apparence de nature à tromper un homme quelconque, mais un type idéal d'homme rompu aux affaires. Il faut que le vice qui affecte la propriété du propriétaire apparent ait été ignoré de tous. Cette condition doit donc être appréciée strictement : dans le cas contraire, cela reviendrait à supplanter l'usucapion décennale dont bénéficie le possesseur de bonne foi.
La théorie de l'apparence a initialement été consacrée en jurisprudence pour entériner les actes d'administration sur la chose (bail) ou les actes de disposition accomplis par l'héritier apparent. Elle a ensuite été étendue au cas de l'indivisaire qui vend un bien sans le consentement des autres indivisaires, dès lors qu'il apparaît comme le plein propriétaire de la chose (Cass. 1re civ., 22 juill. 1986, n° 84-17004, *Bull. civ.* I, n° 214). On voit quand même ici que l'apparence a une assise objective : la qualité d'héritier ou d'indivisaire. On peut douter du jeu de l'apparence en présence d'une personne qui n'a aucune qualité particulière relative au bien transmis (par ex. une personne qui s'installe sur un terrain et qui le revend ensuite). L'erreur commune sera dans ce cas extrêmement difficile à caractériser. En outre, pour les immeubles, l'existence d'un système de publicité foncière (v. *infra*, n° 136 et s.) rend difficile la preuve d'une erreur commune, en ce que l'acquéreur est censé se renseigner sur les droits de son auteur. Décider le contraire conduirait à rendre totalement inutile l'usucapion décennale en cas de bonne foi et de juste titre : le possesseur, plutôt que d'attendre dix ans de possession utile, pourrait, sur la seule apparence, se voir reconnaître un droit de propriété. Il y a là un pas qui ne doit pas être franchi.
La Cour de cassation vient de rappeler que la bonne foi de l'acquéreur, qui lui permet de se prévaloir d'une erreur commune, doit s'apprécier exclusivement **lors de l'acquisition du bien**, et non postérieurement (**Cass. 3e civ., 30 mars 2017**, n° 15-21790 P). Était en cause en l'espèce le non-respect de la **zone des cinquante pas** (née sous l'Ancien Régime avant le

système métrique), qui relève du domaine public maritime, ce qui interdit toute construction par les particuliers (environ 80 m à partir du rivage). En l'espèce, les juges du fond avaient considéré que l'acquéreur ne pouvait être de bonne foi, dès lors qu'il avait mentionné, à l'occasion d'un contrôle des agents de l'Office national des forêts, qu'il savait que sa maison était pour partie édifiée sur la zone des cinquante pas. C'était méconnaître que sa bonne foi devait s'apprécier exclusivement lors de l'acquisition du bien. Un parallèle doit être fait avec le régime de l'article 2276 du Code civil

B. L'accession

Accessorium sequitur principale: l'accessoire suit le principal. La règle est très présente en droit des biens. Ainsi, l'article 546 du Code civil dispose que «la propriété d'une chose, soit mobilière, soit immobilière, donne droit sur tout ce qu'elle produit et sur ce qui s'y unit, soit naturellement, soit artificiellement. Ce droit s'appelle droit d'accession». En d'autres termes, le Code civil prévoit **deux hypothèses d'accession**: le propriétaire d'une chose principale devient propriétaire d'une chose accessoire qui est soit **produite** par elle (1), soit **incorporée** en elle (2).

1. L'accession par production

128. Dans ce cas, une **chose nouvelle** (*i.e.* qui n'existait pas avant l'accession) est produite à partir d'une chose ancienne. Par exemple, un arbre donne des fruits, une maison des loyers, une carrière un minerai. L'article 547 du Code civil dispose que «les fruits naturels ou industriels de la terre, les fruits civils, le croît des animaux [portée], appartiennent au propriétaire par droit d'accession». La règle joue également pour les produits (sur la distinction entre fruits et produits, v. *supra*, n° 52 et s.). Ainsi, les fruits et produits appartiennent au propriétaire de la chose dont ils sont issus, **et ce, dès leur production**.
Il en va ainsi **même si de tels fruits ou produits résultent de l'industrie d'un tiers**. On peut y voir une prévalence du capital sur le travail: le propriétaire des fruits, ce n'est pas celui qui les a créés par ses efforts, mais celui est qui est propriétaire de la chose dont ils sont issus. Toutefois, l'article 548 met à la charge du propriétaire une indemnité au profit du tiers qui a exposé des dépenses, indemnité dont la valeur est estimée à la date du remboursement. Enfin, l'accession par production reçoit exception au profit du **possesseur de bonne foi** (sur cette notion, v. *supra*, n° 88). L'article 549 du Code civil prévoit qu'il a le droit de conserver les fruits.

Exemple

Une personne a acquis de bonne foi un terrain dont elle a perçu les fruits pendant plusieurs années, avant que son titre ne soit remis en cause. Dès lors qu'elle ignorait les vices de son titre d'acquisition, au sens de l'article 550, elle conservera les fruits jusqu'au jour où les vices lui ont été connus, ce qui correspond généralement au jour où elle est assignée en revendication (v. *infra*, n° 140 et s.).

2. L'accession par incorporation

129. Dans ce cas, une **chose ancienne** (*i.e.* qui existait avant l'accession) est intégrée dans une autre chose. Par exemple, un arbre en pot est planté dans un terrain; un anneau est scellé à un diamant par un bijoutier. L'article 551 du Code civil prévoit que « tout ce qui s'unit et s'incorpore à la chose appartient au propriétaire ». Le propriétaire du bien principal deviendra propriétaire du bien accessoire, incorporé. Selon quelles règles ? C'est ici que l'accession par incorporation se distingue de l'accession par production. Dans l'incorporation, la chose incorporée existait avant l'accession, de sorte qu'elle avait un propriétaire. **Si le propriétaire de la chose accessoire n'est pas celui de la chose principale, il y aura expropriation**. Par exemple, si le propriétaire de l'arbre en pot n'est pas le propriétaire du terrain, il perdra son droit de propriété sur l'arbre au profit de celui du terrain. Cette situation suppose de rétablir une certaine justice. Le Code civil distingue selon que l'accessoire est incorporé à un meuble (a) ou à un immeuble (b).

a. L'incorporation à un meuble

130. Le Code civil consacre, aux articles 565 à 574, des règles assez précises à l'accession mobilière. Ces dispositions sont toutefois très peu appliquées, dans la mesure où l'incorporation de meubles qui appartiennent à des propriétaires différents est généralement organisée par un contrat. Dans le silence de la convention, l'article 566 fait application de la règle *accessorium sequitur principale* : lorsque deux choses sont unies pour former un tout (une voiture de *tuning* par ex.), **le tout appartient au propriétaire de la chose principale (la voiture), à charge d'indemniser le propriétaire de la chose accessoire** (le pot d'échappement qui fait beaucoup de bruit), à hauteur de sa valeur estimée à la date du paiement. L'article 567 prévoit qu'est réputée partie principale « celle à laquelle l'autre n'a été unie que pour l'usage, l'ornement ou le complément de la première ».

b. L'incorporation à un immeuble

Les règles de l'accession immobilière sont en revanche beaucoup plus sollicitées en pratique. Il est en effet fréquent qu'une personne effectue des plantations ou des constructions sur un immeuble qui ne lui appartient pas : un usufruitier, un locataire, un acquéreur dont le titre est ensuite annulé, un occupant sans droit ni titre (squatter par ex.)...
Qu'advient-il dans cette hypothèse ? Le Code civil prévoit alors le jeu de l'accession, mais réserve la volonté contraire.

Le jeu de l'accession

131. L'article 552 du Code civil prévoit que « la propriété du sol emporte la propriété du dessus et du dessous » (*superficies solo cedit*, ce qui signifie la superficie cède au sol). L'article 553 ajoute que « toutes constructions, plantations et ouvrages sur un terrain ou dans l'intérieur, sont présumés faits par le propriétaire à ses frais et lui appartenir, si le contraire n'est prouvé ». Ainsi, le propriétaire du fonds devient propriétaire des plantations et constructions, au fur et à mesure de leur incorporation.
La jurisprudence décide que **l'accession joue de plein droit**, de sorte que l'acquisition de la propriété n'est pas subordonnée à l'action du propriétaire du sol ou à celle du créancier poursuivant. Toutefois, **en matière de bail, l'accession est différée**, elle n'opère qu'au terme du bail (Cass. 1re civ., 1er déc. 1964, jurisprudence constante depuis). Pendant la durée du bail, le locataire est donc propriétaire des constructions, ce qui lui permet notamment de les détruire. **Au terme du bail, l'article 555 du Code civil s'appliquera**, étant que précisé que le locataire est de mauvaise foi, au sens où il a conscience de construire sur un bien

qui ne lui appartient pas (v. *infra*). Il en va de même en matière d'**usufruit** : l'accession ne joue pas immédiatement au profit du nu-propriétaire (Cass. 3e civ., 19 sept. 2012, n° 11-15460). Dernière précision importante : qu'advient-il en cas de renouvellement du bail ? Par un arrêt du 23 novembre 2017, la Cour de cassation décide que **si les plantations sont intervenues avant le renouvellement, elles sont devenues la propriété du bailleur lors de ce renouvellement (Cass. 3e civ., 23 nov. 2017**, n° 16-16815). La solution est conforme au principe selon lequel le renouvellement fait naître un nouveau contrat (C. civ., art. 1214 al. 2). Ainsi, lors du renouvellement, le précédent bail prend fin, ce qui donne lieu au jeu de l'accession au bénéfice du bailleur.

132. Par l'effet de l'accession, le propriétaire du sol devient propriétaire des constructions et plantations. Cela conduit à une expropriation du constructeur, qui était propriétaire des matériaux (constructions) ou des végétaux (plantations) qui ont été incorporés sur le fonds d'autrui. Comment rétablir une certaine équité ? **L'article 555 organise les rapports entre le propriétaire et le constructeur.** Il distingue selon la **bonne ou mauvaise foi** du constructeur au sens de l'article 550 du Code civil, c'est-à-dire selon que celui-ci pouvait se penser comme le propriétaire de l'immeuble sur lequel il a édifié des constructions.

- Si le constructeur est de **bonne foi**, l'article 555 alinéa 4 prévoit que le propriétaire ne peut imposer la destruction des constructions ou plantations aux frais du constructeur (il peut bien sûr, en tant que propriétaire, les détruire, mais à sa charge). S'il décide de les conserver, il doit alors indemniser le constructeur, soit à hauteur de la plus-value de l'immeuble apportée par la construction, soit du coût des matériaux et de la main-d'œuvre estimés à la date du remboursement.
- En revanche, si le constructeur est de **mauvaise foi**, le propriétaire dispose d'une option : il peut mettre à la charge du constructeur la destruction de la construction (C. civ., art. 555 al. 1) ou conserver les constructions à charge d'indemniser le constructeur selon les modalités vues plus haut.

NEWS

Actualité sur l'article 555 du Code civil

Par un arrêt du 21 septembre 2023, la Cour de cassation a jugé que « l'action en remboursement de celui qui a construit sur le terrain d'autrui avec des matériaux lui appartenant, contre le propriétaire du fonds, prévue au troisième alinéa de l'article 555 du Code civil, n'est pas subordonnée à son éviction » **(Cass. 3e civ., 21 sept. 2023, n° 22-15359)**. Ainsi, le texte peut opérer dans les rapports entre deux époux, consécutivement au divorce prononcé entre eux. L'ex-épouse a donc droit à une indemnité correspondant à sa quote-part, soit la moitié, du remboursement du coût des matériaux et du prix de la main-d'œuvre estimés à la date du remboursement. Il est vrai que l'article 555 du Code civil ne fait pas de distinction selon l'éviction du tiers, même si l'on peut penser que les règles des régimes matrimoniaux étaient plus adaptées à la situation.

À noter

L'article 555 du Code civil est inapplicable en cas d'**empiétement**. Ainsi, la jurisprudence décide que l'article 555 ne trouve pas application lorsqu'un voisin étend une construction au-delà des limites de sa propriété et empiète sur la parcelle voisine (Cass. 3e civ., 19 déc. 1983, n° 82-15670, *Bull. civ.* III, n° 269). Peu importe alors la bonne ou mauvaise foi du constructeur : il pourra dans tous les cas être condamné à mettre fin, à ses frais, à un tel empiétement. De même, l'article 555 est inapplicable entre époux, de sorte que l'époux constructeur bénéficie des règles d'évaluation de sa créance selon le profit subsistant de l'article 1469 alinéa 3 (Cass. 1re civ., 25 janv. 2006, n° 04-11359). En revanche, en l'absence de convention contraire, l'article 555 s'applique entre concubins (Cass. 3e civ., 16 mars 2017, n° 15-12384).

La volonté contraire

133. Ainsi que le prévoit l'article 553 du Code civil qui ménage la preuve contraire, **la règle de l'accession n'est pas impérative** : elle peut être aménagée conventionnellement. Notamment, le propriétaire du sol peut consentir à un tiers un **droit de superficie**. Il s'agit d'un droit réel qu'un propriétaire (appelé superficiaire) exerce sur la surface d'un fonds, dont le dessous ou *tréfonds* appartient à un autre propriétaire (appelé *tréfoncier)*. Ce droit de superficie permet de dissocier la propriété du tréfonds et celle de la surface, ce qui permet au constructeur d'être propriétaire des constructions qu'il a réalisées. Quelle est la nature du droit de superficie ? La jurisprudence le considère comme un véritable **droit de propriété immobilière**, en ce qu'il ne s'éteint pas par le non-usage (contrairement à l'usufruit ou aux servitudes). Mais il peut être octroyé pour une durée limitée. Il en va de même de la division de l'immeuble en **volumes**, qui permet d'organiser une dissociation de la propriété du sol et de cubes dans l'espace, soumis à des droits de propriété indépendants. La volumétrie a été créée par la pratique pour la construction de grands ensembles immobiliers (ex. quartier de la Défense) avec des blocs indépendants, affranchis de l'application de la loi de 1965 sur la copropriété, faute de parties communes.
En outre, certains **baux spéciaux**, tels que le bail emphytéotique ou le bail à construction (v. *infra*, n° 194 et s.), permettent de dissocier la propriété du sol et la propriété des constructions. Ces baux ont pour effet de mettre en échec le jeu de l'article 555 du Code civil, alors qu'en cas de bail ordinaire, son application est simplement différée au terme du bail.

C. L'occupation

Une fois le régime de l'occupation décrit (1), il faudra traiter spécifiquement le statut du trésor (2).

1. Le régime de l'occupation

134. L'occupation, ignorée par l'article 712 du Code civil, concerne les **biens sans maître** (v. *supra*, n° 42). Elle consiste pour une personne à appréhender un bien sans maître, une *res nullius ou une res derelictae*, avec la volonté d'en devenir propriétaire. L'appréhension matérielle associée à la volonté d'appropriation emporte acquisition de la propriété. Ce propriétaire par l'effet de l'occupation, premier propriétaire si la chose n'a jamais été appropriée (*res nullius*), nouveau propriétaire si la chose a été abandonnée (*res derelictae*), ne

tient son droit de personne : il n'a donc pas à souffrir des limites du droit de son prédécesseur. L'occupation est proche de la possession (*corpus* et *animus*), mais elle s'en distingue par son objet : un bien sans maître. Toute recherche de bonne foi est ici inopérante, puisque la chose n'avait pas ou plus de propriétaire.
Il convient de préciser que **l'occupation ne concerne que les meubles**. Les immeubles sans maître échoient à la puissance publique. Cela est prévu par l'article 713 du Code civil. Le texte dispose que « les biens qui n'ont pas de maître appartiennent à la commune sur le territoire de laquelle ils sont situés. Toutefois, la propriété est transférée de plein droit à l'État si la commune renonce à exercer ses droits ». L'occupation ne concerne donc que les meubles, car les immeubles sans maître appartiennent à la commune, voire à l'État.

2. Le cas spécifique du trésor

135. Ces biens sans maître doivent être distingués du trésor, qui fait l'objet d'un régime spécifique mis en œuvre par l'article 716 du Code civil. Le trésor est une chose « cachée ou enfouie sur laquelle personne ne peut justifier sa propriété, et qui est découverte par le pur effet du hasard ». À la différence des biens sans maître, le trésor a certainement un propriétaire. Mais son identité est inconnue. Tel est le cas par exemple lorsqu'un propriétaire découvre, en creusant un trou pour construire une piscine, des pièces d'or cachées dans un coffre.
Il faut noter que le meuble doit être distinct du contenant, sous peine d'appartenir au propriétaire du sol (ex. : le pétrole est incorporé au sol et appartient donc au propriétaire du sol : ce n'est pas un trésor).
Lorsqu'il est découvert, à qui appartient le trésor ? Il faut distinguer deux hypothèses :
- **si le trésor est découvert par le propriétaire du fonds**, il lui est acquis en totalité ;
- **si le trésor est découvert par un tiers sur le fonds d'autrui**, il appartient pour moitié à l'inventeur (celui qui l'a découvert) et pour moitié au propriétaire du fonds. Il en va autrement si les recherches ont volontairement été menées sous l'impulsion du propriétaire : dans ce cas, le trésor appartiendra en totalité au propriétaire du fonds, car le bien n'aura pas été découvert par le pur effet du hasard.

À noter

Par un arrêt du 5 juillet 2017, la Cour de cassation est venue préciser que seules peuvent recevoir la qualification de trésor « **les choses corporelles matériellement dissociables du fonds dans lequel elles ont été trouvées** et, comme telles, susceptibles d'appropriation » (**Cass. 1re civ., 5 juill. 2017**, n° 16-19340). En l'espèce, un brocanteur a fait l'acquisition d'un tableau peint sur bois, qu'il a présenté à un antiquaire, puis, sur les conseils de ce dernier, confié à un restaurateur d'art, afin qu'il procède à son nettoyage. Il se trouve que ce travail a révélé que, sous la peinture apparente, était cachée une œuvre datant du XVe siècle attribuée au peintre Jean Malouel. Le musée du Louvre en a fait l'acquisition moyennant un prix de 7,8 millions d'euros, ce qui a aiguisé l'appétit de l'antiquaire, qui a revendiqué la qualité d'inventeur d'un trésor pour obtenir la condamnation du vendeur à lui verser la moitié du produit net de la vente. La qualification a toutefois été rejetée par la Cour de cassation, dès lors que l'œuvre découverte (la peinture) était indissociable de son support (le tableau). L'arrêt susmentionné sur les fresques (v. *supra*, n° 47) a pourtant montré qu'il était possible d'arracher des peintures de leur support, ce qui leur conférait une nature mobilière...

FOCUS

Le trésor : consécration de la notion de coinventeurs

Par un arrêt du 16 juin 2021, la première chambre civile est venue consacrer la possibilité d'une pluralité d'inventeurs au sens de l'article 716 du Code civil, même si le texte ne fait référence qu'à l'inventeur au singulier **(Cass. 1re civ., 16 juin 2021, n° 19-21567)**. Ainsi, que décider lorsque plusieurs personnes (ex. des ouvriers) ont contribué à la découverte d'un trésor ? Alors que les juges du fond avaient estimé que seul l'un d'entre eux pouvait recevoir la qualité d'inventeur, nécessairement unique, la Cour de cassation considère que « l'inventeur d'un trésor s'entend de celui ou de ceux qui, par le pur effet du hasard, mettent le trésor à découvert en le rendant visible ». Dès lors, lorsque la découverte du trésor procède directement d'une action de plusieurs personnes, chacune d'elles doit être qualifiée d'inventeur. En l'espèce, deux ouvriers avaient, en réalisant des travaux de rénovation, découvert 34 lingots d'or. Tous deux doivent se voir reconnaître la qualité d'inventeur, dès lors qu'ils ont directement contribué à sa découverte.

§ 2. L'acquisition dérivée

L'acquisition est dérivée lorsqu'elle est consécutive à un transfert de propriété : le nouveau propriétaire (l'ayant cause) tient ses droits de l'ancien (son auteur). L'étude de l'acquisition dérivée relève classiquement du droit des contrats lorsqu'elle résulte d'un acte onéreux (vente, échange…) ou du droit des successions et des libéralités lorsqu'elle opère à la suite d'un acte gratuit (donation) ou d'un décès (transmission *ab intestat*). Nous nous contenterons donc d'aborder brièvement les modes de transfert (A) et le régime du transfert (B).

A. Les modes de transfert

136. On peut classer ces hypothèses d'acquisition dérivée selon qu'elles sont volontaires ou involontaires, à titre onéreux ou à titre gratuit.

Les transferts de propriété sont souvent le fruit d'un **acte juridique**. Il en va ainsi évidemment de tous les transferts par contrat. C'est ce que l'article 711 désigne par acquisition par l'effet des obligations (vente, échange, donation…). Mais le contrat n'est pas indispensable : le transfert peut résulter d'un acte unilatéral, tel que le legs. Toutefois, les transferts de propriété ne sont pas toujours le produit de la volonté des parties. Ainsi, la **transmission du patrimoine *ab intestat*** a lieu sans intervention de la volonté du défunt. La loi désigne, en l'absence de disposition testamentaire, les héritiers du *de cujus*. Si le transfert de la propriété ne suppose pas toujours la volonté de l'auteur, c'est-à-dire celui qui transmet la chose, **elle requiert en revanche celle de l'ayant cause**. En effet, il est parfaitement possible de renoncer à une succession.

Les transferts de propriété sont généralement **à titre onéreux**. Ils confèrent au propriétaire la contrepartie de la perte de son bien. En l'absence de contrepartie, le patrimoine s'appauvrit ; l'acte est grave, préjudiciable aux créanciers, et c'est pourquoi la loi voit les transmissions à titre gratuit avec défaveur. **Les aliénations à titre gratuit** sont donc généralement soumises à un formalisme particulier (la donation est un acte solennel) et à des conditions de capacité particulières.

B. Le régime du transfert

Deux aspects du régime doivent être essentiellement relevés : l'objet (1) et les modalités du transfert (2).

1. L'objet du transfert

137. L'objet du transfert s'exprime dans un adage : ***nemo plus juris*** *ad alium transferre potest dquam ipse habet*... : « nul ne peut transmettre à autrui plus de droits qu'il n'en a lui-même ». L'ayant cause bénéficie des mêmes droits que son auteur sur la chose, ni plus ni moins. Dès lors, si le droit de l'auteur est anéanti, l'ayant cause perd également son droit (sous réserve de la protection liée à la possession, qui permet de consolider la situation du bien par le jeu d'une acquisition originaire, v. *supra*, n° 125 et s.). De même, les droits réels (usufruit, servitudes, sûretés...) qui grevaient le bien le suivent après le transfert.

2. Les modalités du transfert

138. **Entre les parties**, le transfert de propriété s'opère normalement *solo consensu*, c'est-à-dire dès l'échange des consentements, même si la chose n'a pas encore été livrée, ou l'acte publié. Le nouvel article 1196 du Code civil, issu de la réforme du droit des obligations, reprend la règle : « dans les contrats ayant pour objet l'aliénation de la propriété ou la cession d'un autre droit, le transfert s'opère lors de la conclusion du contrat ». Mais la règle n'est ni impérative, ni systématique. Ainsi, l'alinéa 2 prévoit que « ce transfert peut être différé par la volonté des parties, la nature des choses ou par l'effet de la loi ». On songe, par exemple, à la clause de réserve de propriété, dont l'effet est de retarder le transfert de la chose jusqu'au complet paiement du prix, ou encore aux choses de genre, dont le transfert est retardé jusqu'à leur individualisation.

139. **Pour être opposable aux tiers,** le transfert de propriété doit s'accompagner d'une certaine publicité. De fait, à l'exception des successions, l'acquisition dérivée ne prend pas sa source dans un fait tangible, visible de l'extérieur (à la différence de l'acquisition originaire : possession, occupation et accession), mais procède d'un acte de volonté qui n'est pas connu des tiers (acte de vente, de donation, legs...). Le transfert de propriété doit donc s'extérioriser pour leur être opposable. Le régime de l'opposabilité du transfert aux tiers varie selon qu'il s'agit d'un immeuble ou d'un meuble.
Pour les immeubles, les mutations de la propriété sont soumises à la **publicité foncière**, ce qui suppose, conformément au décret du 4 janvier 1955, le dépôt au fichier immobilier d'une copie de l'acte. À défaut de publicité, le transfert de propriété est inopposable aux tiers, mais produit ses effets entre les parties (paiement du prix, par ex.). En cas de conflit entre deux ayants cause à titre particulier du même auteur (ex. : deux acheteurs d'un même bien), **c'est le premier qui a publié son acte qui l'emporte, même si son acte a été conclu après** (art. 30 du décret). La jurisprudence décidait qu'il en allait ainsi même si l'acquéreur était de **mauvaise foi**, c'est-à-dire même s'il avait connaissance de l'autre aliénation : l'antériorité de sa publication lui donnait la préférence (Cass. 3e civ., 12 janv. 2011, n° 10-10667). La réforme du droit des obligations vient briser cette jurisprudence. Ainsi, le nouvel article 1198 alinéa 2 dispose que « lorsque deux acquéreurs successifs de droits portant sur un même immeuble tiennent leur droit d'une même personne, celui qui a, le premier, publié son titre d'acquisition passé en la forme authentique au fichier immobilier est préféré, même si son droit est

postérieur, *à condition qu'il soit de bonne foi*». Par un arrêt du 18 octobre 2018, destiné à une large diffusion, la Cour de cassation a précisé que «la publicité foncière n'étant pas constitutive de droits, les corrections et annotations apportées par le service de la publicité foncière ne peuvent avoir pour effet de modifier la nature d'un droit de propriété résultant d'actes antérieurement publiés» (Cass. 3e civ., 18 oct. 2018, n° 17-26734). Ainsi, même si le conservateur des hypothèques (désormais le chef du service de publicité foncière) commet des erreurs (en l'occurrence la soumission contestée de l'ensemble immobilier au régime de la copropriété des immeubles bâtis), cela n'engage pas la responsabilité de l'État, faute de préjudice pour le propriétaire, dont le droit de propriété n'est pas modifié. La solution s'inscrit pleinement dans le rôle de la publicité foncière, qui est d'assurer l'opposabilité de la constitution ou du transfert de propriété aux tiers (dimension externe), mais pas de définir les caractères de la propriété ainsi constituée ou transférée (dimension interne).

Pour les meubles, l'opposabilité du transfert n'est en principe pas organisée: elle se fait par la possession. Dès lors, en vertu de l'article 1198 alinéa 1er du Code civil, «lorsque deux acquéreurs successifs d'un même meuble corporel tiennent leur droit d'une même personne, celui qui a pris possession de ce meuble en premier est préféré, même si son droit est postérieur, à condition qu'il soit de bonne foi». On retrouve ici le rôle majeur de la possession de bonne foi consacré à l'article 2276 du Code civil.

Section 2

La revendication de la propriété

La revendication est **l'action qu'exerce le propriétaire contre un tiers qui détient indûment son bien et refuse de le restituer en contestant son droit**.

Exemple

On retrouve un testament qui institue une personne propriétaire d'un château, alors qu'il est actuellement possédé par une autre. Pour récupérer son bien, le bénéficiaire du legs devra exercer une action en revendication contre l'actuel possesseur.

Se pose au préalable la question de la preuve de la propriété (§ 1), qui conditionnera le succès de l'action en revendication (§ 2).

§ 1. La preuve de la propriété

140. Dès lors qu'il est question de preuve, on retrouve le triptyque classique: charge, objet et modes de preuve.

S'agissant de la charge de la preuve, il s'évince de l'article 1353 du Code civil (ancien article 1315), que «celui qui réclame l'exécution d'une obligation doit la prouver». Le demandeur à l'action en revendication, qui prétend que l'actuel possesseur du bien est un usurpateur, devra rapporter la preuve de sa qualité de propriétaire. Pour obtenir gain de cause, il ne suffira pas de prouver que le tiers n'est pas propriétaire. Afin d'obtenir la restitution de son bien, il devra prouver positivement qu'il en est bien le propriétaire. En cas de doute, le risque de la preuve pèsera sur lui.

S'agissant de l'objet de la preuve, le propriétaire devra démontrer l'existence du mode d'acquisition.

La preuve de **l'acquisition originaire** est nécessairement **parfaite**, dans la mesure où elle n'est pas tributaire des droits antérieurs sur la chose. Si je démontre la possession, l'occupation ou l'accession, mon droit de propriété est incontestable, puisqu'il ne dépend pas du passé.

En revanche, la preuve de **l'acquisition dérivée** est **imparfaite**, dans la mesure où elle est tributaire du propre droit de l'auteur. Par exemple, une personne peut rapporter la preuve de sa qualité de propriétaire en produisant son titre de vente. Mais si le titre du vendeur est lui-même anéanti, la preuve de la propriété de l'ayant cause s'écroule. C'est en cela que la preuve de la propriété est dite **diabolique**, puisqu'elle suppose de remonter jusqu'au premier propriétaire et s'assurer qu'aucun vice ne vient entacher cette succession de droits. Toutefois, la difficulté ne doit pas être exagérée. En effet, la preuve de l'acquisition dérivée est généralement consolidée par la possession. Par exemple, si j'ai un titre de vente et qu'en joignant ma possession utile à celle de mon vendeur, je peux établir trente ans de possession utile (voire dix ans en cas de prescription abrégée), la preuve de ma qualité de propriétaire est irréfutable.

S'agissant des modes de preuve, il faut savoir que la preuve de la propriété est **libre** : elle peut se faire par tous moyens. Il en va ainsi même si l'acquisition résulte d'un acte juridique (vente, donation, legs...). Les règles sur la preuve par écrit des actes juridiques sont inapplicables en matière d'actions en revendication. Pourquoi cela ? Parce que dans le contentieux de la propriété, il ne s'agit pas de prouver l'exécution de ses obligations à l'encontre de l'autre partie au contrat mais **de prouver sa propriété contre un tiers**. La règle est prévue pour le contrat de mariage à l'article 1538, mais la jurisprudence rappelle que la preuve est libre en toute hypothèse. Il pourra s'agir d'un titre, de faits de possession, de factures, ou encore de témoignages...

§ 2. L'action en revendication

L'action en revendication doit être classiquement analysée dans ses conditions (A) et ses effets (B).

A. Les conditions de la revendication

141. La propriété privée est protégée en elle-même et pour elle-même par une action spécifique : **la revendication**. La revendication tend à la reconnaissance du droit de propriété du revendiquant et à la restitution du bien entre ses mains. Rappelons que l'action en revendication n'est en principe **soumise à aucune prescription extinctive** (C. civ., art. 2227), sauf dans le cas de la perte ou du vol d'un meuble à l'encontre du possesseur de bonne foi (C. civ., art. 2276 al. 2, délai de trois ans).

Le domaine d'une telle action doit être précisé : la revendication ne peut être exercée que contre **un tiers.**

Exemple

Si un contrat de location a été conclu entre deux parties et que le locataire refuse de restituer le bien au terme du contrat, le propriétaire n'agira pas en revendication à son encontre. Il exercera une action fondée sur le contrat et soumise comme telle à prescription.

En outre, la revendication, parce qu'elle tend à obtenir la restitution d'un bien, se conçoit essentiellement pour les biens corporels. La loi organise, pour certains biens incorporels, une action spéciale, qui ne se confond pas tout à fait avec la revendication. Il en va ainsi de l'action en **contrefaçon**, qui peut être exercée en droit d'auteur ou dans le domaine de la propriété industrielle, en cas de violation du monopole d'exploitation. À la différence de l'action en revendication, l'action en contrefaçon est soumise à prescription (cinq ans).
Enfin, en matière immobilière, l'action en revendication doit être distinguée de l'action **en bornage.** L'article 646 du Code civil dispose que « tout propriétaire peut obliger son voisin au bornage de leurs propriétés contiguës. Le bornage se fait à frais communs ». À la différence de l'action en revendication, l'action en bornage ne tend qu'à matérialiser sur un terrain la ligne séparative de deux fonds. Mais rien n'interdit au propriétaire d'exercer de pair les deux actions : demander le bornage de son fonds et revendiquer ensuite la propriété de la parcelle litigieuse telle qu'elle a été définie par le bornage. Le bornage perd toutefois toute utilité si les fonds sont déjà séparés et délimités par une barrière naturelle. Tel est l'enseignement d'un arrêt rendu par la Cour de cassation le 13 décembre 2018 (Cass. 3e civ., 13 déc. 2018, n° 17-31270). Il s'agissait en l'espèce d'une falaise délimitant deux parcelles. La Cour estime que « l'action en bornage ne peut être exercée lorsque des fonds sont séparés par une limite naturelle et [que la cour d'appel a] constaté que la parcelle n° [...] était séparée des parcelles n° [...] par une falaise dessinant une limite non seulement naturelle mais encore infranchissable ».

B. Les effets de la revendication

142. À première vue, les choses sont très simples : si le juge fait droit à l'action, celui qui détient la chose est sommé de la rendre à celui qui a été reconnu le propriétaire. Mais la question des **restitutions** consécutives à la revendication est bien plus complexe : pour ne donner qu'un exemple, qu'advient-il si la chose a été revendue ? À cet égard, l'ordonnance du 10 février 2016 portant réforme du droit des obligations a créé dans le Code civil un chapitre V consacré aux restitutions, qui ont ainsi été dissociées du contrat et du quasi-contrat (C. civ., art. 1352 et s.). Ce droit commun des restitutions doit-il s'appliquer à celles consécutives à une action en revendication ? Il semble qu'une réponse positive s'impose, dès lors que les codificateurs ont dissocié le régime des restitutions de leur cause et que la jurisprudence avait déjà procédé par emprunt (v. la théorie des impenses). Il n'en va autrement qu'en présence de règles particulières propres au droit des biens. On songe, par exemple, au sort des fruits (C. civ., art. 549) ou aux constructions et plantations sur le fonds d'autrui (C. civ., art. 555).

1. Le sort des fruits

143. En principe, **les fruits sont acquis au possesseur de bonne foi** (C. civ., art. 549). La dévolution des fruits au possesseur de bonne foi cesse cependant dès que le possesseur est attrait en justice, c'est-à-dire dès l'assignation en revendication par le véritable propriétaire, parce qu'il a connaissance des vices de son titre d'acquisition (C. civ., art. 550). Les fruits sont donc à restituer depuis la demande en revendication. Le nouvel article 1352-7 du Code civil généralise cette règle.

FOCUS

La restitution des fruits

Par un arrêt du 1er octobre 2020, la troisième chambre civile a précisé qu'à compter de la demande en justice tendant à la résolution ou à l'annulation de la vente, le possesseur des fruits ne peut invoquer la bonne foi et il importe peu à cet égard que la demande en résolution ou en annulation émane d'un tiers au contrat de vente **(Cass. 3e civ., 1er oct. 2020, n° 19-20737)**. Il était donc indifférent en l'espèce que le contrat de vente ait été annulé non pas à l'initiative du vendeur, mais à celle du locataire, dont le droit de préemption n'avait pas été respecté. Même s'il est assigné par un tiers, l'acquéreur cesse d'être de bonne foi et doit donc restituer les fruits à compter de l'assignation. De fait, à cet instant, l'acquéreur sait qu'un vice existe s'agissant de son titre d'acquisition, au sens de l'article 550 du Code civil. Par ailleurs, la Cour de cassation a précisé dans un arrêt du 11 février 2021 que « si la restitution des fruits générés par le bien depuis la vente constitue une conséquence légale de l'anéantissement du contrat, le juge ne peut la prononcer d'office, dès lors qu'en application des dispositions des articles 549 et 550 du Code civil, une telle restitution est subordonnée à la bonne foi du possesseur » **(Cass. 3e civ., 11 févr. 2021, n° 20-11037 P)**. Ainsi, lorsque l'acheteur a perçu des loyers entre la conclusion de la vente et sa résolution, le vendeur doit explicitement demander, dans le dispositif de ses conclusions, la restitution de ces fruits, sans que le juge ne puisse l'ordonner d'office. En effet, une telle demande suppose d'analyser la mauvaise foi de l'acquéreur, qui est la condition de la restitution, conformément à l'article 549 du Code civil.

2. Les impenses

144. *Quid des frais exposés par le possesseur et dont la chose a bénéficié ?*
La jurisprudence avait forgé **la théorie des impenses**, en se fondant sur l'ancien article 1381 du Code civil relatif aux quasi-contrats. Cette théorie conduisait à distinguer entre les impenses nécessaires, toujours indemnisées, les impenses utiles, indemnisées à hauteur de la plus-value, et les impenses somptuaires, jamais indemnisées.
Le nouvel article 1352-5 du Code civil dispose que « pour fixer le montant des restitutions, il est tenu compte à celui qui doit restituer des dépenses nécessaires à la conservation de la chose et de celles qui en ont augmenté la valeur, dans la limite de la plus-value estimée au jour de la restitution ». La rédaction crée une incertitude sur le sort des impenses nécessaires. Faut-il qu'une plus-value soit procurée au bien, ou au contraire cette exigence d'une plus-value est-elle comme par le passé limitée aux seules impenses utiles ?
Prenons un exemple : le possesseur a réparé la toiture d'un bien qui avait été endommagée à la suite d'une tempête. Il doit ensuite rendre la chose à la suite de la revendication par le propriétaire. Cette dépense n'a créé aucune réelle plus-value à l'immeuble, mais il serait particulièrement injuste que le possesseur ne soit pas indemnisé pour une dépense qui a été nécessaire à la conservation de la chose. Nous pensons donc que l'expression « dans la limite de la plus-value estimée au jour de la restitution » s'applique exclusivement aux impenses, qui, sans être nécessaires, ont augmenté la valeur du bien (par ex. des travaux de décoration intérieure). Mais il convient d'attendre la position de la Cour de cassation pour en être certain.
Ces dispositions sont toutefois évincées par les règles spéciales posées dans le Code civil à l'article 555 et relatives à l'accession immobilière. Comment répartir le domaine

respectif des diverses dispositions ? La jurisprudence avait jugé que la théorie des impenses supposait **des travaux effectués sur des constructions ou plantations déjà existantes** (réparation d'une toiture, travaux de peinture, d'isolation...). En revanche, dès lors qu'il est question de **constructions ou plantations nouvelles**, il y avait lieu d'appliquer l'article 555 du Code civil (par ex. la construction d'une piscine, la plantation de vignes...). Cette jurisprudence sera sans doute maintenue. L'enjeu pratique est important, dans la mesure où l'article 555 distingue selon la bonne ou la mauvaise foi du possesseur (v. *supra*, n° 132), ce qui n'est pas le cas pour les impenses. Ainsi, un possesseur, même de mauvaise foi, a le droit d'être indemnisé au titre de la réparation de la toiture, impense nécessaire : le propriétaire ne peut pas exiger de lui que cet aménagement soit détruit. En outre, l'évaluation de l'indemnité n'est pas identique dans les deux hypothèses, puisque, dans le cas de l'article 555, le propriétaire a le choix entre le montant de la dépense (coût des matériaux et de la main-d'œuvre) et la plus-value procurée à l'immeuble, ce qui n'est pas le cas de l'article 1352-5.

3. Les dégradations ou la perte de la chose

145. S'agissant des **dégradations**, le nouvel article 1352-1 du Code civil dispose que « celui qui restitue la chose répond des dégradations et détériorations qui en ont diminué la valeur, à moins qu'il ne soit de bonne foi et que celles-ci ne soient pas dues à sa faute ».

Qu'en est-il en cas de **perte** de la chose ? Le nouveau régime est curieusement silencieux sur ce point. Sous l'empire du droit antérieur, si la chose avait péri par la faute du défendeur à l'action en revendication, il devait toujours indemniser le propriétaire, même s'il était possesseur de bonne foi. Lorsque le détenteur ou possesseur de la chose était de mauvaise foi, il était toujours tenu d'indemniser la perte de la chose, même en cas de perte par cas fortuit. L'idée est que s'il n'en avait pas dépossédé le véritable propriétaire, le coup du sort n'aurait certainement pas produit un tel effet. Eu égard au raisonnement mené, le défendeur, même de mauvaise foi, peut se libérer dès lors qu'il établit que la chose aurait également disparu si elle était restée entre les mains du propriétaire (C. civ., ancien art. 1302 al. 2).

On peut penser que ces règles restent en vigueur.

4. L'aliénation de la chose

146. Une telle aliénation rend la restitution en nature impossible. Elle aura lieu en valeur.

Le nouvel article 1352-2 du Code civil distingue selon la bonne ou mauvaise foi de celui qui doit restituer :

« Celui qui l'ayant reçue de bonne foi a vendu la chose ne doit restituer que le prix de la vente. S'il l'a reçue de mauvaise foi, il en doit la valeur au jour de la restitution lorsqu'elle est supérieure au prix ».

On le voit, si l'aliénation a eu lieu de bonne foi, le propriétaire ne peut prétendre qu'au prix qu'en a retiré le défendeur. Si l'aliénation a eu lieu à titre gratuit, il n'obtiendra donc aucune restitution à ce titre. Le propriétaire devra alors agir dans un second temps contre le possesseur actuel, qui a acquis la chose à titre gratuit.

Si au contraire l'aliénateur savait n'être pas le vrai propriétaire, de sorte que l'aliénation a eu lieu de mauvaise foi, il y a matière à indemnisation. Le montant de l'indemnisation sera égal à la valeur du bien, dès lors qu'elle est supérieure au prix. Si la chose a été donnée, cette valeur sera nécessairement supérieure au prix, égal à 0 !

5. Proportionnalité de la sanction

147. Nous avons dit que le premier effet de la revendication ne posait pas de difficultés : le tiers doit restituer la chose au propriétaire. Mais c'est sans compter le contrôle de proportionnalité : une telle restitution, lorsqu'elle porte sur le logement, n'est-elle pas une atteinte disproportionnée au droit au respect du domicile garanti par l'article 8 de la Convention européenne des droits de l'homme (vie privée et familiale) ? C'est à cette question que la Cour de cassation a dernièrement répondu (Cass. 3e civ., 17 mai 2018, n° 16-15792). En l'espèce, deux époux avaient construit depuis plus de vingt ans leur logement sur la parcelle revendiquée, étant précisé que Madame était décédée en instance d'appel et que Monsieur avait plus de 87 ans. La Cour de cassation énonce que « les mesures d'expulsion et de démolition d'un bien construit illégalement sur le terrain d'autrui caractérisent une ingérence dans le droit au respect du domicile de l'occupant, protégé par l'article 8 de la Convention de sauvegarde des droits de l'homme et des libertés fondamentales ». Mais elle ajoute aussitôt que de telles mesures, justifiées par la protection du droit de propriété (art. 17 DDHC et droit au respect des biens), étaient nécessairement proportionnées, dès lors qu'elles étaient les seules à même de permettre au propriétaire de recouvrer son droit. Cette solution a été confirmée par un arrêt du 4 juillet 2019 (Cass. 3e civ., 4 juill. 2019, n° 18-17119). En l'espèce, plusieurs personnes s'étaient installées sans droit ni titre sur un terrain. Assignées en référé aux fins d'expulsion, elles faisaient valoir qu'une telle mesure portait une atteinte disproportionnée au droit au respect de leur domicile. La Cour de cassation relève toutefois que « l'expulsion étant la seule mesure de nature à permettre au propriétaire de recouvrer la plénitude de son droit sur le bien occupé illicitement, l'ingérence qui en résulte dans le droit au respect du domicile de l'occupant, protégé par l'article 8 de la Convention de sauvegarde des droits de l'homme et des libertés fondamentales, ne saurait être disproportionnée eu égard à la gravité de l'atteinte portée au droit de propriété ». La proportionnalité est en quelque sorte présupposée, parce que l'expulsion est la seule mesure permettant au propriétaire de recouvrer la jouissance de son droit. La solution doit être approuvée, en ce qu'elle protège le droit de propriété et donne un cap sûr aux juges du fond, qui n'auront pas à entrer dans les circonstances d'espèce du litige pour effectuer une balance (aléatoire) des intérêts. La solution a au reste été réaffirmée par un arrêt du 28 novembre 2019, signe d'une véritable politique jurisprudentielle (Cass. 3e civ., 28 nov. 2019, n° 17-22810).

148 à 153. Réservés.

LEÇON 6

L'INDIVISION

Textes

Articles 815 et suivants du Code civil
Articles 1873-1 et suivants du Code civil

154. L'indivision peut être définie comme la **situation juridique qui existe entre plusieurs personnes disposant de droits de même nature sur un ou plusieurs biens ou sur un patrimoine**. Le modèle en est **l'indivision successorale** : si le défunt laisse plusieurs héritiers, ceux-ci seront, jusqu'au partage de la succession, en indivision sur le patrimoine du *de cujus*. Mais ce n'est pas la seule. Deux concubins peuvent acheter ensemble un appartement : ils sont en indivision sur l'immeuble.

Le Code civil de 1804 ne s'intéressait pas vraiment à l'indivision. Un tel silence s'explique par la place cardinale de la propriété individuelle, glorifiée à l'article 544. Conçue comme un droit exclusif et absolu, la propriété ne se partage pas : c'est fondamentalement le droit subjectif d'un individu et non d'un groupe. Dès lors, l'indivision était envisagée comme une situation temporaire et anormale. C'est pourquoi le Code civil ne consacrait qu'un seul texte à l'indivision pour en envisager la disparition : « nul ne peut être contraint à demeurer dans l'indivision et le partage peut toujours être provoqué » (art. 815). Ainsi, l'indivision devait tôt ou tard prendre fin pour permettre à chacun de récupérer, grâce au partage, la pleine propriété de son lot. Aucune organisation de l'indivision n'était donc prévue.

Ce silence est devenu inadapté à l'évolution sociologique des rapports patrimoniaux. Il est devenu fréquent que les successions ne soient partagées qu'après de longues années, ce qui supposait d'organiser les rapports entre indivisaires avant le partage : peut-on vendre les biens indivis ? les louer ? qui doit payer les dettes de l'indivision ? De même, le développement du concubinage et l'égalité entre époux ont favorisé l'achat en commun de biens soumis au régime de l'indivision. Il a donc fallu organiser le régime de l'indivision. Deux grandes lois ont doté l'indivision d'un statut : **la loi du 31 décembre 1976**, qui a construit l'essentiel de son régime, et la **loi du 23 juin 2006**, qui a assoupli sa gestion, pour éviter les situations de blocage.

Après avoir envisagé la notion d'indivision (section 1), il conviendra d'en préciser le régime (section 2).

Section 1

La notion d'indivision

L'indivision suppose l'exercice par plusieurs personnes de droits de même nature sur une même chose ou un même patrimoine. Il y a donc à la fois pluralité de sujets (§ 1), identité de droits (§ 2) et identité d'objet (§ 3).

§ 1. La pluralité de sujets

155. Parce qu'elle regroupe plusieurs personnes qui sont propriétaires en commun d'un même bien ou titulaires d'un même patrimoine, l'indivision ne doit pas être confondue avec la **personne morale**. Cette dernière est dotée d'un patrimoine distinct de celui de ses membres. Il en résulte que les membres de la personnalité morale ne sont pas copropriétaires des biens. Aucune indivision n'existe entre eux, puisque la personne morale est seule propriétaire des actifs.

Réciproquement, **l'indivision n'est pas dotée de la personnalité juridique** (Cass. 2e civ., 9 juin 2011, n° 10-19241, *Bull. civ.* II, n° 129). Il n'est donc pas possible d'accomplir un acte juridique ou une action en justice « au nom de l'indivision » (Cass. 3e civ., 25 avr. 2001, n° 99-14368, *Bull. civ.* III, n° 50).

On assiste toutefois **à un certain rapprochement entre indivision et personne morale**, sous l'angle de la gestion des biens. La personnalité morale fonctionne sur un principe majoritaire : les décisions collectives sont prises à la majorité, en nombre ou en capital, de ses membres. Traditionnellement, l'indivision impliquait la règle de l'unanimité, puisque tous les indivisaires sont propriétaires des biens, ce qui rendait impossible d'imposer la décision collective à l'un d'entre eux. Toutefois, pour remédier aux situations de blocage, la loi du 23 juin 2006 a introduit, pour certains actes, la majorité des 2/3, ce qui opère un rapprochement entre le régime de l'indivision et celui de la personne morale, même si les notions restent distinctes.

§ 2. L'identité de droits

156. Dans l'indivision, chacun des indivisaires a un droit de même nature. C'est ce qui distingue la copropriété de la propriété démembrée comme l'usufruit. Ainsi, la jurisprudence rappelle qu'il n'y a pas d'indivision quant à la propriété entre l'usufruitier et le nu-propriétaire qui sont titulaires de droits différents et indépendants l'un de l'autre (Cass. 2e civ., 18 oct. 1989, n° 88-13878, *Bull. civ.* II, n° 192). De fait, nous verrons que l'usufruitier n'a qu'un droit de jouissance, tandis que le nu-propriétaire est titulaire d'une propriété temporairement amputée de la jouissance.

Dès lors, **il convient de se montrer attentif dans les cas pratiques**. Il est courant que se mêlent des situations de copropriété et de démembrement de propriété, spécialement en matière successorale.

Exemple

Un homme marié décède en laissant son conjoint et deux enfants communs. L'épouse opte pour l'usufruit du tout. Les enfants, tant qu'ils ne demandent pas le partage, sont indivis pour la nue-propriété, hypothèse de copropriété, tandis que l'épouse a l'usufruit du tout. L'épouse n'est pas en situation de copropriété avec ses enfants. Il n'y a pas d'indivision entre nu-propriétaire et usufruitier, puisqu'ils ont des droits différents.

Cependant, il est possible qu'un démembrement donne lieu à une **indivision en jouissance.** Même si l'indivision est d'ordinaire une copropriété, elle peut porter sur la seule jouissance. L'hypothèse se présente notamment lorsque l'usufruitier n'a pas un droit de jouissance sur la totalité de la succession. Il a ainsi été jugé qu'il existe une indivision en jouissance entre l'usufruitier de la moitié des biens d'une succession et celui qui a la pleine propriété de l'autre moitié de la succession (Cass. 1re civ., 19 janv. 1999, n° 96-18303, *Bull. civ.* I, n° 24). Dans ce cas, tant l'usufruitier que le propriétaire ont un droit de jouissance qui n'est pas matériellement partagé. Ils sont en indivision, parce qu'ils sont investis d'un même droit de jouissance sur les biens indivis. L'hypothèse est toutefois assez rare.

§ 3. L'identité d'objet

157. Chacun des indivisaires a un droit sur le tout, c'est-à-dire sur toute la chose indivise. Autrement dit, le droit de chaque copropriétaire porte sur l'ensemble de la chose commune ou du patrimoine.

Exemple

Deux concubins qui ont acheté en indivision un appartement ont un droit sur la totalité de l'appartement. Si l'on pouvait diviser l'assiette de leur droit et affecter une partie de l'appartement à chacun des concubins, il n'y aurait plus d'indivision. Les droits des indivisaires portent sur le même objet.

Pour autant, si le droit de chacun des indivisaires n'est pas matériellement délimité sur une partie de l'objet, il n'en demeure pas moins vrai que chacun n'est pas *seul* propriétaire du tout. Chaque copropriétaire est investi d'une **quote-part**, qui permet de connaître ses droits dans l'indivision. Pour la Cour de cassation, ceux qui achètent un bien en indivision en acquièrent la propriété, quelles que soient les modalités du financement (Cass. 1re civ., 10 janv. 2018, n° 16-25190). Ainsi, dès lors que deux personnes acquièrent un immeuble chacune pour moitié, on ne doit pas tenir compte du financement apporté par chacun pour introduire une réparation inégalitaire. C'est donc le titre de propriété qui importe, et pas le financement du bien.
Cette quote-part est théorique, en ce qu'elle n'est pas arrêtée sur une portion physique du bien. Elle est flottante et ne sera matériellement fixée que lors du partage de l'indivision.

Exemple

Deux concubins, A et B, ont acheté en commun un appartement : A a financé l'achat à hauteur de 75 %, B à hauteur de 25 %, et ils décident d'un commun accord de maintenir une telle portion dans l'indivision. Dès lors, A est investi d'une quote-part de 75 % et B de 25 %. Mais cette quote-part n'est pas définie matériellement sur le bien : A comme B ont un droit d'usage, de jouissance et de disposition sur tout l'appartement. Lors du partage, l'appartement, s'il ne peut être partagé en nature, sera licité (*i.e.* vendu) et A récupérera

75 % du prix et B 25 %. Cependant, l'intérêt juridique de la quote-part ne se résume pas au partage, puisqu'elle conditionne également l'étendue des droits et pouvoirs des indivisaires **pendant l'indivision.**

Cela nous amène au régime de l'indivision.

Section 2
Le régime de l'indivision

À l'instar des régimes matrimoniaux, il existe un régime légal de l'indivision (§ 1) qui peut être aménagé conventionnellement (§ 2).

§ 1. Le régime légal

158. Le régime légal de l'indivision est défini aux articles 815 et suivants du Code civil. On le voit, les règles consacrées à l'indivision ne se trouvent pas dans le livre II consacré aux biens, mais dans le **droit des successions**. Cela s'explique par le fait que le modèle de copropriété est l'indivision successorale. Pourtant, ces règles constituent **le droit commun de l'indivision,** qui s'applique bien au-delà de la seule matière successorale.
Ainsi, le régime légal s'applique **quelle que soit la source de l'indivision** : l'indivision successorale donc, lorsque le *de cujus* laisse plusieurs héritiers, mais aussi l'indivision consécutive à la dissolution de la communauté entre époux (v. *infra*, n° 509 et s.), ou encore l'indivision entre personnes ayant acquis en commun un ou plusieurs biens (concubins, pacsés, époux mariés sous le régime de la séparation, associés d'une société en participation…).
En outre, le régime légal s'applique **quelle que soit la nature du bien**. Il peut y avoir indivision sur un immeuble, sur un meuble, sur un ensemble de biens et même sur un patrimoine. En cela, l'indivision se distingue de certaines copropriétés spéciales qui sont propres à la matière immobilière : copropriété des immeubles bâtis et mitoyenneté (v. *infra*, n° 230 et s.).
Néanmoins, même si les règles de l'indivision ordinaire constituent le droit commun de la copropriété, elles ne sont pas applicables en toutes matières. Tel est le cas pour les chemins d'exploitation prévus par le Code rural et de la pêche maritime (art. L. 162-1), chemins qui assurent la communication entre plusieurs fonds riverains : bien que la propriété et l'usage de ces chemins soient communs entre les riverains, la Cour de cassation considère que « l'usage commun des chemins d'exploitation n'est pas régi par les règles de l'indivision et que chaque propriétaire riverain dispose du droit d'en interdire l'accès aux non-riverains » (Cass. 3e civ., 29 nov. 2018, n° 17-22508). Par conséquent, il n'est pas nécessaire d'obtenir la majorité des 2/3 prévue par l'article 815-3 pour agir aux fins d'interdire aux non-riverains d'emprunter le chemin.
Le régime de l'indivision peut être décrit en quatre points : le droit au partage (A), le régime des parts indivises (B), le régime des biens indivis (C) et le régime des dettes (D).

A. Le droit au partage

Il est frappant de constater que la première règle consacrée à l'indivision en envisage la disparition. L'article 815 du Code civil, qui ouvre le régime de l'indivision, dispose que « nul ne

peut être contraint à demeurer dans l'indivision et le partage peut toujours être provoqué, à moins qu'il n'y ait été sursis par jugement ou convention».
Le texte affirme un droit au partage (1), qu'il assortit toutefois, depuis la grande loi du 31 décembre 1976, d'importantes exceptions (2).

1. L'affirmation du droit au partage

159. À tout moment, un indivisaire peut demander qu'il soit mis fin à l'indivision en procédant au partage. De ce fait, il recueillera la propriété exclusive du lot qui lui aura été attribué lors du partage, lequel a lieu soit en nature, soit en valeur, lorsque les biens ne sont pas commodément partageables.
La jurisprudence a donné toute sa force au droit au partage proclamé à l'article 815 du Code civil.
Tout d'abord, le droit au partage est **imprescriptible** (Cass. 1re civ., 12 déc. 2007, n° 06-20830, *Bull. civ.* I, n° 387), ce qui est logique, dans la mesure où il s'agit d'une prérogative exercée en qualité de propriétaire. Le droit au partage emprunte à la propriété son imprescriptibilité, ce qui a permis en l'espèce à un héritier de demander le partage plus de soixante-dix ans après l'ouverture d'une succession.
Ensuite, le droit au partage est **absolu** (Cass. 1re civ., 13 avr. 2016, n° 15-13312). Doit ainsi être réputée non écrite la clause pénale contenue dans un testament précisant que «tout recours au tribunal aura pour effet de réduire la part du demandeur ayant saisi le tribunal à la seule réserve sur les biens de la succession qui lui est reconnue par la loi», dès lors qu'elle porte une atteinte excessive au droit absolu de demander le partage. De nouveau, le droit au partage emprunte à la propriété l'un de ses caractères les plus saillants.

2. Les exceptions au droit au partage

Ces exceptions, introduites par la loi du 31 décembre 1976, ont été étendues par la loi du 23 juin 2006 portant réforme des successions et des libéralités.
Elles sont de trois sortes: maintien de l'indivision (a), sursis au partage (b) et attribution éliminatoire (c).

a. Le maintien de l'indivision

160. Il s'agit d'une mesure permettant d'éviter le morcellement d'une exploitation économique ou du logement familial appartenant au défunt et qui tombe en indivision.

Les biens en cause (C. civ., art. 821)

Avant la réforme de 2006, le maintien de l'indivision ne pouvait être demandé que lorsqu'étaient en cause des biens agricoles, des locaux d'habitation ou professionnels et des objets garnissant le local ou servant à l'exercice de la profession (C. civ., ancien art. 815-1).
La loi du 23 juin 2006 étend cette possibilité de maintien de l'indivision à **l'ensemble des entreprises, quel que soit leur domaine d'activité**. Ainsi, sont concernées les entreprises agricoles, commerciales, industrielles, artisanales et libérales (art. 821). Et le nouvel article 821-1 reprend à l'identique le cas du local d'habitation ou à usage professionnel et des objets le garnissant ou servant à cet usage.

Les personnes en cause (C. civ., art. 822)

Il faut qu'existent des **enfants mineurs ou un conjoint survivant** mais uniquement s'il était ou est devenu copropriétaire de l'exploitation ou des locaux d'habitation ou professionnels (et qu'il ait résidé dans le local d'habitation au moment du décès).

- *Si le défunt laisse* ***un ou plusieurs enfants mineurs***, le maintien de l'indivision peut être demandé soit par le conjoint survivant, soit par tout héritier, soit par le représentant légal des mineurs (dans ce cas, le conjoint n'a pas à être copropriétaire puisqu'il agit au nom de l'enfant mineur).
- *Si le défunt ne* ***laisse aucun descendant mineur***, le maintien ne peut être demandé que par le conjoint survivant, mais il faut alors qu'il ait été copropriétaire avant le décès (ex. : régime de communauté) ou après le décès (en tant qu'héritier copropriétaire de l'entreprise ou des locaux d'habitation ou à usage professionnel).

Le tribunal peut prononcer **le maintien de l'indivision pour une durée de cinq ans au plus (C. civ., art. 823)**. Mais il peut être renouvelé jusqu'à la majorité du plus jeune des héritiers mineurs (si le défunt avait laissé des descendants mineurs) ou jusqu'au décès du conjoint (en l'absence de descendants mineurs).

b. Le sursis temporaire au partage

161. Il s'agit d'une mesure conjoncturelle destinée à attendre une situation plus favorable pour le partage et donc souvent la vente des biens (ex. : krach immobilier) ou à attendre qu'un indivisaire puisse reprendre l'entreprise familiale laissée par le défunt. Là encore, la loi du 23 juin 2006 a élargi le domaine du sursis au partage à **tout type d'entreprise**, qu'elle qu'en soit l'activité (et non plus seulement agricole).
Le nouvel article 822 du Code civil prévoit que le tribunal peut surseoir au partage **pour deux années** au plus si la réalisation immédiate de celui-ci risque de porter atteinte à la valeur des biens indivis ou si l'un des indivisaires ne peut reprendre l'entreprise agricole, commerciale, industrielle, artisanale ou libérale.
Cette disposition peut s'appliquer à l'ensemble des biens indivis ou seulement à certains d'entre eux, car la conjoncture n'est pas nécessairement la même pour l'ensemble des biens indivis. C'est l'intérêt bien compris de tous qui dicte cette solution. Par un arrêt du 3 octobre 2019, la Cour de cassation a précisé la portée du sursis temporaire au partage : fait-il obstacle à la licitation du bien (vente qui permet d'allotir les indivisaires), alors même que le partage a d'ores et déjà été ordonné par une décision de justice irrévocable (**Cass. 1re civ., 3 oct. 2019**, n° 18-21200) ? La Cour de cassation répond à cette question par la négative : « lorsque le partage résulte d'une décision de justice irrévocable, il ne peut plus être sursis à la licitation, laquelle constitue une modalité du partage ». La demande de sursis au partage ne doit donc pas être faite tardivement : si elle intervient après la décision irrévocable de partage, elle ne peut plus bloquer la licitation des biens indivis, qui ne constitue que la modalité d'exécution d'un partage définitivement obtenu.

c. L'attribution éliminatoire

162. Il s'agit d'une mesure permettant d'attribuer sa part à l'indivisaire qui souhaite sortir de l'indivision, tout en laissant subsister cette indivision entre les autres indivisaires. Il faut donc que les indivisaires soient au moins au nombre de trois.
Ainsi, l'article 824 du Code civil prévoit que, si des indivisaires entendent demeurer dans l'indivision, le tribunal peut, à la demande de l'un ou de plusieurs d'entre eux, attribuer sa part à celui qui a demandé le partage.

B. Le régime des parts indivises

163. Comme cela a été montré, les indivisaires sont titulaires d'une quote-part théorique dans l'indivision, qui détermine la mesure de leurs droits. La répartition peut être **égalitaire** (ce qui est souvent le cas en matière successorale, par ex. 50/50 entre deux enfants, ou 1/3 entre 3 enfants) ou **inégalitaire** (par ex. 50/25/25). Il est important de savoir que chaque indivisaire exerce sur sa quote-part dans l'indivision une propriété individuelle, au sens de l'article 544 du Code civil. Il peut donc en disposer en la donnant, la léguant, y renoncer… Elle n'est toutefois pas saisissable (C. civ., art. 815-17 al. 2), mais les créanciers ainsi « spoliés » peuvent demander le partage et se payer sur la part obtenue par leur débiteur.

Pour autant, l'indivision, institution d'origine familiale, se caractérise par un fort *intuitus personae*. C'est pourquoi les articles 815-14 à 815-16 prévoient un **système de droit de préemption** (si la cession est faite à l'amiable) ou de **droit de substitution** (s'il s'agit d'une adjudication) au profit des autres indivisaires. Ces mécanismes permettent d'éviter l'entrée d'un étranger au sein d'une indivision. Le non-respect de ces mécanismes est sanctionné, selon l'article 815-16, par la nullité relative. L'action se prescrit par cinq ans. La jurisprudence précise que la prescription court à compter du jour où le coïndivisaire a eu connaissance de la vente, sachant qu'il est réputé en avoir connaissance à la date de sa publication (Cass. 1re civ., 5 mars 2014, n° 12-28348).

C. Le régime des biens indivis

À la différence de la quote-part, qui n'appartient qu'à chacun des indivisaires personnellement, le bien indivis fait l'objet d'une propriété exercée à plusieurs. Cela suppose alors de s'entendre à la fois sur la gestion des biens indivis (1) et sur leur jouissance (2).

1. La gestion des biens indivis

L'indivision est collectivement gérée par les indivisaires (a), ce qui peut donner lieu à des blocages que le juge pourra lever dans certains cas (b).

a. La gestion par les indivisaires

164. À l'exception des actes conservatoires, qui pouvaient déjà être effectués par un seul indivisaire, le principe était, **avant l'entrée en vigueur de la loi du 23 juin 2006, celui de la gestion à l'unanimité** pour les actes d'administration et de disposition (C. civ., ancien art. 815-3). Cela était source de blocage. La loi du 23 juin 2006, qui s'applique aux indivisions non partagées au 1er janvier 2007, a considérablement assoupli la gestion des biens indivis. Tout d'abord, l'alinéa 1er de l'actuel article 815-2 du Code civil, qui permet à tout indivisaire de prendre les **mesures nécessaires à la conservation des biens indivis**, est complété : ces mesures, contrairement à ce qu'estimait la jurisprudence, peuvent être mises en œuvre « même si elles ne présentent pas un caractère d'urgence ».
Ensuite et surtout, l'article 815-3 du Code civil est complètement réécrit. La loi lève dans de nombreuses hypothèses l'exigence d'une unanimité des indivisaires. **Une majorité des 2/3 vient se substituer à la règle de l'unanimité.** Ainsi, le nouveau texte dispose que : « le ou les indivisaires titulaires d'au moins deux tiers des droits indivis peuvent, à cette majorité : 1° Effectuer les actes d'administration relatifs aux biens indivis ;

2° Donner à l'un ou plusieurs des indivisaires ou à un tiers un mandat général d'administration ;
3° Vendre les meubles indivis pour payer les dettes et charges de l'indivision ;
4° Conclure et renouveler les baux autres que ceux portant sur un immeuble à usage agricole, commercial, industriel ou artisanal.
Ils sont tenus d'en informer les autres indivisaires. À défaut, les décisions prises sont inopposables à ces derniers ».
Toutefois, si l'acte n'entre pas dans la liste ainsi énumérée, ou s'il ne ressortit pas à l'exploitation normale des biens indivis, il suppose à nouveau un consentement unanime des indivisaires (C. civ., art. 815-3 al. 3).
Dans ce cadre, la Cour de cassation a été confrontée à la question de savoir si l'**action en bornage** pouvait être mise en œuvre par un seul indivisaire, sur le fondement de l'article 815-2 du Code civil, ou s'il s'agissait d'un acte d'administration ou de disposition, requérant à tout le moins la majorité des 2/3. Elle décide qu'un tel acte relève bien de l'article 815-3 du Code civil, de sorte qu'il suppose la majorité des 2/3 (Cass. 3e civ., 12 avr. 2018, n° 16-24556). Faute pour les demandeurs de justifier d'une telle majorité, leur action est purement et simplement irrecevable. La solution nous semble justifiée, dès lors que le bornage ne vise pas à conserver un immeuble existant, mais à fixer les limites de la propriété. C'est donc, à tout le moins, un acte d'administration. À l'inverse et de manière parfaitement logique avec ce qui précède, la Cour de cassation est venue préciser que l'action en revendication de la propriété indivise et en contestation d'actes conclus sans le consentement des indivisaires a pour objet la conservation des droits de ceux-ci et entre dans la catégorie des actes conservatoires que chacun d'eux peut accomplir seul (Cass. 3e civ., 24 oct. 2019, n° 18-20068). Il en va de même de l'action ayant pour objet la liquidation d'une astreinte prononcée en vue d'assurer la remise en état de biens indivis (Cass. 3e civ., 28 mai 2020, n° 19-14156).
On l'a vu, les indivisaires peuvent donner à la majorité des 2/3 à un ou à plusieurs d'entre eux un **mandat général d'administration**. De plus, la loi couvre d'une présomption de mandat tacite les initiatives prises par un seul sans opposition des autres. Sur cette voie, de nombreux emprunts ont été faits au droit des régimes matrimoniaux (comp. les articles 815-4 et l'article 219 du Code civil). Cependant, il faut un **mandat spécial** pour tout ce qui ne ressortit pas à l'exploitation normale des biens indivis, ainsi que pour la conclusion et le renouvellement des baux (ce mandat spécial devra être donné à l'unanimité, en application de l'article 815-3 alinéa 3). Et dans ce cas le mandat tacite ne joue pas.

FOCUS

La sanction d'un dépassement de pouvoir par un indivisaire

Quelle **est la sanction encourue si un indivisaire outrepasse ses pouvoirs**, en aliénant par exemple sans le consentement des autres un bien indivis ? La sanction n'est pas la nullité de l'acte, mais son inopposabilité aux autres indivisaires. Après un certain flottement, la Cour de cassation est clairement revenue à sa solution traditionnelle, selon laquelle « la cession d'un bien indivis, sans le consentement de tous les indivisaires, n'est pas nulle, mais seulement inopposable à ceux qui n'y ont pas consenti, et son efficacité subordonnée au résultat du partage » (Cass. 1re civ., 3 mai 2016, n° 14-26060 ; Cass. 1re civ., 4 nov. 2020, n° 19-13267 P).

Exemple

Si A, qui est investi d'une quote-part de 25 % dans une indivision, vend seul un immeuble indivis, sans le consentement des autres indivisaires B, C et D, l'aliénation sera valable mais inopposable aux autres indivisaires. L'efficacité finale de l'acte dépendra des résultats du partage de l'indivision, lequel a un effet déclaratif en vertu de l'article 883 (ce qui signifie que l'indivisaire alloti est réputé propriétaire du bien dès l'ouverture de l'indivision). De deux choses l'une alors : si le bien est finalement attribué à A lors du partage, l'acquéreur bénéficiera de l'acquisition de la propriété de la totalité de l'immeuble, puisque l'aliénation aura été consentie par le propriétaire. Si en revanche l'immeuble est attribué à B, C ou D, l'efficacité de la vente consentie par A sera remise en cause (*nemo plus juris* : A n'étant pas propriétaire, il ne pouvait pas transmettre un droit qu'il n'avait pas), sous réserve du jeu de l'usucapion (trente ans, voire dix ans en cas de bonne foi et de juste titre) ou de la théorie de l'apparence. S'il ne peut invoquer la prescription, l'acquéreur disposera alors d'un recours contre son vendeur A, sur le fondement de la garantie d'éviction.

b. La gestion judiciaire

165. Malgré l'assouplissement de la gestion de l'indivision, des situations de blocage ne manquent pas de se poser. Lorsque la majorité des 2/3 ou l'unanimité n'est pas obtenue, le recours au juge est la seule voie possible.

Un tel recours au juge est ouvert dans **quatre cas** :

- **lorsqu'un indivisaire est hors d'état de manifester sa volonté** : il sera alors représenté par un coïndivisaire désigné par le juge (C. civ., art. 815-4) ;
- **lorsque le refus d'un indivisaire dont le consentement est nécessaire met en péril l'intérêt commun** : le juge peut alors autoriser l'autre à passer seul un acte (C. civ., art. 815-5) ;
- **lorsque des mesures urgentes doivent être prises :** le président du tribunal judiciaire peut autoriser ou prescrire toutes les mesures urgentes que requiert l'intérêt commun (art. 815-6), telle que la désignation d'un administrateur provisoire ;
- **lorsque la vente d'un bien à l'unanimité n'est pas possible** : il s'agit d'une innovation issue de la loi du 12 mai 2009. Le nouvel article 815-5-1 du Code civil permet, sauf en cas de démembrement de la propriété ou d'indivisaire absent, de surmonter ce blocage. Ainsi, **le tribunal judiciaire peut, à la demande de l'un ou des indivisaires titulaires d'au moins 2/3 des droits indivis, autoriser l'aliénation d'un bien indivis**. Il est donc aujourd'hui possible, grâce à l'onction du juge, de vendre un immeuble à la majorité des 2/3.

La procédure se déroule de la façon suivante :

- Tout d'abord, le ou les indivisaires titulaires **d'au moins deux tiers des droits indivis expriment devant un notaire**, à cette majorité, leur intention de procéder à l'aliénation du bien indivis.
- Ensuite, dans le délai d'un mois suivant son recueil, le **notaire fait signifier cette intention aux autres indivisaires**. Si l'un ou plusieurs des indivisaires s'opposent à l'aliénation du bien indivis ou ne se manifestent pas dans un délai de trois mois à compter de la signification, le notaire le constate par procès-verbal.
- Dans ce cas, le tribunal judiciaire peut autoriser l'aliénation du bien indivis **si celle-ci ne porte pas une atteinte excessive aux droits des autres indivisaires**. Le texte va donc

bien au-delà de ce que permettait l'article 815-5 : il n'est pas nécessaire d'établir que l'intérêt commun est en péril. Il suffit que l'aliénation ne porte pas une atteinte excessive aux droits des autres indivisaires. La perspective est renversée.

Par un arrêt du 20 novembre 2019, la Cour de cassation a précisé l'incidence du non-respect du délai d'un mois, pour réaliser la signification du projet de vente aux autres indivisaires (**Cass. 1re civ., 20 nov. 2019**, n° 18-23762). La Cour régulatrice considère que, faute de sanction prévue par le texte, le non-respect de ce délai n'empêche pas la conclusion de la vente, dès lors que la signification a été effectivement faite (même hors délai) et que les autres indivisaires ont bien disposé d'un délai de trois mois à compter de cette signification, pour s'opposer à l'aliénation avant l'établissement du procès-verbal par le notaire. La solution est intéressante, car elle montre que l'instauration d'un délai par la loi n'a parfois pas d'incidence pratique, dès lors qu'aucune sanction légale n'est prévue et que le non-respect n'affecte pas la protection de la personne concernée.

2. La question de la jouissance des biens indivis

166. L'article 815-9 du Code civil dispose que « chaque indivisaire peut user et jouir des biens indivis conformément à leur destination dans la mesure compatible avec les droits des autres indivisaires ». Par ailleurs, l'indivisaire qui use et jouit privativement d'un bien indivis est tenu, sauf convention contraire, d'une indemnité (C. civ., art. 815-9 al. 2 ; cette indemnité correspond à la perte de fruits et revenus, et à rien d'autre : Cass. 1re civ., 3 oct. 2006, n° 04-18435). Il en va ainsi même si la maison occupée est vétuste (Cass. 1re civ., 3 oct. 2019, n° 18-20430).

Concernant les fruits et revenus, le principe est qu'ils tombent en indivision, car l'accessoire suit le principal (C. civ., art. 815-10). Il en va de même de l'indemnité d'occupation, qui n'est pas versée à l'autre indivisaire, mais à l'indivision (Cass. 1re civ., 3 oct. 2019, n° 18-20828). Toutefois, les intéressés peuvent prévoir d'un commun accord une jouissance divise ou un partage provisionnel. Un indivisaire peut même demander sa part annuelle dans les bénéfices, sous déduction des dépenses correspondantes (C. civ., art. 815-11). En tout état de cause, aucune recherche relative aux fruits et revenus ne sera recevable plus de cinq ans après la date à laquelle ils ont été perçus ou auraient pu l'être (art. 815-10 al. 3).

Actualité sur l'article 815-9 du Code civil

Par un arrêt du 1er juin 2023, la Cour de cassation est venue préciser qu'aucune indemnité n'était due sur le fondement de l'article 815-9 du Code civil, en présence d'une simple indivision en nue-propriété (**Cass. 1re civ., 1er juin 2023, n° 21-14923 P**). En l'espèce, deux époux étaient indivisaires sur la nue-propriété d'un terrain, sur lequel ils ont fait construire une maison. Lors de l'instance en divorce, le mari obtient la jouissance exclusive du logement à titre onéreux. Son épouse demande une indemnité de jouissance sur le fondement de l'article 815-9 du Code civil. Une telle prétention est logiquement écartée, dès lors que les époux n'étaient pas indivis sur la jouissance du bien.

D. Le régime du passif

167. Les rapports de l'indivision avec les créances sont envisagés par **l'article 815-17**. Le texte établit une distinction entre deux types de créanciers.

Les créanciers de l'indivision (al. 1)

Il s'agit des créanciers dont le **droit est né avant l'indivision** (ex.: créancier antérieur au décès du *de cujus*) et ceux **dont le droit résulte de la conservation ou de la gestion des biens indivis** (ex.: réparation d'un bien indivis).

Les biens indivis constituent alors leur **droit de gage général**: ils peuvent les faire saisir pour être payés.

Que décider lorsque le privilège du prêteur de deniers a été inscrit par une banque sur un immeuble indivis pour garantir un prêt souscrit par un seul indivisaire pour financer l'achat de sa part dans l'immeuble? Le prêteur est-il considéré comme un créancier de l'indivision, ce qui lui permet de saisir l'immeuble? La Cour de cassation répond par l'affirmative (**Cass. 1re civ., 9 janv. 2019**, n° 17-27411). Il faut y voir l'application du principe d'indivisibilité des sûretés réelles: celles-ci grèvent l'immeuble dans sa globalité, même si elles ne garantissent qu'une dette souscrite par un indivisaire. Mais encore faut-il que le notaire prenne soin d'inscrire le privilège sur l'immeuble et non sur la seule quote-part de l'emprunteur, faute de quoi la banque a, à l'égard des autres indivisaires, la qualité de créancier personnel, de sorte qu'elle ne peut pas servir l'immeuble indivis. Tel est le deuxième enseignement de l'arrêt rapporté.

Les créanciers personnels des indivisaires (al. 2 et 3)

Leur créance n'est propre qu'à un ou plusieurs indivisaires, mais non à l'indivision elle-même (ex.: salarié d'un indivisaire).

Ils ne peuvent saisir ni la part indivise abstraite de leur débiteur, ni les biens compris dans l'indivision. Mais ils se voient reconnaître le **droit de provoquer le partage**, ce qui leur permettra alors de saisir le lot qui sera attribué à leur débiteur. En outre, il leur est possible de prendre des sûretés (conventionnelles ou judiciaires) sur la part de leur débiteur (Cass. 2e civ., 17 févr. 1983, *Bull. civ.* II, n° 42). La sûreté, pour être efficace, supposera alors que le bien sur lequel elle a été inscrite soit attribué, lors du partage, à l'indivisaire débiteur.

Il faut enfin évoquer la question du **passif interne**, qui se constitue non pas à l'égard d'un tiers, mais entre les indivisaires. Un indivisaire peut ainsi avoir exposé des dépenses dans l'intérêt de l'indivision, ce qui ouvre droit à son profit à une créance à l'égard de l'indivision. Il s'agit d'un créancier de l'indivision au sens de l'article 815-17 alinéa 1er, ce qui lui permet d'exercer ses droits sur le bien indivis, notamment en se payant par prélèvement, avant le partage.

Ainsi, **l'article 815-13 du Code civil**, qui envisage les dépenses de conservation et d'amélioration, prévoit qu'une indemnité est due à celui qui a effectué des dépenses nécessaires qui ont permis la conservation du bien, même s'il n'en subsiste aucune plus-value. À l'inverse, les dépenses d'amélioration ne donnent lieu à indemnisation que dans la mesure de la plus-value évaluée au jour du partage ou de l'aliénation. On le voit, le texte applique aux rapports entre indivisaires la théorie des impenses. La jurisprudence effectue une lecture stricte de ce texte, en excluant les travaux d'entretien, qui ne constituent ni des dépenses de conservation, ni d'amélioration (Cass. 1re civ., 28 mars 2006, n° 04-10606). En revanche, les règlements d'échéances d'emprunts immobiliers effectués par un indivisaire au moyen de ses deniers personnels constituent des dépenses de conservation de l'immeuble et relèvent comme telles de l'article 815-13 (Cass. 1re civ., 7 juin 2006, n° 04-11524 ; v. dans le même sens, Cass. 1re civ., 26 janv. 2022, n° 20-17898, s'agissant d'un crédit relais). Il en va différemment des dépenses d'acquisition d'un bien **sans recours à l'emprunt** (apport d'un capital) qui ne relèvent pas de l'article 815-13, dans la mesure où il ne s'agit ni d'une amélioration, ni d'une conservation (Cass. 1re civ., 26 mai 2021, n° 19-21302 : si les indivisaires sont mariés et séparés de biens, l'évaluation de la créance relève alors de l'article 1543 du Code civil, consacré aux créances entre époux ; v. *infra*, n° 713). Par ailleurs, lorsque les échéances du prêt ont été remboursées grâce à une assurance-décès invalidité souscrite par un indivisaire, ce dernier n'est pas créancier de l'indivision, dès lors que les sommes ne sont pas payées par lui, mais par l'assureur (Cass. 1re civ., 20 oct. 2021, n° 20-11921 P). Enfin, l'indivisaire qui a géré un ou plusieurs biens indivis doit restituer à l'indivision les produits nets de sa gestion (ex. loyers), mais il a droit à la rémunération afférente à son activité, laquelle est fixée soit à l'amiable soit en justice (art. 815-12).

Actualité sur l'article 815-13

Par un avis du 5 juillet 2023, la Cour de cassation a précisé que le remboursement anticipé par un indivisaire d'un emprunt ayant permis l'acquisition d'un bien indivis constitue une dépense nécessaire à la conservation de ce bien au sens de l'article 815-13, alinéa 1er, du Code civil **(Cass. 1re civ., 5 juill. 2023, avis n° 15010)**. Ainsi, pour la première chambre civile, il n'y a pas lieu de distinguer selon que le remboursement de l'emprunt s'effectue par le paiement des échéances ou par un règlement anticipé. Dans les deux cas, cela ouvre droit à une indemnité sur le fondement de l'article 815-13 du Code civil.

FOCUS

La prescription des créances entre indivisaires

Par un arrêt du 14 avril 2021, la Cour de cassation précise tant la durée que le point de départ de la prescription de la créance d'un indivisaire au titre de la conservation du bien indivis sur le fondement de l'article 815-13 du Code civil. La première chambre civile énonce ainsi que la créance d'un indivisaire sur l'indivision au titre des frais de conservation d'un bien indivis se prescrit dans le délai de droit commun de cinq ans prévu par l'article 2224 du Code civil **(Cass. 1re civ., 14 avr. 2021, n° 19-21313)**. S'agissant d'une créance afférente au remboursement exclusif par un concubin d'un prêt contracté pour financer un immeuble acheté en indivision avec sa concubine, le point de départ de cette prescription doit en outre être fixé au jour du paiement de chaque échéance de l'emprunt, étant précisé que la prescription n'est pas suspendue entre concubins. Par exemple, si un concubin rembourse seul les échéances d'un prêt entre 2010 et 2015, et n'agit qu'en 2021, son droit d'agir est prescrit pour l'intégralité de sa créance, et ce, même si le partage de l'indivision a été ordonné en 2019 (le point de départ étant l'échéance du prêt et non le partage, de sorte qu'ici, l'action est prescrite, plus de cinq ans s'étant écoulés depuis la dernière échéance). Notons qu'en l'espèce l'article 815-13 du Code civil s'appliquait, dès lors qu'un emprunt avait été contracté pour financer l'acquisition d'un bien.

§ 2. Le régime conventionnel

168. La loi permet aux contractants de moduler les règles de l'indivision. Cette faculté d'aménagement conventionnel de l'indivision est prévue aux articles 1873-1 et suivants du Code civil.

À noter

Ces conventions peuvent être conclues entre personnes n'ayant pas des droits identiques, ce qui nous ramène au démembrement de propriété. Ainsi, l'article 1873-1 du Code civil prévoit que « ceux qui ont des droits à exercer sur des biens indivis, à titre de propriétaires, de nus-propriétaires ou d'usufruitiers peuvent passer des conventions relatives à l'exercice de ces droits ».

Trois remarques doivent être faites sur la convention d'indivision :

- elle doit être passée par **écrit, à peine de nullité** (C. civ., art. 1873-2 al. 2) ;
- elle peut aménager **la durée de l'indivision**, en prévoyant que les indivisaires s'engagent à demeurer dans l'indivision (art. 1873-3). Deux hypothèses sont alors possibles :
    - la convention peut être conclue pour une **durée déterminée** qui ne saurait être supérieure à cinq ans. Cette durée est renouvelable par une décision expresse des parties. Le partage ne peut être provoqué avant le terme convenu qu'en cas de **juste motif** ;
    - mais la convention peut également être conclue pour une **durée indéterminée**. Le partage peut, en ce cas, être provoqué à tout moment, sauf mauvaise foi ou contretemps, c'est-à-dire lorsqu'un motif légitime suppose le maintien de l'indivision (par ex. la chute du marché immobilier) ;
- dans le **silence de la convention**, il y a lieu d'appliquer le **régime légal**.

169 à 175. Réservés.

LEÇON 7

L'USUFRUIT ET LES AUTRES DROITS RÉELS

Textes

Articles 578 et suivants du Code civil

À titre liminaire, deux questions se posent.

Quelle est la fonction des droits réels qui coexistent avec la propriété ?

176. Aux termes de l'article 543 du Code civil, « on peut avoir sur les biens, ou un droit de propriété, ou un simple droit de jouissance, ou seulement des services fonciers à prétendre ». Pourquoi Portalis et consorts ont-ils consacré, à côté de la propriété, des droits réels tels que l'usufruit, le droit d'usage et d'habitation ou les servitudes ? Parce que les droits réels sont destinés à tempérer **l'égoïsme** de la propriété individuelle. En effet, il faut se rappeler que le Code Napoléon **a rompu avec la société féodale** de l'Ancien Droit. Dans le système féodal, il n'y a pas, du moins sur la terre, de propriété exclusive : il n'y a que des jouissances simultanées, des saisines. Tous les membres d'un village ont une saisine sur la terre, **qui est reçue de Dieu** et n'est accaparée par personne. Les rédacteurs du Code Napoléon, après la Révolution, ont fait de l'**individu** le cœur du système juridique : dès lors, ils ont liquidé le régime féodal, en revenant à la **notion romaine de propriété, entendue comme un droit exclusif.** Mais ils ont alors tempéré cette consécration de la propriété exclusive en reconnaissant des droits réels à l'article 543 du Code civil. Grâce à l'usufruit, la veuve va pour rester dans la maison du défunt jusqu'à son décès. Grâce à la servitude, le propriétaire d'une parcelle enclavée va pouvoir passer chez son voisin. Le droit réel est donc vecteur de solidarités familiales et sociales. On retrouve l'esprit de compromis qui innerve l'ensemble du Code Napoléon.

Démembrement de propriété ou droit réel sur la chose d'autrui ?

177. La doctrine classique, majoritaire, envisage l'usufruit et les autres droits réels comme un **démembrement de la propriété.** Les pouvoirs de la propriété (*usus, fructus, abusus*) sont scindés, divisés, pour échoir à deux personnes différentes. C'est ainsi que l'usufruitier reçoit l'*usus* et le *fructus*, tandis que le nu-propriétaire conserve l'*abusus*. Dans ce système, la chose n'a plus véritablement de propriétaire, puisque chacun reçoit un « morceau » de propriété. Selon une autre analyse, qui a notre préférence (v. Zenati F. et Revet Th., *Les biens*

3e éd., 2008, PUF), le droit réel est **un droit sur la chose d'autrui**. Dans cette conception, la propriété n'est pas démembrée, puisque la chose conserve un propriétaire. Simplement, cette chose est grevée d'un droit qui est limité soit dans sa durée (usufruit), soit dans son assiette (servitude), afin de ne pas porter une atteinte excessive au droit de propriété. Cette conception du droit réel nous semble plus conforme à l'esprit du Code civil, qui établit une véritable différence de nature (et non de degré) entre la propriété (droit sur sa propre chose) et les autres droits réels (droits sur la chose d'autrui).
Si l'on met de côté les servitudes, propres à la matière immobilière (v. *infra*, n° 205 et s.), il convient d'envisager la figure de proue des droits réels qu'est l'usufruit (section 1), avant d'évoquer les autres droits réels (section 2).

Section 1
L'usufruit

178. L'article 578 du Code civil dispose que « l'usufruit est le droit de jouir des choses dont un autre a la propriété, comme le propriétaire lui-même, mais à la charge d'en conserver la substance ». L'usufruit met en relation deux protagonistes : l'usufruitier, qui a le droit de jouissance, et le nu-propriétaire, qui est privé de cette jouissance. Deux caractéristiques essentielles distinguent l'usufruit de la propriété. Tout d'abord, l'usufruitier n'a que la **jouissance** de la chose, il ne peut en disposer matériellement ou juridiquement. Ensuite, la jouissance est **temporaire**, afin de permettre au nu-propriétaire de recouvrer, à une échéance certaine, la pleine possession de son bien.
Sous le bénéfice de ces observations, il convient d'envisager successivement l'existence de l'usufruit (§ 1) et le statut de l'usufruitier (§ 2).

§ 1. L'existence de l'usufruit

Avant toute chose, il faut retenir que **l'usufruit peut porter sur toutes sortes de biens** : corporels ou incorporels, meubles ou immeubles ; en outre, **il peut porter tant sur un bien particulier que sur une universalité et même sur une universalité de droit**, un patrimoine. Tel est le cas, notamment, en matière successorale, lorsque le conjoint reçoit un droit d'usufruit sur la succession.
L'existence de l'usufruit suppose de déterminer sa constitution (A) puis son extinction (B).

A. La constitution de l'usufruit

L'article 579 du Code civil prévoit que l'usufruit est établi par la loi (1) ou par la volonté de l'homme (2). Il convient d'y ajouter l'acquisition par la possession (3).

1. L'usufruit établi par la loi

179. L'usufruit légal s'inscrit dans le cadre de la famille. Il en va ainsi en cas de **succession**. Jusqu'à la réforme du 3 décembre 2001, le conjoint survivant avait essentiellement des droits en usufruit dans la succession du défunt. En présence d'enfants communs, il peut désormais obtenir l'usufruit de la totalité de la succession. Cette technique permet de maintenir le conjoint survivant dans son cadre habituel de vie mais sans préjudice à terme aux droits des enfants qui, nus-propriétaires, retrouveront au décès de l'usufruitier une propriété complète. L'usufruit successoral est le type même de l'usufruit. Beaucoup plus original est le **droit de jouissance légale des père et mère** sur les biens de leur enfant mineur de l'article 382 du Code civil : très réglementé, il déroge à beaucoup des règles que l'on verra ici.

Il convient d'observer que **le juge ne peut pas imposer au propriétaire un usufruit qui ne serait pas prévu par la loi**. Il a ainsi été jugé que l'usufruit d'un immeuble ne peut être accordé à titre de dommages-intérêts dans un cas où la loi ne le prévoit pas (séparation de corps), dès lors que le propriétaire s'y oppose (Cass. 2e civ., 11 oct. 1989, n° 88-13364, *Bull. civ.* II, n° 177).

2. L'usufruit établi par la volonté de l'homme

180. L'usufruit peut être institué par un acte unilatéral (testament) ou par une convention (vente ou donation avec réserve d'usufruit, donation d'usufruit...). Deux cas de figure se présentent :

- la **constitution *per translationem*** : dans ce cas, le propriétaire aliène directement l'usufruit en retenant la nue-propriété. Cette aliénation peut avoir lieu soit à titre gratuit (donation d'usufruit), soit à titre onéreux (vente d'usufruit) ;
- la **constitution *per deductionem*** : dans ce cas, le propriétaire aliène la nue-propriété en retenant l'usufruit. Ce second procédé est le plus fréquent (donation ou vente avec réserve d'usufruit), car il permet au propriétaire de continuer à jouir de sa chose jusqu'à son décès. De nouveau, l'opération peut être gratuite ou onéreuse.

3. L'usufruit établi par possession

181. Comme la propriété, l'usufruit est susceptible d'être acquis par l'effet de la possession. Il en va ainsi, par exemple, de l'usufruit institué au profit d'une personne par un non-propriétaire. Dans cette hypothèse, l'usufruit ne peut être acquis par transfert, car nul ne peut transmettre plus de droits qu'il n'en a. Seule la possession peut permettre au bénéficiaire de devenir titulaire d'un droit d'usufruit sur le bien. Pour les meubles, il y a lieu d'appliquer l'article 2276 du Code civil ; et pour les immeubles, l'usufruit s'acquiert après écoulement de trente ans, sous réserve du bénéfice de la prescription abrégée en cas de juste titre et de bonne foi du possesseur (v. *supra*, n° 80 et s.).

B. L'extinction de l'usufruit

L'usufruit est fondamentalement un droit temporaire. Les causes d'extinction de l'usufruit sont listées aux articles 617 et 618 du Code civil. La cause normale d'extinction est le décès de l'usufruitier (1), à laquelle il convient d'ajouter des causes exceptionnelles (2).

1. La cause normale : le décès de l'usufruitier

182. Si l'usufruitier est une **personne physique**, son droit est **viager** : il s'éteint à son décès. La conséquence est que le calcul de la valeur d'un usufruit est nécessairement hasardeux puisque la valeur de l'usufruit viager dépend de la durée de vie de l'usufruitier qui ne peut pas être connue *a priori*. Dès lors, les opérations sur usufruit présentent toutes une forte dimension aléatoire, voire spéculative. Ainsi, à l'âge de 90 ans, Jeanne Calment avait vendu à un notaire (!) sa maison contre une rente viagère, qui espérait sans doute rapidement en

prendre possession. Las, le notaire et son épouse sont morts trente ans plus tard, sans jamais prendre possession du bien, puisque Jeanne Calment, doyenne de l'humanité, est morte à 122 ans...
Pour le calcul des droits de mutation, l'article 669 du Code général des impôts prévoit un barème progressif tenant compte de l'âge de l'usufruitier allant de 21 ans révolus (valeur de l'usufruit : 90 % du bien) à plus de 91 ans révolus (valeur de l'usufruit : 10 % du bien).
Par ailleurs, il est parfaitement possible de stipuler un **terme extinctif** (art. 617 al. 3) : six mois, dix ans, trente ans... Ce terme extinctif met fin à l'usufruit s'il échoit avant la mort de l'usufruitier. Cependant, il ne peut avoir pour effet de prolonger l'usufruit au-delà de la mort, si celle-ci vient à se produire avant l'échéance. Finalement, l'usufruit est **toujours viager** au sens où il n'est jamais transmissible aux héritiers. En conséquence, même un usufruit à durée déterminée est aléatoire, puisqu'il s'éteindra au décès de son titulaire.
Si l'usufruitier est une **personne morale**, dont la durée de vie peut être bien supérieure à celle d'un être humain (quatre-vingt-dix-neuf ans renouvelables indéfiniment), l'article 619 du Code civil fixe la durée de l'usufruit **à trente ans**. La jurisprudence précise que **la règle est d'ordre public**. Ainsi, des conventions successives ne peuvent avoir pour effet de déroger à la règle (Cass. 3e civ., 7 mars 2007, n° 06-12568, *Bull. civ.* III, n° 36).

2. Les causes exceptionnelles d'extinction de l'usufruit

183. Elles sont extrêmement diverses :
- la **consolidation** : l'usufruitier acquiert la nue-propriété (C. civ., art. 617 al. 4), notamment en héritant du nu-propriétaire ;
- la **prescription extinctive** : non-usage de l'usufruit pendant trente ans (C. civ., 617 al. 5). C'est là une autre différence avec la propriété, qui est imprescriptible ;
- la **perte totale de la chose** (C. civ., art. 617 al. 6). Le droit s'éteint, faute d'objet ;
- la **volonté de l'usufruitier** : renonciation (à titre gratuit) de l'usufruitier ou rétrocession (à titre onéreux) au nu-propriétaire ;
- la **déchéance pour abus de jouissance** (C. civ., art. 618) : cette cause d'extinction suppose une faute de l'usufruitier ou des personnes dont il doit répondre. Une des sanctions alternatives à la déchéance est la conversion de l'usufruit en rente viagère (art. 618 al. 3). Au droit réel sur la chose est substituée une créance, c'est-à-dire un droit personnel contre le nu-propriétaire. Cela permet de conférer à l'ex-usufruitier (par ex. le conjoint survivant) des revenus de subsistance, tout en l'empêchant de dégrader le bien.

§ 2. Le statut de l'usufruitier

L'usufruit est un droit réel, c'est-à-dire un droit sur une chose, et non un droit à l'égard d'une personne. Cela a pour conséquence qu'il n'y a pas, du moins en principe, d'obligations du nu-propriétaire à l'égard de l'usufruitier. Il en résulte notamment que l'usufruitier prend la chose dans l'état où elle se trouve. Mais il n'en demeure pas moins vrai que l'usufruitier a le droit de jouir de la chose, ce qui lui confère des pouvoirs, et qu'il exerce de tels pouvoirs non sur sa propre chose, mais sur la chose d'autrui. Cela implique nécessairement des obligations à sa charge, afin de ne pas compromettre les intérêts du propriétaire. Par où l'on voit que l'usufruit confère des pouvoirs à l'usufruitier (A), en même temps qu'elle l'assujettit à des obligations (B), dont la juste mesure est le respect de la substance du bien.

A. Les pouvoirs de l'usufruitier

Partons d'un exemple simple pour décrire les pouvoirs de l'usufruitier. Imaginons une personne qui est titulaire d'un droit d'usufruit sur une maison. Envisager les pouvoirs de l'usufruitier revient à se poser deux questions. Tout d'abord, quels sont les pouvoirs sur le droit d'usufruit ? L'usufruitier peut-il céder son droit à un tiers, le donner, l'hypothéquer ? (1). Ensuite, quels sont les pouvoirs sur la maison, c'est-à-dire sur la chose grevée du droit d'usufruit : l'usufruitier peut-il transformer, vendre, hypothéquer ou encore louer la maison (2) ?

1. Les pouvoirs de l'usufruitier sur son droit

184. L'usufruit est en lui-même un bien qui est distinct de la chose sur laquelle il porte. **S'il n'est qu'utilisateur de la chose grevée, l'usufruitier est propriétaire de son droit d'usufruit.** Ainsi, l'article 595 du Code civil prévoit que l'usufruitier peut vendre ou céder son droit à titre gratuit. Il peut même l'hypothéquer ou encore subir la saisie de son droit par un créancier. Une confusion doit absolument être évitée à ce stade : il y a une circulation autonome de l'usufruit par rapport à la chose sur laquelle il porte, laquelle ne peut être vendue que par le propriétaire. Ainsi, dans l'exemple précédent, l'usufruitier peut céder son droit d'usufruit sur la maison, mais il ne peut pas vendre ou donner la maison. Ce pouvoir appartient au nu-propriétaire.

Qu'advient-il de la durée de l'usufruit lorsqu'il est cédé à un tiers ? L'acquéreur devient usufruitier. Mais son usufruit est celui de son auteur. Par application de la règle *nemo plus juris*, **l'usufruit s'éteindra au décès de l'auteur**. Décider le contraire reviendrait à permettre des usufruits perpétuels par transmissions successives. Il suffirait ainsi de céder, sur son lit de mort, son droit d'usufruit, et ainsi de suite, pour que l'usufruit ne s'éteigne jamais.

2. Les pouvoirs de l'usufruitier sur la chose

Les pouvoirs de l'usufruitier peuvent se résumer ainsi : l'usufruitier a l'usage de la chose (a), la jouissance de la chose (b), mais il n'a pas, du moins en principe, le pouvoir de disposer de la chose (c).

a. L'usage de la chose

185. L'usufruitier peut se servir du bien (ex. : habiter la maison, porter un bijou, conduire une automobile). Toutefois, même dans l'exercice de cette prérogative, il rencontre une limite : il doit se conformer aux habitudes du propriétaire qui a usé de la chose avant lui (C. civ., art. 597) et, en particulier **respecter la destination** qu'il a pu donner à la chose avant le démembrement. Il ne peut donc, sans l'accord du nu-propriétaire, transformer une maison d'habitation en hôtel.

De même, son usage doit être raisonnable, et notamment **ne pas porter atteinte à la substance** du bien. Si l'usufruit porte sur des biens qui se détériorent peu à peu par l'usage (ex. : automobiles), l'usufruitier a le droit de s'en servir et par conséquent d'en abuser doucement, dès lors du moins que l'usage qui en est fait est un usage normal (C. civ., art. 589).

b. La jouissance de la chose

186. L'usufruitier a droit à tous les fruits, à tous les revenus. **Il n'a en revanche pas droit aux produits** (v. *supra*, n° 53), qui reviennent au nu-propriétaire, sauf si le propriétaire qui a précédé l'usufruitier a aménagé la chose de telle sorte que les produits qui en sont tirés s'analysent une source normale de revenus (ex. : si le propriétaire a mis la carrière en exploitation, C. civ., art. 598).

Une question se pose sur la **portée** de ce droit aux fruits : faut-il se référer au temps de la perception ou au temps de la formation des fruits pour déterminer les droits respectifs de l'usufruitier et du nu-propriétaire ?

S'il s'agit de **fruits naturels ou industriels**, c'est la **perception** qui importe, et elle seule (C. civ., art. 585). Il en résulte qu'une récolte faite peu après la constitution de l'usufruit appartiendra pour le tout à l'usufruitier, même s'il n'a pas supporté les frais de la culture. La règle est simple, mais souvent injuste.

S'il s'agit de **fruits civils**, l'acquisition se fait **jour par jour** (C. civ., art. 586). Si l'usufruit a commencé ou a cessé en cours d'année, les revenus de cette année se divisent entre usufruitier et nu-propriétaire à proportion du temps pendant lequel la propriété a été démembrée. La règle est plus juste.

187. Enfin, l'un des actes qui permet à l'usufruitier de percevoir des fruits est le **bail.** Parce que le bail confère des droits exorbitants au locataire (notamment de se maintenir dans les lieux, ce qui compromet la reprise de possession par le nu-propriétaire), cet acte est placé sous surveillance. Il ne peut pas toujours être librement consenti par l'usufruitier, alors même qu'il est un acte de jouissance. L'article 595 du Code civil établit une distinction entre deux types de baux :

- peuvent être passés par **l'usufruitier seul les baux de moins de neuf ans** portant sur des immeubles **à usage d'habitation** (art. 595 al. 1). Ils sont opposables au nu-propriétaire, qui sera obligé de continuer le bail. S'ils excèdent une telle durée, ils demeurent valables mais ils sont inopposables au nu-propriétaire au-delà de neuf ans ;
- en revanche, doivent être passés, à peine de nullité, avec le **concours du nu-propriétaire**, les **baux ruraux et les baux commerciaux**. Le locataire peut toutefois invoquer la théorie de l'apparence, s'il a pu légitimement croire que l'usufruitier était le propriétaire du bien (Cass. 3e civ., 21 janv. 1981, n° 79-13854, *Bull. civ.* I, n° 17, *D.* 1983, p. 36). En outre, l'article 595 alinéa 4 du Code civil prévoit qu'à défaut d'accord du nu-propriétaire, l'usufruitier peut être autorisé par justice à passer seul cet acte. En revanche, l'usufruitier a le pouvoir de mettre fin au bail commercial et, par suite, de notifier au preneur, sans le concours du nu-propriétaire, un congé avec refus de renouvellement (Cass. 3e civ., 29 janv. 1974, n° 72-13968). Dans ce cas, il est seul redevable de l'indemnité d'éviction versée au preneur, celle-ci n'incombant pas au nu-propriétaire (Cass. 3e civ., 19 déc. 2019, n° 18-26162).

Dans tous les cas, seul l'usufruitier a la qualité de bailleur. C'est ce que vient rappeler la Cour de cassation dans un arrêt du 26 janvier 2022 : seul l'usufruitier ayant qualité de bailleur en raison de son droit de jouissance sur le bien dont la propriété est démembrée, les conditions de validité d'un congé pour reprise d'un logement délivré à un locataire d'habitation ne s'apprécient qu'au regard du lien existant entre le bénéficiaire de la reprise et l'usufruitier (Cass. 3e civ., 26 janv. 2022, n° 20-20223).

c. L'absence de pouvoir de disposition sur la chose

188. En revanche, l'usufruitier ne peut pas disposer de la chose, que ce soit matériellement ou juridiquement. Il ne peut pas la transformer, la détruire, la vendre, la donner ou encore l'hypothéquer.
Il existe néanmoins deux exceptions notables :
Première exception : le quasi-usufruit. Si l'usufruit porte sur des biens consomptibles par le premier usage (des denrées alimentaires, des sommes d'argent...), l'usufruitier a le pouvoir de les consommer (sinon il ne pourrait pas du tout jouir de ces biens). Il devra seulement restituer l'équivalent au terme de l'usufruit (art. 587 C. civ.). On le voit, la chose grevée d'usufruit doit être non seulement consomptible, mais aussi fongible (substituable).
Deuxième exception : l'universalité de fait. Cela résulte d'un célèbre arrêt ***Baylet*** rendu par la Cour de cassation en 1998, qui a qualifié un portefeuille de valeurs mobilières d'universalité de fait (Cass. 1re civ., 12 nov. 1998, n° 96-18041, *Bull. civ.* I, n° 315). Il en résulte que l'usufruitier peut disposer du contenu du portefeuille c'est-à-dire en particulier vendre et racheter des titres : il peut modifier la composition de l'universalité sans toutefois outrepasser ses pouvoirs, dès lors qu'il fait remploi des sommes ainsi obtenues pour acquérir de nouveaux titres qui intégreront d'office le portefeuille par l'effet de la subrogation réelle. Il doit toutefois informer de sa gestion le nu-propriétaire. Par un arrêt du 3 décembre 2002, il a été précisé que cette obligation court tout au long de l'usufruit, au fur et à mesure des modifications du contenu du portefeuille (Cass. 1re civ., 3 déc. 2002, n° 00-17870).
Ceci nous amène aux obligations de l'usufruitier.

B. Les obligations de l'usufruitier

Il convient d'envisager successivement les obligations relatives à la jouissance de la chose (1) et celles relatives au paiement des charges usufructuaires (2).

1. Les obligations relatives à la jouissance de la chose

L'usufruitier est sous surveillance. C'est ce qui ressort de l'analyse de ses obligations statutaires tout au long de l'exercice de son droit. Suivant une approche chronologique, on peut distinguer les obligations au moment de l'entrée en jouissance (a), pendant la jouissance (b) et au terme de la jouissance (c).

a. Les obligations au moment de l'entrée en jouissance

189. L'usufruitier est d'abord contraint de **prendre les choses dans l'état où elles se trouvent à la naissance de son droit** (C. civ., art. 600). Mais il s'agit moins d'une obligation de l'usufruitier que l'expression de l'absence de toute créance à l'égard du nu-propriétaire (comp. avec le bail, où le bailleur s'engage, en matière de baux d'habitation, à fournir à son locataire un logement « décent » ; v. *infra*, n° 832 et s.).
Ensuite, l'usufruitier a l'obligation d'établir **un document fixant l'assiette de son usufruit**, ce qui permettra de vérifier sa probité au terme de l'usufruit. Il a donc l'obligation de faire décrire le mobilier sujet à usufruit dans un inventaire et la situation des immeubles dans un état des lieux.
Enfin, et il s'agit là de se prémunir contre l'insolvabilité de l'usufruitier, il a l'obligation de **donner caution** (C. civ., art. 601). Cette caution garantit le paiement des dommages-intérêts

dont il pourrait devenir redevable envers le nu-propriétaire. Le cautionnement peut être remplacé par une sûreté réelle. Certains usufruitiers sont dispensés de donner caution (v. art. 601), en raison de la confiance qu'ils inspirent.

b. Les obligations au cours de l'usufruit

190. Au cours de l'usufruit, l'usufruitier doit, et c'est un aspect statique, conserver la substance ; il doit également, et c'est un aspect plus dynamique, jouir raisonnablement.

- **L'obligation de conserver la substance** est posée à l'article 578 *in fine* du Code civil. Cette obligation de conserver la substance présente deux aspects. Un **aspect matériel** tout d'abord : l'usufruitier ne peut pas détruire la chose, la dégrader ou la transformer. Mais la substance présente également un aspect **fonctionnel** : l'usufruitier doit aussi en respecter la **destination**, c'est-à-dire se conformer au type d'usage qui a été fixé par l'ancien propriétaire (appelé à le redevenir). Toutefois, l'usufruitier peut modifier la destination du bien si un tel changement est justifié par des circonstances objectives. C'est ce qui a été jugé dans un arrêt de la troisième chambre civile rendu en 2005 (Cass. 3e civ., 2 févr. 2005, n° 03-19729, *Bull. civ.* III, n° 30). Faute de trouver des fermiers pour exploiter une terre agricole, des usufruitiers avaient conclu un bail avec une société qui avait transformé la terre en plateforme de recyclage des déchets. La Cour de cassation a validé un tel changement d'usage, en soulignant « la nécessité d'adapter les activités agricoles à l'évolution économique et à la réglementation sur la protection de l'environnement » et en insistant sur le fait qu'un tel changement était réversible, les preneurs s'étant engagés à remettre les lieux dans leur état d'origine au terme du bail. Il faut donc se montrer prudent sur les circonstances qui entourent un changement de destination non autorisé par le propriétaire.
- **L'obligation de jouir raisonnablement** est posée à l'article 601 du Code civil. Une loi du 4 août 2014 a supprimé, au nom du féminisme, l'ancienne expression qui faisait référence au « bon père de famille ».

c. Les obligations au terme de la jouissance

191. L'usufruitier ou, plus couramment, ses héritiers, puisque le décès de l'usufruitier est le terme normal de l'usufruit, ont l'obligation de **restituer la chose au propriétaire**. Cette obligation s'effectue normalement en nature. Elle a toutefois lieu par équivalent, en choses consomptibles de même nature ou même en argent, dans le cas du quasi-usufruit (C. civ., art. 587). Elle a également lieu en argent lorsque les biens ont péri par la faute de l'usufruitier (en revanche, l'usufruitier est libéré de cette obligation si la perte de la chose est due à la force majeure, car les risques pèsent sur le propriétaire : *res perit domino*).
Par ailleurs, un règlement des comptes sera parfois nécessaire, en particulier pour la répartition des fruits civils de la dernière année, mais aussi pour le paiement d'éventuelles indemnités consécutives à des détériorations. *A priori*, le propriétaire n'est jamais redevable de rien, puisque, en particulier l'article 599 alinéa 2 du Code civil refuse toute indemnité pour les améliorations que l'usufruitier aurait faites sur la chose soumise à usufruit. Mais la jurisprudence admet que **s'il y a eu et dégradations et améliorations, les secondes viennent en déduction des premières**. Par ailleurs l'usufruitier a pu assumer des frais alors que leur charge relevait des obligations du nu-propriétaire, par exemple des grosses

réparations. Dans ces cas, un compte de ces articles actif et passif est fait, et le solde est payé par celui qui le doit.

2. Les charges usufructuaires

192. Le régime des charges usufructuaires illustre l'idée selon laquelle il serait rationnel de payer certains frais et certaines dettes avec le capital, d'autres avec les fruits et revenus. À l'usufruitier les dettes qui sont les charges des fruits et revenus, au nu-propriétaire les dettes qui doivent peser sur le propriétaire du capital.

- **lorsque l'usufruit est universel ou à titre universel**, c'est-à-dire qu'il porte sur tout le patrimoine ou une quote-part de celui-ci, l'usufruitier doit supporter les intérêts du passif : l'idée est que l'équivalent des revenus des biens, ce sont les intérêts des dettes ;
- **lorsque l'usufruit est à titre particulier**, les charges sont surtout celles des immeubles (les meubles font peu de frais), qui nécessitent souvent des réparations. L'article 605 pose des règles de répartition : à l'usufruitier reviennent les réparations d'entretien (du moins si elles sont nécessaires) ; l'alinéa 2 prévoit que les grosses réparations incombent au seul nu-propriétaire, sauf si elles sont causées par un défaut d'entretien (elles sont limitativement énumérées à l'article 606 du Code civil ; tout ce qui n'y figure pas constitue une dépense d'entretien : Cass. 3e civ., 27 nov. 2002, n° 01-12816, *Bull. civ.* III, n° 235). Le nu-propriétaire peut obliger l'usufruitier à faire les réparations d'entretien mais la réciproque n'est pas vraie (l'usufruitier ne peut obliger le nu-propriétaire à procéder aux grosses réparations). Toutefois, si l'usufruitier procède à ces grosses réparations, il aura *au terme de l'usufruit* un recours contre le nu-propriétaire afin d'obtenir une indemnité correspondant à la plus-value que l'immeuble a gagnée.

Section 2
Les autres droits réels

L'usufruit n'est pas le seul droit réel sur la chose d'autrui. D'autres ont été tantôt créés par la loi (§ 1), tantôt consacrés par la jurisprudence (§ 2).

§ 1. Les droits réels créés par la loi

Pour s'en tenir à l'essentiel, la loi a institué dès 1804 les droits d'usage et d'habitation (A) et a consacré au XXe siècle certains baux spéciaux qui ont la particularité de conférer au preneur un droit réel (B).

A. Les droits d'usage et d'habitation

193. Les droits d'usage et d'habitation sont prévus par les **articles 625 et suivants** du Code civil. Ce sont des dérivés d'usufruit. Ainsi, le **droit d'usage** constitue un usufruit personnel, dont les attributs sont limités aux besoins personnels du titulaire et de sa famille. Le **droit d'habitation** est un droit de jouissance limité à l'habitation.
Les droits d'usage et d'habitation sont pour partie construits par emprunt aux règles de l'usufruit. Ils s'établissent et se perdent de la même manière que l'usufruit (C. civ., art. 625).

De même, l'usager, comme celui qui a un droit d'habitation, doit jouir « raisonnablement » (C. civ., art. 627).
Pour autant, il existe **deux différences** avec l'usufruit.
La première concerne **l'étendue de la jouissance**. Le droit d'usage, comme le droit d'habitation, présente un caractère **personnel ou familial.** Il a ainsi été jugé que le titulaire qui a logé dans la maison une personne étrangère à la famille commet une faute en ne respectant pas l'obligation d'utilisation personnelle ou familiale qui lui incombe (Cass. 3e civ., 6 janv. 1981, n° 79-12358, *Bull. civ.* III, n° 1). Il a même été jugé que le titulaire du droit avait commis une faute en autorisant sa sœur à s'installer dans les lieux, dès lors que la notion de famille au sens de l'article 632 doit être entendue strictement (conjoint et enfants, Cass. 3e civ., 14 nov. 2007, n° 06-16968, *Bull. civ.* III, n° 211).
La deuxième différence avec l'usufruit concerne les **pouvoirs** du titulaire. Les articles 631 et 634 du Code civil **interdisent au titulaire d'un droit d'usage ou d'un droit d'habitation de céder son droit ou de le louer**. C'est le corollaire du caractère personnel ou familial du droit d'usage et d'habitation.
Il faut savoir que de telles prérogatives se rencontrent notamment dans le cadre de la vente d'un bien contre paiement d'une rente viagère, moyennant l'octroi au vendeur d'un simple droit d'usage et d'habitation, en lieu et place d'un usufruit. Cela permet à l'acquéreur d'éviter que le droit soit cédé à un tiers ou que le bien soit loué.

B. Les baux spéciaux

Le législateur est intervenu pour conférer au preneur un droit réel afin de lui permettre de disposer d'un droit stable sur une chose et de rentabiliser ainsi son investissement. Les deux conventions principales sont le bail emphytéotique (1) et le bail à construction (2).

1. Le bail emphytéotique

194. Un bail emphytéotique, ou emphytéose, est un bail de longue durée, d'au moins dix-huit ans et d'au plus quatre-vingt-dix-neuf ans. Il confère au preneur un droit réel immobilier, qu'il peut donc hypothéquer pour obtenir du crédit. Le bail emphytéotique était à l'origine utilisé dans les activités rurales, mais il l'est aussi aujourd'hui par les collectivités locales ou des investisseurs pour des bâtiments industriels ou commerciaux.
À l'issue du bail emphytéotique, les constructions ou améliorations réalisées par le locataire deviennent la propriété du bailleur, en principe *sans indemnité*, sauf clause contraire. Le recours à une telle convention permet ainsi d'éluder les règles de l'article 555 du Code civil sur l'indemnisation du constructeur (v. *supra*, n° 132), tout en reconnaissant au preneur un droit de propriété sur les constructions pendant la durée du bail, en contrepartie d'un loyer très faible.
Les dispositions sur le bail emphytéotique se trouvent dans le **Code rural et de la pêche maritime.**

2. Le bail à construction

195. Le bail à construction a été institué en 1964 pour imposer au preneur une obligation de construire, obligation qui n'était pas nécessairement contenue dans l'emphytéose. Son régime, défini aux articles L. 251-1 et suivants du Code de la construction et de l'habitation (CCH), peut être résumé comme suit :

- le bail à construction **oblige à titre principal le preneur à édifier des constructions** sur le terrain du bailleur et lui permet de consentir les servitudes nécessaires à cet effet ;
- il confère au preneur un **droit réel immobilier**, librement cessible, hypothécable et consenti pour une durée comprise entre dix-huit et quatre-vingt-dix-neuf ans ;
- il confère au preneur la **propriété des constructions édifiées** et l'obligation de les conserver en bon état d'entretien et d'en supporter les charges et réparations, le bailleur en devenant, sauf stipulation contraire, propriétaire en fin de bail et profitant des améliorations ;

Ces différents droits réels ne posent pas de difficulté particulière, dans la mesure où leur régime juridique est prévu par la loi. Tout autre est la situation des droits réels consacrés par la jurisprudence.

§ 2. Les droits réels consacrés par la jurisprudence

La jurisprudence peut consacrer de nouveaux droits réels issus de la pratique, dans la mesure où il n'existe pas de *numerus clausus* (A). Cette liberté de création a récemment donné lieu à une prérogative très controversée : le droit de jouissance spéciale (B).

A. L'absence de *numerus clausus* des droits réels

196. L'article 543 du Code civil, qui prévoit qu'« on peut avoir sur les biens, ou un droit de propriété, ou un simple droit de jouissance, ou seulement des services fonciers à prétendre », a suscité une difficulté d'interprétation. Les démembrements de la propriété prévus par la loi sont-ils limitatifs, ou le juge peut-il au contraire consacrer de nouveaux droits réels issus de la pratique ?

La réponse à cette question a été donnée très tôt, dès 1834. Ainsi, le célèbre arrêt ***Caquelard*** (Cass. req., 13 févr. 1834, *S.* 1834, 1, p. 205) a jugé que « ni [les articles 544, 546 et 552 du Code civil], ni aucune autre loi n'excluent les diverses modifications et décompositions dont le droit ordinaire de propriété est susceptible ».

Après être longtemps resté lettre morte, faute d'imagination des praticiens, l'arrêt *Caquelard* est aujourd'hui doté d'une vigoureuse descendance. Ainsi, la Cour de cassation a récemment consacré la possibilité de constituer un **droit de jouissance exclusif sur les parties communes d'un immeuble en copropriété**, qualifié de droit réel et perpétuel (Cass. 3e civ., 2 déc. 2009, n° 08-20310, *Bull. civ.* III, n° 266 ; sur ce droit, v. *infra*, n° 196 et s.). Elle a encore jugé que le **droit de crû et à croître**, c'est-à-dire le droit d'exploiter des arbres situés sur le sol d'un fonds appartenant à un tiers, pouvait constituer un droit perpétuel non susceptible de s'éteindre par le non-usage trentenaire (Cass. 3e civ., 23 mai 2012, n° 11-13202, *Bull. civ.* III, n° 84).

Mais c'est la consécration controversée du droit réel de jouissance spéciale qui retiendra surtout l'attention.

B. La consécration controversée du droit réel de jouissance spéciale

197. La Cour de cassation a consacré le droit réel de jouissance spéciale dans son fameux arrêt ***Maison de Poésie* du 31 octobre 2012** en énonçant, au visa des articles 544 et 1134 du Code civil, que « le propriétaire peut consentir, sous réserve des règles d'ordre public, un droit réel conférant le bénéfice d'une jouissance spéciale de son bien» (Cass. 3e civ., 31 oct. 2012, n° 11-16304, *Bull. civ.* III, n° 159). En l'espèce, le propriétaire d'un bâtiment avait, en 1932, accordé à une fondation un droit de jouissance sur un étage de son immeuble (d'où le terme de jouissance «spéciale»). L'enjeu du litige était la durée de ce droit: **stipulé pour toute la durée d'existence d'une fondation**, ce droit avait vocation à ne jamais disparaître, puisque les personnes morales, à la différence des personnes physiques, peuvent ne pas mourir, par le biais de prorogations successives. Censurant l'analyse des juges du fond, la Cour de cassation a reconnu qu'une telle prérogative était valable. Une telle solution a été critiquée à raison par la doctrine, qui a fait valoir qu'un tel droit réel sans réelle limitation de durée portait une atteinte excessive au droit de propriété. N'est-ce pas pour cette raison que l'article 619 du Code civil impose que l'usufruit des personnes morales s'éteigne après trente ans, afin de libérer la chose de toute charge? Il doit en aller de même pour le droit de jouissance spéciale, qui n'est rien d'autre qu'un usufruit réduit. La solution conduit en outre à contourner la prohibition des servitudes personnelles: si un droit réel à vocation perpétuelle est admis sur la chose d'autrui, c'est exclusivement parce qu'il est placé au service d'un autre fonds et non d'une personne (v. *infra*, n° 205 et s.).

Sans doute sensible à ces critiques, la Cour de cassation, par un arrêt du **28 janvier 2015**, a infléchi sa position (Cass. 3e civ., 28 janv. 2015, n° 14-10013). Il a ainsi été décidé que «lorsque le propriétaire consent un droit réel, conférant le bénéfice d'une jouissance spéciale de son bien, ce droit, *s'il n'est pas limité dans le temps par la volonté des parties*, ne peut être perpétuel et s'éteint dans les conditions prévues par les articles 619 et 625 du Code civil», c'est-à-dire après trente ans. Mais la solution a suscité une difficulté d'interprétation: la durée maximale de trente ans s'applique-t-elle dans tous les cas, ou seulement dans l'hypothèse où, comme en l'espèce, les parties n'ont prévu aucun terme? Par un arrêt du 8 septembre 2016, la Cour de cassation a mis fin aux doutes (**Cass. 3e civ., 8 sept. 2016**, n° 14-26953). Elle s'est prononcée de nouveau dans le cadre de l'affaire *Maison de poésie*, à la suite du pourvoi formé contre l'arrêt de la cour d'appel de renvoi qui s'était conformé à son arrêt de 2012. Dans cet arrêt *Maison de poésie II*, la Cour régulatrice persiste et signe. Elle énonce qu'«ayant relevé que les parties avaient entendu instituer, par l'acte de vente des 7 avril et 30 juin 1932, un droit réel distinct du droit d'usage et d'habitation régi par le Code civil, la cour d'appel, qui a constaté que ce droit avait été concédé pour la durée de la Fondation, et non à perpétuité, en a exactement déduit, répondant aux conclusions dont elle était saisie, que ce droit, qui n'était pas régi par les dispositions des articles 619 et 625 du Code civil, n'était pas expiré et qu'aucune disposition légale ne prévoyait qu'il soit limité à une durée de trente ans». En d'autres termes, il est parfaitement licite de **stipuler un droit de jouissance spéciale pour toute la durée d'existence d'une personne morale**. Si la règle nous semble très critiquable, elle doit être appliquée. Dès lors, dans les cas pratiques, il convient de distinguer deux situations. Soit les parties n'ont prévu aucune durée pour le droit de jouissance spéciale: ce droit s'éteint après trente ans (arrêt de 2015). Soit les parties ont prévu une durée: celle-ci peut alors être supérieure à trente ans, puisqu'elle peut correspondre à la durée d'existence d'une personne morale (arrêts de 2012 et 2016). Par comparaison, le projet Périnet-Marquet, s'il propose de consacrer le droit réel de jouissance spéciale, le limite à une durée impérative de trente ans dans tous les cas.

Malgré les critiques doctrinales sur la perpétuité du droit réel de jouissance spéciale, qui constitue une atteinte excessive au droit de propriété, la Cour de cassation a maintenu sa position jurisprudentielle. Dans le domaine certes spécifique de la copropriété, elle reconnaît la validité d'un droit réel perpétuel *sui generis* attaché à la propriété d'un lot (Cass. 3e civ.,

7 juin 2018, n° 17-17240). En l'espèce, un additif au règlement de copropriété prévoyait que le propriétaire d'un lot s'engageait à assumer les frais de fonctionnement de la piscine et à autoriser son accès gratuit aux autres copropriétaires. Au nom de la prohibition des engagements perpétuels, le copropriétaire prétendait être libéré d'un tel engagement, qui devait s'éteindre après trente ans (v. arrêt de 2015). Mais la Cour de cassation énonce « qu'est perpétuel un droit réel attaché à un lot de copropriété conférant le bénéfice d'une jouissance spéciale d'un autre lot ». Ce droit, prévu par le règlement de copropriété, ne peut voir sa validité remise en cause par l'interdiction des engagements perpétuels, dès lors qu'il ne s'agit pas d'un droit personnel, mais d'un droit réel. S'agit-il d'un revirement par rapport à la solution posée par l'arrêt du 28 janvier 2015 ? On peut en douter, dès lors qu'ici la perpétuité repose sur le fait que le droit est attaché à la propriété des lots. La Cour énonce ainsi que « les droits litigieux avaient été établis en faveur des autres lots de copropriété et constituaient une charge imposée à certains lots, pour l'usage et l'utilité des autres lots appartenant à d'autres propriétaires ». On reconnaît la définition de la servitude telle que prévue par l'article 637 du Code civil (v. *infra*, n° 205 et s.) : n'aurait-il pas été dès lors plus simple de requalifier ce droit en servitude, pour en admettre la perpétuité, afin de ne pas brouiller un peu plus le régime du droit réel de jouissance spéciale ? Poser la question, c'est y répondre.

198 à 204. Réservés.

LEÇON 8

LES SERVITUDES

Textes

Articles 637 et suivants du Code civil

205. À la différence de la propriété, de l'usufruit et de l'indivision, qui peuvent porter sur tous types de biens, les **servitudes sont propres à la matière immobilière**. Cela tient au fait que l'immeuble, par sa fixité, est en situation perpétuelle de voisinage. Il est donc nécessaire d'introduire, au nom de l'harmonie entre voisins, des services fonciers à vocation perpétuelle qui se transmettent avec la propriété des fonds voisins. Ce sont les servitudes.
L'étude de la notion de servitude (section 1) précédera celle de son régime (section 2).

Section 1
La notion de servitude

Après avoir cerné la définition des servitudes (§ 1), il sera possible d'en proposer une typologie (§ 2).

§ 1. La définition de la servitude

Aux termes de l'article 637 du Code civil, « une servitude est une charge imposée sur un héritage pour l'usage et l'utilité d'un héritage appartenant à un autre propriétaire ». Le terme d'héritage doit être bien compris : il désigne en réalité un fonds immobilier.

Exemple

Il peut exister une servitude de passage entre deux fonds : le propriétaire d'une parcelle A enclavée, c'est-à-dire qui n'a pas d'accès à la voie publique, dispose d'un droit de passage sur le fonds voisin B.

Le fonds A est le **fonds dominant**, en ce qu'il profite du service foncier.
Le fonds B est le **fonds servant**, en ce qu'il subit le service.
La servitude est ainsi un rapport entre deux fonds (A), en vertu duquel le fonds servant est grevé d'une charge (B) au profit d'un fonds dominant (C).

A. Un rapport entre deux fonds

206. Les servitudes du Code civil correspondent aux servitudes *prédiales* du droit romain. Il s'agit exclusivement d'un **rapport entre deux fonds**. Ce faisant, les rédacteurs du Code civil ont clairement entendu distinguer les servitudes, rapports entre deux fonds, et les autres droits réels concédés à une personne, tels que l'usufruit. Il n'existe donc pas, dans le Code civil, de **servitudes personnelles**.

Dès lors, tout comme l'usufruit, la servitude constitue un droit réel. Mais la servitude ne se confond pas avec l'usufruit. En tant que rapport entre deux fonds, elle présente **quatre caractères** qui la rendent spécifiques :

- **la servitude est un droit immobilier : elle ne concerne que les immeubles par nature**, alors que l'usufruit peut porter sur des meubles comme sur des immeubles ;
- **la servitude est un droit à vocation perpétuelle, parce qu'elle est attachée au fonds ; la servitude se transmet ainsi avec la propriété du fonds dominant et du fonds servant.** L'usufruit, au contraire, est un droit temporaire, qui s'éteint au plus tard au décès de l'usufruitier. Pour autant, le caractère perpétuel de la servitude **n'est pas d'ordre public.** Il a ainsi été jugé que la stipulation d'une servitude temporaire est licite (Cass. 3e civ., 22 mars 1989, n° 87-17454, *Bull. civ.* III, n° 73) ;
- **la servitude est un droit accessoire de l'immeuble, elle ne peut donc être cédée indépendamment de celui-ci** ; ainsi, le titulaire d'un droit de passage ne peut, sans céder la propriété de son fonds, céder ce droit à un tiers. À l'inverse, l'usufruitier, comme on l'a vu (*supra*, n° 184), peut céder son droit d'usufruit ;
- **la servitude est un droit constitué entre fonds appartenant à des propriétaires différents.** Il n'existe pas d'auto-servitude : les fonds servant et dominant doivent appartenir à des propriétaires distincts. La jurisprudence en déduit qu'il n'est pas possible de reconnaître, au sein d'une indivision, un droit de passage, dans la mesure où l'immeuble appartient aux mêmes indivisaires (Cass. 3e civ., 27 mai 2009, n° 08-14376, *Bull. civ.* III, n° 125).

B. Une charge pour le fonds servant

207. La servitude n'assujettit pas la personne, mais le fonds. On peut en tirer deux règles.
La servitude doit grever la propriété du fonds servant : pour qu'il y ait servitude, il faut que le service foncier ne s'impose pas à une personne, mais soit affecté à un fonds (Cass. 3e civ., 6 mai 1980, n° 78-16390, *Bull. civ.* III, n° 91). Par exemple, les parties à un acte juridique ne peuvent pas instituer une servitude de ménage à la charge du voisin ; dans ce cas, ce n'est pas le fonds qui procure un service, mais exclusivement la personne. En revanche, le droit de puiser l'eau depuis le puits du voisin constitue un service qui est relié au fonds. Parce que le propriétaire du fonds voisin n'est pas tenu en tant que personne, mais exclusivement en tant que propriétaire, il peut s'affranchir du service en aliénant la propriété du fonds. Le nouveau propriétaire devra supporter la charge, qui constitue l'accessoire de la propriété du fonds servant, et ainsi de suite. Mais le propriétaire du fonds servant peut aussi **déguerpir**, c'est-à-dire renoncer à la propriété de la partie du bien grevée de la servitude au profit de son voisin, afin de s'affranchir de la charge. Cela entraînera l'extinction de la servitude (v. *infra*, n° 213 et s., section 2).
La servitude ne doit pas nier la propriété du fonds servant. La servitude est une atteinte au droit de propriété du fonds servant. Mais elle ne peut avoir pour effet de vider de sa

substance le droit de propriété. Ainsi, une servitude ne peut être constituée par un **droit exclusif interdisant au propriétaire du fonds servant toute jouissance de sa propriété** (Cass. 3e civ., 24 mai 2000, n° 97-22255, *Bull. civ.* III, n° 113). Il s'agissait en l'occurrence d'un empiétement qui avait été réalisé et qui empêchait au propriétaire toute jouissance de sa propriété sur la partie empiétée. La Cour de cassation rappelle ainsi de manière constante qu'une servitude **ne peut conférer le droit d'empiéter sur la propriété d'autrui** (Cass. 3e civ., 27 juin 2001, n° 98-15216, *Bull. civ.* III, n° 87). Dans ce cas, le propriétaire du fonds servant est totalement privé de la partie du fonds qui subit l'empiétement. Ce dernier doit être sanctionné. Cette solution a encore été rappelée à propos d'un escalier qui empiétait sur la parcelle voisine : celui-ci doit être démoli, sans que l'on puisse invoquer une servitude de passage (Cass. 3e civ., 1er avr. 2009, n° 08-11079, *Bull. civ.* III, n° 77). Toutefois, dans un arrêt isolé du 12 mars 2008, la Cour régulatrice a admis une **servitude de surplomb** pour une corniche intégrée à un immeuble de caractère, formant un tout sur le plan architectural, alors même que, par l'effet du surplomb, cette corniche empiétait sur la parcelle voisine (Cass. 3e civ., 12 mars 2008, n° 07-10164, *Bull. civ.* III, n° 47). C'est sans doute la volonté des juges de ne pas compromettre l'intégrité d'un tel édifice qui a justifié cette solution dérogatoire, associée au fait qu'il s'agissait d'un empiètement aérien, sans doute moins nuisible au voisin.

Par un arrêt du 6 juin 2019, la Cour de cassation a rappelé que la servitude ne peut pas avoir pour objet de priver le propriétaire du fonds servant de la jouissance de son bien (**Cass. 3e civ., 6 juin 2019**, n° 18-14547 et 18-15386). En l'espèce, un vendeur avait aliéné un immeuble, tout en conservant, à titre de servitude, la jouissance d'une pièce. La cour d'appel avait annulé la servitude, en ce que la servitude privait l'acquéreur de tout droit de jouissance sur cette portion du bien. La Cour de cassation **confirme** cette analyse, en relevant que « la convention interdisait, compte tenu de la configuration des lieux, toute jouissance de la pièce objet de la clause par son propriétaire ». Cette solution doit être pleinement approuvée : la servitude ne saurait justifier une privation de propriété pour le propriétaire du fonds servant, quand on sait que celle-ci a vocation à la perpétuité. Il convient dans ce cas de figure d'instituer un droit d'usufruit, ou un droit réel de jouissance spéciale, dont la durée est ou devrait être limitée dans le temps.

C. Un service pour le fonds dominant

208. La servitude est imposée « pour l'usage et l'utilité » du fonds dominant. On peut en tirer deux règles.

Le service est attaché au fonds dominant, comme il l'est passivement au fonds servant : il ne peut donc pas être cédé sans le fonds, il est de plein droit compris dans l'aliénation du fonds et il a vocation à durer autant que le fonds. Toutefois, on peut renoncer au bénéfice de la servitude, sans renoncer à sa propriété.

Le service est établi en faveur non pas de la personne du propriétaire mais du fonds. C'est une limite importante concernant les objets possibles des servitudes. Le service ne doit pas profiter à une personne, mais au fonds lui-même. Il a ainsi été jugé que la concession d'un **droit de chasse** ne saurait avoir le caractère d'une servitude réelle, le fonds en faveur duquel il est accordé n'en recueillant aucune utilité : l'agrément profite à la personne du propriétaire, et non au fonds lui-même (Cass. 3e civ., 19 févr. 1980, n° 78-15281, *Bull. civ.* III, n° 44). En revanche, le droit de chasse, s'il n'est pas une servitude, peut prendre la forme d'un autre droit réel. Ainsi, la Cour de cassation a pu le qualifier de droit réel d'usage viager attaché au fonds, ce qui est assez contradictoire (Cass. 3e civ., 2 oct. 2002, n° 00-14029). La question s'est également posée à propos des **servitudes de non-concurrence.** Nous la traiterons ultérieurement, dans le cadre des servitudes par titre.

§ 2. La typologie des servitudes

Quatre distinctions peuvent être faites entre les servitudes d'utilité publique et d'utilité privée (A), les servitudes positives et négatives (B), les servitudes continues et discontinues (C) et les servitudes apparentes et non apparentes (D).

A. Servitudes d'utilité publique et d'utilité privée

209. L'article 649 du Code civil dispose que « les servitudes établies par la loi ont pour objet l'utilité publique ou communale, ou l'utilité des particuliers ». La distinction est d'importance, puisque les premières relèvent du droit administratif, alors que les autres relèvent du droit privé. La Cour de cassation a d'ailleurs jugé que les règles applicables aux servitudes établies pour l'utilité publique ou communale sont déterminées par des lois ou des règlements particuliers, ce qui exclut le recours à celles régissant les servitudes de droit privé institué pour l'utilité des particuliers (Cass. 3e civ., 7 mars 2007, n° 05-18057, *Bull. civ.* III, n° 35). Notamment, la servitude administrative ne comporte pas de fonds dominant, dans la mesure où le service ne profite pas à un fonds voisin déterminé, mais à la collectivité. Ainsi, une **servitude de cour commune**, qui interdit de construire sur une parcelle dans l'intérêt de la collectivité, ne suppose pas l'existence d'un fonds dominant (Cass. 3e civ., 15 déc. 1999, n° 97-22161, *Bull. civ.* III, n° 250).
Alors que les servitudes du droit privé ont peu changé depuis 1804, on a assisté en particulier avec les évolutions techniques (ex. : électricité, eau courante, internet, ce qui exige des pylônes, câbles et canalisations) et le développement du droit de l'urbanisme, à une croissance remarquable des servitudes relevant du droit administratif. Mais quelle que soit leur origine, toutes les servitudes sont des atteintes à la propriété… (v. *supra*, n° 113 et s. les limites au caractère absolu de la propriété).

B. Servitudes positives et négatives

210. La servitude est **positive** lorsque la servitude permet au voisin de profiter d'une utilité du fonds servant. Ainsi, les droits de passage, de puisage, de pacage (laisser paître les animaux), d'égout (évacuation des eaux) sont des servitudes positives. C'est alors **l'exclusivité** de la propriété qui est limitée, puisque le propriétaire souffre la présence d'un tiers sur son fonds (pour passer, puiser, paître…). Il en va encore ainsi de la servitude de **tour d'échelle**, qui permet d'accéder temporairement chez le voisin pour effectuer des travaux nécessaires à sa propre propriété (réparation du toit, taille des arbres…).
La servitude est **négative** lorsque la servitude interdit au propriétaire du fonds servant de faire quelque chose, dans l'intérêt du fonds dominant. Ainsi, les servitudes de non-construction (*non aedificandi*), de vue ou de distance (v. *infra*) sont négatives. C'est alors **l'absoluité** du droit de propriété qui est limitée, puisque le propriétaire perd un pouvoir sur sa chose (construire, créer une fenêtre, planter un arbre…).
La distinction n'a essentiellement qu'un **intérêt pédagogique**, dans la mesure où les servitudes positives comme négatives sont soumises au même régime. Toutefois, les servitudes négatives sont généralement non apparentes (v. *infra*).

C. Servitudes continues et discontinues

211. Il convient ici de se montrer vigilant : **le terme de continuité a ici un sens très différent qu'en matière de possession.**
Selon l'article 688 du Code civil, les **servitudes continues** « sont celles dont l'usage est ou peut être continuel sans avoir besoin du fait actuel de l'homme : tels sont les conduites d'eau, les égouts, les vues et autres de cette espèce ». L'alinéa 2 précise que les **servitudes discontinues** « sont celles qui ont besoin du fait actuel de l'homme pour être exercées : tels sont les droits de passage, puisage, pacage, et autres semblables ». Ainsi, un droit de passage constitue une servitude discontinue, quand bien même le voisin l'emprunterait tous les jours, et même toutes les minutes. Le critère de la servitude discontinue repose **sur la nécessité d'une intervention humaine pour exercer la servitude.**
L'évolution des technologies rend ce critère *a priori* simple plus difficile à mettre en œuvre. Qu'advient-il, par exemple, en présence d'une **servitude de puisage, dès lors que le propriétaire a installé une pompe automatique** ? S'agit-il encore d'une servitude discontinue, alors même que le pompage est réalisé par la machine ? Par un arrêt du 19 mai 2004, la Cour de cassation a jugé que la servitude restait discontinue, dès lors que l'appareil ne pouvait fonctionner que sous le contrôle de l'homme (Cass. 3e civ., 19 mai 2004, n° 03-12451, *Bull. civ.* III, n° 105). De même, qu'en est-il de la **servitude d'évacuation des eaux usées** ? S'agit-il d'une servitude d'égout au sens de l'article 688 et, partant, continue ? La Cour de cassation juge de manière constante qu'elle constitue une servitude discontinue, dans la mesure où les eaux usées, contrairement aux eaux de pluie, proviennent d'une activité humaine (Cass. 3e civ., 8 déc. 2004, n° 03-17225, *Bull. civ.* III, n° 234 ; Cass. 3e civ., 17 juin 2021, n° 20-19968).
L'enjeu de la qualification est de taille : **seules les servitudes continues peuvent s'acquérir par la prescription** (v. *infra*).

D. Servitudes apparentes et non apparentes

212. L'article 689 du Code civil définit les **servitudes apparentes** « comme celles qui s'annoncent par des ouvrages extérieurs, tels qu'une porte, une fenêtre, un aqueduc ». Les servitudes **non apparentes** « sont celles qui n'ont pas de signe extérieur de leur existence, comme la prohibition de bâtir sur un fonds, ou de ne bâtir qu'à une hauteur déterminée ». Ainsi, une servitude de passage est apparente si elle se matérialise par un chemin. Elle ne sera pas apparente si aucun signe extérieur ne matérialise le passage.
L'enjeu de la qualification est **double**. D'une part, seules les servitudes apparentes peuvent s'acquérir par **destination du père de famille**, qui est un mode spécifique d'acquisition. D'autre part, l'acquisition d'un droit de servitude par **prescription** suppose que la servitude soit à la fois continue, mais aussi apparente (v. *infra*).

Section 2
Le régime des servitudes

Il convient d'envisager successivement la constitution (§ 1), l'exercice (§ 2) et l'extinction (§ 3) des servitudes.

§ 1. La constitution des servitudes

L'article 639 du Code civil dispose que la servitude « dérive ou de la situation naturelle des lieux, ou des obligations imposées par la loi, ou des conventions entre les propriétaires ». Ce triptyque entre nature des choses, loi et convention doit être ramené à une distinction entre les servitudes légales (A) et les servitudes du fait de l'homme (B), dans la mesure la nature des choses n'est pas directement source de droit (mais la loi en tient compte) et que les servitudes du fait de l'homme ne se limitent pas aux servitudes conventionnelles.

A. Les servitudes légales

De telles servitudes sont imposées par la loi, soit pour permettre l'écoulement des eaux (1), soit pour imposer une distance minimale au nom de la tranquillité entre voisins (2), soit pour permettre un passage, au nom du droit d'accès à son fonds (3).

1. Les servitudes d'écoulement des eaux

213. L'article 640 du Code civil dispose que « les fonds inférieurs sont assujettis envers ceux qui sont plus élevés, à recevoir les eaux qui en découlent naturellement sans que la main de l'homme y ait contribué ». Le propriétaire du fonds situé en contrebas doit donc subir l'écoulement des eaux naturelles (eaux de pluie, source, rivière…) sans pouvoir édifier de digue afin de les bloquer.
Par ailleurs, le Code civil donne le droit au propriétaire d'user les eaux qui se trouvent sur son fonds, qu'il s'agisse des eaux pluviales (art. 641), de source (art. 642) ou courantes (art. 644), tout en respectant l'intérêt des voisins. Par exemple, l'article 643 prévoit que le propriétaire d'un fonds dans lequel les eaux de source forment un cours d'eau ne peut les détourner de leur cours naturel au préjudice des usages inférieurs. Tout ceci nous ramène à Manon des sources.

2. Les servitudes de distance

Les servitudes de distance sont à la fois **réciproques** et **négatives** : réciproques parce qu'elles s'imposent et profitent mutuellement aux fonds voisins ; négatives, en ce qu'elles interdisent aux propriétaires de faire quelque chose à l'intérieur d'une distance définie.
Le Code civil envisage trois hypothèses principales de distance : les constructions (a), les plantations (b) et les vues (c).

a. Les servitudes de distance pour les constructions

214. L'article 674 impose de laisser la distance prescrite par les règlements et usages particuliers pour réaliser certains ouvrages, afin de ne pas gêner de manière excessive le voisin.

La liste mériterait d'être dépoussiérée : « puits, fosse d'aisances, cheminée, âtre, forge, four ou fourneau, étable, magasin de sel ou de matières corrosives ».
Désormais, l'essentiel des règles se trouve dans le Code de l'urbanisme. Ainsi, les articles L. 471-1 et suivants de ce code consacrent des dispositions aux « cours communes ». Notamment, la délivrance d'un permis de construire peut être subordonnée à la création de servitudes de ne pas bâtir ou de ne pas dépasser une certaine hauteur. À défaut d'accord entre les propriétaires, la servitude peut être imposée par la voie judiciaire.

b. La servitude de distance pour les plantations

215. En principe, les plantations d'arbres ne peuvent être faites, maintenues ou remplacées, sous peine d'arrachage ou de réduction, qu'à certaines distances. Celles-ci sont fixées par les règlements ou les usages locaux ; à défaut, la loi (C. civ., art. 671) pose des règles : **aucune plantation dans les 50 centimètres à partir de la limite séparative ; des plantations de moins de deux mètres dans les deux mètres de la ligne séparative**. La jurisprudence a une lecture très stricte de ce texte. Ainsi, la Cour de cassation a pu décider que la hauteur des arbres se calcule de leur pied à leur cime, indépendamment du relief des lieux (Cass. 3e civ., 4 nov. 1998, n° 96-19708, *Bull. civ.* III, n° 208) : pourtant, si le terrain avant la ligne séparative est très pentu, des arbres plus grands que deux mètres pourraient ne causer aucun dommage.
L'article 672 du Code civil prévoit que le non-respect de ces règles est sanctionné par **l'arrachage ou la réduction des arbres**, à moins qu'il n'y ait titre, destination du père de famille ou prescription trentenaire.

Exemple

Si le propriétaire a planté un chêne de cinq mètres dans la distance des deux mètres depuis plus de trente ans et que le voisin ne s'est pas manifesté, aucun arrachage ne peut être obtenu. On retrouve l'effet acquisitif attaché à la possession (v. *infra*).

Par une décision du 7 mai 2014, le Conseil constitutionnel a jugé que les articles 671 et 672 du Code civil étaient conformes à la Constitution (Cons. const., 7 mai 2014, n° 2014-394 QPC). Pour le Conseil, l'arrachage des arbres n'est pas contraire à la Charte de l'environnement et aucune atteinte disproportionnée au droit de propriété n'est à relever, au regard de l'objectif d'intérêt général d'assurer des relations de bon voisinage.

c. Les servitudes de distance pour les ouvertures

216. Les servitudes de distance pour les ouvertures visent à éviter que chacun des propriétaires puisse épier son voisin. Le percement d'ouvertures n'est donc pas totalement libre, étant précisé que le Code civil établit une distinction entre les jours et les vues.
Les **jours** sont les ouvertures à verre dormant dont l'objet est de laisser passer la lumière, mais pas le regard. L'article 677 du Code civil impose que ces ouvertures soient pratiquées à une hauteur assez élevée : 26 décimètres au rez-de-chaussée (soit 2,6 m) et 19 décimètres pour les étages supérieurs (1,9 m). En revanche, aucune distance à l'égard de la ligne séparative n'est requise, puisque le jour ne permet pas d'épier ce qui se passe chez le voisin. Ainsi, le propriétaire d'une maison qui jouxte une propriété voisine pourra réaliser des jours afin de faire entrer la lumière.

Les **vues**, au contraire, sont des ouvertures qui laissent passer le regard. Il s'agit des fenêtres, balcons, vérandas, et autres terrasses. Parce qu'elles laissent passer le regard, il convient de reculer ces ouvertures de la ligne séparative de deux fonds contigus, afin d'éviter que l'on puisse aisément épier ce qui se passe chez le voisin. Il faut à cet égard distinguer les vues droites des vues obliques :

- les **vues droites** sont celles qui sont ouvertes dans un mur parallèle à la ligne de séparation des deux propriétés. Ce sont évidemment elles qui donnent la meilleure connaissance de ce qui se passe dans le fonds voisin. Le mur dans lequel la vue s'ouvre, ou la limite du balcon, doit donc être au moins à **19 décimètres** (1,9 m) de la ligne séparative (C. civ., art. 678 et 680). Précision importante pour les vues droites : encore faut-il que les deux fonds voisins soient contigus (**Cass. 3e civ., 23 nov. 2017**, n° 15-26240, 15-26761). Ainsi, les distances ne s'appliquent pas lorsqu'une bande de terrain séparant les deux fonds voisins n'appartient à aucun des deux propriétaires (chemin, cours d'eau…).
- les **vues obliques** sont celles qui sont ouvertes dans un mur perpendiculaire à la ligne séparatrice. Il faut alors « se tordre le cou » pour pouvoir épier ce qui se passe chez son voisin. Elles peuvent donc être percées à une distance plus réduite. Il suffit que le mur soit à **6 décimètres** (60 cm) de distance.

Enfin, qu'il s'agisse de jours ou de vues, **le propriétaire peut acquérir des servitudes actives de vue par prescription trentenaire** (elles sont apparentes et continues), titre ou destination du père de famille.

Exemple

Si un propriétaire a ouvert une fenêtre à moins de 19 décimètres de la ligne séparative depuis plus de trente ans, la fenêtre ne pourra plus être supprimée à la demande du voisin.

3. Les servitudes de passage

217. À la différence des servitudes de distance, les servitudes légales de passage sont **unilatérales** : elles ne profitent qu'à l'un des voisins au détriment de l'autre, ce qui suppose alors, conformément à l'article 682 du Code civil, **une indemnité proportionnée** au dommage occasionné. L'exercice du droit de passage n'est toutefois pas subordonné au paiement préalable de l'indemnité de désenclavement (Cass. 3e civ., 25 mars 2021, n° 20-15155 : le propriétaire qui a bénéficié d'une telle servitude peut donc entamer des travaux, même s'il n'a pas encore payé l'indemnité). Par ailleurs, il s'agit de servitudes positives : le bénéficiaire de la servitude profite d'un service procuré par le fonds servant : passer.

L'article 682 impose l'existence d'une servitude de passage en cas d'**enclave.** Une telle situation est caractérisée lorsque le fonds dominant n'a **aucun accès à la voie publique**, ou encore lorsque **l'accès est insuffisant**, soit pour l'exploitation agricole, industrielle ou commerciale de la propriété, soit pour la réalisation d'opérations de construction ou de lotissement. La liste n'est pas limitative. La jurisprudence se montre libérale : **peu importe la destination du fonds**. Ainsi, l'état d'enclave a pu être établi pour l'exploitation d'une salle de cinéma exigeant une issue de secours (Cass. 3e civ., 5 mars 1974, n° 72-13092, *Bull. civ.* III, n° 102) ou encore pour une maison d'habitation exigeant le passage d'une automobile (Cass. 3e civ., 14 janv. 2016, n° 14-25089).

Une fois l'état d'enclave établi se pose la question de **l'assiette du passage**. La loi, évidemment, ne peut pas fixer l'assiette de manière générale : c'est une question d'espèce. Il revient aux propriétaires de se mettre d'accord sur cette assiette. En l'absence d'accord,

c'est au juge qu'il revient de fixer l'assiette en suivant les directives posées à l'article 683 du Code civil : le passage doit être fixé où il cause le moindre préjudice au fonds servant et, à égalité de dommage, au plus court. Mais en la matière, et alors qu'une servitude de passage ne pourrait certes pas s'acquérir par prescription acquisitive puisqu'elle n'est pas continue, les usages peuvent pallier l'absence d'accord ou d'intervention du juge : les modalités d'une servitude légale de passage peuvent être fixées par trente ans d'usage continu (C. civ., art. 685).
Il faut observer que **par** un arrêt du 24 octobre 2019, la Cour de cassation a précisé les conditions d'octroi d'une servitude légale de passage (**Cass. 3e civ., 24 oct. 2019**, n° 18-20119). Le propriétaire peut-il perdre le bénéfice d'une telle servitude, lorsqu'il est lui-même à l'origine de la situation d'enclave, en ayant renoncé à la servitude dont le fonds bénéficiait ? C'est ce qu'avait considéré la cour d'appel. Mais c'était méconnaître qu'en l'occurrence la renonciation à la servitude de passage, qui avait été conventionnellement aménagée avec le voisin, provenait du vendeur. La Cour de cassation censure la décision, en relevant que « l'acquéreur d'une parcelle enclavée ne peut se voir opposer la renonciation d'un précédent propriétaire au bénéfice de la servitude légale de passage conventionnellement aménagée ». La solution est importante : elle montre que si la servitude est un droit réel attaché au fonds, la renonciation au bénéfice d'une servitude de passage est une manifestation de volonté personnelle, qui ne lie que son auteur. L'acquéreur, qui n'a pas renoncé et dont le fonds est objectivement enclavé, peut donc prétendre au bénéfice d'une servitude légale de passage.
En outre, par un arrêt du 17 décembre 2020, la troisième chambre civile énonce qu'« il incombe au propriétaire, qui revendique une servitude de passage pour cause d'enclave du fait d'un panneau d'interdiction de circuler, d'établir, en cas de contestation, l'existence d'une décision administrative prescrivant cette interdiction » (Cass. 3e civ., 17 déc. 2020, n° 19-11376). C'est donc sur celui qui revendique la servitude que repose la charge de prouver la situation d'enclave, ce qui est conforme à l'article 1353 du Code civil.
Il faut enfin savoir que, d'un point de vue procédural, la demande de reconnaissance d'une servitude de passage du fait de l'homme et celle de reconnaissance d'une servitude légale n'ont pas le même objet, de sorte que le principe de concentration des moyens n'étant pas applicable, la seconde demande ne se heurte pas à l'autorité de la chose jugée sur la première (Cass. 3e civ., 25 mars 2021, n° 19-20603). Ainsi, même si une décision a définitivement statué sur l'existence d'une servitude de passage acquise par titre ou par destination du père de famille (fait de l'homme), cela n'empêche pas les parties de saisir le juge sur l'existence d'une servitude légale. Cette autonomie procédurale nous amène à aborder désormais, après les servitudes légales, les servitudes du fait de l'homme.

B. Les servitudes du fait de l'homme

Contrairement aux servitudes légales, les servitudes du fait de l'homme ne sont pas automatiques : elles résultent d'un titre (1), de la prescription (2) et de la destination du père de famille (3).

1. Le titre

218. Le titre peut être un acte juridique unilatéral (testament) ou une convention. La servitude étant une atteinte importante au droit de propriété, puisqu'elle a vocation à la perpétuité (v. *infra*, n° 223), l'acte constitutif d'une servitude est un **acte de disposition**. Seul le propriétaire peut donc instituer une servitude. Parce qu'il constitue un droit réel immobilier l'acte doit être publié au **fichier immobilier** pour être opposable aux tiers, et notamment à l'acquéreur du fonds servant. À défaut, la servitude est opposable à l'acquéreur si son acte d'acquisition en fait mention, ou encore s'il en connaissait l'existence au moment de l'acquisition (Cass. 3e civ., 24 sept. 2020, n° 19-19179).

Le pouvoir de la volonté des propriétaires n'est pas absolu. Les servitudes sont placées sous surveillance, comme le révèle l'article 686 du Code civil : « il est permis aux propriétaires d'établir sur leurs propriétés ou en faveur de leurs propriétés, telles servitudes que bon leur semble, *pourvu néanmoins que les services établis ne soient imposés à la personne, ni en faveur de la personne, mais seulement à un fonds et pour un fonds, et pourvu que ces services n'aient d'ailleurs rien de contraire à l'ordre public* ». On retrouve ici la nature profonde de la servitude : un rapport entre deux fonds.

Cette exigence a posé des difficultés à propos des **servitudes de non-concurrence** : peut-on admettre que l'interdiction d'exercer une activité déterminée dans un fonds immobilier au profit du fonds voisin soit érigée en servitude, transmise comme telle à perpétuité à tous les propriétaires du fonds ? N'y a-t-il pas là une atteinte excessive à la liberté d'entreprendre ? La jurisprudence a pourtant admis la **validité des servitudes de non-concurrence** : « l'interdiction faite à l'acquéreur d'un fonds de l'affecter à un usage déterminé peut revêtir le caractère d'une servitude établie par le fait de l'homme attachée au fonds dans l'intérêt d'un autre fonds et est valable pourvu que ce service n'ait rien de contraire à l'ordre public et attendu qu'une convention restreignant sans limitation de temps l'exercice d'une activité commerciale définie est licite si elle est restreinte à un lieu déterminé » (Cass. com., 15 juill. 1987, n° 86-11272, *Bull. civ.* IV, n° 136 ; v. dans le même sens, Cass. 3e civ., 24 mars 1993, n° 91-11690, *Bull. civ.* III, n° 45). Encore faut-il que la clause identifie clairement un fonds servant et un fonds dominant, étant précisé qu'il doit s'agir **d'immeubles et non de fonds de commerce**, lesquels ne présentent pas de nature immobilière.

Qu'advient-il si cette exigence fait défaut ? La Cour de cassation précise que l'engagement n'est pas nul : il peut revêtir le caractère **d'obligation personnelle** (Cass. 3e civ., 4 juill. 2001, n° 99-14784, *Bull. civ.* III, n° 94 ; en l'espèce, il s'agissait de l'interdiction d'ouvrir une boulangerie, non dans l'intérêt d'un fonds voisin, mais pour honorer la mémoire d'une personne). L'engagement n'est alors pas attaché à la propriété du fonds et ne se transmet donc pas avec lui à l'acquéreur de l'immeuble, sauf si une clause de l'acte de vente le prévoit.

Pour le reste, les servitudes, qui constituent une atteinte à la propriété immobilière, font l'objet d'une interprétation stricte. Tel est l'enseignement que l'on peut tirer d'un arrêt récent de la Cour de cassation (Cass. 3e civ., 14 juin 2018, n° 17-20280). La Cour régulatrice énonce qu'« une servitude de passage ne confère le droit de faire passer des canalisations dans le sous-sol de l'assiette de la servitude que si le titre instituant cette servitude le prévoit et que l'acte constitutif du 1er février 1962 ne conférait pas le droit de faire passer des canalisations dans le sous-sol de l'assiette de la servitude ». On retrouve l'idée d'une division entre la surface et le sous-sol de l'immeuble, dissociation que l'on rencontre dans le droit de superficie. Est donc censuré l'arrêt d'appel qui avait considéré que ce droit de passage souterrain était en quelque sorte compris dans la servitude, en ce qu'il s'agissait d'un besoin inhérent à toute construction. La solution n'est pas nouvelle, dès lors qu'il a déjà été jugé qu'une servitude de passage ne confère le droit de faire passer des canalisations dans le sous-sol de l'assiette de la servitude que si le titre instituant cette servitude le prévoit (Cass. 3e civ., 8 avr. 2010, n° 09-65261). Un autre arrêt relatif à la servitude de passage doit être mentionné. Quelle est la nature de la nullité lorsque la convention de servitude est dépourvue d'objet, dans la mesure où le droit de passage préexistait à la convention ?

Telle était la question posée dans un arrêt du 24 janvier 2019 (Cass. 3e civ., 24 janv. 2019, n° 17-25793). En l'espèce, une personne avait versé à son voisin une indemnité par convention pour obtenir une servitude de passage, avant de se rendre compte que ce droit de passage existait déjà. L'absence d'objet (ou de cause) est sanctionnée par la nullité relative du contrat, car il s'agit de protéger l'intérêt privé des contractants et non l'intérêt général. Conséquence : même avant la réforme de la prescription du 17 juin 2008, l'action se prescrit par cinq ans.

2. La prescription

219. La servitude peut être acquise par prescription. Mais le domaine d'une telle acquisition est particulièrement limité. Il s'agit en effet, selon l'article 690 du Code civil, des seules servitudes **continues et apparentes**. Il faut donc que l'usage de la servitude puisse être continuel sans avoir besoin du fait actuel de l'homme et qu'elle s'annonce par des ouvrages extérieurs pour pouvoir être acquise par prescription. Il a ainsi été jugé qu'une **servitude de surplomb** pouvait être acquise par prescription trentenaire (Cass. 3e civ., 12 mars 2008, n° 07-10164, *Bull. civ.* III, n° 47). En outre, la Cour de cassation précise que la prescription ne s'applique qu'aux servitudes qui résultent du fait de l'homme. Ainsi, une servitude légale telle que l'usage des eaux de source ne peut s'acquérir par prescription (Cass. 3e civ., 15 mai 1996, n° 94-10378, *Bull. civ.* III, n° 117).
Comme vu précédemment, la possession du droit de servitude doit être **utile** au sens de l'article 2261 du Code civil pour permettre de prescrire, c'est-à-dire exempte des quatre vices rencontrés (v. *supra*, n° 76 et s.).

3. La destination du père de famille

220. À titre préalable, il faut noter que ce mode de constitution ne concerne que les **servitudes apparentes**, c'est-à-dire qui se matérialisent par un ouvrage extérieur (un chemin, une construction, un tuyau apparent...). Le terme de « père de famille », qui a ici survécu au féminisme, désigne dans cette hypothèse le propriétaire d'un immeuble ultérieurement divisé. Ainsi, l'article 693 du Code civil dispose qu'« il n'y a destination du père de famille que lorsqu'il est prouvé que les deux fonds actuellement divisés ont appartenu au même propriétaire, et que c'est par lui que les choses ont été mises dans l'état duquel résulte la servitude ».
Quelles sont les **conditions** d'une telle acquisition ? La constitution de la servitude du père de famille s'effectue en **deux étapes** :

- première étape, un **aménagement émanant du propriétaire** entre diverses parties d'un ensemble immobilier lui appartenant. Par exemple, un chemin traverse une partie du terrain pour permettre de se rendre dans une autre partie ; un aqueduc permet l'évacuation des eaux de pluie. Si les deux parties appartenaient à des propriétaires différents, on se trouverait bien en présence d'une situation correspondant à une servitude ;
- deuxième étape, **la division du fonds** (par ex. la vente à deux acquéreurs différents, le partage entre héritiers...) : il faut qu'à l'occasion de la division du fonds les deux parties entre lesquelles était né un rapport de fait de servitude soient attribuées à des propriétaires différents et que l'aménagement se perpétue. Il faut en outre que, dans l'acte d'où provient la scission du fonds en deux fonds différents (vente, donation-partage...), ne figure aucune clause qui établirait la volonté de ne pas établir en servitude l'aménagement qui se perpétue. Le silence doit alors être interprété comme signifiant la volonté de maintenir l'état de fait et donc de créer une servitude volontaire.

Quelle est la **portée** d'une telle constitution particulière ? Il faut distinguer

Si la servitude est **apparente et continue**, la destination du père de famille **vaut titre** (v. C. civ., art. 692). Cela signifie que le bénéficiaire de la servitude n'a pas à établir le titre pour bénéficier de la servitude. C'est à celui qui voudrait le priver de la servitude de produire l'acte qui établirait la volonté contraire du père de famille. Il en va ainsi, par exemple, pour une servitude d'égout des eaux de pluie qui se matérialiserait par un aqueduc traversant les deux fonds.
Si la servitude est **apparente mais discontinue**, l'article 694 n'admet pas l'établissement de la servitude par le simple fait de la destination du père de famille. Pour en bénéficier, celui qui s'en prévaut **doit produire l'acte duquel résulte la division**, pour que soit prouvé qu'il ne comporte aucune clause faisant obstacle à l'établissement de la servitude. Il en va ainsi, par exemple, pour une servitude de passage qui se matérialiserait par un chemin traversant les deux fonds (v. pour une application, Cass. 3e civ., 23 mars 2022, n° 21-11986 : « La destination du père de famille vaut titre à l'égard des servitudes discontinues lorsqu'existent, lors de la division d'un fonds, des signes apparents de la servitude et que l'acte de division ne contient aucune stipulation contraire à son maintien »).

§ 2. L'exercice des servitudes

L'exercice de la servitude implique des charges pour le propriétaire du fonds servant (A) et des droits pour le propriétaire du fonds dominant (B).

A. Les charges du propriétaire du fonds servant

221. L'article 701 du Code civil prévoit que « le propriétaire du fonds servant ne peut rien faire qui tende à en diminuer l'usage ou à le rendre plus incommode ». Il ne peut donc pas obstruer le passage, boucher le puits, ouvrir des vues à moins de 19 décimètres… La règle est sanctionnée par la démolition de l'ouvrage qui compromet la servitude (Cass. 3e civ., 4 oct. 1989, n° 87-14837, *Bull. civ.* III, n° 183 : « la démolition est la sanction d'un droit réel transgressé »). On le voit, c'est essentiellement une **abstention** qui est requise du propriétaire du fonds servant.
Mais peut-il être tenu d'accomplir une **prestation positive** ? On sait que la servitude est un rapport entre deux fonds, ce qui interdit normalement d'assujettir la personne. Toutefois, **l'accomplissement d'une prestation peut être l'accessoire de l'exercice de la servitude**, lorsqu'elle est nécessaire à son usage. Dans ce cas, le propriétaire y est tenu, mais parce qu'elle est l'accessoire d'un droit réel, il s'agit d'une **obligation réelle (*propter rem*)**, dont le propriétaire est libéré s'il aliène son fonds ou si la servitude s'éteint.

Exemple

L'octroi d'une servitude de passage au voisin implique de tailler les arbres pour permettre le passage d'un véhicule automobile. L'accomplissement d'une prestation (tailler les arbres) est l'accessoire nécessaire de la servitude (droit de passage).

B. Les droits du propriétaire du fonds dominant

222. **Du côté actif**, celui du fonds dominant, le bénéficiaire d'une servitude ne peut l'exercer que dans les limites qui sont celles de son droit. La servitude ne procure qu'une utilité définie, fixée par la loi, par le titre, la possession ou la destination du père de famille. Mais cette utilité est vraiment à sa disposition : le bénéficiaire de la servitude jouit d'un **droit réel.** Il a donc directement accès à la chose d'autrui (s'il s'agit d'une servitude positive). Il dispose d'une action réelle pour défendre son droit, une action réelle en revendication, espèce d'action pétitoire que l'on nomme **action confessoire**. De son côté, celui qui subit une servitude alors qu'il estime que les conditions ne sont pas réunies et que son fonds devrait donc être libre de toute charge de ce type exerce une **action négatoire**.

§ 3. L'extinction des servitudes

223. Ce rapport entre deux fonds que crée la **servitude est-il perpétuel ?** On l'a dit, la servitude a vocation à la perpétuité. Toutefois, il advient que les servitudes s'éteignent.
La vocation à la perpétuité s'exprime dans le fait que **la servitude survit à la transmission du fonds à un autre propriétaire puisque c'est au fonds qu'elle est attachée**. Elle survit même à la division du fonds dominant, sans néanmoins que la situation du fonds servant puisse s'en trouver aggravée. C'est ce qu'indique l'article 700 du Code civil. C'est ainsi que la division d'un fonds enclavé en deux fonds enclavés donne naissance à deux servitudes de passage, mais qui devront s'exercer sur la même assiette…
Mais la vocation à la perpétuité de la servitude ne signifie pas qu'elle ne puisse pas s'éteindre. **Elle s'éteint** lorsque le **fonds dominant et le fonds servant sont réunis dans la même main** (C. civ., art. 705). Elle s'éteint par le **non-usage pendant trente ans** (C. civ., art. 706) : on retrouve là la prescription extinctive de tous les droits réels, sauf la propriété. Elle s'éteint lorsqu'**il est devenu impossible d'en user** (art. 703). Ainsi, lorsque la source est tarie, la servitude de puisage s'éteint, faute d'utilité. De manière générale, elle s'éteint lorsqu'il est devenu impossible d'en user pour la destination pour laquelle elle a été créée, lorsque sa raison d'être a disparu. C'est ce qu'a jugé la jurisprudence (Cass. 3e civ., 9 juill. 2003, n° 01-00876, *Bull. civ.* III, n° 157). Ainsi, le titre qui établit la servitude en fixe la mesure. Il peut conférer à la servitude une destination particulière, en l'espèce l'accès à un atelier. Si la raison d'être de la servitude, ici clairement exprimée dans la convention, disparaît (l'atelier a disparu), la servitude doit s'éteindre.
En revanche, il n'existe pas de **déchéance comme en matière d'usufruit**. Les servitudes ne sont pas susceptibles de déchéance. Ainsi, **le non-respect de ses conditions d'exercice ne peut pas entraîner l'extinction d'une servitude** (Cass. 3e civ., 10 mars 1999, n° 95-22093, *Bull. civ.* III, n° 64 ; Cass. 3e civ., 23 févr. 2005, n° 03-15421, *Bull. civ.* III, n° 42). La solution est assez logique : même si le propriétaire du fonds dominant outrepasse les limites de son droit, le service reste utile à l'immeuble et doit donc profiter à ses propriétaires ultérieurs.

Exemple

Le bénéficiaire d'une servitude de passage qui utilise le fonds servant à d'autres fins (il y stocke des marchandises, par ex.) conserve son droit de passage.

224 à 229. Réservés.

LEÇON 9

LES COPROPRIÉTÉS IMMOBILIÈRES

Textes

Articles 653 et suivants du Code civil
Loi du 10 juillet 1965 (sous article 664)

230. Lorsque plusieurs voisins sont propriétaires d'un même immeuble, leurs rapports ne peuvent être soumis à l'indivision ordinaire, dominée par le droit au partage. La loi organise des **copropriétés perpétuelles**, qui permettent de maintenir un usage collectif de la chose commune. Deux principaux régimes existent en droit positif : la **mitoyenneté**, régime ancien issu du Code civil de 1804 (section 1), et la **copropriété des immeubles bâtis**, régime moderne issu d'une loi du 10 juillet 1965 (section 2).

Section 1
La mitoyenneté

La mitoyenneté est la **copropriété des clôtures (murs, haies, fossés...) qui servent de séparation entre deux fonds contigus**. Elle est irréductible à l'indivision, dans la mesure où elle est perpétuelle (pas de droit au partage). Elle ne se confond pas non plus avec les servitudes, en ce qu'il ne s'agit pas d'un rapport entre deux fonds qui appartiennent à deux propriétaires différents, mais d'une seule et même chose commune qui appartient à plusieurs propriétaires.
Il reste à découvrir comment la mitoyenneté s'acquiert (§ 1), comment elle s'exerce (§ 2) et comment elle s'éteint (§ 3).

§ 1. L'acquisition de la mitoyenneté

On peut distinguer les **modes** d'acquisition (A) et la **preuve** de l'acquisition (B).

A. Les modes d'acquisition

231. Il existe **trois modes** d'acquisition de la mitoyenneté :
le **titre** : convention entre les voisins pour considérer comme mitoyenne une clôture ;

- la **prescription trentenaire** : par exemple, lorsqu'un voisin appuie des constructions sur le mur privatif de son voisin et se comporte comme un copropriétaire du mur, il le devient après trente ans de possession utile ;
- la **loi** : **l'article 661 du Code civil** prévoit une **cession forcée** pour les seuls **murs.** Ainsi, lorsqu'un mur est construit à la limite du fonds d'un voisin, ce voisin peut contraindre le propriétaire à lui céder la mitoyenneté du mur. Le mur, qui était privatif, devient ainsi mitoyen. Ce droit d'acquérir la mitoyenneté est discrétionnaire et absolu et, bien qu'il conduise à une expropriation partielle, il est conforme à la Constitution (Cons. const., 12 nov. 2010, n° 2010-60 QPC). Cette expropriation a toutefois un prix : l'acquéreur doit payer le prix de la moitié de la valeur du mur et de la moitié de la valeur du terrain qui supporte le mur et qui devient également mitoyen.

B. La preuve de l'acquisition

232. **Deux questions** se posent.
Comment prouver? Comme la propriété, la preuve de la mitoyenneté est **libre**.
Qui doit prouver? C'est normalement au voisin qui revendique la mitoyenneté d'une clôture d'en rapporter la preuve. Mais la loi instaure des **présomptions** : il existe à cet égard des présomptions de mitoyenneté et des présomptions de non-mitoyenneté.

- **Présomptions de mitoyenneté** : l'article 653 du Code civil dispose que « dans les villes et les campagnes, tout mur servant de séparation entre les bâtiments jusqu'à l'héberge, ou entre cours et jardins, et même entre enclos dans les champs, est présumé mitoyen, s'il n'y a titre ou marque du contraire » (l'héberge est la ligne la plus élevée du bâtiment le moins haut). Ainsi, lorsqu'un mur est situé sur la ligne divisoire entre deux fonds contigus, il est présumé mitoyen : ce sera donc à celui qui conteste la mitoyenneté de rapporter la preuve contraire.
- **Présomptions de non-mitoyenneté** : pour les **murs**, lorsque le mur a d'un côté un profil droit et de l'autre un plan incliné (C. civ., art. 654), il est présumé appartenir au seul propriétaire qui est du côté de l'inclinaison ; pour les **fossés**, lorsque le rejet de la terre se trouve d'un seul côté (art. 666 al. 2 et 3), le fossé est présumé appartenir au seul voisin qui est du côté du rejet de la terre.

§ 2. L'exercice de la mitoyenneté

233. La mitoyenneté est synonyme de droit et de charges.
La mitoyenneté confère des **droits** : droit d'usage, droit de réaliser des plantations en espaliers, droit d'exhaussement, c'est-à-dire de surélever le mur (le copropriétaire mitoyen peut devenir copropriétaire de la partie nouvelle en application de l'article 660, équivalent de l'article 661 du Code civil).
La mitoyenneté fait supporter des **charges** : les voisins doivent supporter ensemble les frais d'entretien et de conservation de la clôture commune (C. civ., art. 655 et 667).

§ 3. L'extinction de la mitoyenneté

234. Comme la propriété, la mitoyenneté ne s'éteint pas par le non-usage.
Il existe deux modes d'extinction :

- la **convention** entre voisins : les propriétaires décident de mettre fin à la situation de mitoyenneté ;
- le **déguerpissement** : acte unilatéral par lequel le propriétaire renonce à la propriété de la clôture au profit de son voisin, afin de se libérer des charges qui la grèvent (C. civ., art. 656 et 667). Mais un tel déguerpissement est exclu lorsque le mur mitoyen soutient un bâtiment qui appartient à celui qui entend déguerpir (art. 656), ce qui est juste. La jurisprudence a élargi l'hypothèse, en énonçant que le déguerpissement était exclu dès lors que le propriétaire retirait du mur litigieux un avantage particulier (Cass. 3e civ., 25 sept. 2002, n° 00-22701, *Bull. civ.* III, n° 182).

Section 2

La copropriété des immeubles bâtis

235. Le Code civil ne comprenait en 1804 qu'une seule disposition relative à la copropriété des immeubles bâtis : l'article 664. Il faut dire que la France de 1804 était rurale et faite de maisons individuelles. Avec le développement de l'urbanisation, qui a conduit à construire des immeubles collectifs, ce texte est devenu totalement insuffisant. C'est pourquoi le législateur est intervenu d'abord en 1938 puis en 1965. La loi du 10 juillet 1965 est la grande loi de la matière. Elle a été régulièrement modifiée, notamment par la loi SRU du 13 décembre 2000 (solidarité et renouvellement urbains), la loi ALUR du 24 mars 2014 (accès au logement et urbanisme rénové), la loi ELAN du 23 novembre 2018 (évolution du logement, de l'aménagement et du numérique), ou encore une ordonnance n° 2019-1101 du 30 octobre 2019 portant réforme du droit de la copropriété des immeubles bâtis.
Il convient d'envisager successivement le domaine (§ 1) et le régime (§ 2) de la copropriété des immeubles bâtis.

§ 1. Le domaine de la copropriété des immeubles bâtis

236. Le domaine de la loi du 10 juillet 1965 est défini par son article 1er : « La présente loi régit tout immeuble bâti ou groupe d'immeubles bâtis à usage total ou partiel d'habitation dont la propriété est répartie par lots entre plusieurs personnes ». Décomposons cette définition.
- Un **immeuble** : il s'agit de l'immeuble par nature de l'article 518 du Code civil. Cet immeuble peut être vertical (ce qui est le cas courant), mais aussi horizontal : par exemple, un groupe de bâtiments individuels peut être soumis à la loi du 10 juillet 1965.
- Un immeuble **bâti** : un terrain nu n'est pas soumis à la loi. Dès lors, tant que la construction n'est pas achevée, la loi ne s'applique pas.
- Un immeuble dont la propriété est répartie entre **plusieurs personnes** : deux propriétaires suffisent.
- Un immeuble divisé en **lots** : le lot comprend la **propriété d'une partie privative** et une **quote-part de parties communes**. *Prenons un exemple* : lorsqu'une personne achète un appartement dans un immeuble en copropriété, elle acquiert en réalité un lot : ce lot est composé de l'appartement (partie privative) et d'une quote-part des parties communes (que l'on appelle les millièmes ou tantièmes : cette quote-part est déterminée en fonction de la superficie de la partie privative par rapport à la superficie de toutes les parties

privatives). Par exemple, si l'appartement fait 50 m² et que l'ensemble des parties privatives est de 2000 m², les millièmes seront de 25/1000. Cette quote-part est importante, puisqu'elle détermine les droits de vote et la répartition des charges.

Depuis **l'ordonnance n° 2019-1101 du 30 octobre 2019** portant réforme du droit de la copropriété des immeubles bâtis, l'immeuble doit être à usage total ou partiel d'habitation, ce qui exclut désormais les immeubles industriels ou commerciaux.

Si ces cinq critères sont établis, la loi s'applique de manière impérative.

Mais l'alinéa 2 de l'article 1er de la loi du 10 juillet 1965 permet une application supplétive du régime dans deux hypothèses, c'est-à-dire à défaut de disposition contractuelle contraire :

« 1° À tout immeuble ou groupe d'immeubles bâtis à destination totale autre que d'habitation dont la propriété est répartie par lots entre plusieurs personnes (innovation de l'ord. du 30 oct. 2019) ;

2° À tout ensemble immobilier qui, outre des terrains, des volumes, des aménagements et des services communs, comporte des parcelles ou des volumes, bâtis ou non, faisant l'objet de droits de propriété privatif ». Encore faut-il que les juges du fond caractérisent des terrains et services communs entre les immeubles concernés (Cass. 3e civ., 26 mars 2020, n° 18-16117).

§ 2. Le régime de la copropriété des immeubles bâtis

Il convient d'envisager successivement le statut de l'immeuble (A) et celui des copropriétaires (B).

A. Le statut de l'immeuble en copropriété

237. La copropriété des immeubles bâtis n'est pas une **indivision ordinaire** : en effet, cette copropriété est **forcée** (imposée par la loi) et **perpétuelle** : les copropriétaires ne peuvent pas exiger le partage de l'immeuble.

De même, la copropriété des immeubles bâtis ne correspond pas à la figure de la **personne morale** : il existe certes, un syndicat de copropriétaires, qui est doté de la personnalité morale (v. *infra*). Pour autant, ce syndicat n'est pas propriétaire de l'immeuble. L'immeuble est divisé en lots, et ces lots appartiennent aux différents copropriétaires, qui ne sont donc pas titulaires de droits sociaux.

Enfin, la copropriété ne se confond pas avec la **mitoyenneté**, car chaque copropriétaire n'est pas propriétaire du tout, c'est-à-dire de l'immeuble dans sa globalité.

238. C'est donc une copropriété *sui generis*, en ce qu'elle se caractérise par un **régime dualiste** :

- chaque propriétaire a un **droit exclusif** sur les parties privatives affectées à son usage exclusif (art. 2 de la loi de 1965) : appartements, caves, places de parking... ;
- chaque propriétaire a un **droit indivis** sur les parties communes, qui sont affectées à l'usage collectif (art. 3 et 4) : cours, escaliers, passages et couloirs, gros œuvre des bâtiments (toit, fondation...), jardins... ; les parties communes appartiennent donc collectivement à tous les copropriétaires ou à certains d'entre eux.

Ce qui fait l'originalité de la copropriété des immeubles bâtis, c'est donc sa **division en parties privatives et en parties communes**, celles-ci étant soumises à des régimes différents : il y a propriété exclusive sur les parties privatives et propriété indivise sur les parties communes. La Cour de cassation a consacré cette analyse, en permettant la constitution de servitudes entre parties privatives d'un immeuble, celles-ci appartenant à des propriétaires différents (Cass. 3e civ., 30 juin 2004, n° 03-11562, *Bull. civ.* III, n° 140 : servitude de passage entre deux places de parking). Elle a également reconnu la validité d'un droit réel *sui generis* perpétuel de jouissance spéciale sur la partie privative d'un lot (piscine), au profit des autres lots de copropriété (Cass. 3e civ., 7 juin 2018, n° 17-17240 ; v. sur cet arrêt, *supra*, n° 197). En revanche, l'article 6-1 A de la loi du 10 juillet 1965, issu de l'ordonnance du 30 octobre 2019, dispose qu'« aucune servitude ne peut être établie sur une partie commune au profit d'un lot ». Il peut donc y avoir servitudes entre parties privatives, mais pas entre une partie privative et une partie commune.

B. Le statut des copropriétaires

Les copropriétaires, parce qu'ils n'habitent pas seuls dans l'immeuble, subissent des contraintes collectives (1). Mais ils bénéficient de droits individuels (2).

1. Les contraintes collectives

Le copropriétaire doit composer avec des organes (a), des documents (b) et des charges (c).

a. Les organes de la copropriété

239. Il existe **quatre organes**.

Le syndicat des copropriétaires

Tous les copropriétaires sont regroupés au sein de ce syndicat, qui est doté de la personnalité morale (art. 14 de la loi de 1965). Cet organe assure la conservation de l'immeuble et l'administration des parties communes. Il modifie le cas échéant le règlement de copropriété. Pour la protection de l'immeuble, le syndicat peut intenter des actions non seulement contre les copropriétaires mais aussi contre des tiers. En matière d'action en justice, les pouvoirs du syndicat sont très vastes, ce qu'illustre la formule de l'article 15 de la loi de 1965 : aux termes de la loi, le syndicat a qualité à agir, notamment, « pour la sauvegarde des droits afférents à l'immeuble ». Mais ces pouvoirs du syndicat sont contrebalancés par des charges. Le syndicat est responsable des dommages causés aux copropriétaires ou aux tiers par le vice de construction ou le défaut d'entretien des parties communes. Cette solution a le mérite de désigner à la victime un débiteur d'indemnisation aisé à identifier.
Une question s'est posée en jurisprudence : le syndicat peut-il agir contre un copropriétaire sur le fondement des troubles anormaux du voisinage ? La Cour de cassation retient qu'« **un syndicat des copropriétaires peut agir à l'encontre d'un copropriétaire sur le fondement d'un trouble anormal du voisinage** » (Cass. 3e civ., 11 mai 2017, n° 16-14339). La solution mérite une pleine et entière approbation, dès lors que les copropriétaires, regroupés dans un syndicat, sont bel et bien victimes d'un trouble et en situation de voisinage avec l'auteur de ce trouble. Il n'y a donc aucune raison que la loi de 1965 écarte le régime prétorien de responsabilité, dès lors que les deux régimes ne sont pas incompatibles. Par un autre arrêt, tout aussi important, la Cour de cassation ajoute, au visa de l'article 1er de la loi de 1965, que « **la division d'un lot de copropriété ne peut avoir pour effet de donner naissance à un nouveau syndicat des copropriétaires** » (Cass. 3e civ., 18 janv. 2018, n° 16-26072). En l'espèce,

un immeuble comportait deux lots, avant que l'un des lots ne soit ultérieurement divisé en plusieurs appartements. Les copropriétaires des lots ainsi divisés avaient entendu créer entre eux un syndicat de copropriété autonome du précédent. Une telle constitution est invalidée par la Cour de cassation. De fait, si les copropriétaires peuvent créer un syndicat secondaire, et non autonome, c'est à la condition que l'immeuble comporte plusieurs bâtiments (L. 1965, art. 27).

L'assemblée générale des copropriétaires

L'article 17 de la loi de 1965 dispose que « les décisions du syndicat sont prises en assemblée générale des copropriétaires ». La majorité varie selon le type de décisions. Les décisions de l'assemblée générale ne peuvent être contestées par un copropriétaire que s'il était opposant ou défaillant (ce qui exclut celui qui s'abstient). De plus, cette contestation est enfermée dans le bref délai de deux mois à compter de la notification de la décision par le syndic, qui elle-même doit intervenir dans le mois suivant l'assemblée générale (art. 42). La Cour de cassation a enfin précisé qu'un seul président de séance pouvait être désigné (Cass. 3e civ., 22 mars 2018, n° 16-27481).

Le syndic

C'est l'organe d'exécution : il met en œuvre la politique décidée par l'assemblée générale des copropriétaires. Il s'agit d'un mandataire qui est généralement professionnel et rémunéré (mais le recours à un syndic non professionnel et/ou bénévole est possible, art. 17.2), et qui peut être révoqué *ad nutum* par l'assemblée. En particulier, il lui revient de représenter le syndicat dans tous les actes de la vie civile – ce qui ne signifie pas liberté du syndicat qui n'a par exemple aucun pouvoir d'initiative pour agir en justice (il devra obtenir une autorisation préalable de l'assemblée générale).

Le conseil syndical

C'est l'organe de contrôle. L'article 25 de la loi de 1965 indique que « dans tout syndicat de copropriétaires, un conseil syndical assiste le syndic et contrôle sa gestion ». Il est composé de copropriétaires volontaires qui souhaitent contrôler au quotidien l'action du syndic.

b. Les documents de la copropriété

240. Deux documents doivent être signalés.

Le règlement de copropriété

Comparable aux statuts d'une société, le règlement est le document à partir duquel s'organise la vie dans la copropriété. Le contenu du règlement est fixé par la loi. Celle-ci impose qu'il contienne la destination de l'immeuble et aussi des parties privatives et communes, ainsi que les conditions de leur jouissance, les règles relatives à l'administration des parties communes, les règles relatives à la répartition des charges de la copropriété. Le règlement de copropriété ne peut pas contenir n'importe quelle clause : en effet, la **destination de l'immeuble** est l'étalon auquel juger les dispositions qu'il contient. L'article 8 alinéa 2 de la loi de 1965 dispose en effet que « le règlement de copropriété ne peut imposer aucune restriction aux droits des copropriétaires en dehors de celles qui seraient justifiées par la destination de l'immeuble». Ce règlement bénéficie et s'impose, sous réserve du respect des formalités de publicité, tant aux nouveaux acquéreurs d'un lot qu'aux locataires d'un appartement. Notamment, il a été jugé que la liberté religieuse, aussi fondamentale soit-elle, ne pouvait justifier une atteinte au règlement de copropriété (Cass. 3e civ., 8 juin 2006, n° 05-14774, *Bull. civ.* III, n° 140 : en l'espèce, le syndic a pu faire enlever une construction édifiée à l'occasion de la fête juive des cabanes, dès lors qu'elle était interdite par le règlement de la copropriété, ce qui est une curieuse conception de la hiérarchie des normes, le contrat l'emportant sur une liberté fondamentale).

L'état descriptif de division

C'est une sorte de cadastre de la copropriété, qui identifie les lots dans l'immeuble en leur affectant un numéro et en en précisant la contenance.

c. Les charges de copropriété

241. Chaque copropriétaire doit contribuer aux charges collectives de l'immeuble. Cette obligation, attachée à la propriété du lot (obligation *propter rem*), est garantie par un privilège sur le lot au profit du syndicat des copropriétaires (v. *infra*, n° 1144). Il convient de distinguer **deux types de charges** :

- **les charges utiles à tous les copropriétaires** : elles doivent être réparties proportionnellement aux millièmes (art. 10 al. 2 de la loi de 1965). Il en va ainsi des charges relatives à la conservation, à l'entretien et à l'administration des parties communes : salaire du gardien, réfection de la toiture… ;
- **les charges dont l'utilité varie selon les copropriétaires** : elles doivent être réparties en fonction de leur utilité pour chacun des copropriétaires, le règlement prévoyant en détail la clé de répartition (art. 10 al. 1er). Il en va ainsi, par exemple, de l'installation d'un ascenseur, qui est très utile au propriétaire du 6e étage, mais inutile à celui du rez-de-chaussée.

Par un arrêt du 9 mai 2019, la **Cour** de cassation a jugé que le règlement de copropriété ne pouvait pas répartir par parts égales les charges d'un ascenseur entre des lots situés à des étages différents (**Cass. 3e civ., 9 mai 2019**, n° 18-17334). La solution doit être approuvée, dès lors qu'une telle clause est contraire au critère de l'utilité de la charge pour chacun des copropriétaires. Celui qui habite au 6e étage sans ascenseur comprendra la solution ! La solution présente un autre intérêt sur les pouvoirs du juge. Lorsqu'il est saisi d'une demande en modification de la répartition des charges, le juge ne peut pas procéder à la révision sans avoir au préalable réputé non écrite la clause du règlement de copropriété. Dans le cas contraire, il commet un excès de pouvoir, puisqu'il ne peut pas substituer son appréciation à celle du règlement de copropriété sans avoir au préalable invalidé la répartition voulue par les parties. La force obligatoire du contrat est à ce prix. Mais seuls les contrats *légalement* formés lient le juge, ce qui lui permet, après avoir invalidé la clause de répartition, de fixer la sienne.

2. Les droits individuels des copropriétaires

Le copropriétaire est propriétaire de son lot. Il peut, à ce titre, le vendre, le donner ou encore l'hypothéquer. Ce lot comprend une partie privative (a) et une quote-part des parties communes (b).

a. Les droits sur la partie privative

242. Aux termes de l'article 9 de la loi de 1965, « chaque copropriétaire dispose des parties privatives comprises dans son lot ; il use et jouit librement des parties privatives et des parties communes sous la condition de ne porter atteinte ni aux droits des autres copropriétaires ni à la destination de l'immeuble ». Chaque copropriétaire a la propriété et la jouissance exclusive de locaux privés. Sur ces parties privatives, les effets de la copropriété sont assez diffus. Le syndicat des copropriétaires a seulement le pouvoir de veiller au respect de la destination de l'immeuble. En effet, cette destination de l'immeuble s'impose au propriétaire même en ce qui concerne les parties privatives, si bien qu'il ne saurait ouvrir un commerce dans un immeuble dont la destination est exclusivement l'habitation bourgeoise. Il faut alors un accord unanime des copropriétaires, réunis en assemblée, pour modifier la destination de l'immeuble.
En revanche, si l'activité s'avère conforme à la destination de l'immeuble, même si elle n'est pas prévue ou interdite dans le règlement de copropriété, aucune autorisation de l'assemblée n'est nécessaire. La **destination de l'immeuble** l'emporte en quelque sorte sur le règlement de copropriété, car l'article 8 alinéa 2 du Code civil prévoit que « le règlement de copropriété ne peut imposer aucune restriction aux droits des copropriétaires en dehors de celles qui seraient justifiées par la destination de l'immeuble ». Au reste, ce texte prévoit que cette destination de l'immeuble est définie par les **actes** (dont le règlement de copropriété), mais aussi par les **caractères** de l'immeuble (standing, qualité des matériaux, superficie des lots, présence de commerces…) et sa **situation** (ville, quartier…). À l'inverse, si la clause du règlement est justifiée par la destination de l'immeuble, elle s'impose aux copropriétaires. Ainsi, il a été jugé que la clause du règlement de copropriété, selon laquelle « il ne pourra être placé sur la façade des immeubles aucune enseigne, réclame, lanterne ou écriteau quelconque », ne peut être considérée comme illicite, et ce, même si elle vient porter atteinte aux droits des propriétaires des locaux commerciaux, dès lors qu'elle correspond à la destination d'un immeuble qui était situé dans le périmètre de protection des remparts d'Avignon (**Cass. 3e civ., 26 mars 2020**, n° 18-22441). Merci aux magistrats de la Cour de cassation de protéger la beauté de la cité des Papes (où l'auteur de ces lignes a eu le bonheur de naître).

b. Les droits sur les parties communes

243. Les parties communes font l'objet d'une propriété indivise et sont à ce titre administrées par le syndicat des copropriétaires. En outre, elles sont affectées à l'usage collectif des copropriétaires. Un copropriétaire ne peut donc pas s'accaparer la jouissance du bien. Néanmoins, il est possible de constituer un **droit de jouissance exclusive sur les parties communes.** Il en va ainsi, par exemple, de l'usage exclusif d'un jardin conféré au propriétaire du rez-de-chaussée, ou encore de la jouissance privative d'un toit au profit du propriétaire du dernier étage. C'est le règlement de copropriété qui fixe la durée d'une telle prérogative. À défaut de limitation dans le temps, la Cour de cassation le définit comme un **droit réel et perpétuel** (Cass. 3e civ., 2 déc. 2009, n° 08-20310, *Bull. civ.* III, n° 266). La propriété reste commune, mais elle est grevée à titre perpétuel d'une jouissance exclusive.

À noter

La loi n° 2018-1021 du 23 novembre 2018, dite loi ELAN (Évolution du logement, de l'aménagement et du numérique), introduit deux innovations sur les parties communes d'un immeuble en copropriété.

En premier lieu, le nouvel article 6-2 de la loi de 1965, issu de la loi ELAN, consacre la possibilité de créer des parties communes spéciales (qui existait auparavant dans la pratique, mais avec un régime incertain). Il s'agit de parties qui, sans être affectées à tous les copropriétaires, le sont à plusieurs d'entre eux, et sont à ce titre indivises (ex. un escalier propre à un bâtiment de la copropriété). La clé de répartition des charges doit être prévue entre les propriétaires concernés. Ces parties spéciales peuvent être administrées par une assemblée spéciale, c'est-à-dire regroupant les seuls indivisaires, ou encore générale au cours de laquelle seuls votent les copropriétaires concernés.
En second lieu, le nouvel article 6-3 de la loi de 1965 institue les parties communes à jouissance privative, qui sont la propriété de tous les copropriétaires, mais qui sont affectées à l'usage d'un seul (toit-terrasse, par ex.). Ce droit, issu de la pratique et consacré par la jurisprudence, voit son régime précisé : il est nécessairement l'accessoire d'un lot (de sorte qu'il ne peut pas être acquis par un tiers) et il doit être expressément prévu, tout comme les parties communes spéciales, par le règlement de copropriété (ce qui doit exclure le jeu de l'usucapion).

FOCUS

Le droit de jouissance exclusif sur parties communes

Par un arrêt du 23 septembre 2021, la troisième chambre civile a précisé qu'un copropriétaire pouvait louer les parties privatives de son lot, indépendamment du droit de jouissance privative sur les parties communes attaché à ce lot **(Cass. 3e civ., 23 sept. 2021, n° 20-18901).** Bien qu'il soit l'accessoire du lot, le droit de jouissance exclusif n'est donc pas nécessairement compris dans l'assiette du bail. Tout dépend en réalité de la rédaction du contrat. Rappelant le pouvoir souverain des juges du fond s'agissant de l'interprétation du contrat, la Cour de cassation a rejeté le pourvoi après avoir souligné que la cour d'appel avait retenu qu'il ressortait des termes mêmes du contrat de bail commercial que les bailleurs n'avaient pas entendu conférer à leur locataire le droit de jouissance sur la cour de l'immeuble. Pourrait-on estimer que, dans le doute, c'est-à-dire en l'absence de clause excluant expressément ce droit, la convention doit s'interpréter comme conférant un tel droit au preneur, dès lors qu'il constitue l'accessoire des parties privatives louées ? Nous ne le pensons pas, dès lors qu'il appartient aux parties de spécifier l'objet du contrat : si le droit de jouissance ne figure pas dans la définition de la chose louée, c'est qu'il n'est pas compris dans la location.

244 à 250. Réservés.

PARTIE 2

La famille

INTRODUCTION

251. La **famille** peut être définie comme un **groupe de personnes reliées entre elles par un lien de parenté (filiation), d'alliance (mariage), ou un engagement de vie commune (PACS)**. L'existence de liens familiaux entre les membres du groupe crée **un tissu de droits et d'obligations que l'on ne retrouve pas en dehors du cercle familial** : l'autorité parentale, le devoir de secours, la prestation compensatoire, l'obligation alimentaire...
Sans enfant, le **concubinage** ne crée pas véritablement de famille, dans la mesure où il n'y a pas d'engagement de vie commune. Ce sont, essentiellement, deux individus qui cohabitent, même si le législateur contemporain tend à conférer à ce couple un certain statut social.
Le droit de la famille a pour objet l'organisation de tels rapports familiaux. Cette organisation est à la fois **personnelle** (quel est le statut des personnes dans la famille ?), mais aussi **patrimoniale** (quel est le statut des biens au sein de la famille ?). Il faut toutefois noter que les rapports patrimoniaux résultant du mariage et du décès relèvent d'une matière spécifique, le **droit patrimonial de la famille**, qui regroupe les régimes matrimoniaux et les successions. Les régimes matrimoniaux sont traités dans la 3e partie de l'ouvrage, tandis que les successions et libéralités, domaine des notaires, ne relèvent pas du programme de l'examen d'avocat.
Dans le cadre de cette brève introduction, il suffira de présenter les sources du droit de la famille (§ 1), de dessiner, à grands traits, les grandes évolutions de cette matière (§ 2), avant de présenter le plan retenu (§ 3).

§ 1. Les sources du droit de la famille

252. L'essentiel du droit de la famille se trouve dans le Code civil. Il faut noter qu'il n'existe pas un livre du code dédié à la famille. Les règles se trouvent pour l'essentiel dans le livre Ier consacré aux personnes, aux titres V et suivants (mariage, divorce, filiation...).
En cette matière, il convient de porter une attention toute particulière à l'influence des **droits et libertés fondamentaux** qui se trouvent dans les **chartes suprêmes** :

- **La Constitution** : le Conseil constitutionnel a intégré au bloc de constitutionnalité le Préambule de la Constitution de 1946 suivant lequel la nation assure à l'individu et à la famille les conditions nécessaires à leur développement. Le Conseil constitutionnel range certaines libertés familiales parmi les libertés et droits de valeur constitutionnelle que garantit le juge judiciaire à travers **l'article 66 de la Constitution** ou qui sont protégés par les articles 2 et 4 de la Déclaration des droits de l'homme et du citoyen de 1789. Pour ne donner qu'un exemple, par une décision du Conseil constitutionnel du 13 août 1993 (n° 93-325 DC), le Conseil constitutionnel a considéré que l'alinéa 10 du Préambule de la Constitution de 1946 consacrait **un « droit à une vie familiale normale »**, lequel impliquait un **droit au regroupement familial.**

- **La Convention européenne des droits de l'homme**: le texte consacre **le droit au respect à la vie privée et familiale (art. 8), ainsi que le droit de se marier et de fonder une famille (art. 12).** La Convention précise que tous les droits qu'elle consacre ne doivent en aucun cas faire l'objet de disposition discriminatoire (art. 14). Pour ne donner encore ici qu'un exemple, la Cour a estimé qu'était contraire à la Convention une loi qui interdisait à un **transsexuel** de se marier (**CEDH, 11 juill. 2002**, *Goodwin c/Royaume-Uni)*. Nous verrons que la Convention est très fréquemment utilisée par les avocats en droit de la famille, pour évincer une disposition nationale qui porte une atteinte disproportionnée aux droits garantis (interdiction de la GPA, de l'insémination *post mortem*...). C'est un levier très puissant pour tordre les interdictions légales, qu'il convient d'avoir à l'esprit dans les cas pratiques.
- **La Convention de New York sur les droits de l'enfant du 20 novembre 1989**: cette convention a notamment inspiré la loi du 8 janvier 1993 qui prévoit la prise en compte de la volonté de l'enfant dans les procédures judiciaire et administrative s'il est doué de discernement et qui subordonne son changement de nom à son consentement s'il a plus de 13 ans. Un revirement de jurisprudence a en outre accru la portée de cette convention. Auparavant, la Cour de cassation considérait que le texte obligeait les États, mais que les citoyens ne pouvaient pas directement l'invoquer devant le juge français. Par **deux arrêts en date du 18 mai 2005,** la Cour de cassation a modifié sa position (Cass. 1re civ., 18 mai 2005, n° 02-16336 et n° 02-20613, *Bull. civ.* I, n° 211 et 212): **la Convention est dotée d'un effet direct**, notamment dans son article 3.1: dans toutes les décisions qui concernent les enfants, **l'intérêt supérieur de l'enfant** doit être une considération primordiale.
- **Le Pacte international relatif aux droits civils et politiques du 16 décembre 1966**: le texte, adopté en application de la Déclaration universelle des droits de l'homme de 1948, consacre le droit au respect de sa vie familiale, ainsi que le droit de se marier.

Il convient enfin d'ajouter la **Charte des droits fondamentaux de l'Union européenne signée à Nice** le 7 décembre 2001 et qui consacre le droit de se marier et de fonder une famille (art. 9). Depuis le Traité de Lisbonne, cette Charte a valeur de Traité.

§ 2. L'évolution contemporaine du droit de la famille

253. Le droit de la famille **est sans aucun doute la matière du droit civil à avoir connu le plus de bouleversements depuis le Code Napoléon**. Quelles en sont les raisons? Quelles en sont les manifestations?

Les facteurs de l'évolution

Le droit de la famille est une matière en prise directe avec **la réalité sociologique.** Alors que le droit des biens et le droit des obligations reposent essentiellement sur des concepts techniques quasiment immuables (le contrat, la propriété, l'obligation, le patrimoine...), la famille s'appuie sur des **notions humaines** qui sont tributaires de notre temps: l'homme, la femme, le père, la mère, l'enfant, le couple, la famille... Ainsi, la conquête de l'égalité entre les hommes et les femmes au XXe siècle ne pouvait rester sans conséquences sur les règles du droit de la famille.

Il est certain que le **progrès scientifique** a également contribué au bouleversement du droit de la famille. La science rend possibles les désirs de parentalité de ceux qui n'y étaient pas naturellement éligibles (ex. couples homosexuels) ou permet encore de défaire une filiation biologique que l'on croyait certaine (test ADN).

Et que dire de la **mondialisation**, qui permet de réaliser à l'étranger ce qui est prohibé en France (par ex. une GPA ou une insémination *post mortem*) ? Tôt ou tard, cela pose la question de la reconnaissance en France de la famille illicitement constituée à l'étranger.
Le droit de la famille porte en outre des enjeux **politiques** majeurs, puisqu'il conditionne directement le mode de vie des citoyens : il est l'objet de revendications nourries de *droit à*, dont le droit à l'enfant est sans doute le parangon. Les **droits et libertés fondamentaux** consacrés en France et en Europe fournissent les armes de cette lutte pour le *droit à*.
Le **déclin du sentiment religieux** explique enfin que le modèle traditionnel de la famille née du mariage ait peu à peu vécu.

Les manifestations de l'évolution

Si l'on voulait synthétiser à grands traits l'évolution du droit de la famille de 1804 à nos jours, on pourrait dire que nous sommes passés de **la famille aux familles.** Le Code de 1804 ne connaissait qu'une famille : **la famille légitime, celle née du mariage**. Cette famille avait un chef, le mari, véritable *pater familias*. Le droit de la famille d'aujourd'hui ne correspond plus à ce modèle patriarcal. Il n'y a plus, au vrai, de modèle, mais des types de familles qui coexistent : famille unilinéaire (un seul lien de parenté), famille monoparentale (l'enfant vit chez l'un de ses parents), famille recomposée (quel statut pour le beau-parent ?), homoparentalité (faut-il reconnaître la GPA ?), couples sans enfant (v. le déclin de la natalité au Japon, par ex.)...
Ce passage de *la* famille légitime *aux* familles tout aussi légitimes s'explique par le triomphe de la **liberté et de l'égalité, nourri par les droits fondamentaux**. Il suffira de comparer deux textes, l'un de 1804, l'autre de notre époque, pour constater ce changement de paradigme. En 1804, l'article 214 du Code civil disposait que « la femme – qui doit obéissance à son mari, art. 213 – est obligée d'habiter avec le mari, et de le suivre partout où il juge à propos de résider ». L'actuel article 143 du Code civil énonce que « le mariage est contracté par deux personnes de sexe différent ou de même sexe ». On est donc passé, en deux siècles, d'un mariage fondé sur la domination de l'homme sur la femme à un mariage fondé sur l'indifférence de l'orientation sexuelle. Reste à analyser davantage en quoi la liberté et l'égalité ont fait leur chemin en droit contemporain :

- **promotion de la liberté en droit de la famille**. Les contraintes qui avaient pour but d'imposer la stabilité des relations familiales ont peu à peu volé en éclats. C'est ainsi que les époux peuvent, depuis 1965, changer de régime matrimonial (v. *infra*, n° 640 et s.). Surtout, les conditions du **divorce** ont été considérablement assouplies en 1975 et en 2004. Est emblématique de cette évolution **la consécration par la loi J21 du 18 novembre 2016 du divorce sans juge.** Nous y reviendrons. Plus fondamentalement, les individus ont désormais le choix de construire « une famille à la carte ». « À chacun sa famille », écrivait le doyen Carbonnier. Notamment, la création du PACS en 1999 a offert aux partenaires un autre mode de conjugalité, plus souple que le mariage ;
- **promotion de l'égalité en droit de la famille**. C'est, de loin, l'évolution la plus saisissante. En 1804, le droit de la famille était fondamentalement un droit inégalitaire : inégalité entre les unions (le mariage ou le néant), inégalité entre les filiations (hiérarchie entre la filiation légitime et la filiation naturelle, hors mariage) et inégalité entre les époux (puissance maritale). Désormais, le droit de la famille est pétri d'égalité : **égalité entre époux** (l'autorité parentale des parents a remplacé la puissance paternelle) ; **égalité des filiations** (suppression de la distinction entre filiation légitime et naturelle) ; **égalité entre**

les couples (consécration en 2013 du mariage entre personnes de même sexe, ouverture de la PMA en 2021 aux couples de lesbiennes)…

Tout ceci aboutit à un **phénomène de contractualisation du droit de la famille** : la famille n'est plus une institution figée. Elle est construite, modulée, aménagée, fracturée au gré de la volonté de ses membres. Le tout sous le contrôle du gardien de la paix des familles : le juge aux affaires familiales (JAF), qui a été institué par loi n° 93-22 du 8 janvier 1993 pour traiter de l'entier contentieux familial, en pleine expansion (v. CPC, art. 1070 et s. ; v. pour la compétence du JAF dans les rapports pécuniaires entre concubins : Cass. 1re civ., 5 avr. 2023, n° 21-25044).

§ 3. Plan

254. La partie de l'ouvrage consacrée à la famille est divisée en 8 leçons, dont l'enchaînement peut se résumer comme suit.

La famille traditionnelle se forme par le mariage, qui doit être décrit, tel un contrat, dans sa formation (leçon 1) et dans ses effets (leçon 2). Mais le mariage, aussi solennel soit-il, n'est pas toujours éternel. Bien au contraire, de nombreux époux connaîtront le divorce (leçon 3). Pour échapper à un tel écueil, d'autres couples préféreront les formes plus modernes et souples d'union : le PACS et le concubinage (leçon 4).

Après avoir décrit le statut du couple, il faudra montrer comment l'enfant vient créer une famille à lui tout seul. Plus précisément, **ce n'est plus la famille qui fait l'enfant, mais l'enfant qui fait la famille**. On veut dire par là que les droits et devoirs des parents à l'égard de l'enfant sont aujourd'hui indépendants du statut du couple : l'enfant, qu'il soit né dans ou hors le mariage, a les mêmes droits. En revanche, l'établissement de la filiation n'est pas le même selon que celle-ci résulte d'une procréation (leçon 5) ou d'une adoption (leçon 6). Quelle qu'en soit la source, la filiation fait entrer l'enfant dans une famille, ce qui donne lieu à la transmission d'un nom et à la soumission de l'enfant à l'autorité parentale de ses parents (leçon 7).

Il restera enfin à étudier l'obligation alimentaire, qui est l'expression de solidarités entre membres d'une même famille, que ce soit par la parenté ou l'alliance (leçon 8).

Leçon 1 : La formation du mariage
Leçon 2 : Les effets du mariage
Leçon 3 : Le divorce
Leçon 4 : Le PACS et le concubinage
Leçon 5 : La filiation par procréation
Leçon 6 : La filiation par adoption
Leçon 7 : La vie familiale de l'enfant
Leçon 8 : L'obligation alimentaire

LEÇON 1

LA FORMATION DU MARIAGE

Textes

Articles 63 et suivants du Code civil
Articles 143 et suivants du Code civil

255. Le Code civil ne définit pas le mariage. Ce silence laisse la place à un débat traditionnel : le mariage est-il un **contrat** soumis à la volonté des époux ou une **institution** dominée par l'ordre public matrimonial ? À l'analyse du droit positif, le mariage présente une nature **hybride** : il est à la fois un contrat et une institution. L'aspect contractuel se retrouve principalement dans la formation du mariage et sa dissolution (divorce sans juge), tandis que l'aspect institutionnel réside surtout dans les effets du mariage : une fois mariés, les époux sont soumis à des règles impératives.

Il convient d'envisager successivement les **conditions** de formation du mariage (section 1) et la sanction de telles conditions : la **nullité** du mariage (section 2).

Section 1
Les conditions du mariage

256. Si on contemple l'histoire du mariage, on constate que les portes de la mairie se sont progressivement ouvertes à un nombre grandissant de couples. Ainsi, de **nombreuses conditions ont été supprimées** : certaines étaient fondées sur l'appartenance ethnique (v. le code noir de 1685 sur le mariage des esclaves, soumis au consentement de leurs maîtres), religieuse (Édit de Fontainebleau qui, révoquant l'Édit de Nantes, ne reconnaissait plus le mariage protestant) ou encore sur des considérations morales. Ainsi, le Code civil de 1804 interdisait à l'époux coupable d'adultère de se remarier avec sa maîtresse ou son amant et le remariage des époux divorcés était prohibé. Tout ceci appartient à un passé très lointain. À l'époque moderne, on signalera la **suppression du délai de viduité** par une loi du 26 mai 2004, qui contraignait la femme veuve ou divorcée à attendre 300 jours avant de se remarier, pour éviter toute difficulté sur la paternité de l'enfant. Les progrès de la biologie ont rendu inutile un tel délai. Surtout, déchaînant toutes les passions, **la fameuse loi du 17 mai 2013 a ouvert le mariage aux personnes de même sexe**.

Paradoxalement, **si les portes du mariage sont aujourd'hui grandes ouvertes, le nombre de couples se décidant à y entrer est en constante diminution**. Ainsi, 214 000 couples

se sont mariés en 2021, contre 305 000 en l'an 2000, et 394 000 en 1970, alors même que la population française augmente. Ainsi, en 1970 il y avait 7,8 mariages pour 1 000 habitants, contre 3,5 de nos jours, soit une chute de moitié. L'union libre et le PACS sont passés par là. Même le mariage homosexuel est en baisse! (6 000 en 2021, contre 10 522 en 2014). On peut toutefois voir les choses différemment, en faisant observer que le mariage est aujourd'hui un véritable choix des époux, et non une obligation sociale. L'âge moyen des mariés est d'ailleurs plus élevé (autour de 35 ans) que naguère, ce qui témoigne d'un choix mûrement réfléchi.
Après cette pause statistique, il convient de refaire du droit, et envisager classiquement les conditions de fond (§ 1) et les conditions de forme (§ 2) du mariage.

§ 1. Les conditions de fond

Parce que le mariage est l'union affective de deux êtres devant la loi, il est soumis à des conditions à la fois morales (A), physiques (B) et psychologiques (C).

A. Les conditions morales

Au nom d'une certaine conception de l'ordre public (qui varie d'ailleurs d'une culture à l'autre), le législateur édicte **certains interdits**. Le droit de se marier est alors purement et simplement refusé aux époux, même consentants. Il en va ainsi, dans notre système juridique, de l'interdiction de la **polygamie** (1) et de l'interdiction de l'**inceste** (2).

1. L'interdiction de la polygamie

257. Cette interdiction est très ancienne : elle existait déjà en droit romain (avant la christianisation de l'Empire). La règle est posée par **l'article 147 du Code civil**, jamais modifié à ce jour : « on ne peut contracter un second mariage avant la dissolution du premier ». Afin d'assurer le contrôle de cette règle par l'officier d'état civil, chaque époux doit fournir un **extrait de naissance de moins de trois mois**. Cette interdiction s'applique **même si le second mariage est contracté entre les mêmes personnes que le premier** (Cass. 1re civ., 3 févr. 2004, n° 00-19838, *Bull. civ.* I, n° 33).
La prohibition de la polygamie est à la fois sanctionnée **civilement** (nullité du second mariage) et **pénalement** (par un délit, C. pén., art. 433-20 : un an de prison et 45 000 euros d'amendes pour l'époux concerné).
En pratique, la question se pose essentiellement pour les **polygamies étrangères** (spéc. la polygynie musulmane). Faut-il leur reconnaître un effet en France, en octroyant par exemple à la deuxième épouse des droits dans la succession du *de cujus* ouverte en France ? Si cette épouse est de nationalité française et partant soumise à l'article 147 du Code civil (statut personnel), le mariage bigame n'a pas d'effet en France (Cass. 1re civ., 24 sept. 2002, n° 00-15789, *Bull. civ.* I, n° 214). En revanche, si la loi personnelle de l'épouse n'interdit pas la polygamie (Maroc, Inde, Malaisie...), le mariage peut produire certains effets en France (notamment successoraux), au regard de l'effet atténué de l'ordre public international (mais pas tous : exclusion du regroupement familial). À cet égard, la Cour de cassation a précisé que le ministère public pouvait, en considération de l'atteinte à l'ordre public international causée par le mariage d'un Français à l'étranger sans que sa précédente union n'ait été dissoute, s'opposer à la demande de transcription de cet acte sur les registres consulaires français, **même si le délai de prescription trentenaire de l'action en nullité du mariage**

était expiré (Cass. 1re civ., 19 oct. 2016, n° 15-50098). Notons enfin que la polyandrie est beaucoup plus rare (v. toutefois au Tibet).

2. L'interdiction de l'inceste

L'interdiction de l'inceste, qui s'explique par des raisons **génétiques** (handicap de l'enfant incestueux) **et/ou morales** (paix des familles, ce qui explique qu'elle joue aussi en cas d'adoption), est tantôt **absolue** (a), tantôt **relative** (b).

a. L'interdiction absolue de l'inceste

258. Elle est **absolue**, c'est-à-dire **qu'aucune dispense** n'est possible :

- entre **parents en ligne directe à l'infini** (C. civ., art. 161 : parents-enfants, grands-parents-petits-enfants...) ;
- entre **frères et sœurs** (C. civ., art. 162 : collatéraux du 2e degré, et ce même s'il s'agit de demi-frères ou demi-sœurs). La Cour européenne des droits de l'homme a estimé que cette prohibition absolue n'était pas contraire au droit au respect de la vie privée et familiale garanti par l'article 8 (CEDH, 12 avr. 2012, *RTD civ.* 2012, p. 285). La loi sur le mariage homosexuel a étendu la prohibition au mariage entre frères *ou* entre sœurs ;
- entre **alliés en ligne directe** (beau-parent/gendre ou belle-fille) quand le **mariage** qui crée l'alliance a été dissous par **divorce**. Ainsi, après avoir divorcé de son époux, l'ex-épouse ne peut pas se remarier avec le père de cet époux ;
- entre l'**adoptant**, l'**adopté** et ses **descendants** (C. civ., art. 366 1°). Une personne ne peut donc pas épouser son enfant adoptif ;
- entre l'**adopté** et le **conjoint de l'adoptant**, et entre l'**adoptant** et le **conjoint de l'adopté** (C. civ., art. 366 2°), **tant que le conjoint n'est pas décédé**. Woody Allen aurait-il pu se marier en France avec la fille adoptive de son ex Mia Farrow ? Oui, car il n'était pas l'adoptant, et il n'était pas marié avec Mia Farrow.

Cependant, de tels interdits peuvent être levés avec le contrôle de proportionnalité effectué par la Cour de cassation. Il faut savoir que la question de l'annulation du mariage se pose généralement bien des années après sa célébration, et très souvent pour des questions successorales, afin de priver le conjoint survivant de son droit à héritage. Ainsi, par un arrêt du 4 décembre 2013, qui constitue l'un des premiers arrêts mettant en œuvre le contrôle de proportionnalité *in concreto*, la Cour de cassation a considéré que l'annulation du mariage entre une femme et le père de son ex-mari (après divorce) revêtait, à l'égard de l'épouse (devenue ensuite veuve et légataire des biens de son second mari...), le caractère d'une ingérence injustifiée dans l'exercice de son droit au respect de sa vie privée et familiale dès lors que cette union, célébrée sans opposition, avait duré plus de vingt ans (Cass 1re civ., 4 déc. 2013, n° 12-26066). Tout est donc affaire de circonstances. Ainsi, par un arrêt ultérieur du 8 décembre 2016, la première chambre civile a jugé que l'annulation d'un mariage incestueux ne présentait pas un caractère disproportionné (Cass. 1re civ., 8 déc. 2016, n° 15-27201). En l'espèce, un homme, après avoir divorcé de sa femme, a épousé la fille de celle-ci, qui avait cinquante ans de moins que lui. À sa mort, les héritiers ont demandé et obtenu l'annulation du mariage. De fait, cette union n'est pas permise par le droit français (C. civ., art. 161) et l'annulation dans les trente ans de la célébration pouvait être obtenue (C. civ., art. 184). Saisie d'un pourvoi de la veuve et de son curateur qui s'engouffrent dans la brèche du contrôle de proportionnalité, la Cour de cassation, plutôt que de rappeler la règle, se livre une nouvelle fois à ce contrôle. Cela l'amène toutefois au même résultat, en relevant que les époux avaient pu vivre mariés jusqu'au décès du mari, de sorte qu'aucune atteinte à leur liberté matrimoniale n'était encourue, et qu'en outre le fait que l'épouse ait connu son futur mari à l'âge de 9 ans justifiait en l'espèce la prohibition de l'inceste. L'application de la loi n'est donc plus certaine : elle dépend, au cas par cas, des circonstances et de leur appréciation par le juge. Il convient de songer à procéder à ce contrôle dans les cas pratiques, car c'est un levier très puissant pour faire plier la loi, même lorsqu'elle est claire et précise.

b. L'interdiction relative de l'inceste

259. L'interdiction est **relative**, lorsqu'une **autorisation du président de la République** pour cause grave peut lever l'interdiction :

- entre **alliés en ligne directe,** quand le mariage qui crée l'alliance a été dissous par **décès** ; ainsi, sur autorisation, la veuve d'un époux peut se remarier avec le père de cet époux (C. civ., art. 164) ;
- entre **collatéraux au 3e degré** (C. civ., art. 164 : mariage entre l'oncle ou la tante et le neveu ou la nièce) ;
- entre **les enfants adoptifs du même individu** (C. civ., art. 366 3°) ;
- entre **l'adopté et les enfants de l'adoptant** (C. civ., art. 366 4°) ;
- entre l'**adopté** et le **conjoint de l'adoptant**, et entre l'**adoptant** et le **conjoint de l'adopté, si le conjoint est décédé** (C. civ., art. 366 dernier al.).

À noter

Le recours contre la décision du président de la République est soumis aux juridictions judiciaires, car l'état des personnes est en cause (CE, 12 oct. 2005, *RTD civ. 2006*, p. 91).

De tout ceci, il résulte que **le mariage entre cousins, même germains, est libre, à partir du 4e degré** (*NB : pour calculer un degré, il faut remonter jusqu'à l'ascendant commun et redescendre* ; par ex. deux cousins germains, qui ont des grands-parents en commun, sont du 4e degré ; leurs enfants respectifs seront du 6e, et ainsi de suite…).

B. Les conditions physiques

Il convient d'envisager la suppression de la condition tenant au sexe (1), avant d'évoquer les conditions maintenues : l'âge (2) et la vie des époux (3).

1. La suppression de la condition tenant au sexe

260. Sans doute parce que la question ne se posait pas vraiment à l'époque, la prohibition du mariage homosexuel n'a pas été stipulée dans le Code civil de 1804. La condition d'altérité sexuelle était toutefois implicitement posée par de nombreux textes, notamment l'article 144 ancien, qui faisait référence à « l'homme » et à la « femme ». Après l'adoption du PACS en 1999 qui avait été créé pour eux, les couples homosexuels ont revendiqué, au

nom de l'égalité, le droit de se marier. Cela a conduit la Cour de cassation à rappeler, à propos d'un mariage homosexuel célébré en 2004 à Bègles par Noël Mamère, que « selon la loi française, le mariage est l'union d'un homme et d'une femme » (Cass. 1re civ., 13 mars 2007, n° 05-16627, *Bull. civ.* I, n° 113). Cette analyse positiviste et prudente du mariage, qui est défini par la loi et non par une supposée nature des choses, a été reprise par la Cour européenne des droits de l'homme, qui a reconnu aux États une marge d'appréciation en la matière (CEDH, 28 nov. 2006, *Parry c/Royaume-Uni, RTD civ.* 2007, p. 287) Il appartenait donc exclusivement au législateur français d'intervenir le cas échéant pour autoriser le mariage entre personnes de même sexe, comme l'avaient déjà fait certains pays (Pays-Bas, Belgique, Canada, Espagne...).
Ce fut chose faite avec la **loi du 17 mai 2013** qui a ouvert le mariage aux couples homosexuels. Désormais, l'article 143 du Code civil dispose que « le mariage est contracté par deux personnes de sexe différent ou de même sexe ». Le Conseil constitutionnel a rejeté le recours formé contre cette loi, estimant qu'il n'avait pas à substituer son appréciation à celle du législateur (Cons. const., 17 mai 2013, n° 2013-669 DC). Afin d'asseoir une réelle égalité des droits entre mariages homosexuels et hétérosexuels, **l'article 6-1 du Code civil**, issu de cette loi, dispose que « le mariage et la filiation adoptive emportent les mêmes effets, droits et obligations reconnus par les lois, à l'exclusion de ceux prévus au titre VII du livre Ier du présent code, *que les époux ou les parents soient de sexe différent ou de même sexe* ». Ainsi, à l'exception notable de la filiation charnelle (v. *infra*, n° 401 et s.), les statuts des couples mariés sont placés sur un pied d'égalité, quelle que soit leur orientation sexuelle.
En outre, la consécration du mariage homosexuel rend caduque la question du sort du mariage en cas de **transsexualisme**. Si un époux change de sexe au cours du mariage, ledit mariage n'est plus automatiquement caduc. Un mariage hétérosexuel peut ainsi devenir homosexuel, et vice versa... Il faut d'ailleurs noter que la **loi J21** du **18 novembre 2016** a **supprimé la condition d'accomplissement de traitements médicaux ou d'opérations** pour pouvoir changer de sexe (C. civ., art. 61-6 al. 3). V. sur l'incidence du changement de sexe à l'égard de la filiation, *infra*, n° 415.
Enfin, qu'en est-il du sexe dit « neutre » ? Faut-il reconnaître, à côté des sexes féminin et masculin, un troisième sexe indifférencié ? La Cour de cassation s'y refuse pour l'heure. Elle a ainsi jugé que « la loi française ne permet pas de faire figurer, dans les actes de l'état civil, l'indication d'un sexe autre que masculin ou féminin » (**Cass. 1re civ., 4 mai 2017**, n° 16-17189 P). Pour la Cour, une telle dualité des sexes poursuit un but légitime, « dès lors que la reconnaissance par le juge d'un "sexe neutre" aurait des répercussions profondes sur les règles du droit français construites à partir de la binarité des sexes et impliquerait de nombreuses modifications législatives de coordination ». On songe, notamment, au mariage : une personne de sexe neutre (ni homme ni femme) est-elle de même sexe ou de sexe différent que son conjoint ? La Cour ajoute qu'aucune atteinte disproportionnée n'est à déplorer, le demandeur ayant l'apparence et le comportement social du sexe masculin indiqué dans son acte de naissance. En visant « la loi française », la Cour régulatrice indique – à raison –, comme jadis pour le mariage entre personnes de même sexe, que cette délicate question relève de l'office du législateur. (v. pour l'absence de condamnation de la France au titre de cette jurisprudence sur le terrain de l'atteinte à la vie privée, CEDH, 31 janv. 2023, n° 76888/17, *Affaire Y. c/ France*)

2. L'âge

261. Il convient déjà d'observer **qu'aucun âge maximum n'est fixé par la loi**, ce qui démontre que le mariage n'a pas exclusivement une fonction procréatrice.
En revanche, la loi impose **un âge minimum** pour pouvoir se marier. Pendant deux siècles, cet âge était fixé à 15 ans pour les femmes (puberté) et 18 ans pour les hommes. Depuis une **loi du 4 avril 2006**, l'âge minimal a été fixé à **18 ans**, que ce soit pour l'homme ou la femme. Il s'agissait de renforcer l'égalité entre époux et de lutter contre les mariages forcés. Avec le mariage pour tous, l'article **144 du Code civil** supprime toute référence à l'homme et à la femme et dispose que « le mariage ne peut être contracté avant dix-huit ans révolus ».

Toutefois, **l'article 145** du Code civil prévoit une **dispense** accordée par le **procureur de la République** pour des motifs graves (par ex. la grossesse de la future épouse). Le mineur pourra alors se marier, mais il devra obtenir l'autorisation de ses parents (v. *infra*, n° 266).

3. La vie

262. Si les époux doivent être vivants, **il n'est pas nécessaire qu'ils soient en bonne santé**. Une loi du 20 décembre 2007 a même **supprimé l'exigence du certificat prénuptial** (examen médical qui devait être obligatoirement remis à l'officier d'état civil avant le mariage).
Il est même possible de se marier en étant **mourant**, par le biais d'un **mariage *in extremis***, qui produit tous les effets d'un mariage, notamment successoraux (Cass. 1re civ., 31 janv. 2006, n° 02-19398, *Bull. civ.* I, n° 47 : époux malade en phase terminale qui n'avait émis qu'un râle lors de son mariage ; cela vaut consentement dès lors qu'il avait exprimé auparavant sa volonté de se marier ; il est mort deux jours après son mariage...).
Par exception, le droit admet le **mariage posthume**, dès lors que **le défunt a exprimé de son vivant son consentement au mariage de manière non équivoque**. Déjà présent pendant la Première Guerre mondiale, le mariage posthume a été réintroduit par une loi du 31 décembre 1959 à la suite de la rupture d'un barrage hydraulique dans le but de légitimer par mariage les enfants à naître dont les pères étaient morts.
Le mariage posthume peut être autorisé dans deux cas :
- par les ministres de la Défense et de la Justice en cas **de guerres ou opérations militaires à l'étranger** (C. civ., art. 96-1) ;
- par le président de la République pour **motifs graves** (C. civ., art. 171).

Avec la suppression de la distinction entre filiation légitime et naturelle, le mariage posthume a perdu beaucoup de son intérêt. Ses effets sont d'ordre essentiellement **moral** : port du nom du défunt (par ex.). En revanche, il n'ouvre ni régime matrimonial, ni droit successoral. Il permet néanmoins l'octroi de pensions ou de rentes attachées au statut de conjoint (Cass. soc., 15 févr. 2001, n° 99-17199, *Bull. civ.* V, n° 57).

C. Les conditions psychologiques

Le mariage est un acte de volonté, qui suppose à ce titre le consentement (1) et la capacité des époux (2).

1. Le consentement des époux

Parce que les époux sont libres de se marier (a), ils doivent consentir au mariage (b) pour que l'union soit valable.

a. La liberté du mariage

263. La liberté du mariage est garantie, non par le Code civil, mais par des **conventions internationales** (Déclaration de 1948, art. 16; Pacte international de 1966, art. 23; Conv. EDH, art. 12). Même si elle n'est pas expressément visée, elle est également **constitutionnellement** garantie par les articles 2 et 4 de la Déclaration des droits de l'homme (Cons. const., 20 nov. 2003, n° 2003-484 DC).
Cette liberté est **triple**: droit de **se marier** (même en prison: CEDH, 5 janv. 2010, *Frasik c/ Pologne)*, droit de **choisir son conjoint** et droit de **refuser le mariage**.
La liberté du mariage entraîne **deux conséquences pratiques**:

- les **clauses de célibat ou de viduité sont nulles**: les premières interdisent le mariage d'une personne, les secondes son remariage. Toutes sont nulles, sauf dans des **cas exceptionnels** où les nécessités des fonctions imposent la clause de manière impérieuse (Cass. ass. plén., 19 mai 1978, n° 76-41211, *Bull. ass. plén.*, n° 1: validité du licenciement pour remariage d'une enseignante travaillant dans une institution religieuse);
- **la rupture des fiançailles n'est pas en elle-même fautive**, sauf si celle-ci intervient dans des circonstances brutales ou pour des motifs fallacieux (par ex., apprenant la grossesse de sa future femme, le goujat fiancé disparaît subitement dans la nature). La rupture des fiançailles entraîne la restitution des cadeaux faits en vue du mariage (C. civ., art. 1088), sauf s'il s'agit de présents d'usage (cadeaux modestes, art. 852). Tout dépendra donc du prix de la bague au regard de la fortune du donateur…

b. Le consentement au mariage

Comme en matière contractuelle, il convient de distinguer l'existence du consentement et l'intégrité du consentement.

L'existence du consentement

264. **L'article 146 du Code civil** dispose qu'« il n'y a pas de mariage lorsqu'il n'y a point de consentement ». Un tel consentement est recueilli par l'officier d'état civil lors de la célébration du mariage, à travers le fameux « oui ». Mais il est des cas où ce « oui » ne correspond pas à l'intention réelle des époux. Deux hypothèses peuvent être distinguées: le mariage simulé (mariage blanc) et le mariage contracté par une personne qui n'était pas saine d'esprit.

Le consentement fait tout d'abord défaut en cas de **mariage simulé**. Pour déterminer si le mariage est valable, il convient de déterminer le **but poursuivi par les époux**: si ceux-ci ont recherché un résultat étranger à l'union matrimoniale, le mariage est nul (Cass. 1re civ., 20 nov. 1963, *Bull. civ.* I, n° 506, arrêt **Appietto**: est valable le mariage contracté dans le seul but de légitimer l'enfant commun, car c'est l'un des effets du mariage). Est en revanche nul le mariage contracté dans le seul but de fournir un titre de séjour à l'un des époux, sans aucune autre intention matrimoniale (Cass. 1re civ., 1er juin 2011, n° 09-67805, *Bull. civ.* I, n° 102). Dans ce cadre, la Cour de cassation a décidé qu'« **un mariage purement fictif ne relève pas de la sphère protégée par les articles 8 et 12 de la Convention de sauvegarde des droits de**

l'homme et des libertés fondamentales, en l'absence de toute intention matrimoniale et de toute vie familiale effective» (**Cass. 1re civ., 1er juin 2017**, n° 16-13441). En l'espèce, un homme avait épousé la fille de sa compagne, à des fins purement successorales. Les enfants d'un premier lit ont pu obtenir l'annulation du mariage à son décès, sans que l'ex-veuve puisse se prévaloir d'une ingérence dans sa vie privée et familiale, en l'absence de toute relation affective entre eux, et ce même si le mariage avait duré onze années.
Afin de lutter efficacement contre les mariages «blancs» (simulés), mieux vaut prévenir que guérir. C'est pourquoi l'article **175-2** du Code civil prévoit que l'officier d'état civil peut, après avoir auditionné les futurs époux (art. 63 al. 2), saisir **le procureur de la République**, lorsqu'il doute de leur intention matrimoniale. Dans les quinze jours, le procureur est tenu, soit de laisser procéder au mariage, soit de faire opposition à celui-ci, soit de décider qu'il sera sursis à la célébration, dans l'attente des résultats de l'enquête.
Enfin, l'article **L. 623-1 du Code de l'entrée et du séjour des étrangers et du droit d'asile** dispose que «le fait de contracter un mariage ou de reconnaître un enfant aux seules fins d'obtenir, ou de faire obtenir, un titre de séjour ou le bénéfice d'une protection contre l'éloignement, ou aux seules fins d'acquérir, ou de faire acquérir, la nationalité française est *puni de cinq ans d'emprisonnement et de 15000 euros d'amende*. Ces peines sont également encourues lorsque l'étranger qui a contracté mariage a dissimulé ses intentions à son conjoint».
Le consentement fait encore défaut lorsque le mariage a été contracté par une personne qui n'était pas **saine d'esprit**. Dépourvu de lucidité, le consentement donné par l'époux n'a aucune valeur, de sorte que le mariage est nul, de nullité absolue. Il faut distinguer à cet égard la nullité pour défaut de consentement et pour incapacité. La Cour de cassation a dernièrement eu à se pencher sur une telle distinction. En l'espèce, un ressortissant français, placé sous curatelle, s'est marié à l'étranger avec une femme algérienne, sans avoir obtenu de l'officier de l'état civil consulaire français à Alger le certificat de capacité à mariage requis par l'article 171-2 pour les mariages d'un Français à l'étranger. Le procureur de la République a formé opposition au mariage, opposition dont l'époux, assisté de son curateur, a demandé la mainlevée. Dans le cadre de son pourvoi en cassation, il faisait valoir que le consentement donné au mariage par le curateur *a posteriori* empêchait toute annulation du mariage, ce qui rendait illégitime l'opposition. Le pourvoi est pourtant rejeté par la Cour de cassation. Pour ce faire, la Cour énonce que «si l'absence d'autorisation préalable du curateur au mariage du majeur en curatelle ne correspond pas à un défaut de consentement, au sens de l'article 146 du Code civil, mais à un défaut d'autorisation, au sens de l'article 182 du même code, sanctionné par la nullité relative et de nature à être couvert par l'approbation du curateur, en revanche, le défaut de consentement de l'époux lui-même est un motif de nullité absolue, lequel ouvre au ministère public une action en annulation du mariage, sur le fondement de l'article 146 du Code civil, et la voie de l'opposition prévue à l'article 171-4, lorsque la célébration est envisagée à l'étranger et que des indices sérieux laissent présumer une cause d'annulation» (Cass. 1re civ., 20 avr. 2017, n° 16-15632 P).

L'intégrité du consentement

265. L'article 180 du Code civil prévoit la nullité du mariage pour **violence** ou **erreur.** Et le **dol?** Ce vice n'est pas prévu, car «en mariage, trompe qui peut» (Loysel, juriste de droit coutumier du XVIe siècle). Les fiancés ont donc le droit de s'accommoder avec la réalité (âge, fortune, perruque...) pour séduire leur futur conjoint, sans craindre une annulation du mariage, sauf si une erreur, définie strictement, est caractérisée (v. *infra*).

S'agissant de la **violence**, une loi du 4 avril 2006 a ajouté la « crainte révérencielle envers un ascendant », et a permis au ministère public d'agir, afin de lutter plus efficacement contre les **mariages forcés** (la victime n'osant pas agir). Pour éviter que de tels mariages aient lieu, la loi du 9 juillet 2010 a permis au JAF de prendre une **ordonnance de protection** en faveur de la personne menacée d'un tel mariage. Ladite ordonnance va notamment consister à ordonner sur demande de la victime une **interdiction de sortie du territoire**, afin d'éviter qu'elle soit mariée de force à l'étranger (C. civ., art. 515-13).

S'agissant de **l'erreur**, elle est définie strictement : erreur « dans la personne » ou « sur des qualités essentielles de la personne ». C'est une loi du 11 juillet 1975 qui a ajouté l'erreur sur les qualités essentielles, venant remettre en cause le célèbre arrêt *Berthon*, qui ne l'avait pas admise (Cass. ch. réunies, 28 avr. 1862). Il peut s'agir, par exemple, de l'ignorance de la qualité de divorcé du conjoint ou encore de ce que l'épouse était une prostituée. En revanche, il a été jugé, dans le cadre d'une affaire très médiatisée, que **l'absence de virginité de l'épouse** ne permettait pas l'annulation du mariage, même s'il s'agissait d'une qualité déterminante pour son conjoint (CA Douai, 17 nov. 2008, D. 2008, p. 2938, infirmant TGI Lille, 1er avr. 2008). Le juge délaisse une approche purement subjective de l'erreur, pour ne retenir que celle qui peut être socialement admise, notamment au regard du principe de laïcité et de l'égalité homme-femme.

2. La capacité des époux

Il convient d'envisager tour à tour le mariage du mineur (a) et celui du majeur protégé (b).

a. Le mariage du mineur

266. Déjà, une dispense d'âge devra être obtenue auprès du procureur (C. civ., art. 145, v. *supra*, n° 261). Le mariage devra ensuite faire l'objet d'une **autorisation** au sein de la famille. Cette autorisation est minutieusement prévue par les **articles 148 et suivants** du Code civil.
Le consentement doit être donné par les **parents** (ou par un seul en cas de décès). Si les parents ne sont pas d'accord, le consentement de l'un suffit. Si les deux parents sont morts ou dans l'impossibilité d'exprimer leur volonté, le consentement est donné par les **grands-parents** : de nouveau, le dissentiment vaut assentiment (C. civ., art. 150). Si le mineur n'a ni parent, ni grand-parent (aïeul) en mesure de donner son accord, l'autorisation est donnée par le **conseil de famille** (et non par le tuteur, C. civ., art. 159).

b. Le mariage du majeur protégé

267. Le mariage du majeur protégé est prévu par l'article 460 du Code civil, qui prévoyait une autorisation préalable, notamment pour éviter tout abus de faiblesse (le mariage pour un bel héritage...). Le mariage d'une personne en curatelle n'était permis qu'avec l'autorisation du curateur ou, à défaut, celle du juge. Pour la tutelle, il fallait l'autorisation du juge ou du conseil de famille s'il avait été constitué, autorisation qui était donnée après l'audition des futurs conjoints et le recueil, le cas échéant, de l'avis des parents et de l'entourage. La demande d'autorisation devait être faite par le majeur lui-même, car l'acte est strictement personnel (irrecevabilité de la demande faite par la tutrice : Cass. 1re civ., 2 déc. 2015, n° 14-25777, P ; sur les actes strictement personnels, v. *supra*, n° 913). Ce système a été remis en cause par la loi n° 2019-222 du 23 mars 2019 qui renforce un peu plus l'autonomie du majeur protégé. Désormais, le majeur protégé peut se marier sans assistance ou autorisation préalable. Seule une information de son curateur ou tuteur est aujourd'hui nécessaire, afin de lui permettre de faire opposition au mariage, et ce désormais pour n'importe quel motif (v. *infra*, n° 277). Par exemple, s'il est suspecté que le futur conjoint du majeur protégé se marie exclusivement à des fins patrimoniales.

§ 2. Les conditions de forme

268. Le mariage ne se forme pas par le seul échange des consentements. Il se caractérise par un important formalisme, destiné à faire prendre conscience aux époux de l'importance de leur engagement, mais aussi à informer les tiers. Ce formalisme est réalisé sous l'autorité de **l'officier d'état civil.** À cet égard, même s'il se caractérise par des rites immuables, le **mariage religieux n'a aucune valeur juridique**. Il est même interdit à un ministre du culte de célébrer le mariage religieux tant que le mariage civil n'a pas été célébré, à peine de sanctions pénales (**C. pén., art. L. 433-21**). Il en va autrement dans d'autres pays, où la cérémonie religieuse peut faire office de mariage civil (ex. Italie).
Empruntant une approche chronologique, il convient d'étudier les formalités préparatoires (A), la célébration du mariage (B) et la preuve du mariage célébré (C).

A. Les formalités préparatoires

Ces formalités se caractérisent par des vérifications préalables (1) qui permettent ensuite la publication des bans (2).

1. Les vérifications préalables

269. Les époux doivent fournir à l'officier d'état civil divers documents (C. civ., art. 63) :
- extrait **d'acte de naissance de moins de trois mois** (pour éviter la polygamie et l'inceste, notamment). Pour simplifier cette démarche, la loi **J21** du 18 novembre 2016 a permis à l'officier d'état civil de demander la vérification des données à caractère personnel auprès du dépositaire de l'acte de naissance du futur époux, ce qui le dispense de le fournir (art. 70 al. 2) ;
- justification de **l'identité des époux** par une pièce officielle (pour éviter les fraudes) ;
- **identification des témoins**.

En outre, **l'officier d'état civil peut requérir l'audition préalable des époux**, s'il suspecte une absence (C. civ., art. 146) ou un vice (art. 180) du consentement. Il s'agit spécialement de prévenir la conclusion de mariages simulés (v. *supra*, n° 264).
Ce n'est **qu'après l'accomplissement de ces vérifications préalables que la publication des bans pourra intervenir**.

2. La publication des bans

270. Une telle publication est prévue par **l'article 63 du Code civil.** Elle consiste à porter à la connaissance du public le projet du mariage grâce à un affichage en mairie, ce qui permet la mise en œuvre de l'opposition au mariage (v. *infra*, n° 277 et s.). La publication doit intervenir au moins **dix jours** avant la célébration du mariage (C. civ., art. 64).

Une **dispense** peut être accordée par le procureur de la République, pour cause grave (C. civ., art. 169 ; par ex., un mariage *in extremis*).

B. La célébration du mariage

Il convient d'envisager le lieu (1) et le déroulement (2) du mariage.

1. Le lieu du mariage

271. Selon **l'article 74 du Code civil**, « le mariage sera célébré, au choix des époux, dans la commune où l'un d'eux, ou l'un de leurs parents, aura son domicile ou sa résidence établie par un mois au moins d'habitation continue à la date de la publication prévue par la loi ». C'est la loi de 2013 sur le mariage pour tous qui a ajouté la commune du domicile ou de la résidence « de l'un des parents », ce qui permet aux futurs époux qui ont quitté le foyer familial de se marier là où ils ont leurs racines (cela évitera les mariages sous la pluie à Paris). Par exception, le mariage peut être célébré non pas en mairie, mais au domicile ou à la résidence de l'un des futurs époux pour motif grave. On songe, notamment, au mariage *in extremis*, lorsque l'un des époux est mourant (C. civ., art. 75 al. 2).

2. Le déroulement du mariage

Voyons le cadre de la cérémonie (a) avant d'en présenter les étapes (b).

a. Le cadre de la cérémonie

272. Les solennités sont nombreuses :
- la célébration doit être **publique** (C. civ., art. 165), ce qui impose de maintenir les portes ouvertes ;
- les époux doivent comparaître **personnellement**, même s'il s'agit du mariage d'un Français à l'étranger (C. civ., art. 146-1). On ne peut donc, pour l'heure du moins, se marier par skype. La comparution personnelle n'est toutefois pas requise (on comprend pourquoi !) pour le mariage posthume, ou encore pour le mariage des militaires en temps de guerre ;
- la célébration est assurée par **l'officier d'état civil** au cours d'une cérémonie « républicaine » (C. civ., art. 165). Parce que ce mariage est républicain, l'officier de l'état civil de la commune ne **dispose pas d'une clause de conscience** pour refuser de célébrer des mariages homosexuels (Cons. const., 18 oct. 2013, n° 2013-353 QPC) ;
- la célébration doit avoir lieu **en présence d'au moins deux témoins** (au plus quatre, C. civ., art. 75). Avant la célébration, les époux doivent confirmer l'identité des témoins déclarés ou, le cas échéant, en désigner de nouveaux (ex. l'ancien témoin a perdu/volé les anneaux).

b. Les étapes de la cérémonie

273. La cérémonie se déroule en **quatre étapes** prévues par **l'article 75** du Code civil :
- lecture aux futurs époux des **articles 212, 213, 214 (alinéa 1er), 215 (alinéa 1er) et de l'article 371-1 du Code civil**. Ce sont les devoirs fondamentaux des époux (nous y reviendrons) ;
- l'officier d'état civil demande aux époux ou, s'ils sont mineurs, à leurs ascendants présents et autorisant le mariage, s'ils ont fait un **contrat de mariage**. Dans l'affirmative, cela est mentionné dans l'acte de mariage ;

- l'officier d'état civil reçoit de chaque partie, l'une après l'autre, la **déclaration qu'elles veulent se prendre pour époux** (« oui »);
- il prononce, au nom de la loi, qu'elles (les parties) sont unies par le mariage et il en dresse acte sur-le-champ.

À noter

Contrairement à ce que laissent penser les séries télévisées américaines, il n'est pas demandé aux personnes du public de s'opposer au mariage ou de se taire à jamais. L'opposition au mariage s'effectue, en France, avant la célébration (v. *infra*, n° 277).

C. La preuve du mariage

Par principe, le mariage se prouve exclusivement par l'acte de mariage (1). Mais il existe certaines exceptions (2).

1. Le principe: l'acte de mariage

274. **L'article 194** du Code civil prévoit que « nul ne peut réclamer le titre d'époux et les effets civils du mariage, s'il ne représente un acte de célébration inscrit sur le registre de l'état civil ».
Il faut donc justifier de **l'acte de mariage prévu à l'article 76** du Code civil (lequel contient neuf mentions, v. le texte). Par principe, la possession d'état ne suffit pas à établir le mariage.

2. Les exceptions

275. Les exceptions sont au nombre de **trois**:
- **registres non tenus ou perdus** (C. civ., art. 46): dans ce cas, la preuve est **libre** (notamment par témoignage);
- **preuve rapportée par un tiers**: le tiers peut prouver par **tous moyens** le mariage;
- **preuve par la possession d'état** (encore Loysel: « boire, manger, coucher ensemble, c'est mariage ce me semble »). C'est une notion que l'on retrouvera en matière de filiation et qui concerne ici l'apparence de mariage (*nomen, tractatus, fama*). On retrouve la possession d'état **dans deux cas**:
  - **enfant orphelin commun** (C. civ., art. 197): si les deux parents sont décédés, l'enfant commun pourra établir le mariage de ses parents par la possession d'état d'époux pour invoquer la présomption de paternité du mari (hier la filiation légitime),
  - **acte de mariage irrégulier** (C. civ., art. 196): la nullité de l'acte de mariage pour **vice de forme** (ex. incompétence du maire) ne peut être demandée par les époux dès lors que cet acte est conforté par la possession d'état d'époux.

Section 2
La nullité du mariage

276. L'acte de mariage révèle ici un double particularisme par rapport au droit commun des contrats. En premier lieu, l'intervention de l'autorité publique permet de prévenir les nullités, grâce à la technique de l'opposition (§ 1). En second lieu, l'annulation du mariage, lorsqu'elle est prononcée, est très grave, puisqu'elle aboutit à la dissolution d'une famille : c'est pourquoi la nullité est assez encadrée (§ 2).

§ 1. La prévention de la nullité : l'opposition au mariage

La loi délimite les titulaires du droit d'opposition (A) et encadre la mise en œuvre d'une telle entrave au mariage (B).

A. Les titulaires du droit d'opposition

277. Certaines personnes peuvent former opposition pour n'importe quel motif : ce sont les **parents** et, à défaut, les **grands-parents** (C. civ., art. 173). Il en va également, depuis la loi du 23 mars 2019, du **tuteur** ou du **curateur**, lorsque l'époux est placé sous un régime de protection en raison d'une altération de ses facultés personnelles (art. 175) : cela s'explique par le fait que leur autorisation préalable n'est plus requise. Ils peuvent donc désormais faire opposition pour n'importe quel motif.
D'autres peuvent former oppositions pour **certains motifs seulement** :
- le **conjoint** de l'un des futurs époux peut faire opposition pour **bigamie** (C. civ., art. 172) ;
- **les collatéraux les plus proches** (frères, sœurs, oncles, tantes, cousins germains) peuvent, en l'absence d'ascendant, faire opposition pour **démence ou défaut d'autorisation du conseil de famille**. En cas de démence, ils doivent en même temps demander l'ouverture d'une tutelle (C. civ., art. 174) ;
- le **ministère public** peut faire opposition dans tous les cas où il pourrait demander la nullité du mariage (C. civ., art. 175-1, v. *infra*, n° 279 et s.). C'est de loin le cas le plus fréquent en pratique, spécialement pour les **mariages blancs** (v. *supra*, n° 264).

B. La mise en œuvre de l'opposition

278. Elle doit se faire par **exploit d'huissier** signifié à l'officier d'état civil et à l'époux (C. civ., art. 66).
L'opposition **contraint l'officier d'état civil à surseoir au mariage**.
Le tribunal judiciaire peut néanmoins ordonner la **mainlevée de cette opposition** sur demande des époux, dans les dix jours de la demande (C. civ., art. 177) ; il en va de même en cas d'appel (C. civ., art. 178). Dans ce cas, la responsabilité de l'opposant, sauf s'il s'agit d'un ascendant, peut être engagée (C. civ., art. 179) et toute nouvelle opposition d'un ascendant est impossible (C. civ., art. 173 al. 2).

§ 2. L'encadrement de la nullité du mariage

L'encadrement de la nullité est double : il porte sur le domaine (A) et les effets de la nullité (B).

A. L'encadrement du domaine de la nullité

Cet encadrement repose sur une distinction classique entre les **empêchements dirimants** (1) et les **empêchements prohibitifs** (2).

1. Les empêchements dirimants

Eux seuls entraînent la **nullité du mariage, qu'elle soit relative** (a) ou **absolue** (b).

a. La nullité relative du mariage

279. Les articles 180 et 182 du Code civil prévoient les **vices du consentement** et **le défaut d'autorisation** des membres de la famille (v. *supra*, n° 264 et s.).
L'action en nullité relative doit être exercée dans un délai de **cinq ans** à partir de la célébration du mariage (art. 181).

b. La nullité absolue du mariage

280. Celle-ci est prévue par **deux textes** :
- **l'article 184** du Code civil énumère **cinq cas** correspondant à **des irrégularités de fond** : **époux mineur** (art. 144) ; **défaut de consentement** (art. 146) ; **absence d'un époux** à la célébration (art. 146-1) ; **bigamie** (art. 147) ; **inceste** (art. 161, 162 et 163) ;
- **l'article 191** énumère **deux cas** correspondant à **des irrégularités de forme** : **clandestinité** (défaut de publicité de la célébration) et **incompétence de l'officier d'état civil**. La nullité est alors **facultative**, c'est-à-dire laissée à l'appréciation du tribunal.

Le délai de prescription est de **trente ans à compter de sa célébration**, car la loi du 17 juin 2008 n'a pas modifié le régime de la prescription en la matière (Cass. 1re civ., 29 mai 2013, n° 12-15001, *Bull. civ.* I, n° 109). Les époux, toute personne intéressée, ainsi que le ministère public, peuvent agir (C. civ., art. 184 et 191).

2. Les empêchements prohibitifs

281. Les empêchements prohibitifs **fondent le refus de l'officier d'état civil de célébrer le mariage**. En revanche, si le mariage est célébré, de tels empêchements **ne permettent pas de l'annuler.**
S'agissant des **irrégularités de forme**, sont visées toutes les hypothèses autres que l'incompétence de l'officier d'état civil et la clandestinité du mariage qui sont, on l'a vu, des empêchements dirimants. Il en va ainsi, par exemple, **du défaut de publication des bans**, ou encore **de l'existence d'une opposition.** L'officier engagera sa responsabilité pour avoir célébré le mariage, mais aucune annulation ne sera encourue.
S'agissant des **irrégularités de fond**, celles-ci appartiennent au passé : il s'agissait du non-respect du délai de viduité, ou encore l'absence d'examen médical justifiant de la bonne santé des époux. On l'a vu, de telles conditions ont été récemment supprimées.

B. L'encadrement des effets de nullité

Si la nullité entraîne en principe la **disparition rétroactive du mariage** (1), celui-ci produit toutefois des effets lorsqu'il est **putatif** (2).

1. L'anéantissement rétroactif du mariage

282. L'annulation du mariage entraîne normalement son anéantissement rétroactif.
Il en va ainsi des **rapports personnels** : les époux sont censés n'avoir jamais eu de statut matrimonial, ce qui entraîne, notamment, la perte de la nationalité acquise par le mariage.
Il en va de même pour les **rapports patrimoniaux** : aucun régime matrimonial n'a existé entre les ex-époux, de sorte qu'il y a lieu d'appliquer les règles de la société de fait (v. la 3e partie de l'ouvrage). Les droits successoraux attachés au mariage sont également anéantis.
Toutefois, on perçoit qu'un tel effacement du lien matrimonial aurait des conséquences excessives, spécialement à l'égard des enfants, ce qui justifie de réserver le mariage putatif.

2. L'exception du mariage putatif

Le terme « putatif » vient du latin « putare » qui signifie supposer. Le mariage putatif est un **mariage nul qui est supposé valable pour produire certains effets**. Il s'agit d'une fiction juridique issue du droit canon pour tempérer la rigueur de l'anéantissement du mariage nul, spécialement à l'égard des enfants.
Il convient de distinguer les effets du mariage putatif à l'égard **des époux** (a), prévu par **l'article 201** du Code civil, et à l'égard **des enfants**, prévu par **l'article 202** (b).

a. Les effets du mariage putatif à l'égard des époux (C. civ., art. 201)

283. L'existence d'un mariage putatif est subordonnée à la condition de **bonne foi**, qui est l'ignorance par l'époux du vice de formation du mariage (bigamie, incapacité, impuberté...).
La bonne foi, qui est présumée (Cass. civ. 5 nov. 1913), doit être exclusivement appréciée lors de la célébration du mariage (Cass. 1re civ., 20 nov. 2013, n° 12-25897), ce qui est très favorable à l'époux qui l'invoque.
Mais encore faut-il que le **mariage ait une existence objective** : une célébration doit avoir eu lieu, même irrégulière, sans quoi le mariage ne serait qu'une chimère.
Deux cas de figure doivent être distingués :

- **si les deux époux sont de bonne foi**, les **effets antérieurs** à l'annulation sont maintenus au profit de **chacun d'eux** (y compris l'acquisition de la nationalité française, C. civ., art. 21-5). Les intérêts pécuniaires sont liquidés conformément à leur **régime matrimonial.** Si l'annulation a lieu après le décès de l'un des époux, le survivant conserve ses **droits successoraux**. La jurisprudence a même admis que la nullité du mariage putatif pouvait donner lieu à une **prestation compensatoire**, comme en cas de divorce (Cass. 1re civ., 23 oct. 1990, n° 89-10250, *Bull. civ.* I, n° 221) ;
- **si un époux seulement est de bonne foi, les effets antérieurs** à l'annulation ne sont maintenus **qu'à son égard.** Il dispose donc d'une option entre la liquidation du régime matrimonial et l'application des règles de la société de fait. Par ailleurs, seul l'époux de bonne foi dispose de droits successoraux et peut prétendre à une prestation compensatoire.

b. Les effets du mariage putatif à l'égard des enfants (C. civ., art. 202)

284. Afin de protéger les enfants du couple qui ne sont pas responsables du vice qui affecte le mariage, **la loi du 3 janvier 1972 a supprimé la condition de bonne foi des parents.** L'enfant peut donc revendiquer sa filiation légitime, indépendamment de la bonne ou mauvaise foi de ses parents.
Mais le mariage putatif a désormais **beaucoup moins d'intérêt** à l'égard des enfants, dans la mesure où la **loi du 3 décembre 2001 a supprimé la distinction entre filiation légitime et filiation naturelle**. Reste, pour l'essentiel, le jeu de la **présomption de paternité,** qui résulte du mariage (v. *infra*, n° 411 et s. ; v. aussi, en matière de nationalité, C. civ., art. 21-6 : « l'annulation du mariage n'a point d'effet sur la nationalité des enfants qui en sont issus »).

285 à 291. Réservés.

LEÇON 2

LES EFFETS DU MARIAGE

Textes

Articles 212 et suivants du Code civil
Articles 296 et suivants du Code civil

292. Une fois célébré, le mariage produit des effets qui sont aujourd'hui moins spécifiques que naguère. Auparavant, le mariage des époux avait une réelle incidence sur le statut de l'enfant. Ce n'est aujourd'hui plus le cas : nous y reviendrons lors de l'étude de la filiation (leçon 5). Désormais, les effets du mariage se concentrent sur le couple. Or, même si l'on se limite au couple, nous verrons que le statut matrimonial est aujourd'hui concurrencé par celui de concubin ou de partenaire, qui présente certaines similitudes avec celui d'époux (leçon 4). Tout ceci explique la relative désaffection pour le mariage (v. *supra*, n° 256 pour les statistiques).
Est-ce à dire que le mariage ne change pas la vie des époux ? N'exagérons rien. Se crée entre les époux un lien d'alliance qui présente une certaine intensité (et même une intensité certaine), dans la mesure où il est **impératif**. Les époux ne peuvent pas l'aménager. Sont ainsi **nuls** les pactes par lesquels ils se dispenseraient de leur devoir de fidélité, de vie commune, ou confèreraient les pleins pouvoirs au mari. Toutefois, le droit contemporain du mariage se caractérise par le déclin de sa dimension **institutionnelle**. Deux exemples récents peuvent en être donnés : **validité des libéralités faites par une personne mariée pour entretenir une relation adultère** (Cass. ass. plén., 29 oct. 2004, n° 03-11238, *Bull. ass. plén.*, n° 12) et **validité du contrat de courtage matrimonial conclu par une personne mariée pour rencontrer un nouveau conjoint** (Cass. 1re civ., 4 nov. 2011, n° 10-20114, *Bull. civ.* I, n° 191). Un homme marié peut donc faire des cadeaux à sa maîtresse, tout en recherchant activement une nouvelle épouse. Autres temps, autres mœurs…

On voit bien, aujourd'hui plus qu'hier, que le lien d'alliance devient parfois une contrainte pour l'un ou l'autre époux (voire les deux), en quête d'indépendance. Le mariage peut alors se relâcher (sans rompre), en présence d'une **séparation**, qui est souvent l'antichambre du divorce.
Il convient ainsi d'envisager **la vie conjugale**, au cours de laquelle le mariage produit ses effets naturels (section 1) et la **crise conjugale**, effet pathologique (mais pas systématique !) de l'alliance (section 2).

Section 1
La vie conjugale

293. Nous mettrons de côté **les effets patrimoniaux** produits par le mariage, dans la mesure où leur étude relève du droit des régimes matrimoniaux (v. la 3e partie de l'ouvrage, n° 509 et s.).
Restent les **effets personnels.** Le mariage crée une famille composée de deux individus. Le mariage n'est plus comme jadis une fusion, mais plutôt une addition de deux personnalités. À ce titre, il confère à *chaque époux* un statut individuel (§ 1) et crée *entre les époux* un lien d'alliance (§ 2).

§ 1. La situation individuelle de l'époux

Quelle est l'incidence du mariage sur la situation individuelle de chaque époux ? Les temps sont à la préservation de l'autonomie des époux. Jadis, le mariage avait à sa tête un chef de famille, la femme mariée était incapable et elle portait le nom, voire le prénom de son mari (v. la nécrologie du Figaro). Désormais, les époux sont des individus asexués, libres et égaux. Le statut personnel des époux est donc moins affecté que naguère par le mariage (A). Bien au contraire, le droit positif tend à préserver la liberté de chaque époux (B).

A. Le statut personnel des époux

Il est possible de passer en revue le nom (1), la capacité (2) et la nationalité (3) de l'époux.

1. Le nom

294. Le mariage permet à chaque époux de prendre, **à titre d'usage**, le nom de son conjoint. La règle était coutumière et était pratiquée à sens unique : la femme prenait totalement ou partiellement (noms accolés) le nom de son mari. Depuis la loi du 17 mai 2013 sur le mariage pour tous, la règle est codifiée en des termes neutres. Ainsi, **l'article 225-1** du Code civil dispose que « chacun des époux peut porter, à titre d'usage, le nom de l'autre époux, par substitution ou adjonction à son propre nom dans l'ordre qu'il choisit ».
Il ne s'agit que d'une **faculté**, aucunement d'une obligation. La Cour européenne des droits de l'homme a ainsi condamné la Turquie pour une loi qui imposait à la femme de prendre le nom de son mari (CEDH, 16 nov. 2004, *Umal Tekel c/Turquie*).

2. La capacité

295. **Jusqu'en 1938**, le mariage **rendait incapable** la **femme mariée**. Cette dernière était ainsi soumise à la « puissance maritale » (v. pour les détails de l'émancipation de la femme mariée, la 3e partie de l'ouvrage sur les régimes matrimoniaux, *introduction*).
Désormais, le mariage **rend seulement capable**. Ainsi, le **mineur est émancipé de plein droit par son mariage** (C. civ., art. 413-1). Rappelons qu'un tel mariage suppose toutefois une dispense (v. *supra*, n° 266).
Par ailleurs, lorsqu'une personne se marie alors qu'elle est sous **tutelle ou curatelle**, son conjoint a vocation à devenir son curateur ou tuteur (C. civ., art. 449).

3. La nationalité

296. Le fait pour un étranger ou un apatride de se marier avec une personne française **n'entraîne pas l'acquisition automatique de la nationalité française**. C'est ce que prévoit **l'article 21-1** du Code civil : « le mariage n'exerce de plein droit aucun effet sur la nationalité ». L'acquisition de la nationalité française suppose une **déclaration** de l'époux qui la revendique, après **quatre ans de mariage**, et à condition que la **communauté de vie** tant affective que matérielle n'ait pas cessé au jour de la déclaration (C. civ., art. 21-2). Est même requise une **connaissance suffisante de la langue française** (C. civ., art. 21-2 al. 3).
En outre, le **gouvernement** dispose d'un **délai de deux ans pour s'opposer** à cette acquisition, « *pour indignité ou défaut d'assimilation autre que linguistique* » (C. civ., art. 21-4). La **polygamie** constitue à cet égard un défaut d'assimilation.

B. La liberté personnelle de l'époux

Chaque époux doit respecter la liberté du corps (1) et d'esprit (2) de son conjoint.

1. La liberté du corps

297. Chaque époux **dispose de son corps sans le consentement de son conjoint** : il en va ainsi, par exemple, des **interventions médicales** (même pour l'IVG : la femme peut y recourir malgré le refus de son conjoint). L'époux victime d'une infraction pénale commise par un tiers peut seul se constituer partie civile et les dommages-intérêts alloués constitueront des biens propres par nature (C. civ., art. 1404, v. *infra*, n° 561).
En outre, **le mariage ne saurait autoriser un époux à porter atteinte à l'intégrité physique de son conjoint.** Ainsi, les **violences** entre époux ne sont pas excusées par le mariage. Il s'agit au contraire d'une circonstance aggravante qui accroît la peine encourue. Il en va de même en matière de **viol** : alors qu'il a longtemps été excusé au nom du « devoir conjugal », le viol entre époux est aujourd'hui pénalement sanctionné (Cass. crim., 5 sept. 1990, n° 90-83786, *Bull. crim.* n° 313, au nom de la protection « de la liberté de chacun »). Une **loi du 9 juillet 2010** a même **supprimé** la **présomption de consentement** à l'acte sexuel attachée au mariage, qui exigeait que la victime du viol fasse la difficile preuve de ce qu'elle avait été contrainte (C. pén., art. 222-22 : « Le viol et les autres agressions sexuelles sont constitués lorsqu'ils ont été imposés à la victime dans les circonstances prévues par la présente section, quelle que soit la nature des relations existant entre l'agresseur et sa victime, *y compris s'ils sont unis par les liens du mariage* »).

2. La liberté d'esprit

298. On retrouve le même mouvement que précédemment :
- **chaque époux est libre de ses convictions** (politiques, religieuses) **et de ses activités** (relations amicales, activités professionnelles, syndicales, sportives…) ;
- le mariage ne saurait autoriser un époux à porter atteinte **à l'intégrité morale de son conjoint.** Ainsi, les diffamations, injures sont réprimées entre époux. En outre, il est interdit de porter atteinte à l'intimité du conjoint : publication de photographies contre son gré, violation du secret des correspondances…

§ 2. Le lien d'alliance entre époux

Le mariage crée un lien d'alliance entre les époux. Ce lien instaure des devoirs réciproques (A), et des pouvoirs partagés (B).

A. Les devoirs réciproques

299. Deux remarques liminaires sont nécessaires. Premièrement, le Code civil a recours au terme de « devoir » et non d'« obligation », sans doute pour insister sur la dimension morale de telles exigences. Deuxièmement, de tels devoirs sont en pratique invoqués non pas pendant le mariage, mais rétrospectivement, à l'occasion du divorce entre époux. C'est donc le droit du divorce qui permet de définir l'intensité réelle de tels devoirs.
Ces remarques faites, quels sont les devoirs entre époux ?
L'article 212 du Code civil dispose que « les époux se doivent mutuellement *respect, fidélité, secours, assistance* ». C'est une loi du 4 avril 2006 qui a ajouté le devoir de « respect » entre époux, signe de ce que cela ne va plus de soi…
L'article 215 ajoute que « les époux s'obligent mutuellement à une communauté de vie ».
Il convient donc d'envisager successivement la fidélité (1), le secours (2), l'assistance (3), le respect (4) et la communauté de vie (5).

1. Fidélité

300. Les époux doivent se montrer fidèles. Ainsi, non seulement la bigamie est interdite, mais en outre un époux ne peut entretenir hors mariage des relations affectives et/ou sexuelles avec un tiers.
Pour autant, avec l'évolution des mœurs, la **sanction de l'infidélité s'est considérablement adoucie.** Ainsi, **la loi du 11 juillet 1975 a dépénalisé l'adultère**.
Sur le plan civil, l'adultère peut justifier un **divorce pour faute** (v. *infra*, n° 337 et s.). Mais là encore, le temps a fait son œuvre. Depuis la même loi de 1975, l'adultère **n'est plus une cause péremptoire de divorce** : le juge conserve un pouvoir d'appréciation, pour apprécier les circonstances. En outre, les conséquences du divorce (garde des enfants, prestation compensatoire…) sont aujourd'hui dissociées de la cause de la rupture, de sorte que l'adultère a peu d'incidence. Des **dommages-intérêts** en cas de préjudice pourront toutefois être versés, mais le complice (amant ou maîtresse) ne peut être déclaré responsable. L'adultère peut en outre justifier la révocation d'une libéralité pour ingratitude, voire la cessation de la contribution aux charges du mariage de son conjoint (v. *infra*, n° 301, sur le devoir de secours).
Il a même été dernièrement jugé que **la publication d'un article de presse relatant l'infidélité d'un époux ne constituait pas une diffamation**, dès lors que « l'évolution des mœurs comme celle des conceptions morales ne permettaient plus de considérer que l'imputation d'une infidélité conjugale serait à elle seule de nature à porter atteinte à l'honneur ou à la considération » (Cass. 1re civ., 17 déc. 2015, n° 14-29549 P).
Nous rappellerons enfin qu'une personne mariée peut faire des **libéralités à sa maîtresse ou son amant** et conclure un **contrat de courtage matrimonial** pour trouver un nouveau conjoint (v. arrêts cités *supra*, n° 292 en introduction de cette leçon). Il ne reste donc plus grand-chose de l'obligation de fidélité !
Par un arrêt du 16 décembre 2020, la Cour de cassation a confirmé ce déclin du devoir de fidélité **(Cass. 1re civ., 16 déc. 2020, n° 19-19387)**. Était en cause le site *Gleeden.com*, qui

constitue un site de rencontre extra-conjugales. Une association catholique a demandé l'interdiction des publicités faisant référence à l'infidélité pour promouvoir le site. Sans surprise, la première chambre estime que c'est à bon droit que les juges du fond ont refusé d'interdire la publicité litigieuse. Pour ce faire, la Cour régulatrice souligne « l'absence de sanction civile de l'adultère en dehors de la sphère des relations entre époux, partant, l'absence d'interdiction légale de la promotion à des fins commerciales des rencontres extra-conjugales, et, en tout état de cause, le caractère disproportionné de l'ingérence dans l'exercice du droit à la liberté d'expression que constituerait l'interdiction de la campagne publicitaire litigieuse ». Ainsi, non seulement la publicité promouvant l'infidélité n'est pas illicite, mais en outre son interdiction constituerait une atteinte disproportionnée à la liberté d'expression. En somme, le devoir de fidélité ne relève pas de l'ordre social, mais de la sphère intime des époux.

2. Secours

301. Ce devoir présente une **nature patrimoniale : il s'agit de subvenir matériellement aux besoins de son conjoint.** Il est toutefois envisagé ici, afin de bien le distinguer de **l'obligation de contribuer aux charges du mariage, prévue par l'article 214 du Code civil**, et qui relève du droit des régimes matrimoniaux (v. *infra*, n° 513 et s.). Il est vrai que le devoir de secours est **normalement absorbé** par l'obligation de contribuer aux charges du mariage. En effet, en payant les dépenses familiales à proportion de ses ressources, chaque époux subvient aux besoins de l'autre.
Pour autant, les notions ne se confondent pas. Le devoir de secours s'apprécie à l'aune du **besoin de l'époux** qui l'invoque, alors que l'obligation de contribuer aux charges du mariage peut être réclamée par un époux qui n'est pas dans le besoin : c'est alors le *train de vie du ménage*, et non le *besoin de l'époux*, qui est en jeu. D'ailleurs, en pratique, un époux peut être créancier du devoir de secours sans pouvoir invoquer la contribution aux charges du mariage. Tel est le cas, par exemple, en cas de séparation de fait imputable à l'un des époux (par ex. adultère : Cass. 1re civ., 8 mai 1979, n° 77-15822, *Bull. civ.* I, n° 135). L'époux adultère ne peut plus réclamer à son conjoint la contribution aux charges du mariage, mais il peut invoquer, s'il est dans le besoin, le devoir de secours. Dans ce cas, **le devoir de secours se présente comme une créance alimentaire, qui suppose un état de besoin et ne permet d'obtenir que le *minimum* vital** (v. *infra*, n° 494 et s.).

3. Assistance

302. Le devoir d'assistance consiste pour chaque époux à se montrer attentif à son conjoint et à lui venir en aide. Comme l'exprimait le doyen Carbonnier, c'est le devoir d'apporter une tisane à son époux quand il est malade. C'est en quelque sorte la dimension extrapatrimoniale du devoir de secours.

4. Respect

303. Comme cela a été rappelé, le devoir de respect a été institué en 2006 dans le cadre de la lutte contre les violences conjugales. Il s'agit, au fond, de **ne pas porter atteinte à l'intégrité physique ou morale de son conjoint**. Alors que les devoirs classiques étaient le reflet de la solidarité entre époux, ce devoir s'inscrit davantage dans la protection de la **liberté** du conjoint (sur cette liberté, v. *supra*, n° 297).

5. Communauté de vie

304. Rappelons que l'article 215 alinéa 1er dispose que « les époux s'obligent mutuellement à une communauté de vie ». Qu'est-ce à dire ? La formulation est assez souple et permet de s'adapter aux modes de vie différents des familles. Une cohabitation de tous les instants n'est pas requise. Là encore, tout est affaire d'espèce et ce devoir trouvera essentiellement à s'exprimer *a posteriori* lors du divorce des époux : l'un reprochera à l'autre d'avoir quitté le nid familial sans raison légitime. La communauté de vie se décline en trois aspects : la communauté de toit (cohabitation, a) ; la communauté de lit (consommation, b) ; la communauté d'intérêt (affection, c).

a. La communauté de toit : la cohabitation

305. Quelle est la **portée** du devoir de cohabitation ?
L'obligation de cohabitation **n'est pas absolue** : des **motifs légitimes** peuvent excuser ce défaut de cohabitation. Il a été jugé que les époux peuvent avoir des résidences distinctes, sans pour autant manquer à l'obligation de cohabitation, dès lors que des **raisons d'ordre professionnel** le justifient (Cass. 1re civ., 12 févr. 2014, n° 13-13873, *Bull. civ.* I, n° 25, à propos de l'acquisition de la nationalité par mariage). Pour autant, la Cour de cassation rappelle que l'intention matrimoniale implique la volonté d'une communauté de vie (Cass. 1re civ., 8 juin 1999, n° 97-15520 : annulation d'un mariage blanc, l'épouse vivant avec un tiers). De même, un époux peut, sans faute de sa part, mettre fin à la vie commune **si son conjoint rend son maintien intolérable** (violence, alcoolisme... v. *infra*, n° 337 sur la séparation des époux).

306. Quelle est la **sanction** du devoir de cohabitation ?
Le fait de quitter le domicile conjugal **n'est plus pénalement sanctionné**. En effet, le délit d'abandon de famille ne réprime plus que l'inexécution des obligations pécuniaires. **Sur le plan civil**, aucune exécution forcée en nature n'est possible. On ne saurait, par la contrainte, forcer l'époux à regagner le domicile conjugal. C'est donc essentiellement à l'occasion du **divorce** que la sanction sera encourue, justifiant un divorce pour faute, voire des dommages-intérêts, et une déchéance de la contribution aux charges du mariage (sur cette contribution, v. *infra*, n° 513 et s.).

b. La communauté de lit : la consommation

307. Les époux doivent consommer leur mariage. C'est ce que l'on appelle pudiquement le **devoir conjugal.** On peut y voir une origine religieuse (permettre la procréation : en droit canon le mariage non consommé peut être dissous), mais aussi des raisons plus triviales (éviter la frustration).
Comme le devoir de cohabitation, le devoir conjugal **n'est pas absolu**. Des raisons légitimes peuvent justifier l'abstinence sexuelle de l'époux (par ex. des raisons médicales, sauf migraine trop systématique...). Et comme le devoir de cohabitation, la consommation ne peut donner lieu à exécution forcée. On a même vu que le viol entre époux était sanctionné pénalement. Reste alors la possibilité d'une faute justifiant le divorce, et donnant lieu, le cas échéant, à des dommages-intérêts (CA Aix-en-Provence, 3 mai 2011 : 10 000 euros pour l'épouse victime de l'abstinence imposée par son mari).

c. La communauté d'intérêt : l'affection

308. Les époux ne sont pas seulement des colocataires qui couchent ensemble : ils doivent également partager un destin, des sentiments, des activités…
L'affection se retrouve implicitement sanctionnée dans certaines hypothèses. Il en va ainsi, par exemple, en matière de nationalité. Comme on l'a vu, l'article 21-2 du Code civil exige une communauté de vie « tant *affective* que matérielle ». De même, le divorce pour rupture de la vie commune est défini comme la disparition de toute communauté « tant matérielle qu'affective » (Cass. 2e civ., 30 janv. 1980, n° 79-12470, *Bull. civ.* II, n° 17).
Mais encore moins que la cohabitation ou la consommation, l'affection ne se décrète pas. On ne saurait condamner un époux à aimer son conjoint. La jurisprudence relève toutefois le désintérêt ou l'indifférence d'un époux, pour prononcer le divorce à ses torts exclusifs (v. *infra*, n° 337).

B. Les pouvoirs partagés

Alors que la famille créée par le mariage avait auparavant un chef unique, le mari, elle en a aujourd'hui deux : les époux. Tous deux assurent ensemble la direction de la famille (1) et choisissent, d'un commun accord, le logement de la famille (2).

1. La direction de la famille

309. La **loi du 4 juin 1970** a introduit l'égalité entre époux. Ainsi, **l'article 213 du Code civil** dispose désormais que « les époux assurent ensemble la direction morale et matérielle de la famille. Ils pourvoient à l'éducation des enfants et préparent leur avenir ». Dans sa version antérieure, il était prévu que « le mari est le chef de la famille. Il exerce cette fonction dans l'intérêt commun du ménage et des enfants », même si la femme concourait avec le mari à assurer cette direction.
L'article 213 impose une **cogestion** de la direction de la famille. Il faut donc un accord des deux époux pour prendre les décisions importantes qui affectent la famille (changement d'école d'un enfant, gestion du budget…). Mais pour les actes de la vie courante (par ex. autoriser l'enfant à aller au cinéma), on présume que l'époux a agi avec l'accord de l'autre. Le texte donne lieu à peu d'applications, car c'est essentiellement sur le terrain des régimes matrimoniaux que la question des pouvoirs des époux se pose (v. *infra*, n° 606 et s.).

2. Le choix du logement familial

310. La **loi du 11 juillet 1975** a là encore établi une stricte égalité entre époux. Auparavant, c'est le mari qui choisissait la résidence du ménage. Ainsi, l'ancien article 215 prévoyait que « le choix de la résidence de la famille appartient au mari ; la femme est obligée d'habiter avec lui, et il est tenu de la recevoir ». L'épouse avait toutefois la possibilité de demander au juge une dispense de cohabitation, en cas de danger physique ou moral pour elle ou ses enfants. Il faut noter que cette dispense judiciaire était parfois utilisée par des époux complaisants pour éviter l'opprobre d'un divorce ou d'une séparation de corps.
Désormais, l'article **215 alinéa 2** du Code civil dispose que « la résidence de la famille est au lieu qu'ils choisissent d'un commun accord ». À défaut d'accord, il appartiendra au juge de statuer. Mais si les époux n'arrivent pas à s'accorder sur le logement commun, c'est sans doute que la crise conjugale n'est pas très loin.

Section 2

La crise conjugale

Nous ne traiterons ici que de la **situation personnelle** des époux en temps de crise. Sachez que le Code civil prévoit de nombreuses mesures d'ordre patrimonial qui seront évoquées plus loin dans le cadre des régimes matrimoniaux (v. *infra*, n° 512 et s.).

La crise du mariage conduit, dès lors qu'elle atteint une certaine intensité, à une séparation des époux, qui peut être spontanée ou autorisée par le juge. Il va sans dire que les effets d'une telle séparation sur le lien matrimonial ne sont pas les mêmes selon que la séparation est de fait (§ 1) ou prévue par la loi (§ 2).

§ 1. La séparation de fait

311. Les époux, bien que toujours mariés, n'habitent plus ensemble, et ce en dehors de toute initiative judiciaire. Une telle séparation de fait constitue une **situation illicite**, dans la mesure où il s'agit d'un manquement au devoir de vie commune posé par l'article 215 du Code civil. Cela explique qu'une telle **séparation ne produise pas un relâchement juridique du lien matrimonial.** Bien que séparés de fait, **les époux demeurent tenus de leurs obligations matrimoniales.**
Est-ce à dire que la séparation de fait n'a strictement aucun effet ? Il n'en est rien. Elle produit au moins **cinq conséquences** qui, on va le voir, sont étrangères aux devoirs réciproques des époux qui restent inchangés. Il s'agit, pour l'essentiel, de faire perdre à l'époux séparé certains avantages liés au mariage ou encore de faciliter le prononcé du divorce ou d'en anticiper les effets pour remonter au jour de la séparation :

- la **communauté** peut être dissoute rétroactivement au jour de la séparation des époux (C. civ., art. 262-1 et 1442, v. *infra*, n° 643) ;
- l'époux séparé **perd la priorité dans les fonctions de tuteur ou de curateur** de son conjoint (C. civ., art. 449) ;
- l'époux séparé **perd le droit au capital décès** de l'assurance-décès (art. L. 361-4 du Code de la sécurité sociale) ;
- l'époux séparé au jour de la déclaration peut **perdre le bénéfice de l'acquisition de la nationalité française** par mariage (C. civ., art. 21-2) ;
- la séparation peut donner lieu après une année à un **divorce pour altération du lien conjugal** (art. 238 v. *infra*, n° 336).

§ 2. Les séparations légales

Les séparations prévues par la loi sont de plusieurs ordres. On peut distinguer la séparation de corps (A) qui est une alternative au divorce, et les séparations judiciaires, qui préparent généralement le divorce des époux (B).

A. La séparation de corps

La séparation de corps était communément appelée le divorce des catholiques, en ce qu'elle **permet aux époux de vivre séparés tout en restant mariés.** Elle est ainsi issue du droit canonique, pour lequel le mariage est indissoluble. Il s'agit d'un **relâchement du lien matrimonial.** Il est certain que la banalisation et la simplification du divorce rendent aujourd'hui quelque peu surabondante la séparation de corps (123 500 divorces en 2014, contre environ 5 000 séparations de corps…).
Le Code civil traite successivement du prononcé (1), des effets (2) et de la fin (3) de la séparation de corps.

1. Le prononcé de la séparation de corps

312. Les **causes** sont identiques à celles du divorce (C. civ., art. 296). Nous y renvoyons : cela s'explique par le fait que la séparation de corps peut être convertie en divorce (v. *infra*).

À noter

La loi J21 du 18 novembre 2016 n'avait pas étendu à la séparation de corps la possibilité de recourir à une convention par acte d'avocats. La séparation de corps restait donc judiciaire, ce qui était curieux, au regard de l'identité des causes et de l'effet atténué de la séparation de corps par rapport au divorce. Cette anomalie a été réparée par la loi n° 2019-222 du 23 mars 2019 : depuis le 25 mars 2019, les époux peuvent se séparer de corps par acte d'avocats sans passer devant le juge. La séparation de corps n'est donc plus nécessairement judiciaire.

Lorsque la séparation conserve un caractère judiciaire, la **procédure** est la même que celle du **divorce judiciaire** (C. civ., art. 298). En outre, l'article 297 permet à l'époux contre lequel est présentée une demande en divorce de former une demande reconventionnelle en séparation de corps, et réciproquement. **Depuis la loi du 26 mai 2004 ayant réformé le divorce**, il en va autrement en cas de demande principale en **divorce pour altération définitive du lien conjugal** : dans ce cas, la loi interdit une demande reconventionnelle en séparation de corps, afin de ne pas entraver le droit au divorce (C. civ., art. 297-1 ; v. *infra*, n° 336).
Enfin, l'article 1076 du Code de procédure civile prévoit qu'un **époux ne peut modifier sa demande en cours d'instance que dans un sens** : il peut former une demande en séparation de corps après avoir effectué une demande en divorce (Cass. 1re civ., 25 sept. 2013, n° 12-22362, *Bull. civ.* I, n° 180). En revanche, il **ne peut pas former une demande en divorce après avoir soumis au juge une demande en séparation de corps** (Cass. 1re civ., 16 avr. 2008, n° 07-14891, *Bull. civ.* I, n° 110).

2. Les effets de la séparation de corps

313. Aux termes de **l'article 299 du Code civil**, « la séparation de corps ne dissout pas le mariage mais **elle met fin au devoir de cohabitation** ».
En revanche, le **devoir de secours demeure** : il **n'y a donc pas lieu à prestation compensatoire**, mais au versement éventuel d'une **pension alimentaire** en cas de besoin de l'un des

époux (C. civ., art. 303). De même, les devoirs de fidélité, respect et d'assistance demeurent. Mais il est certain que leur éventuelle violation sera appréciée avec davantage de clémence en cas de divorce. Enfin, chaque époux peut, sauf décision contraire, conserver l'usage du nom de l'autre (C. civ., art. 300).

D'un point de vue patrimonial, la séparation de corps entraîne la **séparation des biens** (C. civ., art. 302, v. *infra*, n° 638).

3. La fin de la séparation de corps

La séparation de corps est une situation temporaire. Elle prend fin dans **trois cas** : la réconciliation des époux (a), la conversion de la séparation en divorce (b) et la demande autonome en divorce (c).

a. La réconciliation des époux

314. Celle-ci a lieu lorsque les époux reprennent volontairement la vie commune (art. 305). Pour être opposable aux tiers, la conversion doit être constatée par acte notarié ou par l'officier d'état civil, et être inscrite en marge de l'acte de mariage et de l'acte de naissance des époux.

Le mariage reprend alors son cours normal : toutefois, les époux restent séparés de biens, sauf s'ils optent pour un autre régime matrimonial (v. *infra*, n° 640 et s.).

b. La conversion en divorce

315. Un jugement de divorce se substitue au jugement de séparation de corps. Deux hypothèses sont prévues :

- **si la séparation de corps est intervenue par consentement mutuel :** la conversion ne peut intervenir que par consentement mutuel (C. civ., art. 307 al. 2). Il s'agit là d'un « piège » pour les époux, qui a conduit les **avocats à déconseiller à leurs clients d'opter pour une séparation par consentement mutuel**. En effet, dans ce cas, chaque époux est à la merci de son conjoint, puisqu'il lui faut obtenir son accord pour la conversion en divorce. Cet état de fait était particulièrement problématique avant la réforme de 2004, puisqu'il fallait recourir de manière autonome (v. *infra*, n° 336) à un divorce pour rupture de la vie commune, mais seulement après six ans de séparation et avec en outre des charges lourdes pour le demandeur. Désormais, la règle est moins contraignante, dans la mesure où la loi du 26 mai 2004 a introduit le divorce pour altération définitive du lien conjugal qui peut être obtenu après deux ans de séparation et sans charge particulière. Mais cela reste encore un frein certain au divorce, ce qui invite les praticiens à la méfiance ;
- si la **séparation de corps a été obtenue autrement que par consentement mutuel** :
  - la conversion peut intervenir par **consentement mutuel**. Elle peut alors intervenir **sans aucune condition de délai** (C. civ., art. 307 al. 1),
  - la conversion peut intervenir sur **demande unilatérale de l'un des époux** mais uniquement après **deux années de séparation de corps** (C. civ., art. 306).

Dans tous les cas, la cause de la séparation de corps devient la cause du divorce (C. civ., art. 308), puisque tous deux reposent sur les mêmes faits. Le juge fixe les conséquences du divorce (al. 2).

c. La demande autonome en divorce

316. La séparation de corps ne prive pas les époux du droit de solliciter le divorce, sans passer par la procédure de conversion. Mais encore faut-il que la demande soit fondée sur **d'autres causes** que celle ayant justifié l'ouverture de la séparation de corps (Cass. 2e civ., 11 oct. 1989, n° 88-13462, *Bull. civ.* II, n° 179). Cette demande autonome est particulièrement utile lorsque le conjoint ne souhaite pas convertir la séparation de corps en divorce, alors que son consentement est nécessaire (v. *supra*, n° 315).

B. Les séparations judiciaires

On doit distinguer la séparation pour violence conjugale (1) et la séparation décidée par le juge à l'occasion d'une instance de divorce (2).

1. La séparation pour violence conjugale

317. Depuis la **loi du 9 juillet 2010**, applicable à **tous les couples** (mariés ou non, qu'ils cohabitent ou non), **l'article 515-9 du Code civil** permet au juge aux affaires familiales de délivrer **en urgence une ordonnance de protection** au profit de la victime de violences. De telles mesures ont remplacé les dispositions des articles 220-1 alinéas 3 et 4 et suivants du Code civil, qui ne concernaient que les couples mariés et qui obéissaient à un régime différent. Une loi n° 2019-1480 du 28 décembre 2019 visant à agir contre les violences au sein de la famille, complétée par une loi n° 2020-936 du 30 juillet 2020 visant à protéger les victimes de violences conjugales, a tenté de renforcer l'efficacité du dispositif, notamment en enfermant la délivrance de l'ordonnance dans un délai de six jours à compter de l'audience et en précisant qu'aucune plainte pénale préalable n'était nécessaire (les victimes de violences conjugales ayant souvent peur de porter plainte). Parmi toutes les mesures (notamment l'interdiction de toute rencontre ou rapprochement avec la victime, ou encore interdiction du port d'une arme !), le juge peut « statuer sur la résidence séparée des époux » : la jouissance du logement est par principe attribuée au conjoint qui n'est pas l'auteur des violences, et ce, même s'il a bénéficié d'un hébergement d'urgence (C. civ., art. 515-11). L'ordonnance de protection peut en outre prescrire une interdiction de rapprochement à l'auteur des violences, avec un dispositif anti-rapprochement mobile (bracelet électronique), si les deux membres du couple y consentent (art. 815-11-1). Une telle ordonnance **met fin au devoir de cohabitation**. De telles mesures sont prises pour **une durée maximale de six mois** mais elles peuvent être **prolongées** si, durant ce délai, une demande en **divorce** ou en **séparation de corps** a été déposée (C. civ., art. 515-12).

Actualité sur les violences conjugales

Une proposition de loi est en cours d'examen au Parlement pour réformer l'ordonnance de protection (proposition n° 661, enregistrée le 15 décembre 2022) ; il est prévu d'allonger la durée de l'ordonnance en la portant à un an, et d'assouplir les conditions d'une telle ordonnance, à travers le simple « danger potentiel » et non plus le danger avéré auquel la personne est exposée. Une autre proposition de loi est également discutée devant le Parlement, cette fois pour protéger spécifiquement les enfants, notamment par le retrait de l'autorité parentale (proposition n° 0098 déposée le 14 novembre 2023). Par

→

ailleurs, une **loi n° 2023-140 du 28 février 2023** crée une aide universelle d'urgence pour les victimes de violences conjugales, consistant en un « accompagnement adapté à ses besoins » et à une « aide financière d'urgence » (Code de l'action sociale et des familles, art. L. 214-8 et s.). Enfin, un **décret n° 2023-1077 du 23 novembre 2023**, en vigueur au 1er janvier 2024, crée un pôle spécialisé dans la lutte contre les violences intrafamiliales au sein des tribunaux judiciaires et des cours d'appel.

On glisse alors vers l'instance en divorce.

2. La séparation dans le cadre d'une instance en divorce

La séparation des époux peut avoir lieu pendant la procédure de divorce (a) ou à l'occasion du jugement qui refuse le divorce (b).

a. La séparation pendant l'instance de divorce

318. Indépendamment de toute violence conjugale, il est certain qu'il est souvent inopportun d'imposer le maintien de la cohabitation entre époux jusqu'au jugement de divorce. C'est pourquoi le juge peut prendre des **mesures provisoires** sur la résidence des époux. Ainsi, **l'article 255 du Code civil** prévoit que le juge peut « statuer sur les modalités de la résidence séparée des époux ». Il peut même, au titre de l'urgence, « autoriser l'époux demandeur à résider séparément, s'il y a lieu avec ses enfants mineurs » (C. civ., art. 257).

b. La séparation par le jugement qui refuse le divorce

319. L'**article 258** du **Code civil** prévoit que le juge, lorsqu'il rejette définitivement la demande en divorce, peut statuer sur « la résidence de la famille ». Il peut donc autoriser la résidence séparée des époux, malgré le maintien du lien matrimonial. Pour autant, il ne s'agit que d'une **mesure provisoire**. Ainsi, une telle mesure n'a pas pour effet de dispenser définitivement des époux mariés de leur obligation de communauté de vie (Cass. 2e civ., 25 nov. 1992, n° 91-12236, *Bull. civ.* II, n° 273).
Tout ceci nous amène irrémédiablement à étudier le divorce.

320 à 326. Réservés.

LEÇON 3

LE DIVORCE

Textes

Articles 228 et suivants du Code civil

327. Aux termes de l'**article 227** du Code civil, le mariage se dissout par la **mort** de l'un des époux, et par le **divorce** légalement prononcé. La mort ne nous retiendra pas, dans la mesure où elle donne lieu à l'ouverture d'une succession, ce qui nous amènerait en dehors du programme de l'examen. Reste donc le divorce.
Avant d'entrer dans le détail de la réglementation du divorce, il convient de s'arrêter quelques instants sur son histoire tumultueuse, parce qu'elle permet de mieux comprendre le présent.

FOCUS

Historique du divorce en France

Voici résumée en quelques lignes l'**histoire en dents de scie** du divorce en France :

- Dans **l'Ancien Droit**, sous l'influence du droit canonique, le mariage est **indissoluble**.
- À la **Révolution**, sous l'influence de l'individualisme, changement radical de perspective : le divorce est possible **sans recours au juge**, sur simple déclaration à l'officier d'état civil (notamment pour incompatibilité d'humeur !). Cela donna lieu à de nombreux abus.
- Dans **le Code de 1804**, ici comme ailleurs, **un compromis a été trouvé** : le divorce est **maintenu** sur insistance de Napoléon (qui voulait divorcer de Joséphine parce qu'elle ne pouvait pas lui donner d'héritier ; le divorce fut prononcé en 1809), mais sous contrôle du **juge** et dans des **causes déterminées**.
- À l'occasion de la chute de l'Empire, une **loi du 8 mai 1816 supprime le divorce** au moment où le catholicisme redevient religion d'État.
- Le divorce est **rétabli** par la **loi Naquet du 27 juillet 1884** : mais il ne s'agit que d'un **divorce-sanction pour faute**.
- Au XXe siècle, en l'absence de divorce possible par consentement mutuel, **les époux simulent des fautes pour pouvoir divorcer** (désertion simulée de domicile, fausses lettres d'injure...).
- La **loi du 11 juillet 1975** libéralise le divorce en introduisant deux nouvelles causes : le divorce par **consentement mutuel** et pour **rupture de la vie commune.**

- La **loi du 26 mai 2004** renforce le droit au divorce en introduisant le divorce **pour altération définitive du lien conjugal**, bien plus souple que le divorce pour rupture de la vie commune.
- La **loi J21 du 18 novembre 2016** consacre **le divorce sans juge**, établi par **acte d'avocats** et enregistré par un **notaire**. On est ainsi revenu au libéralisme révolutionnaire.

FOCUS

La réforme du divorce judiciaire par la loi n° 2019-222 du 23 mars 2019

L'histoire du divorce n'est pas terminée, puisque la loi n° 2019-222 de programmation et de réforme de la justice, en date du 23 mars 2019, réforme substantiellement le divorce judiciaire. Le reflux du rôle du juge s'accélère encore, afin de désengorger les juridictions. Trois modifications sont notables. En premier lieu, la loi supprime la phase de conciliation préalable des époux devant le juge. En deuxième lieu, la loi permet aux époux d'accepter le principe de la rupture du mariage par acte consigné par avocats, dès lors qu'ils sont assistés chacun d'un avocat. En troisième lieu, la loi du 23 mars 2019 ramène à un an, au lieu de deux ans, le délai pour obtenir le divorce pour altération du lien conjugal. **Toutes ces mesures relatives à la procédure de divorce devaient entrer en vigueur le 1er septembre 2020, mais cette entrée en vigueur a été retardée au 1er janvier 2021 à cause de la crise de la covid-19 (loi n° 2020-734 du 17 juin 2020, art. 25). Les nouvelles règles applicables au divorce contentieux sont donc applicables, sauf précision contraire de l'énoncé, à partir de la session 2021 de l'examen.**

On ne sera pas étonné d'apprendre que cette libéralisation du divorce depuis quarante ans accompagne une **hausse du taux de couples divorcés** (mesuré par l'Insee par l'indicateur conjoncturel de divortialité). Le taux était de 10 % en 1970, 22 % en 1980, 32 % en 1990, 38 % en 2000, 52 % en 2005 (pic avec l'entrée en vigueur de la loi de 2004), pour redescendre à 44 % en 2014. Il faut noter que plus le mariage est ancien, plus la probabilité du divorce diminue (la sagesse des cheveux gris...).
Après cette mise en perspective historique et statistique, il est temps d'aborder, comme le fait le Code civil, les **cas** de divorce (section 1), la **procédure** de divorce (section 2) et les **effets** du divorce (Section 3).

Section 1

Les cas de divorce

328. L'article 229 du Code civil prévoit **quatre cas** de divorce :
- le divorce par **consentement mutuel** ;
- le divorce **accepté** (« par acceptation du principe de la rupture ») ;
- le divorce pour **altération définitive du lien conjugal** ;
- le divorce pour **faute**.

La **loi J21 du 18 novembre 2016** a introduit une véritable révolution : désormais, le divorce n'est plus nécessairement prononcé par un juge. Cette **déjudiciarisation** est le dernier aboutissement de la banalisation du divorce dans notre société.
Selon **l'article 229-1** :
« Lorsque les époux s'entendent sur la rupture du mariage et ses effets, ils constatent, assistés chacun par un avocat, leur accord dans une convention prenant la forme d'un acte sous signature privée contresigné par leurs avocats et établi dans les conditions prévues à l'article 1374 ».
Un décret n° 2016-1907 du 28 décembre 2016 relatif au divorce prévu à l'article 229-1 du Code civil vient préciser les modalités d'un tel divorce.
La réforme est entrée en vigueur le **1er janvier 2017** (v. *infra*, n° 329 et s. pour les détails).
Bien évidemment, cette faculté de prononcer par convention le divorce n'est possible que dans le divorce par **consentement mutuel** (§ 1). Les divorces par **acceptation du principe de la rupture** du mariage (§ 2), **altération définitive du lien conjugal** (§ 3) et **faute** (§ 4) demeurent des divorces judiciaires.

§ 1. Le divorce par consentement mutuel

Dans ce divorce, **les époux sont non seulement d'accord sur le principe mais aussi sur les conséquences du divorce**. Il représente **plus de la moitié** des divorces. Avant la loi du 18 novembre 2016, le divorce par consentement mutuel supposait l'homologation judiciaire d'une convention conclue entre époux et réglant les conséquences du divorce. Désormais, le divorce est constaté par acte d'avocats et enregistré par un notaire (A). Ce n'est qu'en présence d'un enfant mineur qui demande à être auditionné par le juge que le divorce par consentement mutuel conserve un caractère judiciaire (B).

A. Le divorce par acte d'avocats

Avec la réforme de 2016, la dimension institutionnelle du mariage s'efface un peu plus au profit de sa nature contractuelle : comme tout contrat, le mariage peut désormais être révoqué d'un commun accord des parties (*mutuus dissensus*), sans intervention judiciaire. Les époux se marient devant la loi mais ils divorcent aujourd'hui dans un cabinet d'avocat. Cette innovation est encadrée par le législateur (1), mais elle pose des difficultés qui ne doivent pas être sous-estimées (2).

1. L'encadrement du divorce par acte d'avocats

Plusieurs garde-fous sont prévus par la loi. L'acte d'avocats fait l'objet d'un **quadruple encadrement** à travers son domaine (a), sa conclusion (b), sa forme (c) et sa perfection (d).

a. L'encadrement du domaine de l'acte

329. Le divorce par acte d'avocats est exclu dans **deux cas** :

- **Premier cas** : le **mineur, dûment informé par ses parents de son droit à être entendu**, demande à être **auditionné par le juge** (C. civ., art. 229-2 1°).

  L'avocat devra donc se montrer attentif sur l'existence d'un ou plusieurs enfants mineurs, afin de s'assurer que ses parents l'ont dûment informé de son droit à être

entendu et qu'il ne souhaite pas y donner suite (un formulaire à remplir par l'enfant est prévu à cet effet: CPC, art. 1144). La convention peut également justifier que **l'information n'a pas été transmise, faute de discernement de l'enfant** (CPC, art. 1144-2: ex. enfant de 4 ans). Cette différence de traitement entre enfants privés et dotés de discernement **n'a pas été jugée contraire au principe d'égalité par le Conseil constitutionnel** (Cons. const., 17 nov. 2016, n° 2016-739 DC).
- **Deuxième cas**: l'un des époux est placé sous un régime de **protection** (C. civ., art. 229-2 2°).

b. L'encadrement de la conclusion de l'acte

330. La loi impose un **délai de réflexion de quinze jours** (C. civ., art. 229-4). Ainsi, l'avocat de chacune des parties doit adresser à son client un projet de convention par LRAR qui ne peut être accepté avant l'expiration d'un délai de quinze jours suivant sa réception.
En outre, chaque époux **doit être assisté de son propre avocat** (C. civ., art. 229-1), de manière à garantir leur indépendance (cela justifie le «**s**» à acte d'avocats). Une circulaire a précisé que les avocats choisis «ne peuvent pas exercer au sein de la même structure professionnelle».

c. L'encadrement de la forme de l'acte

331. L'article 229-1 du Code civil prévoit que «lorsque les époux s'entendent sur la rupture du mariage et ses effets, ils constatent, assistés chacun par un avocat, leur accord dans une convention *prenant la forme d'un acte sous signature privée contresigné par leurs avocats* et établi dans les conditions prévues à *l'article 1374*». Ainsi, cet acte fait foi de l'**écriture** et de la **signature** des parties, tant à leur égard qu'à celui de leurs héritiers ou ayants cause.
L'article 229-3 du Code civil impose **six mentions obligatoires**, à peine de **nullité**:
«1° Les nom, prénoms, profession, résidence, nationalité, date et lieu de naissance de chacun des *époux*, la date et le lieu de mariage, ainsi que les mêmes indications, le cas échéant, pour chacun de leurs *enfants*;
2° Le nom, l'adresse professionnelle et la structure d'exercice professionnel des *avocats* chargés d'assister les époux ainsi que le barreau auquel ils sont inscrits;
3° La mention de *l'accord des époux* sur la rupture du mariage et sur ses effets dans les termes énoncés par la convention;
4° Les modalités du *règlement complet des effets du divorce* conformément au chapitre III du présent titre, notamment s'il y a lieu au versement d'une *prestation compensatoire*;
5° *L'état liquidatif du régime matrimonial*, le cas échéant en la forme authentique devant notaire lorsque la liquidation porte sur des biens soumis à publicité foncière, ou la déclaration qu'il n'y a pas lieu à liquidation;
6° La *mention que le mineur a été informé par ses parents de son droit à être entendu par le juge* dans les conditions prévues à l'article 388-1 et qu'il ne souhaite pas faire usage de cette faculté».

À noter

La loi n° 2019-222 du 23 mars 2019 prévoit désormais la possibilité pour les époux et leurs avocats de signer électroniquement la convention de divorce. La mesure est applicable dès le 25 mars 2019. L'impossibilité de conclure par voie électronique des conventions en matière de droit de la famille et des successions reçoit donc une exception en matière de divorce par acte d'avocats (C. civ., art. 1175).

d. L'encadrement de la perfection de l'acte

332. L'acte d'avocat doit être déposé au rang des minutes d'un **notaire**, qui **contrôle le respect des exigences formelles** prévues aux 1° à 6° de l'article 229-3 du Code civil. Il s'assure également que le projet de convention n'a pas été signé avant l'expiration du **délai de réflexion** prévu à l'article 229-4. Ce dépôt **donne ses effets** à la convention en lui conférant **date certaine** et **force exécutoire.**

En outre, tant que le **dépôt de la convention n'est pas effectué**, le **décret n° 2016-1907 du 28 décembre 2016** permet aux époux de s'orienter vers un **divorce contentieux** (sur requête d'un époux, CPC, art. 1106 et 1107) ou une **séparation de corps judiciaire** (CPC, art. 1148-2 al. 2).

2. Les difficultés posées par le divorce par acte d'avocats

333. Deux difficultés, qui ont été soulevées par les premiers commentateurs du texte, ne manqueront pas de se poser :

- **Première difficulté : quel rôle pour le notaire ?** Une **grande confusion** règne sur cette question. Pour les représentants des avocats, tirant profit des débats parlementaires, le notaire ne serait qu'une **chambre d'enregistrement.** Il ne serait pas habilité à recevoir les époux et serait cantonné à un contrôle totalement formel de la convention : respect du délai de réflexion et des mentions obligatoires, mais rien d'autre. Pour d'autres, attachés à la fonction d'officier public du notaire, **on ne saurait concevoir que le notaire authentifie un acte qu'il n'a pas contrôlé** : s'il n'est pas en mesure d'apprécier l'équilibre de la convention, le notaire devrait pouvoir recevoir les parties afin de s'assurer qu'elles sont toujours vivantes et consentantes pour procéder au divorce conventionnel. Il devrait également pouvoir veiller au respect de l'ordre public (v. en ce sens, C. Brenner, « Le nouveau divorce par consentement mutuel : retour à l'an II ? », *JCP* G 2017, n° 9, p. 195). Cette interprétation a notre préférence. Au-delà de la nature profonde du mariage, qui n'est pas un simple contrat civil, il nous semble contestable de conférer force exécutoire à un acte qui n'a fait l'objet d'aucun contrôle par un officier public (v. en ce sens égal. circ. 26 janv. 2017, qui réserve l'ordre public). En tout état de cause, le notaire peut intervenir pour procéder à la liquidation du régime matrimonial (v. *infra*, n° 649 et s.) et son intervention est même obligatoire en présence d'immeubles. Un notaire peut à la fois enregistrer l'acte et procéder à la liquidation (circ. préc.).
- **Deuxième difficulté : quelle sécurité pour un tel acte ?** La déjudiciarisation est bien souvent une illusion : chassez le juge par la porte, il reviendra par la fenêtre ! Comment ne pas voir en effet que l'un des époux, voulant se soustraire à la convention qu'il a signée, cherchera à s'en soustraire en contestant sa validité devant le juge ? La force de l'homologation judiciaire, c'est qu'elle rend irrecevable toute action tendant à remettre en cause

la convention (v. *infra*, n° 344). Rien de tel pour le divorce par acte d'avocats : en l'absence de toute homologation judiciaire (ni même notariale), l'acte a la valeur d'une convention privée. **Il est donc soumis à toutes les actions relatives à la matière contractuelle** : annulation pour vice du consentement, indétermination du contenu, révision pour imprévision… On exclura toutefois le jeu des clauses abusives du nouvel article 1171 du Code civil, dans la mesure où la convention n'est pas un contrat d'adhésion (encore que cela pourrait être discuté : *quid* si la convention a été rédigée intégralement par l'avocat de l'un des époux et seulement acceptée par son conjoint ?).

B. Le divorce judiciaire par consentement mutuel

334. Désormais, le divorce judiciaire par consentement mutuel a un **domaine résiduel** : il n'est ouvert qu'en **présence d'un enfant mineur qui demande à être entendu par le juge, dès lors que l'enfant est doté d'un discernement suffisant au sens de l'article 388-1 du Code civil (pas d'âge minimum requis par la loi ; tout dépend de l'enfant : 8 ans, 9 ans, 10 ans, voire plus… toute audition avant 7 ans semble impossible)**. On sait qu'il s'agit là d'un droit fondamental garanti par la Convention de New York et d'applicabilité directe (v. *supra*, n° 252). C'est la seule hypothèse. En effet, si les époux peuvent, jusqu'au dépôt de leur convention de divorce par acte d'avocats, recourir au divorce judiciaire, celui-ci ne prend pas la forme d'un divorce par consentement mutuel, mais d'un divorce contentieux, sur requête d'un époux (CPC, art. 1106 et 1107 ; v. *infra*, n° 340 et s.).
Dans le divorce judiciaire par consentement mutuel, le divorce est demandé **conjointement** par les époux lorsqu'ils s'entendent sur la rupture du mariage et ses effets **en soumettant à l'approbation du juge une convention réglant les conséquences du divorce** (C. civ., art. 230). Un tel divorce est **exclu** lorsque l'un des époux est soumis à un **régime de protection** (C. civ., art. 249-4).
Le juge **homologue la convention et prononce le divorce** s'il a acquis la conviction que la volonté de chacun des époux est réelle et que leur consentement est libre et éclairé (C. civ., art. 232). Il peut au contraire **refuser l'homologation** et ne pas prononcer le divorce **s'il constate que la convention préserve insuffisamment les intérêts des enfants ou de l'un des époux** (C. civ., art. 232 al. 2). Il en va ainsi, par exemple, si la prestation compensatoire et/ou la pension alimentaire versée pour les enfants sont trop faibles.

§ 2. Le divorce accepté

335. Réformé par la loi du 26 mai 2004, il s'agit d'un divorce **dans lequel les époux s'accordent sur le principe du divorce mais pas sur les conséquences (garde des enfants, partage des biens, prestation compensatoire…), ce qui rend impossible la conclusion d'une convention**. C'est pourquoi les parties s'en remettent au juge pour déterminer les suites du divorce. Mais il reste fondamentalement un divorce qui repose sur la **volonté des époux** : cela explique que, comme dans le divorce par consentement mutuel, les époux n'aient **aucun fait à invoquer pour justifier le divorce** (leur accord suffit). En revanche, depuis la loi du 23 mars 2019, ce divorce est désormais ouvert en présence d'un majeur placé sous un régime de protection, ce qui n'était pas le cas auparavant. L'époux peut accepter, seul, c'est-à-dire sans assistance ou représentation, le principe de la rupture (C. civ., art. 249). La présence du juge pour statuer sur les conséquences du divorce explique ce libéralisme.

Rappelons que la loi du 23 mars 2019 permet d'accepter le principe du divorce par acte d'avocats. Ainsi, le nouvel article 233, alinéa 2, du Code civil dispose que ce divorce « peut être demandé par l'un ou l'autre des époux ou par les deux lorsque chacun d'eux, assisté d'un avocat, a accepté le principe de la rupture du mariage par acte sous signature privée contresigné par avocats, qui peut être conclu avant l'introduction de l'instance ». En outre, l'acceptation du principe de la rupture peut se faire à tout moment de la procédure (C. civ., art. 233).

L'alinéa 4 de l'article 233 précise, ce qui n'est pas nouveau, que **l'acceptation** du divorce constatée par le juge **est irréversible** : elle n'est pas susceptible de rétractation, même par la voie de l'appel. Il en va toutefois autrement en cas de **vice du consentement** (Cass. avis, 9 juin 2008, n° 08-00004, *Bull. avis*, n° 4).

L'article 234 dispose enfin que s'il a acquis la conviction que **chacun des époux a donné librement son accord, le juge prononce le divorce et statue sur ses conséquences**.

§ 3. Le divorce pour altération définitive du lien conjugal

336. Institué par la loi du 26 mai 2004, il a **remplacé le divorce pour rupture de la vie commune**. Son régime est plus souple, mais il reste, comme le précédent, un **divorce-faillite** : il est pris acte de la séparation des époux, indépendamment de toute sanction. En somme, il permet à un époux d'imposer le divorce à l'autre alors que ce dernier n'a commis aucune faute. C'est pourquoi certains évoquent un **divorce-répudiation**, ce qui explique que son introduction en 1975 et sa simplification en 2004 aient occasionné des débats assez nourris. Ainsi, en 1975, le divorce pour rupture de la vie commune était admis à des conditions très strictes :

- conditions relatives aux **causes** : il fallait soit une séparation de fait, soit une altération grave des facultés mentales d'un époux **depuis au moins six ans** ;
- conditions relatives aux **conséquences** : l'époux demandeur devait supporter toutes les **charges du divorce** et notamment le devoir de secours qui était maintenu. En outre, en vertu de la **clause de dureté**, le juge pouvait rejeter la demande si le divorce avait pour les enfants ou l'autre conjoint des conséquences matérielles ou morales d'une exceptionnelle dureté.

Ces restrictions ont été en grande partie levées en 2004, au nom de l'institution d'un véritable **droit au divorce**, qui permet d'obtenir la rupture du lien matrimonial, en dépit du refus ou de l'absence de faute du conjoint. Le divorce pour altération définitive du lien conjugal peut ainsi être prononcé **dans deux cas** (C. civ., **art. 238**) :

- lorsque **les époux vivent séparés** depuis **deux ans** lors de l'assignation en divorce (**cessation de la communauté de vie**, tant affective que matérielle, v. *supra*, n° 311) ; l'altération des facultés mentales du conjoint n'est plus prise en considération ;
- **sans condition de délai**, en cas de **demande concurrente en divorce pour faute** ; si cette demande est rejetée et qu'une demande reconventionnelle en divorce pour altération du lien conjugal est formée, le juge doit y faire droit, car la séparation est irrémédiable (l'un invoque la faute, l'autre l'altération du lien conjugal).

En outre, la loi de 2004 a **supprimé** les **charges qui pesaient sur le demandeur et la clause de dureté.** Malgré ce coup de canif dans la solidarité entre époux, il a été jugé que ce divorce ne portait pas atteinte à la vie privée et familiale du conjoint garantie par l'article 8 de la Convention européenne des droits de l'homme, dès lors qu'il supposait la cessation de la communauté de vie entre époux (Cass. 1re civ., 15 avr. 2015, n° 13-27898, *Bull. civ.* I, n° 89).

FOCUS

La réforme du divorce pour altération du lien conjugal

La loi du 23 mars 2019, applicable à compter du 1er janvier 2021 (v. *infra*, n° 1145 et s.), assouplit un peu plus encore le divorce pour altération du lien *conjugal*, glissant vers un divorce quasi discrétionnaire (sans juste motif prévu par la loi). Ainsi, le nouvel article 238 du Code civil ramène à un an le délai de séparation. Surtout, le nouvel article 238, alinéa 2, dispose que « si le demandeur a introduit l'instance sans indiquer les motifs de sa demande, le délai caractérisant l'altération définitive du lien conjugal est apprécié au prononcé du divorce ». On le voit, il est désormais possible d'assigner en divorce son conjoint, sans que le délai d'un an de séparation soit constitué au jour de la demande, dès lors que celle-ci ne précise pas les motifs de la séparation. Ce délai d'une année sera alors calculé au jour du prononcé du divorce (pour les incidences concrètes, v. le cas pratique n° 1). En clair, il suffira d'avoir quitté le logement depuis un an au moment où le juge statue pour obtenir un divorce pour altération du lien conjugal. L'autre cas de divorce pour altération du lien conjugal est en outre élargi. Alors que l'ancien texte visait seulement le rejet d'une demande principale en divorce pour faute (le juge devant alors admettre sans condition de délai la demande reconventionnelle en divorce pour altération du lien conjugal), le nouvel article 238, alinéa 3, du Code civil envisage plus largement une autre demande concurrente, ce qui comprend, désormais, la demande en divorce accepté. Toutefois, l'article 246 reste applicable : en cas de demandes concurrentes en divorce pour faute et pour altération du lien conjugal, le juge doit examiner en premier lieu la demande en divorce pour faute.

§ 4. Le divorce pour faute

Il était **le seul cas prévu par la loi Naquet de 1884**, car il est en harmonie avec la dimension institutionnelle du mariage. Si un époux manque gravement à ses obligations matrimoniales, il est moral que son conjoint puisse obtenir en justice la dissolution de l'union. Ce divorce a été maintenu en 1975 et en 2004, malgré quelques hésitations tenant à son caractère belliqueux et infamant. D'un commun accord, les époux peuvent d'ailleurs demander au juge qu'il se limite à constater qu'il existe des faits justifiant le divorce, sans révéler dans son jugement les torts et griefs des parties (C. civ., art. 245-1).
Il convient d'envisager successivement la définition de la faute qui permet le prononcé du divorce (A) et la paralysie de cette faute (B), qui en empêche le prononcé.

A. La définition de la faute

337. L'**article 242** du Code civil dispose que : « le divorce peut être demandé par l'un des époux lorsque des *faits constitutifs d'une violation grave ou renouvelée des devoirs et obligations du mariage sont imputables à son conjoint et rendent intolérable le maintien de la vie commune* ».
Deux éléments cumulatifs sont donc requis :
- une violation grave **ou** renouvelée imputable au conjoint des droits et obligations du mariage (le « ou » est alternatif : on ne saurait exiger que la violation soit grave *et* renouvelée : Cass. 2e civ., 25 oct. 1995, n° 93-13773, *Bull. civ.* II, n° 256) ;
- une violation qui rend intolérable le maintien de la vie commune.

La Cour de cassation se montre souple et n'exige pas des juges du fond qu'ils caractérisent spécifiquement les deux conditions cumulatives du texte (Cass. 1re civ., 11 janv. 2015, 7 arrêts ; mais la seule mésentente ne peut suffire : n° 03-12802).
On peut citer, à titre d'exemples : l'alcoolisme, l'adultère, le refus de consommer le mariage, le fait de laisser proliférer des animaux au point de rendre le domicile inhabitable, le zèle excessif dans la pratique de la religion...
Mais **il n'existe plus de cause péremptoire de divorce** (ce qui était le cas, notamment, de l'adultère avant 1975). Dans tous les cas, le juge dispose **d'un pouvoir d'appréciation** pour déterminer si la faute invoquée (adultère, manquement au devoir d'assistance...) constitue ou non une violation grave ou renouvelée des droits et obligations du mariage rendant intolérable le maintien de la vie commune.

B. La paralysie de la faute

Deux circonstances viennent en quelque sorte excuser la faute invoquée : la réconciliation (1) et la faute du demandeur (2).

1. La réconciliation

338. **L'article 244 du Code civil** prévoit que « la réconciliation des époux intervenue depuis les faits allégués empêche de les invoquer comme cause de divorce ». Cette réconciliation suppose non seulement le **maintien ou la reprise de la vie commune** (élément matériel), mais encore la **volonté de l'époux offensé de pardonner** en pleine connaissance de cause son conjoint (élément psychologique).
Il s'agit d'une **fin de non-recevoir** : la demande est purement et simplement **irrecevable** (C. civ., art. 244 al. 2). Cependant, l'époux peut agir en divorce en invoquant des faits **postérieurs ou révélés postérieurement à la réconciliation.** Il peut alors appuyer sa demande en faisant ressurgir les faits anciens.

2. La faute de l'époux demandeur

339. Il ne s'agit pas d'une **cause d'irrecevabilité** : même si celui qui demande le divorce pour faute a lui-même commis des fautes, sa demande doit être examinée par le juge. Cependant, de telles fautes peuvent enlever aux faits qu'il reproche à son conjoint leur caractère fautif (C. civ., **art. 245**).
Au reste, le conjoint assigné en divorce pour faute peut former une **demande reconventionnelle en divorce** en invoquant également sa faute. Si les deux demandes sont accueillies, le divorce est prononcé **aux torts partagés.** Il en va ainsi même en l'absence de demande reconventionnelle, dès lors que les débats font apparaître des fautes des deux côtés. Le conjoint peut également former une demande pour altération définitive du lien conjugal : dans ce cas, le juge examine en premier lieu la demande pour faute (C. civ., **art. 246).**

FOCUS

Les passerelles

Pour conclure sur les cas de divorce, il faut savoir qu'il existe des **passerelles entre les cas de divorce.** À certaines conditions, les époux peuvent passer de l'un à l'autre en cours d'instance, ce qui suppose qu'il y ait eu, au départ, une demande en divorce judiciaire.
Il existe **trois passerelles** :
- **les époux peuvent passer vers un divorce par consentement mutuel à tout moment de la procédure, soit par le biais d'un divorce par acte d'avocats, soit en soumettant leur convention au juge dans le cas de l'article 229-2, 1°, à savoir en présence d'un enfant mineur qui demande à être auditionné** (C. civ., **art. 247**). Cette passerelle montre la faveur pour les divorces consensuels ;
- **les époux peuvent passer vers un divorce accepté, lorsque le divorce a été initialement demandé pour altération définitive du lien conjugal ou pour faute.** Il suffit que pendant la procédure, les époux demandent au juge de constater leur accord sur le principe du divorce (C. civ., **art. 247-1**). Là encore, on retrouve la faveur pour les divorces amiables ;
- **enfin, si un époux demande le divorce pour altération définitive du lien conjugal et que son conjoint demande reconventionnellement le divorce pour faute, le demandeur peut invoquer les fautes de son conjoint pour modifier le fondement de sa demande** (C. civ., **art. 247-2**). Cette innovation issue de la loi de 2004 permet à l'époux qui l'invoque d'obtenir le prononcé du divorce aux torts partagés, en se prévalant de la faute de son conjoint.

Section 2
La procédure du divorce judiciaire

Par hypothèse, la procédure est propre au divorce judiciaire. **Le divorce par acte d'avocats s'accomplit en dehors de toute procédure judiciaire**.
Le Code civil et le Code de procédure civile prévoient des **dispositions générales** applicables à tous les divorces judiciaires (§ 1) et des **dispositions spécifiques** pour chacun d'entre eux (§ 2).

§ 1. Les dispositions générales

Il convient d'envisager successivement les parties au divorce (A) et le prononcé du divorce (B).

A. Les parties au divorce

340. Les parties au divorce sont les **époux.** L'action en divorce leur est personnelle : **elle n'est pas transmise aux héritiers** : l'action en divorce s'éteint par le décès de l'un d'eux survenu avant que le divorce ne soit définitif (Cass. 1re civ., 20 juin 2006, n° 05-16150, *Bull. civ.* I, n° 317). De même, les **créanciers des époux** ne peuvent pas intenter une action en divorce. Qu'advient-il si l'un des époux est placé sous un **régime de protection** ? Déjà, nous l'avons vu, **le divorce par consentement n'est pas possible** (C. civ., art. 249-4 ; rappelons que la loi du 23 mars 2019 a ouvert le divorce accepté). Pour les autres divorces, le Code civil prévoit des règles d'assistance ou de représentation. Ainsi, l'article 249 dispose que « dans l'instance en divorce, le majeur en tutelle est représenté par son tuteur et le majeur en curatelle exerce l'action lui-même, avec l'assistance de son curateur. Toutefois, la personne protégée peut accepter seule le principe de la rupture du mariage sans considération des faits à l'origine de celle-ci ». Par ailleurs, un tuteur ou un curateur *ad hoc* est nommé lorsque la tutelle ou la curatelle avait été confiée au **conjoint** de la personne protégée (C. civ., art. 249-2). Enfin, si une demande de mesure de protection juridique est déposée ou en cours, la demande en divorce ne peut être examinée qu'après l'intervention du jugement se prononçant sur la mise en place d'une telle mesure de protection ; le juge du divorce peut toutefois prendre des mesures conservatoires (C. civ., art. 249-3).

B. Le prononcé du divorce

341. Le **tribunal compétent** est déterminé par **l'article 1070 du Code de procédure civile** : c'est le **juge aux affaires familiales**. À compter du 1er janvier 2021, par application du décret n° 2019-1380 du 17 décembre 2019, sa compétence territoriale est fixée comme suit : « le juge du lieu où se trouve la résidence de la famille ; si les parents vivent séparément, le juge du lieu de résidence du parent avec lequel résident habituellement les enfants mineurs en cas d'exercice en commun de l'autorité parentale, ou du lieu de résidence du parent qui exerce seul cette autorité ; dans les autres cas, le juge du lieu où réside celui qui n'a pas pris l'initiative de la procédure. En cas de demande conjointe, le juge compétent est, selon le choix des parties, celui du lieu où réside l'une ou l'autre. Toutefois, lorsque le litige porte seulement sur la pension alimentaire, la contribution à l'entretien et l'éducation de l'enfant, la contribution aux charges du mariage ou la prestation compensatoire, le juge compétent peut être celui du lieu où réside l'époux créancier ou le parent qui assume à titre principal la charge des enfants, même majeurs. La compétence territoriale est déterminée par la résidence au jour de la demande ».

Les débats ne sont pas publics : pour préserver l'intimité de la famille, **l'article 248** du Code civil dispose que « les débats sur la cause, les conséquences du divorce et les mesures provisoires ne sont pas publics ». Il s'agit là d'une dérogation au droit commun. Toutefois, à la différence des débats, le jugement est rendu en audience publique. Seul le dispositif est lu, pas les motifs.

Le **jugement de divorce** présente **trois caractères** :

- il est **constitutif** (et non déclaratif) : il crée une situation juridique nouvelle, ce qui explique qu'il n'ait d'effet que pour l'avenir ;
- il doit être **publié** pour être opposable aux tiers (mention en marge de l'acte de naissance et de mariage des époux ; CPC, art. 1082) ;
- il **ne passe pas immédiatement en force de chose jugée**, car **les recours sont suspensifs** : il en va ainsi de l'appel, ce qui est conforme au droit commun, mais aussi, par exception, du **pourvoi en cassation** (CPC, art. 1086, car l'exécution de la décision aurait un caractère irrémédiable). La règle connaît toutefois **une exception**, dans l'intérêt bien compris des enfants : le pourvoi n'est pas suspensif pour ce qui concerne les pensions, la contribution à l'entretien et l'éducation de l'enfant, et l'exercice de l'autorité parentale (CPC, art. 1087). La décision doit ainsi être exécutée malgré un pourvoi en cassation.

§ 2. Les dispositions spécifiques

Il existe une grande différence, du point de vue de la procédure, entre le divorce judiciaire par consentement mutuel et les autres. Le premier relève de la **matière gracieuse** (A), tandis que les autres relèvent de la **matière contentieuse** (B).

A. Le divorce par consentement mutuel : un divorce gracieux

L'article 1088 du Code civil dispose que « le divorce par consentement mutuel relève de la matière gracieuse ». Cela signifie que le juge n'intervient pas pour trancher un litige, mais pour contrôler la demande qui lui est présentée par les époux (CPC, art. 25 et s.).
Dès lors, la procédure est très simplifiée. Elle comporte trois étapes : la requête unique des époux (1), l'audition par le juge (2) et la décision du juge (3).

1. La requête unique des époux

342. La demande est faite par les avocats respectifs des parties ou l'avocat qu'ils ont choisi d'un commun accord (C. civ., art. 250). On voit ici la différence avec le divorce par acte d'avocats, pour lequel chaque époux doit être représenté par son propre avocat. Ici, le contrôle du juge permet aux parties de choisir le même avocat.
Il convient de se souvenir que ce divorce judiciaire n'a désormais lieu que dans l'hypothèse **d'un enfant mineur qui demande à être entendu par le juge**. C'est pourquoi, à peine d'irrecevabilité, la requête comprend en annexe **le formulaire d'information de l'enfant mineur demandant à être entendu, daté et signé** par lui.
En outre, la requête doit comporter la **convention datée et signée par chacun des époux et leur avocat portant règlement complet des effets du divorce** et incluant notamment un état liquidatif du régime matrimonial ou la déclaration qu'il n'y a pas lieu à liquidation.

2. L'audition par le juge

343. Avant d'auditionner les époux, le juge procède à **l'audition de l'enfant,** sauf si celui-ci est privé de discernement (CPC, art. 1092) :
- il **convoque ensuite chacun des époux** par lettre simple expédiée quinze jours au moins avant la date qu'il fixe pour leur audition ;
- **lors de l'audience,** le juge examine la demande avec **chacun des époux, puis les réunit**. Il **appelle ensuite le ou les avocats** (C. civ., art. 250). Il s'assure que **le consentement des époux est libre et éclairé** et appelle leur attention sur l'importance des engagements pris par eux, notamment quant à l'exercice de l'autorité parentale. Avec l'accord des parties, en présence du ou des avocats, le juge **peut faire supprimer ou modifier les clauses de la convention** qui lui paraîtraient contraires à l'intérêt des enfants ou de l'un des époux (CPC, art. 1099).

On peut regretter que ce rôle du juge, si essentiel, ne subsiste qu'en présence d'un enfant mineur qui demande son audition, car on voit bien que ce n'est pas seulement l'intérêt de cet enfant qui est en jeu.

3. La décision du juge

Deux options sont possibles : l'homologation (a) et le refus d'homologation (b).

a. L'homologation

344. Aux termes de l'article 250-1 du Code civil, « lorsque les conditions prévues à l'article 232 sont réunies, le juge homologue la convention réglant les conséquences du divorce et, par la même décision, prononce celui-ci ». Cette décision est **prise sur-le-champ**, c'est-à-dire le jour de l'audience.
En cas d'homologation, **seul le pourvoi en cassation** est ouvert dans un délai de quinze jours (contrôle de la légalité : par ex., refus de l'audition de l'enfant par le juge, alors qu'il était doté de discernement). La décision n'est donc pas susceptible d'appel. Les créanciers des époux peuvent toutefois former **tierce opposition** contre le jugement, afin de le faire déclarer inopposable à leur égard (CPC, art. 1104).
En outre, ce divorce, parce qu'il est homologué, **a la nature d'une décision de justice et non d'un contrat** : sont donc exclues les actions relatives au droit des contrats. Ainsi, est irrecevable une action en rescision pour lésion (Cass. 2e civ., 6 mai 1987, n° 86-10107, *Bull. civ.* II, n° 103). C'est la grande force du divorce homologué par rapport au divorce par acte d'avocats (v. *supra*, n° 329 et s.).

b. Le refus d'homologation

345. Si la convention lui paraît préserver insuffisamment les intérêts des enfants ou de l'un des époux, le juge peut refuser de l'homologuer, ne pas prononcer le divorce et ajourner sa décision, **par ordonnance rendue sur-le-champ**. Le juge invite les époux à présenter une nouvelle convention avant l'expiration d'un délai de six mois. Il peut toutefois homologuer des **mesures provisoires** sur lesquelles les époux se sont accordés, pourvu qu'elles soient conformes à l'intérêt des époux et à l'intérêt des enfants (C. civ., art. 250-2 ; par ex. un droit de visite et d'hébergement temporaire pour un parent jusqu'au prononcé du divorce).
La décision, parce qu'elle fait tort aux époux (refus de leur divorce voulu), **est susceptible d'appel dans un délai de quinze jours** (puis de pourvoi en cassation).
À défaut de présentation d'une nouvelle convention dans le délai de six mois ou si le juge refuse une nouvelle fois l'homologation, la demande en divorce est caduque (C. civ., art. 250-3).

B. Les divorces contentieux

Les trois autres divorces – accepté, pour altération définitive du lien conjugal et pour faute – sont **contentieux** et sont soumis à ce titre aux mêmes règles. Alors que le divorce judiciaire supposait une phase préalable de conciliation par le juge, la loi du 23 mars 2019, pour simplifier et accélérer le divorce, a supprimé cette étape, qui, il faut le dire, était rarement couronnée de succès. La nouvelle procédure de divorce a été organisée par un décret d'application n° 2019-1380 du 17 décembre 2019, qui a différé l'entrée en vigueur du nouveau dispositif au 1er septembre 2020, afin de permettre aux différents acteurs de s'y préparer. La crise de la covid-19 a conduit le législateur à reporter l'entrée en vigueur de la réforme au 1er janvier 2021 (loi n° 2020-734 du 17 juin 2020, art. 25). Les procédures engagées avant le 1er janvier 2021 resteront soumises au droit ancien, y compris pour les assignations délivrées après le 1er janvier 2021, dès lors que la requête initiale aura été déposée avant cette date. Il convient donc d'être attentif dans les cas pratiques à la date d'introduction de la demande en divorce : si celle-ci a été introduite après le 1er janvier 2021, elle sera soumise au droit nouveau. Pour la clarté de l'exposé, nous distinguerons donc la procédure avant le 1er janvier 2021 (1) de celle à compter du 1er janvier 2021 (2).

1. La procédure avant le 1er janvier 2021

Avant la réforme du 23 mars 2019, la procédure de divorce judiciaire n'était pas immédiatement contentieuse: elle commençait par une requête initiale (a), qui donnait ensuite lieu à une tentative de conciliation par le juge (b) et ce n'était qu'en cas d'échec de la conciliation que l'un des époux était autorisé à assigner l'autre en divorce (c).

a. La requête initiale

346. L'**article 251 du Code civil** prévoit que «l'époux qui forme une demande en divorce présente, par avocat, une requête au juge, sans indiquer les motifs de la rupture». Pourquoi la requête ne doit-elle pas indiquer les motifs de la rupture? Pour faciliter la conciliation qui sera ensuite ultérieurement mise en œuvre par le juge. Il y a là une volonté de **pacifier** le divorce.

À ce stade, **l'instance en divorce n'est pas encore ouverte**. C'est pourquoi le JAF ne peut pas, dès ce stade, statuer sur une fin de non-recevoir opposée à une requête initiale (Cass. 2e civ., 9 janv. 2003, n° 00-19221 et 01-01105, *Bull. civ.* II, n° 1). En revanche, il peut, dès la requête initiale, prendre **des mesures d'urgence** (C. civ., art. 257). Il peut notamment autoriser l'époux demandeur à résider séparément, avec les enfants mineurs, le cas échéant. Il peut aussi ordonner des mesures conservatoires, telles que l'apposition de scellés sur les biens communs (pour éviter leur dilapidation par le conjoint).

Par un arrêt du 17 octobre 2019, la Cour de cassation est venue préciser la portée temporelle de l'article 251 du Code civil, qui interdit aux époux d'indiquer les motifs de la rupture dans la requête initiale (**Cass. 1re civ., 17 oct. 2019**, n° 18-20584). La première chambre civile estime que l'interdiction ne s'applique pas aux écritures déposées par les parties à l'appui de leurs observations orales lors de l'audience de conciliation. Ainsi, sans attendre l'ordonnance de non-conciliation, un époux peut faire état de griefs à l'endroit de son conjoint. La solution a aujourd'hui moins d'intérêt, dès lors que l'audience de conciliation a été supprimée et qu'il est désormais possible de préciser, dès la demande introductive, les motifs de la rupture (sauf divorce pour faute).

b. La tentative de conciliation

347. L'**article 252** du Code civil, dans sa version antérieure à la loi du 23 mars 2019, impose une conciliation obligatoire avant l'instance judiciaire, «tant sur le principe du divorce que sur ses conséquences». Avant la loi de 2004, la conciliation ne visait qu'à réconcilier les époux, c'est-à-dire à les faire renoncer au divorce. Mais c'était une chimère. Désormais, il s'agit surtout de faire accepter aux deux époux le principe et, dans le meilleur des cas, les conséquences du divorce.

À cette fin, l'article 252-1 du Code civil précise que le juge doit s'entretenir personnellement avec chacun d'eux, avant de les réunir. Les avocats ne sont appelés que dans un second temps. Afin **d'éviter toute méfiance entre époux**, l'article 252-4 ajoute que tout ce qui a été dit ou écrit pendant la conciliation ne pourra être invoqué pour ou contre un époux dans la suite de la procédure.

À l'issue de cette tentative de conciliation, **trois voies** sont possibles:

- **la conciliation réussit**: le juge dresse un **procès-verbal de conciliation**. Soit les époux ne souhaitent plus divorcer (réconciliation), soit ils souhaitent toujours divorcer, mais de manière amiable: il peut alors y avoir une passerelle vers le divorce par consentement

mutuel (principe et conséquences du divorce acceptés) ou le divorce accepté (principe accepté, sans les conséquences). Le passage au divorce accepté suppose l'assistance d'un avocat (C. civ., art. 253). En outre, le juge autorise dans ce cas les époux à déposer une assignation en divorce, afin qu'il soit statué sur les conséquences du divorce. Ainsi, alors même que la conciliation a en partie réussi, le juge prend une ordonnance de non-conciliation pour permettre aux époux de déposer une assignation, et ainsi ouvrir l'instance en divorce ;
- **la conciliation ne réussit pas instantanément mais elle paraît possible** : le juge peut décider de **suspendre** la procédure en vue d'une nouvelle tentative de conciliation dans les **six mois au plus** (C. civ., **art. 252-2**) ;
- **la conciliation échoue** irrémédiablement : le juge rend **une ordonnance de non-conciliation**. Cette **ordonnance** autorise les époux à déposer une assignation en divorce. Mais même à cette occasion, le juge les invite à un règlement amiable des conséquences du divorce, en leur demandant de présenter un projet de règlement des effets du divorce (C. civ., art. 252-3). Tout est fait, on le voit, pour donner une dimension amiable et pacifiée au divorce du XXIe siècle.

c. L'instance en divorce

348. Deux questions méritent d'être posées sous l'empire du droit ancien :
Quel délai pour introduire la demande en divorce ?
Seul l'époux requérant peut assigner son conjoint en divorce dans les **trois mois** à compter de l'ordonnance de non-conciliation.
Après ces trois mois, la demande est ouverte aux **deux époux**. Mais elle doit être faite **dans les trente mois** de l'ordonnance de non-conciliation, à peine de caducité de toutes les mesures, y compris l'autorisation d'assigner en divorce (CPC, art. 1113). Il faudra donc tout recommencer.

Quel fondement pour la demande en divorce ?
En principe, chaque époux peut introduire l'instance ou former une demande reconventionnelle en invoquant les trois cas de divorce contentieux : divorce accepté, divorce pour altération du lien conjugal, ou divorce pour faute. Toutefois, si les époux ont accepté le divorce lors de l'audience de conciliation, la demande ne peut être engagée que sur le fondement du divorce accepté (C. civ., art. 257-1 al. 2).
En outre, à peine d'irrecevabilité, la demande doit comporter une proposition de règlement des intérêts pécuniaires des époux (C. civ., art. 257-2).

2. La procédure à compter du 1er janvier 2021

Si la réforme a modifié en profondeur le déroulement de la procédure (a), elle ne bouleverse pas les pouvoirs du juge (b).

a. Le déroulement de la procédure

349. À compter du 1er janvier 2021, la procédure de divorce ne passe plus par une tentative de conciliation. Pour les auteurs de la réforme, cette phase ralentissait inutilement la procédure (la conciliation étant très rare) et elle était surtout très douloureuse pour les époux en cas de conflit. Désormais, la procédure de divorce judiciaire commence directement par la demande introductive, effectuée soit par requête conjointe (divorce accepté dès le début), soit sur assignation (divorce demandé par un époux). Il faut savoir que la demande introductive peut désormais préciser *ab initio* le fondement du divorce, sauf en cas de divorce pour faute, et ce pour éviter une crispation inutile, interdisant de basculer vers un divorce accepté (C. civ., art. 251). En dehors de cette hypothèse, la cause de la rupture peut être identifiée dès la demande introductive, ou alors l'être en cours de procédure, et ce, obligatoirement lors des premières conclusions au fond. L'article 252 du Code civil précise que la demande introductive d'instance comporte le rappel des dispositions relatives à la médiation en matière familiale et à la procédure participative et l'homologation des accords partiels ou complets des parties sur les modalités d'exercice de l'autorité parentale et les conséquences du divorce. Elle doit comporter également, à peine d'irrecevabilité, une proposition de règlement des intérêts pécuniaires et patrimoniaux des époux. Enfin, l'assignation ou la requête conjointe doit contenir « les lieu, jour et heure de l'audience d'orientation et sur mesures provisoires », et ce à peine de nullité (CPC, art. 1107). La disposition permet une meilleure anticipation : dès introduction de la demande, les parties sont avisées du jour de l'audience.

349-1. L'audience est également transformée. Deux changements majeurs peuvent être signalés. En premier lieu, le juge reçoit les parties, qui doivent être assistées ou représentées par leur avocat (CPC, art. 1117). Cela signifie que la comparution personnelle des époux n'est plus obligatoire, la conciliation ayant été supprimée. Chaque époux pourra donc se faire représenter à l'audience par son avocat, ce qui permet d'apaiser le processus. Mais la présence d'un avocat est obligatoire. En second lieu, l'audience devant le juge a désormais pour but l'orientation de la procédure. Il s'agit essentiellement, lors de cette audience, de discuter de la suite de la procédure, et notamment de la mise en état (constitution des preuves, calendrier des débats, type de divorce envisagé...). Au-delà de cette audience d'orientation, qui est obligatoire, le juge peut en outre statuer sur des mesures provisoires, si les parties en font la demande. Tout ceci nous amène aux pouvoirs du juge.

b. Les pouvoirs du juge

Les pouvoirs du juge se concentrent sur les mesures provisoires, l'appréciation des preuves et enfin le refus du divorce.

350. Les mesures provisoires permettent d'organiser la vie de la famille pendant l'instance de divorce. Même si le mariage n'est pas encore dissous, il est certain que la vie de famille est affectée par le divorce qui est en cours. C'est pourquoi l'article 254 du Code civil prévoit, dans sa rédaction issue de la loi du 23 mars 2019, que « le juge tient, dès le début de la procédure, sauf si les parties ou la partie seule constituée y renoncent, une audience à l'issue de laquelle il prend les mesures nécessaires pour assurer l'existence des époux et des enfants de l'introduction de la demande en divorce à la date à laquelle le jugement passe en force de chose jugée, en considération des accords éventuels des époux ».

À noter

Les mesures provisoires relatives aux **enfants** ont été sorties du droit du divorce par la loi du 4 mars 2002 : elles ont été **déplacées dans un chapitre commun à toutes les séparations** (C. civ., art. 256 : divorce, rupture d'un PACS ou d'un concubinage) et seront donc traitées ultérieurement (v. *infra*, n° 477). Mais il faut avoir à l'esprit qu'elles pourront être prononcées par le JAF à l'occasion d'un divorce.

Sous le bénéfice de cette observation, **l'article 255** prévoit un florilège **non exhaustif** de mesures provisoires limitées au couple, mesures qui n'ont pas été modifiées par la réforme du 23 mars 2019 :

« Le juge peut notamment :

1° Proposer aux époux une *mesure de médiation* et, après avoir recueilli leur accord, désigner un médiateur familial pour y procéder ;

2° Enjoindre aux époux de rencontrer un *médiateur familial* qui les informera sur l'objet et le déroulement de la médiation ;

3° Statuer sur les modalités de la *résidence séparée* des époux ;

4° Attribuer à l'un d'eux la *jouissance du logement* et du mobilier du ménage ou partager entre eux cette jouissance, en précisant son caractère gratuit ou non et, le cas échéant, en constatant l'accord des époux sur le montant d'une indemnité d'occupation ;

5° Ordonner la remise des *vêtements* et objets personnels ;

6° Fixer la *pension alimentaire* et la provision pour frais d'instance que l'un des époux devra verser à son conjoint, désigner celui ou ceux des époux qui devront assurer le règlement provisoire de tout ou partie des dettes ;

7° Accorder à l'un des époux des *provisions* à valoir sur ses droits dans la liquidation du régime matrimonial si la situation le rend nécessaire ;

8° Statuer sur l'attribution de la *jouissance ou de la gestion des biens communs* ou indivis autres que ceux visés au 4°, sous réserve des droits de chacun des époux dans la liquidation du régime matrimonial ;

9° Désigner tout *professionnel qualifié en vue de dresser un inventaire* estimatif ou de faire des propositions quant au règlement des intérêts pécuniaires des époux ;

10° Désigner un *notaire* en vue d'élaborer un projet de liquidation du régime matrimonial et de formation des lots à partager ».

De telles mesures provisoires **sont revêtues de l'exécution provisoire**. Elles se substituent d'office à la contribution aux charges du mariage (Cass. 2e civ., 30 nov. 1994, n° 92-20656, *Bull. civ.* II, n° 245). Mais elles peuvent être **révisées** en présence de faits nouveaux.

350-1. Les pouvoirs du juge renvoient en second lieu à l'appréciation des preuves. Il faut avoir à l'esprit que la question des preuves recevables ne se pose en pratique que dans le divorce pour faute et le divorce pour altération définitive du lien conjugal, qui supposent la preuve d'un fait (faute, séparation). En revanche, dans le divorce accepté, la volonté des époux sur le principe du divorce tue dans l'œuf toute difficulté probatoire.

Dans ce cadre, l'article 259 du Code civil, inchangé par la réforme du 23 mars 2019, dispose que **la preuve des causes du divorce est libre** :

- notamment, l'**aveu** est autorisé depuis 1975 (il était exclu auparavant, car il aurait permis indirectement un divorce par consentement mutuel, ce qui était interdit). Ainsi, l'époux peut avouer l'adultère qui lui est reproché ;
- les époux peuvent également recourir à des **constats d'huissier** (v. les fameux constats d'adultère). Toutefois, l'article 259-2 du Code civil prévoit qu'ils seront écartés des débats **s'il y a eu violation de domicile** ou **atteinte illicite à l'intimité de la vie privée**. Il faut donc que le constat soit fait dans le logement familial ou, s'il s'agit du logement d'un tiers (amant ou maîtresse), sur autorisation du président du tribunal (Cass. 1re civ., 18 nov. 1992, n° 90-19368, *Bull. civ.* I, n° 285) ;
- les **correspondances et journaux intimes** peuvent également être utilisés (lettres, SMS, emails...), mais à condition de ne pas les avoir obtenues par **violence ou fraude** (C. civ., art. 259-1). On retrouve ici l'exigence de **loyauté** de la **preuve**. Par exemple, si l'époux a quitté le domicile en laissant son ordinateur ou son téléphone, son conjoint peut les utiliser pour accéder aux données ;
- des **témoignages** peuvent enfin être produits. Toutefois, les **descendants ne peuvent jamais être entendus** sur les griefs invoqués par les époux (C. civ., art. 259 al. 2). La Cour de cassation étend la règle aux conjoints des descendants, mêmes divorcés (Cass. 1re civ., 14 févr. 2006, n° 05-14686, *Bull. civ.* I, n° 71), et aux concubins (Cass. 2e civ., 10 mai 2001, n° 99-13833, *Bull. civ.* II, n° 94). La **paix des familles** est à ce prix.

350-2. Enfin, qu'advient-il si le juge refuse de prononcer le divorce ? Si le juge rejette la demande en divorce, il peut prendre des mesures organisant la séparation des époux. Ce sont des mesures relatives à la contribution aux charges du mariage, à la résidence de la famille et à l'exercice de l'autorité parentale (C. civ., art. 253). Tout ceci n'est pas nouveau.

Section 3
Les effets du divorce

351. **Trois précisions liminaires** s'imposent sur les effets du divorce :
- avec les réformes de 1975 et surtout de 2004, la loi **dissocie** désormais **les causes et les effets du divorce** : ainsi, par exemple, le conjoint infidèle pourra normalement bénéficier d'une prestation compensatoire, même si le divorce est prononcé à ses torts exclusifs (sous réserve du jeu de l'article 270, alinéa 3 du Code civil, v. *infra*, n° 357) ;
- les **effets à l'égard des enfants ne sont plus traités dans les règles sur le divorce** (v. C. civ., art. 286) : l'incidence de la séparation des parents est, depuis la loi du 4 mars 2002, traitée dans le **droit de la filiation**, quel que soit le statut du couple (marié ou non ; v. *infra*, n° 477) ;
- dans les divorces judiciaires, il appartient normalement au juge de déterminer les conséquences du divorce, notamment en ordonnant la liquidation et le partage des intérêts patrimoniaux des époux, à défaut de règlement conventionnel (C. civ., art. 267). Mais la faveur pour les solutions conventionnelles, déjà prégnante dans les causes du divorce, se retrouve au niveau des conséquences. Ainsi, l'article 268 du Code civil dispose que « les époux peuvent, pendant l'instance, soumettre à l'homologation du juge des conventions réglant tout ou partie des conséquences du divorce ».

FOCUS

L'article 268 du Code civil

Par un arrêt du 12 février 2020, la première chambre civile a précisé les modalités procédurales de soumission au juge d'une convention réglant les conséquences du divorce (**Cass. 1re civ., 12 févr. 2020, n° 19-10088**). Qu'en est-il lorsqu'un seul époux soumet au juge une telle convention? Les juges du fond avaient estimé qu'une telle demande d'homologation était irrecevable, faute d'avoir été présentée par les deux époux. La décision est censurée par la Cour régulatrice, qui estime que « la demande d'homologation d'une convention réglant tout ou partie des conséquences du divorce présentée par un époux seul est recevable ». Il appartient seulement au juge de tirer, au fond, les conséquences de l'absence d'accord du conjoint, conformément à l'alinéa 2 du texte, qui prévoit que « le juge, après avoir vérifié que les intérêts de chacun des époux et des enfants sont préservés, homologue les conventions en prononçant le divorce ». Est-ce à dire que le juge peut homologuer la convention présentée par l'un, dès lors qu'elle protège suffisamment les intérêts de l'autre, et ce malgré son désaccord? On peut en douter, dès lors que la convention est un accord de volonté, de sorte qu'elle ne saurait être imposée au conjoint qui la refuse. L'intérêt de la solution est sans doute de permettre au juge, après avoir examiné le projet de convention (la demande étant recevable), d'ouvrir les débats pour la soumettre à acceptation de l'autre partie.

Sous le bénéfice de ces observations, il convient d'envisager la date de prise d'effet du divorce (§ 1), avant de décliner les effets personnels (§ 2) et patrimoniaux (§ 3) du divorce.

§ 1. La date de prise d'effet du divorce

Il convient de distinguer selon que le divorce a eu lieu par actes d'avocats (A) ou à l'issue d'une procédure judiciaire (B).

A. La date de prise d'effets du divorce par acte d'avocats

La date varie selon qu'il s'agit des effets entre époux (1) ou à l'égard des tiers (2).

1. Les effets entre époux

352. S'agissant des effets personnels, le divorce produit ses effets **au jour où la convention est déposée au rang des minutes du notaire** (C. civ., art. 229-1). C'est à cette date que le mariage est dissous, ce qui entraîne l'extinction des obligations matrimoniales (fidélité, assistance...).

S'agissant des **effets patrimoniaux** (dissolution de la communauté), la convention peut toutefois fixer une **date différente** (C. civ., art. 262-1) et notamment remonter au jour de la séparation des époux, ce qui sera très fréquemment le cas: cela permet d'éviter que les biens acquis ou perçus après la séparation tombent en communauté (v. *infra*, n° 643).

2. Les effets à l'égard des tiers

353. S'agissant des effets patrimoniaux, l'article 262 du Code civil prévoit que la prise d'effet du divorce est fixée au jour où celui-ci est **inscrit en marge des actes de naissance et de mariage des époux**. Cela permet aux tiers qui contractent avec les divorcés de connaître la disparition de leur régime matrimonial, ce qui change tout (v. *infra*, n° 690 et s.). **Pour les effets personnels**, faute de disposition spécifique, il y a lieu de considérer que les effets à l'égard des tiers (notamment les enfants) se produisent au jour du dépôt de la convention.

B. La prise d'effet des divorces judiciaires

La date varie selon qu'il s'agit des effets entre époux (1) ou à l'égard des tiers (2).

1. Les effets entre époux

354. Pour les effets personnels, le jugement de divorce produit ses effets lorsqu'il est passé **en force de chose jugée.** Aucun recours suspensif d'exécution ne doit plus être possible, et on se souvient que le pourvoi en cassation est en principe suspensif en matière de divorce (v. *supra*, n° 341). C'est à ce jour que cessent définitivement les obligations entre époux inhérentes au statut matrimonial.

Pour les effets patrimoniaux, l'article 262-1 du Code civil prévoit des règles spécifiques, qui dépendent du type de divorce :

- pour le **divorce judiciaire par consentement mutuel** : c'est la **date de l'homologation de la convention** réglant les conséquences du divorce, **sauf si celle-ci en dispose autrement** (donc possibilité d'un report conventionnel de la dissolution de la communauté, comme vu précédemment) ;
- pour les **autres divorces judiciaires** : c'était, dans l'ancienne procédure, la date de **l'ordonnance de non-conciliation**. Il s'agit, à compter du 1er janvier 2021, de la date de la demande en divorce. Reste qu'avant comme après la réforme, à la demande de l'un des époux, le juge peut fixer les effets du jugement **à la date à laquelle ils ont cessé de cohabiter et de collaborer** (la séparation faisant présumer la fin de la collaboration entre époux). Cela permet d'éviter que le conjoint qui a quitté le nid conjugal depuis plusieurs années bénéficie, à travers le partage de la communauté, des efforts de son conjoint (v. *infra*, n° 643). Depuis la loi du 26 mai 2004, la **demande de report** doit être formée au cours de l'instance en divorce, tant que le jugement n'a pas acquis force de chose jugée (donc elle est possible en appel). Ce report n'a d'effet qu'entre les époux, mais **pas à l'égard des tiers**, et notamment des créanciers. Enfin, la jouissance du logement conjugal par un seul des époux conserve un caractère **gratuit** jusqu'à la demande en divorce (l'ordonnance de non-conciliation, avant la réforme), sauf décision contraire du juge (C. civ., art. 262-1, dernier al.).

2. Les effets à l'égard des tiers

355. Les **effets personnels** du divorce judiciaire sont opposables aux tiers dès que le **jugement est passé en force de chose jugée.**

Les **effets patrimoniaux** du divorce judiciaire sont opposables aux tiers lorsque le divorce est **inscrit en marge des actes d'état civil** (C. civ., art. 262). Cela permet, comme on l'a vu, aux tiers de connaître la disparition du régime matrimonial des époux.

§ 2. Les effets personnels du divorce

356. À la dissolution du mariage, **les droits et devoirs respectifs des époux disparaissent** (fidélité, secours, assistance, vie commune...). Il en va de même des **pouvoirs partagés** (direction de la famille et choix du logement, v. *supra*, n° 309 et s.). Si les époux veulent contracter entre eux une nouvelle union, une nouvelle célébration du mariage sera nécessaire (C. civ., art. 263).
Quelle est l'incidence du divorce sur le **statut personnel** des époux ?
La **nationalité**, de même que l'**émancipation** sont conservées (C. civ., art. 265-1 : le divorce est sans incidence sur les droits que l'époux tient de la loi).
En revanche, chaque époux **perd en principe l'usage du nom de son conjoint** (C. civ., art. 264). L'époux peut toutefois conserver l'usage du nom de son conjoint, soit avec **son accord**, soit à défaut avec **l'autorisation du juge**, s'il justifie d'un **intérêt particulier** pour lui ou pour les enfants (par ex., une femme s'est fait connaître dans le monde professionnel avec son nom d'épouse : elle pourra le conserver).

§ 3. Les effets patrimoniaux du divorce

Les effets patrimoniaux sont plus complexes à appréhender. On peut successivement envisager la **prestation compensatoire** (A), **les dommages-intérêts** (B) et le **logement de la famille** (C).
Il faut avant cela noter que le divorce a également une incidence sur les **donations et avantages matrimoniaux** ainsi que sur la **liquidation du régime matrimonial**, mais il sera renvoyé à la 3e partie de l'ouvrage qui est consacrée spécifiquement à cette question (v. *infra*, n° 649 et s.). De même, par le divorce, **l'époux perd sa vocation successorale** dans la succession de son conjoint. Il n'est plus le conjoint survivant. Mais ceci relève du droit des successions, qui est hors programme.

A. La prestation compensatoire

357. L'article 270 du Code civil dispose, en son alinéa 1er, que « le divorce *met fin au devoir de secours* entre époux ». Depuis 2004, il en va ainsi dans **tous les divorces,** même pour altération définitive du lien conjugal (alors que le divorce pour rupture de la vie commune laissait subsister le devoir de secours).
Pour autant, la disparition du devoir de secours ne fait pas des époux divorcés de purs étrangers. **Malgré le divorce, il reste une trace du mariage, qui s'exprime dans la prestation compensatoire.** La réforme de 1975 a introduit la prestation compensatoire, venue remplacer l'obligation alimentaire, qui était une somme d'argent périodiquement versée par l'époux fautif à son conjoint innocent (seul le divorce pour faute existait avant 1975).
Désormais, l'alinéa 2 de l'article 270 prévoit que « l'un des époux peut être tenu de verser à l'autre une prestation *destinée à compenser, autant qu'il est possible, la disparité que la rupture du mariage crée dans les conditions de vie respectives* ». La prestation compensatoire est donc **indépendante de la cause du divorce.**
La prestation compensatoire, accessoire de la demande en divorce, **doit être demandée avant le prononcé du divorce passé en force de chose jugée** (Cass. 2e civ., 13 juin 1985, n° 83-16446, *Bull. civ.* II, n° 121). Après, c'est trop tard !
Sous le bénéfice de ces observations, il convient d'envisager successivement l'évaluation de la prestation compensatoire (1) et les caractères de la prestation compensatoire (2).

1. L'évaluation de la prestation compensatoire

Avant toute chose, **qui évalue** la prestation compensatoire ? Ce sont les **époux** en présence d'un divorce par consentement mutuel, dans le cadre de la **convention** réglant les conséquences du divorce (avec homologation judiciaire, en présence d'un enfant mineur auditionné, C. civ., art. 278). Dans les autres divorces, c'est le **juge** qui fixe la prestation compensatoire. Le **montant** de la prestation compensatoire ne dépend pas des fautes commises, **mais des besoins de l'époux créancier et des ressources de l'époux débiteur** (a). Mais elle peut être exceptionnellement exclue, à raison des circonstances particulières de la rupture (b).

a. Le montant de la prestation compensatoire

358. L'article 271 du Code civil dispose que « la prestation compensatoire est fixée selon *les besoins de l'époux à qui elle est versée et les ressources de l'autre en tenant compte de la situation au moment du divorce et de l'évolution de celle-ci dans un avenir prévisible* ». L'alinéa 2 fournit une **liste non exhaustive de paramètres à prendre en considération** :
« - la *durée* du mariage ;
- *l'âge* et *l'état de santé* des époux ;
- leur *qualification* et leur *situation professionnelles* ;
- les *conséquences des choix professionnels* faits par l'un des époux pendant la vie commune pour l'éducation des enfants et du temps qu'il faudra encore y consacrer ou *pour favoriser la carrière de son conjoint au détriment de la sienne* ;
- le *patrimoine* estimé ou prévisible des époux, tant en capital qu'en revenu, après la liquidation du régime matrimonial ;
- leurs *droits existants et prévisibles* ;
- leur situation respective en matière de *pensions de retraite* en ayant estimé, autant qu'il est possible, la diminution des droits à retraite qui aura pu être causée, pour l'époux créancier de la prestation compensatoire, par les circonstances visées au sixième alinéa ».

Actualité sur le calcul de la prestation compensatoire

L'article 271 du Code civil prend en considération la situation patrimoniale des époux au moment du divorce et l'évolution de celle-ci « dans un avenir prévisible ». Qu'en est-il de la perspective future d'un héritage ? La jurisprudence considère que la vocation successorale future d'un époux ne constitue pas un avenir prévisible (Cass. 1re civ., 6 oct. 2010, n° 09-10989, *Bull. civ.* I, n° 186) et n'est donc pas prise en compte dans le calcul d'une prestation compensatoire (perspective d'un bel héritage, en présence d'un ascendant très fortuné par ex. mais encore en vie). De fait, il n'est pas possible de prévoir la mort du parent dont on a vocation à hériter. En revanche, les droits acquis par héritage en cas de décès du parent au jour du divorce sont pris en compte (Cass. 1re civ., 28 févr. 2006, n° 04-17695). Cette distinction jurisprudentielle selon que le parent est vivant ou décédé a donné lieu à une QPC pour atteinte au principe d'égalité, qui a été rejetée, faute de présenter un caractère sérieux **(Cass. 1re civ., 16 févr. 2022, n° 21-20362)**. Par un arrêt du 13 avril 2022, la Cour de cassation a en outre précisé que l'attribution à titre gratuit de la jouissance du domicile conjugal pendant la durée de la procédure de divorce ne doit pas être prise en compte pour apprécier la disparité au sens de l'article 270 du Code civil **(Cass. 1re civ., 13 avr. 2022, n° 20-22807)**.

À cette fin, l'article 272 du Code civil prévoit que les parties doivent, soit dans le cadre de leur accord, soit devant le juge, fournir une **déclaration sur l'honneur** de leurs ressources, revenus, patrimoine et conditions de vie.
Au nom du principe d'égalité devant la loi, le Conseil constitutionnel a **abrogé l'article 272 alinéa 2** du Code civil, qui interdisait de prendre en compte, au titre des besoins et des ressources, des **sommes versées pour la réparation des accidents du travail ou la compensation d'un handicap** (Cons. const., 2 juin 2014, n° 2014-398 QPC).
Par un arrêt largement diffusé, la Cour de cassation est venue effectuer deux rappels sur le calcul de la prestation compensatoire (**Cass. 1re civ., 4 juill. 2018, n° 17-20281**). Le premier concerne le débiteur de la prestation : il convient de prendre en considération les sommes versées au titre de sa contribution à l'entretien et à l'éducation des enfants, qui viennent en déduction de ses ressources (v. déjà, Cass. 2e civ., 10 mai 2001, n° 99-17255 ; en revanche, ces sommes ne peuvent pas être prises en compte pour calculer les ressources du créancier, car elles sont destinées aux enfants : Cass. 2e civ., 3 déc. 1997, n° 94-16970). Le deuxième rappel concerne le créancier de la prestation : il doit être tenu compte de la situation de concubinage pour apprécier sa situation financière. Le juge doit ainsi prendre en compte, le cas échéant, le partage des charges (ex. loyers) avec le concubin (v. déjà, Cass. 2e civ., 23 mai 2001, n° 99-14277). Enfin, d'un point de vue procédural, la prestation compensatoire ne peut pas être demandée pour la première fois en cause d'appel, dès lors que le jugement ayant prononcé le divorce est devenu définitif, l'appel ayant été limité aux conséquences du divorce (Cass. 1re civ., 11 mai 2023, n° 21-17153 P).

b. L'exclusion de la prestation compensatoire

358-1. L'article 270 alinéa 3 du Code civil permet au **juge** de refuser d'accorder une prestation compensatoire, **si l'équité le commande dans deux cas :**
- **prise en considération des critères de l'article 271** (ex. : épouse de 33 ans sans ressources qui demande une prestation alors qu'elle ne s'occupe pas des quatre enfants et ne justifie d'aucun effort pour suivre une formation ou exercer un emploi : Cass. 1re civ., 8 juill. 2010, n° 09-66186, *Bull. civ.* I, n° 165) ;
- lorsque le divorce est prononcé **aux torts exclusifs de l'époux qui demande** le bénéfice de la prestation, au regard des **circonstances particulières** de la rupture (ex. : mari qui rejette sa femme et ses enfants pour partir dans une secte : CA Montpellier, 5 févr. 2008).

Ces deux tempéraments permettent de nuancer la logique purement **économique** de la prestation compensatoire (disparité de revenus) au profit d'une approche **morale.**

2. Les caractères de la prestation compensatoire

359. La prestation est revêtue de **trois caractères** :

- **Premier caractère : elle est forfaitaire et prend dès lors la forme d'un capital** (C. civ., art. 270 al. 2).

  La loi de 1975 a voulu tarir le contentieux antérieur sur la modification de la pension alimentaire qui était versée sous forme de rente. L'article 274 prévoit que le versement en capital se fait soit par le **versement d'une somme d'argent**, soit **par l'attribution d'un bien en nature** (propriété ou jouissance) : il s'agit dans ce dernier cas d'une hypothèse de **cession forcée**, qui suppose exceptionnellement l'accord du débiteur lorsqu'il a reçu le bien par donation ou succession (bien de famille). Si le paiement immédiat n'est pas possible, ce versement du capital peut, pour tout ou partie, être échelonné dans le temps, sur une durée maximale de **huit ans**, durée qui peut être révisée en cas de changement important dans la situation (C. civ., art. 275).

Mais **par exception, l'article 276** du Code civil permet au juge, par décision spécialement motivée, lorsque **l'âge ou l'état de santé du créancier** ne lui permet pas de subvenir à ses besoins, de fixer la prestation compensatoire **sous forme de rente viagère.** Il est alors **dérogé à son caractère forfaitaire**:

- **seul le créancier** peut faire cette demande (Cass. 1re civ., 23 oct. 2013, n° 12-17492, *Bull. civ.* I, n° 208);
- cette rente est alors **indexée** (C. civ., art. 276-1), c'est-à-dire réévaluée automatiquement en fonction d'un indice (comme les pensions alimentaires);
- en outre, elle peut être **révisée, suspendue ou supprimée par le juge** en cas de changement important dans les ressources ou les besoins de l'une ou l'autre des parties. Toutefois, la révision ne peut avoir pour effet de porter la rente à un montant supérieur à celui fixé initialement par le juge (C. civ., art. 276-3);
- enfin, le débiteur comme le créancier peuvent à tout moment demander la **conversion partielle ou totale de la rente en capital** (C. civ., art. 276-4).

- **Deuxième caractère: elle est insaisissable.** La Cour de cassation déduit cette insaisissabilité de son caractère alimentaire (Cass. 2e civ., 27 juin 1985, n° 84-14663, *Bull. civ.* II, n° 131).
- **Troisième caractère: elle est transmissible aux héritiers du débiteur** (C. civ., art. 280 et s.). À son décès, elle est prélevée sur les biens de la succession, et se transforme alors automatiquement, si elle était sous forme de rente, en capital. Il n'en va autrement que si tous les héritiers décident de maintenir la rente viagère en s'engageant personnellement à la payer (C. civ., art. 280-1). Il faudra, bien évidemment, déduire les pensions de réversion (C. civ., art. 280-2).

B. Les dommages-intérêts

L'**article 266** du Code civil permet à un époux, sans préjudice de son droit à prestation compensatoire, d'obtenir des dommages-intérêts à raison du **préjudice que lui cause la rupture du mariage**. La finalité n'est donc pas du tout la même. Il ne s'agit pas de compenser une disparité objective de ressources: c'est pourquoi l'indemnisation ne doit pas dépendre des ressources des époux (Cass. 2e civ., 6 janv. 1993, n° 91-16672, *Bull. civ.* II, n° 2), mais du préjudice subi.

Il convient d'envisager successivement le domaine (1) et les conditions de la réparation (2).

1. Le domaine de la réparation

360. L'indemnisation prévue par l'article 266 du Code civil n'est ouverte que dans deux cas:

- **divorce pour faute aux torts exclusifs de l'un des époux**: il est ouvert au conjoint;
- **divorce pour altération définitive du lien conjugal**: il est ouvert au défendeur, à la condition qu'il n'ait pas formé de demande reconventionnelle en divorce.

2. Les conditions de la réparation

361. Deux conditions sont requises :
- la demande doit être formée **au moment du divorce**, et non après (C. civ., art. 266 al. 2) ;
- le préjudice doit être **d'une particulière gravité** et résulter **de la dissolution du mariage.** Il s'agit donc, généralement, d'un préjudice **moral**, dans la mesure où le préjudice matériel causé par la rupture est compris dans la prestation compensatoire.

À noter

Cette indemnisation **n'est pas exclusive** de celle qui peut être prononcée sur le fondement **du droit commun de la responsabilité civile** (C. civ., art. 1240, ex. art. 1382). L'époux doit toutefois invoquer un préjudice **distinct** de la rupture elle-même. Il pourra par exemple s'agir du préjudice causé par les circonstances de la rupture. Il en va ainsi, par exemple, en cas de rupture injurieuse et brutale, avec liaison adultère publiquement affichée (Cass. 1re civ., 22 mars 2005, n° 04-11942, *Bull. civ.* I, n° 143).

C. Le logement de la famille

362. On a vu précédemment qu'au titre des mesures provisoires, le juge pouvait décider d'attribuer temporairement la jouissance du logement à l'un des époux en instance de divorce, gratuitement ou non (C. civ., art. 255). À l'occasion du divorce, le **juge** va organiser, **à défaut de convention entre les parties**, la jouissance du logement **de manière définitive**. **Trois cas de figure** sont à distinguer :
- **les époux étaient locataires du logement familial** : nous verrons que les époux sont, en vertu de l'article 1751 du Code civil, cotitulaires du droit au bail (v. *infra*, n° 525). Lors du divorce, **l'article 1751 alinéa 2** du Code civil prévoit que ce droit pourra être attribué par le juge **à l'un des époux, en considération des intérêts sociaux et familiaux en cause**, moyennant, le cas échéant, une indemnité à son conjoint ;
- **les époux étaient copropriétaires du logement familial** : il s'agissait, pendant le mariage, d'un bien commun ou indivis. L'**article 267** du Code civil permet au juge de conférer **l'attribution préférentielle** du logement à l'un des époux, moyennant le paiement d'une soulte ;
- **un époux était seul propriétaire du logement familial** : **l'article 285-1** du Code civil permet au juge d'imposer à cet époux **un bail forcé au profit de son conjoint**, dès lors que celui-ci vit dans les lieux **avec un ou plusieurs de leurs enfants mineurs** et que leur intérêt le commande. Le jugement fixe le loyer et la durée du bail qu'il peut renouveler jusqu'à la majorité du plus jeune des enfants. Le juge peut résilier le bail en cas de changement de circonstances (ex. remariage ou concubinage avec un tiers).

363 à 369. Réservés.

LEÇON 4

LE PACS ET LE CONCUBINAGE

Textes

Articles 515-1 et suivants du Code civil

370. Tout ce qui vient d'être dit à propos du mariage et du divorce est sans doute de nature à effrayer les couples épris de liberté. Il a ainsi toujours existé, à côté du mariage (union institutionnelle), une **union libre**. Mais dans le Code civil de 1804, le concubinage n'était qu'une **situation de fait qui ne conférait aucun statut**. Nul n'ignore la phrase sentencieuse de Napoléon : « les concubins se passent de la loi ; la loi se désintéresse d'eux ». La liberté avait ainsi pour contrepartie l'absence de toute sécurité.

L'évolution des mœurs dans la seconde moitié du XXe siècle, accélérée par les événements de mai 68, a conduit le législateur et la jurisprudence à mettre fin à ce regard d'indifférence jeté sur le concubinage. C'est ainsi que dans un célèbre arrêt ***Dangereux*** rendu en Chambre mixte le 27 février 1970, la Cour de cassation a permis à la concubine d'agir en réparation de son préjudice contre le tiers ayant provoqué le décès de son compagnon. Certains droits réservés aux couples mariés ont peu à peu été étendus aux concubins. Par la suite, les **couples homosexuels**, auxquels la Cour de cassation refusait d'appliquer les règles du concubinage, ont revendiqué la reconnaissance d'un statut. Cet appel a finalement été entendu par la **loi du 15 novembre 1999 qui a institué le PACS.** La loi sur le PACS a également procédé à la définition du **concubinage**, en l'ouvrant aux couples de même sexe.

Le PACS a rencontré un véritable succès : 209 000 ont ainsi été célébrés en 2018 (contre 234 000 mariages). Ce contrat, ouvert aux couples homosexuels, a ainsi été massivement adopté par les couples hétérosexuels, à la recherche de droits proches du mariage (notamment pour le rapprochement géographique dans la fonction publique : le fameux PACS de profs), mais sans le statut contraignant qui s'y attache. Le nombre de concubins est plus difficile à connaître, faute d'enregistrement. Mais une étude de l'Insee pour l'année **2011** a montré que **sur 32 millions de personnes vivant en couple**, plus de **23 millions étaient mariées, 1,5 million en PACS** et plus de **7 millions en concubinage**. On peut augurer qu'au fil des ans, le PACS et le concubinage vont progressivement grignoter des « parts de marché » au mariage, les jeunes se mariant moins que leurs aînés. Il s'agit donc désormais de **modes alternatifs d'union**, qui **sont d'autant plus prisés par les couples que la survenance d'un enfant ne les conduit plus au mariage**, eu égard à la suppression de la distinction entre la filiation légitime et la filiation naturelle.

Tout ceci impose d'étudier en profondeur ces deux formes d'union alternatives au mariage : le PACS (section 1) et le concubinage (section 2).

Section 1

Le PACS

371. Lors de l'adoption de la loi du 15 novembre 1999, le législateur avait pris soin d'éviter toute assimilation symbolique du PACS au mariage, afin de ne pas laisser penser que la loi avait consacré une forme de mariage *bis* ouvert aux couples homosexuels. Cela explique que les règles sur le PACS n'aient pas été placées dans le Code civil à côté du mariage, mais dans le livre II consacré aux biens. Surtout, la célébration du PACS avait lieu non pas en mairie, mais devant le greffe du tribunal d'instance. La consécration du mariage pour tous a fait voler en éclats cette crainte. C'est pourquoi la loi J21 du 18 novembre 2016 a rapproché un peu plus le PACS du mariage, en prévoyant que la célébration du PACS aurait désormais lieu en mairie, et ce à compter du 1er novembre 2017. Dans ce cadre, un décret n° 2017-889 du 6 mai 2017 modifie les dispositions réglementaires relatives aux PACS et au service central d'état civil du ministère des Affaires étrangères, en prévoyant l'enregistrement et la gestion des déclarations, des modifications et des dissolutions de PACS par les officiers de l'état civil et, pour les partenaires de nationalité étrangère nés à l'étranger, par le service central d'état civil précité. Alors que le mariage se contractualise (avec le divorce par acte d'avocats), le PACS s'institutionnalise. Les deux statuts vont-ils fusionner un jour ?

L'article 515-1 du Code civil définit le PACS de la manière suivante : « un pacte civil de solidarité est un *contrat conclu par deux personnes physiques majeures, de sexe différent ou de même sexe, pour organiser leur vie commune* ». À la manière du mariage, dont on va voir qu'il a été une source d'inspiration très importante, il convient d'étudier successivement la formation du PACS (§ 1) et les effets du PACS (§ 2). À chaque fois, il sera procédé au petit jeu des ressemblances et des différences avec le mariage.

§ 1. La formation du PACS

Comme le mariage, le PACS scelle une **union affective**. Ce n'est pas une mise en commun d'intérêts patrimoniaux, mais un projet de vie commune. Cela explique que l'on retrouve des conditions morales (A) et psychologiques (B) très proches du mariage. Quelques mots devront être consacrés à la forme de ce contrat (C), qui s'est sensiblement rapprochée du mariage. Il faut toutefois noter **qu'il n'existe pas de PACS posthume**, à la différence du mariage.

A. Les conditions morales

Lors des débats houleux sur le PACS, certains avaient proposé d'ouvrir beaucoup plus largement ce contrat, afin de ne pas concurrencer le mariage : PACS à trois ou quatre, PACS entre frères et sœurs, pour organiser les rapports de famille... Tout ceci a été rejeté : ce que voulaient les auteurs de la réforme, c'est la consécration, spécialement pour les couples homosexuels, d'une union affective avec un statut proche du mariage. On retrouve donc les mêmes interdits que dans le mariage : la polygamie (1) et l'inceste (2). Le Conseil constitutionnel, dont la décision a réécrit le régime du PACS, a d'ailleurs estimé que de tels empêchements, édictés par les mêmes motifs que ceux qui font obstacle au mariage, étaient sanctionnés par la **nullité absolue** (Cons. const., 9 nov. 1999, n° 99-419 DC).

1. L'interdiction de la polygamie

372. L'**article 515-2** du Code civil interdit, à peine de nullité, la conclusion d'un PACS « entre deux personnes dont *l'une au moins est engagée dans les liens du mariage* » (2°) et « entre deux personnes dont l'une au moins est *déjà liée par un pacte civil de solidarité* » (3°). Il résulte de tout ceci qu'un marié ne peut pas se pacser avec autrui. En revanche, un pacsé peut se marier avec autrui (le PACS n'étant pas un empêchement au mariage), ce qui provoque la dissolution de plein droit du PACS.

2. L'interdiction de l'inceste

373. L'**article 515-2 1°** du Code civil prévoit qu'il n'y peut y avoir de PACS « entre ascendant et descendant en ligne directe, entre alliés en ligne directe et entre collatéraux jusqu'au troisième degré inclus ». Paradoxalement, l'interdiction est **plus stricte dans le PACS que dans le mariage**, dans la mesure où **aucune dispense** n'est prévue. En revanche, les empêchements prévus par l'article 366 résultant **des liens d'adoption** ne s'appliquent pas au PACS.

B. Les conditions psychologiques

Comme dans le mariage, il faut s'intéresser à la capacité (1) et au consentement des époux (2).

1. La capacité

374. **Les mineurs ne peuvent pas contracter de PACS**, dans la mesure où l'article 515-1 vise « les personnes majeures ». Là encore, le PACS est paradoxalement plus strict que le mariage, dans la mesure où aucune dispense n'est prévue.
Qu'en est-il des **majeurs protégés ? Le majeur en tutelle** peut conclure un PACS, soit avec l'autorisation du juge, soit du conseil de famille s'il en a été désigné un, après audition des futurs partenaires, des parents et de l'entourage (C. civ., art. 462). En revanche, aucune assistance n'est prévue pour le **majeur en curatelle**, sauf pour la convention préalable conclue entre les partenaires, dès lors qu'elle a été faite sous seing privé (C. civ., art. 461, v. *infra*, n° 377).

2. Le consentement

375. Dans sa décision précitée du 9 novembre 1999, le Conseil constitutionnel a retenu que les dispositions du Code civil relatives au consentement étaient applicables au PACS. On le voit, le PACS n'est **pas ici soumis aux règles spécifiques du consentement au mariage, mais au droit commun des contrats.**
Il y a donc lieu d'appliquer les **vices du consentement**, et d'admettre que, contrairement au mariage, le **dol** peut provoquer la nullité du contrat.
En outre, et cette fois-ci à l'instar du mariage, le **PACS simulé** peut être annulé pour absence de consentement réel aux effets du PACS. Il en ira ainsi lorsqu'aucune volonté de vie commune n'existe entre les partenaires et que la conclusion du PACS est motivée par d'autres fins (bénéfice du droit au bail, par ex.)

C. Les formalités requises

376. Alors que la loi de 1999 avait conféré au PACS un caractère secret, notamment pour ne pas révéler l'orientation sexuelle des partenaires (pas d'inscription du PACS sur l'état civil, déclaration dans le bureau d'un greffe), les réformes ultérieures ont réalisé la publicité du PACS, en copiant, là encore, les solennités du mariage.
Trois phases peuvent être décrites : la préparation du PACS (1), la conclusion du PACS (2) et la publication du PACS (3).

1. La préparation du PACS

377. Faute de procédure d'opposition au PACS, **il n'y a pas de publication de bans.**
En revanche, les partenaires doivent, **à peine d'irrecevabilité**, produire à l'officier d'état civil une convention, qui peut être sous seing privé ou notariée. Là encore, le formalisme est plus strict que dans le mariage, dans la mesure où le contrat de mariage est facultatif, la célébration faisant office de conclusion de la convention.
Les partenaires doivent en outre fournir des pièces pour justifier de leur identité et de leur capacité à conclure un PACS (D. 23 déc. 2006, art. 1).

2. La conclusion du PACS

378. C'est ici que le rapprochement avec le mariage se fait sentir. Comme cela a été dit, depuis le **1er novembre 2017, le PACS se conclut par l'enregistrement par l'officier d'état civil de la déclaration conjointe des partenaires** (C. civ., art. 515-3). Jusqu'à présent, un tel enregistrement était réalisé par le greffe du tribunal d'instance. Désormais, il s'agit soit de la mairie du lieu de la résidence commune choisie par les partenaires, soit en cas d'empêchement grave pour fixer celle-ci, de la résidence de l'un ou l'autre, étant précisé que l'officier d'état civil peut se déplacer en cas d'empêchement grave (PACS *in* extremis). Tout ceci ressemble désormais à s'y méprendre au mariage. Pour autant, **on ne retrouve pas tout le cérémonial du mariage** : ni témoins, ni lectures d'articles du Code civil.
En outre, **depuis la loi du 28 mars 2011**, le PACS peut également être enregistré par le **notaire**, lorsque celui-ci a instrumenté la convention conclue entre les parties. Il s'agit là d'une mesure de simplification : auparavant, les partenaires qui avaient eu recours à un notaire pour rédiger leur convention devaient ensuite se rendre au greffe du tribunal d'instance pour la faire enregistrer. Désormais, le notaire rédige la convention et enregistre aussitôt la déclaration des partenaires. C'est à ce jour impossible pour le mariage, le passage en mairie étant obligatoire. Mais pourra-t-on un jour se marier devant notaire, alors que l'on peut aujourd'hui divorcer par acte d'avocats ? L'avenir nous le dira.
Quoi qu'il en soit, le pacte civil de solidarité ne prend **effet entre les parties** qu'à compter de son **enregistrement**, qui lui confère **date certaine** (C. civ., art. 515-3-1).

3. La publication du PACS

379. De nouveau, le rapprochement avec le mariage se fait sentir. Depuis **la loi du 23 juin 2006**, l'existence du PACS et l'identité du partenaire **sont inscrites en marge de l'acte de naissance des partenaires.** C'est seulement à compter de cette formalité, qui est accomplie par l'officier qui a enregistré le PACS (officier d'état civil ou notaire), que **le PACS est opposable aux tiers** (C. civ., art. 515-3-1). Auparavant, le caractère secret du PACS conduisait les tiers à demander un certificat de non-PACS aux personnes non mariées.

§ 2. Les effets du PACS

380. Même si des différences majeures subsistent, le PACS s'est sensiblement rapproché du mariage du point de vue de ses effets. Cela tient à deux éléments. En premier lieu, dans sa décision du 9 novembre 1999, le Conseil a estimé que les dispositions applicables au PACS, à l'exception de l'article 515-5 du Code civil (v. *infra*, n° 384), étaient **d'ordre public.** Il en va ainsi, notamment, de la vie commune. En outre, la loi du **23 juin 2006,** comblant les lacunes de la loi de 1999, a doté les partenaires d'un statut personnel et patrimonial qui emprunte, pour partie, aux règles du mariage.
C'est dire qu'il existe aujourd'hui un véritable statut de pacsé (A), concurrent du mariage. Mais l'une des grandes différences avec le mariage réside dans la dissolution, qui est beaucoup plus souple (B).

A. Le statut des partenaires

Il convient d'envisager successivement le statut personnel (1) et le statut patrimonial (2) des partenaires.

1. Le statut personnel

Le statut personnel entre partenaires est proche du mariage (a). En revanche, à la grande différence du mariage, ce statut personnel ne produit pas d'effet à l'égard des tiers (b).

a. Le statut personnel entre partenaires

381. Avec la réforme du 23 juin 2006, les rapports personnels se sont rapprochés de ceux du mariage : **l'article 515-4** du Code civil prévoit que « les partenaires liés par un pacte civil de solidarité *s'engagent à une vie commune*, ainsi qu'à une *aide matérielle et une assistance réciproque* ». On retrouve donc, comme dans le mariage, le **devoir de cohabitation**, le **devoir d'assistance**, lequel comprend nécessairement le **devoir de respect**. Par ailleurs, **l'aide matérielle** est proche du **devoir de secours entre époux**, dans la mesure où, sauf si les partenaires en disposent autrement, elle est proportionnelle à leurs facultés respectives. Subsiste toutefois **une différence majeure** : **l'absence d'obligation de fidélité,** que d'aucuns croient toutefois déduire de l'obligation d'assistance, ce qui est contestable. Quoi qu'il en soit, cette absence ne crée pas beaucoup d'incidences pratiques, dans la mesure où il n'existe pas dans le PACS de divorce pour faute (v. *infra*, n° 387).

FOCUS

L'aide matérielle entre concubins

Par un arrêt du 27 janvier 2021, la première chambre civile de la Cour de cassation rappelle qu'en vertu de l'article 515-4 du Code civil, les partenaires liés par un pacte civil de solidarité s'engagent à une aide matérielle réciproque qui, sauf convention contraire, est proportionnelle à leurs facultés respectives **(Cass. 1re civ., 27 janv. 2021, n° 19-26140)**. Elle en déduit que lorsqu'un partenaire rembourse seul le prêt portant sur le financement d'un bien immobilier indivis servant au logement du couple, il est réputé s'acquitter de cette aide matérielle. En cas de séparation, il est alors privé de tout recours contre son ex-partenaire, sauf à démontrer que ce remboursement a excédé ses facultés contributives. Ce faisant, la Cour de cassation applique au PACS une solution bien connue pour les couples mariés et séparés de biens, sur le terrain de la contribution aux charges du mariage (v. *infra*, n° 713).

b. L'absence de statut personnel à l'égard des tiers

382. À la différence du mariage, le PACS ne modifie pas la situation personnelle des partenaires, qui restent essentiellement, aux yeux des tiers, des célibataires.
Ainsi, le PACS n'emporte aucun effet sur le **nom** ou sur la **nationalité** des partenaires.
Par ailleurs, **aucun lien d'alliance** ne se noue avec la famille du partenaire, ce qui exclut l'existence d'une obligation alimentaire et tout empêchement au mariage entre le partenaire et les parents de son partenaire.
Enfin, le PACS est **neutre sur la filiation** : il ne crée **aucune présomption de paternité** (v. *infra*, n° 412 et s.). Toutefois, depuis la loi du 21 février 2022, l'**adoption conjointe d'un enfant** par un couple de pacsés est désormais possible (C. civ., art. 343 ; ainsi que l'adoption de l'enfant du partenaire : v. *infra*, n° 443 et s.). Le PACS n'a pas non plus modifié les règles sur **l'assistance médicale à la procréation**, qui sont restées réservées au couple composé d'un homme et d'une femme (Cons. const., décision préc.), avant que la loi du 2 août 2021 ne l'ouvre aux couples de femmes lesbiennes (pacsées ou non).
Tout ceci résulte de ce que **le PACS a été conçu comme un contrat de couple et non comme une institution familiale**, ce qui explique d'ailleurs pourquoi les couples homosexuels ne se sont pas satisfaits du PACS et ont revendiqué le droit de se marier.

2. Le statut patrimonial

La loi du 23 juin 2006 a profondément remanié les rapports pécuniaires entre partenaires, en empruntant aux règles des régimes matrimoniaux (a). Comme le statut personnel, le statut patrimonial peine à produire des effets à l'égard des tiers (b).

a. Le statut patrimonial entre partenaires

383. **En 1999**, la loi avait introduit une règle source de complications : à l'exception des meubles meublants, tout bien acquis par l'un appartenait pour moitié à l'autre, sauf volonté contraire. Cela conduisait à une application systématique des règles de l'indivision dont on a vu qu'elles étaient sources de blocage (v. *supra*, n° 154 et s.).
La loi de 2006 a modifié les choses, en soumettant les partenaires à un régime légal supplétif, proche de la séparation de biens et en leur permettant d'adopter un régime conventionnel proche de la communauté légale.

Régime légal : séparation de biens

384. Depuis 2006, les partenaires sont **indépendants** dans l'ordre patrimonial : tout se passe comme si existait entre eux une **séparation de biens**, tant du point de vue de l'**actif** que du **passif** (v. *infra*, n° 705 et s.). Ainsi, **l'article 515-5** du Code civil dispose que « chacun des partenaires conserve l'administration, la jouissance et la libre disposition de ses biens personnels. Chacun d'eux reste seul tenu des dettes personnelles nées avant ou pendant le pacte ». Toutefois, comme dans la séparation de biens, il existe **une présomption d'indivision**

prévue par l'article 515-5 alinéa 2 : « les biens sur lesquels aucun des partenaires ne peut justifier d'une propriété exclusive sont réputés leur appartenir indivisément, à chacun pour moitié ». La Cour de cassation en déduit qu'il n'y a pas lieu de tenir compte de la façon dont l'acquisition a été financée (Cass. 1re civ., 19 mars 2014, n° 13-14989). Mais contrairement au régime issu de la loi de 1999, il ne s'agit que d'une règle de preuve : le partenaire pourra prouver qu'il a acquis seul le bien et qu'il est donc sa propriété exclusive.

Régime conventionnel : quasi-communauté légale

385. Les partenaires peuvent choisir par convention initiale ou convention modificative (soumise aux mêmes formalités que *supra*, n° 376 et s.) de soumettre **au régime de l'indivision** les biens qu'ils acquièrent, ensemble ou séparément. Ces biens sont alors réputés indivis par moitié, **sans recours de l'un des partenaires contre l'autre au titre d'une contribution inégale** (C. civ., art. 515-5-1). On est alors proche d'un régime de communauté légale, avec des biens acquis en commun et d'autres qui restent personnels à chacun des partenaires. L'article **515-5-2** du Code civil dresse la liste des biens personnels :

> « 1° Les *deniers perçus* par chacun des partenaires, à quelque titre que ce soit, postérieurement à la conclusion du pacte et *non employés à l'acquisition d'un bien (remarque : ces biens sont communs dans la communauté légale)* ;
>
> 2° Les biens *créés* et leurs accessoires *(ex. une chanson ; remarque : ces biens sont communs dans la communauté légale)* ;
>
> 3° Les biens à *caractère personnel* (vêtements, par ex.) ;
>
> 4° Les biens ou portions de biens acquis au moyen de deniers appartenant à un partenaire *antérieurement* à l'enregistrement de la convention initiale ou modificative aux termes de laquelle ce régime a été choisi ;
>
> 5° Les biens ou portions de biens acquis au moyen de deniers reçus par *donation ou succession* ;
>
> 6° Les portions de biens acquises à titre de *licitation* de tout ou partie d'un bien dont l'un des partenaires était propriétaire au sein d'une *indivision successorale* ou par suite d'une *donation* (remarque : les biens visés aux 3°, 4°, 5° et 6° sont également propres dans la communauté entre époux)
>
> L'emploi de deniers tels que définis aux 4° et 5° fait l'objet d'une mention dans l'acte d'acquisition. À défaut, le bien est réputé indivis par moitié et ne donne lieu qu'à une créance entre partenaires ».

À l'instar de la communauté légale (gestion concurrente), la gestion des biens indivis est simplifiée : chaque partenaire est, sauf convention contraire, gérant de l'indivision (C. civ., art. 515-5-3). Les actes d'administration sont ainsi conclus par un seul partenaire, tandis que les actes de disposition doivent être passés à deux. Les partenaires peuvent en outre conclure une convention soumise aux règles de **l'indivision conventionnelle** (C. civ., art. 1873-1 et s.), étant toutefois précisé que la convention d'indivision est réputée conclue pour la durée du PACS.
Il est ainsi intéressant d'observer que dans le mariage, les époux sont soumis, à défaut de volonté contraire, à un régime communautaire. C'est exactement le contraire dans le PACS : soumis à un régime de séparation, ils doivent prévoir une convention pour acquérir des biens en commun pendant le partenariat.

b. Le statut patrimonial et les tiers

386. On constate à cet égard un net rapprochement du PACS avec le mariage.
S'agissant des **obligations des partenaires, l'article 515-4 alinéa 2** introduit une **solidarité** au titre des **dettes contractées par l'un d'eux pour les besoins de la vie courante**, sauf pour les dépenses manifestement excessives et les achats à tempérament et les emprunts. On retrouve le même régime que **l'article 220** du Code civil applicable aux époux (solidarité des dettes ménagères), à la différence près que le domaine est plus réduit : il n'est pas question de l'entretien des enfants, le PACS étant un contrat de couple (v. *infra*, n° 517 et s.).
S'agissant des **droits des partenaires,** le PACS a désormais les mêmes incidences **fiscales** et **sociales** que le mariage (déclaration fiscale commune). Depuis la loi ALUR du 24 mars 2014, l'article 1751 du Code civil reconnaît la **cotitularité du droit au bail** sur le logement, dès lors que les partenaires en font la demande conjointe (alors qu'une telle attribution est automatique dans le mariage). En outre, cette même loi a permis, **en cas de dissolution du PACS, à l'un des partenaires de se voir attribuer le droit au bail** (C. civ., art. 1751-1). On retrouve, ici encore, l'emprunt qui a été fait aux règles du mariage.
En revanche, **à la différence du conjoint survivant,** la personne pacsée n'a **aucune vocation successorale** au décès de son partenaire. De nouveau, on voit que le PACS n'institue pas une famille mais un couple. Le partenaire bénéficie toutefois de **l'attribution préférentielle** sur le logement ou l'entreprise indivis (C. civ., art. 515-6), ainsi que **du droit de jouissance gratuite du logement pendant un an** reconnu au conjoint survivant (C. civ., art. 515-6 al. 3).

B. La dissolution du PACS

L'étude des causes de la dissolution (1) précédera celle de ses effets (2).

1. Les causes de dissolution

387. L'article **515-7** du Code civil prévoit **quatre causes de dissolution**, qui témoignent de ce que le PACS est beaucoup plus souple que le mariage :

- le **décès** (comme le mariage) ;
- le **mariage** des deux partenaires ou de l'un d'entre eux avec un tiers (alors que cela n'est pas possible dans le mariage, au regard de l'interdiction de la polygamie) ;
- la **déclaration conjointe** des partenaires, remise ou adressée à l'officier qui a enregistré l'acte (à la différence du mariage, aucun divorce n'est nécessaire) ;
- la **déclaration unilatérale** d'un partenaire. C'est là que réside l'immense différence avec le mariage. Pour divorcer, il faut soit l'accord du conjoint, soit invoquer un juste motif : faute ou altération définitive du lien conjugal. Rien de tel dans le PACS : une signification de la rupture à l'autre, avec copie remise ou adressée à l'officier, est suffisante. Certains y ont vu une **répudiation** interdite par le droit français. Le Conseil constitutionnel a toutefois rejeté l'argument, rappelant que le PACS n'était pas un mariage, mais un contrat à durée indéterminée, susceptible comme tel d'une révocation unilatérale.

2. Les effets de la dissolution

388. La dissolution prend effet, dans les **rapports entre les parties**, à la date de son **enregistrement**. Elle est opposable **aux tiers** à partir du jour où les **formalités de publicité** ont été accomplies (mention en marge de l'acte de naissance).

Les partenaires procèdent eux-mêmes à la **liquidation des droits et obligations** résultant du PACS. En cas de désaccord, il reviendra au juge (le JAF, depuis 2009) de statuer sur les conséquences patrimoniales, **sans préjudice de la réparation du dommage éventuellement subi** (C. civ., art. 515-7 al. 10). Le Conseil constitutionnel a exclu toute clause de non-responsabilité, au regard du caractère d'ordre public des dispositions, ce qui est dérogatoire au droit commun (les clauses exonératoires ou limitatives sont admises en matière contractuelle). Mais cela suppose une faute : ainsi, **aucune prestation compensatoire n'est due** en cas de rupture d'un PACS. C'est là une autre différence de taille avec le mariage.
Enfin, **les créances entre partenaires** sont évaluées comme les **récompenses** dans le **régime de la communauté** (renvoi à l'article 1469 du Code civil : v. *infra*, n° 650 et s.). Ces créances peuvent être compensées avec les avantages obtenus au cours du PACS, notamment lorsqu'un partenaire n'a pas assumé à hauteur de ses ressources les besoins de la vie courante.
Ce dernier exemple montre combien le législateur a copié le mariage pour construire le PACS. Ce contrat est devenu, au fil du temps, un mariage *soft*.

Section 2

Le concubinage

389. Avec la loi du 15 novembre 1999 sur le PACS, le concubinage a fait l'objet d'une définition légale. Ainsi, **l'article 515-8 du Code civil** dispose que « le concubinage est une union de fait, caractérisée par une vie commune présentant un caractère de stabilité et de continuité, entre deux personnes, de sexe différent ou de même sexe, qui vivent en couple ». Mais en dehors de cette définition qui a été posée pour admettre le concubinage homosexuel, la loi n'a conféré **aucun régime juridique au concubinage**. N'est-ce pas, au reste, la volonté des concubins, que de vivre en dehors de tout statut légal ?
On peut donc définir la situation des concubins par **deux propositions**.
Les concubins ne sont soumis à aucun statut (§ 1). Mais ils bénéficient, en tant que couple, de certains droits ouverts aux couples mariés ou pacsés (§ 2).

§ 1. L'absence de statut

Cette absence de statut se révèle tant pendant (A) qu'à la rupture (B) du concubinage.

A. L'absence de statut pendant le concubinage

390. **Les droits et obligations des couples mariés (et pacsés) sont inapplicables au concubinage** : pas de devoir de fidélité, de secours ou d'assistance, pas de contribution aux charges du mariage, pas de solidarité pour les dépenses ménagères, pas de cotitularité du droit au bail, pas d'effet en matière d'adoption, pas de vocation successorale, pas d'obligation alimentaire du concubin de la fille envers la mère (Cass. 1re civ., 28 mars 2006, n° 04-10684, *Bull. civ.* I, n° 174), pas de pension de réversion, pas de régimes matrimoniaux…
Bien évidemment, rien n'interdit aux concubins d'organiser l'acquisition en commun de biens ou l'exercice d'une activité : convention d'indivision, contrat de société, clause de tontine… Mais tout ceci n'est pas spécifique au concubinage et pourrait exister en dehors de toute relation de couple.

B. L'absence de statut à la rupture du concubinage

391. La rupture du concubinage peut intervenir par décision unilatérale, sans aucune formalité. Ainsi, la Cour de cassation rappelle que, même en présence d'enfants communs, « la rupture du concubinage ne peut ouvrir droit à l'indemnité que si elle revêt un caractère fautif » (Cass. 1re civ., 30 juin 1992, n° 90-20367, *Bull. civ.* I, n° 204). Mais il s'agit là, au fond, du droit commun de la responsabilité. **La rupture du concubinage est donc en principe libre**, ce qui entraîne la nullité d'une clause sur la contribution à l'entretien des enfants, dès lors que son caractère contraignant prive le concubin de sa liberté de rompre la relation (Cass. 1re civ., 20 juin 2006, n° 05-17475, *Bull. civ.* I, n° 312).

§ 2. La reconnaissance de droits spécifiques

Malgré cette absence de statut, les concubins se voient reconnaître des droits spécifiques, que ce soit pendant le concubinage (A) ou à l'occasion de sa rupture (B).

A. La reconnaissance pendant le concubinage

392. Rien n'interdit au législateur d'élargir le champ d'application d'un droit à des couples non mariés. On peut en donner **quatre exemples** :

- le recours à **l'assistance médicale à la procréation** est ouvert aux concubins de sexe différent, ainsi qu'aux couples de lesbiennes (CSP, art. L. 2141-2 ; v. *infra*, n° 402) ;
- le concubin a vocation, comme le conjoint ou le partenaire, à être désigné comme **curateur** ou **tuteur** (C. civ., art. 449) ;
- les **prestations sociales** (sécurité sociale, assurance maladie…) sont ouvertes au concubin ;
- la loi du 21 février 2022 a ouvert l'**adoption** aux couples de concubins (v. *infra*, leçon 6).

B. La reconnaissance à la rupture du concubinage

393. Différents exemples peuvent être donnés :

- **l'article 14 de la loi du 6 juillet 1989** sur les baux d'habitation prévoit qu'en cas d'abandon du domicile (départ brusque) ou de décès du locataire, le bail est transmis au **concubin notoire** (ce qui suppose une certaine publicité de la relation) ;
- le concubin peut obtenir **réparation du préjudice causé par le décès** de son partenaire (v. arrêt *Dangereux*, cité en introduction de la leçon) ;
- certaines **prestations sociales** en cas de décès sont étendues au concubin survivant ;
- les **violences au sein du couple** sont applicables au concubinage : ainsi, la victime de violences peut demander au JAF une **ordonnance de protection** contre son concubin ou ancien concubin (C. civ., art. 515-9) ;
- enfin, la jurisprudence a recours aux règles de **l'enrichissement sans cause** ou de la **société créée de fait** pour indemniser la contribution d'un concubin à l'enrichissement du patrimoine de son *alter ego*. Mais les conditions sont strictes :
  - dans le premier cas, il faudra caractériser un appauvrissement, un enrichissement et une absence de cause (ce qui exclut les dépenses effectuées dans l'intérêt personnel du concubin : Cass. 1re civ., 24 sept. 2008, n° 07-11928, *Bull. civ.* I, n° 212 ; ce qui suppose

aussi que les dépenses excèdent les besoins de la vie courante : Cass. 1re civ., 24 sept. 2008, n° 06-11294, *Bull. civ.* I, n° 211). En outre, l'action *de in rem verso* présente un caractère subsidiaire (Cass. 1re civ., 8 déc. 1987, n° 85-15767, *Bull. civ.* I, n° 335). Enfin, il faut noter que, par un arrêt du 3 mars 2021, la première chambre civile a précisé que le juge, saisi postérieurement au 1er octobre 2016, date d'entrée en vigueur de l'ordonnance n° 2016-131 du 10 février 2016, d'une action fondée sur un enrichissement injustifié qui trouve sa source dans un fait juridique antérieur doit, pour la détermination et le calcul de l'indemnité, faire application des nouvelles règles prévues aux articles 1303, 1303-2 et 1303-4 du Code civil (Cass. 1re civ., 3 mars 2021, n° 19-19000).

- dans le second, il faudra caractériser les éléments constitutifs du contrat de société (apports, participation aux résultats et *affectio societatis* : C. civ., art. 1832), étant précisé que ces éléments ne peuvent se déduire les uns des autres (Cass. com., 23 juin 2004, n° 01-14275, *Bull. civ.* IV, n° 135 : l'intention de s'associer ne se déduit pas de la seule participation financière à la réalisation d'un projet immobilier). Il faut donc qu'il y ait une intention de s'associer, distincte de la mise en commun d'intérêts inhérente à la vie de couple (Cass. 1re civ., 12 mai 2004, n° 01-03909, *Bull. civ.* I, n° 131).

394 à 400. Réservés.

LEÇON 5

LA FILIATION PAR PROCRÉATION

Textes

Articles 310 et suivants du Code civil

401. Alors que la filiation adoptive repose sur un acte de volonté (l'adoption), la filiation par procréation résulte d'un **fait : donner naissance à un enfant**. Se crée un lien de filiation entre l'enfant et les parents qui ont donné vie à cet enfant, soit naturellement, soit avec une assistance médicale à la procréation (FIV, par ex.). Nous préférons à cet égard le terme de filiation par procréation à celui de filiation par le sang ou encore de filiation biologique, dans la mesure où les parents ne donnent pas nécessairement leurs gènes pour donner vie à un enfant : c'est le cas en présence d'un don d'ovocytes ou de spermatozoïdes. Pourtant, cette filiation s'établira juridiquement de la même manière qu'en présence d'une parenté biologique (v. *infra*).

Au cours des quarante dernières années, le droit de la filiation a connu **trois grands bouleversements.**

Le premier bouleversement, qui s'est produit à la fin des années 1960, est d'ordre **sociologique** : la libération des mœurs favorisée par mai 68 a généré de nombreux enfants nés hors mariage, ce qui a conduit le législateur à **supprimer la distinction entre la filiation légitime et la filiation naturelle.** Cette distinction, très limitée par la loi du 3 janvier 1972, a été définitivement abolie par **l'ordonnance du 4 juillet 2005**, qui a profondément remanié la matière et qui a été **ratifiée** (avec des modifications) par la **loi du 16 janvier 2009**. Ne subsistent que quelques traces minimes du mariage dans le droit de la filiation, telles que la présomption de paternité du mari (v. *infra*). **L'article 310** du Code civil rend compte de cette **égalité des filiations** : « tous les enfants dont la filiation est légalement établie ont les mêmes droits et les mêmes devoirs dans leurs rapports avec leur père et mère. Ils entrent dans la famille de chacun d'eux ».

Le deuxième bouleversement, qui s'est produit au début des années 1980, est d'ordre **technologique** : **l'assistance médicale à la procréation.** Auparavant, les choses étaient simples. Soit le couple pouvait avoir naturellement un enfant, et la filiation était biologique. Soit il ne le pouvait pas, et la filiation était adoptive. Désormais, des couples infertiles peuvent donner vie à un enfant, avec leurs propres gamètes, mais aussi grâce aux gamètes d'un tiers, voire en accueillant un embryon conçu par un autre couple. Dans ce cas, la mère met au monde un enfant qui n'a pas nécessairement de lien génétique avec l'un ou/et l'autre des parents. La filiation charnelle n'est plus le décalque du code génétique des parents. Quel statut faut-il alors conférer aux « géniteurs » de l'enfant ? Ce dernier doit-il avoir le droit de connaître ses origines génétiques ?

Le troisième bouleversement, qui se produit en ce début de XXIe siècle, est d'ordre **politique** : **l'intrusion des droits de l'homme dans le droit de la famille**, et spécialement la revendication **d'un droit à l'enfant**. Alors que l'assistance médicale à la procréation était envisagée comme un remède à l'infertilité pathologique, la montée en puissance du droit à l'enfant commande à la science d'aller au-delà de la nature des choses. C'est ainsi que les **couples homosexuels** ont revendiqué le droit de recourir à l'assistance médicale à la procréation, qui a été consacré par la loi du 2 août 2021 pour les couples de femmes. Et *quid* de la GPA, qui reste pour l'heure interdite ? Faut-il admettre la **gestation pour autrui**, pour reconnaître un droit à l'enfant à un nombre plus grand de couples ? Par ailleurs, quelle reconnaissance accorder en France à une gestation pour autrui illicitement effectuée à l'étranger ?

Tout ceci amène à repenser les rapports entre **la vérité biologique** et la **vérité sociologique.** D'un côté, la science efface la vérité biologique au profit de la vérité sociologique : en permettant à des couples infertiles de devenir parents, la loi montre que ce qui compte, ce n'est pas le lien du sang, mais le lien d'affection. Mais dans le même temps, il n'a jamais été aussi simple de démontrer, par un test ADN commandé sur internet, que l'enfant n'a aucun lien biologique avec son parent. Peut-on alors remettre en cause une filiation affective, construite par les ans, au nom de la vérité biologique ?

Ici comme ailleurs, notre droit offre une réponse nuancée. C'est ce que nous allons voir en étudiant successivement l'établissement non contentieux de la filiation (section 1) et les actions en justice relatives à la filiation (section 2).

Section 1
L'établissement non contentieux de la filiation

Pour pouvoir établir un lien de filiation charnel avec un enfant, encore faut-il pouvoir procréer. Les progrès de la science ont élargi l'accès à la procréation (§ 1). Une fois l'enfant né, la filiation s'établit en dehors des prétoires selon différents modes (§ 2).

§ 1. L'accès à la procréation

FOCUS

Loi du 2 août 2021 de bioéthique

On sait que les lois de bioéthique sont révisées régulièrement, afin de tenir compte des progrès de la science et de l'évolution des mœurs dans le domaine du vivant (si on ose employer ce mot suranné). La dernière loi de bioéthique du 7 juillet 2011 prévoyant un mécanisme de révision après sept années, un projet de loi relatif à la bioéthique a été déposé le 24 juillet 2019 au Parlement. Ce texte, qui touche à l'essence de la filiation en ouvrant la PMA aux couples de femmes et aux femmes célibataires, a donné lieu à une divergence de vues entre l'Assemblée nationale, favorable au texte, et le Sénat, qui a notamment refusé de voter la mesure phare du projet. Après des débats de près de deux ans, retardés par la crise sanitaire, et l'échec de la commission mixte paritaire, l'Assemblée nationale, qui a constitutionnellement le dernier mot, a définitivement adopté le texte le 29 juin 2021. Après un recours devant le Conseil constitutionnel qui a été rejeté par une décision n° 2021-821 DC du 29 juillet 2021, la loi a été promulguée le 2 août 2021. Signalons les innovations les plus saillantes du texte : outre l'ouverture de la PMA, le texte autorise le double don ainsi que l'autoconservation des ovocytes par les femmes (pour leur permettre de les utiliser plus tard et lutter ainsi contre la fameuse horloge biologique ; à noter, même si cela est moins utile, que ce droit est aussi reconnu aux hommes), tout en consacrant le droit de l'enfant de connaître ses origines génétiques en cas de don de gamètes. Le lecteur est renvoyé aux différentes rubriques pour connaître les détails de cette réforme très importante, qui marque une rupture dans la conception de l'AMP et de la filiation. La médecine n'est plus un remède à l'infertilité pathologique entre un homme et une femme mais se substitue désormais à la nature des choses, en permettant à deux femmes de procréer sans père, voire à une femme de procréer toute seule, alors que cela est naturellement impossible. Et la filiation ne repose plus (seulement) sur l'altérité entre un père et une mère : un enfant peut, selon la loi française, être licitement conçu en étant orphelin de père dès sa naissance, le tiers donneur ne pouvant établir sa filiation avec l'enfant. Notons enfin que la gestation pour autrui (GPA), qui permettrait aux couples d'hommes d'accéder à la filiation en France, reste toutefois proscrite. Mais l'on peut augurer que sous la pression de l'égalité entre les couples, cette dernière digue opposée au droit à l'enfant cédera tôt ou tard.

402. Quels sont les bénéficiaires de l'assistance médicale à la procréation (AMP ou PMA) ? Les mots ont un sens : traditionnellement, la science avait pour seule finalité d'assister la nature, et non de se substituer à elle. C'est pourquoi l'article L. 2141-2 alinéa 2 du Code de la santé publique, dans sa version antérieure à la loi de bioéthique du 2 août 2021, prévoyait que seul pouvait recourir à l'AMP un couple composé d'un homme et d'une femme, ce qui excluait les personnes célibataires et les couples homosexuels, sans que cela porte atteinte au principe d'égalité devant la loi : Cons. const., 17 mai 2013, n° 2013-669 DC, à propos de l'examen de la loi sur le mariage pour tous. L'AMP avait pour seule finalité d'assister un processus naturel qui, pour une raison pathologique, ne pouvait pas se produire (infertilité). Toutefois, ce paradigme a volé en éclats, avec l'adoption de la loi du 2 août 2021, qui ouvre la PMA aux couples de femmes et aux femmes célibataires (v. *infra*, focus). De sorte que les bénéficiaires de l'AMP sont désormais les suivants :

- un couple composé **d'un homme et d'une femme**, un **couple de femmes**, ou une **femme non mariée**. Ainsi, le nouvel article L. 2141-2 du Code de la santé publique dispose désormais que « l'assistance médicale à la procréation est destinée à répondre à un projet parental. Tout couple formé d'un homme et d'une femme ou de deux femmes ou toute femme non mariée ont accès à l'assistance médicale à la procréation ». Contrairement à une femme pacsée ou en concubinage, une femme mariée ne peut donc pas procréer seule, et ce, afin d'éviter le jeu de la présomption de paternité en faveur de son mari. On peut y voir une nouvelle forme de discrimination, qui n'est pas justifiée, dès lors que la présomption de paternité aurait pu être écartée, le mari n'étant pas associé au projet parental (v. sur le sujet, M. Pichard, « Toutes les femmes ? », *D.* 2019, p. 2143) ;
- **en âge de procréer** (ce qui exclut les parents du troisième âge) ; contrairement à d'autres pays, aucun âge maximum n'est fixé par la loi ; toutefois, la PMA ayant pour objet de remédier à une infertilité et non de dépasser la condition humaine, l'âge retenu par les services est celui à partir duquel la fertilité naturelle s'effondre (50 ans pour les femmes et 60 ans pour les hommes), étant précisé que la sécurité sociale ne rembourse les

tentatives que jusqu'à 43 ans pour la femme au regard du coût social et des faibles chances de succès ;

- **vivants** (ce qui exclut la procréation *post mortem* : l'insémination ou le transfert d'embryon est impossible en cas de décès de l'un des deux membres du couple ou, *a fortiori*, de la femme seule qui a recours à la PMA) ; toutefois, par un arrêt du 31 mai 2016 (n° 396848), le Conseil d'État a considéré que le refus d'exportation du sperme du défunt opposé à une femme sur le fondement de la loi française portait une atteinte manifestement excessive à son droit au respect de la vie privée et familiale. Nous retrouvons encore et toujours le contrôle de proportionnalité. En l'espèce, un homme gravement malade avait déposé son sperme en France et avait accepté que sa femme soit inséminée à titre posthume après son décès en Espagne, pays qui accepte une telle pratique. Au vu des circonstances particulières (projet parental solide, consentement exprimé de son vivant et absence de contournement de la loi française, la mère ayant retrouvé son pays d'origine, l'Espagne), le Conseil d'État a estimé que le refus opposé par l'administration française d'exporter le sperme du défunt constituait une atteinte disproportionnée au droit au respect de la vie privée et familiale (v. dans le même sens, TA Rennes, 11 oct. 2016, à propos d'une femme ayant perdu son conjoint et son enfant juste avant l'accouchement, ce qui justifie qu'elle puisse réutiliser à l'étranger le sperme congelé de son conjoint défunt ; v. pour le refus d'une telle insémination *post mortem*, TA Toulouse, 13 oct. 2016) ; il faut observer que la loi de bioéthique du 2 août 2021 maintient que le décès de l'un des membres du couple fait obstacle à l'insémination ou au transfert d'embryon (v. pour le rappel de l'opposition de principe du Conseil d'État à une exportation de gamètes vers l'étranger pour réaliser une insémination *post mortem* dès lors qu'il n'y a pas de circonstances particulières justifiant de voir dans les interdits légaux une ingérence disproportionnée dans les droits garantis par la Convention européenne des droits de l'homme : CE, 17 mai 2023, n° 473666) ;
- exprimant un **consentement qui doit être maintenu jusqu'à l'assistance médicale effectivement apportée**. La Cour européenne des droits de l'homme a ainsi estimé que la suppression, à la demande d'un homme, des embryons congelés avant l'ablation des ovaires de son ex-conjoint pour le traitement d'un cancer ne violait pas le droit au respect de la vie privée et familiale de cette dernière (CEDH, 7 mars 2006, n° 6339/05, *Evans c. Royaume-Uni*). Le droit à l'enfant de la femme se heurte au droit de l'homme de ne pas avoir d'enfant, ce qui laisse une marge d'appréciation à l'État. À cet égard, l'article L. 2142-2 alinéa 2 du Code de la santé publique prévoit *in fine* que « font obstacle à l'insémination ou au transfert des embryons le décès d'un des membres du couple, le dépôt d'une demande en divorce ou en séparation de corps, la signature d'une convention de divorce par acte d'avocats ou de séparation de corps, ou encore la cessation de la communauté de vie, ainsi que la révocation par écrit du consentement par l'homme ou la femme auprès du médecin chargé de mettre en œuvre l'assistance médicale à la procréation ».

Pour autant, tous les modes de conception ne sont pas autorisés : il convient dès lors d'envisager successivement les techniques autorisées (A), puis les techniques interdites (B).

A. Les techniques autorisées

Voyons comment les gamètes peuvent se rencontrer pour former un embryon (1) et quels sont les gamètes que l'on peut utiliser (2).

1. La rencontre des gamètes

403. Si la question du statut des embryons a pris une telle ampleur, c'est avant tout du fait de la FIVETE (fécondation *in vitro* et transfert d'embryon). C'est ainsi **qu'est née en 1982 Amandine, premier bébé-éprouvette français**. Le développement de ces techniques a conduit le législateur, par les importantes lois du 29 juillet 1994, à organiser la procréation médicalement assistée. Ces lois ont été modifiées par la loi du 6 août 2004, qui a assoupli le recours à l'assistance médicale à la procréation. La loi du 7 juillet 2011 de révision des lois de bioéthique n'a pas bouleversé les principes de l'AMP.
L'article L. 2141-1 du Code de la santé publique vise expressément deux techniques de rencontre des gamètes de l'homme et de la femme :
- l'**insémination artificielle** (conception *in vivo* de l'embryon, c'est-à-dire dans l'utérus maternel) ;
- la **fécondation *in vitro* avec transfert d'embryon** : cette technique consiste à féconder, en laboratoire, un ovule avec des spermatozoïdes, puis à réimplanter l'embryon dans l'utérus maternel (FIVETE).

2. Les gamètes utilisés

404. Mais la technique n'est pas tout : les choses ne sont pas les mêmes si la procréation est faite au moyen **des gamètes du couple** (de la femme et de l'homme membres du couple) ou avec des **gamètes d'un ou de deux tiers donneurs**. Dans le premier cas, l'intervention médicale ne fait que favoriser la nature des choses : la filiation reste fondée sur la **vérité biologique**. Ceci explique que cette aide à la procréation était prioritaire dans les lois de 94 : ce n'était qu'à défaut de succès de l'assistance avec les gamètes du couple que le couple pouvait avoir recours aux gamètes d'un ou de deux tiers donneurs. La loi de 2004, voulant favoriser le recours à l'assistance médicale à la procréation (AMP), a assoupli le système. Désormais, le Code de la santé publique prévoit que l'assistance médicale avec **tiers donneur** peut également être mise en œuvre, **au-delà de l'infertilité**, lorsqu'il existe un **risque de transmission d'une maladie d'une particulière gravité à l'enfant ou à un membre du couple** (sida par ex.), ou encore lorsque le couple, dûment informé, **renonce à la procréation au sein du couple** (CSP, art. L. 2141-7).
Ainsi, la loi permet, dans le cadre **de la procréation assistée avec gamètes d'un ou deux tiers donneurs,** le recours à deux procédés : l'utilisation des gamètes d'un tiers (a) ou l'accueil d'un embryon (b). Dans les deux cas, les futurs parents doivent exprimer leur consentement devant un notaire, la loi n° 2019-222 ayant supprimé la possibilité de l'exprimer également devant un juge (C. civ., art. 311-20). Il s'agit d'attirer les parents sur les conséquences de leur choix, et notamment sur l'impossibilité de remettre en cause ultérieurement cette filiation, qui n'est pas conforme, pour au moins l'un des parents, à la vérité biologique (v. *infra*, n° 419).

a. L'utilisation des gamètes d'un tiers donneur

405. Cela concerne soit le don de spermatozoïdes, soit le don d'ovocytes.
Dans les deux cas, il faut que de nombreuses conditions soient remplies :
- **sécurité sanitaire** (ex. : dépistage des maladies transmissibles) ;
- **consentement** du donneur, qui doit être majeur ;
- **gratuité** du don ;
- **anonymat** du donneur (cette règle est critiquée par certains au nom du droit qu'a tout enfant de connaître ses origines : Convention de New York du 20 novembre 1989). Mais

elle a été maintenue à l'occasion de la révision des lois de bioéthique de 2011 : **aucun lien de filiation ne pourra donc être établi entre le donneur et l'enfant : la vérité biologique est refoulée.**

En revanche, il était, avant l'adoption de la loi du 2 août 2021, interdit de pratiquer une FIV avec un double don de gamètes (CSP, art. L. 2141-3), afin de maintenir un lien biologique entre l'enfant et au moins l'un de ses deux parents. Ce texte, qui avait été déclaré conforme à la Constitution en 1994, ne pouvait faire l'objet d'une QPC, faute d'un changement de circonstances de nature à justifier qu'il soit de nouveau examiné (Cass. 1re civ., 19 janv. 2012, n° 11-40089, *Bull. civ.* I, n° 11). En cas d'infertilité des deux membres du couple, seul l'accueil d'un embryon était possible, ce qui s'apparente à une forme d'adoption prénatale. Mais la loi du 2 août 2021 autorise désormais le double don, que connaissent de nombreux pays étrangers.

En outre, jusqu'à présent, les lois de bioéthique préservaient l'anonymat du donneur, ce qui était critiqué par certains au nom du droit qu'a tout enfant de connaître ses origines, tel que protégé par l'article 7 de la Convention de New York du 20 novembre 1989. L'adoption de la loi du 2 août 2021 change la donne. Ainsi, le texte lève l'anonymat du donneur de gamètes en permettant aux personnes nées d'une PMA d'accéder à leur majorité à l'identité de leurs donneurs de gamètes ou d'embryons. Le don est donc conditionné au consentement exprimé par le donneur sur la révélation de son identité. En somme, pas de renonciation à l'anonymat, pas de don. La mesure n'est heureusement pas rétroactive, afin de ne pas remettre en cause la croyance légitime des donneurs antérieurs dans le fait que leur identité ne serait jamais révélée. Mais la loi permet aux donneurs antérieurs de prendre l'initiative de donner leur accord à la transmission de données identifiantes. Pour autant, aucun lien de filiation ne pourra être établi entre l'enfant et le tiers donneur (C. civ., art. 342-9).

b. L'accueil d'un embryon

406. Il s'agit de la réimplantation chez une femme d'un embryon conçu *in vitro* avec les **gamètes ne provenant d'aucun des deux membres du couple receveur**. Cela concerne les embryons surnuméraires conçus *in vitro* avec les gamètes d'un autre couple, congelés et qui ne font pas l'objet d'une implantation par ce couple.

La loi du 6 août 2004 a considérablement assoupli l'accueil de ces embryons par un autre couple. Les deux membres du couple dont les embryons sont conservés sont consultés chaque année par écrit : le couple dispose alors d'une option à quatre branches : conserver les embryons en vue d'un projet parental futur, détruire l'embryon, autoriser une expérimentation ou enfin consentir à ce que l'embryon soit accueilli par un autre couple. En cas d'abandon du projet parental, une confirmation du consentement est requise, et ce, après un délai de réflexion de trois mois. À défaut de réponse après cinq années de conservation ou en cas de désaccord entre les membres du couple, les embryons sont détruits. Enfin, en cas de décès de l'un, le consentement de l'autre suffit pour permettre l'accueil de l'embryon par un tiers.

Mais le consentement du couple donneur ne suffit pas. Certaines conditions doivent en outre être remplies :

- **sécurité sanitaire** ;
- **consentement** donné par écrit du couple receveur, étant précisé que la loi du 23 mars 2019, provoquant un vaste mouvement de déjudiciarisation du droit de la famille, a transféré du juge au notaire la compétence pour recevoir un tel consentement. Auparavant, le

juge appréciait les conditions d'accueil que le couple receveur était susceptible d'offrir à l'enfant à naître sur les plans familial, éducatif et psychologique et l'autorisation d'accueil était délivrée pour une durée de trois ans renouvelable ; désormais, ces conditions n'ont plus lieu d'être car le notaire n'autorise rien, il ne fait que constater le consentement du couple à accueillir l'enfant à naître ;

- **gratuité** : aucun paiement, quelle qu'en soit la forme, ne peut être alloué au couple ayant renoncé à l'embryon ;
- **anonymat** : le couple accueillant l'embryon et celui ayant renoncé ne peuvent connaître leurs identités respectives, sauf nécessité thérapeutique et possibilité, pour un médecin, d'accéder aux informations médicales concernant le couple ayant renoncé à l'embryon, mais seulement si elles sont **non identifiantes**. Ainsi, **aucun lien de filiation ne pourra être établi entre l'enfant et le couple donneur**, puisque l'enfant n'aura pas accès à l'identité de ses géniteurs. **La vérité biologique est ici encore purement et simplement refoulée.**

Ce refoulement de la vérité biologique est sanctuarisé à **l'article 311-19 du Code civil**, issu de la loi du 29 juillet 1994 : « en cas de procréation médicalement assistée avec tiers donneur, aucun lien de filiation ne peut être établi entre l'auteur du don et l'enfant issu de la procréation ; aucune action en responsabilité ne peut être exercée à l'encontre du donneur ». Le Conseil constitutionnel a déclaré ce texte conforme à la Constitution (Cons. const., 27 juill. 1994, DC). Le Conseil d'État estime pour sa part que l'interdiction opposée à l'enfant de connaître l'identité du donneur de gamètes n'est pas incompatible avec les stipulations de la Convention, en ce qu'elle permet de sauvegarder le caractère social et affectif de la filiation, et d'éviter une baisse substantielle des dons de gamètes (CE, avis, 13 juin 2013, n° 362981 ; conf. par CE, 12 nov. 2015, n° 372121).

B. Les techniques interdites

Deux techniques sont éthiquement contestables et à ce titre interdites : la gestation pour autrui (1) et le clonage (2).

1. La gestation pour autrui

407. L'article 16-7 du Code civil, issu des lois de 1994, dispose que « toute convention portant sur la procréation ou la gestation pour le compte d'autrui est nulle ». L'article 16-9 précise que la règle est **d'ordre public**. Ce faisant, le législateur a repris la solution posée par l'assemblée plénière du 31 mai 1991, qui a interdit la technique des maternités de substitutions ou des « mères porteuses » au nom du principe de l'indisponibilité du corps humain et de l'indisponibilité de l'état des personnes. Ainsi est interdite la pratique qui consiste à obtenir d'une femme, gratuitement ou moyennant rémunération, qu'elle conçoive et porte un enfant pour une autre, en s'engageant à l'abandonner à la naissance pour permettre au couple receveur de faire établir un lien de filiation. **Toute la difficulté est qu'il suffit de se rendre à l'étranger dans des pays qui autorisent la GPA pour contourner une telle interdiction**.

Faut-il dès lors reconnaître en France le lien de filiation entre l'enfant et le couple qui a eu recours à une gestation pour autrui illicite à l'étranger ? La réponse de la Cour de cassation a beaucoup varié dans le temps : en à peine plus de huit ans, la Cour régulatrice a fait, par petits pas, une véritable volte-face sur la question : de l'absence de reconnaissance de tout effet en France à une GPA effectuée à l'étranger en 2011, la Cour de cassation est allée jusqu'à admettre en 2019 de manière générale la transcription de l'acte de naissance, et ce même pour le parent d'intention. Ce revirement progressif s'est accompli en **six étapes** :

Dans un premier temps, la Cour de cassation s'est montrée inflexible : par trois arrêts du 6 avril 2011, elle a jugé qu'en l'état du droit positif, il est contraire au principe d'indisponibilité de l'état des personnes, principe essentiel du droit français, de faire produire effet, au regard de la filiation, à une convention portant sur la gestion pour le compte d'autrui, qui fût-elle licite à l'étranger, **est nulle d'une nullité d'ordre public** aux termes des articles 16-7 et 16-9 du Code civil (Cass. 1re civ., 6 avr. 2011, n° 09-17130, n° 09-66486, n° 10-19053, *Bull. civ.* I, n° 70, 71 et 72). Était donc justifié le refus de transcription en France de l'acte de naissance établi à l'étranger qui désignait comme mère la femme française ayant eu recours à la GPA à l'étranger. Pour la Cour de cassation, l'enfant n'est pas privé de sa filiation paternelle ou maternelle que l'État étranger lui reconnaît, et n'est pas privé de la possibilité de vivre en France avec les époux ayant eu recours à la GPA à l'étranger.

Dans un deuxième temps, par deux arrêts ***Labassée contre France* et *Mennesson contre France*,** la Cour européenne des droits de l'homme a condamné la France pour cette position jurisprudentielle : en faisant obstacle tant à la reconnaissance qu'à l'établissement en droit interne **de la filiation à l'égard de leur père biologique**, la France a porté à l'intérêt des enfants une atteinte excessive qui justifie une condamnation (CEDH, 26 juin 2014, n° 65192/11, *Mennesson c/France* ; n° 65941/11, *Labassée c/France*). Par où l'on voit que la **vérité biologique l'emporte sur l'illicéité de la convention.** Une filiation biologique, bien que constituée illicitement, doit être reconnue en France.

Dans un troisième temps, la Cour de cassation a opéré un changement de cap par deux arrêts d'assemblée plénière. Elle a ainsi jugé qu'en présence d'un acte de naissance qui n'est ni irrégulier ni falsifié et de faits déclarés correspondant à la réalité, **la convention de gestation pour autrui conclue entre le père de l'enfant et la mère porteuse ne fait pas obstacle à la transcription de l'acte de naissance** (Cass. ass. plén., 3 juill. 2015, n° 13-50002, n° 14-21323). Étaient en cause des actes de naissance établis en Russie mentionnant comme père le géniteur de l'enfant et comme mère la femme russe ayant accouché. Le simple fait que le père français ait eu recours à une GPA n'empêche plus l'établissement du lien de filiation avec l'enfant en France. Il y a là, incontestablement, un revirement de jurisprudence dicté par les arrêts *Mennesson* et *Labassée*.

Dans un quatrième temps, la Cour de cassation est venue, par **quatre arrêts du 5 juillet 2017**, fermer la transcription de l'acte de naissance à l'égard de la mère d'intention (**Cass. 1re civ., 5 juill. 2017**, quatre arrêts, v. not. n° 15-28597). Ainsi, pour la Cour régulatrice, l'acte de naissance étranger d'un enfant né d'une GPA peut être transcrit partiellement à l'état civil français, en ce qu'il désigne le père, mais pas en ce qu'il désigne la mère d'intention. Pour ce faire, la Cour de cassation considère que l'acte d'état civil doit, pour satisfaire aux exigences de l'article 47 du Code civil, décrire la réalité de l'accouchement. Or, par hypothèse, la mère d'intention (ou le père d'intention, pour les couples homosexuels), n'a pas accouché de l'enfant. Cela interdit la retranscription de l'acte de naissance en France et, partant, la reconnaissance du lien de filiation. Un tel refus opposé à la mère d'intention ne constitue pas une atteinte disproportionnée au droit au respect de la vie privée et familiale, dès lors que l'interdiction de la GPA en France poursuit un but légitime et que l'enfant peut acquérir la nationalité française, que la filiation paternelle est établie et que la mère d'intention peut recourir à l'adoption pour établir un lien de filiation avec l'enfant. Tel est, au reste, l'autre apport des arrêts du 5 juillet 2017 : le recours à une GPA ne constitue plus, en soi, un obstacle à l'adoption de l'enfant par le conjoint du parent biologique (sur l'adoption, v. *infra*, n° 447).

Mais encore fallait-il compter avec le respect des droits fondamentaux : réserver la seule voie de l'adoption au parent d'intention n'est-il pas une atteinte excessive au droit au respect de la vie privée et familiale garanti par l'article 8 de la Convention européenne des droits de l'homme ? En application du protocole 16 bis de la Convention, qui permet à la Cour de cassation de transmettre une question préjudicielle à la Cour européenne des droits de l'homme, celle-ci, par un avis du 10 avril 2019, considère que « le droit au respect de la vie privée de l'enfant, au sens de l'article 8 de la Convention européenne des droits de l'homme, requiert que le droit interne offre une possibilité de reconnaissance d'un lien de filiation entre l'enfant et la mère d'intention, désignée dans l'acte de naissance légalement établi à l'étranger comme étant la "mère légale" ». En second lieu, elle précise que « le droit au respect de la vie privée de l'enfant ne requiert pas que cette reconnaissance se fasse par la transcription sur les registres de l'état civil de l'acte de naissance légalement établi à l'étranger ; elle peut se faire par une autre voie, telle l'adoption de l'enfant par la mère d'intention ». Ainsi, la position de la Cour de cassation établie par ses arrêts du 5 juillet 2017 sort renforcée de cet avis, aucune obligation générale d'admettre la transcription des actes de naissance ne s'imposant aux États, dès lors que d'autres voies permettent d'établir la filiation avec le parent d'intention.

408. Dans un cinquième temps, dans le cadre de la procédure de **réexamen d'une décision civile rendue en matière d'état des personnes** après condamnation de la France par la Cour européenne des droits de l'homme, la Cour de cassation, réunie en assemblée plénière, se prononce sur la transcription de l'acte de naissance pour la mère d'intention (affaire *Mennesson* toujours). Par un arrêt du 4 octobre 2019, elle admet, au vu des faits de l'espèce, une telle transcription pour la première fois (Cass. ass. plén., 4 oct. 2019, n° 10-19053). Pour ce faire, la Cour se livre au fameux contrôle de proportionnalité *in concreto*, estimant que « le renvoi des consorts X... à recourir à la procédure d'adoption, alors que l'acte de naissance des deux filles a été établi en Californie, dans un cadre légal, conformément au droit de cet État, après l'intervention d'un juge, la cour supérieure de l'État de Californie, qui a déclaré M. C... X..., père génétique et Mme D... X..., "mère légale" des enfants, aurait, au regard du temps écoulé depuis la concrétisation du lien entre les enfants et la mère d'intention, des conséquences manifestement excessives en ce qui concerne le droit au respect de la vie privée ». L'assemblée plénière rend donc une solution d'espèce : parce que la procédure judiciaire pour reconnaître le lien de filiation des époux Mennesson n'a que trop duré, le passage par une procédure d'adoption aurait des conséquences manifestement excessives. En outre, la Cour observe que le recours à la possession d'état pour établir la filiation n'est pas satisfaisant, dès lors qu'une telle filiation peut être contestée dans le délai de dix ans à compter de la délivrance de l'acte de notoriété (v. *infra*, n° 432). L'article 47 du Code civil, qui impose que les actes reçus à l'étranger soient conformes à la réalité pour faire foi en France, est sacrifié sur l'autel du respect des droits fondamentaux. On pensait la jurisprudence de la Cour de cassation fixée sur la question : pas de transcription systématique de l'acte de naissance pour le parent d'intention, sauf si les autres voies imposées pour établir la filiation créent, en l'espèce, une atteinte disproportionnée au droit au respect de la vie privée et familiale. Mais c'était sans compter la volonté de la première chambre civile de désactiver l'article 47 du Code civil et, de manière plus générale, l'ordre public qui s'attache à la prohibition de la GPA en France.

Ainsi, **dans un sixième temps**, par trois arrêts du 18 décembre 2019, la première chambre civile admet de manière générale la transcription de l'acte de naissance légalement établi à l'étranger, que ce soit en cas de GPA (couples d'hommes, 2 arrêts) ou de PMA (couple de femmes, 1 arrêt). S'agissant de la GPA, elle énonce qu'« il convient de faire évoluer la jurisprudence en retenant qu'en présence d'une action aux fins de transcription de l'acte de naissance étranger de l'enfant, qui n'est pas une action en reconnaissance ou en établissement de la filiation, ni la circonstance que l'enfant soit né à l'issue d'une convention de gestation pour autrui ni celle que cet acte désigne le père biologique de l'enfant et un deuxième homme comme père ne constituent des obstacles à la transcription de l'acte sur les registres de l'état civil, lorsque celui-ci est probant au sens de l'article 47 du Code civil » (Cass. 1re civ., 18 déc. 2019 (3 arrêts : 18-14751 et 18-50007 ; 18-11815 ; 18-12327)). L'approche est bien différente de celle de l'assemblée plénière : il ne s'agit plus d'une solution de circonstances, mais de principe. Dès lors que l'acte est formellement régulier et conforme au droit de l'État étranger, il doit être transcrit en France. La solution est d'autant plus novatrice qu'elle admet pour la première fois que la filiation puisse être rattachée à deux personnes de même sexe, et ce sans passer par la procédure d'adoption. Ainsi, l'enfant pourra avoir deux pères (GPA) ou deux mères (PMA) sur son acte de naissance. On peut, en dernière analyse, se demander ce qui reste de l'interdiction de la GPA en France, du moins lorsqu'elle est pratiquée légalement à l'étranger (v., pour une GPA faite en France, *infra*, n° 416).

FOCUS

La GPA : loi du 2 août 2021

L'histoire de la GPA n'est toutefois pas terminée. En effet, à l'occasion de l'adoption de la loi de bioéthique du 2 août 2021, l'article 47 du Code civil a été complété par la phrase suivante : « celle-ci est appréciée par la loi française ». Qu'est-ce à dire ? Que désormais, pour pouvoir être transcrit en France, un acte étranger doit comporter des faits qui correspondent à la réalité selon la loi française. Une telle modification de l'article 47 semble interdire la transcription de l'acte de naissance s'agissant du parent d'intention, qu'il s'agisse d'une femme, lorsqu'elle n'a pas accouché, ou d'un homme, lorsqu'il n'est pas le géniteur de l'enfant. On en reviendrait à l'état de notre droit positif, tel qu'il résulte des arrêts du 5 juillet 2017 : transcription pour le parent biologique, mais absence de transcription pour le parent d'intention, qui doit recourir à l'adoption. Mais c'est oublier un peu vite la hiérarchie des normes. Dès lors que les revirements d'octobre et de décembre 2019 reposent essentiellement sur l'intérêt supérieur de l'enfant, qui est de voir sa filiation établie avec son parent d'intention, et que cet intérêt supérieur de l'enfant est consacré par la Convention de New York sur les droits de l'enfant, dont la valeur est supérieure à la loi française, fût-elle de bioéthique, on peut augurer que la Cour de cassation pourra, notamment dans le cadre du contrôle de proportionnalité qu'elle affectionne tant, désactiver la nouvelle rédaction de l'article 47 du Code civil et continuer à admettre la transcription intégrale de l'acte de naissance. La GPA n'a donc pas fini de faire parler d'elle…

2. Le clonage

409. C'est un nouveau défi éthique qui a été posé avec la possibilité du clonage, découvert avec l'annonce **en 1996 de la naissance de Dolly**, une **brebis clonée** à partir d'une cellule prélevée sur une brebis adulte. Si l'on pouvait transposer cette technique à l'être humain, cela ouvrirait l'ère des humains reproduits à l'identique à l'infini, tels des machines, selon des critères que l'on n'ose imaginer. Il n'est pas certain que ce progrès scientifique soit un progrès pour l'humanité.
C'est pourquoi le Comité consultatif national d'éthique, par un **avis du 22 avril 1997**, a considéré que cette pratique devait être interdite, car elle était contraire à la dignité de la personne, protégée par l'article 16 du Code civil, et à l'intégrité de l'espèce humaine, protégée par l'article 16-4 du Code civil, car le clonage modifiait le mode de reproduction de l'espèce humaine et constituait une pratique eugénique tendant à l'organisation de la sélection des personnes. Même son de cloche au niveau international. La **Déclaration universelle sur le génome humain et les droits de l'homme adoptée par l'ONU le 9 décembre 1998** prévoit la prohibition nécessaire, mise en œuvre par les États, du clonage à des fins de reproduction. De même, la **Convention européenne sur les droits de l'homme et la biomédecine**, signée le **4 avril 1997**, proclame qu'« est interdite toute intervention ayant pour but de créer un être humain génétiquement identique à un autre être humain vivant ou mort ».
La révision des lois de bioéthique de 1994 a été l'occasion de l'introduction de cette interdiction dans notre droit national. Mais quelle portée lui assigner ? Fallait-il interdire tout clonage, quelle qu'en soit la finalité ? Certains scientifiques ont fait valoir que le clonage pouvait avoir un intérêt thérapeutique certain : s'il faut interdire le clonage reproductif, il devrait être possible de créer un embryon à des fins thérapeutiques pour une personne atteinte d'une maladie comme le cancer ou à des fins de recherche.
Cette distinction entre clonage reproductif et clonage thérapeutique apparaît implicitement dans l'alinéa 3 de **l'article 16-4 du Code civil issu de la loi du 6 août 2004** : « est interdite toute intervention ayant pour but de faire naître un enfant génétiquement identique à une autre personne vivante ou décédée ». Ce qui est donc interdit dans le Code civil, c'est uniquement le fait de faire naître un enfant, donc le clonage reproductif. La violation de cette interdiction est sanctionnée par un crime contre l'espèce humaine. Mais le Code de la santé publique contient une énumération plus large des divers clonages interdits : reproductifs (CSP, art. L. 2151-1), à des fins de recherche (CSP, art. L. 2151-2), à des fins commerciales ou industrielles (CSP, art. L. 2151-3), et « également » à des fins thérapeutiques (CSP, art. L. 2151-4). Cependant, les diverses sanctions pénales sont moins lourdes que pour le clonage reproductif et cette liste laisse entrevoir qu'il sera un jour possible d'autoriser le clonage thérapeutique, par simple suppression de l'article L. 2151-2-2 du Code de la santé publique.

§ 2. Les modes d'établissement de la filiation

410. L'article **310-1 du Code civil** dispose que la filiation est légalement établie (...) « par l'effet de la loi, par la reconnaissance volontaire ou par la possession d'état constatée par un acte de notoriété ». Le texte réserve dans son alinéa 2 un mode judiciaire d'établissement de la filiation, qui sera examiné plus loin (v. *infra*, n° 419 et s.).
En outre, il existe un **obstacle** à l'établissement de la filiation : **l'inceste.** Ainsi, **l'article 310-2** dispose que « s'il existe entre les père et mère de l'enfant un des empêchements à mariage prévus par les articles 161 et 162 pour *cause de parenté*, la filiation étant établie à l'égard de l'un, il est interdit d'établir la filiation à l'égard de l'autre *par quelque moyen que ce soit* ». Par

exemple, si une femme a accouché d'un enfant et que celle-ci est désignée dans son acte de naissance, le frère de cette femme, même s'il est le géniteur de l'enfant, ne pourra pas le reconnaître. La Cour de cassation a étendu la règle au cas de l'**adoption** : un homme ne peut pas adopter l'enfant de sa sœur (Cass. 1re civ., 6 janv. 2004, n° 01-01600, *Bull. civ.* I, n° 2).
Si l'on met de côté le cas de l'inceste, il existe, on le voit, **trois modes** d'établissement de la filiation en dehors de toute procédure judiciaire : la loi (A), la reconnaissance (B) et la possession d'état (C).

A. La loi

Sous certaines conditions, la loi crée automatiquement un lien de filiation à l'égard de la mère (1) et du père (2).

1. La désignation de la mère dans l'acte de naissance

411. *Mater semper certa est* : l'adage latin est bien connu. L'identité de la mère est toujours certaine : c'est celle qui accouche. On reconnaît la trace de cet adage dans l'actuel **article 311-25** du Code civil : « la filiation est établie, à l'égard de la mère, par la désignation de celle-ci dans l'acte de naissance de l'enfant ». Pourtant, la règle est nouvelle pour les femmes non mariées. Ainsi, avant l'ordonnance du 4 juillet 2005, la filiation maternelle hors mariage supposait un acte de reconnaissance de l'enfant. Désormais, l'acte de naissance mentionnant le nom de la mère établit, dès la naissance, la filiation à son égard.
L'acte de naissance doit être établi dans les **cinq jours** de la naissance (C. civ., art. 55). À défaut, une décision du tribunal est nécessaire. La naissance doit être déclarée par le père ou, à défaut, par un professionnel de santé qui a assisté à l'accouchement (C. civ., art. 56). L'acte de naissance n'a qu'une force probante limitée, dans la mesure où l'officier d'état civil n'a pas assisté à l'accouchement de l'enfant. La preuve contraire est donc recevable (v. *infra*).
Pourquoi l'acte de naissance établit-il la filiation à l'égard de la mère et non du père ? Parce qu'avec l'interdiction de la GPA, il est à peu près certain que la femme qui accouche et qui indique son nom (v. *infra*, n° 426 pour l'accouchement sous X) est la mère de l'enfant (génitrice et/ou gestatrice, dans le cadre d'une AMP). En revanche, l'identité du père n'est pas certaine : le simple fait de le mentionner dans l'acte de naissance n'établit donc pas la filiation à son égard, car ce serait permettre à la mère de désigner n'importe qui (un beau prince millionnaire, par exemple).

2. La présomption de paternité

C'est l'un des derniers vestiges de l'incidence du mariage sur la filiation. **L'article 312** du Code civil dispose que « l'enfant conçu ou né pendant le mariage a pour père le mari ». C'est ici un autre adage qui a été repris : *pater is est quem nuptiae demonstrant*. Face à l'incertitude qui plane sur le père de l'enfant, la loi présume que celui-ci est le mari de la mère. Un préalable est nécessaire : **encore faut-il que la filiation soit établie à l'égard de sa femme, ce qui suppose qu'elle apparaisse dans l'acte de naissance de l'enfant**, sans quoi la présomption ne saurait jouer.
Reste à voir la portée de la présomption (a) et les exceptions à cette présomption (b).

a. La portée de la présomption

412. Trois remarques peuvent être faites :
- la présomption est **simple** : elle peut être renversée par la preuve contraire, non seulement par le mari, mais aussi par un tiers qui revendiquerait la paternité de l'enfant (v. *infra*, n° 428) ;
- la présomption ne concerne que les **couples hétérosexuels** : à l'occasion de l'examen de la loi sur le mariage pour tous, le Conseil constitutionnel a estimé que la présomption était inapplicable aux couples de même sexe (Cons. const., 17 mai 2013, n° 2013-669 DC) ;
- la présomption a en revanche une **portée temporelle très large** : en effet, **l'article 311** du Code civil présume que l'enfant a été conçu entre le 180e et le 300e jour qui a précédé sa naissance. En outre, l'alinéa 2 de l'article 311 ajoute que la conception est présumée avoir eu lieu à un moment quelconque de cette période, suivant ce qui est demandé dans l'intérêt de l'enfant. Par suite, il suffit que les parents aient été mariés un jour quelconque au cours de cette période pour que la présomption de paternité opère. Par exemple, si le mari est mort 299 jours avant la naissance de l'enfant, il sera présumé le père, car les époux étaient encore mariés le 300e jour.

b. Les exceptions au jeu de la présomption

413. **L'article 313** prévoit que la présomption est écartée dans **deux cas** :
- l'acte de naissance **ne désigne pas le mari en qualité de père** : l'absence du nom du mari dans l'acte de naissance peut raisonnablement faire douter de sa paternité ;
- **l'enfant a été conçu pendant une période de séparation légale des époux,** c'est-à-dire à une époque où les époux étaient dispensés du devoir de cohabitation : ainsi, en cas de **divorce** ou de **séparation de corps**, la présomption ne joue pas « lorsque l'enfant est né plus de trois cents jours après l'introduction de la demande en divorce ou en séparation de corps ou après le dépôt au rang des minutes d'un notaire de la convention réglant l'ensemble des conséquences du divorce, et moins de cent quatre-vingts jours depuis le rejet définitif de la demande ou la réconciliation ». Par exemple, un enfant né un an après la demande en divorce n'a pas pour père le mari, alors même qu'il a été conçu pendant le mariage (parce que l'on peut raisonnablement penser qu'au moment de sa conception, neuf mois avant, les époux ne vivaient plus et surtout ne couchaient plus ensemble). Inversement, un enfant né trois mois seulement après la réconciliation de ses parents n'a pas pour père le mari, car au moment de sa conception neuf mois auparavant, ses parents n'étaient pas encore réconciliés (ou le divorce définitivement rejeté).

Dans ces deux hypothèses, la présomption de paternité est écartée. Toutefois, il est possible d'établir **autrement** la paternité du mari :
- ainsi, l'**article 314** prévoit que la présomption de paternité est rétablie de plein droit si l'enfant a la **possession d'état** à l'égard du mari et **s'il n'a pas une filiation paternelle déjà établie** ;
- en outre, **l'article 315** permet **d'établir la paternité du mari en justice**, et permet même, depuis l'ordonnance du 4 juillet 2005, **au mari de reconnaître l'enfant**, ce qui évite une action en justice.

Reste, au fond, un cas délicat : celui de l'enfant **conçu avant le mariage** de ses parents et **né moins de 300 jours après sa dissolution** (hypothèse d'un mariage éclair de quelques semaines ou mois, à raison par ex. d'un décès brutal) : l'enfant n'est ni conçu, ni né pendant le mariage. Pour autant, l'enfant est né moins de 300 jours après sa dissolution. Sous l'empire du droit antérieur à la loi de 1972, la Cour de cassation avait étendu, dans l'intérêt de l'enfant, la présomption de paternité (Cass. 2e civ., 2 juill. 1936, *Dewalle*). Sans doute cette solution s'applique-t-elle aujourd'hui.

B. La reconnaissance

414. Alors que la filiation établie par l'effet de la loi est automatique, la reconnaissance suppose un acte de volonté du parent. Jusqu'en 2005, il s'agissait d'un mode propre à la filiation naturelle : les enfants nés hors mariage devaient être reconnus par leurs deux parents. Désormais, il a été montré que la filiation maternelle constituée hors mariage était établie par l'acte de naissance, sans besoin de reconnaissance. Inversement, le mari peut maintenant recourir à la reconnaissance d'un enfant, lorsque la présomption de paternité ne joue pas (C. civ., art. 315, v. *supra*). On le voit, la reconnaissance concerne tous les parents, mariés ou non, même si, en pratique, celle-ci émane essentiellement du père de l'enfant, lorsqu'il n'est pas marié à la mère, dans la mesure où il ne bénéficie pas de la présomption de paternité. Mais la reconnaissance connaît, avec l'adoption de la loi du 2 août 2021, une utilité nouvelle : celle dans laquelle un couple de femmes a recours à une PMA. Dans cette hypothèse, l'enfant fait l'objet d'une reconnaissance prénatale conjointe par les deux mères effectuée devant notaire (C. civ., art. 342-11). Toutefois, la filiation à l'égard de celle qui accouche ne résulte pas de la reconnaissance, mais de l'accouchement. En outre, le texte permet aux couples de femmes qui ont eu recours à une PMA à l'étranger avant la publication de la loi de faire, pendant un délai de trois ans, une reconnaissance conjointe pour établir la filiation. Une forme de rétroactivité *in mitius*, en somme...

Il convient à présent d'étudier successivement les conditions (1) et les caractères (2) de la reconnaissance de l'enfant.

1. Les conditions de la reconnaissance

415. L'article 316 du Code civil dispose que « lorsque la filiation n'est pas établie dans les conditions prévues à la section 1 du présent chapitre, elle peut l'être par une reconnaissance de paternité ou de maternité, faite avant ou après la naissance ».
Plusieurs conditions sont requises :

- la reconnaissance est **subsidiaire** par rapport à la filiation établie par la **loi** : ainsi, la mère, mariée ou non, et le mari de la mère n'ont pas normalement à reconnaître l'enfant, dans la mesure où leur filiation est déjà établie par l'acte de naissance (pour la mère) et la présomption de paternité (pour le mari). En revanche, **cette subsidiarité ne joue pas s'agissant de la possession d'état**. Ainsi, le père et la mère à l'égard desquels l'enfant a seulement la possession d'état d'enfant peuvent le reconnaître, ce qui présente un certain intérêt s'agissant de la contestation de la filiation (v. *infra*, n° 431 et s.) ;
- la reconnaissance, **qui doit émaner personnellement du parent concerné**, peut être faite **avant ou après la naissance de l'enfant** : la reconnaissance **prénatale** est donc admise, ce qui permet notamment au parent mourant d'établir un lien de filiation avant son décès (l'enfant simplement conçu au moment de l'ouverture de la succession peut hériter, par application de l'adage *infans conceptus*) ;
- la reconnaissance suppose que **l'enfant n'ait pas un lien de filiation établi avec un tiers.** La règle vise à prévenir les **conflits de filiation**. Ainsi, **l'article 320 du Code civil**

dispose que « tant qu'elle n'a pas été contestée en justice, la filiation légalement établie fait obstacle à l'établissement d'une autre filiation qui la contredirait ». Par exemple, un tiers ne peut pas reconnaître l'enfant qui a pour père le mari : il devra au préalable la contester en justice ;

- la reconnaissance suppose un **acte authentique** (C. civ., art. 316 al. 3) : elle peut être faite, **sans condition de délai**, devant un officier d'état civil, un notaire, ou même devant le juge (aveu de filiation, dans le cadre d'une action en recherche de paternité, par ex.). L'**article 62** du Code civil prescrit les mentions requises de l'acte authentique.

FOCUS

Le changement de sexe et la filiation

Quelle est l'incidence du changement de sexe d'un parent sur la filiation, lorsque l'enfant est né après un tel changement ? Telle est la délicate question à laquelle a dû répondre la première chambre civile dans un arrêt très médiatisé **(Cass. 1re civ., 16 sept. 2020, n° 18-50080, n° 19-11251)**. En l'espèce, un homme, marié avec une femme, a obtenu son changement de sexe et est donc devenu une femme, Mme X. Il se trouve que son épouse, Mme Y, a mis au monde un troisième enfant avec son sperme car cet homme devenu femme n'avait pas perdu sa faculté de procréer, faute d'opération ou de stérilisation (ce qui est possible, C. civ., art. 61-6). L'acte de naissance désigne Mme Y comme mère de l'enfant. Le père biologique de l'enfant, qui était devenu juridiquement une femme, a voulu procéder à une reconnaissance de maternité prénatale de l'enfant. Mais l'officier d'état civil a refusé la transcription de cette reconnaissance sur l'état civil de l'enfant. Mme X a donc contesté en justice ce refus. La difficulté provient du fait que l'article 61-8 du Code civil règle la question de l'incidence du changement de sexe sur les enfants nés avant ce changement, en établissant que la filiation n'est pas affectée. Ainsi, les deux enfants nés avant le changement de sexe de M. X avaient, juridiquement, toujours un père. Mais qu'en est-il pour les enfants nés après un tel changement ? La Cour de cassation rappelle qu'en vertu de l'article 320 du Code civil, « tant qu'elle n'a pas été contestée en justice, la filiation légalement établie fait obstacle à l'établissement d'une autre filiation qui la contredirait ». L'enfant ayant déjà une mère par application de l'article 311-25 du Code civil (désignation de Mme Y dans l'acte de naissance), la Cour de cassation considère que Mme X ne peut pas établir sa propre filiation maternelle, sauf à recourir à l'adoption. Si Mme X entend reconnaître l'enfant, elle doit donc le faire en tant que père. Ainsi, la première chambre énonce qu'« une personne transgenre homme devenu femme qui, après la modification de la mention de son sexe dans les actes de l'état civil, procrée avec son épouse au moyen de ses gamètes mâles, n'est pas privée du droit de faire reconnaître un lien de filiation biologique avec l'enfant, mais ne peut le faire qu'en ayant recours aux modes d'établissement de la filiation réservés au père ». Pour la Cour, une telle solution ne porte pas une atteinte disproportionnée au droit au respect de la vie privée et familiale de la personne transgenre, dès lors qu'elle est conforme à l'intérêt de l'enfant (la reconnaissance devant refléter la réalité biologique) et que la personne transgenre n'est pas personnellement privée du droit de revendiquer sa nouvelle identité sexuelle. Enfin, « ces dispositions ne créent pas de discrimination entre les femmes selon qu'elles ont ou non donné naissance à l'enfant, dès lors que la mère ayant accouché n'est pas placée dans la même situation que la femme transgenre ayant conçu l'enfant avec un appareil reproductif masculin et n'ayant pas accouché ». On retrouve en creux la dimension binaire de l'identité sexuelle : une personne ne peut pas à la fois utiliser les fonctions inhérentes au sexe masculin et revendiquer sa nouvelle identité féminine. Il faut, en quelque sorte choisir entre être un homme ou être une femme, sauf à passer par l'adoption, qui n'est pas une filiation biologique mais artificielle. Et l'on sait que l'on peut adopter son propre enfant biologique… Enfin, si Mme X ne peut être désignée comme mère de l'enfant, elle ne peut pas davantage être identifiée comme « parent biologique », comme l'avait estimé la cour d'appel de Montpellier dans une forme de compromis. La solution est censurée de ce chef, car, pour la première chambre civile, « la loi française ne permet pas de désigner, dans les actes de l'état civil, le père ou la mère de l'enfant comme "parent biologique" ». On retrouve, une nouvelle fois, la dimension binaire de l'identité sexuelle, cette fois-ci à l'égard de l'enfant : ce dernier ne peut pas avoir qu'un père ou une mère, mais pas un « parent biologique » asexué. Cette solution est fondamentale : elle vient utilement brider l'emprise des désirs individuels sur le droit de la famille (v. pour la résistance de la cour d'appel de renvoi, CA Toulouse, 9 févr. 2022, n° 20/03128 : la cour reconnaît le droit pour la femme transgenre, née homme, d'être désignée comme mère dans l'acte de naissance de sa fille biologique). Tout ceci devrait conduire à saisir l'Assemblée plénière…

2. Les caractères de la reconnaissance

416. La reconnaissance établit le lien de filiation avec l'enfant. Elle présente plusieurs caractères :

- elle est **divisible** : ainsi, la reconnaissance n'établit la filiation qu'à l'égard de son auteur (C. civ., art. 316 al. 2). Par exemple, si une femme mariée a reconnu un enfant parce qu'elle n'apparaissait pas dans l'acte de naissance, cela n'a aucun effet à l'égard du mari : la présomption de paternité ne joue pas ;
- elle est **déclarative** : les effets de la reconnaissance remontent au jour de la naissance de l'enfant, même si celle-ci a eu lieu après (Cass. 1re civ., 29 juin 1977, n° 74-15080, *Bull. civ.* I, n° 305) ;
- elle est **irrévocable** : proche d'un aveu, la reconnaissance ne peut être rétractée par son auteur. S'il entend la contester, il devra exercer une action en justice pour démontrer son **inexactitude** (par ex., après avoir reconnu un enfant, le père découvre qu'il n'est pas le géniteur de l'enfant) dans le cadre d'une action en contestation de la paternité (v. *infra*). Il peut également contester, sur le fondement du droit commun, la **validité** de la reconnaissance (**vice de forme** : pas d'acte authentique ; **vice du consentement** : reconnaissance donnée sous l'empire d'une erreur, d'un dol ou d'une violence ; **contenu illicite** : reconnaissance d'un enfant ayant un lien de filiation avec un tiers…) : c'est alors une action en **nullité de la reconnaissance**, soumise au droit commun des obligations, qui devra être exercée ;
- elle est **opposable *erga omnes*** : ainsi, les tiers doivent respecter le lien de filiation établi par la reconnaissance, sauf à la contester en justice (Cass. 1re civ., 9 juill. 1975, n° 73-10586, *Bull. civ.* I, n° 231).

FOCUS

La contestation judiciaire d'une reconnaissance en cas de GPA

Par un arrêt du 12 septembre 2019, la première chambre civile est venue toutefois exclure le droit pour le père biologique de l'enfant de contester la reconnaissance de l'enfant par un tiers (**Cass. 1re civ., 12 sept. 2019**, n° 18-20472). Les faits de l'espèce sont particulièrement notables. Un couple d'hommes a recours en France à une GPA « artisanale » et clandestine auprès d'une mère porteuse, les hôpitaux et cliniques ne pouvant y procéder. L'un des deux hommes a donné son sperme (seringue ou rapports sexuels), de sorte qu'il est le père biologique de l'enfant. Il se trouve que la mère porteuse informe ses clients que l'enfant est décédé, alors qu'en réalité il n'en est rien : l'enfant a été donné, moyennant une nouvelle rémunération, à un autre couple, composé cette fois d'un homme et d'une femme. L'homme reconnaît cet enfant, qui n'est donc pas génétiquement le sien. Des poursuites pénales sont exercées contre tout ce beau monde. S'agissant des aspects civils, le géniteur de l'enfant conteste en justice la reconnaissance de paternité, en faisant valoir qu'il est le père biologique. Débouté en son action par les juges du fond, son pourvoi est rejeté par la Cour de cassation. La Cour estime en premier lieu que son action en contestation est irrecevable, en ce que la contestation a pour objet d'établir une filiation fondée sur une GPA, laquelle est interdite par la loi. Première morale de l'histoire : les couples sont fortement invités à accomplir leur GPA à l'étranger, dès lors que l'acte de naissance, légalement établi là-bas, pourra être reconnu ici. La Cour considère en second lieu que cette irrecevabilité n'occasionne aucune atteinte disproportionnée aux droits fondamentaux du géniteur, dès lors que « la réalité biologique n'apparaît pas une raison suffisante pour accueillir la demande de M. X..., au regard du vécu de l'enfant E... ; qu'il relève que celui-ci vit depuis sa naissance chez M. Y..., qui l'élève avec son épouse dans d'excellentes conditions, de sorte qu'il n'est pas de son intérêt supérieur de voir remettre en cause le lien de filiation avec celui-ci, ce qui ne préjudicie pas au droit de l'enfant de connaître la vérité sur ses origines ». L'intérêt supérieur de l'enfant l'emporte, en quelque sorte, sur toute autre considération, et permet de faire primer la filiation sociologique sur la filiation biologique. Deuxième morale de l'histoire : un parent d'intention peut, dans le cadre d'une GPA légalement faite à l'étranger, établir sa filiation ; en revanche, le père biologique ne peut pas établir sa filiation dans le cadre d'une GPA illicite pratiquée en France. Voilà, sans doute, des arguments que ne manqueront pas de brandir les défenseurs de la GPA, son encadrement permettant d'éviter de telles dérives.

C. La possession d'état

Jusqu'à la loi du 3 janvier 1972, la possession d'état n'était qu'une preuve de la filiation légitime. Elle concerne désormais **toutes les filiations.** La possession d'état incarne la prise en compte de la **vérité sociologique** : est considéré comme le parent celui qui se comporte comme tel à l'égard de l'enfant. L'ordonnance du 4 juillet 2005 a remanié la définition de la possession d'état (1), mais a surtout exigé qu'elle soit constatée dans un acte de notoriété (2).

1. La définition de la possession d'état

417. La possession d'état est classiquement définie à travers trois éléments (*nomen, tractatus, fama*), dont l'ordre a été modifié par l'ordonnance du 4 juillet 2005.
Ainsi, **l'article 311-1 du Code civil** dispose que « la possession d'état s'établit par une réunion suffisante de faits qui révèlent le lien de filiation et de parenté entre une personne

et la famille à laquelle elle est dite appartenir ». Cette réunion se caractérise par trois éléments :

- le ***tractatus*** vient en premier lieu : les intéressés se sont toujours réciproquement traités comme parent et enfant. Ainsi, l'article 311-1 vise :

  « 1° Que cette personne a été traitée par celui ou ceux dont on la dit issue comme leur enfant et qu'elle-même les a traités comme son ou ses parents ;

  2° Que ceux-ci ont, en cette qualité, pourvu à son éducation, à son entretien ou à son installation » ;
- le ***fama*** vient en deuxième lieu : c'est la réputation du lien à l'égard des tiers. Ainsi, l'article 311-1 vise :

  « 3° Que cette personne est reconnue comme leur enfant, dans la société et par la famille ;

  4° Qu'elle est considérée comme telle par l'autorité publique » ;
- le ***nomen*** vient aujourd'hui en dernier lieu, ce qui est logique. Auparavant, le nom était essentiel car la possession d'état ne concernait que la filiation légitime et l'enfant portait nécessairement le nom de son père. Tel n'est plus le cas aujourd'hui. Ainsi, l'article 311-1 vise :

  « 5° Qu'elle porte le nom de celui ou ceux dont on la dit issue ».

Il faut avoir à l'esprit que la réunion de **tous les éléments n'est pas requise** (Cass. 1re civ., 16 mars 1999, n° 97-11717, *Bull. civ.* I, n° 98).

Mais l'existence de la possession d'état ne suffit pas. L'**article 311-2** du Code civil ajoute que la possession d'état doit présenter **certains caractères**, qui sont désormais les mêmes qu'en droit des biens : elle doit être **continue, paisible, publique et non équivoque.** Ainsi, des personnes qui ont enlevé un enfant ne peuvent revendiquer une possession d'état, faute pour celle-ci de présenter un caractère paisible.

2. La constatation de la possession d'état

418. Depuis l'ordonnance du 4 juillet 2005, la possession d'état doit, pour faire foi jusqu'à preuve du contraire, être constatée **dans un acte de notoriété** (C. civ., art. 317). Alors qu'un tel acte était délivré par le juge d'instance, la loi n° 2019-222 du 23 mars 2019 transfère la compétence au notaire, ce qui s'inscrit dans le vaste mouvement de déjudiciarisation du droit de la famille. L'acte de notoriété est établi sur la foi de déclarations d'au moins trois témoins, et si nécessaire, de tout autre document. Cette demande est enfermée dans **un délai de cinq ans** à compter de la cessation de la possession d'état ou du décès du parent prétendu.

Enfin, la filiation établie par la possession d'état est **mentionnée en marge de l'acte de naissance de l'enfant** (C. civ., art. 317 al. 4).

S'agissant de la possession d'état, la Cour de cassation a été saisie pour avis sur la question suivante : les articles 317 et 320 du Code civil autorisent-ils la délivrance d'un acte de notoriété faisant foi de la possession d'état au bénéfice du concubin de même sexe que le parent envers lequel la filiation est déjà établie ? Par un avis du **7 mars 2018** (n° 17-70039), la Cour de cassation estime que « **le juge d'instance ne peut délivrer un acte de notoriété faisant foi de la possession d'état au bénéfice du concubin de même sexe que le parent envers lequel la filiation est déjà établie** ». Pour ce faire, la Cour régulatrice estime que l'introduction du mariage entre personnes de même sexe est sans effet sur la filiation (C. civ., art. 6-1). Dès lors, le lien de filiation entre un enfant et deux personnes de même sexe, *a fortiori* lorsque celles-ci ne sont pas mariées, ne peut résulter que de l'adoption. La Cour de cassation estime enfin qu'il ne lui appartient pas de se prononcer, dans le cadre de cet avis, sur la conventionnalité d'un tel refus opposé au prétendu concubin, qui devra être mis en œuvre par le juge du fond. Cette impossibilité de se faire délivrer un tel acte de notoriété est aujourd'hui de peu de portée pratique, dès lors que la Cour de cassation admet désormais la transcription d'un acte de naissance étranger pour les deux parents de même sexe, que ce soit dans le cadre d'une PMA ou d'une GPA (v. toutefois, l'incidence de la réécriture de l'article 47 du Code civil, v. *supra*, n° 408). Ne resteront que les hypothèses d'acte étranger non régulier, ou encore de PMA ou GPA clandestine effectuée en France.

Section 2
Les actions en justice relatives à la filiation

Le Code civil contient un chapitre III consacré aux actions relatives à la filiation comprenant des dispositions générales applicables à toutes les actions (§ 1), et des dispositions spécifiques, en fonction du type d'action exercé (§ 2).

§ 1. Les dispositions générales

Il est possible d'envisager à titre préalable les obstacles aux actions relatives à la filiation (A), avant de traiter, lorsqu'elles sont possibles, la procédure (B) et les preuves (C).

A. Les obstacles

419. **Deux obstacles** peuvent se présenter.

En premier lieu, **l'article 318 du Code civil** du Code civil dispose qu'« aucune action n'est reçue quant à la filiation d'un enfant qui **n'est pas né viable** ». Il apparaît inopportun et indécent de se déchirer pour un enfant qui n'a pas eu la personnalité juridique, ce qui supposerait en outre de recourir à des analyses sur un cadavre.
En second lieu, **l'article 311-20** prévoit un obstacle propre à **l'assistance médicale à la procréation**. Nous avons vu précédemment que la filiation résultant d'un processus médical s'établissait de la même manière qu'une filiation charnelle, c'est-à-dire résultant d'un acte sexuel (loi, reconnaissance ou possession d'état). Pour autant, cette filiation, qui ne repose pas nécessairement sur la vérité biologique, pourrait être réduite à néant si l'on pouvait, bien des années après, nier la parenté en produisant un test ADN en justice. Dès lors, le propre de cette filiation est de reposer sur une **fiction biologique qui ne peut être remise en cause** : l'enfant est tenu pour être le produit biologique des parents qui ont eu recours à la PMA. C'est pourquoi l'article 342-10 alinéa 2 dispose que « le consentement donné à une procréation médicalement assistée *interdit toute action aux fins d'établissement ou de contestation de la filiation*, à moins qu'il ne soit soutenu que l'enfant n'est pas issu de la procréation médicalement assistée ou que le consentement a été privé d'effet ». Si le premier cas est rarissime (substitution d'enfants à la naissance, ou encore enfant né hors PMA et conçu avec un tiers à l'ancienne), la deuxième exception est intéressante : le consentement est privé d'effet en cas de **décès, dépôt d'une requête en divorce ou en séparation de**

corps ou de cessation de la communauté de vie, survenant avant la réalisation de la PMA. Il est également privé d'effet en cas de révocation du consentement par écrit avant la réalisation. Ainsi, lorsque l'embryon est implanté après de tels événements, une action en établissement ou en contestation de la filiation pourra être exercée (en pratique par le « père » ou ses héritiers). À l'inverse, l'homme qui, après avoir consenti à la PMA, ne reconnaît pas l'enfant, **engage sa responsabilité envers la mère et l'enfant**. En outre, sa paternité pourra être judiciairement déclarée (v. *infra*). Cela concernera essentiellement les couples non mariés qui ont recours à la PMA, la filiation paternelle étant automatiquement établie à l'égard du mari (C. civ., art. 312).

Actualité sur l'article 342-10 du Code civil

Par un arrêt du 8 juin 2023, la Cour européenne des droits de l'homme a jugé que la reconnaissance d'un enfant issu d'une assistance médicale à la procréation (AMP) avec tiers donneur peut être contestée et annulée lorsque l'AMP a été pratiquée après la cessation de la communauté de vie ou le dépôt d'une demande en divorce **(CEDH, 8 juin 2023, n° 12482/21, *A. et B. c/ France*)**. En l'espèce, un couple avait eu recours à un double don en Espagne, mais le transfert d'embryon a eu lieu trois jours après l'introduction d'une demande en divorce. Après avoir reconnu l'enfant, le « père » a contesté en justice cette reconnaissance, en se fondant sur l'article 342-10 du Code civil. La jurisprudence de la Cour de cassation, qui avait considéré que l'annulation de la reconnaissance ne portait pas une atteinte disproportionnée à l'intérêt supérieur de l'enfant, dès lors qu'il n'était pas privé de l'accès à ses origines et que l'établissement d'un nouveau lien de filiation avec un tiers était possible, est donc confirmée par la Cour européenne (**Cass. 1re civ.,** 14 oct. 2020, n° 19-18791 et 19-12373, *RTD civ.* 2021.112, obs. A.-M. Leroyer).

B. La procédure

Il convient d'envisager successivement l'action en justice (1) et le jugement (2).

1. L'action en justice

420. L'action relative à la filiation présente trois caractères :
- l'action est **indisponible**. Il ne peut pas y être renoncé (C. civ., art. 323) ;
- l'action est **personnelle**. Seule la personne concernée par le lien de filiation peut agir, à l'exclusion de ses créanciers. L'action est en revanche transmissible à ses héritiers (C. civ., art. 322) ;
- l'action est soumise à une **prescription décennale**. Alors que le délai était de trente ans depuis 1972, l'ordonnance du 4 juillet 2005 a enfermé les actions dans un délai de dix ans. Ainsi, l'article 321 du Code civil dispose que « sauf lorsqu'elles sont enfermées par la loi dans un autre délai, les actions relatives à la filiation se prescrivent par dix ans à compter du jour où la personne a été privée de l'état qu'elle réclame (action en établissement de la filiation), ou a commencé à jouir de l'état qui lui est contesté (action en contestation de la filiation). À l'égard de l'enfant, ce délai est suspendu pendant sa minorité ».

FOCUS

Le délai pour agir et le contrôle de proportionnalité

Par un arrêt du 2 décembre 2020, la première chambre civile procède une nouvelle fois au contrôle de proportionnalité, en recherchant si le délai de dix ans opposé à une demanderesse pour faire établir sa filiation paternelle (art. 321) et pour faire rétablir la possession d'état de son père (art. 330) ne constituait pas une ingérence disproportionnée dans son droit au respect de la vie privée et familiale **(Cass. 1re civ., 2 déc. 2020, n° 19-20279 P)**. En l'espèce, la demanderesse, née en 1971 d'un homme accidentellement mort le jour de sa naissance, avait agi en avril 2016 dans le délai légal, qui expirait le 1er juillet 2016 (soit dix ans après l'entrée en vigueur de l'ordonnance de 2005 remplaçant l'ancien délai de trente ans), mais avait exercé son action contre le mauvais défendeur, celle-ci ayant saisi le procureur de la République, alors qu'elle aurait dû saisir les héritiers du défunt, dont elle connaissait l'existence. La première chambre civile estime qu'en mettant en évidence que la personne avait bénéficié d'un délai de quarante-cinq années, dont vingt-sept à compter de sa majorité, pour exercer l'action en établissement de sa filiation paternelle, la cour d'appel avait pu en déduire que le délai de prescription qui lui était opposé respectait un juste équilibre et qu'il ne portait pas, au regard du but légitime poursuivi, une atteinte disproportionnée au droit au respect de sa vie privée et familiale. Cette solution confirme une nouvelle fois que l'application des délais de prescription n'est pas mécanique : tout dépend des circonstances de la cause. En l'espèce, il apparaît que la demanderesse avait eu tout le temps pour exercer son action, mais qu'elle avait simplement mal dirigé sa demande. Nul doute que son avocat engagera sa responsabilité à ce titre...

2. Le jugement

421. **S'agissant du juge compétent, le tribunal judiciaire statuant en matière civile est seul compétent** (C. civ., art. 318-1). En cas d'infraction portant atteinte à la filiation, le juge pénal doit surseoir à statuer jusqu'à ce que le jugement civil soit passé en force de chose jugée sur la question de la filiation (C. civ., art. 319).

S'agissant des caractères du jugement :

- le jugement est **déclaratif** : il ne crée pas une situation juridique nouvelle mais constate une situation préexistante, de sorte qu'il produit effet dès la naissance de l'enfant, ce qui a notamment des incidences en matière successorale (la filiation est reconnue après le décès mais l'enfant est né ou conçu avant : il héritera) ;
- le jugement est **opposable à tous**, ce qui justifie que tout tiers intéressé (par ex. un autre héritier lésé par la reconnaissance du lien de filiation), peut former tierce opposition dans le délai de dix ans prévu par l'article 321 afin de voir déclarer le jugement inopposable à son égard. Afin d'éviter une telle remise en cause *a posteriori* des effets du jugement, le juge peut ordonner la mise en cause de toute personne à laquelle il estime que le jugement doit être rendu commun (C. civ., art. 324 al. 2).

C. La preuve

422. Hors procédure judiciaire, nous avons vu que la filiation était établie par l'acte de naissance de l'enfant, par l'acte de reconnaissance ou par l'acte de notoriété constatant la possession d'état (C. civ., art. 310-3 al. 1). Il y a donc, au nom de la sécurité juridique, une

sélection des modes de preuve non contentieux de la filiation : celle-ci repose sur un titre authentique, au sens juridique du terme. Mais un tel titre ne préjuge en rien de la vérité biologique. Ni l'officier d'état civil, ni le notaire, ni le juge n'ont vérifié le code génétique de l'enfant. C'est pourquoi cette preuve de la filiation ne vaut que jusqu'à preuve du contraire, laquelle doit être rapportée dans le cadre d'une **action en justice.**
Dès lors, **dans le cadre d'une action en justice, la preuve est libre.** C'est alors la **vérité biologique** qui l'emporte. L'article 310-3 alinéa 2 du Code civil dispose que « si une action est engagée en application du chapitre III du présent titre, la filiation se prouve et se conteste *par tous moyens*, sous réserve de la recevabilité de l'action ». Il est donc possible de recourir à des **expertises biologiques** pour établir ou contester le lien du sang entre le parent et l'enfant (sauf si l'enfant est né dans le cadre d'une PMA, v. *supra*, n° 402 et s.).

423. De telles expertises biologiques sont soumises à **trois règles** :
- l'expertise génétique n'est **permise que si elle a été ordonnée par le juge, et ce, exclusivement dans le cadre d'une action tendant soit à l'établissement ou la contestation d'un lien de filiation**, soit à l'obtention ou la suppression de subsides (C. civ., art. 16-11). Dès lors, cette expertise génétique ne peut pas être demandée dans le cadre d'un référé probatoire (CPC, art. 145), mais exclusivement à l'occasion d'une instance au fond. Il en va ainsi tant pour l'identification par les empreintes génétiques (Cass. 1re civ., 8 juin 2016, n° 15-16696) que pour l'examen comparé des sangs (Cass. 1re civ., 12 juin 2018, n° 17-16793) ;
- l'expertise biologique est **de droit en matière de filiation, sauf motif légitime** (Cass. 1re civ., 28 mars 2000, n° 98-12806, *Bull. civ.* I, n° 103). En d'autres termes, le juge doit ordonner une telle expertise dès lors qu'elle est requise, sauf motif légitime apprécié strictement. Ce libéralisme repose sur le droit de l'enfant de connaître ses origines, droit garanti par l'article 7 de la Convention de New York de 1989. Dans quel cas existe-t-il un motif légitime pour refuser l'expertise ? Il en va ainsi, par exemple, lorsque la preuve de la filiation est suffisamment établie par d'autres éléments (Cass. 1re civ., 24 sept. 2002, n° 00-22466, *Bull. civ.* I, n° 2002), ou encore lorsque la prétention paraît manifestement infondée (paternité d'un père sur sa fille contestée par le demi-frère de celle-ci, pour des raisons purement financières, alors que le père n'avait jamais contesté sa paternité pendant plus de soixante ans : Cass. 1re civ., 30 sept. 2009, n° 08-18398, *Bull. civ.* I, n° 197) ;
- l'expertise biologique suppose **le consentement de l'intéressé de s'y soumettre**. Les juges apprécient alors souverainement les conséquences à tirer d'un refus. La Cour européenne des droits de l'homme a jugé qu'une déclaration judiciaire de paternité fondée notamment sur le refus de se soumettre à un test génétique n'était pas contraire à la Convention (CEDH, 25 juin 2015, n° 22037/13). Si l'intéressé est mort, l'expertise génétique **n'est possible que s'il y avait expressément consenti de son vivant** (C. civ., art. 16-11), afin d'éviter les exhumations forcées de cadavres (v. affaire Yves Montand qui a justifié l'adoption de ce texte par la loi du 6 août 2004).

§ 2. Les dispositions spécifiques

424. Si l'on met de côté l'action aux fins de subsides, qui ne porte pas directement sur la filiation mais permet d'obtenir des aliments (v. *infra*, n° 484 et s.), le Code civil envisage **deux types d'actions en justice** relatives à la filiation : les **actions aux fins d'établissement de la filiation** (A) et les **actions en contestation de la filiation** (B).

Nous précisons également que nous mettons de côté **l'action en nullité d'une reconnaissance**, qui est soumise, comme on l'a vu, à la théorie générale des obligations : il ne s'agit pas de démontrer que le lien de filiation reconnu est inexact, mais que l'acte juridique est nul (vice de forme, vice du consentement..., v. *supra*, n° 416 sur la reconnaissance).

A. Les actions aux fins d'établissement de la filiation

Ces actions visent à établir un lien de filiation entre un parent et un enfant. Dans tous les cas, **l'article 331** prévoit que le tribunal, après avoir établi le lien de filiation, pourra statuer, s'il y a lieu, sur l'exercice de l'autorité parentale, la contribution à l'entretien et à l'éducation de l'enfant et l'attribution du nom. En outre, l'article 320 du Code civil prévoit que « tant qu'elle n'a pas été contestée en justice, la filiation légalement établie fait obstacle à l'établissement d'une autre filiation qui la contredirait ». Ainsi, pour éviter tout conflit de filiations, il est nécessaire de contester une filiation préexistante, avant de pouvoir en établir une autre. Ce texte est-il conforme au droit au respect de la vie privée et familiale garanti par l'article 8 de la Convention européenne des droits de l'homme, en ce qu'il interdit d'établir un lien de filiation tant que le lien précédent n'est pas rompu ? La question se pose spécialement lorsque la filiation sociologique ne peut plus être contestée, en vertu de l'expiration des délais, de sorte que la filiation biologique ne peut pas être établie. Tel était le cas en l'espèce : un enfant a été légitimé par le mari de sa mère ; après son décès, l'enfant a exercé une action en recherche de paternité contre son géniteur supposé et s'est opposé à l'obstacle de la remise en cause préalable du lien de filiation établi avec son père. La Cour de cassation considère que l'article 320 du Code civil poursuit un but légitime en ce qu'il tend à garantir la stabilité du lien de filiation et à mettre les enfants à l'abri des conflits de filiations (Cass. 1re civ., 5 oct. 2016, n° 15-25507). Mais restait à mettre en œuvre le contrôle de proportionnalité. En l'espèce, aucune atteinte disproportionnée n'est à déplorer, dès lors que l'enfant avait pu contester dans les délais légaux la paternité afin de mettre en conformité sa filiation avec la vérité biologique, ce qu'il n'a pas fait.

Sous le bénéfice de ces observations, le Code civil en envisage **quatre modes judiciaires d'établissement de la filiation** : l'action en recherche de maternité (1), l'action en recherche de paternité (2), l'action en rétablissement de la présomption de paternité (3) et l'action en constatation de la possession d'état (4).

1. L'action en recherche de maternité

Cette action est prévue par **l'article 325** du Code civil. Elle est en pratique assez rare, dans la mesure où elle suppose soit un abandon de l'enfant à sa naissance par sa mère, soit une substitution de nourrissons (v. le film *la vie est un long fleuve tranquille*). Il convient d'identifier le demandeur à l'action, l'enfant (a), et le défendeur, la mère supposée (b).

a. Le demandeur : l'enfant

425. L'action en recherche de maternité est réservée à **l'enfant** (C. civ., art. 325 al. 2). Lui seul a qualité pour agir. En cas de minorité, l'enfant est représenté par son père, même mineur, et à défaut par son tuteur (C. civ., art. 328). L'action peut être exercée par ses héritiers en cas de décès, ceux-ci étant les continuateurs de la personne de leur auteur.

L'action est **exclue** si l'enfant a **déjà une filiation maternelle établie** : il devra au préalable contester cette filiation, pour en établir une nouvelle (C. civ., art. 320, pour éviter les conflits de filiation).
L'action est soumise à la **prescription décennale** ; mais elle ne court qu'à compter de la majorité de l'enfant, de sorte qu'il pourra de fait agir jusqu'à ses 28 ans (18+10). Saisie d'un pourvoi qui contestait l'application de ce délai de dix ans (pour une action en recherche de paternité, mais le délai est le même), la Cour de cassation a relevé qu'aucune atteinte disproportionnée à l'article 8 de la **Convention européenne des droits de l'homme** (vie privée et familiale) n'était encourue, dès lors que l'enfant avait agi trente et un ans après sa majorité, de sorte que son action tendait à remettre en cause une situation acquise depuis près de cinquante ans (**Cass. 1re civ., 9 nov. 2016**, n° 15-25068). En d'autres termes, la mise en œuvre de la prescription extinctive n'est plus automatique : l'enfant, bien qu'ayant agi hors délai, pourra voir sa demande examinée si cela lui occasionne une atteinte disproportionnée à sa vie privée et familiale. Il faut donc en avoir conscience **dans les cas pratiques : l'application mécanique de la règle de droit ne suffit plus : il faut penser au contrôle de proportionnalité !**

b. Le défendeur : la mère supposée

426. L'action ne peut être exercée contre **la mère dont la filiation est d'ores et déjà établie par un titre et une possession d'état** (C. civ., art. 325). En revanche, si seule la possession d'état est constituée (enfant élevée par sa mère dont le nom ne figure pas sur son acte de naissance), l'enfant peut avoir intérêt à agir, pour consolider sa filiation (v. *infra*, n° 430 et s. sur la contestation).
L'enfant exercera donc l'action contre la **mère supposée** ou, en cas de décès, contre ses héritiers. Il devra établir « qu'il est celui dont la mère prétendue a accouché ». En pratique, une **expertise biologique** sera requise par l'enfant, dès lors que la mère est vivante (v. *supra*, n° 423).
Qu'advient-il en cas **d'accouchement sous X** ? L'accouchement sous X permet à la femme qui accouche de ne pas révéler son identité (C. civ., art. 326). Un tel procédé a été institué en 1941 pour lutter contre les infanticides et permettre l'adoption des nourrissons abandonnés. Afin d'éviter tout contentieux ultérieur, il était initialement prévu que l'accouchement sous X constituait une fin de non-recevoir à l'action en recherche de maternité. L'enfant était privé du droit d'agir. Une telle fin de non-recevoir était manifestement contraire au droit de l'enfant de connaître ses origines, protégé notamment par la Convention de New York sur les droits de l'enfant (art. 7). C'est pourquoi **la loi du 16 janvier 2009 a supprimé cette fin de non-recevoir.** Désormais, ne se dresse devant l'enfant qu'un obstacle de fait : connaître l'identité de la femme qui l'a mis au monde. Mais s'il y parvient, il pourra agir à son encontre aux fins d'établir le lien de filiation. À cet égard, une loi du 22 janvier 2002 prévoit que la femme est invitée à laisser son identité (pli fermé), ainsi que d'autres informations (santé, circonstances de la naissance). La femme peut lever à tout moment le secret sur son identité (CASF, art. L. 222-6). L'accouchement sous X soulève des difficultés, car l'enfant devient normalement adoptable : mais qu'advient-il si le père ou les parents de la mère se manifestent ? Tout ceci sera traité dans l'adoption (v. *infra*, n° 441 et s.).

2. L'action en recherche de paternité

427. Elle est prévue par **l'article 327** du Code civil : « la paternité hors mariage peut être judiciairement déclarée ». Pourquoi hors mariage ? Parce que, comme nous l'avons vu, le mari de la mère est présumé être le mari, de sorte que le lien de filiation existe déjà. Il s'agit du cas dans lequel le père n'a pas reconnu l'enfant.

Cette action est soumise aux mêmes règles que celles vues pour la mère, à l'exception de l'accouchement sous X, bien évidemment. Signalons simplement que par un **arrêt du 16 mars 2016**, la Cour de cassation a fait application de l'article 327 du Code civil en présence d'une PMA sans tiers donneur (**Cass. 1re civ., 16 mars 2016**, n° 15-13427). En l'espèce, un homme avait donné son consentement à une insémination artificielle mais n'avait pas ensuite reconnu l'enfant, le couple s'étant séparé. La mère l'a assigné en recherche de paternité, comme le permet l'article 311-20 du Code civil (v. *supra*, n° 419). La Cour de cassation a considéré qu'il y avait lieu d'appliquer la liberté de la preuve et qu'en l'absence de toute preuve de relations intimes avec des tiers et de la concomitance de la PMA avec la conception, il était bien le père de l'enfant. Notons qu'aucune expertise génétique n'avait été demandée par la mère.

3. L'action en rétablissement de la présomption de paternité

428. Elle est prévue par **l'article 329** du Code civil : « lorsque la présomption de paternité a été écartée en application de l'article 313, chacun des époux peut demander, durant la minorité de l'enfant, que ses effets soient rétablis en prouvant que le mari est le père. L'action est ouverte à l'enfant pendant les dix années qui suivent sa majorité ».

Cela concerne les hypothèses marginales dans lesquelles la présomption ne joue pas : le mari n'apparaît pas dans l'acte de naissance, ou encore l'enfant a été conçu pendant une période de séparation légale des époux (v. *supra*, n° 413). Afin d'établir le lien de filiation entre l'enfant et le mari, les époux, pendant la minorité de l'enfant, et l'enfant majeur, jusqu'à ses 28 ans, peuvent agir en prouvant que le mari est le père. En pratique, l'action sera exercée par la mère contre son ex-mari qui ne veut pas reconnaître l'enfant, car ils étaient en instance de divorce au moment de la conception, de sorte qu'il doute fortement de sa paternité. Rappelons ainsi qu'il est désormais possible pour le mari de reconnaître spontanément l'enfant lorsque la présomption de paternité ne peut jouer, ce qui rend inutile le recours à la voie contentieuse.

On le voit, cette action est en réalité une action en recherche de paternité exercée contre le mari.

4. L'action en constatation de la possession d'état

429. Cette dernière action est prévue par **l'article 330** du Code civil : « la possession d'état peut être constatée, à la demande de toute personne qui y a intérêt, dans le délai de dix ans à compter de sa cessation ou du décès du parent prétendu ».

Elle est malencontreusement située dans le Code civil avec les trois autres, alors **qu'elle ne tend pas à établir l'existence d'un lien de filiation.** En effet, son seul objet est d'établir, à défaut de titre de notoriété, la preuve de la possession d'état. Contrairement aux trois autres actions, **le juge ne statue pas sur la filiation de l'enfant.**

Dès lors, de deux choses l'une :

- **soit la demande est rejetée :** aucune possession d'état n'est constatée. Pour autant, la maternité ou la paternité du demandeur n'est pas définitivement exclue. Il est donc possible d'exercer une action en recherche de maternité ou de paternité, sous réserve du jeu de la prescription (v. *supra*, n° 425);

- **soit la demande est accueillie**: la possession d'état est constatée. Pour autant, la paternité ou la maternité du demandeur n'est pas définitivement établie en justice. Il est donc possible pour un tiers d'exercer l'action en contestation de paternité ou de maternité, sous réserve du jeu de la prescription (v. *infra*, n° 432).

V. sur le contrôle de proportionnalité s'agissant du délai de dix ans pour exercer l'action, *supra*, n° 420.

Actualité sur l'action en constatation de la possession d'état

Par un avis du 23 novembre 2022, la Cour de cassation a précisé que « la circonstance que le demandeur à l'action en constatation de la possession d'état ne soit pas le père biologique de l'enfant ne représente pas, en soi, un obstacle au succès de sa prétention » **(Cass. 1re civ., 23 nov. 2022, n° 22-70013)**. Dès lors, il appartient au juge, en considération des éléments de l'espèce, d'apprécier si les conditions de la possession d'état posées par les articles 311-1 et 311-2 du Code civil sont remplies. Cette décision souligne que la possession d'état correspond à une réalité affective, matérielle et sociale, qui peut aller jusqu'à éclipser la réalité biologique. Au fond, peu importe que le demandeur ne soit pas le père biologique de l'enfant: dès lors que les conditions de la possession d'état sont réunies, sa paternité peut être établie. Une telle solution s'explique certainement par le fait qu'en matière d'action en constatation de la possession d'état, le juge ne statue pas définitivement sur la filiation de l'enfant, laquelle peut toujours être contestée en justice. Mais elle ne manque pas de surprendre, dès lors que la possession d'état exprime traditionnellement une apparence de filiation et doit être non équivoque: or, comment la possession d'état peut-elle être une apparence de filiation non équivoque si celui qui l'invoque n'est pas, et ce de manière certaine, le père biologique de l'enfant? Poser la question, c'est y répondre.

B. Les actions en contestation de la filiation

430. De telles actions visent à **démontrer l'inexactitude du lien de filiation**. Rappelons que pour démontrer une telle inexactitude, la **preuve est libre**, ce qui permettra au demandeur d'obtenir une expertise biologique. Rappelons enfin que cette contestation **est exclue en cas de PMA** (C. civ., art. 311-20).

L'action a pour objet et pour effet de briser un lien de filiation: on comprend que la loi encadre, pour la paix des familles, plus strictement les actions qui visent à contester un lien de filiation que celles qui visent à l'établir. À cet égard, la contestation de la filiation se trouve au cœur de la tension entre la **vérité biologique et la vérité sociologique**: faut-il remettre en cause une filiation construite depuis des années (vérité sociologique) en produisant un test ADN qui démontre qu'aucun lien du sang n'existe entre le parent et l'enfant (vérité biologique)?

À l'analyse du droit positif qui résulte de l'ordonnance du 4 juillet 2005 ratifiée par la loi du 16 janvier 2009, la réponse à cette question **dépend de la solidité du lien de filiation**, c'est-à-dire selon que la filiation contestée est établie par le titre **et** la possession d'état (1), ou au contraire par seulement l'un des deux éléments (2).

1. La contestation d'une filiation établie par le titre et la possession d'état

431. Il convient d'abord de préciser ce que l'on entend par **titre** : c'est **l'acte de naissance** (pour la mère), la **présomption de paternité** (pour le mari), ou encore **la reconnaissance** (pour la mère ou le père). S'agissant de la possession d'état, celle-ci n'a pas ici à être établie par un acte de notoriété car il ne s'agit pas d'établir hors procès une filiation, mais de contester judiciairement une filiation déjà établie par un titre, la preuve de la filiation étant, en justice, libre.
Deux cas de figure sont à distinguer :
Si la réunion du titre (naissance ou reconnaissance) et de la possession d'état a duré cinq ans au moins (ex. enfant de cinq ans toujours élevé par le mari de sa mère comme son fils, qui n'est en réalité pas son géniteur) : seul le ministère public peut agir (C. civ., art. 333 al. 2) pour contester le lien de filiation, en cas de filiation invraisemblable ou de fraude à la loi (reconnaissance mensongère d'enfant, par ex.). En dehors du ministère public, il est remarquable d'observer que ni l'enfant, ni les parents, ni les tiers ne peuvent contester le lien de filiation. La vérité sociologique est ici incontestable : elle ne peut être remise en cause au nom de la vérité biologique. Par un arrêt du 1er février 2017, la première chambre civile a apporté deux éléments importants sur l'article 333 alinéa 2 du Code civil (Cass. 1re civ., 1er févr. 2017, n° 15-27245 P). D'un point de vue procédural, elle décide que si le délai de cinq ans peut être interrompu par une action en justice exercée par le géniteur prétendu, **cela suppose que l'enfant ait été mis en cause**, et non seulement le père de l'enfant, sans quoi la demande est irrecevable. D'un point de vue substantiel, elle juge que la règle, qui **a choisi de faire prévaloir la réalité sociologique** après cinq ans de possession d'état publique, paisible et continue, **n'est pas contraire à l'intérêt supérieur de l'enfant**. Il faut dire que la Cour EDH reconnaît aux États une marge d'appréciation en la matière sur la question de savoir si le père biologique doit pouvoir contester la filiation sociologiquement acquise (CEDH, 21 déc. 2010, n° 3465/03, *Chavdarov c/ Bulgarie*). Par un autre arrêt, il a été jugé que le délai de cinq ans prévu par l'article 333 du Code civil ne constituait pas une atteinte disproportionnée au droit garanti par l'article 8, dès lors que l'action exercée par les héritiers de l'enfant concerné pour remettre en cause la filiation paternelle de leur auteur ne présentait manifestement pour eux qu'**un intérêt patrimonial**, à savoir l'établissement d'une autre filiation pour bénéficier d'un héritage (**Cass. 1re civ., 6 juill. 2016**, n° 15-19853).

FOCUS

L'article 333 alinéa 2 du Code civil

Par un arrêt du 15 janvier 2020, la première chambre civile précise la nature juridique du délai de cinq ans prévu par l'article 333 alinéa 2 du Code civil (**Cass. 1re civ., 15 janv. 2020, n° 19-12348**). Pour la Cour de cassation, il s'agit d'un délai de forclusion et non de prescription. Dès lors, il ne peut pas être suspendu au titre de l'impossibilité d'agir du demandeur, par application de la règle *contra non valentem*. En l'espèce, une femme exerçait une action en contestation de maternité, alors que l'enfant avait plus de cinq ans et que sa possession d'état était conforme au titre. Afin de s'opposer au fait que seul le ministère public pouvait désormais agir, elle faisait valoir qu'elle n'avait pas connaissance des titres justifiant ces éléments. L'argument est jugé inopérant : la cour d'appel, qui a fait application de l'article 333, alinéa 2, n'était pas tenue de s'interroger sur une éventuelle impossibilité d'agir de Mme X..., par suite d'un empêchement. La solution est très importante. Même si le demandeur est objectivement empêché d'agir, par exemple parce qu'il n'a connaissance que tardivement de la naissance d'un enfant ou de sa propre paternité ou maternité, il ne peut agir pour contester la filiation, dès lors que celle-ci est établie par une possession d'état conforme au titre depuis au moins cinq ans. La paix des familles est à ce prix : reste à savoir si cette solution résistera toujours au contrôle de proportionnalité *in concreto*, non sollicité en l'espèce.

Si la réunion du titre et de la possession d'état a duré moins de cinq ans (ex. enfant de quatre ans, ou enfant plus âgé qui a été reconnu ou élevé par son « parent » depuis moins de cinq ans) : seuls peuvent agir **l'enfant, l'un de ses père et mère ou celui qui se prétend le parent véritable**. L'action se prescrit par **cinq ans** à compter du jour où la possession d'état a cessé ou du décès du parent dont le lien de filiation est contesté (C. civ., art. 333 al. 1).

2. La contestation d'une filiation établie par le seul titre ou la seule possession d'état

432. La filiation est ici beaucoup plus **fragile**. Dans l'un ou l'autre cas, **toute personne intéressée peut agir pour contester la filiation**, et ce dans un délai de **dix ans.**

Lorsque la filiation est établie par le seul titre, la règle est prévue par **l'article 334** du Code civil. La prescription commence à courir **à compter du titre contesté** (acte de naissance, reconnaissance), étant précisé que cette prescription est suspendue au bénéfice de l'enfant mineur. Le délai ne commence donc à courir qu'à partir de 18 ans.

Lorsque la filiation est établie par la seule possession d'état, la règle est prévue par **l'article 335** du Code civil, étant précisé que la prescription commence à courir **à compter de la délivrance de l'acte de notoriété.**

Mais de tels délais s'imposent-ils nécessairement au demandeur ? Le lecteur de cet ouvrage y est maintenant habitué : les règles du Code civil ne doivent plus être prises pour argent comptant, dès lors que la Cour de cassation s'octroie le pouvoir de les écarter, lorsqu'elles occasionnent à un individu donné dans une situation donnée une atteinte disproportionnée à ses droits garantis par la Convention européenne des droits de l'homme. La prévisibilité de la norme générale laisse place à l'arbitraire du juge qui statue en équité. C'est ici le délai de dix ans prévu par l'article 334 du Code civil pour contester la paternité qui passe à la moulinette du contrôle de proportionnalité. La Cour énonce qu'« il appartient au juge d'apprécier si, concrètement, dans l'affaire qui lui est soumise, la mise en œuvre de ces délais légaux de prescription ne porte pas une atteinte disproportionnée au droit au respect de la vie privée de l'intéressé, au regard du but légitime poursuivi et, en particulier, si un juste équilibre est ménagé entre les intérêts publics et privés concurrents en jeu ». En l'espèce, une femme avait pour père de naissance le mari de sa mère. Elle a souhaité, bien des années après son décès, contester sa paternité pour établir son lien de filiation avec un tiers. Il lui est rétorqué que son action n'est pas recevable, faute d'avoir contesté dans le délai légal le lien de filiation avec son père de naissance (dix ans depuis l'ordonnance du 4 juillet 2005, trente ans auparavant) Afin d'estimer qu'aucune atteinte disproportionnée n'est toutefois à déplorer au cas présent, la Cour de cassation observe que 1° la demanderesse n'a jamais été empêchée d'exercer une action tendant à faire établir sa filiation biologique, mais s'est abstenue de le faire dans le délai légal ; 2° elle avait des liens affectifs avec son supposé père biologique depuis sa petite enfance, mais qu'elle a attendu son décès et l'ouverture de sa succession pour exercer l'action ; 3° elle avait la certitude, avant l'expiration du délai, de l'identité de son père à la suite d'un test de paternité **(Cass. 1re civ., 7 nov. 2018, n° 17-25938)**. Pour autant, la Cour régulatrice veille à ce que les juges du fond procèdent à ce contrôle. Ainsi, a été censurée une cour d'appel qui avait estimé de manière générale que les délais de prescription prévus par le Code civil en matière de filiation n'étaient pas contraires à l'article 8 de la Convention européenne des droits de l'homme. La cour d'appel aurait dû rechercher « si, concrètement, dans l'affaire qui lui était soumise, la mise en œuvre de ces délais légaux de prescription n'était pas disproportionnée au regard du but légitime poursuivi et, en particulier, si un juste équilibre était ménagé entre les intérêts publics et privés concurrents en jeu » **(Cass. 1re civ., 21 nov. 2018, n° 17-21095)**.

Pour finir, quels sont les effets du jugement qui remet en cause le lien de filiation ?
433. L'article 337 du Code civil permet au juge de fixer, dans l'intérêt de l'enfant, les modalités des relations avec la personne qui l'élevait. Ainsi, tout lien avec l'ex-parent n'est pas nécessairement rompu. La **vérité biologique n'efface pas totalement la vérité sociologique.** Dans cet esprit, l'enfant ne perd pas nécessairement le **nom** du parent que l'on lui retire, dès lors que son intérêt supérieur commande de le conserver (Cass. 1re civ., 17 mars 2010, n° 08-14619, *Bull. civ.* I, n° 64).
Pour le reste, **le lien de filiation disparaît rétroactivement**, ce qui a pour effet d'exonérer l'ex-parent de toute responsabilité au titre d'un dommage causé par l'enfant avant le prononcé du jugement sur le fondement de l'article 1242 alinéa 4 du Code civil (Cass. crim., 8 déc. 2004, n° 03-84715, *Bull. crim.* n° 315). L'auteur d'une reconnaissance mensongère peut en outre engager sa responsabilité à l'égard de l'enfant et de la mère, dès lors qu'un préjudice peut être invoqué.

434 à 440. Réservés.

LEÇON 6

LA FILIATION PAR ADOPTION

Textes

Articles 343 et suivants du Code civil

441. La filiation adoptive résulte d'un **acte de volonté**. Les parents adoptifs n'ont pas donné vie à l'enfant. Mais ils décident de l'accueillir en leur sein pour fonder une famille.
Alors que l'adoption n'était admise que de manière très limitée dans le Code civil de 1804 (encore grâce à Napoléon, qui n'avait pas d'héritier : adoption d'un majeur sans rupture avec sa famille d'origine), les réformes du XXe siècle ont considérablement assoupli l'adoption. Une première **loi du 19 juin 1923** permit, au lendemain de la Première Guerre mondiale qui avait laissé tant d'orphelins de père (1,4 million de morts !), d'adopter des enfants mineurs. Le droit de l'adoption a ensuite fait l'objet d'une grande réforme par la **loi du 11 juillet 1966**, qui a notamment introduit la distinction entre l'adoption plénière et l'adoption simple. Surtout, cette loi a fait suite à la célèbre **affaire *Novak*,** véritable saga judiciaire des années 1950-60, au cours de laquelle un enfant prénommé Didier, abandonné à la naissance par ses géniteurs, avait été adopté par les époux Novak avant d'être rendu sur ordre de la Cour de cassation à ses parents naturels à l'âge de 12 ans ! La loi de 1966 a prévenu ce type de conflits dévastateurs entre les parents par le sang et les parents adoptifs. Cette loi a ensuite fait l'objet de réformes ponctuelles : **loi du 22 décembre 1976**, qui a admis l'adoption par le conjoint, **loi du 5 juillet 1996** et **loi du 4 juillet 2005**. Mais pour l'essentiel, les principes sont restés ceux de la loi de 1966.
Pourtant, l'adoption d'aujourd'hui ne ressemble plus à celle de 1966. La fin des guerres, l'évolution des mœurs (enfants jadis abandonnés car nés hors mariage) et l'autorisation de l'IVG en 1975, qui permit de mettre fin à une grossesse non désirée, ont fait chuter le nombre d'enfants adoptables en France. C'est pourquoi **80 % des adoptions réalisées en France concernent aujourd'hui des enfants nés à l'étranger**. Une **Convention internationale de La Haye du 29 mai 1993** et ratifiée en 1998 tente de réguler le « marché » de l'adoption internationale, et le trafic d'enfants qu'il occasionne dans certains pays pauvres. Parallèlement, les couples stériles qui recouraient jadis à l'adoption préfèrent aujourd'hui se tourner vers la PMA : l'adoption n'est plus qu'un dernier recours. En revanche, le droit à l'adoption a été invoqué par les **couples homosexuels**, qui n'avaient pas accès, du moins légalement, à la procréation médicalement assistée, avant que la loi du 2 août 2021 n'intervienne. C'est dire si les enjeux modernes de l'adoption se sont essentiellement concentrés sur **l'adoption internationale** et sur **le droit des couples homosexuels à y recourir**.

Actualité sur l'adoption : loi du 21 février 2022 et ordonnance du 5 octobre 2022

L'Assemblée nationale a définitivement voté le 8 février dernier la loi visant à réformer l'adoption, issue d'une proposition de loi du 30 juin 2020, soit près de deux ans plus tard, alors que la procédure accélérée (un vote) avait été mise en œuvre. La loi a finalement été promulguée le 21 février 2022. Pourquoi une telle lenteur ? Parce qu'outre la crise sanitaire la question était politiquement sensible, avec une opposition entre le Sénat et l'Assemblée nationale, ce qui a conduit à la saisine de la commission mixte paritaire, qui a échoué. Signalons la mesure phare de cette loi : l'adoption n'est plus réservée aux couples mariés, mais s'ouvre aux partenaires liés par un PACS et même aux concubins. Le mariage perd, avec cette loi, l'une de ses dernières spécificités en matière de filiation. En outre, la loi assouplit les conditions à remplir par les parents adoptifs pour adopter : abaissement du délai minimum de communauté de vie requis pour les couples candidats à l'adoption et abaissement de l'âge minimum requis pour adopter pour l'ensemble des adoptants (de 28 à 26 ans ; C. civ., art. 343 et 343-1 nouv.). Est-ce bien utile, quand on connaît la lenteur d'un dossier d'adoption ? Si un couple marié, mature et stable n'est plus requis, la lenteur de la procédure impose de fait aux membres du couple de patienter très longtemps… Par ailleurs, la réforme introduit la prohibition de l'adoption « entre ascendants et descendants en ligne directe et entre frères et sœurs », sauf la possibilité pour le tribunal de « prononcer l'adoption s'il existe des motifs graves que l'intérêt de l'adopté commande de prendre en considération ». Dans le cadre de l'article 18 de cette loi, **une ordonnance n° 2022-1292 du 5 octobre 2022** a été adoptée pour restructurer les règles du Code civil et du Code de l'action sociale des familles, sans véritable changement de fond. En particulier, le régime de l'adoption simple fait désormais l'objet de dispositions propres alors que le Code civil procédait jusqu'alors par simple renvoi aux dispositions applicables à l'adoption plénière. De plus, un chapitre est spécialement consacré à l'adoption de l'enfant de l'autre membre du couple afin de traduire l'importance croissante de ce type d'adoption qui correspond à plus de la moitié des adoptions prononcées en France. Ces dispositions sont entrées en vigueur le 1er janvier 2023 et sont applicables aux instances introduites à compter de cette date.

Sous le bénéfice de ces observations, il convient de distinguer l'adoption plénière (section 1) et l'adoption simple (section 2), étant précisé que la loi nouvelle portant réforme de l'adoption ne vient pas remettre en cause cette distinction.

Section 1
L'adoption plénière

442. Elle tend à **substituer un lien de filiation adoptif à un lien de filiation biologique.** Selon une étude officielle du ministère de la Justice réalisée en 2007, il y a eu 5 315 adoptions plénières pour 9 412 adoptions simples. Un chiffre à comparer avec les 816 000 naissances cette année-là, dont environ 23 000 grâce à la procréation médicalement assistée.
Après ces chiffres qui démontrent que l'adoption est assez restreinte, il convient d'envisager tour à tour les conditions (§ 1), la procédure (§ 2) et les effets de l'adoption plénière (§ 3).

§ 1. Les conditions de l'adoption plénière

L'adoption crée un lien de filiation entre l'adoptant et l'adopté. Il est dès lors logique que le Code civil pose des conditions relatives à l'adoptant (A), à l'adopté (B) et au lien entre l'adoptant et l'adopté (C). Un agrément administratif est en outre parfois nécessaire (D).

A. Les conditions relatives à l'adoptant

Le Code civil ouvre l'adoption à deux catégories de bénéficiaires : le couple (1) et l'individu (2).

1. L'adoption par le couple

443. Avant la loi du 21 février 2022, **l'article 343** du Code civil disposait que « l'adoption peut être demandée par *deux époux non séparés de corps*, mariés *depuis plus de deux ans ou* âgés l'un et l'autre de *plus de vingt-huit ans* ».
Cette faveur traditionnelle pour le mariage dans le droit de l'adoption avait pour conséquence de réserver l'adoption aux couples hétérosexuels. Mais **l'adoption de la loi sur le mariage pour tous** a fait voler en éclats cette situation. Par sa décision du 17 mai 2013, le Conseil constitutionnel a jugé que l'ouverture du mariage aux couples de même sexe avait pour conséquence de **permettre l'adoption d'un enfant par des couples de même sexe.** Désormais, deux personnes mariées de même sexe peuvent adopter un enfant, à la condition, comme les couples hétérosexuels, de justifier de leur capacité à accueillir un enfant (pas de droit à l'enfant, même décision ; v. *infra*, n° 447). Reste que les partenaires liés par un PACS et les concubins, qu'ils soient homosexuels ou hétérosexuels, ne pouvaient pas adopter conjointement un enfant.
La loi du 21 février 2022 a finalement remis en cause cette (rare) spécificité du mariage dans la filiation, en ouvrant l'adoption aux couples liés par un PACS ou en concubinage (art. 343). En outre, l'âge des adoptants est abaissé à 26 ans et la durée de vie commune divisée par deux (un an au lieu de deux ans). Qu'il soit cependant permis de faire observer que l'alignement des régimes au nom de l'égalité des couples n'a plus vraiment de sens, dès lors que deux personnes, quelle que soit leur orientation sexuelle, ont le droit de se marier. Le mariage crée un engagement qui n'existe pas dans le PACS et encore moins dans le concubinage, ce qui offre – du moins par principe – une sécurité plus importante à l'enfant adopté. Encore que la banalisation du divorce rend cet argument moins recevable. L'effondrement du mariage dans le droit contemporain connaît donc deux mouvements qui s'alimentent réciproquement : le mariage n'est plus une union stable et contraignante, de sorte qu'il n'y a plus de raison qu'il offre un statut privilégié par rapport aux unions libres…

2. L'adoption individuelle

444. **L'article 343-1** du Code civil dispose dans sa version issue de la loi du 21 février 2022, que « l'adoption peut être aussi demandée par toute personne **âgée de plus de vingt-six ans** ».
Si l'adoptant est marié et non séparé de corps ou désormais pacsé ou en concubinage, le **consentement de son conjoint** est nécessaire, à moins qu'il ne soit dans l'impossibilité de manifester sa volonté. Le mariage créant une famille, on ne saurait imposer au conjoint l'entrée d'un enfant adoptif dans cette famille. Le consentement de ce conjoint n'est pas rétractable (Cass. 1re civ., 2 déc. 1997, n° 95-17508, *Bull. civ.* I, n° 333).

Avant même l'adoption de la loi sur le mariage pour tous, la Cour européenne des droits de l'homme avait jugé **qu'était discriminatoire le refus d'agrément fondé sur les orientations sexuelles de l'adoptant** (CEDH, 22 janv. 2008, n° 43546/02). Une personne homosexuelle peut donc adopter un enfant, à condition de satisfaire aux conditions de l'adoption (v. *infra*, n° 447).

B. Les conditions relatives à l'adopté

Le Code civil pose des conditions relatives à l'âge de l'enfant (1), à son abandon (2) et exige qu'il n'ait pas fait l'objet d'une adoption antérieure (3).

1. L'âge de l'adopté

445. Par principe, l'adopté doit avoir **moins de 15 ans** (C. civ., art. 345). Il s'agit, on le voit, de pourvoir à l'éducation d'un enfant. Par exception, l'adoption est possible jusqu'à l'âge de 21 ans (18 ans avant la loi du 21 février 2022) dans quatre cas : s'il avait été accueilli par ses parents adoptifs avant ses 15 ans et que les conditions de l'adoption n'étaient pas encore réunies, s'il avait fait l'objet d'une adoption simple avant cet âge, s'il s'agit d'une pupille de l'État ou d'un enfant faisant l'objet d'un délaissement parental (v. *infra*), et enfin s'il s'agit de l'adoption du conjoint.
Dès lors que l'adopté **a plus de 13 ans**, il doit consentir personnellement à son adoption plénière (C. civ., art. 349). Ce consentement peut être rétracté jusqu'au jugement d'adoption.

2. L'abandon de l'adopté

L'adoption plénière concerne **les enfants abandonnés**, qui n'ont pas de vie familiale avec leurs parents biologiques. Tel est du moins le principe (a), qui connaît une exception au travers de l'adoption de l'enfant du conjoint (b).

a. Le principe

446. L'adoption plénière vise à créer une nouvelle filiation et à effacer, le cas échéant, une filiation ancienne. C'est pourquoi les liens avec la famille d'origine doivent être rompus.
Dans cette perspective, **l'article 344** du Code civil prévoit que peuvent être adoptées **quatre catégories d'enfants** :
1/ **les mineurs déclarés adoptables par *leurs propres parents*** ; ainsi, aussi étonnamment que celui puisse paraître, les père et mère ou le conseil de famille peuvent valablement consentir à l'adoption de l'enfant, afin de lui offrir une vie meilleure : ce consentement, exprimé devant un notaire, un consulat ou un service d'aide sociale à l'enfant, peut être **rétracté discrétionnairement pendant deux mois**. Au-delà de ce délai, les parents peuvent encore récupérer l'enfant si ce dernier n'a pas été placé en vue de son adoption auprès des futurs adoptants (pour éviter le drame de l'affaire *Novak*). Si la personne qui a recueilli l'enfant (service social, par ex.) s'y oppose, un recours au juge est possible pour ordonner la restitution de l'enfant, si tel est son intérêt. Aux termes de l'article 348-4 du Code civil, « le consentement à l'adoption des enfants de moins de deux ans n'est valable que si l'enfant a été effectivement remis au service de l'aide sociale à l'enfance, sauf le cas où il existe un lien de parenté ou d'alliance jusqu'au sixième degré inclus entre l'adoptant et l'adopté ou dans les cas d'adoption de l'enfant du conjoint, du partenaire lié par un pacte civil de solidarité ou du concubin ». Cette hypothèse de consentement des parents à l'adoption

est désormais **assez rare en pratique**, dans la mesure où les enfants abandonnés le sont généralement à la naissance, et de manière clandestine (accouchement sous X); v. toutefois pour une application: par un arrêt important du 21 septembre 2022, la Cour de cassation a jugé que les parents biologiques de l'enfant ne pouvaient s'entendre directement avec les parents adoptifs par le biais d'une délégation d'autorité parentale, en vue de l'adoption de l'enfant; en effet, il appartient au service de l'aide sociale à l'enfance de recueillir l'enfant, en vue de son adoption (v. sur cette pratique polynésienne et l'arrêt de la Cour de cassation, *infra*, n° 478);

2/ **les enfants déclarés adoptables par *l'administration*; il s'agit des pupilles de l'État**, c'est-à-dire les enfants trouvés à la naissance, orphelins privés de ressource, et autres enfants abandonnés sans que les parents aient consenti à l'adoption… C'est le principal «vivier» des enfants adoptables. Encore faut-il s'assurer qu'un lien de filiation n'est pas établi avec un parent. Il a ainsi été jugé, dans le cadre d'un **accouchement sous X**, que le **père**, qui avait effectué une reconnaissance prénatale, est recevable à demander la restitution de l'enfant, le conseil de famille des pupilles de l'État ne pouvant valablement consentir à l'adoption, cette décision appartenant à son père (Cass. 1re civ., 7 avr. 2006, n° 05-11285, *Bull. civ.* I, n° 195). Mais qu'en est-il des **grands-parents maternels**? Il a été jugé que faute de lien de filiation entre la mère et l'enfant né sous X, les parents de la mère n'ont pas qualité pour intervenir à l'instance en adoption (Cass. 1re civ., 8 juill. 2009, n° 08-20103, *Bull. civ.* I, n° 158). Dans une affaire très médiatisée, il a toutefois été jugé que les grands-parents pouvaient recourir en référé à une expertise biologique pour établir leur lien avec l'enfant, et ainsi contester l'arrêté d'admission de l'enfant en qualité de pupille de l'État (TGI Angers, réf. 8 oct. 2009). Au fond, le placement comme pupille de l'État a finalement été annulé: l'enfant a été confié à ses grands-parents biologiques, parce qu'il en allait de son intérêt (CA Angers, 26 janv. 2011). Singulière affaire: l'enfant n'a pas de mère, mais il a des grands-parents maternels! On peut s'interroger, avec ce type de solutions, sur le devenir de l'accouchement sous X;

3/ **les enfants déclarés adoptables par *l'autorité judiciaire***: cette troisième hypothèse a été récemment réformée par une loi **du 14 mars 2016**. Il s'agit d'une **déclaration judiciaire de délaissement parental**. L'article 381-1 du Code civil dispose qu'«un enfant est considéré comme délaissé lorsque ses parents n'ont pas entretenu avec lui les relations nécessaires à son éducation ou à son développement dans l'année qui précède l'introduction de la requête, sans que ces derniers en aient été empêchés par quelque cause que ce soit». Le tribunal judiciaire déclare délaissé l'enfant recueilli par un tiers ou un établissement de l'aide sociale à l'enfance, sauf si dans ce délai d'un an, un membre de la famille demande à assumer la charge de l'enfant et si cela est conforme à son intérêt (C. civ., art. 381-2). Une telle déclaration judiciaire permet ensuite l'adoption de l'enfant.

4/ **Les majeurs**, en la forme simple et en la forme plénière **dans les cas prévus à l'article 345** (enfant accueilli avant ses quinze ans par des personnes qui ne remplissaient pas les conditions légales pour adopter; enfant qui a fait l'objet d'une adoption simple avant ses quinze ans; pupille de l'État ou enfant délaissé; dans tous les cas, l'adoption est possible jusqu'à 21 ans).

b. L'exception: l'adoption de l'enfant du conjoint

447. Par faveur pour le mariage, il était seulement possible d'adopter **l'enfant de son conjoint.** Mais la loi du 21 février 2022 a étendu cette adoption intrafamiliale aux pacsés et aux concubins. Dans ce cas, l'adoption vient s'ajouter au lien de filiation qui existe déjà entre l'enfant et le conjoint. Nous utiliserons désormais dans ce paragraphe le terme de «conjoint» dans un sens large, c'est-à-dire au sens du conjoint *stricto sensu* (marié), mais aussi du pacsé ou du concubin. Toutefois, une telle faculté d'adoption plénière de l'enfant par son beau-père ou sa belle-mère suppose que l'autre parent biologique soit aux abonnés absents. **Quatre hypothèses** sont prévues par **l'article 370-1-3** du Code civil :

- lorsque l'enfant n'a de filiation légalement établie qu'à l'égard du conjoint ;
- lorsque l'enfant a fait l'objet d'une adoption plénière par ce seul conjoint et n'a de filiation établie qu'à son égard ;
- lorsque l'autre parent que le conjoint s'est vu retirer totalement l'autorité parentale ;
- lorsque l'autre parent que le conjoint est décédé et n'a pas laissé d'ascendants au premier degré ou lorsque ceux-ci se sont manifestement désintéressés de l'enfant (grands-parents).

L'adoption au sein du mariage explique pourquoi les **couples homosexuels** revendiquaient le droit de se marier. Le mariage permet en effet de créer un lien de filiation à l'égard des **deux époux** (contrairement à l'adoption individuelle qui, on l'a vu, ne peut pas être successive, sauf par des époux précisément). Désormais, une femme va pouvoir adopter un enfant et permettre ensuite à son épouse de l'adopter également (*idem* pour un homme). Surtout, parce que les enfants adoptables ne sont pas légion, se pose la possibilité de cumuler une PMA à l'étranger (interdite en France) avec une adoption. Ainsi, une femme peut se faire inséminer à l'étranger, revenir en France avec l'enfant et permettre ensuite à son épouse d'en demander l'adoption. La Cour de cassation a validé un tel procédé, dès lors que les conditions légales de l'adoption étaient réunies et qu'elle était conforme à l'intérêt de l'enfant (Cass. avis, 22 sept. 2014, n° 14-70006). Se pose fatalement la question de la possibilité d'une telle adoption par le conjoint en cas de GPA. Nous avons vu que le recours à la GPA n'interdisait pas l'établissement du lien de filiation à l'égard du parent biologique. Mais le conjoint, non parent biologique, peut-il demander l'adoption plénière de l'enfant en se fondant sur l'article 345-1 du Code civil ? Jusqu'à présent, la Cour de cassation s'y était refusée (v. son arrêt de principe : Cass. ass. plén., 31 mai 1991, n° 90-20105, *Bull. ass. plén.* n° 4, qui évoquait un détournement de l'institution de l'adoption). Par un arrêt du 5 juillet 2017 (**Cass. 1re civ., 5 juill. 2017, n° 16-16455**), la Cour de cassation a franchi le pas. Désormais, elle juge que «**le recours à la gestation pour autrui à l'étranger ne fait pas, en lui-même, obstacle au prononcé de l'adoption, par l'époux du père, de l'enfant né de cette procréation, si les conditions légales de l'adoption sont réunies et si elle est conforme à l'intérêt de l'enfant**». La solution est également applicable à la mère d'intention, dès lors que celle-ci ne peut pas demander la transcription de l'acte de naissance qui la désigne comme mère, faute d'avoir accouché de l'enfant (v. *supra*, n° 407). Il faut toutefois souligner que cette admission de l'adoption est conditionnée. Notamment, la mère doit consentir à l'adoption de son enfant (art. 348 dans l'adoption plénière et 361 dans l'adoption simple). Cela pose des difficultés pour les couples de sexes différents. En effet, pour les couples homosexuels, la mère porteuse, désignée dans l'acte de naissance, va consentir, dans le cadre de la GPA, à l'adoption de l'enfant par le mari du géniteur. Mais pour les couples de sexes différents, c'est la mère d'intention qui est souvent désignée dans l'acte. Doit-on alors exiger le consentement de la mère porteuse, alors qu'elle n'est pas légalement la mère de l'enfant ? En outre, on peut s'interroger sur le type d'adoption qui sera possible. L'arrêt du 5 juillet 2017, sans le dire expressément, concernait des hypothèses d'adoption simple. Mais peut-on recourir à une adoption plénière, alors que celle-ci a pour effet de supprimer tout lien avec la famille biologique de l'enfant, c'est-à-dire la mère porteuse ? La question devra être tranchée (v. pour le refus d'une adoption plénière par le mari d'un homme ayant eu recours à une GPA car contraire à l'intérêt de l'enfant, en l'absence d'éléments à disposition des juges sur la volonté de la mère porteuse d'abandonner tout lien avec l'enfant, CA Paris, 30 janv. 2018). Ce débat a aujourd'hui beaucoup moins d'intérêt, dès lors que la Cour de cassation admet directement la transcription de l'acte de naissance légalement établi à l'étranger. Nul besoin, dès lors, de passer par la longue procédure d'adoption, sous réserve de la portée de l'article 47 du Code civil, dans sa rédaction issue de la loi du 2 août 2021 (v. *supra*, n° 408).

FOCUS

L'adoption plénière dans le cadre d'une GPA faite à l'étranger

Par deux arrêts du 4 novembre 2020, la première chambre civile de la Cour de cassation considère que le conjoint du père d'un enfant né à l'étranger dans le cadre d'une GPA peut procéder à l'adoption plénière de l'enfant, et ce, même si la mère n'est pas désignée dans l'acte de naissance **(Cass. 1re civ., 4 nov. 2020, n° 19-50042 ; Cass. 1re civ., 4 nov. 2020, n° 19-15739)**. Pour ce faire, la Cour de cassation rappelle que « le recours à la gestation pour autrui à l'étranger ne fait pas, en lui-même, obstacle au prononcé de l'adoption, par l'époux du père, de l'enfant né de cette procréation, si les conditions légales de l'adoption sont réunies et si elle est conforme à l'intérêt de l'enfant ». Bien que l'acte de naissance soit irrégulier en droit français, parce qu'il ne désigne pas la mère de l'enfant, c'est uniquement la régularité de l'acte au regard du droit étranger qui importe. Dès lors que la loi étrangère permet, dans le cadre de la GPA, de ne pas faire figurer le nom de la mère porteuse, l'acte de naissance est régulier, ce qui permet l'adoption plénière de l'enfant. Il en résulte que l'absence de désignation de la mère porteuse dans l'acte de naissance tue dans l'œuf la question de son consentement à l'adoption, lequel n'a pas à intervenir. La Cour de cassation poursuit donc sa politique libérale à l'égard des GPA faites licitement à l'étranger : si la loi étrangère permet de ne pas désigner la mère porteuse dans l'acte de naissance, l'adoption de l'enfant peut avoir lieu en France sans que se pose la question de son consentement. Ces arrêts répondent donc aux questions posées ci-dessus : l'adoption plénière consécutive à une GPA est possible, et la mère porteuse, dès lors qu'elle n'est pas désignée dans l'acte de naissance, n'a pas à consentir à l'adoption. Elle n'est pas la mère de l'enfant, mais seulement sa gestatrice, c'est-à-dire une prestataire de services. La marchandisation du corps humain en général et l'instrumentalisation des femmes étrangères en particulier reçoivent la bénédiction de la Cour de cassation. La mère porteuse, qui n'est plus une mère mais quelqu'un qui porte, disparaît des radars. Cachez ce ventre que l'on ne saurait voir…

Il faut enfin observer qu'une telle adoption au sein du couple **était exclue en cas de PACS ou de concubinage**, car cela aurait pour effet de détruire le lien de filiation avec l'autre parent. La Cour de cassation a dernièrement eu l'occasion de rappeler que **l'adoption plénière de l'enfant de son partenaire est exclue (Cass. 1re civ., 28 févr. 2018, n° 17-11069)**. En l'espèce, une femme qui vivait en concubinage avec une autre femme a présenté une requête en adoption plénière de la fille de celle-ci. Il se trouve que l'enfant était sans filiation paternelle établie. Dans ce contexte, la Cour considère que si l'adoption plénière d'un enfant, par une personne âgée de plus de vingt-huit ans, est autorisée par l'article 343-1 du Code civil, elle a pour effet, aux termes de l'article 356 du même code, de conférer à cet enfant une filiation se substituant à sa filiation d'origine et de le priver de toute appartenance à sa famille par le sang; que seule l'adoption plénière de l'enfant du conjoint, permise par l'article 345-1, laisse subsister sa filiation d'origine à l'égard de ce conjoint et de sa famille; que le droit au respect de la vie privée et familiale garanti à l'article 8 de la Convention de sauvegarde des droits de l'homme et des libertés fondamentales n'impose pas de consacrer, par une adoption, tous les liens d'affection, fussent-ils anciens et établis. Dès lors que la demanderesse n'était pas mariée à la mère de l'enfant, et que cette dernière n'avait pas renoncé à son lien de filiation, l'adoption plénière était contraire à l'intérêt supérieur de l'enfant, eu égard à la rupture qu'elle engendrerait avec sa famille d'origine. Il fallait donc recourir à une PMA licite à l'étranger, pour obtenir la transcription de l'acte de naissance en France (v. *supra*, n° 408), avant que la loi du 2 août 2021 n'ouvre la PMA aux couples de lesbiennes en France. Signalons toutefois que l'impossibilité d'adopter l'enfant de son partenaire ou de son concubin est remise en cause par la loi du 21 février 2022, ce qui rend caduque cette jurisprudence.

Actualité sur l'adoption de l'enfant du conjoint : incidence du divorce

Par un arrêt du 12 juillet 2023, il a été jugé que l'adoption plénière de l'enfant du conjoint, permise lorsque l'enfant n'a de filiation établie qu'à l'égard de ce conjoint, requiert le consentement de celui-ci, lequel peut être rétracté pendant deux mois. À défaut de rétractation dans le délai légal, l'opposition du conjoint ne lie pas le juge **(Cass. 1re civ., 12 juill. 2023, n° 21-23242)**. En l'espèce, une femme donne naissance à un enfant et son épouse sollicite, à son bénéfice, le prononcé de l'adoption plénière à laquelle la première avait consenti par acte notarié en 2018. Après le prononcé de l'adoption, la mère de l'enfant dépose une requête en divorce et interjette appel du jugement en 2020, demandant à la cour de constater que l'adoption plénière de l'enfant par son épouse est contraire à son intérêt. Mais cette prétention est rejetée tant devant les juges du fond que devant la Cour de cassation, dès lors que le consentement à l'adoption ne peut qu'être rétracté dans le délai de deux mois. À l'issue de ce délai, l'adoption ne peut plus être remise en cause par le conjoint (v. dans le même sens, Cass. 1re civ., 11 mai 2023, n° 21-17737 P).

3. L'absence d'adoption antérieure

448. L'article 345-2 du Code civil dispose que « nul ne peut être adopté par plusieurs personnes ». La règle **interdit la succession de deux adoptions individuelles**.
Il existe néanmoins **trois exceptions** :
- en cas d'adoption successive du même enfant par **deux époux**, et désormais deux pacsés ou deux concubins (v. *supra*) ;
- en cas de **décès** de l'adoptant (adoption individuelle) ou **des deux adoptants** (adoption conjugale) : une nouvelle adoption est possible ;
- en cas de **décès de l'un des deux adoptants** (adoption conjugale) : une nouvelle adoption est possible de la part du nouveau conjoint de l'adoptant survivant.

C. Les conditions relatives au lien entre l'adoptant et l'adopté

449. La loi impose une différence d'âge entre l'adoptant et l'adopté (1) et pose désormais des restrictions quant au lien biologique entre l'adoptant et l'adopté (2).

1. La différence d'âge

449-1. L'article 347 du Code civil impose une différence d'âge de **quinze ans** entre l'adoptant et l'adopté, différence réduite à **dix ans** en cas d'adoption de l'enfant du conjoint (auquel sont assimilés désormais le pacsé et le concubin). Dans les deux cas, une dispense pour justes motifs peut être accordée par le tribunal.

2. La question du lien biologique entre adoptant et adopté

449-2. Jusqu'à la loi du 21 février 2022, il était possible d'adopter son propre enfant biologique, dès lors que le lien de filiation n'était pas autrement établi. Tel était le cas dans le passé : un homme marié adoptait son enfant naturel, ce qui avait pour effet de le rendre légitime (et non plus adultérin). L'hypothèse est moins fréquente aujourd'hui, eu égard à la suppression de la distinction entre filiation légitime et naturelle. Mais la question avait pu rejaillir, notamment à propos du droit pour des grands-parents d'adopter leurs petits-enfants, ce qui crée, il est vrai, un conflit de générations, car les grands-parents prennent alors la place des parents. On peut en dire de même d'un homme qui adopte sa propre sœur : il prend alors la place du père. C'est pourquoi la loi du 21 février 2022 est venue encadrer l'adoption de l'enfant au sein de la famille biologique. Ainsi, le nouvel article 343-3 du Code civil dispose que « l'adoption entre ascendants et descendants en ligne directe et entre frères et sœurs est prohibée. Toutefois, le tribunal peut prononcer l'adoption s'il existe des motifs graves que l'intérêt de l'adopté commande de prendre en considération ». Ainsi, il n'est plus possible d'adopter son propre enfant biologique ou son petit-fils ou sa petite-fille (sauf intérêt supérieur), mais il reste possible d'adopter sa nièce ou son neveu (mais pas sa propre sœur).

D. La nécessité d'un agrément administratif

450. **L'article 353 du Code civil prévoit que** si la personne adoptable est un enfant pupille de l'État ou un enfant étranger, **un agrément de l'autorité administrative est nécessaire**. Cet agrément est donné par le président du conseil général après une enquête visant à vérifier l'aptitude du demandeur à adopter. Le refus d'agrément est une décision administrative sujette à recours devant le juge administratif.

En outre, le juge de l'adoption qui est le **juge civil peut prononcer l'adoption malgré le refus d'agrément,** s'il estime que les requérants sont aptes à accueillir l'enfant et que celle-ci est conforme à son intérêt. Il y a par ailleurs une **dispense d'agrément** si l'adoption porte sur **l'enfant du conjoint**, dans la mesure où l'enfant est d'ores et déjà dans la famille.

§ 2. La procédure d'adoption plénière

La procédure d'adoption se fait en deux temps : le placement de l'enfant (A) et le jugement d'adoption (B).

A. Le placement de l'enfant

Dans l'attente du jugement d'adoption, tout est fait pour **éviter les conflits entre la famille d'origine et la famille d'adoption**. Si les conditions du placement sont strictes, pour permettre à la famille d'origine de se manifester (1), ses effets sont vigoureux, afin de permettre à la famille d'adoption de ne plus être inquiétée (2).

1. Les conditions du placement

451. **L'article 351** du Code civil prévoit que le placement concerne les pupilles de l'État ou les enfants judiciairement déclarés délaissés. En cas d'adoption plénière, il concerne également les enfants pour lesquels il a été valablement et définitivement consenti à l'adoption (enfant abandonné par ses parents biologiques). Ce placement prend effet à la date de la remise effective de l'enfant aux futurs adoptants. Si les parents ont demandé la restitution de l'enfant dont la filiation est établie, ce dernier ne peut faire l'objet d'un placement tant qu'il n'a pas été statué sur le bien-fondé de cette demande à la requête de la partie la plus diligente (art. 352). Les parents biologiques peuvent en effet rétracter leur consentement à l'adoption, tant que l'enfant n'a pas été placé en vue de son adoption. Cela évite les conflits entre la famille d'origine et la famille d'adoption. En outre, lorsque la filiation de l'enfant n'est pas établie, il ne peut y avoir de placement en vue de l'adoption plénière pendant un délai de deux mois à compter du recueil de l'enfant (cela permet aux éventuels parents biologiques de l'enfant de se manifester).
Tout ceci ne concerne évidemment pas les adoptions intrafamiliales (adoption de l'enfant du conjoint) : l'enfant n'a pas à être placé, puisqu'il fait déjà partie de la famille.

2. Les effets du placement

452. Une fois le placement réalisé, il fait **obstacle à toute restitution de l'enfant à sa famille d'origine (C. civ., art. 352-2)**. De même, toute déclaration de filiation ou reconnaissance est impossible. Tout ceci disparaît évidemment si le placement cesse ou si le tribunal refuse de prononcer l'adoption.

B. Le jugement d'adoption

453. **Trois questions** se posent :

Qui peut saisir le tribunal ?

Le tribunal judiciaire est saisi sur requête de l'**adoptant (C. civ., art. 353-1)**. Si **l'adoptant décède après avoir recueilli l'enfant**, cette requête peut être effectuée par son **conjoint** (*lato sensu*) ou **l'un de ses héritiers**. Si l'enfant décède après son accueil, la requête peut toujours être présentée. L'adoption sera alors essentiellement symbolique (modification de l'état civil de l'enfant).

Comment le tribunal statue-t-il ?

Le tribunal doit non seulement vérifier que les conditions de la loi sont remplies, mais aussi que l'adoption est conforme à l'intérêt de l'enfant. Il y a donc un double contrôle de

la légalité et de l'opportunité de l'adoption. Il peut ainsi refuser de prononcer l'adoption en cas de **fraude** (v. pour le cas où une femme avait adopté l'enfant de son mari qui avait en réalité établi une reconnaissance mensongère : Cass. 1re civ., 16 févr. 1999, n° 96-21223 et n° 97-12781, *Bull. civ.* I, n° 53).
Si l'adoptant a déjà des enfants, le juge doit rechercher si l'adoption n'est pas de nature à compromettre la vie familiale.
Une loi du 14 mars 2016 a introduit **l'audition de l'enfant adopté**, dès lors qu'il est capable de discernement. C'est là une tendance de fond du droit de la famille (v. *infra*, n° 473 pour la garde en cas de séparation des parents).

Quelles sont les voies de recours ?

Outre l'appel, le jugement d'adoption peut faire l'objet d'une tierce opposition (notamment de la famille du sang), mais uniquement en cas de **dol** ou de **fraude** imputable aux adoptants (par ex., dissimulation au tribunal, par les adoptants, de liens affectifs avec les grands-parents par le sang).

§ 3. Les effets de l'adoption plénière

L'adoption plénière a pour effet de rompre les liens entre l'enfant et sa famille d'origine (A) et de le faire entrer dans la famille d'adoption (B).

A. La rupture avec la famille d'origine

454. **L'article 356** du Code civil dispose que « l'adopté cesse d'appartenir à sa famille d'origine ». Le lien de filiation est rompu. Seuls demeurent les empêchements à mariage fondés sur la parenté, pour éviter les enfants incestueux. L'intérêt de l'enfant peut toutefois commander d'accorder un droit de visite aux grands-parents biologiques (Cass. 1re civ., 21 juill. 1987, n° 85-15521, *Bull. civ.* I, n° 235), au nom du droit de l'enfant de connaître ses origines.
Cet effet de rupture ne joue évidemment pas en cas **d'adoption de l'enfant du conjoint** : l'adoption laisse subsister la filiation à l'égard de ce conjoint et de sa famille (C. civ., art. 370-1-4). Cela explique, une fois encore, pourquoi le mariage était tant revendiqué par les couples homosexuels : il permet l'adoption de l'enfant du conjoint, tout en maintenant le lien de filiation avec ce dernier. Mais c'est désormais (encore) une raison de moins pour se marier, dès lors que depuis la loi du 21 février 2022, les pacsés et les concubins bénéficient de la règle.

B. L'entrée dans la famille de l'adoptant

455. L'article 356 du Code civil dispose que « l'adoption plénière confère à l'enfant une filiation qui se substitue à sa filiation d'origine » (sur le **nom** de l'adopté, v. *infra*, n° 471 et s.).
L'enfant adopté a donc les mêmes droits qu'un enfant issu d'une filiation par procréation.
Trois précisions s'imposent :
- l'adoption plénière est **irrévocable** (C. civ., art. 359) ;
- l'adoption plénière ne produit pas effet au jour de la naissance, mais au jour de la **requête** : par conséquent si, entre sa naissance et la requête, l'enfant a hérité de sa famille d'origine, il pourra conserver cet héritage ;

- l'adoption plénière doit être **transcrite** sur l'état civil du lieu de naissance (C. civ., art. 354); mais ni l'adoption, ni la filiation réelle de l'enfant n'apparaissent, de sorte que l'adopté est un enfant comme les autres. Ainsi, l'article 354 alinéa 3 dispose que la transcription « énonce le jour, l'heure et le lieu de la naissance, le sexe de l'enfant ainsi que ses nom de famille et prénoms, tels qu'ils résultent du jugement d'adoption, les prénoms, noms, date et lieu de naissance, profession et domicile du ou des adoptants. Elle ne contient aucune indication relative à la filiation d'origine de l'enfant ».

Section 2
L'adoption simple

À la différence de l'adoption plénière, l'adoption simple **laisse subsister les liens entre l'enfant et sa famille d'origine**. Le lien de filiation adoptive s'ajoute à la filiation biologique. L'adoption simple est principalement utilisée lorsque l'adoption plénière n'est pas possible (par ex. enfant majeur, ce qui correspond à 75 % des cas d'adoption simple), ou encore à des fins successorales : l'adoptant souhaite transmettre un patrimoine à l'adopté avec des droits de mutation limités (ligne directe), sans pour autant que celui-ci rompe avec sa famille d'origine. Elle est également fréquente dans les familles recomposées (le beau-père ou la belle-mère réalise l'adoption simple des premiers enfants de son conjoint), ou encore en cas de décès brutal des parents : l'enfant peut être adopté par un membre de la famille (oncle, tante...), sans que le lien avec ses parents ne soit rompu. Avec l'adoption simple, l'enfant adopté peut avoir jusqu'à quatre parents : ses deux parents biologiques, et ses parents adoptifs, s'ils sont mariés (adoption au sein du couple).

Comme pour l'adoption plénière, nous envisagerons les conditions (§ 1), la procédure (§ 2) et les effets (§ 3) de l'adoption simple.

§ 1. Les conditions

456. Nous irons ici plus vite, dans la mesure où **beaucoup de ces conditions sont les mêmes que dans l'adoption plénière.** Alors que l'ancien article 361 du Code civil procédait par renvoi aux règles de l'adoption plénière, moyennant quelques différences prévues par l'article 360, l'ordonnance du 5 octobre 2022 a rassemblé, dans un chapitre premier, les conditions communes pour adopter, en précisant, chemin faisant, des différences entre adoption plénière et adoption simple. Cela n'est pas nécessairement plus clair.
Pour l'adoptant, ce sont les **mêmes conditions** : adoption individuelle ou par un couple marié ou non, avec les mêmes conditions d'âge.
Pour l'adopté, il y a principalement **trois différences, qui tiennent toutes au maintien des liens entre l'enfant adopté et sa famille d'origine** :
- **aucune condition d'âge** n'est requise (C. civ., art. 345-1 : on peut donc adopter une personne de 50 ans, alors que l'adoption plénière ne permet d'adopter qu'un mineur);
- la règle selon laquelle deux adoptions successives ne sont pas possibles est aménagée : au-delà de l'adoption successive du même enfant par deux époux, deux partenaires ou deux concubins (C. civ., art. 345 al. 2), qui est aussi possible dans l'adoption simple, **une adoption simple peut suivre une adoption plénière pour motifs graves** (C. civ., art. 345-2 al. 2 : par ex., premier adoptant incapable de s'occuper de l'enfant);

- enfin et surtout, parce qu'elle ne repose pas sur l'abandon d'un enfant qu'il faut définitivement confier à une autre famille, **il n'existe pas une délimitation des enfants adoptables** : dès lors, toute personne peut théoriquement faire l'objet d'une adoption. Cependant, le juge opère un contrôle, sous l'angle de l'intérêt de l'enfant, qui l'emporte sur toute autre considération. Notamment, **les juges ont refusé l'adoption individuelle par une personne de l'enfant de son concubin ou de son pacsé** (Cass. 1re civ., 20 févr. 2007, n° 06-15647, *Bull. civ.* I, n° 71). Pourquoi un tel refus, alors même que l'adoption simple, contrairement à l'adoption plénière, ne fait pas disparaître le lien de filiation avec le parent biologique ? Parce que **l'article 365 du Code civil** prévoit que l'adoptant est seul investi de l'autorité parentale, à moins qu'il ne soit le conjoint du père ou de la mère de l'adopté (texte déclaré conforme à la Constitution par Cons. const., 6 oct. 2010, n° 2010-39 QPC). Dès lors, admettre l'adoption simple pour les couples non mariés revenait à priver le parent biologique de l'autorité parentale sur l'enfant. Et la Cour de cassation a estimé dans un autre arrêt du même jour que l'on ne pouvait contourner cette règle en couplant l'adoption avec une délégation de l'autorité parentale de l'adoptant au parent biologique (Cass. 1re civ., 20 févr. 2007, n° 04-15676, *Bull. civ.* I, n° 70). Ceci explique, une fois encore, pourquoi les couples homosexuels ont revendiqué le droit de se marier, droit qu'ils ont obtenu. Désormais, l'adoption de l'enfant du **conjoint** homosexuel est donc possible.

Une dernière remarque s'impose sur l'adopté, et elle est fondamentale : si tout enfant est théoriquement adoptable, se pose toutefois la question du **consentement à l'adoption**, car on ne saurait imposer une adoption, même simple, au(x) parent(x) de l'enfant (et ce même si lien n'est pas totalement rompu, car l'adoptant exercera l'autorité parentale, au préjudice du ou des parents biologiques). Et l'on ne saurait non plus imposer l'adoption à l'enfant doté de discernement. Dès lors, lorsque l'adopté a plus de 13 ans ou, *a fortiori*, lorsqu'il est majeur, son consentement est nécessaire. En outre, si l'enfant est mineur, ses parents biologiques, voire le conseil de famille (en cas de décès des parents), doivent consentir à l'adoption (C. civ., art. 343). En revanche, à la majorité de l'enfant, le consentement des parents n'est plus requis (Cass. 1re civ., 20 mars 2013, n° 12-16401, P).

Pour le lien entre l'adoptant et l'adopté, la différence d'âge est maintenue. Il n'existe normalement pas d'obstacle à ce qu'il y ait un lien de parenté ou d'alliance entre l'adoptant et l'adopté, à l'exception du nouvel article 346 du Code civil, également applicable à l'adoption simple, qui prohibe sauf motifs graves, l'adoption entre ascendants et descendants en ligne directe, ainsi qu'entre frères et sœurs. En outre, la jurisprudence considère que l'interdiction de **l'inceste s'applique en matière d'adoption** : il a ainsi été jugé qu'un homme ne pouvait pas procéder à l'adoption simple de l'enfant de sa sœur (Cass. 1re civ., 6 janv. 2004, n° 01-01600, *Bull. civ.* I, n° 2), car cela créait une **double filiation de nature incestueuse** (alors même qu'il n'y a pas biologiquement d'inceste). Pour déterminer si l'adoption est possible, il convient donc de se référer aux empêchements à mariage des articles 161 et 162 du Code civil entre l'adoptant et le parent biologique de l'enfant. De tels empêchements disparaissent au décès du parent : il est ainsi fréquent qu'au décès de la mère d'un enfant (et à défaut de père), le frère demande l'adoption simple de l'enfant (laquelle sera plus aisée que l'adoption plénière à obtenir, car elle ne supprime pas tout lien avec sa mère ; on songe, notamment, au droit à la succession). Au reste, **même si les parents sont décédés**, ce qui écarte le risque d'une double filiation incestueuse, l'adoption peut être refusée pour d'autres raisons. A ainsi été **refusé le droit des grands-parents** de procéder à une adoption simple, dès lors qu'elle créait une confusion de générations et n'était conforme qu'à l'intérêt financier des adoptés (Cass. 1re civ., 16 oct. 2001, n° 00-10665, *Bull. civ.* I, n° 256). On retrouve ici encore la

prédominance de l'intérêt de l'enfant. Avec le nouvel article 346 du Code civil, cette adoption par les grands-parents ne serait pas possible, sauf motifs graves.
Pour l'agrément administratif, les règles sont les mêmes que dans l'adoption plénière.

§ 2. La procédure d'adoption simple

456-1. Le **placement** obéit à des conditions distinctes dans l'adoption simple. Il concerne les pupilles de l'État ou les enfants judiciairement déclarés délaissés (art. 351). En revanche, il n'y a pas de placement dans l'adoption simple lorsque les parents ont consenti à l'adoption, dès lors que le lien avec la famille d'origine n'est pas rompu. Cela nous amène aux effets de l'adoption simple.

§ 3. Les effets de l'adoption simple

L'adoption simple se caractérise par l'absence de rupture avec la famille d'origine (A) et par l'entrée dans la famille de l'adoptant (B).

A. L'absence de rupture avec la famille d'origine

457. L'article 360 du Code civil dispose que « l'adoption simple confère à l'adopté une filiation qui s'ajoute à sa filiation d'origine. L'adopté conserve ses droits dans sa famille d'origine ». Il en résulte que la filiation avec sa famille d'origine peut être établie malgré l'adoption simple, soit par une reconnaissance, soit judiciairement. En outre, les prohibitions au mariage sont maintenues.
Il existe toutefois **deux limites** :
- sur le plan patrimonial, **l'obligation alimentaire** des parents d'origine devient **subsidiaire** par rapport à celle de l'adoptant (C. civ., art. 364) ;
- sur le plan personnel, **l'autorité parentale sur l'enfant mineur** est dévolue à l'adoptant (C. civ., art. 362) : le ou les éventuels parents biologiques perdent donc l'autorité parentale (sauf adoption de l'enfant du conjoint, v. *supra*, n° 456) : ils ne la recouvrent pas, même si l'adoptant décède. Cela explique pourquoi ils doivent consentir à l'adoption, même simple, de leur enfant mineur.

B. L'entrée de l'adopté dans la famille de l'adoptant

Il est possible de distinguer, comme le Code civil, les liens entre l'adopté et l'adoptant (1) et les liens entre l'adopté et la famille de l'adoptant (2) qui, on va le voir, sont assez proches de ceux créés par une adoption plénière. La différence majeure avec l'adoption plénière réside dans le fait que l'adoption simple est révocable (3).

1. Les liens entre l'adopté et l'adoptant

458. Comme l'adoption plénière, l'adoption simple crée un lien de filiation entre l'adoptant et l'adopté :
- sur le plan patrimonial, il existe entre eux une obligation alimentaire et des droits de succession réservataires ;

- sur le plan personnel, l'adoptant est investi de l'autorité parentale. En cas d'adoption de l'enfant du conjoint, l'autorité est partagée entre l'adoptant et le conjoint, mais son exercice est maintenu au conjoint, sauf déclaration conjointe en vue d'un exercice en commun (C. civ., art. 370-1-8).

Mais il existe certaines différences, notamment sur le **nom** (v. *infra*, n° 471 et s.).

2. Les liens entre l'adopté et la famille de l'adoptant

459. Se créent également **des liens de famille** :

- sur le plan personnel, il existe des empêchements à mariage entre l'enfant adopté et certains membres de la famille de l'adoptant (v. *supra*, n° 258 sur les empêchements à mariage) ;
- sur le plan patrimonial, l'adopté a des droits successoraux dans la famille de l'adoptant.

Mais là encore, **des différences avec l'adoption plénière** témoignent de ce que l'entrée de l'adopté dans la famille de l'adoptant n'est pas totale :

- les empêchements à mariage sont moins étendus et ils sont susceptibles de dispense (art. 361) ;
- l'enfant n'est pas réservataire dans la succession des ascendants de l'adoptant ;
- il n'existe pas d'obligation alimentaire entre l'enfant adopté et les ascendants de l'adoptant.

3. La révocation de l'adoption simple

460. Alors que l'adoption plénière est irrévocable (sans quoi l'enfant serait orphelin), l'adoption simple **peut être révoquée pour motifs graves** (mauvais traitements de l'adoptant, mauvais comportement de l'adopté...). Si l'adopté est majeur, la révocation peut être demandée par lui ou par l'adoptant. S'il est mineur, seul le ministère public peut demander la révocation. La révocation **n'est pas rétroactive** (C. civ., art. 369-1).

FOCUS

Adoption internationale

Pour conclure, nous voudrions consacrer quelques lignes à **l'adoption internationale**, même si son étude relève du droit international privé. Comme nous l'avons vu, 80 % des adoptions concernent des enfants étrangers, de sorte qu'un avocat, même non internationaliste, ne saurait ignorer le conflit de lois que cela engendre. Une loi du **6 février 2001** est intervenue pour fixer les règles à suivre pour le juge français chargé de prononcer une adoption d'un enfant étranger (C. civ., art. 370-3 et s.). Les conditions de l'adoption sont soumises à la loi nationale de l'adoptant (donc la loi française si l'adoptant est français). Mais il faut tenir compte de la loi personnelle de l'adopté.

Si la loi personnelle de l'enfant prohibe l'adoption (ex. des pays musulmans), **l'adoption n'est en principe pas possible** (C. civ., art. 370-3 al. 2 : « l'adoption d'un mineur étranger ne peut être prononcée si sa loi personnelle prohibe cette institution, sauf s'il est né et réside habituellement en France »). La Cour de cassation juge que l'adoption est exclue même si la loi personnelle de l'enfant autorise la *kafala* (droit musulman), dès lors qu'il ne s'agit que d'un recueil sans création de lien de filiation (Cass. 1re civ., 10 oct. 2006, n° 06-15264, *Bull. civ.* I, n° 431).

Si la loi personnelle de l'enfant autorise l'adoption, encore faut-il s'assurer du consentement libre, gratuit et éclairé du représentant légal de l'enfant à l'étranger, spécialement sur le caractère irrévocable d'une adoption plénière (C. civ., art. 370-3 al. 3).

461 à 467. Réservés.

LEÇON 7

LA VIE FAMILIALE DE L'ENFANT

Textes

Articles 321 et suivants du Code civil (nom)
Articles 371 et suivants du Code civil (autorité parentale et entretien de l'enfant)

468. L'insertion de l'enfant dans une famille se fait tout d'abord par l'attribution d'un **nom** lors de sa naissance ou de son adoption (section 1) et ensuite par son **éducation** jusqu'à sa majorité (section 2). La relation parent-enfant se distend ensuite à la majorité, l'enfant devenant autonome. Mais des liens de solidarité subsistent : ceux-ci seront ultérieurement étudiés dans le cadre de l'obligation alimentaire, qui n'est pas limitée à la parenté (v. *infra*, n° 494 et s.).

Section 1
Le nom de famille de l'enfant

Les règles sur le nom se trouvent au sein du titre VII consacré à la filiation, pour bien souligner qu'il s'agit, avant même d'identifier une personne, d'intégrer l'enfant dans une famille. Le Code civil évoque d'ailleurs le « nom de famille ». Il ne sera pas ici question du prénom, lequel ressortit au droit des personnes parce qu'il permet d'individualiser l'enfant au sein de la famille.

L'attribution du nom a fait l'objet d'une grande réforme par la **loi du 4 mars 2002.** Alors que l'enfant recevait classiquement le nom de son père (« nom patronymique »), la volonté d'instaurer une stricte égalité entre les parents a conduit le législateur à supprimer cette règle.

Il convient d'envisager successivement l'attribution du nom dans la filiation par procréation (§ 1) et dans la filiation par adoption (§ 2).

§ 1. L'attribution du nom dans la filiation par procréation

Cette attribution varie selon que la filiation est établie à l'égard des deux parents (A) ou à l'égard d'un seul (B).

A. La filiation établie à l'égard des deux parents

469. **L'article 311-21 du Code civil** prévoit que les parents **choisissent d'un commun accord** le nom de famille dévolu à l'enfant : **soit le nom du père, soit le nom de la mère, soit leurs deux noms accolés dans l'ordre choisi par eux dans la limite d'un nom de famille pour chacun d'eux.** Le champ des possibles est d'autant plus important que le dernier alinéa prévoit que les parents qui ont un nom composé **peuvent ne transmettre qu'un seul nom**.

Exemple

Un enfant dont le père s'appelle Haftung Bichon et la mère Chauvirus Mekka, pourra s'appeler : Haftung Bichon, Haftung, Bichon (noms du père), Chauvirus Mekka, Chauvirus, Mekka (noms de la mère), Haftung Chauvirus, Haftung Mekka, Bichon Chauvirus, Bichon Mekka, Chauvirus Haftung, Chauvirus Bichon, Mekka Haftung et Mekka Bichon (noms accolés), ce qui fait **14 possibilités !** La règle est égalitaire, mais plus complexe, d'autant que dans 12 cas sur 14, l'enfant portera un nom différent de son père et de sa mère... Il faut enfin savoir que lorsque l'enfant reçoit à la fois le nom de son père et de sa mère, il s'agit d'un double nom, matérialisé par un espace entre les deux noms (Chauvirus Mekka), et pas d'un nom composé, matérialisé par un trait d'union (circ. du 25 oct. 2011 ; ex. Chapi-Chapo). La différence est que le double nom est sécable (on peut ne transmettre qu'une partie), tandis que le nom composé est insécable (on ne peut pas le scinder).

À défaut de choix, l'enfant prendra le nom du parent à l'égard duquel sa filiation est établie **en premier lieu.** Si la filiation est établie simultanément à l'égard des deux parents, l'enfant prend le nom du **père.** L'égalité n'est donc pas totale.
En cas de désaccord, l'enfant prend le nom de ses deux parents, dans la limite du premier nom de chacun, et selon l'ordre alphabétique. Dans l'exemple, l'enfant s'appellera Chauvirus Haftung.
Dans tous les cas, le nom **du premier enfant vaut pour les autres enfants communs**, afin de créer une unité dans la famille.

Actualité sur le nom : loi du 2 mars 2022

Une loi n° 2022-301 du 2 mars 2022 relative au choix du nom issu de la filiation favorise un peu plus l'usage du nom de la mère, en prenant appui sur le constat que 85 % des enfants reçoivent à la naissance le nom de leur père (signe que la loi de 2002 n'a pas changé grand-chose). Le nouvel article 311-24-2 du Code civil dispose ainsi que « toute personne majeure peut porter, à titre d'usage, l'un des noms prévus aux premier et dernier alinéas de l'article 311-21.
À l'égard des enfants mineurs, cette faculté est mise en œuvre par les deux parents exerçant l'autorité parentale ou par le parent exerçant seul l'autorité parentale.
En outre, le parent qui n'a pas transmis son nom de famille peut adjoindre celui-ci, à titre d'usage, au nom de l'enfant mineur. Cette adjonction se fait dans la limite du premier nom de famille de chacun des parents. Il en informe préalablement et en temps utile l'autre parent exerçant l'autorité parentale. Ce dernier peut, en cas de désaccord, saisir le juge aux affaires familiales, qui statue selon ce qu'exige l'intérêt de l'enfant.

→

→

Dans tous les cas, si l'enfant est âgé de plus de treize ans, son consentement personnel est requis». S'agissant des mineurs, le texte permet en pratique aux femmes qui élèvent seules un enfant qui porte le nom de leur père d'imposer l'adjonction de leur nom à titre d'usage. Par ailleurs, la loi assouplit les conditions de changement du nom. Ainsi, moyennant un délai de réflexion d'un mois, toute personne majeure pourra, une fois dans sa vie, choisir son nom de famille pour garder celui de sa mère ou celui de son père ou les deux, dans le sens qu'il souhaite (art. 61-3-1). Comme l'immense majorité des Français portent le nom de leur père, on aura compris le sens que ce changement est destiné à favoriser...

B. La filiation établie à l'égard d'un seul parent

470. **L'article 311-23** prévoit une règle beaucoup plus simple : lorsque la filiation n'est établie qu'à l'égard d'un seul parent, **l'enfant prend le nom de ce parent.**
Mais lors de l'établissement du **second lien de filiation** et jusqu'à la **majorité de l'enfant**, les parents peuvent décider de lui substituer le nom de ce nouveau parent, soit d'accoler les deux noms dans l'ordre de leur choix. Mais si un autre enfant commun est né entre-temps, il faudra choisir le même nom que ce dernier. Dans tous les cas, si l'enfant a **plus de 13 ans, son consentement est nécessaire**. Lorsque la filiation est établie à l'égard du second parent, les parents peuvent donc changer le nom de l'enfant. Mais peuvent-ils modifier une nouvelle fois le nom de l'enfant ? La question s'est posée à propos d'un enfant qui avait reçu le nom de sa mère à sa naissance, faute de filiation paternelle établie, et qui avait ensuite, après la reconnaissance de son père, reçu le nom de ses parents accolés. Après le mariage de ses parents, ceux-ci ont demandé à ce qu'il prenne le nom du père. Cela leur a été refusé, par application de l'**article 311-24 du Code civil, qui prévoit que la faculté de changement de nom prévue par l'article 311-23 ne peut être exercée qu'une seule fois**. Les parents contestaient l'application rétroactive de ce texte, issu d'une ordonnance du 4 juillet 2005. Par un arrêt du **8 mars 2017, la première chambre civile** rejette le pourvoi, en faisant valoir que le texte antérieur prévoyait déjà que le changement ne pouvait avoir lieu qu'une seule fois (Cass. 1re civ., 8 mars 2017, n° 16-13032 P).

§ 2. L'attribution du nom dans la filiation par adoption

Il convient de distinguer l'adoption plénière (A) et l'adoption simple (B).

A. L'adoption plénière

471. **L'article 357** du Code civil prévoit que l'adoption plénière confère à l'enfant **le nom de l'adoptant.** En cas d'adoption **de l'enfant du conjoint** ou d'adoption d'un enfant **par deux époux**, on retombe peu ou prou dans le cas de la filiation charnelle.

B. L'adoption simple

472. **L'article 363** du Code civil dispose que l'adoption simple confère le nom de l'adoptant à l'adopté, **en l'ajoutant au nom de ce dernier**. Si l'adopté a plus de treize ans, il doit consentir à cette adjonction. En cas d'adoption par deux époux, on ne peut ajouter qu'un

nom (pour éviter les noms à rallonge). Le tribunal peut d'ailleurs dans tous les cas autoriser que l'adopté ne conserve que le nom du ou des adoptants, avec le consentement de l'adopté s'il a plus de 13 ans.

Pour conclure, il faut savoir que l'enfant peut, **pendant sa minorité,** changer de nom dans deux cas :

- **changement volontaire**, dès lors qu'il invoque un motif légitime (art. 61) ; cette demande pourra être faite au nom du mineur par un parent, notamment en cas de retrait de l'autorité parentale à l'autre parent dont il porte le nom (CE, 4 déc. 2009, *RTD civ.* 2010, p. 36). Le changement est autorisé par décret (contrôle administratif) ;
- **changement subi**, soit par l'effet de la **disparition du lien de filiation** (son consentement devient nécessaire à sa majorité), soit par **l'effet du changement de nom du parent dont il portait le nom** (C. civ., art. 61-2) : dans ce cas, si l'enfant a plus de 13 ans, son consentement est nécessaire.

Par ailleurs, la **loi J21 du 18 novembre 2016** a permis à une personne dont le nom est inscrit sur le registre d'un autre État de demander à l'officier d'état civil de porter ce nom en France. Lorsque la personne est mineure, la déclaration est effectuée conjointement par les deux parents exerçant l'autorité parentale ou par le parent exerçant seul l'autorité parentale, avec son consentement personnel si elle a plus de 13 ans (C. civ., art. 61-3-1). Il s'agit d'une disposition visant à simplifier la vie civile des binationaux qui portent des noms différents en France et à l'étranger, en leur permettant de changer de nom, sans passer par la lourde procédure administrative de l'article 61 du Code civil.

Section 2
L'éducation de l'enfant

L'éducation de l'enfant jusqu'à sa majorité présente une double dimension, personnelle et patrimoniale : l'autorité parentale (§ 1) et l'entretien de l'enfant (§ 2).

§ 1. L'autorité parentale

473. Le droit de l'autorité parentale est marqué par **deux grandes évolutions** contemporaines :

- **l'affirmation de l'égalité entre parents** : l'autorité parentale a remplacé en 1970 la puissance paternelle. La loi du 4 mars 2002 a parachevé cette évolution ;
- **l'affirmation des droits de l'enfant** : malgré sa minorité, l'enfant est une personne qui doit être respectée ; il n'est pas la chose de ses parents. Dans ce cadre, nous devons signaler la **Convention de New York du 20 novembre 1989 relative aux droits de l'enfant,** qui contient de nombreuses garanties : primauté de l'intérêt de l'enfant (art. 3), droit d'accès à ses origines (art. 7), droit d'être entendu sur les décisions le concernant (art. 12), liberté d'expression (art. 13)... Ces prérogatives exercent une influence grandissante en droit contemporain de la famille (v. *supra*, n° 252, pour l'effet direct de la Convention).

Mais l'enfant a aussi des devoirs. Notamment, l'article 371 du Code civil dispose que « l'enfant, à tout âge, doit honneur et respect à ses père et mère ».

Qu'est-ce que l'autorité parentale ? **L'article 371-1 du Code civil**, qui est lu lors de la célébration du mariage, dispose qu'elle « est un ensemble de droits et de devoirs ayant pour

finalité l'intérêt de l'enfant. Elle appartient aux parents jusqu'à la majorité». La loi n° 2019-721 du 10 juillet 2019 relative à l'interdiction des violences éducatives ordinaires (dite «loi sur la fessée») vient compléter l'article par un nouvel alinéa: «l'autorité parentale s'exerce sans violences physiques ou psychologiques». Reste à savoir si une fessée constitue une violence physique ou psychologique... L'autorité parentale est donc un **droit-fonction dévolu aux parents**. Les droits qu'exercent les parents sur la personne de leur enfant ont pour seule finalité son intérêt.
Il faut observer que **ne relève pas de l'étude du droit de la famille** la gestion par les parents des **biens** de l'enfant mineur (cours de droit des personnes). Tout au plus doit-on signaler qu'une **ordonnance du 15 octobre 2015** a supprimé la distinction entre l'administration légale pure et simple (deux parents) et l'administration légale sous contrôle judiciaire (un parent), au profit d'un seul régime: **l'administration légale** (C. civ., art. 382 et s.).
Après cette précision, on peut envisager successivement la **dévolution** de l'autorité parentale (A) et la **fonction** de l'autorité parentale (B).

A. La dévolution de l'autorité parentale

Il convient ici de faire une distinction importante entre la **titularité** (1) et **l'exercice** (2) de l'autorité parentale. Ainsi, un parent peut être titulaire de l'autorité parentale, sans pour autant l'exercer au quotidien, notamment en cas de séparation.

1. La titularité de l'autorité parentale

Quels sont les titulaires de l'autorité parentale? Pour répondre à cette question, il convient d'évoquer l'attribution (a) puis la disparition (b) de l'autorité parentale.

a. L'attribution de l'autorité parentale

474. Cela a été rappelé, l'autorité parentale appartient aux **parents** de l'enfant (et non plus aux père et mère, depuis la loi sur le mariage pour tous). Les autres membres de la famille n'ont pas l'autorité parentale sur l'enfant, ce qui explique qu'en cas de décès des deux parents, l'enfant sera placé sous tutelle. En cas de décès de l'un d'entre eux, c'est le parent survivant qui est le titulaire exclusif de l'autorité parentale.

b. La disparition de l'autorité parentale

475. Nous mettrons de côté le cas de **l'adoption de l'enfant** par un tiers, qui conduit à un transfert de l'autorité parentale: l'hypothèse a déjà été évoquée (v. *supra*, n° 457). De même, il n'est pas nécessaire de développer davantage l'idée selon laquelle l'autorité parentale cesse à la **majorité** de l'enfant ou à l'occasion de son **émancipation** (par mariage ou judiciaire). Il s'agit là de causes naturelles de cessation de l'autorité parentale.
Une attention particulière doit en revanche être portée au **retrait total ou partiel de l'autorité parentale**. Le terme de retrait a remplacé celui de «déchéance» jugé trop infamant (L. 5 juill. 1996). Il s'agit pourtant bel et bien d'une **sanction** de l'incurie du ou des parents.
Deux hypothèses sont prévues:
- **retrait pour condamnation pénale (C. civ., art. 378)**: il s'agit d'une mesure prononcée par le **juge pénal** en cas de crime ou délit commis par le parent sur la personne de l'enfant, sur la personne de l'autre parent, ou encore si le parent concerné est coauteur ou complice d'un crime ou délit commis par l'enfant,

- **retrait pour faute civile (C. civ., art. 378-1)**, qui est prononcé par **le tribunal judiciaire** dans deux cas :
  - **mise en danger de la sécurité, de la santé ou la moralité de l'enfant** (mauvais traitement, consommation excessive de boissons alcoolisées...),
  - **désintérêt manifeste pour l'enfant pendant deux ans** en cas de mise en œuvre d'une mesure d'assistance éducative (v. *infra*, n° 480).

Qu'advient-il après que le retrait a été prononcé ? L'autre parent conserve seul l'autorité parentale. S'il est décédé ou s'il s'est lui-même fait retirer l'autorité parentale, le juge devra désigner un tiers auquel l'enfant sera provisoirement confié à charge pour lui soit de requérir l'organisation d'une tutelle, soit de confier l'enfant au service départemental de l'aide social à l'enfance (C. civ., art. 380). Mais le retrait n'est pas **définitif** : un an au plus tôt après le retrait, le parent peut demander, s'il justifie de « circonstances nouvelles », à être restitué dans ses droits (C. civ., art. 381).

2. L'exercice de l'autorité parentale

Si la titularité de l'autorité parentale appartient toujours aux deux parents, sous réserve de l'hypothèse exceptionnelle du retrait, son exercice est plus variable. Parce qu'il s'agit d'assurer la **direction quotidienne** de l'enfant, l'exercice de l'autorité parentale est tributaire du mode de vie des parents, et notamment de leur séparation éventuelle. Il peut en outre être parfois judicieux de confier l'exercice de l'autorité parentale à un tiers, à travers une délégation.

Il convient donc d'envisager successivement l'attribution de l'exercice de l'autorité parentale (a) l'incidence de la séparation des parents (b) et la possibilité d'une délégation de l'exercice de l'autorité parentale (c).

a. L'attribution de l'exercice de l'autorité parentale

476. Le **principe** est que les parents **exercent en commun** l'autorité parentale (C. civ., art. 372). Afin de faciliter la gestion de la vie de famille au quotidien, l'article 372-2 prévoit qu'à l'égard des tiers **de bonne foi**, chaque parent est réputé agir avec l'accord de l'autre, dès lors qu'il fait seul un acte usuel.

Il existe toutefois des **exceptions** :

- lorsque la **filiation du second parent est établie plus d'un an après la naissance de l'enfant**, l'autorité parentale est exercée exclusivement par l'autre, sauf déclaration conjointe au greffe ou décision du JAF (C. civ., art. 372) ;
- lorsqu'un parent est **hors d'état de manifester sa volonté** (C. civ., art. 373) ;
- lorsque **l'intérêt de l'enfant** commande que l'autorité parentale ne soit exercée que par un seul parent : on est alors en présence d'un contentieux familial, qui se règle généralement à l'occasion de la séparation des parents.

b. L'incidence de la séparation des parents

477. **En principe**, la séparation des parents est **sans incidence** sur les règles de dévolution de l'exercice de l'autorité parentale (C. civ., art. 373-2). Chacun des parents doit maintenir des relations personnelles avec l'enfant et respecter les liens de celui-ci avec l'autre parent. Mais un aménagement de l'exercice de l'autorité parentale est parfois nécessaire : il peut être conventionnel, en cas d'accord des parents, et judiciaire, en l'absence d'accord.

L'aménagement conventionnel de l'exercice de l'autorité parentale

À cet égard, les parents peuvent parfaitement se mettre d'accord, dans le cadre d'une **convention, sur les modalités d'exercice de l'autorité parentale** (résidence de l'enfant, décisions à prendre d'un commun accord…). L'accord résulte souvent d'une acceptation tacite, qui peut dès lors être révoquée à tout moment. Afin de se lier pour l'avenir, les parents doivent faire homologuer cette convention par le JAF, qui le fera sauf s'il constate qu'elle ne préserve pas suffisamment les intérêts de l'enfant (C. civ., art. 373-2-7). Il n'en va autrement que dans le divorce par actes d'avocats, dès lors que l'enfant ne souhaite pas être entendu. Aucun contrôle judiciaire n'aura lieu, ce que l'on peut regretter. Par ailleurs, de telles conventions sont ouvertes à tous les couples, même non mariés. Dans tous les cas, une modification de la convention homologuée ou de la convention par actes d'avocat est possible, dès lors que de nouvelles circonstances apparaissent (C. civ., art. 373-3-13).

L'aménagement judiciaire de l'exercice de l'autorité parentale

À défaut d'accord, le JAF peut être saisi par l'un des parents ou le ministère public, à l'effet de statuer sur les modalités d'exercice de l'autorité parentale (C. civ., art. 373-2-8). Dans le cadre d'un divorce judiciaire, c'est le juge du divorce, d'ores et déjà saisi, qui statuera sur la situation de l'enfant (sauf divorce par consentement mutuel, où c'est la convention qui réglera cela). Pour les autres unions (PACS et concubinage), la séparation des partenaires prend un tour judiciaire dès lors qu'ils n'arrivent pas à se mettre d'accord (ce qui est très fréquent) sur le sort des enfants communs.
Ainsi saisi, le JAF cherche avant toute chose à concilier les parties et peut leur proposer une médiation, et même leur enjoindre de rencontrer un médiateur familial (C. civ., art. 373-2-10). Il peut également demander une enquête sociale (C. civ., art. 373-3-12), voire une expertise psychiatrique (pour sonder le ressenti et le comportement de l'enfant et des parents). À défaut d'accord, le juge fixera les modalités d'exercice de l'autorité parentale, en prenant notamment en considération **six critères (C. civ., art. 373-2-11)** :
« 1° La *pratique* que les parents avaient précédemment suivie ou les accords qu'ils avaient pu antérieurement conclure ;
2° Les *sentiments exprimés par l'enfant mineur* dans les conditions prévues à l'article 388-1 ;
3° *L'aptitude* de chacun des parents à assumer ses devoirs et respecter les droits de l'autre ;
4° Le résultat des *expertises* éventuellement effectuées, tenant compte notamment de l'âge de l'enfant ;
5° Les renseignements qui ont été recueillis dans les *éventuelles enquêtes et contre-enquêtes sociales* prévues à l'article 373-2-12 ;
6° Les *pressions ou violences*, à caractère physique ou psychologique, exercées par l'un des parents sur la personne de l'autre ».

FOCUS

L'audition de l'enfant

Conformément à la Convention de New York, **l'enfant a le droit d'être entendu**, dès lors qu'il est capable de discernement (aucun âge n'est fixé, pour laisser une souplesse au juge au cas par cas – C. civ., art. 388-1). Si le mineur capable de discernement en fait la demande, cette audition est de droit. Par un arrêt du 16 février 2022, la Cour de cassation a précisé qu'il résulte de l'article 338-4 du Code de procédure civile qu'en cas de rejet de la demande d'audition d'un mineur, les parties en sont avisées par tout moyen et les motifs de ce refus doivent être mentionnés dans la décision au fond (Cass. 1re civ., 16 févr. 2022, n° 21-23087). Cela permet de garantir l'effectivité de ce droit à être entendu, puisque le juge doit s'expliquer sur les raisons qui expliquent qu'au regard de son absence de discernement, l'enfant ne peut être entendu (enfant de près de 7 ans en l'espèce). Par ailleurs, il a été jugé que, lorsqu'il a été procédé à l'audition d'un mineur en application de l'article 388-1 du Code civil, il est dressé un compte rendu de cette audition dont la communication aux parties doit être mentionnée dans la décision ou, à défaut, ressortir des pièces de la procédure, et ce, afin de permettre aux parties de présenter leurs observations sur cette audition dans le respect du contradictoire (Cass. 1re civ., 12 juill. 2023, n° 21-19362). Mais parce qu'il n'est pas rare qu'un enfant soit instrumentalisé par l'un ou l'autre parent, l'avis de l'enfant n'est qu'un paramètre à prendre en compte : ce n'est pas lui qui décide à la place du juge.

Après avoir fait application de ces critères, le juge peut, si l'intérêt de l'enfant le commande, confier l'exercice de l'autorité parentale à l'un des deux parents (C. civ., art. 373-2-1). Mais l'autre bénéficie alors, sauf motifs graves, **d'un droit de visite et d'hébergement**. Par un arrêt du 16 novembre 2022, la Cour de cassation a précisé qu'elle rejette le pourvoi, en précisant que la nécessité de justifier d'un motif grave pour supprimer un droit de visite et d'hébergement n'a pas lieu de s'appliquer lorsqu'il s'agit seulement de limiter, dans l'intérêt de l'enfant, le droit du parent concerné à un droit de visite simple (*i.e.* sans hébergement : Cass. 1re civ., 16 nov. 2022, n° 21-11528). Par ailleurs, il conserve le droit de **surveiller l'entretien et l'éducation de l'enfant et doit être informé des choix importants relatifs à la vie de ce dernier.**

Le juge fixe également **la résidence de l'enfant** en faisant application des mêmes critères. Il convient pourtant de ne pas confondre les notions : les deux parents peuvent conserver l'exercice de l'autorité parentale (ce qui est l'immense majorité des cas), et l'enfant voir sa résidence fixée chez l'un d'entre eux seulement (83 % des cas en 2013). L'article 373-2-9 du Code civil prévoit que « la résidence de l'enfant peut être fixée en alternance au domicile de chacun des parents ou au domicile de l'un d'eux ». En cas de résidence chez l'un des parents, l'autre bénéficie normalement d'un droit de visite et d'hébergement. D'un point de vue procédural, si l'un des parents propose des modalités précises du droit de visite de l'autre (ex. un week-end sur deux et la moitié des vacances scolaires) et que ce dernier n'y répond pas, le juge peut statuer sur les modalités d'un tel droit, sans avoir à le soumettre à la contradiction, le moyen étant dans le débat (Cass. 1re civ., 6 nov. 2019, n° 18-23755). Afin d'éviter les enlèvements d'enfants, le juge peut prévoir un droit de visite dans un espace de rencontre. Il peut même prescrire **l'interdiction de sortie du territoire de l'enfant sans l'accord des deux parents**, là encore pour éviter les déplacements illicites (C. civ., art. 373-2-6 al. 3 : pour le refus de transmettre une question préjudicielle pour atteinte au principe de libre circulation au sein de l'Union européenne, au regard de la finalité de la règle : **Cass. ch. mixte, 8 mars 2017**, n° 15-26664 P). Mais encore faut-il déterminer la résidence habituelle de l'enfant, pour constater un éventuel déplacement ou enlèvement. Par un arrêt du 12 juin 2020, la première chambre civile rappelle qu'en application du règlement (CE) n° 2201/2003 du Conseil du 27 novembre 2003, celle-ci correspond au lieu où se situe, dans les faits, le centre de sa vie. Lorsque l'enfant est un nourrisson, son environnement est essentiellement familial, déterminé par la ou les personnes de référence avec lesquelles il vit, qui le gardent effectivement et prennent soin de lui. Ainsi, le fait pour la mère de l'enfant de garder l'enfant sans interruption en France depuis qu'il a un mois alors qu'elle vivait en couple avec le père en Grèce et qu'elle était censée y rentrer ne constitue pas nécessairement une modification illicite de la résidence habituelle de l'enfant, dès lors que cette résidence habituelle est susceptible d'être fixée en France et non au lieu de la résidence habituelle des parents (Cass. 1re civ., 12 juin 2020, n° 19-24108).

FOCUS

L'incidence de la réforme du 23 mars 2019 sur le logement familial

La **loi n° 2019-222 du 23 mars 2019** permet au JAF d'attribuer la jouissance du logement à l'un des parents, et ce pour une durée maximale de six mois, lorsqu'il est saisi d'une requête tendant à statuer sur les modalités d'exercice de l'autorité parentale (C. civ., art. 373-2-9-1). Si le bien appartient indivisément aux parents, la durée de l'attribution peut être prolongée si le juge a été saisi d'une demande de liquidation partage des intérêts patrimoniaux du couple. Il y a là un alignement du statut des couples non mariés sur celui des couples mariés, cette mesure existant déjà dans le cadre du mariage (v. *supra*, n° 348). C'est ici la présence d'un enfant commun qui justifie cette faculté d'attribution de la jouissance du logement familial hors mariage. La présence d'un enfant transcende les différences de statuts du couple.

Comme la convention, la décision du juge peut être modifiée si des circonstances nouvelles le justifient (C. civ., art. 373-2-13 : v. pour une modification de la résidence de l'enfant à cause d'un syndrome d'aliénation parentale : Cass. 1re civ., 26 juin 2013, n° 12-14392, *Bull. civ.* I, n° 134).

FOCUS

L'exécution des mesures relatives à l'autorité parentale

La **loi n° 2019-222 du 23 mars 2019** renforce les moyens de contrainte à l'encontre du parent qui se soustrait aux modalités d'exercice de l'autorité parentale, telles que fixées par le juge ou la convention homologuée ou enregistrée auprès d'un notaire. Ainsi, le nouvel article 373-3 alinéa 3 du Code civil prévoit qu'« à titre exceptionnel, à la demande de la personne directement intéressée ou du juge aux affaires familiales, le procureur de la République peut requérir le concours de la force publique pour faire exécuter une décision du juge aux affaires familiales, une convention de divorce par consentement mutuel prenant la forme d'un acte sous signature privée contresigné par avocats déposé au rang des minutes d'un notaire ou une convention homologuée fixant les modalités d'exercice de l'autorité parentale ». Le recours à la force publique pourra donc être requis. En outre, le juge peut prononcer, même d'office, une astreinte afin d'inciter le parent à s'exécuter. Il peut enfin condamner le parent récalcitrant à une amende civile ne pouvant excéder 10 000 euros (C. civ., art. 373-2-6).

c. La délégation de l'exercice de l'autorité parentale

478. Signe de ce que l'enfant n'est pas la chose des parents, la renonciation à l'exercice de l'autorité parentale suppose nécessairement **l'autorisation du JAF** (C. civ., art. 376). Aucune délégation au profit d'un tiers ne peut avoir lieu par simple convention des parents. Il existe deux délégations :

- **la délégation demandée par les parents** (C. civ., art. 377 al. 1) : les parents, ou l'un d'entre eux, peuvent demander au juge de déléguer tout ou partie de l'exercice de leur autorité parentale à un tiers, **membre de la famille**, **proche digne de confiance**, **établissement agréé** pour le recueil des enfants ou **service départemental de l'aide social à l'enfance.** On se souvient qu'avant l'admission du mariage homosexuel, la Cour de cassation a refusé au concubin homosexuel d'adopter l'enfant de son partenaire avec délégation de l'autorité parentale (Cass. 1re civ., 20 févr. 2007, n° 04-15676, *Bull. civ.* I, n° 70). En revanche, l'organisation d'une telle délégation, indépendante de toute adoption, est possible, si elle est conforme à l'intérêt supérieur de l'enfant (Cass. 1re civ., 24 févr. 2006, n° 04-17090, *Bull. civ.* I, n° 101). Une telle **délégation-partage de l'exercice de l'autorité parentale** (délégation partielle) reste encore utile, même aujourd'hui, **pour les couples non mariés**, qu'ils soient ou non de même sexe (l'adoption de l'enfant du conjoint étant réservée au mariage, v. *supra*, n° 456). Le concubin n'est pas le parent de l'enfant, mais il peut exercer tout ou partie de l'autorité parentale. Encore faut-il convaincre le juge qu'il y va de l'intérêt de l'enfant (ce qui avait été refusé dans l'arrêt de 2006) ;
- **la délégation imposée aux parents** (C. civ., art. 377 al. 2) : en cas de désintérêt manifeste ou si les parents sont dans l'impossibilité d'exercer tout ou partie de l'autorité parentale, la personne ou l'établissement qui a recueilli l'enfant peut saisir le juge afin de se faire déléguer partiellement ou totalement l'exercice de l'autorité parentale. Le ministère public peut également agir.

Deux précisions s'imposent pour terminer : la délégation peut être **supprimée ou modifiée** si des circonstances nouvelles apparaissent (C. civ., art. 377-2). En outre, le **droit de consentir à l'adoption** du mineur n'est **jamais délégué** (C. civ., art. 377-3) : seul le parent peut consentir à la rupture du lien de filiation.

Actualité sur la délégation parentale en vue de l'adoption : pratique polynésienne

Par un arrêt important du 21 septembre 2022, la Cour de cassation s'est prononcée sur une pratique polynésienne qui consiste pour des parents à consentir au profit d'un couple métropolitain une délégation d'autorité parentale, en vue de l'adoption de l'enfant **(Cass. 1re civ., 21 sept. 2022, n° 21-50042)**. Une telle pratique, conduisant des familles polynésiennes à s'entendre directement avec une famille métropolitaine sur l'adoption plénière ou simple d'un enfant, organisée via une procédure préalable de délégation d'autorité parentale, prenant effet peu de temps après la naissance, posait un problème de conformité avec les dispositions impératives du droit de l'adoption qui font obligation aux parents d'un enfant de moins de deux ans de le remettre à l'aide sociale à l'enfance s'ils souhaitent le faire adopter, sans qu'ils puissent choisir l'adoptant (v. *supra*, n° 446). C'est pourquoi la première chambre civile censure l'usage de « la délégation adoptive » au bénéfice de métropolitains, en retenant que si l'article 377, alinéa 1er, du Code civil ouvre

→

→ la possibilité de désigner comme délégataire une personne physique qui ne soit pas membre de la famille, c'est à la condition que celle-ci soit un proche digne de confiance, ce que ne saurait être une personne dépourvue de lien avec les délégants et rencontrée dans le seul objectif de prendre en charge l'enfant en vue de son adoption ultérieure. Toutefois, afin de ne pas porter atteinte à la sécurité juridique des parties qui avaient eu recours de bonne foi à une telle pratique au regard de la jurisprudence trentenaire de la cour d'appel de Papeete qui l'admettait, la Cour de cassation décide, également au regard de l'intérêt supérieur de l'enfant (art. 3 § 1 Convention de NY), de ne pas appliquer cette règle jurisprudentielle nouvelle aux instances en cours. Le pourvoi formé par le procureur général est donc rejeté. À noter enfin que la Cour écarte toute assimilation entre une telle délégation d'autorité parentale et la gestation pour autrui, dès lors que ce n'est qu'au cours de la grossesse que les parents biologiques de l'enfant avaient songé à un tel processus, de sorte que l'enfant n'avait pas été conçu à cette fin.

B. La fonction de l'autorité parentale

L'autorité parentale est entièrement tournée vers l'intérêt de l'enfant (1). C'est pourquoi des mesures d'assistance éducative sont parfois nécessaires (2).

1. L'intérêt de l'enfant

479. Les parents sont investis du droit de prendre les décisions relatives à la vie de l'enfant : son éducation, ses loisirs, ses activités sportives, ses vacances, sa religion... L'enfant est soumis à l'autorité de ses parents : il ne peut notamment, sans permission de ses parents, quitter la maison familiale (C. civ., art. 371-3).

Mais de tels pouvoirs ont pour seule fonction l'intérêt de l'enfant, ce qui implique en réalité des devoirs pour les parents :

- les parents **doivent protéger l'enfant** dans sa sécurité, sa santé et sa moralité, assurer son éducation et permettre son développement (C. civ., art. 371-1 al. 2) ;
- les parents **doivent associer l'enfant aux décisions qui le concernent**, selon son âge et son degré de maturité (C. civ., art. 371-1 al. 3) ;
- les parents doivent **permettre à l'enfant d'entretenir des relations** avec **ses ascendants** (C. civ., art. 371-4). En outre l'alinéa 2 précise que « si tel est l'intérêt de l'enfant, le juge aux affaires familiales fixe les modalités des relations entre l'enfant et un tiers, parent ou non, en particulier lorsque ce tiers a résidé de manière stable avec lui et l'un de ses parents, a pourvu à son éducation, à son entretien ou à son installation, et a noué avec lui des liens affectifs durables ». On songe, par exemple, à l'ex-compagne de la mère biologique (TGI Briey, 21 oct. 2010), qui peut conserver la délégation d'autorité parentale, malgré la séparation (TGI Nanterre, 14 déc. 2010).

FOCUS

La relation entre l'enfant et l'ex-compagne de la mère

Par un arrêt du 24 juin 2020, la première chambre civile a jugé que l'article 371-4 alinéa 2 du Code civil, qui soumet à l'intérêt de l'enfant le maintien de relations entre l'enfant et l'ex-compagne de sa mère, n'est pas en lui-même contraire au droit au respect de la vie privée et familiale garanti par l'article 8 de la Convention EDH ou encore à l'interdiction des discriminations prévue par l'article 14, en ce qu'il procède à une juste et nécessaire conciliation entre l'intérêt de l'enfant et la vie privée et familiale des personnes concernées et ne repose pas sur la sexualité des parents (**Cass. 1re civ., 24 juin 2020, n° 19-15198**). On ne saurait donc prétendre que le maintien de relations devrait être la règle, sauf motifs graves : tout dépend, à chaque fois, de l'intérêt de l'enfant. Après avoir passé l'obstacle du contrôle de proportionnalité *in abstracto* (appréciation de la règle en elle-même, indépendamment de la situation particulière des parties), le texte réussit également avec succès l'examen du contrôle *in concreto*. En effet, c'est dans l'exercice de son pouvoir souverain d'appréciation que le juge du fond a estimé que le maintien de relations de la demanderesse avec l'enfant était de nature à perturber son équilibre psychique et que la preuve d'un lien d'affection durable n'était pas rapportée, de sorte que l'intérêt supérieur de l'enfant, qui doit être la considération primordiale, imposait de rejeter la demande de droit de visite et d'hébergement.

- les parents ne **doivent pas séparer l'enfant de ses frères et sœurs**, sauf si cela n'est pas possible ou si son intérêt commande une autre solution (C. civ., art. 371-5).

2. L'assistance éducative

480. Parce que l'autorité parentale a pour seule fonction l'intérêt de l'enfant, **l'article 375** du Code civil prévoit que si la santé, la sécurité ou la moralité d'un mineur non émancipé sont en danger, ou si les conditions de son éducation ou de son développement physique, affectif, intellectuel et social sont gravement compromises, **des mesures d'assistances éducatives peuvent être ordonnées**. La protection de l'enfance a été renforcée par une loi n° 2022-140 du 7 février 2022. Pour que des mesures d'assistance éducative puissent être prises à l'égard de l'enfant (ex. placement dans un service social d'aide à l'enfance), encore faut-il que cet enfant soit mineur, c'est-à-dire qu'il n'ait pas 18 ans accomplis, au sens de l'article 388 du Code civil. Il se trouve que la détermination de l'âge de l'enfant pose parfois des problèmes de preuve, notamment pour les enfants nés à l'étranger, dans des pays qui n'ont pas un service d'état civil fiable. C'est pourquoi l'article 388 alinéa 2, issu de la loi du 14 mars 2016, prévoit que « des examens radiologiques osseux aux fins de détermination de l'âge, en l'absence de documents d'identité valables et lorsque l'âge allégué n'est pas vraisemblable, ne peuvent être réalisés que sur décision de l'autorité judiciaire et après recueil de l'accord de l'intéressé ». Les examens, qui doivent indiquer la marge d'erreur, ne suffisent pas à déterminer la minorité de l'enfant, sachant que le doute profite à l'intéressé (art. 388 al. 3).

FOCUS

L'établissement de la minorité de l'enfant pour l'ASE

Cinq décisions récentes de la Cour de cassation ont précisé la condition de minorité de l'enfant pour bénéficier de l'assistance éducative. Par un premier arrêt du 21 novembre 2019, la Cour de cassation décide que le procureur de la République, qui est une autorité judiciaire, peut ordonner des examens, le juge des enfants étant ensuite libre dans son appréciation des examens, le doute profitant au mineur **(Cass. 1re civ., 21 nov. 2019, n° 19-15890)**. En l'espèce, il a été conclu que l'intéressé, né en Afrique, n'était pas mineur, de sorte qu'il ne pouvait pas bénéficier d'une mesure d'ASE. Dans un deuxième arrêt rendu le même jour, la Cour de cassation précise en revanche que si l'intéressé fournit un document qui a les apparences de l'authenticité (en l'espèce, un passeport ivoirien), le juge doit en déduire que le document valable suffit à établir la minorité de l'intéressé, sans avoir à s'expliquer sur les autres éléments de preuve qui permettraient d'en douter **(Cass. 1re civ., 21 nov. 2019, n° 19-17726)**. En outre, par un troisième arrêt, rendu quelques semaines plus tôt, il a été jugé que la règle selon laquelle le doute profitait à l'intéressé ne jouait qu'en présence d'un examen osseux ; dès lors, celui qui refuse de s'y soumettre n'en bénéficie pas **(Cass. 1re civ., 19 sept. 2019, n° 19-15976)**. Enfin, par un quatrième arrêt, la première chambre considère qu'un mineur non accompagné ne peut se voir refuser le bénéfice de la protection de l'enfance, au seul motif que les documents d'identité étrangers ne sont pas vraisemblables. Le juge doit analyser les éléments de fait, et notamment l'évaluation des services sociaux, voire ordonner une expertise osseuse **(Cass. 1re civ., 15 oct. 2020, n° 20-14993)**. Enfin, par un arrêt du 6 juillet 2022, la Cour de cassation a jugé que les conditions d'obtention douteuse d'un acte de l'état civil ne suffisent pas à écarter celui-ci comme non probant au sens de l'article 47 du Code civil **(Cass. 1re civ., 6 juill. 2022, n° 22-12506)**.

C'est **le juge des enfants** qui est compétent pour prescrire des mesures éducatives (C. civ., art. 376).

FOCUS

La répartition de la compétence entre le JAF et le juge des enfants

Par un important arrêt du 20 octobre 2021, la première chambre civile de la Cour de cassation a réalisé un revirement de jurisprudence sur la répartition des compétences entre le JAF et le juge des enfants **(Cass. 1re civ., 20 oct. 2021, n° 19-26152)**. Ainsi, lorsqu'un juge aux affaires familiales a statué sur la résidence de l'enfant et fixé le droit de visite et d'hébergement de l'autre parent, le juge des enfants, saisi postérieurement à cette décision, ne peut modifier les modalités du droit de visite et d'hébergement décidé par le juge aux affaires familiales que s'il existe une décision de placement de l'enfant au sens de l'article 375-3, laquelle ne peut conduire le juge des enfants à placer l'enfant chez le parent qui dispose déjà d'une décision du juge aux affaires familiales fixant la résidence de l'enfant à son domicile, et si un fait nouveau de nature à entraîner un danger pour le mineur s'est révélé postérieurement à la décision du juge aux affaires familiales. En l'espèce, un juge aux affaires familiales avait prononcé le divorce des parents de l'enfant et fixé la résidence de l'enfant au domicile de son père, accordant à sa mère un droit de visite et d'hébergement. Ultérieurement, un juge des enfants a ordonné une mesure d'assistance éducative en milieu ouvert et, par jugement postérieur, il a confié l'enfant à son père et accordé à sa mère un droit de visite cette fois-ci médiatisé (*i.e.* dans un espace de rencontre) jusqu'à la prochaine décision du juge aux affaires familiales. Cette décision a été annulée en appel et le pourvoi en cassation a été rejeté. Dès lors que l'enfant a déjà été confié à son père par le JAF, le juge des enfants ne peut pas le placer auprès de cette même personne tout en accordant un droit de visite médiatisé à la mère, en ce que l'article 375-3 sur les pouvoirs du juge des enfants mentionne le placement de l'enfant chez l'autre parent ou un tiers. Désormais, il revient en principe au JAF, éventuellement saisi en référé, de modifier les modalités d'exercice du droit de visite, afin d'éviter une instrumentalisation de la saisine du juge des enfants (qui était saisi par l'un des parents pour remettre en cause, sous couvert d'assistance éducative, les décisions prises par le JAF). De son côté, le juge des enfants n'est exceptionnellement compétent qu'à deux conditions cumulatives : un placement régulier de l'enfant (*i.e.* pas auprès du même parent que celui fixé par le JAF) et un fait révélé postérieurement à la décision du JAF.

Le juge peut notamment décider de confier l'enfant à l'autre parent ou à un tiers, tel qu'un service d'aide sociale (art. 375-3). **Les parents de l'enfant conservent toutefois l'exercice de l'autorité parentale**, dès lors que cela n'est pas incompatible avec les mesures (C. civ., art. 375-7). Le juge peut en outre exceptionnellement autoriser le tiers à accomplir un acte relevant de l'autorité parentale, en cas de nécessité de la mesure et de carence ou refus abusif des parents (C. civ., art. 375-7 al. 2). Ainsi, sauf acte usuel, le juge des enfants ne peut autoriser le tiers en charge de l'enfant à accomplir un acte relevant de l'autorité parentale qu'à titre exceptionnel, lorsque l'intérêt de l'enfant le justifie, et en cas de refus abusif ou injustifié ou en cas de négligence des détenteurs de l'autorité parentale (C. civ., art. 373-7 al. 2). Il en va ainsi, par exemple, des décisions relatives à la scolarité ou aux loisirs de l'enfant, qui peuvent être transmises à un service d'aide sociale à l'enfant. Par un arrêt du 4 janvier 2017, la première chambre civile exige toutefois que la mesure **soit limitée dans le temps** (**Cass. 1re civ., 4 janv. 2017, n° 15-28935**). Enfin, lorsque l'enfant est confié à une personne ou un établissement, le juge peut également subordonner le droit de visite de l'un ou des parents à la présence d'un tiers qu'il désigne (L. 3 juin 2016, art. 375-7 al. 4), présence dont les modalités ont été organisées par un décret n° 2017-1572 du 15 novembre 2017 (le décret fait en sorte que le tiers – ex. une assistante sociale – soit le même lors des différentes visites). En outre, ce décret crée un article 1199-3 au sein du Code de procédure civile, qui prévoit que « la fréquence du droit de visite en présence d'un tiers est fixée dans la décision judiciaire sauf à ce que, sous le contrôle du juge, les conditions d'exercice de ce droit soient laissées à une détermination conjointe entre le ou les parents et la personne, le service ou l'établissement à qui l'enfant est confié ». Enfin, la jurisprudence précise que le mineur placé à l'aide sociale à l'enfance doit être auditionné par le juge, notamment lorsqu'un proche (grand-parent) demande à bénéficier d'un droit de visite et d'hébergement (Cass. 1re civ., 2 déc. 2020, n° 19-20184 P).

FOCUS

Le droit de visite des parents d'un enfant placé à l'ASE

Le placement d'un enfant auprès d'un service d'ASE (aide sociale à l'enfance) ne doit normalement pas rompre le lien avec ses parents, ce qui explique que ceux-ci disposent d'un droit de visite. Par deux arrêts du 15 janvier 2020, la première chambre civile précise les modalités de détermination du droit de visite, et ce dans le cadre de l'article 1199-3 du Code de procédure civile. Le premier arrêt effectue une distinction entre le droit de visite médiatisé (en présence d'un tiers, assistante sociale par ex.) et le droit de visite libre (**Cass. 1re civ., 15 janv. 2020, n° 18-25313**). Dans le premier cas, il est possible que les modalités, et notamment la périodicité, soient fixées d'un commun accord entre le service social et les parents concernés, le tout sous le contrôle du juge en cas de difficulté. En revanche, s'agissant du droit de visite libre, qui est plus « risqué », faute de présence d'un tiers, le juge doit déterminer lui-même la périodicité d'un tel droit de visite. Dans la seconde décision, la Cour de cassation décide, s'agissant d'un droit de visite médiatisé, que si le juge n'en a pas lui-même fixé la périodicité, il doit s'en remettre, sous son contrôle, à une détermination conjointe, entre le service et les parents concernés (**Cass. 1re civ., 15 janv. 2020, n° 18-25894**). Le juge ne peut donc accorder un tel droit de visite sans que la périodicité soit conventionnellement établie, à défaut de détermination judiciaire. Cela permet aux parents et à l'enfant d'avoir un cadre et d'éviter ainsi les demandes intempestives de visite, qui peuvent déstabiliser l'enfant et les services sociaux.

§ 2. L'entretien de l'enfant

« Qui fait l'enfant doit le nourrir », la formule de Loysel est connue. Dès lors, les parents de l'enfant doivent pourvoir à son entretien (A). Mais même lorsqu'il n'est pas parent, le géniteur supposé de l'enfant doit y subvenir, dans le cadre de l'action à fins de subsides (B).

A. L'obligation d'entretien des parents

L'obligation d'entretien est attachée au lien de filiation. C'est pourquoi elle disparaît rétroactivement en cas de contestation de paternité judiciairement accueillie (Cass. 1re civ., 13 févr. 1985, n° 83-15112, *Bull. civ.* I, n° 62). Reste à en identifier la nature (1) et les modalités (2).

1. La nature de l'obligation d'entretien

481. L'obligation d'entretien se distingue de l'obligation alimentaire, qui existe entre ascendants et descendants (v. *infra*, n° 495). Elle a en effet une intensité plus grande : il ne s'agit pas seulement de pourvoir aux besoins vitaux de l'enfant, mais d'assurer son entretien et son éducation.
Ainsi, **l'article 371-2** du Code civil dispose que « chacun des parents contribue à l'entretien et à l'éducation des enfants à proportion de ses ressources, de celles de l'autre parent, ainsi que des besoins de l'enfant ». C'est pourquoi la jurisprudence estime que la règle *Aliments ne s'arréragent pas* ne s'applique pas à la contribution de l'enfant et à l'éducation des enfants mineurs, ce qui permet de demander une pension pour le passé (sur cette règle, v. *infra*, n° 499).
L'obligation est attachée à la qualité de parent, même s'il est privé de l'autorité parentale. Les autres ascendants (grands-parents) ne le sont qu'à titre subsidiaire, en cas de défaillance des parents de l'enfant, dans le cadre de l'obligation alimentaire entre ascendants et descendants (v. *infra*, n° 495).

Par ailleurs, qu'advient-il lorsque la filiation à l'égard d'un parent, en l'occurrence le père, n'est établie qu'à la majorité de l'enfant, à la suite d'une action en recherche de paternité ?

La Cour de cassation considère que la mère, nonobstant la majorité de l'enfant, est recevable à demander au père de contribuer à l'entretien et à l'éducation de l'enfant **depuis sa naissance**, la filiation remontant jusqu'à cette date. On voit bien que la règle *Aliments ne s'arréragent pas* est complètement écartée **(Cass. 1re civ. 9 nov. 2016, n° 15-27246)**. Mais encore faut-il que la **prescription ne soit pas encourue**. C'est ce que rappelle un autre arrêt de la Cour de cassation **(Cass. 1re civ., 25 mai 2016, n° 15-17993)**. L'action est soumise au délai de droit commun de cinq ans prévu par l'article 2224 du Code civil. Quant au point de départ, c'est le jour où le titulaire a connu ou aurait dû connaître les faits lui permettant d'exercer son action, ce qui pose des difficultés de détermination : il s'agira du jour où la mère, si c'est elle qui agit, savait ou devait savoir, que le père était le géniteur de l'enfant, ce qui est loin d'être aisé à établir.

2. Les modalités de l'obligation d'entretien

482. Sur la durée : l'obligation d'entretien cesse-t-elle à la majorité de l'enfant ? Depuis la loi du 4 mars 2002, il est acquis que « cette obligation ne cesse pas de plein droit lorsque l'enfant est majeur ». Avec l'allongement de la durée des études (v. le film *Tanguy*), les besoins d'entretien et d'éducation ne cessent pas à 18 ans. Les parents ne peuvent donc pas, si le besoin est avéré, mettre un terme à cette obligation. Si un parent assume à titre principal la charge de l'enfant majeur, il peut demander à l'autre d'y participer (C. civ., art. 373-2-5).

483. Sur la mise en œuvre : lorsque les parents ne sont pas séparés, l'exécution se fait spontanément : chaque parent contribue aux besoins de l'enfant en fonction de ses ressources. En revanche, en cas de séparation des parents, l'obligation d'entretien prend la forme d'une **pension alimentaire lorsque l'enfant n'habite que chez l'un de ses parents**. Ainsi, **l'article 373-2-2** du Code civil dispose qu'« en cas de séparation entre les parents, ou entre ceux-ci et l'enfant, la contribution à son entretien et à son éducation prend la forme d'une pension alimentaire versée, selon le cas par l'un des parents à l'autre, ou à la personne à laquelle l'enfant a été confié ». Cette pension est fixée par la convention par acte d'avocats, la convention homologuée ou, à défaut, par le juge. Elle peut en tout ou partie être servie sous forme d'un droit d'usage et d'habitation (v. *supra*, n° 193). Cette pension alimentaire versée pour les enfants peut s'ajouter, le cas échéant, à une prestation compensatoire payée à l'ex-conjoint. Le débiteur peut en demander la suppression, s'il justifie de circonstances nouvelles, et ce même si elles sont postérieures à sa requête, dès lors que le juge doit tenir compte des circonstances nouvelles au jour où il statue (Cass. 1re civ., 6 nov. 2019, n° 18-19128 : ainsi, le père peut invoquer, au titre de faits postérieurs à sa requête, le remariage de son ex-femme et sa qualité d'associée d'une SCI).

FOCUS

La réforme des pensions alimentaires

Dans le cadre du projet de loi de programmation 2018-2022, le législateur avait confié à titre expérimental pour une durée de trois ans aux caisses d'allocations familiales le pouvoir de modifier les pensions alimentaires fixées par le juge, en cas d'évolution de la situation (perte de revenus, changement du mode de garde...). Cette mesure s'inscrivait dans le vaste phénomène de déjudiciarisation du droit de la famille, dans le but de raccourcir les délais de révision et de désengorger les tribunaux. Mais l'article 7 du projet de loi a été censuré par le Conseil constitutionnel, qui a estimé qu'une personne privée en charge d'un service public (la CAF) ne pouvait modifier des décisions judiciaires, sans que soient prévues des garanties suffisantes au regard des exigences d'impartialité (**Cons. const., 21 mars 2019, n° 2019-778 DC**). De fait, les CAF, qui sont amenées à payer de telles pensions en lieu et place du débiteur, sont intéressées à la fixation du montant de la pension.

B. L'action à fins de subsides contre le géniteur supposé

484. Une telle action permet de pallier l'absence de lien de filiation entre le supposé géniteur et l'enfant, aux fins de condamner le premier à verser des aliments au second. Historiquement, cette action a été ouverte aux enfants adultérins, pour lesquels il était impossible d'établir un lien de filiation. Même si cette filiation est aujourd'hui possible, l'action à fins de subsides conserve un intérêt, notamment lorsqu'il existe un obstacle à l'établissement de la filiation à l'égard du géniteur supposé de l'enfant (de droit : filiation incestueuse, C. civ., art. 310-2 ; de fait : enfant dans le besoin qui ne souhaite pas avoir pour père l'amant furtif de sa mère...).
Dans ce cadre, **l'article 342 du Code civil** dispose que « tout enfant dont la filiation paternelle n'est pas légalement établie, peut réclamer des subsides à celui qui a eu des relations avec sa mère pendant la période légale de la conception ». Reste à voir les conditions (1) et les effets (2) d'une telle action.

1. Les conditions de l'action

485. L'action est ouverte à l'enfant **sans filiation paternelle établie** mais avec une filiation maternelle. Il doit établir que le défendeur a eu des relations intimes avec sa mère pendant la période légale de conception, soit entre le 300e et le 180e jour avant sa naissance (C. civ., art. 311). Il ne s'agit donc pas d'établir la certitude du lien de filiation, mais **une simple possibilité**, qui résulte des relations intimes pendant la période de conception (Cass. 1re civ., 17 juill. 1979, n° 78-10706, *Bull. civ.* I, n° 214). Il est donc possible d'agir contre plusieurs défendeurs, et notamment tous les amants de la mère pendant la période de conception (même arrêt). Mais les progrès de la science modifient la donne : l'expertise biologique est de droit en matière de subsides, sauf motif légitime (Cass. 1re civ., 14 juin 2005, n° 04-13901, *Bull. civ.* I, n° 254). Dès lors, il sera aujourd'hui aisé pour le défendeur de demander une telle expertise pour écarter la possibilité de filiation que l'enfant lui impute.
C'est une **action attitrée** : l'action n'est ouverte qu'à l'enfant et à sa mère pendant sa minorité, et à l'enfant seul jusqu'à ses 28 ans, si elle n'a pas été exercée pendant la minorité. Si la mère agit au nom de l'enfant, il n'est pas tenu compte de sa propre situation matérielle (Cass. 1re civ., 22 juill. 1986, n° 84-15563, *Bull. civ.* I, n° 220).

2. Les effets de l'action

486. L'action a essentiellement un **effet patrimonial** : le géniteur supposé de l'enfant doit verser, sous forme de pension, des subsides à l'enfant, d'après ses besoins, les ressources du débiteur et la situation familiale de celui-ci (C. civ., art. 342-2). La pension peut être due à la majorité de l'enfant s'il est encore dans le besoin, sauf si cet état est imputable à sa faute (école buissonnière permanente). Cette créance d'aliments se transmet à la succession du débiteur.

En revanche, l'action n'a **quasiment aucun effet personnel** : elle ne crée pas un lien de filiation, avec les conséquences que cela implique (pas de transmission du nom, pas d'autorité parentale). Toutefois, l'action crée entre le géniteur et l'enfant, et même entre leurs parents et alliés, des **empêchements à mariage** (C. civ., art. 342-7). Enfin, l'action n'empêche pas qu'une action ultérieure en recherche de paternité soit exercée pour établir le lien de filiation, ce qui met fin, si la paternité est établie à l'égard d'un tiers, à l'allocation de subsides (C. civ., art. 342-8).

487 à 493. Réservés.

LEÇON 8

L'OBLIGATION ALIMENTAIRE

Textes

Articles 203 et suivants du Code civil

494. L'obligation alimentaire est l'expression de la **solidarité familiale.** Il s'agit **d'une obligation légale faite à une personne de subvenir aux besoins d'un membre de sa famille.** Deux points méritent d'être approfondis : le **domaine** de l'obligation alimentaire (section 1) et le **régime** de l'obligation alimentaire (section 2).

Section 1

Le domaine de l'obligation alimentaire

Est ici en cause **l'obligation alimentaire de droit commun**. Certaines obligations pécuniaires entre membres d'une même famille sont soumises à des règles spécifiques. Il en va ainsi, par exemple, de **l'obligation d'entretien des parents à l'égard de leurs enfants**, obligation que nous venons d'évoquer. Il en va encore, du **devoir de secours entre époux,** de la **contribution des époux aux charges du mariage entre époux** (C. civ., art. 214) (v. *infra*, n° 511 et s.), ou encore de l'obligation des pacsés de se fournir une aide matérielle (C. civ., art. 515-5, v. *supra*, n° 371 et s.). Ces obligations particulières présentent une intensité plus importante que l'obligation alimentaire de droit commun, qui exprime une solidarité minimale : satisfaire aux **besoins du créancier**, c'est-à-dire permettre sa subsistance.
Sous le bénéfice de ces observations, il est nécessaire d'identifier les liens familiaux qui font naître une obligation alimentaire de droit commun (§ 1), avant de mettre en évidence le rapport de réciprocité qui en résulte (§ 2).

§ 1. Les liens familiaux concernés

L'obligation alimentaire suppose soit des liens de parenté en ligne directe (A), soit des liens d'alliance en ligne directe (B).

A. Les liens de parenté en ligne directe

495. L'article 205 du Code civil dispose que « les enfants doivent des aliments à leurs père et mère ou autres ascendants qui sont dans le besoin ». Ainsi, l'obligation alimentaire existe entre **ascendants et descendants en ligne directe,** quel que soit le degré.

Exemple

Une grand-mère doit des aliments à son petit-fils, étant précisé que, comme nous l'avons vu, cette obligation sera **subsidiaire** par rapport à l'obligation d'entretien des parents. De même, le devoir de secours entre époux prime l'obligation alimentaire découlant de la parenté : la personne dans le besoin doit d'abord s'adresser à son conjoint avant de demander de l'aide à ses parents (Cass. 1re civ., 4 nov. 2010, n° 09-16839, *Bull. civ.* I, n° 226).

En revanche, il n'existe pas d'obligation alimentaire **dans la ligne collatérale** : ainsi, un frère ne doit pas subvenir aux besoins de sa sœur ; un oncle ne doit pas subvenir aux besoins de sa nièce. Toutefois, la jurisprudence a reconnu l'existence d'une **obligation naturelle.** Cela signifie que le débiteur ne peut être condamné à payer une pension alimentaire au créancier dans le besoin. En revanche, s'il s'exécute spontanément, il ne pourra pas en demander la répétition, car il aura spontanément exécuté un devoir de conscience (C. civ., art. 1100 al. 2, issu de la réforme du droit des obligations).

B. Les liens d'alliance en ligne directe

496. L'article 206 du Code civil dispose que « les gendres et les belles-filles doivent également, et dans les mêmes circonstances, des aliments à leur beau-père et belle-mère, mais cette obligation cesse lorsque celui des époux qui produisait l'affinité et les enfants issus de son union avec l'autre époux sont décédés ». Ainsi, un père dans le besoin peut attraire son gendre ou sa bru (belle-fille). Cette obligation, qui cesse en cas de divorce, ne cesse pas de plein droit en cas de décès de l'époux qui faisait le lien. S'il reste des enfants communs, l'obligation subsistera. C'est d'ailleurs dans ce cas de figure qu'elle sera généralement exercée, sans quoi le père agira directement contre sa fille ou son fils.

À noter

Le PACS et le concubinage ne créent pas d'obligation alimentaire à l'égard des parents du partenaire ou du concubin (v., pour le concubinage : Cass. 1re civ., 28 mars 2006, n° 04-10684, *Bull. civ.* I, n° 174, absence d'obligation alimentaire du concubin de la fille envers la mère). On retrouve cette idée selon laquelle le PACS et le concubinage sont des rapports de couple, pas de famille.

§ 2. Les rapports de réciprocité

Il convient d'envisager le principe (A) et l'exception de la déchéance du droit aux aliments (B).

A. Le principe

497. L'article 207 du Code civil dispose que « les obligations résultant de ces dispositions sont réciproques ». Il faut donc voir l'obligation alimentaire comme donnant naissance à un **cercle familial,** au sein duquel les membres de la famille peuvent mutuellement se demander des aliments. Ainsi, un père dans le besoin peut demander des aliments à son gendre ; réciproquement, le gendre devenu nécessiteux pourra ensuite réclamer une pension à son beau-père, revenu à meilleure fortune.

L'image du cercle dans lequel tout le monde est potentiellement débiteur et créancier est d'autant plus vraie qu'il n'existe **aucune hiérarchie entre débiteurs d'aliments de droit commun.** Ainsi, la personne dans le besoin n'a pas d'ordre à respecter pour exercer son action (Cass. 2e civ., 2 janv. 1929, *époux Giraud*). Un grand-père dans le besoin pourra donc agir directement contre son petit-fils ou sa belle-fille, sans devoir attraire au préalable son propre fils.

B. L'exception de la déchéance du droit aux aliments

498. L'article 207 alinéa 2 du Code civil dispose que « néanmoins, quand le créancier aura lui-même manqué gravement à ses obligations envers le débiteur, le juge pourra décharger celui-ci de tout ou partie de la dette alimentaire ». L'idée sous-jacente est que la faute a porté atteinte à la solidarité familiale que devait le créancier au débiteur : il ne peut donc réclamer en retour le versement d'une pension alimentaire. Il a ainsi été jugé qu'un descendant, bien qu'ayant renoncé à la succession de son ascendant, est tenu de contribuer aux frais funéraires, sauf si le défunt a gravement manqué à ses obligations à l'égard du descendant (Cass. 1re civ., 31 mars 2021, n° 20-14107 P).

Exemple

Un père qui n'a jamais payé la pension alimentaire de son fils pendant sa jeunesse ne peut ensuite lui réclamer des aliments pour subvenir à ses vieux jours.

Cette déchéance ne concerne que l'obligation alimentaire de droit commun. Ainsi, le devoir de secours subsiste entre époux, même si celui qui l'invoque a lui-même manqué à ses obligations (Cass. 1re civ., 17 janv. 1995, n° 92-21599, *Bull. civ.* I, n° 30 - sauf en cas de séparation de corps, C. civ., art. 303 al. 2 : la déchéance de l'article 207 alinéa 2 ne s'applique donc pas à l'obligation alimentaire pesant sur la succession de l'époux prédécédé, qui n'est que la continuation du devoir de secours). Il en va de même pour l'obligation d'entretien des enfants : les parents ne peuvent pas refuser d'assumer leur obligation d'entretien et d'éducation en invoquant les manquements de leurs enfants (Cass. 2e civ., 17 juill. 1985, n° 83-13552, *Bull. civ.* II, n° 139).

Section 2
Le régime de l'obligation alimentaire

Décrire le régime de l'obligation alimentaire, c'est rechercher comment elle est déterminée (§ 1) et quels en sont les caractères (§ 2).

§ 1. La détermination de l'obligation alimentaire

L'article 208 du Code civil fournit les critères de détermination de l'obligation alimentaire : « les aliments ne sont accordés que dans la proportion du besoin de celui qui les réclame, et de la fortune de celui qui les doit ». Il faut donc apprécier le besoin du créancier (A) et les ressources personnelles du débiteur (B).

A. Le besoin du créancier

499. Il appartient au créancier de rapporter la preuve d'un tel besoin, qui correspond aux dépenses nécessaires à sa vie et à celle de ceux qui sont à sa charge (enfants, conjoint...) : logement, nourriture, frais médicaux, vêtements, et même les frais funéraires.
Le fait que la pension corresponde au besoin du créancier explique la fameuse règle **aliments n'arréragent pas** (ou aliments ne s'arréragent pas, les deux étant corrects) : le créancier ne peut pas réclamer une pension alimentaire **pour le passé** (un « arriéré »), parce que l'on présume qu'il n'était pas dans le besoin ou qu'il a renoncé à des aliments, faute d'action. Mais il ne s'agit que d'une **présomption simple** : le créancier d'une rente (« crédirentier ») peut renverser cette présomption et démontrer qu'il était dans le besoin et qu'il n'avait pas renoncé à des aliments : pour ce faire, il faudra établir, soit qu'il avait entrepris des réclamations, soit qu'il était dans l'impossibilité d'agir (Cass. 1re civ., 18 janv. 1989, n° 87-14849, *Bull. civ.* I, n° 14).

B. Les ressources personnelles du débiteur

500. Il doit être tenu compte des ressources personnelles du débiteur pour fixer le montant de l'obligation alimentaire. C'est à celui-ci d'en justifier, et notamment de faire état des charges qui pèsent déjà sur lui. En tout état de cause, le juge ne saurait créer une solidarité entre débiteurs d'aliments, dès lors que le montant dépend des ressources de chacun (Cass. 1re civ., 5 févr. 1991, n° 89-15412, *Bull. civ.* I, n° 42).
L'aide peut être en nature (C. civ., art. 210 : accueil du créancier chez soi, notamment lorsque le débiteur n'a pas d'argent) mais elle prend couramment la forme d'une somme d'argent versée périodiquement au créancier. Il s'agit alors d'une **pension alimentaire**. L'alinéa 2 de l'article 208 du Code civil permet au juge d'assortir la pension d'une **clause de variation** (indexation sur un indice). En outre, un changement de circonstances est de nature à justifier la décharge ou la réduction de la pension (C. civ., art. 209).
De telles modalités de détermination de l'obligation alimentaire **s'appliquent même si la demande est faite par un établissement** (hôpital, maison de retraite) qui a pris en charge les frais et qui dispose d'un recours prévu par la loi contre le débiteur d'aliments. Il y aura lieu de fixer le montant à hauteur du besoin du créancier et des ressources du débiteur (Cass. 1re civ., 4 nov. 2015, n° 14-25377 P). De même, la règle *aliments n'arréragent pas* s'applique (Cass. 1re civ., 5 févr. 1991, n° 89-17840, *Bull. civ.* I, n° 49).

§ 2. Les caractères de la pension alimentaire

501. En vertu de son caractère alimentaire, l'obligation présente des **caractères dérogatoires** par rapport au droit commun des obligations :
- elle est **d'ordre public**, de sorte qu'il n'est pas possible d'y renoncer par convention ;

- elle est **incessible et insaisissable** par les créanciers du créancier d'aliments ;
- elle ne se **transmet pas à cause de mort** : ainsi, le débiteur est libéré au décès du créancier (et ce même si la demande émane d'un établissement qui a avancé les frais : Cass. 1re civ., 20 janv. 2004, n° 01-13723, *Bull. civ.* I, n° 19) ; réciproquement, les héritiers du débiteur ne sont pas tenus, sauf s'ils sont eux-mêmes débiteurs de la pension (exception pour le devoir de secours et les subsides, qui se transmettent aux héritiers, comme cela a été vu) ;
- elle est **portable** (par opposition à quérable) : son paiement doit avoir lieu au domicile du créancier (anc. art. 1247 al. 2 ; l'article 1343-4 du Code civil, issu de la réforme, étend désormais la règle aux obligations de sommes d'argent) ;
- elle peut être recouvrée par le **Trésor public**, qui offre ainsi son soutien au créancier d'aliments dans le besoin.

502 à 508. Réservés.

PARTIE 3

Les régimes matrimoniaux

INTRODUCTION

509. Dans le cadre de cette brève introduction, nous nous contenterons d'évoquer l'objet du droit des régimes matrimoniaux (§ 1), son évolution (§ 2), avant de présenter le plan retenu (§ 3).

§ 1. L'objet du droit des régimes matrimoniaux

Le droit des régimes matrimoniaux a pour objet l'organisation des **rapports pécuniaires entre époux qui résultent du mariage**. Il s'intéresse, en somme, à l'argent du couple marié. Cet objet permet de souligner la spécificité de la matière :

- parce qu'il concerne les rapports *pécuniaires* entre époux, le droit des régimes matrimoniaux ne porte pas sur leurs relations personnelles : respect mutuel, fidélité, divorce, relations avec les enfants du couple... Tout ceci relève du droit de la famille (v. 2e partie de l'ouvrage) ;
- parce qu'il concerne les rapports pécuniaires entre *époux*, le droit des régimes matrimoniaux ne couvre pas les rapports pécuniaires entre concubins, ou encore entre pacsés. Pour autant, on assiste à une convergence des rapports patrimoniaux entre partenaires et des régimes matrimoniaux (v. *supra*, n° 370 et s. sur le PACS) ;
- parce qu'il concerne les rapports pécuniaires entre époux *qui résultent du mariage*, le droit des régimes matrimoniaux n'englobe pas les relations qui résultent du décès de l'un d'entre eux. Tout ceci relève du droit des successions, lequel n'est pas au programme de l'épreuve du CRFPA. Néanmoins, nous verrons que certains avantages matrimoniaux ont vocation à jouer lors du décès du conjoint.

Ainsi distingué des autres matières, le droit des régimes matrimoniaux peut être rapidement appréhendé en lui-même. L'organisation des rapports patrimoniaux entre époux soulève essentiellement **trois questions** :

- quel est le statut de l'**actif** ?
- quel est le statut du **passif** ?
- quels sont les **pouvoirs** des époux sur les biens du ménage ?

Prenons un exemple concret pour saisir l'intérêt de la matière. Imaginons qu'un couple soit marié sans contrat de mariage : l'épouse reçoit en héritage un appartement dans lequel s'installe la famille. Qui est propriétaire de l'appartement ? C'est s'interroger sur l'actif. Qui doit payer les dépenses d'entretien de la maison ? C'est questionner le passif. Qui peut vendre ou donner ce bien ? C'est déterminer les pouvoirs sur le bien. Nous verrons que l'épouse est seule propriétaire de l'appartement (bien propre), mais que pour autant la charge du passif repose sur les deux époux (dette ménagère) et que, s'agissant du logement familial, l'épouse, bien que seule propriétaire du bien, ne peut en disposer sans son conjoint (cogestion). Ce seul exemple permet de montrer que les questions d'actif, de passif et de pouvoir ne se confondent pas. Au reste, **la compréhension de ce triptyque actif/passif/pouvoir est la clé de lecture de la matière.**

§ 2. L'évolution du droit des régimes matrimoniaux

510. Le droit des régimes matrimoniaux s'est stabilisé depuis 1985, qui est l'année de la dernière grande loi consacrée à la matière. En revanche, de l'Ancien droit à 1985, la physionomie en a été considérablement modifiée. Il convient de brosser à grands traits les grandes étapes de cette évolution historique, parce qu'elles permettent de mieux comprendre le présent.

Dans l'Ancien droit, la France est scindée en deux :

- Les **pays du sud de la France**, qui ont réintroduit le droit romain, connaissent le **régime dotal.** Il s'agit d'un régime **séparatiste**, au sens où chacun des époux reste propriétaire de ses biens : l'actif n'est pas mis en commun. Simplement, l'épouse apporte, lors de son mariage, une dot, gérée par son mari, et conserve en revanche l'administration de ses autres biens dits paraphernaux.
- Les pays **du nord de la Loire** sont soumis au droit coutumier. Spécialement, domine à cette époque la coutume germanique de la **communauté.** Tout ou partie (selon les régions) des biens du couple forme une masse commune qui est exclusivement administrée par le mari. La femme est frappée d'une incapacité générale.

Le Code civil de 1804 réalise l'unification du droit français en introduisant **le régime légal de la communauté de meubles et d'acquêts**, qui correspondait au régime de la coutume de Paris. Ainsi, les couples qui se marient sans contrat de mariage sont d'office soumis à ce régime : tous les meubles, même acquis avant le mariage, ainsi que tous les immeubles acquis à titre onéreux pendant le mariage sont mis en communauté, **laquelle est exclusivement gérée par le mari**. Pour autant, le Code civil conserve, comme régime conventionnel (nécessité d'un contrat de mariage), le régime dotal, à côté de la communauté universelle, de la communauté réduite aux acquêts, de la séparation de biens et du régime sans communauté. On retrouve ici l'esprit de compromis qui a animé les rédacteurs du Code. Dans tous les cas, **l'épouse était frappée d'une incapacité générale**, étant soumise à la **puissance maritale**.

Les lois de 1907 et de 1938 amorcent l'émancipation de la femme mariée. Le développement du travail salarié des femmes et les premières revendications féministes issues du mouvement des suffragettes (créé en 1903 au Royaume-Uni) ont conduit une loi du 13 juillet 1907 à reconnaître à la femme mariée un pouvoir de gestion sur ses gains et salaires, qui étaient (et sont toujours) des biens communs. En outre, une loi du 18 février 1938 abroge l'incapacité de la femme mariée. Mais cette abrogation n'est que trop théorique, dès lors que la masse commune reste essentiellement gérée par le mari. Ce n'est que par les lois de 1965 et 1985 que l'égalité entre époux fut pleinement réalisée.

La **loi du 13 juillet 1965** constitue la grande réforme de la matière. Cette loi, rédigée par le doyen Carbonnier, réalise une réforme en profondeur des régimes matrimoniaux. Signalons les dispositions les plus importantes :

- instauration de la communauté **réduite aux acquêts** : la place prise par la fortune mobilière (automobiles, parts sociales, actions, fonds de commerce…) ne justifiait plus que les meubles soient systématiquement mis en communauté ;
- **libre administration de ses biens propres par l'épouse ; cogestion pour les actes les plus graves sur les biens communs** : l'égalité entre époux n'est donc pas pleinement

réalisée, car le mari conserve la gestion de la communauté (sur les biens dits « ordinaires », par opposition aux biens « réservés », tels que les gains et salaires, gérés librement par celui qui les perçoit);
- instauration d'un **régime primaire impératif**, qui s'impose à tous les époux quel que soit leur régime matrimonial;
- **suppression du régime dotal** et du régime sans communauté.

La **loi du 23 décembre 1985** parachève la pleine égalité entre époux. Désormais, **tous les biens communs sont soumis à une gestion égalitaire entre époux**. La loi consacre, selon la nature de l'action, trois types de gestion, parfaitement égalitaires:
- **gestion concurrente**: chacun des époux peut indifféremment administrer la communauté (ex. vente d'un meuble);
- **cogestion**: la gestion suppose l'accord des deux époux (ex. vente d'un immeuble);
- **gestion exclusive**: seul l'un des époux peut administrer la communauté (ex. disposition des gains et salaires).

Signalons enfin que la **loi du 23 juin 2006** qui a réformé les successions a apporté une innovation considérable en supprimant **le contrôle judiciaire systématique sur le changement de régime matrimonial.** Cette loi s'inscrit dans la promotion de la liberté en droit des régimes matrimoniaux. Cette déjudiciarisation a au reste été renforcée par **la loi J21 du 18 novembre 2016** qui a introduit **le divorce par acte d'avocats**, permettant ainsi aux époux de prévoir une convention liquidative de leur régime matrimonial sans contrôle judiciaire. Cette loi justifie un peu plus que les femmes et hommes en robe maîtrisent une matière qui est d'ordinaire l'apanage des notaires.

§ 3. Plan

511. La partie de l'ouvrage consacrée aux régimes matrimoniaux est divisée en 6 leçons, dont l'enchaînement peut se résumer comme suit.

Quel que soit leur régime matrimonial, les époux sont soumis à un socle de règles impératives. Ce socle, que l'on nomme « **régime primaire impératif** », tend à la fois à organiser les relations normales entre époux, mais aussi à gérer les situations de crise (leçon 1).

Le reste du régime matrimonial dépend de la volonté des époux, c'est-à-dire qu'il varie selon qu'ils ont décidé de conclure ou non un contrat de mariage pour organiser leurs rapports pécuniaires. Les époux qui n'ont pas conclu de contrat de mariage - et c'est l'immense majorité (entre 8 et 9 couples sur 10) - sont soumis à un régime supplétif: la **communauté légale** réduite aux acquêts. Ce régime légal peut être décrit à travers l'actif (leçon 2), les pouvoirs (leçon 3), le passif (leçon 4) et la dissolution de la communauté (leçon 5).

Mais les époux peuvent faire le choix d'opter pour un régime conventionnel (leçon 6): la **séparation de biens**, qui est en progression d'après une étude de l'Insee de 2014 (de 6 à 10 % des couples de 1992 à 2010), la **participation aux acquêts** ou encore la **communauté universelle**.

Leçon 1: Le régime primaire impératif
Leçon 2: L'actif dans la communauté légale
Leçon 3: Les pouvoirs dans la communauté légale
Leçon 4: Le passif dans la communauté légale
Leçon 5: La dissolution de la communauté légale
Leçon 6: Les régimes conventionnels

LEÇON 1

LE RÉGIME PRIMAIRE IMPÉRATIF

Textes

Articles 214 et suivants du Code civil

512. Il s'agit d'un **socle minimal de règles impératives qui s'imposent à tous les couples mariés**. Il faut d'ailleurs noter que certaines de ces règles – l'article 214 – sont lues lors de la célébration du mariage par l'officier d'état civil. Ce régime primaire impératif tend à la fois à organiser les relations normales entre époux, mais aussi à gérer les situations de crise. Il est donc possible de distinguer successivement l'encadrement de la vie conjugale (section 1) et le traitement de la crise conjugale (section 2).

Section 1
L'encadrement de la vie conjugale

Le mariage crée une **famille composée de deux individus**. Parce que tout est affaire d'équilibre entre les aspirations individuelles et collectives, la loi encadre la vie matrimoniale du couple pour parvenir à deux objectifs parfaitement complémentaires.

Tout d'abord, la loi entend imposer une **association minimale des époux** (§ 1). *Parce qu'ils sont mariés et forment ainsi une famille*, les époux doivent faire preuve d'une solidarité minimale dans la gestion de leur patrimoine. C'est alors contre l'égoïsme de l'individu que la loi entend lutter.

Ensuite, la loi intervient pour imposer une **autonomie minimale des époux** (§ 2). *Même s'ils sont mariés, les époux restent des individus* et conservent une indépendance (professionnelle, bancaire...) qui ne peut être remise en cause. C'est alors la liberté individuelle que la loi entend protéger contre l'immixtion du conjoint.

§ 1. L'association minimale des époux

L'association minimale des époux se manifeste à travers les **dépenses familiales** (A) et le **logement familial** (B).

A. Les dépenses familiales

Les époux ne vivent pas seulement d'amour et d'eau fraîche. Ils doivent assumer des dépenses quotidiennes pour faire vivre la famille : le crédit, le loyer, la voiture, les factures... La problématique des dépenses familiales se décline en deux questions.
Tout d'abord, *dans les rapports entre époux*, qui de l'un ou de l'autre doit supporter ces dépenses, dans quelle mesure et selon quelles modalités ? C'est la question de la **contribution aux charges du mariage** (1).
Ensuite, *dans les rapports avec les tiers*, la loi a posé la règle de la **solidarité des dettes ménagères** (2), qui va permettre au créancier d'agir contre l'un quelconque des membres du couple pour obtenir le paiement de son dû.

1. La contribution aux charges du mariage

Aux termes de l'article 214 du Code civil, « si les conventions matrimoniales ne règlent pas la contribution des époux aux charges du mariage, ils y contribuent à proportion de leurs facultés respectives ». Il reste à éclaircir le domaine (a) et la détermination (b) d'une telle contribution.

a. Le domaine de la contribution

Le domaine peut être identifié par deux questions.

Quels sont les couples concernés ?

513. La contribution aux charges du mariage ne concerne que **les couples mariés**. Elle est ainsi inapplicable aux concubins (Cass. 1re civ., 28 nov. 2006, n° 04-15480, *Bull. civ.* I, n° 517). Mais elle s'applique à tous les couples mariés, **même s'ils sont séparés de fait** (Cass. 1re civ., 6 janv. 1981, n° 79-14105, *Bull. civ.* I, n° 6), **sauf pour le juge à tenir compte des circonstances** (par ex., refus pour la femme adultère : Cass. 1re civ., 8 mai 1979, n° 77-15822, *Bull. civ.* I, n° 135). En revanche, les mesures provisoires ordonnées par le juge dans le cadre d'une procédure de divorce (v. *supra*, n° 348 ; C. civ., art. 255) se substituent d'office à la contribution aux charges du mariage (Cass. 2e civ., 30 nov. 1994, n° 92-20656, *Bull. civ.* II, n° 245).

Quelles sont les dépenses visées ?

514. Les charges du mariage recouvrent toutes les **dépenses liées au train de vie normal de la famille** : dépenses d'alimentation, de santé et d'habillement, dépenses d'entretien, d'éducation et de scolarisation des enfants (y compris les enfants issus d'un premier lit du conjoint dès lors qu'ils vivent avec le couple : CE, 10 janv. 1962, D. 1962, p. 610), dépenses de loisir du couple, dépenses de logement et de transport... En revanche, il a été jugé que l'**impôt sur le revenu ne constituait pas une charge du mariage**, alors même que l'imposition est calculée au sein du foyer et qu'il existe une solidarité fiscale entre époux (Cass. 1re civ., 19 mars 2002, n° 00-11238, *Bull. civ.* I, n° 99).
À cet égard, il est constant que la **contribution aux charges du mariage** se distingue de **l'obligation alimentaire** (Cass. 1re civ., 8 nov. 1989, n° 87-19768, *Bull. civ.* I, n° 341). Alors que l'obligation alimentaire ne concerne que les dépenses vitales, la contribution aux charges du mariage a un domaine beaucoup plus large, puisqu'elle assure le train de vie du ménage, qui varie d'un couple à l'autre. Il n'est donc pas nécessaire que le conjoint soit dans le besoin pour pouvoir la réclamer (Cass. 1re civ., 23 juin 1970, n° 68-13491, *Bull. civ.* I, n° 220).

FOCUS

La contribution aux charges du mariage

Par un arrêt du 3 octobre 2019, la Cour de cassation énonce que « sauf convention matrimoniale contraire, l'apport en capital provenant de la vente de biens personnels, effectué par un époux séparé de biens pour financer la part de son conjoint lors de l'acquisition d'un bien indivis affecté à l'usage familial, ne participe pas de l'exécution de son obligation de contribuer aux charges du mariage » (Cass. 1re civ., 3 oct. 2019, n° 18-20828). La solution est d'importance : l'époux qui contribue avec ses deniers personnels à financer la part de son conjoint dans l'achat du logement ne contribue pas aux charges du mariage, de sorte qu'il est fondé à être indemnisé pour un tel apport dont a profité son conjoint. Cette solution a été étendue de manière générale à l'apport de deniers personnels, même s'ils ne proviennent pas de la vente de biens personnels, par un arrêt du 17 mars 2021 (v. *infra*, sur cet arrêt et les créances entre époux séparés de biens, n° 713). Par un arrêt du 5 avril 2023, la Cour de cassation a étendu la règle à propos de la dépense faite pour l'amélioration d'un bien personnel du conjoint **(Cass. 1re civ., 5 avr. 2023, n° 21-22296)**. Ainsi, elle considère qu'il résulte de l'article 214 du Code civil que, sauf convention contraire des époux, l'apport en capital de fonds personnels, réalisé par un époux séparé de biens pour financer l'amélioration, par voie de construction, d'un bien personnel appartenant à l'autre et affecté à l'usage familial, ne participe pas de l'exécution de son obligation de contribuer aux charges du mariage. En revanche, si l'époux n'a fait que rembourser avec ses deniers personnels un crédit contracté par les deux époux, il est nécessaire que cela excède ses facultés contributives pour que cela ne constitue pas l'exécution de sa contribution aux charges du mariage (Cass. 1re civ., 14 mars 2006 n° 05-15980 ; 16 juin 2014 n° 13-18935 ; 1er avr. 2015 n° 14-14349 ; 17 mars 2021, n° 19-21463). Notamment, lorsqu'il s'agit de rembourser un emprunt contracté pour acquérir le logement familial, il sera difficile d'établir que cela va au-delà de la contribution aux charges du mariage, sauf à établir que l'époux a payé au-delà de ses facultés contributives, au sens de l'article 214.

b. La détermination de la contribution

Deux questions se posent à nouveau.

Comment déterminer la contribution ?

515. L'article 214 prévoit qu'il appartient au premier chef **aux époux** de déterminer, dans le cadre d'une convention, la contribution aux charges du mariage. Mais l'hypothèse est en pratique très exceptionnelle, d'autant que le juge pourra toujours modifier le montant retenu au regard de la situation nouvelle des époux (Cass. 1re civ., 3 févr. 1987, n° 84-14612, *Bull. civ.* I, n° 41).

C'est donc essentiellement le **juge** qui déterminera, en cas de litige, le montant de la contribution, en prenant en compte **les facultés respectives des époux**. Dans ce cadre, la jurisprudence pose une **présomption** : l'époux est présumé avoir participé aux charges du mariage en proportion de ses facultés et il incombe à son conjoint de rapporter la preuve contraire (Cass. 1re civ., 3 mars 2010, n° 09-11005, *Bull. civ.* I, n° 50). Il faut enfin observer que la contribution ne prend pas nécessairement une forme pécuniaire. Ainsi, la mise à disposition d'un bien (par ex. le logement) par un époux ou encore l'exercice d'une activité (ménage, garde des enfants, travaux sur un bien, aide à l'activité professionnelle...) constitue une forme de contribution aux charges du mariage.

À quel moment la contribution est-elle déterminée ?

516. Quand l'harmonie règne dans le ménage, la contribution aux charges du mariage relève du non-droit. Les époux s'acquittent spontanément, et sans faire de comptes d'apothicaire, des charges communes. Au vrai, la question n'accède à la vie juridique que lorsque la mésentente s'installe dans le couple. La détermination de la contribution – l'hypothèse est assez rare – peut parfois intervenir en cours de mariage : un époux demande au juge de fixer la contribution aux charges du mariage, parce qu'il estime que son conjoint n'y pourvoit pas suffisamment. L'alinéa 2 de l'article 214 prévoit qu'il peut contraindre son conjoint à contribuer aux charges du mariage, « dans les formes prévues au Code de procédure civile ». Mais c'est essentiellement **lors de la dissolution du mariage**, spécialement pour divorce, que la question va se poser. La contribution aux charges du mariage est alors déterminée de manière **rétrospective**, en tenant compte de toutes les circonstances passées. À cet égard, la **règle « aliments n'arréragent pas » est inapplicable**, dans la mesure où la contribution aux charges du mariage est distincte de l'obligation alimentaire (Cass. 1re civ., 8 nov. 1989, n° 87-19768, *Bull. civ.* I, n° 341). En pratique, il est fréquent qu'un époux marié sous le régime de la séparation de biens demande à être indemnisé pour sa **participation non rémunérée à l'activité professionnelle de son conjoint** (secrétariat, comptabilité, relation avec la clientèle...). À la différence du régime de communauté, l'époux séparé de biens n'est pas associé à l'enrichissement de son conjoint. Pour pouvoir obtenir une indemnisation, la jurisprudence exige que la **collaboration soit allée au-delà de la contribution aux charges du mariage** (Cass. 1re civ., 8 févr. 2000, n° 98-10846, *Bull. civ.* I, n° 44). Il faut donc que par son intensité, la collaboration ait excédé la contribution normale d'un époux aux charges du mariage. Cette contribution a également une incidence sur la qualification de **donation entre époux**. La Cour de cassation l'a rappelé récemment (**Cass. 1re civ., 19 oct. 2016**, n° 15-25879). Il convient de présenter le contexte. Avant 2004, les donations entre époux faites pendant le mariage étaient librement révocables, notamment à l'occasion du divorce. Dès lors, un époux qui avait payé le prix de l'appartement acheté par son conjoint pouvait obtenir la révocation de cette libéralité à l'occasion du divorce. Tel était l'enjeu de la qualification en l'espèce. Les juges du fond avaient écarté la qualification de donation, et donc la libre révocation, en relevant que ce financement avait eu pour contrepartie la participation volontaire et gratuite du conjoint à la société de l'époux. L'acte était donc onéreux et, partant, irrévocable. La décision est censurée, dans la mesure où les juges du fond auraient dû rechercher si la participation de l'épouse avait excédé son obligation de contribuer aux charges du mariage. Autrement dit, si l'épouse n'a fait qu'exécuter son devoir légal de contribuer aux charges du mariage, il n'y a dans l'acte aucune contrepartie, de sorte que la qualification de donation s'impose et, partant, sa révocation. Désormais, la question est moins sensible, dans la mesure où les donations entre époux de biens présents pendant le mariage ne sont plus librement révocables (C. civ., art. 1096 ; v. *infra*, n° 704).
Par ailleurs, l'article 258 du Code civil prévoit que lorsque le juge rejette définitivement la demande en divorce, il peut statuer sur la contribution aux charges du mariage. Il s'agit cette fois d'une détermination prospective, qui vaut pour l'avenir.

2. La solidarité des dettes ménagères

Alors que la contribution aux charges du mariage concerne les rapports des époux entre eux, la solidarité des dettes ménagères est relative aux rapports des époux à l'égard des tiers, et plus précisément de leurs créanciers. Une telle solidarité est prévue par **l'article 220 du Code civil**, qui pose un principe (a) et des exceptions (b).

a. Le principe

517. L'article 220 du Code civil dispose que « chacun des époux a pouvoir pour passer seul les contrats qui ont pour objet l'entretien du ménage ou l'éducation des enfants : *toute dette ainsi contractée par l'un oblige l'autre solidairement* ». Il s'agit d'un cas de **solidarité légale** : les époux sont tenus pour le tout à la dette contractée par l'un d'entre eux. Par exemple, supposons qu'un époux ait conclu un contrat avec une école privée pour la scolarisation d'un enfant pour un montant de 2 000 euros. La totalité de cette somme peut être réclamée par le créancier à l'un quelconque des époux, et notamment au conjoint non-signataire du contrat. La règle renforce le crédit du couple, qui repose sur la confiance des créanciers, mais aussi la pleine capacité de chacun des époux dans la gestion du ménage : les créanciers n'ont pas à se préoccuper de l'accord du conjoint, puisque les deux sont tenus. Ce lien entre pouvoir et solidarité se retrouve d'ailleurs dans l'article 220.
Deux questions se posent.

Quels sont les couples concernés ?

518. Comme la contribution aux charges du mariage, la solidarité de l'article 220 est limitée aux **couples mariés**, ce qui exclut les concubins (Cass. 1re civ., 2 mai 2001, n° 98-22836, *Bull. civ.* I, n° 111). En revanche, il importe peu que le couple ne cohabite plus, dès lors que la dette a pour objet l'intérêt du ménage (Cass. 1re civ., 10 mars 1998, n° 96-15829, *Bull. civ.* I, n° 101). L'obligation solidaire dure jusqu'à ce que le divorce soit opposable aux tiers par la transcription du jugement sur les registres d'état civil (Cass. 2e civ., 3 oct. 1990, n° 88-18453, *Bull. civ.* II, n° 177).

Quelles sont les dettes concernées ?

519. Seule importe la **finalité** de la dette : **l'entretien du ménage ou l'éducation des enfants** (loyers, dépenses de santé, frais d'hospitalisation d'un enfant, salaire d'une employée de maison, charges de copropriété du logement…). En revanche, l'origine de la dette importe peu : l'article 220 s'applique aux dettes **contractuelles comme délictuelles** (Cass. 1re civ., 7 juin 1989, n° 87-19049).

b. Les exceptions

Parce que la solidarité est une règle rigoureuse, elle doit être écartée dans certaines situations où le risque d'endettement du conjoint paraît trop élevé. C'est pourquoi l'article 220, en ses alinéas 2 et 3, prévoit deux exceptions :

Première exception : les dépenses manifestement excessives (C. civ., art. 220 al. 2)

520. L'alinéa 2 de l'article 220 dispose que « la solidarité n'a pas lieu, néanmoins, pour des dépenses manifestement excessives, eu égard au *train de vie du ménage*, *à l'utilité ou l'inutilité de l'opération*, à la *bonne ou mauvaise foi du tiers contractant* ». C'est en cela que la solidarité des dettes ménagères a un domaine **plus restreint que la contribution aux charges du mariage**, dans la mesure où doit exister un lien de nécessité entre la dette et les besoins du ménage. Il a par exemple été jugé que si des soins dentaires sont normalement couverts par la solidarité, il en va autrement de la pose d'une prothèse dentaire très coûteuse, en ce qu'elle est manifestement excessive au regard du train de vie du ménage et de l'utilité de l'opération (Cass. 1re civ., 10 mai 2006, n° 03-16593, *Bull. civ.* I, n° 235).

Deuxième exception: les achats à tempérament et les emprunts (C. civ., art. 220 al. 3)

521. L'alinéa 3 de l'article 220 dispose qu'«elle n'a pas lieu non plus, s'ils n'ont été conclus du consentement des deux époux, pour les achats à tempérament ni pour les emprunts à moins que ces derniers ne portent sur des sommes modestes nécessaires aux besoins de la vie courante et que le montant cumulé de ces sommes, en cas de pluralité d'emprunts, ne soit pas manifestement excessif eu égard au train de vie du ménage».
Le texte vise le **crédit** fourni par un vendeur (achat à tempérament) ou un prêteur (emprunt). Les deux situations ne sont pas traitées de la même manière, dans la mesure où la solidarité est réintroduite pour les seuls emprunts lorsqu'ils portent sur des sommes modestes. À l'inverse, pour les achats à tempérament, peu importe le montant modique de l'achat: la solidarité est toujours exclue (Cass. 1re civ., 12 juill. 1994, n° 92-16659, *Bull. civ.* I, n° 252).
Il a justement été observé que la réintroduction de la solidarité pour les emprunts d'un faible montant était dangereuse, parce qu'une **pluralité** de crédits modestes, spécialement lorsqu'ils sont renouvelables (crédit *revolving*), peut provoquer un surendettement du ménage. C'est pourquoi la **loi n° 2014-344 du 17 mars 2014** a réservé le cas d'une pluralité d'emprunts, pour exclure la solidarité lorsque le montant cumulé est excessif au regard du train de vie du ménage.
Enfin, l'article 220 alinéa 3 prévoit que la solidarité est réintroduite, pour les achats à tempérament comme pour les emprunts, **dès lors que l'acte a été conclu avec le consentement des deux époux**. Il n'y a alors plus lieu de rechercher s'ils portent sur des sommes modestes (Cass. 1re civ., 3 juin 2003, n° 00-20370, *Bull. civ.* I, n° 134). Tout ceci explique pourquoi en pratique les organismes de crédit font le nécessaire pour obtenir le consentement des deux époux. Mais encore faut-il, bien sûr, que l'emprunt présente un caractère ménager au sens de l'article 220 alinéa 1er (Cass. 1re civ., 28 nov. 2006, n° 05-14412).

Exemple

Si un époux emprunte de l'argent pour payer une voiture à sa maîtresse, il importe peu que son conjoint ait signé le prêt: la dette n'est pas solidaire, mais seulement conjointe (sauf, bien sûr, solidarité conventionnelle).

B. Le logement familial

Parce que le logement est sans doute le bien le plus précieux de la famille, il obéit à un régime tourné vers la **conservation** de son affectation familiale. Deux règles doivent être signalées: l'article 215 alinéa 3, qui impose la cogestion du logement familial (1) et l'article 1751, qui prévoit la cotitularité du droit au bail (2).

1. La cogestion du logement familial

Aux termes de l'article 215 alinéa 3 du Code civil, «les époux ne peuvent l'un sans l'autre disposer des droits par lesquels est assuré le logement de la famille, ni des meubles meublants dont il est garni». Il convient d'envisager le domaine (a) et la sanction (b) d'une telle cogestion.

a. Le domaine de la cogestion

Deux questions se posent.

Quels sont les biens concernés ?

522. L'article 215 alinéa 3 vise le **logement de la famille**, ainsi que les **meubles meublants** dont il est garni. Ces derniers sont définis à l'article 534 du Code civil comme les meubles destinés à l'usage et à l'ornement des appartements (tables, literie, sièges, glaces...). Nous pensons qu'en cas de disposition d'un meuble meublant par un époux seul, l'acquéreur ne doit pas pouvoir invoquer le jeu de l'article 2276 du Code civil pour échapper à la nullité de l'acte, dès lors que l'article 215 sanctionne un **défaut de pouvoir**, indépendamment de toute considération sur la propriété.

Que faut-il entendre exactement par logement « de la famille » ? Il s'agit du **lieu qui est affecté à l'habitation principale des époux**. Il ne se confond dès lors pas nécessairement avec le **domicile**, qui est une notion juridique distincte de l'habitation effective (Cass. 1re civ., 22 mars 1972, n° 70-14049, *Bull. civ.* I, n° 93). Il s'évince également de cette définition que les **résidences secondaires** sont exclues du domaine de l'article 215 alinéa 3 (Cass. 1re civ., 19 oct. 1999, n° 97-21466, *Bull. civ.* I, n° 284). Enfin, la jurisprudence considère que le logement de la famille ne perd pas cette qualité, même lorsque la jouissance a été attribuée provisoirement à l'un des époux pendant la procédure de divorce (Cass. 1re civ., 26 janv. 2011, n° 09-13138, *Bull. civ.* I, n° 17). On le voit, les dispositions de l'article 215 alinéa 3 s'appliquent tant que le divorce ou la séparation de corps n'ont pas été prononcés.

Quels sont les actes visés ?

523. L'article 215 alinéa 3 vise les **actes de disposition entre vifs** des droits par lesquels est assuré le logement de la famille. Par exemple, un époux, même propriétaire exclusif du logement familial, ne peut pas le **vendre** sans le consentement de son conjoint. Mais ce que protège l'article 215 alinéa 3, ce n'est pas tant la propriété du logement que sa jouissance par la famille. Par suite, la jurisprudence retient une approche extensive de la notion d'acte de disposition. Par exemple, il a été jugé que la conclusion d'un **bail** sur le logement de la famille au profit d'un tiers entrait dans le champ de l'article 215 (Cass. 1re civ., 16 mai 2000, n° 98-13441, *Bull. civ.* I, n° 144). Il a même été jugé que la constitution d'une **hypothèque** (Cass. 1re civ., 17 déc. 1991, n° 90-11908, *Bull. civ.* I, n° 357) et la résiliation d'un **contrat d'assurance** du logement (Cass. 2e civ., n° 02-20275, 10 mars 2004, *Bull. civ.* II, n° 100) entraient dans le champ d'application de l'article 215.
En revanche, les **actes à cause de mort** sont exclus de l'article 215 alinéa 3. Un époux peut donc léguer, sans le consentement de son conjoint, le logement dont il est propriétaire, puisque cet acte ne prendra effet qu'à son décès, jour où le mariage sera dissous (Cass. 1re civ., 22 oct. 1974, n° 73-12402, *Bull. civ.* I, n° 274). De même, les **aliénations forcées** (ex. saisie immobilière) et autres **sûretés judiciaires** ne sont pas soumises à l'article 215 alinéa 3, dans la mesure où elles n'émanent pas de l'époux, mais de son créancier.

b. La sanction de la cogestion

524. L'article 215 alinéa 3 précise que les actes par lesquels un époux dispose seul du logement de la famille ou des meubles meublants qui le garnissent sont frappés de **nullité**. C'est une nullité **relative : seul l'époux** qui n'a pas donné son consentement à l'acte peut en demander l'annulation. Celui-ci doit justifier, comme toute action en justice, d'un intérêt actuel au succès de cette action, lequel fait défaut s'il a quitté le logement au cours de l'instance en divorce (Cass. 1re civ., 3 mars 2010, n° 08-13500, *Bull. civ.* I, n° 53).
L'action en nullité est enfermée dans un double délai dérogatoire au droit commun de la prescription : l'action doit être exercée dans l'**année suivant le jour où l'époux demandeur a eu connaissance de l'acte**, sans jamais pouvoir être intentée **plus d'un an après que le régime matrimonial a été dissous** (art. 215 al. 3 *in fine*). Toutefois, il faut réserver la possibilité pour l'époux d'opposer sans condition de délai la nullité de l'acte par voie d'exception, par exemple pour résister à une procédure d'expulsion exercée à son encontre (Cass. 1re civ., 8 févr. 2000, n° 98-10836).

2. La cotitularité du droit au bail

La règle est prévue par l'article **1751 du Code civil**, parce qu'elle est propre au bail. Selon ce texte, « le droit au bail du local, sans caractère professionnel ou commercial, qui sert effectivement à l'habitation de deux époux » est « quel que soit leur régime matrimonial et nonobstant toute convention contraire, et même si le bail a été conclu avant le mariage, réputé appartenir à l'un et à l'autre des époux ».

À noter

La loi ALUR du 24 mars 2014 a étendu cette cotitularité aux partenaires d'un PACS qui en font la demande, ce qui caractérise un peu plus un rapprochement des statuts.

Il convient d'envisager successivement les conditions (a) et les effets (b) de la cotitularité du droit au bail.

a. Les conditions de la cotitularité

525. Elles sont au nombre de deux :
- **première condition : le local ne doit pas présenter un caractère professionnel ou commercial**, ce qui renvoie au bail à usage d'habitation ;
- **deuxième condition : le local doit effectivement servir à l'habitation des deux époux.** Mais une fois cette cohabitation constatée, elle est acquise jusqu'à la **transcription** (*i.e.* la publication) **du jugement de divorce**. En d'autres termes, même si la cohabitation a cessé parce que l'un des époux a quitté le nid familial, ce dernier demeure cotitulaire du droit au bail (Cass. 2e civ., 3 oct. 1990, n° 88-18453, *Bull. civ.* II, n° 177 ; Cass. 3e civ., 31 mai 2006, n° 04-16920, *Bull. civ.* III, n° 135).

À cet égard, l'article 1751 alinéa 2 du Code civil prévoit que le juge peut, en cas **de divorce ou de séparation de corps, attribuer le droit au bail à l'un des époux**, sous réserve des droits à récompense ou à indemnité au profit de l'autre époux (sur les récompenses, v. *infra*, n° 650 et s.). En cas de **décès**, le conjoint survivant conserve le bénéfice exclusif du droit au bail, sauf s'il y renonce (art. 1751 al. 3).

b. Les effets de la cotitularité

526. La cotitularité du droit au bail est signe de droits et de devoirs pour les époux. S'agissant des **droits**, chaque époux peut jouir, en tant que preneur, du local à usage d'habitation. Parce que les deux époux sont titulaires du droit au bail, le bailleur doit délivrer le congé à chacun des époux par des lettres distinctes. Le congé délivré à un seul des époux n'est pas opposable à son conjoint, qui peut donc rester dans les lieux (Cass. 3e civ., 2 févr. 1982, n° 80-11309, *Bull. civ.* III, n° 29). Dans cette perspective, la Cour de cassation a jugé que la proposition du relogement de la famille consécutive à un arrêté d'insalubrité portant interdiction d'habiter les lieux donnés à bail doit être adressée par le bailleur à chacun des époux cotitulaires du bail (**Cass. 3e civ., 9 févr. 2017**, n° 16-13260). Dès lors, manque à son obligation de relogement prescrite par la loi le bailleur qui n'adresse cette proposition qu'à l'épouse, ce qui permet à son conjoint d'agir en responsabilité contre le bailleur.
S'agissant des **devoirs**, la cotitularité crée entre les époux une **solidarité dans le paiement des loyers au profit du bailleur**. Celle-ci fait double emploi avec celle de l'article 220, puisque le loyer versé pour le logement constitue assurément une dette ménagère. Quoi qu'il en soit, la jurisprudence se montre très stricte à l'égard des époux. Même si l'un d'entre eux a délivré congé au bailleur et qu'il a quitté les lieux, **il reste solidairement tenu au paiement des loyers jusqu'à la transcription du jugement de divorce** (Cass. 3e civ., 2 juin 1993, n° 91-14522, *Bull. civ.* III, n° 74). La jurisprudence a en outre récemment précisé que la transcription du jugement de divorce ayant attribué le droit au bail à l'un des époux met fin à la cotitularité du bail tant légale que conventionnelle (Cass. 3e civ., 22 oct. 2015, n° 14-23726). Il en résulte que même si une clause du contrat prévoit que le bail appartient aux deux époux (cotitularité conventionnelle), le jugement de divorce met fin à cette situation et partant à la solidarité entre époux. Le conjoint à qui le droit au bail n'a pas été attribué par le jugement de divorce ne peut donc être actionné au titre des loyers échus postérieurement à la transcription dudit jugement (sur l'attribution du droit au bail en cas de divorce, v. *supra*, n° 362).

§ 2. L'autonomie minimale des époux

Les époux doivent conserver, en dépit du mariage, une certaine autonomie. Cette indépendance proclamée par la loi, qui est le fruit de la lente émancipation de la femme mariée, est triple : patrimoniale (A), professionnelle (B) et bancaire (C).

A. L'autonomie patrimoniale des époux

L'indépendance patrimoniale concerne la gestion des biens. Le Code civil pose un principe de libre gestion des biens personnels (1), qui est conforté par une présomption de pouvoir sur les meubles (2).

1. La libre gestion des biens personnels

527. Aux termes de **l'article 225 du Code civil**, « chacun des époux administre, oblige et aliène seul ses biens personnels ». La règle est reprise dans tous les régimes matrimoniaux (v. *infra*, leçons suivantes). Est-ce à dire que sa reprise dans le régime primaire impératif est inutile ?

Il n'en est rien, dès lors que cela souligne son caractère **d'ordre public**. Est notamment interdite la clause d'unité d'administration, qui prévoyait que tous les biens étaient gérés par le mari. La libre gestion des biens a pour corollaire que l'époux oblige par sa gestion ses biens personnels. Est notamment nulle la clause prévoyant que le créancier d'un époux peut librement saisir les biens personnels de son conjoint (sous réserve, évidemment, de la solidarité légale de l'article 220).

Le principe de l'article 225 n'empêche pas pour autant que la gestion des biens personnels d'un époux soit **temporairement** confiée à son conjoint. Ainsi, **l'article 218 du Code civil** permet à un époux de donner **mandat** pour le représenter. Mais l'époux représenté peut recouvrer à tout moment son indépendance, en ce que la révocation du mandat est libre (art. 218, *in fine*).

Enfin, ce principe de libre gestion des biens personnels connaît des limites. Il en va ainsi, notamment, s'agissant du logement familial. Même si le bien appartient personnellement à un époux, il ne peut en disposer sans le consentement de son conjoint.

2. La présomption de pouvoir sur les meubles

Proclamer l'indépendance patrimoniale des époux est une chose. En garantir l'effectivité en est une autre. Or, le meilleur moyen d'assurer l'effectivité de l'autonomie patrimoniale des époux est d'éviter que les tiers contractants ne demandent systématiquement l'accord du conjoint pour être certains de l'efficacité de l'acte. C'est pourquoi la loi de 1965 a instauré une présomption de pouvoir sur les meubles (a) qui est toutefois assortie d'exceptions (b).

a. Le principe

528. **L'article 222 du Code civil** dispose que « si l'un des époux se présente seul pour faire un acte d'administration, de jouissance ou de disposition sur un bien meuble qu'il détient individuellement, il est réputé, à l'égard des tiers de bonne foi, avoir le pouvoir de faire seul cet acte ». Les articles 222 et 225 du Code civil ne doivent pas être confondus. Ainsi, ce qui compte ici est la **détention individuelle** du bien, c'est-à-dire l'exercice d'un **pouvoir de fait** (le *corpus*, v. *supra*, n° 70 et s.), peu importe que l'époux en soit réellement le seul propriétaire. De cette détention individuelle d'un meuble (une voiture, un livre, voire une somme d'argent...), la loi tire une présomption : l'époux, dès lors **qu'il se présente seul pour faire un acte à l'égard d'un tiers de bonne foi**, est réputé avoir le pouvoir de faire seul cet acte. La règle renforce l'indépendance patrimoniale des époux. Ainsi, l'époux va pouvoir vendre la voiture, prêter le livre ou utiliser une somme d'argent, sans que le contractant, dès lors qu'il est de bonne foi, n'ait à s'inquiéter de l'étendue réelle de ses pouvoirs. Même si l'époux a effectivement outrepassé ses pouvoirs, l'acte ne pourra pas être remis en cause par le conjoint (v. pour un acompte versé par un époux seul, Cass. 1re civ., 5 avr. 1993, n° 90-20491, *Bull. civ.* I, n° 136).

b. Les exceptions

529. Elles sont au nombre de deux.

Première exception : les meubles meublants

L'exception est logique. Les actes sur de tels biens sont soumis à cogestion, ce qui exclut toute présomption de pouvoirs au profit de chacun des époux.

Exemple

Si un époux vend seul la table de la salle à manger, l'acquéreur ne pourra pas invoquer les dispositions de l'article 222 du Code civil pour faire obstacle à l'annulation de la vente sur le fondement de l'article 215 alinéa 3.

Deuxième exception : les biens propres par nature

L'article 222 réserve également les meubles corporels dont la nature fait présumer la propriété de l'autre conjoint conformément à l'article 1404. Il en va ainsi, notamment, les vêtements et linges à usage personnel des époux (v. pour une présentation complète de cette catégorie, *infra*, n° 560 et s.).

Exemple

Si un époux vend seul le sac à main de sa femme, l'acquéreur ne pourra pas utilement invoquer les dispositions de l'article 222.

B. L'autonomie professionnelle

L'autonomie professionnelle des époux est garantie par **l'article 223 du Code civil**. Selon ce texte, « chaque époux peut librement exercer une profession, percevoir ses gains et salaires et en disposer après s'être acquitté des charges du mariage ». L'indépendance professionnelle se décline en deux prérogatives intimement liées : le libre exercice d'une activité professionnelle (1) et la libre gestion des gains et salaires (2). Une loi du 2 août 2005 y a attaché une conséquence sur le terrain du passif en cas de divorce (3).

1. Le libre exercice d'une activité professionnelle

530. Cette liberté a été lente à conquérir pour les femmes. En 1804, une femme mariée devait obtenir l'autorisation de son mari pour exercer une activité professionnelle distincte de celle de son mari. Les lois du 18 février 1938 et 22 septembre 1942 ont supprimé cette autorisation, mais pour la remplacer par une faculté d'opposition maritale, dont la femme pouvait obtenir mainlevée judiciaire lorsqu'elle n'était pas justifiée par l'intérêt de la famille. La loi de 1965 a mis fin à cette situation. Désormais, la liberté professionnelle des époux est inconditionnelle.

Est-ce à dire qu'elle est absolue ? On doit, évidemment, réserver l'hypothèse de l'illicéité de l'activité exercée, qui pourrait être de nature à justifier un divorce pour faute.

2. La liberté de gestion des gains et salaires

531. On pourrait de prime abord penser que cette liberté fait double emploi avec celle prévue par l'article 225 du Code civil sur les biens personnels. Il n'en est rien. Pour ne donner qu'un exemple, les gains et salaires sont des biens communs dans le régime de la communauté légale – et non des propres. Dès lors, la libre gestion ne peut être fondée sur l'article 225.

Au vrai, c'est au nom de l'indépendance professionnelle que chaque époux peut librement percevoir et disposer de ses gains et salaires, même s'il s'agit de biens communs.
Tous les revenus, salariés ou libéraux, sont visés, de même que tous **les actes, gratuits ou onéreux**. En revanche, un bien acquis avec le salaire d'un époux ne constitue pas un gain et salaire : il ne relève pas de libre gestion individuelle, ce qui n'est pas sans conséquence. Notamment, si l'acte est à titre gratuit, celui-ci est soumis à cogestion, conformément à l'article 1422 du Code civil (Cass. 1re civ., 22 oct. 1980, n° 79-14138, *Bull. civ.* I, n° 267).
Cette liberté de gestion des gains et salaires connaît une limite, qui a déjà été rencontrée : la **contribution aux charges du mariage**. Ce n'est qu'après s'être acquitté d'un tel devoir que l'époux peut librement gérer ses gains et salaires. En outre, dans le régime de la communauté, une récompense peut être due à la communauté si des gains et salaires, biens communs, ont été exclusivement utilisés dans l'intérêt personnel de l'époux qui les a perçus (v. *infra*, n° 650 et s.). Mais il s'agit là d'un calcul de récompenses qui a lieu lors de la dissolution de la communauté et qui n'obère en rien le pouvoir de gestion de l'époux pendant le mariage.

3. La charge exclusive des dettes professionnelles en cas de divorce

532. Une loi du 2 août 2005 a introduit un article 1387-1 du Code civil, applicable à tous les régimes matrimoniaux : « lorsque le divorce est prononcé, si des dettes ou sûretés ont été consenties par les époux, solidairement ou séparément, dans le cadre de la gestion d'une entreprise, *le tribunal judiciaire peut décider d'en faire supporter la charge exclusive au conjoint qui conserve le patrimoine professionnel, ou à défaut, la qualification professionnelle ayant servi de fondement à l'entreprise* ». Il s'agit d'une mesure tendant à protéger l'époux contre les dettes professionnelles qu'il a pu contracter dans le cadre de l'exploitation de l'entreprise de son conjoint (par ex. en cautionnant personnellement les dettes de son conjoint ou en s'engageant solidairement à ses côtés). La mesure ne joue qu'en cas de divorce et évite ainsi que l'époux assume une dette qui, au fond, ne profitera plus qu'à son conjoint à compter du divorce (lequel récupère seul l'entreprise). Alors que certains s'étaient émus de ce qu'il y avait là une atteinte à la force obligatoire du contrat (l'époux pouvant revenir sur son engagement contractuel à l'égard du créancier), les premiers juges ont interprété ce texte en estimant qu'il ne jouait qu'au stade de la contribution à la dette, c'est-à-dire entre époux (TGI Évreux, 17 nov. 2006, n° 05/02349 ; CA Bourges, 24 janv. 2008, n° 07/00638). Autrement dit, le conjoint peut être actionné en paiement par le créancier (obligation à la dette), mais il dispose, si le tribunal en décide ainsi, d'une créance pour le tout contre son conjoint exploitant à l'occasion du divorce (contribution à la dette ; v. sur la distinction, *infra*, n° 606). Compris ainsi, le texte n'a aucun intérêt en matière de cautionnement, puisque la caution dispose déjà d'un recours contre le débiteur principal (v. *infra*, n° 1011 et s.). La Cour de cassation ne s'est pas encore prononcée sur ce texte obscur. Affaire à suivre...

C. L'indépendance bancaire

Tout ce qui vient d'être dit sur l'autonomie patrimoniale et professionnelle ne serait qu'un vœu pieux si l'indépendance bancaire des époux n'était pas également garantie. De fait, comment gérer ses biens personnels ou percevoir ses gains et salaires si l'on ne peut pas librement ouvrir et gérer un compte bancaire ? L'indépendance bancaire est garantie par **l'article 221 du Code civil** de deux manières : par la reconnaissance d'une liberté d'ouverture d'un compte bancaire (1) et par l'instauration d'une présomption de pouvoir sur les fonds et les titres (2).

1. La libre ouverture d'un compte bancaire

533. L'article 221 prévoit, en son alinéa 1er, que « chacun des époux peut se faire ouvrir, sans le consentement de l'autre, tout compte de dépôt et tout compte de titres ». Il s'agit, là encore, d'une liberté consacrée en 1965 au profit de la femme mariée. Sont visés les comptes de dépôt et de titres, qui fonctionnent essentiellement par les fonds (dépôts), ou les valeurs mobilières (titres) apportés par le conjoint. Le banquier a, pour ces comptes, l'interdiction de solliciter l'accord du conjoint ou des informations sur le régime matrimonial de son client, à peine d'engager sa responsabilité. Il en va autrement pour les comptes courants, qui supposent des remises réciproques (crédits et escomptes fournis par la banque). Ces comptes n'étant pas visés par l'article 221, le banquier peut, le cas échéant, solliciter le consentement du conjoint ou à tout le moins des informations sur le régime matrimonial de son client.

2. La présomption de pouvoir sur les fonds et les titres

534. L'article 221 alinéa 2 du Code civil dispose qu'« à l'égard du dépositaire, le déposant est toujours réputé, même après la dissolution du mariage, avoir la libre disposition des fonds et des titres en dépôt ». La règle permet d'assurer l'effectivité de l'autonomie bancaire des époux. En effet, il n'est pas rare que les actes sur des fonds ou des titres nécessitent le consentement des deux époux (par ex. les fonds provenant de la vente d'un immeuble commun, C. civ., art. 1424), voire relèvent du seul pouvoir du conjoint (par ex., ses gains et salaires, art. 223). Pour convaincre le banquier de traiter avec un seul époux sans avoir à exiger l'accord du conjoint ou des justificatifs sur l'origine des fonds, il fallait donc lui inspirer confiance en posant une présomption de libre disposition des fonds et des titres par le déposant.

Quelques lignes sont nécessaires sur le bénéficiaire de la présomption (a) et sa durée (b).

a. Le bénéficiaire de la présomption

535. **Seule la banque, en qualité de dépositaire,** bénéficie de la présomption éditée par l'article 221 alinéa 2. Il en résulte que la règle est inapplicable entre époux. Par suite, si un époux excède ses pouvoirs en disposant des fonds qu'il a déposés sur un compte, il devra en rendre compte à son conjoint. En outre, les autres tiers ne bénéficient pas de la règle. Il en va ainsi, par exemple, du bénéficiaire d'un chèque ou d'un virement. Toutefois, celui-ci pourra être fondé à invoquer, si les conditions en sont réunies, la présomption de l'article 222 du Code civil (sur laquelle, v. *supra*, n° 528).
Mais cette présomption engage également **la banque à bien vérifier que l'acte de gestion émane du titulaire du compte**. Conformément à l'article 1937 du Code civil, elle ne peut se dessaisir des fonds que sur ordre du déposant. Par suite, elle commet une faute de nature à engager sa responsabilité si elle se dessaisit des fonds sur ordre du conjoint qui n'avait aucune procuration sur le compte. Elle dispose toutefois, après avoir indemnisé son client, d'un recours subrogatoire contre le conjoint fautif (Cass. 1re civ., 8 juill. 2009, n° 08-17300, *Bull. civ.* I, n° 163).

À noter

Si le compte est ouvert au nom des deux époux, cette présomption joue au profit de la banque pour les deux époux : l'un comme l'autre peut disposer des fonds qui se trouvent sur le compte.

b. La durée de la présomption

536. En 1965, il était prévu en bonne logique que la présomption de pouvoir, attachée au lien matrimonial, cessait à la dissolution du mariage, et notamment au décès de l'époux. Mais il se trouve que la solution était en pratique très rigoureuse pour le conjoint survivant. En effet, dans le régime de communauté, les fonds communs tombent en indivision (l'indivision post-communautaire, v. *infra*, n° 644) et supposent alors, pour être retirés ou dépensés, l'accord des héritiers de l'époux, qui viennent aux droits de leur auteur décédé (C. civ., art. 815-3 ; v. *supra*, n° 154 et s.). Afin de se dégager de toute responsabilité éventuelle en cas d'utilisation des fonds par le conjoint survivant au détriment des héritiers du *de cujus*, les banques bloquaient les comptes bancaires dès le décès de leur titulaire. Il en résultait que le conjoint survivant qui avait procuration sur le compte ne pouvait plus y accéder et était ainsi subitement privé de moyens de subsistance, les avoirs du compte étant gelés... C'est pourquoi, après de nombreuses hésitations de la Cour de cassation, la loi du 23 décembre 1985 est intervenue pour poser le principe de survie de la présomption « même après la dissolution du mariage ». La banque n'a donc plus à bloquer le compte pour éviter un excès de pouvoir. Il appartient le cas échéant aux héritiers de procéder à une saisie du compte s'ils estiment que le conjoint survivant porte atteinte à leurs intérêts.

Section 2
Le traitement de la crise conjugale

La vie matrimoniale n'est pas un long fleuve tranquille. Il est possible qu'adviennent, pendant le mariage, des situations de crise : mésentente, éloignement, négligence ou incapacité de l'un des époux... Le Code civil prévoit des dispositions visant à surmonter ces situations. L'harmonie du couple cède alors la place à un « ménage à trois » dans lequel le juge tient une place centrale. Ainsi, en cas de crise, le juge peut être saisi, à la demande de l'un d'entre eux, soit pour l'**autoriser** à passer seul un acte (§ 1), soit pour l'**habiliter** à représenter son conjoint (§ 2), soit encore pour prescrire toutes **mesures urgentes** (§ 3).

§ 1. L'autorisation judiciaire

L'autorisation judiciaire est prévue par **l'article 217 du Code civil**. Selon ce texte, « un époux peut être autorisé par justice à passer seul un acte pour lequel le concours ou le consentement de son conjoint serait nécessaire, si celui-ci est hors d'état de manifester sa volonté ou si son refus n'est pas justifié par l'intérêt de la famille ». Il convient d'envisager brièvement les conditions (A) et les effets (B) de l'autorisation.

A. Les conditions de l'autorisation

Deux conditions sont requises : d'abord, l'acte litigieux doit supposer le consentement ou le concours du conjoint (1) ; ensuite, le juge doit constater un empêchement ou un refus injustifié de celui-ci (2).

1. Un acte supposant le concours ou le consentement du conjoint

537. L'acte doit supposer le concours ou le consentement du conjoint. Il doit donc s'agir d'un acte qui suppose normalement **l'accord des deux époux**. Quelle différence entre « concours » et « consentement » ? Elle est assez ténue. L'idée de **concours** évoque un pouvoir partagé entre époux sur un bien commun (régime légal) ou indivis (régime de séparation). Tel est le cas du système de la cogestion dans le régime de la communauté légale : certains actes sur les biens communs, jugés graves, supposent le concours des deux époux (ex. donation d'un bien commun, C. civ., art. 1422, ou encore aliénation d'un immeuble, art. 1424 ; v. *infra*, n° 588).

Exemple

En invoquant l'article 217 du Code civil, un époux peut être autorisé à vendre seul la résidence secondaire du couple, si le refus de son conjoint n'est pas justifié.

Le terme de **consentement** renvoie au cas d'un acte qui devrait normalement être accompli par un seul époux, parce qu'il est seul propriétaire du bien, mais qui, à raison de l'importance du bien pour la famille, suppose l'accord de son conjoint. Tel est le cas, nous l'avons vu, des actes de disposition sur le logement familial (C. civ., art. 215 al. 3). Ainsi, sur le fondement de l'article 217 du Code civil, un époux peut demander en justice à être autorisé à vendre seul le logement familial dont il est propriétaire, et ce, même si son conjoint en a obtenu la jouissance provisoire par le juge du divorce (Cass. 1re civ., 30 sept. 2009, n° 08-13220, *Bull. civ.* I, n° 196).
En revanche, **un époux ne saurait être autorisé à passer seul un acte qui relève de la gestion exclusive de son conjoint**.

Exemple

Un époux ne peut pas demander, sur le fondement de l'article 217 du Code civil, à être autorisé à vendre les biens propres de son conjoint, ou encore à disposer de ses gains et salaires. Il devra, le cas échéant, solliciter une habilitation sur le fondement de l'article 219 (v. *infra*, n° 540 et s.).

Il semble également peu probable qu'un époux soit autorisé à vendre seul le logement familial qui appartient exclusivement à son conjoint, parce qu'il n'est pas investi du pouvoir d'en disposer. Là encore, seul le recours à l'article 219 paraît envisageable.

2. Un empêchement ou un refus injustifié du conjoint

538. Pour que l'autorisation soit donnée par le juge, il faut ensuite que le conjoint soit **hors d'état de manifester sa volonté** ou que son **refus ne soit pas justifié par l'intérêt de la famille**.

La première hypothèse renvoie à la **carence du conjoint**, quelle qu'en soit la cause : absence, emprisonnement, altération des facultés mentales… Dans ce dernier cas, il faut savoir que les mesures de protection (curatelle, tutelle…) présentent un caractère subsidiaire par rapport aux mesures de crise prévues par les régimes matrimoniaux (C. civ., art. 428), c'est-à-dire qu'elles ne doivent être ordonnées que si de telles mesures ne sont pas suffisantes. Il en va de même de la procédure d'absence (C. civ., art. 121 al. 2).
La seconde hypothèse renvoie à **l'opposition injustifiée** d'un conjoint. C'est à celui qui requiert l'autorisation de prouver que l'acte projeté est conforme à l'intérêt de la famille, cet intérêt étant souverainement apprécié par les juges du fond (Cass. 1re civ., 22 nov. 2005, n° 03-13621, *Bull. civ.* I, n° 440).

B. Les effets de l'autorisation

539. L'article 217 précise en son alinéa 2 que « l'acte passé dans les conditions fixées par l'autorisation de justice est opposable à l'époux dont le concours ou le consentement a fait défaut, sans qu'il en résulte à sa charge aucune obligation personnelle ». Le texte effectue une distinction classique entre l'effet obligationnel d'un acte et son opposabilité. Le conjoint doit respecter l'existence de l'acte. Par exemple, si un immeuble commun a été vendu à un tiers malgré son refus, il devra, comme toute personne tenue de respecter le droit de propriété de l'acquéreur, libérer les lieux. Pour autant, l'acte ne crée pas d'obligation personnelle à sa charge, dans la mesure où son concours a été forcé. Par exemple, si un vice caché apparaît, aucune action en garantie ne pourra être exercée à son encontre par l'acquéreur.

§ 2. L'habilitation judiciaire

L'habilitation judiciaire est prévue par **l'article 219 du Code civil.** Selon ce texte, « si l'un des époux se trouve hors d'état de manifester sa volonté, l'autre peut se faire habiliter par justice à le représenter d'une manière générale, ou pour certains actes particuliers, dans l'exercice des pouvoirs résultant du régime matrimonial, les conditions et l'étendue de cette représentation étant fixés par le juge ». L'habilitation, parce qu'elle implique une représentation d'un époux par son conjoint, se distingue de l'autorisation dans ses conditions (A) et ses effets (B).

A. Les conditions de l'habilitation

L'habilitation est à la fois plus large et plus stricte que l'autorisation. Elle peut porter sur tout acte relevant des pouvoirs du conjoint (1), mais elle suppose un empêchement du conjoint (2), ce qui exclut toute représentation en cas de refus injustifié de ce dernier.

1. Tout acte relevant des pouvoirs du conjoint

540. Alors que l'autorisation judiciaire ne concerne que les hypothèses de cogestion, l'habilitation judiciaire va permettre à un époux de représenter son conjoint pour les actes qui relèvent normalement de ses **pouvoirs exclusifs**.

Exemple

Un époux séparé de biens peut être habilité à faire vendre les biens personnels de son conjoint (Cass. 1re civ., 1er oct. 1985, n° 84-12476, *Bull. civ.* I, n° 237). De même, un époux marié sous le régime de la communauté peut être habilité à vendre les biens propres de son conjoint, ou encore les biens communs nécessaires à l'exercice de son activité professionnelle. Cela s'explique par le fait que l'époux habilité se substitue à son conjoint : il exerce, en lieu et place de ce dernier, ses pouvoirs.

La question est discutée en doctrine de savoir si l'habilitation judiciaire peut être sollicitée en cas de **pouvoir partagé**. Autrement dit, les articles 217 et 219 du Code civil peuvent-ils se cumuler ?

Exemple

Un époux peut-il faire vendre le logement familial, non pas en sollicitant une autorisation judiciaire, mais en obtenant une habilitation pour représenter son conjoint à l'acte ? L'intérêt pratique d'une telle question réside essentiellement dans les effets de l'acte, puisque nous verrons que le conjoint représenté est assujetti aux obligations de l'acte. La jurisprudence n'a pas clairement tranché ce débat, de sorte qu'il conviendra d'exposer les deux solutions possibles dans un cas pratique. Nous pensons que l'idée de représentation implique l'exercice d'un pouvoir *en lieu et place* du conjoint dans *son* intérêt et non d'un pouvoir partagé *avec* le conjoint dans *l'intérêt de la famille*, ce qui justifie d'exclure l'article 219 dans les hypothèses prévues par l'article 217. En revanche, il a été jugé par la cour d'appel de Paris que l'époux dont le conjoint propriétaire du logement familial est hors d'état de manifester sa volonté (maladie d'Alzheimer) peut être autorisé à le représenter en vue de le faire vendre (CA Paris, 16 déc. 1999, *JCP* 2001, I, 309). La solution est selon nous logique, dès lors que, comme nous l'avons vu, une telle hypothèse ne devrait pas relever de l'article 217.

2. L'empêchement du conjoint

541. Comme l'autorisation judiciaire, l'habilitation judiciaire peut être obtenue lorsque le conjoint se trouve hors d'état de manifester sa volonté. Cette circonstance s'entend de la même manière dans les deux cas. En revanche, aucune habilitation ne peut être accordée par le juge en cas de refus du conjoint. Cela s'explique par les effets de l'habilitation judiciaire, qui sont beaucoup plus énergiques pour le conjoint représenté.

B. Les effets de l'habilitation judiciaire

542. Deux différences majeures se manifestent entre l'autorisation et l'habilitation du point de vue des effets. Tout d'abord, l'habilitation peut être **générale**, tandis que l'autorisation ne porte que sur un acte déterminé. Ensuite, le **conjoint représenté est personnellement tenu des obligations de l'acte**, alors que l'époux représentant n'a pas la qualité de partie au contrat.

Exemple

Si un époux est habilité pour représenter son conjoint en vue de faire vendre l'un de ses biens propres, seul le conjoint représenté aura la qualité de vendeur, avec toutes les conséquences que cela implique.

Tout ceci justifie selon nous un peu plus que les articles 217 et 219 du Code civil aient un domaine exclusif.
Qu'advient-il enfin **si un époux représente son conjoint sans y avoir été habilité en justice?** L'alinéa 2 de l'article 219 renvoie dans ce cas aux règles de la gestion d'affaires, qui est un quasi-contrat (v. C. civ., art. 1301 et s.). L'engagement du géré suppose alors que la gestion lui ait été utile (art. 1301-2).

§ 3. Les mesures urgentes

Les deux mesures envisagées précédemment - autorisation et habilitation - s'avèrent inutiles lorsqu'un époux compromet l'intérêt de la famille non par son inaction, mais par ses agissements. Il faut alors lui interdire, grâce à des mesures urgentes, de commettre l'irréparable. Tel est l'objet de **l'article 220-1 du Code civil**. Selon ce texte, « si l'un des époux manque gravement à ses devoirs et met ainsi en péril les intérêts de la famille, le juge aux affaires familiales peut prescrire toutes les mesures urgentes que requièrent ces intérêts ». Il convient d'envisager successivement les conditions d'accès à ces mesures (A), les caractères de telles mesures (B) et leur sanction (C).

A. Les conditions d'accès aux mesures urgentes

543. Pour obtenir le prononcé d'une mesure urgente, l'époux doit justifier de **deux conditions** :
- le **manquement grave du conjoint aux devoirs du mariage** ;
- la **mise en péril des intérêts de la famille**.

Il appartiendra au juge d'apprécier, au cas par cas, de telles conditions.
On se contentera d'un exemple. Supposons qu'un époux soit un joueur invétéré et ne cesse de dilapider l'argent du ménage. Son conjoint pourra obtenir en justice l'interdiction des actes de disposition sur ses biens propres et/ou communs ou encore le blocage de ses comptes, afin de sauvegarder ce qui peut (encore) l'être.

B. Les caractères des mesures urgentes

544. Les mesures présentent deux caractères :
- elles sont **temporaires.** L'article 220-1 alinéa 3 dispose que la durée des mesures prises « doit être déterminée par le juge et ne saurait, prolongation comprise, dépasser **trois ans** » ;
- elles sont **provisoires.** Cela signifie que le juge peut les modifier ou les rapporter si de circonstances nouvelles le justifient (Cass. 1re civ., 25 oct. 1972, n° 71-13073, *Bull. civ.* I, n° 222).

L'alinéa 2 de l'article 220-1 fournit une liste **non exhaustive** de mesures que le juge peut prononcer : « il peut **notamment** interdire à cet époux de faire, sans le consentement de l'autre, les actes de disposition sur ses propres biens ou sur ceux de la communauté, meubles ou immeubles. Il peut aussi interdire le déplacement des meubles, sauf à spécifier ceux dont il attribue l'usage personnel à l'un ou à l'autre des conjoints». Mais d'autres mesures peuvent être ordonnées : nomination d'un administrateur provisoire de la communauté, interdiction d'utiliser un véhicule, recouvrement d'une créance en lieu et place du conjoint défaillant...

C. La sanction des mesures urgentes

545. L'article 220-3 du Code civil prévoit que la violation d'une ordonnance portant mesure urgente est sanctionnée par **la nullité de l'acte qui y contrevient**, sous condition de **mauvaise foi du tiers contractant**. S'agissant des biens dont l'aliénation est sujette à publicité (par ex. les immeubles), la publication de l'ordonnance, qui est obligatoire (C. civ., art. 220-2), constitue le tiers de mauvaise foi. Dans les autres cas (ex. meubles corporels), le requérant devra, sauf à leur avoir préalablement signifié l'ordonnance (v. art. 220-2), établir positivement que les tiers en avaient connaissance lorsqu'ils ont contracté avec son conjoint. L'article 220-3 alinéa 2 prévoit que l'action en nullité est ouverte à l'époux requérant **dans les deux ans suivant le jour où il a eu connaissance de l'acte**, sans pouvoir jamais être intentée plus de **deux ans après sa publication** s'il est sujet à publicité.

Exemple

Si un époux a vendu un immeuble en violation de l'interdiction qui lui était faite, l'action en nullité ne pourra être exercée par son conjoint que dans les deux ans de la publicité de cette aliénation.

546 à 552. Réservés.

LEÇON 2
L'ACTIF DANS LA COMMUNAUTÉ LÉGALE

Textes

Articles 1401 et suivants du Code civil

553. Aux termes de l'article 1387 du Code civil, « la loi ne régit l'association conjugale, quant aux biens, qu'à défaut de conventions spéciales, que les époux peuvent faire comme ils le jugent à propos, pourvu qu'elles ne soient pas contraires aux bonnes mœurs ni aux dispositions qui suivent ». On le voit, si tous les époux sont soumis à un régime primaire impératif, le reste de leurs rapports patrimoniaux dépend de leur volonté.

Dès lors, le régime de la communauté légale présente un caractère **supplétif.** Il ne s'applique qu'à défaut de choix d'un autre régime par les époux. C'est ce qu'exprime l'article 1400 du Code civil : « la communauté (...) s'établit à défaut de contrat ou par la simple déclaration qu'on se marie sous le régime de la communauté ». Il n'en demeure pas moins vrai que l'immense majorité des couples est mariée sous le régime de la communauté (plus de 80 %), de sorte qu'il s'agit du régime central. **Il faut dire que ce régime correspond le mieux à la philosophie du mariage** : se marier, c'est mettre en commun deux vies jusqu'alors autonomes ; se marier sous le régime de la communauté, c'est mettre en commun deux patrimoines et accepter que l'enrichissement de l'un profite à l'autre.

La question de la **nature juridique de la communauté** est controversée. Jadis conçue comme la propriété du mari, la communauté a été envisagée comme une personne morale par le doyen Carbonnier dans sa thèse. Cependant, aussi séduisante que soit cette analyse, elle ne correspond pas à l'état du droit positif, en ce que nous verrons que la communauté n'est pas dotée d'un patrimoine autonome : il n'y a pas de corrélation entre l'actif et le passif. Qu'est-ce donc que la communauté ? Sans doute une copropriété *sui generis*, qui tient son particularisme de l'affectation des biens à la vie conjugale des époux (v. pour une comparaison entre communauté et indivision sous l'angle des pouvoirs, *infra*, n° 583).

Pour autant, le régime de la communauté légale n'est pas une communauté universelle : tous les biens des époux ne sont pas communs. Bien au contraire, certains biens restent propres à chaque époux. Dès lors, le régime de la communauté conduit à distinguer **trois masses de biens** : les **biens communs**, les **biens propres d'un époux** et les **biens propres de son conjoint**.

À noter

Les termes «mari» et «femme» ne sont plus utilisés, à raison de la consécration du mariage entre personnes de même sexe.

Reste donc à présenter tour à tour les critères d'identification des biens communs (section 1) et des biens propres (section 2).

Section 1
Les biens communs

Depuis 1965, la communauté est réduite aux acquêts. Cela signifie que seuls les biens acquis à titre onéreux pendant le mariage sont communs. Auparavant, elle se composait en outre des meubles, quelle que soit leur origine (donnés, acquis avant le mariage…).
La force d'attraction de la communauté est toutefois très importante, parce qu'elle s'appuie sur une présomption : sauf preuve contraire, les biens sont présumés communs.
En définitive, la composition de la communauté résulte à la fois de l'application d'une règle de fond, qui définit les critères des biens communs (§ 1), et d'une règle de preuve, qui présume que tout ce qui n'est pas propre est présumé commun (§ 2).

§ 1. L'identification des biens communs

L'identification des biens communs est réalisée par **l'article 1401 du Code civil** : «la communauté se compose activement des acquêts faits par les époux ensemble ou séparément durant le mariage, et provenant tant de leur industrie personnelle que des économies faites sur les fruits et revenus de leurs biens propres».
Ce texte appelle deux remarques. Premièrement, le jour du mariage, la communauté est vide de toute richesse, puisqu'elle ne comprend que les biens acquis **pendant le mariage**. Deuxièmement, l'article 1401 conduit à identifier deux grandes catégories de biens communs : les acquêts (A) et les revenus (B).

A. Les acquêts

554. Ce sont les **biens acquis à titre onéreux par les époux durant le mariage**. Il s'agit de **meubles** ou **d'immeubles**, acquis par les époux **ensemble** ou **séparément**.

Trois observations peuvent être faites.

Sur la date de l'acquisition

Il faut que l'acquisition de la propriété ait lieu au cours du mariage, ce qui soulève parfois des difficultés de preuve. Tel n'est pas le cas si l'acquisition a eu lieu par acte authentique, dès lors qu'un tel acte a **date certaine** (C. civ., art. 1377).

Exemple

Si un acte de vente a été établi par acte authentique la veille du mariage, l'immeuble acquis est un propre. Il en va différemment s'il s'agit d'un acte sous seing privé. Ainsi, dans une hypothèse où une personne avait signé en tant qu'acquéreur une promesse synallagmatique de vente sous seing privé qui devait être réitéré par acte authentique après son mariage, la Cour de cassation a retenu que le bien était un acquêt de communauté, la promesse sous seing privé n'ayant pas date certaine à l'égard du conjoint (Cass. 1re civ., 16 avr. 1996, n° 94-11129). En revanche, les acquisitions faites **après le mariage** par un époux sous seing privé ont date certaine à l'égard du conjoint, qui n'est plus considéré comme un tiers : elles tombent en communauté (Cass. 1re civ., 16 juin 1992, n° 90-19570).

Sur l'onérosité de l'acquisition

Cela a pour conséquence que **les biens donnés ou légués pendant le mariage à l'un des époux ne sont pas communs, mais propres**. Toutefois, la règle n'est pas d'ordre public : il est parfaitement possible pour un donateur ou un testateur de stipuler que le bien donné ou légué à un époux sera commun (C. civ., art. 1405 al. 2). En outre, si la libéralité est faite conjointement aux deux époux, le bien tombe en communauté, sauf clause contraire (même texte).

Sur le mode d'acquisition

L'acquisition de la propriété d'un bien commun n'est pas nécessairement dérivée (achat, échange, donation conjointe...).
Elle peut également être originaire : on songe notamment à l'**accession.** Ainsi, tout ce qui s'unit ou s'incorpore à un bien commun, en particulier les constructions et plantations, est lui-même commun (sauf récompense, s'il y a lieu, v. *infra*).

Exemple

Si les époux construisent une maison sur un terrain commun, cette maison est un bien commun (sauf stipulation d'un droit de superficie au profit d'un époux qui dissocie la propriété du sol et des constructions, v. *supra*, n° 133).

En outre, l'article 1404 alinéa 2 du Code civil prévoit que les **instruments de travail accessoires d'un fonds de commerce ou d'une exploitation faisant partie de la communauté sont communs.** Il y a là une analogie avec l'immobilisation par destination de l'article 524 du Code civil.
Enfin, les biens qui viennent en remplacement d'un bien commun sont, par l'effet de la **subrogation réelle**, eux-mêmes communs : par exemple, une somme d'argent versée par une compagnie d'assurances à la suite de la perte ou la dégradation d'un bien commun constitue un bien commun (de même que le prix de vente d'un bien commun).

B. Les revenus

L'article 1401 du Code civil distingue les revenus qui proviennent du **travail** des époux (les gains et salaires) et ceux qui proviennent de leur **capital** (les fruits et revenus des biens du couple).
Les gains et salaires (1) comme les revenus de propres (2) sont communs.

1. Les gains et salaires

555. Il s'agit de **tous les produits du travail des époux** : les honoraires des professions libérales, les salaires et ses accessoires, ainsi que les substituts du salaire, y compris en principe les **indemnités de maladie, d'invalidité ou de licenciement**, dès lors qu'elles ont pour finalité de compenser la perte de salaire (Cass. 1re civ., 23 oct. 1990, n° 89-14448, *Bull. civ.* I, n° 218).

Par ailleurs, il est aujourd'hui acquis que les **gains et salaires sont, dès leur perception, des biens communs.** Pourtant, au lendemain de la loi de 1965, une incertitude avait vu le jour sur le caractère propre ou commun des gains et salaires. De fait, l'article 1401 du Code civil vise les *acquêts provenant de l'industrie des époux*, et non les revenus eux-mêmes. Ainsi, certains auteurs ont fait valoir que le revenu serait propre lors de sa perception et ne deviendrait commun qu'à l'occasion de l'utilisation des fonds pour l'achat d'un bien durant le mariage. Mais cette interprétation était contestable, dès lors que les gains et salaires proviennent **directement** de l'industrie des époux visée par l'article 1401. La jurisprudence et la loi de 1985 ont progressivement mis fin à cette incertitude. Désormais, le doute n'est plus permis. Par un arrêt ***Praslicka* du 31 mars 1992** de la première chambre civile (*Bull. civ.* I, n° 95), il a été jugé que « les salaires perçus par [le mari] avaient le caractère de biens communs de sorte que leur remise entre les mains de l'épouse ne pouvait s'analyser en une libéralité faite à celle-ci par son conjoint ».

La **distinction entre la propriété et les pouvoirs**, fondamentale en droit des régimes matrimoniaux, prend ici tout sens. Les gains et salaires font l'objet d'une propriété commune. Pour autant, ils sont soumis à la gestion exclusive de l'époux qui les perçoit, après avoir contribué aux charges du mariage. Il n'en va autrement que s'ils sont économisés, par exemple sur un contrat d'assurance-vie ou un plan d'épargne (v. *infra*, n° 561).

2. Les revenus des biens propres

556. À l'évidence, les revenus de biens communs sont, par accession, des biens communs. Mais qu'en est-il des revenus des biens propres ? *Quid* par exemple des loyers perçus au moyen du bail portant sur le bien propre d'un époux ? Si l'appartement est propre, les loyers sont-ils propres ou communs ? Comme pour les gains et salaires, la loi du 13 juillet 1965 a suscité un débat doctrinal sur la qualification des revenus des biens propres. Avant cette loi, le doute n'était pas permis dès lors que la communauté avait l'usufruit des biens propres, et donc droit aux revenus. Or, la réforme de 1965, en même temps qu'elle a supprimé cet usufruit de la communauté, a prévu, à l'article 1428 du Code civil, que chaque époux a la jouissance de ses biens propres, ce qui pouvait signifier un droit privatif aux fruits.

Ce débat a été définitivement clos par la Cour de cassation. Par un **arrêt *Authier* du 31 mars 1992**, la première chambre civile a jugé que « la communauté à laquelle sont affectés les fruits et revenus des biens propres, doit supporter les dettes qui sont la charge de la jouissance de ses biens » (*Bull. civ.* I, n° 96). On doit en déduire que, comme les gains et salaires, **les revenus des propres tombent en communauté dès leur perception.**

§ 2. La présomption de communauté

Cette présomption est posée par **l'article 1402 du Code civil alinéa 1er** : « tout bien, meuble ou immeuble, est réputé acquêt de communauté si l'on ne prouve qu'il est propre à l'un des époux par application d'une disposition de la loi ». Cette présomption révèle le parti pris du

législateur : le doute profite à la communauté. Elle est très importante en pratique, dans la mesure où il est rare que les époux conservent, spécialement pour les meubles, la preuve de l'origine d'un bien. Dans le doute, ce bien sera considéré comme commun.
Cette présomption, dont l'utilité doit être précisée (A), peut être renversée par la preuve contraire (B).

A. L'utilité de la présomption

557. L'utilité de la présomption est triple : elle facilite la détermination de l'actif, du passif et des pouvoirs sur les biens.

La présomption facilite la détermination de l'actif

Le bien étant présumé commun, il appartient à l'époux qui soutient le contraire d'en rapporter la preuve (Cass. 1re civ., 24 nov. 1976, n° 74-14337, *Bull. civ.* I, n° 367). Tous les biens sont concernés, corporels, comme incorporels (v. pour des fonds déposés sur un compte personnel d'un époux, présumés communs : Cass. 1re civ., 9 juill. 2008, n° 07-16545). Or, la question du caractère propre ou commun d'un bien se pose essentiellement entre époux lors de la dissolution de la communauté pour le calcul des récompenses (décès ou divorce), soit généralement à une date très éloignée de l'acquisition du bien. La présomption permet d'éviter l'incertitude générée par l'absence de preuve.

La présomption facilite la détermination du passif

Par exemple, si un créancier d'un époux entend saisir un bien commun, il n'aura pas à établir cette preuve. Il appartiendra au conjoint qui conteste la saisie de rapporter la preuve que le bien lui appartient en propre.

La présomption facilite l'étendue des pouvoirs

Lorsqu'un époux se présente seul pour aliéner un bien, celui-ci est présumé commun. Il en résulte que, sous réserve des cas exceptionnels de cogestion, il est soumis à la gestion concurrente. Le cocontractant de l'époux bénéficie de la présomption pour échapper à la remise en cause de l'acte par le conjoint qui devra rapporter la preuve de son caractère propre.
Tout ceci facilite au fond l'initiative des époux et le crédit du ménage.

B. Le renversement de la présomption

La présomption de communauté est simple : elle peut être renversée par la preuve contraire. Mais de quelle preuve contraire s'agit-il ? L'article 1402 alinéa 2 du Code civil exige normalement un écrit préconstitué (1), mais cette exigence est en réalité très limitée (2).

1. L'exigence d'un écrit préconstitué

558. L'article 1402 alinéa 2 dispose que « si le bien est de ceux qui ne portent pas en eux-mêmes preuve ou marque de leur origine, la propriété personnelle de l'époux, si elle est contestée, *devra être établie par écrit* ». On le voit, la présomption est d'autant plus efficace que la preuve contraire est encadrée. Celle-ci ne peut pas avoir lieu par tous moyens, mais suppose par principe un écrit préconstitué : acte de vente établi au nom d'un époux conclu avant le mariage, inventaire des biens propres réalisés lors du mariage, acte de donation d'un bien à un époux au cours du mariage…

2. Les limites à cette exigence

559. Pour autant, la suite du texte prévoit de nombreuses limites : « À défaut d'inventaire ou autre preuve préconstituée, le juge pourra prendre en considération tous écrits, notamment titres de famille, registres et papiers domestiques, ainsi que documents de banque et factures. Il pourra même admettre la preuve par témoignage ou présomption, s'il constate qu'un époux a été dans l'impossibilité matérielle ou morale de se procurer un écrit ».
On le voit, l'exigence d'une **preuve contraire par écrit** est donc très largement **limitée** :
- elle ne concerne pas les **tiers**, qui peuvent rapporter la preuve du caractère propre d'un bien par tous moyens ;
- elle ne concerne pas les **biens qui portent en eux-mêmes la marque de leur origine** (biens propres par nature, par ex. les vêtements ou les souvenirs de famille d'un époux) ;
- à **défaut d'écrit préconstitué** (tel qu'un contrat ou un inventaire des biens propres), le juge pourra prendre en compte **d'autres écrits** (registres, factures, documents bancaires) ;
- enfin, en cas **d'impossibilité matérielle ou morale de se procurer un écrit** (qui est fréquente entre époux), la preuve par tous moyens est admise.

Section 2
Les biens propres

L'article 1403 du Code civil dispose que « chaque époux conserve la pleine propriété de ses propres ». Mais encore faut-il déterminer les critères d'une telle qualification. Dans cette perspective, les articles 1404 et suivants du Code civil identifient trois hypothèses de biens propres : les biens propres par leur nature (§ 1), leur origine (§ 2) et leur relation avec un autre bien propre (§ 3).

§ 1. Les biens propres par nature

Selon **l'article 1404 du Code civil**, « forment des propres par leur nature, quand bien même ils auraient été acquis pendant le mariage, (…) *tous les biens qui ont un caractère personnel et tous les droits exclusivement attachés à la personne* ». Il s'agit donc d'une exception notable à l'entrée des acquêts en communauté. Certains biens, parce qu'ils sont attachés à la personne de l'époux, restent des biens propres, et ce, même s'ils ont été acquis pendant le mariage.
Selon un principe de vases communicants, cela conduit corrélativement à priver la communauté de certaines richesses souvent non négligeables. C'est pourquoi la jurisprudence, aidée par la doctrine, a consacré, pour certains biens particuliers, **une distinction entre le titre et la finance**, qui permet de faire entrer la valeur patrimoniale d'un bien à caractère personnel en communauté. Le bien présente alors une nature mixte, puisqu'il est à la fois propre par certains aspects et commun par d'autres.
Il convient dès lors d'envisager successivement les biens à caractère personnel (A) et les biens mixtes (B).

A. Les biens à caractère personnel

Une remarque liminaire s'impose. Il est douteux qu'un **immeuble** présente un caractère personnel. L'immeuble est pour l'éternité rattaché à un territoire, il n'est pas relié à une personne. Restent donc, au titre des biens à caractères personnel, des **meubles corporels** (1) et des **droits incorporels** (2), qui sont d'ailleurs visés, sous forme d'illustration, à l'article 1404 du Code civil.

1. Les meubles corporels à caractère personnel

560. L'article 1404 vise en premier lieu les **vêtements et linges à l'usage personnel de l'un des époux**. Ainsi, même s'ils sont sales, les vêtements d'un époux sont propres ! Le texte ne prévoit aucune récompense pour la communauté. Cela signifie que l'époux qui a utilisé des deniers communs (par ex. son salaire, ou celui de son conjoint) pour faire les soldes ne doit, lors de la dissolution du mariage, aucune récompense à la communauté. Il faut y voir une contribution aux charges du mariage (C. civ., art. 214 ; v. *supra*, n° 511 et s.).
L'article 1404 évoque en second lieu les **instruments de travail nécessaires à la profession de l'un des époux** : livres de l'avocat, outils de l'artisan, véhicule du représentant de commerce… Le texte prévoit cette fois expressément un droit à récompense au profit de la communauté, parce que la communauté n'a pas normalement à contribuer à l'activité professionnelle de chacun des époux. Comme cela a été souligné, la qualification de bien propre est exclue si de tels instruments de travail sont l'accessoire d'un fonds de commerce ou d'une exploitation faisant partie de la communauté.
La liste n'étant pas exhaustive, il est encore possible de qualifier de biens à caractère personnel les correspondances, diplômes, décorations, bijoux personnels…

2. Les droits incorporels attachés à la personne

561. L'article 1404 vise en premier lieu **les actions en réparation d'un dommage corporel ou moral.** Il en résulte que les dommages-intérêts versés à ce titre ne tombent pas en communauté : ils sont propres à l'époux victime. Il en va de même **des pensions ou indemnités destinées à réparer une atteinte à l'intégrité physique** (v. pour une pension de guerre, Cass. 1re civ., 8 juill. 2009, n° 08-16364, *Bull. civ.* I, n° 167), ou encore de **l'indemnité d'assurance réparant une atteinte à l'intégrité physique** (Cass. 1re civ., 17 nov. 2010, n° 09-72316, *Bull. civ.* I, n° 238).

Conseil

Il convient de se montrer rigoureux dans les **cas pratiques** et de vérifier **la finalité** de l'indemnité : si elle constitue un substitut de rémunération, il s'agit d'un bien commun ; si elle sert à réparer une atteinte à l'intégrité physique ou morale, il s'agit d'un bien propre.

L'article 1404 vise en second lieu les **créances et pensions incessibles**. Cela concerne au premier chef les **créances et pensions alimentaires**, qui sont attachées à la personne du créancier.
Mais d'autres droits incorporels soulèvent davantage de difficulté. Quatre hypothèses sensibles devront être examinées.

a. Première difficulté : le droit au bail

Tout dépend du type de bail. S'il s'agit d'un **bail d'habitation**, nous savons qu'il ne peut pas être un propre, puisqu'il appartient indivisément aux deux époux (C. civ., art. 1751). En revanche, **le bail rural** est qualifié de propre par nature par la Cour de cassation, en ce qu'il est personnel et incessible (Cass. 1re civ., 8 avr. 2009, n° 07-14227, 07-15274, *Bull. civ.* I, n° 79). Une solution proche a été posée pour le **bail commercial** : le fait que le fonds de commerce soit commun n'entraîne pas la cotitularité du bail commercial (Cass. 3e civ., 28 mai 2008, n° 07-12277, *Bull. civ.* III, n° 96), alors même que le bail commercial, contrairement au bail rural, est cessible.

b. Deuxième difficulté : la pension de retraite complémentaire

Il a été jugé que, même lorsque les cotisations ont été payées par des fonds communs, constituent des **biens propres par nature** les sommes versées au titre d'un contrat qui ouvrait droit à une retraite complémentaire de cadre, dont le bénéficiaire ne pouvait prétendre qu'à la cessation de son activité professionnelle (Cass. 1re civ., 30 avr. 2014, n° 12-21484, *Bull. civ.* I, n° 75). Il s'ensuit que si la retraite n'est pas survenue au jour du divorce, les sommes ultérieurement perçues par l'époux ne seront pas réintégrées dans la masse commune à partager. La solution est contraire à ce qui se produit en matière d'assurance mixte qui est en cours au jour de la dissolution du régime (v. difficulté suivante).

c. Troisième difficulté : l'assurance-vie et l'assurance mixte

En la matière, il existe un texte spécial, l'article L. 132-16 du Code des assurances. Selon ce texte, « le bénéfice de l'assurance contractée par un époux commun en biens en faveur de son conjoint, constitue un propre pour celui-ci ». Il est en outre précisé qu'aucune récompense n'est due à la communauté en raison des primes payées par elle, sauf si elles ont été manifestement exagérées eu égard à ses facultés. Mais ce texte, **propre à l'assurance-vie au bénéfice du conjoint**, ne règle pas toutes les difficultés : qu'en est-il notamment en cas **d'assurance-mixte** ? Dans l'assurance mixte, l'assureur s'engage à payer le capital convenu *soit au souscripteur* s'il est encore vivant à une échéance fixée (vingt ans par ex.), *soit à un tiers* (conjoint, enfants...) en cas de décès du souscripteur avant le terme du contrat. Qu'advient-il alors si, au jour du divorce, l'assurance n'est pas encore dénouée, parce que le souscripteur assuré est en vie et que le terme du contrat n'est pas arrivé (les vingt ans ne sont pas encore écoulés) ? Dans le fameux arrêt *Praslicka* (Cass. 1re civ., 31 mars 1992, n° 90-16343, *Bull. civ.* I, n° 95), la Cour de cassation a jugé que **la valeur de rachat du contrat dont les primes ont été payées avec des fonds communs fait partie de la communauté**. Ainsi, même si l'opération n'est pas encore dénouée lors de la dissolution du régime matrimonial, la valeur de rachat du contrat d'assurance-vie constitue un bien commun et non un bien propre. Cette différence entre la **retraite complémentaire et l'assurance-mixte** réside sans doute dans le fait que le contrat de prévoyance n'a pas en principe, contrairement à une assurance-vie, de valeur de rachat. Il n'est pas possible d'en connaître la valeur tant que la retraite n'est pas survenue.

La règle de l'article L. 132-16 du Code des assurances a été récemment rappelée par la Cour de cassation. Ainsi, elle a jugé « qu'il résulte de l'article L. 132-16 du Code des assurances que le bénéfice de l'assurance sur la vie contractée par un époux commun en biens en faveur de son conjoint constitue un propre pour celui-ci, peu important que les primes aient été payées par la communauté» (**Cass. 1re civ., 25 mai 2016**, n° 15-14737). Il en résulte que les capitaux versés à la veuve en vertu du contrat d'assurance-vie n'ont pas à être réintégrés à l'actif communautaire, ceux-ci constituant des propres du conjoint.

d. Quatrième difficulté : les stock-options

La Cour de cassation a jugé que les droits résultant de l'attribution, pendant le mariage à un époux commun en biens, d'une option de souscription ou d'achat d'actions forment des **propres par nature** (Cass. 1re civ., 9 juill. 2014, n° 13-15948). Rappelons que la stock-option est une promesse unilatérale faite par une société par actions à certains de ses salariés ou dirigeants de leur vendre sur leur demande un nombre déterminé de ses actions **dans un délai** et **moyennant un prix définitivement fixés**. Le bénéficiaire est incité à contribuer à la bonne marche de l'entreprise. Si le cours des actions monte, il pourra lever l'option au prix initialement fixé et acquérir des actions à un prix inférieur à leur valeur réelle, bénéficiant ainsi d'une substantielle plus-value. Il résulte de l'arrêt de la Cour de cassation que lorsque l'option n'a pas encore été exercée lors de la dissolution du régime, les actions ultérieurement acquises par l'effet de cette option demeurent des propres : la communauté ne peut donc pas bénéficier de la plus-value attachée à l'opération. L'époux titulaire de stock-options a donc tout intérêt à attendre la dissolution de la communauté, notamment en cas de divorce, puisque la Cour de cassation précise que les actions acquises par l'exercice de l'option **pendant le mariage** entrent dans la communauté.

Actualité sur les stock-options

Par un arrêt du 25 octobre 2023, la Cour de cassation a rappelé qu'il résulte des articles 1401, 1404 et 1589 du Code civil et de l'article L. 225-183, alinéa 2, du Code de commerce que, si les droits résultant de l'attribution, pendant le mariage, à un époux commun en biens, d'une **option** de souscription ou d'achat d'actions forment des propres par nature, les actions acquises par l'exercice de ces droits entrent dans la communauté lorsque l'option est levée avant sa dissolution **(Cass. 1re civ., 25 oct. 2023, n° 21-23139 P)**. Dès lors, c'est à bon droit que la cour d'appel a retenu que seules les 68 actions pour lesquelles l'époux avait levé l'option d'achat au jour de l'ordonnance de non-conciliation devaient être intégrées à l'actif de la communauté.
Il est également **précisé** que la date à laquelle doit avoir été levée l'option pour que les actions acquises intègrent la communauté est celle de la dissolution de cette dernière, et non la date du divorce.

On le voit, la reconnaissance des biens propres par nature porte atteinte aux intérêts de la communauté, ou plus précisément au droit du conjoint à bénéficier de l'enrichissement de l'époux propriétaire lors de la dissolution du régime. De fait, si le bien est propre, il n'entre pas dans la masse commune à partager (v. *infra*, n° 561). Tout ceci explique pourquoi la doctrine et la jurisprudence ont forgé, s'agissant de certains biens particuliers, une distinction passée à la postérité entre le titre et la finance.

B. Les biens mixtes : la distinction entre le titre et la finance

Les biens mixtes sont des biens qui tout en ayant une forte dimension personnelle, présentent une valeur patrimoniale essentielle qui ne saurait échapper à la communauté. Afin de concilier l'autonomie professionnelle de l'époux et les intérêts de la communauté, la jurisprudence a consacré une distinction entre **le titre, qui correspond à la qualité propre à l'époux, et la finance, qui correspond à la valeur patrimoniale commune.** Cette distinction a été mise en œuvre à propos des offices ministériels et des clientèles civiles (1), des parts sociales dans les sociétés de personnes (2) et elle se retrouve en creux en matière de propriété littéraire et artistique (3).

1. Les offices ministériels et les clientèles civiles

562. La distinction entre le titre et la finance est, s'agissant des **offices ministériels**, très classique :

- le **titre** d'huissier, de notaire ou encore d'avocat aux conseils résulte d'une investiture de l'autorité publique. Il est propre à l'époux et ne saurait être partagé avec son conjoint. Par conséquent, l'époux titulaire du titre est le seul juge d'une cession de l'office ministériel et il récupère, à la dissolution du mariage, son titre qui ne transite pas par la communauté ;
- la **finance** correspond à la valeur patrimoniale de l'office, qui est considérable. À condition d'avoir été acquis à titre onéreux au cours du mariage, l'office voit sa valeur tomber en communauté. Lors de la dissolution du régime, cette valeur sera partagée entre les époux (v. *infra*, n° 562 et s.).

Cette distinction entre le titre et la finance se retrouve plus généralement dans **toutes les professions dans lesquelles l'exploitant est personnellement investi par l'autorité publique**. Ainsi, il a été jugé que des **concessions de parc à huîtres, accordées par l'administration**, ont un caractère personnel : seule la valeur patrimoniale tombe en communauté (Cass. 1re civ., 8 déc. 1987, n° 86-12426, *Bull. civ.* I, n° 333). De même, il a été jugé que la valeur patrimoniale **d'une licence de taxi** était comprise dans la communauté (Cass. 1re civ., 16 avr. 2008, n° 07-16105, *Bull. civ.* I, n° 121). Il en va ainsi même si la création d'une **officine de pharmacie** a été autorisée par l'administration avant le mariage, dès lors que l'ouverture au public, qui entraîne la création d'une clientèle réelle et certaine, a eu lieu après le mariage : la valeur patrimoniale de l'officine tombe en communauté (Cass. 1re civ., 4 déc. 2013, n° 12-28076). De manière encore plus générale, la distinction entre le titre et la finance a été consacrée pour les **clientèles civiles**, non pas parce que l'activité est autorisée par l'administration, mais en raison du lien personnel qui existe entre le professionnel libéral (médecin, avocat, dentiste…) et sa clientèle. La Cour de cassation estime que la clientèle civile de l'époux doit figurer dans l'actif de la communauté pour sa valeur patrimoniale (Cass. 1re civ., 12 janv. 1994, n° 91-15562, *Bull. civ.* I, n° 11).

2. Les parts des sociétés de personnes

563. À la différence des actions qui sont incontestablement des acquêts de communauté, les parts des sociétés de personnes (SNC, SARL, sociétés civiles…) incarnent un fort *intuitus personae*. Les associés se connaissent, de sorte que l'on ne saurait automatiquement conférer la qualité d'associé au conjoint. C'est pourquoi la jurisprudence a consacré, avant la loi de 1965, la distinction entre le titre, qui est propre (qualité d'associé) et la finance, qui est commune (valeur des parts).

Après quelques hésitations issues de la loi de 65 sur lesquelles il n'est pas nécessaire de revenir, la loi du 10 juillet 1982 a conforté la distinction. **L'article 1832-2 du Code civil** reconnaît en effet la qualité d'associé à **l'époux qui emploie des fonds communs pour faire apport à la société ou acquérir des parts sociales**. Ainsi, la qualité d'associé est propre, tandis que la valeur des parts est commune. La jurisprudence récente confirme cette solution (Cass. 1re civ., 4 juill. 2012, n° 11-13384, *Bull. civ.* I, n° 155 ; Cass. 1re civ., 12 juin 2014, n° 13-16309).
Mais cette acquisition ou cet apport est subordonnée à une **formalité préalable** : à peine de nullité de l'acte sur le fondement de l'article 1427 du Code civil (v. *infra*, n° 593 et s.), l'époux **doit préalablement avertir son conjoint qu'il entend utiliser des fonds communs** et il doit **ensuite en justifier dans l'acte**. Pourquoi cette information ? Pour permettre au conjoint d'acquérir lui-même la qualité d'associé en réalisant un apport ou en achetant des parts.

3. La propriété littéraire et artistique

564. S'agissant des droits d'un auteur sur une œuvre de l'esprit, l'article L. 121-9 du Code de la propriété intellectuelle effectue une distinction qui ne se confond pas avec la distinction entre le titre et le finance, mais qui s'inscrit peu ou prou dans la même philosophie.
Ainsi, selon ce texte :
« Sous tous les régimes matrimoniaux et à peine de nullité de toutes clauses contraires portées au contrat de mariage, *le droit de divulguer l'œuvre, de fixer les conditions de son exploitation et d'en défendre l'intégrité reste propre à l'époux auteur* ou à celui des époux à qui de tels droits ont été transmis. Ce droit ne peut être apporté en dot, ni acquis par la communauté ou par une société d'acquêts.
Les produits pécuniaires provenant de l'exploitation d'une œuvre de l'esprit ou de la cession totale ou partielle du droit d'exploitation sont soumis au droit commun des régimes matrimoniaux, uniquement lorsqu'ils ont été acquis pendant le mariage ; il en est de même des économies réalisées de ces chefs ».
Ainsi, la loi distingue la **direction de l'œuvre**, propre à l'auteur (droit moral : divulgation et respect/droits patrimoniaux : fixation des conditions de l'exploitation) et les **produits de l'exploitation de l'œuvre**, qui tombent en communauté (redevances, rémunérations au titre de la cession des droits…).
Pour conclure, il apparaît que la distinction entre le titre et la finance est très présente en droit positif. On peut sans doute le regretter, dès lors qu'elle procède d'une certaine confusion entre la propriété et le pouvoir. On pourrait parvenir au même résultat en qualifiant tous les biens mixtes de communs, tout en relevant qu'ils relèvent de la gestion exclusive de l'époux qui exerce une profession ou une qualité particulière (médecin, associé, auteur…). Qualifier le titre de propre ne sert, pour l'essentiel, qu'à préserver l'indépendance professionnelle de l'époux, laquelle est déjà amplement garantie par l'exclusivité des pouvoirs sur les biens professionnels (v. C. civ., art. 1421, *infra*, leçon 3).

§ 2. Les biens propres par origine

Les biens propres par leur origine sont visés par **l'article 1405 du Code civil** : « restent propres les biens dont les époux avaient la propriété ou la possession au jour de la célébration du mariage, ou qu'ils acquièrent, pendant le mariage, par succession, donation ou legs ». Sont ainsi propres les biens acquis avant le mariage (A), que l'on appelle les **biens**

présents, et ceux acquis pendant le mariage, mais à titre gratuit, que l'on appelle les **biens futurs** (B). Il convient d'y ajouter une hypothèse marginale, envisagée par l'alinéa 3 : les biens acquis par « arrangement de famille » (C).

A. Les biens acquis avant le mariage (biens présents)

565. Le texte vise les biens dont les époux avaient la **propriété** ou la **possession** avant le mariage. Cette référence à la **possession** signifie que si l'usucapion est en cours au jour du mariage, elle rétroagit avant le mariage une fois qu'elle est réalisée.

Exemple

Si un époux a commencé à posséder un immeuble en 1985, qu'il se marie en 2000 et qu'il prescrit en 2015 (trente ans après), le bien sera considéré comme un bien propre, parce qu'il avait été possédé par l'époux avant le mariage (sous réserve que la possession ne soit pas devenue équivoque après le mariage... ; v. *supra*, n° 79).

S'agissant de la **propriété**, tout a déjà été dit précédemment : il faudra rapporter la preuve de l'antériorité de l'acquisition avant le mariage, le bien étant présumé commun (C. civ., art. 1402 ; v. *supra*, n° 557).

B. Les biens acquis à titre gratuit pendant le mariage (biens futurs)

566. Les biens reçus par **succession, donation ou legs par un époux pendant le mariage** sont des biens propres. La règle a pas moins de trois justifications :

- la première est **historique** : la conservation des biens dans la famille. La préservation du patrimoine du lignage (que l'on tient de ses parents) empêche qu'il soit fondu dans la communauté (que l'on partage avec son conjoint, qui n'est rien d'autre pour les beaux-parents que le gendre ou la belle-fille, cet intrus...) ;
- la deuxième est plus **philosophique** : de tels biens ne sont pas issus de l'industrie des époux, de leurs efforts, mais résultent d'une appartenance familiale ou d'une désignation dans une libéralité. Ils ne portent donc pas la marque d'une activité réelle (dans laquelle le conjoint a toujours une part), mais d'une qualité personnelle. Il apparaît dès lors moins légitime qu'ils soient partagés entre les époux ;
- la troisième est **volontariste** : il s'agit, tout simplement, de respecter la volonté tacite du défunt (succession) ou la volonté expresse de l'auteur d'une libéralité (donation ou legs), qui a entendu instituer l'époux, et non son conjoint. D'ailleurs, comme cela a déjà été souligné, la **règle n'est pas d'ordre public** : la libéralité peut prévoir que le bien tombera en communauté ou, ce qui revient au même, être faite au profit des deux époux. Merci belle-maman et bon-papa !

C. Les biens acquis par arrangement de famille

567. Cette hypothèse marginale est prévue par l'article 1405 alinéa 3 : « les biens abandonnés ou cédés par père, mère ou autre ascendant à l'un des époux, soit pour le remplir de ce qu'il lui doit, soit à la charge de payer les dettes du donateur à des étrangers, restent propres, sauf récompense ». Alors même que l'acquisition n'est pas gratuite, puisqu'il s'agit de biens abandonnés ou donnés par un ascendant pour payer une dette, la loi les considère comme des biens propres. C'est, au fond, un mécanisme d'anticipation successorale. Si le règlement de la dette suppose le recours à des deniers communs, l'époux en devra récompense à la communauté.

§ 3. Les biens propres par relation

Certains biens, alors même qu'ils sont acquis à titre onéreux pendant le mariage, constituent des biens propres, **à raison du lien qu'ils entretiennent avec un autre bien propre**. Ce lien peut prendre plusieurs formes : l'accessoire (A), la subrogation (B) et l'acquisition de parts indivises (C).

A. Les biens propres par accessoire

568. **L'article 1406 alinéa 1er du Code civil** dispose que « forment des propres, sauf récompense s'il y a lieu, les biens acquis à titre d'accessoires d'un bien propre ainsi que les valeurs nouvelles et autres accroissements se rattachant à des valeurs mobilières propres ». Il s'agit une nouvelle fois de l'application de la règle *accessorium sequitur principale* : l'accessoire suit le principal.

Est ainsi propre l'immeuble bâti sur le terrain propre de l'époux, même à l'aide de fonds provenant de la communauté (Cass. com., 24 juin. 2013, n° 00-14645, *Bull. civ.* IV, n° 105). On reconnaît là la **règle de l'accession**. L'époux devra alors récompense à la communauté pour la dépense qu'elle a assumée (v. *infra*, n° 651 et s.).

Mais le lien d'accessoire à principal est plus large que la seule accession par incorporation. Par exemple, est propre le véhicule automobile acquis à titre d'accessoire d'un cabinet d'assurance lui-même propre (Cass. 1re civ., 8 nov. 1989, n° 87-12698, *Bull. civ.* I, n° 340).

De même encore, constituent des propres par accessoire les actions créées par incorporation de réserves et attribuées gratuitement aux actionnaires en place, le droit préférentiel de souscription attaché à des valeurs mobilières propres et les actions souscrites par ce biais (Cass. 1re civ., 12 déc. 2006, n° 04-20663, *Bull. civ.* I, n° 536).

B. Les biens propres par subrogation

La subrogation réelle, seule en cause ici, évoque l'idée du remplacement du bien par un autre dans un patrimoine. S'agissant des biens propres, le Code civil envisage deux hypothèses de subrogation : une subrogation automatique (1), qui opère de plein droit, et une subrogation par remploi, qui suppose l'accomplissement d'une formalité particulière (2).

1. La subrogation automatique

569. La subrogation automatique opère dans deux cas :

a. Premier cas : les créances et indemnités de remplacement d'un propre (C. civ., art. 1406 al. 2)

De telles créances et indemnités, parce qu'elles remplacent un bien propre, constituent des propres.

Exemple

L'indemnité d'assurance destinée à remplacer un bien perdu ou dégradé constitue un propre. De même, le **prix de vente** perçu à la suite de l'aliénation d'un bien propre est un propre. Par un arrêt du 5 décembre 2018, la Cour de cassation a précisé que « par l'effet de la subrogation réelle, le prix de vente qui remplace le bien propre cédé est lui-même un propre, ce qui exclut que la plus-value due à l'évolution du marché ou l'érosion monétaire, résultant de cette opération, puisse être assimilée à des fruits et revenus entrant dans la communauté » (**Cass. 1re civ., 5 déc. 2018**, n° 18-11794).

Ainsi, la plus-value d'un propre constitue un bien propre, car on ne saurait l'assimiler à un fruit ou un revenu. L'idée sous-jacente est que le gain monétaire n'est nullement lié à l'exploitation de la chose, mais à un contexte économique extérieur. Il n'y a donc pas d'accessoire issu de la chose (bien commun), mais une modification de la valeur du capital (bien propre).

b. Deuxième cas : l'échange d'un propre (C. civ., art. 1407)

Le texte prévoit que « le bien acquis en échange d'un bien qui appartenait en propre à l'un des époux est lui-même propre, sauf la récompense due à la communauté ou par elle, s'il y a soulte ».

Exemple

Si un bien propre d'une valeur de 100 est échangé contre un bien d'une valeur de 120, ce nouveau bien acquis par l'époux est lui-même un propre par subrogation. Si la communauté a payé la soulte de 20, l'époux lui en devra récompense.

Mais cette subrogation a une limite fixée par l'article 1407 alinéa 2 : « si la soulte mise à la charge de la communauté est supérieure à la valeur du bien cédé, le bien acquis en échange tombe dans la masse commune, sauf récompense au profit du cédant ».

Exemple

Si un bien propre d'une valeur de 100 est échangé contre un bien d'une valeur de 250 et que la communauté paie une soulte de 150, le bien est commun. C'est alors l'époux qui aura droit à une récompense (v. *infra*, n° 653 et s., pour le calcul des récompenses).

2. La subrogation par remploi

570. La force d'attraction de la communauté se manifeste une nouvelle fois. Comme cela a été vu, les sommes perçues avant le mariage ou reçues en héritage par un époux sont des propres (C. civ., art. 1405). De même, les sommes obtenues à la suite de la vente d'un propre sont des propres (art. 1406 al. 2). Pour autant, **si l'époux utilise des fonds propres pour acquérir un bien pendant le mariage, celui-ci sera normalement commun**. La règle s'explique par la volonté du législateur de couper court à tout litige sur l'origine des fonds, litige qui survient en outre de nombreuses années après l'acquisition, généralement à l'occasion d'un divorce.
Il existe pourtant **un moyen pour l'époux de paralyser cette règle** : **la formalité du remploi**. C'est ce que prévoit l'article 1406 alinéa 2 : sont propres « les biens acquis en **emploi** ou **remploi**, conformément aux articles 1434 et 1435 ».

Une remarque terminologique s'impose : **l'emploi** consiste à utiliser des fonds qui sont **propres par leur origine** (héritage, donation, perception avant le mariage...) pour acquérir un bien ; le **remploi** concerne des fonds issus de l'aliénation d'un propre, qui sont donc **propres par subrogation automatique** (v. *supra*, n° 569 et s.), pour racheter un autre bien. Toutefois, dans les deux cas, **la formalité est la même,** de sorte que l'on parlera de remploi, étant précisé que ce qui va être dit s'applique *mutatis mutandis* à l'emploi.
Trois techniques sont possibles : le remploi des fonds lors de l'acquisition (a), qui constitue le cas le plus courant, mais aussi le remploi par anticipation (b) et le remploi *a posteriori* (c), qui sont plus rares.

a. Le remploi des fonds lors de l'acquisition

571. Cette technique est prévue par **l'article 1434 du Code civil** : « l'emploi ou le remploi est censé fait à l'égard d'un époux, toutes les fois que, lors d'une acquisition, il a été déclaré qu'elle était faite de deniers propres ou provenus de l'aliénation d'un propre, et pour lui tenir lieu d'emploi ou de remploi ».
Le texte exige une **double déclaration unilatérale de l'époux** : celui-ci doit non seulement déclarer **l'origine des fonds**, mais également déclarer que ces fonds **sont affectés à l'acquisition d'un bien propre**.

Exemple

Un époux hérite de 100 000 euros. Il achète un appartement et déclare dans l'acte que les fonds proviennent d'un héritage et qu'ils sont destinés à acquérir un bien propre. En l'absence d'une telle déclaration dans l'acte, qui ne requiert aucune preuve sacramentelle mais doit être expresse, le bien acquis est commun.

Qu'advient-il si le bien est d'une valeur supérieure aux fonds remployés ?

Exemple

Un époux hérite de 100 000 euros et le prix du bien est de 120 000 euros. Dans ce cas, l'article 1436 du Code civil prévoit que la communauté a droit à récompense si elle finance l'excédent (20 000 euros). Par ailleurs, si la contribution de la communauté est supérieure à celle de l'époux, le bien acquis tombe en communauté et c'est alors l'époux qui a droit à récompense. Il en va ainsi, par exemple, si l'époux dispose de fonds propres de 100 000 euros et que l'immeuble est acheté pour 230 000 euros.

b. Le remploi par anticipation

572. Cette technique est prévue par l'article 1435 du Code civil : « si l'emploi ou le remploi est fait par anticipation, le bien acquis est propre, sous la condition que les sommes attendues du patrimoine propre soient payées à la communauté dans les cinq ans de la date de l'acte ».

Exemple

L'hypothèse pratique est celle dans laquelle l'époux ne dispose pas encore des fonds propres pour acquérir un bien. Par exemple, il souhaite ardemment acquérir un nouvel appartement à Paris dans le 10ᵉ, mais il n'a pas encore eu le temps de vendre son propre appartement de Montpellier. Dans ce cas, la communauté va lui faire l'avance de ses fonds propres, qu'il va déclarer comme tels dans l'acte. Le bien est propre, dès lors qu'il aura remboursé les fonds à la communauté dans les cinq ans.

Comme la précédente, cette déclaration est **unilatérale** : elle ne suppose pas le consentement du conjoint (Cass. 1re civ., 27 mars 2007, n° 05-16434).

c. Le remploi *a posteriori*

573. Cette technique est prévue par **l'article 1434 *in fine* du Code civil**. À défaut de déclaration de remploi dans l'acte, les époux peuvent ratifier la situation *a posteriori*. La loi de 1965 a ici consacré une solution jurisprudentielle née d'un célèbre arrêt *Potier de la Morandière* (Cass. req., 17 mai 1938).
Les époux peuvent ainsi, **d'un commun accord**, effectuer le remploi postérieurement à l'acte et déclarer que tel bien a été acquis au moyen de fonds propres de l'un d'entre eux. Mais cet accord ne produit ses effets **que dans leurs rapports réciproques** (art. 1434, *in fine*). En d'autres termes, le bien reste commun à l'égard des tiers, avec toutes les conséquences que cela implique (notamment en termes de passif et de pouvoir, v. *infra*, n° 582 et s.).
Il est ainsi important de relever que le remploi *a posteriori*, qui permet de pallier l'absence de remploi dans l'acte, n'est pas une démarche unilatérale : il suppose l'accord des deux époux.

C. Le rachat de parts indivises

574. Cette troisième et dernière catégorie de biens propres par relation est prévue par **l'article 1408 du Code civil** : « l'acquisition faite, à titre de licitation ou autrement, de portion d'un bien dont l'un des époux était propriétaire par indivis, ne forme point un acquêt, sauf la récompense due à la communauté pour la somme qu'elle a pu fournir ».
Supposons qu'un époux soit déjà titulaire de parts dans une indivision. Il se trouve qu'il souhaite racheter à un autre indivisaire ses parts. Si l'on considérait ces parts nouvellement acquises comme communes (acquêts à titre onéreux), il y aurait superposition de deux propriétés collectives : la communauté (sur les parts) et l'indivision (sur le bien ou patrimoine indivis). Ce serait excessivement compliqué.
C'est pourquoi la loi prévoit que les droits indivis ainsi acquis sont propres à l'époux indivisaire, à charge de récompense à la communauté si elle a financé l'acquisition. Cela permet de réaliser une unité entre les anciennes parts et les nouvelles détenues par l'époux : elles sont toutes des biens propres. La règle est **impérative** (Cass. 1re civ., 13 oct. 1993, n° 91-21132, *Bull. civ.* I, n° 276), sauf pendant l'instance en divorce ou après la dissolution de la communauté, où elle peut être écartée par convention (Cass. 1re civ., 11 juin 2003, n° 99-14612, *Bull. civ.* I, n° 141).

575 à 581. Réservés.

LEÇON 3

LES POUVOIRS DANS LA COMMUNAUTÉ LÉGALE

Textes

Articles 1421 et suivants du Code civil

582. La qualification des biens, envisagée dans la leçon précédente, est déterminante pour la question des pouvoirs. En effet, les pouvoirs des époux ne sont pas les mêmes selon qu'ils s'exercent sur des **biens communs** (section 1) ou sur des **biens propres** (section 2).

Section 1

Les pouvoirs sur les biens communs

La loi du 23 décembre 1985 a ici eu un rôle majeur, en ce qu'elle a pleinement réalisé **l'égalité entre époux** dans la gestion des biens communs. Auparavant, une partie des biens communs (les biens dits «ordinaires») était administrée par le mari. Ce dernier vestige de la puissance maritale a été aboli en 1985.

Il convient d'envisager successivement la **détermination des pouvoirs** (§ 1), avant de traiter la question épineuse de la **sanction de l'exercice irrégulier de ses pouvoirs** par un époux (§ 2).

§ 1. La détermination du pouvoir des époux

La loi de 1985 a imposé un **modèle**: celui de la **gestion concurrente** de la communauté (A). Ce n'est qu'à titre exceptionnel que les biens communs font l'objet d'une **gestion exclusive** (B) ou d'une **gestion conjointe** (C). Enfin, parce qu'il faut bien prévoir l'incurie ou la fraude de l'un des époux, la loi organise le **transfert judiciaire** des pouvoirs d'un époux à son conjoint (D).

A. La gestion concurrente

583. Il s'agit de la gestion de droit commun prévue par **l'article 1421 du Code civil**: «chacun des époux a le pouvoir d'administrer seul les biens communs et d'en disposer, sauf à répondre des fautes qu'il aurait commises dans sa gestion. Les actes accomplis sans fraude sont opposables à l'autre». Depuis 1985, la communauté est administrée par deux gérants parfaitement égaux. C'est, comme a pu l'écrire André Colomer, **un aigle à deux têtes : chaque époux a le pouvoir de gérer seul les biens de la communauté.** En cela, la communauté révèle sa spécificité par rapport à l'**indivision**, qui repose sur un principe d'unanimité. Comme dans l'indivision, la propriété est commune, mais dans la communauté la gestion est **individuelle,** alors qu'elle est **collective** dans l'indivision. Cette différence s'explique parfaitement. Dans l'indivision successorale (C. civ., art. 815 et s.), les indivisaires ne se sont pas choisis. Ils sont en copropriété parce qu'ils héritent d'un même auteur : les biens sont en commun **par leur origine**. Les indivisaires ne partagent, en somme, que le passé, de sorte que rien ne justifie que l'un puisse agir au nom des autres. Dans la communauté, les biens communs le sont **par affectation**. Les époux ont choisi de se marier et de mener ensemble une vie commune. Ils se font donc mutuellement confiance pour pourvoir aux intérêts du ménage. Tout ceci renforce l'idée selon laquelle la communauté est irréductible à l'indivision ordinaire : elle est une **copropriété *sui generis***, parce qu'elle regroupe deux personnes qui ont un projet de vie commune.

Quoi qu'il en soit, ce principe de gestion concurrente a **fait perdre beaucoup de leur intérêt aux mesures judiciaires de crise et aux présomptions de pouvoir prévues par le régime primaire impératif** (v. *supra*, n° 12 et s.). Chaque époux pouvant décider seul du sort des biens communs, nul besoin de remédier à l'incurie ou l'absence de son conjoint, ou de présumer qu'il est investi des pleins pouvoirs, puisqu'il les a effectivement.

Il s'agit du modèle de **droit commun** : il concerne tous les **actes conservatoires** (inscription hypothécaire par ex.), **d'administration** (bail d'habitation par ex.) **et de disposition** (ex. vente d'un meuble corporel) **qui ne relèvent pas de la gestion exclusive ou de la cogestion**. C'est ce que prévoit l'article 1421 alinéa 3 : « le tout, sous réserve des articles 1422 à 1425 ».

Par ailleurs, il faut savoir que les **actions en justice relatives aux biens communs, même s'il s'agit d'immeubles, relèvent de la gestion concurrente** : chacun des époux peut donc les exercer seul (Cass. 1re civ., 19 mars 1991, n° 88-18488, *Bull. civ.* I, n° 91).

B. La gestion exclusive

Par exception, certains actes sur les biens communs ne **peuvent être accomplis que par l'un des époux, à l'exclusion de l'autre.** Celui-ci monopolise en quelque sorte la gestion du bien commun : son conjoint est privé de tout pouvoir sur le bien. Il y a alors **dissociation entre la propriété (commune) et le pouvoir (exclusif) sur le bien**, ce qui est l'une des grandes caractéristiques du droit des régimes matrimoniaux.

Alors que la gestion concurrente a pour fonction première de réaliser une égalité entre époux, la gestion exclusive a pour finalité principielle d'assurer **l'indépendance des époux**. Cela explique qu'elle s'applique aux revenus de l'époux (1) et aux actes nécessaires à l'exercice de son activité professionnelle (2).

1. Les revenus de l'époux

584. Deux types de revenus sont visés :

- **les gains et salaires** : rappelons qu'aux termes de l'article **223 du Code civil**, texte du régime primaire impératif, les gains et salaires sont librement administrés par l'époux, après s'être acquitté des charges du mariage (v. *supra*, n° 531) ;
- **les revenus de propres** : rappelons que les revenus de propres sont communs ; pourtant, leur gestion appartient au propriétaire du bien propre. C'est ce que prévoient tant

l'article 225, déjà évoqué, que **l'article 1428** : « chaque époux a l'administration et la jouissance de ses propres et peut en disposer librement ». Par exemple, seul l'époux propriétaire d'un appartement en propre va pouvoir céder la créance de loyers (qui est un bien commun) à une banque.

2. Les actes nécessaires à la profession séparée de l'époux

585. La règle est prévue par l'article **1421 alinéa 2 du Code civil** : « l'époux qui exerce une profession séparée a seul le pouvoir d'accomplir les actes d'administration et de disposition nécessaires à celle-ci ».

Exemple

Il a été jugé qu'un garagiste, propriétaire d'un fonds de commerce commun, avait seul pouvoir pour donner congé au bailleur, en ce qu'il s'agissait d'un acte nécessaire à l'exercice de sa profession séparée (Cass. 3e civ., 18 déc. 2002, n° 01-03539, *Bull. civ.* III, n° 266).

La règle suppose l'exercice d'une **profession séparée**, ce qui exclut l'hypothèse de la **coexploitation** (époux qui exploitent ensemble une entreprise).
Il faut par ailleurs se montrer prudent : **cette gestion exclusive ne peut pas déroger à la cogestion prévue pour les actes les plus graves**.

Exemple

Notre garagiste ne peut pas seul vendre le fonds de commerce qui dépend de la communauté, en ce qu'un tel acte relève de la cogestion (v. *infra*, n° 588).

De même, il a été jugé qu'est nulle la cession de parts sociales d'une entreprise artisanale opérée par le mari sans le consentement de sa femme, sans qu'il y ait lieu de rechercher si la cession était nécessaire à la poursuite de l'activité professionnelle (Cass. 1re civ., 28 févr. 1995, n° 92-16794, *Bull. civ.* I, n° 104). Il y a donc une **hiérarchie** entre la cogestion et la gestion exclusive : la première l'emporte sur la seconde.

C. La cogestion

Par exception encore, certains actes, jugés graves, ne peuvent être passés qu'avec **le consentement des deux époux.** Il s'agit du système de la cogestion, ou encore de gestion conjointe. Vous en connaissez déjà une hypothèse, prévue par le régime impératif : la cogestion du logement familial et des meubles meublants de l'article 215 alinéa 3. Cette cogestion s'applique, on l'a vu, quelle que soit la nature propre ou commune du bien.
La cogestion prévue dans le régime légal est différente : elle concerne exclusivement des **biens communs.** Pas moins de **cinq hypothèses** sont prévues par la loi : la donation de biens communs (1), l'affectation d'un bien commun en garantie de la dette d'autrui (2), l'aliénation ou la constitution de droits réels sur certains biens communs (3), la conclusion de certains baux sur les biens communs (4) et l'aliénation fiduciaire d'un bien commun (5).

1. La donation de biens communs

586. Aux termes de **l'article 1422 alinéa 1er du Code civil** : « les époux ne peuvent, l'un sans l'autre, disposer entre vifs, à titre gratuit, des biens de la communauté ». Ainsi, **toute donation de tout bien meuble ou immeuble suppose le consentement des deux époux**. Cela s'explique par le fait que la donation est un acte d'appauvrissement de la communauté (absence de contrepartie). Il faut donc que les deux époux en soient d'accord, afin d'éviter que l'un des époux ne dilapide la fortune du ménage à l'insu de son conjoint.
Il en va autrement, toutefois, pour les **gains et salaires, dès lors qu'ils n'ont pas été économisés** (c'est-à-dire placés sur un compte épargne ou une assurance-vie qui en restreint la disposition). C'est ce qu'a jugé la Cour de cassation, en se fondant sur les dispositions d'ordre public de l'article 223 du Code civil : l'époux peut donc seul disposer gratuitement de ses gains et salaires au profit d'un tiers (et ce compris la maîtresse ou l'amant...), après s'être acquitté des charges du mariage (Cass. 1re civ., 29 févr. 1984, n° 82-15712, *Bull. civ.* I, n° 81). Il y a là une hiérarchie entre le régime primaire impératif (art. 223) et le régime légal supplétif (art. 1422). La règle devrait s'appliquer *mutatis mutandis*, aux **revenus de propres non économisés** (art. 225).

2. L'affectation d'un bien commun en garantie de la dette d'autrui

587. L'ordonnance du 23 mars 2006 portant réforme des sûretés a introduit la règle à l'article 1422 alinéa 2 du Code civil : « ils ne peuvent non plus, l'un sans l'autre, affecter l'un de ces biens à la garantie de la dette d'un tiers ». Cette règle sera étudiée en détail dans le cadre du passif (v. *infra*, n° 606 et s.). Tout au plus doit-on souligner ici sa raison d'être. La sûreté réelle sur un bien commun (ex. hypothèque, gage...) en vue de garantir **la dette d'un tiers** est un acte dangereux, **dans la mesure où les époux ne reçoivent pas de crédit en retour**. C'est le tiers qui bénéficie du crédit, et la communauté qui supporte le risque de saisie du bien. L'acte est grave et suppose donc l'accord des deux époux.

3. L'aliénation et la constitution de droits réels sur certains biens communs

588. La règle est prévue par **l'article 1424 du Code civil** : les époux ne peuvent, l'un sans l'autre, **aliéner ou grever de droits réels** (usufruit, servitude, hypothèque...) :
- **les immeubles** ;
- **les fonds de commerce et exploitations** ;
- **les droits sociaux non négociables** (parts sociales SARL, SNC, sociétés civiles...) ;
- **les meubles corporels dont l'aliénation est soumise à publicité.**

Ils ne peuvent l'un sans l'autre **percevoir les capitaux provenant de telles opérations.**
Cette liste **est doublement limitative**, quant aux actes et quant aux biens visés. En dehors de ces hypothèses strictes, il y a lieu d'appliquer le modèle de droit commun : la gestion concurrente.

4. La conclusion de certains baux sur les biens communs

589. La règle est prévue par l'**article 1425** du Code civil : la loi impose la cogestion pour les **baux** portant sur un immeuble à usage **rural, commercial, industriel ou artisanal.** Cela s'explique par le statut très protecteur du preneur, qui suppose la volonté des deux époux de s'y soumettre.

Les autres baux (notamment le **bail d'habitation**) relèvent de la gestion concurrente : ils peuvent être passés par **un seul époux**, à la condition de respecter les règles prévues dans l'usufruit (v. *supra*, n° 176 et s., bail de moins de neuf ans).

5. L'aliénation fiduciaire d'un bien commun

590. La cogestion a été instituée en matière de fiducie par la loi du 4 août 2008 et s'applique à tous les biens communs. L'**article 1424 alinéa 2** dispose que les époux « ne peuvent, l'un sans l'autre, transférer un bien de la communauté dans un patrimoine fiduciaire ». Il n'y a pas lieu de distinguer selon qu'il s'agit d'un fiducie-gestion ou d'une fiducie-sûreté (sur la fiducie, v. *supra*, n° 16 sur les biens, et *infra*, n° 942 et s., sur les sûretés).

D. Le transfert judiciaire des pouvoirs d'un époux

591. L'**article 1426 du Code civil** énonce une règle qui se superpose aux mesures de crise prévues par le régime primaire impératif (v. *supra*, n° 512 et s.) : « si l'un des époux se trouve, d'une manière durable, *hors d'état de manifester sa volonté*, ou si sa gestion de la communauté atteste *l'inaptitude ou la fraude*, l'autre conjoint peut demander en justice à *lui être substitué dans l'exercice de ses pouvoirs* ». L'époux exerce donc les pouvoirs en lieu et place de son conjoint.
Quel est l'intérêt pour un époux de solliciter une telle mesure en cas de carence, d'inaptitude ou de fraude de son conjoint ? Il convient de distinguer selon le type de gestion.
Dans la **gestion concurrente**, il ne s'agit pas d'un véritable transfert de pouvoir, dans la mesure où l'époux demandeur est déjà investi des pouvoirs sur le bien. La mesure permet en réalité un **dessaisissement** du pouvoir de l'autre, en lui interdisant d'agir.
Dans la **gestion exclusive**, il s'agit d'un véritable transfert de pouvoir. L'époux va prendre la place de son conjoint dans la gestion de ses gains et salaires, des revenus de ses propres…
Dans la **cogestion**, l'habilitation de l'époux ne lui suffit pas pour agir seul ; l'article 1426 alinéa 2 prévoit en effet que l'époux doit en outre obtenir l'autorisation du juge pour passer les actes soumis à cogestion. Ainsi, l'époux devra être spécialement autorisé par le juge à vendre un immeuble commun, par exemple.
Enfin, ce transfert judiciaire de pouvoir est **provisoire** : l'époux privé de ses pouvoirs peut en demander la restitution s'il démontre que le dessaisissement n'est plus justifié (C. civ., art. 1426 al. 3).

§ 2. La sanction de l'exercice irrégulier des pouvoirs

Trois sanctions sont envisageables lorsqu'un époux exerce de manière irrégulière ses pouvoirs : la responsabilité de l'époux pour faute de gestion (A), la nullité de l'acte pour dépassement de pouvoir (B) et l'inopposabilité de l'acte pour fraude (C).

A. La responsabilité de l'époux pour faute de gestion

592. Il n'y a là rien de spécifique au droit des régimes matrimoniaux : le fait pour un époux de commettre une faute de gestion qui cause un préjudice à la communauté (parce qu'il s'agit de la gestion d'un bien commun), engage sa responsabilité civile au sens de l'article 1240 du Code civil. Cela se traduira par une récompense due par l'époux à la communauté lors de la liquidation du régime (v. *infra*, n° 849 et s.).

C'est pourquoi **l'article 1421 du Code civil** prévoit que chaque époux doit « répondre des fautes qu'il aurait commises dans sa gestion ». Il a ainsi été jugé qu'avait commis une faute de gestion l'épouse qui avait souscrit 25 prêts à la consommation (!), en imitant la signature de son mari et en lui cachant un endettement croissant (Cass. 1re civ., 14 mars 2012, n° 11-15369).

B. La nullité de l'acte pour dépassement de pouvoir

Cette sanction est prévue par **l'article 1427 du Code civil** : « si l'un des époux a outrepassé ses pouvoirs sur les biens communs, l'autre, à moins qu'il n'ait ratifié l'acte, peut en demander l'annulation ».

Le texte appelle deux remarques.

1. Le domaine de la nullité

593. La nullité suppose un **dépassement de pouvoir**, ce qui nous ramène essentiellement à la **gestion exclusive** ou à la **cogestion**. Par exemple, il s'agit, pour un époux, de disposer des gains et salaires de son conjoint (gestion exclusive) ou de vendre seul un immeuble commun (cogestion). En revanche, la gestion concurrente n'appelle normalement pas de dépassement de pouvoir, dès lors que chacun des époux peut agir seul. Tel est toutefois le cas lorsque la loi prescrit une formalité préalable à peine de nullité (par ex. en matière d'achat de parts sociales non négociables avec des deniers communs ou d'apports avec de biens communs, v. *infra*, n° 595 sur l'inopposabilité).

2. Le régime de la nullité

594. Trois remarques peuvent être faites.
La nullité est **relative** : cela signifie que **seul le conjoint victime du dépassement de pouvoir** peut agir en nullité ; cela signifie également qu'il peut **ratifier** l'acte, ce qui s'apparente à la confirmation d'un acte nul.
La nullité entraîne **la disparition de l'acte** : l'acte est privé de tout effet, non seulement à l'égard du conjoint, mais également entre les parties.
L'action en nullité doit être exercée par le conjoint **dans un délai de deux ans** à compter du jour où il a eu connaissance de l'acte, sans jamais pouvoir être intentée **plus de deux ans après la dissolution de la communauté** (C. civ., art. 1427 al. 2).

C. L'inopposabilité de l'acte pour fraude

595. Le conjoint peut-il invoquer l'inopposabilité de l'acte dès lors que l'acte a été conclu en fraude ses droits ? La jurisprudence se montre réticente à admettre aisément une telle action, dans la mesure où cela aurait pour effet de **contourner** le bref délai de deux ans prévu par l'article 1427 alinéa 2 du Code civil.
C'est pourquoi cette action présente un caractère **subsidiaire** : elle ne peut être mise en œuvre qu'à défaut d'autre sanction (Cass. 1re civ., 30 mars 1999, n° 97-16252, *Bull. civ.* I, n° 111). Notamment, elle ne peut être exercée dès lors que l'acte irrégulier relève de l'action en nullité prévue par l'article 1427 du Code civil (Cass. 1re civ., 23 mars 2011, n° 09-66512, *Bull. civ.* I, n° 61). En l'espèce, un époux avait apporté un bien commun à une société de personnes, sans en

avertir préalablement son conjoint, alors que l'article 1832-2 l'y obligeait. La sanction prévue par le texte est la nullité par renvoi à l'article 1427. Il s'ensuit que le conjoint ne peut pas, alors que l'action en nullité est prescrite, invoquer l'inopposabilité de l'acte frauduleux pour échapper à la prescription. Seule l'action en nullité est recevable.
Quel est dès lors le **domaine résiduel de l'inopposabilité d'un acte pour fraude** ? Il s'agit essentiellement des hypothèses dans laquelle la gestion concurrente de l'article 1421 est exercée en fraude des droits du conjoint. Dans ce cas, aucun dépassement de pouvoir n'est à constater, puisque l'époux est titulaire du pouvoir d'agir. Dès lors qu'aucun texte spécial (comme l'article 1832-2) ne renvoie à la nullité, l'acte pourra être attaqué pour fraude. C'est ce que prévoit **l'article 1421 du Code civil** : « les actes accomplis sans fraude par un conjoint sont opposables à l'autre ». *A contrario*, en cas de fraude, les actes pourront lui être déclarés inopposables.

Section 2
Les pouvoirs sur les biens propres

La loi pose un principe de pouvoir exclusif de l'époux sur ses biens propres (§ 1), principe qui peut être aménagé par un transfert de pouvoirs au conjoint (§ 2).

§ 1. Le pouvoir exclusif de l'époux sur ses propres

596. C'est ici la loi du 13 juillet 1965 qui a essentiellement mis fin à la tutelle de la femme mariée. Avant cette loi, la communauté avait l'usufruit des propres des époux, de sorte que le mari, gestionnaire de la communauté, administrait également, s'agissant des actes de jouissance (bail, par ex.), les biens propres de sa femme. Par ailleurs, l'épouse ne pouvait disposer de ses biens propres sans le consentement de son mari.
La loi de 1965, en mettant fin à l'usufruit de la communauté sur les propres, a établi l'égalité entre époux, en posant, **à l'article 1428 du Code civil**, le principe suivant : « chaque époux a l'administration et la jouissance de ses propres et peut en disposer librement ». La loi de 1985 a rendu cette règle impérative dans tous les régimes, à l'article 225 (v. *supra*, n° 527).
Malgré son importance, ce principe connaît quelques **limites** :

- cogestion du **logement familial ou des meubles meublants**, même propres (C. civ., art. 215 al. 3) ;
- **droit à récompense pour la communauté** au titre des **fruits que l'époux a négligé de percevoir ou consommés frauduleusement**, dans la limite de cinq années (C. civ., art. 1403 al. 2).

§ 2. Le transfert des pouvoirs au conjoint

Au vu des circonstances, il est possible que l'époux transfère à son conjoint le pouvoir de gestion de ses biens propres. Ce transfert peut être **volontaire** (A) ou **judiciaire** (B).

A. Le transfert volontaire des pouvoirs

597. Comme on l'a vu dans le régime primaire impératif, l'époux peut conférer à son conjoint un **mandat exprès** de gestion de ses biens, dès lors que ledit mandat est révocable (C. civ., art. 218). La règle est rappelée par **l'article 1431 du Code civil**, qui renvoie aux règles du mandat. C'est alors le mandat qui définit l'étendue des pouvoirs du mandataire.
En outre, **l'article 1432 du Code civil** considère qu'il existe un **mandat tacite** lorsqu'un époux prend en mains la gestion des biens propres de son conjoint, **au su de celui-ci, et sans opposition de sa part.** Néanmoins, ce mandat tacite ne couvre que les **actes d'administration et de jouissance**, à l'exclusion des actes de disposition. Il faut toutefois réserver, dans ce dernier cas, l'application de la théorie du **mandat apparent**, qui peut le cas échéant couvrir un acte de disposition (Cass. 3e civ., 18 mars 1998, n° 96-14840, 96-15251, *Bull. civ.* III, n° 67 ; v. sur le mandat apparent, *infra*, n° 835).

B. Le transfert judiciaire des pouvoirs

598. **L'article 1429 du Code civil** dispose que « si l'un des époux se trouve, d'une manière durable, hors d'état de manifester sa volonté, ou s'il met en péril les intérêts de la famille, soit en laissant dépérir ses propres, soit en dissipant ou détournant les revenus qu'il en retire, il peut, à la demande de son conjoint, être dessaisi des droits d'administration et de jouissance qui lui sont reconnus par l'article précédent ».
Il s'agit là d'un dispositif qui vient utilement compléter les mesures prévues aux articles 219 et 220-1 dans le régime primaire impératif. En effet, deux hypothèses précises sont prévues par le texte : **le dépérissement des biens propres** et le **détournement des revenus de biens propres**. Il s'agit donc de remédier à l'appauvrissement de la communauté qui a droit, faut-il le rappeler, aux revenus des propres.
Une telle finalité circonscrit l'étendue des pouvoirs transférés : le transfert de pouvoirs ne porte que sur **la jouissance des biens**, parce qu'il s'agit de remédier à l'incurie ou à la fraude de l'époux qui prive la **communauté des revenus de ses biens propres**. Par suite, l'époux dessaisi conserve le pouvoir de disposer de la seule nue-propriété de ses biens (C. civ., art. 1429 al. 3). L'administration de la jouissance du bien propre est confiée au **conjoint, sauf si la nomination d'un administrateur judiciaire est nécessaire**.

599 à 605. Réservés.

LEÇON 4

LE PASSIF DANS LA COMMUNAUTÉ LÉGALE

Textes

Articles 1409 et suivants du Code civil

606. La question du passif concerne le sort des **dettes**. Cette question est délicate et suppose, avant d'entrer dans les détails, de distinguer **l'obligation à la dette**, qui porte sur les rapports entre les époux et les créanciers, et **la contribution à la dette**, qui est relative aux rapports entre les époux.

- **L'obligation à la dette** concerne les rapports entre **les époux et le créancier** : sur quels biens le créancier peut-il exercer ses poursuites (saisies) en cas de non-paiement de la dette ? Pour répondre à cette question, il faut savoir que la **communauté n'a pas la personnalité morale** : cela signifie que la communauté n'a pas de **patrimoine propre**, distinct de celui des époux. Il n'y a donc pas de corrélation, au stade de l'obligation à la dette, entre **l'actif et le passif**.

  Ainsi, une **dette contractée pendant le mariage par un époux** (dette commune) n'est pas seulement garantie par les biens communs. Nous verrons que le créancier dispose aussi d'un droit de poursuite sur les biens propres de l'époux qui a contracté la dette.

  Réciproquement, **une dette contractée avant le mariage par un époux** (dette personnelle) n'est pas seulement garantie par ses biens propres. Nous verrons que le créancier dispose aussi d'un droit de poursuite sur une partie de la communauté (les revenus de l'époux, qui sont, on le sait, des biens communs).

  Au stade de l'obligation à la dette, la corrélation s'effectue généralement entre le passif et les pouvoirs de l'époux. L'époux engage les biens sur lesquels il dispose d'un pouvoir, ce qui est logique, car l'obligation à la dette et les pouvoirs concernent les rapports des époux avec les tiers : le crédit du ménage suppose d'élargir le gage des créanciers aux biens gérés par l'époux.

- **La contribution à la dette** est afférente aux rapports entre les époux : qui doit supporter le poids définitif de la dette ?

  Il faut alors bien comprendre que **l'obligation à la dette et la contribution à la dette ne portent pas nécessairement sur les mêmes biens**.

  Prenons un exemple : un époux achète un bien à crédit pendant le mariage. Le vendeur, s'il n'est pas payé, pourra saisir les biens propres de l'époux acheteur (obligation à la dette). Pourtant, cette dette a servi à financer l'acquisition d'un bien commun (acquêt, v. *supra*, n° 554). Il est donc juste que ce soit la communauté qui assume la charge finale de cette dette (contribution à la dette). Dès lors, si l'époux a payé cette dette commune sur ses biens propres, il disposera d'une créance de récompense contre la communauté lors de la dissolution du mariage (v. *infra*, n° 562). Dans cet exemple, l'obligation à la dette pèse à la fois sur la communauté et sur les biens propres de l'époux, mais la contribution à la dette repose exclusivement sur la communauté.

Au stade de la contribution à la dette, la corrélation s'effectue généralement entre l'actif et le passif : c'est le patrimoine qui a profité de la dépense qui doit assumer la charge finale de la dette. Sont ici en jeu les relations internes entre époux : la justice commutative commande d'imputer la dette au seul patrimoine qui a profité de la dépense.

Sous le bénéfice de ces observations liminaires mais nécessaires, il convient d'envisager deux grandes catégories de dettes qui obéissent à des règles totalement différentes : le **passif né avant le mariage ou grevant les successions et libéralités** (section 1) et le **passif né pendant la communauté** (section 2).

Section 1
Le passif né avant le mariage ou grevant les successions et libéralités

607. L'article 1410 du Code civil vise « les dettes dont les époux étaient tenus au jour de la célébration de leur mariage, ou dont se trouvent grevées les successions et libéralités qui leur échoient pendant le mariage ».

Donnons-en deux illustrations : deux ans avant le mariage, un époux a agressé un tiers (dette de dommages-intérêts née avant le mariage) ; six mois après son mariage, un époux hérite d'un parent, mais doit payer les frais de succession (dette grevant une succession). Comme vu précédemment, il convient de distinguer l'obligation à la dette (§ 1) et la contribution à la dette (§ 2).

§ 1. L'obligation à la dette

L'obligation à la dette délimite le **gage des créanciers**. Quels biens peuvent-ils saisir ? En réponse à cette question, le Code civil dessine le périmètre du gage de droit commun (A), qu'il étend de manière spécifique en cas de confusion du mobilier (B).

A. Le gage de droit commun

608. L'article 1411 du Code civil énonce que « les créanciers de l'un ou de l'autre époux, dans le cas de l'article précédent, ne peuvent poursuivre leur paiement que sur les biens propres et les revenus de leur débiteur ». Ainsi, les créanciers disposent d'un droit de gage sur les **biens propres et les revenus de l'époux débiteur**, à savoir ses **gains et salaires** ainsi que les **revenus de ses biens propres, qui constituent des biens communs**. C'est la loi de 1985 qui a établi cette corrélation entre **l'obligation à la dette et les pouvoirs de l'époux** : l'époux engage, s'agissant d'une dette personnelle, les biens sur lesquels il exerce un pouvoir exclusif : biens propres et revenus des propres (avant la loi de 1985, seuls les propres étaient engagés).

Pour reprendre l'exemple précédent, la victime d'une agression causée par un époux avant son mariage pourra saisir son appartement propre, ses gains et salaires, ainsi que les revenus de l'appartement, qui constituent des biens communs. Mais ce créancier ne pourra pas saisir, par exemple, la maison et la voiture communes. Au passage, il appartiendra, en cas de conflit, au **créancier de rapporter la preuve du caractère propre du bien pour pouvoir le saisir**, puisque celui-ci est présumé commun (C. civ., art. 1402).

B. L'extension spécifique du gage en cas de confusion du mobilier

609. L'article 1411 alinéa 2 précise que les créanciers « peuvent, néanmoins, saisir aussi les biens de la communauté quand le mobilier qui appartient à leur débiteur au jour du mariage ou qui lui est échu par succession ou libéralité a été confondu dans le patrimoine commun et ne peut plus être identifié selon les règles de l'article 1402 ».

On le voit, l'obligation à la dette est étendue de manière certaine aux **meubles communs** en cas de confusion du mobilier. Dès lors que le texte vise les « biens de la communauté », une incertitude demeure sur la question de savoir si, en cas de confusion du mobilier, les créanciers peuvent également saisir les immeubles communs. Face à une jurisprudence inexistante, la doctrine est divisée sur la question (v. J. Flour et G. Champenois, n° 435). Il nous semble que la règle devrait être limitée aux meubles, dès lors que les immeubles, par leur fixité, sont à l'abri de toute confusion.

Exemple

Si un époux était propriétaire de meubles, au moment de son mariage (véhicules, tableaux, linges, meubles meublants...), et qu'il n'a pas pris soin de faire un inventaire ou de se préconstituer la preuve de ce qu'ils étaient propres, les créanciers antérieurs à son mariage pourront saisir les biens communs du couple (par ex. un canapé acheté après le mariage, pourtant bien commun). La jurisprudence précise que la charge de la preuve de l'existence d'un mobilier propre incombe à l'époux débiteur : si cette preuve n'est pas rapportée, le créancier peut saisir les biens communs, sans toutefois préciser expressément si cela concerne aussi les immeubles (Cass. 1re civ., 16 mai 2000, n° 98-17409, *Bull. civ.* I, n° 141 ; il s'agissait, en l'occurrence, d'un véhicule automobile, donc d'un meuble, immatriculé après le mariage au nom des deux époux). On le voit, l'article 1411 alinéa 2 n'instaure pas une présomption de bien propre, qui pourrait être renversée par la preuve contraire. Dès lors qu'un époux n'établit pas qu'il a conservé un mobilier propre qui ne s'est pas confondu dans le patrimoine commun, le créancier peut saisir un bien commun, même si celui-ci n'est manifestement pas un propre (car acheté par les deux époux après le mariage). V. le corrigé de l'épreuve 2021.

§ 2. La contribution à la dette

Par principe, la dette présente un caractère personnel. Seul l'époux doit en assumer la charge finale (A). Mais il existe une exception pour les charges usufructuaires des propres (B).

A. Le principe : la contribution personnelle de l'époux

610. Au stade de la contribution à la dette, il y a corrélation entre l'actif et le passif : **la charge finale de la dette repose exclusivement sur l'époux, et non sur la communauté.** C'est ce que prévoit l'article 1410 : « les dettes dont les époux étaient tenus au jour de la célébration de leur mariage, ou dont se trouvent grevées les successions et libéralités qui leur échoient durant le mariage, *leur demeurent personnelles*, tant en capitaux qu'en arrérages ou intérêts ».
C'est pourquoi l'article **1412 du Code civil** institue un **droit à récompense au profit de la communauté**, dès lors qu'elle a acquitté une dette personnelle d'un époux.

Exemple

Si un époux a employé des deniers communs (par ex. ses salaires) pour payer les frais de succession de sa grand-mère, il devra une récompense à la communauté.

B. L'exception : les charges usufructuaires des propres

611. Il existe toutefois une exception : les **charges usufructuaires**. On se souvient que par un célèbre **arrêt *Authier***, la première chambre civile a jugé que « la communauté à laquelle sont affectés les fruits et revenus des biens propres, doit supporter les dettes qui sont la charge de la jouissance de ses biens » (Cass. 1re civ., 31 mars 1992, n° 90-17212, *Bull. civ.* I, n° 96). Ainsi, en contrepartie de la jouissance des biens propres, la communauté doit assumer **les charges usufructuaires**, c'est-à-dire celles attachées à la jouissance.

Exemple

Si un époux a acheté avant le mariage un bien à crédit, ce bien est un propre. Le prêt constitue une dette née avant le mariage. *Quid* des échéances du prêt postérieures au mariage ? À lire l'article 1410 du Code civil, tant le capital que les intérêts sont à la charge exclusive de l'époux. Pourtant, l'arrêt *Authier* a estimé que les intérêts du prêt constituaient la charge de la jouissance du bien. Il en résulte que si des deniers communs ont servi à financer le remboursement des échéances du prêt, la communauté n'aura droit à récompense que pour la partie correspondant au capital, à l'exclusion des intérêts. La solution est juste, dans la mesure où la communauté encaisse les revenus des biens propres (loyers, par ex.).

Section 2

Le passif né pendant la communauté

612. Sont ici en cause les dettes nées après le mariage et qui ne grèvent pas une succession ou une libéralité. C'est évidemment, de très loin, le gros du passif puisqu'il résulte de la vie conjugale : on hérite rarement, on paie le pain tous les jours.
L'article 1409 du Code civil établit une distinction entre d'une part les « aliments dus par les époux et dettes contractées par eux pour l'entretien du ménage et l'éducation des enfants » et d'autre part les « autres dettes nées pendant la communauté ». Il y a donc les dettes familiales et les autres dettes, c'est-à-dire les dettes ordinaires. Mais les choses se

compliquent encore, car, s'agissant de ces dernières, il convient de distinguer selon que la dette est née du chef d'un seul époux ou des deux ensemble.
Tout ceci nous conduit à envisager en réalité non pas deux, mais trois catégories de dettes :

- les dettes ordinaires contractées par un époux (§ 1) ;
- les dettes ordinaires contractées par les deux époux (§ 2) ;
- les dettes familiales (§ 3).

§ 1. Les dettes ordinaires contractées par un époux

L'hypothèse visée est celle dans laquelle un époux a contracté seul une dette pendant la communauté. Il peut s'agir d'une dette délictuelle (l'époux a causé un dommage à un tiers pendant le mariage) ou contractuelle (l'époux a conclu un acte sans que son conjoint n'ait été partie à l'acte).
Comme précédemment, il faut distinguer l'obligation à la dette (A) et la contribution à la dette (B).

A. L'obligation à la dette

Il convient d'envisager le gage de droit commun (1) et le cantonnement du gage en cas de cautionnement ou d'emprunt (2).

1. Le gage de droit commun

L'étude du principe (a) précédera celle des exceptions (b).

a. Le principe

613. Ce gage est défini par combinaison des articles 1413 et 1414 du Code civil : lorsqu'un époux contracte une dette pendant la communauté, il engage **ses biens propres et les biens de la communauté, à l'exclusion des gains et salaires de son conjoint.** Ainsi, l'article 1413 dispose que « le paiement des dettes dont chaque époux est tenu, pour quelque cause que ce soit, pendant la communauté, peut toujours être poursuivi sur les biens communs, à moins qu'il n'y ait eu fraude de l'époux débiteur et mauvaise foi du créancier, et sauf la récompense due à la communauté s'il y a lieu ». L'article 1414 ajoute que « les gains et salaires d'un époux ne peuvent être saisis par les créanciers de son conjoint que si l'obligation a été contractée pour l'entretien du ménage ou l'éducation des enfants, conformément à l'article 220 ».
Cette insaisissabilité des gains et salaires du conjoint opère incontestablement **avant leur perception**. Ainsi, le créancier d'un époux ne peut pas directement saisir les gains et salaires du conjoint entre les mains de son employeur. Mais qu'en est-il lorsque, après leur perception, les gains et salaires sont placés sur un compte joint, ce qui est très fréquent en pratique (virement du salaire sur un compte joint) ? Les gains et salaires du conjoint vont fusionner dans le solde avec les autres fonds qui alimentent le compte : il n'est donc pas possible de prévoir une insaisissabilité globale du compte. Afin de remédier à cette difficulté, l'article R. 162-9 du Code des procédures civiles d'exécution prévoit un **cantonnement de la saisie du compte bancaire**, pour laisser au conjoint la disposition de ses gains et salaires. Ainsi, le texte prévoit qu'« il est laissé immédiatement à la disposition de l'époux commun en biens une somme équivalent, à son choix, *au montant des gains et salaires versés au*

cours du mois précédant la saisie ou au montant moyen mensuel des gains et salaires versés dans les douze mois précédant la saisie».

De nouveau, on retrouve une certaine **corrélation entre l'obligation à la dette et les pouvoirs de l'époux**. L'époux, comme on le sait, est investi d'un pouvoir de gestion sur ses propres et sur les biens communs : il est donc logique qu'il engage par ses actes tous ses biens propres et les biens de la communauté. En revanche, les gains et salaires de son conjoint relèvent de la gestion exclusive de ce dernier, ce qui explique qu'ils soient exclus du gage des créanciers. Cette corrélation n'est toutefois **pas totale**, dans la mesure où l'article 1414 ne vise pas expressément **les revenus des propres du conjoint**. Il semble donc que le créancier d'un époux peut saisir les revenus des propres de son conjoint, bien communs, même si la gestion appartient à ce dernier. Cela s'explique sans doute par l'idée que les revenus des propres sont moins liés que les gains et salaires à la personne du conjoint, et spécialement à son autonomie professionnelle. Il s'agit en effet non de pas de revenus du travail, mais de revenus du capital.

b. Les exceptions

614. Deux exceptions doivent être signalées :

Première exception : la fraude

Cette exception est expressément prévue par l'article 1413. En cas de fraude de l'époux *et* de mauvaise foi du tiers (Cass. com., 20 févr. 1980, n° 78-14278, *Bull. civ.* IV, n° 87), les **biens communs ne sont pas engagés**. L'époux n'engage alors que ses biens propres.

Deuxième exception : la procédure collective de l'époux

Il est évident que les créanciers de l'époux failli ne peuvent plus saisir les biens communs, parce qu'ils sont soumis à l'arrêt des poursuites individuelles contre leur débiteur. Mais qu'en est-il des créanciers du conjoint, qui est lui *in bonis* ? Ces derniers subissent-ils le jeu de la procédure collective, alors même que la procédure collective n'affecte pas leur propre débiteur ? L'assemblée plénière a pris position pour l'affirmative : **la procédure collective ouverte contre un époux interdit aux créanciers du conjoint d'exercer des poursuites sur les biens communs** (Cass. ass. plén., 23 déc. 1994, n° 90-15305, *Bull. ass. plén.*, n° 7). Ils sont soumis à la discipline collective et doivent donc déclarer leurs créances pour être payés dans le cadre de la procédure, faute de quoi ils ne seront payés que sur l'éventuel reliquat (Cass. com., 14 oct. 1997, n° 96-12853, *Bull. civ.* IV, n° 260). La logique des procédures collectives (gel du passif) l'emporte sur l'article 1413 du Code civil, qui devrait permettre aux créanciers du conjoint non concerné par la procédure d'appréhender les biens communs.

2. Le cantonnement du gage en cas d'emprunt ou de cautionnement

Ce cantonnement est prévu par **l'article 1415 du Code civil** : « chacun des époux ne peut engager que ses biens propres et ses revenus, par un cautionnement ou un emprunt, à moins que ceux-ci n'aient été contractés avec le consentement exprès de l'autre conjoint qui, dans ce cas, n'engage pas ses biens propres ». Ainsi, en cas d'emprunt ou de cautionnement, l'époux n'engage que ses biens propres et ses revenus. Pourquoi un tel cantonnement ? Parce que le cautionnement et l'emprunt sont des actes risqués, qui sont de nature à entraîner un **appauvrissement de la communauté**. Si la finalité du texte est claire, le domaine (a) et le régime (b) de l'article 1415 ont donné lieu à de nombreuses controverses.

a. Le domaine de l'article 1415

615. L'article 1415 est investi d'un domaine que l'on peut décrire en **trois propositions**.

- **L'article 1415 s'applique à toutes les sûretés personnelles** : il n'est donc pas propre au cautionnement, mais s'applique également à la **garantie à première demande**, qui constitue une sûreté personnelle (Cass. 1re civ., 20 juin 2006, n° 04-11037, *Bull. civ.* I, n° 313) ou encore à l'**aval** d'un effet de commerce, qui constitue un cautionnement cambiaire (Cass. com., 4 févr. 1997, n° 94-19908, *Bull. civ.* IV, n° 39). En revanche, le « **cautionnement réel** », qui constitue une sûreté **réelle** pour autrui, **n'est pas soumis à l'article 1415** (Cass. ch. mixte, 2 déc. 2005, n° 03-18210, *Bull. civ.*, n° 7). C'est pourquoi le législateur est intervenu en réaction pour soumettre l'affectation d'un bien commun en garantie de la dette d'un tiers à cogestion (v. *supra*, n° 522 et s.). Ces questions seront abordées en détail dans la cinquième partie de l'ouvrage consacrée aux sûretés (v. *infra*, n° 945 et s.).
- **L'article 1415 s'applique à tous les emprunts** : cela vise notamment le crédit consenti par découvert en compte courant (Cass. 1re civ., 6 juill. 1999, n° 97-15005, *Bull. civ.* I, n° 224). Il en va de même de l'emprunt souscrit par un époux pour le compte d'une société en formation et non repris ensuite (Cass. 1re civ., 9 juill. 2014, n° 13-20536 P).
- **L'article 1415 s'applique à toutes les communautés** : qualifié de disposition impérative, l'article 1415 s'applique aux époux mariés sous le régime de la **communauté universelle** (Cass. 1re civ., 3 mai 2000, n° 97-21592, *Bull. civ.* I, n° 125) ou encore à la **société d'acquêts** stipulée entre époux séparés de biens (Cass. 1re civ., 25 nov. 2003, n° 02-12942, *Bull. civ.* I, n° 236). Sur ces régimes conventionnels, v. *infra*, n° 685 et s.

b. Le régime de l'article 1415

616. Deux situations sont à distinguer : soit l'époux a contracté une dette sans le consentement de son conjoint ; soit il s'est engagé seul, mais cet engagement a été accepté de manière expresse par son conjoint (si les deux époux se sont engagés, on tombe dans l'hypothèse prévue par le § 2 (v. *infra*, n° 619 et s.) consacré aux dettes contractées par les deux époux).

- **Si l'époux s'est engagé sans le consentement de son conjoint** : le créancier peut seulement saisir les **biens propres et les revenus de cet époux**. Par conséquent, une banque ne peut pas prendre une hypothèque judiciaire sur un bien commun (Cass. 1re civ., 18 nov. 1992, n° 91-10473, *Bull. civ.* I, n° 280). De même, un prêteur ne peut pas invoquer le privilège du prêteur de deniers souscrit par un époux sur un bien commun sans le consentement de son conjoint, étant précisé que le notaire qui a rédigé l'acte et qui n'a pas vérifié ce consentement engage sa responsabilité (Cass. 1re civ., 5 mai 2021, n° 19-15072 P).
- **Si l'époux s'est engagé avec le consentement exprès de son conjoint** :
  - avant toute chose, il faut bien comprendre la portée de ce consentement. **Le cautionnement et l'emprunt ne sont pas soumis à cogestion** : un époux peut, sans le consentement de son conjoint, cautionner la dette d'un tiers ou emprunter une somme d'argent. Ainsi, le consentement exprès du conjoint permet seulement au créancier de bénéficier d'une **extension de son droit de gage** : celui-ci porte alors non seulement

sur **les propres de l'époux qui s'est engagé, mais également sur les biens communs.** Seuls les biens propres du conjoint sont soustraits aux poursuites du créancier ;

- par ailleurs, le conjoint ne fait qu'autoriser l'engagement personnel de l'époux. Il n'est pas lui-même partie à l'acte d'emprunt ou de cautionnement. Par conséquent, il n'est pas créancier de l'obligation d'information de la caution (Cass. com., 9 févr. 2016, n° 14-20304) ;
- enfin, **une incertitude demeure sur le sort des gains et salaires du conjoint** qui a autorisé l'acte : sont-ils engagés en tant que biens communs ? La doctrine majoritaire se prononce pour la négative. Le consentement du conjoint aurait pour seul effet de revenir au gage de droit commun des articles 1413 et 1414 du Code civil : l'époux qui cautionne une dette ou emprunte des fonds avec le consentement de son conjoint engage ses propres et les biens communs, à l'exclusion des gains et salaires de ce dernier (v. toutefois, incluant les salaires sous l'angle du contrôle de la proportionnalité du cautionnement, Cass. com., 22 févr. 2017, cité *infra*, n° 996).

B. La contribution à la dette

La question de la contribution à la dette, c'est-à-dire de la charge définitive de la dette, est réglée par les articles 1416 et 1417 du Code civil. La communauté qui a payé une dette contractée dans l'intérêt personnel d'un époux (1) ou relative à un délit pénal ou civil (2) a droit à récompense.

1. La dette contractée dans l'intérêt personnel de l'un des époux

617. Cette hypothèse est prévue par **l'article 1416 du Code civil** : « la communauté qui a acquitté une dette pour laquelle elle pouvait être poursuivie en vertu des articles précédents a droit néanmoins à récompense, *toutes les fois que cet engagement avait été contracté dans l'intérêt personnel de l'un des époux, ainsi pour l'acquisition, la conservation ou l'amélioration d'un bien propre* ».

Prenons un exemple : supposons qu'un époux, propriétaire d'un appartement en propre, ait réalisé des travaux de rénovation financés avec ses salaires (aménagement d'une terrasse, changement du parquet...). Voilà une dette contractée dans l'intérêt personnel d'un époux (puisqu'elle enrichit son patrimoine propre) et financée avec des deniers communs (les salaires). La communauté aura droit à récompense.

Il faut toutefois se souvenir que, dans son arrêt *Authier*, la première chambre civile a jugé que « la communauté à laquelle sont affectés les fruits et revenus des biens propres, doit supporter les dettes qui sont la charge de la jouissance de ses biens » (Cass. 1re civ., 31 mars 1992, *Bull. civ.* I, n° 96). Ainsi, toutes les dépenses attachées à la jouissance de l'immeuble propre (nettoyage, taxe d'habitation, charges de copropriété...) sont à la charge définitive de la communauté : aucune récompense n'est due. C'est encore une fois la contrepartie de la perception, par la communauté, des revenus des biens propres.

Enfin, il faut savoir que la Cour de cassation a posé, s'agissant du passif, une présomption analogue à celle posée pour l'actif à l'article 1402 du Code civil. **Une dette est présumée avoir été faite dans l'intérêt de la communauté**, de sorte que c'est à l'époux qui invoque un droit à récompense au profit de la communauté de prouver que la dépense a été faite dans l'intérêt personnel de son conjoint (Cass. 1re civ., 19 sept. 2007, n° 05-15940, *Bull. civ.* I, n° 278).

2. La dette relative à un délit pénal ou civil

618. Cette hypothèse est prévue par l'article **1417 du Code civil.**
L'alinéa 1er vise les **amendes pénales** et les **dommages-intérêts** dus au titre de la responsabilité civile (v. pour un ex. de fraude fiscale par un époux, Cass. 1re civ., 20 janv. 2004, n° 01-17124, *Bull. civ.* I, n° 20).
L'alinéa 2 vise la **dette contractée par un époux au mépris des devoirs que lui imposait le mariage**. Il y a, là encore, faute et, partant, délit civil. On songe, par exemple, à la libéralité faite avec des deniers communs à la maîtresse ou à l'amant.
Dans tous les cas, la communauté qui a assumé une telle dette a droit à **récompense, déduction faite, le cas échéant, du profit retiré par elle.**

§ 2. Les dettes ordinaires contractées par les deux époux

Il est fréquent que les deux époux soient **codébiteurs** au sein d'un même acte, ne serait-ce que parce que cela accroît le gage des créanciers. Telle banque est ainsi encline à requérir l'engagement des deux époux pour disposer d'un droit de gage sur l'ensemble des biens du couple. Comme précédemment, il convient de distinguer l'obligation à la dette (A) et la contribution à la dette (B).

A. L'obligation à la dette

Hors le cas des dettes ménagères pour lesquelles la loi instaure une solidarité légale entre époux (v. *infra*, n° 619 et s.), la solidarité ne se présume pas. La règle est rappelée par l'article 1310 nouveau du Code civil : « la solidarité est légale ou conventionnelle : elle ne se présume pas ». Il faut donc, pour les dettes ordinaires, une stipulation de solidarité dans l'acte pour que les époux soient engagés solidairement (1). À défaut, leur engagement n'est que conjoint (2).

1. L'obligation solidaire des époux

619. Lorsqu'elle est stipulée (ce qui est fréquent), la solidarité « entre les débiteurs oblige chacun d'eux à toute la dette. Le paiement fait par l'un d'eux les libère envers le créancier » (C. civ., art. 1313).
Dès lors, si la dette est solidaire, **elle est exécutoire pour le tout sur l'ensemble des biens des époux**, à savoir les biens propres des deux époux, et les biens communs. On le voit, le droit de gage du créancier est ici total.

2. L'obligation conjointe des époux

620. À défaut de stipulation de solidarité, l'obligation est seulement conjointe. Dans ce cas, l'article 1309 alinéa 2 dispose que « chacun des débiteurs n'est tenu que de sa part de la dette commune ».
Quel est alors le gage des créanciers ?
- la dette est exécutoire, **pour le tout, sur les biens communs** (biens communs en capital et revenus des propres) ;
- mais elle n'est exécutoire **que pour moitié sur les gains et salaires des époux et sur leurs biens propres**.

Prenons un exemple: un emprunt de 200 000 euros a été souscrit par deux époux qui se sont engagés à le rembourser sans clause de solidarité. La banque dispose d'un recours pour le tout (200 000 euros) sur les biens communs ordinaires (hors gains et salaires). Elle n'aura en revanche un recours qu'à hauteur de 100 000 euros sur les biens propres et les gains et salaires de chaque époux: elle est donc tenue de diviser ses recours sur de tels biens. La conséquence est fâcheuse pour le créancier si, par exemple, la communauté est vide de tout actif et que l'un des époux est impécunieux (ni propres, ni gains et salaires). Même si le conjoint est milliardaire, il ne sera tenu sur ses propres et sur ses gains et salaires qu'à hauteur de 100 000 euros. On comprend mieux pourquoi, en pratique, les créanciers insèrent dans l'acte une clause de solidarité pour éviter de telles difficultés.

B. La contribution à la dette

621. La question est seulement traitée pour les **dettes solidaires**: ainsi, **l'article 1418, alinéa 2 du Code civil** pose que « la dette solidaire est réputée entrer en communauté du chef des deux époux ». Cela signifie que **la charge définitive de la dette repose en principe sur la communauté**, sauf s'il est démontré qu'elle a été contractée dans l'intérêt personnel d'un époux ou à cause de sa faute. On retombe ici dans les hypothèses prévues par les articles 1416 et 1417 du Code civil.
Rien n'a été prévu pour les **dettes conjointes**. Mais la règle de l'article 1418 alinéa 2 s'applique *mutatis mutandis* à l'obligation conjointe, dès lors que la solidarité affecte l'obligation à la dette (rapports des codébiteurs avec le créancier) mais non sa contribution (rapports entre codébiteurs).

§ 3. Les dettes familiales

Le Code civil confère un régime spécifique aux dettes ménagères (A) et aux dettes alimentaires (B).

A. Les dettes ménagères

Ces dettes ont déjà été rencontrées à propos de l'étude du régime primaire impératif (v. *supra*, n° 512 et s.). Il s'agit des dettes prévues par l'article 220 du Code civil qui sont contractées pour l'entretien du ménage et l'éducation des enfants. Nous avons vu que par principe, de telles dettes étaient solidaires (1), mais que par exception certaines ne l'étaient pas (2): il est patent que l'existence ou l'absence de solidarité affecte la question du passif dans la communauté légale.

1. Les dettes ménagères solidaires

Il convient de distinguer l'obligation à la dette (a) et la contribution à la dette (b).

a. L'obligation à la dette

622. S'agissant de l'obligation à la dette, les dettes ménagères solidaires engagent **pour le tout** les époux, **même si elles ont été contractées par l'un d'entre eux**. Rappelons que la solidarité est ici légale, et non conventionnelle. Ainsi, le créancier dispose d'un droit de gage **sur tous les biens communs, ainsi que sur tous les biens propres des époux**.

b. La contribution à la dette

623. S'agissant de la contribution, les dettes ménagères incombent définitivement à la communauté. C'est ce que prévoit l'article 1409 alinéa 2 du Code civil : la communauté se compose passivement des dettes contractées par les époux « pour l'entretien du ménage et l'éducation des enfants, conformément à l'article 220 ». Aucune récompense n'est ici due à la communauté, dès lors que la masse commune sert précisément au premier chef à subvenir aux besoins de la famille.

2. Les dettes ménagères non solidaires

624. Certaines dettes ménagères, bien que contractées pour l'entretien du ménage ou l'éducation des enfants, **ne sont pas solidaires** : il s'agit des dépenses manifestement excessives, ou encore des emprunts et des achats à tempérament portant sur des sommes non modestes (C. civ., art. 220 al. 2 et 3 ; v. *supra*, n° 520 et s.).
Il convient de distinguer l'obligation à la dette (a) et la contribution à la dette (b).

a. L'obligation à la dette

625. S'agissant de l'obligation à la dette, il convient de les traiter comme des **dettes ordinaires** et appliquer les dispositions vues ci-dessus. Ainsi, un époux qui contracte seul des dettes excessives pour la famille (par ex. l'achat d'une Ferrari alors que le couple a des revenus modestes) n'engage que ses biens propres et les biens communs, **à l'exclusion des gains et salaires et des propres de son conjoint.** Certains auteurs estiment toutefois que les gains et salaires restent engagés, en se fondant sur l'article 1414 du Code civil. Selon ce texte, « les gains et salaires d'un époux ne peuvent être saisis par les créanciers de son conjoint que si l'obligation a été contractée pour l'entretien du ménage ou l'éducation des enfants, conformément à l'article 220 ». L'article 1414 ne distinguant pas selon que la dette ménagère est solidaire ou non, les gains et salaires du conjoint sont engagés. Tout dépend, au fond, de la question de savoir si l'article 1414 renvoie aux trois alinéas de l'article 220 (dettes solidaires et non solidaires), ou seulement à l'alinéa 1er (dettes solidaires). La question n'a pas été tranchée à ce jour par la Cour de cassation.

b. La contribution à la dette

626. S'agissant de la contribution à la dette, on retrouve la même difficulté, dans la mesure où l'article 1409 alinéa 2 du Code civil prévoit que la contribution définitive de la communauté concerne les dettes contractées par les époux « pour l'entretien du ménage et l'éducation des enfants, conformément à l'article 220 ». S'agit-il seulement des dettes ménagères solidaires ou de toutes les dettes ménagères, même excessives ? **Le débat n'est pas tranché**. On peut, après certains auteurs, suggérer une réponse pragmatique (Flour et Aubert, *Les régimes matrimoniaux*, 2e éd., Armand Colin, n° 483). Tout devrait dépendre de **l'utilité de la dette pour la famille**.

Exemple

Des frais de scolarité excessifs pour un enfant devraient relever de la communauté, parce qu'ils contribuent à l'éducation de l'enfant. En revanche, pour reprendre un exemple classique, l'achat par un époux surendetté d'un manteau de fourrure (bien propre par nature) ne relève pas de la charge finale de la communauté. Si cette dépense a été assumée par des deniers communs, la communauté aura droit à récompense.

B. Les dettes alimentaires

Ces dettes ont été traitées spécifiquement dans la deuxième partie de l'ouvrage consacrée à la famille (v. *supra*, n° 251 et s.). Reste à déterminer les principes applicables à de telles dettes en droit des régimes matrimoniaux : il faut, une dernière fois, distinguer l'obligation à la dette (1) et la contribution à la dette (2).

1. L'obligation à la dette

627. Deux hypothèses sont à distinguer :
- si les deux époux sont débiteurs d'aliments, **tous les biens du ménage sont engagés (biens propres et biens communs)**. Il en va ainsi, par exemple, de la dette d'aliments à l'égard d'un enfant commun du couple ;
- si un seul des époux est débiteur d'aliments, il engage ses **biens propres et les biens communs, à l'exclusion des gains et salaires de son conjoint**. On retrouve ici l'application des articles 1413 et 1414 du Code civil. Tel est le cas, par exemple, des dettes d'aliments à l'égard d'un enfant d'un premier lit.

2. La contribution à la dette

628. C'est ici que la nature familiale de la dette se fait surtout sentir. En effet, l'article 1409 du Code civil prévoit que la communauté se compose passivement « à titre définitif, des aliments dus par les époux ». **Il n'y a pas lieu ici de distinguer selon que cette dette pèse sur un seul époux ou sur les deux : la charge définitive de la dette incombe à la communauté**. Par exemple, la communauté doit définitivement contribuer aux aliments versés à la belle-mère, à l'ex-conjoint, ou à l'enfant d'un premier lit. La règle a été critiquée par certains, mais nous pensons que la création d'une nouvelle famille n'abolit pas les solidarités familiales antérieures et que la communauté n'est pas lésée, dès lors qu'elle s'approprie, faut-il le rappeler, les revenus de l'époux débiteur d'aliments. **La communauté n'a donc droit à aucune récompense.**
Une seule **exception** doit être signalée : la dette contractée en **violation des devoirs du mariage** (C. civ., art. 1417 al. 2). La communauté qui a acquitté une telle dépense a droit à récompense. Même si le cas ne s'est pas présenté, on songe aux aliments dus par un époux à un enfant adultérin. Si la communauté a financé une telle dépense, elle aura droit à récompense lors de la dissolution du régime.

629 à 635. Réservés.

LEÇON 5

LA DISSOLUTION DE LA COMMUNAUTÉ LÉGALE

Textes

Articles 1441 et suivants du Code civil

636. Si le mariage n'est pas éternel, la communauté ne l'est pas davantage. L'étude des causes de dissolution de la communauté (section 1) précédera celle de ses effets (section 2).

Section 1

Les causes de dissolution

L'article 1441 du Code civil dispose que :
« La communauté se dissout :
1° Par la *mort* de l'un des époux ;
2° Par l'*absence déclarée* ;
3° Par le *divorce*
4° Par la *séparation de corps*
5° Par la *séparation de biens* ;
6° Par le changement de *régime matrimonial* ».
Cette liste nous apprend que la communauté, qui est la cheville ouvrière du mariage, disparaît avec lui (§ 1). Mais il est des cas où la communauté prend fin alors même que le lien matrimonial entre époux est intact. Il s'agit alors d'un changement de régime matrimonial en cours de mariage (§ 2).

§ 1. La dissolution ou le relâchement du mariage

La règle est **d'ordre public** : la communauté ne peut pas survivre à la rupture du lien matrimonial. C'est ce que prévoit **l'article 1442 du Code civil** : « il ne peut y avoir lieu à la continuation de la communauté, malgré toutes conventions contraires ». L'accessoire (la communauté) doit suivre le principal (le mariage).
Consécutivement à la dissolution ou au relâchement du mariage, la communauté prend fin en cas de décès d'un époux ou d'absence déclarée (A), divorce ou séparation de corps (B) et mariage putatif annulé (C).

A. Le décès et l'absence déclarée d'un époux

637. L'assimilation de l'absence déclarée au décès résulte de ce que le jugement déclaratif d'absence emporte, à partir de sa transcription, tous les effets du décès (C. civ., art. 128 al. 1). À quelle **date** la communauté est-elle dissoute ? Au jour du **décès**, ou au jour de la **transcription du jugement de déclaration d'absence**.

B. Le divorce et la séparation de corps

638. Le divorce, qui emporte rupture du lien matrimonial, provoque la disparition de la communauté. La séparation de corps, ce « divorce des catholiques », n'est qu'un relâchement du lien matrimonial. Les époux restent mariés, mais le devoir de vie commune cesse. Pour autant, dans la sphère patrimoniale, la séparation de corps provoque la dissolution de la communauté. L'**article 302 du Code civil** dispose en effet que « la séparation de corps entraîne toujours séparation de biens ». En revanche, la **séparation de fait** ne provoque pas la dissolution de la communauté (même si celle-ci peut être rétroactivement fixée au jour de cette séparation, v. *infra*, n° 643 et s.).
À quelle **date** la communauté est-elle dissoute ?

- *Entre époux* : dès la demande de la demande en divorce dans les divorces judiciaires, afin d'éviter des coups bas pendant l'instance de divorce, avec possibilité d'un report à la date de la séparation (v. sur cette question, *supra*, n° 354 et s., et notamment la question en matière de divorce par consentement mutuel).
- *À l'égard des tiers* : à compter de la **publication** du jugement (mention en marge de l'état civil).

C. Le mariage putatif

639. On doit ajouter à la liste de l'article 1441 du Code civil ce cas exceptionnel. Lorsque le mariage est annulé, ses effets sont rétroactivement annulés, de sorte que la communauté est censée n'avoir jamais existé. Sont appliquées les règles de la société de fait. Il en va autrement en cas de **bonne foi des époux** : dans ce cas, les effets passés du mariage sont maintenus, de sorte qu'il y aura bien eu entre eux, du mariage à son annulation, une communauté légale qu'il faudra liquider. Si un seul des époux est de bonne foi, il dispose d'une option entre l'application des règles de la société de fait et celles relatives à la dissolution de la communauté.
Le mariage putatif ne produit ses effets qu'à **l'égard des époux** (C. civ., art. 201 al. 2) et des **enfants** (art. 202). La communauté légale n'a donc pas d'existence à l'égard des tiers.

§ 2. Le changement de régime matrimonial

L'hypothèse est différente : bien que le mariage subsiste, la communauté est dissoute. Une telle dissolution résulte soit de la **volonté des époux** (A), soit d'une **décision du juge** qui provoque la séparation des biens (B).

A. Le changement conventionnel de régime

640. Son étude sera effectuée ultérieurement, à l'occasion des régimes conventionnels. Tout au plus doit-on signaler à ce stade que le changement de régime, qui est possible après deux ans d'application du régime (C. civ., art. 1397), provoquera la dissolution de la communauté légale.
À quelle **date** la communauté est-elle dissoute?
- *Entre époux*: au jour de **l'homologation judiciaire** du changement de régime matrimonial.
- *À l'égard des tiers*: **trois mois** après la **publication** du jugement (mention en marge de l'état civil).

B. La séparation de biens judiciaire

641. Cette hypothèse de dissolution de la communauté est prévue par **l'article 1443 du Code civil**: « si, par le désordre des affaires d'un époux, sa mauvaise administration ou son inconduite, il apparaît que le maintien de la communauté met en péril les intérêts de l'autre conjoint, celui-ci peut poursuivre la séparation de biens en justice ». Il s'agit donc de remédier **à l'incurie d'un époux en permettant à son conjoint d'obtenir en justice la séparation de biens**. Cette action est réservée au conjoint, à l'exclusion des créanciers de l'époux défaillant (C. civ., art. 1446). La demande et le jugement doivent être publiés (art. 1445). Parce qu'il s'agit d'une dissolution contentieuse justifiée par l'urgence de la situation, l'article **1444** assure la **célérité** des opérations de liquidation en imposant un double délai: **trois mois** à compter du jugement pour commencer les opérations de liquidation et **un an**, à compter de ces opérations, pour procéder au règlement définitif (ce dernier délai pouvant être prorogé d'un an). Le tout est prescrit à peine de **nullité** de la séparation de biens. Les époux sont alors soumis au régime de la séparation de biens (C. civ., art. 1449; sur ce régime, v. *infra*, n° 685 et s.).

642. À quelle **date** la communauté est-elle dissoute?
- *Entre époux*: au jour de la **demande** (art. 1445 al. 2);
- *À l'égard des tiers*: **au jour de la demande** également (art. 1445 al. 2).

Section 2

Les effets de la dissolution

643. Une remarque liminaire s'impose: il est possible de faire **rétroagir les effets de la dissolution**, en obtenant **en justice** le **report de la date de dissolution de la communauté**. C'est ce que prévoit **l'article 1442 alinéa 2 du Code civil**: « les époux peuvent, l'un ou l'autre, demander, s'il y a lieu, que, dans leurs rapports mutuels, l'effet de la dissolution soit reporté à la date où ils ont cessé de cohabiter et de collaborer ». Quel est l'intérêt de faire remonter la date de la dissolution **à la cessation de la cohabitation et de la collaboration?**
Un exemple permettra de s'en convaincre. Imaginons - ce qui n'est pas rare - qu'un époux soit parti avec sa maîtresse ou son amant et dépense sans compter l'argent du ménage, pendant que son conjoint reste au domicile conjugal et continue d'enrichir la communauté par ses efforts. Il serait injuste de maintenir entre eux, jusqu'au jour de l'assignation en

divorce, les règles de la communauté légale. Le conjoint fourmi pourra donc demander à ce que la communauté soit dissoute dès l'instant de la séparation de fait, afin que l'époux cigale (et qui papillonne...) ne profite pas du fruit de son labeur. Ce report, qui ne peut être demandé que par les époux ou leurs héritiers (Cass. 2e civ., 25 juin 1998, n° 96-19375, *Bull. civ.* II, n° 234), n'a d'effet **qu'entre les époux.** Il est donc sans effet sur l'obligation à la dette (Cass. 1re civ., 1er juin 1994, n° 92-17465, *Bull. civ.* I, n° 193).

À noter

La cessation de la cohabitation fait présumer celle de la collaboration (Cass. 1re civ., 31 mars 2010, *Bull. civ.* I, n° 80). Le conjoint, qui s'oppose au report, devra alors prouver l'existence de relations patrimoniales entre les époux, résultant d'une volonté commune, allant au-delà des obligations découlant du mariage ou du régime matrimonial (Cass. 1re civ., 24 oct. 2012, n° 11-30522 : achats de biens immobiliers et emprunts contractés après la séparation des époux, ce qui maintient la collaboration).

Une fois la date de la dissolution déterminée, celle-ci produit des effets que l'on peut envisager de manière **chronologique**. La dissolution de la communauté provoque l'ouverture d'une période d'indivision post-communautaire (§ 1), qui prendra fin lors de la liquidation (§ 2) et du partage de la communauté (§ 3).

§ 1. L'indivision post-communautaire

644. À titre liminaire, on peut poser **trois questions**.

- *Pourquoi une indivision post-communautaire ?* Parce qu'il n'est pas possible de partager la communauté dès sa dissolution : il faut faire et refaire des comptes, ce qui suppose un certain temps. En outre, il est d'usage, en présence d'enfants communs, que la communauté ne soit partagée qu'au décès du deuxième époux, ce qui donne naissance jusque-là à une indivision entre le conjoint survivant et les enfants.
- *Qui sont les indivisaires ?* L'indivision post-communautaire peut être **entre époux**. Tel est le cas si la dissolution a lieu **du vivant des époux** (divorce, séparation de corps, séparation de biens...). En cas de **décès**, l'indivision post-communautaire réunit pour moitié le **conjoint survivant et les héritiers de l'époux décédé** (qui viennent en ses lieu et place). Cela donne naissance à une **juxtaposition de deux indivisions**. En effet, si l'époux décédé laisse plusieurs héritiers, il y aura une indivision successorale entre ses héritiers sur son patrimoine, et une indivision post-communautaire sur les biens de la communauté entre ces mêmes héritiers et le conjoint survivant. Enfin, pour compliquer un peu plus les choses, le conjoint survivant peut être l'héritier de son époux décédé. Il fait alors partie de l'indivision post-communautaire et de l'indivision successorale. Et s'il est le seul héritier, il n'y a pas d'indivision, ni successorale (il hérite intégralement du *de cujus*), ni communautaire (il acquiert la pleine propriété des biens communs).
- *L'indivision post-communautaire est-elle originale ?* Au risque d'exprimer une lapalissade, l'indivision post-communautaire est une indivision. Il est donc renvoyé, pour l'essentiel, à cette institution qui est étudiée dans la première partie de l'ouvrage (*supra*,

n° 154 et s.). Toutefois, le fait que cette indivision succède à une communauté légale lui confère une coloration originale. En effet, contrairement à l'indivision successorale, qui constitue le modèle de référence (art. 815 et s.) et qui se caractérise par le passage d'une propriété individuelle (celle du *de cujus*) à une propriété collective (celle des indivisaires), l'indivision post-communautaire est une succession de deux propriétés collectives (la communauté puis l'indivision).

Ce particularisme se révèle à travers l'actif et le passif. Il n'y a en revanche aucun particularisme pour les **pouvoirs** : il est donc renvoyé aux règles de gestion de l'indivision, soit légale, soit conventionnelle (*supra*, n° 154 et s.).

À noter

La **gestion concurrente**, qui est la règle sauf exceptions en communauté, est **remplacée par la règle de l'unanimité** en indivision, sauf exceptions (C. civ., art. 815-3). On passe donc d'une gestion très fluide à une gestion pointilleuse, qui suppose l'accord de tous (v. toutefois *supra*, n° 154 et s. la leçon sur l'indivision pour les remèdes).

Sous le bénéfice de ces observations, nous nous bornerons à traiter de l'actif (A) et du passif (B).

A. L'actif dans l'indivision post-communautaire

L'actif se compose des biens indivis (1) et des biens personnels des indivisaires (2).

1. Les biens indivis

645. Les choses sont assez simples : **tous les biens communs au jour de la dissolution du régime tombent en indivision** (sauf jeu d'une clause de **tontine**, qui prévoit que le bien acquis en commun appartiendra exclusivement et rétroactivement au conjoint survivant). Mais cette masse n'est pas figée. En cours d'indivision, les fruits et revenus des biens indivis font également partie de l'indivision (C. civ., art. 815-10). De même, les biens qui viennent en remplacement d'un bien indivis par le jeu de la subrogation réelle (ex. une indemnité d'assurance ; le prix de vente d'un bien indivis…) font partie de l'indivision. Les créances communes sont également indivises, mais chaque époux peut réclamer sa part à compter de la dissolution de la communauté (C. civ., art. 1309 ; Cass. 1re civ., 10 févr. 1981, n° 79-12765, *Bull. civ.* I, n° 49).

FOCUS

L'indivision post-communautaire

Par un arrêt du 29 janvier 2020, la Cour de cassation a précisé que le recel successoral, défini comme le fait pour un héritier de détourner les biens de la succession, n'était pas applicable au conjoint survivant qui prélève des sommes au préjudice de l'indivision post communautaire ayant existé entre les époux (Cass. 1re civ., 29 janv. 2020, n° 18-25592).

Pour la première chambre civile, le conjoint survivant est débiteur des sommes correspondantes envers l'indivision, non pas en sa qualité d'héritier, mais en celle d'indivisaire tenu au rapport de ce qu'il a prélevé dans l'indivision avant le partage. Le conjoint n'encourt donc pas les sanctions afférentes à un tel recel successoral (privation de ses droits successoraux sur les biens détournés, indemnisation...).

2. Les biens personnels des indivisaires

646. La force d'attraction de la communauté disparaît. **Outre les biens propres pendant le mariage**, chaque indivisaire conserve désormais ses **gains et salaires**, ainsi que les **revenus des propres perçus après la dissolution du régime**. Par ailleurs, il n'existe pas de présomption d'indivision analogue à celle qui a cours en communauté (art. 1402).

B. Le passif dans l'indivision post-communautaire

On doit, comme de coutume, distinguer l'obligation à la dette (1) et la contribution à la dette (2).

1. L'obligation à la dette

Quels sont les droits des créanciers à l'égard de l'indivision post-communautaire? Il faut se référer, moyennant quelques aménagements, à la distinction effectuée par **l'article 815-17 du Code civil** entre les créanciers de l'indivision (a) et les créanciers personnels des indivisaires (b).

a. Les créanciers de l'indivision

647. Sont visés :
- les **créanciers antérieurs** à l'indivision et **qui avaient pour droit de gage les biens communs** (par ex. une dette ménagère) ;
- les **créanciers postérieurs** à l'indivision **et dont le droit résulte de la conservation ou la gestion des biens indivis** (par ex. l'entrepreneur qui a réparé, après le prononcé du divorce, le logement familial devenu indivis).

De tels créanciers peuvent obtenir le paiement de leur créance par prélèvement de l'actif indivis avant le partage. Ils peuvent également faire saisir et vendre les biens indivis en cours d'indivision (C. civ., art. 815). Ils peuvent naturellement en outre saisir les **biens personnels de l'époux qui a contracté la dette**.

Mais peuvent-ils également saisir **les biens personnels du conjoint non partie à l'acte**? La jurisprudence, se fondant sur les dispositions **de l'article 1483 du Code civil**, a donné une réponse affirmative à cette question : dès la dissolution de la communauté, chacun des époux peut être poursuivi sur ses biens personnels pour la **moitié des dettes** entrées en communauté du chef de son conjoint, les droits reconnus aux créanciers de l'indivision par l'article 815-17 ne les privant pas pour autant de ceux qu'ils tiennent du droit des régimes matrimoniaux (Cass. 1re civ., 1er mars 1988, n° 86-13337, *Bull. civ.* I, n° 53). La règle est très sévère. Alors que, pendant la communauté, la dette contractée par un époux n'engage pas les propres de son conjoint (C. civ., art. 1418), cette règle prend fin à sa dissolution : le conjoint répond sur ses biens personnels de la moitié de telles dettes. La solution est d'autant plus sévère pour le conjoint que celui-ci ne peut invoquer le **bénéfice d'émolument** qu'à compter du partage (v. sur ce bénéfice, *infra*, n° 649 et s.).

b. Les créanciers personnels des indivisaires

648. Sont visés :

- les **créanciers antérieurs** à l'indivision et **qui n'avaient comme droit de gage que les biens propres de** l'**époux** (dettes antérieures au mariage ou grevant des libéralités et successions, ainsi que l'emprunt ou le cautionnement contracté seul, car les gains et salaires deviennent, après dissolution, des biens personnels) ;
- les **créanciers postérieurs** à l'indivision, mais dont la créance n'est pas relative à la conservation ou la gestion d'un bien indivis (par ex. l'entrepreneur qui a réparé l'immeuble appartement privativement à un époux).

De tels créanciers ne peuvent **pas saisir les biens indivis, ni même la part de leur débiteur dans l'indivision**. Ils peuvent seulement provoquer le partage en son nom ou intervenir dans le partage provoqué par lui (C. civ., art. 815-17 al. 2.). En revanche, les créanciers peuvent poursuivre leur débiteur sur ses biens personnels.

2. La contribution à la dette

649. **L'époux peut tout d'abord être créancier de l'indivision.** Il n'est ainsi pas rare que l'un des indivisaires paie seul une somme d'argent qui profite au bien indivis. Il en va ainsi, par exemple, lorsqu'un époux rembourse seul le crédit ayant financé le logement, tombé en indivision. Il a alors droit à une indemnité, conformément à l'article 815-13 du Code civil, qui prévoit que lorsqu'un indivisaire a amélioré à ses frais l'état d'un bien indivis ou a exposé des dépenses nécessaires, sur ses deniers personnels, pour conserver les biens indivis, il a droit à une indemnité. On retrouve la distinction entre les impenses utiles, évaluées à hauteur de la plus-value au jour du partage ou de l'aliénation, et les impenses nécessaires, indemnisées même sans plus-value.

Exemple

Il a été jugé que le remboursement des échéances d'emprunts immobiliers effectué par un époux au moyen de ses deniers personnels au cours de l'indivision post-communautaire constitue des dépenses nécessaires (Cass. 1re civ., 7 juin 2006, *Bull. civ.* I, n° 284). Peu importe qu'il s'agisse d'un prêt amortissable ou d'un crédit relais destiné à financer l'acquisition d'un autre bien dans l'attente de la vente du bien indivis (Cass. 3e civ., 26 janv. 2022, n° 20-17898). Il faut enfin savoir qu'à compter de la dissolution de la communauté, les modalités d'évaluation prévues par l'article 815-13 se substituent aux règles de calcul des récompenses, qui sont désormais inapplicables (Cass. 1re civ., 11 mai 2012, n° 11-17497 P). L'époux peut même poursuivre sa créance sur les biens indivis, sans attendre les opérations de partage (Cass. 1re civ., 20 févr. 2001, *Bull. civ.* I, n° 41). Concrètement, il demandera à son conjoint de contribuer pour moitié à une dette qui était indivise.

Inversement, **un époux peut être débiteur de l'indivision post-communautaire**. Tel est le cas, notamment, lorsqu'il occupe privativement le logement commun, devenu indivis. Il y a alors lieu d'appliquer l'article 815-9 du Code civil, étant toutefois précisé que l'article 262-1

du Code civil prévoit que la jouissance du logement conjugal par un seul époux conserve un caractère gratuit jusqu'à l'ordonnance de non-conciliation, sauf décision contraire du juge. Aucune indemnité n'est donc normalement due à ce titre (v. cas pratique sur l'incidence du report de la dissolution, n° 4).
Ces créances entre indivisaires sont autonomes des récompenses. Elles peuvent donc être payées avant le partage de la communauté. À défaut, elles seront intégrées dans un solde global, dont il sera tenu compte lors de la liquidation et du partage de la communauté.

§ 2. La liquidation de la communauté

650. La liquidation consiste à **déterminer la masse commune à partager**.
Une question liminaire se pose : **qui procède à la liquidation et au partage du régime matrimonial ?**
Il faut savoir que la liquidation et le partage de la communauté **ne sont pas nécessairement judiciaires**, tant s'en faut. Ces opérations peuvent être réalisées par convention, dès lors qu'elles sont postérieures à la dissolution de la communauté (Cass. 1re civ., 19 janv. 1982, n° 80-17149, *Bull. civ.* I, n° 27). La loi impose même parfois la conclusion d'une convention : c'est le cas dans le **divorce judiciaire par consentement mutuel (enfant mineur qui demande à être auditionné)**, pour lequel l'article 230 du Code civil exige que la convention règle les conséquences du divorce. Cette convention est ensuite **homologuée** par le juge (art. 232). Dans les **divorces non consensuels** (faute, altération du lien conjugal, divorce accepté), les époux peuvent, pendant l'instance en divorce, passer des conventions pour liquider et partager leur régime matrimonial (art. 265-2). À défaut, c'est le juge qui procédera à la liquidation et au partage, généralement après avoir désigné un notaire pour préparer un projet (art. 267).

La liquidation conventionnelle de la communauté est évidemment renforcée par la consécration, par la loi J21 du 18 novembre 2016, du divorce par consentement mutuel par acte d'avocat. La convention doit alors comporter, **à peine de nullité**, « 5° *l'état liquidatif du régime matrimonial*, le cas échéant en la forme authentique devant notaire lorsque la liquidation porte sur des biens soumis à publicité foncière, ou la déclaration qu'il n'y a pas lieu à liquidation ». On le voit, si des immeubles composent la masse commune, l'état liquidatif devra être réalisé devant notaire. Une telle liquidation purement conventionnelle de la communauté ne manquera pas de poser des difficultés, dans la mesure où cette convention, non homologuée par le juge, pourra être remise en cause comme tout contrat. Qu'adviendra-t-il si la convention est ensuite annulée, par exemple pour vice du consentement ?

Exemple

Supposons qu'un immeuble commun soit attribué à l'un des époux qui le revend ensuite à un tiers. *Quid* si la convention de divorce est annulée ? L'immeuble redevenant un bien commun, il est soumis à cogestion, de sorte que l'époux a excédé ses pouvoirs. La jurisprudence devra trancher : faudra-t-il sacrifier les intérêts du tiers ou faire jouer la théorie de l'apparence si les conditions de l'usucapion ne sont pas réunies ?

Dans les divorces judiciaires, la Cour de cassation précise jusqu'à quel moment les époux peuvent, dans le cadre d'un divorce judiciaire, conclure une convention liquidative **(Cass. 1re civ., 27 sept. 2017, n° 16-23531)**. La Cour régulatrice rappelle qu'aux termes de l'article 265-2 du Code civil, les époux peuvent, pendant l'instance en divorce, passer toutes conventions pour la liquidation et le partage de leur régime matrimonial. Il s'en déduit **qu'une convention comportant, ne serait-ce que pour partie, des stipulations relatives à la liquidation et au partage du régime matrimonial ne peut être conclue avant l'assignation ou la requête conjointe en divorce**. Les avocats doivent donc se montrer prudents : aucune convention ne peut être conclue avant l'introduction de l'instance en divorce, dès lors que celle-ci porte sur le partage du régime matrimonial. Il est donc possible de s'entendre, par anticipation, sur la prestation compensatoire, mais pas sur le régime matrimonial (sur l'incidence de la réforme de la procédure de divorce par la loi du 23 mars 2019, v. *supra*, n° 349).

Une fois l'auteur de la liquidation identifié, il reste à en cerner le processus. Pour liquider le régime matrimonial, il convient déjà de soustraire tout ce qui n'est pas commun, au moyen de la **reprise des propres** prévue par l'article 1467 alinéa 1er du Code civil : « la communauté dissoute, chacun des époux reprend ceux des biens qui n'étaient point entrés en communauté, s'ils n'existent en nature, ou les biens qui y ont été subrogés ».

Reste alors la masse commune. Mais le travail de liquidation ne fait, au vrai, que commencer. En effet, il y a nécessairement eu des mouvements de valeur entre les patrimoines. Tel époux a contribué avec ses fonds propres à l'acquisition d'un bien commun. Inversement, la communauté a pu financer l'achat de biens propres. Liquider la communauté, c'est donc essentiellement procéder **au calcul des récompenses** entre les différents patrimoines.

Le principe des récompenses est posé par **l'article 1468 du Code civil** : « il est établi, au nom de chaque époux, un compte de récompenses que la communauté lui doit et des récompenses qu'il doit à la communauté ». Une fois le principe des récompenses posé, reste à savoir comment elles sont déterminées (A), évaluées (B) et réglées (C).

A. La détermination des récompenses

La détermination des récompenses suppose au préalable de les distinguer des créances entre époux (1). Il sera ensuite temps de montrer que les récompenses sont tantôt dues à la communauté (2), tantôt dues par la communauté (3).

1. Récompenses et créances entre époux

651. Les récompenses ne concernent que les **rapports entre la communauté et les patrimoines propres des époux**. Les **créances entre époux** portent au contraire sur les rapports entre **les patrimoines propres des époux**.

Exemple

Il y a créance entre époux et non récompense lorsqu'un époux a financé, grâce à l'héritage de sa grand-mère, l'acquisition par son conjoint d'un appartement en propre. La communauté n'est ici pas en cause. La distinction est essentielle, dans la mesure où le régime des récompenses et des créances entre époux n'est pas le même.

Plusieurs différences doivent être signalées :

- **l'exigibilité** : les récompenses ne sont exigibles qu'à la dissolution de la communauté, alors que les créances entre époux ne voient pas leur exigibilité différée ;
- **l'évaluation** : l'article 1479 du Code civil sur les créances entre époux ne renvoie qu'à l'article 1469 alinéa 3 relatif aux récompenses, ce dont la Cour de cassation déduit que les

créances entre époux ne peuvent être inférieures à la dépense faite, dès lors qu'il ne reste aucun profit subsistant au jour de la liquidation (Cass. 1re civ., 24 sept. 2008, n° 07-19710, *Bull. civ.* I, n° 213). Cette interprétation littérale conduit à traiter plus favorablement les créances entre époux que les récompenses, ce qui est pour le moins paradoxal (sur l'évaluation des récompenses pour lesquelles est généralement retenue la plus faible des deux sommes, v. *infra*, n° 653 et s.).

La liquidation de la communauté suppose de mettre de côté les créances entre époux et de se concentrer sur les seules récompenses.

2. Les récompenses dues à la communauté

652. Les récompenses fonctionnent généralement dans ce sens : un époux est redevable d'une récompense à la communauté. Cela provient du fait que les gains et salaires sont communs, de sorte que la communauté sert souvent à financer les projets personnels des époux.

L'article 1437 du Code civil dispose que « toutes les fois qu'il est pris sur la communauté une somme, soit pour acquitter les dettes ou charges personnelles à l'un des époux, telles que le prix ou partie du prix d'un bien à lui propre ou le rachat des services fonciers, soit pour le recouvrement, la conservation ou l'amélioration de ses biens personnels, *et généralement toutes les fois que l'un des deux époux a tiré un profit personnel des biens de la communauté, il en doit la récompense* ».

Deux questions se posent :

Qui supporte la ***charge de la preuve ?*** Il appartient à l'époux qui réclame une récompense au profit de la communauté de prouver, par tous moyens, l'enrichissement du patrimoine propre de son conjoint. Il n'aura pas, en revanche, à prouver que des deniers communs ont été employés, à raison de la présomption de communauté de l'article 1402.

Quelles sont les ***principales hypothèses de récompenses dues à la communauté ?*** On peut en identifier **quatre** :

- le paiement par la communauté de la dette personnelle d'un époux ;
- l'usage de fonds communs pour l'acquisition, l'amélioration ou la conservation d'un propre, à l'exclusion des dépenses d'entretien (v. *supra*, n° 556 l'arrêt *Authier*) et des dépenses relatives aux biens propres à caractère personnel (vêtements et linge à usage personnel, v. art. 1404), qui ne donnent lieu à aucune récompense ;
- la donation de biens ou deniers communs par un époux ;
- l'absence de perception des fruits de ses propres par un époux (C. civ., art. 1403 al. 2).

Mais la liste **n'est pas exhaustive**, dès lors que le texte contient *in fine* une clause générale : « toutes les fois que l'un des époux a tiré un profit personnel des biens de la communauté ». Un cas est litigieux en jurisprudence : **celui de l'industrie déployée par un époux au service d'un propre**.

Exemple

L'époux consacre ses week-ends à réparer la maison dont il est seul propriétaire. La communauté a-t-elle droit à récompense à ce titre ? La jurisprudence y est en principe hostile, que le travail profite à un bien propre de son conjoint (Cass. 1re civ., 30 juin 1992, n° 90-19346) ou de lui-même (Cass. 1re civ., 5 avr. 1993, n° 91-15139, *Bull. civ.* I, n° 137). Il n'en va autrement, semble-t-il, que dans l'hypothèse où l'époux déploie son industrie **pendant**

son temps de travail (v., *a contrario*, Cass. 1re civ., 28 févr. 2006, n° 03-16887, 03-16887). Dans ce cas, la communauté devrait avoir droit à récompense. La solution paraît logique, puisque, du moins lorsqu'il s'agit d'un libéral, l'époux qui ne travaille pas prive la communauté d'un gain. Ainsi, l'avocat qui ne plaide pas une affaire pendant cinq ans pour réparer quotidiennement sa maison de famille sur le bassin d'Arcachon devrait être redevable d'une récompense à la communauté.

3. Les récompenses dues par la communauté

653. **L'article 1433 du Code civil** dispose que « la communauté doit récompense à l'époux propriétaire *toutes les fois qu'elle a tiré un profit de biens propres* ».
On retrouve les deux mêmes questions que précédemment :
Qui supporte la ***charge de la preuve ?*** L'époux qui réclame une récompense à la communauté doit cette fois prouver deux choses : d'une part, que **des fonds ou biens propres ont été utilisés** (il faut renverser la présomption prévue par l'article 1402) et, d'autre part, que **la communauté en a tiré profit**, sauf si le conjoint ne conteste pas l'enrichissement de la communauté (art. 1433 al. 3).
Quelles sont les ***principales hypothèses de récompenses dues par la communauté ?***
On peut en identifier **trois** :
- le paiement par un patrimoine propre d'une dette dont la contribution repose sur la communauté ;
- l'usage de fonds propres pour l'acquisition, l'amélioration ou la conservation d'un bien commun ;
- l'encaissement par la communauté de deniers propres ou provenant de la vente d'un propre, sans qu'il en ait été fait emploi ou remploi (art. 1433 al. 2). Opérant un revirement de jurisprudence, la Cour de cassation décide désormais que **la preuve de l'encaissement de propres permet de présumer, sauf preuve contraire, le profit pour la communauté** (Cass. 1re civ., 8 févr. 2005, n° 03-13456, *Bull. civ.* I, n° 65). Cette nouvelle solution répond à l'extrême difficulté qu'il y avait, plusieurs années après l'encaissement de fonds propres, de démontrer leur utilisation au profit de la communauté.

FOCUS

Les récompenses

Par un arrêt du 3 octobre 2019, la Cour de cassation est venue préciser que la récompense suppose un mouvement de valeur entre un patrimoine propre et la communauté pendant le fonctionnement du régime (**Cass. 1re civ., 3 oct. 2019**, n° 18-20430). Ainsi, ne donne pas droit à récompense l'apport d'un bien propre à la communauté effectué par contrat de mariage, dès lors « qu'aucun mouvement de valeur entre la masse propre de l'époux et la masse commune ne s'était réalisé au cours de l'application du régime matrimonial ».

B. L'évaluation des récompenses

654. La loi du 13 juillet 1965 s'est employée à briser les effets pervers du **nominalisme monétaire** causés par l'inflation, en introduisant une bonne dose de **valorisme**.

Un exemple permettra de s'en convaincre. Supposons que la communauté ait financé à hauteur de 50 000 euros l'achat d'un bien propre qui a été payé 150 000 euros. La communauté a donc financé 1/3 de la valeur du bien. Trente ans plus tard, lors de la liquidation de la communauté, le bien vaut 600 000 euros. Par application du nominalisme monétaire, qui ne tient compte que de la valeur faciale de la monnaie, la communauté n'aurait droit qu'à 50 000 euros, soit 1/12e de la valeur actuelle du bien. C'est ici que le valorisme opère : la communauté aura droit à une récompense indexée sur la valeur du bien, soit, en l'espèce, 200 000 euros (1/3 de la valeur actuelle du bien). La solution est plus complexe, mais plus juste, puisqu'elle permet de récompenser la contribution effective de la communauté à l'achat d'un propre en tenant compte de l'inflation monétaire (l'exemple a été donné en euros, mais au vrai, il y a très peu d'inflation dans la zone euro ; c'est à l'époque du franc, spécialement à partir des années 1930 – crise de 29 – que l'inflation a galopé).
Mais cette méthode d'évaluation, qui repose sur une **dette de valeur**, n'est pas systématique. Le système d'évaluation prévu par **l'article 1469 du Code civil** est, on va le voir, passablement complexe : au cas général selon lequel la récompense est égale à la plus faible des deux sommes entre la dépense faite et le profit subsistant (1), répondent de nombreux cas particuliers (2) qui vident pour beaucoup de sa substance le cas général.

655 à 663. Réservés.

1. Cas général : le double plafond de la dépense faite et du profit subsistant

664. La règle, qui fait écho à l'enrichissement sans cause, est prévue par **l'alinéa 1er** : « la récompense est, en général, égale à la plus faible des deux sommes que représentent la dépense faite et le profit subsistant ».
La **dépense faite** s'apprécie au jour où elle a été réalisée, tandis que le **profit subsistant**, c'est-à-dire l'enrichissement du patrimoine considéré, doit s'apprécier au jour de la liquidation – et non de la dissolution – de la communauté.

Exemple

La communauté a dépensé 1 000 euros pour permettre l'achat par un époux d'un ordinateur propre qui vaut aujourd'hui 200 euros. La communauté aura droit à récompense à hauteur de la plus faible des deux sommes, soit 200 euros (le profit subsistant).

2. Cas particuliers

Trois cas particuliers, qui résultent des **alinéas 2 et 3 de l'article 1469 du Code civil**, doivent être envisagés : le plancher de la dépense nécessaire (a), le plancher du profit subsistant (b) et le double plancher de la dépense nécessaire et du profit subsistant (c).

a. Le plancher de la dépense nécessaire

665. **L'article 1469 alinéa 2** dispose que la récompense « ne peut, toutefois, être moindre que la dépense faite quand celle-ci était nécessaire ». La nécessité de la dépense assure au créancier de la récompense une indemnité au moins égale à la dépense faite, même s'il n'en subsiste aucun profit. Il a notamment été jugé que des travaux assurant l'**habitabilité** d'un immeuble constituaient une dépense nécessaire (Cass. 1re civ., 25 janv. 2000, n° 98-10747, *Bull. civ.* I, n° 20).

Exemple

La communauté a financé en 1970 le changement de courroie de la Simca 1000 d'un époux qui lui appartenait en propre. La dépense à l'époque a été de 1 000 francs, soit 150 euros. Au jour de la liquidation, il n'en reste aucun profit car la voiture est aujourd'hui à la casse. La communauté aura tout de même droit à une récompense de 150 euros.

b. Le plancher du profit subsistant

666. **L'article 1469 alinéa 3** dispose que la récompense « *ne peut être moindre que le profit subsistant*, quand la valeur empruntée a servi à *acquérir, à conserver ou à améliorer un bien* qui se retrouve, au jour de la liquidation de la communauté, dans le patrimoine emprunteur. Si le bien acquis, conservé ou amélioré a été aliéné avant la liquidation, le profit est évalué au jour de l'aliénation ; si un nouveau bien a été subrogé au bien aliéné, le profit est évalué sur ce nouveau bien ». C'est ici que le **valorisme** se fait sentir. Afin de lutter contre l'érosion monétaire, la récompense est évaluée à l'aune de la **valeur** du bien acquis, conservé ou amélioré grâce à la dépense. La récompense correspond à une **dette de valeur**. Pour autant, il s'agit seulement de lutter contre l'érosion monétaire. Par conséquent, s'il est tenu compte de la valeur du bien au jour de la liquidation (ou de son aliénation, s'il a été aliéné), on doit prendre en considération **l'état du bien au jour de la dépense**.
Prenons un exemple : les époux ont acheté en 1985 une maison commune pour 100 000 francs, soit 15 000 euros. L'un des époux a financé l'achat avec des fonds propres pour un montant de 10 000 francs, soit 1 500 euros (1/10e de la valeur du bien). De nombreux travaux ont par ailleurs été réalisés, tous financés avec des deniers communs. En 2017, jour de la liquidation, la maison vaut 80 000 euros. Mais sans les travaux d'amélioration, elle vaudrait seulement 60 000 euros.
En tenant compte de la valeur du bien au jour de la liquidation et de son état au jour de la dépense, le profit subsistant s'élève à 6 000 euros (1/10e de la valeur du bien).
La dépense faite est de 1 500 euros, le profit subsistant est de 6 000 euros. Comme elle ne peut être inférieure ici au profit subsistant, la récompense sera égale à 6 000 euros.

À noter

Les dépenses d'amélioration et les dépenses d'acquisition doivent faire l'objet d'une évaluation distincte s'agissant du profit subsistant, selon un arrêt de la Cour de cassation du 22 juin 2022 (v. *infra*, n° 713).

Actualité sur le calcul du profit subsistant

Par un arrêt du 25 octobre 2023, la Cour de cassation a précisé que, lorsque la communauté a contribué au financement de l'amélioration d'un bien qui a été acquis par l'un des époux en nue-propriété qui se trouve, au jour de la liquidation de la communauté, en raison du décès de l'usufruitier, en pleine-propriété dans le patrimoine emprunteur, il convient de calculer d'abord la proportion de la contribution du patrimoine créancier à l'amélioration de ce bien, puis d'appliquer cette fraction à la différence entre la valeur →

→
du bien en pleine propriété au jour de la liquidation et celle qu'il aurait eue en pleine propriété à la même date sans les améliorations apportées **(Cass. 1re civ., 25 oct. 2023, n° 21-23139 P)**. On retrouve en creux cette idée qu'il faut tenir compte de la situation du bien au jour de la dépense (contribution à une amélioration de la nue-propriété seulement), et que l'évaluation se fait au moment de la liquidation.

c. Le double plancher de la dépense nécessaire et du profit subsistant

667. Sont ici visées les **dépenses nécessaires exposées pour l'acquisition ou la conservation d'un bien** : la récompense ne peut être ni inférieure à la dépense faite (C. civ., art. 1469 al. 2), ni inférieure au profit subsistant (art. 1469 al. 3). La jurisprudence a notamment estimé qu'il en allait ainsi de l'achat avec des deniers communs d'un appartement propre constituant le logement familial (Cass. 1re civ., 15 déc. 2010, n° 09-17217, *Bull. civ.* I, n° 267).
Donnons-en un autre exemple :
La communauté a financé la réparation du toit d'un chalet à Megève qui appartient en propre à un époux. La dépense est nécessaire, parce qu'elle conditionne l'habitabilité de l'immeuble. Elle relève de l'alinéa 2. Et la dépense est relative à la conservation d'un bien : elle relève également de l'alinéa 3.

- Si la dépense est de 100 et que le profit subsistant est de 200, la récompense sera de 200.
- Si la dépense est de 100 et que le profit subsistant est de 20, la récompense sera de 100.

En définitive, la **règle est l'inverse de celle prévue par l'alinéa 1er**, puisque l'on retient ici **la plus élevée des deux sommes.**

C. Le règlement des récompenses

668. Il faut tout d'abord noter que de telles créances produisent des **intérêts**. Mais quel en est le point de départ ? Si la créance est égale à la **dépense faite**, les intérêts courent à compter de la **dissolution** de la communauté (C. civ., art. 1473 al. 1). En revanche, les intérêts ne courent qu'à compter de la **liquidation** pour le profit **subsistan**t, ce qui est logique, car la créance n'est déterminée qu'à cet instant (art. 1473 al. 2).
Ensuite, il convient d'observer que les récompenses ne sont pas payées une par une : elles se compensent entre elles dans le cadre d'un **compte de récompenses** (art. 1458) : il est fait masse des récompenses dues à la communauté et de celles dues par elle à chacun des époux. Le solde exprime, pour chaque époux, soit une dette, soit une créance de récompenses.
Ces principes définis, il reste à montrer que le règlement des récompenses varie selon qu'il intervient au profit de la communauté (1) ou des époux (2).

1. Le règlement en faveur de la communauté

669. L'article 1470 du Code civil dispose que « si, balance faite, le compte présente un solde en faveur de la communauté, l'époux en rapporte le montant à la masse commune ».

Exemple

Si le solde fait apparaître une créance de 20 000 euros sur un époux, celui-ci doit rapporter cette somme à la masse commune avant partage. Supposons qu'il y ait un actif de 360 000 euros à partager (un appartement de 300 000 euros et des placements de 60 000 euros), la masse commune est désormais de 380 000 euros. Le rapport se fait alors **en moins prenant.**

Deux techniques sont possibles :
- **l'imputation** : le solde créditeur est imputé sur la part de l'époux débiteur, de sorte que la créance de récompense s'éteint par confusion (l'époux débiteur récupère la créance lors du partage, C. civ., art. 1349). Par exemple, l'époux débiteur reçoit 190 000 euros, dont la créance de 20 000 euros, de sorte qu'il ne reçoit en réalité que 170 000 euros ;
- **le prélèvement** : avant le partage, le conjoint de l'époux débiteur prélève des biens communs à concurrence de la dette de ce dernier. Ainsi, avant partage, le conjoint va prélever 20 000 euros (par exemple sur le contrat d'assurance-vie). Le reste est partagé à parts égales entre les époux.

Ce rapport en moins prenant suppose toutefois **que l'actif à partager soit supérieur à la créance de récompense de la communauté**. Si tel n'est pas le cas, l'époux débiteur devra effectivement verser une somme d'argent.

Exemple

Si l'actif est de 100 000 et la créance de récompenses de 200 000, l'actif à partager, après rapport de la créance, s'élève à 300 000 euros. Le conjoint percevra 150 000 euros, et l'époux débiteur en sera de sa poche pour un montant de 50 000 euros (150 000 - 200 000 = - 50 000). Concrètement, le conjoint récupérera tout l'actif et un chèque de 50 000 euros.

2. Le règlement en faveur des époux

670. L'article 1470 alinéa 2 du Code civil dispose que « s'il présente un solde en faveur de l'époux, celui-ci a le choix ou d'en exiger le paiement ou de prélever des biens communs jusqu'à due concurrence ».

Le texte prévoit deux techniques :
- le **paiement** : la communauté verse une somme d'argent à l'époux créancier. Cette technique est très peu utilisée. De deux choses l'une en effet : soit la communauté comporte de nombreuses liquidités, et il est plus simple d'opérer par prélèvement ; soit elle n'en comporte très peu, et il va falloir vendre les biens pour générer des liquidités, ce qui prend du temps et occasionne des frais ;
- le **prélèvement** : l'époux va prélever en nature un ou plusieurs biens communs à concurrence de sa créance. L'article 1471 du Code civil définit un ordre : d'abord l'argent comptant, ensuite les meubles et enfin les immeubles. Si les deux époux sont créanciers et veulent prélever le même bien (une raquette dédicacée par Roger Federer), il est procédé par tirage au sort. Opération de partage, le prélèvement a un **effet déclaratif** : l'époux est censé avoir été propriétaire du bien dès la dissolution de la communauté (C. civ., art. 1474).

Ces deux techniques ne sont pas d'ordre public, de sorte que la pratique a souvent recours à une **troisième méthode,** qui consiste à déduire de l'actif le montant des récompenses, afin de dégager un actif net à partager. Cela facilite la composition des lots et évite de vendre des biens (car le prélèvement de biens enlève autant de biens à partager, de sorte qu'il faut ensuite vendre l'actif net pour réaliser une égalité entre les époux ; par exemple, s'il ne reste qu'un appartement de 300 000 euros et une voiture de 20 000 euros, on ne peut pas attribuer l'appartement à l'un et la voiture à l'autre ; il faudra vendre les deux pour réaliser une égalité en valeur).

Tout ceci nous amène au partage de la communauté, qui constitue le dénouement de la dissolution de la communauté.

§ 3. Le partage de la communauté

671. Le Code civil procède ici **par renvoi au droit des successions**. Ainsi, l'article 1476 du Code civil dispose que « le partage de la communauté, pour tout ce qui concerne ses formes, le maintien de l'indivision et l'attribution préférentielle, la licitation des biens, les effets du partage, la garantie et les soultes est soumis à toutes les règles qui sont établies au titre "des successions" pour les partages entre cohéritiers ».

Il n'en va autrement qu'en présence d'une dissolution du vivant des époux (divorce, séparation de corps et séparation de biens). Dans ce cas, l'attribution préférentielle n'est jamais de droit (C. civ., art. 1476 al. 2). Ainsi, l'époux divorcé, contrairement au conjoint survivant, n'a pas nécessairement droit à l'attribution préférentielle de l'entreprise familiale ou du logement (art. 831 et 831-2).

Le partage de la communauté suppose de partager l'actif (A) et de régler le passif (B), étant précisé que la pratique fait souvent l'inverse : les dettes sont payées, et l'actif net est ensuite partagé entre les époux.

A. Le partage de l'actif

Le partage consiste à mettre fin à la propriété commune en attribuant aux copartageants des lots privatifs. Il convient d'envisager brièvement la réalisation du partage (1) et l'effet déclaratif du partage (2).

1. La réalisation du partage

672. Tout d'abord, le partage **suppose une égalité en valeur** : l'article 1475 du Code civil dispose qu'« après que tous les prélèvements ont été exécutés sur la masse, le surplus se partage par moitié entre époux ». L'actif communautaire se partage donc **par moitié entre époux**, sous réserve du **recel** prévu par l'article 1477 du Code civil : si un époux détourne ou dissimule sciemment des biens communs, il est privé de sa part dans de tels biens. La jurisprudence effectue une interprétation stricte du texte et précise que la sanction ne s'applique pas au recel de revenus de biens indivis pendant l'indivision post-communautaire, car il ne s'agit pas de biens communs (Cass. 1re civ., 17 juin 2003, n° 01-13228, *Bull. civ.* I, n° 142).

Ensuite, le partage **suppose de composer des lots** ; si le partage est amiable, les lots sont déterminés librement, à condition de respecter l'égalité en valeur. À défaut, il appartiendra au juge de composer les lots, au besoin par un tirage au sort, en évitant le morcellement des exploitations (C. civ., art. 830), et sous réserve, en cas de décès, du bénéfice de l'attribution préférentielle au profit du conjoint survivant (art. 831 et s.).

2. L'effet déclaratif du partage

673. Conformément à l'article 883 du Code civil, le partage de la communauté a **un effet déclaratif** : chaque époux est censé avoir été propriétaire des biens compris dans son lot au jour de la dissolution de la communauté (et non à celui du partage). Tout se passe comme si l'indivision post-communautaire n'avait pas existé : cela a pour conséquence de remettre en cause ou de valider, le cas échéant, les actes accomplis par l'un d'entre eux pendant l'indivision selon que le bien lui est ou non finalement attribué. Cette incertitude, qui plane jusqu'au partage, explique pourquoi la jurisprudence a repensé la sanction des actes accomplis par un indivisaire dépourvu de pouvoirs (v. *supra*, n° 154 et s.).

B. Le règlement du passif

Sont ici visées **les dettes qui subsistent au jour de la dissolution**. Les dettes payées avant la dissolution sont éteintes : elles donnent lieu, éventuellement, à récompense, comme cela a été déjà été souligné.
Trois points doivent être examinés s'agissant du passif : l'obligation à la dette (1), la contribution à la dette (2), questions classiques auxquelles il convient d'ajouter le bénéfice d'émolument (3), qui vient quelque peu modifier la donne.

1. L'obligation à la dette

674. Quel est le gage des créanciers ? Tout dépend **à quel moment** ont lieu les poursuites.
- Si les poursuites ont lieu **avant le partage**, il y a lieu d'appliquer les règles de l'indivision post-communautaire. Nous y renvoyons.
- Si les poursuites ont lieu **après le partage**, il n'existe plus de masse commune. Les époux ont chacun obtenu leur lot privatif. Par conséquent, les **créanciers personnels** des époux voient leur droit de gage s'accroître du lot qui leur a été attribué. **Les créanciers de la communauté**, eux, peuvent poursuivre **pour le tout l'époux qui a contracté la dette commune** (C. civ., art. 1482), et **pour moitié de leur créance son conjoint** (art. 1483). Bien évidemment, si les deux époux ont contracté la dette (dette ménagère par ex.), le créancier dispose d'un recours pour le tout contre les deux époux.

2. La contribution à la dette

675. Qui doit définitivement contribuer au passif ? Pour répondre à cette question, il faut distinguer le passif commun définitif et le passif commun provisoire.
- Le **passif commun définitif** comprend les dettes communes dans leur obligation mais aussi dans leur contribution (ex. : dette ménagère). Cela signifie que la communauté n'a droit à aucune récompense lorsqu'elle s'acquitte d'une telle dette. L'article 1485 du Code civil prévoit que « chacun des époux contribue pour moitié aux dettes de communauté pour lesquelles il n'était pas dû de récompense ». Dès lors, si, après le partage, l'époux a payé la totalité de la dette commune qu'il avait contractée (art. 1482), il disposera d'un recours pour moitié contre son conjoint. En pratique, on anticipe les choses : le créancier est payé par des deniers communs avant le partage, ce qui évite de tels recours.
- **Le passif commun provisoire** comprend les dettes communes dans leur obligation mais personnelles dans leur contribution (par ex. une amende due par un époux, v. *supra*, n° 618). Dans ce cas, on sait que la communauté qui a avancé les frais pendant le mariage

a droit à récompense. **Si la dette a été payée après la dissolution de la communauté** par l'époux sur qui pèse la charge finale de la dette, il ne dispose d'aucun recours contre son conjoint. Au contraire, si ce dernier a payé cette dette pour lui, il dispose d'un recours pour le tout à son encontre (C. civ., art. 1485 al. 2 et 1487). Enfin, si la dette a été payée avant le partage à l'aide de deniers communs, l'époux débiteur doit en rembourser la moitié à son conjoint.

3. Le bénéfice d'émolument

Il s'agit historiquement d'une mesure de protection de la **femme mariée**. Dépossédée de la gestion des biens communs, l'épouse n'était tenue du passif commun que dans la limite de l'actif commun qu'elle recueillait (son émolument). Avec l'instauration de l'égalité entre époux, ce mécanisme s'est **bilatéralisé**. C'est désormais un mécanisme qui permet à un époux de ne pas être tenu au-delà de la part de l'émolument qu'il recueille pour les dettes entrées en communauté **du chef de son conjoint**.
Reste à en percevoir les conditions (a) et les effets (b).

a. Les conditions du bénéfice d'émolument

676. L'article **1483 alinéa 2 du Code civil** pose trois conditions :
- le bénéfice d'émolument ne peut être invoqué **qu'après le partage**, et en **l'absence de recel** ;
- un **inventaire** notarié et contradictoire des biens communs doit être réalisé dans les neuf mois de la dissolution (prolongation possible par le juge des référés, C. civ., art. 1484) ;
- l'époux qui l'invoque doit rendre compte **de ce qui lui est échu par le partage (son émolument) et du passif commun déjà acquitté** (C. civ., art. 1483 al. 2).

b. Les effets du bénéfice d'émolument

677. Le bénéfice d'émolument **protège exclusivement l'époux contre les dettes communes contractées par son conjoint.** Il ne change donc rien aux dettes qu'il a lui-même contractées. **S'agissant de l'obligation à la dette**, nous avons vu que l'époux pouvait être poursuivi pour moitié de la dette en cas de dette commune contractée par son conjoint (C. civ., art. 1483). C'est ici que le bénéfice d'émolument se fait sentir : l'époux pourra cantonner les poursuites à hauteur de l'émolument qu'il a reçu.

Exemple

Si la dette est de 500 000 euros, le créancier peut normalement le poursuivre à hauteur de 250 000 euros. S'il a reçu, après partage, un lot d'une valeur de 50 000 euros, il pourra cantonner les poursuites du créancier à son encontre à concurrence de cette somme. Toutefois, ce cantonnement n'opère qu'en **valeur** : les créanciers peuvent donc saisir les biens personnels de l'époux, dans la limite de la valeur de l'émolument (on dit de l'époux qu'il est tenu *pro viribus*, par opposition à l'héritier tenu à concurrence de l'actif net, tenu *cum viribus*, c'est-à-dire sur les seuls biens reçus).

S'agissant de la contribution à la dette, le bénéfice d'émolument n'a d'effet que sur le **passif définitif**. Ainsi, l'époux qui doit normalement assumer pour moitié une dette commune entrée du chef de son conjoint pourra limiter sa contribution à hauteur de son émolument (art. 1486). En revanche, le bénéfice d'émolument **n'a aucun effet sur le passif provisoire**, et ce, même si la dette a été contractée par le conjoint.

Exemple

Supposons qu'un époux ait contracté une dette pour la conservation du propre de son conjoint. La dette a été payée par des deniers communs. La contribution à la dette repose sur l'époux qui a profité de la dépense. Celui-ci ne peut pas se prévaloir du bénéfice d'émolument pour réduire sa contribution : il devra assumer l'intégralité de la dette (C. civ., art. 1486 *in fine*).

678 à 684. Réservés.

LEÇON 6

LES RÉGIMES CONVENTIONNELS

Textes

Articles 1387 et suivants du Code civil
Articles 1497 et suivants du Code civil

685. Nous l'avons dit d'emblée, **le régime de la communauté légale est supplétif de volonté**. Cela laisse aux époux toute latitude pour aménager totalement ou partiellement ce régime légal. Ainsi, les époux peuvent choisir un tout autre régime (tel que la séparation de biens), ou encore se soumettre à la communauté légale moyennant quelques modifications (par ex. en prévoyant une clause d'administration conjointe des biens communs).
Toutefois, **le régime légal s'applique dans tous les vides laissés par la convention**. Ainsi, l'article 1393 alinéa 2 du Code civil dispose qu'« à défaut de stipulations spéciales qui dérogent au régime de communauté ou le modifient, *les règles établies dans la première partie du chapitre II* – communauté légale – *formeront le droit commun de la France* ».
Ceci étant précisé, il convient de déterminer au préalable les modes d'adoption d'un régime conventionnel (section 1), avant d'étudier, à grands traits, les principaux aménagements conventionnels susceptibles d'être adoptés (section 2).

Section 1
L'adoption d'un régime conventionnel

Comment un régime conventionnel peut-il être choisi ? De deux manières : soit *ab initio*, en rédigeant un contrat de mariage (§ 1), soit en cours de mariage, en procédant à un changement de régime matrimonial (§ 2).

§ 1. L'adoption par contrat de mariage

Il convient de ne pas confondre **le mariage et le contrat de mariage**. Les époux peuvent se marier sans établir de contrat de mariage (c'est d'ailleurs la grande majorité) : ils sont alors soumis au régime de la communauté légale. Le contrat de mariage est l'acte par lequel les futurs époux conviennent d'un régime matrimonial ou plus généralement décident de l'organisation de leurs rapports pécuniaires pendant le mariage. Il s'agit de déroger, de manière ou d'une autre, à la communauté légale.

Parce qu'il organise des rapports pécuniaires entre époux, le contrat de mariage présente une certaine originalité, qui transparaît moins dans le fond (A) que dans la forme (B).

A. Les conditions de fond du contrat de mariage

Outre les conditions de droit commun (intégrité du consentement, contenu certain et licite), le Code civil prévoit des dispositions spécifiques sur la **capacité** des époux (1) et la **date** de conclusion du contrat (2).

1. La capacité des époux

686. On retrouve ici un adage : *habilis ad nuptias, habilis ad pacta nuptialia*. Qu'est-ce à dire ? Que la capacité requise pour conclure un contrat de mariage est la même que celle exigée pour se marier.
Ainsi, **l'article 1398 du Code civil** prévoit que le **mineur** peut conclure un contrat de mariage, dès lors qu'il est assisté des personnes dont le consentement était nécessaire à son mariage. À défaut, le contrat est annulable jusqu'à l'année suivant sa majorité, par lui-même ou les personnes qui devaient l'assister.
L'**article 1399** précise que le **majeur sous curatelle ou sous tutelle** ne peut passer de conventions matrimoniales sans être assisté de son curateur ou son tuteur. À défaut, le contrat est annulable dans l'année du mariage soit par la personne protégée elle-même, soit par ceux dont le consentement était requis, soit par le tuteur ou le curateur. La jurisprudence en déduit qu'un changement de régime matrimonial sans l'assistance du curateur n'est pas possible : il faut demander une autorisation supplétive du juge des tutelles (Cass. 1re civ., 6 janv. 2004, n° 01-11214, *Bull. civ.* I, n° 3). La loi du 23 mars 2019 vient renforcer cette possibilité de recourir au juge, cette fois à l'initiative du curateur ou du tuteur, et ce, afin de préserver ses intérêts. Ainsi, le nouvel article 1299 alinéa 3 du Code civil dispose que « toutefois, la personne en charge de la mesure de protection peut saisir le juge pour être autorisée à conclure seule une convention matrimoniale, en vue de préserver les intérêts de la personne protégée ». Lorsque le changement de matrimonial n'est pas conforme à ces dispositions, l'annulation ne provoquerait que l'anéantissement du contrat de mariage. Si le mariage se poursuit, les époux sont soumis au régime de la communauté légale.

2. La date de conclusion du contrat

687. On retrouve ici la trace du principe d'**immutabilité du régime matrimonial**, intangible jusqu'en 1965 et tempéré depuis. Ainsi, l'article 1395 du Code civil dispose que « les conventions matrimoniales doivent être **rédigées avant la célébration du mariage** et ne peuvent prendre effet qu'au jour de cette célébration ».
Par suite, un contrat de mariage conclu après la célébration du mariage est nul : les époux resteront soumis au régime de la communauté légale qu'ils ont choisi par défaut lors de leur mariage. En revanche, les époux peuvent, jusqu'à la célébration, modifier leur accord, puisque celui-ci n'est en l'état qu'un projet (art. 1396).

B. La forme du contrat de mariage

Le contrat de mariage fait l'objet d'un important formalisme, destiné à éclairer les époux - c'est le formalisme *ad validitatem* (1) - et à informer les tiers - c'est la publicité (2).

1. La nécessité d'un acte notarié

688. L'article 1394 du Code civil dispose que « toutes les conventions matrimoniales seront rédigées par *acte devant notaire* ». Le mariage est donc un **contrat solennel**. On retrouve à cet égard un **parallélisme des formes**, s'agissant des **modifications du contrat** qui doivent intervenir, faut-il le rappeler, avant la célébration du mariage : « les changements qui seraient apportés aux conventions matrimoniales avant la célébration du mariage doivent être constatés par un acte passé dans les mêmes formes ».

2. La publicité du contrat de mariage

689. C'est là un point cardinal, dans la mesure où les tiers doivent être informés du régime matrimonial des époux. Comme on l'a vu à propos de la communauté légale, ce choix conditionne le sort de l'actif, du passif et des pouvoirs, avec toutes les conséquences fondamentales que cela implique pour les tiers.
C'est pourquoi la **mention du contrat de mariage figure dans l'acte de mariage**. Ainsi, le notaire délivre aux époux un certificat de contrat qui doit être remis à l'officier d'état civil avant la célébration (C. civ., art. 1394 al. 2). Le jour du mariage, l'officier demande aux époux s'ils ont conclu un contrat de mariage et leur réponse est transcrite dans l'acte, en indiquant, en cas de réponse affirmative, la date et le nom du notaire qui a instrumenté l'acte. Par suite, les tiers peuvent, à l'occasion d'un contrat avec un époux, demander un extrait d'acte de mariage.
À défaut de publicité, les tiers peuvent s'en tenir au régime légal, sauf information spéciale. Ainsi, l'article 1394 alinéa 3 précise que « si l'acte de mariage mentionne qu'il n'a pas été fait de contrat, les époux seront, à l'égard des tiers, réputés mariés sous le régime de droit commun, à moins que dans les actes passés avec ces tiers, ils n'aient déclaré avoir fait un contrat de mariage ».

§ 2. Le changement de régime matrimonial

690. Le principe d'immutabilité du régime matrimonial, déjà connu sous l'Ancien droit, a été consacré dans le Code Napoléon. Il s'agissait d'assurer la **stabilité du pacte familial** entre époux, dans l'intérêt de chacun (éviter qu'un époux prenne le pas sur l'autre à l'occasion d'un changement de régime) et des tiers (éviter que les héritiers et créanciers des époux ne subissent un changement de régime qui modifie leurs droits). Il faut aussi mettre cela en perspective avec la stabilité du mariage lui-même, le divorce étant tantôt interdit, tantôt exceptionnel (v. *supra*, n° 251 et s.).
Au fil du temps, cette rigidité est apparue excessive, **dans la mesure où les besoins des époux évoluent parfois au cours du mariage**. Il est des cas où un changement de régime peut être utile, notamment lorsqu'un époux crée, en cours de mariage, une activité professionnelle indépendante : il peut alors être judicieux de passer sous la séparation de biens, afin de mettre à l'abri les biens du conjoint. Inversement, des époux, anticipant le décès de l'un d'entre eux, souhaitent pouvoir attribuer la totalité des biens au conjoint survivant, en passant sous le régime de la communauté universelle. C'est pourquoi la loi de 1965 a admis la possibilité pour les époux de changer de régime matrimonial.
Pour autant, les fondements du principe (protection des époux et des tiers) ne se sont pas évanouis, ce qui explique pourquoi le changement de régime matrimonial, s'il est admis, est encadré. Cet encadrement se manifeste tant du point de vue des **conditions** (A) que des **effets** du changement de régime (B).

A. Les conditions du changement de régime

Le changement de régime s'effectue par une convention modificative (1), qui, depuis la réforme du 23 juin 2006 et plus encore avec la loi du 23 mars 2019, ne doit plus nécessairement faire l'objet d'une homologation (2).

1. La convention modificative

691. Aux termes de l'article 1397 du Code civil, « les époux peuvent convenir, dans l'intérêt de la famille, de modifier leur régime matrimonial, ou même d'en changer entièrement, par un acte notarié. À peine de nullité, l'acte notarié contient la liquidation du régime matrimonial modifié si elle est nécessaire ».

Trois exigences doivent être respectées, étant précisé que la **loi n° 2019-222 du 23 mars 2019 de programmation 2018-2022 et de réforme pour la justice a supprimé, à compter du 25 mars 2019**, le délai de deux ans de mise à l'épreuve du régime précédent. La règle, qui visait à éviter que les époux ne changent de régime comme de chemise, n'est manifestement plus adaptée à l'ère du zapping matrimonial :

- La convention modificative doit être passée, à peine de nullité, par **acte notarié** : il s'agit donc, comme le contrat de mariage lui-même, d'un contrat solennel.
- Depuis 2006, l'acte doit contenir à peine de nullité la **liquidation du régime matrimonial modifié**, si elle est nécessaire. Cette exigence s'explique par la déjudiciarisation partielle du changement : dans les cas où aucune homologation n'intervient, il faut bien que la liquidation soit organisée. Il n'en va toutefois ainsi que si « elle est nécessaire ». Tel n'est pas le cas, notamment, si les époux passent de la séparation de biens à la communauté légale, faute de masse commune à liquider.
- Enfin, il convient **d'informer** personnellement les **parties** qui étaient présentes au contrat de mariage, les **enfants majeurs** de chaque époux, ainsi que les **créanciers** par la publication d'un avis. Depuis la loi du 23 mars 2019, il convient également d'aviser les représentants des enfants, lorsqu'ils sont mineurs ou majeurs protégés. **Tous peuvent s'opposer à la modification dans un délai de trois mois**.

2. L'homologation de la convention

692. Depuis la loi du 23 juin 2006, l'homologation de la convention **n'est plus systématique**. La loi s'inscrit dans une tendance de fond de **déjudiciarisation du droit de la famille**. Celle-ci s'explique au cas d'espèce par la faculté qu'avaient déjà les couples binationaux de changer de régime par simple désignation d'une autre loi applicable, conformément à la Convention de La Haye du 14 mars 1978 (v. C. civ., art. 1397-2 et s.). La loi du 23 mars 2019 renforce le mouvement. Désormais, **l'homologation n'est requise** qu'en cas d'opposition exercée à l'encontre du changement de régime. Ainsi, la loi du 23 mars 2019 a supprimé l'exigence d'une homologation en présence d'enfant mineur. Il est seulement prévu que le notaire qui instrumente l'acte peut saisir le juge des tutelles lorsqu'il a connaissance d'actes ou omissions qui compromettent manifestement et substantiellement les intérêts patrimoniaux du mineur ou d'une situation de nature à porter un préjudice grave à ceux-ci, au sens de l'article 387-3 du Code civil.

Quelles sont donc les hypothèses d'opposition ? L'article 1397 alinéa 2 prévoit que les personnes qui avaient été parties dans le contrat modifié et les enfants majeurs de chaque époux sont informés personnellement de la modification envisagée. Chacun d'eux peut s'opposer à la modification dans le délai de trois mois. En cas d'enfant mineur sous tutelle ou d'enfant majeur faisant l'objet d'une mesure de protection juridique, l'information est délivrée à son représentant, qui agit sans autorisation préalable du conseil de famille ou du juge des tutelles. L'alinéa 3 ajoute que « les créanciers sont informés de la modification envisagée par la publication d'un avis sur un support habilité à recevoir des annonces légales dans le département du domicile des époux. Chacun d'eux peut s'opposer à la modification dans les trois mois suivant la publication ».

En cas d'opposition, l'acte notarié est soumis à l'homologation du tribunal du domicile des époux. La demande et la décision d'homologation sont publiées dans les conditions et sous les sanctions prévues au Code de procédure civile. **La jurisprudence considère que le consentement des époux doit exister au jour de l'homologation**, ce qui permet à chaque époux de se rétracter jusqu'à ce jour (Cass. 1re civ., 14 avr. 2010, n° 09-11218, *Bull. civ.* I, n° 97). Par ailleurs, **si un époux décède** avant l'homologation, la dissolution du régime rend sans objet la demande d'homologation (Cass. 1re civ., 12 juill. 2001, n° 99-14082, *Bull. civ.* I, n° 223). Le juge se prononce en recherchant si le changement est justifié par **l'intérêt de la famille**, lequel doit faire l'objet d'une **appréciation d'ensemble** (Cass. 1re civ., 6 janv. 1976, n° 74-12212, *Bull. civ.* I, n° 4 : le seul fait qu'un époux risque d'être lésé ne suffit pas). La question est notamment sensible en présence de l'adoption fréquente par les époux de la **communauté universelle avec clause d'attribution intégrale au conjoint survivant, et ce en présence d'enfants d'un premier lit**. Ces derniers risques d'être lésés si tout le patrimoine de leur auteur revient au conjoint survivant, dont ils n'hériteront pas (et qui peut être en outre très jeune…). Pour autant, le changement pourra être homologué, dès lors que de tels enfants, même nés hors mariage (depuis la loi du 3 décembre 2001), bénéficient de l'action en retranchement de l'article 1527 alinéa 2 du Code civil, qui permet de réduire les avantages matrimoniaux qui excèdent la quotité disponible entre époux (Cass. 1re civ., 22 juin 2004, n° 02-10528, v. *infra*, n° 703).

B. Les effets du changement de régime

693. Classiquement, on distinguera les effets entre époux et à l'égard des tiers.

Entre époux, l'article 1397 alinéa 6 du Code civil prévoit que le changement produit effet **dès la date de l'acte** (pas d'homologation) **ou du jugement d'homologation** (ce dernier doit être passé en force de chose jugée, l'appel étant suspensif).

À l'égard des tiers, le changement produit effet **trois mois** après que **la mention de l'acte ou du jugement** en a été portée en marge de **l'acte de mariage**. Même sans cette mention, le changement est opposable aux tiers si, dans les actes passés avec eux, les époux ont déclaré avoir changé de régime (art. 1397 al. 6). Enfin, les **créanciers non opposants** peuvent exercer **l'action paulienne** de l'article 1341-2 si le changement a eu lieu en **fraude de leurs droits** (art. 1397 al. 9 : cas où, par exemple, tous les biens de l'époux débiteur sont transférés à son conjoint pour les mettre à l'abri des poursuites).

Après avoir expliqué comment les époux pouvaient adopter un régime conventionnel, il reste à présent à connaître les différents régimes à leur disposition.

Section 2
Les différents régimes conventionnels

694. Le Code civil offre aux époux des modèles types qu'ils peuvent adopter en bloc, ou au contraire détricoter au gré de leurs intérêts. Une limite vient toutefois se dresser devant l'imagination des contractants, celle posée par l'article 1388 : « les époux ne peuvent déroger ni aux *devoirs ni aux droits qui résultent pour eux du mariage*, ni aux règles de *l'autorité parentale*, de *l'administration légale et de la tutelle* ».
On doit y ajouter le **régime primaire impératif** (v. *supra*, n° 512 et s.), ainsi que la limite générale de **l'ordre public et des bonnes mœurs** (C. civ., art. 6). On songe par exemple à une convention portant atteinte à l'égalité entre époux, qui stipulerait que la communauté est gérée par le seul mari. Un tel régime serait nul. La présence du notaire, soit lors de l'acte du mariage, soit lors du changement de régime, est faite pour veiller au respect de ces exigences.
Sous le bénéfice de ces observations, trois modèles-types viennent concurrencer le régime légal : la communauté conventionnelle (§ 1), la séparation de biens (§ 2) et la participation aux acquêts (§ 3).

§ 1. La communauté conventionnelle

695. Même si le Code civil utilise le singulier, c'est en réalité une multitude **d'aménagements conventionnels de la communauté** qui se laissent contempler.
Ainsi, l'article 1497 du Code civil dispose que :
« Les époux peuvent, dans leur contrat de mariage, modifier la communauté légale par toute espèce de conventions non contraires aux articles 1387, 1388 et 1389.
Ils peuvent, notamment, convenir :
1° Que la communauté comprendra les meubles et les acquêts ;
2° Qu'il sera dérogé aux règles concernant l'administration ;
3° Que l'un des époux aura la faculté de prélever certains biens moyennant indemnité ;
4° Que l'un des époux aura un préciput ;
5° Que les époux auront des parts inégales ;
6° Qu'il y aura entre eux communauté universelle.
Les règles de la communauté légale restent applicables en tous les points qui n'ont pas fait l'objet de la convention des parties ».
On le voit, le champ des possibles est assez vaste, étant précisé que tous les points non précisés par la convention des parties sont soumis au régime légal. De manière classique, il est possible d'envisager successivement l'aménagement de l'**actif** (A), des **pouvoirs** (B) et de la **liquidation et du partage** (C), ce qui nous permettra de conclure sur les **avantages matrimoniaux** (D). Et les clauses sur le **passif** ? Elles ne sont pas possibles, s'agissant de l'obligation à la dette, puisque les époux ne sauraient, par leur seule volonté, réduire le gage des créanciers : en revanche, il est possible d'aménager différemment la contribution à la dette et de prévoir notamment qu'un époux supportera définitivement l'entier passif (art. 1490).

A. L'aménagement conventionnel de l'actif

Deux modèles sont proposés pour **étendre** la masse commune : la communauté de meubles et d'acquêts (1) et la communauté universelle (2).

1. La communauté de meubles et d'acquêts

696. Rappelons qu'il s'agissait du régime légal avant la loi de 1965. Il est aujourd'hui un régime conventionnel défini par **les articles 1498 et suivants** : la communauté comprend, outre les biens acquis pendant le mariage, **les meubles acquis avant le mariage ou reçus par succession ou libéralité, sauf clause contraire du disposant**. Cela a pour conséquence une augmentation du passif : la communauté doit supporter le passif propre, proportionnellement à l'actif reçu (C. civ., art. 1499).
C'est un régime très rarement utilisé, parce qu'il se situe à mi-chemin entre la communauté légale et la communauté universelle et que les époux aiment rarement s'arrêter au milieu du gué.

2. La communauté universelle

697. La communauté universelle est au contraire un régime fréquemment choisi en cours de mariage, lorsque les époux deviennent âgés. La communauté universelle est alors assortie **d'une clause d'attribution intégrale au conjoint survivant**. Elle permet de transmettre l'intégralité du patrimoine du couple au conjoint survivant.
Selon **l'article 1526 du Code civil**, « les époux peuvent établir par leur contrat de mariage une communauté universelle de leurs biens tant meubles qu'immeubles, présents et à venir. Toutefois, sauf stipulation contraire, les biens que l'article 1404 déclare propres par leur nature ne tombent point dans cette communauté ».
Par l'effet de cette clause, tous les biens présents et futurs tombent en communauté, à l'exclusion des propres par nature, sauf clause contraire. La grande différence avec la communauté légale est donc que les biens acquis avant le mariage et reçus à titre gratuit pendant le mariage, qui sont propres dans le régime légal, sont ici communs. En contrepartie, la communauté universelle **supporte définitivement toutes les dettes des époux, présentes et futures.**
Qu'advient-il si la communauté est dissoute pour divorce ? Normalement, la communauté est partagée à moitié entre les époux. L'époux profitera donc des biens qui auraient été les propres de son conjoint sous le régime de la communauté légale. Une telle générosité, parfaitement justifiée en cas de décès (sauf si l'un tue l'autre), est beaucoup moins admise par les époux en cas de divorce. Imaginons par exemple qu'une héritière milliardaire se marie avec un (bel) époux impécunieux et infidèle qui demande le divorce après deux ans de vie commune : ce dernier récupérera la moitié de ses biens, de sorte que la pilule de la communauté universelle sera difficile à avaler pour son conjoint. Afin de prévenir ce risque, la pratique a conçu la **clause alsacienne (ou clause de reprise des apports)**, qui doit son nom au fait qu'elle est très répandue en Alsace-Lorraine, région dans laquelle il est d'usage de choisir le régime de la communauté universelle dès le mariage. La clause prévoit qu'en cas de divorce, chaque époux reprend, sans indemnité, les biens qui auraient été propres sous le régime de la communauté légale (biens présents et futurs). Ainsi, l'ex-mari infidèle n'aura aucun droit sur les biens de son conjoint. Cette clause a été **consacrée par la loi du 23 juin 2006, à l'article 265 alinéa 3 du Code civil** : « si le contrat de mariage le prévoit,

les époux pourront toujours reprendre les biens qu'ils auront apportés à la communauté». Par un arrêt du 17 novembre 2010 (Cass. 1re civ., 17 nov. 2010, n° 09-68292, *Bull. civ.* I, n° 235), la Cour de cassation a jugé qu'une telle clause **ne conférait aucun avantage matrimonial**, avec toutes les conséquences que cela emporte (v. *infra*, n° 702).
Enfin, qu'advient-il lorsqu'un époux, marié sous le régime de la communauté universelle, a contracté un emprunt sans le consentement de son conjoint : une telle dette est-elle transmise à ce conjoint lors du décès de l'époux emprunteur en présence d'une clause d'attribution intégrale de la communauté ? Telle est la délicate question à laquelle a dû répondre la Cour de cassation (**Cass. 1re civ., 5 déc. 2018**, n° 16-13323). Si la question est délicate, c'est parce que l'article 1415 est applicable à la communauté universelle, de sorte que l'époux qui contracte seul n'engage que ses biens propres et ses revenus. Tel était l'argument du pourvoi : faute d'avoir donné son consentement, le conjoint ne pouvait être actionné en paiement par le prêteur. Mais la Cour de cassation rejette cette analyse, en se plaçant d'abord sur le terrain de la contribution à la dette : cette dette d'emprunt, sauf à avoir été souscrite dans l'intérêt personnel de l'emprunteur, doit être assumée par la communauté (C. civ., art. 1409). Or, le conjoint qui bénéficie de l'attribution intégrale de la communauté est obligé, conformément à l'article 1524 du Code civil, « d'en acquitter toutes les dettes ». En d'autres termes, bien que l'article 1415 du Code civil s'applique au cas de la communauté universelle, le fait de recevoir l'intégralité de la communauté lors du décès de l'époux emprunteur oblige son conjoint à la dette. Au fond, le cantonnement du gage des créanciers réalisé par l'article 1415 ne joue que jusqu'à l'attribution de la communauté universelle à l'un des époux. Après cette attribution, on ne peut avoir le beurre (les biens communs) sans le coût du beurre (les dettes communes).

B. L'aménagement conventionnel des pouvoirs

698. Le Code civil offre aux époux la possibilité de stipuler une **clause d'administration conjointe de la communauté** (art. 1503), que l'on appelait naguère la clause de main commune. C'est en réalité un cadeau empoisonné, puisqu'elle soumet à **cogestion** tous les actes de gestion de la communauté, à l'exception des gains et salaires. Elle introduit donc beaucoup de rigidité dans le fonctionnement de la communauté et est le signe d'une défiance entre époux.
Seuls les actes conservatoires demeurent soumis à la gestion concurrente. Dès lors, les dettes contractées par un seul époux n'engagent pas la communauté sauf s'ils ont un caractère conservatoire ou ménager (art. 220). En revanche, les dettes contractées par les deux les obligent solidairement (art. 1503).
La clause est très rare en pratique, ce qui n'est guère étonnant, au vu de l'extrême lourdeur qu'elle occasionne dans la gestion du ménage.

C. L'aménagement conventionnel de la liquidation et du partage

Les époux peuvent considérablement aménager les opérations de liquidation et de partage de la communauté. Notamment, ils ont la faculté de **déroger aux règles d'évaluation des récompenses**, voire (mais la question est plus discutée) de supprimer le droit à récompense. Pour le reste le Code civil envisage **trois modèles de clauses** : la clause de prélèvement moyennant indemnité (1), la clause de préciput (2) et la stipulation de parts inégales (3).

1. La clause de prélèvement moyennant indemnité (ou clause commerciale)

699. Cette clause était auparavant intitulée **clause commerciale**, dans la mesure où elle était utilisée en pratique pour permettre au conjoint survivant de poursuivre l'exploitation du fonds de commerce et d'éviter ainsi qu'il soit attribué aux héritiers du défunt ou même vendu pour être partagé. Désormais, la clause a été généralisée à d'autres types de biens : l'attribution peut porter tant sur des **biens communs que sur des biens propres**, mais les **conditions sont différentes**.

- **L'attribution de biens communs** : l'article **1511 du Code civil** permet aux époux de prévoir que l'un d'entre eux aura la faculté de prélever certains biens communs, à charge de payer une indemnité à la communauté, d'après leur valeur au jour du partage. Il s'agit d'un **mécanisme conventionnel d'attribution préférentielle**, qui est généralement stipulé en cas de décès d'un époux, mais qui peut être étendu à tous les cas de dissolution.
- **L'attribution de biens propres du conjoint** : cette clause, prévue **par les articles 1390 et suivants du Code civil**, ne peut jouer, contrairement à la précédente, **qu'en cas de décès.**

2. La clause de préciput

700. Cette clause est prévue par **l'article 1515 du Code civil** : elle permet au conjoint survivant de prélever un ou plusieurs biens communs, **mais sans indemnité**. Il y a donc, cette fois, atteinte à l'égalité du partage. Pour autant, le préciput ne constitue pas une donation et échappe à ce titre aux conditions de fond et de forme d'un tel acte (art. 1516). Si la communauté se dissout du vivant des époux (divorce par ex.), le préciput n'est pas délivré. Il peut toutefois être maintenu, et ne sera alors délivré qu'au décès du conjoint, étant précisé que la délivrance peut être garantie par un cautionnement (art. 1518).
Une telle clause est très répandue en pratique, puisqu'elle permet d'avantager le conjoint survivant, en lui allouant un gain de survie.

3. La stipulation de parts inégales

701. Cette clause est prévue par les articles **1520** et suivants du Code civil. Elle conduit, comme la clause de préciput, à introduire une inégalité dans le partage : la communauté n'est pas partagée par moitié, mais par parts inégales (par ex. 3/4, 1/4). De nouveau, il ne s'agit pas d'une donation (art. 1525). Il y a lors une corrélation entre l'actif reçu et la contribution aux dettes, laquelle est d'ordre public (art. 1521).
Comme cela a été vu, il est même possible de stipuler une **clause d'attribution intégrale de la communauté au conjoint survivant** (art. 1524). Il y a lieu d'appliquer les dispositions de l'article 1518 : en cas de dissolution du vivant des époux, l'attribution peut être maintenue ; elle est alors suspendue jusqu'au décès de l'époux, et garantie par un cautionnement.
Dans tous les cas, l'article 1525 alinéa 2 prévoit que « sauf stipulation contraire, elles n'empêchent pas les héritiers du conjoint prédécédé de faire la reprise des apports et capitaux tombés dans la communauté du chef de leur auteur ». Le texte prévoit une **reprise des biens présents et futurs au profit des héritiers du conjoint prédécédé**, analogue à celle qui est mise en œuvre en cas de divorce dans la clause alsacienne, à la différence près qu'il s'agit d'un mécanisme légal - mais supplétif - qui opère en cas de décès (v. *infra*, n° 702, sur la clause alsacienne en cas de divorce).

Exemple

Si une communauté universelle avec clause d'intégration intégrale a été stipulée, les héritiers de l'époux prédécédé pourront reprendre les biens présents et futurs de cet époux (*i.e.* acquis avant le mariage et reçus pendant le mariage par successions ou libéralités).

D. Les avantages matrimoniaux

702. Même si leur nature juridique est controversée, les avantages matrimoniaux peuvent être définis comme les **avantages pécuniaires dont un époux bénéficie en vertu d'un aménagement conventionnel de la communauté légale**. L'époux acquiert des droits supérieurs à ceux qui auraient été les siens par application mécanique du régime légal.
Nous en avons rencontré lors de l'étude des clauses précédentes : ainsi, la communauté universelle est un avantage matrimonial pour l'époux qui a apporté moins de biens présents et futurs que son conjoint. Il en va tout autant du préciput et de la stipulation de parts inégales, qui permettent à un époux de recevoir davantage que la moitié de la communauté. Les avantages matrimoniaux soulèvent deux questions : s'agit-il de libéralités ? Non (1). Sont-ils révoqués par l'effet du divorce ? Cela dépend (2).

1. L'exclusion de la qualification de donation

703. La règle est prévue par **l'article 1527 du Code civil alinéa 1er** : « les avantages que l'un ou l'autre des époux peut retirer des clauses d'une communauté conventionnelle, ainsi que ceux qui peuvent résulter de la confusion du mobilier ou des dettes, *ne sont point regardés comme des donations* ».
L'exclusion de la qualification de donation entraîne des conséquences très importantes : l'avantage matrimonial n'est pas soumis aux conditions de fond et de forme des donations. Surtout, **il n'est pas susceptible d'être réduit pour atteinte à la réserve héréditaire**.

Exemple

Si un époux recueille en cas de décès de son conjoint la totalité de la communauté universelle, les enfants du couple, héritiers réservataires, ne peuvent pas demander la réduction de cet avantage pour atteinte à leur réserve héréditaire (laquelle est un droit incompressible sur une fraction de la succession : par ex., la moitié avec un enfant ; 2/3 lorsqu'il y a deux enfants... ; l'excédent dont le *de cujus* peut disposer est la quotité disponible : la France s'est d'ailleurs dernièrement passionnée pour la réserve héréditaire et son absence en droit américain...). Pourquoi les avantages matrimoniaux ne peuvent-ils être réduits pour atteinte à la réserve ? Parce que les enfants hériteront, tôt ou tard, du conjoint, qui est également leur parent.

On perçoit, à travers cet exemple, que la règle doit être remise en cause pour les enfants d'un autre lit (et avec les familles recomposées, le cas n'est pas rare, v. là encore Johnny...). Les enfants de l'époux prédécédé, qui n'hériteront pas du conjoint survivant, bénéficient **d'une action en réduction de l'avantage matrimonial prévue par l'article 1527 alinéa 2** : « néanmoins, au cas où il y aurait des enfants qui ne seraient pas issus des deux époux, toute convention qui aurait pour conséquence de donner à l'un des époux au-delà de la portion réglée par l'article 1094-1, au titre "Des donations entre vifs et des testaments", sera sans effet pour tout l'excédent ». Depuis la loi du 3 décembre 2001 et la condamnation de la France en 2000 par la Cour européenne des droits de l'homme (arrêt *Mazurek*), l'action en retranchement bénéficie aux enfants naturels comme adultérins. L'alinéa 3 prévoit que les enfants peuvent toutefois renoncer à cette action, avant le décès de l'époux survivant.

2. L'incidence du divorce sur les avantages matrimoniaux

704. Depuis la loi du 26 mai 2004, il n'est plus tenu compte de la cause du divorce (époux fautif ou non), ce qui est le grand mouvement du droit contemporain du divorce (sur lequel, v. *supra*, n° 327 et s.). Désormais, aux termes de **l'article 265 du Code civil**, il convient de distinguer selon que les avantages matrimoniaux prennent effet **pendant le mariage** ou **à la dissolution du régime matrimonial.**

Le divorce est sans incidence sur les avantages qui prennent effet pendant le mariage. Ceux-ci sont maintenus, parce qu'ils ont déjà produit leurs effets. Ce sont les avantages relatifs à la **composition** de la communauté, qui ont déjà produit leurs effets dans le mariage. Par exemple, la stipulation d'une communauté universelle, qui conduit à agréger au cours du mariage les biens présents et futurs, n'est pas révoquée. C'est pourquoi, nous l'avons vu, il peut être parfois opportun de stipuler une clause alsacienne (v. *supra*, n° 697 ; C. civ., art. 265 al. 3).

En revanche, **le divorce emporte normalement révocation de plein droit des avantages matrimoniaux qui ne prennent effet qu'à la dissolution du régime matrimonial ou au décès de l'un des époux.** Ce sont les avantages relatifs au **partage** de la communauté, qui n'ont pas encore produit leurs effets. Par exemple, la clause d'attribution intégrale de la communauté au décès d'un époux à son conjoint est révoquée de plein droit en cas de divorce. Mais **l'époux qui les a consentis peut exprimer une volonté contraire**, qui sera constatée soit dans l'acte de divorce par avocats, soit par le juge lors du prononcé du divorce (C. civ., art. 265 al. 2). L'hypothèse d'une telle générosité en cas de divorce est quand même rare !

Le même régime est applicable aux **donations entre époux** (qui concernent les biens propres des époux) :

- les **donations** de **biens présents ne sont pas révoquées** par l'effet du divorce (alors même qu'elles ne sont plus librement révocables pendant le mariage, C. civ., art. 1096). Si, par exemple, un époux a donné une voiture à son conjoint pendant le mariage, il ne pourra pas la récupérer après le divorce (sauf inexécution des conditions et ingratitude, art. 953 et s.) ;
- les **dispositions à cause de mort sont en revanche révoquées** par l'effet du divorce, sauf volonté contraire. Les dispositions à cause de mort sont le **legs** (acte unilatéral) et **l'institution contractuelle** (donation de **biens à venir**, qui ne prend effet qu'au jour du décès du disposant). Par exemple, si, dans le contrat de mariage, il est prévu que tous les biens propres de l'époux iront à son conjoint à sa mort, cette libéralité est révoquée en cas de divorce, sauf volonté contraire exprimée au moment du divorce.

§ 2. La séparation de biens

705. La séparation de biens est **le premier régime conventionnel choisi par les époux**. Pourquoi un tel attrait pour ce régime, qui a presque doublé en moins de vingt ans (6 % en 1992, 10 % en 2010) ? Parce qu'il offre aux époux, du moins à première vue, **simplicité et indépendance**. Chaque époux gère, fait fructifier et engage seul son patrimoine personnel.

Ainsi, l'avoir, le pouvoir et le passif sont normalement séparés. Ceci explique qu'il soit massivement choisi par des époux dont l'un au moins exerce une **profession à risque** (par ex. un commerçant ou une profession libérale). Il est également prisé par les **familles recomposées**. Afin de ne pas frustrer les enfants d'un premier lit qu'ont chacun des époux, ceux-ci préfèrent parfois séparer leurs patrimoines et ne partager que l'affection. Il peut enfin être choisi - parfois sur suggestion des parents - par des époux aux **fortunes de famille disparates**, pour éviter tout mélange des genres.
Il reste que cette simplicité et cette indépendance ne doivent pas éblouir. **Deux grains de sable** viennent perturber cette belle mécanique du chacun pour soi. Le premier est, on le verra, la **présomption d'indivision**. Tout ce qui n'appartient pas personnellement aux époux est présumé indivis. Or, non seulement la gestion d'une indivision est bien moins fluide que la communauté (accord des deux époux en lieu et place de la gestion concurrente), mais il faudra partager les richesses indivises. Le second grain de sable réside dans la frustration que peut éprouver un époux lors de la dissolution du mariage. Après avoir sué sang et eau pour enrichir bénévolement le patrimoine ou l'entreprise de son conjoint, il n'aura normalement droit à rien. Cela provoque des **contentieux assez nourris**, et les juges parviennent à rétablir une certaine justice en convoquant tantôt l'enrichissement sans cause, tantôt le droit des sociétés. Ainsi, lorsque l'affection cède la place à la discorde, la simplicité et l'indépendance de la séparation des biens deviennent une lointaine chimère.
Reste à étudier, d'un point de vue plus technique, la vie (A) et la fin (B) du régime.

A. La vie du régime

Il faut ici procéder comme pour la communauté légale et envisager successivement l'actif (1), les pouvoirs (2) et le passif (3).

1. L'actif

L'actif est essentiellement composé des biens personnels des époux (a). Mais l'indivision exerce une force d'attraction indéniable (b), étant précisé que les époux peuvent stipuler entre eux une société d'acquêts (c).

a. Les biens personnels des époux

706. Il n'y a pas, en séparation de biens, de communauté : **chaque époux est seul propriétaire des biens qu'il acquiert pendant le mariage**. De même, les gains et salaires, ainsi que les revenus des biens personnels, restent personnels à chaque époux.
La preuve de la propriété est libre (C. civ., art. 1538 al. 1). Le contrat de mariage peut établir des présomptions de propriété (art. 1538 al. 2 : par ex., en stipulant que la facture établie au nom d'un époux fera preuve de sa qualité de propriétaire), qui peuvent être renversées par la preuve contraire. La Cour de cassation considère que sous le régime de la séparation de biens, le bien appartient à celui des époux dont le titre établit la propriété sans égard à son financement (Cass. 1re civ., 31 mai 2005, n° 02-20553, *Bull. civ.* I, n° 236). En outre, la Cour de cassation juge que les règles de preuve prévues par l'article 1538 **évincent le jeu de l'article 2276 du Code civil** (Cass. 1re civ., 7 nov. 1995, n° 92-10051, *Bull. civ.* I, n° 395).

Exemple

Un époux ne peut invoquer sa possession pour bénéficier d'une présomption de propriété à l'encontre de son conjoint qui la revendique entre ses mains et qui justifie de sa qualité de propriétaire (il est fréquent, dans ce cas, que l'époux résiste à la revendication en invoquant un don manuel, lequel n'est donc pas présumé).

b. L'attraction de l'indivision

707. Rien n'interdit néanmoins aux époux d'acquérir des biens **en indivision** (par ex. le logement familial). L'indivision est même imposée par la loi, s'agissant du bail d'habitation (C. civ., art. 1751 ; *supra*, n° 525 et s.). Surtout, comme cela a été souligné, **l'article 1538 alinéa 3 du Code civil** pose une **présomption d'indivision** : « les biens sur lesquels aucun des époux ne peut justifier d'une propriété exclusive sont réputés leur appartenir indivisément, à chacun pour moitié ». Un conseil aux époux séparés de biens : gardez les factures ! Cette présomption joue entre époux mais également à l'égard des tiers. Ainsi, le créancier personnel d'un époux qui entend saisir le compte joint du couple doit démontrer que les fonds appartiennent exclusivement à son débiteur (Cass. 1re civ., 20 mai 2009, n° 08-12922, *Bull. civ.* I, n° 102). La présomption de l'article 1538 alinéa 3 est évidemment une **présomption simple, qui peut être renversée par tous moyens**.

c. La possibilité d'une société d'acquêts

708. Enfin, même si l'hypothèse est rare, les époux peuvent convenir d'une **société d'acquêts**. Les acquêts, dont le périmètre est prévu par le contrat (par ex. tous les meubles acquis pendant le mariage ; tous les immeubles ; tous les biens ; le seul logement familial...), sont alors gérés et administrés comme dans la communauté légale.

2. Les pouvoirs

On se doute que les pouvoirs des époux varient selon qu'ils portent sur leurs biens personnels (a) ou sur les biens indivis (b).

a. Les pouvoirs sur les biens personnels

709. Le principe est de celui de **la gestion exclusive par les époux de leurs biens personnels**. Ainsi, **l'article 1536 du Code civil** dispose que « lorsque les époux ont stipulé dans leur contrat de mariage qu'ils seraient séparés de biens, chacun d'eux conserve l'administration, la jouissance et la libre disposition de ses biens personnels ». La règle est **d'ordre public**, puisqu'on la retrouve dans le régime primaire impératif (C. civ., art. 225 ; v. *supra*, n° 512 et s.). Mais elle ne s'applique pas, on le sait, au logement familial, pour lequel une cogestion est requise (art. 215 al. 3).

Il est toutefois possible pour un époux de donner un **mandat** à son conjoint. Ainsi, **l'article 1539** prévoit que « si, pendant le mariage, l'un des époux confie à l'autre l'administration de ses biens personnels, les règles du mandat sont applicables. L'époux mandataire est, toutefois, *dispensé de rendre compte des fruits, lorsque la procuration ne l'y oblige pas expressément* ». **L'article 1540** couvre en outre d'un **mandat tacite** les actes faits par un époux sur les biens de son conjoint, dès lors que ce dernier, en pleine connaissance de cause, ne s'y est pas opposé. Ce mandat tacite ne couvre pas les actes de disposition. Tout ceci ressemble aux règles de gestion des propres en communauté. En revanche, aucune procédure de **dessaisissement des pouvoirs** n'existe en régime de séparation de biens (à la différence du régime de communauté s'agissant des propres, v. *supra*, n° 591). Les époux sont donc invités à se fonder sur les règles du régime primaire impératif pour obtenir des mesures judiciaires.

b. Les pouvoirs sur les biens indivis

710. Les **biens indivis** relèvent des règles de l'indivision, c'est-à-dire qu'ils sont soumis à **cogestion** (C. civ., art. 815-3 : unanimité ou 2/3, cela ne change rien ; il faut l'accord des deux époux car 50 % ne fait pas 66,666666 %...). Dès lors, par l'effet de la présomption d'indivision, un créancier peut être enclin à demander l'accord du conjoint pour passer un acte, toutes les fois que l'époux ne rapporte pas la preuve de sa qualité de propriétaire. Cela introduit, pour de nombreux actes, une cogestion de fait. On doit toutefois réserver les présomptions de pouvoir prévues par le régime primaire impératif (C. civ., art. 221 et 222, v. *supra*, n° 512 et s.).

3. Le passif

711. Il n'existe pas ici de distinction entre l'obligation et la contribution à la dette : par principe, chaque époux **engage ses seuls biens personnels et doit assumer le poids exclusif de la dette qu'il a contractée.** La règle est prévue par l'article **1536 alinéa 2 du Code civil.** C'est l'un des attraits majeurs du régime de la séparation de biens. Les créanciers d'un époux (commerçant, agriculteur, avocat...) n'ont aucun droit sur les biens personnels de son conjoint. Il existe toutefois des **exceptions** :
- dettes ménagères de l'article 220 ;
- dettes contractées solidairement (responsabilité des parents du fait de leur enfant mineur, dettes fiscales, engagement solidaire...).

Dans ce cas, si un époux a assumé le poids exclusif d'une dette, il dispose d'un recours en contribution contre son conjoint pour la moitié de la dette. Enfin, les époux doivent **contribuer aux charges du mariage**, conformément à l'article 214 du Code civil. Ils peuvent prévoir, dans leur contrat de mariage, des règles de répartition (art. 1537).
Enfin, les dettes nées à l'occasion de **l'indivision** permettent aux créanciers de saisir les biens indivis (C. civ., art. 815-17 ; pour plus de détails, v. *supra*, n° 154 et s.).
La question du passif rejaillit sur les sûretés données par un époux : comment la proportionnalité du cautionnement doit-elle être appréciée en présence d'un cautionnement fourni par un époux séparé de biens ? La réponse donnée par la Cour de cassation est simple et logique : « **la disproportion éventuelle de l'engagement d'une caution mariée sous le régime de la séparation des biens s'apprécie au regard de ses seuls biens et revenus personnels** » (**Cass. com., 24 mai 2018**, n° 16-23036). Dès lors, les juges du fond ne peuvent pas tenir compte des revenus du conjoint pour exclure la disproportion de l'engagement. La solution est logique, car l'époux n'engage que ses biens et revenus personnels. La question est bien plus délicate pour les époux communs en biens (v. *infra*, n° 996).

B. La fin du régime

Théoriquement, la fin du régime de séparation ne devrait poser aucune difficulté : chaque époux étant propriétaire de ses biens personnels, il n'y a rien à liquider ou à partager. Mais les choses sont en réalité plus complexes : des biens indivis devront souvent être partagés (1), et des créances entre époux réglées (2).

1. Le partage des biens indivis

712. Le partage de l'indivision peut avoir lieu à tout moment pendant le mariage, à la demande de l'un des époux (C. civ., art. 815 ; v. pour une application, Cass. 1re civ., 14 nov. 2000 : *Bull. civ.* I, n° 290). Mais il advient généralement lors de la dissolution du mariage.
L'article 1542 du Code civil procède alors par **renvoi** à **l'indivision successorale** :
« Après la dissolution du mariage par le décès de l'un des conjoints, le partage des biens indivis entre époux séparés de biens, pour tout ce qui concerne ses formes, le maintien de l'indivision et l'attribution préférentielle, la licitation des biens, les effets du partage, la garantie et les soultes, *est soumis à toutes les règles qui sont établies au titre "Des successions" pour les partages entre cohéritiers.*
Les mêmes règles s'appliquent *après divorce ou séparation de corps. Toutefois, l'attribution préférentielle n'est jamais de droit.* Il peut toujours être décidé que la totalité de la soulte éventuellement due sera payable comptant ».
Ainsi, en cas de divorce ou de séparation de corps, les époux ne bénéficient pas de l'attribution préférentielle de droit.

2. Le règlement des créances entre époux

713. Les époux peuvent être mutuellement créancier et débiteur l'un de l'autre. Tel est le cas, notamment, lorsqu'un époux a financé l'acquisition ou la conservation d'un bien de son conjoint, ou encore a financé seul l'achat d'un bien indivis. Mais encore faut-il que de telles dépenses excèdent la contribution aux charges du mariage de l'article 214 du Code civil (v. *infra*, l'actualité jurisprudentielle sur la question). En outre, dans son dernier état, la jurisprudence considère que les juges du fond ne peuvent pas retenir que la contribution de l'époux est allée au-delà de ses facultés contributives en présence d'une clause du contrat de mariage, très usuelle, prévoyant que les époux sont réputés avoir fourni au jour le jour leur part contributive, sans recours de l'un contre l'autre (v. **Cass. 1re civ., 18 nov. 2020, n° 19-15353)**. Cette solution est pourtant contraire au nouveau droit de la preuve issu de la réforme de l'ordonnance du 10 février 2016, selon lequel les contractants ne peuvent pas instituer de présomption irréfragable (C. civ., art. 1356 al. 2). Ainsi, ce n'est qu'en l'absence d'une telle clause instituant une présomption irréfragable que l'époux pourra obtenir une indemnisation pour avoir effectué une dépense excédant sa contribution aux charges du mariage. Alors que les créances entre époux étaient soumises au nominalisme monétaire, la loi du 23 décembre 1985 a introduit une disposition (C. civ., art. 1543), qui renvoie aux règles d'évaluation des créances entre époux dans le régime de la communauté légale (art. 1479). Rappelons à cet égard que l'article 1479 du Code civil sur les créances entre époux ne renvoie qu'à l'article 1469 alinéa 3 relatif aux récompenses, ce dont la Cour de cassation déduit que les créances entre époux ne peuvent être inférieures à la dépense faite, lorsqu'il ne reste aucun profit subsistant au jour de la liquidation (Cass. 1re civ., 24 sept. 2008, n° 07-19710, *Bull. civ.* I, n° 213).

Actualité sur l'évaluation des créances entre époux

Par un arrêt du 22 juin 2022, la première chambre civile a jugé qu'il résulte de la combinaison des articles 1543, 1479, alinéa 2, et 1469, alinéa 3 du Code civil, d'une part, que, lorsque les fonds d'un époux séparé de biens ont servi à acquérir ou améliorer un bien personnel de l'autre, sa créance contre ce dernier ne peut être moindre que le profit subsistant ni moindre que le montant nominal de la dépense faite, d'autre part, que le profit subsistant, qui représente l'avantage réellement procuré au fonds emprunteur, se détermine d'après la proportion dans laquelle les fonds empruntés au patrimoine de l'époux appauvri ont contribué au financement de l'acquisition ou de l'amélioration du bien personnel de son conjoint. En présence de dépenses d'acquisition et d'amélioration du bien personnel de l'un des époux, la créance réclamée par l'autre au titre des dépenses d'acquisition doit être évaluée distinctement de celle réclamée au titre des dépenses d'amélioration **(Cass. 1re civ., 22 juin 2022, n° 20-20202).** Selon cet arrêt, il convient donc de faire une distinction entre l'évaluation de la créance au titre de l'*amélioration* du bien (ex. travaux) et celle au titre de l'*acquisition*, qui suppose d'établir la proportion de la contribution de l'époux au paiement du coût global de l'acquisition puis en l'appliquant à la valeur du bien au jour de la liquidation de la créance selon son état lors de l'acquisition. Pourquoi une telle solution ? Cela permet de calculer cette créance d'acquisition sans y inclure les dépenses d'amélioration, car les règles de calcul ne sont pas les mêmes. En effet, pour les dépenses d'amélioration, le profit subsistant se calcule en fonction de la plus-value procurée à l'immeuble (différence entre valeur sans les travaux et avec les travaux), tandis que pour la dépense d'acquisition, le profit subsistant se calcule selon la proportion de la dépense par rapport à la valeur du bien au jour de la liquidation, d'après son état au jour de l'acquisition.
Prenons un exemple pour le comprendre :
- En 2011, Michel a financé à hauteur de 10 000 euros un bien acheté par sa femme pour un prix de 30 000 euros. Le bien sans travaux vaut au jour de la liquidation 60 000 euros. Michel a une créance de 20 000 euros (le tiers de la valeur actuelle du bien sans travaux) ;
- En 2013, Michel a financé les travaux à hauteur de 5 000 euros sur 10 000 de travaux ; ces travaux créent une plus-value de 20 000 euros : Michel a droit à une créance de 10 000 euros (la moitié de la plus-value). Au total, Michel a droit à une créance de 30 000.

Si l'on avait calculé de manière globale sa créance, comme l'avait fait la cour d'appel, la créance aurait été de 20 000 (15 000 euros, soit la totalité de la dépense, divisé par la valeur du bien sans travaux (60 000) et multiplié par la valeur du bien après travaux (80 000)). Une aspirine, s'il vous plaît !

Par ailleurs, par un arrêt du 5 avril 2023, la Cour de cassation s'est prononcée sur la dépense faite pour l'amélioration d'un bien personnel du conjoint **(Cass. 1re civ., 5 avr. 2023, n° 21-22296)**. Ainsi, elle considère qu'il résulte de l'article 214 du Code civil que, sauf convention contraire des époux, l'apport en capital de fonds personnels, réalisé par un époux séparé de biens pour financer l'amélioration, par voie de construction, d'un bien personnel appartenant à l'autre et affecté à l'usage familial, ne participe pas de l'exécution de son obligation de contribuer aux charges du mariage. La principale difficulté se situe dans la **collaboration bénévole d'un époux à l'exploitation d'une entreprise appartenant**

à son conjoint. Dans ce cas, l'époux peut, s'il démontre que **sa participation a excédé la contribution aux charges du mariage**, obtenir une indemnisation sur le fondement de **l'enrichissement sans cause** (v. en ce sens, Cass. 1re civ., 10 oct. 2012, n° 11-19292). Mais les conditions d'une telle action sont drastiques : encore faut-il qu'aucun autre fondement ne permette l'indemnisation : ainsi, l'action est irrecevable s'il a déjà été tenu compte du travail effectué à titre bénévole dans le calcul de la prestation compensatoire. En outre, l'appauvri n'a droit qu'à **la plus faible des deux sommes** entre l'appauvrissement (salaires manqués) et l'enrichissement (du patrimoine de l'enrichi). C'est pourquoi la Cour de cassation a jugé que si l'époux réclame une partie de **la plus-value** du bien acquis, amélioré ou conservé grâce à son activité bénévole (ex. travaux dans une maison qui appartient au conjoint), l'évaluation d'une telle plus-value doit se faire selon les règles prescrites par les articles 1469, alinéa 3, 1479, alinéa 2, et 1543, à l'exclusion de l'enrichissement sans cause (Cass. 1re civ., 12 déc. 2007, n° 06-15547, *Bull. civ.* I, n° 390). Cela permet ainsi à l'époux de bénéficier de la réévaluation de la dette de valeur. Il n'y a donc pas lieu de distinguer entre les créances de remboursement et les créances indemnitaires : toutes sont soumises au valorisme monétaire (v. *supra*, n° 636 et s., la communauté légale, pour le détail).

FOCUS

L'apport en capital et la contribution aux charges du mariage

Par un arrêt du 17 mars 2021, la première chambre civile précise que, « sauf convention contraire des époux, l'apport en capital de fonds personnels, effectué par un époux séparé de biens pour financer la part de son conjoint lors de l'acquisition d'un bien indivis affecté à l'usage familial, ne participe pas de l'exécution de son obligation de contribuer aux charges du mariage » **(Cass. 1re civ., 17 mars 2021, n° 19-21463 P)**. Dès lors, viole ce texte la cour d'appel qui, pour rejeter la demande de créance de l'épouse, après avoir constaté que l'immeuble, acquis par les époux pour constituer le logement de la famille, avait été financé pour partie au moyen d'un apport personnel de l'épouse, retient que les versements effectués par l'un des époux pendant le mariage, tant pour régler le prix d'acquisition d'un bien immobilier constituant le domicile conjugal que pour rembourser les mensualités des emprunts immobiliers contractés pour en faire l'acquisition, participent de l'exécution de son obligation de contribution aux charges du mariage. Ainsi, cet apport provenant de fonds personnels, dès lors qu'il sert à financer la part du conjoint (et non sa propre part), ne participe pas de l'exécution de l'obligation de contribution aux charges du mariage et pourra donner lieu à une créance de restitution. Il en va ainsi, par exemple, lorsqu'un époux séparé de biens finance la totalité de l'achat d'un bien indivis, et ce, même si cela n'excède pas ses facultés contributives. Dans sa lettre trimestrielle publiée sur son site internet, la Cour de cassation précise que « la première chambre civile dissipe les interrogations qu'un précédent arrêt avait pu susciter (Cass. 1re civ., 3 oct. 2019, n° 18-20828, publié), celui-ci semblant limiter la solution à l'apport en capital provenant de la vente de biens personnels ». En d'autres termes, même lorsque les fonds personnels ne proviennent pas de la vente de biens personnels (remploi) mais d'une autre provenance (héritage de sommes d'argent, salaires...), la solution s'applique et l'époux a droit à une créance de restitution. Enfin, notons que la Cour de cassation vise la « clause contraire » : s'il est prévu dans l'acte que les époux sont réputés avoir contribué aux charges du mariage, aucune créance n'est ouverte au profit de l'époux qui a apporté des fonds personnels pour financer la part de son conjoint. Cette solution a été réaffirmée et étendue par un arrêt du 9 juin 2022 au cas de la seule amélioration d'un bien personnel : ainsi, pour l'acquisition comme pour l'amélioration par voie de construction d'un bien indivis affecté à l'usage familial, l'apport en capital de fonds personnels effectué par un époux séparé de biens ne participe pas de l'exécution de son obligation de contribuer aux charges du mariage, sauf convention contraire des époux **(Cass. 1re civ., 9 juin 2022, n° 20-21277)**. L'époux a donc droit à une créance à ce titre, sauf convention contraire.

§ 3. La participation aux acquêts

714. Quelques lignes suffiront à décrire ce régime très peu usité. Pourtant, ce régime conjugue les vertus de la séparation de biens et de la communauté légale : indépendance des époux mais mise en commun des richesses. Mais ce *melting-pot* de règles lui confère une certaine complexité, qui effraie sans doute les époux et/ou leurs notaires.
Ainsi, **pendant le mariage**, la participation aux acquêts fonctionne comme une **séparation de biens**. Chacun des époux conserve la gestion de ses biens personnels (art. 1569).
À la dissolution du régime, tout se passe comme si avait existé entre les époux une communauté, **mais une communauté en valeur.** Ainsi, chaque époux est créancier de la moitié des acquêts de son conjoint. Pour calculer une telle **créance de participation**, il convient de faire **la différence** entre le **patrimoine originaire** de chaque époux (qui correspond à peu près aux propres en communauté) et son **patrimoine final** (biens dont il est propriétaire lors de la dissolution, en réintégrant le cas échéant les biens aliénés). La différence entre les deux patrimoines, déduction faite des dettes, correspond au montant des acquêts réalisés par l'époux. Son conjoint est créancier de la **moitié de cette somme**, et réciproquement. Le solde fournit la créance finale d'un époux contre l'autre.

Exemple

Si l'époux A est doté d'un patrimoine originaire net évalué à 200 000 euros et que son patrimoine final net s'élève à 1 500 000 euros, le montant de ses acquêts s'élève à 1 300 000 euros. Son conjoint a une créance de participation de 650 000 euros.

Si l'époux B est doté d'un patrimoine originaire net évalué à 400 000 euros et que son patrimoine final net s'élève à 600 000 euros, le montant de ses acquêts s'élève à 200 000 euros. Son conjoint a droit à une créance de participation de 100 000 euros.
Après compensation, l'époux B a droit à une créance de participation contre l'époux A à hauteur de 550 000 euros.

FOCUS

La participation aux acquêts

Par un arrêt du 18 décembre 2019, la Cour de cassation est venue préciser que la clause d'exclusion des biens professionnels, stipulée dans un contrat de mariage, constitue un avantage matrimonial, révoqué comme tel par l'effet du divorce, par application de l'article 265 du Code civil **(Cass. 1re civ., 18 déc. 2019, n° 18-26337)**. Cette clause consiste à exclure de la liquidation les biens affectés à l'exercice effectif de la profession des futurs époux lors de la dissolution, ainsi que les dettes relatives à ces biens. Il s'agit, pour la Cour régulatrice, d'un avantage matrimonial, dès lors qu'elle conduit à avantager celui d'entre eux ayant vu ses actifs nets professionnels croître de manière plus importante en diminuant la valeur de ses acquêts dans une proportion supérieure à celle de son conjoint. La clause est donc révoquée de plein droit par le divorce, sauf volonté contraire de l'époux qui y a consenti, par application de l'article 265 du Code civil. Elle ne subsiste donc qu'en cas de dissolution du régime consécutive au décès de l'un des époux (pour les incidences du divorce sur les avantages matrimoniaux, v. *supra*, n° 704).

715 à 721. Réservés.

PARTIE 4

Les contrats spéciaux

INTRODUCTION

Dans le cadre de cette brève introduction, il suffira de présenter l'objet du droit des contrats spéciaux (§ 1), son évolution (§ 2), et le plan retenu (§ 3).

§ 1. L'objet du droit des contrats spéciaux

Qu'est-ce que le droit des contrats spéciaux ?

722. L'expression « contrats spéciaux » est trompeuse. Elle laisse à penser qu'il existerait d'un côté des contrats généraux et de l'autre des contrats spéciaux. Il n'en est rien en réalité. Ce n'est pas le contrat qui est général ou spécial, mais le **droit applicable aux contrats**. En effet, il existe dans le Code civil deux corps de règles applicables aux conventions. Cette dualité apparaît très clairement dans **l'article 1105** du Code civil. Ainsi, le premier aliéna de ce texte prévoit que « les contrats, qu'ils aient ou non une dénomination propre, sont soumis à des règles générales, qui sont l'objet du présent sous-titre ». C'est le **droit commun des contrats**, autrement dénommé théorie générale du contrat. L'alinéa 2 prévoit que « les règles particulières à certains contrats sont établies dans les dispositions propres à chacun d'eux ». C'est le **droit des contrats spéciaux**, que l'on devrait nommer **droit spécial des contrats.** Ainsi, le droit commun des contrats s'applique à tous les contrats, quelle que soit leur qualification. Que le contrat soit une vente, un louage, un mandat, qu'il ait été conclu par un consommateur *lambda* ou une puissante société commerciale, il est soumis à la théorie générale du contrat qui figure aux articles 1101 et suivants du Code civil. Ce corps de règles est étudié dans le cadre du droit des obligations, et a fait l'objet, on le sait, d'une réforme d'ensemble par l'ordonnance du 10 février 2016. Cette réforme s'applique aux **contrats conclus ou renouvelés après le 1er octobre 2016. Et nous verrons que cette réforme affecte substantiellement les contrats spéciaux.** Il faut également tenir compte des modifications issues de la **loi de ratification n° 2018-287 du 20 avril 2018**, lesquelles entrent en vigueur à compter du 1er octobre 2018, sauf celles qui ne font qu'interpréter les textes de l'ordonnance, qui seront rétroactivement applicables, **à compter du 1er octobre 2018**, aux contrats conclus après le 1er octobre 2016 (par ex. art. 1165 ; v. *infra* pour toutes les incidences en droit des contrats spéciaux). La loi de ratification précise également l'entrée en vigueur de l'ordonnance du 10 février 2016, en énonçant que la réforme ne s'applique qu'aux contrats conclus ou renouvelés après le 1er octobre 2016, « **y compris pour leurs effets légaux et pour les dispositions d'ordre public** » (art. 9 al. 2 de l'ord. modifié). Le texte entend donc priver le juge de la possibilité de faire une application immédiate de la réforme en invoquant les principes classiques du droit transitoire. Mais c'est dans une large mesure un vœu pieux, dès lors que le juge pourra réinterpréter le droit ancien à la lumière du droit nouveau, pour faire indirectement une application anticipée de la réforme. Cela a d'ailleurs déjà été fait (v. Cass. ch. mixte, 24 févr. 2017, n° 15-20411, cité n° 843).

Le contrat est ensuite soumis, selon sa qualification, à un corps de règles qui lui est propre. Ainsi, la vente, le louage, le mandat et bien d'autres contrats encore, sont soumis à des dispositions qui leur sont spécifiques. Les contrats spéciaux désignent les contrats pour lesquels la loi a construit un régime particulier. Le droit des contrats spéciaux est donc le prolongement nécessaire de la théorie générale du contrat. Ces règles se trouvent dans le Code civil, au sein de titres dédiés à chacun des contrats (vente, mandat, prêt, transaction…). Elles n'ont pas fait l'objet d'une refonte d'ensemble depuis 1804.
L'importance du droit des contrats spéciaux témoigne du dynamisme du contrat dans notre société contemporaine. Dans une même journée, un étudiant est en prise avec de nombreux contrats spéciaux. Le bail, par lequel il accède généralement à un logement. La vente, par laquelle il devient propriétaire de biens divers. Le prêt, par lequel il emprunte les ouvrages nécessaires à ses chères études. Le contrat d'entreprise, par lequel il fait réparer le robinet de sa salle de bains. Le contrat d'édition, par lequel il fait reproduire les exemplaires de l'album qu'il vient de composer… Nous pourrions multiplier les exemples. En définitive, le droit élabore des cadres juridiques permettant d'intégrer la variété des opérations économiques réalisées par les individus.

Quels sont les contrats spéciaux étudiés ?

723. Tous les contrats soumis à un régime spécifique ne seront pas étudiés. Il est nécessaire de procéder à des **exclusions.**
Certains contrats sont exclus en raison de la **personne** du contractant. Il s'agit des contrats conclus par l'**Administration**, dès lors que le contrat comporte des clauses exorbitantes du droit commun lui conférant des prérogatives exceptionnelles, ou qu'il a pour objet l'exécution d'un service public (par ex., le contrat de concession de service public). Pourtant, l'État, un département ou une commune achètent des biens, ont recours à un contrat d'entreprise pour restaurer un lycée, de sorte que les contrats passés réalisent la même opération économique et juridique que les contrats spéciaux du Code civil. Mais le fait que la convention soit passée par la puissance publique et qu'elle présente des clauses dérogatoires ou qu'elle s'inscrive dans une mission de service public la soumet au droit administratif et à la compétence des tribunaux administratifs.
Cette réserve faite, l'étude des contrats spéciaux ne conduit pas à saisir l'ensemble des contrats qui relèvent du droit privé. Cette fois, l'exclusion s'effectue à l'aune de l'**opération** que réalise la convention. Dans certains cas, l'opération économique réalisée par le contrat constitue le cœur d'une **discipline qui tend à s'affranchir du droit civil**, du moins à constituer une matière à part entière. Il en va ainsi des contrats de travail, de société ou d'assurance, qui relèvent des disciplines éponymes. Il en va de même des contrats du droit d'auteur, tels que le contrat d'édition, dont l'étude spécifique est traditionnellement effectuée en droit de la propriété littéraire et artistique. Pourtant, rien n'interdit un travail de comparaison entre ces contrats d'auteurs et les modèles du Code civil. Dans d'autres cas, l'opération **relève du droit civil, mais pas du droit des contrats spéciaux**. Il en va ainsi des conventions relatives aux **sûretés**, ou encore à la **famille**, qui sont étudiées dans les autres parties de l'ouvrage (hypothèque, gage, indivision, contrat de mariage…).

§ 2. L'évolution contemporaine du droit des contrats spéciaux

724. On peut identifier deux tendances lourdes : la spécialisation et l'internationalisation du droit des contrats spéciaux.

- **La spécialisation du droit des contrats spéciaux** : pendant le XIXe siècle et la première moitié du XXe siècle, le droit des contrats spéciaux prévu par le Code civil n'a été qu'un **droit d'illustration**. Il ne s'agissait que de **modèles supplétifs** ouverts aux parties afin de mettre en œuvre le droit commun des contrats. Désormais, le régime des contrats spéciaux est **sectorisé et imprégné d'un ordre public économique très présent**. Ainsi, il n'existe plus un droit de la vente, mais des droits de la vente, selon la qualité de l'acquéreur, la nature mobilière ou immobilière du bien... De nombreuses dispositions particulières sont alors **d'ordre public** (par ex., la législation sur les clauses abusives). De même, il n'existe plus un louage de choses, mais des baux spéciaux soumis à un statut impératif : le bail rural, le bail commercial, le bail d'habitation... Dès lors, une bonne partie du droit des contrats spéciaux est désormais à trouver **en dehors du Code civil**, dans des législations ou codes particuliers : Code de la consommation, Code de la construction et de l'habitation, Code de commerce... Nécessairement, l'importance du droit des contrats spéciaux du Code civil décline : ce n'est plus qu'un droit subsidiaire, qui s'applique à défaut de dispositions particulières contraires.

- **L'internationalisation du droit des contrats spéciaux** : l'essentiel du droit des contrats spéciaux se trouvait jadis dans la législation nationale : Code civil, lois particulières (ex. loi du 6 juillet 1989 sur les baux d'habitation), et autres codes. Désormais, il faut composer avec l'influence des **sources internationales**. On songe, en premier lieu, à la **Convention européenne des droits de l'homme**, qui exerce une influence dans la détermination des obligations des parties. C'est ainsi sur le fondement du droit au respect de la vie privée et familiale qu'a été jugé qu'était contraire une clause du bail interdisant au preneur d'héberger ses proches (v. *infra*, n° 871). Il faut surtout prendre en considération le droit de **l'Union européenne**, qui tend à harmoniser les législations européennes en matière de contrats. C'est d'ores et déjà le cas de la garantie de conformité, prévue en matière de vente (v. *infra*, n° 781). Mais de manière plus ambitieuse, le 11 octobre 2011, la Commission européenne présentait une **proposition de règlement relatif à un droit commun européen de la vente.** La lecture du texte montre que le domaine déborde largement le domaine de la vente, pour s'appliquer aux contrats de fourniture de contenus numériques et aux contrats qui leur sont connexes, c'est-à-dire à un pan considérable de l'activité contractuelle. S'agissant de la force normative du texte, il s'agit de proposer un instrument optionnel aux parties, qui peuvent décider de s'y soumettre. Mais qui ne voit qu'il s'agit là d'une étape visant, à moyen ou long terme, à unifier les législations civiles en matière de contrats ?

Veille : réforme du droit des contrats spéciaux

La réforme du droit des contrats spéciaux est en marche. Après la publication en 2017 puis en 2020 de deux avant-projets réalisés dans le cadre de l'association Capitant, une commission présidée par Philippe Stoffel-Munck a diffusé un nouvel avant-projet au printemps 2022, qui est ouvert à la consultation publique et qui est sensiblement différent des textes précédents. C'est ce dernier avant-projet qui devrait être, tôt ou tard, consacré en droit positif, dès lors qu'il a été commandité par la Chancellerie. À ce jour, il ne s'agit bien évidemment que d'un projet doctrinal, qui ne peut dès lors être utilisé pour la résolution d'un cas pratique en droit positif.

FOCUS

Une législation exceptionnelle : covid-19

La pandémie du covid-19 n'est pas qu'une crise sanitaire. Avec le confinement qu'elle impose aux particuliers et à de très nombreuses entreprises (établissements fermés, activité en sommeil…), l'épidémie est de nature à bouleverser l'équilibre de très nombreux contrats. Et que dire des formalités devant être accomplies pendant cette période, telles que l'inscription d'une hypothèque, une assignation en justice ou encore un droit de rétractation dans le cadre d'une vente immobilière ? C'est pourquoi une **ordonnance n° 2020-306 du 25 mars 2020** a été adoptée en urgence pour tenter de résoudre ces difficultés. Deux mesures doivent être retenues.

En premier lieu, l'ordonnance met en œuvre, en son article 2, un report automatique des délais échus pendant une « période protégée » (circ. du 26 mars 2020), située entre le 12 mars 2020 et le 23 juin 2020 inclus. Le texte semble prévoir une interruption du délai échu pendant la période (lequel repart à zéro), mais avec un plafond de deux mois. Par exemple, si un délai de cinq ans arrivait à échéance le 20 mars 2020 pour assigner un contractant, ce délai est reporté jusqu'à la fin de la crise sanitaire, mais dans la limite de deux mois (le délai expirera le 24 août). S'il s'agit cette fois d'un délai de dix jours pour se rétracter d'une vente immobilière, un nouveau délai de dix jours courra à compter de la fin de la période protégée, sans que le plafond ait ici à jouer (le délai expirera le 4 juillet 2020, pour reprendre l'ex. fictif). Il faut surtout que ce report ne concerne que les délais prescrits par la loi ou le règlement (prescription d'une action en justice, délai pour inscrire une hypothèque, pour se rétracter d'une vente…). En revanche, les délais contractuellement prévus ne sont pas reportés. Par exemple, si le prix d'un bien vendu doit être payé le 20 mars 2020, ce délai s'impose à l'acquéreur. Cette rigueur à l'égard des délais contractuels est toutefois tempérée par la deuxième mesure phare de l'ordonnance.

En second lieu, l'ordonnance prévoit, en son article 4, que « les astreintes, les clauses pénales, les clauses résolutoires ainsi que les clauses prévoyant une déchéance, lorsqu'elles ont pour objet de sanctionner l'inexécution d'une obligation dans un délai déterminé, sont réputées n'avoir pas pris cours ou produit effet, si ce délai a expiré pendant la période ». Ces sanctions ne reprendront leur cours que si le débiteur ne s'est toujours pas exécuté un mois après la fin de la période protégée. Par exemple, si un prix devait être payé le 20 mars 2020, il est toujours dû à cette date. Néanmoins, aucune clause résolutoire ne pourra être mise en œuvre à ce titre par le vendeur. Elle ne pourra produire effet que le 24 juillet 2020.

Actualité sur les loyers commerciaux échus pendant le confinement

Les mesures exceptionnelles ci-dessus décrites ne doivent pas faire oublier l'appel au Code civil, ce trésor permanent : exception d'inexécution, imprévision (1195), voire force majeure (qui ne joue toutefois pas pour les obligations de sommes d'argent). Spécialement, dans le contentieux des loyers commerciaux, les locataires dont les locaux ont été fermés pendant le confinement ont invoqué la perte partielle de la chose louée de l'article 1722 du Code civil, pour échapper au paiement des loyers correspondant à la période de fermeture. Il s'agit de considérer que l'impossibilité d'exploiter les lieux, telle qu'imposée par les pouvoirs publics, correspond à une perte partielle de la chose, ouvrant droit à une diminution du loyer. Par trois décisions du 30 juin 2022, la troisième chambre civile a mis un terme aux hésitations de la doctrine et des juges du fond **(Cass. 3e civ., 30 juin 2022, n° 21-19889 ; n° 21-20127 ; n° 21-20190)**. Pour la Cour régulatrice, le preneur ne peut pas invoquer la perte de la chose, dès lors que la fermeture des locaux, qui est imposée par les pouvoirs publics, est sans lien direct avec la destination contractuelle des lieux. Cette appréciation est contestable, dès lors que c'est précisément à l'aune des types d'usages des lieux et donc de leur destination contractuelle (restaurants fermés, mais pas les commerces alimentaires), que les interdictions de recevoir du public ont été fixées par les pouvoirs publics. Quoi qu'il en soit, le preneur ne peut pas davantage se prévaloir de la force majeure car cette dernière s'apprécie exclusivement à l'égard du débiteur. Or, au cas présent, c'est en tant que créancier de la jouissance des lieux que le locataire est empêché. En revanche, son obligation, qui est monétaire (payer des loyers), n'est pas affectée par le confinement car il est de jurisprudence constante que la force majeure ne peut pas libérer un débiteur de son obligation monétaire. Enfin, parce que la fermeture des lieux est imposée au bailleur par les pouvoirs publics, la Cour de cassation décide que le preneur ne peut pas invoquer le manquement de ce dernier à son obligation de délivrance. Les loyers restent donc dus par les preneurs, pour le plus grand plaisir des propriétaires.

§ 3. Plan

725. Il est temps d'envisager les règles propres à chaque type de contrat. Peut-on les regrouper par famille ? À l'analyse, aucune classification n'est pleinement satisfaisante.

D'emblée, les critères du Code civil figurant dans la théorie générale du contrat ne sont d'aucun secours. Ainsi, la distinction entre contrat synallagmatique et unilatéral, ou celle entre contrat commutatif et contrat aléatoire ne permet pas de regrouper les contrats spéciaux. Par exemple, un dépôt peut être tantôt unilatéral, tantôt synallagmatique. De même, une vente, contrat normalement commutatif, peut être aléatoire si elle est assortie d'une rente viagère. De même encore, des critères plus contemporains, tirés notamment de la qualité des parties contractantes, tels que la distinction entre contrats égalitaires et contrats de consommation, ne sont d'aucun secours. Une vente, qu'elle soit conclue ou non par un consommateur, est une vente, et ne se rapproche pas pour autant du bail ou du mandat.

Les auteurs proposent alors généralement de classer les contrats selon leur **objet**. Il est ainsi classique d'opposer les contrats relatifs aux biens et les contrats relatifs aux services.

Ainsi, la vente est un contrat portant sur bien, tandis que le mandat porte sur un service (représenter quelqu'un). Mais la distinction n'est pas pleinement satisfaisante pour les conventions qui mêlent biens et services. En effet, le bail, généralement classé parmi les contrats de service, est relatif à un bien, puisqu'il consiste dans le louage d'une chose. De même, le dépôt porte à la fois sur une chose et sur un service : la garde de cette chose.
Il paraît dans ces conditions préférable d'envisager les différents contrats les uns après les autres, en consacrant une leçon à la qualification, qui est un préalable nécessaire pour la maîtrise des cas pratiques d'aujourd'hui et du métier d'avocat de demain. La liste des contrats spéciaux a été limitée à celle fixée par l'arrêt du 2 octobre 2018 fixant le programme de l'examen de droit civil pour le CRFPA.
Leçon 1 : La qualification des contrats spéciaux
Leçon 2 : La formation de la vente
Leçon 3 : Les effets de la vente
Leçon 4 : Le contrat d'entreprise
Leçon 5 : Le mandat
Leçon 6 : Le bail
Leçon 7 : Le prêt

LEÇON 1

LA QUALIFICATION DES CONTRATS SPÉCIAUX

Textes

Article 1105 du Code civil
Article 12 du Code de procédure civile

La qualification du contrat consiste à rattacher le contrat à une catégorie préexistante. Il s'agit d'un processus nécessaire (section 1) qui obéit à une certaine méthode (section 2).

Section 1

La nécessité de la qualification

Pourquoi qualifier un contrat ?

726. De prime abord, qualifier un contrat semble être un exercice stimulant pour l'esprit mais peu utile en pratique. Cela consiste à rattacher le contrat conclu par les parties à un type de contrat désigné et réglementé par un texte (vente, entreprise, louage, transaction...). Les contrats spéciaux correspondent ainsi aux contrats *nommés* visés par l'article 1105 du Code civil, c'est-à-dire aux contrats désignés et réglementés par un texte, par opposition aux contrats *innommés*, qui n'ont fait l'objet d'aucune consécration textuelle.
Cette **distinction entre contrats nommés et innommés est empruntée au droit romain**, même si elle n'y a pas du tout la même portée. En effet, du moins à l'origine, le droit romain est un droit formaliste : il ne connaît pas le contrat mais des types de contrats (vente, commodat, société...) auxquels il assigne à chacun une action en justice. Le pacte nu, dépourvu d'action, n'est doté d'aucune force obligatoire. Tel n'est pas le système du Code civil, ce qui tend à relativiser à première vue l'intérêt d'une qualification. En effet, rappelons que l'article 1105 du Code civil prévoit que les contrats, même s'ils ne reçoivent aucune dénomination propre, sont soumis à la théorie générale du contrat.
C'est dire que même sans être qualifié, tout contrat se voit assigner un socle normatif : la théorie générale du contrat. Ainsi, le **contrat de coffre-fort** n'est pas prévu par le Code civil. Il est donc innommé mais il n'en est pas moins soumis à la théorie générale du contrat. Il est dès lors obligatoire en vertu de l'article 1134 du Code civil (nouvel art. 1103), ce qui a conduit la jurisprudence à valider l'augmentation de prix réalisée par la banque dès lors qu'elle avait été

librement acceptée par la cliente (Cass. 1re civ., 30 juin 2004, n° 01-00475, *Bull. civ.* I, n° 190). Mieux, le juge pourra combler les lacunes du régime des contrats innommés par emprunt aux règles des contrats nommés qui leur sont proches (contrat d'entreprise, contrat de dépôt..., v. *infra*, n° 803 et s.). Ce premier constat d'un intérêt relatif de la qualification vaut même au sein des contrats nommés. Quelle que soit leur qualification, ils sont soumis aux règles communes de la théorie générale du contrat (vices du consentement, capacité, contenu...). Pour autant, **le droit des contrats ne se réduit pas, tant s'en faut, à ce socle commun**. Il offre des solutions contrastées selon le type de contrat conclu.
Donnons-en un exemple :
Une personne a commandé auprès d'une société une armoire faite sur mesure. Le contrat est conclu, mais le prix n'a pas encore été déterminé par les parties, celles-ci prévoyant qu'il serait fixé lors de la livraison. Il est alors possible d'hésiter entre deux qualifications. On peut y voir une vente, car il y a transfert de propriété d'une chose contre paiement d'un prix, mais on peut aussi incliner pour un contrat d'entreprise, car on est en présence d'un ouvrage spécifique adapté aux besoins du client (v. sur la distinction de ces deux contrats, *infra*, n° 805). Or, le sort du contrat dépendra, en cas de litige, de la qualification retenue par le juge. Si le contrat est qualifié de vente, il sera nul car le prix doit être déterminé lors de l'échange des consentements. S'il est à l'inverse qualifié de contrat d'entreprise, il sera valable car le prix n'a pas à être fixé dès la conclusion du contrat.
L'opération de qualification, si elle est intellectuellement intéressante, est donc surtout très importante en pratique. Le constat vaut plus encore aujourd'hui qu'hier car on assiste, avec l'inflation législative, à une multiplication et à une complexification des statuts spéciaux, comme en témoigne le droit applicable aux baux. En effet, tandis que la théorie générale du contrat présente une relative stabilité que vient encore confirmer la réforme récente (consolidation des acquis jurisprudentiels), le droit des contrats spéciaux n'a eu de cesse de se développer et d'évoluer au gré de l'interventionnisme Étatique. Ce foisonnement normatif suppose ainsi de connaître les méthodes de qualification, car c'est de la qualification du contrat que jaillira son régime juridique.

Section 2
Le processus de qualification

Qui qualifie ? Comment qualifier ? Quelles conséquences pour le régime du contrat ? Ces trois questions commandent de s'interroger tour à tour sur l'auteur (§ 1), les méthodes (§ 2) et les résultats (§ 3) de la qualification.

§ 1. L'auteur de la qualification

La qualification est une question de droit qui implique, en cas de litige, l'intervention du juge (A), dont l'office doit être précisé (B).

A. L'intervention du juge

727. À première vue, les choses sont simples : le contrat étant le fruit de la volonté des parties, c'est **aux parties qu'il appartient de qualifier leur accord** : vente, entreprise, mandat, dépôt...
Mais **deux raisons** empêchent de donner un pouvoir exclusif aux parties :
En premier lieu, on ne saurait occulter que la qualification déclenche l'application des règles prévues par la loi. Il est donc impossible de conférer aux volontés individuelles un pouvoir absolu en la matière, sous peine de leur permettre de contourner aisément **les règles impératives applicables à un type de contrat**. Par exemple, afin d'éviter la législation protectrice du locataire en matière de baux d'habitation, le bailleur pourrait être tenté de proposer à son partenaire une autre qualification (convention d'hôtellerie, par ex.).
En second lieu, au-delà de cette hypothèse de la fraude, il est par ailleurs possible que les parties **n'aient pas clairement** (ou pas du tout) **exprimé leur volonté** sur la qualification du contrat, ou encore que la qualification formellement retenue ne corresponde pas à leur réelle volonté (par ex. les parties ont qualifié de vente une opération dans laquelle il n'y a pas de transfert de propriété).
Tout ceci explique que **l'article 12 alinéa 2 du Code de procédure civile** prévoit **qu'il appartient au juge de donner ou de restituer son exacte qualification à l'acte.** Ainsi, le juge n'est pas lié par la qualification formellement retenue par les parties. Il peut requalifier leur accord dès lors que la qualification retenue ne correspond pas à l'opération réelle qu'elles ont entendu conclure.
Toutefois, **l'alinéa 3** du texte prévoit une **limite à ce pouvoir de requalification judiciaire**. Les parties peuvent lier le juge par leur qualification, mais cela suppose trois conditions cumulatives : il faut tout d'abord un **accord exprès** en ce sens, il faut ensuite que le litige soit **déjà né** (afin d'éviter les renonciations anticipées) et il faut enfin que les parties aient la **libre disposition de leurs droits**, ce qui exclut l'éviction de règles impératives auxquelles il n'est donc pas possible de déroger (par ex., le droit au maintien dans les lieux du locataire dans un bail d'habitation).
Notons enfin que **la qualification du contrat est une question de droit contrôlée par la Cour de cassation** : les juges du fond n'ont pas un pouvoir souverain en la matière.
En définitive, la qualification est un **dialogue entre les parties et le juge**. Ce sont les parties qui fixent la qualification initiale du contrat, mais le juge peut être amené à revenir sur cette qualification en prenant appui sur la volonté réelle des parties.

B. L'office du juge

728. Une question fondamentale se pose : **le juge peut-il ou doit-il requalifier la convention des parties ?** En d'autres termes, est-ce une simple faculté ou une obligation qui entre dans l'office du juge, dès lors qu'il constate que la qualification retenue par les parties est inadaptée ?
Par un arrêt du 21 décembre 2007, l'assemblée plénière de la Cour de cassation a jugé que « si, parmi les principes directeurs du procès, l'article 12 oblige le juge à donner ou restituer leur exacte qualification aux faits et actes litigieux invoqués par les parties au soutien de leurs prétentions, il ne lui fait pas obligation, sauf règles particulières, de changer le fondement juridique de leurs demandes » (Cass. ass. plén., 21 déc. 2007, n° 06-11343, *Bull. ass. plén.* n° 10). En l'espèce, les juges du fond étaient saisis d'une demande fondée sur l'existence d'un vice caché affectant la chose achetée. Pour la Cour de cassation, le juge, s'il constate que

les conditions de cette garantie ne sont pas remplies, n'a pas à rechercher d'office si l'action pouvait être fondée sur un manquement du vendeur à son obligation de délivrance d'une chose conforme aux stipulations contractuelles (v. *infra*, n° 780 et s., pour ces deux actions). Cette solution est fondamentale : elle souligne le **rôle majeur de l'avocat**, qui doit veiller à bien identifier le fondement approprié de sa demande. S'il invoque un fondement inadéquat, il ne peut pas compter sur le juge pour réparer son erreur, puisque ce dernier n'a aucune obligation de relever un autre fondement.

Pour autant, sa **portée** doit être circonscrite : la Cour de cassation établit une distinction entre la qualification d'un acte, qui est un **devoir** pour le juge, et le changement du fondement juridique d'une demande, qui est une simple **faculté.** Ainsi, **la qualification du contrat constitue une obligation faite au juge :** si les parties se trompent de catégorie (par exemple elles invoquent les règles du bail alors que leur contrat est une vente), le juge **doit** requalifier leur contrat. Ensuite, à l'intérieur de cette qualification, sont formées des demandes (résolution, dommages-intérêts…) qui peuvent reposer sur des fondements différents (garantie des vices cachés, obligation de conformité…) : dans ce cas, et dans ce cas seulement, le juge n'a pas l'obligation de changer le fondement juridique de la demande, quand bien même celui-ci serait inadapté. Signalons enfin que par un arrêt *Cesareo*, la Cour de cassation a posé un principe de **concentration des moyens** : le demandeur doit présenter dès l'instance relative à la première demande l'ensemble des moyens qu'il estime de nature à fonder celle-ci (Cass. ass. plén., 7 juill. 2006, n° 04-10672, *Bull. ass. plén.* n° 8). Par exemple, si l'acheteur a exercé une action en résolution de la vente en invoquant la garantie des vices cachés et qu'il en a été débouté, il ne peut pas saisir une nouvelle fois la juridiction pour obtenir la résolution, en invoquant cette fois le manquement du vendeur à son obligation de délivrance. Cela conduit donc l'**avocat** à redoubler de vigilance, car il n'y a pas de rattrapage (hors l'appel) à son erreur de qualification.

Il existe toutefois des règles particulières. Tel est le cas pour les **clauses abusives.** En la matière, la Cour de justice a dit pour droit que **le juge national est tenu d'examiner d'office le caractère abusif d'une clause contractuelle** dès qu'il dispose des éléments de droit et de fait nécessaires à cet effet et que, lorsqu'il considère une telle clause comme étant abusive, il ne l'applique pas, sauf si le consommateur s'y oppose (CJCE, 4 juin 2009, C-243/08, Pannon). L'obligation faite au juge de rechercher d'office le caractère abusif d'une clause a été récemment appliquée par la Cour de cassation en matière de **clause d'indexation** d'un prêt libellé en francs suisses et remboursable en euros. Par un **arrêt du 29 mars 2017, la première chambre civile** retient que le **juge devait rechercher si toute dépréciation de l'euro par rapport au franc suisse** n'avait pas pour conséquence d'augmenter le montant du capital restant dû et, ainsi, la durée d'amortissement du prêt d'un délai maximum de cinq ans, conférant ainsi à la clause un caractère abusif (Cass. 1re civ., 29 mars 2017, n° 15-27231 P). Plus généralement, la Cour de cassation a décidé « que si le juge n'a pas, sauf règles particulières, l'obligation de changer le fondement juridique des demandes, il est tenu, lorsque les faits dont il est saisi le justifient, **de faire application des règles d'ordre public issues du droit de l'Union européenne**, telle la responsabilité du fait des produits défectueux, même si le demandeur ne les a pas invoquées » (**Cass. ch. mixte, 7 juill. 2017**, n° 15-25651). Ainsi, le juge doit d'office rechercher l'application des règles d'ordre public issues de l'Union européenne.

§ 2. Les méthodes de qualification

Les choses vont se compliquer lorsque le contrat conclu par les parties présente des éléments permettant de le rattacher à plusieurs contrats nommés. Le juge est alors face à **un triple choix** : retenir une seule qualification, en procédant à une qualification exclusive (A) ; assigner au contrat plusieurs qualifications, en retenant une qualification distributive (B) ; ne retenir aucune qualification existante, et conclure ainsi à l'existence d'un contrat *sui generis* (C).

A. La qualification exclusive

729. La qualification exclusive consiste à rattacher un contrat à une catégorie juridique unique. Confronté à un contrat qui mêle des éléments de la vente, du bail, du contrat d'entreprise, le juge décide de ne retenir qu'une seule qualification, celle de vente par exemple. Pour ce faire, le juge doit procéder par élimination. Il ne tient pas compte, pour qualifier le contrat, des éléments qui permettraient le rattachement de la convention à d'autres qualifications.
Le critère le plus usuel est celui de la **prestation caractéristique**. Il s'agit de l'obligation principale autour de laquelle s'ordonne l'économie de la convention. Ainsi, le transfert de propriété constitue la prestation caractéristique de la vente, permettant de la distinguer d'autres conventions comme le bail, le prêt ou encore le dépôt, qui n'emportent pas un tel transfert de propriété. Même si dans les deux cas il y a une prestation monétaire, un prix, la prestation caractéristique constituée par le transfert de propriété permet d'éliminer les qualifications de bail, de prêt ou encore de dépôt.
Par ailleurs, lorsqu'un même contractant est soumis à plusieurs obligations, la recherche de la prestation caractéristique s'inscrit dans l'adage *accessorium sequitur principale* : les obligations accessoires s'éclipsent derrière l'obligation principale et se voient soumises au régime du contrat qualifié à l'aune de l'obligation principale.

Exemple

Il a été jugé que le fait pour un médecin de se voir confier provisoirement par son patient un bijou ne donnait pas naissance à un contrat de dépôt distinct (Cass. 1re civ., 22 nov. 1988, n° 87-14588, *Bull. civ.* I, n° 330).

Il ne faut pourtant pas **surestimer le rôle de la prestation caractéristique.**
Tout d'abord, il n'existe pas une seule prestation caractéristique intangible pour chaque type de contrat. C'est bien davantage dans le cadre relatif d'un choix entre deux conventions que le juge sélectionnera telle ou telle prestation. Par exemple, le transfert de propriété est impuissant à distinguer la vente de la donation. Il faudra ici s'appuyer sur l'existence d'une contrepartie monétaire au transfert de propriété pour qualifier le contrat. Le transfert de propriété n'est donc pas systématiquement la prestation caractéristique de la vente.
Ensuite, les obligations accessoires d'un contrat, si elles n'influent pas sur la qualification du contrat, voient leur propre régime défini par inspiration du contrat auxquelles elles se rattachent. Par exemple, les obligations de conservation et de garde qui pèsent sur le médecin ou le coiffeur lorsque des objets leur sont confiés sont définies par inspiration des règles du dépôt, quand bien même la convention n'est pas qualifiée comme telle.
Enfin, il est difficile d'identifier pour tous les contrats une obligation principale qui éclipserait les autres. Ainsi, le contrat de restauration emprunte des éléments à la vente (vente

de nourriture), d'autres au contrat d'entreprise (le service accompli par les serveurs et les cuisiniers). Il apparaît ici illusoire de faire prédominer les uns sur les autres. Face à une telle difficulté, il peut être utile de scruter l'ensemble des prestations du contrat, afin de rechercher leur combinaison, leur articulation. Mais alors, faute de hiérarchisation, on parvient à une absence de qualification du contrat, ou à tout le moins à une qualification distributive.

B. La qualification distributive

730. Ici, le juge ne procède plus par élimination mais par dépeçage. Le contrat est rattaché à **plusieurs qualifications**, de sorte que son régime juridique dépend de plusieurs contrats spéciaux. Par exemple, telle partie du contrat sera qualifiée de vente, telle autre d'entreprise. Le reproche récurrent fait à cette technique est de trahir la volonté des parties, qui ont généralement entendu réaliser une seule et même opération. Mais c'est là confondre le nombre de contrats et le nombre de qualifications. Dire qu'un contrat reçoit deux qualifications différentes, **c'est reconnaître qu'il y a un seul et même accord de volonté, drapé de deux vêtements juridiques différents**. Cette situation est donc à distinguer de celle dans laquelle il y a deux conventions distinctes. Tel est le cas par exemple lorsqu'il y a non pas une convention soumise pour partie aux règles de la vente et pour partie aux règles du contrat d'entreprise, mais un contrat de vente et un contrat d'entreprise distinct. Toutefois, la frontière est en pratique ténue entre les deux situations et elle dépend des circonstances d'espèce : proximité temporelle des deux prestations, existence de plusieurs *instrumentum*...
Malgré ces difficultés, on peut recenser des hypothèses dans lesquelles la jurisprudence a retenu une qualification distributive. Ainsi, en présence d'un **contrat ayant à la fois pour objet le développement de films photographiques et la fourniture de pellicules vierges au client**, donc à la fois un service (entreprise) et un transfert de propriété (vente), la Cour de cassation a considéré que ce contrat présentait pour partie le caractère d'une vente (Cass. 1re civ., 6 juin 1990, n° 88-18150, *Kodak*, *Bull. civ.* I, n° 145 ; l'enjeu de la qualification était que la législation réprimant les clauses abusives dans les rapports entre professionnels et consommateurs ne s'appliquait alors qu'à la vente). Dans la même perspective, la haute juridiction a décidé que **le contrat par lequel un entraîneur hippique s'engageait à entraîner, héberger et donner des soins à un cheval constituait pour partie un contrat d'entreprise et pour partie un contrat de dépôt**, de sorte qu'en cas de blessure au sein de l'écurie et non pendant l'entraînement, il y avait lieu d'appliquer les règles du dépôt (Cass. 1re civ., 3 juill. 2001, n° 99-12859).

C. L'absence de qualification

731. Malgré le pointillisme législatif, cette volonté qu'a la loi de saisir l'ensemble des opérations économiques, il est possible que la pratique donne naissance à une sorte d'OCNI, un objet contractuel non identifié. La convention n'entre dans aucun moule prédéfini par la loi. On est alors en présence d'un contrat *sui generis* (« de son propre genre ») ou *innommé*, en ce qu'il n'entre dans aucun des types définis par la loi. La frontière entre le *sui generis* et l'innommé n'est pas des plus évidentes. On peut toutefois estimer que le contrat *sui generis* est irréductible à une qualification préexistante (par ex., le contrat d'adaptation d'une œuvre), alors que le contrat innommé emprunte des éléments de contrats préexistants sans toutefois se confondre avec eux (par ex. le contrat d'hôtellerie).
Quoi qu'il en soit, l'hypothèse est rare, et ce pour plusieurs raisons. Tout d'abord, l'absence de qualification est exceptionnelle. En effet, les types de contrats prévus par le Code civil,

et notamment le contrat d'entreprise, sont suffisamment larges pour embrasser une multitude d'opérations économiques. L'essor de contrats innommés relève ainsi pour l'essentiel d'un mouvement de spécialisation des contrats spéciaux, comme en témoigne le contrat de transport, déclinaison du contrat d'entreprise (sur lequel, v. *infra*, n° 803 et s.). Ensuite, lorsqu'un contrat naît de la pratique alors qu'il n'existe pas dans les textes, il correspond généralement à un besoin qui transcende celui des parties contractantes. La loi intervient alors pour consacrer la convention et la réglementer. Le contrat *sui generis* devient alors nommé. Il en est ainsi allé du contrat de crédit-bail, né de la pratique contractuelle et irréductible aux types du Code civil, qui a été consacré par une loi de 1966. Enfin, et cela a déjà été souligné, les contrats, même innommés, ne se trouvent pas dans une zone de non-droit : ils sont soumis à la théorie générale du contrat et sont donc soumis à un régime juridique. Ancien contrat innommé, le contrat de **crédit-bail mobilier**, prévu à l'article L. 313-7 du Code monétaire et financier, est un contrat de louage d'un matériel professionnel, qui permet au preneur de jouir immédiatement du bien en contrepartie du paiement d'un loyer, assorti d'une promesse unilatérale de vente (option d'achat), lui donnant le droit d'accéder à la propriété du bien en fin de contrat pour un prix déterminé à l'avance et prenant pour partie en compte les loyers versés (ex. d'une voiture : le preneur paie 300 euros de loyers pendant trois ans et s'acquitte, au terme du crédit-bail, d'un prix de vente minoré des loyers ; cela permet de lisser dans le temps l'investissement). Ce contrat se distingue de la **location financière**, qui ne comporte pas de promesse unilatérale d'achat, en ce qu'elle porte sur des biens marqués d'une obsolescence rapide (ex. du matériel informatique). S'agissant des contrats de location financière, non soumis aux dispositions du Code monétaire et financier, la Cour de cassation a jugé que les contrats concomitants ou successifs qui s'inscrivent dans une opération incluant une location financière sont interdépendants et que sont réputées non écrites les clauses des contrats inconciliables avec cette interdépendance (Cass. ch. mixte, 17 mai 2013, n° 11-22768 et n° 11-22927, *Bull. ch. mixte*, n° 1). Par exemple, sont interdépendants le contrat d'entretien et de fourniture de photocopieurs et le contrat de location financière de ces matériels. Quelle est la sanction d'une telle interdépendance ? La Cour de cassation a finalement jugé que la résiliation de l'un entraîne non pas la résiliation de l'autre, faute d'inexécution contractuelle, mais sa caducité (**Cass. com., 11 juill. 2017**, n° 15-27703 et 15-23552). Cette solution a provoqué un revirement de jurisprudence en matière de crédit-bail mobilier, bien qu'il s'agisse d'une opération distincte. Alors que la résiliation de la vente du matériel entraînait la résiliation du contrat de bail (Cass. ch. mixte, 23 nov. 1990, n° 86-19396, n° 88-16883 et n° 87-17044, *Bull. ch. mixte*, n° 1 et 2), la Cour de cassation, réunie en chambre mixte, a jugé que la résolution du contrat de vente provoque, par voie de conséquence, la **caducité**, à la date d'effet de la résolution, du contrat de crédit-bail (**Cass. ch. mixte, 13 avr. 2018**, n° 16-21345 et 16-21947). Dès lors, les clauses prévues en cas de résiliation du contrat, telles que les clauses de garantie et de renonciation à recours, sont inapplicables. Cette harmonisation de la sanction au profit de la caducité est conforme à la réforme du droit des obligations (C. civ., art. 1186). Elle vient, au passage, nuancer l'intérêt de la qualification (crédit-bail ou location financière), puisque la sanction est commune. Enfin, signalons que par un important arrêt du 26 janvier 2022, la chambre commerciale a jugé que la location financière était soumise à l'article 1171 du Code civil sur le contrat d'adhésion, dès lors qu'elle ne relève pas des dispositions spéciales sur le déséquilibre significatif de l'article L. 442-6 du Code de commerce (devenu art. L. 442-1), lesquelles sont exclusives du droit commun (**Cass. com., 26 janv. 2022, n° 20-16782**).

§ 3. Les résultats de la qualification

732. La qualification du contrat a pour résultat **de rattacher le contrat à un régime juridique**. **Mais cela ne règle pas toutes les difficultés**: en effet, une même catégorie de contrats peut être soumise à **différentes strates de règles**.

Exemple

Prenons l'achat en ligne d'un ordinateur par un consommateur. La qualification est connue, c'est une vente: mais quelles règles faut-il appliquer à la convention: le droit commun des contrats, le droit spécial de la vente, le droit de la consommation (vente à distance)?

La règle de **conflit** est ***specialia generalibus derogant***: la règle spéciale déroge à la règle générale. Cette règle de conflit a été consacrée par la réforme du droit des obligations réalisée par l'ordonnance du 10 février 2016, à l'alinéa 3 de l'article 1105 du Code civil: les règles générales s'appliquent «sous réserve» des règles particulières. Ainsi, en cas de conflit entre une règle générale et une règle spéciale, il y a lieu d'appliquer la règle spéciale. Toutefois, cette éviction n'a lieu **que lorsque les règles sont incompatibles**, c'est-à-dire lorsque leur application cumulative conduit à des résultats contraires.
Ce n'est donc que lorsque ***les règles spéciales dérogent aux règles générales* qu'il convient d'évincer les secondes au profit des premières**. Ainsi, l'admission de la lésion dans la vente immobilière évince la règle générale prévue dans le droit commun des contrats selon laquelle la lésion ne vicie pas les conventions. De même, la prescription de deux ans prévue pour la garantie de conformité met en échec la prescription de droit commun de cinq ans. Dans toutes ces situations, la règle spéciale écarte la règle générale, car les deux règles ne peuvent s'appliquer simultanément. Tout ceci sera étudié en détail dans les différents contrats concernés.
Lorsqu'en revanche la **règle spéciale *s'ajoute* à la règle générale**, il y a lieu d'appliquer les deux règles.

Exemple

L'application des règles sur les ventes à distance du droit de la consommation ne prive pas le consommateur du droit d'invoquer l'absence de détermination du prix (C. civ., art. 1591, droit civil de la vente) ou encore l'existence d'un dol (C. civ., art. 1137, droit commun des contrats), car cela renforce la protection du consommateur voulue par la loi spéciale.

733 à 739. Réservés.

LEÇON 2

LA FORMATION DE LA VENTE

Textes

Articles 1582 et suivants du Code civil

740. **L'article 1582** du Code civil dispose que « la vente est une convention par laquelle l'un s'oblige à livrer une chose, et l'autre à la payer ». La rédaction est imparfaite, dès lors que la livraison d'une chose, du moins dans son acception matérielle, n'est pas de l'essence de la vente (bail, transport...). On peut donc définir la vente comme un contrat **par lequel une partie transfère à une autre la propriété d'une chose, contre le paiement d'un prix.**
L'existence d'un transfert de propriété d'une chose permet de distinguer la vente des contrats portant sur une chose mais non translatifs de propriété : **bail**, **prêt** (v. toutefois *infra*, n° 898 pour le prêt de consommation).
L'existence d'une contrepartie monétaire permet de distinguer la vente de la **donation** (pas de contrepartie), et de l'**échange**. Quelques mots s'imposent sur ce contrat qui est proche de la vente.
L'échange est un contrat par lequel les parties se transfèrent réciproquement la propriété d'une chose (C. civ., art. 1702). Il y a donc un double transfert de propriété (ex. : échange de parcelles) : lorsque les biens sont de valeur différente, il est d'usage que celui qui transfère la chose de moindre valeur s'acquitte du paiement d'une soulte, c'est-à-dire d'une somme d'argent. L'opération doit alors être requalifiée en vente lorsque la soulte dépasse substantiellement la valeur du bien (Cass. 3e civ., 15 mars 1977, n° 75-14664, *Bull. civ.* III, n° 120). Pour autant, une telle requalification n'est pas d'un grand intérêt, dès lors que l'échange est, pour l'essentiel, soumis aux règles de la vente (C. civ., art. 1707). Il existe toutefois des différences : notamment, la lésion n'est pas admise (C. civ., art. 1706), alors qu'elle l'est dans la vente immobilière (v. *infra*, n° 755).
Après cette incursion sur l'échange, revenons à la vente. C'est le modèle des contrats spéciaux, celui qui est le plus réglementé, et le plus quotidiennement pratiqué.
S'agissant de sa formation, il convient d'envisager successivement la conclusion de la vente (section 1) et la validité de la vente (section 2).

Section 1
La conclusion de la vente

741. La vente est par principe un **contrat consensuel**, formé par le simple échange des consentements. **L'article 1583** du Code civil dispose qu'« elle est parfaite entre les parties, et la propriété est acquise de droit à l'acheteur à l'égard du vendeur, dès qu'on est convenu de la chose et du prix, quoique la chose n'ait pas encore été livrée ni le prix payé ». Il existe toutefois des exceptions. Parfois, une forme est nécessaire, comme dans la vente d'immeuble à construire dans le secteur protégé (exigence d'un écrit, CCH, art. L. 261-10). Parfois, la chose doit être goûtée et agréée par l'acheteur. Ainsi, **l'article 1587** prévoit qu'« à l'égard du vin, de l'huile, et des autres choses que l'on est dans l'usage de goûter avant de faire l'achat, il n'y a point de vente tant que l'acheteur ne les pas goûtées et agréées ». C'est ce que l'on appelle la vente à l'agréage, qui a un domaine limité par l'usage : on ne saurait donc exiger de goûter une bouteille de vin dans un supermarché avant de l'acheter, car tel n'est pas l'usage... Dans l'immense majorité des cas, la vente se forme toutefois par l'accord sur la chose et sur le prix, sans aucune formalité particulière. Cet accord sur la chose et le prix se réalise généralement en un trait de temps, par la rencontre quasi-simultanée entre une offre et une acceptation. Toutefois, il advient que la conclusion de la vente soit retardée par la **conclusion d'un avant-contrat** (§ 1). En outre, le législateur et la jurisprudence n'ont de cesse de **protéger le consentement de l'acquéreur**, en lui permettant notamment de revenir en arrière sur son engagement, par l'effet d'un droit de rétractation (§ 2).

§ 1. Les avant-contrats

Il convient d'envisager brièvement la promesse unilatérale (A), la promesse synallagmatique de vente (B) et le pacte de préférence (C).

A. La promesse unilatérale

Qu'est-ce qu'une promesse unilatérale ?

742. Le nouvel **article 1124 du Code civil** la définit de la façon suivante : « contrat par lequel une partie, le promettant, accorde à l'autre, le bénéficiaire, le droit d'opter pour la conclusion d'un contrat dont les éléments essentiels sont déterminés, et pour la formation duquel ne manque que le consentement du bénéficiaire ». S'agissant du contrat qui nous occupe, il peut s'agir d'une promesse unilatérale de **vente**, fréquente en matière immobilière, ou d'une promesse unilatérale **d'achat**, que l'on rencontre fréquemment dans les ventes de parts sociales ou d'actions (promesses croisées dans les pactes d'actionnaires).
Ce contrat est **unilatéral**, en ce sens que si le promettant s'engage à conclure le contrat (vendre ou acheter), le bénéficiaire ne souscrit pas d'engagement réciproque, dans la mesure où il dispose d'une option. Mais il n'est pas gratuit pour autant : ainsi, il est fréquent que dans les promesses unilatérales de vente soit stipulée une **indemnité d'immobilisation**. C'est donc un contrat unilatéral mais onéreux. Cette indemnité correspond généralement à une fraction du prix, de l'ordre de 5 à 10 %, qui s'imputera sur le prix en cas de conclusion du contrat ou qui sera conservée en cas de non-levée de l'option. Elle ne peut être révisée par le juge, dès lors qu'il ne s'agit pas d'une clause pénale, mais de la rémunération d'un

service (exclusivité sur la conclusion du contrat pendant la durée de l'option : Cass. 1re civ., 5 déc. 1995, n° 93-19874, *Bull. civ.* I, n° 452).
Pour des raisons fiscales, **l'article 1589-2** du Code civil impose **l'enregistrement, à peine de nullité**, de la promesse unilatérale de vente afférente à un **immeuble, à un droit immobilier, à un droit au bail portant sur tout ou partie d'un immeuble, ainsi qu'aux titres de certaines sociétés** (sociétés ayant pour objet la construction, l'acquisition ou la gestion d'immeubles à diviser...).

Quelle sanction en cas de violation de la promesse unilatérale ?

743. Nous serons brefs sur ce point, dans la mesure où la réforme du droit des obligations a mis fin à cette lancinante question : remettant en cause la célèbre jurisprudence *Consorts Cruz* du 15 décembre 1993, l'article 1124 alinéa 2 du Code civil dispose que « *la révocation de la promesse pendant le temps laissé au bénéficiaire pour opter n'empêche pas la formation du contrat promis* ». Ainsi, la rétractation de la promesse avant la levée de l'option par le bénéficiaire n'empêche pas la formation de la vente, ce qui renforce l'efficacité de cet avant-contrat. Le bénéficiaire de la promesse qui lève l'option dans le délai pourra obtenir en justice la transcription de la vente. En outre, l'alinéa 3 précise que « le contrat conclu en violation de la promesse unilatérale avec un tiers qui en connaissait l'existence est nul ». Par un arrêt du 17 octobre 2019, la Cour de cassation a refusé de transmettre une QPC qui faisait valoir que le nouvel article 1124 du Code civil était contraire à la liberté contractuelle, garantie par l'article 4 de la DDHC, et au droit de propriété, garanti par les articles 2 et 17 (**Cass. 3e civ., 17 oct. 2019,** n° 19-40028). La Cour estime que la question ne présente pas de caractère sérieux, dès lors que, selon l'article 1124, alinéa 1er, du Code civil, dans une promesse unilatérale de vente, le promettant donne son consentement à un contrat dont les éléments essentiels sont déterminés et pour la formation duquel ne manque que le consentement du bénéficiaire. Le consentement du promettant ayant d'ores et déjà été donné sur les éléments essentiels du contrat, la formation du contrat promis malgré la révocation de la promesse pendant le temps laissé au bénéficiaire pour opter ne porte pas atteinte à la liberté contractuelle et ne constitue pas une privation du droit de propriété.

FOCUS

La promesse unilatérale : double remise en cause de la jurisprudence *Consorts Cruz*

Cinq ans après l'entrée en vigueur de la réforme du droit des obligations, la Cour de cassation a effectué un revirement de jurisprudence sur la question de la rétractation de la PUV par le promettant avant la levée de l'option, qui n'était, sous l'empire du droit antérieur, sanctionnée que par des dommages-intérêts en vertu de la célèbre jurisprudence Consorts Cruz. Ainsi, par un premier arrêt du 23 juin 2021, la Cour énonce qu'« il convient dès lors d'apprécier différemment la portée juridique de l'engagement du promettant signataire d'une promesse unilatérale de vente et de retenir qu'il s'oblige définitivement à vendre dès la conclusion de l'avant-contrat, sans possibilité de rétractation, sauf stipulation contraire » (**Cass. 3e civ., 23 juin 2021**, n° 20-17554). Si la solution était attendue, sa justification laisse à désirer, dès lors que la troisième chambre se fonde principalement sur la qualification de l'engagement du promettant en obligation de faire, considérant que cette obligation peut, malgré les termes exprès de l'ancien article 1142 du Code civil (« toute obligation de faire ou de ne pas faire se résout en dommages-intérêts»), donner lieu à exécution forcée. Une telle motivation est critiquable, dès lors que le promettant, en consentant à la vente, ne s'engage pas à faire quelque chose: la perfection du contrat ne dépend plus de lui, mais seulement de la levée de l'option par le bénéficiaire. C'est pourquoi, par un arrêt du 20 octobre 2021, la troisième chambre reprend la solution nouvelle, mais sans faire référence à l'article 1142 du Code civil (Cass. 3e civ., 20 oct. 2021, n° 20-18514). L'exécution forcée de la promesse repose exclusivement sur la force obligatoire du contrat posé par l'article 1134 du Code civil, et c'est très bien ainsi. Notons enfin que dans ses deux décisions, la Cour de cassation ménage à juste titre la volonté contraire. Ainsi, les parties peuvent prévoir une faculté de rétractation au bénéfice du promettant, dont on peut penser, sauf à nier la valeur contractuelle de l'engagement, qu'elle ne devra pas être gratuite. Une telle place laissée à la liberté contractuelle vient nuancer les critiques faites à l'encontre de la règle nouvelle sur le terrain des droits fondamentaux (M. Fabre-Magnan, «De l'inconstitutionnalité de l'exécution forcée des promesses unilatérales de vente», *D.* 2015, p. 826.) et s'inscrit en harmonie avec la réforme du droit des contrats, dont on sait qu'elle est pour l'essentiel supplétive de volonté. L'unification temporelle du droit des contrats est donc réalisée: que la promesse ait été conclue avant ou après le 1er octobre 2016, elle est désormais dotée de la même efficacité.

B. La promesse synallagmatique de vente

744. La promesse synallagmatique a été oubliée par la réforme du droit des obligations. Mais il existe, en matière de vente, un texte, **l'article 1589**: «la promesse de vente vaut vente, s'il y a consentement réciproque des deux parties sur la chose et sur le prix».

Le recours aux promesses synallagmatiques de vente est fréquent en matière immobilière. Les parties échangent leur consentement sur l'accord et sur le prix. Mais elles décident de reporter la conclusion définitive de l'acte de vente (qui prend la forme d'une «réitération de la vente par acte authentique»), parce que celle-ci dépend généralement d'une condition suspensive: l'obtention d'un prêt, d'une autorisation administrative... Pour autant, le consentement à la vente est définitivement donné: dès lors que les conditions sont réalisées, lesquelles ne dépendent pas de leur volonté, l'acte authentique de vente devra être conclu, à peine d'exécution forcée. Dans ce cas, l'expiration du délai fixé pour la réitération de la vente par acte authentique ouvre le droit, pour chacune des parties, soit d'agir en exécution forcée de la vente, soit d'en demander la résolution et l'indemnisation de son préjudice. Par un arrêt du 1er octobre 2020, la Cour de cassation a précisé que le point de départ de la prescription est la connaissance, par la partie titulaire de ce droit, du refus de son cocontractant d'exécuter son obligation principale de signer l'acte authentique de vente (Cass. 3e civ., 1er oct. 2020, n° 19-16561). Par application de l'article 2224 du Code civil, le point de départ n'est donc pas nécessairement le lendemain du jour fixé pour la signature de l'acte authentique: tout dépend de la connaissance, par le demandeur, du refus du bénéficiaire de réitérer la vente.

La règle de l'article 1589 du Code civil n'est **toutefois pas d'ordre public**: ainsi, les parties peuvent faire de la **réitération de leur promesse par acte authentique** un élément constitutif de leur consentement. Dans ce cas, aucune demande en réalisation forcée de la promesse ne peut aboutir (Cass. 3e civ., 20 déc. 1994, n° 92-20878, *Bull. civ.* III, n° 229). L'hypothèse est assez rare en pratique: l'acte n'est alors plus une véritable promesse synallagmatique, faute d'engagement ferme et définitif de vendre et d'acheter.

FOCUS

La promesse synallagmatique

Par un arrêt du 30 janvier 2020, la Cour de cassation considère que doit être annulée la donation d'un bien qui avait auparavant fait l'objet, au profit d'un tiers, d'une promesse synallagmatique (**Cass. 3e civ., 30 janv. 2020**, n° 18-25381). Pour ce faire, la Cour énonce que la promesse synallagmatique de vente n'était pas assortie de condition lui faisant encourir la caducité, que les parties n'avaient pas entendu la dénoncer et qu'aucun délai n'avait été convenu pour la régularisation de l'acte authentique. Dès lors que le promettant était toujours lié par cette promesse, la donation était nulle, car passée en méconnaissance de la vente convenue et en fraude des droits de l'acquéreur. La solution est d'autant plus notable que le bien objet de la promesse était frappé d'une clause d'inaliénabilité. Il est donc possible de consentir une promesse de vente sur un bien déclaré inaliénable. Simplement, cette promesse ne pourra être réitérée par un acte de vente emportant transfert de propriété qu'à partir du moment où l'inaliénabilité est levée (terme expiré, levée judiciaire ou encore décès des donateurs comme en l'espèce). V. sur les clauses d'inaliénabilité, *supra*, n° 112.

C. Le pacte de préférence

Qu'est-ce que le pacte de préférence ?

745. Comme la promesse unilatérale, le pacte de préférence a fait son entrée dans le Code civil, à la faveur de la réforme du droit des obligations. Ainsi, le nouvel **article 1123** dispose que « le pacte de préférence est le contrat par lequel une partie s'engage à proposer prioritairement à son bénéficiaire de traiter avec lui pour le cas où elle déciderait de contracter ». Appliqué à la vente, il s'agit du contrat par lequel une partie s'engage à proposer en priorité à un bénéficiaire de lui vendre son bien. Dans ce cadre, **le prix n'a pas à être déterminé**, dans la mesure où il n'est même pas certain que le contrat sera conclu (Cass. 1re civ., 6 juin 2001, n° 98-20673, *Bull. civ.* I, n° 166).
Une question importante s'est posée en jurisprudence s'agissant de la durée du pacte de préférence : lorsque cette durée est longue, n'y a-t-il pas là une atteinte au droit de propriété du propriétaire qui est durablement privé du choix de son cocontractant ? Par un arrêt du 23 septembre 2009 (n° 08-18187), la Cour de cassation a jugé qu'aucune atteinte n'était à déplorer en présence d'une durée de vingt ans, dès lors que cette durée était justifiée par un intérêt légitime (lutte contre la spéculation dans le cadre d'un dispositif d'accès à la propriété). Dès lors, la Cour de cassation semble laisser la porte ouverte à une possible invocation d'une violation du droit de propriété, en l'absence d'intérêt légitime, spécialement lorsque le prix est d'ores et déjà fixé dans le pacte, ce qui est possible.

Quelle sanction en cas de violation du pacte de préférence ?

746. La réforme a clarifié le revirement de jurisprudence effectué il y a dix ans par la Cour de cassation (Cass. ch. mixte, 26 mai 2006, n° 03-19376, *Bull. civ.* n° 4, qui a remis en cause la solution ancienne selon laquelle seuls des dommages-intérêts pouvaient être obtenus). Ainsi, l'alinéa 2 de l'article 1123 du Code civil dispose que « lorsqu'un contrat est conclu avec

un tiers en violation d'un pacte de préférence, le bénéficiaire peut obtenir la réparation du préjudice subi. Lorsque le tiers connaissait l'existence du pacte et l'intention du bénéficiaire de s'en prévaloir, ce dernier peut également agir en nullité ou demander au juge de le substituer au tiers dans le contrat conclu». Dans son arrêt de 2006, la Cour de cassation visait la nullité «et» la substitution, alors que ces deux sanctions sont incompatibles : on ne peut pas être substitué dans les liens d'un contrat qui est nul.
La sanction dépend donc de la bonne foi de la mauvaise foi du tiers. La réforme innove en créant une **action interrogatoire**, qui peut immédiatement être mise en œuvre à compter du 1er octobre 2016, même si le pacte a été conclu avant. Ainsi, le tiers peut demander par écrit au bénéficiaire de confirmer dans un délai qu'il fixe et qui doit être raisonnable, l'existence d'un pacte de préférence et s'il entend s'en prévaloir. L'écrit mentionne qu'à défaut de réponse dans ce délai, le bénéficiaire du pacte ne pourra plus solliciter sa substitution au contrat conclu avec le tiers ou la nullité du contrat (C. civ., art. 1123 al. 3 et 4).
Enfin, signalons que par un arrêt du 6 décembre 2018, la Cour de cassation est venue conférer une portée large à l'engagement du promettant dans le cadre d'un pacte de préférence (**Cass. 3e civ., 6 déc. 2018**, n° 17-23321). En énonçant que «le pacte de préférence implique l'obligation, pour le promettant, de donner préférence au bénéficiaire lorsqu'il décide de vendre le bien», la Cour régulatrice considère que la violation du pacte de préférence est consommée dès l'instant où le promettant s'oblige par une promesse unilatérale à vendre à un tiers le bien considéré. Par suite, même si le contrat de vente n'est pas conclu pendant la durée du pacte de préférence (dix ans), le promettant méconnaît son engagement s'il conclut une promesse unilatérale dans ce délai. Il importe donc peu que la levée de l'option ait lieu après l'expiration du délai. La solution est respectueuse de la force obligatoire du pacte et évite une dissociation artificielle de la conclusion de la vente pour y échapper.

§ 2. La protection du consentement de l'acquéreur

Le consentement de l'acquéreur est protégé de deux manières : par la soumission du vendeur à une obligation d'information (A), et par l'octroi à l'acquéreur d'un droit de rétractation (B).

A. L'information de l'acquéreur

La jurisprudence met non seulement à la charge du vendeur une obligation de renseignement (1), mais également, ce qui est beaucoup plus exigeant, une obligation de conseil (2).

1. L'obligation de renseignement

747. Il s'agit de la délivrance à l'acheteur d'un fait brut : caractéristiques objectives du produit, prix, clauses contractuelles...
Cette obligation est posée par de nombreux **textes spéciaux**. Il en va ainsi en droit de la consommation. L'article **L. 111-1 du Code de la consommation** dispose qu'«avant que le consommateur ne soit lié par un contrat de vente de biens ou de fourniture de services, le professionnel communique au consommateur, de manière lisible et compréhensible, les informations suivantes (...) :
1° Les *caractéristiques essentielles du bien ou du service*, compte tenu du support de communication utilisé et du bien ou service concerné ;
2° Le *prix* du bien ou du service, en application des articles L. 112-1 à L. 112-4 ;

3° En l'absence d'exécution immédiate du contrat, la *date ou le délai auquel le professionnel s'engage à livrer le bien ou à exécuter le service*;
4° Les informations relatives à son *identité*, à ses coordonnées postales, téléphoniques et électroniques et à ses activités, pour autant qu'elles ne ressortent pas du contexte;
5° S'il y a lieu, les informations relatives aux *garanties légales*, aux fonctionnalités du contenu numérique et, le cas échéant, à son interopérabilité, à l'existence et aux modalités de mise en œuvre des garanties et aux autres conditions contractuelles;
6° La possibilité de recourir à un *médiateur* de la consommation dans les conditions prévues au titre Ier du livre VI ».
C'est alors le déséquilibre structurel entre les parties (professionnel/consommateur), qui justifie une telle protection du consentement de l'acquéreur. Mais une telle information peut également résulter de la nature de l'opération. Il en va ainsi, par exemple, en matière de vente immobilière. Le vendeur, **même s'il n'est pas un professionnel**, doit ainsi fournir à l'acquéreur un **dossier de diagnostic technique**, qui comprend des informations sur le risque d'exposition au plomb, la présence de termites, la performance énergétique... (CCH, art. L. 271-4).
En dehors de ces hypothèses spéciales, il existe incontestablement **en droit commun de la vente** une obligation de renseignements à la charge du vendeur sur les caractéristiques essentielles du bien vendu, dans la mesure où il s'agit d'un élément déterminant du consentement de l'acquéreur. Ainsi, il a été jugé que **tout vendeur, même non professionnel, doit informer l'acquéreur sur les caractéristiques du bien** (Cass. 3e civ., 20 mars 1996, n° 94-12704, *Bull. civ.* III, n° 84). Cette solution peut être fondée sur l'article 1615 du Code civil, qui dispose que « l'obligation de délivrer la chose comprend ses accessoires et tout ce qui est destiné à son usage perpétuel », ce qui comprend la délivrance de l'information. Il n'en va autrement que lorsque la compétence professionnelle de l'acheteur lui permet d'apprécier la portée exacte des caractéristiques techniques des biens vendus (Cass. 1re civ., 3 juin 1998, n° 96-16439, *Bull. civ.* I, n° 198).
Avec la **réforme du droit des obligations**, ces solutions jurisprudentielles ont vocation à se maintenir. Ainsi, le nouvel **article 1112-1 du Code civil** dispose que « celle des parties qui connaît une information dont l'importance est déterminante pour le consentement de l'autre doit l'en informer dès lors que, légitimement, cette dernière ignore cette information ou fait confiance à son cocontractant ». Pèse donc sur le vendeur une obligation générale d'information, qui résulte du **droit commun des contrats**, sur les caractéristiques essentielles du bien, dès lors que l'acquéreur les ignore légitimement ou fait confiance à son vendeur pour lui délivrer cette information.

2. L'obligation de conseil

748. L'obligation de conseil impose au vendeur d'informer l'acheteur sur **l'adéquation de la chose vendue** aux **besoins de son acquéreur.** C'est une obligation bien plus exigeante que le simple renseignement, puisqu'il s'agit de mettre en relation les caractéristiques du bien avec les attentes de l'acheteur.
Ce devoir de conseil du vendeur a été généralisé par un arrêt du 28 octobre 2010 rendu par la Cour de cassation (Cass. 1re civ., 28 oct. 2010, n° 09-16913, *Bull. civ.* I, n° 215). La Cour énonce qu'« il incombe au vendeur professionnel de prouver qu'il s'est acquitté de l'obligation de conseil lui imposant de se renseigner sur les besoins de l'acheteur afin d'être en mesure de l'informer quant à l'adéquation de la chose proposée à l'utilisation qui en est prévue » (v. déjà, à propos d'un système de climatisation inadapté, Cass. 1re civ., 30 mai

2006, n° 03-14275, *Bull. civ.* I, n° 280). Ainsi, le vendeur professionnel doit se renseigner sur les besoins de l'acheteur, afin d'être en mesure de l'informer sur l'adéquation de la chose proposée à l'utilisation qui en est prévue. Et il lui appartient de rapporter la preuve de ce qu'il s'est acquitté d'une telle obligation (v. pour une confirmation : Cass. 1re civ., 11 mai 2022, n° 20-22210, à propos de la charge utile d'un camping-car, qui était insuffisante au regard des besoins de l'acquéreur – séjour familial aux États-Unis).
Il existe une **différence de domaine entre l'obligation de renseignements et le devoir de conseil** : alors que la première est potentiellement applicable à tous les vendeurs, qu'ils soient ou non professionnels, le devoir de conseil est réservé aux **vendeurs professionnels.** Il pourra en outre être tenu compte de la compétence professionnelle de l'acheteur pour libérer le vendeur d'un tel devoir.

B. Le droit de rétractation de l'acquéreur

749. Le droit de rétractation permet à l'acquéreur de revenir sur son engagement en se déliant unilatéralement des liens du contrat. C'est une atteinte à la force obligatoire de la promesse donnée. Il doit être distingué du **dédit,** qui est un **mécanisme conventionnel** permettant aux contractants de revenir sur leur engagement, contre le paiement d'une somme d'argent (mais le dédit peut être gratuit). L'hypothèse est prévue par **l'article 1590** du Code civil : celui qui a versé les arrhes peut se délier de son engagement, en les perdant ; *idem* pour celui qui les a reçues, mais en restituant le double (v. reprenant la règle, C. consom., art. L. 214-1). Dans ce cas, aucune offense à la force obligatoire du contrat n'est à déplorer, le mécanisme étant prévu par la convention.
Le droit de rétractation, lui, est un mécanisme **légal** qui s'impose aux contractants et qui ne bénéficie qu'à l'acquéreur. Dès lors, il ne peut être consacré dans toutes les ventes, sauf à vider de substance la force obligatoire de ce contrat. Comme toujours, il bénéficie à l'acquéreur supposé en situation de faiblesse, ce qui ramène en pratique à deux hypothèses : l'acquéreur non professionnel d'un immeuble à usage d'habitation (1) et le consommateur dans les contrats conclus à distance ou hors établissement (2).

1. Le droit de rétractation de l'acquéreur non professionnel d'un immeuble à usage d'habitation

750. Aux termes de **l'article L. 271-1 du Code de la construction et de l'habitation**, « pour tout acte ayant pour objet la construction ou l'acquisition d'un immeuble à usage d'habitation, la souscription de parts donnant vocation à l'attribution en jouissance ou en propriété d'immeubles d'habitation ou la vente d'immeubles à construire ou de location-accession à la propriété immobilière, ***l'acquéreur non professionnel peut se rétracter dans un délai de dix jours*** à compter du lendemain de la première présentation de la lettre lui notifiant l'acte ». Si l'acte de vente est précédé d'une promesse, ce délai de dix jours court à compter de celle-ci (NB : avant la loi *Macron* du 6 août 2015, ce délai était de sept jours).
Il faut savoir qu'une telle **rétractation est définitive**. Ainsi, « rétractation sur rétractation ne vaut ». Il n'est pas possible de revenir sur sa rétractation, même dans le délai légal, pour imposer au vendeur la conclusion du contrat (Cass. 3e civ., 13 févr. 2008, n° 06-20334, *Bull. civ.* III, n° 29). La solution est logique, puisque la rétractation provoque l'anéantissement du contrat : tel un phénix, il ne peut donc renaître de ses cendres.
Il est enfin intéressant d'observer que ce droit de rétractation, qui bénéficie exclusivement à **l'acquéreur non professionnel d'un immeuble à usage d'habitation** (ce qui exclut une

société civile dont l'objet est la gestion immobilière, Cass. 3e civ., 24 oct. 2012, n° 11-18774, *Bull. civ.* III, n° 153), s'impose au **vendeur**, **même non professionnel.** Nous sommes donc en dehors de la logique du droit de la consommation, qui repose sur un déséquilibre structurel entre les parties. Une vente immobilière entre deux particuliers est soumise à ce droit de rétractation.

FOCUS

Le droit de rétractation

Par un arrêt du 5 décembre 2019, la Cour de cassation considère que les parties peuvent conférer contractuellement à un acquéreur professionnel la faculté de rétractation prévue par l'article L. 271-1 du Code de la construction et de l'habitation (**Cass. 3e civ., 5 déc. 2019**, n° 18-24152). Ainsi, bien que l'acquéreur professionnel ne bénéficie pas du droit de rétractation prévu par la loi, il est possible d'instituer conventionnellement à son profit une telle prérogative. Il paraît pertinent de réserver le jeu du nouvel article 1171 du Code civil : insérée dans un contrat d'adhésion, cette clause est de nature à créer un déséquilibre significatif, spécialement si le vendeur ne bénéficie, de son côté, d'aucune possibilité de rétractation. Toutefois, dans les actes rédigés par un notaire, il sera douteux d'appliquer cette disposition, l'acte n'ayant pas été établi par l'une des parties ou son conseil, mais par l'officier public.

2. Le droit de rétractation du consommateur dans les contrats à distance et hors établissement

751. Le dispositif actuel résulte de la loi *Hamon* du 17 mars 2014, qui a transposé sur ce point une directive du 25 octobre 2011 sur les contrats **conclus à distance et hors établissement**. Dans les deux cas, la vente ne s'est pas physiquement conclue dans un lieu habituellement destiné à la vente (site internet, démarchage au domicile de l'acquéreur), ce qui jette un doute sur la qualité du consentement donné par l'acquéreur.
C'est pourquoi l'article L. 221-18 du Code de la consommation prévoit que le consommateur dispose **d'un délai de quatorze jours** pour exercer son droit de rétractation d'un contrat conclu à distance, à la suite d'un démarchage téléphonique ou hors établissement, **sans avoir à motiver sa décision ni à supporter d'autres coûts** que ceux prévus aux articles L. 221-23 à L. 221-25 (coûts de réexpédition des marchandises). En matière de vente, ce délai court à compter de la **réception du bien.** En outre, lorsque les informations relatives au droit de rétractation n'ont pas été fournies au consommateur, le délai de rétractation est prolongé de **douze mois** à compter de l'expiration du délai de rétractation initial.
Ce droit de rétractation s'applique aux contrats à distance et hors établissement, conclus entre un **professionnel** et un **consommateur.**
Rappelons que le **professionnel** est défini, au sens du Code de la consommation, comme « toute personne physique ou morale, publique ou privée, qui agit à des fins entrant dans le cadre de son activité commerciale, industrielle, artisanale, libérale ou agricole, y compris lorsqu'elle agit au nom ou pour le compte d'un autre professionnel » (C. consom., art. liminaire).
Le **consommateur est** « toute **personne physique** qui agit à des fins qui n'entrent pas dans le cadre de son activité commerciale, industrielle, artisanale, libérale ou agricole » (C. consom., art. liminaire).

Section 2
La validité du contrat

Nous ne reviendrons pas sur les conditions générales de validité exigées pour tous les contrats : consentement (existence et intégrité), capacité et contenu. Il s'agit seulement d'étudier spécifiquement les conditions particulières posées par le droit des contrats spéciaux.
La vente se définissant comme le transfert de la propriété d'une chose contre le paiement d'un prix, il n'est pas surprenant que les conditions de validité portent sur le prix (§ 1) et la chose (§ 2).

§ 1. Les conditions relatives au prix

Le Code civil pose pour toutes les ventes des exigences relatives à la détermination du prix et à son caractère sérieux (A). Il ne contrôle en revanche la justice du prix que dans la vente immobilière (B).

A. La détermination et l'absence de vileté du prix

Il convient d'envisager tour à tour l'exigence de détermination (1), l'absence de vileté du prix (2) et la sanction de ces deux conditions (3).

1. L'exigence de détermination du prix

752. Aux termes de l'article **1591 du Code civil,** « le prix de la vente doit être déterminé et désigné par les parties ».
Avant la réforme du droit des obligations réalisée par l'ordonnance du 10 février 2016, la solution était dérogatoire au droit commun, dans la mesure où la Cour de cassation avait retenu que, sous réserve de règles particulières, la détermination du prix n'était plus une condition de validité du contrat (Cass. ass. plén., 1er déc. 1995, 4 arrêts, n° 91-15578, n° 91-15999, n° 91-19653, n° 93-13688, *Bull. ass. plén.*, n° 7, 8 et 9). Avec la réforme du droit des obligations, la vente revient dans le giron du droit commun, dès lors que la détermination unilatérale du contrat en cours d'exécution n'est possible que pour les contrats-cadre et les contrats de prestation de service (C. civ., art. 1164 et 1165). La vente conclue en application d'un contrat-cadre est donc, **par exception**, soustraite aux exigences de l'article 1591 du Code civil.
En dehors de cette hypothèse particulière, la détermination du prix est une condition de validité de la vente. Toutefois, il faut savoir que l'article 1591 a été assoupli par la jurisprudence : alors que le texte fait référence à un prix déterminé, il est possible que le prix soit seulement déterminable. En tout état de cause, l'article 1592 du Code permet que le prix soit déterminé par un tiers.

- **Prix déterminé par les parties** : il en va ainsi lorsque le prix est **chiffré par les parties dans le contrat**. Cette solution est la plus simple et sa mise en œuvre ne suscite guère de difficultés, sauf à rappeler que, lorsque ce prix déterminé a été indexé par les parties, la **clause d'indexation** doit être claire et répondre aux exigences du Code monétaire et financier (C. mon. fin., art. L. 112-2 : nécessité d'un rapport direct entre l'indice retenu et l'objet de la convention). À cet égard, la réforme du droit des obligations précise que si l'indice n'existe pas ou n'existe plus, il est remplacé par l'indice qui s'en rapproche le plus (C. civ., art. 1167).

- **Prix déterminable par le contrat**: cet assouplissement est le fruit d'un arrêt de la Chambre des requêtes du 7 janvier 1925. Le prix est déterminable lorsqu'il pourra être ultérieurement fixé à partir des éléments posés par les contractants dans le contrat de vente.
  Plusieurs conditions sont requises:
  - le mode de calcul doit être indépendant de la volonté ultérieure des parties;
  - le prix doit pouvoir être déterminé en fonction d'éléments objectifs, extérieurs aux parties;
  - il ne doit pas nécessiter d'accords ultérieurs des parties.

  Si ces conditions ne sont pas remplies, le juge ne peut pas se substituer aux parties et déterminer en leur lieu et place le prix: il ne peut que prononcer la nullité du contrat (Cass. 1re civ., 24 févr. 1998, n° 96-13414, *Bull. civ.* I, n° 81).

- **Prix déterminé par un tiers**: l'article 1592 du Code civil dispose que le prix peut cependant «être laissé à l'arbitrage d'un tiers: si le tiers ne veut ou ne peut faire l'estimation, il n'y a point de vente». Le terme d'arbitre est malencontreux, car le tiers ne tranche pas un litige. Il s'agit plutôt d'un **mandataire commun**, chargé d'une mission: procéder à l'évaluation de la chose.
  Là encore, plusieurs remarques doivent être faites:
  - la **désignation du tiers doit être prévue par le contrat**: ainsi, le juge ne peut se substituer aux parties et désigner un expert pour déterminer le prix. Le juge ne peut intervenir que s'il est prévu dans le contrat une désignation de l'expert par le juge (Cass. com., 26 juin 1990, n° 88-14444, *Bull. civ.* IV, n° 97);
  - le tiers doit être **indépendant** à l'égard des deux parties (Cass. 1re civ., 2 déc. 1997, n° 95-19791, *Bull. civ.* I, n° 334);
  - si des méthodes d'évaluation ont été prévues par la convention (prise en compte du chiffre d'affaires sur les trois derniers exercices par ex. pour une cession de droits sociaux), **ces méthodes s'imposent au tiers**;
  - le prix fixé par le tiers **s'impose aux parties, sauf erreur grossière** (Cass. com., 4 févr. 2004, n° 01-13516, *Bull. civ.* IV, n° 23, qui précise que cette erreur grossière n'est pas la condition de sa responsabilité, qui obéit aux règles du mandat: une faute, même légère, suffit: v. *infra*, n° 847).

Enfin, il faut savoir que l'article 1592 du Code civil posait un problème d'articulation avec les dispositions de l'article **1843-4 du Code civil**, relatif à la **cession de droits sociaux**. Ce texte prévoit la désignation d'un expert par les parties ou par le juge en cas de défaut d'accord des parties sur le prix. Or, la jurisprudence estimait que non seulement ce texte s'appliquait à toutes les cessions de droits sociaux, même librement consenties par les parties, mais qu'en outre l'expert n'était pas lié par les méthodes d'évaluation fixées par la convention (Cass. com., 5 mai 2009, n° 08-17465, *Bull. civ.* IV, n° 61). Cette jurisprudence, très critiquée par la doctrine en ce qu'elle faisait litière de la force obligatoire du contrat, a été remise en cause par **une ordonnance du 31 juillet 2014**.

L'ordonnance a remis de l'ordre à deux égards :
- d'une part, l'article 1843-4 du Code civil ne s'applique qu'aux **cessions de droits sociaux prévues par la loi ou les statuts** (ex. : rachat des parts d'un associé en cas de refus d'agrément du cessionnaire). Il ne s'applique plus aux cessions librement consenties dans le cadre d'un acte extrastatutaire : celles-ci relèvent désormais de l'article 1592 ;
- d'autre part, l'article 1843-4 du Code civil prévoit désormais **que l'expert est lié**, lorsqu'elles existent, par les règles et modalités de détermination de la valeur des droits prévues par les statuts ou par toute convention liant les parties.

Ce faisant, il est mis fin à la dualité de régimes entre l'article 1843-4 et l'article 1592 du Code civil.

2. L'absence de vileté du prix

753. La jurisprudence considère de manière classique qu'une vente dépourvue de prix réel et sérieux doit être annulée (Cass. req., 3 mai 1922). La solution repose sur l'idée de cause : l'engagement du vendeur est dépourvu de contrepartie réelle, dès lors que le prix est **dérisoire.** La **réforme du droit des obligations** réalisée par l'ordonnance du 10 février 2016 consacre, tout en supprimant la cause, cette solution. Ainsi, le nouvel **article 1169** dispose qu'« un contrat à titre onéreux est nul lorsque, au moment de sa formation, la contrepartie convenue au profit de celui qui s'engage est illusoire ou dérisoire ».

Il faut toutefois se garder de tout systématisme. La vente d'un bien de valeur pour un prix d'un euro n'est pas nécessairement nulle, dès lors que pèsent sur l'acquéreur d'autres contreparties. Il a ainsi été jugé qu'était valable la vente d'un terrain pour le prix symbolique de 1 franc, lorsqu'elle était englobée dans un ensemble contractuel plus vaste formant un tout indivisible et procurant au vendeur un avantage réel (Cass. 3e civ., 3 mars 1993, n° 91-15613, *Bull. civ.* III, n° 28).

3. La sanction de l'indétermination et de la vileté du prix

754. La vente assortie d'un prix indéterminé ou vil est-elle frappée **d'une nullité absolue ou d'une nullité relative** ? Même si la question n'a plus vraiment d'intérêt sous l'angle de la prescription depuis la réforme du 17 juin 2008 (cinq ans dans tous les cas), elle conserve néanmoins une importance sur le terrain de la confirmation (réservée à la nullité relative) et des personnes pouvant agir en nullité. Au cours des dernières années, cette question a divisé les chambres civiles et la chambre commerciale de la Cour de cassation. Pour les chambres civiles, la nullité était relative (Cass. 3e civ., 24 oct. 2012, n° 11-21980 ; Cass. 1re civ., 29 sept. 2004, n° 03-10766, *Bull. civ.* I, n° 216) parce qu'était en cause la protection d'un intérêt privé. La chambre commerciale, de son côté, considérait que faisait défaut un élément essentiel du contrat, de sorte que la nullité absolue était encourue (Cass. com., 23 oct. 2007, n° 06-13979, *Bull. civ.* IV, n° 226).

Ce débat a pris fin avec le ralliement de la chambre commerciale à la position des chambres civiles. Par un arrêt du **22 mars 2016**, la Cour a jugé que l'action en nullité de cessions de parts conclues pour un prix indéterminé ou vil ne tendant qu'à la protection des intérêts privés des cédants, elle relève du régime des actions en **nullité relative** (Cass. com., 22 mars 2016, n° 14-14218 P). Il faut y voir l'influence de la réforme du droit des obligations qui, bien que non applicable en l'espèce, a consacré le critère moderne des nullités fondé sur l'intérêt transgressé par le contrat. Il est vrai que l'exigence de détermination et d'absence de vileté du prix n'affecte pas l'intérêt général. La Cour de cassation a en outre précisé que la suspension de la prescription entre époux, prévue par l'ancien article 2253 du Code civil (désormais art. 2236), était applicable à l'action en nullité pour vileté du prix d'une cession de parts sociales entre époux (Cass. 3e civ., 30 nov. 2017, n° 15-22861). La paix des ménages est traditionnellement invoquée pour justifier la règle (pas d'action en justice l'un contre l'autre pendant le mariage), mais il n'est pas certain qu'il soit opportun de régler des comptes forts anciens devant un tribunal.

B. Le contrôle exceptionnel de la lésion

755. La lésion peut être définie comme **le déséquilibre entre les prestations des parties au moment de la conclusion du contrat.** Tel est le cas, par exemple, lorsque A vend à B une chose d'une valeur de 2000 euros pour un prix de 600 euros. Par principe, la lésion n'est pas admise en droit français. Il faut y voir le jeu de la liberté contractuelle qui commande, sauf vice du consentement, de laisser libre cours à la volonté des contractants pour fixer le juste prix d'une chose. Ainsi, **l'article 1168** du Code civil dispose que « dans les contrats synallagmatiques, le défaut d'équivalence des prestations n'est pas une cause de nullité du contrat, à moins que la loi n'en dispose autrement ».
En matière de vente, le Code civil prévoit une **dérogation** pour la **vente immobilière**. D'après **l'article 1674** du Code civil, « si le vendeur a été lésé de plus de sept douzièmes dans le prix d'un immeuble, il a le droit de demander la rescision de la vente, quand même il aurait expressément renoncé dans le contrat à la faculté de demander cette rescision, et qu'il aurait déclaré donner la plus-value ». En dehors du Code civil, il existe d'autres exceptions (par ex. pour les cessions d'un droit d'auteur).
Si l'on se concentre sur le Code civil, il convient d'envisager le domaine (1) et le régime (2) de cette lésion.

1. Le domaine de la lésion

756. La lésion ne concerne **que les ventes immobilières,** ce qui exclut les ventes mobilières (v. par ex. pour la cession des parts sociales d'une SCI, exclusion de la lésion : Cass. 3e civ., 9 avr. 1970, n° 68-13956, *Bull. civ.* III, n° 234 ; v. encore, pour l'exclusion de la cession d'un office notarial : Cass. 1re civ., 7 déc. 2004, n° 01-10271, *Bull. civ.* I, n° 307).
La lésion **ne concerne pas toutes les ventes immobilières** :

- les **ventes aléatoires** sont exclues, car l'aléa chasse la lésion (par ex., vente contre le paiement d'une rente viagère : Cass. 3e civ., 4 juill. 2007, n° 06-13275, *Bull. civ.* III, n° 124) ;
- les **ventes judiciaires** sont exclues, car elles sont placées sous le contrôle du juge (C. civ., art. 1684).

La lésion ne profite **qu'au vendeur** (C. civ., art. 1683). Les rédacteurs du Code civil ont estimé que le vendeur devait être protégé, dans la mesure où il pouvait être contraint de vendre son bien pour un besoin d'argent, et consentir ainsi un prix trop faible. L'acquéreur, lui, n'est pas contraint d'acheter.

Il faut enfin savoir que le vendeur ne peut pas contourner les conditions strictes de la lésion en se fondant sur le droit commun et notamment le dol, dès lors que le nouvel article 1137 du Code civil, issu de la loi de ratification du 20 avril 2018, prévoit que « ne constitue pas un dol le fait pour une partie de ne pas révéler à son cocontractant son estimation de la valeur de la prestation ». La règle, qui n'est formellement applicable qu'à compter du 1er octobre

2018, est un retour à la célèbre jurisprudence Baldus, selon laquelle aucune obligation d'information sur la valeur du bien ne pèse sur l'acheteur (Cass. 1re civ., 3 mai 2000, n° 98-11381).

2. Le régime de la lésion

757. *Quelle est la mesure de la lésion ?*
L'article 1674 du Code civil exige une lésion **de plus des 7/12e** : par exemple, un bien dont la valeur est de 1 200 000 euros est vendu pour un prix de 400 000 euros. La lésion sera admise, car le vendeur a en l'espèce été lésé de 8/12e (800 000 euros).

Quel est le délai pour agir ?

Parce que l'action menace la sécurité juridique de la vente, le délai est court : il s'agit d'un **délai préfix de deux ans, qui court à compter de la conclusion de la vente** (C. civ., art. 1676). Ainsi, ce délai n'est pas susceptible d'interruption ou de suspension. En cas de promesse unilatérale de vente, il court à compter de la levée de l'option ; en cas de promesse synallagmatique de vente, au jour où la promesse vaut vente.

Quelle est la sanction de la lésion ?

Dès lors que l'action du vendeur est admise, l'article 1681 du Code civil ouvre une **option à l'acheteur** :

- la **rescision du contrat** (forme de nullité relative) : l'acheteur devra restituer l'immeuble, et le vendeur devra lui restituer le prix ;
- le **rachat de la lésion** : l'acheteur paiera dans ce cas un complément de prix, sous déduction d'1/10e de la valeur du bien, afin qu'il conserve un avantage (cela l'incite à ne pas demander systématiquement la rescision). Cette option n'est ouverte qu'à l'acquéreur : le vendeur, lui, peut seulement obtenir la rescision (Cass. 3e civ., 6 juin 2007, n° 06-14773, *Bull. civ.* III, n° 102). En vertu de l'article 30-5° du décret n° 55-22 du 4 janvier 1955 relatif à la publicité foncière, combiné à l'article 28 du décret, les demandes tendant à faire prononcer la résolution, la révocation, l'annulation ou la rescision de droits résultants d'un acte de vente immobilière ne sont recevables devant les tribunaux que si elles ont été elles-mêmes publiées ou s'il est justifié de cette publication par un certificat du service chargé de la publicité foncière ou la production d'une copie de la demande revêtue de la mention de publicité. Une telle exigence n'est-elle pas une restriction au droit d'accès au juge protégé par l'article 6 de la Convention européenne des droits de l'homme ? La Cour de cassation répond par la négative (**Cass. 3e civ., 22 juin 2017**, n° 16-13651), en énonçant que l'obligation de publier l'assignation ne porte pas atteinte à la substance même du droit d'accès au juge dont elle encadre les conditions d'exercice dans le but légitime d'informer les tiers et d'assurer la sécurité juridique des mutations immobilières ; que cette formalité pouvant être régularisée à tout moment jusqu'à ce que le juge statue, il ne résulte pas de la sanction de son omission une disproportion dans la considération des intérêts respectifs.

Actualité sur l'option de l'acquéreur en cas de lésion

Par un arrêt du 5 janvier 2022, la troisième chambre civile a précisé que l'exercice de l'option prévue par l'article 1681 du Code civil, qui n'appartient qu'à l'acquéreur, doit être exercé dans le délai prévu par la décision ayant admis la lésion, ou, à défaut, dans un délai raisonnable (**Cass. 3e civ. 5 févr. 2022**, n° 20-18918). Ainsi, lorsque la décision qui constate la lésion n'a pas imparti de délai à l'acquéreur pour opter entre la rescision et le rachat de la lésion, celui-ci doit respecter un délai raisonnable, qui est apprécié souverainement par les juges du fond. Il est dès lors préférable, pour éviter toute incertitude sur le caractère raisonnable du délai, que le juge fixe, en amont, le délai dans lequel l'option doit être exercée.

§ 2. Les conditions relatives à la chose

Pour que la vente soit valable, la chose vendue doit présenter certaines conditions matérielles, qui sont relatives à sa nature (A), et certaines conditions juridiques, qui concernent les droits dont elle fait l'objet (B).

A. Les conditions matérielles de la chose

La chose doit exister (1) et faire l'objet d'une détermination par les parties (2).

1. L'existence de la chose

L'existence de la chose nous ramène à deux hypothèses : la vente de la chose future (a) et la vente de la chose périe (b). Dans le premier cas, la chose n'existe pas encore ; dans le second, elle n'existe plus.

a. La vente de la chose future

758. La vente peut parfaitement porter sur une chose future. L'ancien article 1130 du Code civil le prévoyait. La règle a été reprise à l'article 1163 : « l'obligation a pour objet une prestation présente ou future ».

La règle, applicable à tous les contrats, trouve une application particulière en matière de **vente**, à travers la **vente d'immeuble à construire**, qui fait l'objet d'un chapitre III-1 dans le titre VI consacré à la vente. Ainsi, **l'article 1601-1** du Code civil dispose que « la vente d'immeuble à construire est celle par laquelle le vendeur s'oblige à édifier un immeuble dans un délai déterminé par le contrat ». Au moment de la conclusion du contrat, l'immeuble n'est pas construit : il s'agit d'une chose future. Ce contrat est susceptible de **deux modalités** :

- la **vente à terme** (C. civ., art. 1601-2) : contrat par lequel le vendeur s'engage à livrer l'immeuble à son achèvement, tandis que l'acheteur s'engage à en prendre livraison et à en payer le prix **à la date de livraison**. Le transfert de propriété s'opère de plein droit par la constatation par acte authentique de l'achèvement de l'immeuble ; il produit ses effets **rétroactivement** au jour de la vente ;
- la **vente en l'état futur d'achèvement** (VEFA, C. civ., art. 1601-3) : contrat par lequel le vendeur **transfère immédiatement à l'acquéreur ses droits sur le sol ainsi que la**

propriété des constructions existantes. Les ouvrages à venir deviennent la propriété de l'acquéreur au fur et à mesure de leur exécution ; l'acquéreur est tenu **d'en payer le prix à mesure de l'avancement des travaux.** Cette modalité, très répandue en pratique, permet au vendeur de percevoir, au fur et à mesure de la construction, le prix, ce qui lui permet de la financer.

b. La vente de la chose périe

759. L'hypothèse est prévue par **l'article 1601** du Code civil, qui distingue entre la perte totale et la perte partielle de la chose **au moment de la vente** (si la chose périt après, cela n'affecte pas la validité du contrat, car la chose existait lors de sa conclusion : est en cause la charge des risques, qui relève des effets du contrat ; v. *infra*, n° 775 et s.) :
- **si la chose est périe en totalité,** la vente est **nulle** ;
- **si la chose est partiellement périe**, l'acheteur a le choix entre une action en nullité et la réduction du prix.

2. La détermination de la chose

760. Par application du droit commun, la chose doit être déterminée ou déterminable (C. civ., art. 1163).
S'agissant des **corps certains**, le contrat doit contenir des indications permettant de les identifier (adresse d'un immeuble, immatriculation d'une voiture...).
S'agissant des **choses de genre,** l'article 1585 du Code civil prévoit une opération de pesée, de compte ou de mesure, lorsque les marchandises ne sont pas vendues en bloc. Nous verrons que le transfert de propriété dépend de cette opération (v. *infra*, n° 771).

B. Les conditions juridiques de la chose

Est en cause ici l'aptitude du vendeur à transférer la propriété de la chose à l'acquéreur : pour ce faire, la chose doit être dans le commerce juridique (1) et appartenir au propriétaire (2).

1. Une chose dans le commerce juridique

761. La règle est spécialement rappelée en matière de vente par **l'article 1598** du Code civil : « tout ce qui est dans le commerce peut être vendu lorsque des lois particulières n'en ont pas prohibé l'aliénation ». Certaines choses ne peuvent ainsi être vendues : elles sont frappées d'une inaliénabilité.
Ces restrictions peuvent être **légales** (éléments et produits du corps humain, C. civ., art. 16-5) ou **conventionnelles** (clauses d'inaliénabilité, C. civ., art. 900-1). Nous renvoyons à ce qui a été dit à ce sujet dans la partie I de l'ouvrage, consacrée au droit des biens (v. *supra*, n° 112).

2. Une chose appartenant au vendeur

762. L'article 1599 du Code civil dispose que « **la vente de la chose d'autrui est nulle** : elle peut donner lieu à des dommages-intérêts lorsque l'acheteur a ignoré que la chose fut à autrui ». On peut y voir l'application de l'adage *nemo plus juris* : nul ne peut transmettre plus de droits qu'il n'en a.
La règle est sanctionnée par la **nullité relative du contrat** (v. par ex., Cass. 3e civ., 9 mars 2005, n° 03-14916, *Bull. civ.* III, n° 63), ce qui permet à l'acquéreur d'obtenir la restitution

de son prix. S'il est de bonne foi, il peut en outre demander des dommages-intérêts à son vendeur. Ainsi, **le droit d'agir en nullité n'appartient qu'à l'acquéreur**. Le vendeur, lui, ne saurait agir en nullité, car l'obligation de garantie à laquelle il est tenu le lui interdit : « qui doit garantir ne peut évincer ».

Mais l'acquéreur **peut préférer conserver la chose et ne pas demander la nullité du contrat**, dès lors qu'il est certain qu'aucune revendication n'est possible à son encontre par le véritable propriétaire. Dans ce cas, aucune sanction ne viendra frapper la vente de la chose d'autrui. Tout ceci nous ramène au droit des biens : nous y renvoyons brièvement (leçons 2 sur la possession et 4 sur le régime de la propriété) :

- **chose mobilière** : jeu de **l'article 2276** du Code civil (« en fait de meubles la possession vaut titre ») ;
- **chose immobilière** : jeu de la **publicité foncière** (dès lors que le second acquéreur est de bonne foi et a publié en premier, C. civ., art. 1198 al. 2), **théorie de l'apparence**, **usucapion**.

763 à 769. Réservés.

LEÇON 3

LES EFFETS DE LA VENTE

Textes

Articles 1583 et 1602 et suivants du Code civil

770. Avant la réforme du droit des obligations, une épineuse question se posait sur l'effet principal du contrat de vente : le transfert de propriété. S'agissait-il d'un effet légal du contrat, découlant de plein droit et sauf exceptions de la conclusion du contrat, ou d'une obligation contractuelle à la charge du vendeur, intitulée obligation de donner ? La réforme a mis fin à la discussion, en supprimant la distinction entre les obligations de donner, de faire et de ne pas faire (anc. C. civ., art. 1101). Désormais, le transfert de propriété est envisagé sous l'angle de « l'effet translatif », ce qui suggère qu'il ne s'agit pas d'une obligation contractuelle, mais d'un effet légal du contrat.
Dès lors, s'agissant de la vente, il devient nécessaire de distinguer l'effet translatif du contrat (section 1) et les obligations des parties (section 2).

Section 1
L'effet translatif

Le contrat de vente produit deux effets translatifs : le transfert de propriété (§ 1) et le transfert des risques (§ 2) à l'acheteur.

§ 1. Le transfert de propriété

Le régime légal du transfert (A) n'est pas d'ordre public. Il peut être aménagé conventionnellement (B).

A. Le régime légal du transfert

Il convient de distinguer le transfert entre les parties (1) et l'opposabilité du transfert aux tiers (2).

1. Le transfert entre les parties

771. **Par principe**, le transfert de propriété a lieu par le **simple échange des consentements**. C'est ce que l'on appelle le transfert *solo consensu* de la propriété. La règle est spécialement posée pour la vente à **l'article 1583** du Code civil : « elle est parfaite entre les parties, et la propriété est acquise de droit à l'acheteur à l'égard du vendeur, dès qu'on est convenu de la chose et du prix, quoique la chose n'ait pas encore été livrée ni le prix payé ». Ainsi, quoique non livrée, la chose est transmise en propriété à l'acquéreur dès la conclusion du contrat de vente. Cette règle, qui existait **en droit commun** à l'article 1138 du Code civil, a été reprise par la réforme à **l'article 1196** du Code civil : « dans les contrats ayant pour objet l'aliénation de la propriété ou la cession d'un autre droit, le transfert s'opère lors de la conclusion du contrat ».

Par exception, le transfert de propriété peut être retardé. Tel est le cas, notamment, pour la vente d'immeuble à construire : dans la VEFA, l'acquéreur ne devient propriétaire des constructions nouvelles qu'au fur et à mesure de leur réalisation ; dans la vente à terme, c'est au jour de la constatation de l'achèvement de l'immeuble, avec un effet rétroactif (v. *infra*, n° 777). Il en va encore ainsi pour les **choses de genre**, lorsque les marchandises ne sont pas vendues en bloc : celles-ci doivent être pesées, comptées et mesurées, ce qui permet leur **individualisation** (C. civ., art. 1585). Pourquoi une telle règle ? Cela permet de déterminer matériellement l'assiette du droit de propriété de l'acquéreur : si j'achète 100 kg de farine à un vendeur qui dispose d'un entrepôt dans lequel se trouve une tonne, l'assiette de mon droit de propriété n'est pas fixée tant que l'individualisation n'a pas eu lieu. Cela permet en outre de protéger incidemment l'acquéreur : imaginons qu'un acheteur ait acquis 250 poulets de Bresse à un vendeur qui est propriétaire de 20 000 bêtes. La qualité n'étant pas nécessairement homogène au sein du bétail (animaux malades, malformés...), l'individualisation permettra une sélection (en cela, la notion de choses de genre ne se confond pas nécessairement avec la notion de choses fongibles, car des choses de genre – les poulets de Bresse – ne sont pas nécessairement interchangeables ; v. *supra*, n° 58).

En revanche, si l'acquéreur acquiert la totalité du stock, l'assiette du droit de propriété est déterminée et l'acquéreur n'a pas à être protégé car aucun choix n'est possible à l'intérieur de l'ensemble (vente en bloc). C'est pourquoi **l'article 1586** du Code civil prévoit que dans la vente en bloc, la vente est parfaite, même si les choses n'ont pas été pesées, comptées ou mesurées. Il en va ainsi, par exemple, de la vente d'une collection de figurines en étain (CA Paris, 22 sept. 1995).

Tant le principe (transfert *solo consensu*) que l'exception (individualisation) sont **supplétifs** de volonté. Il est possible de les aménager conventionnellement (v. *infra*, n° 773).

2. L'opposabilité du transfert aux tiers

772. Nous serons brefs et renverrons ici pour l'essentiel à ce qui a été dit en droit des biens (v. *supra*, n° 139).

En matière mobilière (meubles corporels), l'opposabilité du transfert se fait par la mise en possession de l'acquéreur de bonne foi (C. civ., art. 1198 al. 1). Pour les biens incorporels, il existe des modalités spécifiques (inscription en compte, registre...).

En matière immobilière, l'opposabilité est réalisée par la publicité foncière, la réforme du droit des obligations ayant introduit la notion de bonne foi pour bénéficier de la priorité attachée à la publicité (C. civ., art. 1198 al. 2).

B. L'aménagement conventionnel du transfert

Les parties peuvent moduler le transfert de propriété : soit en le retardant (1), soit en l'annulant, en prévoyant une faculté de rachat (2).

1. Le transfert retardé

773. **Trois mécanismes** peuvent retarder le transfert de propriété :

- Le **terme** : il s'agit d'un **événement futur et certain** qui suspend **l'exigibilité d'une obligation** (C. civ., art. 1305). Tel est le cas, par exemple, pour les ventes immobilières assorties d'une clause qui retarde le transfert de propriété jusqu'à la réitération de la promesse par acte authentique. Même si la promesse synallagmatique de vente vaut vente (C. civ., art. 1589), le transfert de propriété est retardé au jour de la signature de l'acte. C'est une clause systématique des ventes immobilières.
- La **condition suspensive** est un **événement futur et incertain** dont l'accomplissement rend l'obligation pure et simple (C. civ., art. 1304 al. 2). À la différence du terme, c'est un événement dont la réalisation est incertaine. Il en va ainsi, par exemple, de la vente conclue sous la condition suspensive d'obtention d'un prêt. **Tant que cette condition est pendante, le contrat est formé, mais le transfert de propriété est suspendu** : **le vendeur demeure donc propriétaire**. Depuis la réforme du droit des obligations, la réalisation de la condition suspensive n'est plus rétroactive : les effets du contrat ne remontent plus au jour de l'acte ; cela permet de laisser les risques à la charge du vendeur, resté propriétaire, jusqu'à la réalisation de la condition (ce qui était d'ailleurs la pratique notariale : la rétroactivité était souvent écartée). Toutefois, une rétroactivité conventionnelle peut être prévue dans l'acte (art. 1304-6 al. 2). Ainsi, par exemple, l'obtention de son prêt par l'acquéreur ne fait pas rétroagir le transfert de la propriété au jour de la promesse de vente, sauf clause contraire. En somme, le principe et l'exception ont été renversés.
- La **clause de réserve de propriété** : c'est une clause qui suspend le transfert de propriété jusqu'au complet paiement du prix par l'acheteur (C. civ., art. 2367). Il s'agit d'une sûreté, qui ne relève plus désormais du programme de l'examen.

2. Le transfert annulé : la vente avec faculté de rachat

774. En principe, l'acquéreur devient **définitivement** propriétaire de la chose. Il y est fait exception dans **la vente à réméré,** aujourd'hui dénommée **vente avec faculté de rachat**.
Ainsi, **l'article 1659** du Code civil dispose que « la faculté de rachat est un pacte par lequel le vendeur se réserve de reprendre la chose vendue, moyennant la restitution du prix principal et le remboursement dont il est parlé à l'article 1673 » (frais de vente, impenses utiles et nécessaires…). Cette faculté de rachat ne peut être stipulée pour un terme excédant **cinq ans** (C. civ., art. 1661). À l'issue du terme, le transfert de propriété devient définitif.
Cette opération marginale **cache souvent un prêt** : elle est utilisée par les personnes surendettées et inéligibles au crédit bancaire pour restructurer leurs dettes (fichier Banque de France). Ces personnes qui n'ont plus d'autres ressources que leur bien immobilier peuvent recourir au réméré pour accéder au crédit : l'acquéreur, moyennant une rémunération, consent un crédit au vendeur, consistant dans le prix d'achat du bien ; en garantie de ce prêt, le vendeur transfère la propriété de son bien à l'acquéreur, qui la lui rétrocédera dans les cinq ans si le prêt est remboursé. Cet usage du réméré à titre de sûreté est aujourd'hui concurrencé par la **fiducie**.

Enfin, signalons que par un arrêt destiné à une large diffusion, la Cour de cassation a précisé qu'« à défaut d'accord des parties, le vendeur qui use du pacte de rachat ne peut entrer en possession de l'immeuble qu'après avoir réglé le prix et les frais définitivement fixés judiciairement » (**Cass. 3e civ., 8 nov. 2018**, n° 14-25005). En l'espèce, un litige s'était noué entre les parties sur le montant que devait verser le vendeur pour exercer sa faculté de rachat. Il est donc acquis que faute d'accord entre les parties sur le prix du réméré, le vendeur ne peut entrer en possession qu'après avoir payé les sommes fixées judiciairement. Toutefois, contrairement aux juges du fond, la Cour de cassation admet un paiement anticipé : si le vendeur a déjà versé à l'acquéreur une somme au moins égale à celle qui sera fixée ultérieurement par le juge, cela lui permet d'entrer en possession dès cet instant.

Exemple

Si le vendeur a versé 100 000 euros à l'acquéreur en 2016 et qu'en 2019 le juge fixe un prix de rachat à hauteur de 90 000 euros, le vendeur sera entré en possession dès 2016. L'intérêt pratique d'une telle solution est que si les lieux sont loués, le vendeur a droit aux loyers depuis cette date.

§ 2. Le transfert des risques

Qu'advient-il lorsqu'après la conclusion du contrat, la chose périt, alors qu'elle n'a pas encore été livrée à l'acquéreur ?
Quelques précisions liminaires s'imposent.
Si la chose périt **avant** la conclusion du contrat, le contrat est nul, faute d'objet.
Si la chose périt après la conclusion du contrat mais **par la faute du vendeur ou de l'acquéreur**, c'est à celui qui est en faute d'en répondre.
On le voit, le transfert des risques concerne exclusivement la **perte fortuite de la chose vendue, survenant après la conclusion du contrat** : qui, du vendeur, ou de l'acquéreur, doit l'assumer ?
Comme pour le transfert de propriété, il existe un régime légal (A) qui peut être aménagé conventionnellement (B).

A. Le régime légal

Ce régime obéit à un principe (1) assorti de quelques exceptions (2).

1. Le principe : res perit domino

775. En principe, **la charge des risques pèse sur le propriétaire**. Par conséquent, le transfert de propriété emporte le transfert des risques. La règle, qui était posée par l'ancien article 1138 alinéa 2, a été reprise par le nouvel **article 1196 alinéa 3** du Code civil : « le transfert de propriété emporte transfert des risques de la chose ».
Dès lors, lorsque le transfert a lieu ***solo consensu***, la charge des risques pèse sur **l'acquéreur**, et ce même s'il n'a pas été livré. Si, par exemple, la chose est dégradée ou disparaît lors du transport, l'acquéreur en supporte les risques, sauf son recours contre le transporteur (C. com., art. 132-7). Il devra payer le prix au vendeur, quand bien même il ne recevra qu'une contrepartie dégradée ou même aucune contrepartie.

De même, lorsque le transfert de propriété est **retardé,** la charge des risques pèse sur le **vendeur**, tant que le transfert n'a pas eu lieu. Ainsi, dans la vente à terme ou la clause de réserve de propriété, la charge des risques pèse sur le vendeur, bien que le contrat ait d'ores et déjà été conclu, faute de transfert de propriété.

2. Les exceptions : res perit debitori

Dans ce cas, la charge des risques ne pèse plus sur le propriétaire, mais sur le **débiteur** de l'obligation de délivrance, c'est-à-dire le vendeur. Il existe des exceptions prévues tant par le droit commun des contrats (a) que le droit spécial (b).

a. Les exceptions prévues par le droit commun

776. **Deux exceptions** doivent être signalées :

- La **condition suspensive : nous venons de voir que la rétroactivité de la condition n'était plus rétroactive ; néanmoins, une rétroactivité conventionnelle demeure possible :** lorsque la vente est assortie d'une telle condition et que cette condition se réalise, la rétroactivité du transfert de propriété devrait en principe conduire à faire peser sur l'acquéreur les pertes ou détériorations survenues avant que la condition ne se réalise. La solution est rigoureuse pour l'acquéreur. C'est pourquoi **l'article 1304-6 alinéa 2** du Code civil dispose qu'en cas de rétroactivité conventionnelle, « la chose, objet de l'obligation, n'en demeure pas moins aux risques du débiteur, qui en conserve l'administration et a droit aux fruits jusqu'à l'accomplissement de la condition ». Les risques pèsent ainsi sur le vendeur, débiteur de l'obligation de livraison.
- La **mise en demeure** : l'article 1196 alinéa 3 du Code civil prévoit *in fine* que « toutefois le débiteur de l'obligation de délivrer en retrouve la charge à compter de sa mise en demeure, conformément à l'article 1344-2 et sous réserve des règles prévues à l'article 1351-1 ». Ainsi, la mise en demeure de livrer faite au vendeur met les risques à sa charge. Cela permet de prémunir l'acquéreur contre un vendeur négligent : plus la livraison s'éternise, plus le risque est grand que la chose se détériore ou périsse. Toutefois, le vendeur peut s'exonérer lorsqu'il démontre que la chose, si elle avait été livrée, aurait également péri chez l'acheteur (C. civ., art. 1351-1).

b. Les exceptions prévues par le droit spécial

777. Là encore, **deux exceptions** sont à signaler :

- Les **ventes du droit de la consommation** : la règle *res perit domino* est sévère pour l'acquéreur, puisqu'il subit les pertes subies à l'occasion de la livraison de la chose. C'est pourquoi cette solution est remise en cause en droit de la consommation. Ainsi, **l'article L. 216-4 du Code de la consommation** dispose que « tout risque de perte ou d'endommagement des biens est transféré au consommateur au moment où ce dernier ou un tiers désigné par lui, et autre que le transporteur proposé par le professionnel, prend physiquement possession de ces biens ». Ainsi, ce n'est qu'au moment où le consommateur ou un tiers désigné par lui **prend physiquement possession des biens** que le transfert des risques a lieu. Le consommateur, bien que propriétaire, n'est donc pas responsable des avaries subies au cours du transport (sauf s'il choisit son propre transporteur, C. consom., art. L. 216-5). Le transfert de la propriété et le transfert des risques sont donc dissociés.

- La **vente en l'état futur d'achèvement** : comme on l'a vu, l'acquéreur devient propriétaire des constructions au fur et à mesure de leur achèvement. Associer les risques à la propriété serait là encore excessivement sévère pour l'acquéreur, dans la mesure où c'est le vendeur-promoteur qui contrôle la réalisation de la construction. C'est pourquoi la jurisprudence considère que **le transfert des risques n'a lieu que lors de la livraison de l'immeuble à l'acquéreur** (Cass. 3e civ., 11 oct. 2000, n° 98-21826, *Bull. civ.* III, n° 163).

B. L'aménagement conventionnel

778. Comme pour le transfert de propriété, le régime légal est supplétif (sauf les dispositions du droit de la consommation, qui sont d'ordre public). Les parties peuvent donc l'aménager. Un tel procédé est utilisé dans les clauses de réserve de propriété. Dans la mesure où l'acquéreur est appelé à prendre livraison d'un bien, il est fréquent qu'une clause du contrat précise que les risques seront transférés à l'acheteur dès la livraison de la chose, même s'il n'a pas encore payé le prix.
De même, afin d'exonérer l'acquéreur des risques du transport, il peut être stipulé que le transfert n'aura lieu qu'à la livraison.

Section 2
Les obligations des parties

Il convient d'envisager successivement les obligations du **vendeur** (§ 1) et les obligations de l'**acheteur** (§ 2).

§ 1. Les obligations du vendeur

779. Certaines obligations pesant sur le vendeur ne seront pas étudiées à ce stade :
- l'obligation **d'information** a déjà été étudiée, car elle s'exécute lors de la conclusion du contrat (v. *supra*, n° 747) ;
- l'obligation **de sécurité** : cette obligation, dégagée par la jurisprudence (obligation de résultat du vendeur professionnel invocable par l'acheteur mais aussi par les tiers victimes), est désormais en grande partie absorbée par la **responsabilité du fait des produits défectueux,** issue d'une directive du 25 juillet 1985 transposé en 1998 (C. civ., art. 1245 et s.) : « le producteur est responsable du dommage causé par un défaut de son produit, qu'il soit ou non lié par un contrat avec la victime », étant précisé que le vendeur, lorsqu'il n'est pas producteur du produit, ne peut avoir sa responsabilité engagée que si **le producteur n'est pas identifié** (C. civ., art. 1245-6) ; pour contourner cette règle, la victime ne peut invoquer l'obligation de sécurité du vendeur professionnel, dès lors qu'elle repose sur le même fondement que le régime issu de la directive (CJCE, 25 avr. 2002, n° C-183/00). La Cour de cassation exige dès lors la preuve d'une **faute distincte** du défaut de sécurité du produit (Cass. 1re civ., 10 déc. 2014, n° 13-14314 P ; Cass. 1re civ., 17 mars 2016, n° 13-18876). **Voilà pour les principes à connaître : les détails relèvent du programme de droit des obligations** (responsabilité civile).

Sous le bénéfice de ces observations, il convient de s'en tenir aux dispositions de **l'article 1603** du Code civil sur les obligations du vendeur: « il a deux obligations principales, celle de *délivrer* et celle de *garantir* la chose qu'il vend ». Telle est la distinction classique du droit commun de la vente (A), qui est remise en cause par le droit de la consommation, qui a fusionné en grande partie les obligations du vendeur (B).

A. Le droit commun de la vente

Le droit commun de la vente est, on l'a vu, dominé par une distinction entre l'obligation de délivrance (1) et l'obligation de garantie (2).

1. L'obligation de délivrance

L'article **1604 du Code civil** dispose que « la délivrance est le transport de la chose vendue en la puissance et possession de l'acheteur ». Mais il ne suffit pas que le vendeur mette à disposition de son acquéreur une chose. Si ce dernier a commandé une *Ferrari*, il sera déçu de recevoir une *Twingo (et réciproquement)*. C'est pourquoi, à cette mise à disposition de la chose (a) vient s'ajouter la conformité de la chose aux spécifications contractuelles (b). Il sera alors temps d'étudier la sanction de l'obligation de délivrance (c).

a. La mise à disposition de la chose

780. Deux questions se posent:

Est-ce au vendeur de livrer la chose ou à l'acquéreur de venir la récupérer?

Selon le nouvel article **1342-6** du Code civil, qui reprend les solutions anciennes, « à défaut d'une autre désignation par la loi, le contrat ou le juge, le paiement doit être fait au **domicile du débiteur** ». Autrement dit, le paiement est en principe **quérable**, ce qui implique qu'il appartient à l'acheteur de venir prendre possession de la chose chez le vendeur, débiteur de la prestation. Mais cette règle est très souvent remise en cause dans le contrat, la livraison étant proposée par le vendeur. Le droit de la consommation impose cette règle: le vendeur doit livrer la chose dans le délai prévu au contrat et, à défaut de délai, au plus tard dans les trente jours de la convention (C. consom., art. L. 216-1).

Qu'est-ce qui doit être livré?

L'article 1615 du Code civil dispose que « l'obligation de délivrer la chose comprend ses **accessoires** et tout ce qui a été destiné à son usage perpétuel ». Cela vise les accessoires **matériels** (ex. la télécommande d'une télévision), ainsi que les **accessoires juridiques**: documents administratifs (carte grise), et les **droits attachés à la chose** (contrats d'assurance). Sur ce fondement, la Cour de cassation juge que le sous-acquéreur recueille, avec la propriété de la chose, les **actions en justice attachées à cette chose** (Cass. ass. plén., 7 févr. 1986, n° 83-14631, *Bull. ass. plén.*, n° 2). Il en va ainsi, par exemple, de l'action en garantie des vices cachés, qui est transmise avec la propriété du bien (v. *infra*, n° 785).

b. La conformité de la chose

781. La chose doit tout d'abord être conforme en **quantité.** Ainsi, l'article 1616 du Code civil dispose que « le vendeur est tenu de délivrer la contenance telle qu'elle est portée au contrat ». En matière mobilière, cela renvoie à la quantité de choses. En matière immobilière, à la superficie convenue.
La chose doit ensuite être conforme en **qualité,** ce qui pose un problème de distinction avec la garantie des vices cachés : livrer une chose conforme, n'est-ce pas livrer une chose exempte de vice caché ? Après une longue période d'atermoiements, sur laquelle il n'est pas nécessaire de revenir, la Cour de cassation retient désormais une **distinction notionnelle** entre le vice caché, apprécié à l'aune de la destination normale, et la non-conformité, **caractérisée à partir des « spécifications contractuelles »**, chaque action étant exclusive l'une de l'autre (Cass. 1re civ., 13 oct. 1993, n° 91-18551 ; Cass. 1re civ., 30 mars 1999, n° 97-11994).

Exemple

Le fait de livrer des tuiles en terre cuite alors qu'il était convenu qu'elles devaient être en ardoise, caractérise un défaut de délivrance conforme et non un vice caché ; de même, le fait de livrer une voiture avec 10 000 kilomètres au compteur, alors qu'elle devait en avoir 2 000, constitue un défaut de délivrance conforme et non un vice caché. Il s'agit d'une approche **concrète** : il faut comparer la chose livrée avec celle qui a été définie dans le contrat.

En revanche, le fait de délivrer des tuiles qui gèlent ou une voiture qui ne démarre pas ne relève pas de la délivrance conforme, mais de la garantie des vices cachés (v. *infra*, n° 785). Dans ce cas, la chose n'est pas *différente* de celle qui a été promise ; elle est **viciée,** au sens qu'elle ne peut pas remplir son usage normal, *i.e.* celui qui peut être raisonnablement attendu. L'approche est **abstraite** et se fonde sur la normalité.
Quel est l'**enjeu** de la distinction ? Il y a déjà la prescription, dans la mesure où le délai est de **deux ans** pour la garantie des vices cachés (à compter de la découverte), et de **cinq ans** pour la délivrance (à compter de la réception). En outre, la validité des **clauses limitatives** n'obéit pas aux mêmes règles (v. *infra*, n° 787). Enfin, si la **transmission de l'action** au sous-acquéreur est systématique dans les chaînes de contrats pour la garantie des vices cachés car elle est objective, elle ne l'est pas nécessairement pour l'obligation de délivrance : l'action en non-conformité, qui repose sur les spécifications contractuelles propres à un contrat donné, ne doit être transmise avec la chose qu'à la condition que les spécifications contractuelles soient les mêmes dans les deux contrats conclus (Cass. 1re civ., 20 mai 2010, n° 09-10086, *Bull. civ.*, I, n° 119, prenant appui sur l'existence d'un « même défaut de conformité » ; comp. Cass. 1re civ., 22 févr. 2000, n° 97-20731, qui ne réserve pas cette condition).

c. Les sanctions de l'obligation de délivrance

782. Trois questions se posent :

Qu'advient-il lorsque la chose n'a pas été livrée ?

Si ce défaut de livraison est imputable au vendeur, l'acquéreur pourra, à son choix, demander la résolution du contrat ou sa mise en possession (exécution forcée, C. civ., art. 1610).
Si ce défaut de livraison est dû à un cas fortuit, cela nous ramène à la théorie des risques (v. *supra*, n° 775 et s.).

Qu'advient-il lorsque la chose n'est pas conforme?

Si l'acheteur a pris livraison **sans faire de réserves**, cela couvre les défauts de conformité **apparents**.

Exemple

Si la voiture livrée est bleue au lieu d'être rouge et que l'acheteur ne dit rien, l'acceptation sans réserve couvre ce défaut. En revanche, si un immeuble n'est pas raccordé au réseau d'assainissement alors que cela était prévu dans le contrat, l'acceptation sans réserve ne couvre pas ce défaut, car il faut des investigations pour s'en rendre compte.

Si l'acheteur a **émis des réserves**, les défauts recensés par l'acheteur, même apparents, pourront être imputés au vendeur.
Dans le cas où l'acheteur peut se prévaloir du défaut, il pourra demander, au choix, la résolution du contrat, l'exécution forcée en nature, ou encore des dommages-intérêts à son vendeur pour le préjudice subi.

Un aménagement conventionnel de la responsabilité est-il possible?

L'obligation de délivrance est, assurément, une **obligation essentielle du contrat**, puisqu'elle est la contrepartie du paiement du prix par l'acquéreur. L'acheteur accepte de payer une somme d'argent pour recevoir une chose, et une chose conforme à ce qui a été convenu:

- dès lors, **en droit commun**, il y a lieu de faire application du nouvel article 1170 du Code civil: «toute clause qui prive de sa substance l'obligation essentielle du débiteur est réputée non écrite». Ainsi, une clause élusive de responsabilité, de même qu'une clause limitative prévoyant une réparation trop faible seront réputées non écrites. Sous cette réserve, la clause est valable, notamment celle qui limite la responsabilité du vendeur en cas de délivrance non conforme;
- en **droit de la consommation**, on sait que la clause limitative de responsabilité constitue une **clause abusive**, qui est donc réputée non écrite (C. consom., art. R. 212-1).

2. L'obligation de garantie

783. Selon **l'article 1625** du Code civil, «la garantie que le vendeur doit à l'acquéreur *a deux objets*: le premier est la possession paisible de la chose vendue - c'est la garantie d'éviction -; le second, les défauts cachés de cette chose ou les vices rédhibitoires - c'est la garantie des vices cachés -». Dans les deux cas, il s'agit d'une garantie, ce qui signifie que le vendeur est garant de l'inexécution du contrat, **même si elle ne lui est pas imputable**. Quelle est la différence entre les deux garanties? Dans l'éviction, le trouble concerne le **droit** de propriété, alors que dans la garantie des vices cachés, le trouble concerne la **chose** vendue.

Exemple

Une personne vend une voiture à un acquéreur. Deux ans plus tard, un tiers en revendique la propriété, et l'on découvre qu'il était propriétaire. C'est la garantie d'éviction qui est en jeu, car le trouble concerne le droit de propriété. Si en revanche, la voiture ne fonctionne pas, c'est la garantie des vices cachés qui est en jeu, car le trouble porte sur la chose.

Sous le bénéfice de cette observation, il convient d'envisager la garantie d'éviction (a) et la garantie des vices cachés (b).

a. La garantie d'éviction

784. Le vendeur garantit l'acheteur contre les troubles qui compromettent la **jouissance paisible du droit de l'acquéreur.**

Quels sont les troubles garantis?

Il y a en deux.

- La **garantie du fait personnel:** le vendeur ne peut pas lui-même compromettre la jouissance paisible de son acheteur. Sont visés tant les **troubles de droit** (revendication d'un droit qui vient compromettre la jouissance de l'acheteur: propriété, bail, usufruit...) que les **troubles de fait.** À ce dernier titre, pèse sur le vendeur une interdiction de tous actes tendant à reprendre la clientèle d'un fonds de commerce cédé, quand bien même la clause de non-concurrence stipulée au contrat est arrivée à expiration (Cass. com., 16 janv. 2001, n° 98-21145, *Bull. civ.* IV, n° 16). Cette solution s'explique par le fait que la garantie d'éviction du fait personnel est **d'ordre public** (C. civ., art. 1628). Est donc interdite toute clause par laquelle le vendeur s'en déchargerait ou limiterait son étendue.
- La **garantie d'éviction du fait d'un tiers**: une telle garantie est bien plus limitée. Déjà, elle ne couvre que les troubles **de droit dont la cause est antérieure à la vente.** En outre, la jurisprudence précise que le trouble doit être actuel, et non seulement éventuel (Cass. 3e civ., 30 nov. 2022, n° 21-20033: lettre des voisins sur l'existence d'un empiètement, non suivie d'une initiative judiciaire: l'acquéreur ne peut pas - encore - agir en éviction contre son vendeur).

  Par exemple, le bien a été vendu libre de toute occupation, alors qu'il était en réalité grevé d'un bail qui s'impose à l'acquéreur (C. civ., art. 1743); ou le bien avait été vendu à un tiers, et son droit a été publié en premier.

  En revanche, le vendeur **ne couvre pas les troubles de fait** (concurrence par un tiers, nuisances du voisin...), car il appartient à l'acquéreur, devenu propriétaire, d'assurer la défense de son droit. De même, les troubles de droit nés postérieurement à la vente ne sont pas couverts (servitude acquise par un tiers par prescription après la vente).

  Par ailleurs, cette garantie n'est **pas d'ordre public** (C. civ., art. 1627 et 1628). Les clauses limitatives de garantie sont donc valables, à deux réserves près: le vendeur ne peut pas les invoquer s'il est de **mauvaise foi**, c'est-à-dire s'il connaissait le trouble de droit; en outre, la clause prive seulement l'acquéreur **du droit de demander des dommages-intérêts**. Il peut toujours obtenir la restitution du prix, sauf s'il a acheté le bien en pleine connaissance de cause à ses risques et périls (C. civ., art. 1629).

Qu'advient-il si l'acheteur est évincé?

Si l'éviction est totale, l'acheteur peut obtenir la résolution du contrat, ce qui implique, aux termes de l'article 1630 du Code civil, différentes restitutions:

- la restitution du **prix**, et ce même si le bien a perdu de sa valeur (C. civ., art. 1631); en revanche, si la chose a connu une plus-value, le vendeur doit lui payer une indemnité (C. civ., art. 1633);
- celle des **fruits**, lorsqu'il est obligé de les rendre au propriétaire qui l'évince;

- les **frais** ;
- les **dommages-intérêts** pour le préjudice subi.

On le voit, le régime est très favorable à l'acquéreur.
Si l'éviction est partielle, l'acheteur peut pareillement obtenir la résolution du contrat s'il démontre qu'il n'aurait pas acheté (C. civ., art. 1636). Dans le cas contraire, il n'a droit qu'à une indemnité à hauteur de la partie dont l'acquéreur se trouve évincé (C. civ., art. 1637).
Enfin, dans tous les cas, l'action en garantie d'éviction se transmet comme accessoire de la chose (Cass. 3e civ., 28 mars 1990, n° 88-14953, *Bull. civ.* III, n° 93). Dans ce cas, le sous-acquéreur exerce l'action de son auteur. Il ne peut donc obtenir que la restitution du prix de la première vente, mais il peut, le cas échéant, obtenir en sus des dommages-intérêts.

b. La garantie des vices cachés

785. Aux termes de **l'article 1641** du Code civil, « le vendeur est tenu de la garantie à raison des défauts cachés de la chose vendue qui la rendent impropre à l'usage auquel on la destine, ou qui diminuent tellement cet usage que l'acheteur ne l'aurait pas acquise, ou n'en aurait donné qu'un moindre prix, s'il les avait connus ». Déjà, il faut savoir que cette garantie ne concerne pas les **ventes faites par autorité de justice** (C. civ., art. 1649), car le consentement du vendeur a été contraint, ni les **ventes aléatoires**, car l'acheteur a pris un risque qu'il doit assumer.
Pour le reste, **deux questions** se posent :

Quelles sont les conditions de la garantie des vices cachés ?

Quatre conditions sont requises :

- Un **défaut** : l'insatisfaction du vendeur doit avoir sa cause dans un vice inhérent à la chose vendue (par exemple, un vice de fabrication affectant un sèche-cheveux qui tombe en panne) :
  - si la chose n'est pas conforme aux attentes de l'acheteur parce qu'elle n'est pas **adaptée** à ses besoins, c'est **l'obligation de conseil** qui est éventuellement en jeu.

Exemple

Un vendeur de tondeuses vend à un acheteur profane une tondeuse à fil pour tondre 200 hectares. La chose n'est pas viciée : elle est seulement inadaptée aux besoins spécifiques de l'acheteur ;

  - si la chose n'est pas conforme aux attentes de l'acheteur parce que le vendeur lui a livré une chose **différente** de celle convenue, c'est **l'obligation de délivrance conforme** qui est en jeu.

Exemple

Un vendeur de téléviseurs livre une télévision avec un écran de 80 pouces, alors qu'il devait en faire 100.

- Un défaut **caché** : **l'article 1642** du Code civil dispose ainsi que « le vendeur n'est pas tenu des vices apparents et dont l'acheteur a pu se convaincre lui-même ». Si l'acheteur est **professionnel**, il est présumé avoir connaissance des vices, mais cette présomption peut être renversée en démontrant le caractère **indécelable du vice** (Cass. 1re civ., 18 déc. 1962, *Bull. civ.* I, n° 554).

- Un défaut qui rend la chose **impropre à son usage normal**: l'article 1641 du Code civil vise l'usage auquel «on» la destine, ce qui souligne que la garantie des vices cachés est **objective.** Il s'agit de l'usage qui peut être raisonnablement attendu d'une chose en fonction de sa nature. C'est là le critère décisif de distinction avec l'obligation de délivrance conforme: celle-ci s'apprécie à l'aune des **spécifications contractuelles.** Il s'agit donc d'une individualisation contractuelle de la chose.

Exemple

Le fait de stipuler qu'une voiture doit rouler ou que des tuiles ne doivent pas geler n'est pas une spécification contractuelle, car c'est ce que l'on peut raisonnablement attendre de telles choses: seule la garantie des vices cachés est encourue dans ce cas. En revanche, le fait de stipuler que les tuiles doivent être en ardoise ou que la voiture doit être rouge constitue une spécification, qui fait passer la chose du **genre à l'espèce**. Si la chose livrée ne correspond pas à ces spécifications, seule la délivrance conforme est en jeu.

- Un défaut **antérieur au transfert des risques** (v. *supra*, n° 775 pour le transfert des risques). Il faut en effet que le défaut soit imputable à la vente, sans quoi le vendeur ne doit pas sa garantie.

Exemple

Si un téléviseur est réparé après la vente et qu'il implose à raison d'un composant installé par le réparateur, le dommage n'est pas imputable au vendeur.

D'un point de vue procédural, il appartient à l'acheteur, demandeur à l'allégation, de démontrer que les conditions sont réunies. C'est là une preuve difficile, notamment pour ce qui est de l'antériorité à la vente. C'est pourquoi, on le verra, le droit de la consommation instaure des présomptions dans l'intérêt du consommateur.

786. *Quels sont les effets de la garantie des vices cachés?*

- **L'acheteur doit agir dans un délai de deux ans qui court à compter de la découverte du vice** (C. civ., art. 1648). Ce délai uniforme de deux ans a été instauré par une ordonnance du 17 février 2005, pour mettre fin aux hésitations qui résultaient du *bref délai* de l'ancien texte, par hypothèse assez imprévisible. On constate toutefois que **le délai reste plus court que celui de la prescription de droit commun (cinq ans).**

  Afin de contourner ce court délai, l'acheteur peut-il se fonder sur d'autres actions? Cela dépend:
  - **l'action en nullité pour erreur est exclue**: après de nombreuses hésitations, la Cour de cassation a finalement jugé que la garantie des vices cachés constituait **l'unique fondement** de l'action exercée pour les défauts de la chose vendue la rendant impropre à sa destination normale, ce qui exclut l'erreur (Cass. 1re civ., 14 mai 1996, *Bull. civ.* I, n° 213);
  - **l'action en nullité pour dol est admise**, parce qu'il s'agit de sanctionner un acte de déloyauté du vendeur (Cass. 1re civ., 6 nov. 2002, n° 00-10192, *Bull. civ.* I, n° 260); en

outre, l'action en garantie à raison des défauts cachés de la chose vendue n'est pas exclusive de l'action en responsabilité délictuelle fondée sur le dol ou la réticence dolosive commis avant ou lors de la conclusion du contrat (Cass. 3e civ., 23 sept. 2020, n° 19-18104);

- **l'action en responsabilité pour délivrance non conforme est exclue**, dès lors qu'il s'agit de réparer l'inaptitude de la chose à son usage normal (Cass. 1re civ., 27 oct. 1993, n° 91-21416, *Bull. civ.* I, n° 305);
- **en revanche, le régime de la responsabilité du fait des produits défectueux n'exclut pas la responsabilité du vendeur sur le fondement de la garantie des vices cachés** (Cass. 1re civ., 11 janv. 2017, n° 16-11726; v. sur cet arrêt, *supra*, n° 779).

- **L'acheteur dispose d'une option entre deux actions** (C. civ., art. 1644):
  - **l'action rédhibitoire:** celle-ci tend à l'anéantissement du contrat (sorte de résolution, qui permet à l'acquéreur d'obtenir la restitution de son prix contre la restitution de la chose): on est alors en présence d'un **vice rédhibitoire**, qui rend la chose impropre à son usage;
  - **l'action estimatoire:** celle-ci tend à obtenir une diminution du prix: on est alors en présence d'un vice qui diminue seulement l'usage de la chose. La chose reste utilisable, l'acheteur souhaite la conserver, mais il veut une réduction de prix. Parce qu'il conserve la chose, il ne peut obtenir la restitution de la totalité du prix (Cass. 3e civ., 19 avr. 2000, n° 98-12326, *Bull. civ.* III, n° 87; v. pour une application récente en présence d'amiante, Cass. 3e civ., 15 avr. 2021, n° 20-16320). Par un arrêt du 8 février 2023, la Cour de cassation a jugé que la réparation par un tiers du vice caché affectant la chose vendue, qui n'a pas d'incidence sur les rapports contractuels entre vendeur et acquéreur, ne supprime pas l'action estimatoire de l'acquéreur (Cass. 3e civ., 8 févr. 2023, n° 22-10743). Dans son dernier état, la jurisprudence considère que le vendeur qui a ignoré les vices de la chose vendue ne peut être tenu envers l'acheteur qui garde cette chose, outre les frais occasionnés par la vente, qu'à la restitution partielle du prix, telle qu'elle sera arbitrée par experts (**Cass. 1re civ.**, 8 avr. 2009, n° 07-19690 P). En effet, cette action ne vise pas à octroyer à l'acquéreur des dommages-intérêts, dès lors que telle est la finalité de l'article 1645 du Code civil. En somme, la réduction du prix ne doit pas se faire selon le coût des travaux de remise en état, ce qui correspond à un préjudice, mais, au fond, au regard de la valeur du bien avec les désordres (v. cas pratique n° 9).

Dans tous les cas, l'acheteur peut obtenir la condamnation du vendeur à lui payer des **dommages-intérêts, dès lors qu'il connaissait les vices** (C. civ., art. 1645).

Attention

Cette connaissance des vices par le vendeur ne conditionne pas la garantie, laquelle est due **même si le vice est indécelable** (C. civ., art. 1643). Elle conditionne seulement le paiement de dommages-intérêts. Selon la jurisprudence, **le vendeur professionnel est présumé de manière irréfragable connaître les vices de sa chose**, ce qui est très favorable à l'acquéreur (Cass. 1re civ., 19 janv. 1965, *Bull. civ.* I, n° 52). Il y a donc une distinction entre l'acheteur professionnel, pour lequel la présomption est simple, et le vendeur professionnel, pour lequel elle est irréfragable.

En outre, cette action indemnitaire présente un caractère **autonome** par rapport à l'action rédhibitoire ou l'action estimatoire : elle peut donc être engagée par l'acheteur, même s'il n'exerce ni l'action rédhibitoire, ni l'action estimatoire (Cass. com., 19 juin 2012, n° 11-13176, *Bull. civ.* IV, n° 132). L'acheteur peut donc conserver le bien vendu, et mettre ensuite à la charge du vendeur (et aussi du notaire et de l'agent immobilier coresponsables) le coût de la démolition et de la reconstruction de l'immeuble si le vice requiert une telle démolition suivie de reconstruction, sans que l'on puisse estimer qu'il s'agit là d'un rééquilibrage du contrat (**Cass. 3e civ., 30 janv. 2020**, n° 19-10176).

En revanche, contrairement à ce qui a cours en droit de la consommation (v. *infra*, n° 788), **l'acheteur ne peut pas faire condamner le vendeur à remplacer ou à réparer le bien**. Il s'agit seulement d'une garantie tournée vers l'anéantissement du contrat et/ou l'indemnisation de l'acquéreur. Par conséquent, si le vendeur est de bonne foi, l'acheteur ne peut mettre à sa charge les frais de remplacement et d'installation d'un nouveau matériel (Cass. 1re civ., 6 avr. 2016, n° 15-12402 P : cassation de l'arrêt ayant condamné le vendeur ignorant les vices à payer les frais de remplacement et d'installation du moteur défectueux d'un bateau).

Enfin, l'action en garantie des vices cachés, est comme on l'a vu, transmise avec la propriété de la chose (v. *supra*, n° 785 ; C. civ., art. 1615).

Lorsque la chose a été revendue, nous venons de dire que le sous-acquéreur disposait d'une action contractuelle contre le vendeur initial. Mais quelle est la durée de la garantie ? Cette question a suscité des divergences entre chambres de la Cour de cassation, ce qui a provoqué l'intervention d'une chambre mixte.

Actualité sur la durée de la garantie

Par quatre décisions de principe rendues en chambre mixte, qui mettent un terme aux divergences d'analyse entre ses différentes chambres, la Cour de cassation a précisé deux points majeurs sur la durée de la garantie des vices cachés **(Cass. ch. mixte, 21 juill. 2023, B+R, n° 21-15809 ; n° 21-17789 ; n° 21-19936 ; n° 20-10763)**.

En premier lieu, la Cour de cassation vient trancher le débat entre ses chambres sur la qualification du délai de deux ans prévu par l'article 1648 du Code civil : s'agit-il d'un délai de prescription ou d'un délai de forclusion ? L'enjeu pratique est de taille, dès lors que le premier peut être interrompu ou suspendu, notamment par une mesure d'instruction (ex. CPC, art. 145), et pas le second. Afin de répondre à cette question, la Cour de cassation s'en remet à l'intention du législateur, telle qu'exprimée dans les trois rapports accompagnant l'ordonnance n° 2005-136 du 17 février 2005 ayant institué ce délai de deux ans, qui mentionnent tous un délai de prescription. Au-delà de la lettre, c'est surtout l'esprit de la réforme qui a guidé la Cour de cassation : l'objectif du texte étant de permettre à l'acheteur d'obtenir une sanction en présence d'un vice caché, celui-ci « doit être en mesure d'agir contre le vendeur dans un délai susceptible d'interruption et de suspension ». Une telle solution ne peut qu'être approuvée, dans la mesure où l'article 1648 du Code civil vise à sanctionner l'inaction du titulaire du droit, ce qui explique au demeurant que le délai court, contrairement à un délai de forclusion, à compter de la découverte du vice, c'est-à-dire à un moment où il est acquis que l'acheteur est en mesure d'agir effectivement.

En second lieu, la Cour de cassation met un point, que l'on espère final, à la lancinante question sur la durée de la garantie dans les chaînes de contrats : que décider lorsque le sous-acquéreur exerce une action en garantie contre le vendeur initial ? Cette action,

→

→

qui est enfermée par le délai de deux ans à compter de la découverte du vice, doit-elle également être enfermée par un deuxième délai qui court cette fois à compter de la première vente ? Auparavant, la Cour de cassation faisait jouer au délai de prescription de droit commun le rôle d'un délai butoir (Cass. com., 27 nov. 2001, n° 99-13428, *Bull. civ.* IV, n° 187 ; Cass. 3e civ., 16 nov. 2005, n° 04-10824, *Bull. civ.* III, n° 222). L'utilisation d'un délai de prescription comme un délai butoir qui court à compter de la vente constituait donc une dénaturation de cette prescription, et ce d'autant plus que la réforme du 17 juin 2008 a institué un délai butoir de vingt ans, tel que prévu par l'article 2232 du Code civil, qui a précisément cet office et qui court à compter de la naissance du droit. Prenant (enfin) acte de ces changements, les arrêts de chambre mixte de la Cour de cassation énoncent que « l'encadrement dans le temps de l'action en garantie des vices cachés ne peut plus désormais être assuré que par l'article 2232 du Code civil, de sorte que cette action doit être formée dans le délai de deux ans à compter de la découverte du vice sans pouvoir dépasser le délai-butoir de vingt ans à compter du jour de la naissance du droit, lequel est, en matière de garantie des vices cachés, le jour de la vente conclue par la partie recherchée en garantie ». La solution mérite une pleine et entière approbation.
Donnons un exemple pour comprendre la solution : Paul a vendu en 2010 une télévision à Marcel, qui l'a revendue en 2023 à Louise. Si Louise entend agir en garantie des vices cachés contre Paul, elle devra d'une part respecter le délai de deux ans qui court à compter de la découverte du vice, mais également le délai butoir qui court à compter de la vente conclue par Paul. Si par exemple, elle découvre en 2031 un vice caché, elle ne pourra plus agir contre Paul, même immédiatement après la découverte du vice, car le délai butoir de 20 ans sera expiré (2010-2031). Cela permet aux vendeurs antérieurs de ne pas être éternellement inquiétés par les sous-acquéreurs en cas de revente du bien.

Enfin, la garantie constitue une action de nature **contractuelle**, ce qui pose la question de la validité des clauses exclusives ou limitatives de garantie. Le sous-acquéreur exerce l'action que lui a transmise le vendeur intermédiaire. Dès lors, le vendeur initial peut se prévaloir de la clause limitative figurant dans le contrat qu'il a conclu avec le vendeur intermédiaire. En revanche, il ne peut pas invoquer **celle figurant dans le contrat unissant le sous-acquéreur et le contractant intermédiaire** (Cass. com., 22 mai 2002, n° 99-11113, *Bull. civ.* IV, n° 89). D'où la question suivante pour finir.

787. *Le vendeur peut-il aménager conventionnellement la garantie ?*

L'obligation de garantie des vices cachés n'est pas une obligation fondamentale du contrat, c'est une obligation accessoire : elle peut donc être aménagée conventionnellement sans tomber sous le coup de l'article 1170 du Code civil. Toutefois, **l'article 1643** prévoit une **limite** : l'exclusion ou la limitation de la garantie n'est pas possible **si le vendeur est de mauvaise foi**, c'est-à-dire s'il avait **connaissance des vices** au moment de la vente.

Nous avons vu que lorsque **le vendeur était un professionnel, la jurisprudence présumait de manière irréfragable sa connaissance des vices** (v. pour une application, Cass. 3e civ., 15 juin 2022, n° 21-21143 : le vendeur professionnel est réputé connaître les vices de la chose, de sorte qu'il ne peut pas limiter ou exclure sa garantie). Mais cela revient à lui interdire purement et simplement de limiter sa garantie, quelle que soit la qualité de son cocontractant. Cela n'est pas juste, de sorte que des distinctions s'imposent :

- si l'acheteur est un non-professionnel, la clause est interdite, parce qu'il s'agit d'une clause abusive au sens du droit de la consommation (C. consom., art. R. 212-1) ;
- si l'acheteur est un professionnel, la clause est valable, mais à la seule condition qu'il s'agisse d'un professionnel **de même spécialité que le vendeur** (Cass. com., 6 nov. 1978, n° 76-15037, *Bull. civ.* IV, n° 250).

Par exemple, si un avocat achète un ordinateur pour son cabinet auprès d'une société spécialisée, la clause ne pourra pas lui être opposée, car l'avocat, bien que professionnel, n'est pas un professionnel de l'informatique. En revanche, il est d'usage de stipuler dans les ventes immobilières une clause d'éviction de la garantie des vices cachés. La clause est valable, dès lors que le vendeur n'est pas un professionnel de l'immobilier. À cet égard, la question de l'efficacité de la clause de non-garantie s'est posée dans le cadre d'une vente immobilière, dans laquelle elle est très courante. En l'espèce, une SCI avait acquis un ancien garage en vue d'en faire un logement. Il se trouve que l'acquéreur a découvert, en prenant possession des lieux, une importante pollution des sols provenant de la fuite de cuves enfouies dans le sol. Il a actionné en responsabilité le vendeur, ainsi que le notaire et l'agent immobilier. En défense, le vendeur s'est prévalu de la clause de non-garantie des vices cachés. La Cour de cassation relève qu'en sa qualité de dernier exploitant du garage précédemment exploité par son père, le vendeur ne pouvait ignorer les vices affectant les locaux et que l'existence des cuves enterrées qui se sont avérées fuyardes n'avait été révélée à l'acquéreur que postérieurement à la vente : il s'en déduit que le vendeur ne pouvait pas se prévaloir de la clause de non-garantie des vices cachés (**Cass. 3e civ., 29 juin 2017**, n° 16-18087). Par ailleurs, l'agent immobilier, qui avait connaissance des cuves, engage sa responsabilité à l'égard de l'acquéreur. Le notaire, tenu à l'écart de telles informations, échappe à toute responsabilité de ce chef.

B. Le droit de la consommation

788. Il existe en droit de la consommation une **garantie de conformité**, qui résulte d'une ordonnance du 17 janvier 2005 ayant transposé une directive 1999/44 du 25 mai 1999. Après un débat assez nourri, le texte a été transposé non pas dans le Code civil, mais dans le Code de la consommation.

Deux remarques liminaires s'imposent sur ce régime :

- La garantie a un **domaine limité** : elle concerne exclusivement les ventes conclues entre un **vendeur professionnel** et un **acheteur consommateur ou, depuis l'ordonnance du 29 septembre 2021, un non-professionnel** (C. consom., art. L. 217-3). En outre, les **ventes conclues aux enchères publiques** ou **sous autorité de justice** sont exclues, ce qui est classique (C. consom., art. L. 217-2). Par un arrêt du 12 octobre 2022, la troisième chambre civile a précisé que « dès lors que le contrat n'a pas pour objet la vente d'un bien meuble corporel et qu'il ne porte pas sur la fourniture d'un bien meuble à fabriquer ou à produire, la garantie légale de conformité des articles L. 211-1 et suivants, devenus L. 217-1 et suivants, du Code de la consommation ne s'applique pas dans les relations entre le maître de l'ouvrage et l'entrepreneur » (**Cass. 3e civ., 12 oct. 2022, n° 20-17335**, à propos de la fourniture et la pose d'un parquet). Dès lors que l'entrepreneur avait la charge d'un travail spécifique, adapté au logement du maître de l'ouvrage, la qualification de contrat d'entreprise s'imposait, ce qui excluait la garantie de conformité, qui ne s'applique qu'aux biens meubles corporels dont la propriété est transférée en vertu d'un contrat de vente, auquel est assimilé le contrat de fourniture d'un bien meuble à fabriquer ou à produire.

Exemple

Un avocat qui achète un ordinateur pour son cabinet ne bénéficie pas de cette protection, car le consommateur est « toute personne physique qui agit à des fins qui n'entrent pas dans le cadre de son activité commerciale, industrielle, artisanale, libérale ou agricole » (C. consom., art. liminaire). Et il ne s'agit non plus d'un non-professionnel, défini comme « toute personne morale qui n'agit pas à des fins professionnelles » (par ex., une association étudiante qui achète un produit).

FOCUS

La garantie de conformité

Une ordonnance **n° 2021-1247 du 29 septembre 2021** est venue transposer deux directives européennes du 20 mai 2019 qui ont accru la protection des consommateurs dans le domaine des biens, contenus et services numériques. La réforme était attendue, tant les objets connectés sont désormais au cœur de nos vies quotidiennes. Le texte, applicable à compter du 1er janvier 2022, étend la garantie de conformité aux biens comportant des services ou contenus numériques, alors qu'elle était auparavant circonscrite aux seuls meubles corporels. Ainsi, le nouvel article L. 271-1 I contient un nouvel alinéa qui prévoit que « les dispositions du présent chapitre s'appliquent également aux **biens comportant des éléments numériques** au sens de l'article liminaire lorsque ces éléments sont fournis avec ces biens dans le cadre du contrat de vente, que ces contenus numériques ou services numériques soient fournis par le vendeur ou par un tiers. Lorsqu'il n'apparaît pas clairement que la fourniture d'un contenu numérique ou d'un service numérique fait l'objet d'un contrat distinct, cette fourniture est présumée relever du contrat de vente du bien ». Mais qu'est-ce qu'un bien comportant des éléments numériques ? La réponse nous est soufflée dans le nouvel article liminaire du Code de la consommation. Il s'agit de « tout bien meuble corporel qui intègre un contenu numérique ou un service numérique ou qui est interconnecté avec un tel contenu ou un tel service, de manière telle que l'absence de ce contenu numérique ou de ce service numérique empêcherait le bien de remplir ses fonctions ». On songe, par exemple, aux applications essentielles d'un smartphone, d'une montre ou encore au système d'exploitation d'un ordinateur. Cette garantie de conformité numérique présente certaines spécificités. Ainsi, lorsque le contrat prévoit la fourniture continue d'un contenu numérique ou d'un service numérique pendant une durée inférieure ou égale à deux ans, ou lorsque le contrat ne détermine pas la durée de fourniture, le vendeur répond des défauts de conformité de ce contenu numérique ou de ce service numérique qui apparaissent dans un délai de deux ans à compter de la délivrance du bien. À l'inverse, lorsque le contrat prévoit la fourniture continue d'un contenu numérique ou d'un service numérique pendant une durée supérieure à deux ans, le vendeur répond des défauts de conformité de ce contenu numérique ou de ce service numérique qui apparaissent au cours de la période durant laquelle celui-ci est fourni en vertu du contrat. La durée de la garantie est ainsi étendue dans cette dernière hypothèse.

- En outre, le texte permet un **cumul d'actions**: le consommateur peut se prévaloir des dispositions de la **garantie des vices cachés du Code civil**, ainsi que de la **responsabilité contractuelle ou extracontractuelle** (C. consom., art. L. 217-13). Cela a un intérêt, car, ainsi qu'on va le voir, le droit civil est parfois plus avantageux que le droit de la consommation !

Exemple

Notre avocat qui a acheté auprès d'un professionnel un téléviseur pour sa maison est un consommateur et bénéficie de la garantie de conformité. Mais il pourra invoquer la garantie des vices cachés ou l'obligation de conformité.

Il convient à présent d'envisager les conditions (1) et les effets (2) de cette garantie.

1. Les conditions de la garantie

Le texte pose de conditions de fond (a) et une condition de délai pour agir (b).

a. Les conditions de fond

789. S'agissant des conditions de fond, la finalité de la directive a été de **fusionner**, au sein d'une **même action**, **les vices cachés et les défauts de conformité.**
Ainsi, l'article L. 217-5 du Code de la consommation dispose que « le bien est conforme au contrat :
1° S'il est propre à l'usage habituellement attendu d'un bien semblable (...) ;
2° S'il présente les caractéristiques définies d'un commun accord par les parties ou est propre à tout usage spécial recherché par l'acheteur, porté à la connaissance du vendeur et que ce dernier a accepté ». Les deux notions sont visées dans la même action. Il faut noter que l'ordonnance du 29 septembre 2021 adapte la conformité aux objets connectés, en faisant référence aux mises à jour, ou encore à la cyber-sécurité (v. la liste de l'article L. 217-5 qui s'est allongée).
Afin de faciliter la tâche du consommateur, la loi pose une **présomption** : ainsi, **les défauts** qui apparaissent dans un délai de **deux ans à partir de la délivrance du bien sont présumés exister au moment de la délivrance,** sauf preuve contraire. Pour les biens vendus **d'occasion**, ce délai est fixé à **six mois** (C. consom., art. L. 217-7). Il appartient dans ce cas au vendeur de rapporter la preuve que le défaut est apparu postérieurement à la délivrance. C'est surtout en cela que la garantie de conformité est plus favorable que les règles du Code civil, tant la preuve de l'antériorité du défaut est difficile à établir.

Exemple

Neuf mois après avoir acheté un lave-vaisselle pour sa maison, notre avocat constate que le produit tombe en panne : le bien est présumé présenter un défaut de conformité et il appartiendra au vendeur de rapporter la preuve que le défaut est survenu après la délivrance.

Enfin, l'article L. 217-8 du Code de la consommation précise que l'acheteur « ne peut contester la conformité en invoquant un défaut qu'il connaissait ou ne pouvait ignorer lorsqu'il a contracté ». Le défaut apparent est donc exclu, ce qui est conforme au droit commun.

b. Condition de délai

790. L'action résultant du défaut de conformité se **prescrit par deux ans à compter de la délivrance du bien** (C. consom., art. L. 217-12). C'est en cela que le **droit civil est plus favorable** au consommateur. En effet, l'action en délivrance conforme se prescrit par **cinq ans** à compter de la réception, tandis que l'action en garantie des vices cachés se prescrit par **deux ans** à compter de la **découverte du vice.**

Exemple

Trois ans après la délivrance, notre avocat constate que le lave-vaisselle ne fonctionne plus. L'action fondée sur la garantie de conformité est fermée. En revanche, il pourra agir sur le terrain de la garantie des vices cachés, dès lors que le délai ne court qu'à compter de la découverte du vice.

2. Les effets de la garantie de conformité

791. Avant le 1er janvier 2022, le texte prévoyait un système de **sanctions hiérarchisées.** Ainsi, le consommateur ne pouvait obtenir la résolution ou la réfaction (réduction du prix) de la vente que s'il n'était pas possible de mettre fin en nature à la non-conformité, par un remplacement ou une réparation du bien. Désormais, le nouvel article L. 217-8 prévoit qu'« en cas de défaut de conformité, le consommateur a droit à la mise en conformité du bien par réparation ou remplacement ou, à défaut, à la réduction du prix ou à la résolution du contrat, dans les conditions énoncées à la présente sous-section ». Désormais, il n'est plus nécessaire que la mise en conformité soit impossible pour permettre au consommateur d'obtenir la résolution du contrat ou une diminution du prix. Le simple refus du vendeur ou l'absence de mise en conformité dans un délai de trente jours lui permettra d'opter pour cette voie. En outre, si le défaut de conformité est si grave qu'il justifie une résolution ou une réfaction immédiate, le consommateur n'est pas tenu de demander au préalable la mise en conformité.

§ 2. Les obligations de l'acheteur

L'article 1650 du Code civil dispose que « la principale obligation de l'acheteur est de payer le prix au jour et au lieu réglés par la vente ». À cette obligation de paiement du prix (B), s'ajoute celle de procéder au retirement de la chose (A).

FOCUS

La garantie de l'acquéreur

Au-delà de ses obligations légales, il est fréquent que l'acquéreur souscrive conventionnellement des garanties spécifiques. La troisième chambre civile s'est dernièrement prononcée sur la licéité de l'une d'entre elles. Elle a ainsi jugé qu'est valable la clause aux termes de laquelle l'acquéreur s'engage à garantir le vendeur de l'exécution d'une mesure de démolition et de mise en conformité ordonnée en application de l'article L. 480-5 du Code de l'urbanisme pour faire cesser une situation illicite **(Cass. 3e civ., 17 sept. 2020, n° 17-14407, n° 17-14408)**. Une telle mesure ne constituant pas une sanction pénale, le vendeur peut donc s'en décharger sur le tiers acquéreur. Si la solution n'est pas nouvelle, l'arrêt précise en outre que la garantie contractuelle peut s'étendre au paiement de l'astreinte qui assortit la remise en état des lieux.

A. L'obligation de retirement

Il convient d'envisager successivement l'objet (1) et les sanctions d'une telle obligation (2).

1. L'objet de l'obligation de retirement

792. Retirer la chose, c'est une part **en prendre livraison**, et d'autre part la **réceptionner**.

- La **prise de livraison** est le **fait** pour l'acheteur de prendre possession de la chose : elle doit normalement avoir lieu au domicile du vendeur, car les dettes sont quérables (v. *supra*). Mais la règle est supplétive. Ainsi, dans les ventes à distance, ce n'est jamais le cas : le vendeur s'engage à livrer la chose au domicile de l'acheteur (v. aussi *supra*, n° 788 en droit de la consommation).

- La **réception** est **l'acte** par lequel l'acheteur manifeste sa volonté d'accepter la chose, ce qui donne lieu à trois choix possibles :
  - la **réception pure et simple** : la chose est agréée par l'acheteur ; mais cette réception ne couvre que les défauts et vices apparents ;
  - la **réception avec réserves** : cela permet à l'acheteur d'imputer au vendeur les réserves émises, notamment pour les défauts et vices apparents ;
  - le **refus de réception** de la chose : il s'agit d'un **laissé-pour-compte.**

2. La sanction de l'obligation de retirement

793. Si l'acheteur ne procède pas à son obligation de retirement, le vendeur pourra, au choix, obtenir **l'exécution en nature de cette obligation** (sauf si le refus du retirement est justifié, ex. chose non conforme), ou encore la **résolution du contrat.** Avec la réforme du droit des obligations, cette résolution peut être soit judiciaire, soit unilatérale, par le biais d'une notification, aux risques et périls du vendeur (C. civ., art. 1224). En outre, l'article **1657** du Code civil prévoit une résolution **de plein droit et sans sommation au profit du vendeur** pour les **denrées et effets mobiliers**, dès l'instant où le terme convenu pour le retirement a expiré. Il s'agit d'éviter le risque de dépérissement de telles marchandises. Fort justement, cette sanction n'est pas encourue si la chose livrée présente un vice caché (Cass. 1re civ., 25 mai 1992, n° 89-21542, *Bull. civ.* I, n° 166).

B. L'obligation de paiement du prix

Comme précédemment, on envisagera l'objet d'une telle obligation (1) et sa sanction (2).

1. L'objet de l'obligation

794. *Quand le prix doit-il être payé ?*
En principe, le prix est **exigible lors de la délivrance de la chose** (C. civ., art. 1651). Tant qu'il n'est pas livré, l'acheteur peut donc se prévaloir de l'exception d'inexécution. Mais la règle est supplétive : elle est très souvent aménagée. Ainsi, dans les ventes à distance, le paiement se fait généralement lors de la commande (paiement anticipé) : tant que le paiement n'a pas eu lieu, la commande n'est pas validée par le vendeur. Parfois, spécialement dans les rapports entre professionnels, le paiement est au contraire différé, sous forme de délais

de paiement. La loi les encadre (v. C. com., art. L. 441-6, qui impose un délai maximum de soixante jours à compter de l'émission de la facture), afin d'éviter des abus en la matière (ex. des distributeurs qui imposent à leurs fournisseurs des délais excessifs).

Qu'est-ce qui doit être payé ?
L'acheteur doit payer le **prix convenu**.
En cas de retard, il doit également des **intérêts**, jusqu'au paiement du capital, dans **trois cas** : s'il en a été **convenu** lors de la vente ; si la chose livrée produit des **fruits** (intérêts dès la livraison) ; si l'acheteur a été **sommé de payer**, mais seulement à compter de la sommation (C. civ., art. 1652) ;
L'acheteur doit enfin payer **les frais de la vente** (C. civ., art. 1593 : frais d'actes et autres accessoires, la règle étant supplétive).

2. La sanction de l'obligation

795. On retrouve ici les sanctions de droit commun : exécution en nature, résolution judiciaire ou unilatérale du contrat, responsabilité contractuelle de l'acheteur... Tout ceci nous ramène au droit commun des obligations et n'a pas à être développé davantage. Le vendeur bénéficie en outre d'un droit de rétention (C. civ., art. 1612), dès lors que le prix était exigible avant la livraison du bien (v. *infra*, n° 1058 et s.).
Il existe toutefois certaines règles propres à la résolution de la vente (C. civ., art. 1654), qui portent sur le **privilège du vendeur** impayé.
Ainsi, en **matière mobilière**, lorsque la vente a été faite sans terme, **l'article 2332-4°** du Code civil permet au vendeur impayé de revendiquer le bien s'il se trouve encore en la possession de l'acheteur **dans les huit jours**, afin d'en empêcher la revente à un tiers (C. civ., art. 2332-4°). Cela lui permettra d'exercer son privilège sur le meuble, et éviter que sa créance de prix ne soit chirographaire.
En **matière immobilière**, **l'article 2379 alinéa 2** du Code civil conditionne l'exercice de l'action résolutoire à l'inscription dans les délais du privilège du vendeur. Pourquoi cela ? Parce que la résolution de la vente menace par sa rétroactivité les droits acquis par le sous-acquéreur en cas de revente de l'immeuble. L'inscription du privilège permet d'informer le sous-acquéreur de la créance de prix du premier vendeur. Dès lors, l'action en résolution ne peut être exercée que si le privilège a été inscrit dans les deux mois suivant la vente ou si, passé ce délai, il est inscrit avant que le sous-acquéreur publie son titre. De même, l'action résolutoire ne peut plus être exercée après l'expiration du privilège.

FOCUS

La résolution du contrat et le privilège du vendeur

Nous venons de le voir, l'article 2379, alinéa 2, du Code civil dispose que « l'action résolutoire établie par l'article 1654 ne peut être exercée après l'extinction du privilège du vendeur, ou à défaut d'inscription de ce privilège dans le délai ci-dessus imparti, au préjudice des tiers qui ont acquis les droits sur l'immeuble du chef de l'acquéreur et qui les ont publiés ». Par un arrêt du 1er octobre 2020, la Cour de cassation vient toutefois de préciser que le délai de deux mois ne conditionnait l'opposabilité de l'action en résolution qu'à l'égard des tiers ayant publié des droits immobiliers acquis du titulaire du droit anéanti **(Cass. 3e civ., 1er oct. 2020, n° 19-17549)**. En l'espèce, une société a vendu un immeuble à un acquéreur, qui l'a ensuite revendu à un sous-acquéreur par le biais d'une promesse de vente sous seing privé. L'acquéreur intermédiaire n'ayant pas payé le prix, la société venderesse a exercé une action résolutoire de la première vente. La résolution ayant été prononcée par les juges du fond, le sous-acquéreur a prétendu, dans son pourvoi en cassation, que le délai de deux mois de l'article 2379, alinéa 2, n'avait pas été respecté, de sorte que l'action résolutoire était irrecevable. Le pourvoi a toutefois été rejeté par la Cour de cassation qui estime, à juste titre, qu'à défaut de publication de la seconde vente, le sous-acquéreur ne bénéficiait pas d'un droit de propriété sur l'immeuble opposable aux tiers. Il ne pouvait donc se prévaloir des dispositions de l'article 2379, alinéa 2, du Code civil, lequel vise exclusivement les « tiers qui ont acquis des droits sur l'immeuble du chef de l'acquéreur et qui les ont publiés ». Par ailleurs, la Cour précise que le fait que le sous-acquéreur ait procédé à la publication de l'assignation en réitération de la promesse sous signature privée ne pouvait faire office de publicité de la vente, dès lors qu'elle n'entraîne aucune mutation de propriété.

796 à 802. Réservés.

LEÇON 4

LE CONTRAT D'ENTREPRISE

Textes

Articles 1779 et suivants du Code civil

803. Le contrat d'entreprise est l'appellation moderne du **louage d'ouvrage** prévu par le Code civil. Ainsi, dans le Code civil de 1804, l'entreprise est envisagée comme une variété de louage. L'article 1708 distingue entre le **louage de choses et le louage d'ouvrage**. Cette présentation n'est plus satisfaisante, dans la mesure où la prestation caractéristique du contrat d'entreprise n'est pas la location d'un ouvrage, mais la réalisation d'un service. L'entreprise n'est donc pas plus proche du bail que de la vente, car nous verrons que ce contrat peut aboutir à un transfert de propriété.

Petit contrat dans le Code de 1804, le contrat d'entreprise est à l'ère moderne devenu un rouage fondamental de l'économie. En effet, le déclin de la société industrielle du XIXe siècle au profit de la société du service conduit à la conclusion massive de contrats d'entreprise dans tous les domaines : hôtellerie, voyage, transport, culture, restauration, éducation, banque, assurance, soins médicaux, immobilier, activités sportives… Les nouvelles technologies, et spécialement le développement de l'internet, renforcent un peu plus l'importance du contrat de prestation de service dans notre économie. Ainsi, les chauffeurs employés par *Uber* ne sont pas des salariés liés par un contrat de travail, mais des entrepreneurs indépendants, qui concluent avec leurs clients un contrat d'entreprise.

Tout ceci justifie d'apporter une attention toute particulière à ce contrat, sous l'angle de sa notion (section 1) et de son régime (section 2).

Section 1

La notion de contrat d'entreprise

Il convient de s'arrêter sur les éléments caractéristiques du contrat d'entreprise (§ 1), avant de distinguer ce contrat des autres contrats nommés (§ 2).

§ 1. Les éléments caractéristiques du contrat d'entreprise

804. On l'a dit, le contrat d'entreprise existe dans le Code civil sous la forme du louage d'ouvrage. Aux termes de l'article 1710 du Code civil, « le louage d'ouvrage est un contrat par lequel une des parties s'engage à faire quelque chose pour l'autre, moyennant un prix convenu entre elles ».
Cette définition est **trop imprécise**, puisqu'elle peut s'appliquer à nombre de contrats qui ne sont pas des contrats d'entreprise : mandat, contrat de travail, dépôt, voire vente ou bail. On peut proposer une définition beaucoup plus précise du contrat d'entreprise : **contrat par lequel une personne - le maître de l'ouvrage - charge une autre - l'entrepreneur - d'exécuter un travail spécifique, indépendant et rémunéré**. Cette définition sera ultérieurement utilisée pour distinguer le contrat d'entreprise des autres contrats nommés du Code civil. Avant cela, il convient de souligner que même ainsi resserrée, la notion de contrat d'entreprise reste très accueillante. Ainsi, **le contrat d'entreprise rassemble une très grande variété de contrats** : il s'agit de la catégorie générique des contrats de prestations de service, à l'intérieur de laquelle existent des espèces de contrats. Ainsi, le contrat de transport comme le contrat d'assurance constituent des contrats d'entreprise. Toutefois, ces contrats ont pris une autonomie telle qu'ils sont désormais soumis à leur propre réglementation, et même à leur propre code.

§ 2. La distinction entre le contrat d'entreprise et les autres contrats

805. On l'a dit, le contrat d'entreprise est très accueillant. Notamment, il peut s'inscrire dans deux finalités bien différentes.
Le contrat d'entreprise peut tout d'abord avoir pour finalité la **fourniture d'une chose par l'entrepreneur**. Par exemple, un entrepreneur va construire une piscine pour le compte du maître de l'ouvrage, selon ses instructions. Dans ce cas, le contrat d'entreprise doit être distingué des contrats qui portent sur une chose (A).
Le contrat d'entreprise peut ensuite avoir pour finalité **la réalisation d'un service par l'entrepreneur.** Par exemple, une agence va organiser un voyage pour ses clients ; un salon de coiffure réalise une coupe de *hipster* à un adolescent. Ce service peut d'ailleurs porter sur une chose, mais qui appartient d'ores et déjà au maître de l'ouvrage : par exemple, le teinturier nettoie les vêtements de ses clients : il n'y a pas de fourniture d'une chose par l'entrepreneur, mais réalisation d'un service sur une chose qui appartient au maître de l'ouvrage. Dans ce cas, le contrat d'entreprise doit être distingué des autres contrats de service (B).

A. La distinction avec les contrats qui portent sur une chose

Le contrat d'entreprise doit être successivement distingué de la vente (1) et du bail (2).

1. La distinction de l'entreprise et de la vente

L'hésitation est permise lorsque l'entrepreneur **fournit les matériaux à partir desquels il réalise un ouvrage**. Tel est le cas, par exemple, de la construction d'un instrument de musique par un luthier, lorsque ce dernier fournit le bois. Ne peut-on y voir un transfert de propriété contre une somme d'argent, et partant une vente de chose future ? La question est d'importance, notamment au regard de **l'exigence de détermination du prix**, qui est une condition de validité dans la vente et pas dans le contrat d'entreprise, ou encore **du transfert des risques**, qui obéit, d'un contrat à l'autre, à des règles différentes.

Quel est donc le critère de distinction entre ces deux contrats ?
Il faut distinguer selon qu'il s'agit d'un meuble (a) ou d'un immeuble (b).

a. La distinction en matière mobilière

806. Si l'ouvrage porte sur un meuble, la jurisprudence retient désormais le critère du **travail spécifique.** Alors que la vente porte sur une chose produite en série selon des caractéristiques prédéfinies par le fabricant, le contrat d'entreprise porte **sur ouvrage spécialement adapté aux besoins particuliers du maître d'ouvrage** (Cass. 3e civ., 5 févr. 1985, n° 83-16675, *Bull. civ.* III, n° 23 ; Cass. 1re civ., 14 déc. 1999, n° 97-19620, *Bull. civ.* I, n° 340).

Exemple

Un instrument de musique réalisé en série par un fabricant donne naissance à un contrat de vente ; en revanche, un instrument fabriqué sur mesure par un luthier selon les instructions du client s'inscrit dans un contrat d'entreprise.

b. La distinction en matière immobilière

807. Si l'ouvrage porte sur un immeuble, on doit ici identifier deux catégories de prestations : la construction d'immeuble (construction nouvelle) et la réparation et l'aménagement d'immeubles (travaux sur des constructions préexistantes).

Les contrats ayant pour objet la construction d'un immeuble

La qualification du contrat dépend de la **propriété du sol** sur lequel la construction est réalisée :

- si les constructions sont réalisées sur le sol du maître de l'ouvrage, il s'agit d'un **contrat d'entreprise**, et ce même si l'entrepreneur fournit des matériaux.

Exemple

La construction d'une piscine sur le terrain du maître de l'ouvrage constitue un contrat d'entreprise ; il en va de même de la construction d'une maison individuelle, qui fait d'ailleurs l'objet d'une réglementation spécifique dans le Code de la construction et de l'habitation ;

- si en revanche le contrat a pour objet la vente d'un terrain et la construction d'un immeuble sur celui-ci, il s'agit d'un **contrat de vente d'immeuble à construire** (C. civ., art. 1601-1, v. *supra*, n° 777). L'opération de construction est en quelque sorte absorbée par le transfert de propriété du terrain : il faut y voir l'application de la règle *accessorium sequitur principale*.

Exemple

Lorsqu'une personne achète une maison sur plan, il s'agit d'un contrat de vente, même si la construction est en partie réalisée selon ses instructions, car le contrat emporte transfert de propriété du terrain.

Les contrats ayant pour objet la réparation ou l'aménagement d'un immeuble

La qualification dépend de savoir s'il y a travaux sur des constructions préexistantes ou adjonction d'un élément d'équipement nouveau qui est incorporé à l'immeuble :

- s'il s'agit de travaux sur une construction préexistante, il s'agit d'un **contrat d'entreprise**, et ce même si l'entrepreneur fournit des matériaux.

Exemple

Lorsqu'un plombier réalise des travaux de réparation de l'installation, il y a contrat d'entreprise, même si le plombier fournit les joints ou les tuyaux ;

- s'il s'agit d'éléments d'équipement nouveaux incorporés à une construction, il s'agit d'un **contrat de vente**.

Exemple

Lorsqu'un entrepreneur fournit un poêle qu'il installe chez son client, il s'agit d'un contrat de vente : l'installation n'est que l'exécution de l'obligation de délivrance. Une qualification mixte pourra toutefois être retenue si la prestation de service est substantielle (v. *supra*, n° 730).

2. La distinction de l'entreprise et du bail

808. **A priori, la distinction est simple : le bail consiste en la mise à disposition d'une chose, tandis que le contrat d'entreprise correspond à une obligation de faire : réaliser un service. Toutefois,** la distinction entre les deux contrats présente une difficulté lorsqu'à la mise à disposition d'une chose s'associe un service. Il en va ainsi, par exemple, d'une station de lavage automatique pour voitures : est-ce la location d'une chose ou un contrat d'entreprise ?

Le critère est celui de l'**accessoire** : lorsque la mise à disposition d'une chose n'est que l'accessoire du service proposé, la qualification de contrat d'entreprise s'impose. En revanche, si l'utilisateur du bien en a la pleine maîtrise, il s'agit d'un louage de choses.

C'est ainsi que, dans l'exemple de la station de lavage automatique, la qualification de contrat d'entreprise a été retenue à raison (CA Reims, 26 juill. 2005). On n'accède à cette chose que le temps du service et pour ce seul usage.

L'action de groupe est un enjeu assez inattendu de la distinction. On sait que la loi Hamon du 17 mars 2014 a introduit l'action de groupe en droit français. Selon l'article L. 623-1 du Code de la consommation, « une association de défense des consommateurs représentative au niveau national et agréée en application de l'article L. 811-1 peut agir devant une juridiction civile afin d'obtenir la réparation des préjudices individuels subis par des consommateurs placés dans une situation similaire ou identique et ayant pour cause commune un manquement d'un ou des mêmes professionnels à leurs obligations légales ou contractuelles : 1° À l'occasion de la **vente de biens ou de la fourniture de services**; 2° Ou lorsque ces préjudices résultent de pratiques anticoncurrentielles (...)». La question s'est posée de savoir si une action de groupe pouvait être mise en œuvre dans le cadre d'un bail. Pour la cour d'appel de Paris, l'action de groupe n'est pas recevable, dès lors que le bail ne met pas à la charge du bailleur une prestation de services, mais une obligation de mise à disposition d'un immeuble (**CA Paris, 9 nov. 2017**, n° 16/05321). Voilà, incontestablement, un enjeu majeur de la qualification entre bail et entreprise.

B. La distinction avec les autres contrats de service

Le contrat d'entreprise doit être distingué du mandat (1) et du contrat de travail (2).

1. La distinction de l'entreprise et du mandat

809. Le critère de distinction se situe dans la notion de **représentation**.
Dans le **mandat**, le mandataire accomplit des actes juridiques au nom et pour le compte de son mandant.
Dans le **contrat d'entreprise**, l'entrepreneur réalise une prestation matérielle ou intellectuelle, sans représenter le maître de l'ouvrage. Dès lors, même si l'entrepreneur est amené à conclure des actes juridiques dans le cadre de cette prestation (ex. achat de matériaux), il les conclut pour son propre compte et n'engage pas le maître de l'ouvrage.
Toutefois, un même contrat peut recevoir une **qualification mixte.** Tel est le cas, par exemple, pour l'**avocat**. Celui-ci est amené à accomplir des actes juridiques ou des actes de procédure, au nom et pour le compte de son client. Il est alors un mandataire. Mais il peut aussi réaliser une prestation intellectuelle, totalement détachée d'un acte juridique (par ex.: un conseil fiscal). Dans ce cas, il est un entrepreneur. On aurait également pu donner l'exemple de **l'architecte**: lorsqu'il réalise les plans, il est un entrepreneur; lorsque le client lui donne le pouvoir de conclure des contrats avec des entrepreneurs, il est mandataire.

2. La distinction de l'entreprise et du contrat de travail

810. Le critère de distinction se situe dans **l'indépendance du travail.**
Dans le **contrat de travail,** le salarié est soumis à un **rapport de subordination**. Il accomplit une prestation matérielle ou intellectuelle sous l'autorité de son employeur. Pour la Cour de cassation, «le lien de subordination est caractérisé par l'exécution d'un travail sous l'autorité d'un employeur qui a le pouvoir de donner des ordres et des directives, d'en contrôler l'exécution et de sanctionner le manquement de son subordonné» (Cass. soc., 13 nov. 1996, n° 94-13187).
Dans le **contrat d'entreprise**, l'entrepreneur réalise son ouvrage de manière **indépendante.**
Toutefois, la frontière n'est pas toujours très nette entre les deux. Certains salariés sont assez autonomes dans leur travail (ex. médecin salarié d'une clinique), tandis que certains entrepreneurs sont soumis à une forme de dépendance à l'égard d'un tiers (ex. chauffeurs de VTC).
Pour trancher cette question, la jurisprudence se fonde sur une méthode casuistique, en recourant à la technique du **faisceau d'indices**: le mode de rémunération, les horaires et conditions de travail, les diverses contraintes d'exécution de l'activité, le lieu du travail... À cet égard, le lien de subordination est apprécié différemment selon le degré d'indépendance que commande l'exécution des tâches. On ne peut ainsi pas concevoir la subordination de la même manière pour un médecin que pour un secrétaire.

L'enjeu de la qualification est de taille, puisque le statut de salarié offre de nombreux avantages (licenciement, congés payés…) et impose à l'employeur des charges (cotisations sociales) que le statut d'entrepreneur indépendant ne connaît pas. Il y a là un contentieux assez important à naître dans le secteur des services à la demande par l'intermédiaire de plateformes numériques, puisque la requalification en contrat de travail commence à être demandée et obtenue en justice.
Afin de rendre les choses plus lisibles, la loi pose des **présomptions de salariat** (ex. journalistes, C. trav., art. L. 7112-1) et des **présomptions de non-salariat** (ex. des personnes inscrites au RCS ou au répertoire des métiers, C. trav., art. L. 8221-6). Mais il ne s'agit que de présomptions simples.

Section 2
Le régime du contrat d'entreprise

Il convient d'envisager successivement la formation (§ 1) et les effets du contrat d'entreprise (§ 2).

§ 1. La formation du contrat d'entreprise

Comme pour la vente, mais de manière plus rapide, il convient d'analyser la conclusion (A) et la validité du contrat (B).

A. La conclusion du contrat

811. Le contrat d'entreprise se forme, comme en droit commun, par la rencontre entre une offre et une acceptation. L'offre de contracter prend souvent la forme d'un **devis** émis par l'entrepreneur, qui établit les prestations à réaliser et le prix proposé. Mais un tel devis descriptif n'est nullement obligatoire, eu égard au caractère **consensuel** du contrat d'entreprise (Cass. 3e civ., 18 juin 1970, n° 69-10167, *Bull. civ.* III, n° 421).
Il en va toutefois autrement en droit de la consommation : ainsi, l'article L. 111-1 du Code de la consommation impose au professionnel de communiquer, **avant la conclusion du contrat**, des informations essentielles sur la prestation de service, le prix, ses coordonnées… Mais la règle n'est sanctionnée que par une amende : elle n'affecte donc pas la validité du contrat (v. *infra*, n° 813).
En outre, comme pour la vente, dans les **contrats conclus à distance** (par internet, par ex.) **ou hors établissement** (ex. intervention au domicile), le consommateur dispose **d'un droit de rétractation de quatorze jours** qui court cette fois à compter de la **conclusion du contrat** (C. consom., art. L. 221-18). Ce droit de rétractation est toutefois **exclu** dans de nombreuses hypothèses. Signalons en trois (C. consom., art. L. 221-28) :
- « 1° Fourniture de services pleinement exécutés avant la fin du délai de rétractation et *dont l'exécution a commencé après accord préalable exprès du consommateur et renoncement exprès à son droit de rétractation* » : cela permet de ne pas attendre quatorze jours avant de faire réaliser une prestation ; en effet, contrairement à la vente, on ne peut pas restituer un service, de sorte que le droit de rétractation implique ici d'attendre quatorze jours avant d'exécuter le contrat, ce qui est parfois inopportun ; par ex., travaux de raccordement à la fibre ;

- « 8° *De travaux d'entretien ou de réparation à réaliser en urgence au domicile du consommateur* et expressément sollicités par lui, *dans la limite des pièces de rechange et travaux strictement nécessaires* pour répondre à l'urgence » : sont notamment visés les fameux travaux de plomberie ou de serrurerie en urgence, qui ne donnent pas lieu à un droit de rétractation ;
- « 12° De prestations de services *d'hébergement*, autres que d'hébergement résidentiel, de services de transport de biens, de *locations de voitures*, de *restauration* ou *d'activités de loisirs* qui doivent être fournis à une *date* ou à une *période déterminée* » : il n'y a donc pas de droit de rétractation après la livraison des pizzas au domicile.

Enfin, pèse en droit commun, une obligation de **renseignement et de conseil** à la charge de l'entrepreneur. Nous pouvons renvoyer ici à ce qui a été écrit à propos de la vente (v. *supra*, n° 747 et s.), en insistant sur le fait que le conseil est particulièrement exigé en matière de contrat d'entreprise, puisqu'il s'agit d'un **contrat sur mesure**. Il faut donc que l'entrepreneur s'assure que l'ouvrage est adapté aux besoins du maître de l'ouvrage.

Exemple

Manque à son obligation de conseil le maître d'œuvre (architecte) qui n'attire pas l'attention du maître de l'ouvrage sur les risques d'édifier une construction en violation des droits du propriétaire du fonds voisin (Cass. 3e civ., 15 oct. 2015, n° 14-24533). À cet égard, l'architecte ne peut pas rester dans une posture passive mais doit au contraire se renseigner sur la destination de l'immeuble dont il conçoit les plans. Tel est l'enseignement que l'on peut tirer d'un arrêt récent de la Cour de cassation : il incombait à l'architecte de se renseigner sur la destination de l'immeuble au regard des normes d'accessibilité aux personnes handicapées (**Cass. 3e civ., 12 oct. 2017**, n° 16-23982). On pourrait également mentionner le devoir de conseil du **notaire** ou de l'**avocat**, particulièrement exigeant.

B. La validité du contrat

On doit seulement s'arrêter sur les deux prestations caractéristiques du contrat d'entreprise : la prestation de service (1) et la rémunération (2).

1. La prestation de service

812. La prestation de service, au-delà de sa **licéité** (ex. interdiction de la GPA, du meurtre sur commande...), doit être **déterminée ou déterminable**, conformément à l'article **1163 alinéa 2** du Code civil. L'alinéa 3 précise que « la prestation est déterminable lorsqu'elle peut être déduite du contrat ou par référence aux usages ou aux relations antérieures des parties, sans qu'un nouvel accord des parties soit nécessaire ».

En outre, l'article 1666 du Code civil introduit une certaine souplesse, dans la mesure où lorsque la **qualité** de la prestation n'est pas déterminable en vertu du contrat, le débiteur doit offrir une **prestation de qualité conforme aux attentes légitimes des parties en considération de sa nature, des usages et du montant de la contrepartie.**

Exemple

Si le contrat prévoit la réalisation de travaux de plomberie sans autre précision, l'entrepreneur ne peut pas fournir du matériel bas de gamme, alors qu'il se présente comme un professionnel attentif à la qualité.

Il advient parfois que des **travaux supplémentaires**, non prévus à l'origine, soient nécessaires. Dans ce cas, la jurisprudence exige soit que les travaux aient été commandés par le maître de l'ouvrage avant leur exécution, soit qu'ils aient été acceptés sans équivoque après leur exécution (Cass. 3e civ., 27 sept. 2006, n° 05-13808, *Bull. civ.* III, n° 189). La preuve de l'acceptation peut être rapportée par **tous moyens**.

Exemple

Si le client a donné son accord pour ouvrir une serrure en urgence, l'entrepreneur ne peut pas, sans l'accord de son client, procéder au changement de cette serrure. En droit de la consommation, une telle prestation complémentaire, non justifiée par l'urgence, pourra justifier l'exercice du droit de rétractation (v. *supra*, n° 811).

L'article 1793 du Code civil introduit une exception pour la construction **à forfait** d'un bâtiment : ainsi, « lorsqu'un architecte ou un entrepreneur s'est chargé de la construction à forfait d'un bâtiment d'après un plan arrêté et convenu avec le propriétaire du sol, il ne peut demander aucune augmentation de prix, ni sous le prétexte de l'augmentation de la main-d'œuvre ou des matériaux, ni sous celui de changements ou d'augmentations faits sur ce plan, si ces changements ou augmentations *n'ont pas été autorisés par écrit* ». L'absence d'écrit interdit à l'entrepreneur d'exiger un complément de prix au titre de travaux supplémentaires non compris dans le forfait : il ne pourra obtenir que le paiement du forfait convenu. Il en va ainsi, même si les travaux supplémentaires sont nécessaires à la réalisation de l'ouvrage : seul le forfait est dû (Cass. 3e civ., 18 avr. 2019, n° 18-18801).

2. Le prix

813. S'agissant du prix, la jurisprudence considère **que l'article 1591 du Code civil n'est pas applicable au contrat d'entreprise** (Cass. 1re civ., 20 févr. 1996, n° 94-11074, *Bull. civ.* I, n° 91). Dès lors, la détermination du prix n'est pas une condition de validité du contrat d'entreprise. Le nouvel **article 1165** du Code civil **consacre cette solution** : « dans les contrats de prestation de service, à défaut d'accord des parties avant leur exécution, le prix peut être fixé par le créancier, à charge pour lui d'en motiver le montant en cas de contestation. En cas d'abus dans la fixation du prix, le juge peut être saisi d'une demande en dommages-intérêts ». Ainsi, l'entrepreneur peut procéder à la fixation unilatérale du prix après la réalisation de sa prestation : cela s'explique par le fait qu'il est parfois difficile de déterminer à l'avance le temps que va prendre la réalisation d'un ouvrage (alors que l'on peut fixer à l'avance la valeur d'une chose vendue).

Mais il doit motiver ce montant en cas de contestation, ce qui permettra un **contrôle judiciaire**, non pas pour réviser le prix, mais pour allouer au maître de l'ouvrage des dommages-intérêts en cas **d'abus.** De ce point de vue, la réforme revient sur la jurisprudence qui avait permis au juge de fixer le prix de la prestation, en l'absence d'accord du maître de l'ouvrage (Cass. 1re civ., 4 oct. 1989, n° 87-19193, *Bull. civ.* I, n° 301). Le rôle du juge est ici en retrait : dès lors que l'entrepreneur a fixé un prix et que le maître de l'ouvrage le conteste, le juge pourra seulement lui allouer des dommages-intérêts en cas d'abus.

À noter

La loi de ratification du 20 avril 2018 a toutefois ajouté la possibilité pour le juge de prononcer la résolution du contrat, et cette nouvelle disposition, interprétative, est applicable aux contrats conclus après le 1er octobre 2016. Mais la révision du prix n'est toujours pas possible.

On doit toutefois réserver l'hypothèse du **contrat sans prix**, c'est-à-dire le cas où l'entrepreneur ne procède à aucune fixation du prix. C'est sans doute un cas d'école, mais la réforme ne prévoit rien sur ce point. Il nous semble que dans ce cas, le juge devrait pouvoir procéder à la fixation du prix, conformément à la jurisprudence antérieure.
Enfin, le juge pourra-t-il, comme par le passé, réviser le prix qui a été fixé d'un commun accord par les parties? Pour ne pas nous répéter, nous traiterons cette question dans le mandat (v. *infra*, n° 846).

§ 2. Les effets du contrat d'entreprise

Comme pour la vente, nous distinguerons l'effet translatif du contrat (A) et les obligations des parties (B).

A. L'effet translatif du contrat

Se pose la question du transfert de propriété (1) et du transfert des risques (2).

1. Le transfert de propriété

814. La question du transfert de propriété se pose lorsque l'entrepreneur fournit des matériaux pour réaliser son ouvrage: le maître de l'ouvrage acquiert la propriété des matériaux. Mais de quelle manière? Devient-il propriétaire par **accession** (acquisition originaire) ou par **une acquisition dérivée** (transfert de propriété)?

Exemple

Lorsqu'un entrepreneur construit une maison sur le terrain du maître de l'ouvrage, les briques et le ciment viennent s'incorporer au sol. Le maître de l'ouvrage devient-il propriétaire des matériaux par accession immobilière (C. civ., art. 552)?

L'enjeu d'une telle question se trouve notamment dans la transmission des actions en garantie et en responsabilité: dès lors que celles-ci sont transmises avec la propriété de la chose, il faut savoir s'il existe un transfert de propriété entre l'entrepreneur et le maître de l'ouvrage.

Exemples

S'il existe un vice caché affectant le ciment acheté par l'entrepreneur, le maître de l'ouvrage disposera d'une action directe en garantie des vices cachés contre le fabricant, dès lors qu'il existe un transfert de propriété du ciment entre l'entrepreneur et le maître de l'ouvrage.

Telle est la position de la jurisprudence (Cass. com., 22 mai 2002, n° 99-11113, *Bull. civ.* IV, n° 89): on peut donc considérer qu'il existe un **transfert de propriété** sur les matériaux entre l'entrepreneur et le maître de l'ouvrage. Au reste, l'article 555 du Code civil relatif aux constructions sur le fonds d'autrui (accession immobilière) est inapplicable lorsque le constructeur les a réalisées pour le compte d'autrui, ce qui est le cas de l'entrepreneur: il construit un édifice non pour lui-même, mais pour son client, le maître de l'ouvrage (Cass. 3e civ., 28 mai 1986, n° 85-10367, *Bull. civ.* III, n° 83).

Simplement, ce transfert de propriété **n'a pas nécessairement lieu dès l'échange des consentements**: ainsi, en matière immobilière, la propriété des matériaux est transmise au fur et à mesure de leur incorporation à l'immeuble, ce qui explique son rapprochement avec les règles de l'accession (v. C. civ., art. 1196 al. 2 qui réserve d'ailleurs la nature des choses).

2. Le transfert des risques

815. Qui, de l'entrepreneur ou du maître de l'ouvrage, doit supporter les risques de perte qui rendraient l'exécution de l'ouvrage impossible? On sait qu'en principe les risques sont attachés à la propriété (C. civ., art. 1196 al. 3).

L'article 1787 du Code civil distingue selon que l'entrepreneur a fourni ou non la matière.

- **L'entrepreneur fournit la matière**: si l'ouvrage vient à périr, les risques pèsent sur lui tant que l'ouvrage n'est pas livré, sauf si le maître de l'ouvrage a été mis en demeure de recevoir cet ouvrage (C. civ., art. 1788).

Exemple

Si un luthier a fabriqué un violon sur mesure avec du bois qu'il a acheté et que ce violon est volé avant la livraison, les risques pèsent sur l'entrepreneur: il ne pourra être payé et devra éventuellement restituer les acomptes éventuels; de même, en matière immobilière, la charge des risques n'est transmise qu'à la réception de l'ouvrage (alors même que la propriété des matériaux est transmise au fur et à mesure de leur incorporation: le transfert de la propriété et la charge des risques sont donc dissociés).

- **L'entrepreneur ne fournit pas la matière**: si l'ouvrage vient à périr, l'entrepreneur n'est tenu que de sa faute (C. civ., art. 1789).

  Par exemple, un teinturier peut se libérer de sa responsabilité au titre de la détérioration d'un vêtement qui lui a été confié pour nettoyage en prouvant qu'il n'a commis aucune faute (Cass. 1re civ., 20 déc. 1993, n° 92-11385, *Bull. civ.* I, n° 376). Pèse donc sur l'entrepreneur une **présomption de faute**, qui est simple. La charge des risques en présence de cas fortuit pèse donc sur le maître de l'ouvrage, en qualité de propriétaire du bien (*res perit domino*). L'entrepreneur n'aura donc pas à indemniser le maître de l'ouvrage pour la perte de sa chose, sauf faute de sa part. Mais pourra-t-il en outre être payé pour sa prestation? En principe non, sauf si la chose a péri par le vice de la matière (C. civ., art. 1790: par exemple, un tissu qui prend feu au *pressing* à cause d'un vice de fabrication: l'entreprise sera payée pour sa prestation, même si la chose a péri).

B. Les obligations des parties

Il convient d'envisager successivement les obligations de l'entrepreneur (1) et du maître de l'ouvrage (2).

1. Les obligations de l'entrepreneur

À l'obligation principale de réalisation de l'ouvrage (a), viennent s'ajouter des obligations accessoires (b).

a. L'obligation principale : la réalisation de l'ouvrage

On doit distinguer selon que l'ouvrage est réalisé par l'entrepreneur et selon qu'il a recours, pour tout ou partie de sa prestation, à un sous-traitant. On doit enfin réserver la responsabilité particulière des constructeurs.

La réalisation de l'ouvrage par l'entrepreneur

816. *Quelles sont les exigences imposées à l'entrepreneur ?*
L'entrepreneur est tenu de procéder à la **réalisation de l'ouvrage convenu**. Il s'agit essentiellement d'une **obligation de faire** : **exécuter** l'ouvrage **conformément aux prévisions du contrat** (instructions du maître de l'ouvrage) et ensuite le **livrer.**
La sanction consiste souvent dans l'octroi de **dommages-intérêts** : sa responsabilité est toutefois lourde, au regard du préjudice réparable. Il a notamment été jugé qu'un **diagnostiqueur**, chargé de détecter la présente de termites dans le cadre d'une vente immobilière, devait assumer le coût des réparations supportées par l'acheteur, quand bien même il n'est pas à l'origine d'une telle infestation, mais n'a pas permis de la révéler (Cass. ch. mixte, 8 juill. 2015, n° 13-26686). À cet égard, la Cour de cassation fait montre d'une certaine sévérité vis-à-vis du diagnostiqueur : ce dernier doit, s'il ne mène pas des investigations complètes, émettre des réserves sur la présence possible d'amiante sur les parties de l'immeuble non contrôlées (**Cass. 3e civ., 14 sept. 2017**, n° 16-21942).

Actualité sur la responsabilité du garagiste

Par deux arrêts du 11 mai 2022, la Cour de cassation a clarifié le régime de la responsabilité du garagiste lorsque des réparations lui ont été confiées (Cass. 1re civ., 11 mai 2022, n° 20-18867 et n° 20-19732). Dans le passé, son obligation était qualifiée de résultat, ce qui était inadéquat, dès lors que le garagiste pouvait s'exonérer en prouvant qu'il n'avait pas commis de faute. C'est pourquoi la Cour de cassation rétablit une cohérence entre la nature de la responsabilité du garagiste et son régime : selon la Cour, il résulte des articles 1147, dans sa rédaction antérieure à celle issue de l'ordonnance n° 2016-131 du 10 février 2016, et 1315, devenu 1353, du Code civil que, si la responsabilité du garagiste au titre des prestations qui lui sont confiées n'est engagée qu'en cas de faute, dès lors que des désordres surviennent ou persistent après son intervention, l'existence d'une faute et celle d'un lien causal entre la faute et ces désordres sont présumées. Pèse donc sur le garagiste non pas une obligation de résultat (sans quoi il ne pourrait s'exonérer en l'absence de faute), mais une présomption de faute, ce qui renvoie à une obligation de moyens renforcée.

817. *Peut-elle donner lieu à une* ***exécution forcée en nature****?*
La réforme du droit des obligations retient une solution nuancée : « le créancier d'une obligation peut, après mise en demeure, en poursuivre l'exécution en nature sauf si cette exécution est impossible ou s'il existe une disproportion manifeste entre son coût pour le débiteur et son intérêt pour le créancier » (C. civ., **art. 1221**). Ainsi, l'exécution en nature de l'obligation de l'entrepreneur est possible, sauf si elle engendre une disproportion manifeste entre son coût et son intérêt pour le créancier.

Exemple

Un luthier s'est engagé à réaliser une guitare avec un manche de 53 mm ; le manche fait seulement 51 mm. Le maître de l'ouvrage pourra obtenir la condamnation du luthier à recommencer son ouvrage, sauf si cela engendre un coût excessif (en l'occurrence il faudra changer le manche) compte tenu de l'intérêt pour le créancier (par ex. guitariste amateur qui sait à peine jouer).

Cette restriction à l'exécution forcée du contrat en nature, qui repose sur une analyse économique du contrat en termes de coûts, sera systématiquement opposée par les entrepreneurs pour y résister (notamment dans les contrats de construction : si l'épaisseur des murs n'est pas respectée, cela implique de démolir et reconstruire, ce qui est très coûteux ; mais n'est-ce pas le seul moyen d'inciter les entrepreneurs à respecter le cahier des charges ?). Sensible à cette critique, la loi de ratification du 20 avril 2018 a limité cette disposition au **débiteur de bonne foi**, afin d'éviter la commission de fautes lucratives. La règle, interprétative, est d'application immédiate : elle s'applique aux contrats conclus à partir du 1er octobre 2016.

NEWS Double actualité sur l'exécution forcée

Par deux arrêts du 13 juillet 2022, la Cour de cassation a réalisé une application anticipée du nouvel article 1221 du Code civil (Cass. 3e civ., 13 juill. 2022, n° 21-16407 et n° 21-16408, deux arrêts, *D.* 2022.1647, note Th. Genicon). Dans les deux espèces, il était question de la destruction par un promoteur d'une villa ancienne et de la construction corrélative d'un immeuble collectif faite en violation des règles du cahier des charges d'un lotissement, lequel constitue un document contractuel qui lie tous les colotis (Cass. 3e civ., 21 janv. 2016, n° 15-10566). Un couple de colotis voisins a demandé la démolition de cet ouvrage collectif illicite. En pareille hypothèse, la jurisprudence considérait traditionnellement, sur le fondement de l'ancien article 1143 du Code civil, que la démolition de l'ouvrage devait être ordonnée, indépendamment de l'existence ou de l'importance du dommage (Cass. 3e civ., 19 mai 1981, n° 79-16605 ; Cass. 3e civ., 24 oct. 1990, n° 89-15142 ; v. toutefois, constatant sommairement la proportionnalité de la démolition ordonnée en référé, Cass. 3e civ., 21 janv. 2016, n° 15-10566). Les deux arrêts du 13 juillet 2022 s'inscrivent en rupture avec cette jurisprudence, en empruntant très directement la substance des nouveaux articles 1221 et 1222 du Code civil. Ainsi, la troisième chambre civile énonce « qu'il était totalement disproportionné de demander la démolition d'un immeuble d'habitation collective dans l'unique but d'éviter aux propriétaires d'une villa le désagrément de ce voisinage, alors que l'immeuble avait été construit dans l'esprit du règlement du lotissement et n'occasionnait aucune perte de vue ni aucun vis-à-vis, la cour d'appel, qui

→

→

a fait ressortir l'existence d'une disproportion manifeste entre le coût de la démolition pour le débiteur et son intérêt pour les créanciers, a pu déduire, de ces seuls motifs, que la demande d'exécution en nature devait être rejetée et que la violation du cahier des charges devait être sanctionnée par l'allocation de dommages-intérêts». Cette application anticipée des nouvelles dispositions issues de la réforme, réalisée par le biais d'un revirement de jurisprudence, n'est pas satisfaisante, dès lors que la Cour de cassation ne prend pas même soin de vérifier la bonne foi du constructeur, ce qui risque d'aboutir à des fautes lucratives, c'est-à-dire des fautes délibérément commises car le gain attendu est supérieur au montant des dommages-intérêts encouru.
Par un arrêt du 6 juillet 2023, la Cour de cassation a encore étendu un peu plus le champ du contrôle de proportionnalité, en considérant que le juge devait désormais le mettre en œuvre, même s'il était saisi d'une demande en exécution par équivalent, sous la forme de dommages-intérêts d'un montant égal au coût de la démolition et de la reconstruction **(Cass. 3e civ., 6 juill. 2023, n° 22-10884)**. Ainsi, le juge doit rechercher, si cela lui est demandé, s'il n'existe pas une disproportion manifeste entre son coût pour le débiteur de bonne foi et son intérêt pour le créancier au regard des conséquences dommageables des non-conformités constatées. En cas de disproportion manifeste, les dommages-intérêts alloués sont alors souverainement appréciés au regard des seules conséquences dommageables des non-conformités retenues, dans le respect du principe de la réparation sans perte ni profit. Le contrôle de proportionnalité devient ainsi l'alpha et l'oméga des sanctions de l'inexécution du contrat, au risque d'en compromettre l'efficacité.

818. L'entrepreneur est-il en outre tenu de la **garantie des vices cachés**, analogue à celle de l'article 1641 du Code civil ?
Dans le silence du Code civil, une réponse positive s'impose, dès lors que dans le cadre de son ouvrage, l'entrepreneur transmet une chose au maître de l'ouvrage (v. implicitement, Cass. com., 16 févr. 1999, n° 97-13605, *Bull. civ.* IV, n° 45). Mais la jurisprudence écartait le jeu de l'ancien bref délai de l'article 1648 du Code civil, lorsque celui-ci était en vigueur (Cass. 1re civ., 2 juin 1982, n° 81-11743, *Bull. civ.* I, n° 204). On peut donc raisonner par analogie avec la garantie des vices cachés de la vente (conditions de fond), à l'exception du délai de prescription (prescription de droit commun de cinq ans). La question se pose assez peu en pratique, dès lors qu'existe en la matière un texte spécial dans le domaine de la construction (v. *infra*, n° 821 ; C. civ., art. 1792).
Enfin, en **droit de la consommation**, la garantie de conformité est étendue «aux contrats de fourniture de biens meubles à fabriquer ou à produire» (C. consom., art. L. 217-1), ce qui en limite l'application au seul contrat d'entreprise ayant pour finalité la **fourniture d'une chose** (v. *supra*, n° 811). La prestation de service réalisée sur une chose appartenant au maître de l'ouvrage en est exclue. En outre, l'entrepreneur n'est pas responsable du défaut si celui-ci provient des matériaux fournis par le consommateur (C. consom., art. L. 217-8). Par exemple, le luthier n'est pas responsable de la défectuosité du violon fabriqué à partir d'un bois de mauvaise qualité fourni par le maître de l'ouvrage. En tout état de cause, la prestation de service qui ne tend pas à la fourniture d'une chose au consommateur est exclue de la garantie. Par exemple, le contrat par lequel le garagiste répare la voiture de son client n'est pas un contrat de fourniture d'un bien meuble à fabriquer ou à produire. La garantie de conformité du Code de la consommation ne s'applique pas.

819. *L'entrepreneur peut-il limiter ou exclure sa responsabilité ?*
C'est une autre différence avec le contrat de vente, du moins **en droit commun.**
En effet, il n'existe pas, pour le contrat d'entreprise, de présomption de connaissance des vices par le professionnel. Dès lors, **les clauses limitatives de responsabilité ou de garantie sont valables, même entre professionnels de spécialité différente.** La clause est soumise au droit commun des contrats. Ainsi, la clause ne doit pas contredire la portée d'une obligation essentielle (C. civ., art. 1170), laquelle est l'obligation de réaliser l'ouvrage convenu. Sous cette limite, et sous réserve du dol ou de la faute lourde, la clause est valable. En revanche, **en droit de la consommation**, la clause exclusive ou élusive de responsabilité est réputée non écrite, en raison de son caractère abusif (C. consom., art. R. 212-1 6°). La qualification n'a ici aucune incidence puisque l'interdiction s'applique à tous les contrats, ce qui n'était pas le cas en 1978 (seul le contrat de vente était visé).

Le recours à la sous-traitance

820. La sous-traitance est réglementée par **la loi du 31 décembre 1975.** L'article 1er dispose que la sous-traitance est l'opération par laquelle un entrepreneur **confie sous sa responsabilité, à une autre personne appelée sous-traitant, l'exécution de tout ou partie du contrat d'entreprise** conclu avec le maître de l'ouvrage.

Exemple

Le constructeur d'une maison confie à un premier sous-traitant l'installation de la plomberie et à un second la fourniture et la pose des fenêtres.

Parce qu'il y a trois personnages, **trois questions** se posent :
Quels sont les droits du ***sous-traitant à l'égard du maître de l'ouvrage ?***
C'est l'objet principal de la loi : à **la condition d'avoir été agréé par lui**, le sous-traitant dispose d'une **action directe en paiement** contre le maître de l'ouvrage, en cas de défaillance de l'entrepreneur principal (L. n° 75-1334, 31 déc. 1975, art. 12). Cela permet ainsi de pallier la faillite de l'entrepreneur principal : le maître de l'ouvrage, qui est le bénéficiaire final des travaux, devient donc débiteur du sous-traitant, alors même qu'il est tiers à l'opération de sous-traitance.
Quels sont les droits du ***maître de l'ouvrage à l'égard du sous-traitant ?***
Par un fameux arrêt *Besse* du 12 juillet 1991, rendu sur le fondement du principe de l'effet relatif des contrats, la Cour de cassation a jugé que le maître de l'ouvrage disposait seulement d'une **action de nature délictuelle contre le sous-traitant** (Cass. ass. plén., 12 juill. 1991, n° 90-13602, *Bull. ass. plén.*, n° 5). En réalité, c'est là une mesure de faveur, dès lors qu'il ne pourra pas se voir opposer les clauses limitatives contenues dans le contrat de sous-traitance et qu'il peut, depuis un funeste arrêt de 2006, directement invoquer un manquement contractuel pour établir une faute délictuelle à son égard (Cass. ass. plén., 6 oct. 2006, n° 05-13255, *Bull. ass. plén.*, n° 9). Il faut observer qu'un projet de réforme de la responsabilité civile a été publié le 13 mars 2017 et qu'il propose de revenir sur cette solution, en exigeant la preuve d'une faute détachable du contrat, sauf s'il dispose d'un intérêt légitime à la bonne exécution du contrat (art. 1234), exception dont la portée est bien incertaine, dès lors que l'intérêt légitime à agir est la condition générale de toute action en justice.

FOCUS

La faute délictuelle et les tiers au contrat

Alors que certaines chambres de la Cour de cassation avaient commencé à nuancer la position de principe inaugurée le 6 octobre 2006 (Cass. 3e civ., 18 mai 2017, n° 16-11203), l'assemblée plénière a réaffirmé l'identité des fautes contractuelle et délictuelle **(Cass. ass. plén., 13 janv. 2020, n° 17-19963)**. Parce qu'« il importe de ne pas entraver l'indemnisation de ce dommage », « le tiers au contrat qui établit un lien de causalité entre un manquement contractuel et le dommage qu'il subit n'est pas tenu de démontrer une faute délictuelle ou quasi délictuelle distincte de ce manquement ». Cette solution qui n'a d'autre justification que la réparation d'un préjudice, est très contestable. Il n'y a en effet aucune raison de rendre un tiers, qui n'a pas fourni de contrepartie, créancier d'un contrat auquel il est étranger. Seule la commission d'une faute délictuelle est de nature à permettre l'exercice d'une action en responsabilité. La seule inexécution du contrat ne saurait suffire à caractériser une telle faute, sauf à vider de sa substance le principe de l'effet relatif des conventions.

Le caractère délictuel de la responsabilité du sous-traitant à l'égard du maître de l'ouvrage reçoit exception en présence **du transfert de propriété d'une chose**. Lorsque le sous-traitant transmet la propriété d'une chose (ex. des vitres) à l'entrepreneur principal, qui les transfère ensuite au maître de l'ouvrage, ce dernier dispose alors nécessairement d'une action de nature contractuelle (Cass. ass. plén., 7 févr. 1986, *Bull. ass. plén.*, n° 2).

*Quels sont les droits du **maître de l'ouvrage à l'égard de l'entrepreneur principal**?*
Le sous-traitant réalise la prestation **sous la responsabilité** de l'entrepreneur principal (L. n° 75-1334, 31 déc. 1975, art. 1). Par suite, le maître de l'ouvrage peut, en cas de désordres imputables au sous-traitant, agir contre l'entrepreneur principal. Il s'agit là d'une forme de responsabilité contractuelle du fait d'autrui.
Mais l'entrepreneur peut **appeler en garantie son sous-traitant**. La Cour de cassation a même jugé que **le sous-traitant est tenu envers l'entrepreneur principal d'une obligation de résultat**, s'agissant des travaux qu'il a réalisés (Cass. 3e civ., 2 févr. 2017, n° 15-29420).
Qu'advient-il lorsque l'entrepreneur a recours à une sous-traitance qui est interdite par la loi ? Telle est la délicate question à laquelle la Cour de cassation a eu à répondre dernièrement (**Cass. 3e civ., 27 avr. 2017**, n° 16-15958 P). En l'espèce, une société chargée d'une mission de maîtrise d'œuvre pour un bâtiment industriel a sous-traité l'établissement du dossier du permis de construire à un architecte. Ayant avancé les frais de ce dernier, la société en a demandé le remboursement au maître de l'ouvrage. Mais il se trouve que le code de déontologie des architectes interdit à un architecte de sous-traiter la réalisation d'une telle prestation. Sur le fondement des anciens articles visant la cause (C. civ., anciens art. 1108 et 1131) applicables en l'espèce, la Cour de cassation considère que « le maître de l'ouvrage n'est pas redevable des sommes exposées par le maître d'œuvre pour rémunérer un sous-traitant lorsque le recours à la sous-traitance est interdit ». Ainsi, l'illicéité de la sous-traitance interdit au maître d'œuvre d'en exiger le paiement au maître de l'ouvrage. Même si la cause disparaît, on peut estimer et espérer que la solution sera maintenue.
Par ailleurs, la **loi n° 2017-399 du 27 mars 2017** a institué un **devoir de vigilance des sociétés mères et des sociétés donneuses d'ordres** à l'égard de leurs filiales et sous-traitants.

Ce devoir de vigilance est né à la suite de l'effondrement au Bangladesh du Rana Plaza, un immeuble de confection, qui a causé la mort de 1200 ouvriers. Dans les décombres ont été retrouvées des marques de vêtements de grandes enseignes internationales, sans que leur responsabilité puisse être recherchée (autonomie des personnes morales). Dès lors, la loi de 2017 crée l'obligation, pour les sociétés par actions employant, en leur sein ou dans leurs filiales, au moins 5000 salariés en France ou au moins 10000 salariés dans le monde, d'établir un plan de vigilance, de le mettre en œuvre et de le publier. Ce plan comporte les mesures de « vigilance raisonnable propres à identifier et à prévenir les atteintes graves envers les droits humains et les libertés fondamentales, la santé et la sécurité des personnes, ainsi que l'environnement ». On le voit, la société donneuse d'ordre n'est pas responsable du fait de son sous-traitant ou fournisseur (responsabilité objective), mais pour ne pas avoir mis en œuvre un plan de vigilance (responsabilité pour faute).

La responsabilité des constructeurs

821. Dans le sillage d'une loi du 3 janvier 1967, une **loi du 4 janvier 1978** a mis en œuvre un régime spécial de responsabilité en matière de **construction immobilière.** Ce régime est codifié aux **articles 1792 et suivants** du Code civil. La loi instaure **deux garanties :**

- **La garantie décennale,** qui court à compter de la **réception des travaux**. Elle couvre les désordres qui compromettent la **solidité de l'immeuble** ou qui le rendent **impropre à sa destination, telle que convenue par les parties** (par ex. Cass. 3e civ., 11 mars 2008, n° 07-10651, pour des désordres esthétiques généralisés affectant une villa de grand standing ; v. aussi, pour un immeuble étanche ni à l'eau, ni à l'air : Cass. 3e civ., 21 sept. 2011, n° 09-69933, *Bull. civ.* III, n° 153). Cette garantie décennale couvre aussi les **éléments d'équipement indissociables de l'ouvrage** (C. civ., art. 1792-2 ; par ex., un bardage en bois qui enveloppe les murs), ainsi que les éléments dissociables de l'ouvrage, dès lors qu'ils le rendent dans son ensemble impropre à sa destination. Par un revirement de jurisprudence, la Cour de cassation considère que la garantie décennale s'applique même s'il s'agit d'éléments d'équipements ajoutés à un ouvrage existant (v. Cass. 3e civ., 15 juin 2017, n° 16-19640, à propos d'une pompe à chaleur ajoutée *a posteriori*). À noter que cette garantie décennale ne peut plus être exercée par un acquéreur qui a exercé avec succès l'action rédhibitoire sur le fondement de la garantie des vices cachés, la résolution de la vente mettant fin à sa qualité de propriétaire de l'ouvrage, condition de la garantie décennale (Cass. 3e civ., 8 juill. 2021, n° 20-15669).

  Il s'agit d'une **responsabilité de plein droit** (sans faute), l'exonération n'étant possible que par la preuve d'une cause étrangère. Cette **action spécifique exclut l'action fondée sur le droit commun de la responsabilité contractuelle** (Cass. 3e civ., 13 avr. 1988, n° 86-17824, *Bull. civ.* III, n° 67).

  En vertu de l'article 1792-1 du Code civil, la responsabilité pèse sur **toutes les personnes liées avec le maître de l'ouvrage par un louage d'ouvrage** (architecte, entrepreneur...), ainsi que **le vendeur d'un immeuble à construire et le vendeur après achèvement** d'un ouvrage qu'il a construit ou fait construire, de même que le mandataire (promoteur immobilier).

  Comme l'action en garantie des vices cachés, l'action est **transmise avec la propriété de l'immeuble** (Cass. 3e civ., 23 sept. 2009, n° 08-13470, *Bull. civ.* III, n° 202).
- **La garantie biennale de bon fonctionnement** qui court aussi à compter de la réception, pour les **éléments d'équipement dissociables** (ex. pour des canalisations démontables sans atteinte au gros œuvre : Cass. 3e civ., 25 janv. 1989, n° 86-11806, *Bull. civ.* III, n° 20).

b. Les obligations accessoires

Deux obligations peuvent être brièvement évoquées : l'obligation de conservation et l'obligation de sécurité.

L'obligation de conservation

822. Cette obligation est à la charge de l'entrepreneur lorsque le maître de l'ouvrage lui confie sa chose : une voiture à un garagiste, une maison à un entrepreneur, un vêtement à un nettoyeur...
Dans ce cas, la Cour de cassation considère que l'entrepreneur contracte une obligation de conservation, en qualité de **dépositaire.** Alors que le contrat reste un contrat d'entreprise, dans la mesure où la prestation principale est la réalisation d'un ouvrage (réparation d'une voiture, par ex.), il est soumis pour partie aux règles du dépôt.
C'est pourquoi la Cour de cassation retient que l'entrepreneur ayant reçu une chose en dépôt pour réparation n'est pas libéré de ses obligations de dépositaire par la réalisation des travaux commandés, mais demeure tenu de garder et de conserver cette chose jusqu'à restitution (Cass. 1re civ., 30 mai 2006, n° 05-13980, *Bull. civ.* I, n° 270 : réparateur de bateau).
Adde, le nouvel article 1197 du Code civil « l'obligation de délivrer la chose emporte obligation de la conserver jusqu'à la délivrance, en y apportant tous les soins d'une personne raisonnable ».

L'obligation de sécurité

823. Cette obligation a été dégagée en 1911 par la Cour de cassation dans le **contrat de transport**, qui constitue une variante de contrat d'entreprise. Cette obligation est de **moyens** ou de **résultat** selon l'aléa que comporte son exécution, ce qui ramène au rôle actif du client (par ex., dans le télésiège, elle est de résultat au cours du trajet, et de moyens pendant les phases d'embarquement et de débarquement). Tout ceci relève du droit de la responsabilité.
Mais l'obligation de sécurité n'est pas limitée au contrat de transport. À chaque fois que l'ouvrage peut porter atteinte à la sécurité d'une personne ou d'un bien, elle peut être invoquée, et son intensité varie selon les cas (ex. pour un garagiste, obligation de moyens : Cass. 1re civ., 9 juin 1993, n° 91-17387, *Bull. civ.* I, n° 209 ; pour le réparateur d'un ascenseur, obligation de résultat, Cass. 3e civ., 1er avr. 2009, n° 08-10070, *Bull. civ.* III, n° 71 ; v. Cass. 3e civ., 5 nov. 2020, n° 19-10857 : « celui qui est chargé de la maintenance d'une porte automatique d'accès à un parking est tenu d'une obligation de résultat en ce qui concerne la sécurité de l'appareil »).
Enfin, lorsque la prestation consiste dans la fourniture d'une chose, il y a lieu d'appliquer les règles **de la responsabilité du fait des produits défectueux** (C. civ., art. 1245-1 et s.), étant précisé que l'entrepreneur n'est normalement responsable que s'il est producteur du bien (v. *supra*, n° 779 sur la vente, leçon 3).

2. Les obligations du maître de l'ouvrage

Le maître de l'ouvrage a l'obligation de réceptionner l'ouvrage lorsqu'il s'agit d'une chose (a) et de payer dans tous les cas le prix de la prestation (b).

a. La réception de l'ouvrage

824. La réception est l'acte juridique unilatéral par lequel le maître accepte l'ouvrage commandé. Il s'agit d'une obligation, en ce qu'elle peut **être judiciairement** prononcée si le maître ne l'accomplit pas alors que la chose a été livrée en bonne et due forme La réception peut toutefois être tacite et résulter de la prise de possession des lieux et du paiement intégral du prix. Mais il convient de tenir compte du dernier événement, si la prise de possession et le paiement du prix n'ont pas eu lieu le même jour (Cass. 3e civ. 12 nov. 2020, n° 19-18213). En réceptionnant l'ouvrage, le maître de l'ouvrage l'accepte. Il peut toutefois effectuer des réserves si l'ouvrage présente des désordres, voire refuser de réceptionner l'ouvrage en cas de trop graves malfaçons.
Cette réception a **quatre** conséquences :
- elle rend **le prix exigible** (ou son solde, car un acompte a souvent été payé) ;
- elle entraîne le **transfert des risques** (v. *supra*, n° 815), et **parfois le transfert de propriété** (mais pas toujours : v. en matière immobilière, avec le jeu de l'accession au fur et à mesure de l'incorporation des constructions au sol) ;
- elle couvre les **défauts et vices apparents**, sauf réserve ;
- elle met fin au contrat de louage d'ouvrage et constitue le point de départ de la garantie des constructeurs (biennale et décennale).

b. Le paiement du prix

825. Comme nous l'avons vu, le prix peut être fixé unilatéralement par l'entrepreneur.
Toutefois, il ne s'agit que d'une faculté. Ainsi, il est parfaitement possible de stipuler un **forfait : le prix est alors définitif**, sauf si des travaux supplémentaires ont été acceptés par le maître de l'ouvrage, avec nécessité d'un écrit en cas de construction d'un bâtiment (C. civ., art. 1793).
Par analogie avec la vente et sauf clause contraire, le paiement n'est dû qu'une fois le travail effectué ou, si le contrat porte sur une chose, une fois la réception effectuée.
Enfin, cette créance est parfois garantie par un privilège : **celui du conservateur** en matière mobilière (art. 2332 3°) et celui des architectes et entrepreneurs en matière immobilière (art. 2374 4°). L'entrepreneur dispose également d'un **droit de rétention** sur l'ouvrage laissé en son pouvoir (par ex. le droit de rétention du garagiste). Lorsque l'ouvrage consiste en la fourniture d'une chose, le recours à une **clause de réserve de propriété** est possible, sous réserve du jeu de l'accession immobilière, le propriétaire devenant propriétaire des matériaux au fur et à mesure de leur incorporation (mais la règle n'est pas d'ordre public : il faudra donc l'écarter par une clause contraire). Enfin, l'entrepreneur dispose d'une garantie de paiement prévue par l'article 1799 1° du Code civil pour les travaux excédant une somme fixée par décret (12 000 euros). Cette garantie est fournie par une banque en cas de crédit contracté par le maître de l'ouvrage pour financer les travaux (les sommes sont directement versées par la banque), ou, en l'absence de crédit, par un cautionnement solidaire fourni par un établissement financier, uniquement dans ce dernier cas si le maître de l'ouvrage contracte à titre professionnel. Tout ceci relève du droit des sûretés.

826 à 832. Réservés.

LEÇON 5

LE MANDAT

Textes

Articles 1984 et suivants du Code civil

833. Aux termes de **l'article 1984** du Code civil, « le mandat ou procuration est un acte par lequel une personne donne à un autre le pouvoir de faire quelque chose pour le mandant et en son nom ». C'est un contrat très fréquent.

Exemple

L'avocat qui accomplit des actes de procédure pour le compte de son client est un mandataire ; le dirigeant d'une personne morale qui la représente dans la vie civile (contrats, actions en justice), est un mandataire ; l'agence de voyages qui réserve un billet d'avion pour son client est encore un mandataire.

Ces trois exemples soulignent l'utilité du mandat : ce contrat est un **facilitateur de la vie civile.** Il permet à une personne de conclure des actes juridiques sans être physiquement présente, et/ou sans en avoir les aptitudes (*professionnelles* : ex. de l'avocat, qui en tant que professionnel du droit, va permettre à son client d'être correctement défendu ; *physiques* : ex. de la personne morale, qui a structurellement besoin d'être représentée pour exister ; *mentales* : ex. du mandat de protection future, qui permet à une personne de se choisir un représentant en cas d'altération future de ses facultés mentales).
Le mandat a connu une importante évolution depuis 1804. Il était envisagé comme un service d'ami, ce qui explique que l'article 1986 du Code civil le présume gratuit. Mais il est devenu peu à peu un contrat d'affaires, avec la **professionnalisation des mandataires.** Ce mouvement a des incidences, nous le verrons, sur le régime de leur responsabilité.
Comme pour les autres contrats, il convient d'envisager successivement la **notion** (section 1) et le **régime** du mandat (section 2).

Section 1
La notion de mandat

L'identification des éléments caractéristiques du mandat (§ 1) permettra de le distinguer d'autres contrats voisins (§ 2).

§ 1. Les éléments caractéristiques du mandat

Nous avons vu que la définition du louage d'ouvrage par le Code civil était trop imprécise. Il en va de même pour le mandat. Dans cette perspective, il convient de montrer que le mandat est un contrat de représentation (A), et que la représentation n'est pas nécessairement d'origine conventionnelle (B).

A. Le mandat, un contrat de représentation

834. La définition de l'article 1984 du Code civil a été précisée par la jurisprudence.
Le mandat est un contrat par lequel **le mandataire accomplit des actes juridiques au nom et pour le compte du mandant.** Le mandat repose sur la notion de **représentation** : les actes juridiques passés par le mandataire sont conclus sur la tête du mandant. En revanche, la seule réalisation **d'actes matériels** ne suffit pas à caractériser un mandat (Cass. 1re civ., 19 févr. 1968, D. 1968, 393 ; Cass. com., 8 janv. 2002, *Bull. civ.* IV, n° 1).

Exemple

Lorsqu'un avocat rédige une assignation au nom et pour le compte de son client, cette assignation émane juridiquement de son client. Il est le seul demandeur à l'action, l'avocat n'étant que son porte-parole devant la justice. Il y a mandat. En revanche, lorsqu'un avocat ne fait que conseiller son client pour la conclusion d'un contrat, il n'est pas mandataire : il est, dans ce cas de figure, un entrepreneur. Si toutefois le client donne pouvoir à son avocat de conclure le contrat en son nom, il redevient un mandataire.

B. La représentation sans contrat

835. Le mandat est un contrat conclu entre le mandant et le mandataire, par lequel le premier donne au second le pouvoir de le représenter. Toutefois, il advient qu'une personne reçoive le pouvoir de représenter une autre personne sans avoir reçu un mandat de sa part. **Quatre hypothèses** peuvent être identifiées :

- **La représentation légale :** le pouvoir de représentation est conféré par la loi. Par exemple, les parents sont les représentants légaux de l'enfant (C. civ., art. 382). Cela signifie qu'ils contractent au nom et pour le compte de leur enfant mineur et que de tels actes produisent effet dans le patrimoine du mineur. Il en va de même des représentants légaux d'une personne morale.
- **La représentation judiciaire** : le pouvoir de représentation est conféré par le juge, généralement pour gérer des situations de crise : mandataire judiciaire d'une société en faillite, administrateur *ad hoc* d'une personne morale (notamment en cas de mésentente entre associés), représentation judiciaire du conjoint (C. civ., art. 219, v. *supra*, n° 540 et s.),

habilitation familiale (mesure créée par une ordonnance du 15 octobre 2015, qui permet de prendre en charge les intérêts d'une personne vulnérable au sein de la famille : C. civ., art. 494-1 et s. : le représentant désigné par le juge agit comme un mandataire).

La **réforme du droit des obligations** a consacré des dispositions relatives à la représentation. Le nouvel **article 1153** du Code civil rend compte de cette diversité des pouvoirs de représentation : « le représentant légal, judiciaire ou conventionnel n'est fondé à agir que dans la limite des pouvoirs qui lui ont été conférés ».

- **Le mandat apparent** : à la différence des deux hypothèses précédentes, le représentant n'a reçu aucun pouvoir de représentation avant d'agir au nom et pour le compte d'autrui. Le mandat apparent est une construction jurisprudentielle ayant pour finalité la protection des tiers qui ont pu légitimement croire à l'existence d'un mandat. Alors qu'aucun mandat n'a été donné pour conclure un acte, ce dernier va toutefois engager le pseudo-mandant. Nous y reviendrons lorsque nous traiterons des effets du mandat.
- **La gestion d'affaires** : dans ce cas, le gérant d'affaires prend spontanément en charge les intérêts d'autrui, sans avoir reçu mandat de sa part. Il s'agit d'un quasi-contrat, c'est-à-dire d'un fait juridique, auquel on applique les effets d'un acte juridique, en l'occurrence le mandat (C. civ., art. 1301 et s.). Ainsi, le gérant est tenu des obligations du mandataire ; et le maître dont l'affaire a été utilement gérée doit remplir les engagements contractés dans son intérêt par le gérant (C. civ., art. 1301-2). Contrairement au mandat apparent, la représentation ne repose pas sur la croyance légitime des tiers, mais sur l'utilité de la gestion. Il s'agit moins de protéger les tiers que de récompenser le gérant pour son altruisme.

Dans toutes ces hypothèses, les règles du mandat constituent un modèle de référence, ce qui montre que c'est moins la source du mandat qui importe (un accord de volontés entre mandant et mandataire), que le pouvoir de représentation.
C'est au reste ce pouvoir de représentation qui permet de distinguer le mandat des autres contrats.

§ 2. La distinction du mandat et des autres contrats

Le mandat repose sur une **représentation parfaite**, ce qui permet de le distinguer des contrats de représentation imparfaite (A) et des contrats sans représentation (B).

A. Mandat et contrats de représentation imparfaite

836. Dans le mandat, la représentation est dite parfaite, dans la mesure où le mandataire agit non seulement **pour le compte du mandant** (représentation), mais aussi **au nom du mandant** (représentation parfaite). Il est donc transparent : seul le mandant est lié par l'engagement contracté.
Dans les **contrats de représentation imparfaite**, une personne agit **pour le compte d'autrui mais en son propre nom**. Cela interdit dès alors à la représentation de déployer tous ses effets.
La réforme du droit des obligations consacre cette distinction entre représentation parfaite et imparfaite : ainsi, le nouvel **article 1154** du Code civil dispose que :
« Lorsque le représentant agit dans la limite de ses pouvoirs *au nom et pour le compte du représenté*, celui-ci est seul tenu de l'engagement ainsi contracté

Lorsque le représentant déclare agir *pour le compte d'autrui mais contracte en son propre nom*, il est seul engagé à l'égard du cocontractant».
On peut identifier trois hypothèses de représentation imparfaite : la commission (1), la convention de prête-nom (2) et la déclaration de command (3).

1. Mandat et commission

837. À la différence du mandataire, **le commissionnaire agit pour le compte du commettant, mais en son nom propre ou sous un nom social** (C. com., art. L. 132-1). L'opération est fréquente, notamment en matière de transport (commission de transport), mais aussi bancaire (une banque achète des titres en son nom mais pour le compte de ses clients).
Le fait que le commissionnaire agisse en son propre nom empêche à la représentation de déployer tous ses effets. Spécialement, le **commettant reste tiers au contrat conclu par le commissionnaire : il n'est pas tenu des obligations souscrites par le commissionnaire.** Cependant, l'effet translatif du contrat se produit dans son patrimoine. Par ailleurs, dans les rapports internes (commettant-commissionnaire), le commissionnaire est tenu des mêmes obligations qu'un mandataire, car il agit pour le compte d'autrui.

Exemple

Si un commissionnaire achète un bien pour le compte de son commettant, c'est ce dernier qui en est propriétaire, même si seul le commissionnaire est partie au contrat de vente. En outre, le commissionnaire devra rendre compte de sa mission (v. *infra*, n° 847 sur les obligations du mandataire).

2. Mandat et convention de prête-nom

838. Par cette convention, une personne donne pouvoir à une autre, le prête-nom, d'agir de façon occulte pour son compte mais en son nom propre. À la différence de la commission, il s'agit d'une hypothèse de simulation : les parties veulent faire croire aux tiers que le prête-nom agit pour lui-même, alors qu'il n'en est rien.
C'est pourquoi si le tiers parvient à découvrir qui se cache derrière le prête-nom, la représentation deviendra parfaite : la personne restée dans l'ombre deviendra partie à l'acte et sera alors soumise aux obligations qui en découlent.

Exemple

Une personne veut acheter la maison de son voisin mais à raison d'une vieille dispute pour une clôture trop haute, elle sait qu'il ne lui vendra jamais. Cette personne trouve alors un prête-nom qui achètera le bien pour son compte, mais en son nom propre. Le prête-nom est partie à l'acte et à ce titre personnellement tenu des obligations qui en découlent. En outre, si le vendeur découvre la simulation, il pourra agir contre l'initiateur de cette simulation (C. civ., art. 1201). Il convient donc de se montrer prudent ! D'autant que la Cour de cassation considère qu'il y a entre le prête-nom et son complice un double transfert de propriété, tant d'un point de vue civil et fiscal (Cass. req., 10 févr. 1936) : le bien est transféré au prête-nom puis à la personne qui l'a missionné (pas de transfert direct entre le vendeur et le pseudo-représenté). Enfin, les parties sont, dans leurs rapports internes, soumises aux obligations du mandat (Cass. 3e civ., 1er déc. 1971).

3. Mandat et déclaration de command

839. La déclaration de command se retrouve dans les **ventes immobilières**. Elle permet au véritable acheteur de ne pas révéler son identité au moment de la vente. Mais à la différence du prête-nom, il n'y a pas simulation. Ainsi, l'acte de vente stipule que **l'acheteur apparent, le commandé, se réserve la faculté de désigner le véritable acheteur, le command, dans un délai fixé.**
Dès lors, de deux choses l'une : soit le command donne son consentement, et la vente est conclue à son égard ; soit il ne le donne pas, et la vente est conclue vis-à-vis du commandé.
La déclaration de command est ignorée du Code civil.
Elle est régie par le **Code général des impôts**. Pour bénéficier d'une imposition fixe de 125 euros et ainsi éviter une double mutation, la déclaration de command doit être notifiée à l'administration fiscale dans les **24 heures de la vente** (CGI, art. 686). Par ailleurs, **la réforme de la saisie immobilière a interdit la déclaration de command dans les ventes par adjudication** (ventes aux enchères publiques), pour en préserver la parfaite transparence (CPE, art. L. 322-8).

B. Mandat et contrats sans représentation

Le mandat doit être distingué de contrats de service qui n'entraînent aucune représentation, même imparfaite : **tel est le cas lorsqu'une personne n'accomplit pas des actes juridiques pour le compte d'autrui, mais pour son propre compte.** On ne reviendra pas sur le contrat d'entreprise, qui a déjà été évoqué plus haut : lorsqu'un entrepreneur conclut des contrats pour un ouvrage (achat de matériaux, embauche du matériel), il le fait pour son propre compte (v. *supra*). Reste à envisager le courtage (1) et le contrat de travail (2).

1. Mandat et courtage

840. Le courtage est un contrat **conclu entre un donneur d'ordre et un courtier, par lequel le premier charge le second de le mettre en relation avec un tiers pour conclure un contrat avec lui.** La différence avec le mandat est que le courtier ne reçoit pas le pouvoir de conclure le contrat au nom et pour le compte du donneur d'ordre. Il se borne à mettre en relation les parties. C'est une variété de contrat d'entreprise.

Exemple

Le propriétaire d'un appartement demande à un agent immobilier de rechercher un acquéreur pour son bien ; un sportif demande à son agent de lui trouver un nouveau club. De même, toutes les plateformes internet de services collaboratifs procèdent à du courtage : il s'agit d'assurer la mise en relation entre un chauffeur de VTC et un client, entre le propriétaire d'un appartement et un touriste de passage…

Mais **les qualités de courtier et de mandataire peuvent se cumuler** : ainsi, un agent immobilier peut recevoir un mandat de vente par son client : dans ce cas, l'agent pourra émettre une offre de vente au nom et pour le compte de son client. Il y a alors courtage (mise en relation des parties) et mandat (représentation).
Par un arrêt du 14 novembre 2019, la Cour de cassation considère, dans le cadre d'un compromis de vente conclu par son intermédiaire, qu'il appartient à l'agent immobilier de s'assurer que se trouvaient réunies toutes les conditions nécessaires à l'efficacité de la

convention négociée par son intermédiaire et, à cette fin, de se faire communiquer par les vendeurs leur titre de propriété avant la signature de la promesse de vente, lequel lui aurait permis d'informer les acquéreurs de l'existence de travaux précédents ayant traité la présence de mérule (**Cass. 1re civ., 14 nov. 2019**, n° 18-21971). Ainsi, lorsque des acquéreurs découvrent, après l'expiration du délai de rétractation de dix jours, une information substantielle telle que la présence passée de mérule dans les lieux, ils peuvent engager la responsabilité de l'agent immobilier du vendeur, sur le fondement de la responsabilité délictuelle (pas de contrat entre eux). Par ailleurs, l'agent peut engager sa responsabilité contractuelle à l'égard de son client, qui lui a confié un mandat de vente (**Cass. 1re civ., 11 déc. 2019**, n° 18-24381). Ainsi, doit être déclaré responsable l'agent immobilier qui ne justifie pas avoir conseillé aux vendeurs de prendre des garanties ou les avoir mis en garde contre le risque d'insolvabilité de l'acquéreur qu'il leur avait présenté. En l'espèce, l'acquéreur avait déclaré ne pas recourir à un prêt pour financier l'achat du bien, sans que l'agent vérifie sa solvabilité.

2. Mandat et contrat de travail

841. Le mandataire exerce son pouvoir de manière **indépendante.** À l'inverse, le salarié ne reçoit pas, du moins en principe, le pouvoir de représenter son employeur. Le salarié accomplit un **travail subordonné et ne reçoit pas le pouvoir d'accomplir des actes juridiques au nom et pour le compte de son employeur**.

Toutefois, **les qualités de mandataire et de salarié peuvent se cumuler** : ainsi, le directeur juridique d'une entreprise, qui est un salarié, peut recevoir le pouvoir de conclure des contrats au nom et pour le compte de cette entreprise ; inversement, les mandataires sociaux (dirigeants de sociétés) peuvent être salariés de la société (sauf s'ils sont majoritaires) ; de même encore, les VRP sont des salariés et des mandataires de leur employeur.

Enfin, certains mandataires, même s'ils sont juridiquement indépendants, sont placés sous la dépendance économique de leur mandant. Il en va ainsi, par exemple, de **l'agent commercial**, qui est le mandataire chargé de négocier et conclure de **façon permanente** des contrats pour le compte d'un client (C. com., art. L. 134-1-1). Il bénéficie d'une protection analogue au salarié lors de la rupture de son contrat, puisqu'il perçoit une indemnité de rupture, laquelle est normalement exclue en droit commun. Mais c'est déjà anticiper sur le régime du mandat.

Section 2
Le régime du mandat

Il convient d'envisager de manière classique la formation (§ 1) et les effets du mandat (§ 2).

§ 1. La formation du mandat

L'étude de la forme (A) précédera celle du fond (B).

A. La forme du contrat

Le principe du consensualisme (1) connaît des exceptions (2).

1. Le principe du consensualisme

842. Selon **l'article 1985 du Code civil**, l'échange des consentements n'obéit en principe à **aucun formalisme** : un simple échange verbal (rencontre entre une offre et une acceptation) permet de former le contrat de mandat. Néanmoins, le texte soumet la **preuve** du contrat à l'exigence d'un écrit, et ce même vis-à-vis des tiers (Cass. 1re civ., 19 déc. 1995, *Bull. civ.* I, n° 473). Ainsi, contrairement au droit commun de la preuve, le tiers qui se prévaut de l'existence d'un mandat ne pourra pas en rapporter la preuve par tous moyens.
Toutefois, l'article 1985 alinéa 2 du Code civil prévoit un assouplissement pour le **mandat tacite.** L'acceptation du mandat (par le mandant ou le mandataire, selon les hypothèses) résulte « de l'exécution qui lui a été donnée par le mandataire ». Une telle exécution pourra donc établir la preuve du mandat, en l'absence d'écrit (Cass. 1re civ., 24 nov. 1976, *Bull. civ.* I, n° 368). Ce mandat tacite ne peut toutefois pas opérer pour les **actes de disposition** : un mandat exprès est nécessaire (C. civ., art. 1988).

2. Le formalisme d'exception

843. Deux types d'exceptions sont à signaler :

- **Certains mandats particuliers** sont soumis à un formalisme *ad validitatem* : c'est le cas, par exemple, des **agents immobiliers** (L. 2 janv. 1970, dite loi Hoguet, art. 6), ou encore des **agents commerciaux** (C. com., art. L. 134-2). Un écrit est requis à peine de nullité, avec des mentions requises (pour l'agent immobilier : **pouvoirs** du mandataire, **durée** du mandat, report sur le mandat resté en la possession du mandant du **numéro d'inscription** du mandat sur le registre des mandats...). Les dispositions de la loi Hoguet sont-elles prescrites à peine de nullité relative ou absolue ? Par un arrêt rendu en **chambre mixte le 24 février 2017,** la Cour de cassation a réalisé un **revirement de jurisprudence**, en décidant que la nullité était **relative,** de sorte que le locataire, qui avait reçu un congé par un agent immobilier, mandataire du propriétaire, ne pouvait pas s'en prévaloir (Cass. ch. mixte, 24 févr. 2017, n° 15-20411). Le revirement est motivé en partie par la réforme du droit des obligations, pourtant non applicable à la cause, qui retient comme seul critère de la nullité absolue l'intérêt protégé par la règle transgressée. Or, le texte protège essentiellement le mandant, ce qui interdit aux tiers de se prévaloir de l'irrégularité formelle du mandat.
- En outre, **tous les mandats empruntent à l'acte projeté son formalisme** (parallélisme des formes) : par exemple, les mandats donnés pour conclure une donation, une hypothèque ou un contrat de mariage sont soumis à la forme notariée. Il en va de même, en droit de la consommation, du mandat de conclure un prêt de consommation qui est soumis à des règles de forme (v. *infra*, n° 901).

B. Les conditions de fond

Parce que le mandat vise à conclure un autre contrat, il obéit à des conditions originales, du point de vue de la capacité (1) et du contenu (2). On mettra en revanche de côté la question du consentement, qui n'appelle pas d'observation particulière, si ce n'est qu'il est soumis à la théorie des vices du consentement.

1. La capacité des parties

844. S'agissant du **mandant**, sa capacité **doit être appréciée au regard de l'acte projeté** : ainsi, lorsqu'une personne donne à une autre le mandat de vendre son immeuble, il faut rechercher si elle a la capacité d'aliéner cet immeuble. La règle est logique, dès lors que l'acte conclu par le mandataire engage le mandant.
S'agissant du **mandataire**, sa capacité doit en revanche être appréciée au regard du seul mandat, dans la mesure où il n'est pas partie à l'acte projeté. L'article 1990 du Code civil prévoit même qu'un **mineur non émancipé peut être mandataire.** La règle se comprend aisément, dès lors que le mandataire est transparent. On doit toutefois réserver l'hypothèse dans laquelle le mandat suppose une qualification professionnelle (avocat, agent immobilier...). Dans ce cas, le recours à un mineur ou à un majeur non qualifié entraînera la nullité absolue du mandat.

2. Le contenu

845. Le contenu du mandat se définit par les prestations des parties : mission de représentation et rémunération.
S'agissant de la mission de représentation, celle-ci doit être licite et déterminée ou déterminable, conformément au droit commun. Dans ce cadre, **l'article 1987** du Code civil précise que le mandat est ou **spécial** (pour un ou plusieurs actes, qui doivent être déterminés ou déterminables) ou **général** (pour toutes les affaires du mandant, ce qui répond à l'exigence de détermination). Mais **l'article 1988** du Code civil ajoute que le mandant conçu en termes généraux n'embrasse que les actes d'administration : **dès lors qu'il s'agit d'un acte de disposition, le mandat doit être exprès** (al. 2). L'article 1989 ajoute que « le mandataire ne peut rien faire au-delà de ce qui est porté dans son mandat ». On le voit, le mandat fait l'objet d'un principe d'interprétation stricte.
La Cour de cassation a récemment fait application de ce principe d'application stricte des termes du mandat (**Cass. com., 10 juill. 2018**, n° 16-23694, *RTD civ.* 2018, 933, obs. P.-Y. Gautier). En l'espèce, un acte de cession de titres d'une société *holding* prévoit l'interdiction pour les cédants d'utiliser leur nom de famille à titre commercial. Il s'agissait, en l'occurrence, d'un nom de famille renommé pour désigner une marque de champagne. Sauf que le mandat de vente, donné par la fille à son père, ne comportait pas la faculté pour le mandataire de contracter une telle interdiction au nom du mandant (si l'on peut dire...). La Cour de cassation énonce dans ce cadre que « le mandat de vente, qui autorisait, en termes généraux, le mandataire à souscrire à tout engagement ou garantie n'emportait pas le pouvoir, pour celui-ci, de consentir une interdiction ou une limitation de l'usage, par son mandant, de son nom de famille, constitutives d'actes de disposition ». Ainsi, l'interdiction d'utiliser son nom à titre commercial constituait un acte de disposition qui n'était pas couvert par le mandat général. Un mandat exprès était requis
S'agissant de la rémunération, celle-ci n'est pas de l'essence du mandat, qui peut être gratuit (C. civ., art. 1986). Le mandat est même **présumé gratuit**. Il en va toutefois autrement lorsqu'il est confié à une personne dont la **profession** est de s'occuper des affaires d'autrui (avocat, agent immobilier). Dans ce cas, il est **présumé onéreux** (Cass. 1re civ., 10 févr. 1981, *Bull. civ.* I, n° 50). Lorsque le mandat est onéreux, **la détermination du prix n'est pas une condition de validité du contrat,** la règle étant consacrée par la réforme pour les contrats de prestation de services, ce qu'est le mandat (C. civ., art. 1165). La solution s'explique par le fait qu'il est très difficile d'évaluer à l'avance une prestation de services.

§ 2. Les effets du mandat

Parce que le mandat est tourné vers la conclusion d'un contrat avec un tiers, il convient de distinguer les effets entre les parties (A) et à l'égard des tiers (B).

A. Les effets entre les parties

Il est nécessaire d'envisager tour à tour les obligations des parties (1) et l'extinction du mandat (2).

1. Les obligations des parties

On étudiera successivement les obligations du mandant (a) et celles du mandataire (b).

a. Les obligations du mandant

846. Le Code civil envisage **trois obligations**:

- **Le remboursement des frais et avances**: aux termes de **l'article 1999 alinéa 1er** du Code civil, «le mandant doit rembourser au mandataire les avances et frais que celui-ci a faits pour l'exécution du mandat». La règle s'explique par le fait que l'acte conclu par le mandataire profite au mandant, ce qui implique, spécialement si le mandat est gratuit, que le mandataire soit remboursé des frais et avances:
  - mais la règle est **supplétive**: il est ainsi possible de prévoir une rémunération forfaitaire qui inclut les frais;
  - en outre, elle cède en cas de **faute** du mandataire (C. civ., art. 1999 al. 2).

- **L'indemnisation des pertes subies par le mandataire**: aux termes de **l'article 2000** du Code civil, «le mandant doit (…) indemniser le mandataire des pertes que celui-ci a essuyées à l'occasion de sa gestion, sans imprudence qui lui soit imputable». On retrouve ici la même justification et les mêmes limites que dans le cas précédent (caractère supplétif et faute du mandataire).

- **Le paiement de la rémunération éventuelle**: en pratique, la question se pose de savoir si le mandant pourra obtenir **une révision (à la baisse) du prix que lui réclame son mandataire**.
  Rappelons qu'aux termes du nouvel article 1165 du Code civil, dans sa rédaction issue de la loi de ratification, applicable dès le 1er octobre 2016: «dans les contrats de prestation de service, à défaut d'accord des parties avant leur exécution, le prix peut être fixé par le créancier, à charge pour lui d'en motiver le montant en cas de contestation. *En cas d'abus dans la fixation du prix, le juge peut être saisi d'une demande tendant à obtenir des dommages et intérêts et, le cas échéant, la résolution du contrat*». Le contrat de mandat est incontestablement un contrat de «prestation de services».
  Dès lors, deux cas de figure sont à distinguer:
  - **si le prix n'a pas été déterminé dans la convention**: le nouvel article 1165 s'applique nécessairement. Le mandataire pourra procéder à la fixation unilatérale du prix; s'il conteste ce prix, le mandant pourra invoquer devant le juge un **abus** qui sera exclusivement sanctionné par des **dommages-intérêts** et, depuis la loi de ratification,

par la résolution, mais pas par la révision du prix. L'absence de révision ne change cependant pas grand-chose en pratique, dès lors que les dommages-intérêts viendront en déduction du prix dû, ce qui reviendra, de fait, à une baisse de prix;
- **si le prix a été déterminé dans la convention**: auparavant, la Cour de cassation permettait au juge, par dérogation à l'article 1134 alinéa 1er du Code civil, de procéder à sa révision, dès lors qu'il était hors de proportion avec le service, et qu'il avait été fixé avant l'accomplissement de la mission (Cass. civ., 29 janv. 1867; Cass. req., 12 déc. 1911). **Une telle jurisprudence est-elle remise en cause avec la réforme?** L'incertitude règne sur la portée de l'article 1165 du Code civil: **vise-t-il l'abus dans la seule fixation unilatérale du prix ou l'abus dans la fixation, qu'elle soit unilatérale ou contractuelle?** Dans le premier cas, la jurisprudence antérieure n'est pas remise en cause; dans le second, elle ne peut plus s'appliquer: lorsque les parties ont prévu un prix finalement abusif, il appartiendra seulement au juge de prononcer des dommages-intérêts, et non de le réviser. Cette deuxième interprétation nous semble conforme tant à la lettre qu'à l'esprit du texte: à la lettre, car le texte vise sans précision «l'abus dans la fixation du prix», et à l'esprit, car il serait paradoxal que le juge ait plus de pouvoirs quand les parties ont fixé un prix (révision) que quand la fixation est unilatérale (dommages-intérêts). **Pour conclure, la jurisprudence sur la révision de la rémunération des honoraires excessifs des mandataires nous semble caduque**.

Dans tous les cas, le mandant ne pourra obtenir que des dommages-intérêts pour prix abusif et, le cas échéant, la résolution du contrat.

b. Les obligations du mandataire

847. Le mandataire supporte **deux obligations**: l'exécution de la mission et la reddition de comptes.
- **L'exécution de sa mission**: à ce titre, **les articles 1991, 1992 et 1994** du Code civil conduisent à envisager **trois hypothèses**:
- **si la mission n'a pas été exécutée** (C. civ., art. 1991): le mandataire doit en répondre, sauf cas fortuit (Cass. soc., 30 nov. 1945, D. 1946, p. 155). Par exemple, l'avocat ne dépose pas l'assignation. Sauf cas fortuit, il en est responsable;
- **si la mission a mal été exécutée**: le mandataire n'est responsable qu'en cas de **faute**, étant précisé que **cette faute est appliquée moins rigoureusement si le mandat est gratuit** (C. civ., art. 1992):
  - pourra notamment être invoqué à ce titre le **manquement à l'obligation de renseignement et de conseil** (contentieux très nourri, notamment pour les avocats; par exemple, manque à son devoir de conseil l'avocat qui omet d'informer son client sur les moyens de défense, quelles qu'aient été les instructions reçues: Cass. 1re civ., 9 mai 1996, *Bull. civ.* I, n° 191),
  - en outre, le mandataire doit agir avec **loyauté** à l'égard du mandant qui lui a fait confiance: il doit agir dans **l'intérêt de son mandant** et ne doit pas détourner ses pouvoirs (v. *infra*, n° 853 pour les sanctions). Pour prévenir les conflits d'intérêts, **le nouvel article 1161** du Code civil dispose qu'un représentant **ne peut pas agir pour le compte des deux parties au contrat ni contracter pour son propre compte avec le représenté, à peine de nullité**. Ainsi, la double représentation et le fait pour le mandat de se porter contrepartie (ex. agent qui achète le bien vendu par son mandant) sont

en principe **interdits; la règle de la double représentation a toutefois été limitée par la loi de ratification du 20 avril 2018 à compter du 1er octobre 2018**: désormais, il est seulement prévu qu'« en matière de représentation des personnes physiques, un représentant ne peut agir pour le compte de plusieurs parties au contrat en opposition d'intérêts »; la limite est double: les représentés doivent être des personnes physiques en opposition d'intérêts, ce qui permet donc de représenter plusieurs personnes morales (ex. convention entre une société mère et sa filiale représentées par le même dirigeant), ou encore plusieurs personnes physiques qui ne sont pas en opposition d'intérêt (ex. contrat de société, le mandataire représente plusieurs associés),

- en revanche, le mandataire n'est pas garant de la **bonne exécution du contrat conclu avec le tiers**, sauf s'il a stipulé un engagement de **ducroire.** Dans ce dernier cas, il se porte garant de la bonne exécution des obligations du contrat conclu par son entremise. Par exemple, l'agent immobilier qui a conclu la vente n'est pas responsable du paiement du prix par l'acquéreur, sauf clause de ducroire;

- **si la mission a été exécutée par un mandataire substitué** (ex.: agent immobilier qui confie le dossier à un confrère): l'article 1994 du Code civil prévoit que le mandataire initial répond de celui qu'il s'est substitué **soit lorsqu'il n'avait pas reçu le pouvoir** de se substituer quelqu'un, soit quand il a **choisi une personne notoirement incapable ou insolvable**. À défaut, le mandataire initial est à l'abri de toute poursuite de son mandant. Deux précisions s'imposent:
  - dans tous les cas, **le mandant dispose d'une action directe en responsabilité contre le mandataire substitué** (C. civ., art. 1994 al. 2): ainsi, que le mandataire initial soit libéré ou non, le mandant peut agir contre le mandataire substitué;
  - le **mandataire substitué dispose en retour d'une action directe en paiement contre le mandant.** Cette action n'était pas prévue par l'article 1994 alinéa 2 du Code civil: c'est la jurisprudence qui a **bilatéralisé l'action directe**, en la faisant fonctionner dans les deux sens (Cass. 1re civ., 27 déc. 1960, D. 1961, p. 491). Par un revirement du 3 décembre 2002 (Cass. com., 3 déc. 2002, *Bull. civ.* IV, n° 188), il a été jugé que cette action était **imparfaite.** Cela signifie que le mandant peut opposer au sous-mandataire le paiement qu'il a fait au mandataire intermédiaire avant l'exercice de l'action. Ainsi, lorsque le mandataire intermédiaire a reçu les fonds, l'extinction de sa créance fait obstacle à l'action directe du sous-mandataire.

Par exemple, si le premier agent immobilier a déjà été payé de sa commission, le second ne peut pas réclamer au mandant le paiement de la sienne.

- **La reddition des comptes**: cette seconde obligation est prévue par l'article 1993 du Code civil: « tout mandataire est tenu de *rendre compte de sa gestion*, et de *faire raison au mandant de tout ce qu'il a reçu en vertu de sa procuration*, quand même ce qu'il aurait reçu n'eût point été dû au mandant ». Cette disposition met à la charge du mandataire deux obligations: d'une part, rendre compte de sa gestion, c'est-à-dire informer le mandant de l'exécution de la mission et des modalités de celle-ci; d'autre part, restituer ce qu'il a pu recevoir du mandant (documents administratifs notamment) et du tiers avec qui il a conclu le contrat projeté (par exemple, le prix du bien vendu pour le mandant).

2. L'extinction du mandat

Le mandat est un **acte de confiance,** marqué par un fort *intuitus personae*, ce qui justifie qu'il soit très largement dérogé au *mutuus dissensus* posé en droit commun des contrats (v. C. civ., art. 1993, qui réserve d'ailleurs les cas de résolution prévus par la loi).
Dans ce cadre, **l'article 2003** du Code civil prévoit trois causes dérogatoires d'extinction du mandant :
- la révocation du mandataire (a) ;
- la renonciation du mandataire au mandat (b) ;
- la mort, la tutelle ou la déconfiture de l'une des parties (c).

a. La révocation du mandataire par le mandant

848. **En principe**, la révocation du mandat est **libre** (C. civ., art. 2004). Il s'agit d'une révocation *ad nutum* (littéralement sur un simple signe de tête). Dès lors, le mandataire évincé n'a droit à une indemnité qu'en présence d'un **abus** (v. par ex., pour un agent immobilier : Cass. 1re civ., 14 mars 1984, n° 83-10897, *Bull. civ.* I, n° 92). Il en va ainsi, **même si le mandat a été conclu pour une durée déterminée ou a été stipulé irrévocable** (Cass. 1re civ., 5 févr. 2002, n° 99-20895, *Bull. civ.* I, n° 40). Tel est le cas à propos du mandat stipulé irrévocable de rechercher un acquéreur en vue de la vente du bien : le mandant peut retirer sa procuration, sous réserve de son éventuelle responsabilité envers le mandataire. Le mandat est donc privé d'effet : le propriétaire retire son bien du marché (l'agent ne peut plus le vendre), sous réserve de son éventuelle responsabilité (qui suppose toutefois un préjudice, qui ne peut pas consister dans la commission perdue, dès lors que celle-ci n'est pas certaine). Tout ceci souligne le fort *intuitus personae* qui innerve le mandat.
Par exception, le **mandat d'intérêt commun n'est pas librement révocable**. La jurisprudence est constante (v. par ex. Cass. com., 15 mai 2007, n° 06-12282, *Bull. civ.* IV, n° 128). Le mandat d'intérêt commun est caractérisé **lorsque le mandataire a un intérêt dans la réalisation de l'opération projetée**. À cet égard, le seul fait de percevoir une rémunération est insuffisant. Par exemple, tel est le cas de l'agent commercial : celui-ci est directement intéressé à la **création d'une clientèle commune.** Dans le cas du mandat d'intérêt commun, **la révocation n'est plus libre : elle doit reposer sur une cause légitime** (faute du mandataire, nécessité de mettre fin à la procuration...). Toutefois, l'absence de cause légitime ne prive pas d'effet la révocation du mandat d'intérêt commun (Cass. 1re civ., 2 oct. 2001, n° 99-15938, *Bull. civ.* I, n° 239).
Qu'est-ce à dire ? Lorsque le mandat est d'intérêt commun, le mandataire peut être révoqué mais aura droit à des dommages-intérêts, sauf si le mandant prouve que la révocation est justifiée. Il y a une sorte de renversement de la charge de la preuve. En effet, dans le mandat ordinaire, il appartient au mandataire de prouver que la révocation est abusive pour obtenir des dommages-intérêts.

b. La renonciation du mandataire

849. Cette fois, la rupture unilatérale intervient à l'initiative du mandataire : **l'article 2007** du Code civil dispose que « le mandataire peut renoncer au mandat, en notifiant au mandant sa renonciation ».

Exemple

Un avocat peut renoncer à défendre son client, alors qu'il avait initialement accepté le dossier. Un agent commercial peut mettre fin à ses fonctions de mandataire.

Toutefois, l'alinéa 2 met à la charge du mandataire une obligation **d'indemniser son mandant**, sauf s'il démontre qu'il se trouve dans l'impossibilité de poursuivre sa mission sans en éprouver un préjudice considérable (par ex., mission devenue ruineuse pour un agent commercial).

c. Le décès, la tutelle ou la déconfiture de l'une des parties

850. Alors qu'un contrat ne s'éteint normalement pas au décès de l'un des contractants, le mandat, caractérisé par un fort *intuitus personae*, **prend fin en cas de décès du mandant ou du mandataire** (C. civ., art. 2003 al. 3). Il convient d'y ajouter la tutelle et la déconfiture (sanction prononcée dans le cadre d'une procédure collective).
Toutefois, ce que le mandataire a fait dans l'ignorance de la mort, de la tutelle ou de la déconfiture de son mandant est validé (C. civ., art. 2008) et les engagements sont exécutés à l'égard des tiers de bonne foi (C. civ., art. 2009). Au fond, la cessation n'est pas rétroactive dans ce cas.
Si le mandataire meurt, ses héritiers doivent pourvoir à ce que les circonstances exigent pour l'intérêt du mandant (C. civ., art. 2010).

B. Les effets du mandat à l'égard du tiers

Il convient de distinguer la situation du mandant (1) et du mandataire (2).

1. Les rapports entre le mandant et les tiers

Aux termes de l'article 1998 du Code civil, « le mandant est tenu d'exécuter les engagements contractés par le mandataire, conformément au pouvoir qui lui a été donné. Il n'est tenu de ce qui a pu être fait au-delà, qu'autant qu'il l'a ratifié expressément ou tacitement ». Ce texte a donné lieu à de nombreuses solutions jurisprudentielles, **qui sont aujourd'hui remplacées par les textes issus de la réforme du droit des obligations**. Il convient désormais de distinguer **trois hypothèses** :
- l'acte est **conforme** aux pouvoirs du mandataire (a) ;
- l'acte est conclu **sans pouvoir** ou par un **dépassement de pouvoirs** (b) ;
- l'acte est conclu par un **détournement de pouvoirs** (c).

a. L'acte conforme aux pouvoirs du mandataire

851. Le mandant est engagé si l'acte est conforme aux pouvoirs tels que définis *ab initio*. Mais il peut aussi ratifier un acte qui n'entrerait pas dans les pouvoirs du mandataire : dans ce cas, il sera également engagé.

À noter

Cette ratification a un **effet rétroactif** : cela emporte approbation de la gestion du mandataire, ce qui exclut tout recours du mandant contre le mandataire au titre de cette mission (Cass. 3e civ., 12 mai 2010, n° 08-20544, *Bull. civ.* III, n° 92).

La règle est reprise par les **articles 1154** (acte conforme au pouvoir) et **1156 alinéa 3** nouveaux du Code civil (ratification).

Qu'advient-il lorsque le mandataire ne respecte pas les termes de son mandat, mais qu'il agit dans l'intérêt de son mandant ? Telle était la délicate question posée à la Cour de cassation (**Cass. 3e civ., 8 sept. 2016**, n° 15-20860 P). En l'espèce, une mère avait donné mandat à sa fille pour voter à sa place à l'assemblée générale des copropriétaires. Il se trouve que ce mandat, établi sur un modèle-type, était impératif, en ce qu'il prévoyait l'approbation des comptes. Or, le jour du vote, le mandataire s'est opposé à l'approbation des comptes et a quitté la salle. Le mandant a ensuite contesté la décision prise en assemblée générale qui a approuvé les comptes à la majorité. Le problème est qu'une telle action est réservée aux copropriétaires défaillants ou opposants (L. 10 juill. 1965, art. 42). C'est pourquoi les juges du fond ont estimé que l'action de la copropriétaire était irrecevable, en ce qu'elle avait donné un mandat impératif d'approbation des comptes, de sorte qu'elle avait accepté la décision.

La décision est censurée par la Cour de cassation : seul devait être pris en compte le vote du mandataire. Dès lors que le mandataire s'était opposé à la décision, le mandant pouvait agir pour la contester. La solution repose implicitement sur la ratification de la mission du mandataire par le mandant : en contestant la décision d'approbation des comptes, le mandant ratifie par là même la décision prise par son mandataire, quand bien même celle-ci était *ab initio* investie d'un mandat impératif d'approbation des comptes.

b. L'acte conclu sans pouvoir ou par un dépassement de pouvoir

852. L'approche est ici **objective** : le représentant a agi sans pouvoir ou au-delà de ses pouvoirs. Dans ce cas, l'acte **1156 nouveau** du Code civil prévoit que l'acte est **inopposable** au représenté (mandant), **sauf si le tiers contractant a légitimement cru en la réalité des pouvoirs du représentant**, notamment en raison du **comportement ou des déclarations** du représenté. Ainsi, la réforme du droit des obligations consacre la **théorie du mandat apparent**, en la redéfinissant quelque peu (critères objectifs du comportement et des déclarations). Surtout, elle prend position sur la sanction encourue en l'absence de mandat apparent. C'est donc **l'inopposabilité** qui est consacrée : le contrat est valable, mais il ne produit aucun effet à l'égard du mandant (auparavant, la jurisprudence oscillait entre la nullité et l'inopposabilité).

Toutefois, l'alinéa 2 de l'article 1156 du Code civil prévoit que le tiers contractant qui ignorait que l'acte était accompli sans pouvoir ou au-delà de ses pouvoirs (tiers **de bonne foi**), peut en invoquer **la nullité**. Cela lui permet de se libérer d'un contrat devenu inutile.

Prenons un exemple : un propriétaire a donné mandat à un agent immobilier pour **louer** le bien. L'agent dépasse ses pouvoirs et conclut, au nom du propriétaire, une promesse de **vente** sous seing privé. L'acte est inopposable au mandant, sauf mandat apparent, car l'agent a dépassé ses pouvoirs. Dès lors, l'acheteur de bonne foi, qui ne pourra pas être déclaré propriétaire (pas de mandat apparent), peut demander la nullité du contrat, pour être certain que ce contrat ne produira aucun effet. Ainsi, il n'aura pas à payer la commission à l'agent qui avait été stipulée à la charge de l'acheteur.

Parce que mieux vaut prévenir que guérir, la réforme a en outre créé **une action interrogatoire** pour permettre au tiers, qui doute des pouvoirs du représentant, de demander par écrit au représenté de lui confirmer que le représentant est bien habilité à conclure l'acte (C. civ., art. 1158). À défaut de réponse dans le délai imparti, le représentant est réputé habilité à conclure l'acte.

c. L'acte conclu par un détournement de pouvoirs

853. Contrairement à l'hypothèse précédente, l'approche est ici **subjective**. **L'article 1157** nouveau du Code civil prévoit que le représenté peut invoquer la **nullité** de l'acte accompli, si le tiers avait connaissance du détournement de pouvoir ou ne pouvait l'ignorer (tiers de **mauvaise foi**).

Il y a détournement de pouvoir lorsque le représentant détourne le pouvoir de sa finalité. Il s'agit d'un manquement du mandataire à son devoir de **loyauté** (v. *supra*, n° 847).

Exemple

Un agent immobilier a reçu un mandat pour vendre un bien pour un prix « net vendeur » de 500 000 euros (selon l'expression popularisée par une émission de TV) ; il fait croire à son mandant qu'il ne trouve pas d'acquéreur et que la seule offre est à 400 000 euros. La vente est conclue. Mais il se trouve qu'elle émane d'un proche de l'agent immobilier, tiers de complaisance. Dans ce cas, le propriétaire (mal) représenté peut obtenir la nullité du contrat, en présence d'un détournement de pouvoir et d'une mauvaise foi du tiers.

2. Les rapports entre le mandataire et les tiers

854. Le mandataire est en **principe transparent** : ainsi, seul le mandant a la qualité de partie à l'acte conclu. Le mandataire n'est pas tenu des obligations qui en découlent. Bien évidemment, **ce principe ne joue pas si le mandataire a outrepassé ou détourné ses pouvoirs** : dans ce cas, il devra en répondre à l'égard du tiers qui en subit un préjudice.

Exemple

Lorsqu'un agent immobilier vend un bien alors qu'il avait un mandat de location, le tiers ne pourra pas être reconnu propriétaire, car le contrat est inopposable au représenté. Mais il pourra en demander des comptes au représentant.

Par exception, le mandataire est indirectement tenu à l'égard des tiers, dans la mesure où il engage sa responsabilité envers le tiers pour les fautes commises dans l'exécution du mandat. En effet, depuis un arrêt très important rendu en assemblée plénière le 6 octobre 2006 (n° 05-13255, *Bull. ass. plén.*, n° 9), on sait **qu'une faute contractuelle constitue *per se* à l'égard des tiers une faute délictuelle**. Il n'est plus nécessaire de caractériser une faute appréciée indépendamment de tout point de vue contractuel.

Exemple

L'avocat a manqué à son devoir de conseil, en n'informant pas correctement son client, ce qui lui a fait perdre un procès. Les tiers (ex. salariés licenciés à la suite des difficultés économiques de l'entreprise générées par la perte du procès), dès lors qu'ils subissent un préjudice, pourront invoquer cette faute contractuelle pour établir *ipso facto* une faute délictuelle à leur égard. Cette solution, qui est contraire au principe de l'effet relatif des contrats, sera remise en cause si l'avant-projet de réforme de la responsabilité publié le 13 mars 2017 est adopté (art. 1234). Elle a également été atténuée dernièrement par la Cour de cassation dans un arrêt du 18 mai 2017, cité *supra*, n° 820.

FOCUS

Le dol commis par le mandataire

Par un arrêt du 29 octobre 2021, une chambre mixte de la Cour de cassation a mis fin aux incertitudes concernant le dol commis par le mandataire à l'occasion de la conclusion d'un contrat : est-ce de nature à engager la responsabilité du mandant à l'égard du tiers cocontractant ? La Cour de cassation considère que « si le mandant est, en vertu de l'article 1998 du Code civil, contractuellement responsable des dommages subis du fait de l'inexécution des engagements contractés par son mandataire dans les limites du mandat conféré, les manœuvres dolosives du mandataire, dans l'exercice de son mandat, n'engagent la responsabilité du mandant que s'il a personnellement commis une faute, qu'il incombe à la victime d'établir » (**Cass. ch. mixte, 29 oct. 2021**, n° 19-18470). En l'espèce, à l'occasion de la cession d'actions d'une société, un des anciens dirigeants (le mandataire) a reçu de son épouse et de ses enfants (les mandants) un mandat de vendre les actions qu'ils possédaient. Il se trouve que les nouveaux acquéreurs ont fait valoir qu'un projet de départ du directeur général de la société leur avait été caché, ce qui caractérisait un dol. Ils ont donc assigné le mandataire, qui avait commis les manœuvres dolosives, et appelé en intervention les mandants, sur le même fondement du dol, étant précisé qu'ils ont renoncé à demander l'annulation de la cession et limité leur demande à des dommages-intérêts. La Cour de cassation considère que le mandant n'est pas responsable des manœuvres commises par son mandataire dans l'exercice de son mandat, sauf à ce que soit établie à son encontre une faute personnelle. Cette faute pourra sans doute consister dans la participation personnelle du mandant aux manœuvres de son mandataire, ce que relève expressément la Cour de cassation, mais aussi, nous le pensons, dans la commission d'une faute non intentionnelle au sens de l'article 1241 du Code civil, telle qu'un défaut de surveillance. Une telle clarification est bienvenue, dès lors qu'elle met fin à des jurisprudences contrastées sur la question.

855 à 861. Réservés.

LEÇON 6

LE BAIL

Textes

Articles 1709 et suivants du Code civil

862. Aux termes de **l'article 1709** du Code civil, « le louage de choses est un contrat par lequel l'une des parties s'oblige à faire jouir l'autre d'une chose pendant un certain temps, et moyennant un certain prix que celle-ci s'oblige de lui payer ». L'appellation moderne de ce contrat est désormais le **bail**, même si l'on devrait, en toute orthodoxie, réserver ce dernier terme aux locations portant sur des **immeubles**. Mais il ne s'agit au fond que d'une question sémantique qui n'a pas beaucoup d'importance.

Les règles qui se trouvent dans le Code civil constituent le **droit commun du bail**. Ce droit commun a vu son importance décliner au **lendemain de la Seconde Guerre mondiale**. Afin d'éviter que les propriétaires ne tirent profit de la pénurie de logements, une loi du 1er septembre 1948 est intervenue pour conférer une protection des locataires d'un immeuble à **usage d'habitation**, avec notamment la consécration d'un droit au maintien dans les lieux. Cinq ans plus tard, un décret du 30 septembre 1953 est venu créer un **statut des baux commerciaux**, très favorable au preneur. Depuis lors, le droit des baux a changé de physionomie. Alors que le droit commun du bail était d'essence libérale, le droit spécial des baux se caractérise par la mise en œuvre d'un statut **impératif** très favorable au preneur : stabilité de la jouissance et encadrement des loyers. Dans toutes ces situations, le droit commun du bail ne trouve à s'appliquer que de manière résiduelle.

C'est pourquoi, après avoir évoqué la notion de bail (section 1), nous étudierons son régime en consacrant quelques développements aux baux spéciaux (section 2).

Section 1
La notion de bail

Comme pour les autres contrats, il convient de déterminer les éléments caractéristiques du bail (§ 1), qui permettent de le distinguer de contrats voisins (§ 2).

§ 1. Les éléments caractéristiques du bail

Deux éléments caractérisent le bail du Code civil : l'octroi d'un **droit personnel de jouissance** (A) contre le paiement d'un **loyer** (B).

A. Un droit personnel de jouissance

863. À la différence de certains baux spéciaux, le bail du Code civil confère un **droit personnel** au locataire (Cass. req., 6 mars 1861). Cela entraîne **deux conséquences** :

- **La jouissance est une créance à l'égard du bailleur** : dès lors, ce dernier contracte des obligations à l'égard du preneur qui n'existent pas dans les droits réels de jouissance (ex. usufruit) ; il existe, par exemple, une garantie des vices cachés, alors que l'usufruitier prend la chose telle qu'elle est. En outre, comme il s'agit d'une créance, donc d'un lien personnel, sa cession est plus encadrée. C'est pourquoi la Cour de cassation a dernièrement jugé que la clause d'un bail à construction (bail spécial conférant un droit réel) soumettant la cession du bail à l'agrément du bailleur était nulle, comme portant atteinte au droit du preneur de disposer de son droit réel (Cass. 3e civ., 24 sept. 2014, n° 13-22357 P). *A contrario*, lorsqu'il s'agit d'un droit personnel, le bailleur peut restreindre la cession, puisqu'il peut souhaiter ne s'engager qu'à l'égard du preneur, ou de quelqu'un qu'il aura agréé.
- **La jouissance est temporaire** : au nom de la prohibition des engagements perpétuels, qui a été consacrée par la réforme du droit des obligations (C. civ., art. 1210), le bailleur ne peut être tenu d'assurer la jouissance d'une chose à perpétuité. Un terme affecte nécessairement la relation contractuelle : et quand le bail n'est pas affecté d'un terme, toute partie peut y mettre fin à tout moment (Cass. 3e civ., 16 juin 2011, n° 10-18814, *Bull. civ.* III, n° 104, à propos d'un HLM : droit du bailleur de dénoncer la convention). À l'issue de la relation contractuelle, pèse sur le preneur une obligation de restitution de la chose au bailleur. À l'inverse, nous avons vu que l'octroi d'un droit réel de jouissance spéciale permettait de le constituer pour toute la durée d'existence d'une personne morale, ce qui le destinait à une quasi-perpétuité (v. *supra*, n° 197).

B. Le paiement du loyer

864. Le bail constitue un contrat à titre onéreux, ce qui suppose la stipulation d'un loyer (Cass. 3e civ., 20 déc. 1971, n° 70-13450, *Bull. civ.* III, n° 644). Dès lors, les juges du fond ne peuvent prononcer la résiliation d'un bail pour sous-location prohibée, sans constater que le sous-contrat comportait pour le preneur une obligation de paiement d'un loyer (Cass. 3e civ., 5 juill. 1995, n° 93-10924, *Bull. civ.* III, n° 1). Ainsi, en dépit d'une clause qui lui interdirait la sous-location, le preneur peut prêter son bien à titre gratuit (v. *infra*, n° 886 et s.).
Alors que la détermination du loyer relève classiquement de la liberté contractuelle, nous verrons qu'il fait aujourd'hui l'objet d'un contrôle attentif du législateur.

FOCUS

Le paiement des loyers : covid-19

L'épidémie du covid-19 a conduit le législateur à prévoir, outre une protection générale applicable à tous les contrats (ord. n° 2020-306 du 25 mars 2020, v. *supra*, n° 724), des dispositions spécifiques relatives aux locaux professionnels fermés pour raison sanitaire (bars, restaurants, boutiques...). Cette ordonnance n° **2020-316 du 25 mars 2020** est relative au paiement des loyers, des factures d'eau, de gaz et d'électricité afférents aux locaux professionnels des entreprises dont l'activité est affectée par la propagation de l'épidémie de covid-19. Sont éligibles les personnes physiques et morales de droit privé exerçant une activité économique qui sont susceptibles de bénéficier du fonds de solidarité (art. 1er). Les locataires ne peuvent encourir une liste de sanctions (pénalités, clause résolutoire, clause pénale, activation des sûretés...) au titre du non-paiement de leurs loyers et charges locatives échus entre le 12 mars 2020 et l'expiration d'un délai de deux mois après la date de cessation de l'état d'urgence sanitaire déclaré par l'article 4 de la loi du 23 mars 2020. L'exécution forcée n'est toutefois pas formellement visée par le texte, ce qui devrait permettre au bailleur d'agir en recouvrement (mais sans viser la clause résolutoire). En somme, les loyers ne sont ni effacés, ni reportés pendant la crise sanitaire : leur non-paiement ne peut seulement donner lieu à des sanctions autres que l'exécution de ce qui est dû au bailleur. Mais reste la question de savoir si le locataire peut invoquer les dispositions du Code civil sur la perte de la chose louée de l'article 1722 du Code civil pour obtenir une diminution du loyer, qui a donné lieu à une réponse négative par la Cour de cassation dans trois arrêts du 30 juin 2022 (v. sur cette question, *supra*, n° 724).

§ 2. La distinction du bail avec des contrats voisins

Dans le prolongement de ce qui vient d'être vu, le bail peut être distingué des contrats conférant un droit réel de jouissance (A) et des contrats conférant une jouissance au contraire limitée (B).

A. Bail et contrats conférant un droit réel de jouissance

865. Le bail doit être distingué des droits réels de jouissance prévus par le Code civil ou consacrés par la jurisprudence, ainsi que de certains baux spéciaux créés par le législateur par dérogation au modèle du Code civil.

- **Bail et droit réels** : pour ne pas nous répéter inutilement, nous renvoyons pour l'essentiel aux droits réels évoqués en droit des biens (v. *supra*, n° 176 et s.). Tout au plus peut-on rappeler que le propriétaire peut conférer un **droit d'usage ou d'habitation, un droit d'usufruit, un droit de jouissance spéciale, ou encore un droit de servitude.** Rappelons qu'il n'existe pas de *numerus clausus des droits réels*, de sorte que la liste n'est pas exhaustive. Comme cela a été souligné, la différence principale réside dans le fait que le titulaire d'un droit réel de jouissance n'a aucune créance à l'égard du propriétaire : il n'a rien à attendre ni exiger de lui, si ce n'est qu'il respecte son droit.

- **Bail du Code civil et baux spéciaux dérogatoires**: par ailleurs, nous avons vu que certains baux spéciaux conféraient au preneur un **droit réel immobilier.** Ce sont des baux de longue durée. Tel est le cas du bail à construction et du bail emphytéotique. La Cour de cassation considère que les règles du Code civil sur le louage ordinaire n'ont pas à s'appliquer au bail emphytéotique, dont la caractéristique est la faible redevance versée au bailleur, qui, en compensation, devient propriétaire des constructions à l'issue du bail, sans aucune indemnité (Cass. 3e civ., 16 avr. 1970, n° 67-10232, *Bull. civ.* III, n° 251).

B. Bail et contrats conférant une jouissance limitée

866. Dans le bail, **le preneur a la jouissance de la chose: elle est en son pouvoir.** Cela permet de distinguer le bail de contrats voisins dans lesquels la jouissance de l'occupant est limitée:

- **Bail et entreprise**: comme nous l'avons vu, la réalisation d'une prestation de services suppose parfois la mise à disposition temporaire d'une chose. Il en va ainsi, par exemple, d'un centre équestre qui organise des excursions à cheval. Les clients ont, pendant la durée de l'excursion, la jouissance d'un cheval et d'un matériel. S'agit-il pour autant d'un bail? Non, répond la Cour de cassation, dès lors que l'entrepreneur s'adresse à de simples touristes, pour leur procurer le divertissement d'un transport à dos de cheval selon un itinéraire déterminé (Cass. 1re civ., 27 mars 1985, n° 83-16468, *Bull. civ.* I, n° 111). Dans ce cas de figure, on voit que l'utilisateur n'a pas la **maîtrise de la chose**. Cette mise à disposition s'inscrit dans une prestation de services planifiée par l'entrepreneur. En revanche, lorsqu'un cavalier confirmé paie une somme d'argent pour monter un cheval selon un itinéraire de son choix, il y a bail. De même, il a été jugé que le contrat par lequel une maison de retraite s'oblige à héberger une personne âgée et à lui fournir des prestations hôtelières, sociales et médicales, n'est pas un bail (Cass. 3e civ., 1er juill. 1998, n° 96-17515, *Bull. civ.* III, n° 145: par conséquent, aucune obligation de mettre à disposition une chambre individuelle n'est contractée). De nouveau, on voit que l'accès à une chose s'insère dans une prestation de services contrôlée par l'entrepreneur.

- **Bail et occupation non privative**: le bail suppose que le preneur ait la jouissance **privative** de la chose: elle est en son pouvoir. Dès lors, échappe à la qualification de bail le contrat qui prévoit une jouissance non exclusive. Il a ainsi été jugé que la convention de mise à disposition d'une piscine au profit d'un enseignant de gymnastique aquatique libéral ne constituait pas un bail (Cass. 3e civ., 11 janv. 2006, n° 04-19736, *Bull. civ.* III, n° 10). De fait, l'occupant n'a accès à la piscine qu'aux jours et heures convenus. Ce n'est pas un bail.

- **Bail et convention d'occupation précaire**: cette convention se caractérise, quelle que soit sa durée, par le fait que l'occupation des lieux n'est autorisée qu'à raison de circonstances exceptionnelles et pour une durée dont le terme est marqué par d'autres causes que la seule volonté des parties (Cass. 3e civ., 29 avr. 2009, n° 08-10506, *Bull. civ.* III, n° 90). Cette définition a été reprise par le législateur, la convention d'occupation précaire ayant été intégrée dans le Code de commerce en 2014 (C. com., art. L. 145-5-1). Il en va ainsi de la convention d'occupation précaire sur le domaine public. Par exemple, l'administration concède, pour une durée de quinze ans, à l'exploitant d'un restaurant le droit de s'installer sur une plage. Comme le domaine public est inaliénable, la convention est nécessairement précaire. Dans ce cadre, la Cour de cassation juge que **la convention d'occupation précaire n'est pas un bail** (Cass. 3e civ., 19 nov. 2014, n° 13-20089, *Bull. civ.* III, n° 150 : pas de soumission à la publicité des baux de plus de douze ans). Quelle est au fond la différence entre ces deux conventions ? C'est la **précarité de la jouissance.** Dans le bail, le bailleur souscrit à l'égard du preneur une véritable **obligation**, ce qui lui impose de respecter le terme convenu (C. civ., art. 1212 : lorsque le contrat est conclu pour une durée déterminée, chaque partie doit l'exécuter jusqu'à son terme). Rien de tel dans la convention d'occupation précaire. Le propriétaire ne concède qu'une **autorisation** de jouissance, qu'il peut retirer à tout moment. Ainsi, même si la durée a été fixée à quinze ans, le propriétaire pourra y mettre un terme à tout moment, sous réserve de l'abus qui donnera lieu, le cas échéant, à des dommages-intérêts seulement.

Section 2
Le régime du bail

L'étude du régime de droit commun n'est pas suffisante (§ 1). Il conviendra d'étudier le régime spécial des baux d'habitation (§ 2), **en mettant de côté les baux commerciaux ainsi que la location du fonds de commerce**, qui relèvent de l'épreuve de droit commercial.

§ 1. Le régime de droit commun

On envisagera, comme de coutume, la **formation** du bail (A) puis ses **effets** (B).

A. La formation du bail

Il convient de traiter tour à tour les conditions de **fond** (1) et de **forme** (2).

1. Les conditions de fond

Il est possible de distinguer les conditions relatives aux **parties** (a) et celles relatives au **contenu** (b).

a. Les conditions relatives aux parties : consentement, capacité et pouvoir

867. Il n'y a pas grand-chose à dire sur **l'échange des consentements**. Le bail se forme par la rencontre entre une offre et une acceptation, dès lors qu'elle porte sur les éléments essentiels : **chose louée et loyer** (Cass. 3e civ., 28 oct. 2009, n° 08-20224, *Bull. civ.* III, n° 237, qui indique que l'offre de bail n'a pas à comporter sa date de prise d'effet). Mais le bail peut être précédé d'un avant-contrat : pacte de préférence, promesse unilatérale ou promesse synallagmatique de bail. Tout ce qui a été écrit à propos de la vente s'applique *mutatis mutandis* au bail.

S'agissant de la **capacité** et **des pouvoirs**, nous renvoyons à ce qui a été vu dans les différentes leçons sur l'aptitude d'un usufruitier, d'un indivisaire ou encore d'un époux à conclure seul un tel acte. Rappelons simplement que le bail est en principe **un acte d'administration**,

et non de disposition, de sorte que sa conclusion est facilitée. Au reste, l'article 1718 du Code civil renvoie à ce qui a été vu pour l'usufruit (C. civ., art. 595) s'agissant des pouvoirs du tuteur de conclure un bail au nom de son pupille.
Enfin, contrairement à la vente, **le bail de la chose d'autrui n'est pas nul** : il produit effet entre le bailleur et le preneur, tant que celui-ci a la jouissance paisible des lieux (Cass. 3e civ., 13 févr. 1985, n° 82-14220, *Bull. civ.* III, n° 33). Cela tient au fait qu'il s'agit d'un acte d'administration, qui n'est donc pas incompatible avec l'absence de droit de propriété. La conséquence en est que le locataire est tenu de payer les loyers convenus, et le bailleur d'assurer la jouissance de la chose. Toutefois, **ce bail est inopposable au propriétaire**, qui peut donc récupérer sa chose à tout moment. Mais encore faut-il ménager le jeu de la théorie de l'apparence, lorsque le locataire a traité de bonne foi, sous l'empire de l'erreur commune (Cass. 3e civ., 21 janv. 1981, n° 79-13854, *Bull. civ.* III, n° 17).

b. Les conditions relatives au contenu

868. S'agissant de la jouissance de la chose, la prestation doit être déterminée ou déterminable, et licite. Rappelons qu'il est possible de tenir compte du but illicite poursuivi par l'une des parties, même si celle-ci n'en avait pas connaissance (C. civ., art. 1162). Ainsi, le bail conclu par le preneur pour y installer une maison de tolérance pourra être annulé, quand bien même le bailleur n'avait pas connaissance d'un tel mobile.
S'agissant du loyer, il était acquis, avant la réforme, que le prix devait être déterminé ou déterminable, comme dans la vente. Le nouvel **article 1165** du Code civil permettant la fixation unilatérale du prix en cours d'exécution pour les contrats de « prestation de service » est-il applicable au bail ? Nous pensons que s'agissant d'une exception à la détermination de la prestation, elle doit être d'interprétation stricte et ne viser que les contrats dont l'objet principal consiste à faire quelque chose (mandat, entreprise), et non à délivrer une chose (vente, bail). Dans ce dernier cas, il est en effet possible de fixer en amont le prix de la jouissance de la chose, de sorte que rien ne justifie que l'on permette au bailleur ou au locataire de fixer *a posteriori* le prix. La **détermination du loyer par le contrat reste donc une condition de validité du bail.**
Par ailleurs, ce loyer doit être **réel et sérieux**, à peine de tomber sous le coup de l'article 1169 du Code civil (contrepartie dérisoire ou illusoire).

2. Les conditions de forme

869. Le bail du Code civil est un contrat **consensuel**, qui ne requiert pas un écrit (C. civ., art. 1714 : bail verbal). Toutefois, l'existence d'un écrit conditionne la **durée du bail.** Ainsi, seul le bail écrit peut donner lieu à un terme fixé (C. civ., art. 1737). Dans ce cas, il n'est pas nécessaire de donner congé, mais il faut respecter le terme du bail : aucune rupture anticipée n'est possible (Cass. 3e civ., 3 avr. 2001, n° 99-17738). En l'absence d'écrit, l'une des parties pourra donner congé à l'autre en observant « les délais fixés par l'usage des lieux », c'est-à-dire la coutume locale (C. civ., art. 1736). Ces règles sont rarement appliquées, dès lors que les baux spéciaux sont à durée déterminée et que presque tous les baux conclus chaque jour sont des baux spéciaux (v. *infra*, n° 874 et s.).
La **preuve** du contrat de bail est soumise aux règles de la preuve littérale (C. civ., art. 1715). Contrairement au mandat, la règle ne joue pas dans les rapports avec les tiers. Ainsi, un tiers qui agit en responsabilité contre un locataire peut rapporter la preuve de cette qualité par tous moyens (Cass. 3e civ., 28 juin 1978, n° 77-10654, *Bull. civ.* III, n° 271).

En outre, comme il ne porte pas sur un droit réel, le bail n'est pas soumis à publicité foncière pour être **opposable** aux tiers, **sauf s'il excède une durée de douze ans** (D. 4 janv. 1955, art. 28). Dès lors, faute de publicité, le conflit entre deux preneurs successifs se règle au profit de celui dont le bail a acquis le premier **date certaine** (Cass. soc., 1er juin 1954, *Bull. civ.* IV n° 383). Nous renvoyons dès lors à **l'article 1377** du Code civil : « l'acte sous signature privée n'acquiert date certaine à l'égard des tiers que du jour où il a été *enregistré*, du jour de la *mort d'un signataire*, ou du jour où sa substance est constatée dans un *acte authentique* ».

B. Les effets du bail

Après avoir identifié les obligations des parties (1), nous consacrerons quelques lignes à la circulation et à l'extinction du bail (2).

1. Les obligations des parties

On étudiera les obligations du bailleur (a) puis celles du preneur (b).

a. Les obligations du bailleur

870. Le bailleur supporte **deux grandes obligations** : l'une à **exécution instantanée**, la délivrance, l'autre à **exécution continue**, assurer la jouissance paisible du locataire.

- **Obligation de délivrance**, qui n'a pas toujours la même intensité :
  - **dans tous les cas,** l'article 1719 1° du Code civil prévoit que **le bailleur est tenu de délivrer la chose.** Comme dans la vente, la chose doit être **conforme** à ce qui a été prévu au bail et notamment à sa destination contractuelle : par exemple, elle doit permettre l'activité prévue au bail, sans quoi le bailleur manque à son obligation de délivrance (Cass. 3e civ., 26 mars 1997, n° 95-14103, *Bull. civ.* III, n° 70). Cette obligation, qui est l'obligation essentielle du contrat, ne peut être évincée par une clause contraire ; v. sur l'impossibilité pour les locataires d'invoquer l'inexécution de son obligation de délivrance par le bailleur pendant la fermeture des locaux commerciaux pendant le confinement, la jurisprudence de la Cour de cassation résultant de trois arrêts du 30 juin 2022, *supra*, n° 724.
  - **dans tous les cas encore, la chose livrée doit être en bon état de réparations de toute espèce** (C. civ., art. 1720). C'est une grande différence avec l'usufruit, l'usufruitier prenant la chose telle qu'elle est (C. civ., art. 600). Toutefois, **cette règle est supplétive** : il est donc possible de stipuler que le locataire prend la chose en l'état (Cass. 3e civ., 7 févr. 1978, n° 76-14214, *Bull. civ.* III, n° 71) ;
  - **si la chose est la résidence principale du preneur,** le bailleur doit lui fournir **un logement décent** (C. civ., art. 1719 1°, issu d'une loi du 13 déc. 2000). Un décret du 30 janvier 2002 fixe une liste de caractères que doit revêtir le logement pour être décent (chauffage, salubrité, superficie minimale de 9 mètres carrés avec hauteur sous plafond de 2,2 m…). La règle est **impérative**, de sorte qu'ici la clause prévoyant que le locataire prend en l'état un logement indécent sera réputée non écrite.

- **Obligation d'assurer la jouissance paisible du locataire** : cette obligation générale permet de regrouper toutes les obligations continues qui pèsent sur le bailleur :
  - **obligation de respecter l'intégrité de la chose** (C. civ., art. 1723) : le bailleur ne peut, pendant la durée du bail, changer la forme de la chose louée, à peine de remise en état (Cass. 3e civ., 3 avr. 1996, n° 94-14485, *Bull. civ.* III, n° 91) ;
  - **obligation d'entretien de la chose** (C. civ., art. 1719 2°) : le bailleur doit faire en sorte que la chose puisse, au cours du bail, remplir son usage. Dans cette perspective, l'article 1720 alinéa 2 du Code civil prévoit que le bailleur doit accomplir toutes les réparations nécessaires. **Deux limites** toutefois :
    - les **convictions religieuses** n'entrent pas, sauf clause contraire, dans le champ contractuel : ainsi, les locataires ne peuvent pas exiger du bailleur qu'il installe une serrure non électrique pour leur permettre de respecter le rite du *sabbat* (Cass. 3e civ., 18 déc. 2002, n° 01-00519, *Bull. civ.* III, n° 262),
    - le preneur doit assumer les **réparations locatives** (C. civ., art. 1720 al. 2). On peut ici raisonner par analogie avec les grosses réparations et les réparations d'entretien de l'usufruit (C. civ., art. 605 et 606) ;
  - **garantie des vices cachés** (C. civ., art. 1721) : il est dû garantie au preneur pour tous les vices ou défauts de la chose louée qui en empêchent l'usage, quand même le bailleur ne les aurait pas connus lors du bail. La règle n'est toutefois pas d'ordre public et peut donc être aménagée conventionnellement, sauf en droit de la consommation et pour les baux d'habitation (art. 2 et 6 de la loi du 6 juill. 1989, v. *infra*, n° 877). En outre, à la différence de la vente, le vice caché n'a pas à être antérieur au bail. Pourquoi cela ? Parce qu'il n'y a pas de transfert de propriété, et donc de transfert des risques. Si un défaut caché rendant la chose inutilisable survient, c'est au bailleur, en qualité de propriétaire, d'en répondre ;
  - **garantie d'éviction** :
    - **contre les troubles provenant du bailleur** : ainsi, le bailleur doit s'abstenir de tout acte compromettant la jouissance du preneur,
    - **contre les troubles provenant des tiers** : le bailleur ne garantit que les **troubles de droit** ; les troubles de fait doivent être supportés par le preneur (C. civ., art. 1725). Il en va toutefois autrement si ce fait (vol, destruction…) est imputable **à une faute du bailleur** ;
- **obligation de sécurité** : la jurisprudence considère qu'il s'agit d'une **obligation de moyens** (Cass. 3e civ., 21 nov. 1990, n° 89-15922, *Bull. civ.* III, n° 236). Cette obligation est en partie absorbée en matière mobilière par le régime de la responsabilité du fait des produits défectueux, la responsabilité du loueur étant subsidiaire par rapport à celle du producteur (C. civ., art. 1245-6).

b. Les obligations du locataire

871. Selon l'article 1728 du Code civil, le preneur a deux obligations principales : jouir raisonnablement et payer son loyer. Mais il faut en ajouter une troisième : l'obligation de restitution.

- **User de la chose raisonnablement et conformément à sa destination** : ainsi, le preneur doit se conformer à l'usage qui a été convenu. Si une **clause d'habitation bourgeoise** a été stipulée, il ne peut pas exploiter un commerce dans les lieux. Toutefois, la liberté des parties n'est pas totale, car il faut composer avec les droits fondamentaux. Sur le fondement de l'article 8 de la Convention européenne des droits de l'homme qui pose le **droit au respect de la vie privée et familiale**, il a été jugé que le bailleur ne pouvait par une clause contractuelle interdire au preneur la **possibilité d'héberger ses proches** (Cass. 3e civ., 6 mars 1996, n° 93-11113, *Bull. civ.* III, n° 60).

Qu'advient-il lorsqu'une **destination mixte** a été convenue (destination d'habitation et exercice d'une profession libérale) ? Après quelques atermoiements, la Cour de cassation a finalement jugé que **le preneur n'est pas tenu d'utiliser les lieux à chacun des usages**. Le preneur ne peut donc être sanctionné, pour avoir cessé d'habiter les lieux, par la résiliation de son contrat : l'usage est alternatif, pas cumulatif. En revanche, il perd, s'il n'habite pas effectivement les lieux, le bénéfice du statut des baux d'habitation au terme du bail (Cass. ass. plén., 2 févr. 1996, n° 91-21373, *Bull. ass. plén.*, n° 1 : perte du droit au renouvellement prévu par la loi du 22 juin 1982).

Enfin, au-delà du respect de la destination des lieux, le locataire doit jouir des lieux raisonnablement, ce qui implique que l'usage soit paisible. La Cour de cassation en déduit que le preneur doit répondre des violences commises par son enfant à l'égard des employés du bailleur, quel que soit le lieu de commission de telles violences, ce qui justifie la résiliation du bail (Cass. 3e civ., 17 déc. 2020, n° 18-24823). L'obligation de jouissance paisible a donc un domaine personnel et territorial étendu, puisqu'elle s'applique aux violences commises par des proches du preneur qui vivent sous toit et couvre les violences perpétrées en dehors des lieux loués, dès lors qu'elles sont exercées contre le bailleur ou ses préposés. L'obligation de jouissance paisible implique enfin de respecter le règlement de copropriété, si l'immeuble loué est soumis au statut de la copropriété.

- **Payer le loyer aux termes convenus** : cette obligation est garantie par un privilège du bailleur sur les meubles meublants (v. *infra*, n° 1103).

- **Restituer la chose au terme du bail** : à ce titre, plusieurs remarques s'imposent :
  - la chose est présumée avoir été reçue en bon état de par le locataire (C. civ., art. 1731), sauf si un **état des lieux** a été établi (C. civ., art. 1730). Dans ce cas, il doit la rendre conformément à cet état ;
  - parce que le locataire est tenu de restituer la chose reçue (C. civ., art. 1730), le preneur doit assurer les **réparations locatives**, dont l'exigibilité est fixée, sauf clause contraire, au terme du bail ;
  - afin de garantir le paiement d'éventuelles dégradations, le bailleur réclame à la signature du bail un **dépôt de garantie** qui est plafonné pour les baux d'habitation (v. *infra*, n° 877) ;
  - le preneur répond des dégradations qui sont imputables à sa **faute** ou aux personnes dont il doit répondre (C. civ., art. 1735). Pour le reste, les risques pèsent sur le bailleur (*res perit domino)*. Mais les dégradations subies pendant le temps de sa jouissance sont présumées être le fait du locataire (C. civ., art. 1732). C'est donc une présomption de faute qui pèse sur le locataire ;
  - en cas d'**incendie**, un régime encore plus sévère est instauré aux articles 1733 et 1734 du Code civil. L'article 1733 prévoit en effet que le locataire « répond de l'incendie, à moins qu'il ne prouve que l'incendie est arrivé par *cas fortuit ou force majeure*, ou

par *vice de construction* ou que le feu a été *communiqué par une maison voisine*». Le locataire est donc présumé responsable de l'incendie, sauf pour lui à s'exonérer dans des cas très limités, étant précisé que l'absence de faute n'est pas exonératoire (Cass. 3e civ., 1er déc. 2016, n° 13-20524). Toutefois, la Cour de cassation rappelle régulièrement que ce régime **ne concerne pas les rapports entre le locataire et les tiers** (par ex., des occupants de l'immeuble voisin: Cass. 3e civ., 28 janv. 2016, n° 14-28812 B). Dans ce cas, la preuve d'une faute du locataire sera nécessaire, conformément à l'article 1242 alinéa 2 du Code civil (régime spécial de responsabilité en cas de communication d'incendie); en outre, ce régime ne s'applique pas au contrat de séjour conclu par un établissement d'accueil et une personne dans le besoin, contrat soumis aux dispositions du Code de l'action sociale et des familles et qui ne constitue pas un louage de choses (Cass. 3e civ., 3 déc. 2020 (2 arrêts), n° 19-19670 et n° 20-10122);
- enfin, si le locataire a réalisé des constructions, il pourra être indemnisé par le bailleur sur le fondement de l'article 555 du Code civil (v. *supra*, n° 128 et s.).

2. La circulation et l'extinction du bail

Il convient d'envisager tour à tour la circulation (a) et l'extinction (b) du bail.

a. La circulation du bail

872. La circulation du bail peut être soit conventionnelle, soit légale.

- **La circulation du bail peut être conventionnelle**: ainsi, **l'article 1717** du Code civil prévoit que «le preneur a le droit de sous-louer, et même de céder son bail à un autre, si cette faculté ne lui a pas été interdite». La sous-location et la cession de bail sont donc possibles, sauf si elles sont interdites par le bail:
  - **sous-location**: dans ce cas, il n'y a pas de changement de contractant au sein d'un contrat, mais adjonction d'un nouveau contrat au contrat préexistant. Il n'y a donc pas de rapports contractuels directs entre le bailleur et le sous-locataire, même si **l'article 1753** ouvre au bailleur une action directe en paiement des loyers contre le sous-locataire, mais dans la limite des sommes dues par ce dernier.

Exemple

Martin loue à Paul un appartement; Paul sous-loue, pendant les vacances d'été, l'appartement à Jacques; Martin reste le bailleur de Paul qui devient le bailleur de Jacques, le temps de la sous-location. Si Paul doit un arriéré de loyers de 10 000 euros à Martin, ce dernier pourra agir contre Jacques; mais si Jacques ne doit que 500 euros dans le cadre de la sous-location, son action directe sera cantonnée à cette somme; ce type de sous-locations tend à se généraliser avec le **développement de plateformes telles que *AirBnb*** (v. *infra*, n° 877, sur les problèmes posés).

FOCUS

La sous-location (AirBnb)

Par un arrêt du 12 septembre 2019, la Cour de cassation précise que, sauf lorsque la sous-location a été autorisée par le bailleur, les sous-loyers perçus par le preneur constituent des fruits civils qui appartiennent par accession au propriétaire (**Cass. 3e civ., 12 sept. 2019**, n° 18-20727). Ainsi, lorsque les locataires sous-louent un appartement pendant plusieurs années sans l'accord du bailleur (ex. Airbnb), la cour d'appel en déduit, à bon droit, nonobstant l'inopposabilité de la sous-location au bailleur, que les sommes perçues à ce titre doivent lui être remboursées. L'arrêt est très intéressant : même si le *contrat* est inopposable au bailleur, qui peut donc se délier des engagements souscrits à l'égard des sous-locataires, la *propriété* des loyers, en tant que fruits civils, lui est acquise par accession. Cette acquisition ne résulte pas d'un contrat conclu par le bailleur (car il n'y a pas consenti), mais directement de sa qualité de propriétaire, car les fruits sont attachés à la chose (v. *supra*, sur l'accession, n° 128 et s.).

- **cession de bail :** dans ce cas, il s'agit d'un changement de contractant au sein du même contrat. Le nouveau locataire remplace l'ancien dans le cadre du bail. Il s'agit donc d'une cession de contrat, soumise comme telle aux dispositions issues de la réforme (C. civ., art. 1216 et s.). L'ancien locataire n'est libéré de ses obligations que si le bailleur y consent expressément.

Exemple

Martin loue à Paul un appartement ; Paul cède son bail au profit de Jacques ; dans ce cadre, Jacques devient locataire de l'appartement : l'opération suppose l'accord du bailleur donné soit par anticipation, soit à l'occasion de la cession. En outre, il faut une manifestation expresse de volonté du bailleur pour libérer l'ancien locataire pour l'avenir, sans quoi il est solidairement tenu de l'exécution du contrat.

- **La circulation du bail peut être imposée par la loi** : il y a alors soit une cession de bail imposée au nouveau propriétaire, soit une cotitularité du bail imposée au propriétaire :
  - **cession de bail imposée à l'acquéreur de l'immeuble** : cette cession forcée du bail est prévue par **l'article 1743** du Code civil. Le nouveau propriétaire est donc tenu de respecter le bail en cours, ce qui constitue une dérogation notable à l'effet relatif des contrats : il est assujetti aux obligations d'un contrat qu'il n'a pas conclu. Tout se passe comme si le bail suivait comme accessoire la chose vendue. La règle **n'est toutefois pas d'ordre public** : il peut être prévu dans le bail que le contrat ne sera pas transmis à l'acquéreur. Dans ce cas, le preneur a droit à une indemnisation, qui, elle, ne peut pas être évincée ;
  - **cotitularité du droit au bail imposée au bailleur :** nous avons déjà rencontré ce mécanisme prévu par **l'article 1751** du Code civil. Dès lors que le bail porte sur un immeuble à usage d'habitation, le droit au bail appartient, nonobstant toute clause contraire, aux époux, mais aussi aux pacsés qui en font la demande. Nous renvoyons à ce qui a été dit à ce sujet (v. *supra*, n° 525 et s.).

b. L'extinction du bail

873. Déjà, il faut observer qu'à la différence du mandat, le bail n'est pas un contrat conclu *intuitus personae* : ainsi, **l'article 1742** du Code civil prévoit que le contrat n'est point résolu par la mort du bailleur ni par celle du preneur. Mais la règle est supplétive.
Pour le reste, le Code civil envisage différents modes d'extinction du bail :

- **la perte totale de la chose** (C. civ., art. 1722) : si la chose louée est détruite en totalité par cas fortuit, le bail est résilié de plein droit ; si elle n'est détruite qu'en partie, le preneur dispose d'une option : demander la résiliation ou une diminution du prix. Dans tous les cas, cette résiliation opère **sans indemnité**, car elle est due à un cas fortuit ; à la perte totale de la chose louée, la Cour de cassation assimile **l'impossibilité absolue et définitive pour le preneur d'en user conformément à sa destination ou la nécessité d'effectuer des travaux dont le coût excède la valeur (Cass. 3e civ., 8 mars 2018**, n° 17-11439). En l'espèce, un incendie avait affecté des locaux donnés à bail. Le bailleur avait notifié au preneur la résiliation de plein droit du bail pour perte de la chose louée, puis l'avait assigné en constatation de cette résiliation. Le preneur avait sollicité reconventionnellement la condamnation de la bailleresse à effectuer des travaux de remise en état au nom de son obligation de délivrance, demande à laquelle la cour d'appel avait fait droit. L'arrêt est censuré, dès lors que l'immeuble était devenu impropre à l'exploitation prévue au bail, ce qui provoquait la résiliation de plein droit du contrat. Le bailleur n'a donc pas à effectuer les réparations, car le bail est purement et simplement résilié (v. sur l'impossibilité pour les locataires d'invoquer l'article 1722 du Code civil et la perte partielle de la chose pour obtenir une diminution des loyers pendant la fermeture des locaux commerciaux pendant le confinement, la jurisprudence de la Cour de cassation résultant de trois arrêts du 30 juin 2022, *supra*, n° 724).
- **l'inexécution des obligations contractuelles** : il s'agit là d'une solution relevant du droit commun des contrats. Après la réforme du droit des obligations, la résolution du contrat peut désormais être judiciaire ou unilatérale, par la voie d'une notification, aux risques et périls de celui qui la prononce (C. civ., art. 1224). Une **clause résolutoire** peut également être stipulée dans le bail, mais elle ne dispense pas, sauf clause contraire, le créancier qui l'invoque d'une mise en demeure préalable (C. civ., art. 1225). En outre, elle doit être invoquée de **bonne foi** (Cass. 3e civ., 17 juill. 1992, n° 90-18810, *Bull. civ.* III, n° 254) ;

FOCUS

La résiliation du bail

Par un arrêt du 8 avril 2021, la troisième chambre civile a jugé qu'en cas de carence du bailleur, un autre copropriétaire pouvait, par la voie de l'action oblique, agir en résiliation du bail et en expulsion contre un locataire ne respectant pas le règlement de copropriété (**Cass. 3e civ., 8 avr. 2021, n° 20-18327 P**). Il était déjà admis que le syndicat des copropriétaires, qui incarne l'intérêt collectif des copropriétaires, pouvait agir contre le locataire en cas de carence du bailleur (Cass. civ., 14 nov. 1985, n° 84-15577). Cette solution est désormais étendue à l'action individuelle exercée par un copropriétaire.

- **le terme convenu** : le bail prend fin au terme convenu, sauf si celui-ci est renouvelé par **tacite reconduction** : **l'article 1738** du Code civil prévoit ainsi que si, à l'expiration des baux écrits, le preneur est laissé en possession, il s'opère un nouveau bail. Rappelons que la stipulation d'un terme suppose un bail écrit. Si le bail est verbal, toute partie peut donner congé à son locataire en respectant les usages locaux. Par un arrêt du 5 mars 2020, la Cour de cassation a rappelé les termes de l'article 1737 du Code civil, à savoir que « le bail cesse de plein droit à l'expiration du terme fixé, lorsqu'il a été fait par écrit, sans qu'il soit nécessaire de donner congé » (Cass. 3e civ., 5 mars 2020, n° 19-10398). Surtout, elle précise que le preneur peut, à compter de cette date, être contraint de verser une indemnité d'occupation, dès lors qu'il ne justifie pas avoir remis les clés au bailleur, en personne ou à un mandataire dûment habilité pour les recevoir (agence immobilière). En outre, sans cette preuve, le preneur ne peut obtenir la restitution de son dépôt de garantie.

Nous allons voir que ces règles sont substantiellement aménagées dans les baux spéciaux.

§ 2. Les statuts particuliers

Le terme de « statut » évoque une protection dérogatoire au droit commun dont bénéficie le preneur à bail pour certains baux, et qui se caractérise par un ordre public prégnant. Afin de se cantonner aux **activités civiles**, il convient, nous l'avons dit, de mettre de côté les locations qui relèvent du droit commercial : baux commerciaux et location-gérance du fonds de commerce. Il reste donc à étudier brièvement le statut des baux ruraux (A) et celui des baux d'habitation (B).

A. Le statut des baux ruraux

Le Code rural et de la pêche maritime consacre un livre IV aux baux ruraux. De fait, il n'existe pas un bail rural, mais des baux ruraux. Il convient à cet égard de distinguer ceux qui relèvent du statut du fermage et du métayage (1) et les autres baux ruraux (2).

1. Le statut du fermage et du métayage

874. Aux termes de l'article L. 411-1 du Code rural et de la pêche maritime, « *toute mise à disposition à titre onéreux d'un immeuble à usage agricole en vue de l'exploiter pour y exercer une activité agricole* définie à l'article L. 311-1 est régie par les dispositions du présent titre, sous les réserves énumérées à l'article L. 411-2. Cette disposition est **d'ordre public** ». Le Code civil contient également des dispositions spécifiques aux baux à ferme (art. 1764 et s.). La différence entre le fermage et le métayage se trouve dans le **mode de rémunération du propriétaire** : dans le fermage, le propriétaire perçoit une rémunération fixe, sous forme de **loyer** ; dans le métayage, le propriétaire perçoit **une part des produits de l'exploitation**. Le statut se caractérise, comme pour les autres baux spéciaux, par un encadrement du contrat au profit du preneur : nécessité d'un **écrit, durée minimale de neuf ans,** encadrement de la rémunération du propriétaire (loyer pour le fermage, part des produits dans le métayage, qui ne peut pas dépasser un tiers).

2. Les autres baux ruraux

875. D'autres baux ruraux sont exclus du statut du fermage. On peut citer notamment le **bail à cheptel**, qui est la mise à disposition d'un troupeau afin de l'élever et l'exploiter (C. civ., art. 1800 à 1831). On peut encore mentionner le **bail à complant**, qui porte sur des vignobles et qui prévoit une division entre la propriété du sol (qui reste au bailleur) et la propriété des vignes (qui passe au preneur). Ce bail est régi par les articles L. 441-1 et suivants du Code rural de la pêche maritime et les usages locaux.

B. Le statut des baux d'habitation

Le régime des baux d'habitation résulte désormais d'une **loi du 6 juillet 1989**, qui est régulièrement modifiée, pour renforcer davantage la protection du preneur. Il s'agit d'un statut **d'ordre public** (art. 2), à la différence des règles du Code civil, qui sont pour l'essentiel supplétives de volonté. Ce régime a une philosophie assumée : la protection du preneur, au nom du **droit à l'habitat** (proclamé comme droit fondamental à l'article 1er).
L'identification du domaine du statut des baux d'habitation (1) est un préalable à la détermination des grandes lignes de son régime (2).

1. Le domaine de la loi de 1989

876. Quel est le **domaine** d'application de cette loi ? L'article 2 de la loi de 1989 prévoit que le régime s'applique aux locations de **locaux à usage d'habitation ou à usage mixte professionnel et d'habitation, et qui constituent la résidence principale du preneur.** La résidence principale s'entend **du logement occupé au moins huit mois par an.** Il convient donc de prendre conscience que ce dispositif va bien au-delà du droit de la consommation, dans la mesure où le bailleur peut être un particulier.

Attention

Si le bail est soumis à la loi du 6 juillet 1989, il conviendra de faire application de ce régime spécial, ainsi que des règles du Code civil, dès lors qu'elles ne sont pas incompatibles avec le régime spécial (art. 1105 al. 3). En revanche, en dehors de ce domaine (par ex. bail portant sur une résidence secondaire), il conviendra d'appliquer exclusivement les règles du Code civil.

2. Le régime de la loi de 1989

877. Quelles sont les principales dispositions dérogatoires au droit commun ? Nous pouvons recenser **un septuple encadrement**, très éloigné du libéralisme du Code civil de 1804 :

- **L'encadrement de la conclusion du contrat :** le contrat doit être passé **par écrit** (art. 3) et respecter un contrat type défini par décret. En outre, depuis la loi ALUR du 24 mars 2014, le bailleur doit remettre au preneur un **diagnostic de performance énergétique**, le constat d'un risque d'exposition au plomb, etc. (art. 3.3).

- **L'encadrement des clauses du contrat** : de nombreuses clauses (19 !) sont réputées non écrites (art. 4). Citons, par exemple, la clause « a) qui oblige le locataire, en vue de la vente ou de la location d'un local loué, à laisser visiter celui-ci les jours fériés ou plus de deux heures les jours ouvrables», ou encore «j) qui interdit au locataire l'exercice d'une activité politique, syndicale, associative ou confessionnelle».

- **L'encadrement de la durée du contrat de location**: le contrat est conclu pour une durée **au moins égale à trois ans** (art. 10), avec toutefois une dérogation au profit du bailleur personne physique qui justifie de raisons professionnelles ou familiales (art. 11, **un an au moins** dans ce cas):
  - à l'issue de ce terme, le **bailleur** ne peut pas librement prendre congé de son locataire: ce congé doit être justifié soit par sa décision de reprendre ou de vendre le logement, soit par un motif légitime et sérieux, notamment l'inexécution de ses obligations par le locataire (art. 15). Le délai de préavis est de **six mois**, avec, en cas de congé pour vente, octroi d'un **droit de préemption au profit du locataire**;
  - le **preneur**, lui, peut mettre fin à **tout moment** au contrat de location (art. 12, donc, bien avant le terme, contrairement au bailleur), moyennant un préavis de **trois mois**, ramené à **un mois** pour raisons professionnelles, de santé ou encore dans les zones tendues, marquées par un encadrement du loyer.

- **L'encadrement du loyer**: c'est sans doute le dispositif le plus spectaculaire. Alors que la fixation du loyer relève en droit commun de la liberté des parties, la loi ALUR du 24 mars 2014 a mis en œuvre un système de **contrôle des loyers** dans les **zones urbanisées de plus de 50 000 habitants** «où il existe un déséquilibre marqué entre l'offre et la demande». Dans ces zones tendues, le préfet fixe chaque année un **loyer de référence**, qui constitue la base de calcul que devront respecter les parties (art. 17). En outre, lorsqu'un **dépôt de garantie** a été prévu, il ne peut être supérieur à **un mois** de loyer en principal (art. 22). La loi ALUR du 24 mars 2014 est-elle applicable aux baux en cours? La loi avait pris soin de préciser que les baux restaient soumis au droit ancien, sauf certaines exceptions (art. 14). Mais la Cour de cassation est allée bien au-delà de ces seules exceptions, en faisant application du principe, dégagé par Roubier, de l'application immédiate de la loi nouvelle aux effets légaux des contrats en cours. Deux exemples le montrent. En premier lieu, la loi ALUR a introduit une majoration égale à 10 % du montant du loyer en cas de restitution tardive du dépôt de garantie. La question s'est posée de savoir si cette disposition s'appliquait aux contrats conclus avant son entrée en vigueur. La Cour de cassation a répondu par l'affirmative, en retenant que «la loi nouvelle *régissant immédiatement les effets légaux des situations juridiques* ayant pris naissance avant son entrée en vigueur et non définitivement réalisées, il en résulte que la majoration prévue par l'article 22 de la loi du 6 juillet 1989 modifié par la loi du 24 mars 2014 *s'applique à la demande de restitution formée après l'entrée en vigueur de cette dernière loi*» (**Cass. 3e civ., 17 nov. 2016,** n° 15-24552). Second exemple: la loi ALUR a abaissé à 65 ans (au lieu de 70) l'âge du locataire impécunieux devant bénéficier d'une offre de relogement en cas de congé pour vente. Sur le fondement de la théorie des effets légaux du contrat, la Cour de cassation considère qu'une telle disposition est applicable aux baux en cours lors de l'entrée en vigueur de la loi (**Cass. 3e civ., 23 nov. 2017**, n° 16-20475).

- **L'encadrement de la prescription**: alors que la prescription de droit commun est de cinq ans, elle est de **trois ans** (art. 7-1), et même d'un an pour l'action en révision du loyer exercée par le bailleur. La Cour de cassation considère que la prescription prévue en matière de baux d'habitation est exclusive de celle prévue par le droit de la consommation, même si le bailleur est un professionnel (**Cass. 3ᵉ civ., 26 janv. 2017**, n° 15-27580). Par suite, **la prescription de deux ans prévue par le Code de la consommation est inapplicable au bail d'habitation**.

- **L'encadrement de la sous-location** : alors que la sous-location est possible dans le bail de droit commun, sauf clause contraire (art. 1717), celle-ci est encadrée dans le bail d'habitation. Ainsi, l'article 8 de la loi du 6 juillet 1989 prévoit qu'elle n'est possible qu'avec le consentement écrit du bailleur. La perspective est donc totalement inversée par rapport au droit commun : la sous-location est en principe interdite, sauf si elle est spécialement autorisée par le bailleur. Dès lors, le locataire ne saurait mettre son logement sur des plateformes telles que **AirBnb** sans l'accord du bailleur. Il s'expose, en cas de contravention, à la résiliation du contrat et à sa condamnation à des dommages-intérêts (v. en ce sens, pour une première application, TGI Paris, 5ᵉ ch., 6 avr. 2016, n° 11-15-000294). On peut augurer qu'un tel contentieux ne fait que commencer (v. pour la validation par la Cour de cassation de la procédure de changement d'usage requise pour procéder aux locations saisonnières, Cass. 3ᵉ civ., 18 févr. 2021, n° 17-26156) ; le propriétaire doit ainsi obtenir une autorisation administrative préalable pour pouvoir procéder à de la location saisonnière.

- **L'encadrement de la reprise du logement** : l'article 14-1 de la loi de 1989 organise une procédure de reprise du logement en cas d'abandon par le locataire. Une mise en demeure par voie d'huissier doit être signifiée au preneur. En l'absence de réponse dans le délai d'un mois, l'huissier de justice peut constater l'abandon du logement, qui permettra au juge de prononcer la résiliation du bail. Qu'advient-il si l'huissier, constatant que les lieux sont libres, change les clés sans respecter la procédure de l'article 14-1 ? La Cour de cassation considère que la seule reprise illicite du logement ouvre droit à réparation du locataire, sans qu'il ait à établir un préjudice spécifique (Cass. 3ᵉ civ., 6 juill. 2017, n° 16-15752). La solution rejoint la tendance contemporaine de la jurisprudence, selon laquelle la seule violation d'un droit subjectif (vie privée, droit de propriété intellectuelle…) ouvre droit à réparation.

FOCUS

Les régimes spéciaux applicables aux baux

Par un arrêt du 24 septembre 2020, la troisième chambre civile a apporté une sérieuse limite au contrôle de proportionnalité *in concreto* (**Cass. 3ᵉ civ., 24 sept. 2020**, n° 19-17068). Ainsi, l'acquéreur d'un immeuble loué sous l'empire de la loi de 1948 (mais le raisonnement est transposable à toutes les lois protectrices du preneur) ne peut pas prétendre que ce statut constitue une atteinte disproportionnée à son droit de propriété garanti par le premier protocole additionnel à la Convention EDH, dès lors qu'il a acquis le bien en pleine connaissance des restrictions imposées par cette loi quant au montant du loyer et à la faculté de reprise des lieux. Ainsi, la conclusion d'un contrat en pleine connaissance du statut qui lui est applicable interdit ensuite au contractant d'invoquer le contrôle de proportionnalité. On peut y voir un prolongement du devoir de bonne foi.

878 à 884. Réservés.

LEÇON 7

LE PRÊT

Textes

Articles 1874 et suivants du Code civil

885. Aux termes de **l'article 1874** du Code civil, il y a **deux sortes de prêt** : le prêt à usage, qui est défini comme « celui des choses dont on peut user sans les détruire » et le prêt de consommation, qui est « celui des choses qui se consomment par l'usage que l'on en fait ». Le Code civil ne consacre aucune disposition commune à ces deux conventions, ce qui souligne qu'elles correspondent à deux opérations bien différentes.

Ainsi, le **prêt à usage** porte sur des **choses non consomptibles** : prêt d'une maison, d'une voiture, d'un outil, d'un livre... Il en résulte que l'obligation de restitution de la chose a lieu en **nature**. Elle **n'est pas risquée pour l'emprunteur**, puisqu'il suffit de rendre ce que l'on a reçu après usage. Il s'agit fondamentalement d'un **service gratuit**, ce qui explique qu'il n'y ait pas d'autre réglementation que celle du Code civil. La philosophie du régime est de protéger le **prêteur** qui a rendu service, afin qu'il puisse récupérer sa chose.

À l'inverse, le **prêt de consommation** porte sur des **choses consomptibles**, au premier rang desquelles figurent les sommes d'argent. L'obligation de restitution se fait alors **par équivalent**. Il s'agit **d'un rouage essentiel de l'économie, qui repose sur le crédit.** Et l'opération est cette fois **risquée** pour l'emprunteur, puisqu'il faudra rendre ce que l'on a dépensé. C'est pourquoi le législateur contemporain intervient pour protéger les consommateurs de crédits bancaires, ce qui donne lieu à des réglementations spécifiques (crédit immobilier, crédit à la consommation...). La philosophie du régime est de protéger **l'emprunteur**, afin qu'il ne soit pas surendetté.

Malgré ces différences, il est possible de définir de manière globale le prêt comme un **contrat par lequel une personne, le prêteur, remet une chose à une autre, l'emprunteur, afin qu'elle en use et la lui restitue, soit en nature, soit par équivalent.**

Après avoir posé cette définition générale, il convient d'étudier tour à tour le prêt à usage (section 1) et le prêt de consommation (section 2), tant ces deux contrats sont foncièrement différents.

Section 1
Le prêt à usage

Jusqu'à une funeste loi de simplification du 12 mai 2009 qui a également fait disparaître du vocabulaire juridique l'antichrèse et le réméré, le prêt à usage s'appelait également le **commodat.** Désormais, **l'article 1875** du Code civil dispose que «le prêt à usage est un contrat par lequel l'une des parties livre une chose à l'autre pour s'en servir, à la charge par le preneur de la rendre après s'en être servi».
Comme pour les autres contrats, il convient d'appréhender la notion de prêt à usage (§ 1) avant d'en saisir le régime (§ 2).

§ 1. La notion de prêt à usage

Comme de coutume, l'identification des éléments caractéristiques du prêt à usage (A) permettra de le distinguer des contrats voisins (B).

A. Les éléments caractéristiques du prêt à usage

Deux éléments caractérisent le prêt à usage : le droit de jouissance de l'emprunteur (§ 1) et le caractère gratuit de cette jouissance (2).

1. Le droit de jouissance

886. Comme dans le bail, l'emprunteur bénéficie d'un **droit personnel de jouissance** : le prêteur demeure propriétaire de la chose (C. civ., art. 1877), et le contrat ne crée aucun démembrement de propriété. Cette jouissance est dès lors **temporaire** et même, nous le verrons, placée sous le signe de la précarité. **L'obligation de restitution qui pèse sur l'emprunteur est de l'essence du commodat** (Cass. 1re civ., 3 févr. 2004, n° 01-00004, *Bull. civ.* I, n° 34)**.** Globalement, l'emprunteur dispose sur la chose, par rapport au locataire, de prérogatives limitées en étendue et en durée. Cela s'explique par la gratuité de sa jouissance.

2. La gratuité de la jouissance

887. Selon **l'article 1876 du Code civil**, le prêt à usage est «essentiellement gratuit». C'est parce que le prêt à usage est gratuit que le prêteur bénéficie de certaines faveurs du législateur, qui sont dérogatoires au droit commun : notamment, nous verrons que le prêteur peut mettre fin au contrat avant son terme en cas de besoin pressant (C. civ., art. 1889), ou qu'il bénéficie d'une responsabilité allégée.
Il convient néanmoins de **relever que le prêt à usage se développe de nos jours dans les relations d'affaires**. Il en va ainsi, par exemple, des supermarchés qui prêtent gratuitement des chariots à leurs clients, ou des compagnies pétrolières qui prêtent gracieusement des cuves aux stations-service. Même si la jouissance est dépourvue de contrepartie immédiate, elle est **intéressée** : le prêt permet la réalisation d'une opération commerciale par le prêteur. **S'agit-il encore d'un prêt à usage?** La jurisprudence n'est pas fixée sur la question. Soit les juges écartent purement et simplement la qualification de prêt au regard de l'intérêt de l'opération pour le prêteur (Cass. 1re civ., 15 janv. 1976), soit la qualification de prêt est maintenue, mais sans le régime favorable au prêteur qui s'y attache (CA Rennes, 19 déc.

1972, pas de responsabilité allégée en cas de vice du caddie). **Dans l'affaire des cuves,** c'est finalement sur le terrain du droit de la concurrence que la Cour de cassation a évincé les clauses qui imposaient aux stations-service de restituer les cuves en nature, en ce que cela les empêchait de changer de fournisseur au regard des travaux extrêmement coûteux pour les desceller (Cass. com., 18 févr. 1992, n° 87-12844, *Bull. civ.* IV, n° 78). L'opération n'est alors plus un prêt à usage, faute de restitution en nature. S'agit-il d'un prêt de consommation ? On peut le penser, dès lors que la consomptibilité est aussi affaire de volonté des parties : le prêteur donne le pouvoir à l'emprunteur de consommer la chose, à charge de restituer l'équivalent.

B. La distinction du prêt à usage et des autres contrats

888. Le prêt à usage peut être distingué de différents contrats :

- **Prêt à usage et donation** : tous les deux sont gratuits. Simplement, la donation suppose un transfert de propriété, tandis que le prêt à usage n'est qu'une jouissance précaire, qui implique une restitution de la chose. La question se pose dans le cadre du don manuel, qui est dispensé d'écrit authentique (C. civ., art. 931). Dans ce cas, il convient de rechercher la volonté du propriétaire lors de la remise de la chose. C'est ainsi qu'il a été jugé que des **bijoux de famille** remis par un époux à son épouse sans que des événements particuliers aient pu motiver cette remise, ont fait l'objet d'un prêt à usage et doivent faire retour à la famille de l'époux à la fin de la vie commune (Cass. 1re civ., 23 mars 1983, n° 82-12526, *Bull. civ.* I, n° 111).
- **Prêt à usage et dépôt** : dans ces deux contrats, pèse sur celui qui reçoit la chose une obligation de conservation et de restitution. Simplement, le dépôt ne vise pas à conférer un droit de jouissance au dépositaire : il ne peut pas user de la chose. Il en va de même, au reste, dans le **gage.**
- **Prêt à usage et entreprise** : il est fréquent qu'une entreprise mette gracieusement à disposition d'une personne une chose. Il en va ainsi, par exemple, des équipements fournis à un sportif, ou encore des robes de soirée remis à une célébrité pour monter les marches. S'agit-il d'un prêt à usage ? Cela dépend. Si pèse sur celui qui reçoit la chose une obligation de porter la tenue afin d'assurer la promotion de la marque, l'opération présente une nature synallagmatique qui interdit la qualification de prêt à usage : il s'agit d'un contrat de *sponsoring*, qui est une forme de contrat d'entreprise. En revanche, si la personne est libre de porter ou nom la tenue qui est lui est remise à titre gracieux (ex. d'une actrice), la qualification de prêt à usage pourra être retenue.
- **Prêt à usage et bail** : la distinction repose sur le caractère gratuit ou onéreux de la jouissance. Dans le bail, le bailleur perçoit une contrepartie, ce qui explique que pèsent sur lui des obligations plus lourdes que dans le prêt. En outre, le prêt vise à permettre à l'emprunteur de se servir personnellement du bien (C. civ., art. 1875) : aucune cession de prêt ou sous-prêt n'est donc possible.

§ 2. Le régime du prêt à usage

L'étude de la formation du prêt à usage (A) précédera celle de ses effets (B).

A. La formation du prêt à usage

Il convient d'envisager successivement les conditions de fond (1) et de forme (2).

1. Les conditions de fond

889. S'agissant de la **capacité** et des **pouvoirs**, le prêt constitue un **acte d'administration**, avec toutes les conséquences que cela implique (prêt consenti par un usufruitier, un indivisaire, un époux…). Toutefois, s'agissant des personnes protégées, son caractère gratuit lui confère la qualité d'acte de disposition pour les **meubles de valeur**, au regard du risque de dilapidation par l'emprunteur au détriment du prêteur protégé (D. 22 déc. 2008).
S'agissant du **contenu** du contrat, l'article 1878 du Code civil limite le prêt à usage **aux seules choses non consomptibles,** c'est-à-dire aux choses qui ne disparaissent pas par le premier usage que l'on en fait. Comme nous l'avons vu, la volonté des parties peut avoir une incidence sur la consomptibilité (v. *supra*, n° 54 et s.). Ainsi, le prêt d'un collier de pâtes constitue un prêt à usage, dès lors que les parties n'ont pas permis à l'emprunteur de le consommer, mais seulement de le porter. En outre, la chose non consomptible n'est pas nécessairement corporelle. La Cour de cassation a ainsi jugé que **la clientèle d'un expert-comptable** pouvait donner lieu à un prêt à usage, dans le cadre d'un apport gratuit du droit de présentation à une société (Cass. com., 12 nov. 1986, n° 85-10617, *Bull. civ.* IV, n° 210).

2. Les conditions de forme

890. S'agissant de la **validité,** le prêt à usage n'est pas un contrat consensuel. Il est un **contrat réel,** en ce sens que **sa formation est subordonnée à la remise d'une chose** (C. civ., art. 1109 al. 3). Il s'agit là de protéger le prêteur : tant qu'il n'a pas remis la chose, le contrat n'est pas formé. Par suite, les promesses de prêt à usage ne peuvent donner lieu, le cas échéant, qu'à des dommages-intérêts.
S'agissant de la **preuve,** un contentieux assez important existe sur **l'objet de la preuve**. Il est en effet fréquent que le prêt à usage, qui est généralement passé en famille ou entre amis, ne donne pas lieu à un écrit. Le prêteur, qui demande la restitution de la chose, doit-il seulement prouver la remise de la chose à l'emprunteur ? Il n'en est rien : la Cour de cassation juge que la preuve de la remise de la chose ne suffit pas à établir l'obligation de restitution qui pèse sur l'emprunteur (Cass. 1re civ., 5 avr. 1993, n° 90-21734, *Bull. civ.* I, n° 141). De fait, la remise d'une chose est équivoque, puisqu'elle peut être faite à titre de don manuel. Il appartiendra donc au prêteur de rapporter la preuve du titre (le prêt) qui fonde la restitution, par écrit ou par tous moyens selon les hypothèses (preuve contre un commerçant, impossibilité matérielle ou morale, fréquemment admise ici…). Afin de pourvoir à cette difficulté, il est d'usage de faire signer à l'emprunteur une **reconnaissance de dette** (de restitution de la chose) qui est valable, même si la référence à la cause (le prêt) n'est point exprimée (anc. C. civ., art. 1132). La jurisprudence en déduit qu'il appartient alors à l'emprunteur de rapporter la preuve que la chose ne lui a pas été remise (Cass. 1re civ., 14 janv. 2010, n° 08-18581, *Bull. civ.* I, n° 7). La suppression de la cause comme condition de validité du contrat par la réforme du droit des obligations devrait consolider cette jurisprudence.

B. Les effets du prêt à usage

L'étude des obligations des parties (1) précédera celle de l'extinction du prêt à usage (2).

1. Les obligations des parties

Les obligations de l'emprunteur (a) sont bien plus lourdes que celles du prêteur (b).

a. Les obligations de l'emprunteur

891. L'emprunteur est soumis à **trois obligations**:

- **User de la chose conformément au contrat ou à la nature de la chose** (C. civ., art. 1880). Ainsi, le droit de jouissance s'exerce dans les strictes limites du contrat ou de la nature des choses. L'emprunteur doit respecter notamment la destination du bien fixée par le propriétaire. Qu'en est-il de la **perception des fruits**? Tout dépend si elle s'inscrit dans l'usage personnel du bien (C. civ., art. 1875: prêt pour «s'en servir»). Ainsi, en principe, l'emprunteur, qui reçoit la chose pour son usage personnel, ne peut pas la louer (fruits civils). En revanche, le prêt de terres agricoles doit permettre à l'emprunteur de faire consommer l'herbe par ses animaux ou de la récolter (Cass. 1re civ., 18 févr. 2009, n° 08-11234: fruits naturels et industriels).

  En l'absence de respect d'une telle obligation, l'emprunteur s'expose aux sanctions classiques de l'inexécution (résolution, dommages-intérêts...), mais **l'article 1881** du Code civil vient ajouter une sanction supplémentaire, le **transfert des risques**: «si l'emprunteur emploie la chose à un autre usage, ou pour un temps plus long qu'il ne le devrait, il sera tenu de la perte arrivée, *même par cas fortuit*». Si les risques pèsent normalement sur le prêteur (*res perit domino*), il en va autrement si l'emprunteur modifie la destination du bien ou emprunte la chose au-delà du terme convenu;

- **Veiller raisonnablement à la garde et à la conservation de la chose** (C. civ., art. 1880). La jurisprudence réalise à cet égard un renversement de la charge de la preuve, justifié par le caractère gratuit du prêt: en cas de perte de la chose ayant fait l'objet d'un prêt à usage, il appartient à l'emprunteur de s'exonérer en rapportant la preuve de l'absence de faute de sa part (Cass. 1re civ., 6 févr. 1996, n° 94-13388, *Bull. civ.* I, n° 68). En outre, si les risques de perte de la chose pèsent sur le propriétaire (cas fortuit), ils pèsent sur l'emprunteur, au-delà de l'hypothèse de l'article 1881, lorsqu'il a préféré sauver ses propres biens au détriment de la chose prêtée (C. civ., art. 1882), et lorsque la chose a été estimée, sauf clause contraire (C. civ., art. 1883).

Exemple

Une maison fait l'objet d'un prêt à usage. Un incendie d'origine inconnue détruit cette maison. L'emprunteur ne pourra s'exonérer de sa responsabilité qu'après avoir démontré que l'incendie n'est pas imputable à sa faute de surveillance. Si tel est le cas, les risques pèseront sur le prêteur, sauf s'il démontre que l'une des trois hypothèses (C. civ., art. 1881, 1882 et 1883) est caractérisée;

- **Restituer la chose à l'expiration du prêt**: cette obligation se transmet à ses héritiers (C. civ., art. 1879) et est solidaire en présence de plusieurs emprunteurs (art. 1887). La restitution doit avoir lieu en **nature**. Enfin, l'emprunteur ne dispose d'aucun **droit de rétention.** L'article 1885 du Code civil dispose que «l'emprunteur ne peut pas retenir la chose par compensation de ce que le prêteur lui doit». Si, par exemple, l'emprunteur a exposé en urgence des frais pour assurer la conservation du bien, il ne peut pas le retenir pour obtenir le paiement de sa créance.

b. Les obligations du prêteur

892. Le prêteur n'est soumis qu'à des obligations très légères, dans la mesure où il rend service à l'emprunteur et ne perçoit aucune contrepartie. Le Code civil en identifie **trois** :

- **Laisser l'emprunteur jouir de la chose pendant le temps du prêt** (C. civ., art. 1888). Mais il ne s'agit là, au fond, que du respect de la parole donnée ;
- **Rembourser à l'emprunteur les dépenses nécessaires** (C. civ., art. 1890). Le texte vise les dépenses de conservation extraordinaires, nécessaires et urgentes. Là encore, il s'agit moins d'une obligation contractuelle que d'un correctif d'équité attaché à l'utilité de la dépense pour le droit de propriété, que l'on retrouve en dehors de tout contrat (ex. action en revendication : v. *supra*, n° 140 et s.). D'ailleurs, les autres dépenses que celles visées strictement à l'article 1890 ne donnent lieu à aucune répétition au profit de l'emprunteur (C. civ., art. 1886) ;
- **Indemniser l'emprunteur pour les vices connus et non révélés** (C. civ., art. 1891). Le texte est plutôt le signe d'une absence de garantie des vices cachés qu'une obligation contractuelle. En effet, nous avons vu que le vendeur comme le loueur devaient répondre des vices de la chose, même s'ils ne les connaissaient pas. Rien de tel dans le prêt : le prêteur n'est responsable des dommages causés qu'en présence d'une faute qui confine au dol, puisque le prêteur avait connaissance d'un vice caché et ne l'a pas révélé à l'emprunteur.

2. L'extinction du contrat de prêt

Au-delà de l'hypothèse de l'**inexécution** par l'emprunteur de ses obligations, qui donne lieu à la résolution judiciaire ou unilatérale, ou encore de la **mort** de l'emprunteur, qui met fin au prêt s'il a été consenti en considération de sa personne (C. civ., art. 1879 al. 2), il convient de s'interroger sur le **pouvoir du prêteur de mettre fin au contrat de manière unilatérale**. Pour y répondre, la distinction entre le prêt à durée déterminée (a) et indéterminée (b) s'impose.

a. Prêt à durée déterminée

893. Ce terme peut être **exprès** (six mois) ou **tacite**. Le terme est tacite pour le prêt d'une chose en vue d'un **usage ponctuel**. Par exemple, si un étudiant prête à un autre son Code civil pour passer l'examen du barreau, la restitution devra avoir lieu après le déroulement des épreuves. Il s'agit d'un terme **naturel prévisible.** En présence d'un prêt à durée déterminée, **l'article 1888** prévoit que « le prêteur ne peut retirer la chose prêtée qu'après le terme convenu ou, à défaut de convention, qu'après qu'elle a servi à l'usage pour lequel elle a été empruntée ».

Exemple

le prêteur ne peut pas récupérer la chose avant les six mois convenus (terme exprès) ou avant le passage des épreuves du barreau (terme naturel prévisible).

Toutefois, même dans ce cas, **l'article 1889** du Code civil permet au prêteur de récupérer la chose **avant le terme convenu**, s'il survient un **besoin pressant et imprévu.**

Exemple

si le prêteur justifie avoir un besoin pressant et imprévu de son Code civil pour passer lui-même l'examen du barreau car il s'est fait voler l'autre qui était en sa possession, il pourra exiger de l'emprunteur qu'il lui rende son code. Il s'agit là d'une solution dérogatoire au droit commun des contrats, qui s'explique, une fois encore, par la gratuité du service.

b. Prêt à durée indéterminée

894. La question s'est posée à propos du prêt de choses pour un **usage permanent**, sans qu'un terme n'ait été expressément fixé.

Exemple

Une personne prête à une autre son Code civil, sans qu'une quelconque limitation de durée ou qu'un usage ponctuel (passage du barreau) n'ait été convenu. Une personne prête sa maison à sa nièce, sans stipuler de terme pour une telle occupation.

La question a donné lieu à une évolution jurisprudentielle remarquée, qui s'est produite en **trois temps** :

- **dans un premier temps**, la Cour de cassation jugeait que « le prêteur ne pouvait retirer la chose prêtée qu'après que le besoin de l'emprunteur a cessé » sauf besoin pressant de la chose, ainsi que l'autorise l'article 1889 du Code civil (Cass. 1re civ., 19 nov. 1996, n° 94-20446, *Bull. civ.* I, n° 407). Ainsi, tant que l'occupant justifiait avoir besoin de la maison ou l'étudiant du Code civil, le prêteur ne pouvait pas mettre fin au contrat, sauf à justifier lui-même d'un besoin pressant et imprévu ! C'était là déroger au droit commun des contrats, puisque l'on sait qu'en présence d'un contrat à durée indéterminée, toute partie peut mettre fin unilatéralement au contrat, moyennant un délai de préavis. Or, cette dérogation était absurde, dans la mesure où le prêt à usage est gratuit, ce qui soumettait le prêteur à un régime moins favorable que dans les contrats onéreux ;
- **dans un deuxième temps**, la Cour de cassation a ensuite infléchi sa position, en permettant au juge de fixer la durée du prêt (Cass. 1re civ., 12 nov. 1998, n° 96-19549, *Bull. civ.* I, n° 312) ou d'assigner à ce prêt un terme raisonnable (Cass. 1re civ., 29 mai 2001, n° 99-13594, *Bull. civ.* I, n° 153). Ce compromis n'était pas satisfaisant, puisque seul un retour au droit commun des contrats à durée indéterminée était de nature à mettre fin à l'absurdité de la situation ;
- **dans un troisième temps**, par un revirement de jurisprudence, la Cour de cassation a finalement jugé que le prêteur, en présence d'un prêt d'une chose à usage permanent en l'absence de terme convenu ou naturellement prévisible, « avait le droit d'y mettre fin à tout moment, en respectant un délai de préavis raisonnable » (Cass. 1re civ., 3 févr. 2004, n° 01-00004, *Bull. civ.* I, n° 34). Le prêt à usage retourne dans le giron des contrats à durée indéterminée qu'il n'aurait jamais dû quitter. La solution a été rappelée récemment : la libre disposition d'une salle pour la pratique du culte musulman relevant d'un prêt à usage qui n'avait aucun terme convenu ni prévisible, **le propriétaire des lieux peut y mettre fin en respectant un délai de préavis raisonnable, sans avoir à justifier d'un besoin pressant et imprévu de la chose prêtée** (Cass. 1re civ., 30 sept. 2015, n° 14-25709 P).

En résumé, lorsque le prêt est à durée déterminée, le prêteur doit respecter le terme exprès ou tacite, sauf besoin pressant et imprévu. Lorsqu'il est à durée indéterminée, il peut y mettre fin à tout moment, moyennant un délai de préavis raisonnable, et sans avoir à justifier un besoin pressant et imprévu de la chose.

Section 2
Le prêt de consommation

895. Aux termes de **l'article 1892** du Code civil, le prêt de consommation est le «contrat par lequel l'une des parties livre à l'autre une certaine quantité de choses qui se consomment par l'usage, à la charge par cette dernière de lui en rendre autant de même espèce et qualité». Il est aussi appelé ***mutuum***, terme qui dérive du latin *mutuore* (échanger). La principale différence réside dans le fait que l'obligation de restitution a lieu par équivalent, ce qui modifie tant la notion (§ 1) que le régime (§ 2) de ce contrat.

§ 1. La notion de prêt à la consommation

L'étude des éléments caractéristiques de ce contrat (A) permettra de le distinguer de figures voisines mais distinctes (B).

A. Les éléments caractéristiques du prêt de consommation

Deux éléments caractérisent le prêt de consommation : le transfert de propriété de la chose prêtée (1) et l'obligation de restitution par équivalent (2). On notera qu'à la différence du prêt à usage, le prêt de consommation peut être gratuit ou onéreux (intérêt). Ce n'est donc pas un élément qualifiant.

1. Le transfert de propriété de la chose prêtée

896. Ce transfert est expressément prévu par l'article 1893 du Code civil : «par l'effet de ce prêt, l'emprunteur devient le propriétaire de la chose prêtée ; et c'est pour lui qu'elle périt, de quelque manière que cette perte arrive». Le prêt de consommation est donc **translatif de propriété**, ce qui entraîne corrélativement le transfert des risques de perte de la chose à l'emprunteur. En réalité, ce transfert de propriété est surtout destiné à expliquer pourquoi l'emprunteur peut consommer la chose : la vendre, l'utiliser, la détruire, à charge de rendre une chose équivalente… Pourtant, on pourrait très bien expliquer de tels pouvoirs par la nature des choses (v. quasi-usufruit), et non par la nature du droit. De fait, l'obligation de restitution, qui est de l'essence du prêt, est peu compatible avec l'existence d'un véritable transfert de propriété.

2. La restitution d'une chose équivalente

897. Pour qu'il y ait prêt de consommation, encore faut-il qu'il y ait à la charge de l'emprunteur une obligation de restitution de choses «de même espèce et de même qualité». En d'autres termes, encore faut-il qu'il y ait une **fongibilité** entre la chose prêtée et la chose restituée. C'est ce que prévoit **l'article 1894** du Code civil : «on ne peut pas donner à titre de prêt de consommation des choses qui, quoique de même espèce, *sont différentes*, comme les animaux : alors c'est un prêt à usage ». Dès 1804, l'animal était donc envisagé par le Code civil comme une chose dotée de sa propre identité, une chose non interchangeable ! Cela restreint le champ des possibles : seules des choses **fongibles et consomptibles** peuvent donner lieu à des prêts de consommation, ce qui exclut les immeubles (ni fongibles, ni consomptibles) et les meubles non fongibles.

B. La distinction du prêt de consommation avec d'autres contrats

898. Quatre distinctions s'imposent.

- **Prêt de consommation et vente** : la distinction n'est pas difficile. Dans la vente, le transfert de propriété, qui peut porter sur des choses ni fongibles ni consomptibles, n'est pas corrélé à une obligation de restitution, mais au paiement d'une somme d'argent : le prix.

- **Prêt de consommation et échange** : la distinction est plus difficile, dans la mesure où l'échange se caractérise par un double transfert réciproque de choses. N'est-ce pas ce qu'il advient dans le cas du *mutuum* ? Il n'en est rien. Dans le prêt, la prestation de l'emprunteur n'est pas le transfert de propriété d'une *autre chose*, mais *la restitution de la chose qui a été prêtée*. Simplement, comme la chose est consomptible, cette restitution aura lieu par équivalent.

Exemple

Si A transfère à B 10 litres d'essence sans plomb 95 et que B s'engage en retour à transférer 1 tonne de blé ou 10 litres de diesel, il y a échange et non prêt, car s'il s'agit de transférer autre chose que ce qui a été reçu. En revanche, si A transfère à B 10 litres d'essence sans plomb 95 qui devront être restitués par 10 litres d'essence de même qualité, il y a prêt de consommation.

C'est donc **l'identité de la chose reçue et restituée** qui permet de différencier le prêt de consommation de l'échange.

- **Prêt de consommation et dépôt irrégulier** : nous verrons que le dépôt irrégulier permet au dépositaire de rendre non pas la chose déposée, mais une chose semblable (ex. dépôt d'une somme d'argent sur un compte bancaire). Dans les deux cas, s'opère un transfert de propriété de la chose reçue : comment dès lors distinguer les deux contrats ? Par la **finalité** des deux contrats, qui n'est pas du tout la même. Le prêt est conclu dans l'intérêt de **celui qui reçoit la chose**, afin qu'il s'en serve : **l'emprunteur**. Le dépôt est au contraire conclu dans l'intérêt de **celui qui remet la chose**, afin qu'elle soit gardée : **le déposant.** Aussi, lorsque le service est rémunéré, celui-ci est payé dans le prêt par l'emprunteur qui reçoit la chose (intérêts) et dans le dépôt par le déposant qui la remet. Aucune confusion n'est alors possible : il suffit de rechercher qui doit payer le service (celui qui reçoit : prêt ; celui qui remet : dépôt) pour déterminer la nature du contrat. La distinction est sans doute plus difficile lorsque le contrat est gratuit, mais elle n'est pas impossible pour autant : il convient de rechercher le créancier du service : est-ce celui qui reçoit la chose ou celui qui la remet ?

En tout état de cause, la qualification n'a pas un grand intérêt pratique, dans la mesure où les régimes sont assez proches. Signalons toutefois une différence fondamentale : le déposant peut obtenir la restitution de sa chose à tout moment (parce que le contrat est conclu dans son intérêt), alors que le prêteur ne le peut pas : il doit respecter le terme convenu (parce que le contrat est utile à l'emprunteur).

- **Prêt de consommation et prêt à usage** : la distinction réside dans l'absence de transfert de propriété pour le commodat. L'emprunteur n'a qu'un droit personnel de jouissance du bien : il ne peut pas en disposer et doit le restituer en nature. En outre, le prêt à usage est nécessairement gratuit, ce qui est loin d'être le cas du *mutuum*, comme le révèle son régime.

§ 2. Le régime du prêt de consommation

Le régime du Code civil a été complété par des régimes spéciaux qui figurent dans le Code de la consommation (crédit à la consommation et crédit immobilier). Tous se caractérisent par un renforcement de la protection de l'emprunteur : information par un contrôle de l'offre de prêt, délai de réflexion, contrôle des taux d'intérêt, interdépendance entre le prêt et le contrat principal : si la vente n'est pas conclue, le prêt devient caduc, ce qui n'est pas nécessairement le cas en droit commun.
Sous le bénéfice de ces propos liminaires, il convient d'envisager tour à tour la formation (A) et les effets (B) du prêt de consommation.

A. La formation du prêt de consommation

On abordera les conditions de fond (1) puis les conditions de forme (2).

1. Les conditions de fond

Il convient d'envisager la capacité et les pouvoirs (a) puis l'échange des consentements (b).

a. La capacité et le pouvoir

899. **S'agissant du prêteur,** le contrat constitue un **acte de disposition**, puisqu'il entraîne un transfert de propriété de la chose. Il faut donc que le prêteur soit propriétaire du bien, ce qui n'est pas le cas du prêt à usage, qui peut, par exemple, être consenti par un locataire. En outre, il existe un **monopole bancaire** pour les opérations de crédit : seuls les établissements de crédit et les sociétés de financement peuvent consentir, à titre de profession habituelle et moyennant rémunération, un crédit (C. mon. fin., art. L. 511-5). La sanction encourue n'est toutefois pas la nullité du contrat, mais des sanctions pénales. On assiste toutefois à un déclin de ce monopole bancaire, notamment avec le développement du **financement participatif** (*crowdfunding*) : par le biais de plateformes, des particuliers peuvent devenir des bailleurs de fonds, mais pour des sommes modiques.
S'agissant de l'emprunteur, l'opération s'analyse également comme un acte de disposition, dès lors que celui-ci, après avoir disposé du bien, devra en rendre l'équivalent, ce qui est loin d'être acquis. Contrairement au prêt à usage, le prêt de consommation est pour l'emprunteur une opération risquée, puisqu'elle lui permet de dépenser sans compter. La

longue liste des personnes surendettées qui sont en incapacité de rembourser leurs prêts le montre malheureusement. Cela explique pourquoi il s'agit d'un acte grave, qui est notamment protégé par le droit des régimes matrimoniaux (C. civ., art. 220 et 1415, v. *supra*, n° 517 et s.).

b. L'échange des consentements

900. On sait que cet échange a lieu par la rencontre entre une offre et une acceptation. Les dispositions du Code de la consommation exercent un contrôle très poussé de la conclusion du prêt, au regard du risque pris par l'emprunteur :

- **crédit à la consommation :** en la matière, le prêteur est assujetti à une **obligation précontractuelle d'information** dans le cadre d'une offre préalable dont le contenu est défini par décret (C. consom., art. L. 312-12). Cette offre doit être établie par écrit ou sur un autre support durable. En outre, l'emprunteur bénéficie de **délai de rétractation de quatorze jours** à compter de l'acceptation de l'offre (C. consom., art. L. 312-19) ;
- **crédit immobilier** : les dispositions sont assez comparables. L'établissement de crédit doit émettre une offre contenant toute une série de mentions destinées à informer l'emprunteur (C. consom., art. L. 313-24 et L. 313-25). La loi impose le maintien de cette offre par le prêteur pendant **au moins trente jours** et précise surtout **qu'elle ne peut pas être acceptée par l'emprunteur avant l'expiration d'un délai de réflexion de dix jours à compter de sa réception** (C. consom., art. L. 313-34).

2. Les conditions de forme

Il convient de distinguer la validité (a) et la preuve (b) du prêt de consommation.

a. La validité du prêt de consommation

901. Traditionnellement, le prêt de consommation constitue un **contrat réel**, qui ne se forme que par la remise de la chose. Cette solution, favorable au prêteur, avait l'inconvénient de rendre impossible l'exécution en nature des offres de prêt faites par les banques et acceptées par leurs clients, faute pour le prêt d'être formé par le simple échange des consentements. C'est pourquoi la Cour de cassation est venue limiter cette règle :

- lorsque le prêt est consenti par un **professionnel du crédit** : le contrat est **consensuel,** formé par le simple échange des consentements (Cass. 1re civ., 28 mars 2000, n° 97-21422, *Bull. civ.* I, n° 105). Cela permet donc à l'emprunteur qui rapporte la preuve du contrat de prêt d'exiger de la banque la remise forcée des fonds ;
- lorsque le prêt **n'est pas consenti par un professionnel du crédit** : il demeure un contrat **réel** (Cass. 1re civ., 7 mars 2006, n° 02-20374, *Bull. civ.* I, n° 138). Dès lors, le contrat ne se forme que par la remise de la chose à l'emprunteur ;
- enfin, **dans tous les cas**, **l'article 1907 alinéa 2** du Code civil dispose que **le taux de l'intérêt conventionnel doit être fixé par écrit**. La règle, d'ordre public, est requise à titre de validité et non de preuve de la stipulation d'intérêt (Cass. 1re civ., 24 juin 1981, n° 80-12773, *Bull. civ.* I, n° 233). Cette exigence est renforcée en droit de la consommation, avec l'indication du fameux **TEG** (taux effectif global, qui comprend le coût total du crédit : intérêts, frais d'acte, coût des sûretés, des assurances...).

FOCUS

La sanction du TEG erroné ou absent

En cas d'erreur supérieure à une décimale (ex. 5,6 % au lieu de 5,8 %), la jurisprudence décidait qu'il convenait d'ordonner la substitution du taux légal au taux conventionnel prévu (Cass. 1re civ., 13 mars 2007, n° 05-21000, *Bull. civ.* I, n° 116). Toutefois, afin de tarir le contentieux créé par cet effet d'aubaine (le taux légal étant très inférieur au taux conventionnel), une **ordonnance n° 2019-740 du 17 juillet 2019** a modifié la sanction du défaut de TEG ou de TEG erroné : c'est désormais la déchéance du prêteur de son droit aux intérêts dans la proportion fixée par le juge, au regard notamment du préjudice subi par l'emprunteur. La sanction est donc ramenée à une juste mesure au cas par cas et tient compte du préjudice de l'emprunteur. Cette ordonnance a toutefois été déclarée inapplicable aux contrats de prêt conclus avant son entrée en vigueur, dès lors qu'elle concerne les conditions de validité du contrat et non ses effets à venir, de sorte que c'est le principe de non-rétroactivité de la loi nouvelle qui doit ici opérer (**Cass. 1re civ., 10 juin 2020, avis, n° 20-70001**). Mais, dans le même temps, comme l'ancienne sanction (substitution du taux légal) était fixée par la jurisprudence, la Cour de cassation a effectué un revirement de jurisprudence pour appliquer rétroactivement aux contrats conclus avant l'entrée en vigueur de l'ordonnance la sanction de la déchéance des intérêts conventionnels dans la proportion fixée par le juge, afin d'uniformiser la sanction (**Cass. 1re civ., 10 juin 2020, n° 18-24287**). La rétroactivité du revirement de jurisprudence permet ainsi de pallier en quelque sorte l'absence d'application rétroactive de l'ordonnance. La chambre commerciale s'est ensuite ralliée à ce revirement de jurisprudence (Cass. com., 24 mars 2021, n° 19-14307). Par ailleurs, par un arrêt du 27 novembre 2019, la Cour de cassation rappelle que pour être prise en compte, l'erreur affectant le TEG doit être supérieure à une décimale (**Cass. 1re civ., 27 nov. 2019, n° 18-19097**). Ainsi, la clause du prêt qui calcule les intérêts sur 360 jours au lieu de 365 (dite clause lombarde) n'est pas nulle de plein droit : elle doit entraîner un surcoût pour l'emprunteur supérieur à la décimale prévue à l'article R. 313-1 du Code de la consommation. La charge de cette preuve incombe à l'emprunteur, ce qui lui imposera de maîtriser ce genre de calculs mathématiques, ou de faire appel à un expert. L'erreur inférieure à la décimale n'est donc pas prise en compte (v. dans le même sens, **Cass. 1re civ., 5 févr. 2020, n° 19-11939**).

Il n'est pas rare que l'annulation d'une vente entraîne, dans son sillage, celle du prêt, dès lors que celui-ci est l'accessoire du contrat de vente. Le droit de la consommation consacre ainsi, tant pour le crédit à la consommation que le crédit immobilier, une interdépendance entre la vente et le prêt. Quel est alors le préjudice de la banque en cas d'annulation de la vente par la faute du notaire ? La question s'était posée à propos d'un acte instrumenté par un notaire qui ne respectait pas les exigences de la VEFA (**Cass. 3e civ., 1er juin 2017**, n° 16-14428). La Cour régulatrice estime que la banque peut obtenir la réparation de son préjudice résultant de la restitution des intérêts perçus et de la perte de chance de percevoir les intérêts à échoir. En outre, la banque peut être indemnisée au titre de la restitution des frais à l'emprunteur.

b. La preuve du prêt de consommation

902. La Cour de cassation juge qu'il appartient à la banque qui sollicite l'exécution de l'obligation de restitution de l'emprunteur de rapporter la preuve de l'exécution préalable de son obligation de remise des fonds (Cass. 1re civ., 14 janv. 2010, n° 08-13160, *Bull. civ.* I, n° 6). Autrement dit, même lorsque le contrat est consensuel, la seule preuve de l'échange des consentements ne suffit pas à la banque pour réclamer le remboursement du prêt : encore faut-il qu'elle démontre avoir **effectivement remis les fonds**.

En outre, comme dans le prêt à usage, **la preuve de la remise des fonds ne suffit pas à établir la preuve de l'obligation de restitution qui pèse sur l'emprunteur** (Cass. 1re civ., 4 déc. 1984, n° 83-14360, *Bull. civ.* I, n° 324). Il faudra rapporter la preuve du titre, c'est-à-dire du prêt, qui fonde cette obligation de restitution. Il est alors possible de se préconstituer une telle preuve par le biais d'une reconnaissance de dette, qui n'a pas à être causée. Nous renvoyons à ce qui a été dit sur une telle reconnaissance dans le prêt à usage (v. *supra*, n° 890). Toutefois, s'agissant d'un acte unilatéral portant sur une somme d'argent, cet écrit doit satisfaire aux exigences du « bon pour » de l'article 1376 du Code civil : la somme doit être indiquée en lettres et en chiffres et l'acte signé par l'emprunteur (v. *infra*, n° 975 et s. sur ce texte, applicable au cautionnement).

En définitive, lorsque le prêteur entend obtenir le remboursement du prêt, il doit établir **deux éléments, que le contrat soit réel ou consensuel** :

- la preuve de la **remise des fonds** ;
- la preuve de **l'obligation de restitution**.

Ces deux éléments peuvent être établis par une reconnaissance de dette. En effet, la Cour de cassation considère qu'un tel acte, par lequel l'emprunteur reconnaît sa dette, permet de faire présumer la remise des fonds (Cass. 1re civ., 14 janv. 2010, n° 08-18581). Il appartient alors à l'emprunteur, auteur d'une reconnaissance de dette, de démontrer que les fonds ne lui ont pas été remis.

B. Les effets du prêt de consommation

Il convient d'envisager successivement les obligations du prêteur (1) et de l'emprunteur (2).

1. Les obligations du prêteur

903. Le prêteur n'est plus propriétaire du bien, de sorte qu'il n'assume pas la charge des risques, ni les dépenses de conservation. Le Code civil ne prévoit que **deux obligations**, qui ont été considérablement renforcées lorsque le prêteur est un professionnel.

- **Indemniser l'emprunteur pour les vices connus et non révélés** : l'article 1898 du Code civil renvoie à l'article 1891. Nous en faisons de même. Le texte n'est jamais appliqué pour le prêt de somme d'argent, l'argent n'ayant ni vice, ni odeur.
- **Laisser la disposition des choses prêtées jusqu'au terme convenu** : (C. civ., art. 1899 et s.). S'il n'a pas été fixé de terme pour la restitution ou qu'il a été prévu que l'emprunteur rembourserait quand il le pourrait, le juge peut accorder à l'emprunteur un délai suivant les circonstances (C. civ., art. 1900 et 1901). En pratique, le prêt de somme d'argent prend la forme d'un échéancier qui doit être respecté par le prêteur. Ce dernier ne peut pas réclamer le remboursement de la totalité de la somme, dans la mesure où ce remboursement est ventilé selon un tableau d'amortissement. Toutefois, en cas de défaillance de l'emprunteur, le prêteur peut prononcer la **déchéance du terme**, ce qui a pour effet de rendre le capital du prêt restant dû immédiatement **exigible.**

À cet égard, il faut savoir que par quatre arrêts rendus le 11 février 2016, la Cour de cassation a réalisé un revirement sur le **point de départ de la prescription** : « si l'action en paiement des mensualités impayées se prescrit à compter de leurs dates d'échéance successives, *l'action en paiement du capital restant dû se prescrit à compter de la déchéance du terme, qui emporte son exigibilité* » (**Cass. 1re civ., 11 févr. 2016**, n° 14-28383). Auparavant, elle jugeait que l'action en remboursement du capital d'un crédit immobilier se prescrivait dès le premier incident de paiement non régularisé. Cette solution n'était pas fondée, puisque sauf dispositions spéciales (crédit à la consommation), la prescription ne peut pas commencer à courir avant l'exigibilité d'une dette (C. civ., art. 2233). Or, c'est la déchéance du terme qui rend le remboursement du capital exigible. Sans cette déchéance, seules les mensualités successives sont exigibles, au fur et à mesure des échéances prévues par le tableau d'amortissement. La solution était surtout inopportune, dès lors qu'elle conduisait la banque, par peur d'encourir la prescription, à prononcer dès le premier incident de paiement la déchéance du terme et à agir dans la foulée en remboursement du capital. Désormais, la banque peut attendre avant de prononcer cette déchéance (afin de proposer une solution amiable à son client), sans avoir à craindre la prescription de son action. Il faut noter qu'il existe, en matière de crédit immobilier comme pour le crédit à la consommation, une prescription plus courte de **deux ans**, ce qui rendait particulièrement sensible la question du point de départ de la prescription.

Enfin, il faut remarquer que les obligations du prêteur ont considérablement été renforcées par la jurisprudence et le droit spécial. On peut, pour s'en convaincre, citer **le devoir de mise en garde**, qui pèse sur le prêteur professionnel en présence d'un **emprunteur non averti** sur les risques de l'opération, au regard de sa situation financière (v. sur ce devoir, *infra*, n° 1008). Signalons enfin que, par un arrêt du 5 juin 2019, la Cour de cassation considère que constitue une clause abusive, au sens du droit de la consommation, la clause contenue dans un contrat de prêt conclu entre un employeur (EDF) et son salarié, aux termes de laquelle la rupture du contrat de travail entraîne de plein droit la résiliation du contrat de prêt (**Cass. 1re civ., 5 juin 2019**, n° 16-12519). La Cour estime que ladite stipulation crée un déséquilibre significatif, en ce qu'elle prévoit un cas de résiliation afférente à une convention extérieure au contrat de prêt et expose le salarié à une aggravation soudaine des conditions de remboursement (déchéance du terme).

2. Les obligations de l'emprunteur

904. L'emprunteur est assujetti à **deux obligations** :

- **Restituer les choses prêtées** : l'article 1902 du Code civil dispose ainsi que l'emprunteur est tenu de rendre les choses prêtées, en même quantité et qualité, et au terme convenu. S'il est dans l'impossibilité d'y satisfaire, la restitution aura lieu en valeur (C. civ., art. 1903). Dans tous les cas, il doit des intérêts moratoires pour retard dès la sommation ou la demande en justice (C. civ., art. 1904). Lorsque le prêt porte sur une somme d'argent, **l'article 1895** du Code civil consacre le principe du **nominalisme monétaire** : « l'obligation qui résulte d'un prêt en argent n'est toujours que de la somme énoncée au contrat ». Ainsi, un prêt de 100 000 euros contracté en 2000 devra être remboursé à hauteur de 100 000 euros en 2030, même si, entre-temps, la valeur de la monnaie a été divisée par 10. Le nouvel **article 1343** du Code civil, issu de la réforme du droit des obligations, généralise la règle à tous les contrats, même si des dérogations sont prévues, notamment en droit patrimonial de la famille pour le calcul des récompenses (v. *supra*, n° 650 et s.) ; par ailleurs, en cas de pluralité de prêts, l'emprunteur a le droit de choisir sur quel prêt le paiement va s'imputer. Mais la Cour de cassation précise que, sauf accord du créancier, seul le paiement intégral d'une dette lui permet d'exercer ce choix (**Cass. 1re civ., 27 nov. 2019**, n° 18-21570). Ainsi, en cas de remboursement partiel d'un prêt après déchéance du terme, l'emprunteur n'a pas le droit d'imposer au créancier l'imputation des paiements. Enfin, il faut savoir que l'article 1965 du Code civil n'accorde aucune action pour une dette de jeu. Dès lors, si un prêt a été consenti par un casino pour alimenter le jeu, le prêteur ne dispose d'aucune action en restitution des fonds (v. pour une application, **Cass. 1re civ., 8 avr. 2021**, n° 19-20644).

FOCUS

La clause de monnaie de compte

Par un arrêt du 24 octobre 2019, la Cour de cassation considère que n'est pas abusive au sens du droit de la consommation la clause de monnaie de compte, par laquelle le prêt, libellé en francs suisses, est remboursable en euros après application du taux de change lors de chaque échéance. Il s'agit là d'une clause qui participe de l'objet principal de la convention, dont on sait qu'il est exclu du champ du contrôle (**Cass. 1re civ., 24 oct. 2019**, n° 18-12255). En effet, l'article L. 212-1 alinéa 3 du Code de la consommation dispose que « l'appréciation du caractère abusif des clauses au sens du premier alinéa ne porte ni sur la définition de l'objet principal du contrat ni sur l'adéquation du prix ou de la rémunération au bien vendu ou au service offert pour autant que les clauses soient rédigées de façon claire et compréhensible ». Bien qu'elle crée un risque pour l'emprunteur, en ce que le montant du remboursement lors de chaque échéance dépend du taux de change entre les deux monnaies, la clause est valable dès lors qu'elle est claire et compréhensible, la banque ayant par ailleurs satisfait à son devoir de mise en garde. Mais encore faut-il que la clause soit rédigée de telle manière qu'elle permette à l'emprunteur d'appréhender concrètement les différentes perspectives d'évolution de ses obligations financières pendant toute la durée du contrat (CJUE, 10 juin 2021, C-776/19 à C-782/19 ; Cass. 1re civ., 20 avr. 2022 (2 arrêts), n° 19-11599 et n° 20-16316).

- **Payer les intérêts convenus** : on l'a dit, les intérêts doivent être déterminés par écrit. Toutefois, l'emprunteur qui a payé des intérêts qui n'étaient pas stipulés, ne peut ni les répéter ni les imputer sur le capital (C. civ., art. 1906).

Pour conclure, on constate qu'il n'y a pas comme dans le prêt à usage, d'obligation de respecter l'usage de la chose. Cela tient au fait que l'emprunteur est devenu propriétaire du bien, de sorte qu'il peut normalement en disposer selon l'usage de son choix. Mais ce pouvoir est théorique (comme le droit de propriété d'ailleurs). Il est en effet fréquent, pour ne pas dire systématique, que les actes de prêt introduisent une **clause de destination des fonds prêtés**. L'utilisation des fonds conditionne en effet la faculté de remboursement : si l'emprunteur utilise les fonds pour jouer au casino ou pour partir en voyages alors qu'il s'agissait de financer son entreprise, on voit bien que le risque pris par la banque n'est pas le même. En cas de non-respect de la clause, l'emprunteur s'expose aux sanctions contractuelles classiques (dommages-intérêts, résiliation du prêt, déchéance du terme…).

905 à 941. Réservés.

PARTIE 5

Les sûretés

INTRODUCTION

942. Dans le cadre de cette brève introduction, il suffira de présenter les sûretés (§ 1), le droit des sûretés (§ 2), avant d'exposer le plan retenu (§ 3).

§ 1. Les sûretés

Quelle est l'utilité des sûretés ?
Les sûretés doivent leur nom au fait qu'elles rendent plus « sûre » une créance, en renforçant les chances de paiement du créancier.

Exemple

Un bailleur, créancier de loyers, exige de son preneur qu'il lui fournisse le cautionnement d'un tiers (parents, ami, organisme social...). En cas de défaillance de son locataire, le bailleur disposera d'un recours supplémentaire en paiement contre la caution. De même, une banque qui consent un prêt à un emprunteur lui demande une hypothèque sur l'immeuble. Grâce à cette sûreté, le créancier bénéficiera d'un droit de préférence lui permettant de primer les autres créanciers dans le cadre d'une procédure de saisie immobilière.

La sûreté permet ainsi de renforcer les droits du créancier. En l'absence de sûretés, le créancier est dit **chirographaire**. Cela signifie qu'il n'a qu'un droit de gage général sur le patrimoine de son débiteur (C. civ., art. 2285), ce qui constitue un **risque**. En effet, si le débiteur est insolvable à l'échéance de sa dette, le créancier chirographaire n'aura aucun recours contre un tiers (pas de sûreté personnelle qui le prémunit contre une diminution de l'actif). En outre, si son débiteur a d'autres créanciers, le créancier chirographaire ne bénéficiera d'aucune préférence ou exclusivité sur un bien particulier. Il subira la loi du concours (pas de sûreté réelle qui le prémunit contre une augmentation du passif).

Qu'est-ce qu'une sûreté ?
La sûreté n'est pas définie dans la loi, et ce, même après l'ordonnance du 15 septembre 2021. On peut en proposer la définition suivante : **droit supplémentaire**, attaché à une créance **en qualité d'accessoire**, qui vise à permettre la satisfaction du créancier en cas de défaillance du débiteur.
En tant que **droit supplémentaire**, la sûreté est un mécanisme qui offre une garantie de paiement à laquelle le créancier n'a normalement pas droit. Autrement dit, **si toutes les sûretés sont des garanties, toutes les garanties ne sont pas des sûretés**. Il en va ainsi, par exemple, de l'action résolutoire, de la compensation, de la solidarité, ou encore de l'exception d'inexécution : de tels mécanismes renforcent les chances de paiement du

créancier. Mais ils sont inhérents au lien d'obligation (contrat synallagmatique, créances réciproques...) qui existe déjà entre les parties. Ce sont des garanties, mais pas des sûretés. La distinction revêt un intérêt pratique limité. Elle est toutefois utile lorsqu'un texte spécial vise les seules sûretés, ce qui commande une définition (v. par ex. C. com., art. L. 622-25 qui vise les « sûretés » pour la déclaration des créances dans une procédure collective).
De ce que la sûreté est l'**accessoire** d'une créance dont elle facilite le paiement, nous pouvons dégager trois conséquences générales, avec toutefois quelques aménagements, notamment s'agissant de la garantie autonome :

- **la sûreté se transmet avec la créance** : par exemple, si un bailleur transmet sa créance de loyers à une banque, le cautionnement qui garantit les loyers est transmis avec elle ;
- **la sûreté s'éteint avec la créance** : par exemple, si la créance de remboursement du prêt est éteinte par prescription, l'hypothèque qui la garantit s'éteindra également ;
- **la sûreté ne sert qu'au paiement de la créance** : elle ne saurait donc provoquer un quelconque enrichissement du créancier ; par exemple, si, après la saisie et la vente de l'immeuble, le créancier hypothécaire obtient un prix supérieur à la créance de prêt, l'excédent doit être restitué au débiteur.

Quels sont les grands types de sûretés ?
La matière est dominée par la distinction entre les **sûretés personnelles et les sûretés réelles**, véritable *summa divisio*.
Les sûretés personnelles consistent en **l'adjonction de l'engagement d'un tiers à la dette souscrite par le débiteur**. Grâce à la sûreté personnelle, le créancier bénéfice d'un droit de gage général supplémentaire sur le patrimoine d'un tiers. La sûreté personnelle est **nécessairement conventionnelle** : en effet, la loi ne peut pas imposer à une personne de garantir la dette d'autrui. Le cautionnement constitue la sûreté personnelle par excellence.
Les sûretés réelles consistent en l'affectation d'un ou plusieurs biens en garantie de la dette souscrite par le débiteur. L'ordonnance du 15 septembre 2021 en donne une définition plus précise : il s'agit de « l'affectation d'un bien ou d'un ensemble de biens, présents ou futurs, au paiement préférentiel ou exclusif du créancier ». À la différence des sûretés personnelles, le créancier ne dispose d'aucun droit de poursuite sur le patrimoine d'un tiers : il acquiert seulement une prérogative supplémentaire sur le bien grevé. Mais nous verrons qu'un tiers peut affecter l'un de ses biens en garantie de la dette d'autrui : la sûreté reste pour autant réelle et non personnelle (v. *infra*, n° 946). Les sûretés réelles peuvent être conventionnelles, mais aussi judiciaires (ex. hypothèque judiciaire) ou légales (privilège du prêteur de deniers). L'hypothèque est la reine des sûretés réelles.

§ 2. Le droit des sûretés

943. Le droit des sûretés se trouve dans le livre IV du Code civil qui lui est dédié. La matière a été marquée par deux réformes réalisées à quinze ans d'intervalle par une **ordonnance du 23 mars 2006 et une ordonnance du 15 septembre 2021.** Ces deux textes ont été rédigés par le gouvernement grâce aux travaux de l'association Henri Capitant, dans le cadre d'une commission présidée par M. le professeur Michel Grimaldi.
En effet, aussi importante soit-elle, l'ordonnance de 2006 n'avait pas réformé l'ensemble du droit des sûretés. Cela tient au fait que le Parlement n'avait pas donné d'habilitation au gouvernement pour réformer le droit du cautionnement. À cette notable exception près, la réforme de 2006 fut très riche : introduction de la garantie autonome et de la lettre

d'intention dans le Code civil, généralisation du droit de rétention, consécration du gage sans dépossession, introduction de l'hypothèque rechargeable, remise en ordre des privilèges… Globalement, la réforme de 2006 se caractérise par une volonté de renforcer l'efficacité des sûretés, qui a été mise à mal notamment par le droit des procédures collectives, qui impose des sacrifices aux créanciers munis de sûretés, au profit des intérêts de la procédure. Elle est aujourd'hui prolongée par la réforme réalisée par l'ordonnance du 15 septembre 2021 (v. *infra*, actualité).
Quelles sont les tendances principales de l'évolution du droit des sûretés?
On peut en voir deux:
- du côté des **sûretés personnelles**, l'ère est au **renforcement de la protection des cautions personnes physiques**: le législateur ne cesse de développer les obligations à la charge du créancier: information de la caution, formalisme, exigence d'un cautionnement proportionné… Tout ceci génère un contentieux assez nourri. La réforme de l'ordonnance du 15 septembre 2021 est venue mettre de l'ordre sur ces questions.
- du côté des **sûretés réelles**, la mode est au **développement des propriétés-sûretés**, qui confèrent au créancier une exclusivité. Ce développement, qui se caractérise notamment par l'introduction de la fiducie, s'explique par les sacrifices imposés dans le cadre d'une procédure collective aux créanciers titulaires de sûretés réelles traditionnelles (gage et hypothèque), dont le droit de préférence est primé par les créanciers de la procédure.

943-1. Afin de permettre à plusieurs banques, réunies en *pool* ou en syndicat, de centraliser la gestion de leurs sûretés entre les mains d'un intermédiaire unique (inscriptions, poursuites…), les lois du 19 février 2007 et du 4 août 2008 avaient institué **l'agent des sûretés**, que connaissent bien les pays anglo-saxons, sous la forme du *security agent*. Toutefois, le régime d'un tel agent, tel que prévu par l'article 2328-1 du Code civil, était très lacunaire. Cette lacune a été comblée par une **ordonnance n° 2017-748 du 4 mai 2017** qui a, sur la base des travaux de l'association Capitant, complété le régime de l'agent des sûretés. Celui-ci est investi d'un patrimoine d'affectation distinct de son patrimoine personnel (art. 2488-6), dans lequel se trouvent transférées les sûretés gérées dans l'intérêt des créanciers bénéficiaires. Le patrimoine intègre également les réalisations provenant de ces sûretés (ex. vente d'un bien hypothéqué, sommes versées par la caution…). La convention, bien que non soumise aux règles ordinaires de la fiducie, doit toutefois être constatée par écrit, à peine de nullité (art. 2488-7). L'agent peut exercer toutes les actions en justice relatives à ces sûretés, sans pouvoir spécial, et procéder aux déclarations de créance afférentes (art. 2488-9).

FOCUS

La réforme du droit des sûretés

La réforme du droit des sûretés, attendue depuis de nombreuses années (notamment pour le cautionnement, inchangé par l'ordonnance de 2006), a enfin été réalisée par une **ordonnance n° 2021-1192 du 15 septembre 2021**, applicable pour l'essentiel de ses dispositions, **à compter du 1er janvier 2022**. Le texte s'est appuyé sur l'**avant-projet de réforme du droit des sûretés** qui a été élaboré dans le cadre de l'association Capitant, sous la direction de M. le professeur Grimaldi. La réforme, qui entreprend un large travail de clarification de la matière, contient en outre de nombreuses innovations: rapatriement des règles sur la protection des cautions personnes physiques dans le Code civil, restauration du caractère accessoire du cautionnement, modification du régime de proportionnalité du cautionnement, rattachement de la sûreté réelle pour autrui à certaines règles du cautionnement, création d'un système unique de publicité pour les gages mobiliers, possibilité de gager un immeuble par destination, réforme des privilèges… Cette réforme étant très récente, il nous est apparu utile de ne pas supprimer de l'ouvrage les règles antérieures, et ce, pour deux raisons. Tout d'abord, le rappel de ces règles permet de mieux comprendre le droit nouveau, par comparaison. Ensuite, il est possible que dans les cas pratiques de l'examen du CRFPA, les sûretés soient constituées avant le 1er janvier 2022, et soient donc soumises au droit antérieur. En effet, l'article 37 de l'ordonnance contient des dispositions transitoires qui précisent que « les cautionnements conclus avant [le 1er janvier 2022] demeurent soumis à la loi ancienne, y compris pour leurs effets légaux et pour les dispositions d'ordre public ». La jurisprudence ne peut donc faire une application immédiate de l'ordonnance à des contrats de cautionnement en cours. Mais elle peut le faire, *a contrario*, pour des gages, des nantissements ou des hypothèques conventionnelles. On songe, par exemple, aux modes de réalisation de ces sûretés prévues par la loi, qui pourront être d'application immédiate. Dès lors, pour tenter de faire œuvre utile, les modifications du droit positif introduites par la réforme sont clairement distinguées du droit antérieur au fur et à mesure des développements. Pour une analyse approfondie, le lecteur est invité à aller lire les deux dossiers spéciaux publiés au *Recueil Dalloz* et consacrés à cette grande réforme de la matière (D. 2022, n° 5 et 6).

FOCUS

L'entrée en vigueur de la réforme

Citons *in extenso* l'article 37 de l'ordonnance qui prévoit l'entrée en vigueur de la réforme :
I. – Les dispositions de la présente ordonnance **entreront en vigueur le 1er janvier 2022**
Toutefois, l'article 27, les 2° et 3° de l'article 30, l'article 31, le XIX de l'article 34 et le XI de l'article 35 entreront en vigueur à une date qui sera fixée par décret et qui ne pourra être postérieure au 1er janvier 2023.
L'article 2338 du Code civil, dans sa rédaction issue de l'article 8 de la présente ordonnance, entrera en vigueur à une date qui sera fixée par décret et qui ne pourra être postérieure au 1er janvier 2023. À la date qui sera ainsi fixée, sera abrogée la section 2 du chapitre 2 du sous-titre II du titre II du livre IV du Code civil.
II. – **Les cautionnements conclus avant la date prévue au 1er alinéa du I demeurent soumis à la loi ancienne, y compris pour leurs effets légaux et pour les dispositions d'ordre public.**
III. – **Les dispositions des articles 2302 à 2304 du Code civil sont applicables dès l'entrée en vigueur de la présente ordonnance, telle que prévue au premier alinéa du I, y compris aux cautionnements et aux sûretés réelles pour autrui constitués antérieurement.**
IV. – Les privilèges immobiliers spéciaux nés avant l'entrée en vigueur de l'ordonnance sont pour l'avenir assimilés à des hypothèques légales, sans préjudice le cas échéant de la rétroactivité de leur rang. Ceux qui n'ont pas fait l'objet des formalités de publicité foncière à la date d'entrée en vigueur de l'ordonnance seront inscrits au fichier immobilier selon les dispositions applicables avant cette date.
À noter que les articles 2302 à 2304 du Code civil concernent l'obligation d'information de la caution.

§ 3. Plan

944. Le plan des leçons suivra la *summa divisio* entre les sûretés personnelles et les sûretés réelles, avec, au milieu, un mécanisme inclassable.

L'article 2287-1 du Code civil envisage **trois sûretés personnelles** : le cautionnement, la garantie autonome et la lettre d'intention. Le **cautionnement** est une sûreté pleinement accessoire : la caution ne s'engage à payer que dans la mesure de la dette garantie. Il conviendra, après avoir présenté les caractères du cautionnement (leçon 1), d'en décrire la formation (leçon 2) et les effets (leçon 3). Les autres sûretés personnelles ne sont plus envisagées dans cet ouvrage, dès lors qu'elles ont été retirées du programme de l'examen de droit civil par l'arrêté du 2 octobre 2018. Rappelons pour mémoire que la **garantie autonome** est plus rigoureuse que le cautionnement en ce qu'il est dérogé à son caractère accessoire, tandis que la **lettre d'intention** est au contraire moins rigoureuse, en ce que le tiers ne s'engage pas à payer une dette, mais à apporter son concours pour que celle-ci soit payée.

Avant d'envisager les sûretés réelles, il conviendra d'étudier le **droit de rétention**, qui est une mesure de blocage d'une chose que peut mettre en œuvre un créancier impayé. Bien qu'il porte sur une chose, la Cour de cassation refuse d'y voir une sûreté (leçon 4).

Les sûretés réelles peuvent tout d'abord conférer au créancier un **droit de préférence et/ou un droit de suite sur le bien grevé**. Dans ce cas, le bénéficiaire de la sûreté subit le concours des autres créanciers, mais il est payé en priorité, en fonction de son rang. Dans ce cadre, il conviendra d'étudier successivement les **sûretés mobilières**, telles que le gage (leçon 5) et les **sûretés immobilières**, telles que l'hypothèque (leçon 6).

Mais les sûretés réelles peuvent ensuite conférer une **exclusivité sur le bien grevé**. La propriété est ici utilisée à titre de garantie : en bénéficiant d'un droit de propriété sur le bien affecté au remboursement de sa créance, le créancier échappe à tout concours. Ce sont les **propriétés-sûretés**, introduites plus récemment au travers de la clause de réserve de propriété et de la fiducie. Ces dernières sûretés ayant été enlevées du programme de l'examen de droit civil par l'arrêté du 2 octobre 2018, elles ne seront pas examinées.

Leçon 1 : Les caractères du cautionnement
Leçon 2 : La formation du cautionnement
Leçon 3 : Les effets du cautionnement
Leçon 4 : Le droit de rétention
Leçon 5 : Les sûretés mobilières
Leçon 6 : Les sûretés immobilières

LEÇON 1

LES CARACTÈRES DU CAUTIONNEMENT

Textes

Articles 2288 et suivants du Code civil

Avertissement sur l'entrée en vigueur de la réforme en matière de cautionnement

L'ordonnance du 15 septembre 2021 réforme en profondeur le cautionnement, dans la mesure où, faute d'habilitation législative, ce contrat n'avait pas été modernisé par l'ordonnance du 23 mars 2006. Les règles du Code civil de 1804, conçues pour ce qui n'était alors qu'un petit contrat gratuit, étaient devenues inadaptées à cette figure majeure du crédit contemporain. Surtout, un besoin de clarification s'était fait sentir, dans la mesure où la protection des cautions s'était réalisée hors le Code civil, dans des codes spéciaux (essentiellement le Code de la consommation). La réforme replace le droit du cautionnement dans la Constitution civile de la France, en abrogeant les dispositions spéciales et éparses, ce qui redonne une unité à la matière. Plus prosaïquement, voici un **conseil important pour le CRFPA : dans les cas pratiques, la première chose à vérifier est la date de conclusion du contrat de cautionnement** ; Il convient ainsi d'observer si le contrat a été conclu avant le 1er janvier 2022, date d'entrée en vigueur de l'ordonnance, ou à partir de cette date. Dans le premier cas, le cautionnement est soumis droit antérieur, et ce, même pour les effets légaux ou les dispositions d'ordre public (art. 37 de l'ord.) ; dans le second, il sera régi par les dispositions nouvelles issues de l'ordonnance du 15 septembre 2021. Il faut ajouter que, par exception, les règles nouvelles sur l'obligation d'information annuelle de la caution s'appliquent immédiatement, dès le 1er janvier 2022, aux cautionnements conclus avant cette date.

Par exemple, si un cautionnement a été consenti en 2019, il faudra régler la question de la mention manuscrite ou de la proportionnalité par application des dispositions anciennes du Code de la consommation. S'il a été conclu le 1er janvier 2022, il faudra appliquer les dispositions nouvelles de l'ordonnance, qui abrogent celles du Code de la consommation. En revanche, le régime nouveau de l'obligation d'information de la caution s'applique, dès le 1er janvier 2022, à un cautionnement conclu en 2019.

945. En 1804, le cautionnement était un « petit contrat ». Il s'agissait d'un contrat de bienfaisance, par nature gratuit, étranger au monde des affaires. Au cours de la seconde moitié du XXe siècle, le cautionnement est devenu un rouage essentiel du crédit, à raison de sa simplicité. Il faut dire qu'à la différence de l'hypothèque, aucune publicité n'est nécessaire, de sorte qu'il n'occasionne que peu de frais. L'entrée du cautionnement dans la vie des affaires a suscité un besoin d'encadrement, qui s'est traduit par une réglementation pointilleuse de ce contrat, spécialement dans le Code de la consommation au profit des cautions personnes physiques.

L'ancien article 2288 du Code civil dispose que « celui qui se rend caution d'une obligation, se soumet envers le créancier à satisfaire à cette obligation, si le débiteur n'y satisfait pas lui-même ». Le texte ne définit pas le contrat de cautionnement, mais la situation de la caution. La nouvelle définition, issue de l'ordonnance du 15 septembre 2021, est beaucoup plus satisfaisante : « **contrat par lequel une caution s'oblige envers le créancier à payer la dette du débiteur en cas de défaillance de celui-ci** ». Rappelons que le cautionnement est nécessairement un contrat : il n'existe pas de cautionnement imposé à la caution par la loi ou le juge. On parle toutefois de cautionnement légal lorsque la loi subordonne l'exercice d'un droit à la fourniture d'une caution, étant précisé que cet engagement suppose l'accord de la caution et constitue donc un contrat. Il en va de même pour le cautionnement dit judiciaire (art. 2289). Depuis l'ordonnance du 15 septembre 2021, la personne qui s'oblige au titre d'un cautionnement légal ou judiciaire doit avoir une solvabilité suffisante pour répondre de l'obligation. Si cette caution devient insolvable, le débiteur doit lui substituer une autre caution, sous peine d'être déchu du terme ou de perdre l'avantage subordonné à la fourniture du cautionnement (art. 2301).

Le caractère unilatéral de ce contrat permet de révéler le risque que présente ce contrat pour la caution : celle-ci s'engage à payer la dette d'autrui, mais ne reçoit en retour aucune contrepartie du créancier. C'est en effet le débiteur principal qui a bénéficié de la prestation (prêt de somme d'argent, location d'une chose...).

Cette première vue sur la notion de cautionnement nous permet d'entrevoir ses caractères. Il existe tout d'abord des caractères **essentiels**, sans lesquels ce contrat n'est plus un cautionnement (section 1). Il existe ensuite des caractères **secondaires** (section 2), qui n'affectent pas sa définition. Il s'agit de variétés de cautionnement.

Section 1
Les caractères essentiels du cautionnement

Le cautionnement présente deux caractères qui participent de son essence : le caractère personnel (§ 1) et le caractère accessoire (§ 2).

§ 1. Le caractère personnel du cautionnement

Le cautionnement est un engagement personnel, en ce que la caution engage *tous ses biens*, conformément à **l'article 2284 du Code civil** : « quiconque s'oblige personnellement engage tous ses biens, présents et à venir ». Cela exclut donc le cautionnement réel (A) mais cela n'interdit pas que cet engagement personnel soit renforcé par d'autres sûretés, et notamment des sûretés réelles (B).

A. L'exclusion du « cautionnement » réel

946. Les développements qui suivent concernent les contrats conclus avant le 1er janvier 2022, date de l'entrée en vigueur de l'ordonnance du 15 septembre 2021. Les apports de l'ordonnance du 15 septembre 2021 seront précisés juste après. Le **cautionnement réel** est à mi-chemin entre les sûretés personnelles et les sûretés réelles : il s'agit de **l'affectation d'un bien en garantie de la dette d'autrui**. Le mécanisme est proche d'une sûreté personnelle, dans la mesure où la prestation est fournie par un tiers ; mais il est également proche d'une sûreté réelle, en ce qu'il ne porte pas sur l'entier patrimoine du tiers, mais sur un ou plusieurs biens déterminés.

Exemple

Nathalie remet à une banque sa bague en garantie du prêt souscrit par Bernard : est-ce un cautionnement (sûreté personnelle), un gage (sûreté réelle), ou une sûreté mixte (à la fois personnelle et réelle) ?

La question n'a pas manqué de se poser en jurisprudence : était en jeu l'application de l'article 1415 du Code civil, texte relatif au passif des époux communs en biens, qui requiert le consentement exprès du conjoint pour étendre aux biens communs le droit de gage des créanciers en cas de cautionnement donné par un époux (v. *supra*, n° 582 et s.). La qualification de cautionnement déterminait donc la nécessité du consentement du conjoint pour engager le bien commun affecté en garantie. Après quelques hésitations, la Cour de cassation a tranché : « une sûreté réelle consentie pour garantir la dette d'un tiers n'impliquant aucun engagement personnel à satisfaire à l'obligation d'autrui et (n'est) dès lors pas un cautionnement, lequel ne se présume pas » (Cass. ch. mixte, 2 déc. 2005, n° 03-18210, *Bull. ch. mixte*, n° 7). Il s'agit donc d'une **sûreté réelle.** Faute de constituer un cautionnement, la Cour de cassation décide que la sûreté réelle pour autrui consentie par un époux sur un bien commun n'est pas soumise à l'article 1415, de sorte que le consentement de son conjoint n'est pas requis.

La solution montre que le cautionnement est un engagement **personnel : pour qu'il y ait cautionnement, il faut que le tiers garant engage tout son patrimoine**, conformément à l'article 2284 du Code civil. **Cette qualification de sûreté réelle a été consacrée par l'ordonnance du 23 mars 2006**. Toutefois, l'enjeu initial d'une telle qualification a été supprimé, puisque l'ordonnance du 23 mars 2006 a dans le même temps soumis à cogestion (accord des deux époux) l'affectation d'un bien commun en garantie de la dette d'un tiers (C. civ., art. 1422 al. 2). Mais il reste de nombreux intérêts pratiques. Sont ainsi inapplicables à la sûreté réelle pour autrui toutes les règles protectrices de la caution, telles que **le formalisme, l'obligation d'information, ainsi que l'exigence de proportionnalité du cautionnement** (v. également, pour l'exclusion du bénéfice de subrogation, v. *infra*, n° 1023). En définitive, il faut désormais proscrire le terme de « cautionnement réel », qui contient une contradiction interne, le cautionnement étant par nature un engagement personnel. Il faut parler de sûreté réelle pour autrui.

FOCUS

Les sûretés réelles pour autrui depuis l'ordonnance du 15 septembre 2021

L'ordonnance du 15 septembre 2021 modifie en profondeur le régime des sûretés réelles pour autrui à compter du 1er janvier 2022. Le nouvel article 2325 du Code civil n'affecte pas la notion, dès lors qu'il considère que la sûreté réelle pour autrui reste une sûreté réelle, ce qui a pour conséquence que le créancier n'a d'action que sur le bien grevé de la sûreté. Pour autant, le texte applique à cette sûreté les dispositions des articles 2299, 2302 à 2305-1, 2308 à 2312 et 2314 relatifs au cautionnement. Pourquoi une telle extension des règles du cautionnement à la sûreté réelle pour autrui ? Parce que, comme dans le cautionnement, le tiers qui affecte un bien en garantie de la dette du débiteur prend un risque (la saisie de son bien), sans recevoir de crédit en contrepartie, lequel est consenti au débiteur. C'est pourquoi il doit bénéficier de certaines mesures de protection dont profitent les cautions : devoir de mise en garde (art. 2299), obligation d'information de la caution et bénéfice de discussion (art. 2302 à 2305-1), recours de la caution (art. 2308 à 2312) et bénéfice de subrogation (art. 2314). On le voit, l'exigence de proportionnalité du cautionnement ne s'applique pas aux sûretés réelles pour autrui, alors qu'une telle application était concevable, notamment lorsque le bien grevé constitue le seul élément d'actif du tiers garant.

B. Le renforcement du cautionnement par d'autres sûretés

L'engagement personnel que prend la caution peut être renforcé par une sûreté qui peut être personnelle (1), ou réelle (2).

1. Le renforcement du cautionnement par une sûreté personnelle

947. Deux techniques peuvent être employées :

- la **pluralité de cautions** : dans ce cas, plusieurs cautions garantissent la même dette. On les appelle les **cofidéjusseurs**, c'est-à-dire les personnes qui, solidairement ou non, se portent caution d'un même débiteur pour une même dette ;
- **le certificat de cautionnement** : dans ce cas, une personne **se porte caution d'une caution.** Ce mécanisme est prévu par l'article **2291 alinéa 2 du Code civil** : « on peut aussi se rendre caution, non seulement du débiteur principal, mais encore de celui qui l'a cautionné ». L'obligation que garantit le certificateur n'est pas l'obligation principale, mais celle de la caution. **C'est la grande différence avec l'hypothèse de la pluralité de cautions**. Dès lors, le principe et l'étendue de l'obligation du certificateur s'apprécient uniquement par référence à l'obligation de la caution. L'ordonnance du 15 septembre 2021 reprend la règle à l'article 2291 : « on peut se porter caution, envers le créancier, de la personne qui a cautionné le débiteur principal ».

Dans ces deux hypothèses, le créancier dispose d'une garantie renforcée, soit parce qu'il dispose de plusieurs cautions, soit parce qu'un tiers vient garantir l'engagement de la caution. Mais **c'est aussi la caution elle-même** qui peut obtenir une garantie. Cela nous renvoie à l'hypothèse **du sous-cautionnement**. **La sous-caution s'engage au bénéfice de la caution, en ce qu'elle garantit son recours contre le débiteur principal.** Le sous-cautionnement constitue ce que l'on appelle une « contre-garantie », destinée à garantir le recours de la caution contre le débiteur principal. Il est usuel dans les cautionnements bancaires des sociétés. Ainsi, la banque cautionne la dette d'une société, mais à la condition d'obtenir du dirigeant social ou d'un associé majoritaire un cautionnement qui garantit son recours contre la société. Le sous-cautionnement se trouve, depuis l'ordonnance du 15 septembre 2021, régi par l'article 2291-1 du Code civil : « le sous-cautionnement est le contrat par lequel une personne s'oblige envers la caution à lui payer ce que peut lui devoir le débiteur à raison du cautionnement ».

2. Le renforcement du cautionnement par une sûreté réelle

948. Dans ce cas de figure, **la caution s'oblige à un double titre** :
- **elle souscrit un engagement personnel** et confère au créancier un droit de gage général sur tous ses biens, présents et futurs (C. civ., art. 2284) ;
- **elle affecte en outre l'un de ses biens au profit du créancier** : par exemple, elle consent une hypothèque sur l'un de ses immeubles, afin de faire bénéficier le créancier d'un droit de préférence et d'un droit de suite. Il s'agit alors d'un **cautionnement hypothécaire.**

Par où l'on voit que le créancier bénéficie d'un **cumul de sûretés** : un cautionnement et une sûreté réelle.

Actualité sur le cumul de sûretés

Par un arrêt du 5 avril 2023, rendu par application des textes antérieurs à l'ordonnance du 15 septembre 2021, la Cour de cassation a estimé que « la sûreté réelle consentie pour garantir la dette d'un tiers n'impliquant aucun engagement personnel à satisfaire à l'obligation d'autrui, elle n'est pas un cautionnement, de sorte que l'action du créancier fondée sur cette sûreté n'est soumise ni aux articles 2288, 2298 et 2303 du Code civil, dans leur rédaction antérieure à celle issue de l'ordonnance n° 2021-1192 du 15 septembre 2021, ni à l'article L. 341-4 du Code de la consommation, dans la même rédaction, peu important que le constituant de la sûreté réelle se soit également rendu caution de la même dette » **(Cass. com., 5 avr. 2023, n° 21-14166)**. Ainsi, en présence d'une affectation hypothécaire en garantie de la dette d'un tiers, le constituant ne peut invoquer ni le bénéfice de discussion, ni la disproportion de son engagement, et ce, même s'il s'est également porté caution de la dette. Pour la Cour de cassation, dès lors que la saisie immobilière est exercée sur le fondement de l'affectation hypothécaire, seule doit être prise en considération le caractère réel de la sûreté. La solution aurait-elle été différente sous l'empire des nouveaux textes ? Certainement pas sur la question de la disproportion, dès lors que l'ordonnance du 15 septembre ne l'a pas étendue à la sûreté réelle pour autrui ; en revanche, il en va autrement du bénéfice de discussion, qui s'applique désormais aux sûretés réelles pour autrui.

§ 2. Le caractère accessoire du cautionnement

On l'a dit dans l'introduction, **toutes les sûretés présentent un caractère accessoire par rapport à la dette garantie.** Simplement, **il existe des degrés dans ce caractère accessoire**. Il faut ici distinguer la **notion** d'accessoire et le **régime** de l'accessoire. Toutes les sûretés sont accessoires, car celles-ci tirent leur existence d'une dette garantie. Mais **toutes les**

sûretés ne se voient pas appliquer le régime de l'accessoire: la règle *accessorium sequitur principale*, selon laquelle l'accessoire suit le principal, n'est pas d'ordre public. Dès lors, elle est parfois remise en cause, comme on le verra dans la garantie autonome. Le cautionnement présente un caractère accessoire **renforcé**. Cela signifie que son **régime** est intimement **dépendant de la dette principale garantie**. Voyons en les manifestations (A) et les atteintes (B).

A. Les manifestations du caractère accessoire

949. Le Code civil n'érige pas expressément le caractère accessoire du cautionnement comme un élément essentiel de ce contrat. Pour autant, de nombreuses règles témoignent de ce caractère accessoire renforcé. **Trois règles** en attestent.

- **Première règle (C. civ., art. 2289, devenu l'article 2293 avec l'ordonnance du 15 septembre 2021): le cautionnement ne peut exister que sur une obligation valable**. Ainsi, la nullité de l'obligation principale entraîne, par voie d'accessoire, la disparition du cautionnement. L'alinéa 2 introduit toutefois une **exception**: il est possible de cautionner la dette souscrite par un mineur. Il s'agit d'anticiper sur la majorité future du débiteur. La solution repose sur la **promesse de porte-fort**: la caution se porte-fort du débiteur, tant qu'il est incapable d'exécuter sa dette. Lorsqu'il devient capable, l'acte devient un véritable cautionnement.
- **Deuxième règle (C. civ., art. 2290, devenu l'article 2296 avec l'ordonnance du 15 septembre 2021): le cautionnement ne peut excéder ce qui est dû par le débiteur, ni être contracté sous des conditions plus onéreuses**. En revanche, il peut être contracté pour une partie de la dette seulement, et sous des conditions moins onéreuses. Le cautionnement qui excède la dette, ou qui est contracté sous des conditions plus onéreuses, n'est point nul: il est seulement réductible à la mesure de l'obligation principale.

Exemple

Si le débiteur principal est engagé à payer une dette de 200 000 euros en capital avec un taux de 2 %, la caution ne peut être tenue pour 250 000 euros, avec un taux de 4 %. Dans ce cas, le cautionnement sera réduit à ce qui a été consenti au débiteur. Mais la caution peut être engagée en deçà de ce que doit le débiteur: par exemple, la caution peut s'engager à garantir le débiteur à hauteur de 100 000 euros seulement.

- **Troisième règle (C. civ., art. 2313): la caution peut opposer au créancier toutes les exceptions qui appartiennent au débiteur principal, et qui sont inhérentes à la dette**; mais elle ne peut opposer **les exceptions qui sont purement personnelles au débiteur.** Il en va ainsi de la minorité du débiteur: cette exception, purement personnelle au débiteur, ne peut être opposée par la caution (C. civ., art. 2289 al. 2, devenu l'art. 2293 al. 2). En revanche, toutes les exceptions inhérentes à la dette peuvent en principe être opposées par la caution. Par exemple, si la dette principale est éteinte par prescription, compensation, nullité du contrat (...), la caution est en principe libérée à l'égard du créancier. Il faut observer que le régime des exceptions a été modifié par l'ordonnance du 15 septembre 2021 (v. n° suivant).

B. Les atteintes jurisprudentielles au caractère accessoire, corrigées par la réforme de 2021

950. La Cour de cassation a partiellement remis en cause le caractère accessoire du cautionnement dans un arrêt remarqué (Cass. ch. mixte, 8 juin 2007, n° 03-15602, *Bull. ch. mixte*, n° 5). La Cour régulatrice estime que **le dol affectant le consentement du débiteur principal constitue une exception personnelle que la caution ne peut invoquer**. La justification d'une telle solution réside dans le caractère relatif de la nullité pour dol : seul le débiteur principal, victime du dol, peut s'en prévaloir. Cependant, la solution est critiquable, en ce qu'elle porte atteinte au caractère accessoire du cautionnement : l'engagement de la caution subsiste, alors même que la dette garantie n'est pas valable. En opportunité, n'est-ce pas au reste contestable de faire bénéficier le créancier, auteur d'un dol, d'un droit de poursuite contre la caution ?

Il convient toutefois d'être prudent sur la **portée** d'une telle solution. **Deux remarques** peuvent être faites.

En premier lieu, la Cour ne vise que la nullité relative : dès lors, la caution conserve le droit d'invoquer la nullité **absolue** du contrat principal (par ex. pour contenu illicite). Mais toutes les nullités relatives sont concernées par la solution : erreur, violence, absence de contrepartie...

En second lieu, même en cas de nullité relative, la solution ne s'applique pas si la nullité du contrat principal a d'ores et déjà été prononcée par le juge avant les poursuites contre la caution. Dans ce cas, la dette a été annulée, ce qui met fin, par là même, à l'engagement de la caution. En revanche, tant que cette nullité n'a pas été prononcée, le créancier peut poursuivre la caution, qui ne pourra pas lui opposer la nullité relative du contrat principal.

Par un arrêt du 11 décembre 2019, la Cour de cassation avait précisé que la prescription biennale prévue par le Code de la consommation en matière de crédit immobilier (art. L. 212-8) est une exception personnelle au débiteur, que la caution ne peut pas invoquer (**Cass. 1re civ., 11 déc. 2019**, n° 18-16147). Pour la Cour, cette exception résulte de la qualité de consommateur du débiteur auquel le créancier a fourni un service, de sorte qu'elle lui est personnelle. La solution remet une nouvelle fois en cause le caractère accessoire du cautionnement, dès lors que la caution reste tenue, bien que la dette principale garantie soit prescrite. La prescription, communément considérée comme une exception inhérente à la dette, devient une exception personnelle pour les délais spéciaux attachés à la qualité particulière du débiteur. La solution nous paraît excessivement sévère pour la caution, qui reste engagée alors que le débiteur ne l'est plus, alors que, précisément, elle n'a reçu aucun service de la part du créancier professionnel (contrat unilatéral). Fort heureusement, la Cour de cassation a effectué un revirement de jurisprudence sur la question, par un arrêt du 20 avril 2022 (**Cass. 1re civ., 20 avr. 2022**, n° 20-22866 : « si la prescription biennale de l'article L. 218-2 du Code de la consommation procède de la qualité de consommateur, son acquisition affecte le droit du créancier, de sorte qu'il s'agit d'une exception inhérente à la dette dont la caution, qui y a intérêt, peut se prévaloir, conformément aux dispositions précitées du Code civil »).

FOCUS

Les exceptions opposables par la caution depuis l'ordonnance du 15 septembre 2021

Les critiques formées contre les solutions jurisprudentielles qui remettent en cause le caractère accessoire du cautionnement ont été entendues par l'ordonnance du 15 septembre 2021, ce qui est une excellente chose. Ainsi, le nouvel article 2298 du Code civil dispose que « la caution peut opposer au créancier toutes les exceptions, personnelles ou inhérentes à la dette, qui appartiennent au débiteur, sous réserve des dispositions du deuxième alinéa de l'article 2293 ». On le voit, même les exceptions personnelles au débiteur, telles que le dol ou la prescription biennale, peuvent désormais être opposées par la caution (v. pour le revirement de jurisprudence sur la question, *supra*). Reste l'exception de la minorité de la caution, qui ne peut pas être invoquée, mais cette exception étant d'interprétation stricte, elle est désormais la seule. L'alinéa 2 de l'article 2298 précise que « toutefois la caution ne peut se prévaloir des mesures légales ou judiciaires dont bénéficie le débiteur en conséquence de sa défaillance, sauf disposition spéciale contraire ». Ainsi, sous réserve de dispositions spéciales de la loi, la caution ne bénéficie pas des mesures légales ou judiciaires consécutives à l'insolvabilité du débiteur (délais de grâce, remises de dette, rééchelonnement, plans...). Cette limite doit être approuvée, puisque la caution doit en principe assumer le risque d'insolvabilité de son débiteur, dans la mesure où il en va de l'objet et de l'utilité mêmes de son engagement. Sont toutefois exclusivement visées les mesures légales ou judiciaires, de sorte que la caution doit continuer à bénéficier des mesures conventionnelles de remise ou de délai (v. en ce sens, sous l'empire des textes anciens : Cass. com., 25 mars 2020, n° 18-26482).

Section 2
Les caractères secondaires du cautionnement

Trois variétés de cautionnement doivent être examinées, en ce qu'elles influent sur le régime du contrat. De fait, selon que le cautionnement est gratuit ou onéreux (§ 1), commercial ou civil (§ 2), simple ou solidaire (§ 3), l'engagement de la caution n'est pas tout à fait le même.

§ 1. Le caractère gratuit ou onéreux du cautionnement

Le cautionnement, gratuit en 1804, peut désormais être onéreux. Quel est le critère (A) et quel est l'intérêt (B) d'une telle distinction ?

A. Le critère de la distinction

951. Une précision liminaire s'impose : le cautionnement est conclu **entre la caution et le créancier.** Or, **dans les rapports créancier-caution**, le cautionnement est un acte **neutre** : la caution ne reçoit aucune contrepartie du créancier, mais elle n'est pourtant animée d'aucune intention libérale à son égard.

Exemple

Lorsque des parents se portent bénévolement caution des loyers de leur fils, ils fournissent un engagement pour rendre service à leur fils, le débiteur, et non au créancier.

Dès lors, pour apprécier le caractère gratuit ou onéreux du cautionnement, il convient de se placer dans les **rapports entre la caution et le débiteur**, qui est tiers au contrat. Il est possible, dans cette perspective, d'identifier **quatre variétés de cautionnement** :

- **le cautionnement rémunéré** : la caution s'engage à garantir la dette principale et perçoit en contrepartie une rémunération, qui est versée par le débiteur. C'est le cas, par exemple, de la caution *Crédit logement*, qui est très fréquente dans les crédits immobiliers. Ce cautionnement est incontestablement onéreux ;
- **le cautionnement intéressé** : sans être rémunérée, la caution a un intérêt patrimonial dans l'opération cautionnée. Tel est le cas, par exemple, du dirigeant de société et de l'associé majoritaire qui se portent cautions de la dette de leur société. Leur rémunération dépend indirectement des crédits consentis à la société. L'acte est, une fois encore, onéreux ;
- **le cautionnement de bienfaisance** : la caution n'est pas rémunérée, et elle n'a aucun intérêt patrimonial dans l'opération. C'est l'exemple des parents qui cautionnent les loyers de leur fils. Dans ce cas, le cautionnement est conclu à titre gratuit ;
- **le cautionnement-libéralité** : dans ce cas, non seulement la caution est animée d'une intention libérale, mais elle réalise un acte d'appauvrissement (élément matériel de la libéralité). Il en va ainsi lorsque la caution renonce, par anticipation, à tout recours contre le débiteur principal en cas de paiement du créancier. La caution accepte alors de s'appauvrir dans l'intérêt du débiteur : il y a libéralité.

B. L'intérêt de la distinction

952. La distinction présente certains intérêts pratiques. Ainsi, le caractère rémunéré du cautionnement conditionne la capacité du mineur ou du majeur sous tutelle à le conclure. De même, le dirigeant ne peut pas conclure un cautionnement gratuit au nom de sa société, car celle-ci a pour finalité de réaliser des bénéfices. En outre, il convient de faire application des règles sur les libéralités en présence d'un cautionnement qui constituerait une libéralité. Ainsi, le cautionnement-libéralité sera soumis aux règles de rapport et de réduction pour atteinte à la réserve.

Pour le reste, la question de savoir si le cautionnement est rémunéré, intéressé, ou de bienfaisance ne change pas grand-chose à la protection des cautions. En effet, ce qui compte n'est pas tant le but poursuivi par la caution, mais sa qualité. Nous verrons que la protection des cautions par le droit de la consommation est attachée à sa seule qualité de **personne physique.** Ainsi, une caution personne physique, qu'elle soit rémunérée ou intéressée à l'opération, bénéficiera des mêmes protections que si elle s'était engagée à titre gratuit. C'est sans doute regrettable, mais c'est ainsi. Il faut d'ailleurs remarquer que l'ordonnance du 15 septembre 2021 ne consacre pas cette distinction, qui reste mineure.

§ 2. Le caractère civil ou commercial du cautionnement

Procédant de la même manière, nous envisagerons tour à tour le critère (A) et l'intérêt (B) de la distinction.

A. Le critère de la distinction

953. Le cautionnement est **commercial** dans **quatre cas** :

- lorsqu'il consiste **en l'aval d'un effet de commerce** (lettre de change, billet à ordre). Il s'agit alors d'un engagement dit cambiaire (attaché au droit du change), soumis comme tel à un régime spécifique (notamment l'inopposabilité des exceptions, même inhérentes à la dette). Un tel cautionnement constitue un **acte de commerce par la forme** ;
- lorsqu'il est **donné par un commerçant pour les besoins de son commerce** : il est alors commercial **par accessoire**. Par exemple, un commerçant se porte caution d'un prêt souscrit par l'un de ses fournisseurs, avec lequel il est en relation d'affaires ;
- lorsqu'il est **exercé à titre habituel et rémunéré, car il constitue alors une opération de crédit** (C. mon. fin., art. L. 313-1). Il est alors commercial par **nature.** Tel est le cas, par exemple, du cautionnement fourni par l'organisme *Crédit Logement* ;
- lorsqu'il est **intéressé,** c'est-à-dire lorsque la caution éprouve un intérêt patrimonial dans l'opération cautionnée. La jurisprudence précise que la caution doit avoir « un intérêt personnel et patrimonial direct ou déterminant dans l'activité cautionnée » (ex. Com., 2 mars 2010, 09-13257). Cet intérêt est présumé en présence d'un dirigeant de société. Une telle qualification est critiquable, dans la mesure où la commercialité ne résulte ni de la forme, ni de l'accessoire, ni de la nature de l'opération.

Le cautionnement est **civil** dans les autres cas. Il en va ainsi lorsque le cautionnement est désintéressé.

B. L'intérêt de la distinction

954. La distinction emporte certains intérêts :

- la **compétence judiciaire** (tribunaux de commerce ou tribunaux civils, avec une option en faveur du non-commerçant en présence d'un acte mixte) ;
- la **solidarité** (présumée en matière commerciale, expresse en matière civile) ;
- la **preuve** (libre en matière commerciale, écrite en matière civile au-delà de 1 500 euros). Mais encore faut-il que la caution ait la qualité de commerçant. Ainsi, un cautionnement intéressé donné par un non-commerçant sera commercial, mais il ne pourra pas être prouvé par tous moyens, car il s'agira de prouver contre un non-commerçant ;
- la **clause compromissoire** (recours à un arbitre) : valable en matière commerciale, inopposable en matière civile à la partie qui ne contracte pas dans le cadre de son activité professionnelle (C. civ., art. 2061 al. 2).

Malgré de tels intérêts, la distinction est en **perte de vitesse.** Ainsi, la réforme de la prescription réalisée par la loi du 17 juin 2008 a unifié à **cinq ans** le délai de prescription en matière civile et commerciale, faisant disparaître le principal intérêt substantiel de la distinction. En outre, la protection de la **caution personne physique** transcende la distinction entre cautionnement civil et commercial. Ainsi, même si la caution est un commerçant, elle bénéficiera du formalisme de la mention manuscrite prescrit par le Code de la consommation, de sorte que le libéralisme du droit commercial (liberté de la preuve et présomption de solidarité) est ici purement et simplement refoulé. C'est sans doute pourquoi l'ordonnance du 15 septembre 2021 ne consacre pas cette distinction, qui reste très secondaire dans le régime du cautionnement.

§ 3. Le caractère simple ou solidaire du cautionnement

Le cautionnement est simple lorsque la caution peut invoquer le bénéfice de discussion (elle peut retarder les poursuites) **et de division** (elle peut limiter les poursuites). **Dans le cas contraire, il est solidaire**.
Il convient de ne pas se méprendre : **le caractère solidaire du cautionnement ne remet pas en cause son caractère accessoire**. Si la dette principale est nulle, l'engagement de la caution solidaire l'est également. Ce sont uniquement les **modalités de poursuite** de la caution qui sont en jeu. En d'autres termes, son caractère **subsidiaire**.
Sous le bénéfice de ces observations, procédons de la même manière que précédemment, en partant à la recherche du critère de la distinction (A) avant de saisir son intérêt (B).

A. Le critère de la distinction

955. Le critère réside dans la **volonté des parties** au contrat de cautionnement. En cas de doute, le cautionnement sera **simple**, dans la mesure où la solidarité ne se présume pas (art. 1310). Il n'en demeure pas moins vrai qu'elle est très fréquemment stipulée en pratique. Cependant, la **loi** contrôle le rôle des parties dans la stipulation d'une solidarité :

- **La solidarité est parfois présumée** : si le cautionnement est commercial, nous avons vu que la solidarité était présumée, conformément à un vieux principe coutumier du droit des affaires.
- **La solidarité est parfois encadrée : avant le 1er janvier 2022,** si le cautionnement relève du Code de la consommation, c'est-à-dire qu'il a été consenti par une personne physique au bénéfice d'un créancier professionnel, la solidarité suppose une **mention manuscrite** (C. consom., art. L. 331-2). La caution doit alors écrire de sa main la mention suivante :

  « En renonçant au bénéfice de discussion défini à l'article 2298 du Code civil et en m'obligeant solidairement avec X je m'engage à rembourser le créancier sans pouvoir exiger qu'il poursuive préalablement X ».

  La Cour de cassation a jugé que le non-respect d'une telle exigence n'était sanctionné que **par la seule nullité de la clause de solidarité, l'acte de cautionnement restant intact** (Com. 8 mars 2011, *Bull. civ.* IV, n° 31). Le nouvel article L. 341-2 du Code de la consommation, issu de la refonte réalisée par l'ordonnance du 14 mars 2016, se borne à prévoir que « les formalités définies à l'article L. 331-2 sont prévues à peine de nullité ». Mais s'agit-il de la nullité de la seule clause ou du cautionnement tout entier ? Un doute existe sur le maintien de la solution de la Cour de cassation. En tout état de cause, il faut savoir que la mention manuscrite n'est pas obligatoire, dès lors que le cautionnement a été passé par acte authentique ou par acte d'avocats, dans la mesure où l'officier ministériel ou l'avocat s'est assuré du consentement de la caution.

FOCUS

La mention relative au cautionnement solidaire

À compter du 1er janvier 2022, la mention relative au cautionnement solidaire connaît trois modifications substantielles, qui résultent du nouvel article 2297 du Code civil. En premier lieu, son domaine est étendu, puisque la mention s'impose pour les cautions personnes physiques (ce qui n'est pas nouveau) qui s'engagent **envers tout créancier, même non professionnel** (ce qui est nouveau). Cela explique que les dispositions du Code de la consommation soient abrogées au profit de règles nouvelles dont le domaine justifie qu'elles figurent dans le Code civil. En deuxième lieu, **cette mention n'a plus à être manuscrite**, dès lors que le premier alinéa prévoit que la caution appose « elle-même » la mention, ce qui lui permet de le faire de manière électronique. En effet, l'article 1175 du Code civil relatif au contrat conclu par voie électronique a été réécrit, les sûretés réelles et personnelles ne figurant plus parmi les exceptions au contrat électronique. En troisième lieu, la mention est **assouplie dans son contenu**, puisqu'il n'est plus nécessaire de recopier à l'identique une formule sacramentelle, mais de préciser en substance que la caution renonce au bénéfice de discussion ou de division, en explicitant ce que cela signifie. Ainsi, le nouvel article 2297 alinéa 2 dispose que « si la caution est privée des bénéfices de discussion ou de division, elle reconnaît dans cette mention ne pouvoir exiger du créancier qu'il poursuive d'abord le débiteur ou qu'il divise ses poursuites entre les cautions. À défaut, elle conserve le droit de se prévaloir de ces bénéfices ». On peut se réjouir de cet abandon d'une conception bureaucratique de la mention informative : ce qui compte, c'est que l'engagement soit compris par la caution, quels qu'en soient les termes exacts : cela permet d'éviter le contentieux sur la question (v. *infra*, n° 967 et s.). Il convient en outre d'observer que, conformément au droit antérieur à la réforme, le cautionnement donné par acte notarié (C. civ., art. 1369 al. 3) ou par acte d'avocat (C. civ., art. 1374 al. 3) demeurera dispensé de cette mention. Enfin, la sanction de l'irrégularité de la clause de solidarité d'un cautionnement sous seing privé reste la même : le cautionnement n'est pas nul, il redevient un cautionnement un cautionnement simple, ce qui confirme la jurisprudence antérieure (citée *supra*).

- **La solidarité est parfois interdite : avant le 1er janvier 2022,** tel est le cas lorsque le cautionnement est **indéfini**, s'agissant des cautions personnes physiques au bénéfice de créanciers professionnels (C. consom., art L. 331-3). La caution ne peut pas s'engager solidairement sans plafond. Il faut qu'un montant global, incluant le principal, les intérêts et frais, soit stipulé. À défaut, le texte prévoit que la mention de solidarité est réputée non écrite, ce qui laisse valable le cautionnement. Et cette fois-ci, l'article L. 331-3 du Code de la consommation s'applique même aux cautionnements authentiques car il n'est pas ici question d'un consentement éclairé, mais d'un engagement excessif (Cass. com., 6 juill. 2010, *Bull. civ.* IV, n° 110).

FOCUS

Le cautionnement indéfini solidaire

Avec l'ordonnance du 15 septembre 2021, une telle jurisprudence est remise en cause, dès lors que l'article L. 331-3 du Code de la consommation est abrogé et n'a pas été repris par une nouvelle règle figurant dans le Code civil. Ainsi, il semble possible que par acte authentique et par acte contresigné par avocats, lesquels sont dispensés de la mention légale du plafond, une caution personne physique s'engage solidairement envers un créancier, et ce, sans limitation de montant. En revanche, pour les cautionnements sous signature privée, le cautionnement doit, à peine de nullité, contenir une mention par laquelle la caution personne physique s'engage dans la limite d'un plafond (v. *infra*, n° 974). Dès lors qu'elle ne peut pas s'engager de manière illimitée, elle ne peut, *a fortiori*, s'engager solidairement sans limitation de montant.

B. L'intérêt de la distinction

L'intérêt de la distinction se révèle par comparaison du régime du cautionnement simple (1) et du cautionnement solidaire (2). Nous évoquons le droit antérieur, mais aussi le droit nouveau, sous forme d'encadré, étant précisé que les changements sont ici minimes.

1. Le cautionnement simple

956. La caution simple bénéficie d'une double protection : le bénéfice de discussion (a) et de division (b).

a. Le bénéfice de discussion

Ce bénéfice permet à la caution de demander au créancier de poursuivre au préalable le débiteur, avant de l'actionner en paiement. Cela confère au cautionnement un caractère **subsidiaire.**

L'article 2298 du Code civil prévoit que la **caution peut renoncer** au bénéfice de discussion. Le cautionnement reste pour autant simple, en ce que la caution simple bénéficie encore du bénéfice de division.

b. Le bénéfice de division

Ce bénéfice permet à la caution d'obliger le créancier à ne la poursuivre que pour sa part de dette (C. civ., art. 2303). Dès lors, le bénéfice de division suppose une pluralité de cautions, tenues chacune à toute la dette (art. 2302).

Exemple

Un prêt de 100 000 euros est garanti par 4 cautions, A, B, C, et D, toutes cautions simples. En l'absence d'une autre clé de répartition, chacune des cautions pourra exiger du créancier qu'il limite ses poursuites à hauteur de 25 000 euros.

Toutefois, la division n'a lieu qu'entre **cautions solvables au moment des poursuites**.

Exemple

Si au moment des poursuites, A et D sont insolvables, B et C pourront être actionnées à hauteur de 50 000 euros.

FOCUS

Le cautionnement simple dans l'ordonnance du 15 septembre 2021

Déjà, le nouvel article 2290 du Code civil consacre la distinction, ce qui en souligne l'importance pratique : « le cautionnement est simple ou solidaire ». S'agissant du bénéfice de discussion, le nouvel article 2305 du Code civil dispose que « le bénéfice de discussion permet à la caution d'obliger le créancier à poursuivre d'abord le débiteur principal ». L'alinéa 2 ajoute que « ne peut se prévaloir de ce bénéfice ni la caution tenue solidairement avec le débiteur, ni celle qui a renoncé à ce bénéfice, non plus que la caution judiciaire ». S'agissant du bénéfice de division, l'article 2306 prévoit que « lorsque plusieurs personnes se sont portées cautions de la même dette, elles sont chacune tenues pour le tout. Néanmoins, celle qui est poursuivie peut opposer au créancier le bénéfice de division. Le créancier est alors tenu de diviser ses poursuites et ne peut lui réclamer que sa part de la dette ». On le voit, la réforme conforte les règles anciennes. Mais elle apporte des précisions, notamment sur le fait que la caution doit invoquer, « dès les premières poursuites exercées contre elle », tant le bénéfice de discussion (art. 2305-1) que de division (art. 2306-1). Il s'agit d'éviter que ces bénéfices ne soient sortis du chapeau par la caution après coup, faisant ainsi perdre du temps au créancier. En outre, le bénéfice de division n'opère qu'entre cautions solvables, l'insolvabilité de l'une au moment des poursuites étant supportée par les autres (art. 2306-1 al. 2). Par exemple, si parmi trois cautions simples engagées à parts égales, l'une est insolvable au moment des poursuites, le créancier pourra agir en paiement de la moitié de sa créance contre les deux autres.

2. Le cautionnement solidaire

Rappelons au préalable ce qu'est la solidarité passive. Aux termes de l'article 1313 du Code civil, « la solidarité entre les débiteurs oblige chacun d'eux à toute la dette. Le paiement fait par l'un d'eux les libère tous envers le créancier ». En matière de cautionnement, les choses se compliquent par le fait que la solidarité peut d'une part exister **entre le débiteur principal et la ou les cautions** (a) et d'autre part **entre les seules cautions** (b).

a. La solidarité entre le débiteur principal et la ou les cautions

957. C'est de loin l'hypothèse la plus fréquente : la ou les cautions s'engagent dans les mêmes termes que le débiteur principal. Cela entraîne deux conséquences :

- **la perte du bénéfice de discussion** : la caution peut directement être actionnée par le créancier, sans pouvoir exiger de celui-ci qu'il actionne au préalable le débiteur principal ;
- **la perte du bénéfice de division en présence de plusieurs cautions** : alors que la solution n'allait pas de soi, la Cour de cassation a jugé que, lorsque plusieurs personnes se sont portées caution solidaire d'un même débiteur pour une même dette, elles ne peuvent, sauf convention contraire, opposer au créancier le bénéfice de division, même si aucune solidarité des cautions entre elles n'a été stipulée (Cass. 1re civ., 27 juin 1984, n° 83-12107,

Bull. civ. I, n° 213). Dans l'exemple précédent, le créancier pourra réclamer à l'une quelconque des quatre cautions (A, B, C et D), la totalité de sa créance, soit 100 000 euros.

On retrouve également les **effets secondaires de la solidarité**: par exemple, l'interruption de la prescription à l'égard du débiteur principal opère également pour la ou les cautions.

b. La solidarité entre les seules cautions

958. Dans ce cas, il n'y a pas solidarité entre les cautions et le débiteur principal, mais seulement entre les cautions. Cela entraîne deux conséquences:

- **Le maintien du bénéfice de discussion**: les cautions, qui ne sont pas engagées dans les mêmes termes que le débiteur principal, peuvent exiger du créancier qu'il poursuive au préalable ce débiteur.
- **La perte du bénéfice de division**: la solution résulte ici directement de la solidarité: les cautions étant engagées dans les mêmes termes, elles sont tenues pour le tout à l'égard du créancier (100 000 euros dans l'exemple).

Enfin, on retrouve les **effets secondaires** de la solidarité, mais seulement **entre les cautions**.

Exemple

Une action en justice contre le débiteur principal n'interrompt pas la prescription contre les cautions, et réciproquement. En revanche, si le créancier assigne la caution A, cela interrompt la prescription à l'encontre des cautions B, C et D.

Enfin, la solidarité peut bien sûr être totale: il peut y avoir solidarité entre le débiteur principal et les cautions, mais aussi entre les cautions. Dans cette hypothèse, le bénéfice de discussion et celui de division sont tous deux perdus par les cautions.

FOCUS

Le cautionnement solidaire: ordonnance du 15 septembre 2021

La réforme remet en cause la jurisprudence susmentionnée sur la perte du bénéfice de division en présence d'une solidarité entre les cautions et le débiteur principal. En effet, le nouvel article 2306 alinéa 2 du Code civil dispose que « ne peuvent se prévaloir du bénéfice de division les cautions solidaires entre elles, ni les cautions qui ont renoncé à ce bénéfice ». On le voit, seule la solidarité entre cautions leur fait perdre le bénéfice de division, ce qui entraîne implicitement mais nécessairement que le bénéfice de division n'est pas écarté en cas de solidarité entre le débiteur et les cautions, dès lors qu'aucune solidarité entre elles n'a été stipulée.

959 à 964. Réservés.

LEÇON 2

LA FORMATION DU CAUTIONNEMENT

Textes

Articles 1128 et suivants du Code civil
Articles 1376 et suivants du Code civil
Articles L. 331-1 et suivants du Code de la consommation

965. Le cautionnement est un contrat soumis à des conditions de forme (section 1) et des conditions de fond (section 2).

Section 1
Les conditions de forme

Dans le Code civil de 1804, le cautionnement était un contrat purement consensuel. Il s'agissait d'un service d'ami, de sorte que la caution ne requérait pas une protection particulière. Mais l'entrée du cautionnement dans la vie des affaires a tout changé. De fait, la caution garantit, sur l'ensemble de son patrimoine, la dette d'autrui, sans recevoir de crédit en contrepartie. Dès lors, **il est apparu nécessaire d'attirer, par la voie du formalisme, l'attention de la caution sur la portée de son engagement.** Le formalisme assure un rôle de **protection du consentement**.

La jurisprudence a, dans un premier temps, eu recours aux règles de preuve (l'ancien art. 1326 du Code civil) pour assurer la protection du consentement des cautions. Puis, dans un second temps, le législateur est intervenu pour imposer, à peine de nullité du cautionnement, des mentions manuscrites pour assurer un consentement éclairé des cautions.

Force est de constater que ce formalisme *ad validitatem* (§ 1) a presque totalement éclipsé le formalisme *ad probationem* (§ 2), qui ne conserve qu'un domaine résiduel. Cela justifie que l'on renverse la chronologie pour les étudier.

§ 1. Le formalisme *ad validitatem*

Soucieux de protéger les cautions, le législateur a fait feu de tout bois. Non seulement il a imposé le formalisme pour certaines opérations, comme le cautionnement de dettes locatives (A), mais il a en outre généralisé l'exigence à tous les cautionnements consentis par une personne physique (B).

A. Le cautionnement des dettes locatives

966. Une **loi du 21 juillet 1994**, relative à l'habitat, a réglementé les conditions de conclusion d'un contrat de cautionnement de dettes locatives. Elle a entraîné une modification de la **loi du 6 juillet 1989** sur les baux d'habitation. Il faut d'ores et déjà savoir que le cautionnement est purement et simplement **interdit dans deux cas** :

- lorsque le bailleur a souscrit une **assurance** garantissant le paiement des loyers, sauf en cas de logement loué à un étudiant ou à un apprenti ;
- lorsque le bailleur est une **personne morale** : il ne peut alors demander un cautionnement qu'à un organisme agréé ou lorsque le logement est loué à un étudiant ne bénéficiant pas d'une bourse de l'enseignement supérieur.

Dans les autres cas, le cautionnement est autorisé, mais il est encadré par un important formalisme.

Ainsi, le dernier alinéa de l'article 22-1 de la loi de 89 dispose que :

« La personne physique qui se porte caution fait précéder sa signature de la reproduction manuscrite du montant du loyer et des conditions de sa révision tels qu'ils figurent au contrat de location, de la mention manuscrite exprimant de façon explicite et non équivoque la connaissance qu'elle a de la nature et de l'étendue de l'obligation qu'elle contracte et de la reproduction manuscrite de l'alinéa précédent. Le bailleur remet à la caution un exemplaire du contrat de location. *Ces formalités sont prescrites à peine de nullité du cautionnement* ».

Ce formalisme s'applique à tous les baux d'habitation, et ce, même si le créancier-bailleur n'est pas un professionnel. C'était là une grande différence avec le formalisme prévu par le Code de la consommation, qui concerne les rapports entre une caution personne physique et un créancier professionnel, avant que ce formalisme soit étendu par l'ordonnance du 15 septembre 2021.

FOCUS

Le cautionnement de dettes locatives

L'ordonnance du 15 septembre 2021 a maintenu l'article 22-1 et le régime spécial qui précise au cautionnement de dettes locatives, tout en modifiant la mention requise par le texte. Ainsi, le dernier aliéna de l'article 22-1 dispose désormais que « la caution doit apposer la mention prévue par l'article 2297 du Code civil ». On retrouve la simplification de la mention légale, qui n'a plus à être manuscrite et donc le contenu est allégé (v. *infra*, n° 974).

B. Le cautionnement souscrit par une personne physique

967. Initialement, le formalisme a été introduit par **une loi du 31 décembre 1989** pour les cautionnements de **crédits immobiliers et de crédits à la consommation.** Puis une loi du **1er août 2003** (loi Dutreil pour l'initiative économique) a généralisé cette règle à tous les cautionnements sous seing privé donnés par une personne physique à un créancier professionnel. Désormais, **tout contrat de cautionnement souscrit par une personne physique**

au bénéfice d'un professionnel est soumis au Code de la consommation. Pourtant, le législateur a cru bon de conserver les règles sur le crédit immobilier et le crédit à la consommation, même après la refonte du code par l'ordonnance du 14 avril 2016, alors même que celles-ci n'ont plus d'intérêt, puisqu'elles sont absorbées par celles issues de la loi Dutreil. La mesure emblématique d'un tel formalisme est, outre la stipulation de solidarité, déjà examinée plus haut (*supra*, n° 955), d'imposer une **mention manuscrite prévue par l'article L. 331-1 du Code de la consommation**:

« Toute personne physique qui s'engage par acte sous seing privé en qualité de caution envers un créancier professionnel fait précéder sa signature de la mention manuscrite suivante *et uniquement de celle-ci*:

"*En me portant caution de X......, dans la limite de la somme de... couvrant le paiement du principal, des intérêts et, le cas échéant, des pénalités ou intérêts de retard et pour la durée de..., je m'engage à rembourser au prêteur les sommes dues sur mes revenus et mes biens si X..... n'y satisfait pas lui-même*" ».

Pour bien comprendre la règle énoncée qui donne lieu à un abondant contentieux (les cautions cherchant à se décharger en invoquant la moindre irrégularité formelle), on évoquera le domaine (1), la portée (2) et enfin la sanction (3) du formalisme avant le 1er janvier 2022, avant d'envisager les apports de l'ordonnance du 15 septembre 2021 à compter du 1er janvier 2022 (4). De nouveau, dans les cas pratiques, il faut être attentif à la date de conclusion du cautionnement pour déterminer le droit applicable.

1. Le domaine du formalisme avant le 1er janvier 2022

On envisagera le domaine quant aux actes (a) et quant aux personnes (b).

a. Le domaine quant aux actes

968. L'article L. 331-1 du Code de la consommation ne vise que **les actes sous seing privé**.

Dès lors, l'exigence de mention manuscrite est **inapplicable** aux **actes authentiques**, ainsi qu'aux **actes contresignés par avocat** (C. civ., art. 1374 al. 3: *cet acte est dispensé de toute mention manuscrite exigée par la loi*»). Dans les deux cas, le législateur estime que la présence d'un professionnel du droit (notaire ou avocat) est de nature à suffisamment protéger le consentement de la caution. Par un arrêt du 14 juin 2017, la Cour de cassation a rappelé que la mention manuscrite prescrite par le Code de la consommation n'était pas applicable aux actes authentiques (**Cass. com., 14 juin 2017**, n° 12-11644). Si la solution n'est pas nouvelle, l'arrêt est intéressant, dans la mesure où le cautionnement n'avait pas été constaté dans un acte notarié, mais par une **décision d'homologation** de la convention rendue par le juge des référés. Dès lors qu'une décision judiciaire constitue un acte authentique, la mention manuscrite n'a pas à être respectée, pas plus que le formalisme *ad probationem* de l'article 1376 du Code civil.

b. Le domaine quant aux personnes

969. Le domaine est large tant du point de vue de la caution que du créancier.

- **S'agissant de la caution**, seules les **personnes physiques** sont concernées. Mais il importe peu que celles-ci soient profanes ou averties, ou encore que le cautionnement présente un caractère commercial (Cass. com., 10 janv. 2012, n° 10-26630, *Bull. civ.* IV, n° 2). Ainsi, un patron du CAC 40, qui cautionne la dette de sa société, pourra invoquer la nullité du cautionnement pour non-respect de la mention manuscrite, même s'il est titulaire d'un master 2 de Droit des affaires. C'est sans doute contestable (que vient faire la règle dans le droit de la consommation ?), mais c'est ainsi.

- **S'agissant du créancier**, la loi vise le **créancier professionnel**. Dans l'arrêt précité du 10 janvier 2012, la Cour de cassation a jugé que le créancier professionnel est « celui dont la créance est née dans l'exercice de sa profession ou se trouve en rapport direct avec l'une de ses activités professionnelles ». Il importe donc peu que le créancier ne soit pas un professionnel du crédit. Ainsi, une entreprise de plomberie qui bénéficie, dans le cadre de son activité, du cautionnement d'une personne physique, sera considérée comme un créancier professionnel. Cette conception large du créancier professionnel a été confirmée par un arrêt du 27 septembre 2017 de la Cour de cassation (**Cass. com., 27 sept. 2017**, n° 15-24895). La Cour régulatrice a retenu qu'une **association**, en l'occurrence l'association professionnelle de solidarité du tourisme (APST), avait la qualité de créancier professionnel, même si elle agissait **dans un but non lucratif**, dès lors qu'elle avait pour profession de fournir sa garantie financière aux clients des agences de voyages (une personne physique s'était portée caution d'une telle garantie financière souscrite par l'APST).

2. La portée du formalisme avant le 1er janvier 2022

Trois précisions peuvent être faites sur le caractère manuscrit de la mention (a), le caractère déterminé du cautionnement (b) et sur le respect des termes de la mention légale (c).

a. Sur le caractère manuscrit de la mention

970. La mention doit en principe être **manuscrite** (*i.e.* écrite de la main de la caution, sur un support papier ; toutefois, la Cour de cassation admet désormais, en présence d'une caution illettrée, que la mention soit remplie par la main d'autrui, dès lors que la caution est correctement informée : Cass. com., 17 sept. 2017, n° 12-18364). La mention doit donc être manuscrite, car **l'article 1175, 2° du Code civil** n'admet pas l'écrit électronique *ad validitatem* pour les sûretés personnelles consenties par acte sous seing privé, **sauf si elles sont consenties pour les besoins de la profession**.

Exemple

Un dirigeant de société qui contracte un cautionnement pour sa société pourra établir la mention par voie électronique, en la signant électroniquement. Si ce même individu cautionne la dette contractée par son conjoint pour acheter une voiture, seule une mention manuscrite sera recevable et signée de sa main (acte hors de sa profession).

FOCUS

La mention manuscrite antérieure

Par un arrêt du 2 juin 2021, la chambre commerciale s'est prononcée sur la situation dans laquelle un cautionnement a été établi en deux exemplaires, dont l'un seulement était conforme aux exigences légales (**Cass. com., 2 juin 2021, n° 20-10690**). Elle a alors précisé que, le cautionnement étant un contrat unilatéral, pour lequel un seul original est requis, et dès lors que la caution ne conteste pas avoir écrit de sa main les mentions conformes aux prescriptions légales sur l'exemplaire original détenu par le créancier, le formalisme de l'article L. 341-2 du Code de la consommation, dans sa rédaction antérieure à celle issue de l'ordonnance du 14 mars 2016, est respecté et, par conséquent, l'engagement de la caution est valable, nonobstant l'irrégularité de la mention manuscrite portée sur l'acte produit par cette dernière.

b. Sur le caractère déterminé du cautionnement

971. Le formalisme légal a des incidences sur l'étendue du cautionnement: l'article L. 331-1 du Code de commerce précise que la personne s'engage « dans la limite de la somme de... couvrant le paiement du principal, des intérêts et, le cas échéant, des pénalités ou intérêts de retard et pour la durée de... ». Ainsi, le cautionnement ne peut pas être consenti pour un montant indéterminé. De fait, la loi interdit le cautionnement **omnibus** consenti par un dirigeant personne physique à un créancier professionnel (cautionnement des dettes présentes et futures d'une société). C'est regrettable.

c. Sur le respect des termes de la mention légale

972. C'est le point litigieux : qu'advient-il si, volontairement ou par inadvertance, la caution modifie les termes de la mention légale ? Faut-il que la mention légale soit respectée à la lettre, ou faut-il seulement que la caution ait été correctement informée de son engagement, peu importe qu'il y ait quelques modifications marginales ? En d'autres termes, faut-il faire primer la **lettre ou l'esprit** de la mention manuscrite ?
Après avoir fait preuve d'un formalisme pointilleux en n'admettant que les erreurs matérielles (oubli d'un « s », par ex.), la Cour de cassation a assoupli sa position. Désormais, il convient de rechercher si le non-respect des termes de la mention altère la compréhension par la caution **du sens et de la portée de son engagement** (Cass. 1re civ., 10 avr. 2013, n° 12-18544, *Bull. civ.* I, n° 74). Il a ainsi été jugé que l'omission des accents et de la ponctuation était indifférente (Cass. com., 14 juin 2016, n° 15-11106). De même, l'adjonction de termes non prévus par la loi n'affecte pas la validité du cautionnement (Cass. com., 27 janv. 2015, n° 13-24778 : ajout après le mot prêteur de « ou à toute personne qui lui sera substituée en cas de fusion, absorption, scission ou apports d'actifs »). Désormais, l'esprit de la mention l'emporte sur sa lettre, ce qui est heureux. Mais encore **faut-il que la compréhension de l'engagement résulte de la mention manuscrite** : il n'est pas possible de la rechercher dans les clauses imprimées de l'acte (Cass. 1re civ., 9 juill. 2015, n° 14-24287 P : n'est pas régulière la mention indiquant comme durée « la durée de l'opération + 2 ans », quand bien même ladite durée de l'opération est indiquée en première page de l'acte dans les clauses imprimées du contrat). Dans ce cadre, la Cour de cassation, afin de sauver l'acte, limite l'engagement pris par la caution en prenant appui sur les termes de la mention. Ainsi, lorsque la caution indique seulement qu'elle s'engage sur ses « revenus », au lieu d'indiquer les « revenus et les biens », l'engagement n'est pas nul : il est limité aux seuls revenus de la caution (Cass. com., 27 mai 2014, n° 13-16989). Le droit de gage du créancier est en quelque sorte réduit, par dérogation à l'article 2284 du Code civil. Enfin, il faut savoir que si une stipulation de solidarité est introduite, elle doit faire l'objet d'une autre mention manuscrite (v. *supra*, n° 955) : après avoir recopié les deux mentions, la caution peut toutefois ne procéder qu'à une seule signature (Cass. com., 16 oct. 2012, n° 11-23623, *Bull. civ.* IV, n° 184).

FOCUS

La durée du cautionnement

Pas moins de trois arrêts doivent être mentionnés.

En premier lieu, qu'advient-il encore lorsque **la mention manuscrite est parfaitement reproduite, mais qu'une autre mention de l'acte vient la contredire, notamment sur la durée de l'engagement?** Telle est la question à laquelle a dû répondre dernièrement la Cour de cassation. En l'espèce, une caution avait, dans deux mentions distinctes, renseigné des durées différentes. Pour la Cour régulatrice, cela n'affecte pas la validité de l'engagement: « la validité de l'engagement n'était pas affectée par la contradiction entre ces deux dates, dès lors que l'une des mentions manuscrites était conforme à celles prescrites par la loi, la cour d'appel a, dans l'exercice de son pouvoir souverain, retenu que les parties avaient entendu limiter le cautionnement aux seuls engagements souscrits par la société débitrice au plus tard le 31 octobre 2011 » (**Cass. com., 31 janv. 2017**, n° 15-15890 P). On perçoit clairement dans le dernier état de la jurisprudence, une volonté de ne plus systématiquement annuler le cautionnement à la moindre irrégularité.

En deuxième lieu, dans une décision rendue le 13 décembre 2017 (**Cass. com., 13 déc. 2017**, n° 15-24294), la chambre commerciale approuve une cour d'appel d'avoir annulé un contrat de cautionnement à durée déterminée prévoyant que la caution s'engageait **jusqu'au 31 décembre 2014 ou toute autre date reportée par un accord entre le créancier et le débiteur principal**. La solution s'impose cette fois, puisqu'il est certain qu'une telle stipulation ne permettait pas à la caution de connaître la date limite du cautionnement. La caution n'avait donc pas conscience de la portée exacte de son engagement.

En troisième lieu, la solution retenue dans un arrêt du 15 novembre 2017 (**Cass. com., 15 nov. 2017**, n° 16-10504) surprend davantage. Il était, cette fois, question d'un **contrat de cautionnement à durée indéterminée**. Aux termes de l'article L. 331-1 du Code de la consommation (anc. art. L. 341-2), la personne physique qui s'engage par un cautionnement au profit d'un créancier professionnel doit faire précéder sa signature d'une mention manuscrite précisant notamment la durée de son engagement. Le texte prévoit ainsi que la caution s'engage « pour la durée de... ». Une telle exigence laissait donc penser que le cautionnement soumis au formalisme du Code de la consommation ne pouvait pas être à durée indéterminée. La chambre commerciale contredit cette analyse. Par une lecture audacieuse du texte, combiné à l'article L. 333-2 du Code de la consommation (anc. art. L. 341-6) relatif à l'obligation d'information annuelle de la caution, elle décide que « **le cautionnement à durée indéterminée est licite** ». En l'espèce, le cautionnement dont la mention manuscrite prévoit que la caution est tenue « jusqu'au paiement effectif de toutes les sommes dues » est jugé valable. Certes, l'article L. 333-2 prévoit que l'information annuelle de la caution porte notamment, lorsque le cautionnement est à durée indéterminée, sur la possibilité d'une résiliation unilatérale. Le texte va donc dans le sens de l'admission du cautionnement à durée indéterminée même dans le domaine du droit de la consommation. L'avant-projet de réforme du droit des sûretés propose une telle admission. Pour autant, la solution ne convainc pas en ce qu'elle va à l'encontre de la lettre de l'article L. 331-1 du Code de la consommation mais aussi de son esprit, la protection de la caution devant conduire à cantonner la durée de son engagement. L'évolution de la jurisprudence est toutefois en ce sens, la Cour de cassation se livrant à une lecture de plus en plus libérale des exigences du Code de la consommation.

3. La sanction du formalisme avant le 1er janvier 2022

973. Aux termes de l'article L. 343-1 du Code de la consommation, « les formalités définies à l'article L. 331-1 sont prévues à peine de nullité ». Il s'agit donc, comme indiqué, d'un formalisme *ad validitatem*. La nullité est **relative** : elle peut seulement être invoquée par la caution, étant précisé qu'elle peut confirmer l'acte nul en exécutant son engagement en pleine connaissance du vice affectant l'acte (Cass. com., 5 févr. 2013, n° 12-11720, *Bull. civ.* IV, n° 20).

FOCUS

La nullité du cautionnement et l'application de l'article 1415 du Code civil

Que décider lorsque des époux ont donné chacun leur cautionnement au sein d'un même *instrumentum*, et que l'un des cautionnements est annulé pour défaut de respect de la mention manuscrite ? Par un arrêt du 29 septembre 2021, la chambre commerciale de la Cour de cassation est venue souffler la réponse (**Cass. com., 29 sept. 2021, n° 20-14213**). Elle décide que la seule signature au pied de cet engagement ne vaut pas consentement exprès au cautionnement de l'autre conjoint, ce qui emporterait engagement des biens communs en application de l'article 1415 du Code civil. La solution est logique : dès lors que le cautionnement donné par l'époux est nul, il ne peut produire aucun effet et ne peut donc valoir comme consentement au cautionnement donné par le conjoint, ce qui ouvrirait au créancier le droit d'appréhender les biens communs. En pareille hypothèse, le créancier ne dispose de recours que sur les biens propres de l'époux dont le cautionnement est valide (v. sur la règle, *supra*, n° 616).

4. La réforme du formalisme à compter du 1er janvier 2022

974. L'ordonnance du 15 septembre 2021, applicable aux cautionnements conclus à partir du 1er janvier 2022, réalise une réforme en profondeur du formalisme et laisse espérer un tarissement du contentieux sur cette question sensible. Le nouvel article 2297 alinéa 1er du Code civil dispose ainsi qu'« **à peine de nullité de son engagement, la caution personne physique appose elle-même la mention qu'elle s'engage en qualité de caution à payer au créancier ce que lui doit le débiteur en cas de défaillance de celui-ci, dans la limite d'un montant en principal et accessoires exprimé en toutes lettres et en chiffres. En cas de différence, le cautionnement vaut pour la somme écrite en toutes lettres** ». Trois modifications majeures sont à signaler. En premier lieu, **la réforme élargit le domaine du formalisme**, puisqu'il s'étend à tout cautionnement consenti par une personne physique, quelle que soit la qualité du créancier (professionnel ou non), ce qui met fin à l'épineuse question de la détermination de ce qu'est un créancier professionnel. Cela justifie également que la règle soit rapatriée dans le Code civil, les dispositions du Code de la consommation étant abrogées à compter du 1er janvier 2022. En deuxième lieu, **la réforme assouplit la forme de la mention**, puisque celle-ci n'est plus nécessairement manuscrite, le texte prévoyant que la mention est apposée par la caution « elle-même ». La mention pourra donc être renseignée par la caution par voie électronique, l'article 1175 du Code civil sur les contrats électroniques n'envisageant plus, au titre des exceptions à la voie numérique, les sûretés personnelles et réelles consenties par un non-professionnel. En troisième lieu, **la réforme assouplit le contenu de la mention**, dans la mesure où aucune formule sacramentelle n'est requise : doit seulement être spécifié l'engagement de payer souscrit par la caution, dans la limite d'un **montant en principal et en accessoires exprimé en toutes lettres et chiffres**, étant précisé que cette double nécessité de mentionner la somme en lettres et en chiffres, empruntée à l'article 1376 (v. *infra*), n'existait pas dans le Code de la consommation. Il faut en outre noter que le texte ne vise plus, contrairement à la disposition du Code de la consommation, la durée du cautionnement, ce qui met fin aux hésitations de la jurisprudence sur la question. Enfin, le mandat donné à autrui de se porter caution doit satisfaire à cette mention légale (ex. je donne mandat à mon père pour qu'il se porte caution en mon nom et pour mon compte : je suis, en tant que mandant, la caution, de sorte que c'est à moi de remplir, dans le mandat, cette mention légale).

Exemple

Exemple de mention conforme au nouvel article 2297 du Code civil : « Je m'engage à payer à la banque BPN la dette de M. Dupond à son égard en cas de défaillance de celui-ci, dans la limite d'un montant, en principal et accessoires, fixé à 300 000 (trois cent mille) euros ».

§ 2. Le formalisme *ad probationem*

L'article 1326 du Code civil, devenu l'article 1376 après la réforme du droit des obligations, constitue un bel exemple de l'utilisation, par la jurisprudence, de règles de preuve, pour protéger le consentement.

Selon ce texte, « l'acte sous signature privée par lequel une seule partie s'engage envers une autre à lui payer une somme d'argent ou à lui livrer un bien fongible ne fait preuve que s'il comporte la signature de celui qui souscrit cet engagement ainsi que la mention, écrite par lui-même, de la somme ou de la quantité en toutes lettres et en chiffres. En cas de différence, l'acte sous signature privée vaut preuve pour la somme écrite en toutes lettres ». Le texte introduit la formalité du « bon pour » dans les engagements de paiement d'une somme d'argent.

Il convient d'envisager successivement le domaine (A), qui est affecté par l'ordonnance du 15 septembre 2021, le contenu (B) et la sanction (C) de l'article 1376 du Code civil.

A. Le domaine de l'article 1376 du Code civil avant le 1er janvier 2022

975. Conformément à l'article 1105 alinéa 3 du Code civil, les règles générales s'appliquent sous réserve des règles particulières à certains contrats. Par conséquent, l'article 1376 du même code est investi d'un **domaine résiduel**, compte tenu des règles particulières que nous avons évoquées. Deux propositions peuvent être faites :

- **L'article 1376 s'applique aux cautionnements souscrits par une personne morale non commerçante** : de fait, si la caution est une personne physique, il y a lieu de soumettre l'acte au droit de la consommation ; si la caution est un commerçant, elle est soumise à la liberté de la preuve, ce qui évince la preuve par écrit de l'article 1376 (C. com., art. L. 110-4).

Exemple

Le cautionnement donné par une société civile immobilière au profit d'une banque est soumis aux exigences de l'article 1376.

- **L'article 1376 s'applique aux cautionnements souscrits par une personne physique non commerçante au profit d'un créancier non professionnel** (pour les mêmes raisons que précédemment).

Exemple

Avant le 1er janvier 2022, le cautionnement donné par un agriculteur pour garantir le prêt consenti à sa fille par un ami est soumis à l'article 1376.

Il faut donc se montrer très attentif dans les cas pratiques.
Mais ce n'est pas tout : l'article 1376 est **exclu dans deux cas** :
- lorsque le cautionnement est consenti par **acte authentique ou par acte contresigné par avocat** (le nouvel article 1376, confirmant la jurisprudence antérieure, précise « l'acte sous signature privée ») ;
- lorsque le cautionnement **n'excède pas 1 500 euros** : la preuve par écrit est, on le sait, requise seulement au-delà de ce montant (C. civ., art. 1359).

FOCUS

Le nouveau domaine de l'article 1376 du Code civil

Le domaine de l'article 1376 du Code civil est affecté par l'ordonnance du 15 septembre 2021, applicable aux cautionnements souscrits à compter du 1er janvier 2022. En effet, la mention légale de l'article 2297 s'impose désormais lorsque la caution est une personne physique, quelle que soit la qualité du créancier. Par conséquent, l'article 1376 ne joue plus en présence d'un cautionnement donné par une personne physique au profit d'un créancier non professionnel, puisque l'article 1397 s'applique. Ne reste donc qu'un domaine très résiduel : le cautionnement fourni par une personne morale non commerçante à un créancier, qu'il soit professionnel ou non.

B. Le contenu de l'article 1376 du Code civil

L'article 1376 impose deux exigences : la signature de la caution (1) et la mention de la somme en chiffres et en lettres (2).

1. La signature de la caution

976. Celle-ci peut désormais être électronique, dès lors qu'elle consiste en l'usage d'un procédé fiable d'identification garantissant son lien avec l'acte auquel elle s'attache (C. civ., art. 1367 al. 2). La Cour de cassation l'a admis clairement (Cass. 1re civ., 13 mars 2008, n° 06-17534, *Bull. civ.* I, n° 73). C'est là une différence de taille avec la solution de principe du Code de la consommation (v. *supra*, n° 970), qui est aujourd'hui supprimée avec le nouvel article 2297 du Code civil, applicable à compter du 1er janvier 2022.

2. La mention de la somme en lettres et en chiffres

977. Pourquoi cette mention du « bon pour » ? Il s'agit d'éviter la technique du **blanc-seing** : le débiteur signe en blanc un engagement, que le créancier remplira *a posteriori* selon son bon vouloir. Comme la signature, cette **mention** peut être établie par voie électronique, ce qui est encore une fois différent de la solution du Code de la consommation.
Si le cautionnement est déterminé dans son montant, la somme doit être indiquée en chiffres et en lettres. En cas de différence, le montant en lettres l'emporte (parce qu'il est plus difficile à falsifier). Mais contrairement à la mention manuscrite du Code de la consommation, la mention ne doit pas comporter le taux d'intérêt (Cass. com., 16 mars 1999, n° 96-12653, *Bull. civ.* IV, n° 59). Dès lors, même si la mention n'indique pas le taux d'intérêt, la caution sera néanmoins tenue, sauf clause contraire, de les payer, dans la limite éventuelle du plafond convenu (cautionnement défini, v. *infra*).
Si le cautionnement est **indéterminé dans son montant** (ex. cautionnement sans plafond de dettes futures par une personne morale ou d'un découvert en compte), la caution ne peut pas, par hypothèse, indiquer un montant en chiffres et en lettres. Selon la jurisprudence, la caution doit alors écrire une mention « exprimant sous une forme quelconque mais de façon explicite et non équivoque la connaissance qu'elle a de la nature et de l'étendue de l'obligation souscrite » (Cass. 1re civ., 22 févr. 1984, n° 82-17077, *Bull. civ.* I, n° 71).

C. La sanction de l'article 1376 du Code civil

978. Sous l'empire de l'ancien article 1326 du Code civil, la question s'est posée de savoir s'il s'agissait seulement d'une règle de preuve, ou d'une véritable règle de forme sanctionnée par la nullité du cautionnement. Après bien des divergences en son sein, la Cour de cassation a finalement retenu que l'article 1326 n'était qu'une **règle de preuve** (v. par ex., Cass. 1re civ., 2 juill. 1996, n° 94-14943, *Bull. civ.* I, n° 281).
Le nouvel article 1376 le prévoit désormais expressément : l'acte « fait preuve », sous réserve de respecter la mention légale. Par conséquent, si la mention n'est pas respectée, le cautionnement n'est pas nul. L'*instrumentum* a la valeur d'un **commencement de preuve par écrit** qui doit être complété par des éléments extrinsèques pour établir la preuve du cautionnement. Si la caution est **avertie**, cette qualité constitue l'élément extrinsèque de nature à prouver le cautionnement. Si elle est **profane**, le créancier devra produire de véritables éléments extrinsèques à l'écrit incomplet.
Dans ce cadre, la question s'est posée de savoir si les deux formalismes *ad probationem* et *ad validitatem* étaient cumulatifs. En l'espèce, une caution avait rempli la mention manuscrite prévue par le Code de la consommation, mais sans indiquer la mention en lettres *et* en chiffres, comme le prescrit l'article 1376. Les juges du fond en avaient déduit que le cautionnement était nul, faute de respecter cette exigence générale. La décision est logiquement censurée par la Cour de cassation : « l'article L. 341-2 du Code de la consommation, dans sa rédaction antérieure à l'ordonnance du 14 mars 2016, *n'impose pas la mention du montant de l'engagement de la caution à la fois en chiffres et en lettres*, la cour d'appel, qui a ajouté à la loi une condition qu'elle ne comporte pas, a violé ce texte » **(Cass. com., 18 janv. 2017, n° 14-26604)**. On ne saurait incorporer une règle générale de preuve dans une règle spéciale de forme pour annuler un engagement. À compter du 1er janvier 2022, la question ne se pose plus, dès lors que le nouvel article 2297 du Code civil impose, comme l'article 1376, que la somme soit indiquée en chiffres et en lettres.

Section 2
Les conditions de fond

En tant que contrat, le cautionnement est soumis aux conditions générales de validité prévues par le droit commun, de sorte que l'ordonnance du 15 septembre 2021 n'apporte ici quasiment aucune modification (§ 1). Mais il est en outre affecté d'une condition spéciale, la proportionnalité, qui a été substantiellement réformée par l'ordonnance du 15 septembre 2021 (§ 2).

§ 1. Les conditions générales

La réforme des obligations étant passée par là, nous mettrons de côté l'objet et la cause et envisagerons désormais le consentement (A), la capacité et la représentation, (B) ainsi que le contenu (C) (C. civ., art. 1128).

A. Le consentement

979. Le consentement du **créancier**, partie au contrat de cautionnement, n'appelle aucune observation particulière, sauf celle-ci : il doit exister. Le contrat de cautionnement ne peut pas se former sans l'acceptation du créancier. Pour le reste, le consentement du créancier, qui ne s'engage à rien, n'a pas à être protégé.
Nous allons donc ici nous attacher au consentement de la caution, qui est la seule partie qui s'engage (contrat unilatéral). On retrouve à cet égard les deux dimensions du consentement :
- le consentement de la caution doit **exister**. Il doit même être exprès, selon **l'article 2292 du Code civil (art. 2294 depuis l'ordonnance du 15 septembre 2021)**, car le cautionnement ne se présume point et l'on ne peut l'étendre au-delà des limites dans lesquelles il a été contracté. Mais l'existence du consentement est en réalité garantie par le respect d'une mention légale (v. *supra*). C'est donc souvent sur le terrain de la forme, et non du fond, que le contentieux se cristallise (v. toutefois pour une application en matière de cautionnement de compte courant, Cass. com., 25 nov. 2020, n° 19-14768 : est privée de base légale la décision des juges du fond qui ne recherche pas si le cautionnement n'avait pas été donné que pour un découvert supplémentaire, et non pour l'entier solde débiteur du compte). ;
- il ne doit pas ensuite être **vicié**, ce qui nous ramène à l'erreur (1), au dol (2), ou à la violence (3).

1. L'erreur

980. L'erreur n'est admise que lorsqu'elle porte sur « **les qualités essentielles de la prestation** » (C. civ., art. 1132), c'est-à-dire « celles qui ont été expressément convenues et en considération desquelles les parties ont contracté » (art. 1133). La prestation de la caution consiste à garantir le paiement de la dette du débiteur principal : c'est donc à l'aune de cette dette que l'erreur devra s'apprécier.
Sous l'empire des textes anciens, la jurisprudence faisait une distinction entre trois types d'erreurs :

- L'erreur sur le **contrat** garanti : par exemple, la caution pensait garantir une dette de loyers (bail), alors qu'elle garantit en réalité le prix d'achat d'un immeuble (vente). Dans ce cas, il s'agit d'une **erreur-obstacle**. Cette notion, qui n'a pas été expressément consacrée par la réforme, devrait néanmoins être admise, dans la mesure où elle n'était pas plus présente dans le code de 1804.
- L'erreur sur le **montant** de la dette garantie : par exemple, la caution pensait garantir une dette de 50 000, en réalité la dette est de 100 000. Il y a **erreur sur les qualités substantielles essentielles de la prestation**. Le contrat est nul, avant comme après la réforme. Avec le système des mentions manuscrites, cette erreur ne se produit quasiment jamais.
- L'erreur sur la **solvabilité** du débiteur : par exemple, la caution pensait que le débiteur était très riche de sorte qu'elle ne serait jamais actionnée, alors qu'il était insolvable. Une telle erreur est-elle admise ? Il convient de distinguer :
  - s'il s'agit d'une erreur sur la solvabilité **future** du débiteur : l'erreur n'est pas admise, car la caution a pris un risque qu'elle doit assumer. C'est une erreur sur les motifs, qui n'est pas prise en compte. Par exemple, la caution pensait que le débiteur principal allait s'enrichir grâce au crédit consenti, ce qui n'a pas été le cas ;
  - s'il s'agit d'une erreur sur la solvabilité **présente** du débiteur : l'erreur n'est admise qu'à la condition stricte d'avoir été la **condition tacite** de son engagement (v. en sens, Cass. com., 1er oct. 2002, n° 00-13189, *Bull. civ.* IV, n° 131). Il faudra nécessairement que ce caractère déterminant de la solvabilité pour la caution ait été connu du créancier (v. C. civ., art. 1133).

De telles solutions ont vocation à perdurer sous l'empire des nouveaux textes.

2. Le dol

981. Il n'est plus ici question du dol subi par le débiteur, tiers au contrat (v. *supra*, n° 950 et s.), mais du **dol subi par la caution**. On sait que le nouvel article 1137 du Code civil a consacré les deux types de dol : dol positif (manœuvres) et dol par réticence (silence). Mais ce dernier cas est défini strictement, à travers la « dissimulation intentionnelle par l'un des contractants d'une information dont il sait le caractère déterminant pour l'autre partie » (art. 1137 al. 2) Ces deux hypothèses sont applicables au cautionnement.
Deux remarques doivent être faites :
- le **dol doit émaner du créancier, de son représentant ou d'un tiers de connivence** (art. 1138) ;
- **l'erreur qui résulte d'un dol est toujours excusable** ; en outre, elle est une cause de nullité alors même qu'elle porterait sur la valeur de la prestation ou sur un simple motif du contrat (art. 1139). Par exemple, une erreur sur la solvabilité future, si elle est provoquée par un dol, pourra être admise, et ce, même si la caution avait les moyens de se renseigner (car son erreur est toujours excusable).

3. La violence

982. Ce vice du consentement est rarement invoqué en matière de cautionnement. Mais la consécration de la violence économique à l'article 1143 du Code civil pourrait changer les choses : « il y a également violence lorsqu'une partie, abusant de l'état de dépendance dans lequel se trouve son cocontractant, obtient de lui un engagement qu'il n'aurait pas souscrit en l'absence d'une telle contrainte et en tire un avantage manifestement excessif». Ne pourrait-on pas condamner, sur ce fondement, **l'abus de cautionnement**? Cela couvrirait l'hypothèse dans laquelle un créancier, tirant profit d'une relation de dépendance économique, exige le cautionnement d'une personne qui n'est nullement nécessaire, ou qui est manifestement disproportionné. Il y aurait là l'occasion d'aller au-delà du domaine d'application des textes du droit de la consommation sur la proportionnalité du cautionnement (v. *infra*, n° 1017 et s.).

B. La capacité et la représentation

Nous envisagerons successivement la capacité (1) et la représentation (2).

1. La capacité

983. On retrouve les règles du droit commun : le cautionnement étant un contrat, la capacité de contracter est requise, ce qui exclut *a priori* les mineurs et les majeurs incapables (C. civ., art. 1146). Mais des distinctions s'imposent, car le cautionnement est un acte très grave, de sorte que même représenté, le mineur ou le majeur protégé n'est pas nécessairement investi du droit de le conclure (incapacité de jouissance).

S'agissant du mineur, celui-ci ne peut se porter caution sans rémunération (acte gratuit). Si une rémunération est prévue, son représentant légal doit conclure le cautionnement en son nom. Par ailleurs, l'émancipation du mineur lui permet de conclure le contrat.

S'agissant du majeur, tout dépend du régime de protection. Le majeur sous sauvegarde de justice peut s'engager seul, le majeur sous curatelle avec l'assistance de son curateur et le majeur sous tutelle avec l'assistance de son tuteur (autorisé par le juge des tutelles) si et seulement si le cautionnement est rémunéré.

En outre, si l'acte a été conclu avant l'ouverture du régime de protection, l'article 464 du Code civil permet de réduire l'engagement ou de l'annuler : «les obligations résultant des actes accomplis par la personne protégée *moins de deux ans avant la publicité du jugement d'ouverture de la mesure de protection peuvent être réduites sur la seule preuve que son inaptitude à défendre ses intérêts*, par suite de l'altération de ses facultés personnelles, était notoire ou connue du cocontractant à l'époque où les actes ont été passés. Ces actes peuvent, dans les mêmes conditions, *être annulés* s'il est justifié d'un préjudice subi par la personne protégée. Par dérogation à l'article 2252, l'action doit être introduite dans les cinq ans de la date du jugement d'ouverture de la mesure».

2. La représentation

984. La représentation est le pouvoir de conclure un contrat au nom et pour le compte d'autrui. La réforme du droit des obligations a prévu des dispositions générales sur la représentation (C. civ., art. 1153 et s.). En pratique, deux cas sont litigieux : celui du dirigeant social et celui de l'époux commun en biens. S'agissant de ce dernier, il convient de renvoyer à ce qui a été dit en matière de régimes matrimoniaux (v. *supra*, n° 582 et s.). Concentrons-nous sur le dirigeant de société. Dans ce cas de figure, le dirigeant souscrit un cautionnement au nom et pour le compte de sa société. C'est donc ici la société qui se porte caution. Il convient d'appréhender la question tant à l'aune du droit commun des sociétés (a) que du droit spécial (b).

a. Le droit commun des sociétés

Cautionnement et objet social

985. Il faut tout d'abord que le cautionnement entre dans **l'objet social** (activité de la société).

Or, l'objet général des sociétés est de partager des bénéfices (art. 1832) : le cautionnement doit donc être onéreux (rémunéré ou intéressé), ce qui exclut le cautionnement gratuit. En outre, le cautionnement de la dette d'autrui n'entre pas par nature dans l'objet d'une société : il faut donc soit une clause expresse des statuts, soit une communauté d'intérêts entre la société et l'entreprise cautionnée, qui permette de rattacher indirectement l'acte à l'objet social.

Mais encore faut-il ménager les droits des tiers. Le dépassement de l'objet social n'entraînera pas toujours l'inopposabilité de l'acte à la société (C. civ., art. 1156). Tout dépend de la question de savoir si les associés s'engagent ou non dans la limite de leur apport :

- **dans les sociétés à risque illimité** : le dirigeant n'engage la société à l'égard des tiers que si l'acte entre dans l'objet social ;
- **dans les sociétés à risque limité** : le dirigeant engage la société à l'égard des tiers même si l'acte n'entre pas dans l'objet social, sauf s'il est démontré que le tiers avait connaissance du dépassement.

Cautionnement et intérêt social

986. Il faut également que le cautionnement soit conforme à **l'intérêt social** (intérêt de la personne morale).

Par plusieurs arrêts récents, la haute juridiction est revenue sur la question de la contrariété du cautionnement avec l'intérêt social de la société : à nouveau, on distingue les sociétés à risque limité et illimité.

- **Dans les sociétés à risque illimité**, la jurisprudence fait du critère de l'intérêt social une condition de validité du cautionnement (**Cass. com., 23 sept. 2014**, n° 13-17347), ce qui la contraint parfois à déterminer **si l'intérêt du groupe peut justifier un acte pourtant manifestement contraire à l'intérêt social de l'une des sociétés** (v. dernièrement Cass. com., 10 févr. 2015, n° 14-11760).
- **Dans les sociétés à risque limité**, la contrariété à l'intérêt social ne permet pas d'emporter la nullité du cautionnement. Ainsi, il a été jugé que « la contrariété à l'intérêt social ne constitue pas, par elle-même, une cause de nullité des engagements souscrits par le gérant d'une société à responsabilité limitée à l'égard des tiers » (**Cass. com., 12 mai 2015**, n° 13-28504 et 14-11028).

On le voit, **dans les sociétés à risque limité, les tiers sont davantage protégés** : le cautionnement qui dépasse l'objet social engage la société comme celui qui serait contraire à son intérêt social. Mais encore faut-il ménager le droit spécial des sociétés.

b. Le droit spécial des sociétés

987. Certaines sociétés, bien qu'à responsabilité limitée, sont soumises à des règles contraignantes s'agissant du cautionnement, au regard de la gravité d'un tel acte.

- Le cautionnement est parfois **soumis à autorisation** : le cautionnement donné par le directeur général au nom de la société anonyme suppose **une autorisation préalable**

du conseil d'administration ou du conseil de surveillance (C. com. art. L. 225-35 et L. 225-68). Cette autorisation ne peut être donnée que pour un an. Elle doit fixer un plafond global et peut même ajouter un plafond spécial à chaque cautionnement. La règle est sanctionnée par l'inopposabilité du cautionnement à la société.

- Le cautionnement est parfois **interdit** : dans la SA et la SARL, la loi prévoit que la société ne peut pas se porter caution des dettes de ses dirigeants, associés, membres de leurs familles proches ou personnes interposées (C. com., art. L. 223-21 pour la SARL, art. L. 225-43 pour la SA) ; ici, le cautionnement est **nul** car il y a un potentiel conflit d'intérêts : le dirigeant ne peut correctement défendre à la fois les intérêts de sa société et celui de ses proches.

Il convient de ne pas confondre les deux hypothèses :
- si la société garantit la dette d'une société filiale, il faut une autorisation préalable, à peine d'inopposabilité ;
- si la société garantit la dette de la fille du PDG, le cautionnement est nul.

C. Le contenu

La réforme du droit des obligations a fusionné les notions d'objet et de cause sous l'égide du contenu : conformément au nouvel article 1128 du Code civil, celui-ci doit être certain (1) et licite (2).

1. Le caractère certain du contenu

Le nouvel article 1163 du Code civil dispose que la prestation doit être présente ou future (a), possible (b), et déterminée ou déterminable (c). On s'interrogera enfin sur l'incidence de la suppression de la cause (d).

a. L'existence présente ou future de la prestation

988. Quelle est la prestation de la caution ? Il s'agit de s'engager à payer la dette du débiteur principal. Rappelons que la dette garantie **doit être valable** (C. civ., art. 2289). Une fois ce préalable posé, l'engagement de la caution varie selon que la dette garantie est présente ou future.

Les dettes présentes sont déjà nées au moment de la conclusion du cautionnement. Si la dette est **présente**, l'obligation de la caution est tout simplement de la payer en cas de défaillance du débiteur principal. Il s'agit d'une **obligation de règlement**.

Par exemple, il en va ainsi de la dette de remboursement d'un emprunt d'ores et déjà contracté. **La dette est présente, même si elle n'est pas encore exigible**. Il en va de même pour le cautionnement des loyers pour un bail à durée déterminée : la dette est présente, mais non encore exigible. L'obligation de règlement devient exigible dès l'exigibilité de la dette principale, sous réserve du jeu du bénéfice de discussion (v. *supra*, n° 955).

Les dettes futures ne sont pas encore nées. Leur naissance n'est pas certaine. Dans ce cas, la caution ne peut pas s'engager à payer la dette, puisque celle-ci n'est pas encore née. Elle s'engage seulement à donner sa garantie. Il s'agit d'une obligation de **couverture**. Cette obligation de couverture devient obligation de règlement lors de la naissance de la dette.

Par exemple, le cautionnement du solde d'un compte courant et le cautionnement des loyers d'un bail à durée indéterminée portent sur des dettes futures. La caution n'est tenue que d'une obligation de couverture.

On doit à un auteur, **Christian Mouly**, l'invention de cette distinction entre **obligation de couverture et de règlement**. Cette distinction a été consacrée par la Cour de cassation et joue un rôle essentiel lors de l'extinction du cautionnement (v. *infra*, n° 1017 et s.).

b. La possibilité de la prestation de la caution

989. Le champ des possibles est très vaste, dans la mesure où la **nature** de cette dette est **indifférente** : il est ainsi possible de cautionner une dette contractuelle, légale et même délictuelle (Cass. 1re civ., 8 oct. 1996, n° 94-19239, *Bull. civ.* I, n° 342 : cautionnement des dettes professionnelles, même résultant d'agissements frauduleux).

De même, la dette cautionnée peut être **monétaire ou consister en une obligation de faire** : la caution peut alors soit garantir le paiement des dommages-intérêts en cas d'inexécution, soit garantir l'exécution en nature de l'obligation, dès lors que cela est possible (ex. : réalisation d'un ouvrage en lieu et place du débiteur). Mais, dans l'immense majorité des cas, l'engagement de la caution portera sur une somme d'argent.

c. La détermination de la prestation de la caution

990. Conformément à l'article 1163 du Code civil, l'engagement de la caution doit être déterminé ou déterminable. Par ailleurs, on sait qu'il existe ici un principe essentiel propre au cautionnement : la caution ne peut pas devoir plus que le débiteur principal, conséquence du caractère accessoire de ce contrat (C. civ., art. 2290). En revanche, la caution peut devoir moins que le débiteur principal.

Deux hypothèses sont alors à distinguer :

- **le cautionnement défini ou limité :** la caution s'engage à payer la dette, mais dans la limite d'un plafond (par ex. 10 000 euros). Dans ce cas, la caution s'engage dans la limite de cette somme, quel que soit le montant de la dette garantie (ex. 50 000 euros). Un tel plafonnement satisfait à l'exigence de détermination du contenu (art. 1163). Qu'advient-il en cas de paiement partiel par le débiteur ? Dans le silence de la convention, **le paiement s'impute sur la fraction non cautionnée** de la dette, ce qui est favorable au créancier (par exemple, un paiement de 30 000 par le débiteur d'une dette de 50 000 s'imputera sur la fraction non cautionnée ; si le cautionnement a été limité à 10 000, la caution devra toujours garantir cette somme, car 20 000 restent encore dus) ;
- **le cautionnement indéfini ou illimité** (C. civ., art. 2293) : la caution s'engage, sans limitation de montant, à payer la ou les dettes principales. Elle est tenue dans les mêmes termes que le débiteur principal. Dès lors, l'engagement de la caution a pour seule limite le montant de la dette. Il s'étend alors de plein droit à tous les accessoires de la dette (intérêts par ex.), même aux frais à première demande et à tous ceux postérieurs à la dénonciation qui en est faite à la caution, et ce, même si la mention de l'article 1376 du Code civil ne fait pas mention des intérêts (Cass. com., 16 mars 1999, n° 96-12653 P). **Rappelons qu'un tel cautionnement indéfini n'est désormais pas possible s'il est donné par une personne physique**, car la mention légale impose d'indiquer un montant plafonnant la garantie (v. *supra*). Mais, en dehors de cette hypothèse, le cautionnement indéfini est valable, **dès lors que la dette garantie est déterminée ou déterminable.** Notamment, lorsqu'une personne s'engage à payer *toutes* les dettes présentes et futures d'un débiteur (cautionnement *omnibus*) même sans limitation de montant, son engagement est déterminable. En revanche, s'il est stipulé que la caution s'engage à payer *certaines* dettes, sans que l'on sache lesquelles, le cautionnement est nul pour indétermination du contenu.

FOCUS

Le contenu du cautionnement

L'ordonnance du 15 septembre 2021 reprend, pour l'essentiel, les solutions antérieures. Ainsi, le nouvel article 2295 du Code civil dispose que « sauf clause contraire, le cautionnement s'étend aux intérêts et autres accessoires de l'obligation garantie, ainsi qu'aux frais de la première demande, et à tous ceux postérieurs à la dénonciation qui en est faite à la caution ». Il faut observer que, conformément à la jurisprudence antérieure, l'extension du cautionnement aux intérêts et accessoires de la dette opère dans tous les cautionnements, et pas seulement dans le cautionnement indéfini (alors que l'ancien article 2293 ne le prévoyait que pour ce cautionnement). Simplement, dans le cas du cautionnement défini, l'engagement couvre le principal et les accessoires, mais dans la limite du plafond défini. Par exemple, si le plafond est de 50 000 euros et que le débiteur doit encore au créancier 40 000 en principal et 15 000 en accessoires, la caution ne sera tenue qu'à hauteur de 50 000 euros. En outre, l'article 2292 du Code civil dispose que « le cautionnement peut garantir une ou plusieurs obligations, présentes ou futures, déterminées ou déterminables ». Le cautionnement de dettes futures est ainsi possible, ce qui n'est pas nouveau, de même que le cautionnement de dettes déterminables, ce qui n'est pas nouveau non plus.

d. L'incidence de la disparition de la cause

991. On sait que la réforme du droit des obligations, réalisée par l'ordonnance du 10 février 2016, a supprimé la notion de cause. Sous l'empire des textes antérieurs, la question s'était posée en jurisprudence de savoir si la caution pouvait invoquer la caducité de son engagement pour disparition de la cause. Par exemple, un époux qui avait cautionné la dette de son conjoint en considération des liens d'alliance pouvait-il, en cas de divorce, invoquer la disparition de la cause ? De même, un dirigeant de société qui avait cautionné la dette de sa société pouvait-il invoquer la caducité d'un tel engagement en invoquant sa révocation ? C'était là invoquer une **conception subjective de la cause**, fondée sur les raisons personnelles ayant conduit la caution à conclure le contrat.
Par un **arrêt *Lempereur* du 8 novembre 1972**, la Cour de cassation a refusé de tenir compte des mobiles poursuivis par la caution. La Cour retient une **conception objective de la cause** : dès lors que le créancier a consenti un crédit au débiteur, l'engagement de la caution est causé, peu importent ses motivations personnelles.
Dès lors, la suppression de la cause ne devrait pas bouleverser le droit du cautionnement, puisque cela revient à exiger seulement que la dette existe. Or, il n'est pas très utile de mobiliser la notion de cause pour aboutir à une telle solution. Si le cautionnement disparaît faute de dette, c'est à raison de son caractère accessoire (C. civ., art. 2289).

2. Le caractère licite du contenu

992. Le cautionnement est nul si la dette principale est elle-même illicite. Il en va ainsi, par exemple, si une personne se porte caution du paiement du prix de vente d'une tonne d'héroïne. Le cautionnement est nul par l'effet de l'accessoire (C. civ., art. 2289).
Mais peut-on annuler un cautionnement pour contenu illicite alors même que l'opération cautionnée est elle-même licite ? L'obligation de payer une somme d'argent en cas de défaillance du débiteur principal n'étant pas en elle-même illicite, il conviendra d'en appeler

au but personnel poursuivi par la caution (conception subjective). Or, tout en supprimant la cause, la réforme a maintenu la prise en compte du but illicite poursuivi par une partie (C. civ., art. 1162). On peut imaginer, par exemple, un homme marié qui cautionne la dette de loyers de sa maîtresse. La dette principale est valable, mais le but poursuivi par la caution (l'entretien de relations adultères) est immoral. Cependant, on sait que la jurisprudence est très libérale en la matière (Cass. ass. plén., 29 oct. 2004, n° 03-11238, *Bull. ass. plén.*, n° 12, validant la libéralité faite par un donateur marié de 85 ans à sa maîtresse de 64 ans… de moins que lui !). Il est donc devenu très rare qu'un cautionnement soit annulé pour but illicite.

Pour conclure sur la validité du cautionnement, il faut savoir que si la caution invoque la nullité de son engagement par voie d'exception (*i.e.* en défense à une action en paiement exercée contre elle), elle n'est soumise à aucun délai de prescription. L'exception de nullité est en effet perpétuelle, dès lors que le contrat n'a pas reçu de commencement d'exécution (C. civ., art. 1185). Il en va ainsi, même si le créancier a actionné la caution en paiement avant l'expiration du délai de prescription pour demander la nullité par voie d'action (Cass. com., 31 janv. 2017, n° 14-29474, effectuant un revirement pour s'aligner sur la position de la première chambre civile : Cass. 1re civ., 12 nov. 2015, n° 14-21725). Par exemple, quatre ans après la conclusion d'un contrat irrégulier (on supposera que le vice est connu lors de la conclusion), le créancier agit en paiement contre la caution (le délai pour demander la nullité n'est pas encore écoulé). Dans ses conclusions déposées deux ans plus tard, la caution peut invoquer par voie d'exception la nullité de son engagement (soit plus de cinq ans après la conclusion du contrat).

§ 2. La condition spéciale : la proportionnalité

La proportionnalité peut être saisie par un exemple : une banque demande à une caution qui gagne 1 500 euros par mois et sans autre patrimoine de garantir un prêt d'un montant de 10 millions d'euros. N'y a-t-il pas là un cautionnement excessif, qui dépasse très largement les ressources de la caution ?
Afin d'inviter les créanciers à la mesure, la jurisprudence (A), puis la loi du 1er août 2003 (B), ont posé un véritable **principe de proportionnalité**, qui a été substantiellement modifié par l'ordonnance du 15 septembre 2021 (C).

A. La jurisprudence

993. Avant la loi du 1er août 2003, le principe de proportionnalité n'était consacré qu'en matière de **crédit à la consommation**. Les prêts professionnels ou entre particuliers étaient donc exclus, de même que toutes les autres opérations qui n'étaient pas des prêts.
Par un fameux **arrêt *Macron*** (Cass. com., 17 juin 1997, n° 95-14105, *Bull. civ.* IV, n° 188), la Cour a consacré de façon générale un principe de proportionnalité et l'a imposé à tous les créanciers professionnels. Ainsi, **le fait pour un créancier de solliciter un cautionnement qui est manifestement disproportionné par rapport au patrimoine et aux revenus de la caution, quelle que soit sa qualité, constitue une faute de nature à engager sa responsabilité contractuelle**. L'intérêt pour la caution est que les dommages-intérêts viendront en déduction de la dette garantie.
La solution *Macron*, sans doute trop libérale (déjà…), a été partiellement remise en cause par un **arrêt *Nahoum*** à propos des **dirigeants** cautions (Cass. com., 8 oct. 2002, n° 99-18619,

Bull. civ. IV, n° 136) : **le simple fait d'obtenir un cautionnement disproportionné ne suffit plus à engager la responsabilité du créancier professionnel**. Pour ce faire, il doit être démontré que le créancier disposait d'informations sur les revenus, le patrimoine ou les facultés de remboursement que les cautions n'avaient pas.
La solution, limitée aux cautions averties, ne s'applique pas aux cautions **profanes**, qui bénéficient de la jurisprudence *Macron*. C'est dans ce contexte que la loi du 1er août 2003 est intervenue.

B. La loi du 1er août 2003

La loi Dutreil du 1er août 2003 (L. Dutreil) a introduit l'article L. 341-4 du Code de la consommation, devenu l'article L. 332-1 :
« **Un créancier professionnel ne peut se prévaloir d'un contrat de cautionnement conclu par une personne physique dont l'engagement était, lors de sa conclusion, manifestement disproportionné à ses biens et revenus, à moins que le patrimoine de cette caution, au moment où celle-ci est appelée, ne lui permette de faire face à son obligation** ».
Ce texte, qui donne lieu à un contentieux nourri, appelle plusieurs précisions quant aux contrats concernés (1), quant à la disproportion (2) et quant à la sanction encourue (3).

1. Les contrats concernés

994. *Rationae materiae*, la loi consacre un **principe général de proportionnalité** dans tous les contrats de cautionnement conclus entre un créancier professionnel et une caution personne physique.
Du côté des créanciers, n'est plus seulement en jeu l'établissement de crédit. Tous **les créanciers professionnels** sont visés (vendeur, bailleur, distributeur…).
Du côté des cautions, **toutes les personnes physiques sont visées**, même averties, ce qui inclut les dirigeants de société (Cass. com., 22 juin 2010, n° 09-67814, *Bull. civ.* IV, n° 112). La loi brise donc la jurisprudence *Nahoum*. Sont seulement exclus les donneurs d'aval (avalistes), parce qu'ils sont soumis aux règles spécifiques du droit du change (Cass. com., 30 oct. 2012, n° 11-23519, *Bull. civ.* IV, n° 195).
Rationae temporis, ces nouvelles dispositions ne sont pas applicables aux contrats conclus antérieurement à leur entrée en vigueur (Cass. ch. mixte, 22 sept. 2006, n° 05-13517, *Bull.* n° 7). Dès lors, il convient de se montrer attentif dans les cas pratiques, *et de bien vérifier que le contrat a été conclu après le 1er août 2003*, mais aussi avant le 1er janvier 2022.

2. L'appréciation de la disproportion

Deux questions se posent.

995. *À quel moment s'apprécie-t-elle ?*
La proportionnalité du cautionnement s'apprécie lors de la **conclusion du contrat**. Toutefois, l'éventuelle disproportion disparaît si, au moment des poursuites, la caution peut faire face à son obligation (**retour à meilleure fortune**). Ainsi, même si au moment de la formation, le cautionnement est disproportionné, la sanction n'est pas encourue dès lors que la caution est investie de ressources lui permettant de faire face à son engagement.

FOCUS

La proportionnalité du cautionnement

La jurisprudence précise qu'**il appartient à la caution de rapporter la preuve que son engagement est disproportionné par rapport à son patrimoine (Cass. com., 4 mai 2017**, n° 15-19141). En outre, aucune disposition n'impose au créancier professionnel de vérifier la situation financière de la caution lors de son engagement, laquelle supporte, lorsqu'elle l'invoque, la charge de la preuve de démontrer que son engagement de caution était, lors de sa conclusion, manifestement disproportionné à ses biens et revenus (**Cass. com. 13 sept. 2017**, n° 15-20294).

Par ailleurs, par un arrêt du 28 février 2018, la Cour régulatrice rappelle que **la disproportion doit s'apprécier au jour où le cautionnement a été souscrit (Cass. com., 28 févr. 2018**, n° 16-24841). En l'espèce, une banque a consenti un prêt d'un montant de 550 000 euros à une société dont le président s'est porté caution solidaire à hauteur de 260 000 euros. La société emprunteuse ayant été mise en liquidation judiciaire, la banque a assigné la caution en paiement. Cette dernière lui a alors opposé la disproportion de son engagement. Pour rejeter le recours de la banque, les juges du fond ont retenu que la caution disposait d'un patrimoine d'environ 290 000 euros selon la fiche de renseignement établie en vue de l'obtention d'un encours de trésorerie souscrit onze mois avant son engagement de caution. Les juges en ont déduit que son engagement de caution était manifestement disproportionné puisqu'il était pratiquement du montant de son patrimoine, la caution étant par ailleurs débitrice du remboursement de cet encours de trésorerie et du solde d'un prêt immobilier. La décision est très logiquement censurée pour défaut de base légale au regard de l'article L. 341-4, devenu les articles L. 332-1 et L. 343-4 du Code de la consommation. La Cour de cassation décide ainsi que les motifs retenus sont « impropres à établir la disproportion manifeste du cautionnement aux biens et revenus de la caution au jour où il a été souscrit, laquelle suppose que la caution se trouve, lorsqu'elle le souscrit, dans l'impossibilité manifeste de faire face à un tel engagement avec ses biens et revenus ». En l'occurrence, non seulement la cour d'appel ne s'est pas placée au jour de la conclusion du contrat de cautionnement pour apprécier l'éventuelle disproportion mais en outre n'explique pas en quoi la caution ne peut pas faire face à son engagement au vu de ses biens et de ses revenus.

Enfin, le retour à meilleure fortune de la caution au moment des poursuites s'apprécie en tenant compte de son engagement global, et notamment de ses autres engagements de caution (**Cass. com., 17 oct. 2018**, n° 17-21857).

Si la charge de la preuve du caractère disproportionné de l'engagement lors de sa souscription repose sur la caution, il en va toutefois autrement lorsqu'il s'agit pour le créancier d'invoquer le retour à meilleure fortune de la caution. Dans ce cas, la jurisprudence est venue préciser que la charge de la preuve de l'absence de disproportion lors des poursuites pesait sur le **créancier** : il incombe au créancier professionnel, qui entend se prévaloir d'un contrat de cautionnement manifestement disproportionné lors de sa conclusion aux biens et revenus de la caution, personne physique – quel que soit le montant de l'opération de crédit –, d'établir que, au moment où il l'appelle, le patrimoine de celle-ci lui permet de faire face à son obligation (Cass. com., 10 sept. 2014, n° 13-11313 P).

996. *Comment s'apprécie-t-elle ?*

La jurisprudence a apporté plusieurs précisions :

- **la disproportion doit être appréciée au regard de l'endettement global de la caution**, y compris celui résultant d'engagements de caution (Cass. 1re civ., 15 janv. 2015, n° 13-23489 P). Dans cette affaire, les juges avaient seulement tenu compte des emprunts de la caution et pas des autres engagements de caution qu'elle avait déjà pris ;
- **la proportionnalité ne peut pas être appréciée au regard des revenus escomptés de l'opération** (en ce sens, v. Cass. com., 10 févr. 2015, n° 14-19825 P). La première chambre civile s'est finalement ralliée à la position de la chambre commerciale (Cass. 1re civ., 3 juin 2015, n° 14-22913 P). Jusqu'ici, elle jugeait au contraire que l'on pouvait tenir compte des revenus escomptés. Par exemple, pour l'entrepreneur qui cautionne les dettes de sa société, on avait tenu compte des perspectives de développement de l'entreprise ;
- en cas de pluralité de cautions, **il faut apprécier la disproportion au regard de chaque caution** et non pas faire masse de tous les biens (Cass. com., 22 mai 2013, n° 11-24812, *Bull. civ.* IV, n° 84). En l'espèce, les juges du fond ne pouvaient écarter le caractère disproportionné du cautionnement en relevant que le cautionnement avait également été donné par les parents de la caution, qui étaient solvables ;
- **lorsque deux époux se sont portés caution solidairement** (art. 1415 inapplicable), il convient d'apprécier la disproportion en tenant compte tant de leurs biens propres et revenus des propres que de ceux de la communauté (Cass. com., 5 févr. 2013, n° 11-18644, *Bull. civ.* IV, n° 22).

FOCUS

L'articulation entre l'article 1415 et la proportionnalité du cautionnement

Après des hésitations, la Cour de cassation dissocie désormais la question de la proportionnalité du cautionnement et l'article 1415 du Code civil, qui ne concerne que le gage des créanciers. Dès lors, même si le conjoint n'a pas donné son consentement au cautionnement, de sorte que la caution n'engage que ses propres et ses revenus, les biens communs doivent être pris en compte pour apprécier la proportionnalité de son engagement (**Cass. com., 15 nov. 2017**, n° 16-10504). V. le cas pratique 4 pour une illustration.

Cette solution a été confirmée par un arrêt du 6 juin 2018 (**Cass. com., 6 juin 2018**, n° 16-26182). La Cour régulatrice rappelle que « la disproportion manifeste de l'engagement de la caution commune en biens s'apprécie par rapport aux biens et revenus de celle-ci, sans distinction et sans qu'il y ait lieu de tenir compte du consentement exprès du conjoint donné conformément à l'article 1415 du Code civil, qui détermine seulement le gage du créancier ». Il convient donc de tenir compte des biens communs, et notamment des revenus du conjoint de la caution qui sont, on le sait, des biens communs. V. pour une application récente, Cass. 1re civ., 2 févr. 2022, n° 20-22938 : « la disproportion des engagements de cautions mariées sous le régime légal doit s'apprécier au regard de l'ensemble de leurs biens et revenus propres et communs ». *Quid* enfin lorsque l'époux est séparé de biens ? Dans cette hypothèse, la Cour de cassation considère que « la disproportion éventuelle de l'engagement d'une caution mariée sous le régime de la séparation de biens s'apprécie au regard de ses revenus et biens personnels, comprenant sa quote-part dans les biens indivis » (Cass. 1re civ., 19 janv. 2022, n° 20-2046). Il faut donc tenir compte de la quote-part dans les biens indivis qu'a l'époux concerné.

Actualité sur la proportionnalité du cautionnement

Par un arrêt du 24 mars 2021, la première chambre civile a précisé que pour apprécier la proportionnalité de l'engagement d'une caution au regard de ses biens et revenus, les biens, quoique grevés de sûretés, lui appartenant doivent être pris en compte, leur valeur étant appréciée en en déduisant le montant de la dette dont le paiement est garanti par ladite sûreté, évalué au jour de l'engagement de la caution **(Cass. 1re civ., 24 mars 2021, n° 19-21254 P)**. Ainsi, les juges du fond ne peuvent pas retirer de l'actif les biens grevés de sûretés réelles, sans préciser en quoi de telles sûretés sont de nature à retirer toute valeur aux biens qu'elles grevaient. Par exemple, un immeuble grevé d'hypothèques conserve jusqu'à preuve du contraire une valeur qui doit être prise en compte dans l'actif de la caution. Par ailleurs, la Cour précise que la caution ne peut pas prétendre que sa situation financière était en réalité moins favorable que celle résultant des déclarations qu'elle a faites au créancier lors de la souscription du contrat de cautionnement, dès lors que le devoir de bonne foi au stade de la formation du contrat lui impose de déclarer spontanément l'ensemble des charges qui obèrent son patrimoine.

3. La sanction de la disproportion

997. Il s'agit d'une sorte de déchéance : le créancier « ne peut se prévaloir » du cautionnement, selon l'article L. 332-1 du Code de la consommation. Cela signifie qu'il **perd dans son intégralité le bénéfice du contrat de cautionnement, quelle que soit l'importance de la disproportion**. Ce n'est donc pas une réduction du cautionnement (Cass. com., 22 juin 2010, n° 09-67814, *Bull. civ.* IV, n° 112).

En outre, cette sanction produit un **effet *erga omnes***. Elle « prive le contrat de cautionnement d'effet à l'égard **tant du créancier que des cofidéjusseurs** » (Cass. ch. mixte, 27 févr. 2015, n° 13-13709 P). Ce faisant, la Cour de cassation tranche entre deux positions :

- la première consistait à considérer que la décharge ne joue que dans les rapports avec le créancier. Ainsi, le cofidéjusseur qui avait payé au-delà de sa part contributive pouvait se retourner contre la caution, même si le cautionnement était disproportionné à son égard (v. *infra*, n° 1015, pour les recours entre cofidéjusseurs) ;
- la seconde au contraire consistait à estimer que la décharge libère la caution qui doit échapper à tout recours du créancier et des autres cofidéjusseurs.

La Cour retient donc la deuxième analyse.

En outre, la Cour de cassation tire **une autre conséquence** : le cofidéjusseur, qui est recherché par le créancier, n'est pas fondé, à défaut de transmission d'un droit dont il aurait été privé, à revendiquer le bénéfice de l'article 2314 du Code civil : **le bénéfice de subrogation permet à la caution de refuser le paiement lorsque le créancier a perdu un droit qu'il aurait dû transmettre à la caution dans le cadre de son recours subrogatoire** (ex. d'une hypothèque). Le raisonnement de la Cour est alors le suivant : comme le cautionnement est disproportionné, la caution n'a jamais été engagée dès l'origine, de sorte que l'on ne saurait reprocher au créancier d'avoir fait perdre à l'autre caution un recours qui n'existe pas. Un argument d'ordre logique justifie la solution : on ne saurait successivement reprocher au créancier d'avoir obtenu un cautionnement disproportionné (à l'égard de la caution 1) et de l'avoir laissé perdre (à l'égard de la caution 2).

La première partie de la solution nous semble justifiée : dès lors que la caution est libérée de son engagement de caution, il n'y a pas de raison de la tenir engagée à l'égard des

autres cautions, car cela réduirait à néant l'objectif du législateur. Mais la deuxième partie de la solution est beaucoup plus contestable. Finalement, la faute du créancier, qui s'est fait consentir un cautionnement disproportionné, repose exclusivement sur l'autre caution : celle-ci est tenue à la dette, alors même qu'elle ne disposera d'aucun recours contre l'autre caution libérée. La solution est encore plus sévère si le cautionnement est solidaire, puisque dans ce cas l'autre caution assumera la totalité de la dette.
On peut alors parvenir à des conséquences très injustes : par exemple, imaginons un dirigeant de société désargenté qui demande à son frère fortuné de cautionner solidairement avec lui les dettes de sa société : le dirigeant de société sera totalement libéré, alors que son frère, tiers à l'entreprise, devra assumer la charge totale de la dette. La solution paraît injuste et antiéconomique. La caution devrait pouvoir opposer le bénéfice de subrogation au créancier, dès lors que par sa faute, elle est privée d'un recours contre la caution qui a été libérée. Il faut donc espérer un revirement de jurisprudence sur ce point.
Enfin, signalons que la caution peut invoquer la disproportion de son engagement sans encourir une quelconque prescription, car il s'agit d'une défense au fond (Cass. 1re civ., 31 janv. 2018, n° 16-24092), et ce, même si c'est la caution qui prend l'initiative de saisir le juge de l'exécution pour obtenir la mainlevée des saisies exercées à son encontre (Cass. com., 8 avr. 2021, n° 19-12741). Par exemple, même si plus de cinq ans ont été conclus depuis la conclusion du contrat disproportionné, la caution, actionnée en paiement, peut invoquer la disproportion de son engagement.

C. L'ordonnance du 15 septembre 2021

998. La proportionnalité du cautionnement obéit désormais à des règles nouvelles pour les cautionnements souscrits à compter du 1er janvier 2022. Ainsi, le nouvel article 2300 du Code civil dispose que « **si le cautionnement souscrit par une personne physique envers un créancier professionnel était, lors de sa conclusion, manifestement disproportionné aux revenus et au patrimoine de la caution, il est réduit au montant à hauteur duquel elle pouvait s'engager à cette date** ». Il faut d'ores et déjà noter que, contrairement à ce qui a été prévu pour la mention légale, la réforme ne modifie pas le domaine d'application de la proportionnalité du cautionnement. La règle reste limitée aux rapports entre une caution personne physique et un créancier professionnel, signe qu'il ne s'agit pas de protéger le consentement de la caution, quel que soit son cocontractant, mais de sanctionner le créancier professionnel qui a en quelque sorte abusé de sa situation de force pour se faire consentir un cautionnement excessif. Le texte clarifie également les éléments à prendre en compte pour apprécier la proportionnalité, puisqu'il vise non plus « les biens et les revenus », mais « le patrimoine et les revenus », ce qui permet, conformément à la jurisprudence antérieure, de tenir compte des dettes et autres engagements souscrits. Pour le reste, la réforme est équilibrée, puisqu'elle se traduit à la fois par une **appréciation plus stricte de la proportionnalité, mais aussi par une sanction plus douce de la disproportion**. Ainsi, tout d'abord, la proportionnalité est définie plus strictement, puisqu'elle s'apprécie exclusivement au stade de la conclusion du contrat. En d'autres termes, le créancier ne peut plus invoquer la fameuse clause de retour à meilleure fortune : dès lors que le cautionnement est déséquilibré lors de sa formation, il est disproportionné, même si ultérieurement, en cours d'exécution, la caution est en mesure de faire face à son engagement. On voit ici la dimension essentiellement punitive du mécanisme : il s'agit de sanctionner la faute commise par un professionnel lors de la formation du contrat, faute qui ne mérite pas d'être absoute pour

des raisons étrangères au créancier, à savoir l'enrichissement ultérieur de la caution. Mais cette sévérité à l'égard du créancier est contrebalancée par l'adoucissement de la sanction. Celle-ci ne consiste plus dans la déchéance du cautionnement, mais seulement dans la réduction du cautionnement à hauteur de la somme que pouvait assumer la caution lors de la conclusion du contrat. Au fond, le cautionnement n'est pas anéanti : il est seulement réduit à sa juste mesure, ce qui constitue à nos yeux la sanction idoine.
Par exemple, si Pierre s'est porté caution d'un prêt de 200 000 euros et que cet engagement paraît manifestement disproportionné lors de sa conclusion, il sera réduit à hauteur de 50 000 euros, si le juge estime que, lors de sa conclusion, tel était le montant que Pierre pouvait cautionner au regard des revenus et du patrimoine.
Enfin, il convient d'avoir à l'esprit que les précisions apportées par la jurisprudence sous l'empire des textes anciens seront, dès lors qu'elles sont compatibles avec le nouvel article 2300, reconduites. On songe, par exemple, à l'articulation de la proportionnalité du cautionnement avec l'article 1415 du Code civil ou encore à l'imprescriptibilité du moyen attaché à la disproportion de l'engagement, en tant que défense au fond (CPC, art. 71).

SYNTHÈSE POUR LES CAS PRATIQUES

Pour les contrats conclus avant le 1er août 2003, il faudra appliquer le régime prétorien (caution profane : arrêt *Macron* ; caution avertie : arrêt *Nahoum*)

Pour ceux conclus entre le 1er août 2003 et le 1er janvier 2022, il faut distinguer :

- système légal : cautionnement conclu entre un **créancier professionnel** et une **caution personne physique** (qu'elle soit profane ou avertie) ;
- système prétorien : cautionnement conclu entre un **créancier professionnel** et une caution **personne morale**, et entre un **créancier non professionnel** et une caution profane (personne morale ou personne physique).

Pour les contrats conclus depuis le 1er janvier 2002, il convient d'appliquer le régime mis en œuvre par l'ordonnance du 15 septembre 2021 en présence d'un cautionnement conclu entre une caution personne physique et un créancier professionnel.

Dans les cas pratiques, il convient de faire attention à la date du cautionnement et à la qualité des parties, car le régime n'est pas le même. Notamment, la sanction varie : réduction du cautionnement depuis le 1er janvier 2022, déchéance du cautionnement dans le régime légal antérieur, et dommages-intérêts dans le régime prétorien.

999 à 1003. Réservés.

LEÇON 3

LES EFFETS DU CAUTIONNEMENT

Textes

Articles 2298 et suivants du Code civil

1004. Il convient d'envisager successivement **l'exécution du cautionnement** (section 1) **et l'extinction du cautionnement** (section 2).

Section 1

L'exécution du cautionnement

Le contrat fait naître des obligations à la charge des parties (§ 1), au premier rang desquelles celle de la caution de payer tout ou partie de la dette principale en cas de défaillance du débiteur. Dans cette hypothèse, la caution dispose ensuite d'un recours (§ 2).

§ 1. Les obligations des parties

Le cautionnement est un **contrat unilatéral**: la caution s'engage à payer la dette d'autrui, sans obtenir de contrepartie en retour, le crédit profitant au débiteur principal. Pour autant, ce contrat fait naître à la charge du créancier des obligations. Simplement, il ne s'agit pas d'une contrepartie conférant à la convention un caractère synallagmatique, mais de devoirs légaux qui sont uniquement destinés à limiter le risque pris par la caution.
Sous le bénéfice des observations, il convient d'envisager les obligations du créancier (A) et celles de la caution (B).

A. Les obligations du créancier

Nous mettons de côté l'interdiction faite au créancier de se faire consentir un cautionnement disproportionné, déjà envisagé lors de la formation du cautionnement. Restent donc, pour s'en tenir aux effets du contrat, l'obligation d'information (1) et le devoir de mise en garde (2).

1. L'obligation d'information de la caution

FOCUS

L'information de la caution

L'ordonnance du 15 septembre 2021 a considérablement et fort heureusement simplifié le dispositif. En effet, dans le droit antérieur, l'obligation d'information était disséminée dans différents codes (art. L. 313-22 C. mon. fin., art. 2293 al. 2 C. civ. et art. L. 333-1 et L. 333-2 C. consom.), avec des domaines et des régimes distincts. Désormais, ces exigences sont regroupées dans un texte unique, contenu dans le Code civil. Contrairement aux autres aspects de la réforme, il n'est plus nécessaire de décrire le droit antérieur, dès lors que les dispositions de l'ordonnance sur l'obligation d'information sont d'application immédiate. Cela signifie qu'à compter du 1er janvier 2022, les contrats antérieurs y sont soumis, de sorte que ce sont ces règles qu'il faut nécessairement appliquer à compter du CRFPA 2022 dans les cas pratiques, du moins pour l'information annuelle au titre des années 2022 et postérieures. Si, en revanche, une difficulté est signalée dans un cas pratique pour les années antérieures (ex. 2020), il faudra appliquer les textes anciens (sur lesquels, v. les éditions précédentes de cet ouvrage).

Avant comme après la réforme, deux types d'obligations distinctes sont mis à la charge du créancier : une information sur **l'évolution de la dette garantie** ainsi que sur le terme de l'engagement (a) et une information sur **la survenance de la défaillance du débiteur principal** (b).

a. L'information sur l'évolution de la dette garantie et le terme de l'engagement

1005. Le risque principal qui pèse sur la caution est celui de l'oubli, car, comme le chante le poète, avec le temps… Il faut donc qu'elle soit informée en cours d'exécution de l'évolution de la dette garantie pour, le cas échéant, résilier son engagement si cela est possible (cautionnement à durée indéterminée). Le **nouvel article 2302 du Code civil** dispose dans cette perspective que « le créancier professionnel est tenu, avant le 31 mars de chaque année et à ses frais, de faire connaître à toute caution personne physique le montant du principal de la dette, des intérêts et autres accessoires restant dus au 31 décembre de l'année précédente au titre de l'obligation garantie, **sous peine de déchéance de la garantie des intérêts et pénalités échus depuis la date de la précédente information et jusqu'à celle de la communication de la nouvelle information**. Dans les rapports entre le créancier et la caution, les paiements effectués par le débiteur pendant cette période sont imputés prioritairement sur le principal de la dette ». Sous cette même sanction, le créancier professionnel doit également rappeler à la caution personne physique le terme de son engagement ou, si le cautionnement est à durée indéterminée, sa faculté de résiliation à tout moment et les conditions dans lesquelles celle-ci peut être exercée.

1006. S'agissant du domaine, l'obligation d'information sur l'évolution de la dette garantie et le terme de l'engagement s'impose donc les rapports entre une caution personne physique et un créancier professionnel (comp., l'ancien art. 2293 al. 2 qui n'était pas limité au créancier professionnel). Mais elle joue aussi dans les rapports entre une caution personne morale et une banque ou un établissement de financement (ex. cofidis) en cas de concours financier à une entreprise, ce qui est la reprise de l'ancien article L. 313-22 du Code monétaire et financier. S'agissant de la sanction, celle-ci est limitée, puisque seuls les intérêts de l'année écoulée sont perdus. Sous l'empire des anciens textes, la jurisprudence décidait que cette sanction ne pouvait se cumuler, sauf dol ou faute lourde, avec des dommages-intérêts (Cass. com., 15 oct. 2013, n° 12-25523) ; dès lors que la sanction n'a pas été modifiée par la réforme, on peut penser que cette jurisprudence reste en vigueur.

b. L'information sur la défaillance du débiteur principal

1007. Une telle information permet à la caution de réagir en cas de défaillance du débiteur, notamment en payant le créancier, ce qui lui permet d'éviter que la dette ne grossisse à vue d'œil (avec le jeu des intérêts).
Cette obligation, généralisée par la loi du 29 juillet 1998, était prévue par l'article L. 333-1 du Code de la consommation. Elle se trouve désormais, à compter du 1er janvier 2022, au sein du nouvel article 2303 du Code civil. Selon ce texte, « le créancier professionnel est tenu d'informer toute caution personne physique de la défaillance du débiteur principal dès le premier incident de paiement non régularisé dans le mois de l'exigibilité de ce paiement, à peine de déchéance de la garantie des intérêts et pénalités échus entre la date de cet incident et celle à laquelle elle en a été informée ». Notons que si la sanction est la même que pour l'autre obligation, le domaine est plus restreint, puisque l'extension aux cautions personnes morales garantissant l'engagement financier auprès d'une banque n'est pas prévue.

Notons enfin que pour les deux obligations, le nouvel article 2304 du Code civil prévoit qu'en cas de sous-cautionnement, la caution doit communiquer à sa sous-caution les informations dans le mois de leur réception.

2. Le devoir de mise en garde

1008. Ce devoir a été dégagé par la **jurisprudence**. Ainsi, la jurisprudence met à la charge du **créancier professionnel** un devoir de mise en garde à l'égard de la **caution non avertie sur les risques de l'opération** (Cass. 1re civ., 12 juill. 2005, n° 03-10921 ; Cass. ch. mixte, 29 juin 2007, n° 05-21104). Il en va ainsi, par exemple, en cas de crédit excessif ou inopportun, au regard de la situation du débiteur (débiteur insolvable, montage financier voué à l'échec...).
S'agissant de la situation financière de la caution, le devoir de mise en garde est souvent absorbé par l'exigence de proportionnalité.
Par un arrêt du 15 novembre 2017, la Cour de cassation a rappelé l'utilité du devoir de mise en garde. La caution peut rechercher la responsabilité du créancier de ce chef, non seulement lorsque le cautionnement n'est pas adapté à ses ressources financières, mais encore **lorsque le prêt n'est pas adapté aux ressources de l'emprunteur**. Dans ce dernier cas, la caution peut invoquer le devoir de mise en garde, quand bien même son engagement est adapté à ses propres capacités financières (**Cass. com., 15 nov. 2017**, n° 16-16790). Sur le terrain de la charge de la preuve, il appartient à la caution non avertie d'établir qu'à la date à laquelle son engagement a été souscrit, celui-ci n'était pas adapté à ses capacités financières ou qu'il existait un risque d'endettement né de l'octroi du prêt, lequel résultait de l'inadaptation du prêt aux capacités financières de l'emprunteur. La circonstance que la banque a octroyé le prêt sans disposer d'éléments comptables sur l'activité prévisionnelle

de l'emprunteur ne dispense pas la caution d'établir l'inadaptation de ce prêt aux capacités financières de l'emprunteur (Cass. com., 9 mars 2022, n° 20-16277).
Par ailleurs, le devoir de mise en garde est exclu en présence de cautions averties. Dans son dernier état, la Cour de cassation a toutefois estimé que la seule qualité de dirigeant de la caution ne suffisait pas à en faire une caution avertie (Cass. com., 22 mars 2016, n° 14-20216 P). Le juge devra donc apprécier *in concreto* l'expérience et les compétences du dirigeant.
Enfin, le préjudice réparable est constitué de la **perte de chance de ne pas conclure le contrat de cautionnement** (Cass. com., 20 oct. 2009, *Bull. civ.* IV, n° 127). Le juge ne peut donc, comme pour la proportionnalité, effacer totalement la dette. La sanction est logique, dans la mesure où il n'est pas certain que, correctement informée, la caution aurait renoncé à son engagement. En pratique, les dommages-intérêts alloués au titre de la perte de chance viendront en déduction des sommes restant dues par la caution au créancier. Enfin, la jurisprudence considère désormais que le point de départ de l'action en responsabilité court non pas à compter de la conclusion du contrat, mais de la date à laquelle elle est actionnée par le créancier, car c'est à cet instant qu'elle a su que son engagement de caution allait être mis à exécution (Cass. com., 8 avr. 2021, n° 19-12741). La solution, très favorable à la caution, s'inscrit dans le point de départ subjectif et glissant de la prescription, fixé au jour de la connaissance du demandeur (art. 2224).

FOCUS

Le devoir de mise en garde

Le devoir de mise en garde de la caution a été consacré dans le Code civil par l'ordonnance du 15 septembre 2021, applicable sur ce point aux contrats conclus après le 1er janvier 2022. Selon le nouvel article 2299 du Code civil, « le créancier professionnel est tenu de mettre en garde la caution personne physique lorsque l'engagement du débiteur principal est inadapté aux capacités financières de ce dernier. À défaut, le créancier est déchu de son droit contre la caution à hauteur du préjudice subi par celle-ci ». Deux différences sont à signaler par rapport au régime jurisprudentiel. En premier lieu, le domaine est modifié, dès lors que sont bénéficiaires de ce devoir de mise en garde, non plus les seules cautions averties, mais toutes les cautions personnes physiques. On retrouve au fond le critère général qui permet le déclenchement d'une protection renforcée des cautions (proportionnalité, mention légale, devoir de mise en garde). Cela a l'avantage de tuer dans l'œuf les discussions délicates sur la notion de caution avertie. Deuxième différence par rapport à la jurisprudence, la sanction : le créancier ne s'expose pas à payer des dommages-intérêts (responsabilité contractuelle), mais encourt la déchéance de son droit, à hauteur du préjudice subi. Quelle différence ? On en voit au moins une, sur le terrain de la prescription : la déchéance étant une défense au fond, elle échappe à toute prescription (v. pour la proportionnalité, Cass. com., 8 avr. 2021, n° 19-12741).

B. Les obligations de la caution

Grâce au cautionnement, **le créancier acquiert un droit de gage général sur un patrimoine supplémentaire : celui de la caution**. Il devient créancier à son égard et peut donc l'actionner en paiement. Il reste à montrer que si les poursuites sont indépendantes de la situation du débiteur (1), elles sont dépendantes de la situation de la caution (2).

1. Les poursuites indépendantes de la situation du débiteur

1009. Alors que la dette de la caution est accessoire par rapport à la dette principale (*schuld*), le droit d'agir en exécution de la dette est autonome par rapport au droit d'agir contre le débiteur (*haftung*). Ainsi, dès lors que la dette garantie est exigible, le créancier peut agir en paiement contre la caution.
Donnons trois applications de cette idée :
- la **renonciation** par le créancier au droit d'agir contre le débiteur ne fait pas obstacle aux poursuites contre la caution ;
- l'octroi de **délais de grâce** au débiteur principal sur le fondement de l'article 1343-5 du Code civil ne profite pas à la caution ; la dette est exigible, seule l'exécution forcée contre le débiteur et lui seul est suspendue ;
- en principe, en cas de procédure collective ou de procédure de surendettement contre le débiteur, **la caution ne bénéficie pas de l'arrêt et de la suspension des poursuites individuelles**. Mais, par exception, les cautions **personnes physiques** bénéficient de l'arrêt et de la suspension des poursuites individuelles à compter du jugement d'ouverture (C. com., art. L. 622-28 al. 2). On retrouve encore et toujours la protection dérogatoire dont bénéficient les personnes physiques. Toutefois, les poursuites peuvent être reprises contre la caution après l'adoption du plan ou le prononcé de la liquidation judiciaire, même si le tribunal peut encore leur accorder des délais ou un différé de paiement dans la limite de deux ans (C. com., art. L. 622-28 al. 2 *in fine*).

Avec la réforme réalisée par l'ordonnance du 15 septembre 2021, ces règles sont codifiées dans un principe énoncé par le nouvel article 2298 alinéa 2 sur les exceptions : « toutefois la caution ne peut se prévaloir des mesures légales ou judiciaires dont bénéficie le débiteur en conséquence de sa défaillance, sauf disposition spéciale contraire » (v. *supra*, n° 950).

2. Les poursuites dépendantes de la situation de la caution

1010. Face aux difficultés financières de la caution, le droit du créancier de poursuivre en paiement la caution est parfois **suspendu**, parfois **cantonné**.
Il est **suspendu** lorsque la caution fait-elle même l'objet d'une procédure collective ou d'une procédure de surendettement. Dans ce cas, le créancier subit l'arrêt et la suspension des poursuites individuelles contre la caution. Il peut seulement déclarer sa créance à la procédure.
Le droit du créancier de poursuivre la caution est en outre **cantonné.** Mentionnons à cet égard **l'article 2301 alinéa 2 du Code civil**, issu d'une loi du 29 juillet 1998 : le montant des dettes résultant du cautionnement ne peut avoir pour effet de priver la personne physique (encore elle !!) qui s'est portée caution d'un **minimum de ressources** (un « reste à vivre » correspondant au montant mensuel du revenu de solidarité active, soit 475 euros par mois, pour une personne seule). L'ordonnance du 15 septembre 2021 reprend la règle au sein du nouvel article 2307.

§ 2. Les recours de la caution

1011. Le recours naturel de la caution s'exerce contre le débiteur (A). Il en existe un autre, plus occasionnel : en présence de plusieurs cautions, celle qui a payé peut se retourner contre les autres (B).

A. Les recours de la caution contre le débiteur

Le recours de la caution contre le débiteur s'exerce **après paiement**. Mais il peut exceptionnellement être mis en œuvre **avant paiement**, dans les hypothèses prévues par les articles 2309 et 2316 du Code civil. Mais il ne s'agit pas en réalité d'un véritable recours, car la caution ne peut pas réclamer au débiteur ce qu'elle n'a pas encore payé. Il s'agit essentiellement de lui permettre de prendre des mesures conservatoires sur le patrimoine pour sauvegarder ses droits (par ex. en cas d'imminence du paiement, elle peut d'ores et déjà demander l'inscription d'une hypothèque judiciaire sur l'immeuble du débiteur pour sauvegarder ses droits). C'est pourquoi **les recours avant paiement ont été purement et simplement supprimés par l'ordonnance du 15 septembre 2021**, la caution pouvant toujours pratiquer une mesure conservatoire en invoquant le Code des procédures civiles d'exécution.

Nous nous concentrerons donc sur les recours **après** paiement, en soulignant les obstacles au recours (1) et la nature des recours (2). Les règles issues du droit antérieur sont ici présentées, avant qu'un encadré précise les apports de la réforme du 15 septembre 2021, uniquement applicable aux cautionnements conclus après le 1er janvier 2022.

1. Les obstacles au recours

1012. Le recours de la caution contre le débiteur principal n'est pas toujours possible, comme le montrent **trois hypothèses**.

- La caution peut y **renoncer** : on est alors en présence d'un cautionnement-libéralité, dès lors que la caution est animée d'une intention libérale à l'égard du débiteur principal (v. *supra*., leçon 1).
- La caution peut en être **privée**, à titre de sanction. L'article 2308 du Code civil envisage deux cas :
  - **la caution a payé une première fois la dette et n'en a pas informé le débiteur qui a donc payé la dette une seconde fois** : aucun recours n'est ouvert à la caution contre le débiteur, mais celle-ci bénéficie d'un recours en répétition de l'indu contre le créancier, parce qu'il a reçu deux paiements ;
  - **la caution a payé la dette sans avoir été poursuivie et sans en avoir informé le débiteur** : elle n'a plus de recours contre lui, si, au moment du paiement, **le débiteur avait eu des moyens pour faire déclarer la dette éteinte** (par exemple, la caution a payé une dette prescrite ; v. pour une application extensive du texte, Cass. 1re civ., 9 sept. 2020, n° 19-14568, à propos de l'annulation d'un prêt) ; là encore, la caution dispose d'une action en répétition contre le créancier.
- Le recours peut être **suspendu, si le débiteur principal fait l'objet d'une procédure collective** : le recours de la caution tombe sous le coup de la suspension des poursuites. Cette solution est sévère pour la **caution personne morale** qui, elle, ne peut pas opposer au créancier cette suspension des poursuites lorsqu'elle est elle-même

poursuivie (v. *supra*, n° 1009). La loi a toutefois prévu un **tempérament** : dans le cas d'une liquidation judiciaire clôturée pour insuffisance d'actif, la caution récupère son droit de poursuite contre le débiteur principal, alors que les autres créanciers ne le recouvrent pas (C. com., art. L. 643-11 II).

En dehors de tels obstacles, la caution dispose, après paiement, d'un recours contre le débiteur principal, car c'est sur lui que repose **la charge définitive de la dette**. Ainsi, le cautionnement n'est qu'une garantie : la caution n'a pas la qualité de coobligé, mais de garant.

2. La nature des recours

La caution dispose de **deux fondements** pour exercer son recours, qu'elle peut d'ailleurs invoquer simultanément, pour renforcer ses chances d'être remboursée : le recours personnel (a) et le recours subrogatoire (b).

a. Le recours personnel

1013. *Quel en est le fondement ?*

Comme on l'a vu, le cautionnement est un contrat entre le créancier et la caution. Il n'y a donc pas de contrat entre la caution et le débiteur (ex. des parents qui se portent caution de leur enfant). Quel est donc le fondement de ce recours ?

Si le cautionnement a été donné alors que le débiteur en avait connaissance, le recours repose sur une **forme de mandat tacite** : la caution a payé au nom et pour le compte du débiteur : elle se retourne alors contre lui.

Si le cautionnement a été donné à l'insu du débiteur : il repose alors **sur la gestion d'affaires** qui est un quasi-contrat, c'est-à-dire un fait juridique dont le régime est proche du mandat.

Quel en est le régime ?

Le recours personnel permet à la caution d'obtenir davantage que ce qu'elle a effectivement payé au créancier. En effet, l'article 2305 du Code civil prévoit que la caution peut, outre le remboursement du paiement, obtenir le remboursement :

- des **frais engagés** (ex. : frais de justice), dès lors qu'elle a dénoncé les poursuites au débiteur ;
- des **dommages** subis en raison de l'exécution de sa mission (ex. perte d'activité causée par le paiement : dommages-intérêts mis à la charge du débiteur) ;
- **des intérêts conventionnels** attachés à la créance, ainsi que des **intérêts légaux** à compter du paiement (intérêts moratoires).

Toutefois, la caution exerce une action qui lui est propre : elle **ne bénéficie donc pas des garanties dont bénéficie le créancier** (privilège, sûreté réelle, autre sûreté personnelle...).

b. Le recours subrogatoire

1014. *Quel en est le fondement ?*

Ce recours est prévu par l'article 2306 : la caution qui a payé la dette est subrogée à tous les droits qu'avait le créancier contre le débiteur. Ce n'est qu'une **application de la subrogation légale prévue par l'article 1346**.

Quel en est le régime?
C'est le pendant contraire du recours personnel: **la caution ne peut réclamer que ce qu'elle a effectivement payé**, car le paiement est la mesure de la subrogation. En revanche, elle **bénéficie des accessoires** qui garantissaient la créance.

Exemple

Si la dette principale était également garantie par une hypothèque consentie au créancier, la caution bénéficie de cette hypothèque dans le cadre de son recours contre le débiteur principal.

FOCUS

Les recours de la caution contre le débiteur

L'ordonnance du 15 septembre 2021 reprend pour l'essentiel les règles antérieures. Ainsi, du côté des obstacles, le nouvel article 2311 dispose que « la caution n'a pas de recours si elle a payé la dette sans en avertir le débiteur et si celui-ci l'a acquittée ultérieurement ou disposait, au moment du paiement, des moyens de la faire déclarer éteinte. Toutefois, elle peut agir en restitution contre le créancier ». Ces deux obstacles étaient déjà connus, étant précisé que les autres, extérieurs au droit du cautionnement (libéralité et procédure collective), ne sont pas supprimés. S'agissant de la nature des recours, la réforme reprend la distinction entre le recours personnel et le recours subrogatoire, tout en les précisant. Ainsi, le nouvel article 2308 du Code civil, consacré au recours personnel, dispose que « la caution qui a payé tout ou partie de la dette a un recours personnel contre le débiteur tant pour les sommes qu'elle a payées que pour les intérêts et les frais. Les intérêts courent de plein droit du jour du paiement. Ne sont restituables que les frais postérieurs à la dénonciation, faite par la caution au débiteur, des poursuites dirigées contre elle. Si la caution a subi un préjudice indépendant du retard dans le paiement des sommes mentionnées à l'alinéa premier, elle peut aussi en obtenir réparation ». Pour ce qui est du recours subrogatoire, le nouvel article 2309 du Code civil se contente de prévoir sobrement que « la caution qui a payé tout ou partie de la dette est subrogée dans les droits qu'avait le créancier contre le débiteur ». Enfin, lorsqu'il y a plusieurs débiteurs principaux d'une même dette, le nouvel article 2310 dispose que « la caution dispose contre chacun d'eux des recours prévus aux articles précédents ». Le texte élargit opportunément l'ancien article 2307, qui exigeait que la caution ait cautionné « tous les codébiteurs solidaires » pour disposer d'un tel recours. Désormais, même si la caution n'a cautionné qu'un seul débiteur, mais que ce dernier est tenu solidairement d'une même dette avec d'autres débiteurs (ex. son conjoint pour une dette ménagère), la caution pourra se retourner contre lui, même si elle n'a pas cautionné.

B. Le recours de la caution contre les cofidéjusseurs

Cela renvoie à **l'hypothèse dans laquelle il y a plusieurs cautions**. La caution qui a payé le créancier peut se retourner contre les cofidéjusseurs, *dès lors qu'elle a payé au-delà de sa propre part contributive*.
L'intérêt d'un tel recours est évidemment décuplé lorsque le débiteur est insolvable. Mais la caution peut exercer de façon cumulative des recours contre le débiteur et contre les cofidéjusseurs. Il convient d'envisager tour à tour la nature (1) et le régime (2) du recours.

1. Le fondement du recours

1015. On retrouve les deux fondements précédents : la caution peut exercer, contre les cofidéjusseurs, un recours **personnel** et un recours **subrogatoire**, avec les mêmes caractéristiques. Néanmoins, une précision importante s'impose : entre cofidéjusseurs, **il n'y a de recours qu'après paiement**.

2. Le régime du recours

1016. *Dans quelle mesure le recours s'exerce-t-il ?*
Qu'il soit personnel ou subrogatoire, la caution doit **diviser ses recours**. Ainsi, conformément **à l'article 2310 du Code civil**, la caution qui a payé ne peut agir contre ses cofidéjusseurs que pour leur part et portion dans la dette. Il en va ainsi même si les cautions se sont engagées solidairement, puisque la solidarité concerne l'obligation à la dette (rapports avec le créancier) et non la contribution (rapports entre cofidéjusseurs). Nous renvoyons à ce qui a été dit lors de la leçon 1 à propos du cautionnement solidaire (v. *supra*, n° 957 et s.).

FOCUS

Les recours entre cofidéjusseurs

L'ordonnance du 15 septembre 2021 ne consacre qu'un seul article à la question. Le nouvel article 2312 du Code civil, qui vient remplacer l'ancien article 2310, dispose qu'« en cas de pluralité de cautions, celle qui a payé a un recours personnel et un recours subrogatoire contre les autres, chacune pour sa part ». Qu'est-ce que cela change ? Pas grand-chose, si ce n'est que le nouveau texte précise expressément que la caution dispose, dans son recours contre les autres, de deux recours : un recours personnel (ce qui était certain) et un recours subrogatoire (ce qui était plus discuté).

Section 2
L'extinction du cautionnement

1017. Pourquoi l'extinction du cautionnement est-elle déterminante ? Parce que le cautionnement est un contrat unilatéral. La caution n'obtient rien en contrepartie de son engagement, du moins de la part du créancier. Dès lors, sa seule satisfaction est dans sa libération. Cela explique pourquoi le Code civil y consacre une section entière (C. civ., art. 2311 et s.).
Le cautionnement s'éteint dans deux hypothèses :
- le cautionnement s'éteint, en tant qu'accessoire, en même temps que la dette garantie : c'est **l'extinction par voie accessoire** (§ 1) ;
- le cautionnement, comme contrat, s'éteint « par les mêmes causes que les autres obligations » (C. civ., art. 2311) : c'est **l'extinction par voie principale**. La dette garantie demeure, mais le cautionnement s'éteint (§ 2).

§ 1. L'extinction par voie accessoire

1018. L'extinction repose ici sur les rapports entre le créancier et le débiteur (**obligation principale**). Le cautionnement s'éteint parce que l'obligation principale disparaît, par application de l'adage *accessorium sequitur principale*. Depuis l'ordonnance du 15 septembre 2021, la règle est consacrée dans le nouvel article 2313 alinéa 2 du Code civil : l'obligation de la caution « s'éteint aussi par suite de l'extinction de l'obligation garantie ».
Il suffit dès lors de passer en revue les causes d'extinction de l'obligation principale. Ceux-ci étaient visés par **l'ancien article 1234** du Code civil. Aujourd'hui, depuis **la réforme résultant de l'ordonnance du 10 février 2016**, les modes d'extinction de l'obligation sont listés dans un chapitre IV.
Cinq modes d'extinction sont visés dans **les articles 1342 et suivants**, à savoir :
- le paiement,
- la compensation,
- la confusion,
- la remise de dette,
- l'impossibilité d'exécuter.

Ne sont plus visées la prescription et la réalisation de la condition résolutoire. De même, on ne trouve plus la novation. Pour autant, il est certain qu'il s'agit toujours de causes d'extinction de l'obligation.
On doit donc, pour l'essentiel, conserver l'ancienne liste de l'article 1234.

Le paiement

Le paiement de la dette garantie éteint celle-ci. Par conséquent, la caution est libérée.
Trois précisions toutefois :
- au cas de *paiement partiel*, le cautionnement subsiste jusqu'au solde ;
- au cas de *paiement par un tiers* (ex. société de recouvrement), la créance garantie n'est pas éteinte mais transmise au tiers *solvens* (auteur du paiement) par l'effet de la subrogation. Par conséquent, la caution reste tenue ;
- dans le cas particulier de *dation en paiement* (*i.e.* modification de l'objet du paiement ; ex. œuvres d'art remises à l'État pour payer une dette fiscale), l'article 2315 du Code civil déclare la caution libérée même si le créancier est ensuite évincé du bien qu'il a reçu en paiement de la part du débiteur. Cette règle est manifestement dérogatoire au droit commun.

La novation (C. civ., art. 1329 et s. nouv.)

C'est la substitution à une obligation que l'on éteint, d'une obligation que l'on crée, par changement de créancier, de débiteur, ou d'objet.

Exemple

A est créancier de B. A accepte de libérer B parce que C s'engage à son égard (novation par changement de débiteur).

La novation éteint la dette : elle libère donc la caution.
Mais comme la novation ne se présume point (art. 1273 devenu 1330), c'est à la caution, qui prétend être libérée, de la prouver.

La compensation (C. civ., art. 1347 et s. nouv.)

La compensation entraîne l'extinction de deux créances réciproques à concurrence de la plus faible des deux.

Exemple

A est créancier de B pour 200. B est créancier de A pour 150. Après compensation, A est créancier de B pour 50.

La caution, même solidaire, bénéficie de la compensation.

La remise de dette (C. civ., art. 1350 et s. nouv.)

L'article 1350 définit la remise de dette comme « le contrat par lequel le créancier libère le débiteur de son obligation ».
Si la **remise de dette volontaire** libère la caution, la **remise judiciaire** ne libère la caution que dans certains cas, qui relèvent de l'étude spécifique du droit des procédures collectives (C. com., art. L. 611-10-2 et L. 626-11 al. 2).

La prescription

Elle éteint la dette et libère la caution.

La nullité ou la résolution de l'obligation garantie

Elle peut être invoquée par la caution, sauf lorsqu'il s'agit d'une nullité relative qui n'a pas été prononcée (v. *supra*, n° 950).

La confusion

En vertu du nouvel article 1349 du Code civil, « la confusion résulte de la réunion des qualités de créancier et de débiteur d'une même obligation dans la même personne. Elle éteint la créance et ses accessoires, sous réserve des droits acquis par ou contre des tiers ».

Exemple

Un fils est créancier de son père ; le père décède, le fils est l'unique héritier. Il y a confusion. La dette s'éteint, de même que le cautionnement.

La perte de la chose

C'est un cas d'école pour le cautionnement, car l'obligation garantie est généralement une somme d'argent. Or, on perd difficilement une somme d'argent, eu égard au caractère fongible de la monnaie.
Nous avons donc pour l'essentiel huit hypothèses de causes d'extinction par voie accessoire.
Une neuvième a disparu : c'est le **défaut de déclaration de la créance à la procédure collective.**
Avant la réforme du 26 juillet 2005, lorsqu'un créancier ne déclarait pas sa créance à la procédure, sa créance était éteinte. La jurisprudence en déduisait que la caution était corrélativement libérée, par l'effet du caractère accessoire du cautionnement.

Cette solution a été abandonnée : **désormais, la créance qui n'a pas été déclarée est inopposable à la procédure** (C. com., art. L. 622-26 al. 1 et 2). Par conséquent, le créancier négligent peut poursuivre la caution, qui reste donc tenue.
Deux limites toutefois sont à signaler :
- **première limite applicable à toutes les cautions** : la caution pourra opposer la faute du créancier dans le cadre du bénéfice de subrogation (v. *infra*, n° 997) ;
- **deuxième limite propre aux cautions personnes physiques** : celles-ci bénéficient de l'inopposabilité de la créance non déclarée pendant toute la durée de l'exécution du plan de sauvegarde (**C. com., art. L. 622-26 al. 2**).

§ 2. L'extinction par voie principale

1019. L'extinction concerne ici les rapports **entre le créancier et la caution**. Le cautionnement s'éteint, alors que le débiteur principal n'est pas libéré. Il convient d'envisager le droit commun (A), avant de traiter le cas particulier du bénéfice de subrogation (B).

A. Le droit commun

S'agissant des obligations de la caution à l'égard du créancier, **on retrouve les mêmes causes d'extinction que celles que l'on vient d'envisager**. Le nouvel article 2313 du Code civil, issu de l'ordonnance du 15 septembre 2021, rend compte de cette extinction principale : « l'obligation de la caution s'éteint par les mêmes causes que les autres obligations ». Simplement, eu égard à la spécificité de l'engagement de caution, il convient ici de revenir à la distinction créée par Christian Mouly entre l'obligation de règlement (dettes présentes) et l'obligation de couverture (dettes futures). Si l'ordonnance du 15 septembre 2021 ne reprend pas expressément la distinction entre l'obligation de règlement et de couverture, elle consacre celle entre les dettes présentes et les dettes futures.

1. L'extinction de l'obligation de règlement

L'obligation de règlement concerne **les dettes présentes**, c'est-à-dire **les dettes déjà nées**, indépendamment de leur exigibilité. Elle **consiste dans l'obligation pour la caution de payer la dette si le débiteur ne le fait pas**.
Il faut préciser les causes d'extinction de cette obligation (a) avant d'envisager ses effets (b).

a. Les causes d'extinction de l'obligation de règlement

1020. L'extinction de cette obligation ne présente pas de réelle spécificité : on retrouve ici le **paiement, la novation, la prescription...** Pour ne donner qu'un exemple parfaitement évident, le paiement fait par la caution au créancier éteint son obligation de règlement.
Il faut toutefois souligner que **certains événements sont parfaitement indifférents**. Ainsi, on va le voir, **la considération de la personne du créancier est normalement indifférente, car la dette est déjà née et la caution doit la payer**. De même, on verra que certains événements **affectant la caution** ne font pas disparaître l'obligation de règlement.
Deux situations montrent que la **personne du créancier** est indifférente :
- la **cession de créance entraîne le transfert du cautionnement** au nouveau créancier (Cass. com., 27 mars 2007, n° 05-20696, *Bull. civ.* IV, n° 99 ; Cass. ass. plén., 6 déc. 2004,

n° 03-10713, *Bull. ass. plén.*, n° 14 : « en cas de vente de l'immeuble donné à bail, le cautionnement garantissant le paiement des loyers est, sauf stipulation contraire, transmis de plein droit au nouveau propriétaire en tant qu'accessoire de la créance de loyers cédée à l'acquéreur » ; v. nouvel art. 1321, sur la cession de créance, qui prévoit qu'elle s'étend aux accessoires de la créance) ;

- en cas de **fusion-absorption** du créancier (par ex., la société Matra est rachetée par Renault), le **cautionnement est maintenu** (Cass. com., 16 sept. 2014, n° 13-17779, *Bull. civ.* IV, n° 117), mais seulement pour les dettes déjà nées au moment de l'opération.

De même, **la personne de la caution** est également indifférente :
Ainsi, en cas de **décès de la caution**, **les héritiers doivent exécuter l'obligation de règlement**, c'est-à-dire **payer les dettes nées avant le décès de la caution**. **L'article 2294 du Code civil** dispose que « les engagements des cautions passent à leurs héritiers », sauf s'ils renoncent à la succession ou s'ils ne l'acceptent qu'à concurrence de l'actif net. En d'autres termes, le changement de créancier ou de caution, à défaut de volonté expresse, n'entraîne pas d'extinction de l'obligation de règlement. On va voir qu'il en va différemment pour l'obligation de couverture. Mais, avant cela, voyons les effets de l'extinction de l'obligation de règlement.

b. Les effets de l'extinction de l'obligation de règlement

Les effets à l'égard du débiteur principal

Il faut bien comprendre que **la règle de l'accessoire ne joue qu'à sens unique**. Si le débiteur est libéré, la caution l'est également (ex. prescription). **En revanche, si la caution est libérée, le débiteur reste tenu, sauf si la caution est libérée parce qu'elle a satisfait partiellement ou totalement le créancier (par ex. en procédant à un paiement).** Par exemple, si la caution est libérée en vertu d'un cautionnement disproportionné, cela ne libère pas le débiteur principal.

Les effets à l'égard des cofidéjusseurs

Par principe, la libération de l'une des cautions ne libère pas, sauf clause contraire, les autres (C. civ., art. 2302). Pour autant, l'extinction n'est pas totalement sans effet : l'obligation des cofidéjusseurs solidaires est diminuée de la part de la caution libérée si cette libération provient de la satisfaction du créancier (paiement) ou si elle provient d'une remise volontaire du créancier faite à l'un d'entre eux.

2. L'extinction de l'obligation de couverture

Cette obligation, qui porte sur des dettes **futures**, présente une spécificité. Il en va ainsi, par exemple du cautionnement *omnibus* fourni par un dirigeant de société ou du cautionnement d'un compte courant. Voyons les causes (a) et les effets (b) d'une telle extinction.

a. Les causes d'extinction

1021. S'agissant de dettes futures, les causes de droit commun ne peuvent pas jouer car la dette ne peut être éteinte avant d'être née... À l'analyse, l'obligation de couverture tire sa spécificité de son **caractère successif** : elle a pour objet de garantir le paiement des dettes à naître du débiteur à l'égard du créancier.

De ce caractère successif résultent trois causes d'extinction spécifiques à l'obligation de couverture.

La résiliation unilatérale

Si le cautionnement est à **durée indéterminée**, la caution peut résilier unilatéralement son obligation de couverture. Seule l'obligation de couverture s'éteint. Par suite, la caution s'engage à régler, même après cette résiliation, les dettes nées jusqu'au jour de la résiliation.

Le décès de la caution

L'engagement de payer des dettes futures suppose des relations de confiance entre la caution et le créancier, puisqu'il s'agit de garantir des dettes dont le montant n'est pas connu. On l'a vu, **l'article 2294 du Code civil** dispose que « les engagements des cautions passent à leurs héritiers ». Pendant longtemps, la jurisprudence en avait déduit que le cautionnement ne s'éteignait aucunement par le décès de la caution. Dès lors, les héritiers qui avaient accepté la succession pouvaient se voir réclamer le paiement de dettes *nées après le décès de leur auteur*, ce qui était extrêmement périlleux. On pouvait accepter une succession et payer un lourd passif né plusieurs années après. À la suite de la critique portée par Christian Mouly dans sa thèse sur les causes d'extinction du cautionnement en 1977, la Cour de cassation a procédé à un revirement de jurisprudence (Cass. com., 29 juin 1982, n° 80-14160, *Bull. civ.* IV, n° 258). La Cour de cassation décide désormais que **l'obligation de couverture s'éteint par le décès de la caution**. En d'autres termes, les héritiers ne peuvent se voir imposer de garantir les dettes nées ***après*** le décès de la caution.

La disparition du créancier personne morale

Cela nous ramène au cas de la fusion-absorption du créancier. Dans une telle hypothèse, la Cour de cassation décide que, **sauf volonté contraire de la caution, l'obligation de couverture s'éteint** (Cass. com., 16 sept. 2014, n° 13-17779, FS-P+B). Ainsi, la fusion-absorption de la société créancière, entraînant sa disparition, a pour conséquence de limiter l'engagement de caution de la banque aux sommes dues par la société débitrice à la date de cette fusion-absorption. Il en va de même lorsque la **société débitrice est absorbée** et qu'elle disparaît à l'issue d'une fusion-absorption (Cass. com., 21 janv. 2003, n° 97-13027) : la caution garantit seulement les dettes nées avant la fusion. En revanche, si la société débitrice absorbe d'autres sociétés (**société absorbante**), l'engagement est maintenu, car la personne morale de la société cautionnée demeure (**Cass. com., 28 févr. 2018**, n° 16-18692). Dès lors, la caution doit garantir les dettes recueillies par la société cautionnée par l'effet de la fusion-absorption, du fait de la transmission universelle du patrimoine. Donnons un exemple pour le comprendre : le dirigeant d'une société A se porte caution pendant dix ans de toutes les dettes de cette société au profit d'une banque Z. La société A absorbe la société B, elle-même débitrice de la banque Z. Le dirigeant doit garantir cette dette si elle est née dans la période de couverture, car la dette de B a été transmise à A, par l'effet de la fusion. Le dirigeant, caution de A, doit donc garantir cette dette. Un cachet d'aspirine, s'il vous plaît !

b. Les effets de l'extinction

1022. La caution n'est pas tenue de payer les dettes nées après extinction de son obligation de couverture.
Pour autant, la caution doit payer, même après l'extinction de son obligation de couverture, les dettes nées avant l'extinction de l'obligation de couverture. En d'autres termes, l'obligation de règlement ne s'éteint pas.

Exemple

Les héritiers de la caution pourront être condamnés à payer, après le décès de la caution, le passif né avant un tel décès.

FOCUS

L'extinction du cautionnement

L'ordonnance du 15 septembre 2021 consacre pour l'essentiel ces solutions qui reposent sur la distinction entre les dettes présentes et les dettes futures. Ainsi, le nouvel article 2315 du Code civil prévoit que « lorsqu'un cautionnement de dettes futures est à durée indéterminée, la caution peut y mettre fin à tout moment, sous réserve de respecter le délai de préavis contractuellement prévu ou, à défaut, un délai raisonnable ». L'article 2316 précise que « lorsqu'un cautionnement de dettes futures prend fin, la caution reste tenue des dettes nées antérieurement, sauf clause contraire ». S'agissant du décès de la caution, le nouvel article 2317 du Code civil dispose que « les héritiers de la caution ne sont tenus que des dettes nées avant le décès. Toute clause contraire est réputée non écrite ». On le voit, seule l'obligation de payer les dettes présentes au jour du décès passe aux héritiers. L'article 2318 ajoute qu'en cas de dissolution de la personne morale débitrice ou créancière par l'effet d'une fusion, d'une scission ou de la cause prévue au troisième alinéa de l'article 1844-5 (réunion de toutes les parts sociales en une seule main), la caution demeure tenue pour les dettes nées avant que l'opération ne soit devenue opposable aux tiers; elle ne garantit celles nées postérieurement que si elle y a consenti à l'occasion de cette opération ou, pour les opérations affectant la société créancière, par avance. En cas de dissolution de la personne morale caution pour l'une des causes indiquées au premier alinéa, toutes les obligations issues du cautionnement sont transmises. On le voit, le texte effectue une distinction selon la qualité de la personne morale dissoute : s'il s'agit du créancier ou du débiteur, seule l'obligation de règlement subsiste : la caution doit seulement payer les dettes nées avant que l'opération soit opposable au tiers. Si en revanche la dissolution affecte la caution, la personne morale qui recueille le patrimoine de la société dissoute reprend tous les engagements, même futurs, ce qui est là encore logique. L'article 2319 précise que « la caution du solde d'un compte courant ou de dépôt ne peut plus être poursuivie cinq ans après la fin du cautionnement ». Cela permet d'éviter que la caution soit actionnée plus de cinq ans après l'extinction de son engagement, au titre d'une créance qui a pu être déterminée après cette extinction (ex. : compte clôturé plusieurs années après la fin du cautionnement : le point de départ de la prescription n'est pas la clôture du compte, mais la fin du cautionnement, ce qui est favorable à la caution). Enfin, l'article 2320 du Code civil dispose que « la simple prorogation de terme, accordée par le créancier au débiteur principal, ne décharge pas la caution ». Ce n'est pas une cause d'extinction du cautionnement. Que peut faire alors la caution ? On voit que si le terme est prorogé parce que le débiteur n'a pas payé, c'est que la défaillance de ce dernier est à craindre. C'est pourquoi l'article 2320 alinéa 2 précise que « lorsque le terme initial est échu, la caution peut soit payer le créancier et se retourner contre le débiteur, soit, en vertu des dispositions du livre V du Code des procédures civiles d'exécution, solliciter la constitution d'une sûreté judiciaire sur tout bien du débiteur à hauteur des sommes garanties. Elle est alors présumée justifier de circonstances susceptibles de menacer le recouvrement de sa créance, sauf preuve contraire apportée par le débiteur». Tout ceci permet à la caution de sauvegarder ses droits, en vue de son recours après paiement qui sera ensuite exercé (car il faut s'assurer que la caution ne sera pas primée par d'autres créanciers lors de son recours, d'où l'utilité de prendre une sûreté judiciaire, si elle ne dispose pas déjà d'une sûreté qui garantit son recours).

B. Le cas particulier du bénéfice de subrogation

1023. Le bénéfice de subrogation, appelée également bénéfice de cession d'actions, constitue un cas d'extinction du cautionnement **à titre de sanction du créancier**, pour une faute qu'il a commise au préjudice de la caution. Aux termes de **l'article 2314 du Code civil**, dans sa version antérieure à l'ordonnance du 15 septembre 2021 (v. pour la réforme, *infra*, encadré), «la caution est déchargée, lorsque la subrogation aux droits, hypothèques et privilèges du créancier, ne peut plus, par le fait de ce créancier, s'opérer en faveur de la caution. Toute clause contraire est réputée non écrite». Ainsi, la caution est déchargée si le créancier laisse perdre par sa faute un droit préférentiel garantissant l'obligation principale et empêche ainsi la caution d'être efficacement subrogée. Un **tel bénéfice est d'ordre public**: aucune clause contraire n'est possible.

Exemple

Le créancier a omis de renouveler son inscription hypothécaire prise sur l'immeuble du débiteur principal, ce qui lui a fait perdre le bénéfice de cette sûreté. La caution pourra invoquer cette faute, qui remet en cause l'efficacité de son recours subrogatoire contre le débiteur, pour bénéficier d'une décharge à l'égard du créancier.

Le bénéfice de subrogation suppose la réunion de **quatre conditions**:

Première condition: s'agissant des droits perdus

Il doit s'agir de **droits préférentiels**, expression qui désigne non seulement les sûretés au sens strict (hypothèque, réserve de propriété…), mais aussi tout autre droit facilitant le recouvrement de la créance (ex. solidarité passive, droit de rétention…). Qu'en est-il en présence d'une procédure collective? On sait que la créance non déclarée n'est pas éteinte et qu'elle est inopposable à la procédure. Mais se pose la question du bénéfice de subrogation. Que décider si la créance non déclarée est chirographaire? S'agit-il encore de la perte d'un droit facilitant le recouvrement de la créance? La Cour de cassation a jugé que «lorsque le créancier a omis de déclarer sa créance, ***peu important la nature de celle-ci***, la caution est déchargée de son obligation *si cette dernière avait pu tirer un avantage effectif du droit d'être admise dans les répartitions et dividendes*, susceptible de lui être transmis par subrogation» (Cass. com., 19 févr. 2013, n° 11-28423, *Bull. civ.* IV, n° 26). En d'autres termes, s'il est établi que, dans le cadre de son recours subrogatoire, la caution aurait pu être payée, le défaut de déclaration d'une créance chirographaire entraîne le jeu de l'article 2314. Il a même été jugé qu'il appartient au créancier de rapporter la preuve que cette perte n'a causé aucun préjudice à la caution (Cass. 1re civ., 3 juill. 2013, n° 12-21126). Il en sera ainsi, par exemple, lorsque le débiteur en faillite avait très peu d'actifs et que la créance non déclarée était primée par des créances privilégiées, de sorte qu'elle n'avait aucune chance d'être payée. Dans ce cas, le créancier pourra mettre en échec le bénéfice de subrogation, en démontrant que la caution n'a rien perdu par son fait.

Deuxième condition : s'agissant de la perte

Il peut s'agir d'une **perte juridique** (extinction par une absence d'inscription, inopposabilité des droits considérés pour défaut de publicité…) ou d'une **perte matérielle** (dégradation du bien gagé).

Troisième condition : s'agissant de la faute du créancier

L'article 2314 du Code civil vise le fait du créancier, mais une faute est requise, sans que celle-ci ait à être intentionnelle.

Quatrième condition : s'agissant du préjudice de la caution

Cette exigence d'un préjudice emporte deux conséquences :

- L'article 2314 du Code civil ne joue pas si le droit préférentiel perdu était inefficace (ex. : défaut d'inscription d'une hypothèque dont le rang n'aurait pas permis au créancier d'être payé avant les autres : Cass. com., 12 juill. 2011, n° 09-71113, *Bull. civ.* IV, n° 118). C'est au créancier de prouver l'inefficacité de ce droit.
- La caution n'est **déchargée qu'à concurrence de la valeur des droits pouvant lui être transmis par subrogation** et dont elle a été privée par le fait du créancier (Cass. 1re civ., 9 mai 1994, n° 91-21162, *Bull. civ.* I, n° 169).

Dans ce cadre, la Cour de cassation est venue préciser que le bénéfice de subrogation de l'article 2314 du Code civil ne pouvait pas être invoqué en **présence d'une sûreté réelle pour autrui (Cass. 3e civ., 12 avr. 2018**, n° 17-17542). En l'espèce, une personne avait consenti une hypothèque en garantie de la dette d'une société, ultérieurement placée en liquidation judiciaire. La Cour énonce que le tiers garant, qui n'est pas engagé personnellement sur l'intégralité de son patrimoine, ne peut pas invoquer l'absence de déclaration de la créance au passif de la procédure collective du débiteur. La solution montre qu'il est nécessaire de construire un statut des tiers garants (**ce qui a finalement été fait par l'ordonnance du 15 septembre 2021, qui, rompant avec cette jurisprudence, fait bénéficier le tiers garant du bénéfice de subrogation : art. 2325 al. 2, v. *supra*, n° 946**). Ceci nous amène aux apports de la réforme des sûretés sur le bénéfice de subrogation.

FOCUS

Le bénéfice de subrogation

Pour une fois, la numérotation du texte est inchangée par l'ordonnance du 15 septembre 2021. Si le nouvel article 2314 du Code civil porte le même numéro que l'ancien, il n'a toutefois pas le même contenu. Il dispose ainsi que « lorsque la subrogation aux droits du créancier ne peut plus, par la faute de celui-ci, s'opérer en sa faveur, la caution est déchargée à concurrence du préjudice qu'elle subit. Toute clause contraire est réputée non écrite. La caution ne peut reprocher au créancier son choix du mode de réalisation d'une sûreté». Déjà, le texte est plus clair, et reprend à son compte les précisions jurisprudentielles. Ainsi, la suppression de la référence aux «droits, hypothèques et privilèges du créancier» permet d'inclure tout droit facilitant le recouvrement de la créance et la référence expresse à la faute souligne que le mécanisme vient sanctionner le créancier. Ensuite, la véritable innovation se situe dans l'alinéa 3, s'agissant du mode de réalisation de la sûreté. En prévoyant que la caution ne peut reprocher au créancier son choix du mode de réalisation d'une sûreté, le texte vient briser la jurisprudence selon laquelle «si l'attribution judiciaire du gage ne constitue qu'une faculté pour le créancier, ce dernier, lorsqu'il est par ailleurs garanti par un cautionnement, commet une faute au sens [de l'article 2314 ancien du Code civil] si, en s'abstenant de demander cette attribution, il prive la caution d'un droit qui pouvait lui profiter» (Cass. com. 13 mai 2003, n° 00-15404 P). Désormais, la décharge de la caution n'est possible que lorsque le créancier ne met pas en œuvre un droit nécessaire à la conservation de sa sûreté, non pour défaut d'exercice d'une simple faculté. Par exemple, un créancier gagiste peut préférer bénéficier de son droit de rétention, sans demander l'attribution judiciaire du gage : cela ne pourra pas lui être reproché par la caution, car cette attribution judiciaire n'est qu'un mode de réalisation, parmi d'autres, du gage.

1024 à 1057. Réservés.

LEÇON 4

LE DROIT DE RÉTENTION

Textes

Article 2286 du Code civil

1058. Parce que le droit de rétention est une notion difficile à saisir, il convient de partir d'un exemple classique : une personne laisse sa voiture chez le garagiste pour effectuer des réparations. Le garagiste répare, mais le client ne veut pas payer la facture. En garantie de sa créance, le garagiste est fondé à retenir la chose, c'est-à-dire à la conserver.
Le droit de rétention est donc sommairement **la faculté accordée à un créancier qui détient la chose de son débiteur d'en refuser la délivrance jusqu'à complet paiement**.
Mais il faut aller plus loin, en recherchant la nature juridique (section 1) et le régime juridique (section 2) du droit de rétention, étant précisé que le lecteur de cet ouvrage sera ravi d'apprendre que **l'ordonnance du 15 septembre 2021 n'a pas réformé le droit de rétention**, l'article 2286 du Code civil restant inchangé.

Section 1
La nature juridique du droit de rétention

Partons des certitudes (§ 1) avant d'en venir aux doutes (§ 2).

§ 1. Les certitudes

1059. Trois certitudes peuvent être émises.

Première certitude : le droit de rétention n'est ni un gage, ni un privilège

Il ne confère pas à son titulaire le droit d'être payé par préférence sur le produit de la vente. Ce droit confère simplement au créancier la faculté de bloquer, de geler la chose entre ses mains. Un tel blocage est toutefois très efficace par la gêne occasionnée :
- au débiteur lui-même, s'il a besoin de sa chose pour sa vie privée ou pour sa vie professionnelle ;
- aux autres créanciers du débiteur, qui souhaitent soit utiliser cette chose (locataire) soit, la vendre pour se faire payer sur le prix (créanciers).

Deuxième certitude : le droit de rétention n'est pas la compensation

La compensation est un mode d'extinction de deux obligations réciproques. Le droit de rétention n'a pas cet effet extinctif : le créancier retient la chose, à titre de garantie, mais la créance demeure.

Troisième certitude : le droit de rétention n'est pas l'exception d'inexécution

Cette exception est le droit pour une partie à un contrat synallagmatique de suspendre l'exécution de sa prestation dans l'attente de l'exécution par l'autre partie de son obligation réciproque.

Exemple

Le locataire suspend le paiement des loyers, tant que le bailleur ne répare pas la toiture qui fuit.

Même si les deux mécanismes sont proches, il y a au moins **deux** différences :
- le créancier qui a déjà exécuté son obligation principale peut retenir la chose, alors que l'exception d'inexécution suppose que l'exécution n'ait pas encore eu lieu (sans quoi elle ne pourrait être suspendue) ;
- le droit de rétention peut exister en dehors de tout contrat entre le créancier et le débiteur (v. *infra*, n° 1069).

§ 2. Les doutes

1060. Deux doutes surgissent.

Premier doute : le droit de rétention est-il une sûreté ?

L'ordonnance du 23 mars 2006 a consacré de façon générale le droit de rétention dans le **Code civil à l'article 2286**. Le droit de rétention ne se trouve donc pas dans le nouveau livre IV consacré aux « sûretés ». Jusqu'alors, la loi ne l'envisageait que dans des hypothèses particulières (ex. droit de rétention du dépositaire sur la chose, reconnu par l'article 1948 du Code civil).
Est-ce à dire que le législateur a voulu le consacrer en tant que sûreté ?
Rien n'est moins sûr : en effet, le droit de rétention se trouve au sein des dispositions préliminaires, soit avant le titre premier sur les sûretés personnelles et le titre 2 sur les sûretés réelles. En outre, il n'en est pas fait état dans les articles 2329 et 2373 du Code civil, qui énumèrent respectivement les sûretés réelles sur les meubles et les sûretés réelles sur les immeubles.
Dans ces conditions, il semble que la loi n'a pas remis en cause la jurisprudence de la Cour de cassation. Pour **la haute juridiction, le droit de rétention n'est pas une sûreté et il n'est pas assimilable au gage** (Cass. com., 20 mai 1997, n° 95-11915, *Bull. civ.* IV, n° 141). Dès lors, il échappe en principe, et c'est sa grande force, aux atteintes portées par les procédures collectives aux sûretés réelles.

Second doute : le droit de rétention est-il un droit réel ?

Pour la Cour de cassation, le droit de rétention est un **droit réel** : « le droit de rétention d'une chose, conséquence de sa détention, est un droit réel, opposable à tous, et même aux tiers non tenus de la dette » (Cass. 1re civ., 7 janv. 1992, n° 90-14545, *Bull. civ.* I, n° 4).
Elle en tire deux conséquences :
- comme tout droit réel, le droit de rétention est opposable aux tiers, et notamment au propriétaire (v. *infra*, n° 1069) ;
- comme tout droit réel, le droit de rétention est indivisible : même si le débiteur a effectué un paiement partiel, le droit porte sur toute la chose, qui peut donc être globalement retenue.

Section 2
Le régime juridique du droit de rétention

1061. La loi et la jurisprudence ont construit le régime juridique du droit de rétention en tenant compte de ses bienfaits (équité), mais aussi de ses méfaits (blocage de la chose). Cette recherche d'équilibre est perceptible à travers les conditions (§ 1) et les effets (§ 2) du droit de rétention.

§ 1. Les conditions du droit de rétention

Quatre conditions sont requises : celles-ci sont relatives à la créance garantie (A), à la chose (B), à la détention (C) et à la connexité (D).

A. Les conditions relatives à la créance garantie

1062. Le créancier exerce, sans contrôle judiciaire, une sorte de voie d'exécution, dans la mesure où il bloque le bien (forme de saisie).
Dès lors, le créancier doit bénéficier d'une créance qui permettrait une saisie. Ainsi, sa créance doit être **certaine** (dans son principe), **liquide** (déterminée) et **exigible** (non affectée d'un terme). On voit à cette occasion que le droit de rétention n'est pas une sûreté, du moins pas comme les autres, car il est possible de constituer un cautionnement, une hypothèque ou un gage pour garantir une créance non certaine, liquide et exigible (ex. du prêt ou du bail).

B. Les conditions relatives à la chose

1063. Traditionnellement, le droit de rétention ne pouvait s'exercer que sur des choses corporelles. Mais **cette conception a été remise en cause** : il est désormais admis que l'on peut exercer un pouvoir de fait sur certaines choses **incorporelles.** Il en va ainsi pour le fonds de commerce, ou pour les instruments financiers. De la même façon qu'on peut habiter une maison sans avoir de droit sur elle, on peut exercer un pouvoir de fait sur un fonds de commerce, par exemple en l'exploitant. Nous verrons cela lorsque sera étudié le nantissement de créances (v. *infra*, n° 1097 et s.).
Dès lors, le droit de rétention est admis pour les choses incorporelles (ex. loi du 2 juillet 1996 pour les instruments financiers, ou encore article 2363 du Code civil, au bénéfice du créancier nanti sur les créances).

Dans tous les cas, **la chose retenue doit être dans le commerce juridique** : par exemple, il n'existe pas de droit de rétention d'une entreprise de pompes funèbres sur le corps du défunt.

C. Les conditions relatives à la détention

Le droit de rétention suppose en principe que le créancier détienne la chose (1). Par conséquent, s'il s'en dessaisit, il perd le bénéfice de son droit de rétention (2).

1. La nécessité de la détention

Le principe (a) a été récemment remis en cause par l'introduction du droit de rétention fictif (b).

a. Le principe

1064. Pour retenir, il faut d'abord tenir. Ainsi, la rétention suppose que le créancier ait la détention de la chose, c'est-à-dire qu'il exerce un pouvoir de fait sur elle (seule la détention importe, *l'animus* de la possession n'est pas requis, puisque le créancier ne peut se considérer comme le propriétaire du bien : v. *supra*, n° 68 et s.).

Une telle détention doit être **régulière.** On ne saurait ainsi admettre un droit de rétention lorsque le créancier a obtenu la détention du bien à la suite d'une **fraude** ou d'une **voie de fait.**

Exemple

Si le garagiste s'est rendu en pleine nuit dans le garage de son client pour récupérer son véhicule, il ne peut invoquer un droit de rétention.

b. L'exception du droit de rétention fictif

1065. Initialement, cette exception était limitée **au gage automobile**. Le créancier gagiste, bien qu'il n'ait pas la détention du bien (gage sans dépossession), bénéficie d'un droit de rétention fictif. Dans ce cas, la réalité l'emporte sur la fiction : en présence d'un conflit entre le titulaire d'un droit de rétention fictif et le garagiste, qui lui bénéficie d'un droit de rétention effectif, seul le droit de rétention effectif doit être pris en considération.

Mais ce droit de rétention fictif a été **généralisé par la loi du 4 août 2008 à tous les gages sans dépossession**. Désormais, l'article 2286 4° dispose que « celui qui bénéficie d'un gage sans dépossession peut se prévaloir d'un droit de rétention sur la chose ». Cela concerne donc tous les gages sans dépossession (v. *infra*, n° 1089 et s.).

Que penser d'une telle généralisation ?

Cette réforme nous semble **infondée** : cela dénature le droit de rétention, qui est fondamentalement un pouvoir de blocage du bien. Ce pouvoir de blocage se retrouve dans le gage automobile, dans la mesure où vente du véhicule suppose la remise d'un certificat de non-gage délivré par la préfecture. En dehors de cette hypothèse, le créancier gagiste **n'a aucun pouvoir de blocage sur le bien**, puisqu'il ne le détient pas et que l'aliénation est libre.

Elle nous semble en outre **inopportune** : ce droit de rétention fictif a peu d'intérêt pour le créancier. Il n'empêche pas le débiteur de se servir du bien, de sorte qu'il n'est pas incité à payer. En outre, en cas de vente, le tiers acquéreur entré en possession de bonne foi sera protégé (C. civ., art. 2276). En réalité, le droit de rétention fictif nuit surtout aux autres créanciers, spécialement dans le cadre d'une procédure collective. Mais, là encore, cette gêne a été largement neutralisée (v. *infra*, n° 1074).

2. La perte de la détention

1066. Le **droit de rétention se perd par le dessaisissement volontaire** (C. civ., art. 2286 al. 2). Si le créancier remet la chose au débiteur, ou la fait vendre, il perd son droit de rétention. *A contrario*, cela signifie que celui qui perd involontairement son droit de rétention le conserve.

Exemple

En cas de décision judiciaire de vente ou de saisie par un tiers, le droit de rétention subsiste. Il se reporte sur le prix, par l'effet de la subrogation réelle.

D. La connexité entre la créance et la détention

1067. Pour qu'il y ait un droit de rétention, il faut enfin qu'existe une **connexité entre la créance et la détention**. À défaut, le créancier ne peut pas conserver la chose.

Exemple

Pierre a oublié chez Paul son ordinateur. Il se trouve que Paul lui avait prêté six mois auparavant 100 euros pour s'acheter une montre. Paul est créancier de Pierre et il détient une chose lui appartenant : son ordinateur. Pour autant, on perçoit intuitivement qu'il n'existe aucun lien entre la créance et la détention de la chose, de sorte que tout droit de rétention sur l'ordinateur est exclu.

La jurisprudence a eu reconnu **trois liens de connexité**, qui ont été repris par l'article 2286 :
« Peut se prévaloir d'un droit de rétention sur la chose :
1° Celui à qui la chose a été *remise jusqu'au paiement de sa créance* ;
2° Celui dont la créance impayée résulte du *contrat* qui l'oblige à la livrer ;
3° Celui dont la créance impayée est née à *l'occasion de la détention de la chose* ».
Bousculant l'ordre du texte, il convient d'envisager tour à tour la connexité juridique (1), la connexité matérielle (2) et la connexité conventionnelle (3).

1. La connexité juridique

1068. Dans ce cas, la créance et la détention **se rattachent à un même contrat**, en ce sens que ce contrat est à la fois la source de la créance et la cause de la détention.
Cela correspond à **l'article 2286 2° du Code civil** : « celui dont la créance impayée résulte du contrat qui l'oblige à la livrer ».
Par exemple, il en va ainsi de la créance du garagiste, ou de celle du vendeur, du transporteur, du loueur... Un même contrat (entreprise, vente, bail...) fait naître la créance et la détention.
Une difficulté s'est posée dans le cas où la créance et la détention **résultent de deux contrats successifs mais portent sur une même chose**. Par exemple, le garagiste peut-il retenir la voiture de son client en raison du non-paiement d'une précédente réparation ?

Dans ce cas, le droit de rétention est exclu, sauf si les deux contrats s'intègrent dans une convention générale dont ils assurent l'exécution (Cass. com., 20 nov. 1967, *Bull. civ.* IV, n° 372).

2. La connexité matérielle

1069. Dans ce cas, la **créance impayée est née à l'occasion de la détention de la chose** (pour son amélioration, voire pour son acquisition). Cette hypothèse permet de reconnaître un lien de connexité en l'absence de tout contrat entre le créancier et le débiteur.
Cela correspond à **l'article 2286 3° du Code civil** : « celui dont la créance impayée est née à l'occasion de la détention de la chose ».

Exemple

Une personne a recueilli un animal blessé qui l'a mordu au visage. Il y a connexité entre la créance de dommages-intérêts et la détention de l'animal. Il en va de même des dépenses faites par un possesseur sur une chose, lorsqu'il est ensuite évincé par le véritable propriétaire.

3. La connexité conventionnelle

1070. Dans ce cas, la connexité résulte de la volonté des parties : le débiteur a remis la chose au créancier en lui permettant de la conserver jusqu'au paiement. Contrairement à la connexité juridique, la **rétention** a été voulue par le débiteur.
Cela correspond à **l'article 2286 1° du Code civil** : « celui à qui la chose a été remise jusqu'au paiement de sa créance ».

Exemple

Une personne a consenti un gage avec dépossession à son créancier sur un bijou, en lui permettant de la conserver jusqu'au paiement de sa créance.

§ 2. Les effets du droit de rétention

Le droit de rétention est un **grain de sable**. Le rétenteur est un **gêneur**. C'est à ce titre que le droit de rétention produit des effets généraux (A) et des effets spécifiques dans le droit des procédures collectives (B).

A. Les effets généraux du droit de rétention

Tout rétenteur peut refuser de restituer. C'est l'effet permanent, direct du droit de rétention. À cet égard, le droit de rétention présente deux caractères permanents : il est indivisible (1) et opposable à tous (2).

1. L'indivisibilité du droit de rétention

1071. Cela signifie que le créancier peut retenir la chose tant qu'il n'a pas intégralement été payé. C'est un caractère qu'ont également les « vraies » sûretés réelles.

2. L'opposabilité du droit de rétention

1072. Le droit de rétention est opposable **à tous.**

- **Il est opposable au débiteur** comme naturellement à ses ayants cause universels (héritiers) : le créancier peut refuser de restituer la chose au débiteur et à ses héritiers.
- **Il est opposable aux tiers non tenus à la dette :**
  - au **propriétaire du bien**, alors même qu'il n'est pas débiteur. Ainsi, le garagiste pourra retenir la chose confiée par son client, même si celui-ci n'était que le locataire du véhicule ou un emprunteur ;
  - au **sous-acquéreur du bien, même de bonne foi** (Cass. 1re civ., 24 sept. 2009, n° 08-10152, *Bull. civ.* I, n° 178). En l'espèce, une société a acheté à un vendeur des camping-cars. Elle ne paie pas le prix et les revend à un sous-acquéreur, qui s'est lui acquitté du prix. Il se trouve que le vendeur oppose au sous-acquéreur un droit de rétention sur les papiers des véhicules (connexité juridique). Le sous-acquéreur assigne le vendeur en délivrance des paiements du véhicule. La cour d'appel estime que le droit de rétention ne peut pas être opposé au sous-acquéreur par le vendeur car il est abusif. En effet, l'acquéreur intermédiaire est tombé en liquidation judiciaire, donc il ne pourra jamais payer ; le sous-acquéreur, lui, a payé : il n'est donc pas tenu à la dette. Cassation : le droit de rétention est un droit réel, opposable à tous, y compris aux tiers non tenus de la dette. Dès lors, le droit de rétention exercé par le créancier, qui pouvait légitimement prétendre au paiement du prix des véhicules, était opposable aux sous-acquéreurs, la bonne foi de ceux-ci et l'insolvabilité de la société débitrice venderesse intermédiaire ne pouvant faire dégénérer en abus l'exercice de ce droit. On perçoit à travers cette décision la redoutable efficacité du droit de rétention.
- **Il est opposable aux autres créanciers du même débiteur**, qu'ils soient chirographaires ou titulaires de vraies sûretés réelles. Le droit de rétention tient indirectement en échec le droit des autres créanciers de faire saisir le bien. En effet, si le bien est saisi, le rétenteur refusera de le délivrer à l'adjudicataire, à moins que celui-ci lui paie le prix de l'adjudication.

On voit donc que, dans les trois hypothèses, la gêne occasionnée par le droit de rétention aboutit *in fine* au **paiement** : **le rétenteur est très souvent payé avant tout le monde**, afin de pouvoir récupérer la chose. Mais un tel paiement ne provient pas d'un quelconque **droit** de préférence, mais de la **gêne** occasionnée. Tel est le cas en pratique **lorsque la valeur du bien est supérieure à la créance du rétenteur**.

Exemple

Le garagiste retient une *Ferrari* au titre d'une facture de 2000 euros. Les autres créanciers, afin de pouvoir saisir et faire vendre la voiture, vont payer le garagiste, quitte à se retourner ensuite contre le débiteur au titre de cette facture.

Ce phénomène est encore décuplé en matière de procédures collectives.

B. Les effets spécifiques en présence d'une procédure collective

Quand le débiteur fait l'objet d'une procédure collective, le droit de rétention montre toute son efficacité. Il convient toutefois de distinguer selon que le droit de rétention est effectif (1) ou fictif (2).

1. Le droit de rétention effectif

1073. Dans ce cas, le rétenteur a la détention de la chose. Elle est en son emprise.
Le **rétenteur échappe alors en grande partie à la discipline collective des procédures collectives**.
La loi impose en effet aux créanciers antérieurs, même munis de sûretés, un sacrifice : ils ne peuvent être payés (*interdiction du paiement des créances antérieures*). Ils ne le seront que dans le cadre du plan de sauvegarde, de redressement ou de liquidation (donc avec retard, et partiellement : car les créanciers vont être classés entre eux selon leurs privilèges, v. *infra*).
Le rétenteur, lui, échappe à cette discipline. **Il sera payé tout de suite et avant tout le monde**.
Ainsi, selon **l'article L. 622-7 II, al. 2 du Code de commerce**, pendant la **période d'observation** (entre l'ouverture de la procédure et l'adoption du plan), le juge peut autoriser le paiement du rétenteur « lorsque ce retrait est justifié par la poursuite de l'activité ». Il en va ainsi, par exemple, de la rétention de machines nécessaires à l'exploitation ou de biens de grande valeur qu'il faut vendre pour permettre la poursuite de l'activité. On voit encore que c'est la gêne occasionnée qui fait la force du droit de rétention.

2. Le droit de rétention fictif

1074. Dans ce cas, il s'agit d'une **rétention sans détention**. Le rétenteur n'a aucun pouvoir de blocage : la chose est entre les mains du débiteur. Il serait donc absurde de lui permettre d'être payé avant tout le monde pour récupérer une chose qui est déjà entre les mains du débiteur failli.
C'est pourquoi l'article L. 622-7 I, al. 2 du Code de commerce dispose que « le droit de rétention conféré par l'article 2286 4° est **inopposable** à la procédure collective pendant la période d'observation, sauf si le bien objet du gage est compris dans une cession d'activité décidée en application de l'article L. 626-1 », c'est-à-dire un plan de cession qui va permettre la sauvegarde de l'entreprise.

1075 à 1081. Réservés.

LEÇON 5

LES SÛRETÉS RÉELLES MOBILIÈRES

Textes

Articles 2329 et suivants du Code civil

1082. Approche générale des sûretés réelles. - On entre de plain-pied dans le monde des sûretés réelles. Le nouvel article 2323 du Code civil, issu de l'ordonnance du 15 septembre 2021, en donne une définition plus précise : « la sûreté réelle est l'affectation d'un bien ou d'un ensemble de biens, présents ou futurs, au paiement préférentiel ou exclusif du créancier ». Rappelons que seules les sûretés préférentielles sont au programme du CRFPA, les propriétés-sûretés, qui confèrent au créancier un droit exclusif, ayant été évincées.

De manière classique, le nouvel article 2324 du Code civil consacre une distinction des sûretés réelles en fonction de leur **source**. Ainsi, ce texte dispose que « la sûreté réelle est légale, judiciaire ou conventionnelle, selon qu'elle est accordée par la loi à raison de la qualité de la créance, par un jugement à titre conservatoire, ou par une convention ». On remarquera que contrairement au cautionnement qui suppose un accord de la caution, même dans le cas du cautionnement judiciaire ou légal, la sûreté réelle peut être imposée au propriétaire, que ce soit par la loi (ex. d'un privilège légal) ou par le juge (ex. une hypothèque judiciaire). En revanche, la sûreté réelle pour autrui est nécessairement conventionnelle car on ne saurait imposer à une personne d'affecter ses biens pour garantir la dette d'autrui (art. 2325). Toujours de manière classique, le texte distingue ensuite les sûretés réelles en fonction de leur **objet**. Les alinéas 2 et 3 de l'article 2324 prévoient ainsi qu'« elle est mobilière ou immobilière, selon qu'elle porte sur des biens meubles ou immeubles. Elle est générale lorsqu'elle porte sur la généralité des meubles et des immeubles ou des seuls meubles ou des seuls immeubles. Elle est spéciale lorsqu'elle ne porte que sur des biens déterminés ou déterminables, meubles ou immeubles ».

Dans cette leçon, il est question de l'affectation d'un bien **meuble ou d'un ensemble de biens meubles**, qui a pour effet de conférer un **droit de préférence** au créancier.

Exemple

Simone consent un gage sur sa bague de fiançailles pour garantir un emprunt de 1500 euros. Imaginons qu'elle ait contracté d'autres dettes, toutes sans sûretés. Si la bague est saisie puis vendue par un créancier, le créancier gagiste sera payé en priorité. Les créanciers chirographaires se partageront le solde éventuel du prix.

Si l'on se tourne un instant vers le passé, il faut savoir que les sûretés mobilières étaient quelque peu délaissées par le Code civil au profit de l'hypothèque, en application de l'adage *res mobilis, res vilis*. Cependant, avec le développement de la fortune mobilière (véhicules, marchandises, biens incorporels…), ces sûretés ont **connu au xxe siècle une seconde jeunesse**.

Quel a été l'apport de l'ordonnance du 23 mars 2006 ?

- L'ordonnance du 23 mars 2006 **a consacré ce dynamisme des sûretés mobilières**, en généralisant le **gage sans dépossession.** Comme dans l'hypothèque immobilière, le débiteur peut donc conférer une préférence sur ces meubles, tout en en gardant la possession. Cela est pratique ; que l'on songe à un bijou, un tableau, ou à une machine. Plus besoin de s'en dessaisir auprès d'un mont-de-piété pour obtenir du crédit.
- Face au pullulement des sûretés mobilières au xxe siècle, **la réforme a procédé à une remise en ordre terminologique**. Avant la réforme, on ne savait plus très bien quelle était la différence entre un gage et un nantissement, le législateur utilisant à tort et à travers ces deux termes.

Désormais, les choses sont claires : le **gage**, avec ou sans dépossession, porte sur un **meuble corporel** (bijou, tableau, machine), tandis que le **nantissement** a pour objet un **meuble incorporel** (fonds de commerce, brevet, droits d'exploitation d'un film, créance…).

FOCUS

La réforme du gage par l'ordonnance du 15 septembre 2021

Comme nous allons le voir au fur et à mesure des développements, l'ordonnance du 15 septembre 2021 procède à une nouvelle modernisation du gage mobilier, dans le sillage du premier mouvement initié en 2006. Déjà, de très nombreux gages spéciaux, qui étaient tombés en désuétude ou faisaient doublon avec le gage du Code civil, sont supprimés. Il en va ainsi du gage commercial, du nantissement de l'outillage et du matériel d'équipement, des warrants pétroliers et hôteliers, du gage des stocks de guerre et industriel et du fameux gage des stocks (art. 38). On retrouve cette volonté de revenir à une unité de règles édictées dans le seul Code civil, volonté que l'on a déjà constatée pour le cautionnement. Pour le reste, d'autres innovations sont à signaler, telles que la possibilité de constituer un gage sur un immeuble par destination ou encore la réforme du gage sur choses fongibles. L'entrée en vigueur des règles nouvelles est fixée au 1er janvier 2022. Un point important : contrairement au cautionnement, l'article 37 de l'ordonnance ne prévoit pas que la réforme ne s'applique pas aux gages conclus avant le 1er janvier 2022, y compris pour leurs effets légaux ou leurs dispositions d'ordre public. Dès lors, par une forme d'interprétation *a contrario* (dont on sait qu'elle doit être maniée avec prudence), **on peut considérer qu'il est possible d'appliquer immédiatement les dispositions qui concernent les «** effets **légaux » de la sûreté aux gages conclus avant son entrée en vigueur (par ex. les modes de réalisation du gage). Mais la prudence est de mise : dans un cas pratique, en l'absence de jurisprudence, il convient de rester prudent**.

L'article 2329 du Code civil, inchangé par l'ordonnance du 15 septembre 2021, dispose que les sûretés sur les meubles sont :
« 1° Les privilèges mobiliers ;
2° Le gage de meubles corporels
3° Le nantissement de meubles incorporels
4° La propriété cédée ou retenue à titre de garantie ».
Cette quatrième catégorie relève des propriétés sûretés, qui ne font plus partie du programme de l'examen du CRFPA.
Il convient dès lors d'envisager successivement le **gage** (section 1), le **nantissement** (section 2) et les **privilèges mobiliers** (section 3).

FOCUS

La création d'un registre unique des sûretés réelles mobilières

L'ordonnance du 15 septembre 2021 procède à une clarification salutaire du régime de publicité des sûretés réelles mobilières, qui dépendait de codes différents et de systèmes distincts. Ainsi, l'article 31 de l'ordonnance organise une centralisation de la publication des sûretés réelles mobilières, sur le modèle de ce qui existe pour les immeubles (fichier immobilier). Dans ce cadre, un **décret n° 2021-1887 du 29 décembre 2021** a créé le registre des sûretés réelles mobilières et autres opérations connexes. Ce décret **n'entrera en vigueur que le 1er janvier 2023**, afin de permettre aux services concernés de se préparer à la constitution de ce registre (sauf pour certaines sûretés, telles que le gage sans dépossession). Les dispositions se trouvent dans le Code de commerce, dans la mesure où ce sont les greffes des tribunaux de commerce qui vont assurer cette publicité. Ainsi, l'article R. 521-1 du Code de commerce dispose qu'« il est institué au niveau de chaque greffe compétent dans les conditions définies par l'article R. 521-5, un registre dénommé "**registre des sûretés mobilières et autres opérations connexes**" dont l'objet est de centraliser leurs inscriptions. Il est également institué, sous la responsabilité du Conseil national des greffiers des tribunaux de commerce, un portail national accessible par le réseau internet permettant la consultation des informations inscrites dans les registres des sûretés mobilières tenus localement par chaque greffier ». Via ce portail unique, toute personne pourra ainsi consulter gratuitement les inscriptions prises sur un meuble. Signe d'une centralisation quasi totale de la publicité, l'article R. 521-2 envisage une liste impressionnante d'opérations qui relèvent du registre : « 1° Des gages sans dépossession à l'exception des gages mentionnés au second alinéa de l'article 2338 du Code civil (gage automobile, qui relève toujours des préfectures) ; 2° Des nantissements conventionnels de parts de sociétés civiles, de société à responsabilité limitée et de société en nom collectif ; 3° Du privilège du vendeur de fonds de commerce ; 4° Du nantissement du fonds de commerce ; 5° Des déclarations de créances en application de l'article L. 141-22 du Code de commerce ; 6° Des hypothèques maritimes à l'exclusion de celles qui portent sur les navires enregistrés au registre mentionné à l'article L. 5611-1 du Code des transports ; 7° Des actes de saisie sur les navires à l'exclusion de ceux qui portent sur les navires enregistrés au registre mentionné à l'article L. 5611-1 du Code des transports ; 8° De tout acte ou jugement translatif, constitutif ou déclaratif de propriété ou de droits réels portant sur un bateau au sens de l'article L. 4111-1 du Code des transports ; 9° Des hypothèques fluviales ; 10° Des actes de saisie de bateaux ; 11° Parmi les mesures d'inaliénabilité décidées par le tribunal en application des articles L. 626-14 et L. 642-10 du présent code, de celles qui, le cas échéant, portent sur un bien ayant préalablement fait l'objet d'une inscription au présent registre conformément aux dispositions du premier alinéa des articles R. 626-25 et R. 642-12 du même code ou, à défaut, de celles pour lesquelles les débiteurs sont inscrits au registre du commerce et des sociétés ainsi que de celles qui portent sur des biens d'équipement en application des articles R. 626-26 et R. 642-13 du même code ; 12° Des contrats portant sur un bien qui ont fait l'objet d'une publicité, conformément aux dispositions de l'article L. 624-10 du présent code et dans les conditions fixées par l'article R. 624-15 du même code ; 13° Du privilège du Trésor ; 14° Des privilèges de la sécurité sociale et des régimes complémentaires prévus à l'article L. 243-5 du Code de la sécurité sociale ; 15° Des warrants agricoles ; 16° Des opérations de crédit-bail en matière mobilière ».

Section 1

Le gage

1083. Il est défini par l'**article 2333, laissé intact par l'ordonnance du 15 septembre 2021** : « le gage est une convention par laquelle le constituant accorde à un créancier le droit de se faire payer par préférence à ses autres créanciers sur un bien mobilier ou un ensemble de biens mobiliers corporels présents ou futurs ».

Décomposons cette définition :

- le gage est une **convention** : en d'autres termes, **le gage est une sûreté conventionnelle**. Il n'existe **pas de gage légal ni de gage judiciaire** ;
- est accordé au créancier une **préférence** sur un bien mobilier ou un ensemble de biens mobiliers corporels, présents ou futurs : le domaine du gage est donc large. Il peut porter sur un bien déterminé ou sur un ensemble de biens (ex. stock). Et le débiteur peut affecter en garantie des meubles dont il n'est pas encore propriétaire (ex. marchandises qui ne sont pas encore acquises).

Voilà pour la définition générale. Mais en réalité, **il n'existe pas *un* gage, mais *des* gages**. En effet, à côté du gage de droit commun, prévu et réglementé par le Code civil, il existait de nombreux gages spéciaux : gage commercial, gage sur stock, warrants...

Cette coexistence était source de **cacophonie car les régimes de ces différents gages ne sont pas les mêmes.** À chaque gage correspondait en outre un système distinct de publicité. Ce mille-feuille de gages, qui était contestable, a été supprimé par l'ordonnance du 15 septembre 2021. Il n'existe donc plus de distinction entre le gage de droit commun et les gages spéciaux, puisqu'il n'existe désormais qu'un seul gage : celui du Code civil. À cet égard, le gage automobile ne conserve une spécificité que du point de vue de la publicité. Le warrant agricole est le seul gage spécial qui a résisté au travail d'unification du gage.

Il convient donc désormais de se consacrer au seul gage du Code civil, les autres ayant été supprimés, en envisageant d'une part la constitution du gage (§ 1) et les effets du gage (§ 2), étant précisé que les anciens gages spéciaux ne sont rappelés que pour mémoire, afin d'envisager le cas d'une sûreté constituée avant le 1er janvier 2022 dans l'examen du CRFPA (§ 3).

§1. La constitution du gage

Le gage est soumis à des conditions de forme (A) et de fond (B).

A. Les conditions de forme

1084. Depuis l'ordonnance du 23 mars 2006, le **gage est un contrat solennel**.
Avant la réforme, il s'agissait d'un contrat réel, formé par la remise de la chose autrement dit par la dépossession. Dès lors que la réforme a consacré la possibilité de constituer un gage sans dépossession, la remise de la chose ne pouvait plus être une condition de formation de cette sûreté. C'est pourquoi l'écrit se substitue désormais à la remise de la chose : **le gage doit donc être écrit, et cet écrit est requis *ad validitatem***. À défaut, le gage est nul. Cette condition est posée par l'article **2336 du Code civil** : « le gage est parfait par l'établissement d'un écrit comprenant la *désignation de la dette garantie*, la *quantité des biens donnés en gage ainsi que leur espèce ou leur nature* ».
Pourquoi une telle exigence ? Parce que **les sûretés réelles en général, et le gage en particulier, sont soumises à un principe de spécialité.** Afin de ne pas épuiser le crédit du constituant en permettant que n'importe quelle dette soit garantie par tous ses biens, l'acte constitutif doit à la fois désigner la ou les créances garanties et le ou les biens grevés. Toutefois, ce principe a été assoupli par la réforme de 2006, en permettant la constitution de gage sur des choses futures (art. 2333 al. 1er), pour garantir des dettes futures, dès lors qu'elles sont déterminables (art. 2333 al. 2). Mais encore faut-il que les biens, présents ou futurs, ainsi que les dettes, présentes ou futures, soient désignés dans l'acte.
Il faut noter que ces règles ont été laissées intactes par l'ordonnance du 15 septembre 2021.

B. Les conditions de fond

On peut envisager tour à tour les conditions relatives aux parties (a), aux biens (b) et à la créance garantie (c).

1. Conditions relatives aux parties

1085. Les parties sont le **constituant** (qui n'est pas nécessairement le débiteur) et le **créancier**.

a. Le créancier

Dans le gage de droit commun, le créancier n'a pas à revêtir une qualité particulière. Tout au plus faut-il rappeler qu'il doit être capable de contracter.

b. Le constituant

Le constituant est le contractant qui affecte son bien en garantie d'une dette. Trois remarques doivent être faites :

- Le constituant doit **avoir la capacité de disposer** : même si le gage n'entraîne en soi aucun transfert de propriété, il peut donner lieu à la vente ou à l'attribution du bien au créancier.
- Le constituant doit **être propriétaire du bien gagé**. **L'article 2335, dans sa version antérieure au 1er janvier 2022,** énonce ainsi que le **gage de la chose d'autrui est nul**. La règle fait l'objet de trois aménagements :
  - tout d'abord, en présence d'un gage avec dépossession, le créancier gagiste sera protégé par l'article 2276 du Code civil, sous réserve de la perte et du vol (art. 2277) ;

- ensuite, l'**article 2235 *in fine*** du même code énonce que le gage de la chose d'autrui peut donner lieu à des **dommages-intérêts** lorsque le créancier est de bonne foi : cela signifie que le créancier peut préférer délaisser la chose au propriétaire, afin d'obtenir des dommages-intérêts de son débiteur (mais s'il est insolvable, le créancier préférera conserver le bien) ;
- enfin, si le gage porte sur une **chose future**, le constituant n'a pas, par hypothèse, à en être propriétaire. Si en définitive, il ne l'est pas, **le gage devient caduc**.

FOCUS

Le gage de la chose d'autrui

L'ordonnance du 15 septembre 2021, applicable à compter du 1er janvier 2022, a réécrit l'article 2335 du Code civil, pour éviter l'automaticité qui s'attache à la nullité du gage de la chose d'autrui. Désormais, le texte dispose que « le gage de la chose d'autrui peut être annulé à la demande du créancier qui ignorait que la chose n'appartenait pas au constituant ». On le voit, l'action en annulation est facultative, et elle appartient au seul créancier de bonne foi. Le créancier peut donc conserver la chose, tout en n'ayant pas à craindre une action en nullité de la part du propriétaire (ex. : un créancier bénéficiaire d'une clause de réserve de propriété sur le bien gagé).

- Le constituant **n'est pas nécessairement le débiteur**. On est alors dans l'hypothèse du fameux « cautionnement réel », qui constitue en réalité une sûreté réelle pour autrui. Le nouvel article 2325 alinéa 2 prévoit alors que « lorsqu'elle est constituée par un tiers, le créancier n'a d'action que sur le bien affecté en garantie ».

2. Conditions relatives aux biens

1086. **L'article 2333 du Code civil** dispose que le gage peut porter sur un meuble corporel ou sur un ensemble de meubles corporels, présents ou futurs. Il faut ajouter que le gage peut également avoir pour objet des choses **fongibles (art. 2341 et s.).** Rappelons que sont fongibles les choses qui, n'étant déterminées que par leur nombre, leur poids ou leur mesure, peuvent être employées indifféremment l'une pour l'autre dans un paiement (par ex., 1 tonne de blé, 10 caisses de châteauneuf-du-pape 2005 ; v. *supra*, n° 56). Les choses non fongibles, elles, ne sont pas interchangeables : il n'y a ainsi pas de fongibilité, pour un commerçant, entre du riz et de la farine, ou, pour un pharmacien, entre des antidépresseurs et du viagra. Même si la fongibilité repose en premier lieu sur la nature des choses, elle peut également être conventionnelle, et concerner deux choses de nature différente. Ainsi, la Cour de cassation a admis **l'efficacité d'une clause de fongibilité conventionnelle** entre de la noix de jambon et du jambon à affiner, dès lors que la valeur de chaque pièce était identique (Cass. com., 26 mai 2010, n° 09-65812, *Bull. civ.* IV, n° 98).

Quel est l'intérêt de la constitution d'un gage sur des choses fongibles ?

Le gage va pouvoir se reporter automatiquement sur les biens de même espèce et de même qualité, par la technique de la **subrogation réelle** (remplacement d'un bien par un autre). À l'inverse, si un bien individualisé est vendu à un tiers, le gage ne pourra pas se reporter sur un autre bien acquis par le constituant, faute de fongibilité.

Exemple

Si un entrepreneur a gagé son stock de farine, le droit de gage du créancier se reportera automatiquement sur la farine qui vient, au fur et à mesure de la vie de l'entreprise, réapprovisionner le stock.

Qu'en est-il pour le gage-espèces ?

Le gage-espèces consiste à remettre au créancier une somme d'argent en garantie d'une dette (ex. dépôt de garantie du locataire). Lorsque la monnaie est fiduciaire (billets et pièces), il s'agit d'un véritable gage, puisqu'il porte sur un meuble corporel. En revanche, en présence de monnaie scripturale (chèque, virement, paiement par carte bancaire), l'opération est soumise aux règles du nantissement, dans la mesure où elle porte sur un bien incorporel (v. *infra*, n° 1110).

FOCUS

Le bien gagé : possibilité de gager un immeuble par destination

À compter du 1er janvier 2022, l'ordonnance du 15 septembre 2021 permet au constituant de gager des immeubles par destination (art. 2334). C'est sans doute la mesure phare de la réforme s'agissant du gage, puisqu'elle permet au constituant d'utiliser une réserve de crédit jusqu'alors inexploitée. On songe, par exemple, aux éoliennes, turbines et autres panneaux solaires qui sont affectés à un immeuble par nature. En effet, le seul moyen d'affecter en garantie des immeubles par destination était jusqu'à présent de les inclure, comme accessoire, dans une hypothèque immobilière. Désormais, pour obtenir du crédit, le constituant peut, indépendamment de toute sûreté sur l'immeuble auquel il est affecté et en échappant au formalisme de l'hypothèque (acte notarié), constituer un gage sur un immeuble par destination. Mais cela crée alors un risque de conflit avec un éventuel créancier hypothécaire, qui dispose lui d'un droit réel immobilier sur l'immeuble par nature, qui s'étend aux immeubles par destination (*accessorium sequitur principale*). L'alinéa 2 du nouvel article 2334 vient parer à cette difficulté, en prévoyant que « l'ordre de préférence entre le créancier hypothécaire et le créancier gagiste est déterminé conformément à l'article 2419 », c'est-à-dire en fonction de la date des inscriptions, et ce, nonobstant le droit de rétention du créancier gagiste. Il faut toutefois observer que les systèmes de publicité ne sont pas les mêmes, de sorte qu'il faudra songer à consulter les deux registres (fichier immobilier pour l'hypothèque, et registre des sûretés réelles mobilières, à compter du 1er janvier 2023, pour le gage).

3. Les créances garanties

Les créances garanties peuvent être **présentes ou futures**. Il faut savoir que la possibilité de garantir des créances futures par un gage est une innovation de l'ordonnance de 2006. Cela suppose toutefois que les créances soient déterminables (C. civ., art. 2333 al. 2), conformément au principe de spécialité des sûretés réelles (v. *supra*, n° 1084).

§2. Les effets du gage

Il est classique de distinguer les effets entre les parties (1) et les effets à l'égard des tiers (2).

A. Les effets entre les parties

Il est tout aussi classique de distinguer les effets avant l'échéance de la créance garantie (a) et à l'échéance de cette créance (b).

1. Les droits et obligations des parties avant l'échéance de la créance garantie

1087. La situation change selon que le gage est avec ou sans dépossession.

Gage avec dépossession

La chose est remise au créancier, ou à un tiers convenu (**entiercement**). Pèse alors sur le créancier gagiste une **obligation de conservation** du bien (C. civ., art. 2343), sanctionnée par la restitution et/ou le paiement de dommages-intérêts (art. 2344).
Le créancier n'a ni l'usage du bien, ni le pouvoir d'en disposer. Toutefois, l'article 2345 lui permet désormais, sauf clause contraire, de percevoir **les fruits du bien, à charge de les imputer sur les intérêts ou le capital de la dette** (principe de non-enrichissement du créancier : v. *supra*, n° 942).
Par ailleurs, lorsque le gage porte sur des **choses fongibles,** le créancier doit les tenir séparées de ses propres choses, pour éviter toute confusion (C. civ., art. 2341). La convention peut toutefois dispenser le créancier de cette obligation : il acquiert alors la propriété des choses fongibles et devra restituer la même quantité de choses équivalentes (art. 2341 al. 2). L'intérêt d'une telle clause est de permettre au créancier de disposer des choses fongibles, à charge de restituer des choses équivalentes.

FOCUS

La réforme du gage sur choses fongibles avec dépossession

L'ordonnance du 15 septembre 2021 vient modifier l'article 2341 du Code civil, et ce, à compter du 1er janvier 2022. Selon l'alinéa 1er, « le gage avec dépossession a pour objet des choses fongibles, le créancier doit les tenir séparées des choses de même nature qui lui appartiennent. À défaut, le constituant peut se prévaloir des dispositions du premier alinéa de l'article 2344 », c'est-à-dire obtenir la restitution du bien gagé. L'alinéa 2 ajoute que « si la convention dispense le créancier de cette obligation, il acquiert la propriété des choses gagées à charge de restituer la même quantité de choses équivalentes ». Tout ceci n'est pas nouveau. C'est l'alinéa 3 qui innove : « dans le cas visé au premier alinéa, le constituant peut, si la convention le prévoit, aliéner les choses gagées à charge de les remplacer par la même quantité de choses équivalentes ». Ainsi, même dans l'hypothèse où le créancier doit tenir les choses fongibles reçues séparées des siennes, le constituant peut disposer conventionnellement du pouvoir d'en disposer, à charge de les remplacer par des choses de même nature. Cela permet au constituant de disposer par exemple de son stock gagé, bien qu'il soit en la possession du créancier.

Gage sans dépossession

L'obligation de conservation pèse cette fois sur le **constituant.** En cas de non-respect, le créancier peut se prévaloir de la déchéance du terme (la créance devient immédiatement exigible) ou solliciter un complément de gage (C. civ., art. 2344 al. 2).
S'agissant du gage sans dépossession portant sur **des choses fongibles**, le constituant peut les aliéner si la convention le prévoit, à charge de les remplacer par la même quantité de choses équivalentes (art. 2342).

FOCUS

La réforme du gage sur choses fongibles sans dépossession

L'ordonnance du 15 septembre 2021 vient étendre la possibilité pour le créancier d'aliéner les choses fongibles gagées. Ainsi, le nouvel article 2342 du Code civil prévoit que « lorsque le gage sans dépossession a pour objet des choses fongibles, le constituant peut, sauf convention contraire, les aliéner à charge de les remplacer par la même quantité de choses équivalentes ». On le voit, la réforme inverse le principe et l'exception. Désormais il est acquis que le constituant, resté en possession des choses fongibles (ex. un stock de matières premières périssables), peut les aliéner, sauf si la convention le lui interdit expressément.

2. La réalisation de la sûreté en cas de défaillance du débiteur

1088. En cas de défaillance du débiteur, pas moins de **cinq voies** s'offrent au créancier gagiste.

La vente judiciaire du bien gagé (C. civ., art. 2346)

Elle se réalise selon les modalités prévues par les procédures civiles d'exécution (nécessité d'un titre exécutoire et recours à un huissier de justice). Le texte interdit à cet égard la **clause de voie parée**, qui dispense le créancier du respect des modalités prévues par les procédures civiles d'exécution. Grâce à son droit de préférence, le créancier gagiste sera payé en priorité, du moins par rapport aux créanciers chirographaires. Mais il sera primé par d'autres (v. *infra*, n° 1101 et s. sur les privilèges). En cas d'ouverture d'une procédure collective, l'exercice du droit de préférence ne présente pas toujours beaucoup d'intérêt. Le droit de poursuite est suspendu ; en outre, le créancier subit le concours des créanciers de la procédure, qui passent avant lui.

FOCUS

La vente du bien gagé

L'ordonnance du 15 septembre 2021 innove en ajoutant un alinéa 2 à l'article 2346, qui prévoit que « lorsque le gage est constitué en garantie d'une dette professionnelle, le créancier peut faire procéder à la vente publique des biens gagés par un notaire, un huissier de justice, un commissaire-priseur judiciaire ou un courtier de marchandises assermenté, huit jours après une simple signification faite au débiteur et, le cas échéant, au tiers constituant du gage ». Ce texte permet ainsi de réaliser une vente simplifiée et rapide du bien gagé, mais ne concerne que les dettes professionnelles.

L'attribution judiciaire du bien (C. civ., art. 2347)

Le créancier peut demander en justice que le bien lui soit attribué en paiement. Il s'agit d'une sorte de **dation en paiement forcée**. L'attribution judiciaire du gage en propriété éteint la créance à concurrence de sa valeur. La différence est versée au constituant (qui peut être le débiteur, ou le tiers qui a consenti une sûreté réelle pour autrui : pas d'enrichissement du créancier ; par exemple, si un créancier a une créance de 1000 et que le bien a une valeur de 1600, le constituant reçoit la somme de 600 euros) ; s'il existe d'autres créanciers gagistes, elle est consignée. Il faut noter que c'est l'ordonnance du 15 septembre 2021 qui a prévu que la différence était prévue au constituant alors que l'ancien texte mentionnait le débiteur, ce qui n'était pas adapté à l'hypothèse de la sûreté réelle pour autrui : il n'y avait aucune raison que ce soit le débiteur, et non le constituant, qui perçoive la différence.
L'exercice de la faculté d'attribution judiciaire peut être intéressant en cas de procédure collective, non pas pendant la période d'observation, dans la mesure où les poursuites sont arrêtées. En revanche, en cas de liquidation judiciaire (mais pas dans les autres procédures), cela permet au créancier gagiste devenu propriétaire d'éviter tous concours avec les autres créanciers.

L'attribution automatique du bien : le pacte commissoire (C. civ., art. 2348)

C'est **l'une des innovations majeures de la réforme du 23 mars 2006**. Il peut être convenu, lors de la constitution du gage ou postérieurement, qu'à défaut d'exécution de la dette, le créancier deviendra propriétaire du bien gagé. Le créancier est ainsi dispensé de demander l'attribution judiciaire du bien. Il devient, par l'effet du pacte, propriétaire de plein droit en cas de défaillance du débiteur. Il est alors **fondamental de déterminer la valeur du bien**, pour éviter un enrichissement injuste du créancier. Elle est déterminée par expert, sauf s'il existe une cotation officielle (exemple de l'or). Si la valeur excède le montant de la dette, le créancier doit verser la différence au constituant (qui n'est pas nécessairement le débiteur, v. sûreté réelle pour autrui : et c'est encore l'ordonnance qui a remplacé « constituant » par « débiteur »), ou la consigner s'il existe d'autres créanciers gagistes (absence d'enrichissement, encore et toujours). Enfin, en cas d'ouverture d'une procédure de sauvegarde, l'article L. 622-7 alinéa 3 du Code de commerce prévoit que le jugement fait obstacle à la conclusion et à la réalisation d'un pacte commissoire. L'ouverture d'une procédure collective bloque donc l'acquisition de la propriété du bien par le créancier et interdit de constituer un nouveau pacte commissoire.

Le droit de rétention (C. civ., art. 2286 1°)

C'est sans nul doute la reconnaissance de ce droit qui explique le maintien et le succès du **gage avec dépossession**. En effet, comme on l'a vu, le créancier bénéficie dans ce cas d'un droit de rétention effectif, puisqu'il détient la chose. Il sera payé, en présence d'une procédure collective ouverte contre le constituant, si la restitution des biens est nécessaire à la poursuite de l'activité. Tel n'est pas le cas pour le droit de rétention fictif (v. *supra*, n° 1065).

Le droit de suite

Ce droit de suite sera mis en œuvre lorsque le bien a été revendu par le débiteur à un tiers. Le créancier gagiste pourra opposer son gage au tiers acquéreur de la chose. C'est donc l'opposabilité aux tiers qui est en jeu.

B. Les effets du gage à l'égard des tiers

Pour que le gage puisse être opposable aux tiers, encore faut-il qu'ils en aient connaissance. Avant d'acheter un bien au débiteur ou de lui consentir un crédit, il faut qu'ils puissent connaître l'existence d'un gage. Quels sont les modes d'opposabilité du gage ? **L'article 2337** du Code civil prévoit deux modes : soit la publicité, pour le gage sans dépossession (a), soit la dépossession, en cas de gage avec dépossession (b). Une telle publicité permet de résoudre les éventuels conflits entre créanciers gagistes (c).

1. Le gage sans dépossession

1089. Aux termes de l'article 2337, le gage est opposable aux tiers par la publicité. Cette publicité prend **la forme d'une inscription sur un registre spécial, régi par le décret du 23 décembre 2006.** Il a été créé un **fichier national des gages sans dépossession**. Ce fichier électronique peut être consulté gratuitement par internet en renseignant la catégorie de biens et l'identité du constituant.
Lorsque le gage a été régulièrement publié, **l'article 2337 alinéa 3** prévoit que les ayants cause à titre particulier du constituant ne peuvent se prévaloir de l'article 2276 du Code civil. Dès lors, si le constituant vend la chose à un tiers, le gage reste opposable à l'acquéreur. Mais encore faut-il pouvoir **connaître l'identité du constituant**. Force est de constater que la publicité n'est utile qu'au premier acquéreur du bien.

Exemple

M. Dupont affecte en gage un tableau au profit d'une banque. Il le revend à M. Durand. M. Durand va consulter le fichier et va pouvoir se rendre compte que le bien est gagé. Mais si M. Durand revend le bien à M. Dubois, celui-ci va consulter le fichier en renseignant le nom de son propre vendeur, M. Durand, et apprendra que le bien n'est pas gagé, alors qu'il l'est en réalité.

Ainsi, **pour les sous-acquéreurs, le fichier national n'est d'aucun secours**. Ne connaissant pas par hypothèse l'identité du constituant, sauf information spéciale sur ce point, ils ne peuvent avoir connaissance du gage qui grève le bien. **En effet, aucun système d'inscription ou de certificat n'est associé au bien lui-même** (à la différence des immeubles, car les meubles, par hypothèse, ne sont pas fixes). Quand on connaît la propension des meubles corporels à circuler de la main à la main, phénomène accentué par les sites de vente en ligne, le risque de déperdition du gage n'est pas théorique.

2. Le gage avec dépossession

1090. L'alinéa 2 de l'article 2337 du Code civil précise que le gage est également opposable aux tiers **par la dépossession**. Dès lors que l'on est dans l'hypothèse d'un **gage avec dépossession**, la dépossession rend la publicité inutile. La dépossession peut intervenir entre les mains du créancier ou d'un tiers.
C'est pour le créancier un gage beaucoup plus sûr :
- il bénéficie d'un **droit de rétention** opposable à la procédure collective ;
- il **empêche de fait le débiteur de vendre son bien** et qu'il se perde ainsi dans la nature.

3. Les conflits entre créanciers gagistes

1091. Ces conflits sont réglés par **l'article 2340 du Code civil**.

- *Lorsqu'un même bien fait l'objet de* ***plusieurs gages successifs sans dépossession***: le rang des créanciers est réglé par **l'ordre de leur inscription** (*prior tempore, potior jure*).
- *Lorsqu'un bien donné en gage* ***sans dépossession fait ultérieurement l'objet d'un gage avec dépossession***: le droit de préférence du créancier gagiste est opposable au créancier gagiste postérieur lorsqu'il est régulièrement publié, nonobstant le droit de rétention de ce dernier (*prior tempore, potior jure*).

À noter

Aucun conflit n'est possible lorsqu'un meuble a fait l'objet d'un premier gage avec dépossession, dès lors que la première dépossession empêche *de fait* la constitution d'un nouveau gage avec dépossession.

§ 3. Les anciens gages spéciaux supprimés à compter du 1er janvier 2022

Ces gages spéciaux, supprimés à compter du 1er janvier 2022, ne sont rappelés que pour mémoire, au cas où un sujet du CRFPA ferait référence à une telle sûreté constituée avant le 1er janvier 2022. Le premier n'était pas propre à une activité commerciale et se trouvait à ce titre dans le Code civil: le gage automobile (A).
Les autres sont propres à l'activité commerciale et se trouvent dès lors dans le Code de commerce (B).

A. L'ancien gage automobile

1092. C'est **l'un des premiers gages sans dépossession qui a été admis** (loi de 1943). On comprend pourquoi: le véhicule étant une chose indispensable à la vie personnelle et professionnelle du constituant, il est nécessaire de lui en laisser l'usage. **La réforme du 23 mars 2006 a intégré le gage automobile dans le Code civil aux articles 2351 à 2353**. Cela entraîne deux conséquences:

- il peut être consenti au profit **de n'importe quel créancier**;
- il devient une **sûreté conventionnelle** (auparavant, il s'agissait d'une forme de sûreté légale au profit du vendeur à crédit et du prêteur de deniers).

Quelle en est la spécificité par rapport au gage de droit commun?

- **La publicité**, qui consiste en une déclaration à la préfecture (art. 2351);
- **Le droit de rétention effectif**: le créancier, bien qu'il s'agisse d'un gage sans dépossession, bénéficie d'un tel droit. Ainsi, selon l'article 2352 du Code civil, «par la délivrance du reçu de la déclaration, le créancier gagiste est réputé avoir conservé le bien remis en gage *en sa possession*».

B. Les anciens gages commerciaux

Venant ajouter beaucoup de complexité, le Code de commerce prévoyait des dispositions générales sur le gage commercial (1) ainsi que des types de gages commerciaux (2), dont l'articulation avec les dispositions du Code civil a posé beaucoup de difficultés.

1. Les dispositions générales sur le gage commercial

1093. Le gage est commercial **lorsque la créance garantie a un caractère commercial pour le débiteur** : il est souscrit par un commerçant, ou par un individu non commerçant pour garantir un acte de commerce. Son régime était fixé par les **articles L. 521-1 et suivants du Code de commerce**.

Il existe **deux** grandes spécificités par rapport au gage civil :

- la **dispense d'écrit**. Il y avait eu des hésitations en doctrine car les textes n'étaient pas clairs, mais la Cour de cassation a tranché (Cass. com., 17 févr. 2015, n° 13-27080, *Bull. civ.* IV, n° 39). Le gage commercial est donc **consensuel** ;
- la **réalisation forcée du gage est possible sans intervention judiciaire** : c'est ce que prévoit l'article L. 521-3 du Code de commerce : « à défaut de paiement à l'échéance, le créancier peut faire procéder à la vente publique des objets gagés, huit jours après une simple signification faite au débiteur ».

Pour le reste, depuis l'ordonnance du 23 mars 2006, il est soumis au régime du gage du Code civil. Notamment, il peut être **avec ou sans dépossession.**

2. Les différents gages commerciaux

Trois régimes spéciaux étaient prévus dans le Code de commerce : le gage des stocks (a), le gage sur outillage et matériel (b) et les warrants (c).

a. Le gage des stocks

1094. C'est une **création surprise de la réforme du 23 mars 2006** prévue aux **articles L. 527-1 et suivants du Code de commerce.** C'est un gage qui instaure le **désordre**.

Pour cette raison, il a été réformé par une **ordonnance du 29 janvier 2016 qui a largement assoupli son régime.** De nouvelles dispositions sont insérées dans le Code de commerce et de nouveaux renvois sont effectués à certains des articles qui composent le droit commun du gage au sein du Code civil et que les auteurs de l'ordonnance ont ici pris soin d'énumérer précisément (dès lors, les articles du Code civil pour lesquels un renvoi n'a pas été expressément prévu ne s'appliquent pas au nouveau gage des stocks du Code de commerce).

Pourquoi ce gage a-t-il été source de désordre lors de son introduction en 2006 ?

Ce régime a créé deux types de désordres :

- *désordre par rapport au gage commercial :* il figure dans le Code de commerce, mais il **suppose un écrit à peine de nullité du gage**, avec de nombreuses mentions obligatoires.
- *désordre par rapport au gage du Code civil* : le gage civil permet déjà de gager sans dépossession un stock, puisque l'on a vu qu'il pouvait porter sur un ensemble de biens. Pourquoi dans ces conditions prévoir un régime spécial ?

Et ce d'autant plus que le grand paradoxe du gage des stocks du Code de commerce est (surtout avant sa réforme en 2016) d'être beaucoup moins attractif pour le créancier que le gage civil :

- **le créancier ne peut être qu'un établissement de crédit** (art. L. 527-1). Ce gage ne peut ainsi que garantir un crédit octroyé par une banque à une personne morale de droit privé ou à une personne physique dans l'exercice de son activité professionnelle ;
- **les mentions sont beaucoup plus nombreuses qu'en droit civil**. L'ordonnance de 2016 les a réduites ;
- la **publication du gage** sur un registre dans les quinze jours était prescrite **à peine de nullité**. L'ordonnance de 2016 prévoit que c'est seulement à peine d'inopposabilité du gage, ce qui est bien plus cohérent ;
- le **pacte commissoire était interdit** (art. L. 527-2) alors qu'on a vu que le pacte commissoire est admis pour le gage de droit commun. Cette interdiction a été supprimée par l'ordonnance de 2016.

Au vu de ce qui vient d'être dit sur la lourdeur du gage des stocks, une banque peut-elle utiliser le gage sans dépossession du Code civil pour bénéficier d'un régime plus favorable ? Par un arrêt du 19 février 2013, la Cour de cassation a estimé que les dispositions spéciales du Code de commerce **excluaient l'application du droit commun.** La résistance de la cour de renvoi a provoqué l'intervention de **l'assemblée plénière, par un arrêt du 7 décembre 2015** (n° 14-18435, *Bull. ass. plén.*, n° 10). La haute juridiction confirme que « s'agissant d'un gage portant sur des éléments visés à l'article L. 527-3 du Code de commerce et conclu dans le cadre d'une opération de crédit, les parties, dont l'une est un établissement de crédit, ne peuvent soumettre leur contrat au droit commun du gage de meubles sans dépossession ». Mais cette **jurisprudence a été brisée par une ordonnance en date du 29 janvier 2016**, qui est entrée en vigueur le 1er avril 2016. Le nouvel alinéa 4 de l'article L. 527-1 du Code de commerce dispose expressément que « **les parties demeurent libres de recourir au gage des stocks prévu au présent chapitre ou au gage de meubles corporels prévu aux articles 2333 et suivants du Code civil** ». Si la liberté est reconnue aux parties, celle-ci est alternative : on le voit, c'est l'un ou l'autre des régimes. Les parties ne peuvent pas panacher les règles au gré de leurs intérêts. En outre, au-delà des modifications qui ont été décrites plus haut, l'efficacité du gage des stocks du Code de commerce a été également améliorée par la **reconnaissance au profit du créancier du bénéfice d'un droit de rétention** (en raison d'un renvoi à l'article 2286 du Code civil).
En définitive, la liberté qui est aujourd'hui reconnue aux parties de choisir l'un ou l'autre gage n'a plus grand intérêt, dès lors que les régimes se sont considérablement rapprochés.

b. Le « nantissement » de l'outillage et du matériel

1095. Créé en 1951, il s'intitule « nantissement », parce qu'il est **sans dépossession**. Cependant, avec la nouvelle terminologie issue de la réforme de 2006, il conviendrait de le nommer « gage », en ce qu'il porte sur des meubles corporels.
Il est régi par les articles L. 525-1 et suivants du Code de commerce et n'est ouvert qu'au vendeur du matériel et de l'outillage ou au prêteur qui a avancé les fonds nécessaires au paiement du vendeur.
Cette sûreté spéciale se caractérise par **deux publicités** :
- l'une obligatoire, qui confère un **droit de préférence** (inscription au greffe du tribunal de commerce) ;
- l'autre facultative, pour le **droit de suite** : le créancier peut apposer sur les biens une plaque, ce qui permet d'en informer les tiers (qui ne peuvent alors se prévaloir de l'article 2276 du Code civil).

Alors que la jurisprudence lui déniait un **droit de rétention,** le nouvel article 2286 4° du même code confère au créancier nanti sur l'outillage et le matériel un droit de rétention fictif, avec les limites rencontrées en cas de procédure collective.
Certains auteurs militent pour la suppression de cette sûreté spéciale depuis l'avènement des gages sans dépossession du Code civil. Toutefois, l'apposition de plaques lui confère une réelle spécificité, puisqu'elle assure au créancier un véritable droit de suite, opposable à tous les acquéreurs successifs du bien, ce qui n'est pas le cas du gage du Code civil (v. *supra*, n° 1089).

c. Le warrant

1096. Le warrant est **un titre négociable, qui s'apparente à un billet à ordre.** Simplement, le titre est le support d'un gage, c'est-à-dire d'une sûreté réelle.
Il en existe deux sortes : le warrant avec dépossession et le warrant sans dépossession. Leur étude relève du droit bancaire. Tout au plus peut-on préciser que la Cour de cassation a retenu que le warrant agricole, dont le régime n'exclut pas qu'il puisse concerner des biens mobiliers corporels futurs, peut non seulement porter sur les récoltes pendantes par les racines, conformément à l'article L. 342-1 du Code rural et de la pêche maritime, mais également sur les récoltes futures, en application du droit commun du gage (Cass. 1re civ., 12 nov. 2015, n° 14-23106 P). Si l'on met en perspective cette solution avec les nouvelles règles sur le gage des stocks, le gage du Code civil a désormais une portée générale, puisqu'il peut être utilisé pour pallier les insuffisances des régimes spéciaux. **Il faut enfin noter que seul le warrant agricole a été maintenu par l'ordonnance du 15 septembre 2021, tous les autres gages spéciaux ayant été supprimés.**

Section 2
Le nantissement

1097. Grâce à la réforme du 23 mars 2006, **le nantissement fait l'objet d'une définition générale**. Elle se trouve à **l'article 2355 du Code civil, inchangée par l'ordonnance du 15 septembre 2021** : le nantissement est « l'affectation, en garantie d'une obligation, d'un bien meuble incorporel ou d'un ensemble de biens meubles incorporels, présents ou futurs ».
Cela ressemble à la définition du gage : comme dans le gage, il n'y a pas de **transfert de propriété du bien** ; le débiteur reste propriétaire de son bien. **Il consent seulement un droit de préférence.**
Mais il existe une grande différence : le nantissement porte sur des meubles **incorporels**, ce qui lui confère une spécificité. En outre, à la différence du gage, le nantissement peut être **conventionnel** ou **judiciaire**.
Pour le reste, à l'instar du gage, il n'existe pas un mais **des nantissements** : le nantissement de créance (§ 1) et les nantissements de biens incorporels (§ 2).

§ 1. Le nantissement de créance

La spécificité du nantissement de créance tient à la **fongibilité entre la créance garantie et la créance nantie.**

Exemple

Pierre contracte un crédit auprès d'une banque : il est débiteur du remboursement de ce prêt. Pierre est par ailleurs créancier de loyers, car il loue un appartement dont il est propriétaire. En garantie de sa dette auprès de la banque, Pierre va nantir les créances de loyers dont il est titulaire à l'égard du locataire. La créance de remboursement du prêt est la créance garantie ; la créance de loyers est la créance nantie.

Dans les deux cas, **il s'agit de sommes d'argent, donc de biens fongibles : il n'est donc pas nécessaire de procéder à une vente pour désintéresser le créancier. L'attribution de la créance se fera par le paiement direct du locataire, au profit de la banque.**
Avant la réforme de 2006, le Code civil ne réglementait pas spécifiquement le nantissement de créance. Il était pour l'essentiel renvoyé au gage. Or, ce régime était inadapté, en ce que la créance nantie est un **lien entre deux personnes**, le créancier et le débiteur, et non un bien ordinaire.

FOCUS

Le nantissement : ordonnance du 15 septembre 2021

L'ordonnance du 15 septembre 2021 s'emploie à renforcer l'efficacité du nantissement de créance, afin d'en faire un concurrent sérieux à la cession de créance à titre garantie, dite cession fiduciaire. La différence entre les deux mécanismes est que, dans le nantissement, le créancier ne devient pas propriétaire de la créance, mais acquiert seulement un droit de préférence. Mais la réforme vient consolider l'efficacité de cette sûreté, notamment s'agissant du nantissement de créances futures, ou encore de la date d'opposabilité aux tiers des effets de la convention, en s'inspirant des règles qui ont cours dans la cession fiduciaire.

On étudiera successivement la constitution (A) et les effets (B) du nantissement de créance.

A. La constitution du nantissement de créance

1098. Comme le gage, le nantissement doit être conclu par **écrit**, à peine de **nullité** de la sûreté (C. civ., art. 2356). Il faut en outre que les créances garanties et les créances nanties soient désignées dans l'acte, par application du **principe de spécialité des sûretés réelles.** Si elles sont futures, l'acte doit permettre leur individualisation ou contenir des éléments permettant celle-ci, telle que : indication du débiteur, lieu de paiement, montant des créances ou leur évaluation et, s'il y a lieu, leur échéance (créance à terme). On voit ainsi que le nantissement peut porter sur un ensemble de créances, présentes ou futures, civiles comme commerciales, contractuelles, comme non contractuelles. Il peut être constitué pour un temps déterminé (ex. six mois, alors que le bail dure trois ans) et porter sur une fraction de créance, sauf si celle-ci est indivisible (ex. la moitié des loyers : cela permet de ne pas gaspiller le crédit).
L'article 2361 du Code civil dispose que le nantissement est parfait et opposable aux tiers à la date portée sur l'acte. Toutefois, un tempérament existe : le nantissement n'est **opposable** au débiteur de la créance nantie (le locataire, dans l'exemple) que par **la notification** qui lui en est faite ou par son intervention à l'acte. Nous y reviendrons lors de l'étude des effets (v. *infra*, n° 1099).

À l'analyse, la réforme de 2006 simplifie sensiblement la constitution du nantissement : auparavant, comme le nantissement était calqué sur le gage, qui était une sûreté avec dépossession, il fallait, pour que la sûreté soit formée, une formalité qui mette le créancier en possession de la créance (signification du nantissement au débiteur cédé, par acte authentique).

FOCUS

La constitution du nantissement dans la réforme du 15 septembre 2021

Quels sont les apports de la réforme de 2021 sur la constitution du nantissement ? Deux points sont modifiés, le reste étant inchangé. Première modification : lorsque le nantissement porte sur une créance future (ex. une créance de prix d'un immeuble sous offre), l'ancien article 2357 prévoyait que « lorsque le nantissement a pour objet une créance future, le créancier nanti acquiert un droit sur la créance dès la naissance de celle-ci ». On le voit, s'il était possible de constituer un nantissement sur une créance non encore née, le créancier n'acquérait son droit sur la créance que lors de la naissance de celle-ci (par ex. la vente du bien). Désormais, le créancier acquiert son droit dès la date de l'acte. L'ancien article 2357 du Code civil est abrogé. Deuxième apport de la réforme : l'article 2361 est réécrit. Ainsi, il prévoit désormais que « le nantissement d'une créance, présente ou future, prend effet entre les parties et devient opposable aux tiers à la date de l'acte. En cas de contestation, la preuve de la date incombe au créancier nanti, qui peut la rapporter par tout moyen ». Le texte clarifie donc la question de la charge de la preuve en cas de contestation. La question de la preuve de l'acte est importante en pratique, puisqu'elle permet de régler les conflits entre créanciers (*prior tempore, potior jure*). Il est ainsi prévu qu'en cas de contestation, c'est au créancier nanti de rapporter la preuve de son acte, et non à son adversaire. À cet égard, l'article 2361-1 prévoit que « le rang des créanciers est réglé par l'ordre des actes. Le créancier premier en date dispose d'un recours contre celui auquel le débiteur aurait fait un paiement ». Par exemple, si le créancier A primait le créancier B sur la créance de prix et que cette créance a été payée à B, A dispose d'un recours direct contre B. Pour éviter toute contestation sur la date de l'acte, les parties peuvent recourir à un acte authentique qui a, comme chacun sait, date certaine.

B. Les effets du nantissement de créance

1099. Nous nous bornerons à poser deux questions.

Le nantissement est-il translatif de propriété ?

Une réponse négative s'impose. Le nantissement de créance n'est pas translatif de propriété : le constituant reste titulaire de la créance nantie. Elle reste dans son patrimoine.
Dans l'exemple précédent, Pierre reste propriétaire des créances de loyers qui ne sont pas transmises à la banque.
En cela, **le nantissement de créance ne se confond pas avec la cession de créance à titre de garantie**, par laquelle le créancier devient propriétaire des créances. Cette cession de créance à titre de garantie est alors une **fiducie**.

Mais **les droits du créancier nanti sont sensiblement améliorés s'il prend soin de notifier le nantissement au débiteur**.

La notification produit deux effets :

- *premier effet* : seul le créancier nanti peut recevoir paiement (C. civ., art. 2363). Le risque que le constituant reçoive les fonds et les dilapide est écarté. Si malgré la notification, le débiteur paie le constituant, ce paiement n'est pas libératoire : qui paie mal paie deux fois.
- *second effet* : la notification confère au créancier nanti un droit exclusif au paiement. La Cour de cassation, sous l'empire des textes antérieurs a jugé que **le créancier nanti échappait à tout concours avec les autres créanciers, car il dispose d'un droit exclusif**. Cette exclusivité a un effet *erga omnes* (Cass. com., 26 mai 2010, n° 09-13388, *Bull. civ.* IV, n° 94). La solution doit être maintenue avec la réforme. Ainsi, en cas de procédure collective ouverte contre le constituant, les créances nanties échappent à l'emprise de la procédure collective, dès lors que la notification a eu lieu avant le jugement d'ouverture.

Comment expliquer cette efficacité du nantissement de créance notifié ?

Il est possible de faire un parallèle avec le droit de rétention : **avec la notification, le créancier nanti bloque la créance. Il bénéficie d'un droit de rétention opposable à la procédure collective**. Et l'arrêt précise qu'il en va ainsi même s'il s'agit de créances à exécution successive, dont l'échéance est postérieure au jugement d'ouverture (ex. de loyers). **La solution se justifie par le fait que la créance, même à échéance successive, résulte d'un seul et même contrat** : le bail. Elle est donc globalement affectée au créancier nanti, même si les échéances de cette créance sont postérieures au jugement d'ouverture.

Le nantissement de créance est-il une véritable sûreté réelle ?

On pourrait à première vue en douter et penser qu'il s'agit d'une **sûreté personnelle**, par l'adjonction d'un débiteur supplémentaire. En effet, le créancier acquiert un droit à l'égard d'une personne (le débiteur de la créance nantie : le locataire, dans l'exemple).

Cependant, à l'analyse, le nantissement n'a rien d'une sûreté personnelle. **Dans la sûreté personnelle, un tiers s'engage à payer le créancier, sans être lui-même tenu à quelque chose à l'égard du débiteur.** Il souscrit un engagement direct à l'égard du créancier, quels que soient ses rapports avec le débiteur. Or, dans le nantissement de créance, la personne qui est tenue est avant tout **débiteur du constituant**. Et c'est cette qualité de débiteur qui permet au constituant de nantir sa créance. Le nantissement de créance repose sur la **valeur patrimoniale** qu'incarne la créance nantie. Si la créance nantie disparaît, le nantissement devient caduc, faute d'objet. Par où l'on voit que le nantissement de créance constitue une sûreté réelle, même si son objet – une créance – lui confère un certain particularisme.

FOCUS

Les effets du nantissement de créance dans l'ordonnance du 15 septembre 2021

Deux apports de l'ordonnance peuvent être signalés. Le premier concerne les droits du créancier nanti en présence d'une notification. Comme on l'a vu, le droit exclusif au paiement, qui permet au créancier nanti d'échapper à tout concours, peut s'expliquer par l'existence d'un droit de rétention à son profit. Le nouvel article 2363 du Code civil consacre cette analyse, en disposant qu'« après notification, le créancier nanti bénéficie d'un droit de rétention sur la créance donnée en nantissement et a seul le droit à son paiement tant en capital qu'en intérêts». Le deuxième apport de la réforme concerne les exceptions que peut opposer le débiteur de la créance nanti au créancier nanti (ex. l'acheteur du bien, débiteur du prix qui est nanti au profit d'un créancier du vendeur). Selon le nouvel article 2363-1 du Code civil, «le débiteur de la créance nantie peut opposer au créancier nanti les exceptions inhérentes à la dette. Il peut également opposer les exceptions nées de ses rapports avec le constituant avant que le nantissement ne lui soit devenu opposable». Ce faisant, les rédacteurs de la réforme se sont une nouvelle fois inspirés des règles sur la cession de créance. Par exemple, le débiteur nanti pourra opposer au créancier l'extinction de sa dette, par l'effet de la prescription.

§ 2. Les autres nantissements de biens incorporels

1100. L'article 2355 du Code civil prévoit en son dernier alinéa que **le nantissement qui porte sur d'autres meubles incorporels est soumis, à défaut de dispositions spéciales, aux règles prévues pour le gage de meubles corporels. L'ordonnance du 15 septembre 2021 précise toutefois que le créancier nanti ne bénéficie pas du droit de rétention fictif du créancier gagiste, tel que prévu par l'article 2286 4° du Code civil. Cela vient confirmer la jurisprudence antérieure (Cass. com., 26 nov. 2013, n° 12-27390).**
Quelques exemples de nantissements spéciaux peuvent être signalés :
- le nantissement du fonds de commerce ;
- le nantissement de compte-titres ;
- le nantissement des films cinématographiques ou des droits d'exploitation d'un logiciel (soumis au Code de la propriété intellectuelle).

À chaque fois, la différence avec le nantissement de créances réside dans le fait qu'il n'y a pas de fongibilité entre la créance et l'objet de la sûreté. Dès lors, pour payer le créancier, le bien incorporel nanti devra être vendu. Leur étude relève de disciplines spécialisées. Notons enfin que, contrairement à l'avant-projet publié par l'Association Capitant, l'ordonnance ne crée pas un nantissement spécifique de monnaie scripturale.

Section 3

Les privilèges mobiliers

1101. Les privilèges mobiliers constituent des privilèges accordés par la loi sur les meubles du débiteur. Il s'agit donc de sûretés légales mobilières. Avec l'ordonnance du 15 septembre 2021, les privilèges mobiliers font l'objet de dispositions générales plus substantielles qu'auparavant. L'ancien article 2330 du Code civil se bornait à prévoir que «les privilèges mobiliers sont accordés par la loi». Désormais, le nouvel article 2330 dispose qu'«ils sont généraux ou spéciaux. Les dispositions légales qui les régissent sont d'interprétation stricte. Ils donnent le droit d'être préféré aux autres créanciers. Sauf disposition contraire, ils ne confèrent pas de droit de suite. Ils se reportent sur la créance de prix du débiteur à l'égard de l'acquéreur». Ainsi, le régime des privilèges mobiliers est précisé : interprétation stricte, droit de préférence mais pas de droit de suite en cas d'aliénation du bien, report sur la créance de prix en cas d'aliénation.

Par exemple, le vendeur à crédit d'un téléviseur acheté par Paul bénéficie d'un privilège mobilier sur ce téléviseur. Si Paul revend ce téléviseur à Marcel, le vendeur ne bénéficie pas d'un privilège sur le téléviseur : il ne peut pas l'appréhender. En revanche, son droit se reporte sur le prix.

Comme leur nom l'indique, les privilèges mobiliers portent sur les **meubles** du débiteur. Il convient d'envisager successivement la typologie (§ 1) et le classement (§ 2) de tels privilèges.

§ 1. La typologie des privilèges mobiliers

Deux catégories de privilèges mobiliers coexistent : les **privilèges généraux** (A), qui portent sur tous les meubles du débiteur, et les **privilèges spéciaux**, qui portent sur certains meubles déterminés (B).

A. Les privilèges mobiliers généraux

Parce que la liste a été modifiée par l'ordonnance du 15 septembre 2021 à compter du 1er janvier 2022, il convient de distinguer les privilèges mobiliers généraux avant le 1er janvier 2022 et après le 1er janvier 2022.

1. Les privilèges mobiliers avant le 1er janvier 2022

1102. Une liste en est donnée par **l'ancien article 2331** du Code civil : frais de justice, frais funéraires, frais de dernière maladie, salaires… Ils sont classés entre eux dans cet ordre.
Ainsi, selon ce texte :
« Les créances privilégiées sur la généralité des meubles sont celles ci-après exprimées, et s'exercent dans l'ordre suivant :
1° *Les frais de justice* ;
2° *Les frais funéraires* ;
3° *Les frais quelconques de la dernière maladie*, quelle qu'en ait été la terminaison, concurremment entre ceux à qui ils sont dus ;
4° Sans préjudice de l'application éventuelle des dispositions des articles L. 143-10, L. 143-11, L. 742-6 et L. 751-15 du Code du travail :

- Les rémunérations des gens de service pour l'année échue et l'année courante ;
- Le salaire différé résultant du contrat de travail institué par l'article 63 du décret du 29 juillet 1939 relatif à la famille et à la natalité françaises, pour l'année échue et l'année courante ;
- La créance du conjoint survivant instituée par l'article 14 de la loi n° 89-1008 du 31 décembre 1989 relative au développement des entreprises commerciales et artisanales et à l'amélioration de leur environnement économique, juridique et social et la créance du conjoint survivant instituée par l'article L. 321-21-1 du Code rural et de la pêche maritime ;
- Les rémunérations pour les six derniers mois des salariés, apprentis et l'indemnité due par l'employeur aux jeunes en stage d'initiation à la vie professionnelle, telle que prévue à l'article L. 980-11-1 du Code du travail ;
- L'indemnité de fin de contrat prévue à l'article L. 122-3-4 du Code du travail et l'indemnité de précarité d'emploi prévue à l'article L. 124-4-4 du même code ;

- L'indemnité due en raison de l'inobservation du délai-congé prévue à l'article L. 122-8 du Code du travail et l'indemnité compensatrice prévue à l'article L. 122-32-6 du même code ;
- Les indemnités dues pour les congés payés ;
- Les indemnités de licenciement dues en application des conventions collectives de travail, des accords collectifs d'établissement, des règlements de travail, des usages, des dispositions des articles L. 122-9, L. 122-32-6, L. 761-5 et L. 761-7 du Code du travail pour la totalité de la portion inférieure ou égale au plafond visé à l'article L. 143-10 du Code du travail et pour le quart de la portion supérieure audit plafond ;
- Les indemnités dues, le cas échéant, aux salariés, en application des articles L. 122-3-8, deuxième alinéa, L. 122-14-4, L. 122-14-5, deuxième alinéa, L. 122-32-7 et L. 122-32-9 du Code du travail ;

5° *Les fournitures de subsistances faites au débiteur et à sa famille pendant la dernière année* et, pendant le même délai, les produits livrés par un producteur agricole dans le cadre d'un accord interprofessionnel à long terme homologué, ainsi que les sommes dues par tout contractant d'un exploitant agricole en application d'un contrat type homologué ;
6° *La créance de la victime de l'accident ou de ses ayants droit relative aux frais médicaux, pharmaceutiques et funéraires, ainsi qu'aux indemnités allouées à la suite de l'incapacité temporaire de travail* ;
7° Les allocations dues aux ouvriers et employés par les caisses de compensation et autres institutions agréées pour le service des allocations familiales ou par les employeurs dispensés de l'affiliation à une telle institution en vertu de l'article 74 f du livre Ier du Code du travail ;
8° Les créances des caisses de compensation et autres institutions agréées pour le service des allocations familiales à l'égard de leurs adhérents, pour les cotisations que ceux-ci se sont engagés à leur verser en vue du paiement des allocations familiales et de la péréquation des charges résultant du versement desdites prestations ».
Mais l'essentiel se trouve en dehors de la liste, puisqu'il faut y ajouter le **privilège du Trésor public** et le **privilège des caisses de sécurité sociale**, prévus par des lois extérieures, qui échappent au classement de l'article 2331, comme le prévoit l'article 2332-2 du Code civil.

2. Les privilèges mobiliers généraux après le 1er janvier 2022

1103. Le nouvel article 2331 du Code civil vient substantiellement modifier les privilèges mobiliers généraux.
Selon ce texte, « **Outre celles prévues par des lois spéciales**, les créances privilégiées sur la généralité des meubles sont :
1° Les frais de justice, sous la condition qu'ils aient profité au créancier auquel le privilège est opposé ;
2° Les frais funéraires ;
3° Les rémunérations et indemnités suivantes :
- les rémunérations, pour les six derniers mois, des salariés et apprentis ;
- le salaire différé, pour l'année échue et pour l'année courante, institué par l'article L. 321-13 du Code rural et de la pêche maritime ;
- les créances du conjoint survivant instituées par l'article 14 de la loi n° 89-1008 du 31 décembre 1989 relative au développement des entreprises commerciales et artisanales et à l'amélioration de leur environnement économique, juridique et social et l'article L. 321-21-1 du Code rural et de la pêche maritime ;

- l'indemnité de fin de contrat prévue à l'article L. 1243-8 du Code du travail et l'indemnité de précarité d'emploi prévue à l'article L. 1251-32 du même code ;
- l'indemnité due en raison de l'inobservation du préavis prévue à l'article L. 1234-5 du Code du travail et l'indemnité compensatrice prévue à l'article L. 1226-14 du même code ;
- les indemnités dues pour les congés payés prévues aux articles L. 3141-24 et suivants du même code ;
- les indemnités de licenciement dues en application des conventions collectives de travail, des accords collectifs d'établissement, des règlements de travail, des usages, des dispositions des articles L. 1226-14, L. 1234-9, L. 7112-3 à L. 7112-5 du Code du travail pour la totalité de la portion inférieure ou égale au plafond visé à l'article L. 3253-2 du même code et pour le quart de la portion supérieure audit plafond ;
- les indemnités dues, le cas échéant, aux salariés, en application des articles L. 1226-15, L. 1226-20, L. 1226-21, L. 1235-2 à L. 1235-4, L. 1235-11, L. 1235-12, L. 1235-14 et L. 1243-4 du Code du travail ;

4° Pendant la dernière année, *les produits livrés par un producteur agricole dans le cadre d'un accord interprofessionnel à long terme homologué*, ainsi que *les sommes dues par tout contractant d'un exploitant agricole* en application d'un contrat-type homologué ».

La liste est donc substantiellement modifiée. Mais, comme dans le droit antérieur, l'ordonnance réserve les privilèges prévus en dehors du Code civil. Notamment, le nouvel article 2331-1 du Code civil rappelle que « les privilèges du Trésor public et des caisses de Sécurité sociale sont déterminés par les lois qui les concernent ».

B. Les privilèges mobiliers spéciaux

Ces privilèges portent sur un ou plusieurs meubles déterminés. **De nouveau, il convient de distinguer ces privilèges mobiliers spéciaux avant (1) et après le 1er janvier 2022 (2).**

1. Les privilèges mobiliers spéciaux avant le 1er janvier 2022

1104. L'article 2332 du Code civil en énumérait pas moins de neuf, mais quatre seulement devaient être retenus :
- le privilège du **bailleur d'immeuble** sur les meubles meublants (art. 2332 1°) ;
- le privilège du **créancier gagiste** sur la chose gagée (art. 2332 2°) ;
- le privilège du **conservateur** sur la chose conservée (art. 2332 3°) ;
- le privilège du **vendeur de meubles** sur la chose vendue (art. 2332 4°).

2. Les privilèges mobiliers spéciaux à compter du 1er janvier 2022

1105. Le **nouvel** article 2332 du Code civil n'en prévoit plus que quatre. Il dispose ainsi qu'outre celles prévues par des lois spéciales, les créances privilégiées sur certains meubles sont :
1° toutes les sommes dues en exécution *d'un bail ou de l'occupation d'un immeuble, sur le mobilier garnissant les lieux* et **appartenant** au débiteur, y compris, le cas échéant, le mobilier d'exploitation et la récolte de l'année ;
2° les *frais de conservation d'un meuble*, sur *celui-ci* ;
3° le prix de vente d'un meuble, sur celui-ci ;
4° les créances nées du *contrat de travail de l'auxiliaire salarié d'un travailleur à domicile* répondant à la définition de l'article L. 7412-1 du Code du travail, sur *les sommes dues à ce travailleur par les donneurs d'ouvrage*.

Le privilège est spécial parce qu'il ne porte que sur un meuble déterminé. Par exemple, le vendeur à crédit d'une voiture dispose d'un privilège sur cette voiture, mais pas sur les autres meubles de son débiteur. À première vue, on pourrait penser que l'ordonnance du 15 septembre 2021 supprime le **privilège du créancier gagiste**. C'est tout simplement une remise en ordre terminologique. En effet, comme on l'a vu, le gage n'est pas une sûreté légale, un privilège, mais une sûreté conventionnelle. Il ne peut donc figurer dans les privilèges mobiliers. Mais il faut néanmoins le classer avec les privilèges. C'est ce que prévoit le nouvel article 1332-4 du Code civil, qui dispose que « **sauf loi spéciale, le droit de préférence conféré par le gage s'exerce au rang du privilège du bailleur d'immeuble** ». Ainsi, le droit du créancier gagiste n'est pas un privilège mais un droit de préférence conventionnel, lequel s'exerce au même rang que le privilège du bailleur d'immeuble. Cela nous amène au classement des privilèges mobiliers.

§ 2. Le classement des privilèges mobiliers

Le classement suppose d'établir un ordre entre les privilèges généraux et les privilèges spéciaux (A), et entre les privilèges spéciaux (B).

A. Classement entre privilèges généraux et spéciaux

1104. Par exemple, une voiture est vendue à crédit ; l'acquéreur décède et n'a pas pourvu à ses frais funéraires.

Il existe alors un conflit entre deux créanciers privilégiés : **l'entreprise de pompes funèbres**, qui n'a pas été payée des frais d'obsèques, et le **vendeur de meubles**. La première dispose d'un privilège général sur tous les meubles, le second d'un privilège spécial sur la voiture. Qui doit l'emporter en cas de conflit sur le prix de la voiture ?

Aux termes de l'article 2332-1 du Code civil, **sauf dispositions contraires, les privilèges spéciaux priment les privilèges généraux.** La règle est logique, dès lors que le titulaire d'un privilège général peut faire valoir sa préférence sur les autres meubles.

Dans l'exemple donné, le vendeur sera payé avant l'entreprise de pompes funèbres sur le prix de la voiture.

Toutefois, il existe **des exceptions**, qui concernent certains privilèges généraux portant sur tous les biens du débiteur (par exemple, certains créanciers, tels que les salariés, dans le cadre d'une procédure collective). **La règle est inchangée par l'ordonnance du 15 septembre 2021.**

B. Classement entre privilèges spéciaux

Par exemple, un locataire a acheté à crédit un tapis persan et l'a fait réparer par deux entreprises successivement. Quatre créanciers sont alors en concours sur le prix du tapis : le bailleur, le vendeur et deux entrepreneurs.

Les quatre bénéficient d'un privilège spécial : le privilège du bailleur sur les meubles meublants, le privilège du vendeur de meubles et le privilège du conservateur pour les deux entrepreneurs.

Cet exemple révèle qu'il peut y avoir conflit entre créanciers qui ont le même privilège (1) ou au contraire des privilèges différents (2).

1. Classement de privilèges spéciaux identiques

1105. Il va ainsi, par exemple, d'un conflit entre deux vendeurs de meubles, ou deux conservateurs.
Par principe, le créancier qui l'emporte est celui dont le droit est plus ancien (*prior tempore, potior jure*).
Par exception, priorité est conférée au dernier conservateur: c'est le plus récent qui passe en premier, parce que celui qui a fait les derniers frais nécessaires à la conservation de la chose l'a conservée au profit des autres (art. 2332-3 avant-dernier al.). Sans lui, la chose ne serait plus là ou serait tellement dégradée qu'elle n'aurait plus de valeur.

2. Classement de privilèges spéciaux différents

1106. L'article 2332-3, qui n'est pas affecté par la réforme, classe les privilèges spéciaux comme suit:
1/ privilège pour **frais de conservation postérieurs aux autres privilèges** (du plus récent au plus ancien);
2/ privilège **du bailleur d'immeuble, qui ignorait l'existence des autres privilèges** (et au même rang vient le **créancier gagiste** qui **ignorait les autres privilèges**);
3/ **privilège du conservateur pour frais de conservation antérieurs aux autres privilèges** (du plus récent au plus ancien);
4/ **privilège du vendeur de meuble** (du plus ancien au plus récent, auquel l'ordonnance assimile désormais l'auxiliaire salarié d'un travailleur à domicile);
5/ **privilège du bailleur d'immeuble, qui connaissait l'existence des autres privilèges** (du plus ancien au plus récent), auquel est assimilé le **créancier gagiste** qui **connaissait l'existence des autres privilèges**.
Dans les cas **pratiques**, il faut donc observer la date de la naissance de la créance et la nature des droits du créancier.
Par exemple, un **tapis** persan a acheté à crédit par Paul, locataire, en 2019 auprès d'un vendeur V, et ce, à l'insu de son bailleur B; il se trouve que ce tapis a été réparé par un conservateur C1 en 2020 et C2 en 2022. Ce tapis a été gagé auprès d'un créancier G en 2021, celui-ci sachant que d'autres privilèges étaient déjà inscrits. Paul a un arriéré de loyers au titre des mois de septembre à décembre 2017. Ces différents créanciers ne sont pas payés (sans quoi ils ne sont plus créanciers...).
Si le **tapis** persan est vendu sur saisi, le prix sera distribué en respectant l'ordre suivant:
Premier rang: C2 (dernier conservateur et ses frais sont postérieurs aux autres privilèges).
Deuxième rang: C1 (premier conservateur, il passe donc après C2; il passe avant B car son privilège (2020) est postérieur à celui de B (2017); *idem* pour V (2019, qui passe dans tous les cas après lui); et il passe avant G car même si les frais de conservation (2020) sont antérieurs au gage (2021), le conservateur passe dans tous les cas avant le gagiste qui connaît l'existence d'un autre privilège, classé au rang 5).
Troisième rang: B (bailleur ignore l'existence des autres privilèges).
Quatrième rang: V (le **vendeur** de meuble passe après tous les conservateurs, antérieurs comme postérieurs, et après le bailleur de bonne foi).
Cinquième rang: G (le gagiste est assimilé au bailleur d'immeuble; dès lors qu'il connaît les autres privilèges, il passe en dernier).

Nous verrons plus loin comment les privilèges généraux s'insèrent dans ce classement. Enfin, il faut avoir à l'esprit que si un créancier invoque son **droit de rétention**, il sera payé **avant tout le monde**, afin de libérer la chose pour la faire vendre !

1107 à 1113. Réservés.

LEÇON 6

LES SÛRETÉS RÉELLES IMMOBILIÈRES

Textes

Articles 2375 et suivants du Code civil

1114. Aux termes de **l'article 2375 du Code civil**, dans sa rédaction issue de l'ordonnance du 15 septembre 2021, « les sûretés sur les immeubles sont les privilèges, le gage immobilier et les hypothèques ». Nous mettrons de côté l'alinéa 2, qui prévoit que la propriété de l'immeuble peut également être retenue ou cédée en garantie. En effet, il n'est question à ce stade que des sûretés immobilières classiques, par lesquelles le constituant reste propriétaire de son immeuble et octroie au créancier un **droit de préférence** et un **droit de suite**.
Il convient dès lors d'envisager successivement le gage immobilier (section 1), l'hypothèque (section 2) et les privilèges immobiliers (section 3).

Section 1
Le gage immobilier

1115. Depuis une funeste loi de simplification du 12 mai 2009 dont il a déjà été question, le terme de gage immobilier a remplacé celui d'**antichrèse**, jugé abscons pour *l'homo juridicus* moyen. Le nouveau terme est pourtant particulièrement mal choisi, dans la mesure où le gage est désormais une sûreté mobilière. Le « gage immobilier » est donc un oxymore. En outre, nous avons vu que le gage mobilier pouvait désormais avoir lieu sans dépossession, alors que le gage immobilier suppose une dépossession. La loi ne réalise donc pas une simplification, mais crée une véritable confusion. Il est regrettable que l'ordonnance du 15 septembre 2021 n'ait pas rétabli l'ancien terme.
Quoi qu'il en soit, l'antichrèse a toujours vécu dans l'ombre de l'hypothèque, parce qu'elle implique, à la différence de l'hypothèque, une dépossession de l'immeuble. Ainsi, aux termes de **l'article 2379 du Code civil, « le gage immobilier est l'affectation d'un immeuble en garantie d'une obligation avec dépossession de celui qui la constitue ».** Cette définition, issue de l'ordonnance du 15 septembre 2021, souligne que la dépossession n'est pas un effet de la sûreté, mais bel et bien une condition de constitution. Il ne peut y avoir d'antichrèse sans dépossession.

Elle est investie à ce titre d'un régime hybride :
- *en tant que sûreté avec dépossession*, elle est soumise à des règles qui lui sont propres ;
- mais *en tant que sûreté immobilière*, elle subit, et ce phénomène a été renforcé par l'ordonnance du 23 mars 2006, l'attraction de l'hypothèque. Ainsi, l'article 2380 procède, dans une large mesure, à un renvoi aux règles de l'hypothèque.

Ce dualisme de règles se retrouve tant du point de vue de la constitution (§ 1) que des effets de la sûreté (§ 2), étant précisé que l'ordonnance du 15 septembre 2021 n'a pas modifié les règles, seuls les numéros d'articles ayant été modifiés. Sauf mention contraire, ce sont les nouveaux numéros d'articles qui sont mentionnés dans les lignes qui suivent.

§ 1. La constitution du gage immobilier

Il convient d'envisager tour à tour la dépossession, qui est la condition propre au gage immobilier (A), et les autres conditions, qui sont empruntées au régime de l'hypothèque (B).

A. La condition propre au gage immobilier : la dépossession

Afin de pallier l'exigence lourde de dépossession (1), la pratique a su prévoir une technique innovante : l'antichrèse-bail (2).

1. L'exigence de dépossession

1116. Pour qu'il y ait antichrèse, il faut que le débiteur se dépossède de sa chose. Il s'agit là du **handicap majeur de cette sûreté**, dans la mesure où le constituant est privé de la jouissance de son bien. Dans le monde des affaires, il s'agit d'un repoussoir, tant pour le constituant que pour le créancier. Ainsi, le constituant ne peut plus exploiter l'immeuble remis en garantie : le paysan ne peut plus cultiver la terre, l'hôtelier ne peut plus exploiter son immeuble. De son côté, le créancier, généralement une banque, n'a que faire de récupérer la possession de l'immeuble. Il ne va pas l'exploiter, de sorte que le bien va dépérir.

2. L'aménagement de la dépossession : l'antichrèse-bail

1117. Mais **la pratique est imaginative**. Comment faire en sorte de satisfaire à la condition de dépossession tout en permettant au débiteur d'exploiter son immeuble ? En corrélant l'antichrèse avec un bail. C'est le montage de **l'antichrèse-bail.** Le débiteur se dépossède de l'immeuble entre les mains du créancier et, aussitôt, le créancier lui consent un bail sur le bien. Ce **schéma a été validé par la Cour de cassation** en 2002 (Cass. 3e civ., 18 déc. 2002, n° 01-12143, *Bull. civ.* III, n° 261). Mais comment le bailleur peut-il conserver la possession s'il consent un bail au constituant ? Parce que le **locataire possède la chose *corpore alieno***, c'est-à-dire pour le compte du possesseur. Le **locataire n'est que détenteur, le bailleur est possesseur**. Malgré le bail, le créancier reste possesseur, car le constituant possède la chose pour lui (possession *corpore alieno*, v. *supra*, n° 68 et s.). Mais il s'agit là d'une figure assez improbable, dès lors que le constituant est à la fois **propriétaire** de l'immeuble et **détenteur précaire de ce même immeuble**. Cela montre l'indépendance du droit (propriété) par rapport au fait (détention).

L'ordonnance du 23 mars 2006 a consacré ce montage, qui se retrouve aujourd'hui à l'article 2390 du Code civil : « le créancier peut, *sans en perdre la possession*, donner

l'immeuble à bail, soit à un tiers (entiercement), soit au débiteur lui-même». La règle est reprise à l'identique au sein du nouvel article 2382 du Code civil.
L'antichrèse redevient alors une sûreté très avantageuse.

B. Les conditions empruntées à l'hypothèque

L'article 2380 du Code civil procède par renvoi à l'hypothèque conventionnelle, tant pour les conditions de forme (1) que de fond (2).

1. Les conditions de forme du gage immobilier

1118. Deux conditions de forme doivent être retenues :
- le gage immobilier doit être passé par **acte notarié, à peine de nullité** (C. civ., art. 2409) : ainsi, avec la réforme de 2006, **l'antichrèse devient un contrat solennel** ;
- pour être opposable aux tiers, le gage immobilier doit être publié au **fichier immobilier**.

2. Les conditions de fond du gage immobilier

1119. Deux conditions de fond doivent encore être retenues :
- comme dans l'hypothèque, le constituant doit avoir la **capacité de disposer de l'immeuble** (C. civ., art. 2413) et être propriétaire de l'immeuble, étant précisé qu'une hypothèque sur des immeubles futurs est désormais possible (v. *infra*, n° 1134).
- le gage immobilier peut garantir des créances présentes comme futures, dès lors qu'elles sont déterminables (C. civ., art. 2415). On retrouve **le principe tempéré de spécialité des sûretés réelles.**

§ 2. Les effets du gage immobilier

Il convient de distinguer les effets avant l'échéance de la créance garantie (A) et à l'échéance (B).

A. Les effets avant l'échéance de la créance garantie

1120. Trois remarques s'imposent.
- **Les droits du créancier** (C. civ., art. 2381 al. 1) : il **perçoit les fruits de l'immeuble affecté en garantie** à charge de les imputer sur les intérêts de la dette, s'il en est dû, et subsidiairement sur le capital de la dette. On retrouve encore le caractère accessoire de la sûreté qui empêche le créancier de s'enrichir.
- **Les obligations du créancier** (C. civ., art. 2381 al. 2) : il est tenu, à peine de déchéance, de **pourvoir à la conservation et à l'entretien de l'immeuble**, et peut y employer les fruits avant de les imputer sur sa dette. Mais c'est une charge réelle, attachée au bien : il peut s'en affranchir en restituant le bien à son propriétaire. En cas d'antichrèse-bail, cette obligation pèse sur le constituant ou le tiers désigné.
- **L'extinction de la sûreté** : le gage immobilier s'éteint avec la dette garantie. En outre, comme il est fondamentalement une sûreté avec dépossession, la restitution anticipée de l'immeuble à son propriétaire met fin au gage immobilier (art. 2384).

B. Les effets à l'échéance de la créance garantie

1121. *En cas de défaillance du débiteur, que peut faire le créancier?*
Trois voies sont communes à l'hypothèque, nous y renvoyons (v. *infra*, n° 1132 et s.):
- la **saisie et la vente** de l'immeuble;
- **l'attribution judiciaire** de l'immeuble;
- l'attribution de l'immeuble consécutive à un **pacte commissoire**.

Mais **une voie est propre au gage immobilier**: c'est le **droit de rétention** prévu par l'article 2383 du Code civil: «le débiteur ne peut réclamer la restitution de l'immeuble avant l'entier acquittement de sa dette». En effet, comme il s'agit d'une sûreté avec dépossession, elle confère au créancier un droit de rétention. En outre, **ce droit est indivisible**, de sorte qu'il peut être invoqué jusqu'au complet paiement de la créance. Est-ce là le grand retour de l'antichrésiste? Cela reste à prouver, dès lors que la jurisprudence considère que le droit de rétention n'est pas opposable à la procédure collective ouverte contre le constituant (Cass. 3e civ., 23 oct. 2002, n° 98-18109, *Bull. civ.* III, n° 209: pas de droit de rétention sur les clés de l'immeuble, car la faculté laissée à l'administrateur de payer le créancier pour libérer la chose est inapplicable aux immeubles).

Section 2
L'hypothèque

1122. Contrairement à celui d'antichrèse, le terme d'hypothèque a été conservé. Est-ce grâce au Monopoly qui nous l'a rendue si familière? Quoi qu'il en soit, on la considère traditionnellement comme la **reine des sûretés**, dans la mesure où le créancier dispose d'un droit de préférence et d'un droit de suite sur un bien dont la valeur ne s'épuise pas: la pierre. La reine est toutefois en passe de perdre son trône, au vu des coups que lui assène le droit des procédures collectives, qui consacre des privilèges primant l'hypothèque (salaires, créanciers postérieurs...).
Il s'agit d'une **sûreté immobilière sans dépossession du constituant**. C'est la raison de son grand succès. Elle permet au débiteur de continuer à habiter sa maison, à l'entrepreneur d'exploiter son hôtel... Née de la pratique notariale au XVIe siècle, elle était alors occulte et générale: la dette souscrite dans un acte notarié était garantie, sans publicité, par tous les immeubles du débiteur. L'apparition du principe de spécialité à la Révolution et le développement de la publicité foncière aux XIXe et XXe siècles ont dessiné son visage moderne. Toutefois, cette publicité a un coût et suppose des formalités contraignantes, là où le cautionnement est extrêmement simple. Notamment, on constate aujourd'hui que dans le domaine du crédit immobilier, le cautionnement donné par l'organisme Crédit Logement devient une véritable alternative à l'hypothèque.
Dans ce contexte, l'ordonnance du 23 mars 2006 a sensiblement remanié le droit de l'hypothèque pour en renforcer l'efficacité:
- soumission à des **dispositions générales** (qu'elle soit conventionnelle, légale ou judiciaire);
- création de **l'hypothèque rechargeable** (inspirée des pays anglo-saxons), qui permet d'affecter un immeuble en garantie de plusieurs créances, par un seul et même acte (atteinte au principe de spécialité de l'hypothèque): elle évite les frais et la lourdeur inhérents à la constitution d'une hypothèque;

- introduction du **pacte commissoire**, qui permet au créancier de devenir propriétaire de l'immeuble sans procédure judiciaire.

FOCUS

La réforme de l'hypothèque

L'ordonnance du 15 septembre 2021 modifie en profondeur l'hypothèque. Déjà, la catégorie s'élargit, dans la mesure où elle accueille **les anciens privilèges spéciaux, qui deviennent des hypothèques légales**. La conséquence pratique est de taille : en tant qu'hypothèques, ces ex-privilèges spéciaux ne prennent plus rang rétroactivement au jour de la créance, mais au jour de l'inscription. En outre, la réforme **permet de constituer une hypothèque sur des immeubles futurs**. Du côté des effets, l'ordonnance vient **briser la jurisprudence sur l'opposabilité des exceptions par le tiers acquéreur**, ou encore **supprimer la faculté de délaissement**. Toutes les modifications seront abordées au fur et à mesure des développements, étant précisé une fois encore que **la réforme ne s'applique** qu'à **partir du 1er janvier 2022**. Se pose, comme pour le gage, la question de savoir si les effets légaux d'une hypothèque conventionnelle seront soumis au droit nouveau (ex. réalisation de la sûreté, opposabilité des exceptions, purge...). On peut le penser, dès lors que l'exclusion des effets légaux n'a été expressément prévue que pour le seul cautionnement (art. 37). En revanche, il ne sera pas possible d'apprécier la validité ou les effets passés d'une hypothèque conclue avant le 1er janvier 2022, en se fondant sur les dispositions nouvelles de l'ordonnance.

Selon **le nouvel article 2285 du Code civil**, issu de l'ordonnance du 15 septembre 2021, « l'hypothèque est l'affectation d'un immeuble en garantie d'une obligation sans dépossession de celui qui la constitue ». De cette définition, nous pouvons identifier les caractères de l'hypothèque (§ 1). Puis nous verrons la constitution (§ 2) et les effets de cette sûreté (§ 3).

§ 1. La notion d'hypothèque

Même si le nouvel article 2285 ne le dit plus expressément (mais le terme de droit est repris, notamment à l'article 2392), l'hypothèque présente **quatre** caractères : elle est un droit réel (A), **immobilier** (B), **accessoire** (C) et **indivisible** (D).

A. L'hypothèque, un droit réel

1123. Le créancier, bien qu'il ne soit pas mis en possession, dispose sur l'immeuble d'un droit réel, c'est-à-dire d'un droit sur l'immeuble que n'a pas le simple créancier chirographaire, titulaire d'un droit de gage général (art. 2284). Pour autant, le créancier n'a pas l'usage ou la jouissance de la chose. C'est un droit qui porte exclusivement sur la valeur d'échange du bien. Cela explique qu'il confère au créancier hypothécaire un **droit de préférence.**
Ce droit permet au créancier d'être payé sur l'immeuble en priorité par rapport aux créanciers chirographaires, mais également aux créanciers hypothécaires d'un rang inférieur. La préférence prend rang au jour de l'inscription de l'hypothèque. Ainsi, le classement des créanciers s'opère en fonction de l'ordre d'inscription. En outre, ce droit confère au créancier un droit de suite, qui pourra s'exercer contre le tiers acquéreur.

B. L'hypothèque, un droit immobilier

1124. L'hypothèque est en outre exclusivement une sûreté immobilière. En vertu d'un vieil adage, « meubles n'ont pas de suite par hypothèque ». Cet adage avait été repris dans le Code civil, au sein de l'article 2398. Eu égard à la volatilité des meubles, il est impossible d'organiser un système efficace de publicité qui permet de rendre la sûreté opposable aux tiers acquéreurs. Ces difficultés se sont d'ailleurs retrouvées lorsqu'il s'est agi d'introduire le gage sans dépossession (v. *supra*, n° 1089). L'immeuble, lui, est **fixe**. Il est donc possible d'organiser un système efficace de publicité qui permet de rendre l'hypothèque opposable à tout acquéreur de l'immeuble. Le créancier hypothécaire est ainsi investi d'un **droit de suite** particulièrement efficace.

Par exception, certains **meubles** font l'objet d'une hypothèque, parce qu'il est possible de les rattacher à un lieu fixe : ce sont les **hypothèques maritimes, fluviales et aériennes**. Leur originalité tient à leur assiette : elles ont pour objet des biens nécessairement immatriculés et surtout disposant d'un port d'attache. Les hypothèques mobilières confèrent donc, comme l'hypothèque immobilière, un droit de suite, parce qu'elles reposent sur un système proche de la publicité foncière : bureau de conservation des hypothèques maritimes, ponts et chaussées et ministère chargé de l'aviation civile… Cette possibilité de constituer des hypothèques mobilières a conduit l'ordonnance du 15 septembre 2021 à supprimer la règle selon laquelle meubles n'ont pas de suite par hypothèque.

Mais il n'en demeure pas moins vrai que l'hypothèque régie par les règles qui suivent a pour objet un immeuble, dès lors que le nouvel article 2388 du Code civil dispose que « sont susceptibles d'hypothèques **tous les droits réels immobiliers qui sont dans le commerce** » : on peut ainsi hypothéquer un bien dont on est propriétaire, mais l'on peut aussi hypothéquer le droit d'usufruit dont on est titulaire sur un bien. L'article 2389 ajoute que « l'hypothèque s'étend aux améliorations qui surviennent à l'immeuble hypothéqué, ainsi qu'aux accessoires réputés immeubles ». Ainsi, par exemple, les immeubles par destination sont compris dans l'hypothèque constituée sur l'immeuble par nature, ce qui peut poser, avec la réforme, un conflit avec le créancier bénéficiaire d'un gage sur un immeuble par destination (v. *supra*, n° 1084).

De la nature immobilière de l'hypothèque, la jurisprudence tire enfin comme conséquence que l'hypothèque consentie en garantie de la dette d'un tiers, qui n'est pas un cautionnement, se prescrit, comme tout droit réel immobilier, par trente ans (Cass. com., 2 juin 2021, n° 20-12908).

C. L'hypothèque, un droit accessoire

1125. L'hypothèque est, comme toutes les sûretés, accessoire à une créance. Il n'existe pas d'hypothèque sans créance.

Trois conséquences peuvent en être tirées :

- la créance garantie doit être **valable** ;
- l'hypothèque **se transmet** avec la créance ;
- l'hypothèque **s'éteint** si la créance disparaît, et ce, par voie d'accessoire.

D. L'hypothèque, un droit indivisible

1126. L'article 2391 le prévoit expressément, ce qui emporte **trois** conséquences :

- si **plusieurs immeubles sont hypothéqués** pour garantir une même créance, chacun d'eux répond de la totalité de la dette. Le créancier dispose dès lors d'un choix au niveau de l'immeuble réalisé, en fonction de son classement sur chacun d'eux ;
- en cas de **division de l'immeuble** (ex. partage), l'hypothèque subsiste sur toutes les portions du terrain ;
- en cas de **division de la créance ou de la dette** (ex. entre héritiers), l'hypothèque n'est pas divisée. Elle garantit pour le tout la créance.

§ 2. La constitution de l'hypothèque

L'hypothèque est une atteinte à la propriété immobilière, de sorte qu'elle est de droit strict. C'est pourquoi **l'article 2394** du Code civil prévoit qu'elle n'a lieu **que dans les cas et suivant les formes autorisées par la loi**. Selon **l'article 2395 du Code civil**, l'hypothèque est **légale** (A), **judiciaire** (B) ou **conventionnelle** (C).

A. L'hypothèque légale

Il convient de distinguer avant le 1er janvier 2022 (1) et après le 1er janvier 2022 (2), compte tenu de la réforme en profondeur réalisée par l'ordonnance du 15 septembre 2021.

1. L'hypothèque légale avant le 1er janvier 2022

1127. Il existe de très nombreuses hypothèques légales (C. civ., art. 2400) : l'hypothèque légale du Trésor public, des époux, des personnes en tutelle, l'hypothèque légale attachée aux jugements de condamnation…

L'hypothèque légale s'apparente dans l'ancien droit à un privilège immobilier : elle consiste en **un droit de préférence octroyé de plein droit par la loi à un créancier**. Mais il existe **une différence fondamentale** : la préférence **ne repose pas sur le lien entre la créance garantie et l'immeuble grevé**, alors que tel est le cas des créanciers privilégiés (privilège du vendeur d'immeuble, privilège du prêteur de deniers… ; v. *infra*).

Dès lors, **l'hypothèque légale ne prend rang, comme l'hypothèque conventionnelle, qu'au jour de son inscription**. Il n'existe plus, depuis 1955, d'hypothèques légales occultes. À l'inverse, pour **les privilèges immobiliers, l'inscription est rétroactive** : les privilèges immobiliers, une fois inscrits, **prennent rang à la date de l'acte, autrement dit à la date de naissance de la créance** (v. *infra*, n° 1144 et s.).

2. L'hypothèque légale après le 1er janvier 2022

1128. Nous l'avons dit, l'ordonnance du 15 septembre 2021 a supprimé les privilèges immobiliers spéciaux pour en faire des hypothèques légales. Ainsi, le vendeur d'immeuble et le prêteur de deniers ne bénéficient plus de privilèges, mais d'hypothèques légales, de sorte qu'elles prennent rang au jour de leur inscription.

Avec la réforme, il convient dès lors de distinguer entre les hypothèques générales et les hypothèques spéciales.

1129. Les **hypothèques générales** permettent au créancier d'inscrire **son droit sur tous les immeubles appartenant actuellement à son débiteur**. Le créancier peut même prendre des

inscriptions complémentaires sur les immeubles entrés, par la suite, dans le patrimoine de son débiteur (art. 2392 al. 2). Ces hypothèques générales sont nombreuses. L'article 2393 du Code civil vise, outre celles prévues par les lois spéciales, pas moins de **huit hypothèques générales** :
1° celles de l'un des époux contre l'autre ;
2° celles des mineurs ou des majeurs en tutelle contre l'administrateur légal ou le tuteur ;
3° celles de l'État, des départements, des communes et des établissements publics contre les receveurs et administrateurs comptables ;
4° celles du légataire, sur les biens immeubles de la succession, en vertu de l'article 1017 ;
5° celles des frais funéraires ;
6° celles ayant fait l'objet d'un jugement, contre le débiteur condamné ;
7° celles du Trésor public, dans les conditions fixées par le Livre des procédures fiscales ;
8° celles des caisses de sécurité sociale, dans les conditions fixées par le Code de la sécurité sociale (celle de l'époux, du Trésor public, du légataire…).
Ces hypothèques générales sont attachées à la **qualité particulière du créancier** (époux, Trésor public…).

1130. Les **hypothèques spéciales** permettent au créancier d'inscrire son droit uniquement sur l'immeuble sur lequel il porte (art. 2392 al. 3). Cela correspond aux anciens privilèges immobiliers. L'article 2402 prévoit, outre celles prévues par des lois spéciales, **sept créances qui ouvrent au créancier le droit à une hypothèque spéciale** :
1° la créance du **prix de vente d'un immeuble** est garantie sur celui-ci ;
2° la **créance de celui qui a fourni les deniers** pour l'acquisition d'un immeuble est garantie sur celui-ci pourvu qu'il soit authentiquement constaté par l'acte d'emprunt que la somme était destinée à cet emploi, et par la quittance du vendeur que ce paiement a été fait des deniers empruntés ;
3° les créances de toute nature du **syndicat des copropriétaires** relatives à l'année courante ainsi qu'aux quatre dernières années échues sont garanties sur le lot vendu du copropriétaire débiteur ;
4° la créance d'un **héritier ou d'un copartageant**, par l'effet du partage, du rapport ou de la réduction est garantie sur les immeubles partagés, donnés ou légués ;
5° les créances sur **une personne défunte et les legs de sommes d'argent d'une part, les créances sur la personne de l'héritier d'autre part**, sont respectivement garanties sur les immeubles successoraux et les immeubles personnels de l'héritier comme il est dit à l'article 878 ;
6° la créance de **l'accédant à la propriété titulaire d'un contrat de location-accession** régi par la loi n° 84-595 du 12 juillet 1984 définissant la location-accession à la propriété immobilière est garantie sur l'immeuble faisant l'objet du contrat, pour la garantie des droits qu'il tient de ce contrat ;
7° **les créances de l'État, de la commune, de l'établissement public de coopération intercommunale à fiscalité propre ou de la métropole de Lyon**, selon le cas, nées de l'application de l'article L. 184-1, du chapitre Ier du titre Ier du livre V ou de l'article L. 521-3-2 du Code de la construction et de l'habitation sont garanties **sur les immeubles faisant l'objet des mesures prises en application de ces dispositions**.
Ces hypothèques sont attachées au **lien particulier entre la créance et l'immeuble** : ainsi, celui qui a vendu l'immeuble ou encore celui qui a prêté les derniers pour son acquisition bénéficient d'une hypothèque spéciale sur cet immeuble, et pas sur les autres immeubles de leur débiteur.

Parce que ces hypothèques spéciales ne sont plus des privilèges, elles ne prennent rang qu'au jour de leur inscription. Toutefois, elles restent des sûretés légales, de sorte **qu'elles priment l'hypothèque conventionnelle qui serait inscrite le même jour** (art. 2418 al. 3).

Attention

L'article 37 de l'ordonnance prévoit que ce déclassement des privilèges spéciaux ne joue que pour l'avenir, et ce, à compter du 1er janvier 2022. Ainsi, il est prévu à l'article 37 IV de l'ordonnance que « les privilèges immobiliers spéciaux nés avant l'entrée en vigueur de l'ordonnance sont pour l'avenir assimilés à des hypothèques légales, sans préjudice le cas échéant de la rétroactivité de leur rang ». Ainsi, ces privilèges deviennent à compter du 1er janvier 2022 des hypothèques légales, mais ils conservent la rétroactivité de leur rang.

B. L'hypothèque judiciaire

1131. Commençons par un exemple : une personne a prêté 100 000 euros et se rend compte que son débiteur ne les lui rendra jamais. Certes, dans cinq ans, elle aura sans doute acquis gain de cause en justice en obtenant un titre exécutoire à son encontre. Toutefois, si, dans l'intervalle, le débiteur a vendu tous ses immeubles ou a consenti des hypothèques dessus, le créancier n'aura aucun actif à saisir pour se faire payer.

Le créancier va dès lors demander au juge l'inscription d'une hypothèque conservatoire. Contrairement à l'hypothèque attaquée aux jugements de condamnation, qui est acquise de plein droit au créancier dès lors qu'il réalise l'inscription (C. civ., art. 2412 : v., pour la possibilité d'inscrire une créance au titre d'un arrêt partiellement infirmatif, **Cass. 3e civ., 27 juin 2019,** n° 18-10836), l'hypothèque judiciaire suppose une **autorisation du juge.** Elle n'est donc pas de droit.

Elle suppose deux **conditions**, posées par l'article L. 511-1 du Code des procédures civiles d'exécution : « toute personne dont la créance ***paraît fondée en son principe*** peut solliciter du juge l'autorisation de pratiquer une mesure conservatoire sur les biens de son débiteur, sans commandement préalable, si elle justifie de ***circonstances susceptibles d'en menacer le recouvrement*** ».

Elle produit des **effets** qui se réalisent en deux temps :

- la **publicité provisoire** : muni de son autorisation, le créancier prend une inscription hypothécaire au fichier immobilier, ce qui lui confère un droit de préférence et un droit de suite. Toutefois, tant que sa créance n'étant pas encore certaine, liquide et exigible, il ne peut pas réaliser sa sûreté, c'est-à-dire saisir l'immeuble ou se le faire attribuer ;
- la **publicité définitive** : dans les deux mois de l'obtention de son titre exécutoire, le créancier procède à la publicité définitive. La publicité définitive **prend rang rétroactivement** au jour de l'inscription provisoire, ce qui est tout l'intérêt de cette sûreté. Si des inscriptions ont eu lieu dans l'intervalle, elles ne feront pas grief au créancier.

Le nouvel article 2408 du Code des procédures civiles d'exécution, issu de l'ordonnance du 15 septembre 2021, se borne à renvoyer aux dispositions du même code : « l'hypothèque judiciaire, qui est constituée à titre conservatoire, est régie par le Code des procédures civiles d'exécution ».

C. L'hypothèque conventionnelle

Au regard de l'atteinte qu'elle porte à la propriété immobilière, l'hypothèque conventionnelle fait l'objet d'un contrôle attentif du Code civil, tant au regard des conditions de fond (1) que de forme (2).

1. Les conditions de fond

Il convient de traiter successivement les conditions relatives au constituant (a), celles relatives aux créances garanties (b) et enfin celles relatives aux biens hypothéqués (c).

a. Les conditions relatives au constituant

1132. Deux conditions concernent le constituant (qui n'est pas nécessairement le débiteur, faut-il le rappeler) :

- il doit être **propriétaire du bien ou du droit qu'il donne en hypothèque**. Dès lors, l'hypothèque de la chose d'autrui est nulle, et de nullité absolue. Cela a beaucoup plus d'incidence qu'en matière de gage, car le créancier hypothécaire ne bénéficie pas de l'article 2276 du Code civil, réservé aux meubles. On doit toutefois réserver, le cas échéant, le jeu de l'apparence (v. C. civ., art. 1156) ; l'article 2411 précise que celui qui n'a sur l'immeuble qu'un droit conditionnel ne peut consentir qu'une hypothèque soumise à la même condition (ex. vente sous condition suspensive d'obtention d'un prêt : l'acheteur n'a qu'un droit conditionnel ; s'il hypothèque le bien, cette hypothèque est soumise à la même condition).
- il doit avoir la **capacité** et le **pouvoir de disposition de l'immeuble** (C. civ., art. 2410) : en effet, l'hypothèque permet au créancier de faire saisir et vendre le bien, et même d'en obtenir l'attribution (expropriation). Dès lors, un mandat spécial est requis. Entre époux, l'acte est soumis à cogestion s'il agit d'un bien commun (art. 1424) et, quelle que soit sa qualification, s'il s'agit du logement familial (art. 215 al. 3).

b. Les conditions relatives aux créances garanties

1133. Compte tenu du coût de l'hypothèque, la réforme du 23 mars 2006 a réalisé **trois grandes innovations**, qui ont permis d'élargir le champ des créances pouvant être garanties par une hypothèque conventionnelle.

L'hypothèque garantissant des créances futures (C. civ., art. 2415)

Elle permet notamment de constituer une hypothèque entre deux personnes qui sont en relations d'affaires, sans avoir à constituer une nouvelle sûreté chaque fois qu'une créance naît. Afin de respecter le principe de spécialité des sûretés réelles et éviter ainsi un épuisement du crédit, deux conditions sont posées :

- les créances garanties doivent être **déterminables** (art. 2415) ;
- l'hypothèque est plafonnée à un **certain montant** : la somme doit être précisée dans l'acte à peine de nullité (art. 2417).

Par ailleurs, en présence d'une hypothèque portant sur des créances futures et pour une durée indéterminée, l'article 2147 alinéa 2 précise que le constituant dispose d'une faculté de résiliation à tout moment, sous réserve de respecter un préavis de trois mois, étant précisé que les dettes nées antérieurement à la résiliation restent garanties. Tout ceci fait songer au cautionnement de dettes futures (v. *supra*, n° 1021).

L'hypothèque rechargeable (C. civ., art. 2416).

Qu'est-ce que l'hypothèque rechargeable?
Elle permet de garantir des créances **autres que celles qui sont mentionnées dans l'acte**. C'est donc une entorse sérieuse au principe de spécialité des sûretés réelles, dans la mesure où **les créances abritées ne sont ni déterminées, ni déterminables lors de la constitution de l'hypothèque**, contrairement à l'hypothèse précédente. Il faut la voir comme une enveloppe, qui permet, au fur et à mesure du remboursement d'un crédit, de la réutiliser pour de nouvelles dettes souscrites, et ainsi de suite. Le spectre du surendettement a été agité par ses détracteurs. C'est pourquoi **la loi Hamon n° 2014-344 du 17 mars 2014 avait supprimé l'hypothèque rechargeable**. Mais **elle a été réintroduite par une loi du 20 décembre 2014,** avec un domaine limité aux **créances professionnelles.**
Ainsi, l'actuel article 2416 vise « l'hypothèque constituée à des fins professionnelles par une personne physique ou morale [qui] peut être ultérieurement affectée *à la garantie de créances professionnelles* ».

Exemple

Un entrepreneur contracte un prêt d'un montant de 200 000 euros, remboursable sur une durée de dix ans. Le prêt est garanti par une hypothèque rechargeable d'un montant maximal fixé à 250 000 euros. Quelques mois plus tard, notre entrepreneur a besoin d'argent pour financer des travaux: il contracte un nouveau prêt d'un montant de 30 000 euros, auprès d'une autre banque, qui sera garanti par la même hypothèque. Et ainsi de suite, jusqu'à épuisement de la valeur maximale. Mais, au fur et à mesure des remboursements, la recharge augmente, ce qui libère la possibilité de garantir de nouvelles créances avec l'hypothèque rechargeable.

Quels en sont les avantages?

Pour le constituant, cela est moins coûteux et plus simple: une seule hypothèque est dressée, avec des conventions successives de rechargement.
Pour le créancier, celui-ci bénéficie, vis-à-vis des tiers, du rang de l'hypothèque au jour de l'inscription initiale.

Exemple

Une hypothèque rechargeable a été inscrite le 15 mars 2015; une convention de rechargement a été conclue le 20 mai 2017. Le créancier prend rang, à l'égard des créanciers non bénéficiaires de l'hypothèque rechargeable, au 15 mars 2015. Par suite, si une hypothèque légale ou judiciaire a été inscrite dans l'intervalle, elle ne primera pas le créancier bénéficiaire du rechargement. En revanche, *entre créanciers* bénéficiaires de la même hypothèque, c'est la publication de la convention de rechargement qui détermine le classement (C. civ., art. 2420 al. 5).

Quelles en sont les conditions?

Parce qu'elle encourage le recours au crédit et dépend de la santé du marché immobilier (v. crise des *subprimes*), le législateur l'a assortie de nombreuses conditions:
- la clause de rechargement doit être **expresse et publiée** avec l'inscription de l'hypothèque,

- l'hypothèque rechargeable est **plafonnée** (charge hypothécaire) : le montant maximal doit être prévu dans l'acte constitutif à peine de nullité. Dès lors, il ne dépend pas de la valeur de l'immeuble (v. crise des *subprimes* : montant du bien inférieur au montant du crédit). En revanche, ce montant peut être supérieur à la créance initiale garantie (comme dans l'exemple précédent) ;
- la convention de rechargement **doit être passée devant notaire** ;
- la convention de rechargement **doit être publiée sous forme de mention en marge de l'inscription initiale.**

Le prêt viager hypothécaire

Ce nouveau contrat est inspiré du modèle anglo-saxon (*reverse mort-gage* : hypothèque inversée). C'est un contrat par lequel un établissement de crédit ou un établissement financier consent à une personne physique un prêt sous forme d'un capital ou de versements périodiques, garanti par une hypothèque constituée sur un bien immobilier de l'emprunteur à usage exclusif d'habitation et **dont le remboursement ne peut être exigé qu'au décès de l'emprunteur ou lors de l'aliénation ou du démembrement de la propriété de l'immeuble hypothéqué s'ils surviennent avant le décès**. L'intérêt est que l'emprunt n'est remboursable qu'au terme convenu, en fonction de la valeur de l'immeuble. Il s'agit donc d'une opération **aléatoire**. Ce prêt est garanti par une hypothèque (d'où son nom), et régi par le Code de la consommation (art. L. 315-1 et s.). Il est interdit d'y recourir pour financer une activité professionnelle. C'est donc, du point de vue du domaine, le contraire de l'hypothèque rechargeable.

c. Les conditions relatives aux biens hypothéqués

1134. L'ordonnance du 15 septembre 2021 élargit un peu plus le champ des possibles, puisqu'elle consacre la possibilité, interdite jusqu'alors, de constituer une hypothèque sur des immeubles futurs. Ainsi, le nouvel article 2414 du Code civil dispose que « l'hypothèque peut être consentie sur des immeubles présents ou futurs ». Par exemple, l'acheteur d'un immeuble à construire va pouvoir hypothéquer cet immeuble, bien qu'il ne soit pas encore construit et acquis (cela évite de passer par une promesse d'hypothèque dans l'acte de prêt). On perçoit le risque d'un tel mécanisme : permettre à une personne d'hypothéquer tous ses immeubles futurs, ce qui épuiserait son crédit au profit d'un seul créancier. C'est pourquoi deux garde-fous sont prévus. Tout d'abord, l'alinéa 2 précise qu'« à peine de nullité, l'acte notarié désigne spécialement la nature et la situation de chacun de ces immeubles, ainsi qu'il est dit à l'article 2421 ». Il faudra donc désigner territorialement l'immeuble futur (ex. la localisation cadastrale de l'immeuble à construire), afin de respecter le principe de spécialité de l'hypothèque. Ensuite, l'opposabilité aux tiers suppose la publication de l'acte d'acquisition : tant que cet acte n'est pas intervenu, l'hypothèque ne pourra pas venir porter atteinte aux droits des autres créanciers inscrits.

2. Les conditions de forme

Il convient de distinguer la validité (a) et l'opposabilité de l'hypothèque (b).

a. Le formalisme conditionnant la validité de la sûreté

1135. Selon **l'article 2409 du Code civil**, l'hypothèque conventionnelle ne peut être consentie que par acte notarié. Il en va de même du mandat d'hypothéquer, par lequel le propriétaire va

donner mandat à un tiers d'hypothéquer l'un de ses biens en son nom et pour son compte (art. 2409 al. 2). **L'hypothèque** est donc **un contrat solennel**. Pourquoi un tel formalisme? La présence du notaire permet à la fois de protéger le consentement du constituant et de pourvoir à la publication de la sûreté au fichier immobilier. À défaut, le contrat est nul, de nullité absolue.
Cet écrit doit en outre respecter le double principe de spécialité :
- détermination **des créances garanties**, avec l'atténuation pour l'hypothèque rechargeable (seule la charge hypothécaire est déterminée) ;
- détermination **des immeubles grevés** (C. civ., art. 2414 al. 2).

Il faut observer que le nouvel article 2326, issu de l'ordonnance du 15 septembre 2021, prévoit une exception à cette exigence d'un acte authentique du mandat d'hypothéquer : il est possible de donner mandat sous signature privée pour les sûretés réelles sur les biens d'une personne morale de droit privé, ce qui est un élargissement, dès lors que dans le passé seules les sociétés bénéficiaient de la règle par le biais de l'article 1844-2 (ce qui avait donc pour conséquence que les associations en étaient exclues).

b. Le formalisme conditionnant l'opposabilité de la sûreté

1136. **L'article 2418 du Code civil** dispose qu'entre les créanciers, **l'hypothèque, qu'elle soit légale, judiciaire ou conventionnelle, n'a rang que du jour de l'inscription prise par le créancier au fichier immobilier.**
Cette inscription peut avoir lieu à tout moment, mais elle rencontre *en amont* des obstacles, et *en aval* des difficultés.
En amont, **quatre obstacles** viennent empêcher l'inscription d'une hypothèque (C. civ., art. 2422) :
- **la publication de l'aliénation de l'immeuble** (car le vendeur n'est plus propriétaire) ;
- **la publication d'un commandement valant saisie immobilière** (car le propriétaire perd le pouvoir de disposition) ;
- **l'ouverture d'une procédure collective ou de surendettement** (car le créancier est soumis à l'arrêt des poursuites individuelles) ;
- **l'acceptation d'une succession à concurrence de l'actif net** (car les héritiers ne sont pas tenus au-delà : il convient donc de liquider les biens tels qu'ils étaient au moment du décès, sans pouvoir procéder à de nouvelles inscriptions).

En aval, le bénéfice de l'inscription peut être partiellement ou totalement perdu, à la suite de **trois événements** :
- **la péremption** (C. civ., art. 2429) : les inscriptions se périment avec le temps. Dans quel délai ? : c'est le créancier qui fixe la durée de l'inscription. Mais la loi pose un double plafond : un an après l'échéance de la créance garantie, et en tout état de cause, dans les cinquante ans de l'inscription. Si la dette est déjà échue au moment de l'inscription, le maximum est de dix ans. Pour conserver son rang, le créancier doit avant la péremption, prendre une inscription en renouvellement (s'il ne le fait pas, il pourra prendre une nouvelle inscription, mais elle prendra date à ce moment) ;
- **la radiation** (C. civ., art. 2435) : une inscription peut être radiée, soit par le consentement des parties, soit par décision du juge, notamment quand elle est infondée ; par un arrêt du 16 mars 2022, la troisième chambre civile a précisé que la demande de radiation n'était pas soumise à prescription, dès lors que tant que l'inscription d'une hypothèque subsiste, sa radiation peut être demandée (Cass. 3e civ., 16 mars 2022, n° 20-21337).

- **la réduction** (C. civ., art. 2439) : cette mesure peut être prononcée quand l'inscription est excessive ; tel est le cas lorsqu'elle grève plusieurs immeubles, lorsque la valeur d'un seul ou de quelques-uns excède une somme égale **au double** du montant des créances, augmenté **du tiers.**

§ 3. Les effets de l'hypothèque

Il convient de distinguer les effets entre les parties (A) et les effets à l'égard des tiers (B).

A. Les effets entre les parties

Classiquement, on distinguera les effets avant l'échéance de la dette garantie (1) et lors de l'échéance de la dette garantie (2).

1. Les effets avant l'échéance de la dette garantie

1137. L'hypothèque est à ce stade **indolore** : le constituant conserve la maîtrise totale de l'immeuble :

- il peut en **user** (ex. habiter sa maison) ;
- il peut en **jouir**. Il peut ainsi donner à bail l'immeuble (pour une durée maximale de douze ans toutefois). À ce titre, il perçoit les fruits et revenus de l'immeuble ;
- il peut enfin en **disposer** : il peut, par exemple, aliéner l'immeuble, ou encore le grever d'autres hypothèques ou droits réels. Le créancier hypothécaire n'a rien à craindre de ces actes, dès l'instant qu'ils sont postérieurs à son inscription (art. 30-1 du décret du 4 janvier 1955).

2. Les effets à l'échéance de la dette garantie

Si le débiteur se montre défaillant, le créancier va procéder à la **réalisation de sa sûreté.** Avant la réforme du 23 mars 2006, **le créancier pouvait seulement faire saisir et vendre l'immeuble, en vue de se faire payer sur le prix** (a). L'ordonnance lui ouvre **deux voies nouvelles,** empruntées au gage mobilier : l'**attribution judiciaire de l'immeuble** (b) **et le pacte commissoire** (c).

a. La saisie immobilière

1138. La saisie immobilière est régie par le Code des procédures civiles d'exécution (art. L. 311-1 et s.) : elle consiste à rendre indisponible l'immeuble du constituant et à le faire vendre, si nécessaire avec le concours de la force publique. Elle a été réformée en profondeur par une **ordonnance du 21 avril 2006**. Il s'agit d'un passage obligé pour le créancier. **Ainsi, la clause de voie parée,** qui dispense le créancier de la procédure de saisie immobilière, est **interdite** (C. civ., art. 2458), du moins si elle est consentie en amont, dans le cadre de l'hypothèque. Ainsi, un accord en aval de tous les créanciers inscrits et du constituant pour sortir de la procédure de saisie immobilière paraît toujours possible, en dépit de la réforme.
La procédure de saisie immobilière commence par un commandement de payer adressé au débiteur et publié au fichier immobilier dans les **deux mois de sa signification**. Dès cette publication, le commandement rend indisponible l'immeuble. Ensuite, la vente est préparée

par le créancier, qui élabore, par l'intermédiaire de son avocat, un cahier des conditions de vente. Depuis la réforme de 2006, la saisie immobilière relève de la compétence du juge de l'exécution, qui peut autoriser, dans le cadre d'une audience d'orientation, la vente amiable de l'immeuble. Ainsi, la vente ne se fait plus nécessairement par adjudication, à la barre du tribunal. En outre, afin d'accélérer la procédure, tous les créanciers inscrits sur l'immeuble saisi (hypothécaires et privilégiés) sont invités par le créancier saisissant à déclarer leurs créances, sous peine de ne pas pouvoir participer à la répartition (ils deviennent des créanciers chirographaires, payés sur le solde). Une fois l'immeuble vendu, le prix est réparti entre les créanciers inscrits en fonction de l'ordre des inscriptions.

b. L'attribution judiciaire de l'immeuble

1139. Innovation de la réforme du 23 mars, **l'article 2451** permet au créancier de demander **l'attribution judiciaire de l'immeuble** en paiement de sa créance. Il s'agit d'une sorte de dation en paiement judiciaire. Cela permet d'éviter la lourde procédure de saisie immobilière. Mais encore faut-il qu'il soit de **premier rang** ou à tout le moins d'un rang utile, sans quoi il se verra opposer le droit de suite du premier.
La réforme a toutefois assorti cette possibilité de nombreuses conditions :
- l'immeuble doit être **évalué par expert** (pour éviter un enrichissement du créancier) ;
- l'attribution judiciaire est **neutralisée** en présence d'une procédure collective ou de surendettement ;
- l'attribution judiciaire est **interdite** si l'immeuble constitue la **résidence principale** du débiteur.

c. L'attribution de l'immeuble par l'effet d'un pacte commissoire

1140. **L'article 2452** du Code civil dispose qu'« il peut être convenu dans la convention d'hypothèque que le créancier deviendra propriétaire de l'immeuble hypothéqué ». Mais on retrouve les mêmes garde-fous que dans l'attribution judiciaire : évaluation, neutralisation et interdiction si l'immeuble est la résidence principale du débiteur.

B. Les effets à l'égard des tiers

On distinguera les effets à l'égard des autres créanciers (1) et à l'égard du tiers acquéreur (2).

1. Les effets à l'égard des autres créanciers

1141. *Quid du conflit entre **créanciers hypothécaires** ?*
Il se règle par **la date de l'inscription** (C. civ., art. 2418), quelle que soit la nature de l'hypothèque (légale, conventionnelle ou judiciaire). Si plusieurs hypothèques conventionnelles ont été inscrites le même jour, la préférence est donnée à celui dont le titre est le plus ancien (ex. deux banques font inscrire une hypothèque sur le même immeuble le même jour, celle qui prime sera celle dont le prêt est le plus ancien). Et si les titres ont la même date ? Les créanciers viennent en concurrence. En revanche, l'inscription d'une hypothèque légale est réputée d'un rang antérieur à celui de l'inscription d'une hypothèque judiciaire ou conventionnelle ; et s'il y a plusieurs inscriptions d'hypothèques légales, elles viennent en concurrence, sauf s'il s'agit de l'hypothèque spéciale du vendeur et de l'hypothèque spéciale du prêteur de deniers, la première étant réputée antérieure à la seconde.

Il est toutefois possible de procéder à une **cession d'antériorité** (C. civ., art. 2473 al. 2) : un créancier d'un rang supérieur peut céder son rang à un créancier inférieur dont il prend la place. Cette cession est généralement consentie à titre onéreux : elle présente un intérêt pour le cédant, notamment lorsqu'il bénéficie d'autres sûretés pour être payé.

*Avant le 1er janvier 2022, quid du conflit entre créanciers **hypothécaires et créanciers privilégiés ?***
Rappelons que les créanciers privilégiés bénéficiaient d'un avantage : l'inscription était rétroactive, de sorte qu'elle faisait remonter le privilège au jour de l'acte, c'est-à-dire au jour de la naissance de la créance (ex. prêt).

Exemple

Un prêt a été consenti le 10 avril 2017 par la banque A, qui a publié le privilège du prêteur de deniers le 2 mai. Une hypothèque avait été inscrite par une banque B le 20 avril 2017 : la banque A prime la banque B.

Cette situation a pris fin avec la réforme du 15 septembre 2021, les privilèges immobiliers spéciaux ayant été supprimés, pour devenir de simples hypothèques légales.

2. Les effets à l'égard du tiers acquéreur

Dans ce cas, le bien a été transmis par le constituant à un tiers acquéreur. Les créanciers hypothécaires peuvent exercer leur droit de suite (a) auquel le tiers peut remédier en procédant à la purge des hypothèques (b).

a. L'exercice du droit de suite

1142. On l'a vu, l'hypothèque confère au créancier un ***droit* de suite** (C. civ., art. 2454). Le créancier hypothécaire peut faire valoir ses droits sur l'immeuble contre le tiers acquéreur, qu'il soit de bonne ou de mauvaise foi. C'est l'atout majeur de l'hypothèque.

Exemple

Une hypothèque a été constituée sur un immeuble qui appartient à Paul. Paul revend l'immeuble à José. Le créancier hypothécaire peut diligenter une procédure de saisie immobilière contre José, le tiers (C. civ., art. 2454). Alors même qu'il n'est pas débiteur, il est obligé comme détenteur à toutes les dettes hypothécaires.

Le créancier va ainsi adresser au tiers acquéreur une sommation de payer la dette ou de délaisser le bien.
Quelles sont alors les options ouvertes au tiers acquéreur ? Trois attitudes sont possibles, étant précisé que l'ordonnance du 15 septembre 2021 a supprimé la quatrième voie, qui était la faculté de délaissement prévue par l'ancien article 2467 du Code civil, car le tiers n'est pas tenu personnellement au passif hypothécaire, mais *in rem*, en tant que propriétaire du bien. S'il délaissait le bien, il se déchargeait du passif qui le grève. Le créancier saisissait le bien, ce qui évitait au tiers de voir apparaître son nom dans la procédure de saisie. Cette règle, qui n'avait d'autre but que de sauvegarder la réputation du tiers acquéreur (celui-ci ayant perdu le bien), a été supprimée.

Voici donc les trois attitudes possibles :

- **la résistance : l'opposabilité des exceptions et/ou le bénéfice de discussion** : le tiers peut opposer au créancier inscrit les exceptions inhérentes à la dette, en vertu du caractère accessoire de l'hypothèque (nullité de la créance, résolution du contrat...). Le nouvel article 2255 alinéa 2 dispose que « ce tiers acquéreur peut encore, comme le pourrait une caution, opposer au créancier toutes les exceptions qui appartiennent au débiteur principal ». Cela vient briser la funeste jurisprudence de la Cour de cassation, qui considérait que le tiers acquéreur ne pouvait pas se prévaloir de la prescription de la créance, ce qui portait atteinte de manière contestable au caractère accessoire de l'hypothèque (Cass. 2e civ., 19 févr. 2015, n° 13-27691, *Bull. civ.* II, n° 48) ; Le tiers acquéreur peut également invoquer le **bénéfice de discussion**, s'il est demeuré d'autres immeubles hypothéqués pour la même dette dans le patrimoine du débiteur : le créancier est alors invité à aller saisir ces biens (C. civ., art. 2455) ; à noter que la réforme du 15 septembre 2021 permet au tiers d'opposer ce bénéfice à tous les créanciers inscrits, même titulaires d'une hypothèque spéciale (art. 2455).
- **le calcul : le paiement de la dette hypothécaire**. Cela recouvre un intérêt si la créance hypothécaire de premier rang est inférieure ou égale au prix qu'il doit payer (ex. créance de 130 000 euros, prix de 150 000 euros) ; dans ce cas, le tiers est subrogé dans les droits du créancier hypothécaire de premier rang : il passe avant les autres, ce qui les empêchera de fait de demander eux-mêmes la vente de l'immeuble, puisqu'il les primera (à hauteur de 130 000 euros). À défaut (créance de premier rang supérieure au prix), mieux vaut pour l'acquéreur procéder à la purge ;
- **l'attente : laisser le créancier mener la procédure de saisie jusqu'à son terme** ; il sera alors exproprié par l'effet du jugement.

Dans les deux derniers cas, le tiers dispose évidemment d'un recours en garantie contre son vendeur (C. civ., art. 2460). Il s'agit de la garantie d'éviction que lui doit le vendeur, du fait des tiers. Mais si ce dernier est insolvable, ce recours ne sera qu'une chimère. C'est pourquoi il vaut mieux prévenir que guérir.

b. Le remède au droit de suite : la purge des hypothèques

1143. Dans ce cas, le prix est directement versé par le tiers acquéreur aux créanciers hypothécaires, moyennant purge, c'est-à-dire **disparition des inscriptions hypothécaires sur le bien**.

Le **droit de préférence des créanciers inscrits se reporte alors sur le prix**. Pour que les créanciers ne soient pas lésés, encore faut-il que le prix corresponde à la valeur réelle du bien (par ex. prix de 10 000 euros alors que la valeur réelle est de 500 000 euros : les créanciers se partageront 10 000 euros, ils sont lésés). Cela explique que les **ventes forcées ou certaines ventes aux enchères publiques entraînent, d'office, purge des hypothèques**, parce qu'il existe un contrôle sur le prix (art. 2461).

Pour les autres (vente de gré à gré classique), une procédure est nécessaire. **Deux voies** existent :

- **la purge légale** : le tiers acquéreur, avant de payer le prix, notifie aux créanciers inscrits son intention de leur offrir ce prix moyennant **purge** des hypothèques (C. civ., art. 2464 et s.). Cette proposition doit prendre la forme d'une notification, soit avant les poursuites, soit au plus tard dans le mois à compter de la sommation de payer ou de délaisser. Si les créanciers acceptent cette offre, leur droit se reporte sur le prix. L'immeuble est alors libéré de toute charge. Mais les créanciers peuvent refuser, notamment lorsqu'ils estiment que le prix proposé est inférieur à la valeur de l'immeuble. Ils doivent alors requérir l'adjudication de l'immeuble en offrant eux-mêmes **un prix supérieur d'un dixième par rapport au prix proposé**, en **s'engageant à se porter eux-mêmes acquéreurs s'il n'existe pas d'autres intéressés** (art. 2480, **surenchère**). Cette **surenchère** les fait réfléchir, avant de refuser la purge que leur propose l'acquéreur.

- **la purge amiable**: l'ordonnance du 23 mars 2006 a consacré cette pratique notariale (C. civ., art. 2463): la purge résulte d'une convention conclue entre le débiteur et les créanciers inscrits, à l'occasion de la vente d'un immeuble hypothéqué.

FOCUS

La purge amiable

Par un arrêt du 5 mars 2020, la Cour de cassation énonce que la purge amiable constitue une procédure facultative, qui nécessite l'accord du vendeur, sans qu'il soit tenu d'y consentir **(Cass. 3e civ., 5 mars 2020, n° 19-10398)**. Le juge ne peut donc lui enjoindre de signer l'acte authentique de vente avec purge des inscriptions hypothécaires. Il appartient dès lors à l'acquéreur de mettre en œuvre la procédure légale de purge, qui est certes plus lourde (v. *supra*).

Section 3
Les privilèges immobiliers

1144. Nous l'avons dit, **l'ordonnance du 15 septembre 2021 a supprimé les privilèges immobiliers spéciaux, qui sont devenus des hypothèques légales**.

Il ne reste dès lors que des **privilèges généraux**, c'est-à-dire qui portent sur tous les immeubles du débiteur. Il s'agit de sûretés légales. Le nouvel **article 2376 du Code civil** souligne les deux spécificités de ces privilèges par rapport à l'hypothèque: ils ne confèrent pas de droit de suite et ne sont pas publiés (les deux étant liés). Par ailleurs, lorsque le privilège porte aussi sur la généralité des meubles du débiteur, il ne s'exerce sur les immeubles qu'à défaut de mobilier suffisant (ex. du privilège des frais de justice, qui porte sur les deux: les immeubles ne sont appréhendés qu'à la condition que le mobilier soit insuffisant pour désintéresser le créancier).

L'article 2377 fournit la liste de ces privilèges immobiliers généraux:
« Outre celles prévues par des lois spéciales, les créances privilégiées sur la généralité des immeubles sont:
1° Les **frais de justice**, sous la condition qu'ils aient profité au créancier auquel le privilège est opposé;
2° Les **rémunérations et indemnités suivantes**:
- les rémunérations, pour les six derniers mois, des salariés et apprentis;

- le salaire différé, pour l'année échue et pour l'année courante, institué par l'article L. 321-13 du Code rural et de la pêche maritime ;
- les créances du conjoint survivant instituées par l'article 14 de la loi n° 89-1008 du 31 décembre 1989 relative au développement des entreprises commerciales et artisanales et à l'amélioration de leur environnement économique, juridique et social et l'article L. 321-21-1 du Code rural et de la pêche maritime ;
- l'indemnité de fin de contrat prévue à l'article L. 1243-8 du Code du travail et l'indemnité de précarité d'emploi prévue à l'article L. 1251-32 du même code ;
- l'indemnité due en raison de l'inobservation du préavis prévue à l'article L. 1234-5 du Code du travail et l'indemnité compensatrice prévue à l'article L. 1226-14 du même code ;
- les indemnités dues pour les congés payés prévues aux articles L. 3141-24 et suivants du même code ;
- les indemnités de licenciement dues en application des conventions collectives de travail, des accords collectifs d'établissement, des règlements de travail, des usages, des dispositions des articles L. 1226-14, L. 1234-9 et L. 7112-3 à L. 7112-5 du Code du travail pour la totalité de la portion inférieure ou égale au plafond visé à l'article L. 3253-2 du même code et pour le quart de la portion supérieure audit plafond ;
- les indemnités dues, le cas échéant, aux salariés, en application des articles L. 1226-15, L. 1226-20, L. 1226-21, L. 1235-2 à L. 1235-4, L. 1235-11, L. 1235-12, L. 1235-14 et L. 1243-4 du Code du travail ».

L'article 2378 précise que **les privilèges généraux priment le droit de préférence attaché au gage immobilier et à l'hypothèque et qu'ils s'exercent dans l'ordre de l'article 2377**.

Il faut enfin noter que la liste n'est pas exhaustive, dès lors que des privilèges généraux prévus par des lois extérieures au Code civil existent par ailleurs (ex. le privilège dit de *new money* dans la procédure de conciliation, pour récompenser les créanciers qui prêtent de l'argent à une entreprise qui éprouve déjà des difficultés financières). Mais cela ne relève pas du programme de l'examen de droit civil.

Ainsi s'achève l'étude du droit des sûretés, et, de manière générale, le cours de droit civil. Il est désormais plus que temps de passer à la pratique !

CAS PRATIQUES

Avertissement

Pour maîtriser la méthodologie du cas pratique, les étudiants sont vivement invités à consulter l'ouvrage suivant :
Mazeaud H., Blanc N. et Mazeaud D., *Méthodes générales de travail*, 5e éd., 2022, LGDJ.

CAS PRATIQUE N° 1

Jeanne vient vous consulter. Elle accumule les soucis et a besoin de vos conseils avisés. Elle s'est mariée il y a dix ans avec Luc, sans faire de contrat de mariage. Ne pouvant pas avoir d'enfant, ils ont eu recours à une mère porteuse aux États-Unis, en utilisant les spermatozoïdes d'un ami de Luc, Michel, et ses propres ovocytes. L'enfant est né il y a six mois en Californie, mais les services de l'état civil français refusent de retranscrire l'acte de naissance. Jeanne veut absolument que son lien de filiation soit reconnu avec cet enfant. Cette situation a engendré des conflits au sein du couple. Luc ne cesse de contracter des dettes. Il s'est notamment porté caution solidaire, en donnant son accord par e-mail et sans lui en parler, d'un prêt pour 300 000 euros consenti par une banque à sa sœur pour acheter un appartement. Elle voudrait éviter que son mari ne dilapide le peu d'économies qui leur restent. Par ailleurs, elle ne supporte plus la maison qu'ils ont achetée ensemble il y a cinq ans : elle est infestée de mauvaises odeurs, car elle n'est pas raccordée au tout-à-l'égout, contrairement aux énonciations de l'acte. C'est en réparant une fuite il y a trois ans qu'elle s'en est rendu compte. Problème : il existe une clause élusive de la garantie des vices cachés dans la vente au profit du vendeur. Mais ce n'est pas tout : le voisin revendique la propriété d'une partie de leur terrain, sur lequel il a installé il y a quarante ans une caravane avec l'accord de l'ancien propriétaire. Jeanne et son mari avaient laissé faire, pensant qu'il ne leur demanderait jamais rien. Enfin, Jeanne se demande s'il ne serait pas préférable de divorcer. Mais son mari refuse catégoriquement, car il l'aime encore, même s'il l'a trompée une fois il y a trois ans.
Jeanne vous demande d'assurer au mieux la défense de ses intérêts dans toutes les difficultés qu'elle rencontre.

Corrigé

1. SUR LA RECONNAISSANCE DU LIEN DE FILIATION CONSÉCUTIVEMENT À UNE GPA

La gestation pour autrui est interdite en France par le Code civil : « toute convention portant sur la procréation ou la gestation pour le compte d'autrui est nulle » (art. 16-7). Mais est-il possible de faire établir un lien de filiation en France à l'égard d'un enfant né à la suite d'une GPA effectuée à l'étranger ?
La réponse donnée à ce cas était différente avant les arrêts rendus par la Cour de cassation à la fin de l'année 2019 (v. pour la correction antérieure, les éditions précédentes de cet ouvrage). Désormais, on sait que par deux arrêts du 18 décembre 2019, la première chambre civile a, dans le sillage de l'arrêt d'assemblée plénière du 4 octobre 2019, jugé que le recours à la GPA à l'étranger n'était plus un obstacle à la transcription de l'acte de naissance pour le parent d'intention, dès lors que l'acte était régulier, exempt de fraude et établi conformément au droit de l'État local. Ainsi, la transcription, d'abord partiellement admise pour le seul parent biologique (Cass. 1re civ., 3 juill. 2015), concerne désormais le parent d'intention, désigné comme parent légal dans l'acte établi à l'étranger. L'apport des arrêts du 18 décembre 2019 par rapport à celui du 4 octobre 2019 est qu'il est indifférent que le parent d'intention soit de même sexe que le parent biologique, et surtout qu'il n'est plus nécessaire de démontrer que le recours à l'adoption, au regard des délais de la procédure, constitue une atteinte disproportionnée au droit au respect de la vie privée et familiale garanti par l'article 8 de la Convention européenne des droits de l'homme. Dès lors que l'acte est régulier au regard

du droit étranger et exempt de fraude, la transcription est en quelque sorte de droit. Mais il faut toutefois tenir compte de l'incidence de la loi du 2 août 2021, qui a modifié l'article 47 du Code civil, pour prévoir désormais que la réalité, dont doit rendre compte l'acte pour être transcrit, « est appréciée au regard de la loi française ». Cette modification du texte semble de nouveau interdire la transcription d'un acte étranger considérant comme mère celle qui n'a pas accouché, dès lors que le droit français prohibe la GPA.

Qu'en est-il en l'espèce ?
L'existence d'un lien biologique existe ici, non pas entre le père d'intention, et l'enfant, mais entre la mère et l'enfant. Nous ne sommes donc pas strictement dans les hypothèses précédemment jugées : dans l'intérêt de Jeanne, il y a lieu de raisonner *a fortiori*, et de considérer que l'intérêt supérieur de l'enfant commande de reconnaître un lien de filiation avec sa mère biologique, même si elle n'a pas porté l'enfant. De fait, si la mère d'intention, qui n'a pas porté l'enfant, bénéficie de la transcription, la génitrice de l'enfant, qui ne l'a pas porté non plus, doit *a fortiori* en bénéficier. Dès lors que Jeanne apparaît comme la mère de l'enfant sur l'acte de naissance établi à l'étranger, et que l'acte est régulier au regard du droit local, la transcription devra être ordonnée. Certes, l'article 47 du Code civil semble imposer le recours à l'adoption, faute pour Jeanne d'avoir accouché, la réalité des faits devant désormais s'apprécier au regard de la loi française. Toutefois, l'acte étranger qui la désigne comme mère est bien conforme à la réalité, puisqu'elle est la mère biologique de l'enfant. En tout état de cause, on peut considérer que lui refuser la transcription parce qu'elle n'a pas accouché de l'enfant constitue une atteinte disproportionnée au droit au respect vie privée et familiale et une atteinte à l'intérêt supérieur de l'enfant (art. 3-1 de la Convention de New York), dans la mesure où en l'espèce Jeanne est la mère biologique de l'enfant. Ainsi, imposer au parent biologique de l'enfant de passer par la procédure d'adoption est sans doute une atteinte disproportionnée aux droits fondamentaux. Le nouvel article 47 ne devrait donc pas pouvoir être opposé à Jeanne pour lui refuser la transcription. Il faudra toutefois vérifier que l'État étranger autorise la GPA avec don de sperme, car en l'occurrence le mari de Jeanne, apparemment désigné comme le père dans l'acte de naissance, n'est pas le géniteur de cet enfant (qui est en outre un ami et non un donneur anonyme). Si une telle technique n'était pas autorisée en Californie, la transcription ne pourrait toutefois pas être obtenue, à supposer que ce fait soit porté à la connaissance des autorités françaises : il conviendrait alors de plaider dans l'intérêt de Jeanne que ce refus de transcrire, au nom de l'irrégularité de l'acte établi à l'étranger, constitue une atteinte disproportionnée au droit au respect de la vie privée et familiale et à l'intérêt de l'enfant, Jeanne étant la mère biologique de l'enfant et la filiation étant divisible.

2. SUR LE CAUTIONNEMENT SOLIDAIRE SOUSCRIT PAR SON MARI

Deux problèmes se posent : sa validité, et si tel est le cas, l'étendue de l'engagement qui en résulte pour le conjoint qui n'a pas participé à l'acte.
En l'espèce, le cautionnement est manifestement irrégulier, dans la mesure où l'article 2297 du Code civil dans sa version issue de l'ordonnance du 15 septembre 2021, prévoit qu'« à peine de nullité de son engagement, la caution personne physique appose elle-même la mention qu'elle s'engage en qualité de caution à payer au créancier ce que lui doit le débiteur en cas de défaillance de celui-ci, dans la limite d'un montant en principal et accessoires exprimé en toutes lettres et en chiffres. En cas de différence, le cautionnement vaut pour la somme écrite en toutes lettres ». Sous l'empire des textes du Code de la consommation,

la jurisprudence considérait que l'irrégularité était sanctionnée par la nullité relative, dès lors que la règle protège la caution (Cass. com., 5 févr. 2013, *Bull. civ.* IV, n° 12-11720, n° 20). Cette solution semble devoir se maintenir sous l'empire du nouvel article 2297. Jeanne n'est pas partie à l'acte : elle a la qualité de tiers, de sorte qu'elle ne semble pas pouvoir invoquer l'irrégularité du cautionnement. Mais même si elle est tiers au contrat, ne peut-on pas considérer qu'elle est indirectement protégée par la règle, dès lors que le créancier dispose d'un droit de gage sur une partie des biens communs (les revenus du conjoint) ? Cela se plaide. Cela nous amène à la question de l'engagement. Aux termes de l'article 2300 du Code civil, dans sa version issue de l'ordonnance du 15 septembre 2021, « si le cautionnement souscrit par une personne physique envers un créancier professionnel était, lors de sa conclusion, manifestement disproportionné aux revenus et au patrimoine de la caution, il est réduit au montant à hauteur duquel elle pouvait s'engager à cette date ». En outre, s'agissant d'une caution mariée, les dispositions de l'article 1415 du Code civil sont ici applicables : en l'absence d'accord donné par Jeanne, le cautionnement donné par son conjoint n'engage que ses biens propres et ses revenus, lesquels constituent des biens communs. Dès lors, Jeanne pourrait également songer à se prévaloir du caractère disproportionné du cautionnement, au regard des faibles revenus dont il dispose et du fait qu'il ne semble pas disposer de biens propres de valeur. Néanmoins, la jurisprudence considère (Cass. com., 15 nov. 2017, n° 16-10504 P), que la disproportion devait s'apprécier à l'égard des biens communs (notamment un immeuble ou les revenus du conjoint), même s'ils n'étaient pas engagés, faute de consentement du conjoint. La disproportion sera donc beaucoup plus difficile à établir par Jeanne. Mais en tout état de cause, Jeanne peut-elle s'en prévaloir ? Il conviendra plus sûrement d'attendre d'éventuelles poursuites de la banque contre son conjoint pour lui conseiller d'invoquer de telles dispositions, étant précisé qu'en tout état de cause la sanction encourue, en cas de disproportion, n'est plus que la réduction. S'il advenait que la banque parvienne à saisir les revenus de Luc au titre du cautionnement faute pour celui-ci de se défendre correctement ou encore les biens communs, il en devrait récompense à la communauté, dans la mesure où la contribution à la dette lui incombe, s'agissant d'une dette contractée dans son intérêt personnel (C. civ., art. 1416). Enfin, le prononcé du divorce mettrait à l'abri Jeanne de toute poursuite, celle-ci n'étant pas engagée personnellement.

3. SUR LE VICE AFFECTANT LA MAISON

Il convient ici d'être attentif à la qualification de l'action susceptible d'être engagée. En effet, l'action pourrait relever de la garantie des vices cachés. Or, celle-ci doit être exercée dans le délai de deux ans à compter de la découverte du vice (C. civ., art. 1648). Manifestement, cela fait trois ans qu'une telle situation a été découverte par les acquéreurs, de sorte que l'action est prescrite. En outre, Jeanne est confrontée à une clause d'éviction de la garantie des vices cachés. Cette clause est valable, sauf si le vendeur connaissait les vices, par application de l'article 1643 du Code civil. La preuve d'une telle connaissance étant difficile à établir, la jurisprudence présume irréfragablement que le vendeur professionnel avait connaissance des vices. S'agissant d'une vente immobilière, il est peu probable que le vendeur soit un professionnel. Dès lors, la clause, très usuelle dans les ventes immobilières, semble valable. Par conséquent, Jeanne a tout intérêt à se prévaloir de l'action en responsabilité pour délivrance non conforme sur le fondement de l'article 1604 du Code civil, en démontrant, à l'aide des stipulations de l'acte de vente, que la chose livrée n'est pas conforme aux spécifications contractuelles. Dans une espèce voisine, la Cour de cassation a retenu une telle qualification (Cass. 3e civ., 28 janv. 2015, n° 13-19945, n° 13-27050). De fait, il s'agit de relever non pas que

la chose est viciée, mais qu'elle est différente de celle qui a été spécifiée au contrat. Le délai pour agir étant de cinq ans à compter de la délivrance de la chose, l'action n'est pas prescrite. En outre, on doit considérer qu'une telle action n'est pas affectée par la clause élusive de garantie des vices cachés : les deux actions étant désormais exclusives l'une de l'autre, la clause rejetant l'une ne doit avoir aucune incidence sur l'autre.
Il faut donc conseiller à Jeanne d'agir sur le terrain de l'obligation de délivrance de l'article 1604 du Code civil, et non sur celui de la garantie des vices cachés. Et ce d'autant plus qu'en cas de mauvais fondement, le juge n'a pas l'obligation de requalifier la demande (Cass. ass. plén., 21 déc. 2007, n° 06-11343, *Bull. ass. plén.*, n° 10).

4. SUR LA PARTIE DU TERRAIN REVENDIQUÉE PAR LE VOISIN

Le voisin semble pouvoir invoquer l'usucapion : l'existence de la possession (*corpus* et *animus*) et l'utilité de celle-ci semblent caractérisées (continue, publique, paisible et non-équivoque), ainsi que le temps de possession (trente ans).
Mais ce n'est là qu'apparence : en effet, l'article 2262 du Code civil précise que « les actes de pure faculté et ceux de simple tolérance ne peuvent fonder ni possession ni prescription ».
Ainsi, le seul fait pour le propriétaire d'autoriser à titre précaire un tiers à utiliser sa chose ne saurait permettre à ce dernier de prescrire. Tel est le cas en l'espèce : le voisin a seulement été autorisé à installer sa caravane sur le terrain. Il faudra évidemment rapporter la preuve de cette tolérance : mais le fait que l'aménagement soit précaire (caravane posée sur un terrain, pas de construction) permettra de faciliter cette preuve.

5. SUR LES MESURES POUVANT ÊTRE MISES EN ŒUVRE PAR JEANNE

Plusieurs mesures s'ouvrent à elles pour se prémunir contre la prodigalité de son conjoint :
Il est évidemment inutile de solliciter l'autorisation ou l'habilitation judiciaire (C. civ., art. 217 ou 219), dans la mesure où il n'est pas question d'obtenir l'autorisation ou l'habilitation pour conclure un acte, mais d'empêcher son conjoint de commettre l'irréparable. Il faut donc se tourner vers les mesures urgentes de l'article 220-1 du Code civil prévues par le régime primaire impératif : « si l'un des époux manque gravement à ses devoirs et met ainsi en péril les intérêts de la famille, le juge aux affaires familiales peut prescrire toutes les mesures urgentes que requièrent ces intérêts ». Le juge peut notamment interdire à l'époux de faire, sans le consentement de l'autre, des actes de disposition sur ses propres biens ou ceux de la communauté, interdire le déplacement de meubles…
Mais Jeanne peut également invoquer les dispositions de l'article 1426 du Code civil, propres au régime de communauté : « si l'un des époux se trouve, d'une manière durable, hors d'état de manifester sa volonté, ou si sa gestion de la communauté atteste l'inaptitude ou la fraude, l'autre conjoint peut demander en justice à lui être substitué dans l'exercice de ses pouvoirs ». L'époux exerce donc les pouvoirs en lieu et place de son conjoint, ce qui va plus loin que l'article 220-1.
Enfin, Jeanne peut demander la séparation judiciaire des biens. Cette hypothèse de dissolution de la communauté est prévue par l'article 1443 du Code civil : « si, par le désordre des affaires d'un époux, sa mauvaise administration ou son inconduite, il apparaît que le maintien de la communauté met en péril les intérêts de l'autre conjoint, celui-ci peut poursuivre la séparation de biens en justice ». Il s'agit de remédier à l'incurie d'un époux en permettant à son conjoint d'obtenir en justice la séparation de biens.
Il faudra toutefois démontrer que les critères prévus par les textes sont remplis, ce qui n'est pas certain au vu des faits de l'espèce : le seul fait pour l'époux de cautionner la dette de sa

sœur, pour lui rendre service, ne caractérise pas *per se* une mauvaise administration de la communauté. Il faudra donc que Jeanne puisse produire d'autres preuves de la mauvaise gestion de son conjoint.
À défaut, une solution plus radicale s'offre à elle : le divorce.

6. SUR LE DIVORCE

Son conjoint ne veut pas divorcer, ce qui écarte l'hypothèse du divorce par consentement mutuel ou du divorce accepté. Restent le divorce pour faute et le divorce pour altération définitive du lien conjugal.
On songe alors en premier lieu à un divorce pour faute, au regard de l'infidélité de son conjoint. Mais l'article 242 du Code civil impose une violation grave ou renouvelée des devoirs et obligations du conjoint qui rend intolérable le maintien de la vie commune. La jurisprudence précise, s'agissant de la première condition, que les deux critères sont alternatifs : il suffit que la violation soit grave *ou* renouvelée. En l'espèce, le fait que l'adultère n'ait été commis qu'une fois n'est pas dirimant. Toutefois, est-ce suffisant pour rendre intolérable le maintien de la vie commune, alors que Luc déclare toujours aimer son conjoint et que les difficultés actuelles du couple ne sont pas imputables à cet adultère très lointain ? Cela n'est pas certain. Il faut en outre veiller à ce que la réconciliation prévue par l'article 244 du Code civil ne soit pas établie. Tout ceci rend donc plus que douteuse l'obtention d'un divorce pour faute.
On songe alors en deuxième lieu au divorce pour altération définitive du lien conjugal, qui a été substantiellement réformé par la loi du 23 mars 2019. Depuis le 1er janvier 2021, Jeanne bénéficie de la procédure simplifiée. Déjà, le délai de séparation est ramené à un an dans le divorce pour altération du lien conjugal (nouvel article 238, au lieu de deux années de séparation). En outre, ce délai peut être calculé, lorsque la demande ne précise pas les motifs du divorce, à compter du jugement. Jeanne peut donc assigner son époux en divorce, sans indiquer les motifs de sa demande : il suffira alors qu'au jour où le juge sera amené à statuer sur le divorce, le délai d'un an soit respecté, pour que le divorce soit obtenu (tout dépendra donc de l'engorgement de la juridiction, ce qui suppose de bien calculer la date de l'assignation…).

V. pour le corrigé de ce cas sous l'empire du droit antérieur, les éditions antérieures de cet ouvrage.

CAS PRATIQUE N° 2

Albert vient vous consulter, car il est confronté à de nombreuses difficultés.
Tout d'abord, il a envie de divorcer de son mari Francis, avec lequel il vient pourtant d'avoir une petite fille par le biais du recours à une mère porteuse aux États-Unis. Francis est le père biologique de l'enfant, désigné comme tel dans l'acte de naissance. Or, maintenant que la discorde s'est installée entre les deux hommes, Francis ne veut plus que la filiation soit reconnue avec Albert, car il estime qu'il n'est pas à apte à s'occuper seul de cet enfant. Albert est d'autant plus effrayé par la situation que son conjoint a contracté il y a six mois un crédit à la consommation sans son accord, pour financer un tour du monde. La banque menace notamment de saisir l'appartement dans lequel ils habitent, qui appartient en propre à Francis et qui se trouve à Nancy. Une convention d'hypothèque a été consentie par Francis à la banque. Ladite banque envisage de saisir également le salaire d'Albert, qui est contrôleur à la SNCF.
En outre, Albert a un litige avec ses voisins à propos d'une maison dont il vient d'hériter à Brest. Il vient de se rendre compte que ses voisins ont construit il y a douze ans une maison qui déborde sur son jardin de vingt centimètres. Il faut dire qu'aucune clôture n'existe entre les propriétés, et que les voisins rétorquent qu'ils ont pu, en toute bonne foi, estimer que leur propriété comprenait la parcelle sur laquelle leur maison a été en partie construite. On ne saurait leur imposer la démolition d'une maison dont ils sont propriétaires.
Enfin, Albert est locataire d'un petit cabanon avec un terrain dans lequel il se rend le week-end et les vacances. Ce bien lui occasionne de nombreux soucis. Alors qu'il loue le bien depuis quatre ans, le bailleur lui demande subitement de supprimer les aménagements extérieurs (terrasse, véranda…) qu'il a réalisés. En outre, un incendie a détruit le cabanon. L'incendie est criminel, mais Albert n'y est strictement pour rien : il avait correctement fermé les lieux et était absent lors du sinistre. Qu'à cela ne tienne : le bailleur le tient pour responsable de l'incendie et demande des dommages-intérêts. Albert entend demander reconventionnellement la condamnation du bailleur à effectuer les travaux.
Albert vient vous consulter pour que vous l'aidiez à surmonter toutes ces difficultés.

Corrigé

1. SUR L'ÉTABLISSEMENT DU LIEN DE FILIATION

L'établissement de la filiation, qui n'était pas possible hors adoption, avant les arrêts rendus à la fin de l'année 2019 par la Cour de cassation, pourra consister dans la transcription de l'acte de naissance établi à l'étranger (v., pour la résolution du cas avant cette jurisprudence, les éditions précédentes de l'ouvrage). Pour éviter des répétitions inutiles, nous renvoyons au corrigé du cas n° 1 sur cette jurisprudence. Sous l'empire de la jurisprudence fixée fin 2019, dès lors que l'acte établi à l'étranger est régulier et exempt de fraude, la transcription de l'acte de naissance pourra être obtenue, quand bien même le parent d'intention est de même sexe que le père biologique. Mais l'article 47 du Code civil a été réformé par la loi du 2 août 2021, la réalité décrite dans l'acte étranger devant s'apprécier au regard de la loi française. La nouvelle rédaction de ce texte semble interdire la transcription de la filiation à l'égard du parent d'intention, qui doit de nouveau passer par la procédure d'adoption. Il pourra être plaidé que ce passage par l'adoption constitue en l'espèce une atteinte disproportionnée au droit d'Albert et de sa fille, mais comme cette dernière vient de naître, nous ne sommes pas dans la configuration de l'affaire *Mennesson* jugée le 4 octobre 2019 par la Cour de cassation. Il est donc probable que la transcription lui soit refusée sur le fondement du nouvel article 47.

Si une telle transcription est refusée à Albert, on peut lui conseiller de se tourner vers l'adoption.
En effet, par un arrêt du 5 juillet 2017 (Cass. 1re civ., 5 juill. 2017, n° 16-16455), la Cour de cassation, procédant à un revirement de jurisprudence, a jugé que « le recours à la gestation pour autrui à l'étranger ne fait pas, en lui-même, obstacle au prononcé de l'adoption, par l'époux du père, de l'enfant né de cette procréation, si les conditions légales de l'adoption sont réunies et si elle est conforme à l'intérêt de l'enfant ». On le voit, le recours à un procédé illicite – la GPA – n'est plus un obstacle à l'adoption. Mais encore faut-il que les conditions légales de l'adoption soient réunies et qu'elle soit conforme à l'intérêt de l'enfant.

Qu'en est-il en l'espèce ? On sait que lorsque la filiation de l'enfant est déjà établie avec un parent, seul le conjoint de ce parent peut l'adopter dans l'adoption plénière (art. 345-1). Il en va de même dans l'adoption simple, et ce même si cette adoption laisse subsister le lien de filiation avec l'autre parent. La Cour de cassation se fonde sur l'article 365 du Code civil, qui prévoit que l'adoptant est seul investi de l'autorité parentale, pour refuser l'adoption simple de l'enfant par le concubin homosexuel ou le partenaire lié par un PACS (Cass. 1re civ., 20 févr. 2007, n° 06-15647).
Dès lors, il convient de conseiller à Albert de ne surtout pas demander le divorce, dans la mesure où il ne pourra plus, à défaut de lien matrimonial avec le père de l'enfant, solliciter son adoption. Tout au plus pourra-t-il, une fois divorcé, solliciter une délégation de l'autorité parentale (C. civ., art. 377), dès lors qu'elle est conforme à l'intérêt supérieur de l'enfant (Cass. 1re civ., 24 févr. 2006, n° 04-17090, *Bull. civ.* I, n° 101). Mais cela suppose qu'une telle délégation soit demandée par le père de l'enfant, ce qui est peu probable en l'espèce (art. 377).

Il est donc recommandé à Albert de solliciter au plus tôt l'adoption de l'enfant tant qu'il est marié à Francis. Il convient de préférer le recours à l'adoption simple, dès lors qu'elle laisse potentiellement subsister le lien de filiation avec l'autre parent biologique, à savoir la mère. En effet, la cour d'appel de Paris a eu l'occasion de refuser le recours à une adoption plénière, par le mari d'un homme ayant eu recours à une GPA car contraire à l'intérêt de l'enfant, en l'absence d'éléments à disposition des juges sur la volonté de la mère porteuse d'abandonner tout lien avec l'enfant (CA Paris, 30 janv. 2018). Dans le doute, il conviendra de faire une demande en adoption simple. Il n'est pas certain que le tribunal prononcera l'adoption, eu égard à la mésentente dans le couple : il faudra qu'Albert démontre que, contrairement aux allégations de Francis, il est parfaitement apte à élever l'enfant, qu'il a déjà tissé des liens avec lui et que, dès lors, il y va de son intérêt que le lien de filiation soit reconnu. Mais il n'est vraiment pas certain, compte tenu de la dissension dans le couple, d'obtenir gain de cause, dès lors que l'adoption au sein du couple marié a pour finalité la constitution d'une famille unie et qu'eu égard au très jeune âge de l'enfant, il n'a pas pu tisser des liens affectifs justifiant l'adoption.

Tout ceci montre combien la transcription de l'acte de naissance est, pour le parent d'intention, beaucoup plus protectrice. Mais celle-ci est remise en cause par le nouvel article 47 du Code civil, dans sa rédaction issue de la loi du 2 août 2021.

2. SUR LE CRÉDIT À LA CONSOMMATION

Deux questions se posent : l'obligation à la dette et la validité de l'hypothèque.

S'agissant de l'obligation à la dette, l'emprunt ne relève pas des dispositions de l'article 220 du Code civil : non seulement, s'agissant de financer un tour du monde en solitaire, il ne s'agit pas d'une dette ménagère (art. 220), mais ensuite et surtout le prêt a été consenti sans l'accord du conjoint (art. 220 al. 3). La solidarité entre les époux est donc exclue. Dès lors, un tel emprunt relève des dispositions de l'article 1415 du Code civil : sans le consentement donné par Albert, Francis n'a engagé par un tel emprunt que ses biens propres et ses revenus. On peut rassurer Albert : ses revenus sont à l'abri des poursuites des créanciers, de même que les autres biens communs qui ne sont pas les revenus de Francis. S'agissant de la contribution à la dette, il est certain que si Francis emploie des deniers communs (tels ses salaires) pour rembourser l'emprunt, il en devra récompense à la communauté, par application de l'article 1416 (dette souscrite dans l'intérêt personnel d'un époux).

Qu'en est-il de l'hypothèque consentie sur le logement en garantie d'un tel prêt ? Le bien hypothéqué n'est pas commun mais propre, de sorte que l'article 1424 du Code civil qui impose une cogestion pour la constitution de droits réels immobiliers n'est pas applicable. Pour autant, il ne faut pas perdre de vue le régime primaire impératif. Dans ce cadre, l'article 215 alinéa 3 soumet à cogestion les actes de disposition portant sur le logement familial. Certes, les époux sont peut-être sur le point de divorcer. Mais il a été jugé que le logement de la famille ne perd pas cette qualité, même lorsque la jouissance a été attribuée provisoirement à l'un des époux pendant la procédure de divorce (Cass. 1re civ., 26 janv. 2011, n° 09-13138). La constitution d'une hypothèque conventionnelle, même appartenant à l'époux en propre, est un acte de disposition, qui requiert le consentement de son conjoint (Cass. 1re civ., 17 déc. 1991, n° 90-11908). Il faut donc conseiller à Albert d'agir au plus tôt en annulation d'une telle convention d'hypothèque, car l'action doit être exercée dans l'année suivant le jour où le demandeur a eu connaissance de l'acte.

Néanmoins, il faut préciser que malgré cette annulation de l'hypothèque, la banque pourra toujours saisir le logement familial. En effet, même si l'hypothèque est annulée, le bien fait encore partie du droit de gage général du créancier, par application de l'article 2284 du Code civil. La banque bénéficie d'un droit de gage sur les propres et les revenus de Francis, dont le logement familial. À cet égard, il faut savoir que les aliénations forcées et autres sûretés judiciaires ne sont pas soumises à l'article 215 alinéa 3, qui ne concerne que les actes volontaires (Cass. 1re civ., 21 mai 1997, n° 95-14102, *Bull. civ.* I, n° 163).

3. SUR LE LITIGE AVEC LES VOISINS

Dès lors que les voisins ont construit leur maison au-delà de la ligne séparative, il s'agit d'un empiétement, qui est sanctionné sur le fondement de l'article 545 du Code civil. Le propriétaire victime d'un empiétement peut exiger la démolition de l'ouvrage, dès lors que c'est la seule solution possible pour y mettre fin, et ce quelle que soit la mesure de cet empiétement (Cass. 3e civ., 10 nov. 2016, n° 15-19561). Surtout, il faut indiquer à Albert que les voisins ne peuvent pas, selon la jurisprudence classique de la Cour de cassation, invoquer que la démolition de leur maison pour un empiétement de 20 cm constituerait une atteinte disproportionnée à leur droit au respect des biens tel que garanti par l'article 1er du premier protocole additionnel à la Convention européenne des droits de l'homme, dès lors que la

Cour de cassation vient de juger que l'auteur de l'empiétement ne pouvait pas invoquer de telles dispositions (Cass. 3e civ., 21 déc. 2017, n° 16-25406).
La violation du droit au domicile (Conv. EDH, art. 8) pourrait toutefois être alléguée, mais l'atteinte ne sera pas disproportionnée, dès lors que la démolition est le seul moyen lui permettant de recouvrer son droit (Cass. 3e civ., 17 mai 2018, n° 16-15792 ; dans le domaine voisin de la construction sur le fonds d'autrui, distincte de l'empiétement). On doit néanmoins réserver un arrêt rendu le 19 décembre 2019, dans lequel la Cour de cassation procède pour la première fois au contrôle de proportionnalité sous l'angle du droit au respect du domicile, mais dans l'hypothèse spécifique d'une construction empêchant l'exercice d'une servitude de passage (Cass. 3e civ., 19 déc. 2019, n° 18-25113), ce qui n'est pas le cas ici (v. sur cet arrêt, *supra*, n° 116). Albert s'expose toutefois, par application de cette jurisprudence, à ce que le juge procède à un contrôle de proportionnalité et estime que la démolition de l'ouvrage pour un empiétement de 20 cm sur un jardin constitue une atteinte disproportionnée au droit au respect du logement des voisins.

En outre, les voisins pourraient-ils invoquer, en défense, l'acquisition de la propriété par l'effet de la possession ? Il n'en est rien, dès lors que seule la prescription abrégée de dix ans permettrait une telle usucapion. Il se trouve que la bonne foi, qui semble établie ici, ne suffit pas. Encore faut-il pouvoir justifier d'un juste titre : à cet égard, la jurisprudence exige que le titre concerne exactement dans sa totalité le bien que l'on entend prescrire, peu important que la différence soit minime (Cass. 3e civ., 13 déc. 2006, n° 05-21249). Dès lors que la parcelle litigieuse, aussi petite soit-elle, ne figure pas dans la superficie figurant dans le titre des voisins, ils ne pourront pas invoquer la prescription abrégée. Ce moyen devra donc être opposé par Albert pour éviter le jeu de la prescription.

4. SUR LE CABANON LOUÉ

Deux questions se posent : le sort des constructions et l'incendie.

S'agissant des constructions, il faut préciser que le bail n'est pas soumis à la loi du 6 juillet 1989, en ce qu'il porte sur une résidence secondaire. Il n'est donc pas, comme c'est l'usage et le minimum requis, conclu pour une durée de trois ans. Cela signifie donc que le bail qui court depuis quatre ans n'a pas été nécessairement renouvelé, mais qu'il s'agit soit d'un bail à durée indéterminée (c'est le cas pour le bail verbal : art. 1714 et 1737), soit d'un bail de longue durée (s'il est écrit : art. 1737). La précision est d'importance, dès lors que l'on sait que le locataire reste propriétaire des constructions jusqu'au terme du bail (accession différée), mais que l'accession au profit du bailleur opère lors de son renouvellement (Cass. 3e civ., 23 nov. 2017, n° 16-16815). La solution est conforme au principe selon lequel le renouvellement fait naître un nouveau contrat (C. civ., art. 1214 al. 2). Dès lors, s'il s'agit du même bail qui n'a pas été renouvelé, Albert pourra échapper au jeu de l'accession de l'article 555 du Code civil. Étant toujours propriétaire des constructions, le bailleur ne peut pas en exiger la démolition à ses frais.

S'agissant de l'incendie, il faut savoir qu'existe un régime spécial de responsabilité, très favorable au bailleur. Ainsi, l'article 1733 du Code civil dispose que le locataire « répond de l'incendie, à moins qu'il ne prouve que l'incendie est arrivé par *cas fortuit ou force majeure*, ou par *vice de construction* ou que le feu a été *communiqué par une maison voisine* ». Le locataire est donc présumé responsable de l'incendie, sauf pour lui à s'exonérer dans des cas très limités, étant précisé que l'absence de faute n'est pas exonératoire (Cass. 3e civ., 1er déc. 2016, n° 13-20524). En l'espèce, il est donc inopérant qu'Albert n'ait pas commis de faute : il devra rapporter la preuve que l'incendie était pour lui un événement extérieur, imprévisible et irrésistible. La jurisprudence considère que lorsque l'auteur d'un incendie volontaire n'est pas identifié, il convient de rechercher si cet incendie volontaire avait pu être facilité par une négligence imputable au preneur (Cass. 3e civ., 2 oct. 1996, n° 94-21589, *Bull. civ.* III, n° 204). Il s'agit, au fond, d'apprécier si l'incendie aurait pu être évité. Il conviendra qu'Albert démontre que cet incendie était pour lui irrésistible et imprévisible.

Par ailleurs, si un tel cas fortuit est établi, il conviendra d'appliquer l'article 1722 du Code civil, selon lequel si la chose est détruite en totalité par cas fortuit, le bail est résilié de plein droit, sans aucun dédommagement. La Cour de cassation précise que la perte de la chose inclut l'impossibilité absolue et définitive pour le preneur d'en user conformément à sa destination ou la nécessité d'effectuer des travaux dont le coût excède la valeur (Cass. 3e civ., 8 mars 2018, n° 17-11439). Tel semble être le cas en l'espèce : s'agissant d'un bâtiment modeste (cabanon), il est sans doute probable que les coûts de réparation excèdent la valeur du bien. Dès lors, le bailleur ne peut pas être condamné à effectuer les réparations, le bail étant résilié de plein droit.

CAS PRATIQUE N° 3

SUJET DU CRFPA 2017

Les époux CIRON-BARTHOS, mariés sans contrat de mariage le 18 août 1990, ont engagé en 2014 une procédure de divorce contentieuse après avoir cessé toute vie commune à compter du 1er janvier 2010, date à laquelle Madame BARTHOS est allée s'installer à COLOMIERS dans un logement séparé où elle vit toujours, qu'elle a loué avec son salaire d'ingénieur.
Monsieur CIRON, lui-même ingénieur salarié, est resté dans l'ancien logement de la famille à TOULOUSE acquis pendant le mariage à l'aide d'un emprunt contracté au nom des deux époux. Madame BARTHOS assume seule le remboursement de l'emprunt ayant permis cette acquisition depuis le 1er janvier 2010.
Depuis cette dernière date, comme depuis le mariage, la situation professionnelle des époux, leurs revenus respectifs et leurs charges sont stables et équivalents. L'ordonnance de non-conciliation a été rendue le 10 novembre 2015 et a attribué le logement de TOULOUSE à Monsieur CIRON à titre onéreux, précisant que l'épouse réglerait l'emprunt à charge de rétablissement lors des opérations de liquidation de la communauté.
Madame BARTHOS vous expose que ses revenus proviennent de son salaire ainsi que du loyer qu'elle retire d'un appartement qui lui a été donné par son père en 1995. Elle vous précise qu'en date du 8 mars 2010, son père étant décédé, elle a hérité d'un appartement qui était la propriété de ce dernier qui est loué aux termes d'un bail qui a continué à son profit. Il génère un revenu locatif net de 24 000 euros par an qu'elle a épargné en vue de constituer un apport personnel pour l'acquisition de l'appartement qu'elle loue pour le moment à COLOMIERS.
La procédure de divorce s'étire dans le temps, Madame BARTHOS qui est déjà assistée d'un avocat, voudrait un deuxième avis car son conseil lui affirme que les revenus qu'elle tire du deuxième appartement rentreront dans la communauté ce qui l'inquiète. Plus généralement, elle se préoccupe des autres questions importantes à régler avant le prononcé du divorce pour la défense de ses intérêts patrimoniaux étant observé qu'elle sait qu'elle ne peut prétendre à aucune prestation compensatoire.
Elle sollicite de votre part une consultation argumentée pour l'aider à résoudre son cas.

Corrigé

***Avertissement**: ce corrigé, personnel à l'auteur, n'engage pas la Commission nationale de l'examen unique d'accès au CRFPA. La correction se situe en septembre 2017 et s'appuie exclusivement sur le droit positif en vigueur à cette date.*

Avant toute chose, l'examen 2017 révèle qu'il est impossible de faire une impasse sur une partie du programme en espérant compenser avec celles que l'on connaît mieux, car le sujet peut se concentrer sur une ou deux matières, en l'occurrence le droit des régimes matrimoniaux et le droit du divorce. C'est donc une maîtrise de toutes les matières du programme qu'il faut acquérir, ce qui est précisément le but de cet ouvrage.

Cela étant dit, le sujet n'est pas, en soi, très difficile. Il suppose toutefois d'avoir le bon état d'esprit : il vous est demandé de faire une « consultation » pour aider Madame BARTHOS à « l'aider à résoudre son cas ». **Dès lors, il ne s'agit pas d'exposer de manière clinique le**

droit positif, mais de trouver, comme le ferait un bon avocat, des pistes de réflexion pour soutenir les intérêts de votre client.

Au cas présent, on voit immédiatement quelle est la difficulté à laquelle est confrontée Madame BARTHOS. Le sujet vous met sur la voie: «**Madame BARTHOS qui est déjà assistée d'un avocat, voudrait un deuxième avis car son conseil lui affirme que les revenus qu'elle tire du deuxième appartement rentreront dans la communauté ce qui l'inquiète**». Il faut donc trouver un moyen pour éviter que de tels revenus de propres, qui sont effectivement des biens communs, tombent en communauté. Comment? Par le report des effets de la dissolution de la communauté au jour de la séparation des époux (v. *supra*, n° 643 de l'ouvrage). Il est certain que les étudiants qui n'ont pas songé à cette voie ne pouvaient pas réussir le cas pratique, puisque tel était l'objet principal de la consultation: aider Madame BARTHOS à faire en sorte que les revenus de ses propres ne tombent pas en communauté.

1. SUR L'ORGANISATION DU DIVORCE

Il vous est indiqué qu'il s'agit d'un divorce contentieux, ce qui exclut le divorce par consentement mutuel. Et que celui-ci «s'étire dans le temps». Il convient de rappeler que le divorce contentieux se déroule en trois étapes: la **requête initiale**, qui a en l'espèce été introduite en 2014, la **tentative préalable de conciliation**, qui aboutit, en cas d'échec, à une ordonnance de non-conciliation, et l'**instance en divorce**. Seul l'époux requérant peut assigner son conjoint en divorce dans les trois mois à compter de l'ordonnance de non-conciliation. Après ces trois mois, la demande est ouverte aux **deux époux**. Mais elle doit être faite dans **les trente mois de l'ordonnance de non-conciliation**, à peine de caducité de toutes les mesures, y compris l'autorisation d'assigner en divorce (CPC, art. 1113).

En l'espèce, l'ordonnance de non-conciliation a été rendue le 10 novembre 2015. Il faut indiquer à Madame BARTHOS qu'elle devra assigner son conjoint en divorce au plus tard dans les trente mois, à peine de caducité. Elle est donc, au jour de l'examen (septembre 2017), dans les délais, puisque cela fait moins de deux ans que l'ordonnance a été prise. Le fondement de cette assignation pourra être au cas présent l'altération du lien conjugal (C. civ., art. 238), dès lors que les époux sont séparés depuis 2010, soit depuis plus de deux ans lors de l'assignation en divorce. Un divorce pour faute ou un divorce accepté pourrait être invoqué, mais il présente l'inconvénient de devoir prouver une faute (non établie en l'espèce) ou l'accord du conjoint sur le principe du divorce.

Le divorce produit normalement ses effets entre époux au jour de l'ordonnance de non-conciliation (C. civ., art. 262-1). Mais il est possible de demander le report des effets du divorce à la date de la séparation des époux, ce qui nous amène au deuxième point.

2. SUR LE REPORT DES EFFETS DU DIVORCE

Avant toute chose, il faut préciser que faute de contrat de mariage, les époux sont soumis au régime légal de la communauté réduite aux acquêts. L'article 1442 alinéa 2 du Code civil dispose que «les époux peuvent, l'un ou l'autre, demander, s'il y a lieu, que dans leurs rapports mutuels, l'effet de la dissolution soit reporté à la date où ils ont cessé de cohabiter et de collaborer». La communauté sera ainsi dissoute à cette date.

Madame BARTHOS a tout intérêt à solliciter une telle mesure, dès lors qu'elle a hérité de deux appartements dont elle perçoit les loyers. Or, les revenus de propres sont des biens communs dès leur perception (Cass. 1re civ., 31 mars 1992, n° 90-17212, *Bull. civ.* I, n° 96), de sorte qu'ils seront communs jusqu'à l'ordonnance, et partant partagés entre époux. D'où la demande de report.

Il faut savoir que depuis la réforme du 26 mai 2004 cette demande de report ne peut être faite qu'à l'occasion de l'action en divorce (C. civ., art. 262-1 al. 2). Dès lors, Madame BARTHOS doit nécessairement demander au juge du divorce un tel report, faute de quoi il sera trop tard.

Pour bénéficier d'un tel report, Madame BARTHOS devra démontrer la cessation de la cohabitation et de la collaboration. La première condition est en l'espèce remplie, sachant qu'elle fait présumer la seconde (Cass. 1re civ., 31 mars 2010, n° 08-20729, *Bull. civ.* I, n° 80). Le conjoint qui s'oppose au report devra alors prouver l'existence de relations patrimoniales entre les époux, résultant d'une volonté commune, allant au-delà des obligations découlant du mariage ou du régime matrimonial (Cass. 1re civ., 24 oct. 2012, n° 11-30522 : achats de biens immobiliers et emprunts contractés après la séparation des époux, ce qui maintient la collaboration). En l'espèce, cette collaboration semble avoir cessé : le seul fait pour Madame BARTHOS de payer seule le crédit ne saurait caractériser une telle collaboration.
Les conditions semblent remplies. Reste à en voir les effets sur les différents biens en présence, étant précisé de manière générale **que la dissolution de la communauté donne naissance à une indivision post-communautaire jusqu'au partage**.

3. SUR L'APPARTEMENT HÉRITÉ EN 2010

Cet appartement constitue un propre, par application de l'article 1405 du Code civil. Comme cela a été mentionné, les loyers de tels revenus, si la communauté n'est dissoute qu'au jour de l'ordonnance de non-conciliation, seront communs jusqu'à cette date. Dès lors, l'intérêt du report est que la communauté sera dissoute au jour de la séparation, soit le 1er janvier 2010. La libéralité ayant été faite en mars 2010, soit postérieurement à la dissolution, tous les loyers perçus de cet appartement seront des biens personnels pour Madame BARTHOS, qui n'intégreront pas l'indivision post-communautaire. Par conséquent, les fonds économisés de ce chef constituent des biens personnels de Madame BARTHOS, qu'elle n'aura pas à partager avec son ex-conjoint.

4. SUR L'APPARTEMENT DONNÉ EN 1995

Il faut procéder ici à une ventilation : tous les loyers perçus jusqu'au 1er janvier 2010 sont des biens communs, qui profitent à la communauté et tombent dans l'indivision post-communautaire. En revanche, les loyers perçus à compter du 1er janvier 2010 ne tombent plus en communauté : ils constituent des biens personnels à Madame BARTHOS.

5. SUR LE REMBOURSEMENT DE L'EMPRUNT

Il faut observer que consécutivement au report, le logement tombe en indivision post-communautaire à compter du 1er janvier 2010. Il faudra donc appliquer, entre époux, **les règles de l'indivision**. Depuis cette date, Madame BARTHOS assume la charge du remboursement du crédit : peut-elle exiger une indemnité à son conjoint à ce titre ?

Aucune difficulté ne se pose pour les remboursements depuis l'ordonnance de non-conciliation, puisque le juge précise que « l'épouse réglerait l'emprunt à charge de rétablissement lors des opérations de liquidation de la communauté ». Dès lors, celle-ci a droit à une indemnité, sur le fondement de l'article 815-13 du Code civil (impense nécessaire à la conservation du bien : Cass. 1re civ., 7 juin 2006, n° 04-11525, *Bull. civ.* I, n° 284).

Mais il se trouve que Madame BARTHOS rembourse sur ses deniers personnels les échéances du prêt depuis le 1er janvier 2010. A-t-elle droit à une récompense à ce titre ? On nous indique dans l'énoncé que « ses revenus proviennent de son salaire ainsi que du loyer qu'elle retire d'un appartement qui lui a été donné par son père en 1995 ». La communauté étant dissoute à compter du 1er janvier 2010, il s'agit de biens personnels, comme cela a été montré. Dès lors, elle devrait pouvoir bénéficier des dispositions de l'article 815-13. Son mari pourrait toutefois objecter qu'un tel paiement constitue une exécution de son obligation de contribuer aux charges du mariage de l'article 214 du Code civil. En effet, le report dans le temps des effets de la dissolution ne met pas fin à une telle obligation, qui ne cesse que lors de l'ordonnance de non-conciliation (v. *supra*, n° 513 de l'ouvrage). Les obligations du mariage ne sont ainsi pas dissoutes par un tel report. Dès lors, le juge pourra estimer que le paiement des mensualités afférentes au logement familial constitue l'exécution par l'épouse de sa contribution aux charges du mariage (v. en ce sens, Cass. 1re civ., 12 juin 2013, n° 11-26748, *Bull. civ.* I, n° 126). Il sera donc difficile pour Madame BARTHOS de démontrer que ce remboursement excède son obligation de contribuer aux charges du mariage, sauf à prouver que dans le même temps son ex-mari n'assumait aucune dépense.

6. SUR L'OCCUPATION PRIVATIVE DU LOGEMENT

L'ordonnance de non-conciliation a été rendue le 10 novembre 2015 et a attribué le logement de TOULOUSE à Monsieur CIRON à titre onéreux. Ce n'est donc, *a priori*, qu'à compter de cette date que M. CIRON est redevable d'une indemnité au titre de l'utilisation privative de l'appartement. Cette indemnité correspond à l'indemnité privative de jouissance d'un bien indivis, telle que prévue par l'article 815-9 du Code civil.

Mais qu'en est-il avant cette date, soit à compter du 1er janvier 2010 ? M. CIRON est-il redevable d'une indemnité ?
À cet égard, l'article 262-1 du Code civil dispose que la jouissance du logement conjugal par un seul époux conserve un caractère gratuit jusqu'à l'ordonnance de non-conciliation, sauf décision contraire du juge. Mais il faut là encore tenir compte de l'incidence du report de la dissolution. La jurisprudence précise que la décision par laquelle le juge du divorce reporte ses effets patrimoniaux entre les époux à la date à laquelle ils ont cessé de cohabiter et de collaborer n'a pas pour effet de conférer à l'occasion du logement conjugal par l'un d'eux un caractère onéreux avant la date de l'ordonnance de non-conciliation, **sauf disposition en ce sens dans la décision de report** (Cass. 1re civ., 23 oct. 2013, n° 12-21556). On le voit, dès lors que le report de la dissolution sera obtenu à compter du 1er janvier 2010, il sera possible de demander au juge, dans sa décision de report, de fixer le caractère onéreux de la jouissance dès le 1er janvier 2010. Cela pourrait lui permettre de réclamer une indemnité à ce titre, sans que son conjoint puisse lui opposer la prescription de cinq ans, dès lors que la prescription est suspendue entre époux (C. civ., art. 2236). Eu égard au fait que les revenus des époux sont stables, Madame BARTHOS pourra faire valoir que les raisons qui ont conduit le juge à conférer un caractère onéreux à la jouissance en 2015 doivent s'appliquer

mutatis mutandis à compter du 1er janvier 2010. En défense, M. CIRON pourra difficilement invoquer que cette jouissance gratuite constitue une forme de contribution de son épouse aux charges du mariage, dès lors que celle-ci se conçoit lorsque le père occupe le logement avec les enfants du couple, ce qui ne semble pas être le cas en l'espèce (Cass. 1re civ. 28 mai 2014, n° 13-14884).

En conclusion, il est fortement conseillé à Madame BARTHOS d'assigner son mari en divorce avant le 10 mai 2018 à peine de caducité des mesures, de demander le report de la dissolution de la communauté au 1er janvier 2010, tout en réclamant une indemnité d'occupation par son mari à compter de cette date et une indemnisation au titre des échéances du prêt payées sur ses deniers personnels à compter de cette même date.

CAS PRATIQUE N° 4

SUJET DU CRFPA 2018

Ingénieur informatique, jeune et dynamique, Jules ALIX avait bien réussi sa vie professionnelle et personnelle.
Peu de temps après son mariage en 2013 avec Alice, sans contrat de mariage, il s'était lancé dans le dur univers de l'entreprenariat. Cofondateur et dirigeant de la SARL J.A. INFORMATIQUE, il avait convaincu la Banque Gold de le suivre dans son projet professionnel.
Après quelques brefs conseils, le directeur de l'établissement bancaire a consenti en 2014, un prêt de 200 000 euros à la SARL et a demandé à Jules de se porter caution de celle-ci.
Jules ALIX a donc repris par écrit à la fin de l'acte de prêt la formulation suivante :
« En me portant caution solidaire de la Société J.A. INFORMATIQUE, dans la limite de 250 000 euros et jusqu'au paiement effectif de toutes les sommes dues, je m'engage à rembourser à la Banque Gold les sommes dues sur mes revenus et mes biens si la SARL J.A. INFORMATIQUE n'y satisfait pas elle-même ».
Le succès professionnel de l'entreprise conduit Jules et Alice à acquérir en 2016 une belle maison et à y faire réaliser de nombreux travaux de rénovation. Le bâtiment construit au XIXe siècle comprend plusieurs balcons. Ils y ajoutent une véranda. Mais, à la fin de l'année 2017, cette conjoncture brillante connaît une dégradation brutale. Le départ de l'un de ses principaux clients vient stopper la belle réussite de Jules ALIX. Les cinq dernières échéances mensuelles de l'emprunt contracté par la SARL J.A. INFORMATIQUE n'ont pas été remboursées. La Société J.A. INFORMATIQUE a été mise en demeure par la banque de régulariser la situation et, devant sa carence, l'exigibilité anticipée du solde du prêt a été prononcée. La Banque Gold vient en outre de mettre en demeure Jules ALIX en sa qualité de caution d'avoir à rembourser le solde du prêt, capital et intérêts.
Il vous consulte sur les moyens à faire valoir pour résister à cette demande.
5 points

À ses ennuis professionnels, s'ajoute une mauvaise entente entre Jules ALIX et son voisin mitoyen, Albert LELOUP.
À l'origine, les deux bâtiments, celui occupé par Jules ALIX et celui occupé par Albert LELOUP, n'en formaient qu'un et appartenaient au même propriétaire. La division a eu lieu en 1954. L'acte de division est laconique. À l'occasion des dernières fêtes de Noël, Jules ALIX a souhaité faire du feu dans la cheminée de son salon qui a été très vite enfumé. Jules ALIX a constaté que les sorties de ces cheminées, qui débouchent dans la partie de l'immeuble, aujourd'hui appartenant au voisin, ont été obstruées par ce dernier. Il s'en plaint à lui et lui demande de rétablir les conduits. Albert LELOUP fait alors observer à Jules ALIX que les balcons de son immeuble empiètent au-dessus de son jardin sur une vingtaine de centimètres et qu'il en exige la destruction. Il se plaint ensuite de la véranda qui, selon lui, est une source de désagrément important. Non seulement, elle nuit à l'esthétique de l'ensemble immobilier mais elle produit de nombreuses réverbérations qu'il subit depuis son jardin.
En outre, s'agissant des conduits de cheminées, Albert LELOUP déclare que son droit de propriété l'autorise à faire ce qu'il veut dans sa maison y compris à fermer les conduits de cheminées qu'il n'utilise pas. Jules ALIX vous consulte sur les chances de succès d'une

action contre Albert LELOUP et sur le droit éventuel qu'aurait ce dernier à poursuivre son projet de lui faire démolir balcons et véranda.
9 points

Jules ALIX est le fils unique de Pierre et Marie ALIX. Son père est décédé l'année dernière. Il vient de recevoir un appel téléphonique peu agréable de la part de sa mère. À la suite du décès du père, elle est titulaire de l'usufruit de la totalité des biens laissés par le défunt qui, outre, la maison familiale qu'elle occupe, comporte un dépôt en banque de 150 000 euros. Madame ALIX mère annonce à son fils que l'installation du chauffage central de la maison familiale, déjà ancienne, est tombée en panne et elle lui demande de changer la chaudière et la totalité des radiateurs. Jules ALIX lui a précisé qu'elle pouvait faire réaliser ces travaux avec les fonds qui étaient déposés sur les comptes bancaires de son père ; elle lui rétorque qu'elle en a déjà dépensé une partie importante et qu'elle ne souhaite pas toucher à ce qui reste. Jules ALIX vous interroge sur le point de savoir s'il est obligé de déférer aux exigences de sa mère.
6 points

Corrigé

Avertissement : *ce corrigé, personnel à l'auteur, n'engage pas la Commission nationale de l'examen unique d'accès au CRFPA. La correction se situe en septembre 2018 et s'appuie exclusivement sur le droit positif en vigueur à cette date.*

Le sujet pour l'examen de 2018 diffère de celui de l'année précédente, en ce qu'il marque la volonté de la Commission de dissocier les questions posées, ce qui est sans doute plus simple. Le candidat n'est pas soumis à une consultation unique à partir de laquelle il doit trouver les questions à résoudre, mais doit réaliser trois « petites » consultations, avec un barème préétabli. On retrouve cette volonté dans toutes les matières de spécialité, ce qui n'est sans doute pas dû au hasard... Il n'en demeure pas moins vrai que l'approche est la même : il est vous est demandé de réaliser une consultation dans l'intérêt de M. Jules ALIX. Le but de l'exercice n'est donc certainement pas de calquer servilement les solutions du droit positif, mais de développer une argumentation juridique au soutien d'une thèse, et d'en identifier les chances de succès, ainsi que les éventuels obstacles. Au fond, il s'agit d'anticiper sur le futur travail d'un avocat, ce qui est une excellente chose.

1. SUR LE CAUTIONNEMENT (5 POINTS)

Il est demandé d'identifier « les moyens à faire valoir » pour résister à la demande en paiement du prêt formée par la banque GOLD. Trois moyens peuvent être identifiés à la lecture de l'énoncé, qui doit vous amener à réfléchir car il vous met sur la voie : le devoir de mise en garde du banquier (« après quelques brefs conseils »), la validité du cautionnement (mention manuscrite) et enfin sa proportionnalité (« belle villa »).

S'agissant du **devoir de mise en garde**, on sait que le banquier est tenu, à l'égard de la caution non avertie, d'un devoir de mise en garde sur les risques de l'opération cautionnée (v. *supra*, n° 1008). Dans son dernier état, la jurisprudence considère que la qualité de caution ne peut se déduire de la seule fonction de dirigeant (Cass. com., 22 mars 2016, n° 14-20216). Au cas présent, Jules est dirigeant de l'entreprise cautionnée, mais cette seule qualité ne saurait en faire une caution avertie. Et ce d'autant plus qu'il est ingénieur informatique de formation et venait de se lancer, au moment du contrat de cautionnement, dans « le dur univers de l'entreprenariat ». On peut donc considérer que Jules ALIX peut prétendre à la qualité de caution non avertie, et donc à l'existence d'un devoir de mise en garde.

Ce devoir de mise en garde porte sur les risques de l'opération. Il en va ainsi lorsque le prêt est excessif ou inopportun au regard des capacités financières du débiteur principal, et ce même lorsque le crédit est adapté à la situation financière de la caution (Cass. com., 15 nov. 2017, n° 16-16790). Toutefois, il est indiqué que l'entreprise a connu par la suite le succès professionnel, de sorte qu'il paraît difficile d'invoquer le fait que le crédit était inadapté à ses capacités financières. C'est un changement de conjoncture, survenu *a posteriori*, qui a entraîné son insolvabilité. Dès lors, ce premier moyen de défense semble douteux.

S'agissant de la **validité du cautionnement**, on sait que l'article L. 341-2 du Code de la consommation, devenu l'article L. 331-1 du Code de la consommation, impose l'exigence d'une mention manuscrite pour le cautionnement souscrit par une personne physique au profit d'un créancier professionnel. L'application du texte n'est pas au cas présent contestable. Il se trouve que la mention manuscrite n'a pas été respectée à la lettre, dès lors que notamment la caution s'est engagée « jusqu'au paiement effectif de toutes les sommes dues » alors que le texte prévoit « pour la durée de ». On sait toutefois que la Cour de cassation a modifié sa politique jurisprudentielle. Alors que la moindre irrégularité entraînait l'annulation du cautionnement, il est désormais acquis que le non-respect des termes doit altérer le sens et la portée de l'engagement de la caution (Cass. 1re civ., 10 avr. 2013, n° 12-18544).

Qu'en est-il en l'espèce ? C'est la durée même du cautionnement qui est en cause, car M. ALIX s'est engagé « jusqu'au paiement effectif de toutes les sommes dues », de sorte que l'engagement est indéterminé. La caution pourra-t-elle invoquer la nullité de son engagement ? Rien n'est moins sûr : dans son dernier état, la Cour de cassation considère que « le cautionnement à durée indéterminée est licite » et que la mention manuscrite selon laquelle le cautionnement est consenti « jusqu'au paiement effectif de toutes les sommes dues » ne modifie pas le sens et la portée de la mention manuscrite légale (Cass. com., 15 nov. 2017, n° 16-10504). Bien que sans doute *contra legem*, cette solution interdit à M. ALIX d'invoquer la nullité de son engagement de ce chef.

On peut toutefois observer que le cautionnement stipulé solidaire sera requalifié en cautionnement simple, dès lors que la mention relative à la solidarité et prévue par l'article L. 331-2 du Code de la consommation n'a pas été respectée. Le cautionnement n'est pas nul, mais il sera simple, permettant à Jules ALIX d'invoquer le bénéfice de discussion (Cass. com., 8 mars 2011, n° 10-10699, *Bull. civ.* IV, n° 31).

S'agissant de la **proportionnalité du cautionnement**, l'article L. 332-1 du Code de la consommation dispose qu'« un créancier professionnel ne peut se prévaloir d'un contrat de cautionnement conclu par une personne physique dont l'engagement était, lors de sa conclusion, manifestement disproportionné à ses biens et revenus, à moins que le patrimoine de cette caution, au moment où celle-ci est appelée, ne lui permette de faire face à son obligation ». Au cas présent, Jules ALIX s'est engagé pour un montant de 250 000 euros. Quel était l'état de son patrimoine au moment de son engagement en 2014 ? Nous n'avons pas d'élément tangible. Toutefois, il est indiqué qu'il a acquis en 2016 une belle maison, dont la valeur semble couvrir très largement, au-delà de ses revenus, le montant de son engagement. Dès lors, même si le cautionnement était disproportionné lors de sa conclusion, la banque pourra faire valoir que la caution est en mesure de faire face à son engagement lors des poursuites, la charge de la preuve lui incombant (Cass. com., 1er avr. 2014, n° 13-11313).

Mais encore faut-il qu'il soit possible de tenir compte de ce bien pour apprécier ce retour à meilleure fortune : il s'agit d'un bien acquis à titre onéreux après le mariage, étant précisé que Jules et sa femme sont mariés sans contrat. C'est donc un bien commun. Il se trouve que l'article 1415 du Code civil prévoit que chacun des époux n'engage que ses biens propres et ses revenus, sauf consentement exprès du conjoint. Au cas présent, un tel consentement du conjoint n'a pas été donné. Dès lors, la maison, bien commun, est à l'abri des poursuites du créancier. Faut-il en tenir compte pour apprécier que Jules ALIX est en mesure de faire face à son obligation au moment des poursuites ? Par un arrêt du 15 novembre 2017 (n° 16-10504, v. n° 996 de l'ouvrage), la Cour de cassation a décidé que le bien commun devait être pris en considération, et ce même s'il était à l'abri des poursuites du créancier. On peut donc estimer, en prenant en considération ce bien, que Jules est en mesure de faire face à son engagement, ce qui tue dans l'œuf tout débat sur la proportionnalité du cautionnement au moment de sa conclusion.

En définitive, Jules ALIX n'a aucun moyen sérieux à faire valoir pour s'opposer au paiement.

2. SUR LE LITIGE AVEC LE VOISIN (9 POINTS)

Trois questions se posent : les conduits de cheminée, les balcons et la véranda.

S'agissant des **conduits de cheminée**, Jules ALIX peut invoquer deux fondements pour contraindre son voisin à les rouvrir.

Le premier est l'abus du droit de propriété, notion qui a été dégagée dans l'arrêt *Clément Bayard* (v. *supra*, n° 114) : si le propriétaire dispose d'un droit absolu sur sa chose (C. civ., art. 544), ce droit dégénère en abus lorsqu'il est exercé dans l'intention de nuire à autrui. Cette intention de nuire, critère psychologique, se déduit de deux éléments matériels : l'inutilité de l'activité du propriétaire et son caractère dommageable. Tel semble être le cas en l'espèce, sauf à estimer que les fumées entraînent des nuisances : toutefois, on observe au vu des faits que les conduits ont été fermés pour répliquer à la construction de la véranda et des balcons, et non pour se prémunir contre un dommage causé par les fumées. L'abus du droit de propriété semble établi.

Le deuxième fondement est l'existence d'une servitude d'évacuation de la fumée. Faute de titre exprès (« acte de division laconique »), on songe à la servitude par destination du père de famille (v. *supra*, n° 220). De fait, la servitude est apparente (condition de cette servitude), puisqu'elle se manifeste par un ouvrage extérieur (les cheminées). L'article 693 du Code civil dispose qu'« il n'y a destination du père de famille que lorsqu'il est prouvé que les deux fonds actuellement divisés ont appartenu au même propriétaire, et que c'est par lui que les choses ont été mises dans l'état duquel résulte la servitude ». En l'espèce, c'est le cas : les deux maisons appartenaient auparavant au même propriétaire, et c'est sous cette propriété unique qu'ont été construits l'immeuble et les conduits de cheminée. Par ailleurs, le signe matériel existait encore lors de la division du fonds, puisque c'est le voisin qui vient de boucher le conduit. Les conditions de la servitude par destination du père de famille semblent donc établies. Quelle en est la portée? Si la servitude est également continue, la destination du père de famille vaut titre (art. 692). Cependant, le caractère continu de la servitude est ici douteux, dès lors que l'évacuation de fumées suppose le fait de l'homme (qui allume un feu) pour être exercée (art. 688). La servitude étant discontinue, ce sera à Jules ALIX de produire l'acte de division afin de montrer qu'il ne contient aucune clause venant contredire l'existence de la servitude. Si tel est le cas, la servitude sera tacitement établie par destination du père de famille. Par ailleurs, eu égard au caractère discontinu de la servitude, aucune acquisition par prescription n'est possible (art. 690).

Il était également possible de suggérer le recours à la notion de trouble anormal du voisinage, qui sera développée plus loin pour éviter les répétitions (v. s'agissant de l'obstacle au fonctionnement des cheminées qui constitue un trouble anormal du voisinage : Cass. 3e civ., 27 juin 1973, n° 71-12844).
S'agissant des balcons, le voisin se plaint d'un empiétement de vingt centimètres. Il se trouve que les balcons ont été construits au XIXe siècle, en même temps que l'immeuble. Mais l'action en cessation d'un empiétement, qui sanctionne le droit de propriété, est imprescriptible (Cass. 3e civ., 5 juin 2002, n° 00-16077). De même, peu importe la mesure de l'empiétement (Cass. 3e civ., 10 nov. 2016, n° 15-19561). Enfin, par un arrêt du 21 décembre 2017, la Cour de cassation juge que l'auteur de l'empiétement ne peut pas invoquer l'atteinte au droit au respect des biens, tel que protégé par l'article premier du premier protocole additionnel à la Convention européenne des droits de l'homme (v. *supra*, n° 116).

Est-ce à dire que Jules ALIX est dépourvu de tout moyen de défense? Il n'en est rien, eu égard au caractère très ancien de la situation. On sait que si en principe une servitude ne saurait conférer le droit d'empiéter le droit sur la propriété d'autrui (Cass. 3e civ., 4 mai 2000, n° 98-10877) la Cour de cassation a jugé qu'il était possible d'acquérir par prescription une servitude de surplomb, laquelle est continue et apparente (Cass. 3e civ., 12 mars 2008, n° 07-10164, v. *supra*, n° 207). Toutefois, cet arrêt, assez isolé, était justifié par l'existence d'un ensemble architectural qu'il fallait préserver (à propos d'une corniche). Il n'est pas certain que cela soit le cas ici. C'est pourquoi il est également conseillé à Jules ALIX d'invoquer de manière plus radicale l'acquisition par prescription de la propriété même du volume occupé par le balcon, dès lors qu'il peut se prévaloir d'une possession utile (continue, publique, paisible et non équivoque, art. 2261). En défense, le voisin invoquera certainement l'existence d'un simple acte de tolérance, qui ne saurait lui permettre de prescrire (art. 2262).

S'agissant enfin de la **véranda**, le voisin se plaint de la réverbération du soleil et d'un trouble esthétique. Nous sommes ici, très clairement, dans le domaine de la responsabilité pour troubles anormaux du voisinage, qui a été dégagée par la jurisprudence. Il est acquis que nul ne peut occasionner à son voisin un trouble qui excède les inconvénients normaux du voisinage. Peu importe qu'il y ait ou non une infraction aux lois ou règlements (Cass. 3e civ., 24 oct. 1990, n° 88-19383). Dans ce cadre, ont été notamment admises la privation d'ensoleillement (Cass. 2e civ., 28 avr. 2011, n° 08-13760), ou encore la gêne esthétique (Cass. 2e civ., 24 févr. 2005, n° 04-10362, *Bull. civ.* II, n° 50). Dès lors, à supposer qu'ils excèdent les inconvénients normaux du voisinage, la réverbération excessive et le trouble esthétique seront de nature à entraîner la responsabilité de Jules ALIX, qui ne peut pas invoquer la priorité de l'article L. 112-16 du Code de la construction et de l'habitation, dès lors que son aménagement est récent et qu'en tout état de cause il ne s'agit pas d'une activité visée par ce texte (v. *supra*, n° 115). Mais le trouble anormal nous semble douteux, dès lors que la réverbération est sans doute ponctuelle (beau temps et certaines heures de la journée) et que la création d'une véranda n'est pas, en soi, un désordre esthétique (v. l'arrêt du 24 février 2005 précité où il s'agissait d'un entrepôt de ferrailles).

3. SUR LE LITIGE AVEC L'USUFRUITIÈRE (6 POINTS)

La mère de Jules ALIX dispose d'un usufruit sur une maison et d'un dépôt bancaire pour un montant de 150 000 euros. Deux questions se posent : la charge des travaux et les droits sur le compte.

S'agissant des **travaux**, les articles 605 et 606 du Code civil établissent la clé de répartition entre ceux qui incombent à l'usufruitier et ceux qui sont à la charge du nu-propriétaire. L'article 605 prévoit que l'usufruitier n'est tenu qu'aux réparations d'entretien, tandis que l'alinéa 2 précise que le nu-propriétaire doit assumer les grosses réparations, sauf si elles sont causées par un défaut d'entretien imputable à l'usufruitier. Dans ce cadre, l'article 606 dispose que les grosses réparations sont celles des « gros murs et des voûtes, le rétablissement des poutres et des couvertures entières. Celui des digues et des murs de soutènement et de clôture aussi en entier ». L'alinéa 3 ajoute enfin que « toutes les autres réparations sont d'entretien ». On voit donc que les réparations d'entretien ont un caractère subsidiaire. La jurisprudence en déduit que l'article 606 énumère limitativement les grosses réparations (Cass. 3e civ., 27 nov. 2002, n° 01-12816, *Bull. civ.* III, n° 235).

Il ressort de tout ceci que l'installation du chauffage (chaudière et radiateurs) ne relève pas de la liste limitative de l'article 606 du Code civil, de sorte qu'il s'agit de réparations d'entretien qui incombent à l'usufruitier (v. par analogie, pour le remplacement de la climatisation qui constitue une dépense d'entretien : Cass. 3e civ., 10 févr. 1999, n° 97-13097, *JCP* N 1999.501). Il faut enfin rappeler que le nu-propriétaire peut contraindre, pendant la durée de l'usufruit, l'usufruitier à effectuer les réparations d'entretien qui lui incombent (Cass. 1re civ., 21 mars 1962, *Bull. civ.* I, n° 175), tandis que la réciproque n'est pas vraie (Cass. 3e civ., 10 juill. 2002, n° 00-22158).

En conclusion, Jules ALIX pourra donc contraindre l'usufruitière à procéder à ses frais à l'installation du chauffage, qui constitue une réparation d'entretien.

S'agissant enfin des **sommes** qui figurent sur le compte, nous sommes en présence d'un quasi-usufruit, c'est-à-dire d'un usufruit portant sur des choses consomptibles (art. 587). L'usufruitière peut donc dépenser les fonds, à charger de restituer l'équivalent monétaire au terme de son droit. La seule hypothèse où le nu-propriétaire peut bloquer les fonds est celle dans laquelle l'usufruitier n'a pas fourni de caution : dans ce cas, les sommes comprises dans l'usufruit sont placées (art. 602 al. 2). Pour le reste, et jusqu'à l'extinction de son droit, l'usufruitière peut disposer des sommes. Mais celle-ci, susceptible d'être assignée en paiement des réparations d'entretien, serait bien inspirée de les utiliser à cette fin. Tel est le dernier conseil que nous pouvons donner à Jules pour finir.

CAS PRATIQUE N° 5

SUJET DU CRFPA 2019

I. Alain Dupond et Sandra Martin ont convolé en justes noces en 1990. Si Alain était sans le sou lors de la célébration de son mariage, son épouse disposait d'un patrimoine immobilier important provenant de ses parents. Certains biens lui appartenaient exclusivement, d'autres demeuraient en indivision entre Sandra et sa sœur Michèle. Les futurs conjoints ont eu recours à un contrat de mariage de séparation de biens prévoyant que chacun des époux « sera réputé s'être acquitté jour par jour de sa part contributive aux charges du mariage ». De leur union sont nés deux enfants, Aline (26 ans) et François (28 ans). Aline et François se sont mariés, respectivement en 2016 et 2017.

A. Alain et Sandra ont décidé de se lancer dans la constitution d'un patrimoine immobilier.

Alain a construit et financé la future maison familiale, édifiée sur un terrain donné à Sandra par sa tante Odette. Le couple rejoint leur nouvelle demeure en 2000. Fin 2017, le couple a souhaité acquérir un chalet dans les Alpes. À cette fin, il a signé un pacte de préférence affecté d'un terme au 1er avril 2019. Le couple vient d'apprendre que le propriétaire de l'immeuble convoité a signé une promesse unilatérale de vente, le 25 mars 2019, le bénéficiaire ayant levé l'option le 3 avril 2019. Très déçus par cette nouvelle, Alain et Sandra ne veulent pas se laisser faire. Ils vous consultent sur les moyens à faire valoir pour acquérir le chalet. Ils profitent de vos conseils pour faire le point sur leur patrimoine immobilier, notamment en cas de dissolution de leur mariage.
5 points

B. À la mort de leurs parents en 1989, Sandra et Michèle ont décidé de conserver leur patrimoine immobilier en indivision. Progressivement les rapports se sont toutefois tendus entre les deux sœurs. Michèle vit, depuis bientôt dix ans, dans l'un des appartements indivis sans rien débourser. Bien au contraire, c'est Sandra qui a payé l'essentiel des dépenses liées à l'entretien des immeubles indivis. Sandra est d'autant plus inquiète qu'elle vient d'apprendre que sa sœur, toujours aussi prodigue, est poursuivie par de nombreux créanciers. Sandra vous interroge pour savoir si elle peut obtenir un paiement de la part de sa sœur, voire mettre fin à cette situation, et si les créanciers ont des recours sur les immeubles indivis.
6 points

II. Aline a créé une société de confection. La société connaissant un grand succès, Aline a décidé d'agrandir son site de production. À titre principal, Aline travaille pour la société Mode et Tendance qui dispose de divers points de vente sur tout le territoire métropolitain. Suite à une commande importante de cette société, Aline apprend la mise en liquidation judiciaire de la société alors que la commande est en instance de livraison. Aline déclare sa créance au passif de la liquidation judiciaire, retient les marchandises en sa possession et entend se les faire attribuer en pleine propriété. Elle vous consulte sur le bien-fondé de sa prétention. À la même période, le voisin contigu du dépôt contacte Aline en estimant que la construction nouvelle empiète de quinze centimètres sur son propre terrain. Il la menace de l'obliger à démolir.

Aline vous demande conseil sur l'attitude à adopter face à ce voisin.
4 points

III. Passionné d'alpinisme, François a été victime, en mars dernier, d'une chute accidentelle. Il se retrouve très lourdement handicapé et rencontre des difficultés pour se situer dans le temps et dans l'espace. Il ne peut plus prendre seul des décisions. La situation est d'autant plus inquiétante que seul François, marié sous le régime légal, exerçait une activité professionnelle. Son épouse Louise entend vendre leur maison manifestement inadaptée à l'état de santé de François. Elle souhaiterait également racheter un contrat d'assurance-vie souscrit par François afin de subvenir à ses besoins. Louise vous interroge sur les régimes de protection envisageables.
5 points

Corrigé

***Avertissement**: ce corrigé, personnel à l'auteur, n'engage pas la Commission nationale de l'examen unique d'accès au CRFPA. La correction se situe en septembre 2019 et s'appuie exclusivement sur le droit positif en vigueur à cette date.*

Il faut noter que, dans le sillage de l'examen 2018, l'examen pour la session 2019 ne constitue pas une consultation unique, mais une suite de questions avec un barème distinct.

1. SUR LE PATRIMOINE IMMOBILIER ET LE PACTE DE PRÉFÉRENCE

S'agissant du pacte de préférence, celui-ci a été conclu fin 2017, de sorte qu'il est soumis aux dispositions issues de l'ordonnance du 1er février 2016, en vigueur depuis le 1er octobre 2016. Selon l'article 1123 alinéa 2 du Code civil, « lorsqu'un contrat est conclu avec un tiers en violation d'un pacte de préférence, le bénéficiaire peut obtenir la réparation du préjudice subi. Lorsque le tiers connaissait l'existence du pacte et l'intention du bénéficiaire de s'en prévaloir, ce dernier peut également agir en nullité ou demander au juge de le substituer au tiers dans le contrat conclu ». Au cas présent, Alain et Sandra souhaiteraient récupérer le chalet.
Cela pose deux difficultés.
Première difficulté, la vente, par la levée de l'option, a été conclue *après* l'expiration du pacte de préférence. Néanmoins, la promesse unilatérale de vente a eu lieu avant. On sait (v. *supra*, n° 746) que la Cour de cassation a considéré que la conclusion d'une PUV pendant la durée du pacte de préférence constituait une violation de ce pacte, et ce même si l'option était levée après (Cass. 3e civ., 6 déc. 2018, n° 17-23321). La solution, rendue sous l'empire des textes antérieurs, a vocation à s'appliquer au nouvel article 1123. De fait, le texte ne vise pas la conclusion d'une « vente », mais d'un « contrat », ce qu'est la PUV.
Deuxième difficulté, il faudra établir la connaissance par le tiers de l'existence du pacte et l'intention des bénéficiaires de s'en prévaloir. À défaut, seule une action en dommages-intérêts pourra être exercée contre le promettant.

S'agissant de la maison familiale, il faut rappeler que les époux sont placés sous le régime de la séparation des biens. En cas de dissolution du mariage, chaque époux reprend ses biens personnels, seul le partage des biens indivis devant être réalisé. Il est également possible que des créances doivent être liquidées entre époux, conformément aux méthodes d'évaluation de ce qui a cours dans le régime de communauté (art. 1549, renvoi à 1479, qui lui-même renvoie à 1469 al. 3). Mais encore faut-il que les dépenses assumées par l'un excèdent la contribution aux charges du mariage de l'article 214 du Code civil.

En l'espèce, la maison familiale a été construite sur un terrain donné à l'épouse. Par le jeu de l'accession, sauf droit de superficie non établi ici, la propriété du terrain emporte l'acquisition de la propriété des constructions édifiées dessus (art. 552). Dès lors, sauf à ce qu'ait été établie une convention d'indivision, étant précisé que le financement ne conditionne pas la propriété (Cass. 1re civ., 31 mai 2005, n° 02-20553), le fait qu'Alain ait construit et financé la future maison familiale est sans effet. La maison appartient à son épouse, en tant que bien personnel. Celle-ci lui est toutefois redevable d'une indemnité au titre des créances entre époux, étant précisé que les dispositions de l'article 555 du Code civil sur l'indemnisation du constructeur par le propriétaire ne s'appliquent pas entre époux (Cass. 1re civ., 25 avr. 2006, n° 04-11359). Il conviendra donc nécessairement de se référer au profit subsistant au jour de la liquidation, ou de l'aliénation, s'il a été aliéné avant la liquidation. L'épouse ne dispose donc pas de l'option que lui offre l'article 555 entre d'une part le coût des matériaux et de la main-d'œuvre et d'autre part la plus-value procurée à l'immeuble. Par exemple, si le bien dans lequel les époux se sont installés en l'an 2000 a pris de la valeur, ce qui est fort probable, l'époux bénéficiera de la valorisation de sa créance.

Mais un dernier obstacle se dresse devant cette prétention : encore faut-il qu'une telle dépense aille au-delà de la contribution aux charges du mariage de l'article 214 du Code civil. La question est d'autant plus complexe qu'il existe ici une clause qui prévoit que chacun des époux est censé avoir contribué aux charges du mariage au jour le jour, et ce à proportion de leurs facultés respectives. Mais l'on peut toutefois estimer qu'en dépit de cette clause, le financement intégral de la construction d'une maison appartenant exclusivement à un époux par son conjoint excède une telle contribution, ce qui ouvre droit à indemnité (v., pour l'admission d'une indemnité lorsque la dépense excède la contribution aux charges du mariage, nonobstant une clause contraire, Cass. 1re civ., 11 avr. 2018, n° 17-17457 ; 5 déc. 2018, n° 18-10488). De fait, il est interdit aux contractants d'instaurer une présomption irréfragable (C. civ., art. 1356 al. 2), de sorte que la présomption prévue par la clause pourra être renversée. La réponse n'est toutefois pas certaine (v. *contra*, permettant d'instaurer une présomption irréfragable : Cass. 1re civ., 18 nov. 2020, n° 19-15353).

2. SUR L'INDIVISION ENTRE LES DEUX SŒURS

Quatre problèmes se posent.

S'agissant en premier lieu du paiement que Sandra entend obtenir de sa sœur au titre de l'occupation privative, il faut savoir que l'article 815-9 alinéa 2 du Code civil dispose que « l'indivisaire qui use ou jouit privativement de la chose indivise est, sauf convention contraire, redevable d'une indemnité ». Dès lors, Sandra peut, normalement, sauf si une convention contraire en a dispensé sa sœur, obtenir le paiement d'une indemnité d'occupation, évaluée en calculant la perte de revenus et fruits subie par l'indivision pendant la durée de la jouissance privative (Cass. 1re civ., 26 avr. 1988). On pourrait toutefois estimer ici, au cas présent, qu'une convention tacite a été conclue entre les deux sœurs, au vu de la durée de l'occupation et de l'absence de toute opposition de Sandra. En outre, un autre obstacle se dresse devant la prétention de Sandra : il convient de réserver le jeu de la prescription :

en effet, cette action est soumise, comme l'action en recherche de fruits et revenus, à la prescription de l'article 815-10 alinéa 3 (Cass. 1re civ., 6 juill. 1983, *Bull. civ.* I, n° 199). Celle-ci commence à courir à compter du jour auquel les fruits et revenus ont été perçus ou auraient pu l'être. Dès lors, sauf à ce que Sandra établisse qu'elle ignorait l'existence du bien que sa sœur occupait privativement, ce qui est très peu probable, son action est en tout état de cause prescrite.
S'agissant en deuxième lieu du remboursement des dépenses d'entretien assumées par Sandra, l'article 815-13 effectue une distinction entre les dépenses de conservation, qui doivent toujours être indemnisées, et les dépenses d'amélioration, qui donnent lieu à indemnité s'il en subsiste une plus-value au jour du partage ou de l'aliénation. Toutefois, la jurisprudence considère que les dépenses d'entretien, qui ne constituent ni des dépenses d'amélioration, ni de conservation, n'ouvrent pas droit à indemnité au titre de l'article 815-13 (Cass. 1re civ., 28 mars 2006, n° 04-10596). Dès lors, sauf à actionner, le cas échéant, les règles de l'enrichissement sans cause, aucune indemnité n'est due à ce titre. On pourrait songer à invoquer également l'indemnisation du gérant de l'indivision (art. 815-12), mais il est peu probable que le seul paiement de dépenses d'entretien caractérise une telle gestion (opérations ponctuelles).

S'agissant en troisième lieu du partage, Sandra peut mettre fin à tout moment à l'indivision, conformément à l'article 815 du Code civil, et ce sans avoir à invoquer le moindre motif. Dès lors, sauf à ce que les règles du maintien de l'indivision ou du sursis au partage ne trouvent à s'appliquer, ce qui est peu probable ici, Sandra pourra demander et obtenir le partage de l'indivision.

S'agissant en quatrième lieu des créanciers, il convient de distinguer entre les créanciers de l'indivision, qui peuvent entreprendre la saisie et la vente des biens indivis, et les créanciers personnels de l'indivisaire, qui n'ont pas cette faculté, et peuvent seulement saisir sa part dans l'indivision, le cas échéant en provoquant le partage (art. 815-17, avec possibilité toutefois de prendre des mesures conservatoires dans l'attente du partage). Tout dépendra donc de la nature des dettes souscrites par Michèle : s'il s'agit de dettes relatives à la conservation ou la gestion des biens indivis, ce qui semble peu probable ici, les créanciers pourront appréhender les biens indivis. À défaut, ils pourront seulement provoquer le partage, et alors appréhender exclusivement la part qui sera dévolue à Michèle.

3. SUR LES SOUCIS D'ALINE

Deux problèmes sont posés.

Tout d'abord, la question des marchandises vendues par Aline. Sauf à ce que l'acte comporte une clause de réserve de propriété, ce qui n'est pas mentionné ici, le transfert de la propriété des marchandises a eu lieu par l'échange des consentements, bien que la chose n'ait pas encore été effectivement livrée (art. 1196 al. 1). Il n'en irait autrement que si les marchandises n'étaient pas individualisées (al. 2), le transfert étant alors repoussé au jour de leur individualisation par une mesure de compte ou de pesée (ex. achat d'une tonne de farine). S'agissant d'un atelier de confection de marchandises vendues à distance et non récupérées à l'entrepôt, on peut toutefois supposer que les choses vendues par Aline sont individualisées et ne sont donc pas des choses de genre.

Aline n'est donc plus propriétaire, mais est titulaire de la créance de prix. Elle bénéficie de deux prérogatives :

- un droit de rétention, dès lors que les conditions de ce droit sont réunies au cas présent : créance certaine, liquide et exigible (sauf vente à crédit), chose dans le commerce, détention, et connexité juridique entre la créance et la détention, qui résultent du même contrat (art. 2286, 2°). Ce droit de rétention, qui est effectif, est opposable à la procédure collective de l'acheteur, le juge pouvant alors autoriser le paiement du créancier si cela est nécessaire à la poursuite de l'activité (C. com., art. L. 622-7). Mais ce droit de rétention n'est pas un gage selon la jurisprudence (Cass. com., 20 mai 1997, v. *supra*, n° 1060), de sorte qu'il ne confère pas les prérogatives attachées à cette sûreté, notamment l'attribution judiciaire de la propriété du bien. Cela nous amène dès lors à la deuxième prérogative.
- le privilège du vendeur de meubles de l'article 2332, 4°. Dans le cadre de ce privilège, le créancier peut revendiquer la propriété du bien mis en possession de l'acheteur, dès lors que la revendication est faite dans les huit jours de la livraison ; mais cette revendication se heurtera à la procédure collective ouverte contre l'acheteur (il aurait fallu que soit insérée une clause de réserve de propriété, la revendication devant alors s'exercer dans le délai de trois mois à compter du jugement d'ouverture).

Ensuite, se pose la question de l'empiétement. On sait que cet empiétement est sévèrement sanctionné sur le fondement de l'article 545 du Code civil par la jurisprudence, dès lors que peu importe la mesure de l'empiétement (Cass. 3e civ., 10 nov. 2016). Ainsi, le fait que l'empiétement ne soit que de quinze centimètres n'empêchera pas le voisin d'obtenir la démolition, dès lors que c'est la seule mesure possible pour faire cesser l'atteinte au droit de propriété. Reste pour Aline à invoquer le contrôle de proportionnalité *in concreto*. Mais l'on sait que la Cour de cassation interdit à l'auteur de l'empiétement de se prévaloir de l'atteinte à son droit de propriété au sens de l'article 1er du premier protocole additionnel à la Convention européenne des droits de l'homme, parce qu'il construit au-delà des limites de son fonds (Cass. 3e civ., 21 déc. 2017). En outre, Aline ne peut pas invoquer le droit au respect de son domicile garanti par l'article 8 de la Convention européenne des droits de l'homme, dès lors qu'il s'agit d'un atelier de confection.
Tout laisse donc penser que l'empiétement sera sanctionné.

4. SUR L'ACCIDENT DE FRANÇOIS

Trois questions se posent.

En premier lieu, la vente de la maison est soumise à cogestion par application de l'article 215 alinéa 3. Il en résulte que Louise ne peut vendre seule le logement, et ce quel que soit le caractère propre ou commun du bien. Il convient dès lors, pour surmonter cette situation de crise, de se tourner vers les mesures prévues par les articles 217 et 219 du Code civil. L'article 217 dispose qu'« un époux peut être autorisé par justice à passer seul un acte pour lequel le concours ou le consentement de son conjoint serait nécessaire, si celui-ci est hors d'état de manifester sa volonté ou si son refus n'est pas justifié par l'intérêt de la famille ». Ce système d'autorisation judiciaire est parfaitement adapté à la situation, car la vente de la maison est précisément un acte soumis au concours des deux époux. L'acte, autorisé par le juge, sera opposable au conjoint, mais sans qu'il en résulte une obligation personnelle à sa charge (art. 217 al. 2).
En deuxième lieu, le rachat du contrat d'assurance-vie est en revanche un acte qui requiert le seul consentement de François, dès lors qu'il est le seul souscripteur du contrat, et ce même

si les fonds abondés sont communs. Dès lors, il convient que Louise se tourne vers l'habilitation judiciaire de l'article 219 du Code civil (régime primaire impératif) ou de l'article 1426 (régime légal de communauté). Selon l'article 219, « si l'un des époux se trouve hors d'état de manifester sa volonté, l'autre peut se faire habiliter par justice à le représenter, d'une manière générale, ou pour certains actes particuliers, dans l'exercice des pouvoirs résultant du régime matrimonial, les conditions et l'étendue de cette représentation étant fixées par le juge ». Cette mesure permettra à Louise de représenter son époux pour le rachat de son contrat d'assurance-vie, ou même de manière plus générale pour d'autres actes. Le conjoint représenté est alors personnellement tenu des obligations de l'acte, et ce comme s'il y avait eu mandat. Louise peut également demander que son mari soit dessaisi de ses pouvoirs, afin de ne pas compromettre l'avenir, et ce par application de l'article 1429 du Code civil.

En troisième lieu, Louise peut songer à placer son époux sous un régime de protection : sauvegarde de justice, curatelle ou tutelle. Toutefois, il faut savoir que les mesures de protection judiciaire sont subsidiaires par rapport à la protection offerte par le conjoint en droit des régimes matrimoniaux (art. 428). On le voit, si Louise peut suffisamment pourvoir aux intérêts de son conjoint, il est inutile de demander l'ouverture d'une curatelle ou d'une tutelle, ces mesures étant, au reste, hors programme du CRFPA (qui ne comprend pas le droit des incapacités).

CAS PRATIQUE N° 6

SUJET DU CRFPA 2020

Pelléas, ébéniste, et Mélisande, infirmière libérale, sont mariés, sans contrat de mariage depuis vingt ans. Ils habitent Sceaux et ont acquis, en 2018, pour un prix très bas une maison appartenant à Mme Arkel. À la suite du décès de Mme Arkel, survenu la semaine dernière, sa nièce et seule héritière a directement menacé Pelléas de remettre le contrat de vente en cause.

Pelléas et Mélisande vous consultent sur les chances de succès d'une telle action dirigée contre eux **(3 points)**.

Pelléas est d'autant plus gêné que ses affaires ne sont pas florissantes. Il s'est engagé professionnellement sur le chantier de rénovation d'un immeuble appartenant à M. Allemonde et craint que ce dernier ne le paye pas. Pelléas est d'autant plus inquiet qu'il a fait appel à deux sous-traitants pour l'aider dans la rénovation entreprise.

Pelléas vous consulte sur les moyens de se garantir contre un risque d'impayé de M. Allemonde **(3 points)**.

En cas de difficulté financière, Pelléas envisage de demander à sa sœur de vendre l'un des appartements dont ils sont tous deux copropriétaires indivis après le décès de leur père. Non seulement sa sœur coïndivisaire refuse, mais Pelléas vient d'apprendre qu'elle a constitué une hypothèque sur l'un des appartements.

Pelléas vous consulte sur le point de savoir comment il pourrait passer outre l'opposition de sa sœur **(3 points)**.

Mélisande connaît en revanche une belle croissance de son activité et envisage sa pérennité. Elle entend désormais créer une société d'exercice libéral avec deux consœurs. Pour héberger le cabinet elle prévoit de créer une société civile immobilière qui achètera un appartement et le louera à la société d'exercice libéral. Pour garantir le prêt, la banque demande à Mélisande de se porter caution.

Mélisande vous interroge sur les conditions de validité et les effets de ces projets au regard de son régime matrimonial **(4 points)**.

Pelléas et Mélisande viennent de s'offrir une maison secondaire en Sologne. La maison, qui date des années 1900, a été entièrement rénovée en 1980 par l'ancien propriétaire qui a ajouté une aile Nord au bâtiment. À peine installés, ils reçoivent la visite de leur voisin, M. Goiaud, qui leur fait part de son irritation. Il leur indique que la maison nouvellement acquise empiète, dans sa partie nord, d'environ dix centimètres sur sa propriété. Quant aux fenêtres de la partie est du bâtiment, elles donnent directement sur la propriété de M. Goiaud Celui-ci les menace « de saisir le tribunal pour faire cesser la violation de ses droits ».

Pelléas et Mélisande vous interrogent sur la réalité des risques qu'ils encourent du fait de cette situation **(4 points)**.

Pelléas, miné par ses soucis professionnels, veut changer de vie. Il veut profiter de sa nouvelle demeure pour se lancer dans la production avicole bio. Pour ce faire, il veut racheter la propriété agricole de son voisin, Hubert Muche, et acquérir trois cent vingt poules. Hubert Muche soutient le projet de Pelléas qui envisage de faire ce qu'il n'a jamais osé faire. Hubert Muche précise à Pelléas que pour une partie du terrain – deux ares – qu'il entend lui vendre, il ne dispose pas d'acte de propriété. Ces deux ares appartenaient à Lucie Ferre, décédée depuis bientôt quarante ans. Les deux ares ont d'abord été exploités par le père d'Hubert. Depuis vingt ans, Hubert a continué à les exploiter.

Pelléas vous interroge sur les difficultés juridiques qu'il pourrait rencontrer dans cette opération **(3 points)**.

Corrigé

***Avertissement**: ce corrigé, personnel à l'auteur, n'engage pas la Commission nationale de l'examen unique d'accès au CRFPA. La correction se situe en septembre 2020 et s'appuie exclusivement sur le droit positif en vigueur à cette date.*

1. SUR LA MAISON DE SCEAUX

L'héritière du vendeur souhaite remettre en cause le contrat de vente. Au regard de la force obligatoire du contrat et en l'absence de toute mention de l'énoncé sur une éventuelle inexécution, l'action consistera nécessairement à remettre en cause la validité du contrat. Deux fondements peuvent être invoqués.

Le premier, tiré du droit de la vente: la lésion. En effet, l'article 1674 du Code civil ouvre au profit du vendeur, par dérogation au droit commun des contrats, une action en rescision lorsqu'il est lésé de plus des 7/12e. Cela semble être le cas en l'espèce, dès lors que le prix est «très bas». L'action est ouverte au seul vendeur, ou à ses héritiers, qui reçoivent l'action dans le patrimoine de leur auteur Mais la demande n'est plus recevable après l'expiration de deux années, à compter du jour de la vente (art. 1676). En l'espèce, la vente a été conclue en 2018, sans que la date exacte soit précisée. Si la vente a été conclue avant le 3 septembre 2018, l'action en rescision pour lésion sera prescrite, sans que l'héritière, continuateur de la personne du défunt, ne puisse invoquer la suspension de la prescription, sauf à arguer de sa minorité (la suspension de la prescription pour minorité ayant été introduite par une loi du 3 août 2018).

C'est pourquoi un second fondement pourrait être invoqué, la vileté du prix, qui repose sur le droit commun des contrats. Selon l'article 1169 du Code civil, dans sa rédaction issue de l'ordonnance du 10 février 2016, applicable à la cause (contrat conclu en 2008), «un contrat à titre onéreux est nul lorsque, au moment de sa formation, la contrepartie convenue au profit de celui qui s'engage est illusoire ou dérisoire». L'intérêt d'une telle action est qu'elle échappe à la prescription de deux ans prévue par l'article 1676 (Cass. 3e civ., 15 déc. 2010, n° 09-16838), pour être soumise au délai de droit commun de cinq ans. S'agissant d'une nullité relative (Cass. com., 22 mars 2016, n° 14-14218), elle peut être exercée par le seul vendeur, ou ses héritiers. Mais la vileté du prix suppose un prix dérisoire, ce qui ne semble pas être le cas en l'espèce, s'agissant seulement d'un prix «très bas».

En conclusion, si la vente a été conclue avant le 3 septembre 2018, elle est, au 3 septembre 2020, inattaquable par la nièce de Mme Arkel.

2. SUR LE CHANTIER DE RÉNOVATION

S'agissant du paiement de sa prestation par le maître de l'ouvrage, Pelléas est susceptible d'être en concours avec des sous-traitants, qui disposent d'une action directe en paiement contre le maître de l'ouvrage prévue par l'article 12 de la loi du 31 décembre 1975, à condition d'avoir été agréés par lui.

Dans cette hypothèse, il pourrait être judicieux pour Pelléas d'invoquer une sûreté afin de bénéficier d'un paiement préférentiel par rapport aux autres créanciers du maître de l'ouvrage.

Nous mettrons de côté les différentes sûretés personnelles dont il pourrait bénéficier de la part de tiers (cautionnement, garantie autonome, lettre d'intention...), tant les faits de l'énoncé ne rendent pas plausible la prise de telles sûretés.
Nous nous concentrerons donc sur les sûretés réelles possibles :

- Le droit de rétention : s'il détient un ouvrage en ébène qu'il s'était engagé à livrer et qui n'a pas encore été incorporé à l'immeuble, il peut le retenir jusqu'au complet paiement du prix (C. civ. art. 2286 2°) ;
- Le privilège immobilier des architectes et entrepreneurs (art. 2374 4°) pour édifier, reconstruire ou réparer des bâtiments ou un ouvrage quelconque, à condition toutefois d'établir par expert un double procès-verbal, l'un avant le début des travaux sur l'état des lieux, et l'autre après l'achèvement, pour déterminer les ouvrages réalisés, étant précisé que le privilège prend rang au jour du premier procès-verbal ; en l'espèce, ce privilège ne paraît pas pouvoir être invoqué, dès lors que les travaux semblent avoir commencé sans procès-verbal préalable ;
- La garantie de paiement de l'entrepreneur prévue par l'article 1799-1 du Code civil pour les travaux excédant une somme fixée par décret (12 000 euros). Cette garantie est fournie par une banque en cas de crédit contracté par le maître de l'ouvrage pour financer les travaux (les sommes sont directement versées par la banque), ou, en l'absence de crédit, par un cautionnement solidaire fourni par un établissement financier, uniquement dans ce dernier cas si le maître de l'ouvrage contracte à titre professionnel ;
- L'inscription d'une hypothèque judiciaire conservatoire sur l'immeuble de son débiteur, s'il justifie que sa créance est fondée en son principe et qu'il existe une menace dans le recouvrement de la créance (CPC exéc., art. L. 531-1).

3. SUR L'IMMEUBLE INDIVIS

Dès lors que l'appartement est un immeuble indivis, l'acte de disposition requiert le consentement de tous les indivisaires (C. civ., art. 815-3). Il n'est pas pertinent de recourir à la procédure de vente par notaire de l'immeuble indivis prévue par l'article 815-5-1 du Code civil, dès lors qu'elle suppose que la vente soit demandée par le ou les indivisaires représentant au moins 2/3 des droits indivis, ce qui n'est pas le cas en l'espèce, les droits de Pelléas et de sa sœur dans la succession étant, en l'absence de précision contraire, égaux.
De même, le recours à la vente judiciaire prévue par l'article 815-5 du Code civil n'est pas possible, dès lors que le refus de sa sœur ne met pas en péril « l'intérêt commun » au sens du texte, mais l'intérêt personnel de Pelléas, qui a contracté des dettes personnelles, lesquelles n'engagent pas les biens indivis (art. 815-17).
Pelléas ne peut pas donc vendre le bien sans le consentement de sa sœur.
Quels sont donc ses moyens d'action ?
Il faut savoir que s'il passe outre l'opposition de sa sœur et vend le bien, la sanction ne sera pas l'annulation de l'acte mais sa validité pour la seule portion qui lui appartient (Cass. 3e civ., 12 mai 2010, n° 08-17186). Concrètement, l'acquéreur prendra la place de Pélléas dans l'indivision sur l'immeuble cédé, dès lors qu'il aura en réalité acquis sa quote-part. Mais l'aliénation est inopposable à la sœur de Pelléas pour sa propre quote-part. Sauf convention d'indivision, Pelléas peut encore provoquer le partage à tout moment (C. civ., art. 815), ce qui lui permettra, *in fine*, d'être alloti d'un ou plusieurs immeubles de la succession ou, si le partage ne peut avoir lieu en nature, d'une somme d'argent.
S'agissant enfin de l'hypothèque, il s'agit d'un acte de disposition qui suppose le consentement de tous les indivisaires (C. civ., art. 815-3 ; art. 2414 al. 2). Il existe ici un texte exprès sur

la sanction du dépassement de pouvoir. Ainsi, l'article 2414 alinéa 2 dispose que l'hypothèque «ne conserve son effet que dans la mesure où l'indivisaire qui l'a consentie est, lors du partage, alloti du ou de ces immeubles indivis ou, lorsque l'immeuble est licité à un tiers, si cet indivisaire est alloti du prix de la licitation». Il faudra donc attendre les résultats du partage pour connaître le sort de l'hypothèque. Si l'immeuble grevé est finalement attribué à la sœur de Pelléas qui a consenti l'hypothèque, celle-ci sera rétroactivement consolidée, en vertu de l'effet déclaratif du partage. Si l'immeuble échoit à Pélléas, l'hypothèque sera au contraire privée d'effet.

4. SUR LES PROJETS DE MÉLISANDE AU REGARD DE SON RÉGIME MATRIMONIAL

À titre liminaire, il convient de préciser que Pelléas et Mélisande, faute d'avoir établi un contrat de mariage, sont soumis au régime légal de la communauté réduite aux acquêts.

S'agissant tout d'abord de la création de deux sociétés (société civile immobilière et société d'exercice libéral), Mélisande peut par principe y pourvoir librement, sans le consentement de son conjoint, au nom de l'indépendance professionnelle (C. civ., art. 223). En outre, la jurisprudence décide que la création d'une société civile ne saurait être assimilée à un cautionnement et n'est donc pas soumise à l'article 1415 du Code civil (Cass. 1re civ., 17 janv. 2006, n° 02-16595).

Il convient toutefois de distinguer selon que cette création se fait par des apports de biens propres ou de biens communs.

Si Mélisande apporte des fonds propres, elle en a la libre disposition et n'a donc rien à demander à son mari (C. civ., art. 225). Par subrogation, les parts sociales dans la société seront des biens propres. En revanche, les bénéfices réalisés chaque année, qui constituent des revenus de propres, tomberont en communauté.

Si en revanche Mélisande apporte des fonds communs, il faut savoir que l'article 1832-2 du Code civil reconnaît la qualité d'associé à l'époux qui emploie des fonds communs pour faire apport à la société ou acquérir des parts sociales. Ainsi, la qualité d'associé est propre, tandis que la valeur des parts est commune. La jurisprudence récente confirme cette solution (Cass. 1re civ., 4 juill. 2012, n° 11-13384, *Bull. civ.* I, n° 155 ; Cass. 1re civ., 12 juin 2014, n° 13-16309). Mais cette acquisition est subordonnée à une formalité préalable : à peine de nullité de l'acte sur le fondement de l'article 1427 du Code civil, l'époux doit préalablement avertir son conjoint qu'il entend utiliser des fonds communs et il doit ensuite en justifier dans l'acte. Mélisande doit donc veiller au respect de cette formalité si elle utilise des biens ou fonds communs. Enfin, si Mélisande apporte à la société créée un immeuble ou un meuble corporel dont l'aliénation est soumise à publicité, elle devra obtenir le consentement de son conjoint, car un tel acte est soumis à cogestion (C. civ., art. 1424). Les bénéfices réalisés tomberont en communauté.

Une fois les sociétés créées, c'est la SCI qui achètera l'immeuble, lequel sera loué à la société d'exercice libéral, de sorte que de tels actes, qui engagent le patrimoine des seules personnes morales, ne sont pas affectés par le régime matrimonial de Mélisande.

S'agissant du cautionnement donné par Mélisande, deux observations peuvent être faites. Tout d'abord, s'agissant d'un cautionnement donné par une personne physique auprès d'un créancier professionnel, il faudra pourvoir aux exigences légales prévues par le Code de la consommation, prescrites à peine de nullité (mention manuscrite). Ensuite, s'agissant du régime matrimonial, Mélisande n'engagera que ses biens propres et ses revenus, si elle conclut seule le cautionnement. Si son conjoint donne son consentement à l'acte, les biens communs seront engagés, mais pas ses propres (C. civ., art. 1415).

5. SUR LA MAISON SECONDAIRE EN SOLOGNE

S'agissant de l'empiétement, celui-ci est sanctionné sur le fondement de l'article 545 du Code civil (et non sur le fondement de l'article 555 du Code civil, qui ne concerne pas les rapports entre voisins). Le propriétaire victime d'un empiétement peut exiger la démolition de l'ouvrage, dès lors que c'est la seule solution possible pour y mettre fin, et ce, quelle que soit la mesure de cet empiétement (Cass. 3e civ., 10 nov. 2016, n° 15-19561). Il importe donc peu que l'empiétement soit seulement de 10 centimètres : la démolition pourrait donc être ordonnée, sauf si un rabotage du mur est possible, ce qui, pour un empiétement de 10 centimètres, est douteux. L'action est en outre imprescriptible, de sorte qu'il importe peu que l'empiétement soit ancien (pas de prescription extinctive).

Il faut surtout indiquer à Pelléas et Mélisande qu'ils ne peuvent pas invoquer que la démolition de leur maison pour un empiétement de 10 cm constituerait une atteinte disproportionnée à leur droit au respect des biens tel que garanti par l'article 1er du premier protocole additionnel à la Convention européenne des droits de l'homme, dès lors que la Cour de cassation juge que l'auteur de l'empiétement ne pouvait pas invoquer de telles dispositions (Cass. 3e civ., 21 déc. 2017, n° 16-25406). La violation du droit au domicile (Conv. EDH, art. 8) pourrait toutefois être alléguée, dès lors que les résidences secondaires sont également protégées (CEDH, 16 mai 2019, n° 66554/14, *Halabi c/ France*, *D.* 2019.1172), mais l'atteinte ne sera pas disproportionnée, dès lors que la démolition est le seul moyen lui permettant de recouvrer son droit (Cass. 3e civ., 17 mai 2018, n° 16-15792 ; dans le domaine voisin de la construction sur le fonds d'autrui, distincte de l'empiétement).

On doit néanmoins réserver un arrêt rendu le 19 décembre 2019, dans lequel la Cour de cassation procède pour la première fois au contrôle de proportionnalité sous l'angle du droit au respect du domicile, mais dans l'hypothèse spécifique d'une construction empêchant l'exercice d'une servitude de passage (Cass. 3e civ., 19 déc. 2019, n° 18-25113), ce qui n'est pas le cas ici (v. sur cet arrêt, *supra*, n° 116). Il convient toutefois de conseiller à Pelléas et à Mélisande de se fonder sur cette jurisprudence pour demander au juge de procéder à un contrôle de proportionnalité et estimer que la démolition de l'ouvrage pour un empiétement de 10 cm constitue une atteinte disproportionnée au droit au respect de leur logement.

Pelléas et Mélisande pourraient également invoquer la prescription acquisitive de la partie de la parcelle empiétée. En effet, l'aile nord a été construite en 1980, soit il y a quarante ans. En joignant la possession de leur auteur à la leur, à supposer que toutes deux soient utiles, Pelléas et Mélisande pourraient établir l'usucapion de la parcelle litigieuse ce qui, de fait, mettrait fin à tout empiétement.

S'agissant de la vue qui donne directement sur le fonds voisin depuis la partie est, on est en présence d'une vue droite au sens de l'article 678. L'ouverture doit être faite à au moins 19 décimètres de la ligne séparative. Si une telle distance n'a pas été respectée, le voisin pourra invoquer le non-respect de la servitude et la fermeture des fenêtres. Toutefois, il est possible pour Pelléas et Mélisande d'invoquer la prescription acquisitive, dès lors qu'au sens de l'article 690 du Code civil, la servitude de vue est continue (pas de besoin du fait actuel de l'homme) et apparente (ouvrage extérieur). Si la prescription trentenaire est établie, ce qui semble être le cas en l'espèce, le voisin ne pourra plus exiger la suppression de ces ouvertures.

6. SUR LE TERRAIN AGRICOLE

Nous nous bornerons ici à rappeler que la propriété immobilière peut s'acquérir par la prescription trentenaire, faute de juste titre.

Au cas présent, en l'absence de titre précaire (bail, prêt...), on peut considérer qu'au décès de Lucie Ferre (le véritable propriétaire), le père d'Hubert en exploitant la terre a accompli des actes de jouissance en se comportant comme le propriétaire du bien (*corpus* et *animus* de la possession).

La possession existe et semble utile, dès lors qu'aucun des vices de la possession ne paraît établi (discontinuité, violence, clandestinité, équivoque).

Hubert a lui-même repris l'exploitation de la terre depuis vingt ans. S'il a repris l'exploitation à la suite du décès de son père (on rappelle qu'il n'y a pas de titre, donc pas de donation), il existe un lien d'auteur à ayant cause universel, qui permet la jonction des possessions, par application de l'article 2265 du Code civil.

En ajoutant les deux possessions, Hubert et son père ont possédé utilement la parcelle pendant quarante ans, ce qui suffit pour en acquérir la propriété.

Enfin, il était possible de songer aux nuisances susceptibles d'être occasionnées aux voisins par l'effet de cette nouvelle activité. Celles-ci sont réparées sur le fondement des troubles anormaux du voisinage, sans que l'exploitant ne puisse se prévaloir de l'article L. 112-16 du CCH, son activité n'étant pas antérieure à l'installation de ses voisins. Mais, faute de toute précision dans l'énoncé, il n'est pas utile d'entrer plus avant dans cette action.

CAS PRATIQUE N° 7

SUJET DU CRFPA 2021

Le sujet comportait l'avertissement suivant : « la Commission nationale de l'examen d'accès au CRFPA indique que, pour la session 2021, les sujets devront être traités en faisant abstraction des dispositions contenues dans les lois n° 2020-290 du 23 mars 2020 « d'urgence pour faire face à l'épidémie de Covid-19 » et n° 2020-1379 du 14 novembre 2020 « autorisant la prorogation de l'état d'urgence sanitaire et portant diverses mesures de gestion de la crise sanitaire », des dispositions prises sur le fondement de ces lois ainsi que, plus généralement, de toutes dispositions légales ou réglementaires temporaires adoptées depuis le mois de mars 2020 en réaction à l'épidémie de Covid-19 ».

I - (8 points)

Louis Bouren et Anne Lapou se sont mariés le 12 juillet 2003, sans contrat de mariage. Chacun des époux était alors seulement propriétaire des meubles meublant leurs logements respectifs, ce qu'ils n'ont pas pris la peine de faire constater, estimant que leur faible valeur ne le justifiait pas.

Le 1er juin 2003, Louis Bouren avait consenti une reconnaissance de dette d'un montant de 150 000 €, à échéance du 1er juin 2018, au bénéfice de Pierre Lucas dont le soutien financier lui avait permis de financer en partie ses études dans une grande école de commerce.

En avril 2003, Anne Lapou avait conclu une promesse unilatérale de vente, en qualité de bénéficiaire, portant sur une bergerie située en Lozère. Elle en a levé l'option en septembre 2005, et le prix de la bergerie a été payé en recourant à un prêt dont le remboursement est assuré au moyen de ses revenus.

En 2008, Louis Bouren a recueilli dans la succession de son père un studio à Bourges d'une valeur de 50 000 €.

En mars 2015, Anne Lapou a acheté deux studios, l'un à Orléans, l'autre à Tours, au prix de 100 000 € chacun. Pour chacun des studios, le prix a été payé à hauteur de 40 000 € grâce à la donation de 80 000 € qu'Anne Lapou a reçue de ses parents, et pour le reste au moyen des économies réalisées sur leurs revenus par les époux depuis leur mariage. Dans chacune des ventes, il a été précisé que l'achat était fait de deniers propres à Anne Lapou et pour lui tenir lieu d'emploi. Il était également prévu qu'elle rembourserait la somme de 60 000 € à la communauté, soit 120 000 € pour les deux achats, dans un délai de cinq ans. Pour ce faire, la bergerie de Lozère a été vendue en janvier 2020 au prix de 120 000 € et le prix encaissé par la communauté. Par ailleurs, en septembre 2019, Anne Lapou a consenti une hypothèque sur le studio de Tours en garantie d'un prêt souscrit par son frère André ; ce dont son mari a simplement été informé.

Pierre Lucas, qui ne parvient à pas à obtenir son paiement depuis l'échéance du 1er juin 2018, vient vous consulter pour que vous lui indiquiez les biens sur lesquels il pourrait utilement diriger ses poursuites.

II - (7 points)

Antoine Santos, fonctionnaire, et Jane Salat, qui est employée comme cadre commercial par la SARL FOCA, sont mariés, sans contrat, depuis 1996. À l'occasion de son mariage, les parents de Jane Salat lui ont donné un grand appartement situé à Paris, avec l'ensemble des meubles et de l'équipement, le tout d'une valeur actuelle de 3 000 000 € ; les époux y vivent depuis lors.

Antoine Santos n'avait d'autres biens qu'un logis du XVIIIe siècle, entouré d'un parc arboré, recueilli dans la succession de sa mère en 2005. Le couple préférant les voyages à la vie sédentaire pendant les vacances, il s'est résolu à vendre ce logis en 2020, pour le prix de 400 000 €, à Paul Dubois. Après la conclusion de la vente sous-seing privé, et avant sa réitération en la forme authentique à la date de laquelle devait s'opérer le transfert de propriété, Antoine Santos a procédé au déménagement du logis, laissé en l'état depuis le décès de sa mère. Il a notamment emporté deux plaques de cheminée qui dataient de l'époque de la construction, trois bancs en pierre de la même époque qui étaient placés sous les ombrages du parc, et un meuble bibliothèque que sa mère avait fait réaliser à la dimension de l'un des murs du salon.

En 2018, François Salat, le frère de Jane, qui est gérant de la SARL FOCA, demande à Antoine Santos, qui l'accepte, de s'engager comme caution pour garantir le prêt de 2 500 000 € souscrit par la SARL auprès de la banque SGDG. François Salat obtient de son beau-frère qu'il ne parle pas de cet engagement à Jane Salat pour ne pas l'inquiéter. À l'automne 2020, alors qu'ils savent que la SARL FOCA ne pourra jamais rembourser son prêt, la banque SGDG et François Salat conviennent que ce dernier, qui s'était lui-même engagé comme caution pour ce prêt, soit libéré, à la condition que sa sœur accepte de se porter caution en garantie de ce même prêt. Tenue dans l'ignorance de la situation, et convaincue de concourir ainsi au sauvetage de la société, Jane Salat consent à contracter cet engagement et, à la demande de son frère, accepte de ne pas en informer Antoine Santos.

Fin juin 2021, Antoine Santos et Jane Salat viennent vous consulter : Paul Dubois revendique les plaques de cheminée, les bancs et le meuble bibliothèque ; et la banque SGDG les actionne en leur qualité de caution. Lors de leur venue, Antoine Santos et Jane Salat vous indiquent qu'ils n'ont pas d'autres biens de valeur que ceux précédemment évoqués.

III - (5 points)

En avril 2002, Vincent, François et Paul Taverne ont recueilli, en indivision, dans la succession de leur père Gaston Taverne la pleine propriété de sa maison d'habitation, dans laquelle la famille se réunit depuis, et d'un moulin récemment restauré en vue de sa location. Cette indivision comprend également la nue-propriété d'un immeuble locatif composé de quatre appartements, immeuble dont Gaston Taverne a légué l'usufruit à sa seconde épouse, Aude Garin, afin qu'elle ne soit pas sans ressource après son décès. François et Paul ont donné mandat à Vincent pour gérer les biens de l'indivision. En juin 2021, Paul vient vous consulter pour avoir votre conseil sur les situations suivantes :

III-1°/ Depuis 2002, Aude Garin n'a effectué aucun entretien de l'immeuble locatif dont le dépérissement s'accélère, se contentant de consommer les loyers ; lesquels sont d'ailleurs en diminution du fait de l'état de l'immeuble.

Paul vous interroge sur le point de savoir s'il existe des mesures de nature à remédier à la situation sans aller à l'encontre de la volonté de son père de ne pas laisser leur belle-mère, Aude Garin, sans ressource ; en revanche, il ne vous interroge pas sur les pouvoirs nécessaires à la mise en œuvre de ces mesures.

III-2°/ Enfin, en mars 2021, de sa seule initiative, François a consenti une promesse unilatérale de vente portant sur le moulin à Eugène Lirol.

Paul voudrait avoir votre appréciation sur l'efficacité de cette promesse.

Corrigé

***Avertissement** : ce corrigé, personnel à l'auteur, n'engage pas la Commission nationale de l'examen unique d'accès au CRFPA. La correction se situe en septembre 2021 et s'appuie exclusivement sur le droit positif en vigueur à cette date.*

1. SUR LA SITUATION DE LOUIS BOREN ET ANNE LAPOU

À titre liminaire, il faut préciser que, faute de contrat de mariage, les époux sont mariés sous le régime légal de la communauté réduite aux acquêts.

Quels sont les éléments d'actif que peut appréhender M. Pierre Lucas, bénéficiaire d'une reconnaissance de dette ?

Pour répondre à cette question, il faut avant toute chose identifier la nature de la dette souscrite par Louis Boren à l'égard de Pierre Lucas. S'agissant d'une reconnaissance établie le 1er juin 2003, soit avant le mariage célébré le 12 juillet 2003, il s'agit d'un passif antérieur au mariage, peu importe que l'exigibilité soit postérieure (1er juin 2018). La date à prendre en considération est en effet celle de naissance de la créance.

S'agissant d'une dette dont l'époux était tenu au jour du mariage, elle relève de l'article 1410 du Code civil, de sorte que le créancier a pour gage les biens propres et les revenus de son débiteur (art. 1411 al. 1er), ainsi que les biens communs en cas de confusion du mobilier (art. 1411 al. 2). En effet, l'article 1411 alinéa 2 du Code civil dispose que les créanciers « peuvent, néanmoins, saisir aussi les biens de la communauté quand le mobilier qui appartient à leur débiteur au jour du mariage ou qui lui est échu par succession ou libéralité a été confondu dans le patrimoine commun et ne peut plus être identifié selon les règles de l'article 1402 ». En l'espèce, cette confusion existe manifestement, dès lors que les époux « n'ont pas pris la peine de faire un inventaire » du mobilier dont ils étaient propriétaires au moment du mariage. Ils sont donc désormais confondus dans le patrimoine commun. Cela déclenche l'application de l'article 1411 alinéa 2 du Code civil. Selon un arrêt du 16 mai 2000 rendu par la Cour de cassation, si l'époux débiteur ne rapporte pas la preuve de l'existence d'un mobilier qui lui est propre, le créancier peut appréhender les biens communs (n° 98-17409). La doctrine est divisée sur la question de savoir si cela englobe les immeubles communs (v. *supra*, n° 609). Dans le doute, en l'absence de jurisprudence claire sur la question, nous rechercherons la nature juridique des différents biens, tout en ayant à l'esprit qu'il est loin d'être acquis que l'article 1411 alinéa 2 s'applique aux immeubles communs.

S'agissant des **meubles**, le créancier dispose, en raison de la confusion du mobilier, d'un droit de poursuite sur tous les meubles communs du couple, l'article 1411 alinéa 2 ne mettant pas en œuvre une présomption de bien propre au profit du créancier qui pourrait être renversée par la preuve contraire. Dès lors qu'il y a confusion du mobilier propre, le créancier peut saisir les biens communs : l'époux débiteur ne peut donc pas échapper à la saisie en faisant valoir la nature réellement commune du meuble saisi (v. *supra*, n° 609).

S'agissant de la **promesse unilatérale consentie à Anne Lapou sur une bergerie**, celle-ci a été conclue avant la célébration du mariage. Mais la levée de l'option a eu lieu après. Dès lors que la levée de l'option a eu lieu après la célébration du mariage, le bien constitue un actif commun, car acquis après le mariage (v. art. 1401 et *supra*, n° 554). En tant qu'immeuble commun, la question se pose de savoir si la confusion du mobilier permet au créancier d'appréhender les immeubles communs, dès lors que l'article 1411 alinéa 2 vise de manière générale les biens de la communauté. La doctrine est divisée sur la question (v. *supra*, n° 609). Si l'on considère que l'article 1411 alinéa 2 du Code civil permet d'attraire les immeubles communs, alors le créancier dispose d'un droit de poursuite contre cet actif commun. En tout état de cause, la question ne se pose plus car la bergerie a été vendue et le prix encaissé par la communauté. Le prix de cette bergerie obtenue lors de sa vente en 2020, constitue, par subrogation, un bien commun.

S'agissant du **studio de Bourges**, celui-ci constitue un bien propre de Louis Boren reçu par succession (art. 1405), de sorte qu'il figure sans aucun doute dans le gage de son créancier, par application de l'article 1411 alinéa 1er.

S'agissant **des studios d'Orléans et de Tours**, il convient de déterminer si Anne Lapou a procédé au remploi des sommes reçues par héritage, qui constituent des propres (art. 1405). L'article 1434 du Code civil permet en effet que le bien acquis pendant le mariage par un époux grâce à des derniers propres reste lui-même un propre, en respectant la formalité de la double déclaration dans l'acte, précisant l'origine des fonds et leur affectation à l'acquisition d'un propre. Cette formalité a été respectée en l'espèce. Mais l'article 1436 précise que si la contribution de la communauté est supérieure à celle de l'époux, le bien tombe en communauté, à charge de récompense pour l'époux. Tel est le cas en l'espèce, dès lors que la communauté a financé 60 % du prix des deux biens. Les studios seraient donc, de ce fait, des biens communs.

Toutefois, l'article 1435 du Code civil permet de procéder à un remploi par anticipation, lorsque l'époux n'a pas les fonds propres lui permettant de réaliser immédiatement l'acquisition du bien : le bien acquis est alors un propre, à la condition que la communauté soit remboursée dans les cinq ans de la date de l'acte. C'est ce qui était prévu en l'espèce. Ce remboursement semble avoir eu lieu, puisqu'il est indiqué qu'après la vente de la bergerie en janvier 2020, soit moins de cinq ans après l'acte, la communauté a encaissé les fonds. Sauf qu'il y avait ici un piège : pour que le remploi de fonds propres puisse avoir lieu, encore faut-il que la communauté encaisse effectivement des fonds propres. Or, tel n'est pas le cas en l'espèce, dès lors que, comme nous l'avons vu, les fonds provenant de la vente de la bergerie constituaient des fonds communs, par subrogation. Les 120 000 euros encaissés par la communauté au titre de la vente de la bergerie ne constituent donc pas des fonds propres. Il en résulte que les deux studios constituent des immeubles communs, la communauté n'ayant pas été remboursée de fonds propres dans le délai de cinq ans après la vente. Par conséquent, si l'on considère que l'article 1411 alinéa 2 du Code civil permet d'attraire les immeubles communs, le créancier peut les appréhender.

S'agissant enfin de l'**hypothèque sur le studio de Tours**, cette sûreté a été consentie par Anne Lapou en septembre 2019, et ce en garantie d'un prêt souscrit par son frère. Son conjoint a seulement été informé de la sûreté.

Nous sommes ici en présence de l'hypothèque sur un bien commun pour garantir la dette d'un tiers, qui suppose le consentement des deux époux, par application de l'article 1422 alinéa 2 du Code civil. Sur le fondement de l'article 1427 du Code civil, son conjoint victime du dépassement de pouvoir peut demander la nullité de l'acte. Cette nullité étant relative, elle ne peut pas être demandée par un tiers, et notamment par un autre créancier, tel que Pierre. Cette action en nullité doit être exercée dans le délai de deux ans à compter du jour où le conjoint a eu connaissance de l'acte. La sûreté ayant été consentie en septembre 2019 sans que le conjoint n'en soit informé, il est fort probable que le délai n'est pas écoulé en septembre 2021, au moment de l'épreuve.

En conclusion, il est certain que Pierre Lucas pourra saisir les biens propres de son débiteur et ses revenus, ce qui englobe le studio de Bourges. En raison de la confusion du mobilier, l'article 1411 alinéa 2 lui permet d'appréhender les meubles communs, et, à suivre une certaine partie de la doctrine, les immeubles communs, ce qui inclut donc les studios d'Orléans et de Tours, étant précisé qu'il ne pourra pas demander la nullité de l'hypothèque consentie par l'épouse sur l'immeuble de Tours.

2. SUR LA SITUATION D'ANTOINE SANTOS ET JANE SALAT

À titre liminaire, il faut préciser que, faute de contrat de mariage, les époux sont mariés sous le régime légal de la communauté réduite aux acquêts.
Deux questions se posent.
Tout d'abord, sur la question des **plaques de cheminée, des bancs et du meuble bibliothèque**, notons que le logis du XVIIIe siècle constitue un immeuble appartenant en propre à M. Antoine Santos, dès lors qu'il l'a reçu en héritage (art. 1405).
Avant toute chose, s'il existe une clause expresse de la promesse incluant les objets litigieux dans la vente, ceux-ci doivent être transférés à l'acquéreur, indépendamment de leur qualification juridique. L'acquéreur pourra donc les revendiquer, au titre de l'obligation de délivrance du vendeur, sur le fondement de l'article 1604 du Code civil. Ce n'est donc qu'en l'absence de clause expresse en ce sens que la question de leur nature mobilière ou immobilière se pose, dès lors que la qualification d'immeuble de tels objets les intègre de plein droit dans l'aliénation de l'immeuble auquel ils sont attachés. En effet, l'article 1615 du Code civil dispose que le vendeur doit livrer la chose, ainsi que « ses accessoires et tout ce qui a été destiné à son usage perpétuel ».
Rappelons que l'article 524 du Code civil répute immeubles par destination les biens affectés à l'exploitation d'un immeuble par nature, ce qui n'est pas en l'espèce, tandis que l'article 525 du Code civil envisage les biens attachés à perpétuelle demeure, ce qui suppose un lien matériel entre l'immeuble par nature et le meuble auquel il est destiné.
Pour les **plaques de cheminée**, il s'agit certainement de biens attachés à perpétuelle demeure, au sens de l'article 525 du Code civil, dès lors qu'elles ne peuvent être enlevées sans occasionner de détérioration (Poitiers, 23 avr. 1968). S'agissant en outre de cheminées datant de l'époque de la construction du logis au XVIIIe siècle, on peut considérer qu'elles ont été attachées à perpétuelle demeure.
Pour les **bancs**, ceux-ci étaient simplement « placés ». Il ne saurait y avoir d'attache à perpétuelle demeure, faute de tout lien matériel. Et l'on ne saurait raisonner par analogie avec les statues ou les vases qui, simplement posés sur des socles conçus exprès pour les recevoir peuvent former avec eux un ensemble ornemental (art. 525 al. 4 : Paris, 27 mars 1963). Ce n'est pas le cas en l'espèce, les bancs étant simplement posés à même le sol : aucun lien d'attache à perpétuelle demeure au sens de l'article 525 du Code civil n'est identifié. Il s'agit donc de meubles.
Pour le **meuble bibliothèque**, il a été jugé qu'une bibliothèque construite aux dimensions exactes de la pièce et fixée à l'immeuble constitue un immeuble par destination, car attaché à perpétuelle demeure, à condition toutefois qu'il y ait un scellement (Cass. 1re civ., 5 mars 1991, n° 89-14626). Cela ne semble pas être le cas en l'espèce. Enfin, le fait que le meuble ait

été fait aux dimensions de la pièce est sans doute insuffisant pour considérer qu'il s'agit là d'un ensemble ornemental, comme pour les statues posées sur des niches spécialement dédiées. Il s'agit donc certainement d'un meuble.
En conclusion, seules les plaques de cheminées, scellées au mur, semblent constituer des immeubles par destination et cédées comme telles avec l'immeuble par nature, à titre d'accessoire. Enfin, le fait que le vendeur les ait détachées entre la promesse et la signature de l'acte authentique emportant transfert de propriété ne modifie pas cet état de fait, dès lors qu'il s'est engagé, lors de la promesse, à transférer la propriété de l'immeuble avec ses accessoires. Leur arrachement après la promesse traduit l'inexécution par le vendeur de l'obligation de délivrance prévue par l'article 1615 du Code civil. Ces plaques devront donc être restituées à l'acquéreur.

Sur la question des **cautionnements donnés par les deux époux**, il convient de distinguer celui souscrit par Antoine, et celui conclu par Jane, dans la mesure où, même s'ils viennent garantir la même dette, il s'agit de deux cautionnements distincts, exprimés dans des actes séparés et consentis dans l'ignorance de l'autre. L'article 1415 du Code civil est donc applicable (Cass. 1re civ., 15 mai 2002, n° 00-13527, *Bull. civ.* I, n° 128).
S'agissant du cautionnement fourni par Antoine, celui-ci a été donné seul, puisque sa femme ignorait la souscription d'une telle garantie. Conformément à l'article 1415 du Code civil, il n'engage par un tel acte que ses biens propres et ses revenus. Se pose la question de la proportionnalité de son engagement à hauteur de 2 500 000 euros. On rappellera que, par une décision du 6 juin 2018, la Cour de cassation a confirmé que l'appréciation de la proportionnalité du cautionnement d'un époux commun en biens suppose d'inclure dans son patrimoine tous les biens communs, sans que l'article 1415 du Code civil influe sur cette appréciation, son objet étant limité au droit du gage du créancier. En l'espèce, cela ne change pas grand-chose, dès lors qu'il n'y a pas d'actif commun, à l'exception des revenus du conjoint.
Antoine ne dispose que d'un immeuble propre vendu pour 400 000 euros et il est fonctionnaire, sans autre précision, tandis que sa femme est employée comme cadre commercial. On peut estimer que l'engagement est disproportionné au regard du montant de la dette, ce qui aura pour effet, en vertu du droit applicable en septembre 2021, de le libérer de son engagement (et non de réduire son cautionnement, l'ordonnance du 15 septembre 2021 n'étant pas applicable). En effet, il s'agit d'un cautionnement donné par une caution personne physique auprès d'un créancier professionnel, ce qui donne lieu à l'application de l'article L. 332-1 du Code de la consommation, et entraîne la déchéance du droit de poursuite du créancier.
S'agissant du cautionnement fourni par Jane, celle-ci a donné son consentement seule et n'engage donc que ses propres et ses revenus. Son engagement ne paraît pas disproportionné, dès lors qu'elle est propriétaire en propre d'un élément d'actif fixé à 3 000 000 euros. En revanche, elle peut invoquer le dol commis par le créancier, dès lors qu'elle a été trompée sur la solvabilité présente du débiteur principal et que cela constituait une condition tacite de son engagement (Cass. com., 1er oct. 2002, n° 00-13189, sur le terrain de l'erreur). Le dol est *a fortiori* admis, dès lors que l'erreur a été provoquée par la réticence dolosive de la banque, dans la mesure où l'article 1139 du Code civil dispose que « l'erreur qui résulte d'un dol (...) est une cause de nullité alors même qu'elle porterait (...) sur un simple motif du contrat ». Le créancier ne peut donc faire valoir que l'erreur sur la solvabilité constitue une erreur sur les motifs, dès lors que celle-ci est prise en compte lorsqu'elle résulte d'un dol.
En conclusion, Antoine pourra être libéré de son cautionnement en invoquant la disproportion de son engagement, tandis que Jane le sera sur le terrain du dol (et même de l'erreur, dès lors que la solvabilité du débiteur principal était la condition tacite de son engagement).

3. SUR LA SITUATION DES CONSORTS TAVERNE

S'agissant tout d'abord du dépérissement de l'immeuble locatif, il convient de rappeler que l'usufruitier, tenu de conserver la substance de la chose (art. 578), doit assumer l'entretien de la chose (art. 605), ce qui constitue la contrepartie de sa perception des fruits. L'usufruitier n'est pas tenu aux grosses réparations, sauf si elles résultent d'un défaut d'entretien (art. 605 al. 2). Tel semble être le cas en l'espèce, s'agissant d'un dépérissement de l'immeuble causé par le défaut d'entretien. Les nus-propriétaires peuvent demander la déchéance du droit d'usufruit pour défaut d'entretien sur le fondement de l'article 618 du Code civil. Toutefois, afin de ne pas porter atteinte à la volonté de leur père de ne pas laisser l'usufruitière sans ressources, ils peuvent demander la conversion de l'usufruit en rente viagère, ce que le juge peut aussi accorder (art. 618 al. 3).

S'agissant ensuite de la promesse unilatérale de vente consentie par un seul indivisaire sur le moulin, il s'agit d'un acte de disposition sur un immeuble indivis (art. 815-3), qui supposait le consentement des trois indivisaires, étant précisé qu'un mandat général de gestion ne saurait couvrir un tel acte et qu'en tout état de cause, ce n'est pas le mandataire, Vincent, mais François qui a consenti une telle promesse. La sanction d'un tel dépassement de pouvoir n'est pas la nullité de l'acte, mais son inopposabilité aux autres indivisaires. Ainsi, la Cour de cassation décide que « la cession d'un bien indivis, sans le consentement de tous les indivisaires, n'est pas nulle, mais seulement inopposable à ceux qui n'y ont pas consenti, et son efficacité subordonnée au résultat du partage » (Cass. 1re civ., 3 mai 2016, n° 14-26060 ; Cass. 1re civ., 4 nov. 2020, n° 19-13267 P). En l'espèce, Eugène, s'il lève l'option, ne deviendra propriétaire de l'immeuble que si, lors du partage, cet immeuble est attribué à François. À défaut, c'est-à-dire si le moulin est attribué à un autre indivisaire (Vincent ou Paul), l'efficacité de la vente, (c'est-à-dire le transfert de propriété au profit d'Eugène sur le moulin) sera remise en cause. Sauf à bénéficier de l'usucapion, Eugène devra alors restituer la chose à l'autre indivisaire alloti, avec un recours contre son vendeur François sur le fondement de la garantie d'éviction.

CAS PRATIQUE N° 8

SUJET DU CRFPA 2022

Le sujet comportait l'avertissement suivant : « La Commission nationale de l'examen d'accès au CRFPA indique que, pour la session 2022, les sujets devront être traités en faisant abstraction des dispositions légales ou règlementaires temporaires adoptées depuis le mois de mars 2020, en réaction à l'épidémie de Covid-19 ».

I - (5 points)

En 2019, Élodie Danlot a eu une aventure avec Maxime Doglu alors qu'elle était fiancée à Paul Moulin. Quelques mois plus tard, alors que le mariage avec Paul a été célébré, Élisabeth Moulin est née. Paul Moulin l'a reconnue avant même la naissance. Aujourd'hui le couple se déchire et Paul Moulin envisage le divorce. Élodie Danlot, qui souhaite coûte que coûte le maintien du mariage, menace son mari de faire contester son lien de parenté à l'égard d'Élisabeth, lui révélant au passage qu'il n'est peut-être pas le père. Paul Moulin vous demande si une telle contestation est possible et quelles en seraient les conséquences pour lui. Il vous demande également si le comportement de sa femme ne justifie pas le prononcé d'un divorce pour faute et l'attribution à son profit d'une compensation financière.

II - (3 points)

Paul Moulin rencontre par ailleurs une difficulté avec son voisin, Ylias Lantru. Ce dernier a constaté que les colonnes d'eaux usées de la maison de Paul débouchent dans un tuyau qui se trouve chez lui. Il demande à Paul Moulin de mettre fin à ce déversement. Paul Moulin est-il tenu de satisfaire à cette demande ?

III - (7 points)

Cette maison est décidément source de tracas. L'apparition d'une importante fissure sur le mur pignon a incité Paul Moulin à diligenter récemment une expertise. Le résultat est accablant : la maison est partiellement construite sur une cavité dont le remblaiement a été fait à la hâte et d'une manière non conforme aux règles de l'art. Ce remblaiement a semble-t-il été réalisé par un précédent propriétaire, Émile Donio, qui a construit pour une large part la maison de ses propres mains. Paul Moulin a acheté la bâtisse en 2021 du fils d'Émile Donio, lequel en a hérité de son père quelques mois auparavant. À chaque épisode de crue de la rivière voisine, le sous-sol se fragilise. Un point de non-retour a été atteint. Selon l'expert, la seule solution consiste à détruire la maison et à la reconstruire, ce qui pourrait bien représenter un coût faramineux, supérieur au prix auquel Paul Moulin a acheté la maison.
Paul Moulin est attaché à cette maison, qui abrite sa famille, et souhaite la conserver. Peut-il néanmoins agir contre son vendeur ? Il vous précise que l'acte d'achat comporte une stipulation par laquelle l'acquéreur déclare prendre la maison en l'état et renonce à agir contre le vendeur sur le fondement de la garantie contre les vices cachés.
À supposer que Paul Moulin se décide à vendre la maison, pourrait-il le faire sans l'accord de sa femme ?

IV - (5 points)

Enfin, pour la garantie du financement de la maison, Paul Moulin avait obtenu le cautionnement de la SCI SRTI, dont l'associé majoritaire et dirigeant n'est autre que le père d'Élodie Danlot. Ce cautionnement a été conclu sans durée et couvre par avance au profit de la Banque Panordique « toutes les dettes que pourrait contracter Monsieur Paul Moulin en vue de l'acquisition de biens immeubles en France dans la limite de 1 million d'euros ». Le prêt finançant la maison mitoyenne est toujours en cours. Les échéances en sont, pour le moment, ponctuellement acquittées.

Paul craint que le père d'Élodie, très protecteur de sa fille, ne cherche à remettre en cause le cautionnement si Paul persiste dans son projet de se séparer d'Élodie. Le père d'Élodie Danlot dispose-t-il de moyens pour arriver à cette fin ? Paul vous rapporte que ce dernier a déjà fait valoir que la SCI n'avait jamais reçu l'information annuelle due aux cautions et qu'il n'hésiterait pas à invoquer cette carence.

Corrigé

Avertissement : *ce corrigé, personnel à l'auteur, n'engage pas la Commission nationale de l'examen unique d'accès au CRFPA. La correction se situe en septembre 2022 et s'appuie exclusivement sur le droit positif en vigueur à cette date.*

1. SUR LA FILIATION ET LE DIVORCE

Deux problèmes se posent.

Tout d'abord, la question de la **paternité**. La filiation d'Élisabeth à l'égard de Paul est établie par le biais d'une reconnaissance prénatale, que l'on supposera valable et conforme à l'article 316 du Code civil, faute de précision contraire dans l'énoncé. Cette filiation est en outre confortée par la présomption de paternité du mari : dès lors qu'Élisabeth est née pendant le mariage entre Élodie et Paul, Paul est présumé être le père, par application de l'article 312 du Code civil, même si l'enfant a été conçu avant le mariage. Les hypothèses de mise à l'écart de cette présomption, telles que prévues par l'article 313 du Code civil, ne semblent pas réunies en l'espèce.

Reste à déterminer si cette filiation peut être contestée en justice (en l'état, la paternité de Paul interdit tout établissement de la filiation à l'égard d'un tiers qui la contredirait, art. 320) : dès lors que l'enfant est né en 2019 et que l'examen est en date du 7 septembre 2022, l'éventuelle réunion du titre et de la possession d'état (à la supposer établie, ce qui semble être le cas ici : v. *nomen, tractas, fama*), a duré moins de cinq années, ce qui permet, par application de l'article 333 alinéa 1er, à la mère ou au parent véritable de l'enfant d'agir en contestation de sa paternité. L'expertise étant de droit en matière de filiation, le juge devra l'ordonner et pourra, le cas échéant, tirer toute conséquence du refus de Paul de s'y soumettre.

Si le juge fait droit à l'action en contestation de paternité, Paul ne sera plus le père de l'enfant. Mais l'article 337 du Code civil permet au tribunal, dans l'intérêt de l'enfant, de fixer les modalités des relations de l'enfant avec la personne qui l'élevait. Par ailleurs, l'enfant ne portera plus son nom et Paul pourra obtenir le remboursement des dépenses d'entretien qu'il a assumées pour l'enfant.

Se pose ensuite la question du **divorce pour faute** sur le fondement de l'article 242 du Code civil.
L'adultère pourra difficilement être invoqué en l'espèce, dès lors qu'il a été commis avant le mariage : il n'y a donc pas de violation devoirs et obligations du mariage au sens de l'article 242 du Code civil. Seul pourrait être invoqué le silence conservé, lors du mariage, sur cette infidélité passée, mais il n'est pas certain que cela suffise à remplir les critères de l'article 242 du Code civil (violation grave ou renouvelée des devoirs et obligations du mariage rendant intolérable le maintien de la vie commune).
Reste le chantage de la paternité comme entrave au divorce, qui peut être perçu comme un manquement grave au devoir de respect et même à l'obligation d'exercer l'autorité parentale dans l'intérêt de l'enfant (art. 371-1). Cela pourrait justifier un divorce pour faute, permettant à Paul d'obtenir des dommages-intérêts, sur le fondement de l'article 1240 du Code civil, aux fins de réparer le préjudice causé par cette faute.
Une autre voie est l'article 266 du Code civil, qui permet la réparation du préjudice causé par la dissolution du mariage, dès lors qu'il est d'une particulière gravité et que le divorce a été prononcé aux torts exclusifs du conjoint : mais c'est alors le préjudice causé par la dissolution du mariage, et non par les fautes reprochées, qui est réparé. Cette demande doit être faite au moment du divorce, et non après (art. 266 al. 2).

La prestation compensatoire, elle, dépend non pas de la faute commise par sa femme, mais de la disparité objective que crée le divorce dans les conditions de vie respectives des époux (art. 271). Il faudra donc que Paul établisse qu'il remplit les conditions objectives pour obtenir une telle prestation, indépendamment des griefs qu'il peut avoir à l'égard de son conjoint. Si c'est sa femme qui réclame en revanche une prestation compensatoire, Paul aura tout intérêt à invoquer l'article 270 du Code civil, qui permet au juge d'en priver celui des époux aux torts exclusifs duquel le divorce est prononcé lorsque l'équité le commande au regard des « circonstances particulières de la rupture ».

2. SUR LE TUYAU D'ÉVACUATION

En l'absence de contrat créant à la charge du voisin une telle obligation (droit personnel), la question est de savoir si Paul peut bénéficier d'une **servitude d'égout** qui grève le fonds voisin, c'est-à-dire d'un droit réel. S'agissant d'une servitude du fait de l'homme, trois modes d'acquisitions sont possibles : la prescription trentenaire, le titre et la destination du père de famille.
La prescription doit être exclue, dès lors qu'elle ne concerne que les servitudes apparentes et continues ; or la jurisprudence considère que la servitude d'évacuation des eaux usées est discontinue, car elle requiert une intervention humaine (v. encore en dernier lieu, Cass. 3e civ., 17 juin 2021, n° 20-19968). Elle ne peut donc s'acquérir par usucapion.
Le titre supposerait un acte établissant la servitude et publié au fichier immobilier pour être opposable aux tiers, tandis que la destination du père de famille supposerait l'existence d'un fonds unique ultérieurement divisé sur lequel l'ancien propriétaire avait réalisé de manière apparente l'aménagement litigieux. Faute de précision dans l'énoncé, ces deux modes semblent exclus en l'espèce, de sorte que Paul devra cesser d'évacuer ses eaux usées chez son voisin.

Enfin, même si cette pratique était tolérée par les anciens propriétaires, cela ne saurait conférer un droit de servitude, conformément à l'article 2262 du Code civil.

3. SUR LA MAISON

S'agissant des **recours contre le vendeur**, l'acquéreur pourrait tout d'abord songer à invoquer la nullité du contrat pour dol, action qui n'est pas exclue par le jeu de la garantie des vices cachés (Cass. 1re civ., 6 nov. 2002). En effet, a été dissimulé un élément essentiel pour son consentement qui affecte la solidité de l'immeuble (art. 1137 al. 2). Mais il faut que le dol émane du cocontractant (art. 1138). Il faudra donc prouver que le fils d'Émile savait que la maison avait été mal construite. L'action en nullité pour dol permettrait à Paul d'obtenir, outre le remboursement du prix, des dommages-intérêts permettant de réparer le préjudice subi. Mais l'énoncé indique que Paul préférerait conserver la maison, ce qui amène à envisager d'autres possibilités.

Sur le terrain de l'exécution du contrat, il faut déjà réserver l'application de la garantie décennale, si la maison a été construite il y a moins de 10 ans (art. 1792 et s.). Dans ce cas, la garantie décennale est due par le vendeur, nonobstant la clause élusive de la garantie des vices cachés (Cass. 3e civ., 19 mars 2020, n° 18-22983).

S'agissant de la garantie des vices cachés, il apparaît que les conditions de cette garantie sont réunies : la chose présente un défaut, qui est caché, antérieur au transfert des risques et qui rend la chose impropre à sa destination (art. 1641). En outre, l'action reste ouverte, car le délai de deux ans à compter de la découverte du vice (art. 1648) n'est pas écoulé en l'espèce, la vente ayant été conclue en 2021 (épreuve de septembre 2022) et le rapport d'expertise, qui a révélé le vice, ayant été communiqué à l'acquéreur tout récemment.

Reste le problème de la clause élusive de garantie des vices cachés, qui est en principe valable selon la jurisprudence (Cass. com., 19 mars 2003, n° 11-26566). Mais elle ne peut pas être invoquée par le vendeur de mauvaise foi qui a connaissance des vices (art. 1643). Le vendeur n'étant pas un professionnel, il appartiendra à l'acquéreur de prouver la mauvaise foi de son vendeur : celui-ci ayant hérité de la maison litigieuse après sa construction, il n'est à première vue pas censé en connaître le vice de construction. En revanche, si c'est le père qui avait vendu la maison qu'il avait lui-même construite, il aurait été considéré comme de mauvaise foi, puisqu'il connaissait nécessairement les vices. En l'absence de certitude dans l'énoncé s'agissant d'une vente conclue par le fils du constructeur, nous supposerons pour la suite de la démonstration que sa mauvaise foi peut être prouvée (sans quoi la clause fermera tout recours).

Si la garantie des vices cachés peut être invoquée eu égard à la mauvaise foi prouvée du vendeur, l'acquéreur dispose d'une option entre l'action rédhibitoire, tendant à l'anéantissement du contrat et l'action estimatoire, tendant à une diminution du prix. Au cas présent, il apparaît que le coût de la reconstruction est supérieur au prix payé, de sorte que Paul a tout intérêt à exercer l'action rédhibitoire, étant précisé que la jurisprudence décide qu'en cas d'action estimatoire, l'acquéreur ne peut pas obtenir la restitution de la totalité du prix (Cass. 3e civ., 15 avr. 2021, n° 20-16320). Mais il nous est indiqué que Paul préférerait conserver la maison.

C'est pourquoi il a tout intérêt à agir sur le fondement de l'article 1645 du Code civil : selon ce texte, l'acheteur dispose d'une action en dommages-intérêts si le vendeur connaissait les vices (v. *supra*). Cette action est autonome par rapport à l'action rédhibitoire ou estimatoire

(Cass. com., 19 juin 2012, n° 11-13176 P). L'acheteur peut donc conserver le bien et mettre à la charge du vendeur le coût de la démolition et de la reconstruction de l'immeuble, si le vice requiert une telle démolition, sans que l'on puisse estimer qu'il s'agit là d'un rééquilibrage du contrat (Cass. 3e civ., 30 janv. 2020, n° 19-10176). En défense, le vendeur pourrait songer à invoquer le coût manifestement excessif de cette démolition-reconstruction (art. 1221). Mais cette règle ne concerne que l'exécution forcée en nature : or ici, il ne s'agit pas d'obtenir une exécution forcée en nature, mais seulement le paiement de dommages-intérêts permettant d'assurer le coût de la démolition et de la reconstruction. En tout état de cause, cela n'est pas disproportionné au regard de l'intérêt pour le créancier, car en l'état la maison est purement et simplement inhabitable.

Se pose en second lieu la question de savoir si Paul peut **vendre sans le consentement de sa femme la maison.**
Faute de précision dans l'énoncé, nous supposerons que les époux sont mariés sous le régime légal de la communauté, de sorte que l'immeuble acquis à titre onéreux en 2021, soit pendant le mariage contracté en 2019, est commun. S'agissant d'un immeuble commun, son aliénation est soumise à cogestion (art. 1424). S'il ne sollicite pas le consentement de son conjoint, l'acte pourra être annulé par celui-ci, dans les deux ans à compter de sa connaissance de l'acte (art. 1427 al. 2).

En tout état de cause, indépendamment du régime matrimonial des époux, si la maison constitue le lieu de résidence de la famille, son aliénation est soumise à cogestion, par application de l'article 215 alinéa 3 du Code civil, qui ressortit au régime primaire impératif. L'action en annulation doit alors être exercée dans le délai d'un an à compter de la connaissance de l'acte.

4. SUR LE CAUTIONNEMENT

S'agissant tout d'abord de la **validité du cautionnement**, il faut préciser que celui-ci a été consenti lors de l'acquisition de la maison en 2021, de sorte qu'il n'est pas soumis aux dispositions nouvelles issues de l'ordonnance du 15 septembre 2021, applicables exclusivement aux consentements conclus à partir du 1er janvier 2022.

Il s'agit en l'espèce d'un cautionnement de dettes futures souscrit par une personne morale. Cela exclut donc la mention manuscrite de l'ancien article L. 331-1 du Code de la consommation. Il convient donc d'appliquer l'article 1376 du Code civil, règle de preuve qui s'applique à l'hypothèse du cautionnement fourni par une personne morale non commerçante. Le formalisme prescrit par ce texte n'a pas en l'espèce été respecté, dès lors que la somme, qui constitue la limite de l'engagement, n'est mentionnée qu'en chiffres. Mais la seule sanction ne concerne que la preuve – et non la validité – de l'engagement. De surcroît, il ne s'agit pas de la preuve du montant de l'engagement mais de la limite de l'engagement, de sorte que la caution a tout intérêt à bénéficier de ce plafond, même s'il n'est pas correctement indiqué dans l'acte.
Reste un problème afférent aux conditions de fond de l'opération : on pourrait estimer que le cautionnement fourni par la SCI n'est pas conforme à l'objet ou à l'intérêt social (v. *supra*, n° 986), ce qui pourrait justifier la nullité du cautionnement.
En tout état de cause, en l'absence de mention de durée, le contrat de cautionnement est à durée indéterminée, ce qui permet sa révocation unilatérale par la caution : celle-ci met

fin à l'obligation de couverture, c'est-à-dire que les dettes nées après la révocation ne sont pas cautionnées. En revanche, l'obligation de règlement subsiste : toutes les dettes nées avant la révocation devront être payées par la caution.

S'agissant ensuite du **défaut d'information annuelle de la caution,** les règles nouvelles issues de l'ordonnance du 15 septembre 2021 s'appliquent à compter du 1er janvier 2022, même si le cautionnement a été conclu avant (art. 37 III ord.). Il faut donc distinguer.
L'information due en 2022 est soumise au nouvel article 2302 du Code civil. Selon l'alinéa 3 du texte, l'information n'est due à une caution personne morale que lorsqu'il s'agit de garantir le concours financier fourni par un établissement de crédit à une entreprise. Tel n'est pas le cas en l'espèce, s'agissant d'un crédit purement familial (achat d'une maison) : l'information n'est pas due.
S'agissant des défaillances antérieures à 2022, il convient d'appliquer l'ancien article L. 313-22 du CMF. Mais la règle est la même que celle de l'actuel article 2302 al. 3, de sorte que l'information n'est pas due non plus.
Rappelons enfin qu'en tout état de cause, la sanction aurait été limitée à la seule déchéance des intérêts de l'année concernée, sachant que cette sanction ne peut se cumuler, sauf dol ou faute lourde, avec des dommages-intérêts (Cass. com., 15 oct. 2013, n° 12-25523).
Enfin, l'obligation d'information sur la défaillance du débiteur principal n'est pas en cause ici, dès lors qu'il est indiqué dans l'énoncé que toutes les échéances ont été réglées.

CAS PRATIQUE N° 9

SUJET DU CRFPA 2023

I - Pierre et Jean vivent ensemble depuis un an dans un appartement pris à bail par Pierre lorsqu'il est venu s'installer à Paris il y a quatre ans maintenant, pour se rapprocher de son lieu de travail. Malheureusement, leur relation amoureuse se dégrade car Pierre refuse de se marier avec Jean. Pierre décide donc d'y mettre un terme et demande à Jean de quitter les lieux. Mais ce dernier s'y refuse. Lassé, Pierre donne congé au bailleur et déménage. Désemparé, Jean vient vous consulter et vous demande s'il peut demeurer dans les lieux et, le cas échéant, quelles formalités il doit accomplir. (3 points)

II - Paul et Virginie se sont mariés le 1er avril 2000 après avoir adopté le régime de la séparation de biens. Ils ont eu deux enfants, Hector, né le 14 juillet 2008, et Achille, né le 25 décembre 2012. Sur un terrain que Paul avait reçu en donation de ses parents, ils ont fait édifier en 2006 une maison pour constituer le logement familial, pour un coût de 250 000 euros financé par l'héritage reçu par Virginie de sa grand-mère. Les enfants grandissant, ils ont décidé de construire une extension de cette maison, ce qui leur a coûté 300 000 euros, financé par un emprunt. Cet emprunt a été souscrit par eux deux, mais les échéances ont été remboursées par Virginie seule, car, tandis qu'elle occupe un poste rémunérateur dans une banque, Paul, en reconversion professionnelle, n'a pour revenus que ceux sporadiques et modiques que lui procurent les quelques cours de chinois qu'il dispense.

Virginie veut divorcer et vous pose les questions suivantes :
1/ Quelle est la nature des droits de chacun sur la propriété de la maison ? (2 points)
2/ La situation fera-t-elle naître une dette de l'un d'eux envers l'autre dans le cadre du règlement des intérêts pécuniaires des époux ? (5 points)
3/ Quelles seront les conséquences de l'occupation de la maison par l'un ou l'autre des époux durant la procédure ? (5 points)

III - En 2018, Virginie a vendu au cousin de Paul, François, un appartement situé à Paris. En raison des liens de famille qui l'unissaient à François, Virginie a consenti un effort conséquent sur le prix de vente. Quelque temps plus tard, François s'aperçoit de graves désordres affectant les planchers de l'appartement, dus à la présence de la mérule (champignon). D'après l'expert qu'il a consulté, la mérule était déjà présente lorsqu'il a acquis l'appartement et, avec le temps, les désordres se sont aggravés. François est contraint de procéder à d'importants travaux pour y remédier. Il souhaiterait que Virginie contribue financièrement à ces travaux. Éclairez-le sur le moyen de droit adéquat pour parvenir à ses fins. (5 points)

Corrigé

***Avertissement** : ce corrigé, personnel à l'auteur, n'engage pas la Commission nationale de l'examen unique d'accès au CRFPA. La correction se situe en septembre 2023 et s'appuie exclusivement sur le droit positif en vigueur à cette date.*

1. SUR LE SORT DU BAIL À L'ÉGARD DE JEAN

La question se pose de savoir si Jean est cotitulaire du droit au bail, dès lors que le contrat a été conclu par Pierre, alors qu'il était encore célibataire. Cette cotitularité permettrait à Jean de rester dans les lieux, puisque le congé donné par le seul Pierre lui serait inopposable.
Aux termes de l'article 1751 du Code civil, « le droit au bail du local, sans caractère professionnel ou commercial, qui sert effectivement à l'habitation de deux époux, quel que soit leur régime matrimonial et nonobstant toute convention contraire et même si le bail a été conclu avant le mariage, ou de deux partenaires liés par un pacte civil de solidarité, dès lors que les partenaires en font la demande conjointement, est réputé appartenir à l'un et à l'autre des époux ou partenaires liés par un pacte civil de solidarité ».
En l'absence de précision dans l'énoncé, il convient de distinguer selon que Pierre et Jean sont pacsés ou simplement en concubinage, étant précisé qu'il est certain qu'ils ne sont pas mariés.
Si Pierre et Jean sont pacsés, la cotitularité du droit au bail suppose une déclaration conjointe, ce qui ne semble pas être le cas en l'espèce. Jean n'a donc aucun droit au bail à ce titre.
Si Pierre et Jean sont en concubinage, l'article 1751 leur est inapplicable. Jean n'a donc aucun droit au bail.

Toutefois, Jean peut songer à invoquer les dispositions spéciales de la loi du 6 juillet 1989 sur le bail d'habitation, qui sont manifestement applicables, s'agissant d'un logement. L'article 14 de ladite prévoit en effet qu'en cas d'abandon du bail par le titulaire, le contrat de bail continue au profit de son concubin notoire, qui vivait dans les lieux depuis au moins un an à la date de l'abandon du domicile. Cette condition temporelle est remplie, puisqu'il est indiqué que Pierre et Jean vivent ensemble « depuis un an » dans l'appartement.
Toutefois, il est peu probable que Jean puisse bénéficier d'une telle disposition, dans la mesure où le texte suppose un « abandon » des lieux, c'est-à-dire une simple situation de fait, ce qui n'est pas le cas en l'espèce. En effet, Pierre a pris soin de donner congé à son bailleur, de sorte que le bail a été résilié. Il ne peut donc continuer au profit de Jean.

En conclusion, Jean ne peut pas rester dans les lieux et devra quitter le logement.

2. SUR LA MAISON ACQUISE PAR PAUL ET VIRGINIE

Il convient de répondre aux trois questions qui figurent dans l'énoncé.

1/ Quelle est la nature des droits de chacun sur la propriété de la maison ?

Les époux sont mariés sous le régime de la séparation des biens.
La maison a été construite sur un terrain que Paul a reçu par donation. Le terrain est donc un bien personnel appartenant à Paul. Par application de l'accession (C. civ., art. 552), la maison est donc, sauf convention contraire entre les époux, la propriété exclusive de Paul.
À cet égard, peu importe que sa construction ait été financée par Virginie. En effet, La Cour de cassation considère que, sous le régime de la séparation de biens, le bien appartient à celui des époux dont le titre établit la propriété sans égard à son financement (Cass. 1re civ., 31 mai 2005, n° 02-20553, *Bull. civ.* I, n° 236).
La maison appartient donc à Paul.

2/ La situation fera-t-elle naître une dette de l'un d'eux envers l'autre dans le cadre du règlement des intérêts pécuniaires des époux ?

Il convient de rechercher l'existence d'une créance entre époux, et non d'une récompense, en l'absence de communauté (régime de séparation de biens).

Il convient de distinguer les deux opérations : la dépense faite par Virginie pour acquérir le bien et ensuite celle réalisée pour l'améliorer, à la suite d'une extension.

S'agissant de la dépense d'acquisition, il convient de déterminer si la dépense faite par Virginie pour acquérir le bien de Paul a excédé la contribution aux charges du mariage de l'article 214 du Code civil. La jurisprudence se prononce en ce sens. Par un arrêt du 5 avril 2023 (n° 21-22296), il a été jugé qu'il résulte de l'article 214 du Code civil que, sauf convention contraire des époux, l'apport en capital de fonds personnels, réalisé par un époux séparé de biens pour financer l'amélioration, par voie de construction, d'un bien personnel appartenant à l'autre et affecté à l'usage familial, ne participe pas de l'exécution de son obligation de contribuer aux charges du mariage.
En l'absence de convention contraire, Virginie a donc droit à une indemnité si elle démontre que les dépenses ont été faites par ses fonds personnels. C'est le cas en l'espèce pour l'acquisition du bien, puisque les fonds proviennent d'un héritage dont elle a été bénéficiaire. Cette créance sera évaluée en appliquant le valorisme monétaire, c'est-à-dire à en tenant compte du profit subsistant, dès lors que l'article 1543 sur la séparation des biens renvoie à l'article 1479 alinéa 2 sur les créances entre époux dans la communauté légale, lequel renvoie à l'article 1469 alinéa 3 sur le profit subsistant.
Selon ce texte, la créance ne peut être inférieure au profit subsistant lorsque la dépense a servi à acquérir, conserver ou améliorer un bien.
Tel est le cas en l'espèce : la créance de Virginie ne pourra être inférieure à la plus-value actuelle procurée au bien par sa dépense, qui se calculera en faisant la différence entre la valeur de la maison et du terrain et la valeur du terrain seul.

S'agissant de la dépense d'amélioration, la difficulté provient du fait que Virginie a cette fois contribué non pas au moyen d'un apport, mais en remboursant les échéances du crédit avec ses deniers personnels. Il faut alors établir que ce remboursement excède la contribution aux charges du mariage (Cass. 1re civ., 14 mars 2006 n° 05-15980 ; 16 juin 2014, n° 13-18935 ; 1er avr. 2015, n° 14-14349 ; 17 mars 2021, n° 19-21463).
Au cas présent, la situation n'est pas favorable à Virginie, dès lors que, d'une part le bien acheté constitue le domicile familial, de sorte que l'on peut considérer que le remboursement du crédit s'inscrit dans l'exécution de la contribution aux charges du mariage ; d'autre part, l'article 214 prévoit que cette exécution se fait à proportion des facultés respectives des époux : or, il est indiqué dans l'énoncé que Virginie exerce un « poste rémunérateur » dans une banque, tandis que Paul n'avait que des « revenus sporadiques et modiques ». Il n'est donc pas certain que le fait pour Virginie d'avoir payé la totalité des échéances aille au-delà de sa contribution aux charges du mariage.
Sa créance est donc douteuse s'agissant de la dépense d'amélioration du bien : la preuve de ce que la dépense est allée au-delà de la contribution aux charges du mariage sera difficile.

3/ Quelles seront les conséquences de l'occupation de la maison par l'un ou l'autre des époux durant la procédure?

L'occupation de la maison par l'un ou l'autre des époux résultera de l'attribution de la jouissance du bien par le juge aux affaires familiales au titre des mesures provisoires (C. civ., art. 255, 4°). Notons qu'il ne convient pas d'appliquer les règles de l'indivision, dès lors que le bien n'est pas indivis mais appartient exclusivement à Paul.

Deux hypothèses sont à distinguer.

Si l'immeuble est attribué à Paul, aucune indemnité ne sera versée à Virginie, dès lors qu'il est lui-même propriétaire du bien.

Si l'immeuble est attribué à Virginie, Paul aura droit à une indemnité, sauf si l'attribution a eu lieu à titre gratuit. Si l'attribution a lieu à titre onéreux, Paul aura droit à une indemnité d'occupation, au titre de la jouissance qu'il subit sur son bien. Elle ne sera exigible qu'au jour où le divorce à intervenir sera devenu définitif.

3. SUR LA VENTE DE L'APPARTEMENT COMPORTANT DE LA MÉRULE

Afin de contraindre Virginie, venderesse, à contribuer aux travaux de remise en état du bien, plusieurs fondements sont possibles:

Le dol, tout d'abord; mais ce fondement ne sera pas développé, dès lors qu'il n'est pas au programme de l'épreuve et qu'il suppose en outre une intention de tromper, ce qui ne semble pas être le cas ici.

La garantie des vices cachés, ensuite, qui semble le fondement adéquat.

S'agissant des conditions de la garantie, celles-ci sont fixées par l'article 1641 du Code civil. Selon ce texte, «le vendeur est tenu de la garantie à raison des défauts cachés de la chose vendue qui la rendent impropre à l'usage auquel on la destine, ou qui diminuent tellement cet usage que l'acheteur ne l'aurait pas acquise, ou n'en aurait donné qu'un moindre prix, s'il les avait connus».
Ces conditions sont au nombre de quatre:

- un défaut, *i.e.* un vice inhérent à la chose vendue;
- un défaut rendant cette dernière impropre à sa destination;
- un défaut caché au moment de la vente;
- un défaut antérieur au transfert des risques.

Il appartient à l'acheteur de rapporter la preuve de ces conditions. Celles-ci semblent caractérisées en l'espèce: François s'est aperçu après la vente de la présence de champignons, qui était selon l'expert antérieure à la vente au vu des dégâts; de surcroît, l'immeuble est devenu impropre à sa destination, dès lors que d'importants travaux sont nécessaires pour y remédier.

S'agissant de la mise en œuvre de la garantie, deux questions se posent.

Celle du *délai*, d'abord, qui est de deux ans à compter de la découverte du vice (C. civ., art. 1648). L'énoncé indique que cette découverte a eu lieu « quelque temps » après la vente, conclue en 2018. L'énoncé est insuffisamment précis pour déterminer si le délai de prescription de l'article 1648 est écoulé.

Celle de la *sanction* du vice caché, ensuite. En vertu de l'article 1644 du Code civil, l'acheteur peut opter entre l'action rédhibitoire, qui tend à la résolution du contrat, et l'action estimatoire, qui permet d'obtenir une réduction du prix. Si le vendeur est de mauvaise foi, l'acquéreur pourra en outre obtenir des dommages et intérêts en réparation du préjudice subi. Virginie n'étant pas une professionnelle, sa mauvaise foi n'est pas irréfragablement présumée mais devra être prouvée.

En l'espèce, François souhaite manifestement conserver l'appartement, puisqu'il a réalisé des travaux. Il lui est donc conseillé d'exercer l'action estimatoire, étant précisé que cette option lui appartient. S'agissant de la réduction du prix, la jurisprudence rappelle que parce qu'il conserve la chose, l'acheteur ne peut obtenir la restitution de la totalité du prix (Cass. 3e civ., 19 avr. 2000, n° 98-12326, *Bull. civ.* III, n° 87 ; v. pour une application récente en présence d'amiante, Cass. 3e civ., 15 avr. 2021, n° 20-16320).
Quel sera le montant de cette réduction de prix partielle ? Dans son dernier état, la jurisprudence considère que le vendeur qui a ignoré les vices de la chose vendue ne peut être tenu envers l'acheteur qui garde cette chose, outre les frais occasionnés par la vente, qu'à la restitution partielle du prix, telle qu'elle sera arbitrée par experts (Cass. 3e civ., 8 avr. 2009, n° 07-19690 P). En effet, cette action ne vise pas à octroyer à l'acquéreur des dommages-intérêts, dès lors que telle est la finalité de l'article 1645 du Code civil. En somme, la réduction du prix ne doit pas se faire selon le coût des travaux de remise en état, ce qui correspond à un préjudice, mais au regard de la valeur du bien avec les désordres. Il faut donc calculer la moins-value créée par la présence de mérule dans l'appartement. Compte tenu du fait que Virginie avait déjà consenti une baisse de prix par rapport à la valeur réelle du bien, la réduction du prix portera donc sur un montant nécessairement limité. Par exemple, si la valeur du bien avec la mérule est de 60 000 euros et que le prix payé est de 60 000 euros (le bien valant en réalité 150 000 euros sans mérule), François n'aura droit à aucune réduction de prix, car le prix payé (60 000 euros) correspond à la valeur réelle du bien avec le défaut (60 000 euros).
Il n'en ira autrement que si la preuve de la mauvaise foi de Virginie est établie, ce qui donnera lieu au paiement de dommages-intérêts.

INDEX

Les numéros renvoient aux paragraphes.

A

B

C

Q

R

S

T

U

V

W

TABLE DES MATIÈRES

Composition : Soft Office

PEFC
10-31-1316
Certifié PEFC
Ce produit est issu de forêts gérées durablement et de sources contrôlées
www.pefc-france.org

IMPRIM'VERT

Imprimé en France sur des papiers provenant
exclusivement de l'Union européenne
et issus de forêts gérées durablement
par Dupliprint, 733 rue Saint-Léonard, 53100 Mayenne

Ce livre est imprimé sur un site sous management
environnemental certifié **AFAQ ISO 14001**

Achevé d'imprimer en mars 2024
Numéro d'impression : 2989184C
Dépôt légal : mars 2024

Deutsch Pirat

3. Klasse
Aufsatz,
Leseverständnis

Lösungsheft

Umwelthinweis: Gedruckt auf chlorfrei gebleichtem Papier

www.langenscheidt.de
www.deutschpirat.de
http://info.deutschpirat.de

Satz: bookwise medienproduktion, München
Gesamtherstellung: Stürtz GmbH, Würzburg

Printed in Germany
Lösungsheft zu ISBN 978-3-468-60007-4

Passende Adjektive

ÜBUNG 1 (Seite 4)

Clara rennt schnell über die grüne Wiese. Ihre Zöpfe fliegen hoch in die Luft und ihr Kleid weht im Wind. Die Sonne scheint hell vom Himmel, es ist ein perfekter Tag. Und da vorne steht ihr Papa, der sie mit offenen Armen empfängt. Vor Freude lacht Clara laut auf.

ÜBUNG 2 (Seite 4)

die enge Gasse
das spannende Buch
das niedliche Hundebaby
der leckere Kuchen

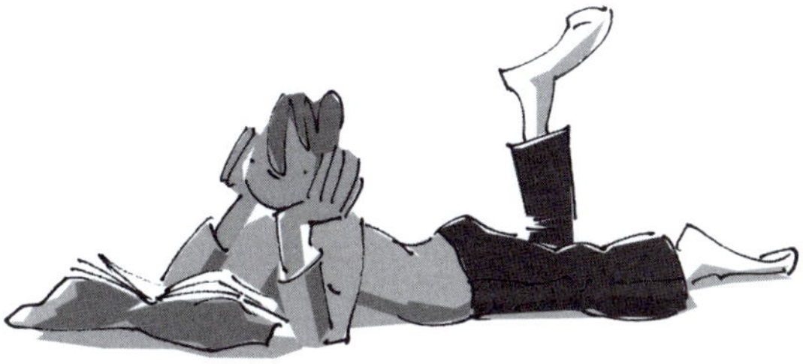

ÜBUNG 3 (Seite 5)

❏ schwarz gestreifte

ÜBUNG 4 (Seite 5)

hoch wie ein Haus: haushoch
schnell wie der Blitz: blitzschnell
schwarz wie Pech: pechschwarz
scharf wie ein Messer: messerscharf

ÜBUNG 5 (Seite 5)

Die Nacht ist rabenschwarz, das Piratenschiff startbereit.
Sogar die alten, kampferprobten Piraten sind aufgeregt, wenn sie zu neuen Abenteuern aufbrechen. Die mannshohe Flagge wird gehisst, ein Kanonenschlag zerreißt die Stille. Tom, der spindeldürre Pirat, erschrickt. Nun geht es also los!

Nur ein Wort

ÜBUNG 1 (Seite 6)

ein Tisch, den man zum Schreiben benutzt: Schreibtisch
eine Lampe, die steht: Stehlampe
ein Tisch aus Holz: Holztisch
ein Schirm gegen das Sonnenlicht: Sonnenschirm

ÜBUNG 2 (Seite 6)

ein Feld, auf dem Fußball gespielt wird: Fußballfeld
eine Hose, die man zum Sport anzieht: Sporthose
ein Schläger, mit dem man Tennis spielt: Tennisschläger
Schützer für die Knie: Knieschützer

ÜBUNG 3 (Seite 7)

Endlich bekommt Chiara ein Kaninchen. Sie geht mit ihren Eltern in die Zoohandlung. In einem Kaninchenstall sitzen sechs Tiere. Chiara darf sich eines davon aussuchen. Sie nimmt ein kleines weißes Zwergkaninchen, das sie sofort in ihr Herz geschlossen hat. Außerdem kaufen ihre Eltern noch eine Wasserflasche zum Trinken sowie einen Futternapf, in den sie das Obst und Gemüse legen kann. Glücklich fährt Chiara mit ihren Eltern und ihrem neuen Liebling nach Hause.

ÜBUNG 4 (Seite 7)

Sonne	Wasser
Hut	Ball
Milch	Flasche
Schutz	Nixe
Schirm	Glas

Wörter mit ähnlicher Bedeutung

ÜBUNG 1 (Seite 8)

Sarah nascht heimlich Schokolade.
Das Schwein frisst aus dem Trog.
Opa knabbert seine Lieblingschips.
Der Hund nagt an seinem Knochen.

ÜBUNG 2 (Seite 8)

❑ säubern
❑ reinigen
❑ schrubben

ÜBUNG 3 (Seite 9)

Etwas lange ansehen, um herauszufinden, was genau vor sich geht: beobachten
Jemanden sehen, den man kennt: treffen
Eine Sehenswürdigkeit anschauen: besichtigen
Etwas zufälligerweise sehen: entdecken

ÜBUNG 4 (Seite 9)

❑ Gras
❑ Rasen
❑ Grünplatz

ÜBUNG 5 (Seite 9)

Sofa - Couch
Stuhl - Sessel
Bettdecke - Laken
Eimer - Kübel
Kanne - Krug

Wortbausteine

ÜBUNG 1 (Seite 10)

Übers Wochenende wird die Lehrerin uns wohl keine Hausaufgaben aufgeben.
Mein Taschengeld will ich nicht nur für Süßigkeiten ausgeben.
Unter diesem Hindernis kann man durchlaufen.
Wenn ein Monster auftaucht, werden wir schnell weglaufen.

ÜBUNG 2 (Seite 10)

❑ Ich vergebe dir.
❑ Du musst nicht immer gleich aufgeben!
❑ Ich kann nachfühlen, wie es dir geht.

ÜBUNG 3 (Seite 11)

So ein Mist, jetzt habe ich mich verfahren.
Pass auf, du willst sicher niemanden umfahren!
Hoffentlich werden wir an der richtigen Ausfahrt abfahren.
Du wirst unser Geheimnis schon noch erfahren!

ÜBUNG 4 (Seite 11)

Das ist falsch. Du hast dich sicher verhört.
Wenn du richtig zuhören würdest, würdest du bestimmt nicht so viele Fehler machen!
Ich muss lernen, unser Lehrer will uns morgen abhören.
Leider muss ich mit meinen Klavierstunden aufhören. Ich habe einfach keine Zeit zum Üben.

Einen Gegenstand beschreiben

ÜBUNG 1 (Seite 12)

❏ Sie ist aus braunem Holz.
❏ Sie hat schwarze Beschläge.
❏ Der Deckel ist abschließbar.

ÜBUNG 2 (Seite 12)

glatt: Buchdeckel
rau: Feile
weich: Kissen
hart: Stein
scharf: Messer
glitschig: Wackelpudding

ÜBUNG 3 (Seite 13)

Die Karte wurde auf braunes I ~~weißes~~ Pergamentpapier gezeichnet. Ihre Ränder sind ~~glatt~~ / gezackt. In der linken / ~~rechten~~ unteren Ecke der Karte ist eine Kompassrose eingezeichnet, die die Himmelsrichtungen anzeigt. Darüber sieht man Wellen und kleine ~~Häuser~~ / Schiffe. Wiederum darüber findet man eine ~~regelmäßig~~ / unregelmäßig umrahmte Fläche.
Es handelt sich vermutlich um ~~einen See~~ / eine Insel. Darauf findet man Landschaften wie Berge und Wälder. Von einem roten Punkt am Rand der Fläche führt eine rot gestrichelte / ~~gepunktete~~ Linie zu einem roten Kreuz am Rande eines Berges / ~~Waldes~~. Wahrscheinlich ist dort der Schatz vergraben.

ÜBUNG 4 (Seite 13)

Die Farbe des Griffe der Federballschläger: gelb
Die Farbe des Rahmens der Schläger: blau und weiß
Die Farbe der Bespannung der Schläger: weiß
Die Farbe des Federballs: weiß

Eine Person beschreiben

ÜBUNG 1 (Seite 14)

Körper	Gesicht	Kleidung
schlank	Zähne	Stiefel
Hände	Nase	Pullover
Bauch	Lippen	Hut
dick	Schnurrbart	Gürtel

ÜBUNG 2 (Seite 14)

❑ Kira trägt kein Kopftuch, ihre roten Haare sind offen.
❑ Ein paar kleine Fische scheinen neugierig zuzuschauen.

ÜBUNG 3 (Seite 15)

Der Piratenjunge Jonny ist etwa 10 I ~~48~~ Jahre alt.
Er hat eine kurze I ~~lange~~ graubraune I ~~schwarze~~ Hose an, die er vermutlich selbst abgeschnitten hast. Sein T-Shirt hat gelbe I ~~rote~~ und weiße I ~~blaue~~ Streifen.
Auf dem Kopf trägt er ein rotes I ~~lilafarbenes~~ Kopftuch, das er hinten I ~~vorne~~ zusammengebunden hat. Jonny muss das Deck schrubben, worüber er sich offenbar ärgert I ~~freut~~.

ÜBUNG 4 (Seite 15)

Haarfarbe: rot
T-Shirt: gelb
Rock: rot
Ballerinas: weiß
Körperform: schlank

Bericht: Schreibstil

ÜBUNG 1 (Seite 16)

Diese Sätze sind sachlich geschrieben:

❑ Der Autofahrer fuhr bei roter Ampel auf die Kreuzung.
❑ Dabei stieß er mit einem anderen Autofahrer zusammen.
❑ Es entstand ein hoher Sachschaden.

ÜBUNG 2 (Seite 16)

Die Klasse 3a verbrachte drei Tage auf einer Hütte. Sie wanderten jeden Tag einige Kilometer. Zweimal gehen sie ins Schwimmbad und an einem Tag besuchen sie einen Streichelzoo. Obwohl sie früh aufstehen mussten, sind sie nie müde. Jeder Tag war ein aufregendes Erlebnis. Der Aufenthalt geht viel zu schnell vorbei.

ÜBUNG 3 (Seite 17)

Wörter für *zusammenstoßen*	Wörter für *schnell*	Wörter für *Unfall*
anfahren	rasant	Zusammenstoß
auffahren	rasch	Unglück
kollidieren	flink	Missgeschick
zusammenprallen	fluchtartig	Karambolage

ÜBUNG 4 (Seite 17)

Der Radfahrer kollidierte mit dem Hund.
Das Auto fuhr auf das Fahrzeug auf.
Die Dame alarmierte die Polizei.

Bericht: Inhalt

ÜBUNG 1 (Seite 18)

Vor zwei Tagen *(Wann?)* gerieten in Weitfelden *(Wo?)* zwei Hundebesitzer *(Wer?)* in Streit. Nachdem sich der Hund des einen Mannes von der Leine losgerissen hatte und auf den Terrier des zweiten Hundebesitzers losgegangen war, beschimpften sich auch die beiden Männer. Dabei kam es zu Handgreiflichkeiten, für die sich die Hundefreunde nun vor Gericht verantworten müssen.

ÜBUNG 2 (Seite 18)

Wo: auf dem Sportplatz
Wann: am gestrigen Nachmittag
Wer: die Fußballmannschaft und der Schiedsrichter

ÜBUNG 3 (Seite 19)

Die Fußballer gingen auf den Schiedsrichter los. Was?
Der Schiedsrichter hatte ein Foul übersehen. Daraufhin beleidigten die Fußballspieler ihn und wurden ausfällig. Wie?
Der Fußballmannschaft wurde ein Spielverbot für die ganze Saison erteilt. Welche Folgen?

ÜBUNG 4 (Seite 19)

Ortsangabe	Zeitangabe
auf dem Bauernhof	gestern Abend
gestern Abend	letzte Woche
an der Ampel	nur wenige Sekunden danach
auf der Treppe	etwas später

Reizwortgeschichte: Aufbau

ÜBUNG 1 (Seite 20)

Bestandteile einer Geschichte	Bedeutung der Bestandteile
Überschrift	macht neugierig
Einleitung	Antwort auf Wer? Wo? Wann?
Hauptteil	ausführlich, richtige Reihenfolge
Höhepunkt	spannendster Teil
Schluss	Geschichte wird abgeschlossen

ÜBUNG 2 (Seite 20)

❑ Der Höhepunkt ist das Ende des Hauptteils.
❑ Die Überschrift muss neugierig machen, darf aber nicht zu viel verraten.

ÜBUNG 3 (Seite 21)

Wer fährt Schlitten? Max und zwei Freunde
Wo fahren sie Schlitten? auf dem Hügel neben dem Haus
Wie ist die Schlittenfahrt? lustig, Kinder haben Spaß
Was für ein Unglück passiert? Max fährt auf Baum, Krankenwagen muss geholt werden, Daumen ist gebrochen

ÜBUNG 4 (Seite 21)

Wo? im Kaufhaus
Wer? Oma mit kleinem Enkelkind
Was passiert? Kind allein im Aufzug
Wie passiert es? Oma wird aufgehalten, ist unaufmerksam
Welche Gefühle? Schreck und Angst
Schluss? Nette Frau bringt Kind zurück

Sätze interessanter gestalten

ÜBUNG 1 (Seite 22)

Es raste sofort auf mich zu.

ÜBUNG 2 (Seite 22)

Ich freue mich sehr über meinen Hund.
Endlich habe ich jemanden zum Spielen.
Er macht alles mit.

ÜBUNG 3 (Seite 23)

Richtig glücklich wirkte das Hündchen!

ÜBUNG 4 (Seite 23)

Hunde sind meine Lieblingstiere, weil man alles mit ihnen machen kann.
Man kann mit ihnen spielen und kuscheln.
Mein Hündchen ist sehr geduldig, aber manchmal wird es selbst ihm zu viel.

ÜBUNG 5 (Seite 23)

Katzen sind toll, aber sie sind unberechenbarer als Hunde.
Man kann nicht immer mit ihnen spielen, weil sie manchmal keine Lust dazu haben.
Meine Tante hat zwei Katzen und auch noch zwei Hunde.

Bildergeschichte: Aufbau

ÜBUNG 1 (Seite 24)

❑ Der Piratenjunge Jonny fängt einen riesigen Fisch.
❑ Jonny fällt ins Wasser, weil ein Fisch heftig an der Angel zappelt.
❑ Jonny fängt nichts und gibt genervt auf.

ÜBUNG 2 (Seite 24)

❑ „Die Nudeln sind noch ziemlich heiß!"
❑ „Guten Appetit!"
❑ „Du hast wieder super lecker gekocht!"

ÜBUNG 3 (Seite 25)

❑ „Super Musik!"
❑ „Hoffentlich ruft mich jetzt niemand!"
❑ „Endlich mal ein bisschen Zeit für mich!"

ÜBUNG 4 (Seite 25)

Zufrieden I ~~Genervt~~ liest Tom ein Buch. Es ist ein spannendes I ~~langweiliges~~ Buch und er will unbedingt wissen, wie es weitergeht. Er hat es sich auf dem Boden I ~~Bett~~ gemütlich gemacht, das Gesicht I ~~die Haare~~ in seine Hände I ~~Füße~~ gestützt. „Hoffentlich stört mich jetzt keiner", denkt er noch, bevor er sich wieder in seine Geschichte I ~~Musik~~ vertieft.

Mimik und Gestik

ÜBUNG 1 (Seite 26)

Das Mädchen auf dem Bild ...

❑ ist in guter Stimmung.
❑ erzählt von etwas Schönem.

ÜBUNG 2 (Seite 26)

Das Mädchen auf dem Bild ...

❑ hat Spaß am Fußballspiel.
❑ ist sehr sportlich.
❑ will das Spiel gewinnen.

ÜBUNG 3 (Seite 27)

Das Mädchen auf dem Bild isst genüsslich I ~~widerwillig~~ ein Waffeleis.
Sie hat sich ~~zwei~~ I drei Kugeln gekauft: Schokolade, Vanille und Erdbeere I ~~Banane~~.
Es scheint ein ~~kalter~~ I heißer Tag zu sein.
Das Mädchen hat ein T-Shirt I ~~einen Pullover~~ und eine ~~rote~~ I blaue Hose an.
Hinter ihr plätschert ein Springbrunnen I ~~Bach~~.
Die Stimmung auf dem Bild wirkt friedlich I ~~hasserfüllt~~ und das Mädchen sieht ~~unzufrieden~~ I zufrieden aus.

ÜBUNG 4 (Seite 27)

Der Junge und das Mädchen auf dem Bild haben ein Lagerfeuer I ~~Kaminfeuer~~ gemacht.
Über diesem Feuer grillen sie Würstchen I ~~Hähnchen~~.
Es scheint etwas kühl I ~~ziemlich warm~~ zu sein, denn das Mädchen hat sich eine Decke I ~~Mütze~~ über die Schultern gelegt.
Das Feuer verbreitet eine gemütliche I ~~ungemütliche~~ Stimmung.
Den beiden Kindern scheint es gut I ~~nicht gut~~ zu gehen, sie sitzen nebeneinander I ~~einander gegenüber~~ und scheinen sich zu mögen I ~~nicht zu mögen~~.
Offenbar war es geplant I ~~nicht geplant~~, das Lagerfeuer zu machen.
Die Würstchen haben sie wohl von zu Hause mitgebracht I ~~im Wald gefunden~~.

Satzanfänge

ÜBUNG 1 (Seite 28)

MJUIJETZTGRFDESBEVORLOKUHSPÄTERGTZTRDNUNLOPKHPLÖTZLICH

ÜBUNG 2 (Seite 28)

endießschlAn: Anschließend
endZwischurch: Zwischendurch
chiEndl: Endlich
chaDan: Danach

ÜBUNG 3 (Seite 28)

David und seine Mutter fuhren mit der Straßenbahn in die Stadt. David durfte sich ein Videospiel kaufen. Aber außerdem brauchte er neue Hosen. Zum Schluss legte die Straßenbahn eine Vollbremsung hin. David und seine Mutter konnten sich gerade noch festhalten. „Was war das?", fragte David seine Mutter. Diese zuckte nur ahnungslos mit den Schultern. Zwischendurch fuhr die Bahn schon wieder weiter. Darüber war David froh, denn er wollte nicht noch länger auf sein Videospiel warten.

ÜBUNG 4 (Seite 29)

Es war ein schöner warmer Sommertag. Emma und ihre beiden Freundinnen lagen auf der Wiese. Plötzlich begann es leise zu donnern. Emma sprang auf: „Was war das?", fragte sie ängstlich. Ihre Freundinnen beruhigten sie: „Das war nur ein kleines Donnergrollen, wird bestimmt bald aufhören." Kurze Zeit später donnerte es wieder. Dieses Mal lauter und näher. „Mir reicht's, ich gehe jetzt!", rief Emma panisch und begann, ihre Sachen zusammenzupacken. „Du bist vielleicht ein Angsthase", riefen ihre Freundinnen. In diesem Moment prasselte der Regen auf sie nieder. Die Mädchen sprangen auf und stellten sich in einem Schuppen unter, bis der Regen vergangen war. Auch der Donner hatte sich verzogen und der Himmel strahlte in seinem schönsten Blau. Emma sagte: „Darauf ein Eis!" Am Ende wurde es wieder ein toller Sommertag!

ÜBUNG 5 (Seite 29)

Satzanfänge, die Spannung erzeugen	Satzanfänge, die eine zeitliche Reihenfolge ausdrücken
In diesem Augenblick	Nachher
Auf einmal	Zwischendurch
Plötzlich	Zum Schluss
Da	Kurze Zeit später

Sätze am Anfang und zum Schluss

ÜBUNG 1 (Seite 30)

❑ An einem schönen Sommertag ...
❑ Alls begann an einem Sonntag ...
❑ Kurz nach Mitternacht ...

ÜBUNG 2 (Seite 30)

❑ Vor nicht allzu langer Zeit ...
❑ Gestern war ein furchtbarer Tag ...
❑ Es geschah an einem ...

ÜBUNG 3 (Seite 31)

In Zukunft werde ich vorsichtiger sein!

ÜBUNG 4 (Seite 31)

❑ Das wird mir in Zukunft nicht mehr passieren!
❑ Bin ich froh, dass nichts passiert ist!
❑ Beruhigt ging ich ins Bett und schlief sofort ein.

ÜBUNG 5 (Seite 31)

Es war ein kalter Wintermorgen... Beginn
Das war mein schönstes Erlebnis! Schluss

Stimmungen und Gefühle ausdrücken

ÜBUNG 1 (Seite 32)

Trauer	Wut
am Boden zerstört	geballte Fäuste
niedergeschmettert	roter Kopf
weinen	schreien
schluchzen	böse

ÜBUNG 2 (Seite 32)

- ❏ Kuss
- ❏ Herz
- ❏ anhimmeln

ÜBUNG 3 (Seite 33)

verzweifelt - niedergeschlagen
hoffnungslos - mutlos
wütend - ärgerlich
unzufrieden - mürrisch

ÜBUNG 4 (Seite 33)

- ❏ ein Loch im Bauch haben
- ❏ Kohldampf haben
- ❏ knurrender Magen

Treffende Wörter benutzen

ÜBUNG 1 (Seite 34)

Das Mädchen klettert einen Baum hoch.
Mit den Händen hält sie sich an einem Ast fest,
einen Fuß stützt sie am Baumstamm ab.
An den Zweigen sieht man ein paar
hellgrüne Blätter.

ÜBUNG 2 (Seite 34)

❑ Ferngläser

ÜBUNG 3 (Seite 35)

❑ im Gehege

ÜBUNG 4 (Seite 35)

Piratin Kira taucht im Meer nach einer Schatztruhe.
Darin liegen Goldmünzen und ein Seestern.
Um Kira herum schwimmen ein paar Fische.
Viele Luftblasen steigen auf.
Im Sand hat sich ein Krebs eingegraben.

Nacherzählung

ÜBUNG 1 (Seite 36)

Die Nacherzählung
Eine Nacherzählung gibt die Geschichte in eigenen | ~~fremden~~ Worten wieder. Lies dir die eigentliche Geschichte also gut | ~~nicht~~ durch. Notiere dann Stichwörter | ~~die ganze Geschichte~~ über die wichtigsten | ~~unwichtigen~~ Dinge. Schreibe die Geschichte in eigenen | ~~fremden~~ Worten auf. Eine Nacherzählung hat den Aufbau Einleitung | ~~Hauptteil~~ - Hauptteil mit Höhepunkt | ~~Schluss~~ - Schluss. Sie wird in der Vergangenheit | ~~Gegenwart~~ geschrieben.

ÜBUNG 2 (Seite 36)

❑ Was der Lehrer von Simone verlangte.

ÜBUNG 3 (Seite 37)

Der Mann im Mond
Wenn Vollmond ist, kann man dunkle Flecken auf dem Mond sehen. Das sind aber keine Flecken, es ist ein Mann, der auf den Mond geschickt wurde. Dieser Mann trug an einem Sonntag Reisig, das er im Wald gestohlen hatte, nach Hause. Da begegnete ihm Gott, der ihm Vorwürfe machte, dass er am Sonntag arbeitete. Gott sagte: „Dafür bekommst du eine Strafe. Soll ich dich lieber auf den Mond oder zur Sonne schicken?" „Wenn es unbedingt sein muss", sagte der Mann, „dann will ich lieber auf dem Mond erfrieren als auf der Sonne verbrennen." Und so sehen wir den Mann im Mond immer bei Vollmond.

Textzusammenfassung

ÜBUNG 1 (Seite 38)

❑ Sie steht in der Gegenwart.
❑ Das Wichtigste des Textes wird wiedergegeben.

ÜBUNG 2 (Seite 38)

Heute ist der tollste Tag im Jahr, ich habe Geburtstag! Sobald der Wecker klingelt, springe ich aus dem Bett. Schnell ins Bad, Katzenwäsche, dann renne ich hinunter zum Frühstücken. Wie es sich gehört, ist schon die ganze Familie versammelt und singt mir ein Geburtstagsständchen. Auf dem Tisch liegen viele schöne Geschenke, die ich aber erst nach der Schule aufmachen kann. Meine Mutter hat den ganzen Raum mit Luftballons, Luftschlangen und „Happy Birthday"-Schildern verziert. Ich weiß, dass es Schokokuchen gibt, wenn ich von der Schule zurück bin. Außerdem kommen meine Großeltern zu Besuch und morgen meine Freunde. Ich freue mich so!

ÜBUNG 3 (Seite 39)

Julius kann gut rennen. Er ist der schnellste Läufer der Schule. Deshalb wollen ihn immer alle in ihrem Sportteam haben. Wenn wir unsere Mannschaften zusammenstellen, dann wird Julius sofort gewählt. Er-Form

Ich dagegen bleibe meistens übrig. Ich bin nicht so gut in Sport. Dafür kann ich toll zeichnen! Aber im Kunstunterricht werden nun mal keine Mannschaften gewählt. Manchmal bewundern andere Schüler meine Bilder. Dann fühle ich mich richtig gut! Ich-Form

ÜBUNG 4 (Seite 39)

Moritz säubert den Vogelkäfig.
Dann geht er zu seinem Freund.
Sie fahren mit den Fahrrädern durch die Gegend.

Wichtiges von Unwichtigem unterscheiden

ÜBUNG 1 (Seite 40)

❑ Das Auto des Vaters ist blau.

ÜBUNG 2 (Seite 40)

❑ Der Dackel heißt Waldi und gehört Herrn Heiner.

ÜBUNG 3 (Seite 41)

Zitternd steht Lara auf dem Drei-Meter-Turm und sieht nach unten. Das Schwimmbecken erscheint ihr so klein von oben. Obwohl Heidfeld das größte Becken im Umkreis hat! Lara weiß, dass sie nun springen muss. Sie ist an der Reihe. Hinter ihr drängeln schon die anderen Kinder. Aber Lara traut sich nicht. Da stellt sich ein Mädchen neben sie und nimmt sie an der Hand. Sie hat einen roten Badeanzug an. Mit dem Mädchen an der Hand fasst Lara neuen Mut. Gemeinsam springen sie.

ÜBUNG 4 (Seite 41)

Die Piraten sind wieder an Land. Sie sind eifrig dabei, ihr Schiff zu reparieren. Außerdem verkaufen sie ihre Waren. Piraten-Joe dreht der Wirtin von der Hafenkneipe wertlosen Schmuck an. Die Piraten nutzen den Landgang auch, um Vorräte aufzufüllen. Am Abend gehen sie in die Hafenkneipen und feiern bis in den Morgen. Der Piratenhauptmann feiert auch manchmal bis mittags.

Brief

ÜBUNG 1 (Seite 42)

Bestandteile eines Briefes	Beispiele
Ort	Liebe Grüße, dein Nick
Datum	heute waren wir ...
Anrede	Liebe Tante Helga,
Erzähltext	München
Abschiedsgruß	8.12.2013

ÜBUNG 2 (Seite 42)

Besten Freund: Hi
Lieblingstante: Liebe
Leiter der Eislaufhalle: Sehr geehrter
Klassenkamerad: Hallo

ÜBUNG 3 (Seite 43)

Stuttgart, 25.01.2014 | ~~01.2014~~
Lieber | ~~Hi~~ Opa,
ich habe gehört, dass du krank bist. Das tut mir sehr leid! Ich hoffe, dass es dir schon wieder etwas besser geht und du bald aus dem Krankenhaus entlassen wirst.
Ich denke an dich!
Ganz liebe Grüße | ~~Mit freundlichen Grüßen~~
dein Rico

ÜBUNG 4 (Seite 43)

Liebe Grüße, 4

ich möchte mich ganz herzlich für dein tolles Weihnachtsgeschenk bedanken.
Woher wusstest du, dass ich mir Schlittschuhe wünsche?
Ich habe mich sehr darüber gefreut! Wir haben sie gleich ausprobiert.
Hast du auch ein tolles Weihnachtsgeschenk bekommen? 3

deine Janine 5

Allerliebste Oma, 2

Berlin, 5.01.2014 1

Postkarte

ÜBUNG 1 (Seite 44)

Hi Mirco,
wie geht's? Ich bin in Berlin bei meinen Großeltern.
Das ist vielleicht cool hier! Ich wette, du hast noch nie eine so riesige Stadt gesehen!
Und überall kommt man mit der Bahn hin.
Ich muss dir alles genau erzählen, wenn ich wieder zurück bin.
Gruß
Robin

ÜBUNG 2 (Seite 45)

Herrn Anrede
Paul Vorname Heck Nachname
Schiffweg Straße 110 Hausnummer
17742 Postleitzahl Elchingen Ort

ÜBUNG 3 (Seite 45)

ist prima und wir haben 3

Viele Grüße aus der Sonne, 5

Hallo ihr Daheimgebliebenen, 1

schon viel unternommen. 4

Darian 2

hier ist es richtig klasse! Das Wetter 6

SMS

ÜBUNG 1 (Seite 46)

hab dich ganz doll lieb hdgdl
Gute Nacht GN8
Warte auf dich Waudi
Melde mich wieder MeMiWi
Liebe Grüße LG

ÜBUNG 2 (Seite 46)

hab dich lieb hdl
Alles klar? akla?
Achtung 8ung
Melde dich wieder! MeDiWi!

ÜBUNG 3 (Seite 47)

Hallo Oma,
akla? Alles klar? Freue mich, wenn du bald kommst!
MeMiWi Melde mich wieder.
hdl Hab dich lieb.
Dominic

ÜBUNG 4 (Seite 47)

❑ Bus verpasst, nehme nächsten, komme 18.55 Uhr. Kuss Robert

Notizen

ÜBUNG 1 (Seite 48)

Notizen sind kurze I ~~lange~~ Texte. Man schreibt sie, um jemandem schnell I ~~ausführlich~~ etwas mitzuteilen. Man kann auch für sich selbst eine Notiz schreiben. Das ist sinnvoll, wenn man etwas nicht vergessen I ~~vergessen~~ möchte.

ÜBUNG 2 (Seite 48)

❑ Handwerker kann morgen nicht. Kommt am Mittwoch um 10 Uhr.

ÜBUNG 3 (Seite 49)

Bitte das Päckchen 2	Danke, H. Fleming 6
(Familie Weiß) 4	abgeben. 5
An den Paketdienst 1	bei den Nachbarn gegenüber 3

ÜBUNG 4 (Seite 49)

Brief	Postkarte	SMS	Notiz
Ort und Datum	oft aus dem Urlaub	Text darf bestimmte Länge nicht überschreiten	Gedankenstütze
Empfänger- und Absender-Adresse	nur Empfänger-Adresse	häufig mit Abkürzungen	Einkaufszettel
ausführlicher Erzähltext			Telefonnotiz

Genau lesen

ÜBUNG 1 (Seite 50)

❏ Der Igel wurde auf die Polizeiwache gebracht.
❏ Um den Joghurtbecher zu entfernen, wurden Messer und Schere verwendet.
❏ Nach der Befreiung setzten sie den Igel im Freien aus.

ÜBUNG 2 (Seite 50)

Schule Lehrer Hausaufgaben Unterricht Buch Füller Klassenzimmer Heft Stunde Boden Sport Schulranzen Bleistift Tafel Fenster Pausenhof Mathematik Lehrerin Schulstunde Buntstifte Wasserfarben Sport Kunstunterricht Turnbeutel Sporthose Unterricht

ÜBUNG 3 (Seite 51)

❏ Die Frau hat viel eingekauft.
❏ Die Frau hat ein rosafarbenes Kleid an.
❏ Die Frau schiebt einen Einkaufswagen.

ÜBUNG 4 (Seite 51)

❏ Fliegenpilze sind giftig.
❏ Pfifferlinge und Steinpilze sind gute Speisepilze (= essbare Pilze).

Fehler finden

ÜBUNG 1 (Seite 52)

- ❑ Ein Ball ist rund, eine Schachtel eckig und ein Ei oval.
- ❑ Eine Rose ist eine Blume, eine Tanne ist ein Baum.

ÜBUNG 2 (Seite 52)

Pirat Pirat Pirat Pirat Piratt Pirat Pirat Pirat Pirat Pirat Pirat
Schiff Schiff Schiff Schiff Schiff Schiff schiff Schiff Schiff
Kapitän Kapitän Kapiten Kapitän Kapitän Kapitän
Schatzkiste Schatzkiste Schazkiste Schatzkiste Schatzkiste
Kajüte Kajühte Kajüte Kajüte Kajüte Kajüte Kajüte Kajüte
Hängematte Hängematte Hängematte Hengematte Hängematte

ÜBUNG 3 (Seite 53)

Heute ist Jonny mit Spülarbeit dran. Entsetzt betrachtet er den Speisesaal. Was die Piraten für eine Sauerei hinterlassen haben! Im ganzen Saal liegen leere Becher, der Boden klebt von verschüttetem Saft. Auf dem Tisch liegen Essensreste neben den Schüsseln. Jonny macht sich widerwillig an die Arbeit.

ÜBUNG 4 (Seite 53)

Löffel - Gabel - Schere - Messer
Mond - Sterne - Sonne - Berg
Eis - Meer - Wasser - Wellen

Immer längere Wörter und Sätze lesen

ÜBUNG 1 (Seite 54)
Bei dieser Übung musst du selbst entscheiden, wie viele Punkte du dir gibst.
Hast du alle Worte gleich flüssig lesen können? Je länger ein Wort ist, desto eher kann man ins Stocken geraten. Falls du Probleme hast, lies zunächst ganz langsam und versuche dann nach und nach, schneller zu werden. Teile lange Wörter dabei in Sinnabschnitte ein.

ÜBUNG 2 (Seite 54)
Hier gilt das Gleiche wie für Übung 1.

ÜBUNG 3 (Seite 55)
Bei dieser Übung solltest du versuchen, nach und nach immer schneller zu lesen, ähnlich wie bei einem Zungenbrecher. Je öfter du die Übung machst, desto leichter wird sie dir fallen.

ÜBUNG 4 (Seite 55)
Hier gilt das Gleiche wie für Übung 3.

Lesetraining

ÜBUNG 1 (Seite 56)

Kira und Jonny spielen auf dem Schiff mit ihren Murmeln. Das ist gar nicht so einfach, weil die Wellen das Schiff immer wieder zum Schwanken bringen. Als der Wellengang stärker wird, geben die beiden auf. Sie stellen sich an die Reling und sehen hinab ins Meer. Es ist schon fast dunkel, die Wellen schlagen laut ans Schiff. Die Flosse eines großen Fisches taucht auf. Ist das ein Hai?

ÜBUNG 2 (Seite 56)
Bei einem Zungenbrecher macht die Übung den Meister. Falls du Probleme hast, lies zunächst ganz langsam und achte darauf, alle Worte besonders deutlich auszusprechen und zu betonen. Am besten lernst du den Zungenbrecher auswendig.

ÜBUNG 3 (Seite 57)

Heute ist Oma Anna zu Besuch. Oma Anna freut sich immer, wenn sie mit ihren Enkeln spielen kann und ihre Enkel freuen sich auf die Oma. Oma Anna ist nämlich für jeden Spaß zu haben. Dieses Mal hat sie versprochen, mit den Enkeln in die Eislaufhalle zu gehen. Oma Anna war früher einmal Eiskunstläuferin und kennt noch jede Menge Tricks. Bestimmt wird sie eine tolle Show auf dem Eis hinlegen!

ÜBUNG 4 (Seite 57)
Hier gilt das Gleiche wie für Übung 2.

Schlüsselwörter

ÜBUNG 1 (Seite 58)

Gottlieb Daimler war ein deutscher Ingenieur. Er entwickelte den ersten Benzinmotor und das erste vierrädrige Kraftfahrzeug mit Verbrennungsmotor. Einen Rennwagen, den er konstruierte, nannte er Mercedes. Daher kommt der Name der Automarke Mercedes Benz.
Carl Benz hatte etwa zur gleichen Zeit ebenfalls an Verbrennungsmotoren für Automobile gearbeitet - ohne dass die beiden etwas voneinander gewusst oder sich gekannt hätten.

ÜBUNG 2 (Seite 59)

Das Känguru ist ein Säugetier.
Das Känguru ist ein Pflanzenfresser. Es ernährt sich von den unterschiedlichsten Gräsern und Blättern.
Das Känguru ist ein Beuteltier. Ein junges Känguru wird nach 33 Tagen geboren. Nach der Geburt kriecht es in den Beutel der Mutter hinein. Dort befinden sich vier Milchdrüsen, die das Kleine ernähren. Nur die weiblichen Kängurus haben Beutel.

ÜBUNG 3 (Seite 59)

❑ Waveboard, Deck, Wellenbrett

Texte in Abschnitte gliedern

ÜBUNG 1 (Seite 60)

Heute wird mit Druckluft und Sauerstoff gearbeitet. Die Temperaturen steigen bis zu 2 500 Grad Celsius. Außerdem kann man farbige Glasbrösel dazugeben, um das Glas zu färben und Muster zu erzeugen. 4

Die Glasbläserei gibt es seit Jahrhunderten. Mit Hilfe einer Öllampe und eines Blasebalgs wurden Glasstäbe erhitzt und das Glas zu Gegenständen geformt. 3

Glasbläser sind häufig bei Forschungsabteilungen und Labors angestellt. In manchen Bereichen Deutschlands gibt es aber noch eigene Glasbläsereien, die kunsthandwerklich arbeiten. 5

Glasbläser 1

In diesem Artikel erfährst du etwas über die Geschichte des Glasblasens, die neuen Arbeitsmittel sowie die Bedeutung der Glasbläser heute. 2

ÜBUNG 2 (Seite 61)

❑ Die Arbeit der Bauern früher

ÜBUNG 3 (Seite 61)

Überschrift	Textabschnitt
Geschichte des Pferdes	Pferde sind Pflanzenfresser und fressen vor allem Gräser ...
Kopf des Pferdes	Pferde haben einen großen, langen Schädel ...
Ernährung	Bei Bedrohung versuchen Pferde zu fliehen ...
Pferde sind Fluchttiere	Das Wildpferd wurde vor 5000 Jahren vom Menschen gezähmt ...
Nutzung durch den Menschen	Der Mensch nutzt das Pferd als Reit-, Arbeits- und Lasttier ...

Wörter verstehen

ÜBUNG 1 (Seite 62)

Rugby *ist ...*

❏ eine Sportart.

ÜBUNG 2 (Seite 62)

stumpfsinnig *bedeutet ...*

❏ dümmlich

ÜBUNG 3 (Seite 63)

schräg, zum Beispiel ein Haus: windschief
eben, zum Beispiel Erde, nachdem eine Walze darübergefahren ist: platt
nicht gut für die Gesundheit: schädlich
unüberlegt, ohne an die Folgen zu denken: leichtsinnig
junge Tiere sind es oft, ein anderes Wort für „putzig": niedlich

ÜBUNG 4 (Seite 63)

Mein Rücken tut so weh! Meine Muskeln sind ganz verkrampft.
Als der Springbrunnen anging, schoss eine riesige Fontäne nach oben.
Die Temperatur steigt auf über 40 Grad.
Der Hirte muss sich um seine Schafe kümmern.
Der Kriegsgott der Römer hieß Mars.

Fragen zum Text beantworten

ÜBUNG 1 (Seite 64)

❑ Das richtige Verhalten bei Gewitter

ÜBUNG 2 (Seite 65)

Christoph Kolumbus kam 1451 in Italien zur Welt. Als junger Mann fuhr er viel zur See, um Waren zu kaufen und sie in seiner Heimat wieder zu verkaufen. Besonders beliebt waren Produkte aus Asien, wie Gewürze und Seide. Doch die Reise dorthin war lang und teuer. So dachte sich Kolumbus einen Plan aus. Er wollte einen kürzeren Seeweg nach Indien finden. Dafür bekam er Geld vom spanischen Königspaar und brach im August 1492 auf. Erst im Oktober sah die Mannschaft das Land, von dem Kolumbus glaubte, dass es Indien war. Deshalb nannte er die Einwohner dort Indianer. In Wirklichkeit aber war er nicht in Indien, sondern in Amerika – er hatte einen neuen Kontinent entdeckt!

ÜBUNG 3 (Seite 65)

❑ Es ist besser für die Umwelt.
❑ Es spart Geld.

Textsorten

ÜBUNG 1 (Seite 66)

Erzählung	Textsorte
Wie drei warme Quellen entstanden	Märchen
Rapunzel	Fabel
Der Rabe und der Fuchs	Sage

ÜBUNG 2 (Seite 66)

❑ Gemeinsamkeit macht stark.

ÜBUNG 3 (Seite 67)

Mit der Beute im Maul sauste er davon. 3

So stürzte sich der Hund von der Brücke und wollte nach dem Hund im Wasser beißen, um diesem das Fleisch abzujagen. 6

Im Wasser entdeckte er einen großen Hund, der gierig ein Stück Fleisch zwischen den Zähnen hielt. 5

Der Hund und das Stück Fleisch 1

Doch er konnte ihn nicht mehr sehen. Stattdessen fiel ihm sein Stück Fleisch aus dem Maul ins Wasser und war verloren. 7

Da kam er über eine Brücke und sah ins Wasser. 4

Ein großer Hund hatte einem kleinen Hund ein Stück Fleisch abgejagt. 2

ÜBUNG 4 (Seite 67)

Merkmale	Beispiele
Einleitungssatz immer gleich	Frosch kann sprechen
Überschrift nach einer Person oder einem Tier	Frosch verwandelt sich in einen Prinzen
Tiere mit besonderen Fähigkeiten	Es war einmal ...
ungewöhnliche Ereignisse	Der Froschkönig

Eigene Fragen stellen

ÜBUNG 1 (Seite 68)

Frage	Textstelle
Wodurch erfährt Stefan von dem Schatz?	Er vergrub die Truhe im Wald unter einer alten Tanne.
Wann wurde der Schatz vergraben?	„Würdest du die Truhe für mich suchen?", fragt Opa.
Woraus besteht der Schatz?	Vor vielen Jahrzehnten nahm er einen Spaten und ging hinaus.
Wo ist der Schatz vergraben?	In die Truhe legte Opa alles, was ihm wichtig war.
Warum erzählt Opa seinem Enkel von dem Schatz?	Flüsternd erzählt Opa, dass er einen Schatz vergraben hat.

ÜBUNG 2 (Seite 68)

Alles begann im letzten Winter. Wann?
Tamara packte ihre Schlittschuhe ein. Wer?
Sie wollte mit ihrer Freundin zur Eislaufhalle. Wohin?
Ihre Mutter hatte versprochen, die beiden zu fahren. Wie?

ÜBUNG 3 (Seite 69)

- ❏ Wie lange bleiben die Piraten an Land?
- ❏ Wer wirft den Anker?
- ❏ Worauf freuen sich die Piraten?

Wer sagt was?

ÜBUNG 1 (Seite 70)

Ein Junge flog einst auf einem feurigen Pferd daher.
Da kam ein wilder Stier dazu. „Schande! Von einem kleinen Jungen würde ich mir nichts sagen lassen!" Stier
„Aber ich", erwiderte das andere Tier. „Denn was für eine Ehre wäre es für mich, wenn ich einen kleinen Jungen abwerfen würde?" Pferd

ÜBUNG 2 (Seite 71)

Ein Fuchs versuchte lange vergeblich, an eine Traube zu kommen, die hoch oben hing. „Ich will sie überhaupt nicht. Die Traube ist ja doch sauer", sagte der Fuchs.
Das hörte ein Vogel. „Sauer soll die Traube sein? So sieht sie gar nicht aus!", rief der Vogel.
Er flog hin, probierte sie und rief noch viele andere Vögel dazu. „Der Fuchs sagte, die Trauben wären sauer! Probiert sie doch auch", schrie der Vogel.
Und so probierten alle Vögel von der Traube. Sie machten einen solchen Lärm, dass der Fuchs schließlich dachte: „Nie wieder will ich versuchen, eine Traube zu erreichen."

ÜBUNG 3 (Seite 71)

Der Lehrer versucht, Carla das Rechnen beizubringen. „Sieh mal, ich schenke dir heute zwei Meerschweinchen und morgen bekommst du nochmals zwei", sagt der Lehrer | ~~Carla~~. „Wie viele hast du dann?", fragt der Lehrer | ~~Carla~~.
„Fünf!", antwortet Carla | ~~der Lehrer~~ wie aus der Pistole geschossen.
„Wieso denn fünf?", stöhnt der Lehrer | ~~Carla~~ .
„Ich habe doch schon selbst ein Meerschweinchen zu Hause!", sagt Carla | ~~der Lehrer~~.

Lesen und verstehen

ÜBUNG 1 (Seite 72)

❑ eine spannende Geschichte

ÜBUNG 2 (Seite 72)

„Du traust dich ja doch nicht", sagte er verächtlich.
Peter schaute neidisch auf Ricos neue Schuhe. „Die hätte ich auch gerne", dachte er.
„Das kann ich nicht glauben!", sagte meine Mutter fassungslos.
„Das hat sie nun davon!", dachte Lisa schadenfroh.

ÜBUNG 3 (Seite 73)

❑ Es könnte um einen Sessel gehen, mit dem man auf Zeitreisen gehen kann.

ÜBUNG 4 (Seite 73)

1. Satzteil	2. Satzteil
Je kleiner das Dorf,	wird er wohl im Stalle stehen.
Wo der Wirt vor der Tür steht,	hat sie der Bauer wohl vergessen.
Haben die Kühe nichts zu fressen,	desto bissiger die Hunde.
Verliert der Bauer seine Hose,	da sind nicht viele Gäste.
Ist der Bauer nicht zu sehen,	war bestimmt das Gummi lose.

Abschlusstest

ÜBUNG 1 (Seite 74)

Endlich Sommerferien! Genüsslich beißt Timo in seine Eiswaffel. Er sitzt auf einer Parkbank, neben ihm hat sich eine Mutter mit einem Kinderwagen niedergelassen.
Ein kleines Mädchen pustet Seifenblasen in die Luft und über ihm steigen bunte Luftballons auf.
Es gibt nichts Schöneres als den ersten Ferientag!

ÜBUNG 2 (Seite 74)

❑ Die geheimnisvolle Botschaft
❑ Nachts im Park
❑ Ausflug mit Hindernissen

ÜBUNG 3 (Seite 75)

Am gestrigen Montag ereignete sich ein kleiner Unfall auf der Hauptstraße.
Ein neunjähriger Junge fuhr auf seinem Waveboard auf dem Gehweg, als ihm ein Hundehalter mit seinem Schäferhund entgegenkam. Der Junge erschrak und verlor die Kontrolle über sein Waveboard. Er klammerte sich an eine Mülltonne, die allerdings umkippte.
Da der Junge eine Schutzausrüstung trug, erlitt er nur leichte Verletzungen.

ÜBUNG 4 (Seite 75)

Glück	Enttäuschung
schreien vor Freude	bedrückt
jauchzen	mutlos
Schwein gehabt	Misserfolg
freudestrahlend	Niederlage

Abschlusstest

ÜBUNG 5 (Seite 76)

❑ Sie gibt eine Geschichte in eigenen Worten wieder.
❑ Sie wird in der Vergangenheit geschrieben.

ÜBUNG 6 (Seite 76)

Hauptstadt, 1.01.2013 Ort und Datum
Hallo Clara, Anrede
ich hoffe, es geht dir gut. Ich finde es so schade, dass du weggezogen bist. Jetzt können wir gar nicht mehr zusammen spielen.
Hast du dich in deiner neuen Stadt schon eingelebt? Auf jeden Fall wünsche ich dir alles Gute für das neue Jahr. Hoffentlich sehen wir uns bald mal wieder. Erzähltext
Allerliebste Grüße Abschiedsgruß
Alisa

ÜBUNG 7 (Seite 76)

Merkmal	Beispiele
Böse Wesen	Stiefmutter stirbt, Schneewittchen heiratet Königssohn
Gute Wesen	Und wenn sie nicht gestorben sind, dann leben sie noch heute.
Das Gute gewinnt	Schneewittchen, Zwerge, Königssohn
Schlusssatz immer gleich	Stiefmutter

(Pfeile: Böse Wesen → Stiefmutter; Gute Wesen → Schneewittchen, Zwerge, Königssohn; Das Gute gewinnt → Stiefmutter stirbt, Schneewittchen heiratet Königssohn; Schlusssatz immer gleich → Und wenn sie nicht gestorben sind, dann leben sie noch heute.)

ÜBUNG 8 (Seite 77)

Abschnitt 1:
Das älteste Fahrrad wurde 1817 zum Patent angemeldet. Die sogenannte Laufmaschine wurde von Karl Drais entwickelt. Später nannte man sie Draisine. Sie war aus Holz und hatte noch keinen beweglichen Lenker.

Abschnitt 2:
Heute unterscheidet man verschiedene Fahrradtypen. So kennen wir zum Beispiel das Tourenrad, das Rennrad oder das Mountainbike.

Abschnitt 3:
Wenn man mit dem Rad am Straßenverkehr teilnimmt, muss man sich nach der Straßenverkehrsordnung richten. Sie besagt zum Beispiel, dass Fahrräder zwei Bremsen haben müssen, eine Klingel sowie einen weißen Scheinwerfer und eine rote Schlussleuchte.